DKV
AUSLANDSFÜHRER
ÖSTERREICH/
SCHWEIZ

Band 1

7. Auflage

2021

DKV Wirtschafts- und Verlags GmbH
Postfach 10 03 15 • 47003 Duisburg

Redaktion
Benedict Cramer, Lappersdorf

Für Änderungsmeldungen zum Gewässerführer benutzen Sie bitte folgende E-Mail-Adresse:

gewaesserfuehrer@dkvgmbh.de

oder die Eingabemaske unter

http://www.kanu.de/ > Freizeitsport > Gewässer > Korrektur Gewässerführer

ISBN 978-3-937743-83-7

Titelfoto: Salza/Österreich
Fotograf: Stefanie Bosse

Flusskarten: © Bundesamt für Kartographie und Geodäsie (2021), Datenquellen: http://sg.geodatenzentrum.de/web_public/Datenquellen_TopPlus_Open_15.09.2020.pdf

Druck: Akontext s.r.o., Prag/Tschechische Republik

Vorwort

Österreich und die Schweiz sind Wildwasserparadiese, die sich sowohl für einen Urlaub, aber auch aufgrund ihrer räumlichen Nähe für Wochenendunternehmungen anbieten. Für uns Kanuten ist leider jedoch im Zuge der notwendigen Energiegewinnung gerade hier die Wasserkraft von Bedeutung, was zu nicht unerheblichen wasserbaulichen Maßnahmen führt. Da auch der Naturschutz immer bedeutsamer wird, droht der Kanusport einerseits durch Gewässersperrungen aus Naturschutzgründen, andererseits durch wasserbauliche Maßnahmen immer mehr eingeschränkt zu werden.

Der vorliegenden Ausgabe liegt eine umfangreiche Überarbeitung zugrunde, bei der die vorhandenen Flussbeschreibungen der vorherigen Auflage in die DKV-Gewässerdatenbank übertragen wurden und mittels Luftbildern auch die Lage der eingezeichneten Objekte neu bestimmt wurde, wodurch auch Länge einiger Flussabschnitte exakter erfasst wurde. Natürlich wurden auch zahlreiche Rückmeldungen von Paddlern eingearbeitet, die uns freundlicherweise Korrekturen und Aktualisierungen zu den bisherigen Beschreibungen haben zukommen lassen.

Die aufwändigen Arbeiten zur Einarbeitung in die Datenbank und Überarbeitung der Beschreibungen hat Benedict Cramer übernommen, nachdem nach Otto Kaufhold hier umfangreiche Vorarbeiten geleistet hatte. Beiden sei hiermit ausdrücklich für ihr ehrenamtliches Engagement gedankt. Zugleich danke ich auch allen Kanuten, die mit ihren Rückmeldungen zur Verbesserung des Werkes beigetragen haben und habe gleichzeitig an Sie als Leser die Bitte, uns mitzuteilen, falls Sie Unrichtigkeiten oder Veränderungen an Gewässern feststellen.

Ich wünsche allen Kanufahrern und Nutzern dieses Gewässerführers viel Freude bei der Befahrung der schweizerischen und österreichischen Flüsse und Seen und bitte, der Redaktion oder der Bundesgeschäftsstelle eventuelle Änderungen bzw. Neubefahrungen mitzuteilen, damit wir sie sowohl über unsere Canua-App veröffentlichen als auch bei einer künftigen Neuauflage berücksichtigen können.

Duisburg, im Mai 2021

Thomas Konietzko
Präsident des Deutschen Kanu-Verbandes e.V.

Inhaltsverzeichnis

Zeichen und Abkürzungen

	Deutsch	Englisch	Französisch
≋	ggfs. befahrbar	navigable	navigable
X	unbefahrbar	impassable	innavigable
ⓘ	Information	information point	renseignements
▬	Wehr	weir, dam	barrage
⯐	Schleuse	sluice, lock	écluse
⌓	umtragen	portage	portage
↱	anlanden rechts	landing right	aborder droit
↰	anlanden links	landing left	aborder gauche
⚠	Achtung! Gefahrenstelle	caution (danger in general)	attention (danger en général)
⛴	Fähre (frei und nicht frei fahrend)	ferry	ferry
§	Befahrungsregelung	river closed	fermeture
🛒	Verpflegung	provisions	ravitaillement
🍴	Gasthaus	restaurant	restaurant
☎	Telefon	telephone	téléphone
Ⅱ	Brücke	bridge	pont
⇩	Mündung in	flows into	embouchure dans
←	Abzweigung, Einfahrt links	deviation, left branch	embranchement à gauche
→	Abzweigung, Einfahrt rechts	deviation, right branch	embranchement à droite
▤	Pegel	water gauge	échelle fluviale
↓	Einsetzstelle	starting point	embarquement
↑	Aussetzstelle	pull-out point	débarquement
🚂	Bahnhof	railway station	gare
EB	Eisenbahn	railway	chemin de fer
🚌	Bushaltestelle	bus stop	arrêt de bus
🅿	Parkplatz	car park	parking
⌘	Sehenswürdigkeit	sights	curiosité

	Deutsch	Englisch	Französisch
	Zeltmöglichkeit (unbewirtschaftet)	campground, bivouac shelter	terrain de camping (non aménagé)
	Campingplatz (bewirtschaftet)	campground, caravan site	terrain de camping aménagé
	DKV-Kanustation	DKV-Kanustation (campground at a canoe club)	DKV-Kanustation terrain de camping chez club de canoë
	Bootshaus	boathouse	hangar de bateaux
	Bootshaus DKV-Kanu-Verein	boathouse canoe club	hangar de bateaux d'un club de canoë
	Rastplatz	picnic area	aire de repos
	Kraftwerk	power plant	usine électrique
li	links	left	à gauche
re	rechts	right	à droite
s.	siehe	see	voir
NW	Niedrigwasser	low water	eaux basses
MW	Mittelwasser	average water level	eaux moyennes
HW	Hochwasser	high water	crue
WW	Wildwasser	rough water, white water	courant rapide, eaux vives
BV	Befahrungsverbot	driving ban	interdiction de conduire
UV	Uferbetretungs–verbot	shore prohibition	interdiction de rive
DJH	Jugendherberge	youth hostel	auberge de jeunesse
NSG	Naturschutzgebiet	nature reserve	réserve naturelle
OT	Ortsteil	village	village
StT	Stadtteil	district	district de

Der Gewässerführer

Über das alphabetische Verzeichnis der Gewässer wird die Buchseite mit den ausführlichen Beschreibungen erreicht, so wie auch über die in beigefügten Karten angegebene Seitenzahl. Die Gewässer sind nach Stromgebieten geordnet und werden in ihrer geografischen Reihenfolge, von der Quelle aus abwärts, beschrieben (siehe Kilometrierung).

Neben dem amtlichen Flussnamen (Ergänzung bei weiteren Bezeichnungen) wird die Charakteristik des Gewässers spezifiziert und seine Mündung angegeben. Weitere Informationen sind eventuelle Befahrungsregeln, die Möglichkeiten einer Befahrung, Pegelangaben und eventuell auftretende Schwierigkeiten oder Problemsituationen.

Mit der Kilometrierung, den Symbolen und weiteren Informationen zu jedem Objekt erhält der Anwender umfassende Informationen.

Charakteristik der Gewässer

Beim **Wanderfluss** handelt es sich um ein Gewässer, das für geübte Paddler ohne besondere Schwierigkeiten zu befahren ist und das sowohl mit Einerkajak, Canadier und Zweier oder SUP-Board, als auch vielfach über mehrere Tage als Gepäckfahrt. Oftmals handelt es sich um Schifffahrtsstraßen, wobei besonders der Schiffsverkehr beachtet werden muss. Im Kapitel „Fahrten auf Binnen - und Seeschifffahrtsstraßen" werden die Besonderheiten ausführlich behandelt.

Der **Kleinfluss** ist kanusportlich anspruchsvoll mit engen Kurven, Baum- und Strauchhindernissen, niedrigen Brücken, unterschiedlichen Wehranlagen, Sohlschwellen und Gefällstrecken. Aber auch Weidezäune wollen Beachtung finden. Kleinflüsse sollten nur mit geeigneten Booten befahren werden.

Das Befahren eines **Wildwassers**, möglichst in Kleingruppen, erfordert besondere kanusportliche Kenntnisse und bedingt eine dementsprechende Ausrüstung.

Die Schwierigkeitsstufen der Gewässer sind nachfolgend verzeichnet.

In der Beschreibung werden Aussagen zu **Befahrungsregelungen** getroffen, welche aber auch in der Objektbeschreibung zu finden sind. Diese Befahrungsregelungen können sich verändern. Benutzer*innen sollten sich deshalb über die aktuelle Situation unter www.kanu.de > Freizeitsport > Infothek_für_Paddler > Tourenplanung informieren.

Sofern vorhanden und bekannt, werden für die Befahrbarkeit Hinweise auf **Pegel** gegeben. Auf www.kanu.de ist das Pegelverzeichnis mit den direkten Links zu finden.

Angaben zur Begleitung mit dem PKW und zur Nutzung öffentlicher Verkehrsmittel zum Versetzen der Fahrzeuge runden die textliche Beschreibung ab.

In der tabellarischen Flussbeschreibung sind links die Kilometer angegeben. In der rechten Spalte findet man Angaben zu diesem Objekt, wie z. B. Ein- und Aussetzstellen, Ortsbezeichnungen, Brücken, Wehre usw.

Flussverbauungen als Querbauten in den Fließgewässern sind im Allgemeinen ein Hindernis für die Befahrung. Die Palette unterschiedlich ausgebildeter Wehre reicht vom kleinen Abfall bis zur großen Staumauer. Die Bauformen sind vielfältig (z.B. Steil-, Stufen- Schräg-, Klappen-, Schützenwehre) und werden oftmals in den Flussbeschreibungen angegeben. Ebenso werden die verschiedenen Verwendungszwecke (Kraftwerk ϟ, Mühlenwehr, Bewässerungswehr usw.) erwähnt. Die Wehre werden in den Flussbeschreibungen mit dem Symbol ■ angezeigt. Auch andere Querverbauungen wie Sohlabstürze, Sohlgleiten oder Sohlrampen (Aufschüttungen von Steinen, Pfahlreihen, Betonschwellen) werden mit diesem Symbol ■ gekennzeichnet. An unbefahrbaren Hindernissen ist unbedingt rechtzeitig auszusetzen. Die Unbefahrbarkeit wird durch das Symbol **X** hervorgehoben; hier sind Boot und Ausrüstung um das Hindernis herumzutragen. In einigen Fällen ist ein Befahren des Hindernisses unter Umständen möglich, erkennbar am Symbol ≋. Dabei sind etwaige Hinweise im Flussführer, die jeweiligen örtlichen Gegebenheiten evtl. Hindernisse, wechselnde Wasserstände, Hinweise auf Schildern, das Bootsmaterial und das eigene Können zu beachten. In jedem Falle ist eine vorherige Besichtigung des Wehres anzuraten. Bestehen nur geringste Zweifel, ist ein Umtragen des Bootes vorzuziehen.

Die bequemste Art, ein Hindernis zu überwinden, ist das Schleusen. Die Schleuse wird durch das Symbol ⇄ dargestellt. Sofern Betriebszeiten der Schleusen angegeben wurden, ist zu beachten, dass hier oftmals Änderungen erfolgen. Deshalb ist es empfehlenswert, sich aktuell zu informieren.

Besondere Gefahren werden extra beschrieben und mit ⚠ gekennzeichnet, z. B. durch Tosbecken entstehende Walzen mit „gefährlichem Rücklauf".

Weitere Angaben ergänzen die Beschreibung: Zum Zelten gibt es Hinweise sowohl auf einfache Zeltplätze ⛺ als auch auf in der Regel bewirtschaftete Campingplätze ⛺. Die Bootshäuser der Kanu-Vereine ⌂ bieten viele Möglichkeiten. Ergänzend gibt es Verkehrshinweise (Bahnhöfe 🚂, Parkplatz 🅿) und Hinweise touristischer Art ⌘, die man jedoch aus speziellen Reiseführern ergänzen sollte. Zu vielen Einträgen wurden die Koordinaten ermittelt und als Dezimalgrad eingetragen. Die Koordinaten ermöglichen sowohl die Suche in Karten als auch die Möglichkeit der Standortbestimmung am Gewässer mittels GPS.

Bei allem unbedingt bitte beachten: Es gibt ständig Veränderungen, und die eigene Verantwortung steht über den Angaben im Flussführer.

Zeltmöglichkeit

Das früher für den Kanuwanderer übliche freie Zelten, d. h. auf den Uferstreifen am Fluss, ist aus Naturschutzgründen nicht gerne gesehen und vielerorts grundsätzlich verboten. Es sollte daher allenfalls dann erfolgen, wenn ausnahmsweise ein offizieller Zeltplatz nicht erreicht werden kann. Die Zelt- und

Campingplatzverordnungen in den einzelnen Ländern sind zudem nicht einheitlich. Allgemein kann gesagt werden, dass Zelten außerhalb der offiziellen Plätze nur mit Erlaubnis des jeweiligen Grundstückseigentümers möglich ist.

Unterlagen

Für das in diesem Gewässerführer beschriebene Gebiet gibt es ein reichhaltiges Angebot an Karten. Es wird darauf verzichtet, auf diese im Einzelnen zu verweisen. In den touristisch erschlossenen Gebieten sind örtliche Gewässer- und Wanderkarten, die man sich an Ort und Stelle besorgen kann, erhältlich. Im Buch selbst befinden sich Übersichtsskizzen der beschriebenen Gewässer, die die Orientierung erleichtern.

Aktualisierungen

Die vorliegenden Gewässerdaten basieren auf Erfahrungen und Angaben zahlreicher Kanuten. Korrekturen zu dieser Ausgabe sind sehr wertvoll und tragen zur Aktualität der Informationen sowie zur Sicherheit anderer Kanusportler*innen bei. Meldungen werden über das Kontaktformular https://www.kanu-verlag.de > Verlag > Gewässerfuehrer > Korrekturmeldung erbeten.

Der Deutsche Kanu-Verband
– Interessenvertreter des Kanusports

Der Deutsche Kanu-Verband ist mit seinen 18 Landes-Kanu-Verbänden, den dort organisierten über 1.300 Kanu-Vereinen und ca. 120.000 Mitgliedern der mitgliederstärkste Kanu-Verband der Welt. Er und die Landes-Kanu-Verbände vertreten als Spitzenfachverband im Deutschen Olympischen Sportbund bzw. gegenüber den Landessportbünden alle Belange des Kanusports. Der Deutsche Kanu-Verband kümmert sich in erster Linie ehrenamtlich um den Erhalt der naturnahen Gewässer, ohne die Kanufahren nicht möglich ist. Der DKV bemüht sich um Verhinderung oder Entschärfung gefährlicher und ökologisch bedenklicher Wasserbaumaßnahmen. Er setzt sich im besonderen Maße für die Wahrung ökologischer Belange und für den Bau von Wehrüberwindungsanlagen für Kanufahrer ein.

DKV und Leistungssport

Der DKV ist im Bereich des Leistungssports der erfolgreichste deutsche Sommer-Sportverband. Die Flotte des Deutschen Kanu-Verbandes ist seit 1992 regelmäßig der erfolgreichste Teil der deutschen Mannschaft bei Olympischen Sommerspielen und erzielte von 1992 bis 2016 zahlreiche Olympiasiege im Kanu-Rennsport und Kanu-Slalom. Auch im Vergleich mit den anderen Kanuverbänden steht der DKV weltweit vorne.

Neben den beiden olympischen Disziplinen vereint der DKV Kanu-Wildwasser, Kanu-Rennsport, Kanu-Marathonrennsport, Kanu-Drachenboot, Kanu-Polo, Kanu-Segeln, Kanu-Freestyle, Rafting und Ocean Canoe und SUP in einzelnen Wettkampfdisziplinen, in denen der DKV zumeist Deutsche Meisterschaften austrägt und in denen, unter dem Dach des Internationalen Kanu-Verbandes (ICF), Weltmeisterschaften durchgeführt werden.

Als deutscher Spitzensportverband stellt der DKV auch die Finanzierung des Leistungssports sicher. Er koordiniert Bundestrainer, Bundesleistungsstützpunkte und bildet qualifizierte Trainer in der Akademie des Kanusports aus.

DKV und Kanu-Freizeitsport

Die überwiegende Mehrzahl der Mitglieder des DKV betreibt Kanu-Freizeitsport. Es ist daher fast zwangsläufig, dass der DKV auf diesem Gebiet besonders viele Aktivitäten entfaltet. So bietet der DKV ein umfangreiches Veranstaltungsprogramm im gesamten Bundesgebiet. Im jährlich neu erscheinenden DKV-Sportprogramm und der Online-Termindatenbank sind mittlerweile über 1.000 Veranstaltungen aus dem Bereich des Kanu-Freizeitsports aufgeführt.

Der DKV gibt Tipps und Hinweise für ungewöhnliche Touren, Kontaktadressen zu Ausrüstern und Fachhändlern. Diese und viele weitere Angebote des Deutschen Kanu-Verbandes, seiner Landesverbände und Vereine, stehen für Freude und Leidenschaft am Kanusport.

Im Rahmen des Kanu-Freizeitsports sind die folgenden Leistungen des DKV nicht nur für seine Mitglieder, sondern auch für den breiten Kreis der nicht organisierten Kanuten von besonderem Interesse.

DKV und sein Informationssystem

Der DKV verfügt über ein weltweit einmaliges System von Gewässerinformationen. Nahezu alle kanusportlich nutzbaren Gewässer in Deutschland und im europäischen Ausland sind erfasst.

Die gedruckten Gewässerführer sind wie das vorliegende Buch aufgebaut und enthalten alle wesentlichen sicherheits-, umwelt- und fahrtentechnischen Hinweise für den Kanusportler. Eine aktuelle Übersicht über die verfügbaren Ausgaben finden Sie unter www.kanu-verlag.de/home/verlag/gewaesserfuehrer
Mit der **canua-APP** bietet der DKV alle relevanten Informationen auch digital und kostenlos für alle Interessierten an.
Alle Informationen werden in der Gewässerdatenbank durch das Netzwerk der Paddler*innen ehrenamtlich aktualisiert und gepflegt. Ein unschätzbares Gemeingut, an dem jede/jeder durch ihre/seine Korrekturmeldung mitwirken kann. https://www.kanu-verlag.de/home/verlag/gewaesserfuehrer/kontakt.xhtml

Ergänzend zu den Gewässerführern (Print und Digital) bietet der Verlag des DKV attraktive Publikationen wie die „Top-Kanu-Touren" an, über die man zahlreiche Anregungen zu Unternehmungen in den Regionen Deutschlands und Europas erhält. Auch hier profitieren die Kanusportler*innen von den Erfahrungen anderer Wassersportler*innen.

DKV und seine Zeitschrift KANU-SPORT

Kanusportler*innen finden in der monatlichen Zeitschrift KANU-SPORT die neuesten Informationen und Entwicklungen im Kanusport aber auch im Verbands- und Vereinswesen. Den Schwerpunkt bilden illustrierte Fahrtenberichte und Tourenvorschläge für Kanufahrten in Deutschland, Europa und der ganzen Welt mit hilfreichen Informationen. Außerdem bringt der KANU-SPORT Marktneuheiten, Veranstaltungshinweise sowie Artikel zu Themen wie Sicherheit, Umwelt und Gewässer oder Leistungssport. In seinem Service-Teil gibt es regelmäßig Informationen über neue Befahrungsregelungen oder etwa kurzfristig verhängte Sperrungen aus technischen Gründen. Die Zeitschrift KANU-SPORT wird von der DKV-Wirtschafts- und Verlags GmbH herausgegeben und kann dort gerne abonniert werden. Als E-Book sind die Einzelhefte ebenfalls erhältlich. Weitere Informationen www.kanu-sport.com

DKV und seine Auszeichnungen

Ähnlich dem Deutschen Sportabzeichen, werden auch im DKV Auszeichnungen für besonders aktive Kanufahrer*innen verliehen. So gibt es das DKV

Wanderfahrerabzeichen für erwachsene Mitglieder, das in den Stufen Bronze, Silber und Gold vergeben wird. Für Vielfahrer*innen, die mindestens 40 000 Fahrtenkilometer zurückgelegt haben, wurde das Globusabzeichen entwickelt. Auch im Bereich der Schüler*innen und Jugendlichen gibt es ein DKV-Wanderfahrerabzeichen in den Stufen Bronze, Silber und Gold. Viele Landesverbände bieten darüber hinaus weitere zusätzliche Möglichkeiten der Auszeichnungen an. Ergänzt werden die permanenten Auszeichnungssysteme mit Angeboten aus zeitlich aktuellem Anlass. Mehr Informationen unter www.kanu.de > freizeitsport > Auszeichnungen

Mit dem Europäischen Paddelpass Deutschland (EPP-D) ermöglicht der DKV seinen Mitgliedern die Teilnahme am europäischen Qualifizierungssystem. Auf freiwilliger Basis können Kanusportler*innen ihren Könnens- und Wissensstand dokumentieren lassen und erhalten so auch den Nachweis in den gewählten Disziplinen wie Kanutouring, Wildwasser, Seekajak und SUP. Bei verschiedenen Gelegenheiten wie z.B. Bootsverleih oder Teilnahme an bestimmten Fahrten findet der EPP-D seinen Einsatz.

DKV im Internet

Unter der einprägsamen Adresse „www.kanu.de" ist der DKV im Internet vertreten. Der DKV bietet auf dieser Seite und in der Rubrik „Freizeitsport" umfassende Informationen rund um den Kanusport.

Schnell zum Ziel mit umfassenden Informationen kommt der/die Anwender*in über die Buttons in der Kopfzeile:

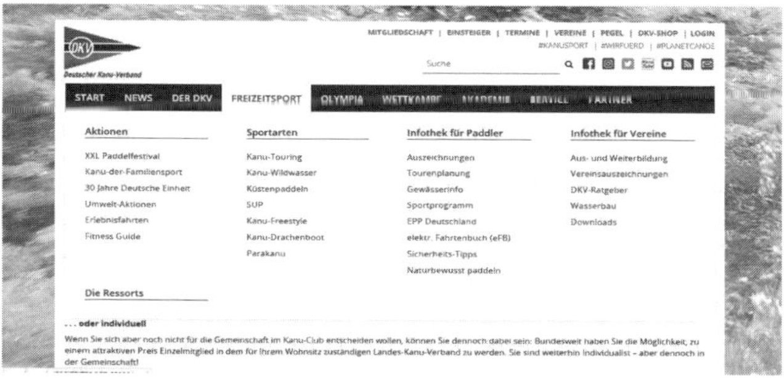

DKV und seine Pegeldienste

„Immer eine Handbreit Wasser unter dem Kiel" ist für einen Kanusportler eine Aussage mit großem Gewicht! Wer will schon feuchte Waldwege fahren oder Hunderte von Autokilometern umsonst unterwegs sein? Pegelinformationsdienste sind deshalb ein wichtiges Informations- und Steuerungssystem im Kanusport. Besonders hilfreich ist die Koppelung der aktuellen Pegelhöhe mit einer Richtgröße, im günstigsten Fall ein Mindestpegel und eine Flussstrecke, auf die sich die

Pegelhöhe und damit die Befahrbarkeit beziehen. Mindestpegelmarken sind in der Regel nach sportlich-fahrtechnischen und ökologischen Gesichtspunkten ausgelegt: so dienen die Pegelinformationen nicht nur dem Erhalt der natürlichen Ressourcen sondern auch dem eigenen Fahrspaß. Informationen zu den Pegeldiensten finden Sie unter www.kanu.de .

DKV und sein Verlag

Über die DKV-Wirtschafts- und Verlags GmbH erhalten Sie eine Fülle interessanter Fachliteratur, Gewässerkarten, die jährlich herausgegebenen Kanu-Kalender sowie die verschiedenen Gewässerführer. Der DKV-Verlag ist außerdem mitverantwortlich für die Herausgabe der canua-APP. Die Gewässerführer und viele andere Verlagsartikel können DKV-Mitglieder zu ermäßigten Preisen bei der DKV-Wirtschafts- und Verlags GmbH bestellen. Fordern Sie den Verlagsprospekt an:

DKV-Wirtschafts- und Verlags GmbH
Postfach 10 03 15, 47003 Duisburg
Tel. 0203/99759-99, Fax: 0203/99759-61
E-Mail: info@dkvgmbh.de

Bestellungen sind im Online-Shop unter www.kanu-verlag.de möglich.

DKV-Kanu-Stationen, -Zeltplätze und -Ferienheime

Viele Vereine, die dem DKV angeschlossen sind, besitzen auf dem Gelände der Bootshäuser Zeltmöglichkeiten. Soweit es die Platzverhältnisse zulassen sind DKV-Mitglieder dort als Gäste willkommen. Darüber hinaus sind zahlreiche Vereine und Campingplätze als „DKV-Kanu-Station" anerkannt und ausgeschildert. Sie erfüllen Kriterien wie etwa gute Anlandemöglichkeiten, bieten ausreichend Platz für Kleinzelte, halten stets erreichbare sanitäre Einrichtungen wie Toiletten, Waschmöglichkeiten, Duschen und Trinkwasser sowie weitere Serviceleistungen bereit.

DKV-Mitglieder erhalten vergünstigte Übernachtungspreise, wobei sich eine vorherige Kontaktaufnahme empfiehlt. Das Verzeichnis der DKV-Kanu-Stationen findet man unter www.kanu.de > Der DKV > Vereine >Kanustationen. Die DKV-Kanu-Stationen sind auch in der Vereinsdatenbank gekennzeichnet.

Der DKV und die Landes-Kanu-Verbände betreiben an verschiedenen Orten des Bundesgebietes Heime und Zeltplätze speziell für Kanusportler. Auf den DKV-Campingplätzen werden mittlerweile Leih-Kajaks und -Canadier angeboten. Interessenten an Dauerstellplätzen empfehlen wir, Kontakt mit den jeweiligen Obleuten aufzunehmen. DKV-Mitglieder erhalten bei Dauerstellplätzen einen Rabatt von bis zu 25 Prozent.

Der **DKV-Zeltplatz und Ferienheim Edersee** ist in schöner Lage an der Edertalsperre gelegen. Die Einrichtung existiert seit den 1930er Jahren und ist ständig ausgebaut und modernisiert worden. Neben den Dauerplätzen sind ausreichend Stellplätze für Zelte und Wohnwagen sowie Übernachtungsplätze in

Heim vorhanden. Zur Versorgung des Platzes dient die „Fürstental-Klause". Weitere Informationen: http://www.dkv-campingplatz-edersee.de

Der **DKV-Campingplatz am Bodensee** wurde 1995 in Betrieb genommen. Eine rechtzeitige Anmeldung in der Hauptsaison wird angeraten, da die Kapazität schnell ausgebucht ist. Unter Umständen sollte das Angebot der Kanu-Vereine im näheren Einzugsbereich geprüft werden. In der Vor- und Nachsaison ist ein Besuch empfehlenswert. Der Platz hat einen Kiosk sowie Restauration und öffnet von Mai bis September. Mehr Informationen: www.dkv-camping.de.

In der Urlaubsregion Lüneburg verfügt der **Hamburger Kanu Verband am Barumer See** über ein neu renoviertes Kanuwanderheim mit ausreichend Platz für Gruppen, Wochenendgäste und Urlaubern. Eine große Wiese zum Zelten liegt direkt am Wasser. Im Haus gibt es bis zu 15 Schlafmöglichkeiten und eine voll eingerichtete Küche sowie gemütliche Sitzecken. Wohnwagen und Wohnmobilstellplätze sind vorhanden. Der Platz ist das ganze Jahr über geöffnet und eignet sich hervorragend als Ausgangspunkt für Kleinflussfahrten, Rad- und Wandertouren. Die nahgelegene historische Salz- und Hansestadt Lüneburg und die vielfältigen Landschaften der Elbtalaue und Lüneburger Heide bieten weitere Ausflugmöglichkeiten auf Land und Wasser. Mehr Informationen: www.hamburger-kanu-verband.de > kanuheim-barum

Die **Landeslehrstätte Mardorf** des Landes-Kanu-Verbandes Niedersachsen liegt in Mardorf am Steinhuder Meer. Es ist eine Ferienanlage, eine Landeslehrstätte und Kanusegel-Stützpunkt. Das „Walter-Künne-Heim" verfügt über 25 Betten in Zimmern mit oder ohne Dusche und WC. Das Haus ist ganzjährig geöffnet und bewirtschaftet. Für Tagungen und Lehrgänge sind alle notwendigen technischen Geräte vorhanden. Das Gelände bietet außerdem Platz für Wohnwagen und Zelte. Für Jugendgruppen bietet sich das „rustikale Holzhaus" mit Schlafkojen, Matratzenlager auf dem Dachboden und Selbstverpflegungsmöglichkeiten an. www.lkv-nds.de > Stützpunkte > Kanulehrstätte Mardorf

Ein Urlaubsparadies besonderer Art bietet der **Naturzeltplatz Große Birke** des Bayerischen Kanu-Verbandes im Staffelsee bei Murnau in Oberbayern. Ausschließlich für Mitglieder der Kanuverbände steht eine Insel als natürlich belassener Zeltplatz zur Verfügung. Im Landschaftsschutzgebiet des Alpenvorlandes gelegen, wurde vom BKV eine grasbewachsene Teilfläche der Privatinsel „Große Birke" gepachtet und kann in der Sommersaison von allen Verbandsmitgliedern für Kurzbesuche ebenso wie für große Urlaube genutzt werden.

Die Anreise ist nur mit eigenem Kanu / Kajak oder Leihkahn ab Seehausen oder Murnau möglich. Der absolut einsam-ruhige Staffelsee liegt direkt am Alpenrand und gilt als einer der wärmsten bayerischen Seen. Landschaft und Kultur laden zu Ausflügen ein: Wandern, Radeln sowie Bootstouren auf Kleinflüssen. Weitere Informationen / Anmeldung: https://www.kanu-bayern.de > Freizeitsport > Grosse-Birke Reservierung über Raimund Rasch E-Mail: grosse.birke@kanu-bayern.de

Mitgliedschaft im DKV

Die Vorteile der DKV-Mitgliedschaft werden auch Sie überzeugen!

Egal, ob im Kanu-Club oder als Einzelmitglied in einem Landesverband:

- Sie sind als Gast in den meisten der 800 Bootshäuser und rund 280 DKV-Kanu-Stationen willkommen – und das natürlich zu Vorzugspreisen gegenüber Nichtmitgliedern!
- Sie erhalten weitgehende Ermäßigungen auf den DKV-Campingplätzen oder entsprechenden Einrichtungen der Landesverbände.
- Beim Erwerb von Flusskarten, Flussführern, Kanuliteratur oder Bekleidung über die DKV-Wirtschafts- und Verlags-GmbH erhalten Sie günstige Mitgliedskonditionen.
- Sie können an vielen der rund 1.500 Veranstaltungen im DKV teilnehmen.
- Sie genießen die Sonderregelungen für DKV-Mitglieder in Naturschutzgebieten.

Als **Einzelmitglied** eines Landesverbandes haben Sie darüber hinaus folgende Vorteile:

- Sie genießen bei Ihren kanusportlichen Aktivitäten den Schutz einer speziellen Unfallversicherung. Und Sie können Ihr Boot zu günstigen Bedingungen zusätzlich versichern.
- Sie erhalten monatlich die Fachzeitschrift KANU-SPORT mit Nachrichten aus der Welt des Kanusports, ausführlichen Fahrtenberichten und Informationen zu den Themen Umwelt, Sicherheit und Ausrüstung.
- Sie erhalten den DKV-Newsletter – und sind damit zeitnah über wichtige Entwicklungen im Kanusport informiert.
- Und zusätzlich können Sie den Deutschen Sportausweis als DKV-Mitgliedsausweis erhalten, der ein umfangreiches Angebot an Vergünstigungen und Rabatten beinhaltet.

Anschrift des Deutschen Kanu-Verbandes

Deutscher Kanu-Verband – Bundesgeschäftsstelle –
Bertaallee 8, 47055 Duisburg
Telefon 0203/99759-0, Fax: 0203/99759-60
Internet: www.kanu.de , E-Mail: service@kanu.de

Das aktuelle Verzeichnis aller Landes-Kanu-Verbände finden Sie im Internet unter www.kanu.de > DER DKV > Landesverbände.

Tipps und Hinweise zum Kanusport

Kanufahren ist leicht zu erlernen. Um sein Boot richtig zu beherrschen, braucht es aber einige Übung. Selbstverständlich kann man das Paddeln selbst erlernen; dies ist aber eine mühselige Variante. In einer Gruppe im Kanuverein macht das Erlernen dieser Natursportart am meisten Spass. In zahlreichen Vereinen werde Kanu-Kurse für Anfänger angeboten die auch Nichtmitgliedern offenstehen.. Termine und Adressen sind der Webseite des Deutschen Kanu-Verbandes (DKV) unter www.kanu.de zu entnehmen. Daneben gibt es auch gewerbliche Kanuschulen oder Kanuanbieter mit entsprechenden Kursangeboten.

Welches Boot brauche ich?

Die Entscheidung für den Bootstyp richtet sich nach eigenen Vorlieben und dem Gewässer. Die grundsätzliche Entscheidung ist zwischen Kajaks und dem Canadier zu treffen.

Canadier stammen aus Nordamerika und wurden von den dortigen Indianern zum Transport, zur Jagd und zum Fischfang genutzt.

Canadier werden sitzend oder kniend mit einem Stechpaddel gefahren. Die heutigen Wandercanadier eignen sich hervorragend für längere Touren auf Seen oder ruhigeren Flüssen, mit Gepäck und mit mehreren Personen. Deshalb werden sie gerne von Familien genutzt.

Kajaks haben ihren Ursprung bei den Eskimos. Es sind geschlossene Boote mit einer Sitzluke. Kajak-Fahrer sitzen in ihrem Boot und bewegen es mit einem Doppelpaddel vorwärts. Das Kajak ist der „Allround-Bootstyp" im Kanusport und wird in allen Bereichen verwendet – vom Seekajak für Großgewässer bis hin zum Wildwasserkajak.

Zu unterscheiden sind außerdem verschiedene Materialien. Die wichtigsten sind: **Polyethylen** (PE), ein robustes, relativ weiches Material, bei Wildwasserbooten, aber auch bei Tourenbooten eingesetzt wird. Kajaks aus **glasfaserverstärkter Kunststoff** (GfK), oder anderen Verbundmaterialien sind leicht, hart, aber relativ empfindlich ist, und kommen besonders bei Touren- und Seekajaks zum Einsatz. Aber auch Holzboote und zusammenlegbare Faltboote mit einer Gummi- oder Kunststoffhaut, wie auch Luftboote sind im Einsatz.

Einen breiten Einsatzbereich decken Tourenboote ab, die in kurzen Längen auch auf Kleinflüssen gefahren werden können. Auf dem Markt sind über 1000 verschiedene Modelle erhältlich, konkrete Empfehlungen können an dieser Stelle nicht gegeben werden. Testfahrten sind immer zu empfehlen. Entsprechende Veranstaltungen werden in großer Zahl angeboten. Für eine umfassende Beratung sind die DKV-Kanu-Fachberater zu empfehlen. Die Adressen sind über die DKV-Internetseite www.kanu.de und die DKV-Geschäftsstelle erhältlich. Rat gibt es auch bei anderen Kanuten in einem Verein in Ihrer Nähe.

Sind Kanus teuer?

Die Preise für Kanus richten sich wie bei allen Gebrauchsgegenständen nach Material und der Qualität. Deshalb sind für ähnliche Bootstypen unterschiedliche Preise zu zahlen. Zur groben Orientierung: Wildwasserkajaks gibt es ab ca. € 800, Tourencanadier ab ca. € 1 000.

Preiswerte Boote sind bei den zahlreichen Gebrauchtbootmärkten zu erwerben, deren Termine beim DKV zu erfahren sind. Vom Kauf unbesehener Boote (z.B. bei Internet-Auktionen) ist eher abzuraten, da Alter und Zustand bei Gebrauchtbooten eine wichtige Rolle spielen.

Wer mit dem Paddeln anfängt, muss aber nicht sofort ein Boot kaufen: Vielerorts können Boote gemietet werden, und wer das Paddeln in einem Kanu-Kurs erlernt, bekommt dabei das Material meistens gestellt. Außerdem können Mitglieder eines Kanu-Vereins können dort oftmals die unterschiedlichen Bootstypen ausprobieren, bevor sie sich für einen Typ entscheiden bevor eine Kaufentscheidung gefällt wird.

Welche Ausrüstung benötige ich?

Wer Kanusport regelmäßig ausüben will, braucht eine gewisse Grundausrüstung. Hierzu zählen – neben Paddel und passender Schwimmweste – z.B. Spritzdecke und Paddeljacke, um vor Spritzwasser geschützt zu sein, außerdem Kälteschutzkleidung sowie wasserdichte Behälter für den Transport von Ersatzkleidung im Boot. Besonders im Wildwasser zählen zur Ausrüstung auch Schutzhelm, Wurfsack und ein Erste-Hilfe-Päckchen. Für spezielle Reviere ist eine besondere Ausrüstung erforderlich. Der Fachhandel berät gerne, was jeweils geeignet ist.

Wo darf ich paddeln?

Grundsätzlich ist das Paddeln auf allen Fließgewässern in Deutschland erlaubt. Ausnahmen gelten auf Talsperren oder Wasserflächen in Parkanlagen bzw. in Erholungsgebieten. Zu beachten ist aber auch, dass es zahlreiche **Befahrungsregelungen aus Naturschutzgründen** gibt, die unbedingt zu beachten sind. Die bekannten Befahrungsregelungen sind unter www.kanu.de veröffentlicht. Auf großen Binnenschifffahrtsstraßen gelten besondere Verkehrsvorschriften. Infos dazu gibt es unter www.elwis.de. Vor Fahrtenbeginn ist eine genaue Information über die jeweils geltenden Vorschriften unerlässlich.

Ist Kanufahren gefährlich?

Gefährlich sind Natursportarten meist nur, wenn sie nicht beherrscht oder eine Situation falsch eingeschätzt wird. Eine qualifizierte Ausbildung ist daher der beste Schutz für die eigene Sicherheit! Anfängern wird eine besondere Vorsicht angeraten. Besonders bei **Hochwasser** können Gewässer, die sonst unproblematisch sind, besondere Gefahrenstellen aufweisen.

Im Zweifelsfall sollte lieber auf eine Befahrung verzichtet werden, bevor man Gesundheit oder Leben aufs Spiel setzt.

An **Wehren** oder **Schleusen** ist besondere Vorsicht geboten. Vor der Befahrung eines Wehres sollte dieses unbedingt besichtigt werden! Im Zweifel sollte man sein Boot umtragen, um sich und mögliche Retter nicht in Lebensgefahr zu bringen!

Auch das **Wetter** sollte man im Auge behalten: Im Sommer können die Sonneneinstrahlung und die damit verbundene Ozonbelastung Probleme verursachen – und **Sturm** oder **Gewitter** haben schon mancher Fahrt ein plötzliches Ende bereitet. Und vor allem: **Nichtschwimmer gehören nicht in ein Kanu.**

Kennzeichnung der Kanus

Nach der Verordnung für die Kennzeichnung von Kleinfahrzeugen auf Binnenschifffahrtsstraßen und Landesschifffahrtsstraßen (gibt es nicht in jedem Bundesland) sind Kanus von der Führung eines **amtlichen** Kennzeichens befreit. Dennoch besteht auf allen Binnen- und Landesschifffahrtsstraßen die Verpflichtung, Boote zu kennzeichnen. Dazu muss der Bootsname von außen deutlich lesbar sein (es werden Buchstaben von 10 cm verlangt), zusätzlich sind Name und Anschrift des Eigentümers an einer erkennbaren Stelle fest im Bootsinneren anzubringen (entweder mit einem wasserfesten Stift oder mit einem angeschraubten Schild).

Unabhängig von dieser Regelung empfiehlt der Deutsche Kanu-Verband, alle Kanus in der o.a. Art und Weise zu kennzeichnen. Zusätzlich sollten DKV-Mitglieder das DKV-Logo auf dem Boot anbringen.

Fahrten auf Binnen- und Seeschifffahrtsstraßen

Auf Wasserstraßen, die von großen Güter- und Fahrgastschiffen befahren werden, bestehen besondere Gefahren für die Sportschifffahrt. Für alle Gewässer, die für die gewerbliche Schifffahrt zugelassen sind, sind besondere Ordnungen erlassen worden: Binnenschifffahrtsstraßenordnung, Landesschifffahrtsordnungen (gibt es nicht in jedem Bundesland) und Seeschifffahrtsstraßenordnung. Sie regeln ähnlich der Straßenverkehrsordnung den Verkehr auf den schiffbaren Gewässern der Bundesrepublik Deutschland. Sie enthalten detaillierte Bestimmungen zur Gewährleistung der Sicherheit und Leichtigkeit des Schifffahrtsverkehrs.

Kleinfahrzeuge wie Kajaks und Canadier und SUP's sind Teilnehmer des Verkehrs auf den Wasserstraßen. Die Regelungen müssen entsprechend beachtet werden. Bezogen auf die Verhältnisse im Straßenverkehr, sind Kanuten und Kanutinnen auf den Schifffahrtswegen ebenso gefährdet wie dort die Fußgänger als schwächste Verkehrsteilnehmer. Die Wasser- und Schifffahrtsdirektion des Bundes hat auf der sehr informativen Homepage www.elwis.de>Freizeitschifffahrt alle wesentlichen Verhaltensregeln für Wassersportler aufgeführt. Gute Informationen enthält auch die Broschüre "Sicherheit auf dem Wasser" die vom Bundesverkehrsministerium herausgegeben wird und dort bezogen werden kann. Gleichfalls verfügbar sind die Unterlagen in der frei verfügbaren Wasserwege-APP des BMVI.

Fahrten auf dem Kleinfluss

Kleinflüsse finden wir in Mittelgebirgen und im Flachland. Es handelt sich dabei um schmale Gewässer (2 – 10 m breit) mit moderater bis stärkerer Strömung und meist geringer, unterschiedlicher Wassertiefe. Auch finden sich regelmäßig Wehre, Baum- und Strauchhindernisse im Fluss. Mit kompakten Tourenbooten können diese Gewässer befahren werden. Eine Befahrung mit Stand-Up-Paddel-Boards (SUP) erfordern paddeltechnische Fahrkenntnisse. Steueranlagen oder Skeg am Boot sind in diesen Umfeld häufig nicht ideal. Das Beherrschen einer soliden Paddeltechnik mit dem Beherrschen der Paddelstütze, Ein- und Aussteigen abseits angelegter Ausstiegsstellen und sowie Rückwärts traversieren sollten beherrscht werden. (Kenntnisse entsprechen dem EPP-D -Europäischer Paddelpass- Stufe 2) Zur Ausrüstung gehört auf jeden Fall eine Basis-Sicherheitsausrüstung sowie sichere Kenntnisse über deren Verwendung. Teilweise sind auch eine Kälteschutzbekleidung und ein Helm anzuraten.

Fahrten auf Wanderflüssen

Wanderflüsse gehören zu den am meisten befahrenen Gewässern. Dies zu Recht, bieten Sie doch unkompliziert zu paddelnde Abschnitte, in ansprechender Umgebung. Beachtet werden sollte in jedem Fall die oftmals vorhandenen Wehre und anderen Hindernisse. Diese müssen mit Tourenbooten in der Regel umtragen werden. Viele Umtragestellen sind problemlos zu meistern, teilweise ist aber auch eine weitere Strecke zurückzulegen. Dazu ist der Einsatz eines Bootswagens sehr hilfreich. Die Überwindung von Wehren über extra angelegte Bootsgassen erleichtert eine Befahrung des Gewässers. Diese werden in der Beschreibung gesondert erwähnt. Die Benutzung einer Bootsgasse entbindet aber nicht von der eigenen Begutachtung der Anlage, da besonders im Unterwasser ausgeprägte Kehrwässer, Wellen und Wirbel vorhanden sein können. Gleichzeitig verändern sich die Anforderungen, je nach Wasserstand. Kontrollierte Übungen mit erfahrenen Paddler*innen werden angeraten.

Durch die Renaturierung vieler Flussabschnitte zur ökologischen Aufwertung des Gewässers verändern diese permanent die Gestaltung des Flusslaufes. Natürliche Hindernisse wie gefallene Bäume, flache Stellen usw. erfordern, insbesondere nach Hochwässern, besondere Aufmerksamkeit. Aus ökologischen Gründen sind die Veränderungen gewollt, machen die Flüsse abwechslungsreich, anspruchsvoller und erlebnisreicher. Natursportler begrüßen diese Entwicklung.

Wanderflüsse können mit allen Tourenbooten oder SUPs befahren werden. Ein Wurfsack und ein Erste-Hilfe-Set sollten immer dabei sein. Der DKV empfiehlt ausdrücklich das Tragen von Rettungswesten.

Fahrten auf Wildwasser

Das Befahren von Wildwassern übt einen besonderen Reiz aus, erfordert andererseits sehr gute kanusportliche Fähigkeiten, für die eine umfangreiche Ausbildung im Verein und/oder bei entsprechenden Wildwasserkursen erforderlich ist. Für die Bewertung der Schwierigkeiten eines Wildwassers hat sich inzwischen eine recht strenge Beurteilung durchgesetzt. Bei der Beschreibung der einzelnen Flüsse des vorliegenden Bandes werden die Schwierigkeiten entsprechend der nachfolgenden Tabelle eingestuft, die von einer Kommission der ICF erarbeitet wurde. Die Tabelle basiert auf Pegelangaben, wobei die für jeden Schwierigkeitsgrad angegebenen „Normpegel" das Herzstück der Bewertung bilden. Die Tabelle enthält die sechs Schwierigkeitsgrade.

Die Tabelle zeigt die steigenden Schwierigkeitsstufen. Die durch die Wasserverhältnisse und den Zustand des Flussbettes bedingten Schwierigkeiten lassen sich nicht scharf trennen und gehen vielfach ineinander über.

Trotz dieser verhältnismäßig exakten Richtlinien für die Bewertung von Schwierigkeiten muss man sich darüber im Klaren sein, dass die im Textteil gemachten Angaben immer nur einen ungefähren Anhalt geben können. Dies hat mehrere Gründe: Die Angaben sind durchweg auf „Mittelwasser" bezogen, wenn möglich, werden diese durch Pegelangaben gestützt. Veränderungen des Pegelstandes bedingen oftmals ganz erhebliche Änderungen der Schwierigkeiten. Bei der Beurteilung spielt neben diesen objektiven, durch Wasserstand, Flusscharakter und Gefälle gegebenen Schwierigkeiten auch die subjektive Einschätzung eine ganz erhebliche Rolle, insbesondere dann, wenn eine Pegelangabe fehlt. Können, Tagesform, Erst- oder Mehrfachbefahrung desselben Flusses können die Bewertung stark beeinflussen.

Aus all diesen Gründen können die im Text gemachten Schwierigkeitsangaben nicht mehr sein als Hinweise, die keineswegs verbindlich sind. Sie geben lediglich eine ungefähre Vorstellung von der Schwierigkeit des betreffenden Gewässers. Alleinfahrten auf Wildwasser sind unbedingt zu vermeiden, empfehlenswert ist eine Drei-Personen-Gruppe. Ein Anfänger sollten stets unter entsprechender Anleitung mit der ersten Schwierigkeitsstufe beginnen und erst nach deren völliger Beherrschung auf den nächsthöheren Schwierigkeitsgrad wechseln. Wehre sind keine Wildwasser; sie werden daher auch nicht bewertet. Ihre Befahrung kann ganz leicht oder auch sehr gefährlich sein, vorherige Besichtigung ist immer anzuraten.

Grad	Bezeichnung	Sicht	Wasser
WW I	unschwierig	frei	Regelmäßiger Stromzug, regelmäßige Wellen, kleine Schwälle
WW II	Mäßig schwierig	Freie Durchfahrten	unregelmäßiger Stromzug, unregelmäßige Wellen, mittlere Schwälle, schwache Walzen, Wirbel und Presswasser
WW III	schwierig	Übersichtliche Durchfahrten	hohe, unregelmäßige Wellen, größere Schwälle, Walzen, Wirbel und Presswasser
WW IV	Sehr schwierig	Durchfahrten nicht ohne wieteres erkennbar; Erkundung meist nötig	hohe andauernde Schwälle, kräftige Walzen, Wirbel und Presswasser
WW V	Extrem schwierig	Erkundung unerlässlich	extreme Schwälle, extreme Walzen, Wirbel und Presswasser
WW VI	Grenze der Befahrbarkeit	Im Allgemeinen unfahrbar, nur bei Idealbedingungen für absolute Profis, genaueste Besichtigung notwendig	

Flussbett	Beispiele	Pegel (NW/MW/HW)
Einfache Hindernisse	Ammer Ab Böbinger Brücke	Peißenberg: 15 m³/s (6/15/58)
	Isar (Bad Tölz - Wolfratshausen)	Bad Tölz 20 m³/s (6/30/100)
einfache Hindernisse im Stromzug, kleine Stufen	Ammer ab Naturwehr Rottenb.- Peißenberg	Peißenberg: 15 m³/s (6/15/58)
	Obere Isar Hinterauthal	Scharnitz 140 cm (100/140/180)
Einzelne Blöcke, Stufen, andere Hindernisse im Stromzug	Koritnica	Kal Koritnica 15 m³/s (5/15/25)
	Obere Ötz (III+)	Sölden 60 cm (45/60/80)
	Ammer Scheibum und Naturwehr	Peißenberg 15 m³/s (6/15/58)
	Loisach Griesenschlucht	Garmisch odP 120 cm (90/120/140)
	Inn Imster Schlucht	Magerbach 270 cm (200/300/400)
Blöcke versetzt im Stromzug, höhere Stufen mit Rücksog	Inn Giarsun	Tarasp 25 m³/s (12/30/70)
	Inn Ardezer (IV+)	Tarasp 25 m³/s (12/30/70)
	Guisane Waldschlucht (IV-)	Monetier-les-Bains 10 m³/s (3/10/15)
	Soca Slalom Strecke (IV-)	Log Cezsoci 30 m³/s (5/30/60)
enge Verblockung, hohe Gefällstufen mit schwierigen Ein- oder Ausfahrten	Brandenberger Ache Kaiserklamm	Mariathal 70 cm (45/70/90)
	Mittlere Ötz	Tumpen 200 cm (165/200/230)
	Ötz Wellerbrücke (V+)	Tumpen 155 cm (150/155/160)
	Enns Gesäuse (V-)	Admont 70 m³/s (40/70/110)
	Defreggenbach Tunnel	Hopfgarten 60 cm (45/60/75)
	Ruetzbach Wasserfallstr. (VI-)	Krössbach 100 cm (90/100/110)

Zu WW I: unschwierig

Subjektive Fähigkeiten: Beherrschen von Grundschlag vorwärts und rückwärts, Konterschlag, Paddelstütze, Seilfähre vorwärts, Bogenschlag, Ein- und Ausschlingen. Bei längeren Strecken gutentwickelte Kraftausdauer.

Ausrüstung: alle Bootsarten, -typen und -klassen, feste Spritzdecke mit Schlaufen, Bootsleine bzw. Fangschlaufen am Boot, Auftriebskörper in Bug und Heck, evtl. Kälteschutz oder Kopfschutz je nach Wasser- und Witterungsverhältnissen.

Zu WW II: mäßig schwierig

Subjektive Fähigkeiten: s.o., zusätzlich Beherrschen von Seilfähre rückwärts, Paddelhang, von Ziehschlägen unter erschwerten Bedingungen wie starker Strömung und wenig Platz, Beherrschen der Kenterrolle in Übungssituationen. Nur für sportlich Trainierte, die bereits WW I gefahren sind, evtl. mit Führer.

Ausrüstung: nur vom Hersteller als WW-tauglich bezeichnete Boote, Kälteschutz, Rettungsweste und Kopfschutz, Rettungsleine und -sack.

Sicherung: Kenntnis im Umgang mit Rettungsleine bzw. -sack, Pegelvergleich.

Zu WW III: schwierig

Subjektive Fähigkeiten: siehe oben, gutes Beherrschen der Ziehschläge, insbesondere des S-Schlages, der Fahrtaktiken wie Ein- und Ausschlingen, Beherrschen der Bogenschlag- oder Paddelstützrolle im WW, zumindest auf einer Seite. Längere WW-Erfahrung und sportliches Training sind notwendig.

Ausrüstung: siehe oben, nur bestes Bootsmaterial, WW-Spezialboote mit großem Auftrieb und verstärktem Heck, Bug und Oberschiff, Rettungsgeräte siehe oben, jedoch für jeden Fahrer, Karabiner und Reepschnur für Brustgeschirr. Kenntnis in Seil- und Knotenkunde.

Sicherung: siehe oben, Vertraut sein im Umgang mit Seil, mit der Kombination „Mann – Seil – Boot“ und mit der „Bootskette“. Fahrten nur in Gruppen.

Zu WW IV: sehr schwierig

Subjektive Fähigkeiten: siehe oben, sicheres Beherrschen aller Schlagkombinationen und Fahrtaktiken der Bogenschlagrolle. Sehr gut trainierter physischer Konditionszustand. Gute Vorbereitung durch Ortsbesichtigung, geologische Karten, Wetterlage und eigene Erkundung sowie Kontrolle der Vorbereitungsunterlagen vor Ort.

Sicherung: sicherer Umgang mit allen Rettungsgeräten, Fahrten nur in festen Mannschaften.

Zu WW V: äußerst schwierig

Subjektive Fähigkeiten: siehe oben.

Sicherung: siehe oben. Nur für Experten in Mannschaften.

Zu WW VI: Grenze der Befahrbarkeit.

Zahmwasser - Schwierigkeitsstufen

Die Definition des Zahmwassers ist unabhängig von Randbedingungen wie Wetter (Wind und Temperatur Wasser oder Luft), der Gewässermorphologie (Strömungsverhältnisse), sowie der Uferbeschaffenheit oder künstlicher Hindernisse wie z.B. Wehre, Uferbefestigungen etc.

Kriterien	Zahmwasser 1	Zahmwasser 2	Zahmwasser 3
Gewässertyp	Stehende und langsam fließende Gewässer	Fließende Gewässer	Fließende Gewässer
Strömungs-geschwindigkeit	bis 2 km/h	von 2 km/h bis 5 km/h	über 5 km/h

Fahrten auf Großgewässern

Touren im Küstenbereich der Meere, im Tidebereich der großen Flüsse und über große Seen sind ein Spezialbereich des Kanuwanderns. Besondere kanusportliche Fertigkeiten vor allem im Ausdauerbereich sowie spezifische Kenntnisse, und eine optimale Ausrüstung und Revierkenntnis sind zwingend notwendig. Raues Wasser mit Wind und Wellen muss sicher beherrscht werden. Eine Kenterung ohne 100-prozentige Fähigkeit zum Wiedereinstieg wäre fatal.

Windstärken

Die Auswirkungen des Windes und seine Stärkegrade werden im Allgemeinen sehr unterschätzt. Für Kanufahrer kann auf einem Binnensee bereits bei Stärke 4 ein unangenehmer Wellenschlag herrschen. Über größere Strecken wird bei Seitenwind die sogenannte Abdrift einen erheblichen Mehraufwand an Kraft kosten; eine Steuereinrichtung ist deshalb sehr zu empfehlen. Wenn jedoch bei Stärke 6 – 7 auf den Wellen Schaumköpfe weithin sichtbar werden, sollte keine Befahrung mehr erfolgen!

Bootstransport

Beim Bootstransport mit Bootsanhänger oder auf dem Autodach sind die Regeln der Straßenverkehrsordnung zu beachten. Es sollten nur eigens für den Bootstransport vorgesehene Dachträger und Befestigungsgurte verwendet werden. Besonders wichtig ist die zusätzliche Abspannung von Bug und Heck zur Stoßstange. Auch ist die vom Hersteller des Autos empfohlene Dachlast zu beachten. Boote, die mehr als 1 m bis höchstens 1,50 m nach hinten hinausragen, müssen durch eine quadratische rote Fahne oder ein Schild von 30 x 30 cm gekennzeichnet sein, bei Nacht durch ein rotes Licht. Nach vorn muss die Ladung mit der Vorderkante des Wagens abschließen.

Der Bootstransport mit der Bahn ist auch heutzutage noch möglich. Allerdings ergibt sich zunehmend die Schwierigkeit, dass Nebenstrecken eingestellt sind und kaum noch Züge mit Gepäckwagen verkehren. Nähere Einzelheiten hierzu bei den Informationsstellen der Deutschen Bahn AG.

Der Transport im Flugzeug ist eine interessante Variante für Fernreisen. Zerlegte Faltboote werden von vielen Fluggesellschaften zu akzeptablen Preisen transportiert. Auskünfte erteilen die Reisebüros und die Fluggesellschaften direkt; ein Preisvergleich lohnt. Mit einem Fahrradanhänger, der an das Boot angepasst wird, ist der Transport sportlich und nachhaltig möglich. Entsprechende Vorrichtungen werden oftmals im Internet vorgestellt.

Tipps für den Bootstransport

1. Für das Verladen der zu transportierenden Lasten ist der Fahrzeugführer verantwortlich.
2. Prüfen Sie die kraftaufnehmenden Verbindungsstellen am Fahrzeug. Sind sie geeignet, die zu erwartenden Kräfte aufzunehmen?
3. Ermitteln Sie die zulässige Dachlast. Ist die Dachlast (Dachgepäckträger, Kajakhalterung und Kajaks zusammen) kleiner/gleich als die in den Fahrzeugpapieren angegebene zulässige maximale Dachlast?
4. Verlassen Sie sich nicht auf ein stabiles Aussehen der Dachreling (Gebrauchtwagen). Ist die vorhandene Dachreling nur eine Zierde oder ist sie ausreichend mit dem Fahrzeug verbunden, um die Kräfte der Dachlast aufzunehmen?
5. Die Möglichkeiten für die Wahl eines Gepäckträgers sind groß. Meiden Sie sogenannte Universalträger, die für viele Autotypen geeignet erscheinen. Erwerben Sie den vom Fahrzeughersteller empfohlenen Gepäckträger.
6. Prüfen Sie, ob zwischen Gepäckträger und dem Fahrzeug eine sichere Verbindung auch bei schlechten Straßenverhältnissen und starken Seiten- und Gegenwinden besteht.
7. Fragen Sie andere Sportkameraden nach ihren Erfahrungen beim Einsatz des gewählten Gepäckträgers. Machen Sie eine ausreichende

Probefahrt ohne Last und prüfen dabei den bleibenden festen Sitz des Gepäckträgers.

8. Meiden Sie Gepäckträger, die ausschließlich kraftschlüssig wirken, sondern wählen Sie einen Träger, mit dem eine form- und kraftschlüssige Verbindung hergestellt werden kann.
9. Verteilen Sie die Last auf dem Gepäckträger gleichmäßig.
10. Verzurren Sie das Gepäck ausreichend fest, aber spannen Sie nur so fest wie nötig. Besonders bei der Verwendung von Zurrgurten mit sogenannten Spannratschen kann ein zu kräftiges Spannen zu Beschädigungen des Bootes führen.
11. Verzurren Sie das Boot möglichst zwischen Haltepunkten, die in der Nähe der Befestigung mit dem Pkw (Auflagepunkte des Gepäckträgers) liegen.
12. Achten Sie darauf, dass die Gurte unbeschädigt sind und verwenden Sie nur zugelassene Gurtsysteme.
13. Achten Sie beim Spannen der Zurrgurte bzw. Seile darauf, dass sie nicht durch scharfe Kanten (z. B. Schrauben und Muttern des Gepäckträgers) beschädigt werden.
14. Wählen Sie eine ausreichende Länge des Zurrmaterials, um eine sichere feste Verbindung herzustellen.
15. Sichern Sie den Zurrgurt nicht nur mit einer Gurtklemme, sondern nachfolgend mit einer Verknotung.
16. Durch das bewusste Verdrehendes des Gurtes können lästige Resonanzgeräusche (Lärm durch Schwingungen) während der Fahrt vermieden werden.
17. Vermeiden Sie Zurrgurte mit Nietverbindungen, sie können an den Verbindungsstellen bei Belastung reißen.
18. Beachten Sie, dass einige Zurrmaterialien aus Naturfasern sich beim Nasswerden zusammenziehen, was zum Reißen an Verbindungsstellen, z. B. an Schnallen, führen kann und ein Lösen von Verknotungen verhindert.
19. Schließen Sie die Bootsluke mit einem Lukendeckel. Dadurch reduziert sich die Angriffsfläche für den Wind und der Kraftstoffverbrauch sinkt.
20. Sichern Sie lange Boote (z. B. K2, Rennboote) an der Spitze und am Heck gegen Hebelkräfte (böiger Wind und schlechte Straßen) mit einem zusätzlichen Verspannen zum Fahrzeug.
21. Benutzen Sie für die Befestigung der Kajaks zusätzliche mit dem Dachträger fest verschraubte Hilfsmittel wie Mittelstange, Kajakbügel für vertikale bzw. horizontale Bootslagerung.
22. Denken Sie beim Kauf eines Fahrzeugs bereits an den späteren Bootstransport. Je weiter die Dachträger auseinanderliegen, desto stabiler ist die Bootsauflage.
23. Beim Bootstransport mit Bootsanhänger oder auf dem Autodach sind die Regeln der bereisten Länder zu beachten. Einzelheiten sollten rechtzeitig vor Fahrtbeginn bei einem Automobilclub eingeholt.

Grundlinien für natur- und landschaftsverträglichen Kanusport

Kanusport ist Natursport – kaum eine andere Sportart bietet die Möglichkeit, so vielfältige und unmittelbare Eindrücke in der Natur zu gewinnen. Kanusport muss aber natur- und landschaftsverträglich ausgeübt werden, damit auch zukünftige Generationen die Möglichkeit zum Naturerlebnis haben. Der Deutsche Kanu-Verband (DKV) setzt sich in seiner Satzung und Praxis für den natur- und landschaftsverträglichen Kanusport ein. Im Rahmen seiner Aus- und Fortbildungsprogramme ist Umweltbildung ein wichtiger Aspekt. Insbesondere Trainer*innen und Fahrtenleiter*innen werden angehalten, die entsprechenden Verhaltensempfehlungen an Sportlerinnen und Sportler weiterzugeben und auf deren Einhaltung zu achten.

Die Ausübung des Kanusports gilt als natur- und landschaftsverträglich, wenn Kanusportlerinnen und Kanusportler...

- sich rechtzeitig vor der Kanutour über die vorhandenen gesetzlichen Vorschriften und freiwilligen Vereinbarungen zum Schutz von Flora und Fauna informieren und diese beachten. Viele der gesetzlichen Regelungen wurden in Zusammenarbeit mit den Vertretern des Kanu-Verbandes und der Naturschutzverbände einvernehmlich aufgestellt. Ein vollständiges Verzeichnis der geltenden Bestimmungen für deutsche und europäische Gewässer findet sich im Internet unter www.kanu.de oder im jährlich neu erscheinenden DKV-Sportprogramm;
- die Vielfalt, Eigenart und Schönheit von Natur und Landschaft schätzen und achten, um gerade auch den Erlebnis- und Erholungswert in ihrem eigenen Interesse nicht zu schmälern;
- sich leise und rücksichtsvoll in der Natur verhalten und ausreichenden Abstand zu Wasserpflanzen, Ufervegetationen sowie Tieren auf und am Wasser halten;
- sich rechtzeitig über vor Ort vorkommende Tiere und Pflanzen informieren und ihr gesamtes Fahrverhalten so gestalten, dass diese nicht erheblich gestört oder dauerhaft geschädigt werden;
- möglichst umweltschonend anreisen (insbesondere durch Bildung von Fahrgemeinschaften oder Nutzung öffentlicher Verkehrsmittel) und ausschließlich vorhandene Infrastrukturen (z.B. Ein- und Ausstiegsstellen, Lagerplätze, Zuwegungen und Parkplätze) in Anspruch nehmen, statt unberührte Natur zu nutzen;
- für die Übernachtung lokale Zeltplätze oder Gasthöfe aufsuchen und die Verpflegung vor Ort einkaufen. So profitiert auch die lokale Bevölkerung vom Kanusport und der persönliche Kontakt kann das Verhältnis zu Kanufahrern verbessern;
- Befahrungen nur bei ausreichendem Wasserstand vornehmen. Eine Übersicht der Pegelinformationen zahlreicher deutscher und europäischer Gewässer findet sich im Internet unter www.kanu.de oder im jährlich neu erscheinenden DKV-Sportprogramm;

- auf die Befahrung erkennbar übernutzter Gewässer verzichten und im Zweifel auf einzelne Kanutouren verzichten. Es ist selbstverständlich, dass Kleinflüsse nur in kleinen Gruppen und mit kleinen Booten befahren werden;
- weder Abfälle hinterlassen noch naturschädigende Materialien in der Natur verwenden;
- auf Umweltverschmutzungen (insbesondere stinkende Schmutzwassereinleitungen, Ölfilme oder wilde Müllkippen) in der Nähe von Gewässern achten und diese den lokalen Umweltbehörden oder dem DKV melden;
- auch andere Kanufahrer auf die Einhaltung dieser Grundlinien aufmerksam machen!

Weitere ausführliche Informationen über natur- und landschaftsverträglichen Kanusport erhalten Sie über den Deutschen Kanu-Verband.

Der DKV setzt sich seit vielen Jahren zusammen mit seinen Landes-Kanu-Verbänden für die natur- und landschaftsverträgliche Ausübung des Kanusports ein. Er ist der Verhandlungspartner mit Naturschutzbehörden und Naturschutzverbänden und erarbeitet mit diesen gemeinsame Lösungen für sensible Gewässer. Zudem vertritt er die politischen Interessen der Kanusportler*innen bei anstehenden Gesetzesänderungen auf dem Gebiet des Naturschutzes oder des Wasserrechts. Um zu sachgerechten Vereinbarungen mit den zuständigen Ministerien und Behörden zu kommen, hat er vielfach Gutachten zu möglichen Auswirkungen des Kanusports finanziert und erreicht, dass wasserbauliche Maßnahmen gleichermaßen dem Naturschutz und dem Kanusport dienen.

Umweltbildung spielt im DKV eine wichtige Rolle. In der Ausbildung von Trainer*innen nimmt das Thema Umwelt einen erheblichen Umfang ein. Neu bietet der DKV nun die DKV-Öko-Schulung auch Online zum Selbststudium an. Zusätzlich werden in allen Landes-Kanu-Verbänden Ökologie-Kurse angeboten, die auch Nichtmitgliedern zugänglich sind und oftmals in Zusammenarbeit mit Naturschutzbehörden oder Naturschutzverbänden Zusammenhänge zwischen Kanusport und Natur sowie die richtigen Verhaltensweisen vermitteln. Ein Besuch solcher Ökologie-Kurse sollte für jeden Kanufahrer selbstverständlich sein! Das gesamte Angebot finden Sie im gedruckten DKV-Sportprogramm oder in der Termindatenbank des DKV unter www.kanu.de.

Die aktuellen Befahrungsregeln kann jede/r Interessent*in über www.kanu.de > Freizeitsport > Infothek_für_Paddler > Tourenplanung zu einzelnen Gewässern einsehen. Im DKV-Sportprogramm und in der Webseite wird auf die Telefonnummern von Pegeldiensten für viele interessante Paddelgewässer verwiesen. Sie erfahren damit den aktuellen Wasserstand vor der Abfahrt. Das DKV-Sportprogramm erhalten Sie gegen eine geringe Schutzgebühr über die Geschäftsstelle des DKV in Duisburg. Außerdem sind alle für Kanu-Freizeitsportler reizvollen Flüsse und Seen im In- und Ausland mit ihren Naturschutzregelungen in den Gewässerführern des DKV und in der Canua-APP beschrieben. DKV-Mitglieder können die Flussführer und weitere Kanu-Literatur direkt beim DKV zum Vorzugspreis bestellen.

Kanusport in Österreich

Österreich ist neben Frankreich das Land, das von deutschen Kanusportlern am häufigsten besucht wird. Es hat dies verschiedene Gründe: Zunächst die günstige geographische Lage, die verhältnismäßig kurze Anfahrtswege mit sich bringt und es zumindest den süddeutschen Kanusportlern gestattet, zahlreiche Flüsse Österreichs zum Wochenende zu befahren. Durch die großen Nord-Süd-Verbindungen (Tauerntunnel, Brenner-Autobahn, Felbertauerntunnel) kann der Alpenhauptkamm überwunden und damit die südlichen Bundesländer Österreichs gut erreicht werden.

Geographische Struktur

Ein sehr großer Teil Österreichs wird von Gebirgen bedeckt. Es sind dies im wesentlichen der größte Teil der Ostalpen mit Gipfelhöhen nahe an 4000 m, mit zahlreichen großen Gletschern. Vom Nordrand der Alpen fällt das Alpenvorland allmählich zur Donau hin ab. Der weniger bekannte Nordteil Österreichs, das Mühl- und Waldviertel, erfasst einen Teil des böhmischen Massivs, mit zahlreichen Bergen zwischen 1000 und 1300 m. Die Gewässer aus diesem Gebiet fließen fast durchweg nach Süden zur Donau. Nur ganz wenige unbedeutende Gewässer finden ihren Weg jenseits der großen Wasserscheide zur Elbe. Im Osten öffnet sich Österreich zur ungarischen Tiefebene. Jenseits des Arlberges, im Bundesland Vorarlberg, gibt es einige Flüsse aus dem Einzugsbereich des Rheines.
Diese hier nur grob skizzierte geographische Struktur bringt es mit sich, dass Österreich ein Land sehr reich an Gewässern ist. Man muss sich allerdings darüber im klaren sein, dass es sich dabei in der überwiegenden Mehrzahl um Wildwasser unterschiedlicher Schwierigkeitsgrade handelt. Die fahrbaren oder zumindest die für die Befahrung empfohlenen Flussstrecken sind vielfach recht kurz. Eine gemächliche, über mehrere Tage gehende Wanderfahrt unter Mitnahme des ganzen Bootsgepäckes ist, außer der Donau, in Österreich kaum möglich. Die vielfach ruhigen Unterläufe der Flüsse sind zumeist mit zahlreichen Wehren verbaut, so dass ihre Befahrung wenig lohnend ist.

Kraftwerksbau

Österreich hat keine eigenen Kohlevorkommen. Die Wasserkraft ist der einzige noch ausbaufähige Energieträger Österreichs. In der Praxis bedeutet das, dass die Verbauung der Flüsse Österreichs voranschreitet. Auch viele kleinere Flüsse fallen dem Energiehunger, von der Öffentlichkeit fast unbemerkt, zum Opfer.

Zeltmöglichkeit

Die in Österreich vorherrschende Form des Kanusports ist die etappenweise Befahrung von Wildflüssen. Häufig werden nur recht kurze, dafür wassertechnisch und landschaftlich besonders interessante Teilstrecken der Flüsse befahren. Die Möglichkeiten, in Österreich frei zu zelten sind recht beschränkt. Es gibt eine Vielzahl von öffentlichen Zeltplätzen, die als Standquartier gewählt werden können.

Unterlagen

Als Kartenmaterial für die Befahrung von Flüssen in Österreich dürfte zumeist die „Generalkarte Österreich" im Maßstab 1:200 000 ausreichen.
Genauere Details finden sich in den Blättern der ÖK 1:50 000 (BA für Eich- und Vermessungswesen); sie sind für ganz Österreich erhältlich.
Eine sehr gute Übersichtsdarstellung nahezu sämtlicher im Text beschriebenen Gewässer findet sich in der „Wassersport-Wanderkarte", Teil 5, Österreich von E. Jübermann, Maßstab 1:550 000.

Mit dem Pkw nach Österreich

Die Zufahrt zu den Einsetzstellen mancher Gebirgsflüsse ist nur auf mautpflichtigen Straßen möglich, gelegentlich führt nur eine für den allgemeinen Verkehr durch eine Schranke versperrte Forststraße zum Ziel; man wird dann das Boot auf die Schulter nehmen oder mit Bootswagen transportieren müssen.
Es ist ratsam, sich beim ADAC die „Reiseinformationen" zu besorgen. Sie geben, stets auf den neuesten Stand gebracht, die wichtigsten Informationen für Pkw-Fahrten in Österreich.

Straßenhilfsdienste

ADAC-Notrufnummer
Unter der Telefonnnummer +49 89 22 22 22 erreichen Sie die Mitarbeiter des ADAC-Auslandsnotruf ganzjährig rund um die Uhr.
ADAC-Partnerclub
Österreichischer Automobil-, Motorrad- und Touring Club (ÖAMTC),
Baumgasse 130 A 1030 Wien, Telefon: +43 1 711 99 10 300
office@oeamtc.at, www.oeamtc.at

Anschriften

Botschaft der Bundesrepublik Deutschland
Gauermanngasse 2-4
1010 Wien
Telefax: +43 1 713 83 66
Telefon: +43 1 71 15 40
Internet: www.wien.diplo.de

Österreichischer Kanu-Verband, Berggasse 16, A 1090 Wien.
Internet: www.kanuverband.at/

Informationen im Internet

Sehr gute Informationen zu verschiedenen Flüssen sind auf der Internetseite www.4-paddlers.com zu finden.

Die österreichische Donau

Nr. in Karte	Fluss	Kleinfluss	Wanderfluss	Seengewässer	Kanal	Schifffahrtsstraße	WW I-II	WW III-IV	WW V-VI	Seite
1	Donau (Passau-Jochenstein)		o			o				1
2	Donau (Österreich)		o			o				34
3	Donaukanal Wien				o					47

Donau (Passau-Jochenstein)

Wanderfluss, Schifffahrtsstraße, Strom, Bundeswasserstraße

Ab Kelheim ist die Donau Bundeswasserstraße, letzter Abschnitt der Rhein-Main-Donau-Wasserstraße, mit Staustufen und Schleusen für die Großschifffahrt. Landschaftlich ist diese Strecke am Südrand des bayrischen Waldes wieder recht reizvoll. Es gelten die Vorschriften der Donau-Schifffahrts-Polizeiverordnungen. Die Brückendurchfahrten sind gekennzeichnet; ein auf der Spitze stehendes gelbes Quadrat bedeutet, dass dieses Joch von Berg- und Talfahrt benutzt wird, bei 2 gelben Quadraten ist die Durchfahrt für den Gegenverkehr gesperrt. Die Schifffahrt sucht sich, falls nicht durch Bojen und Baken ausdrücklich anders vorgeschrieben, immer den kürzesten Weg, d. h. es werden, besonders bei Bergfahrt, die Kurven stark geschnitten. Boote sollten stets hoch an das Ufer gezogen werden, da sonst die Gefahr besteht, dass sie durch den Wellenschlag der Schiffe beschädigt oder abgetrieben werden.

Von Straubing bis zur Staustufe Kachlet, oberhalb von Passau, verläuft das durch Ausbaupläne (Vilshofen) bedrohte, letzte größere Stück der frei fließenden Donau in Deutschland, eine sehr lohnende Paddelstrecke.

Befahrungsregeln

Hinweis: Selbstbedienungsschleusen nach der Benutzung immer auf Oberwasser bringen. Nachfolgende Paddler sind dafür bestimmt dankbar.

Befahrungsregeln: Donau als Großschifffahrtsstraße:
Überschreitet die Wasserführung der Donau den höchsten Schifffahrtswasserstand (HSW), müssen alle Fahrzeuge (also auch Kanufahrer!) ihre Fahrt einstellen. Der HSW beträgt für die Strecken:
Schalding – Jochenstein am Pegel Passau-Donau: 780 cm

Pegel: Donau-Wasserstände telefonisch abrufbar:
Passau-Donau. ☎ 01804-370037-126
Passau-Ilzstadt ☎ 01804-370037-127

2225,3 re ≣ Passau/ Ilzstadt, ✆ 01804-370037-127 (48.5732,13.4812); re ⇩ des Inn (s. Seite 306) in die Donau

2225,1 re Kiesbank, unterhalb der ⇩ des Inn (48.5727,13.4844)

2224,7 re Lüftenegger Insel li fahren (48.5726,13.4862)

2223,3 EB-II Passau (Kreutelsteiner-Brücke), li 🚌 und Rampe an der B338, **Passau–Obernzell** (48.5804,13.5008); Rückstau vom ϟ **Jochenstein** reicht bis zur Innspitze in Passau (48.5804, 13.5009); Flussmitte Grenze zwischen Deutschland (li Ufer) und Österreich (re Ufer), keine Einschränkungen für das Anlanden auf österreichischer Seite, Pass oder Personalausweis muss trotzdem mitgeführt werden (48.5809, 13.5016)

2223,2 –2206,0 Wasserskistrecke

2223,2 re **A 4785 Schärding-Achleiten** (48.5811,13.5028)

2222,6 re Insel Soldatenau, Wasserschutzgebiet, **§** nicht anlanden, und auch den Seitenarm nicht benutzen (48.5853,13.5061)

2223,2 re **A 4785 Schärding-Achleiten** (48.5883,13.5046)

2223,2 –2206,0 li Wasserskistrecke

2221,7 li ⇩ Satzbach, ⬇ (48.5915,13.5136)

2215,1 li Altort von **94130 Obernzell-Erlau** 🚌–Verbindung nach **Passau**, ✕ an der Hauptstr, 🅿 (48.5606,13.5762)

2215,7 li TID–⛺ Im Jahr 2015/16/17/18 auf dem Sportplatz des TSV Erlau, Gartenstr.9, 94130 Erlau (48.5609,13.5771)

2215,7 li **94130 Obernzell-Erlau**, Rampe am Ende des Sportplatzes (48.5609, 13.5796)

2215,1 li ⇩ der Erlau in die Donau (48.5622,13.5816)

2215,0 re Burg Krämpelstein 14. Jh, ⌘, genannt Schneiderschlössl, früher Mautschloss der Passauer Bischöfe, später Raubsitz der bischöflichen Ritter, heute eine Fremdenpension (48.5626,13.5850)

2212,8 re **A 4092 Pyrawang** ✕ Steininger paddlerfreundlich, ✆ 0043/7714-6566, Slipanlage (48.5648,13.6065)

2212,6 re 🚐 Pyrawang (über Nibelungen-Straße) (48.5625,13.6081)

2211,5 li Hafen Motorclub Obernzell li 🚐 und Freibad; ⌂⚑ des KC Obernzell, gute ⇅ im Hafen, 🚌-Verbindung nach Passau (48.5579,13.6215)

2209,8 li **94130 Obernzell** ⌘ alte Häuser mit Inntaler Flachdach und Laube, Schloss des Passauer Bischofs Leonhard von Laimingen erbaut 1426-1598, freifahrende Pkw–⛴ (48.5532,13.6425); re **Hütt** eine Signalanlage gibt Auskunft über die Sportbootumsetzanlage der Staustufe Jochenstein (48.5507,13.6417)

2208,9 re 🚐, Campingplatz Kasten (48.5481,13.6524)

2208,3 re Motorboothafen Kasten und guter ⛺ (48.5449,13.6548)

2208,0 re **A 4091 Kasten** (48.5422,13.6562)

2207,4 li ✕ Kohlbachmühle Pension und 🚐, ✆ 08591-320 (48.5377,13.6625); li ⇩ Kohlbach (48.5377,13.6627)

2207,0 re Burg Vichtenstein im Sauwald am Fuße des Haugsteines (Bergfried und Burgkapelle 14. Jh, Hauptbau 16. Jh.) (48.5336,13.6643)

2203,9 ← Einfahrt zur Groß-Schifffahrtsschleuse ☎ 08591/91198-111, Hub 10,34 m. § Schwimmwestenpflicht in den österreichischen Schleusen (48.5213, 13.7014)

2203,3 ■ Staustufe Jochenstein, X, li ϟ Jochenstein, re ⏏-Anlagen für Kanus, ca. 300m. Befahren des Wassers oberhalb der Überfallschützen verboten (bei Verstößen Geldbuße), ⌗-Personal ist Paddlern gegenüber sehr hilfsbereit, Lautsprecherdurchsagen beachten, Sportboote ohne Motor müssen die ⏏-Anlage am re Ufer benutzen, Rampen und Bootswagen vorhanden. Eine Sperrung der ⏏-Anlage wird bei der Signalanlage in Felsenhütt (km 2209,8) angezeigt. Dann müssen auch Sportboote ohne Motor die ⌗ benutzen.
Schleusenzeiten: Talfahrt jede gerade Stunde, Bergfahrt jede ungerade Stunde.
Kurz nach der ⌗ li Radlerstation, ☎ 08591/91198-111 (48.5173,13.7066)

2203,3 **94107 Jochenstein** (48.5175,13.7140)

2201,1 re **A 4090 Engelhartszell** mit Stiftskirche ⌘, Personen–⛴ nach li **Uferhäusl**. ⛺ Camping an der Donau Nibelungenstr. 113, **A 4090 Engelhartszell**. Die Strecke von Engelhartszell bis Aschach, das „Passauer Tal" ist einer der landschaftlich schönsten Gebirgsdurchbrüche der Donau (48.5125,13.7241)

2201,1 li ⇩ des Dandlbach Grenze Deutschland - Österreich, ab hier beide Ufer österreichisch (48.5140,13.7280)

Donau (Österreich)

Weitere Namen: Duna
Wanderfluss, Schifffahrtsstraße, Strom
Mündung in Donau bei amtl. km 1880,3

Donau in Österreich. Ab km 223,3 gehört das re Ufer zu Österreich und das li Ufer zu Deutschland. Erst ab km 2201,1 gehören beide Ufer zu Östereich. Die Grenzstelle in die Slowakei ist bei km 1879,7.

Karten: Jübermann Wassersport-Wanderkarte Nr. 5 ISBN: 978 3 929540-32-1 /

2201,1 ⇩ des Dandlbach Grenze Deutschland - Österreich, ab hier beide Ufer österreichisch (48.5140,13.7280)

2200,7 re ▤ **Engelhartszell** (48.5111,13.7283)

2200,2 re **Engelszell** Gemeinde **A 4090 Engelhartszell** (48.5089,13.7309)

2198,7 li **A 4085 Wesenufer-Kramesau** Pumpspeicherkraftwerk zum 4 km entfernten Ranna–Speichersee (48.4922,13.7472)

2199,3 re **A 4090 Engelhartszell-Saag** (48.4903,13.7449)

2196,8 li Schloß Rannriedl, von 1260, ⌘ (48.4881,13.7531)

2197,6 li Motorboothafen, ⛺–Möglichkeit beim ✕ Luger Kramesau 4, **A 4085**

Wesenufer, Zimmer ✆ 0043/7285-507 (48.4841,13.7602)

2196,0 ⇩ der Ranna (s. Seite 193) in die Donau bei amtl. km 1880,3 etwa 280 m über NN **Rannamühl**, Gemeinde **A-4085 Wesenufer** (48.4741,13.7758)

2195,9 re **A 4090 Oberranna**, Gemeinde **A 4090 Engelhartszell** (48.4723, 13.7739)

2194,1 Str–II, Ebenhochstr, L587 (48.4661,13.7953)

2192,8 re **Markt A 4085 Wesenufer**, Rampe, Schloss aus der Zeit der Bauernkriege, seit dem 17.Jh. bis heute Brauerei. Die Strömung wird langsamer durch den Rückstau ↯ Achach (48.4602,13.8086)

2192,0 re ⛺ Wesenufer (48.4555,13.8155)

2191,9 li Schloss Marsbach, Verlangsamung der Strömung durch Staustufe ↯ **Aschach** (km 2162,67) (48.4564,13.8202)

2191,0 li **A 4085 Wesenufer-Freizell** (48.4497,13.8272)

2188,5 li am Gipfel der Schlögener Schlinge, die Schlossruine Haichenbach (48.4340,13.8519)

2186,8 re Yachthafen und ⛺; Beginn „Schlögener Schleife“, ⛴ Personen–⛴ (48.4241,13.8671)

2186,8 re **A 4083 Haibach-Schlögen** Die Flussrichtung ändert sich um mehr als 180 Grad (48.4250,13.8711)

2185,9 li **A 4085 Wesenufer-Au** ⛴ Personen– und Rad–⛴ (48.4328,13.8713)

2182,5 re **Inzell** Gemeinde **A 4083 Haibach** ob der Donau. **TID–Zeltplatz** im Jahr 2015/16/17/18, Rampe, davor ⛺, Inzell 6, **4083 Haibach** ob der Donau, paddlerfreundlich, ✕ "Zum HL. Nikolaus, Beginn des Rückstaus der Staustufe **Aschach**, ✆ 0043 7279 8328 (48.4490,13.8645)

2180,8 li **A 4131 Kirchberg-Grafenau** (48.4461,13.8856)

2177,9 ⇩ Kleine Mühl (s. Seite 191) in die Donau bei amtl. km 1880,3 etwa 284 m ü. NN, mit Yachthafen (48.4500,13.9200)

2177,9 li **A 4131 Kirchberg-Obermühl** (48.4493,13.9208)

2177,6 freifahrende Auto–⛴ (48.4463,13.9204)

2170,6 li „Wikingerdorf“ **Exlau** Gemeinde **A 4114 Neuhaus** mit ✕ und Anlegestelle (48.4132,13.9506)

2168,0 ⇩ der Große Mühl (s. Seite 187) in die Donau bei amtl. km 1880,3, li **Untermühl**, Gemeinde **A 4114 Neuhaus**; am Berg oben **Schloss Neuhaus**; im Bereich des Staus des ↯ **Aschach** (48.4223,13.9805)

2167,7 ⛴, Personen–⛴ nach **Untermühl** (48.4206,13.9837)

2167,7 re ✕ und schöner ⛺ Kaiserhof, paddlerfreundlich, (48.4196,13.9868)

2162,5 li ⏏ mittels Bootswagen. Falls die Umtrageanlage gesperrt ist, wird dies ca. 1 km oberhalb per Tafel angezeigt. Dann Großschleuse benutzen ✆ 0043/504 321 6610; Schleusung zu Tal um 9.00 Uhr, 13.30 Uhr und 17.00 Uhr. Auf Lautsprecherdurchsagen achten ⚠ (48.3950,14.0181)

2162,0 li ≣ **Aschach** (48.3908,14.0205)

2162,5 § Schwimmwestenpflicht in der Schleuse (48.3856,14.0209)

2162,5 ▬ Staustufe **Aschach** re ↯ und ⯐, Hub 15,9 m, li ⏏-Stelle (48.3855, 14.0233)

2161,8 re ⛺ Radler Camp (48.3820,14.0236)

2159,3 li Yachthafen, **Landshaag** (48.3709,14.0325)
2160,4 re **Aschach**, das 'Meran Oberösterreichs' ⌘. Hier Essen und Brote mit nehmen. Verlangsamung der Strömung durch ↯ **Ottenheim** (48.3705, 14.0280)
2160,0 Str–II B 131 (48.3626,14.0255)
2157,1 re **Brandstatt–Eferding**, ⌘ **Eferding**, 3 km landeinwärts. Funde aus der Keltenzeit. Yachthafen, ✕, Anlegemöglichkeit (48.3369,14.0248)
2154,0 Wasserskistrecke (48.3170,14.0830)
2147,7 li ⌓–Stelle, in den Altarm, Regattastrecke (48.3157,14.1380)
2146,5 re ▤ **Ottensheim** (48.3142,14.1433)
2146,8 li Schifffahrts–⌗, Hub 12,00 m, ☎ 0043/504 321 6620, Schleusenzeiten: zu Tal 10.30, 14.30 + 18.00 Uhr, zu Berg 10.00, 12.00 + 17.00 Uhr (48.3180,14.1472);
⇩ des Pesenbach (s. Seite 187) in die Donau bei amtl. km 1880,3 (48.3212,14.1454)
2146,8 ■ Staustufe und ↯ **Ottensheim**, li ⌓ oder schleusen (48.3170,14.1509)
2145,9 ⇩ des Innbach (s. Seite 289) in die Donau bei amtl. km 1880,3 unterhalb der Staustufe Ottensheim (48.3213,14.1605)
2145,0 ⇩ der Große Rodl (s. Seite 184) auch Rodl genannt, in die Donau bei amtl. km 1880,3 bei **Ottensheim** (48.3285,14.1712);
li Anleger des Wassersportvereins Ottensheim, Kanu + Rudern, Rodlstr. 21, **A 4100 Ottensheim**, ☎ 43699/11360139 ⛺ vor dem ⌂, 200 m vom Anleger, einfache Sanitäreinrichtungen (48.3288,14.1716)
2144,4 Kabel–⛴, li **A 4100 Ottensheim** älteste Marktgemeinde des Mühlviertels, stärkere Strömung!! ⛫, netter Ort, Strand an der ⛴ (48.3295,14.1779)
2143,0 re Von der km–Tafel führt durch das Uferdickicht ein Pfad zum Zisterzienserstift Wilhering, mit berühmter Rokoko–Kirche, Besichtigung lohnend ⌘ (48.3296,14.1815)
2143,0 re **A 4073 Wilhering**, Zisterzienserkloster, ⌘ (48.3247,14.1958)
2138,5 li **A 4048 Puchenau**, li Kirche gegenüber dem Dürnberger Wald, urkundlich aus dem 9. Jahrh. Bei km 2138,2 re und 2137,8 li befinden sich Reste der Linzer Befestigungsmauern. ⌂, ✕ Ruderverein Wiking Linz, http://www.wikinglinz.at/wp/ ☎ 0043(0) 732/3838 – 83 (10) Handy: 43664/2563430, Wilheringerstr. 10, **A 4040 Puchenau**, Samstag Ruhetag, Anmeldung erforderlich. ⛫ (48.3090,14.2357)
2138,0 re ⌂ UKRV Schnecke Linz, wenige ⛺, Übernachtungsmöglichkeit im Haus bis 20 Pers (48.3082,14.2455)
2137,0 re **A 4020 Leonding-Margarethen** (48.3086,14.2535)
2135,0 li **A 4040 Linz-Urfahr** oberhalb die Pöstlingerbergkirche (48.3080, 14.2802)
2135,0 re **A 4020 Linz**, Landeshauptstadt von Oberösterreich, über 200.000 Einwohner. Schönster Rundblick vom Pöstlingsberg, mit elektr. Reibungsbahn erreichbar. ⌘ in weiterer Umgebung: das Benediktinerstift Kremsmünster und das Augustinerstift Chorherrenstift St. Florian.

bedeutende Industriestadt, ⌘ der Marktplatz mit Pestsäule (48.3064, 14.2819)

2135,2 re ≣ **Linz** (48.3069,14.2841)

2135,1 Str–⌶, **A 4020 Linz** (Nibelungenbrücke) (48.3083,14.2848)

2133,5 Str- und EB–⌶ (48.3169,14.2960)

2133,5 Autobahn-⌶ A7 darunter gute ⇅ (48.3194,14.2993)

2133,5 li hinter dem Deich ⌂ Eisenbahn Kajak– + Ruderverein Donau Linz, Heilhamerweg 2a, **A 4040 Linz**, ☎ 0043/732/ 70 05 29, **TID–Zeltplatz** im Jahr 2015/16. Bester ⛺ im Stadtgebiet (48.3214,14.2998)

2131,8 ⌂ Linzer RV Ister, http://www.ister.at, Am Winterhafen 19, **A 4020 Linz**, ☎ 0043/732/4888 (48.3207,14.3099)

2131,8 Trainings–⌂ Ruderverein Wiking Linz, Winterhafen 26, **A 4020 Linz** (48.3201,14.3135)

2131,8 re Winterhafen, Yachthafen, Linzer Schiffswerft (48.3186,14.3183)

2130,7 re Stadthafen **Linz**, Einfahrt verboten. Strömungsverlangsamung durch ϟ **Abwinden–Asten** (48.3112,14.3276)

2129,8 re Sportboothafen **Linz** (48.3052,14.3328)

2128,0 re Tankhafen **Linz**, Einfahrt verboten (48.2905,14.3400)

2127,7 Str–⌶, li **A 4221 Steyregg** (48.2870,14.3432);
EB–⌶. re Österreichische Stickstoffwerke, starke Geruchsbelästigung (48.2865,14.3433)

2127,2 re Werkshafen VOEST, Einfahrt verboten (48.2820,14.3440)

2126,0 re VÖSt = Vereinigte Österreichische Eisen– und Stahlwerke (48.2739, 14.3558)

2124,8 ⇩ der Traun (Donau) (s. Seite 270), in die Donau bei amtl. km 1880,3 unterhalb ⛺, **Weikerlsee**. Ab hier totaler Rückstau des ϟ **Abwinden–Asten** (48.2693,14.3743)

2123,9 li Yachthafen **Rosenau** (48.2697,14.3843)

2120,6 li **A 4225 Abwinden** (48.2559,14.4195)

2120,5 li ⏏–Stelle in den Altarm (48.2548,14.4223)

2119,5 li Schifffahrts–⛝, Hub 10,70 m, ☎ 0043/504 321 6630, Schleusenzeiten: zu Tal 9.00, 13.00 + 17.00 Uhr, zu Berg 10.30, 15.00 + 18.30 Uhr (48.2506,14.4311)

2119,5 ▬ Staustufe mit ϟ Abwinden–Asten (48.2492,14.4313)

2118,7 li ⇩ Alte Donau (48.2477,14.4410)

2117,0 re ⇩ Ipfbach/Mitterwasser, re Stift St. Florian, hinter vorgelagerter Auenlandschaft nur vom Land aus sichtbar. Besuch empfehlenswert (48.2343,14.4563)

2115,5 li Ruine Spielberg, Raubritterburg aus dem 11. Jh (48.2383,14.4727)

2113,6 ⇩der Große Gusen (s. Seite 183) in die Donau bei amtl. km 1880,3 (48.2454,14.4994)

2112,0 li ⚓, li **A 4310 Mauthausen** mit Schloss **Pragstein**, KZ-Gedenkstätte, Salzhandel im Mittelalter, Granitsteinbrüche. ⌘ der Karner mit Fresken aus 1250. 🚆 (48.2405,14.5142)

2111,8 ⇩ der Enns (s. Seite 231), in die Donau bei amtl. km 1880,3, Einfahrt in

Hafen **Enns**. Ab hier macht sich zunehmend der Rückstau des ↯ **Wallsee** bemerkbar (48.2369,14.5213)

2111,0 EB– und Str–II, **A 4310 Mauthausen** (48.2378,14.5313)

2110,9 li ≣ **Mauthausen** (48.2388,14.5338)

2110,8 li **A 4310 Reifendorf** (48.2386,14.5356)

2110,0 li **A 4310 Albern**, ✕ „Gurhof“ (48.2365,14.5467)

2108,8 re ⇩ Ennskanal, Yachthafen (48.2299,14.5579)

2108,5 re **A 4303 Stein**, vollkommener Rückstau durch ↯ **Wallsee** (48.2305, 14.5622)

2108,4 ⇩ der Aist (s. Seite 178) in die Donau bei amtl. km 1880,3 (48.2308, 14.5648)

2107,1 li Yachthafen **Au**, ⛟, Badesee, ⚓ (48.2273,14.5782)

2107,1 li **A 4332 Au**, kleines Flößerdorf (48.2249,14.5837)

2097,4 re ⌓–Stelle, in den Altarm, Unterwasser stark verschlammt (48.1642, 14.6705)

2094,5 ▬ Staustufe mit ↯ **Wallsee–Mitterkirchen**, li Schifffahrts–⌘, Hub 13,20m, ☎ 0043/504 321 6640, Schleusenzeiten: zu Tal 10.30, 14.30 + 18.30 Uhr, zu Berg 9.00, 13.30 + 17.00 Uhr (48.1690,14.6927)

2094,0 re **Wallsee**, **TID–Zeltplatz** im Jahr 2015/16 (48.1672,14.7009)

2093,4 re ⇩ Altarm Wallsee / Alte Donau, ⌂ Sportunion Wallsee, http://rudernpaddeln.com, Schwimmbad, Yachthafen (48.1706,14.7092)

2093,0 re **A 3313 Wallsee** mit Schloss Niederwallsee, älteste Teile Anfang des 11. Jh. entstanden (48.1708,14.7110)

2090,1 2086,0 – 2085,0 Insel Reischelau (48.1751,14.7396)

2090,1 ⇩ der Naarn (s. Seite 175) in die Donau bei amtl. km 1880,3 (48.1759, 14.7498)

2084,9 re Insel Hochau bis km 2084,4 (48.1889,14.8190);
⇩ des Klambach (s. Seite 175) in die Donau bei amtl. km 1880,3, Badesee (48.1911,14.8198)

2084,9 li **A 4351 Dornach** mit Schloss. ⛫ (48.1918,14.8198)

2084,4 li ≣ **Dornach** (48.1905,14.8274)

2084,3 re ⇩ Grenerarm, ⛺, Yachthafen (48.1873,14.8277)

2082,7 Beginn des Strudengaus (48.1952,14.8461);
re ⇩ Altarm Einzelbach, Winkling, Yachthafen (48.1951,14.8465)

2080,9 ⚠ Rechtsfahrgebot durch den Hößgang (48.2097,14.8569)

2080,9 re Signalstelle **A 3323 Tiefenbach**, obere Signale beachten: rot–Stopp, grün–freie Fahrt (48.2100,14.8572);
re Str–II B 119, re **A 3323 Tiefenbach** (48.2110,14.8566)

2079,4 li **A 4360 Grein**, schöne Altstadt ehemaliger **TID–Zeltplatz** auf dem Sportplatz, daneben öffentlicher ⛟, Anlegemöglichkeit im Yachthafen, ⌘ Marktplatz mit kleinstem Theater Österreichs. Burg Grein im Stil reiner Renaissance, älteste Teile aus dem 10. Jahrh, im Innern ⌘ Schifffahrtsmuseum ⌘. Zu empfehlen ist von **Grein** aus eine Tageswanderung in die Stillensteinklamm, die auch vom Hößgang oder der Insel Wörth aus erreichbar ist (48.2225,14.8537)

2079,0 Rad- und Personen–⛴, **Grein – Wiesen** (48.2266,14.8577)
2078,0 ⚠ Von hier ab bis St. Nikola Begegnungen mit der Schifffahrt vermeiden (48.2280,14.8705)
2077,0 ⚠ Der rechte Arm der Donau (Hößgang) sollte benutzt werden (48.2312, 14.8807);
re **A 3323 Hößgang**, Ortschaft (48.2298,14.8826)
2077,0 Insel Wörth, am unteren Inselende Anlegemöglichkeit, ÖKV-⛺ Inseleinwerts (48.2308,14.8836)
2078,7 li ⇩ Giessbach, sehr gutes ✕ Jausenstation Gießenbachmühle, dazu den Fluss Gissenbach aufwärst fahren (48.2346,14.8873)
2076,2 li Ruine Werfenstein, römisches Kastell und im Nibelungenlied genannte Burg gehörte der Sage nach Ute, Kriemhilds Mutter (48.2298,14.8918)
2076,0 li **A 4381 Struden**, eines der reizvollsten Fleckchen an der Donau. Ab hier macht sich der Rückstau vom ϟ **Ybbs-Persenbeug** bemerkbar (48.2289, 14.8940)
2074,9 **A 4381 St. Nikola** (48.2322,14.9069)
2072,5 li **A 4382 Sarmingstein**, Ruine, totaler Stau durch ϟ **Ybbs**. li 🚂 (48.2300, 14.9425)
2070,0 li **A 4382 Hirschenau** (48.2083,14.9584)
2069,6 re **A 3323 Freyenstein**, Ruine aus dem 11. Jahrh, ⛺ 'Motorbootclub Freyenstein' (48.2048,14.9566)
2067,6 re **A 3323 Willersbach**, 🚐, Camping Kronn (48.1963,14.9779)
2065,7 ⇩ der Große Ysper (s. Seite 173) in die Donau bei amtl. km 1880,3, bei **A 3681 Isperdorf**, Yachthafen. Grenze zwischen Ober- und Niederösterreich (48.1958,15.0027)
2063,5 li **A 3681 Weins**, 🚂 (48.1952,15.0269)
2062,1 li **Weinser Kreuz** (48.1984,15.0441)
2061,0 re Donaukraft–Betriebshafen, Einfahrt verboten (48.1923,15.0636)
2060,5 re ⏏–Stelle für Ruderboote nicht besonders geeignet, u.a. viele Stufen im Unterwasser, bei hohem Wasserstand nicht benutzbar, Boote werden in Schifffahrts–⧖ mitgeschleust (48.1908,15.0655);

Umsetzanlage re etwa 100 m vor li Einlauf, steil, für bepackte Boote kaum benutzbar. Evtl. muss mit Bootswagen durch den Ort **Ybbs** bis km 2058 ⏏ werden; hier Gelände der Firma „Donaubetrieb“. ⚠, starker Stromzug! Bei starkem HW, selten, können sämtliche Schützen offenstehen, dann lebensgefährlicher Stromzug! (48.1908,15.0655)
2060,4 li ▬, Staustufe und ϟ **Ybbs-Persenbeug** li Schifffahrts–⧖, Hub 12,00 m, ☎ 0043/7412/504 321 6650, Schleusenzeiten: zu Tal 9.00, 12.00 + 17.30 Uhr, zu Berg 10.45, 14.45 + 18.45 Uhr. Bei Hochwasser auf die re zu den Überfällen führende Strömung achten! Auch hier darf die Bootstreppe bei hohem Wasserstand nicht benutzt werden. Schleusung nur mit Schnell- und Personenschiffen günstig 13.00 und 18.00 Uhr, nicht mit Großschifffahrt. li 🚂 (48.1904,15.0731)
2060,0 li Schloss und Ort **A 3680 Persenbeug**. 🚂 (48.1870,15.0792)
2059,0 re **A 3370 Ybbs**, schöne Altstadt, ⌘, gute Verkehrsverbindungen. 🚂

(48.1798,15.0841)

2057,7 re ⌂ Kanuclub Naturfreunde Ybbs ⛺–Möglichkeit, ✆ 07412 / 55601, **TID–Zeltplatz** im Jahr 2015/16, unterhalb an der Schiffswerft gute Anlegemöglichkeit für Paddler und Ruderboote (48.1740,15.0901)

2058,0 li **A 3680 Hagsdorf**, bei NW nicht zu weit in die Innenkurve fahren, da Untiefen (48.1735,15.0976)

2057,1 ⇩ der Ybbs (s. Seite 226), in die Donau bei amtl. km 1880,3, Mündungsbereich versandet. Eine kleine Ebene hat sich am linken Ufer gebildet, die 'Ybbser Scheibe'. Blick auf die Voralpen mit dem die Landschaft beherrschenden Ötscher (48.1703,15.1031)

2053,5 re **A 3374 Ybbs Säusenstein**, 🚆 Von **Säusenstein** bis **Melk** läuft die Donau in einem breiten Tal, „Nibelungengau" genannt. (48.1918,15.1138)

2054,2 li **A 3680 Gottsdorf**, liegt auf der Ybbser Scheibe, am Fuße des bis 1060 m aufragenden Ostrong–Bergzuges (48.1909,15.1092);
A 3680 Metzling, ⛺ (48.1993,15.1089)

2050,5 li **A 3671 Granz**, 🚐, Marbacher Freizeitzentrum, Granz 51, **A-3671 Marbach an der Donau** (48.2127,15.1384)

2050,0 li Yachthafen **A 3671 Marbach** (48.2135,15.1448)

2049,9 re Yachthafen **A 3375 Krummnussbaum** (48.2109,15.1468)

2049,6 li **A3671 Marbach** auf der Höhe Wallfahrtskirche Maria Taferl, neben Mariazell der besuchteste Wallfahrtsort Österreichs. Freifahrende ⛴ (48.2137,15.1520)

2045,3 ⇩ der Erlauf (s. Seite 221) in die Donau bei amtl. km 1880,3. Yachthafen, ⌂ TVN Pöchlarn, ⛺ 50 m flussaufwärts, Dusche (48.2138,15.1943)

2045,3 re ⌂ unbewirtschaftet Union Ruderverein Pöchlarn, http://www.urv-poechlarn.at/ Regensburger Str. 16, **A 3380 Pöchlarn**, Übernachtung auf Luftmatratze möglich, ⛺, Küchenbenutzung, Anmeldung erforderlich (48.2135,15.2178)

2044,8 re **A 3380 Pöchlarn** freifahrende ⛴, das Bechelaren des Nibelungenliedes. Stadttürme 14. Jahrh. zwei Säulenbrunnen von 1644, gotische Pfarrkirche 1766 barockisiert. 🚆 (48.2135,15.2210)

2044,4 li **Klein–Pöchlarn**, Tongruben, Töpferei und Tonindustrie. 4 km landeinwärts Schloss Artstetten, Grabstätte des Erzherzogs Franz Ferdinand und seine Gemahlin (48.2167,15.2238)

2043,6 Str-II B209 (48.2156,15.2300)

2040,5 re Bootssteg des Trainings–⌂ Ruder Union Melk (48.2225,15.2720)

2039,5 li 1. ⏏–Stelle des ⚡ **Melk** in den gestauten Seitenarm. (48.2257,15.2872)

2038,4 ▬ Staustufe und ⚡ **Melk** li Schifffahrts–⌗, Hub 11,10 m, ✆ 0043/504 321 6660, Einfahrt zur Schleuse, Schleusenzeiten: zu Tal 10.00, 13.00 + 18.30 Uhr, zu Berg 9.30, 13.30 + 17.30 Uhr (48.2255,15.2956)

2038,8 ⇩ des Weitenbach (s. Seite 172) in die Donau bei amtl. km 1880,3, bei **Weitenegg**, Ruine, in den gestauten Seitenarm. Dahinter öffnet sich das Weitental mit seinen Burgen und anmutigen Orten
, ⬆ im Altarm der Staustufe **Melk** (48.2291,15.2978)

2037,2 li 2. Umsetzanlage im Altarm, zurück in das Donau-Unterwasser ⏏. Also

es muss bei diesem ↯ zweimal ⏏ werden, (48.2297,15.3124)
2037,0 li Yachthafen **A 3644 Luberegg**, ⛺ (48.2307,15.3141);
li ⇩ des Altarm (48.2300,15.3151)
2036,8 li Schlösschen Luberegg, einst Sommerresidenz Kaiser Franz 1 (48.2321, 15.3176)
2035,7 **A 3390 Melk**, schöne Altstadt. Über dem Donauarm erhebt sich auf einem 60 m hohen Felsen die Benediktinerabtei **Melk**, ein prachtvoller Barockbau, ⌘, Besichtigung empfehlenswert (48.2316,15.3239)
2036,0 re 🚐, Campingplatz Melk (48.2341,15.3292)
2035,7 re Einfahrt zum ⌂ unbewirtschaftet Ruder-Union Melk, http://www.ruderunionmelk.at/, im Altarm li 1. Bootssteg nach 200 m, Am Räcking 2, **A 3390 Melk**, Übernachtung auf Luftmatratzen möglich, ⛺, Küchenbenutzung, Anmeldung erforderlich, ☎ bei Ankunft 0043/676/6059195 (Frau Gabi Neumann). 🚂 (48.2347,15.3321)
2035,6 ⇩ der Melk (s. Seite 220) in die Donau bei amtl. km 1880,3 (48.2357, 15.3322)
2035,5 re Pionierhafen **Melk**, Einfahrt verboten (48.2363,15.3351)
2034,5 re ≣ **Melk** (48.2392,15.3410)
2035,0 li **A 3644 Emmersdorf**, ⌘ Ort aus dem Mittelalter, Anlegemöglichkeit an Rampen, 🚐, ausgezeichnete ✕ (48.2421,15.3403)
2034,4 Str–Ⅱ, Donaubrücke, **A 3390 Melk - A 3644 Emmersdorf** (48.2424, 15.3454)
2034,3 ⇩ der Pielach (s. Seite 219) in die Donau bei amtl. km 1880,3, unterhalb **Melk**, Beginn der Wachau (48.2423,15.3494)
2032,3 re 🚐, ⇅ (48.2544,15.3698)
2032,0 re Schloss Schönbühel, das „Tor zur Wachau“ mit Servitenkloster, keine Möglichkeit der Besichtigung (48.2557,15.3716)
2032,0 ! II halten, da Kuh– und Kalbfelsen im Strom ⚠ (48.2580,15.3715)
2030,5 li ⬇ Altarm (48.2664,15.3733)
2026,7 li **A 3641 Aggsbach-Markt**, spätromanische Kirche, heute Barock. **TID–Zeltplatz** im Jahr 2115/16, ungünstige Anlegemöglichkeit für Ruderboote (48.2931,15.4042);
re **A 3642 Aggsbach-Dorf** Wahrzeichen die Kartause aus 1380 (48.2926, 15.4074)
2025,5 re **A 3642 Aggstein**, ÖKV Paddlerstation. Auf der Höhe Ruine Aggstein, 12. Jahrh. sagenumworbene Feste, ein Aufstieg lohnt sich wegen der hervorragenden Aussicht. 🚌 nach **Melk** (48.3064,15.4115)
2024,0 li **A 3641 Willendorf**, Fundort der Statue „Venus von Willendorf“, über 25.000 Jahre alt. Hier gibt es eine Rampe. 🚂 (48.3228,15.4089)
2022,0 li **A 3620 Schwallenbach** (48.3416,15.4058)
2021,0 re **St. Johann**, Pfarr- und Wallfahrtskirche, ⌘ (48.3482,15.4100)
2020,2 li Teufelsmauer, mauerähnlicher Felsabsturz, der zu zahlreichen Teufelssagen Anlass gab (48.3509,15.4062)
2020,2 re **A 3621 Oberarnsdorf**, ⛺ (48.3513,15.4106)
2020,0 re Hafen **Oberarnsdorf** (48.3544,15.4117)

2019,1 ⛴, li **A 3620 Spitz** bekanntes Weinbaugebiet, ⛺. Ruine Hinterhaus, bereits 976 erwähnt. Pfarrkiche 16. Jahrh, Rathaus mit spätgotischem Portal. Oberhalb des Ortes eine der größten Weinlagen der Wachau, der Tausendeimerberg. 🚂 (48.3620,15.4186)

2018,1 li Yachthafen **Spitz**, Anleger WSC Spitz (48.3680,15.4290)

2017,8 re **A 3621 Mitterarnsdorf**, Ort aus karolingischer Zeit (48.3668,15.4341)

2017,3 li Kirchenburg St. Michael, älteste Pfarrkirche der Wachau (48.3711, 15.4389)

2015,7 li **A 3610 Wösendorf** (48.3791,15.4537)

2015,2 re ≣, **Kienstock** (48.3824,15.4583)

2015,0 li **A 3610 Joching**, bekannte Weinbauort der Wachau (48.3834,15.4593)

2014,5 li Hafen **Joching** (48.3876,15.4637)

2013,7 re **A 3602 St. Lorenz**, ÖKV-⛺ ⚠ Hochseil-⛴ (48.3933,15.4750); li **A 3610 Weißenkirchen**, ⛺, Strandbad, ⌘. Der Ort beherbergt zahlreiche alte Häuser aus dem 17. Jahrh. mit den typischen Wachauer Rundbögen und Arkaden. Gute Weinwirtschaften. Personen–⛴, bei ⛴ ✕. Strömungsverlangsamung durch Rückstau des ϟ **Altenwörth**. 🚂 (48.3950,15.4723)

2010,2 re ⇩ Altarm (48.4049,15.5087)

2009,0 re **A 3602 Rossatz**, Schloss mit Arkadenhof, Nepomuk–Statue von 1721 und Prangersäule (48.3971,15.5143)

2009,0 li **A 3601 Dürnstein**, Ruine. Sehr ⌘ Ort. Die Stiftskirche mit schönem Turm ein Kleinod des Barocks in Österreich. Reizvolles Stadtbild. Aufstieg zur sagenumwobenen Ruine Dürnstein. ⌘. 🚂 (48.3951,15.5184)

2008,0 re **A 3602 Rossatzbach**, 🚌, Yachthafen, ⛴ nach **A 3601 Dürnstein** (48.3908,15.5171)

2007,0 li **A 3601 Dürnstein-Oberloiben** (48.3853,15.5349)

2006,4 Rossatzer Wände (48.3839,15.5434); li **A 3601 Dürnstein-Unterloiben**, Schlachtfeld aus dem Jahre 1808. Beginn mit dem Rückstau ϟ Altenwörth (48.3863,15.5422)

2005,2 re Insel Hundsheimer Haufen, Fahrrinne li (48.3890,15.5562)

2003,8 re **A 3512 Mautern**, **TID–Zeltplatz** im Jahr 2015/16/17/18 (48.3950, 15.5723)

2003,5 Str–Ⅱ, Mauterner Ⅱ (48.3982,15.5747)

2003,5 gleich hinter der Ⅱ li ⌂ unbewirtschaftet Steiner Ruder-Club, http://www.steiner-ruder-club.at, ⛺, Anmeldung erforderlich (48.3993, 15.5754)

2003,0 li **A 3500 Krems-Stein**, 🚂 (48.4007,15.5806)

2002,5 li **Kloster Und** (48.4013,15.5828)

2002,7 li ≣ **Krems** (48.4018,15.5843)

2002,0 li **A 3500 Krems**, zusammen mit Stein ⌘ mittelalterliches Stadtbild, Weinmuseum im ehem. Dominikanerkloster. re auf der Höhe, einige Kilometer entfernt, Stift Göttweig, ein Meisterwerk des Barocks, allerdings unvollendet geblieben, Lohnender Ausflug, ca. 4,5 km. ⌘ (48.4026, 15.5897)

2002,2 ⛺ Campingplatz Krems (48.4029,15.5921)
2001,8 li Yachthafen **Krems**, ⛺. ⌂ des Kanuclubs TVN Krems (48.4035, 15.5953)
2001,5 EB–Ⅱ (48.4020,15.6014)
2000,5 re ⇩ des Fladnitz (48.4013,15.6138)
2000,3 li Bauhafen, Einfahrt verboten (48.4053,15.6196)
1999,8 Str–Ⅱ, St. Pöltenbrücke, B 37 (48.4040,15.6249)
1999,3 re Segelboothafen (48.4010,15.6295)
1994,5 re **A 3506 Hollenburg**, Burg Bertholdstein (48.3836,15.6896)
1995,0 re auf der Höhe die Kirche von **Wagram** (48.3869,15.7017)
1998,1 Hafen **Krems** und Speicheranlagen, Einfahrt verboten, unterhalb neue Str–Brücke. Ende der Wachau (48.3870,15.7205)
1991,3 Str–Ⅱ Traismauer, S 33 (48.3847,15.7206)
1988,0 re Yachthafen, ⛺, Badesee. Die Mündung der Traisen wurde verlegt. Es besteht die Möglichkeit, nach dem Motor-Yachthafen die Boote re zur Traisen hinunterzutragen und auf dieser in hübscher Flusslandschaft bis zu ihrer neuen Einmündung unterhalb der Staustufe **Altenwörth** weiterzufahren. Man entgeht dadurch dem Rest der eintönigen Staustrecke mit oft starkem Gegenwind. 3 ▬ aus Steinbrocken, ⏏ recht mühsam (48.3712,15.7601)
1987,0 –1986,0 (48.3750,15.7728)
1981,7 li 1. ⏏–Stelle in den Altarm, nach ca. 1200 m im Altarm nochmals ⏏ (48.3823,15.8406)
1979,9 ▬ Staustufe mit ϟ **Altenwörth** li Schifffahrts–⌗, Hub 16,00 m, ☎ 0043/504 321 6670, Schleusenzeiten: zu Tal 9.00, 11.00 *), 14.30, 16.45 + 19.00 *) Uhr, zu Berg 10.30, 13.15, 16.00 *) + 19.00 Uhr (* nur an Samstagen, Sonn- + Feiert) (48.3773,15.8576)
1980,0 li **A 3474 Altenwörth** am Altarm (48.3831,15.8500);
← Gießgang (s. Seite 156) aus der Donau (48.3799,15.8650)
1979,1 ⇩ der Traisen (s. Seite 216) in die Donau bei amtl. km 1880,3 (48.3611, 15.8805)
1978,2 ⇩ der Kamp (s. Seite 156) in die Donau bei amtl. km 1880,3 (48.3693, 15.8753)
1976,7 Kern–ϟ, nicht in Betrieb (48.3553,15.8853)
1974,5 re **A 3435 Zwentendorf**, gute ⛺–Möglichkeit, hier ist Wals und Strand (48.3493,15.9058)
1972,4 re **A 3435 Kleinschönbichl**, Yachthafen (48.3401,15.9376)
1972,1 ⇩ der Perschling (s. Seite 215) in die Donau bei amtl. km 1880,3. Yachthafen (48.3385,15.9411)
1971,9 re Werke Moosbierbaum (48.3384,15.9453)
1971,5 li ⇩ Goldwascher (48.3412,15.9540)
1965,5 Str–Ⅱ, Rosenbrücke, re **A 3430 Tulln** (48.3348,16.0276)
1965,3 ⇩ der Grosse Tulln (s. Seite 215) in die Donau bei amtl. km 1880,3 (48.3334,16.0304);
700 m stromauf ohne Strömung ⌂ unbewirtschaftet Tullner Ruderverein,

http://www.trv.at, Kronauer Ⅱ, **A 3430 Tulln**, Übernachtung auf Luftmatratzen möglich, ⛺, Anmeldung erforderlich Eva Großschmidt, Kerschbaumerg. 8, **A 3430 Tulln**, ☎ 0043/2272/64150 oder 62481

1964,1 re in einem kleinen Hafen, ⛺, Anlegemöglichkeit Rampe, Naturfreundehaus mit Kanuabteilung bewirtschaftet (48.3337,16.0490)

1963,7 re Stadthafen **A 3430 Tulln** (48.3341,16.0543)

1963,2 Str.- und EB–Ⅱ, Tullner Donaubrücke, re **A 3430 Tulln**. **A 3420 Tulln**, geschichtsreiche Stadt, Anfänge der Stadt als Römersiedlung Comagenis. Viele Fehden und Kriege sind über Tulln hinweggezogen. Ab hier bei MW totaler Rückstau des Kraftwerk **Greifenstein** (48.3358,16.0591)

1962,4 re Sportboothafen **Tulln** anlegen und ca. 500 m Überland fahren mit Bootswagen, **TID–Zeltplatz** im Jahr 2015/16, , **Aubad** (48.3340, 16.0691)

1964,1 ⇩ des Gießgang (s. Seite 156) in der Donau bei amtl. km 1880,3 (48.3412, 16.3140)

1959,0 re **A 3425 Langenlebarn** (48.3349,16.1307)

1955,6 re **A 3424 Muckendorf**, Yachthafen (48.3371,16.1595)

1952,1 Wasserskistrecke (48.3420,16.1808)

1951,3 re **A 3422 Altenberg** (48.3475,16.2105)

1951,0 re –Stelle in den Altarm und ca. 500 m weiter zweite –Stelle im Altarm, bei Unions–Bootshaus ⌂ (Kanu). Die große Gastfreundschaft dürfte vielen Donaufahrern bekannt sein (48.3494,16.2203)

1949,2 ■ Staustufe und ϟ **Greifenstein**, re Schifffahrts–, Hub 14,00 m, ☎ 0043/504 321 6680, Schleusenzeiten: zu Tal 10.30, 12.30 *), 16.00 + 19.30 Uhr, zu Berg 8.45, 11.00, 14.30 *) + 17.30 Uhr (* nur an Samstagen, Sonn- + Feiertagen) (48.3522,16.2411)

1951,4 ⇩ des Hagenbach (s. Seite 214) in die Donau bei amtl. km 1880,3 (48.3518,16.2506)

1948,7 re ⇩ Altarm Alte Donau, Greifenstein (48.3506,16.2504)

1949,0 re **A 3422 Greifenstein** mit gleichnamiger Ruine aus dem frühen 12. Jh, im Altarm Liegeplätze und ✕, Personen–, vor dem Ort ÖKV–⛺. Im Altarm die 2. Umsetzanlage (48.3516,16.2538)

1947,0 re **A 3421Höflein**. ⌂ TVN Kanusport. 4 km Nordost Burg Kreuzenstein, Donaustrasse 31, A 3421 Höflein (48.3518,16.2726)

1945,3 re ➔ Klosterneuburger Durchstich, ab 450 der Wiener Reichs–Ⅱ. ⇩ in Donau bei km 1938,5. Im unteren Bereich des Durchstichs Schwimmbad und ⛺ (48.3472,16.2915)

1945,0 re **A 3420 Klosterneuburg-Kritzendorf** (48.3434,16.3007)

1944,0 re Strombad **Kritzendorf** (48.3412,16.3059)

1943,0 li Werfthafen **A 2100 Korneuburg**, Einfahrt zum ⌂. unbewirtschaftet des Korneuburger Ruderverein „Alemannia", http://www.ruderverein-alemannia.at, Donaustr. 70, **A 2100 Korneuburg**, ☎ 0043/2262/62316, Übernachtung auf Luftmatratzen möglich, ⛺, Kochgelegenheit vorhanden, Anmeldung erforderlich; ⌂ des Kanuclubs TVN Korneuburg, **A 2100 Korneuburg**, Donaustraße 75, mit der S-Bahn in 20 Minuten in

die Wiener Innenstadt (48.3385,16.3213)
1942,5 li Yachthafen Korneuburg (48.3355,16.3263)
1942,2 li **A 2100 Korneuburg** (48.3329,16.3298)
1941,8 Hochseil-⛴ (48.3291,16.3306)
1941,5 li ≣ **Korneuburg** (48.3276,16.3339)
1941,3 re ⌂ unbewirtschaftet Ruderverein Nibelungen, keine Übernachtungen, kein ⛺, Nibelungengelände 10, **A 3400 Klosterneuburg**, http://rvnibelungen.com (48.3253,16.3306)
1940,9 li ⌂ unbewirtschaftet Wiener Ruderclub Pirat, http://www.wrc-pirat.at, Am Kaisermühlendamm 92, **A 1220 Wien**, 12 Betten, Übernachtung auf Luftmatratzen möglich, ⛺, Anmeldung erforderlich. Das ⌂ liegt in sehr schöner Lage am Stadtrand von Wien. S-Bahn-Verbindung in die Wiener Innenstadt (48.3229,16.3371)
1939,1 li **A 2103 Langenzersdorf** (48.3076,16.3446)
1939,0 re **A 3400 Klosterneuburg**, ⌘ Augustiner Chorherrenstift (48.3061, 16.3386)
1938,4 li ← Marchfeldkanal aus der Donau (48.3011,16.3470)

Nebenstrecke Rußbach / Marchkanal

Mündung in Donau bei km 1881,2 li Nebenfluss

Der Marchkanal, der im Stadtgebiet von Wien li aus der Donau abzweigt, wurde zur Entwässerung des Marchfeldes angelegt. Die Ufer sind naturnah gestaltet und recht hübsch. Ein Radweg begleitet den Kanal durchgehend, oft auf beiden Ufern, mäßige Strömung. Nach 18 km mündet der Kanal in den Rußbach. Man kann auf ihm ohne besondere Schwierigkeiten nach weiteren 41 km zurück zur Donau kurz oberhalb **Hainburg** gelangen. Seine Strömung ist etwas besser als die des Kanals, er ist, zumindest im oberen Teil, auch landschaftlich hübscher

Die Befahrung der beiden Gewässer bietet, abgesehen von einzelnen Wehren, keine besonderen Schwierigkeiten, Zahmwasser. Sie bietet jedoch im Nahbereich von **Wien** die Möglichkeit einer über 59 km gehenden Wanderfahrt.

57,7 ← Marchfeldkanal aus der Donau (s. Seite 34) (48.3011,16.3470)
57,6 Eine Einfahrt in den Kanal aus der Donau ist allerdings nicht möglich. Zur ↓ gelangt man, indem man die Zufahrt zum Einlaufwerk des Entlastungsgerinnes nimmt. Knapp vor der Unterführung unter der Autobahn überquert man den Marchfeldkanal, nach 50 m am li Ufer bequeme ↓, die Zufahrt ist allerdings verboten.
Die folgenden ■ Wehr sind, wenn offen, gut ≈. Wenn bei ihnen eine Stufe erkennbar ist, müssen sie vor einer evtl. Befahrung besichtigt werden, da zum Teil starker Rücklauf. Der Kanal führt zunächst parallel zur Autobahn, in diesem Bereich befindet sich ein ■ Wehr, meist offen und ≈
(48.3009,16.3492)

54,8 Strebersdorf, der Kanal biegt nach Osten ab und fließt durch das 1. Versickerungsbecken. (48.2819,16.3696)

54,1 II mit großen Rohrdurchlässen am Ende des Versickerungsbeckens mit kleiner Stufe, gut ≈ (48.2797,16.3767)

53,3 Str-II B3 (Prager Str.) (48.2841,16.3851)

50,2 Str-II B7 (Brünner Str.) (48.2906,16.4169)

48,9 Str-II, li **A 1210 Wien-Stammersdorf** (48.2968,16.4272)

47,3 Stadtgrenze Wien (48.3048,16.4401)

46,7 ■ Wehr 25 cm hoch, ⌂ wegen Rücklauf sinnvoll (48.3046, 16.4477)

43,6 EB-II (48.3050,16.4894)

42,1 Schnellstr.-II S1 (48.3036,16.5097)

39,2 ■ Wehr, **X** (48.2999,16.5467)

38,9 ⇩ in den Rußbach Der Rußbach ist oberhalb der Einmündung ein Kleinfluss, der kaum je ausreichend Wasser führt, ein Befahrungsbericht ist nicht bekannt (48.3001,16.5506)

38,2 Str-II B8, li **A 2232 Deutsch-Wagram** nach 50 m li gute ⬇, falls nur der Rußbach befahren wird. Zufahrt um die Kläranlage herum (48.2941,16.5558)

35,1 Str-II **A 2232 Parbasdorf** (48.2790,16.5884)

31,2 Str-II, li **A 2282 Markgrafneusiedl** re Richtung **Wien** danach gute ⬆⬇, der Fluss macht starke Mäander (48.2682,16.6282)

29,7 Str-II, li **A 2282 Markgrafneusiedl** (48.2585,16.6367)

28,5 ■ Wehr meist offen, ansehen! (48.2597,16.6513)

24,0 EB-II (48.2444,16.6828)

23,7 EB-II (48.2421,16.6835)

20,6 Str-II, re **A 2285 Leopoldsdorf im Marchfelde** (48.2266,16.7184)

20,0 Str–II **Leipoldsdorf - Lassee**, Straße neben dem Fluss

15,0 Str–II **Lassee - Haringsee**, der Fluss verläuft zwischen hohen Dämmen

12,8 Str-II, li nach **A 2291 Lassee** nach re **A 2286 Haringsee** der Fluss verläuft zwischen hohen Dämmen (48.2025,16.8064)

9,8 Str-II, li nach **A 2292 Loimersdorf** (48.1935,16.8433)

5,7 Str-II B49, li **A 2292 Engelhartstetten** (48.1879,16.8956)

2,2 Wege-II des Radweges Wien–Hainburg Eintritt in die Donauauen, **§** Befahrungsverbot im Nationalpark (48.1815,16.9343)

0,0 li ⇩ des Rußbach / Marchkanal in die Donau (s. Seite 34) bei amtl. km 1880,3 (48.1713,16.9578)

1938,2 li ← Neue Donau, ■ Wehr–Anlage. (48.2994,16.3467)

1938,2 li Donau–Insel bis km 1916,8 Freizeitgebiet (48.2987,16.3463)

1938,1 HW-Entlastungskanal, Sperrwerk wird bei HW geöffnet (48.2987,16.3474)

1938,0 li der Bisamberg, nördlichster Ausläufer der Alpen. Sendeanlagen des Österr. Rundfunks (48.2970,16.3450)

1937,8 re ⇩ Klosterneuburger Donauarm in die Donau bei amtl. km 1880,3

Durchstich, ⌂ unbewirtschaftet Ruderverein „Normannen" Niederösterreich, Normannengasse 2, **A 3400 Klosterneuburg**, ☎ 0039/2243/21888 Übernachtung auf Luftmatratzen möglich, ⛺, Küchenbenutzung, Anmeldung erforderlich (48.2940,16.3436)

1935,3 am Anfang des Hafens ⌂ unbewirtschaftet Wiener Ruderverein Austria, http://www.ruderverein-austria.at, Kuchelauer Hafenstr. 4, **A 1190 Wien**, ☎ 0043/13705427, Übernachtung auf Luftmatratzen möglich, ⛺, nur für kleine Gruppen, Anmeldung erforderlich. S–Bahn–Anschluss zur Innenstadt.

⌂ TVN Wien, **A 1140 Wien**, Penzingerstrasse 129/1/48, hier sind keine Übernachtungsmöglichkeiten.

⌂ WAT Wien, **A 1040 Wien**, Johann Straußg. 10 – 14/2/4/18.

⌂ WPK Wien, **A 3400 Klosterneuburg**, Kollersteig 48 A, keine Übernachtungsmöglichkeit. ⌂ PSV Wien Kanu, **A 1220 Wien**, Berresgasse 4/A/9, keine Übernachtungsmöglichkeit (48.2771,16.3549)

1935,3 re **Sporthafen Kuchelau**, Kahlenbergerdorf, ca. 1,7 km Kanalaufwärts li Ufer, ✕ (48.2749,16.3586)

1934,2 re **A 1190 Wien-Nussdorf**, Personen–⛴. re ≣ **Nussdorf**, Schiffsanlegestelle (48.2662,16.3655)

1933,7 re ➔ zur ■-Anlage Donaukanal Wien (48.2615,16.3686)

1933,6 **Wien**, die Bundeshauptstadt Österreichs, ist sehr reich an Kunstschätzen und Sehenswürdigkeiten. Man sollte sich einige Tage Zeit nehmen (48.2609,16.3684);

re ⌂ Wiener Ruderverein Donauhort, ⚠ starke Strömung, zum Anlegen rechtzeitig vorher wenden!, Am Brigittenauer Sporn 9, **A 1200 Wien**, http://www.donauhort.at (48.2607,16.3698);

re ⌂ UKK Wien, **A-1060 Wien**, Barnabitengasse 8;

Wer in Wien Station machen möchte, sollte spätestens in **Nußdorf** anlegen, da im weiteren Verlauf der Donau durch **Wien** keine brauchbaren Anlegeplätze vorhanden sind

1933,3 re ➔ Einfahrt in ⌘ **Nußdorf**zum Donaukanal Wien (48.2585,16.3714)

Nebenstrecke Donaukanal Wien

Der Donaukanal führt mitten durch **Wien**. Bei Benutzung dieses Kanals umgeht man die #Schleuse# **Freudenau**. Der Kanal ist mit Ruderbooten #fahrbar# und hat eine flotte Strömung. Man kann den Kanal allerdings nur in der Zeit von 7.00-9.30 Uhr mit Sportbooten befahren, da ab 10.00 Uhr die Ausflugsschifffahrt mit größeren Schiffen einsetzt. Besonders die Schnellboote zwischen Wien bis **Bratislava** sind zu beachten (Fahrplan: http://www.twincityliner.com, Durch die Enge des Kanals und die Spundwände bilden sich dann erhebliche Wirbel und Kreuzwellen und mit vollgeschlagenen Booten kommt man in einigen Bereichen nur schwer an Land. Nach Passieren der #Schleuse# **Nußdorf** benötigt man für die 17 km bis zur #Mündung# in die Donau bei km 1919,4 mit Ruderbooten eine gute Stunde und mit Paddelbooten ca. 1,5 Stunden. Die Kilometertafeln sind gut sichtbar. Die zahlreichen Brücken in **Wien** wurden in der Beschreibung nicht mit aufgenommen.

16,7 ➔ Einfahrt in ⯐ **Nußdorf**zum Donaukanal Wien (48.2585, 16.3714)

16,6 ⯐ **Nußdorf** ✆ 0043 / 504 321 2505, Anmeldung unbedingt erforderlich; Umtragen unmöglich mit Ruderbooten, obgleich eine Umtragemöglichkeit mit langem Fußmarsch li vorhanden ist, im Unterwasser ist jedoch das Einsetzen wegen der Uferbeschaffenheit, Steinschüttung, und der Strömung hinter dem ■ unmöglich (48.2579,16.3713)

16,3 re ⇩ des Wehrkanals!starke Strömung von re! (48.2553,16.3704)

11,9 Str-Ⅱ Untere Augartenstr. ab hier beidseitig Spundwände (48.2187,16.3702)

11,0 Str-Ⅱ, Marienbrücke, re Schwedenplatz Anleger der Schiffe nach Bratislava (48.2127,16.3770)

10,5 re ⇩ des Wienfluss (s. Seite 213) in die Donaukanal Wien (48.2118,16.3845)

9,7 Ende der Spundwände (48.2121,16.3941)

0,0 re ⇩ des Donaukanal Wien, in die Donau (s. Seite 34) bei amtl. km 1880,3 (48.1650,16.4974)

1932,7 re ⌂ ÖAV Paddelklub Edelweis, **A 1100 Wien**, Kundratstraße 16/3/2 (48.2545,16.3751)

1932,6 Nord–Ⅱ, EB– und AB–Ⅱ (48.2541,16.3777);
Ⅱ, Steinitzsteg/Nordsteg (48.2537,16.3782)

1931,7 Str–Ⅱ, Floridsdorfer Brücke (48.2471,16.3842)

1931,2 Nordbahn EB–Ⅱ (48.2434,16.3883);
U–Bahn–Ⅱ U6 (48.2432,16.3885)

1930,5 Str–Ⅱ, Brigittenauer Brücke (48.2379,16.3941)

1929,1 re ≡ Wien Reichsbrücke (48.2279,16.4039)

1928,9 Reichs–Ⅱ, Doppelbrücke, li UNO-–City (48.2269,16.4070)

1928,0 re Schiffsstation „Praterkai“ der DDSG (48.2199,16.4143)

1926,5 re Sportboothafen West (48.2102,16.4277)

1926,3 re ehemaliger **TID–Zeltplatz**, am Handelskai, Marina Wien / Yachthafen (48.2091,16.4290)

1926,0 Donaustadt–Ⅱ (48.2075,16.4331);
re Sportboothafen Ost (48.2066,16.4327)

1925,8 Autobahn-Ⅱ A26 Praterbrücke (48.2064,16.4357)

1925,0 Ostbahn–Ⅱ (48.2012,16.4434)

1923,8 ⛴ (48.1932,16.4545)

1923,4 li **TID–Zeltplatz** im Jahr 2016/17/18, auf der Donauinsel, Restaurant über die Brücke rechts und sofort links (48.1920,16.4599)

1921,0 re Schifffahrts-⯐ **A 1020 Freudenau** mit ■ ϟ, li ⏏–Stelle, ✆ 0043/504 321 6690, ⯐–Zeiten vor Ort erkunden und anmelden, Fallhöhe 10,00 m

(48.1778,16.4759)

1920,0 re **Freudenauer** Winterhafen (48.1697,16.4881)

1919,4 ⇩ des Donaukanal Wien, in die Donau bei amtl. km 1880,3 (48.1650, 16.4974)

1918,5 re Hafen **Albern**, hier gibt es einen ⛴ (48.1600,16.5077)

1917,7 Pipeline-Ⅱ Mannswörth (48.1580,16.5167)

1917,0 – 1910,0 li Insel Lobau, heute Halbinsel typische Auenlandschaft (48.1541,16.5282)

1916,6 li ⇩ Neue Donau, Mineralölhafen Lobau (48.1541,16.5287)

1914,6 Barbara–Ⅱ Gasrohrleitung (48.1408,16.5527)

1913,9 ⇩ der Schwechat (s. Seite 209) in die Donau bei amtl. km 1880,3 (48.1381,16.5610)

1909,0 re **A 2401 Fischamend** (48.1301,16.6200)

1908,4 re Altarm Fischamend, Yachthafen mit ✕ (48.1284,16.6302)

1906,7 li ⇩ Altarm (48.1287,16.6542)

1904,7 ⇩ der Fischa in die Donau bei amtl. km 1880,3 (48.1197,16.6768)

1903,7 re **A 2402 Maria Ellend**, Wallfahrtsort (48.1171,16.6908)

1902,0 li **A 2304 Orth**, Bootslagerplatz des 1. WSV Orth an der Donau, kein ⌂, keine ÜN. Anmeldung bei Mag. Sabine Bergauer, ☎ 0039/2212/3157, ⛺ u.U. möglich, Genehmigung im „Uferhaus" einholen. ✕ sehr empfehlenswertes Fischrestaurant gut für eine Pause (48.1237,16.7118)

1902,0 re **A 2402 Haslau** (48.1214,16.7159);
Ab Mai 2001 historische und funktionstüchtige Schiffmühle mit Museum, Besichtigung vorher anmelden (Tel.Nr. wie oben WSV Orth), da Überfahrt dorthin mit einer Tschaike, Nachbau eines ruderbaren Donauholzkriegsschiffes von ca. 1530 erfolgt (48.1241,16.7141)

1901,8 ⛴ (48.1232,16.7177)

1897,0 re **A 2403 Regelsbrunn** (48.1130,16.7800)

1894,8 re **A 2403 Wildungsmauer** (48.1155,16.8062)

1894,7 re ≣ **Wildungsmauer** (48.1160,16.8082)

1894,3 re Altarm (48.1166,16.8117)

1893,5 li ⇩ Narrischer Arm (48.1215,16.8204)

1890,0 re **A 2404 Petronell**, römische Ausgrabungen (48.1247,16.8558)

1889,0 li Schwalbeninsel (48.1307,16.8736)

1887,0 re **A 2405 Bad Deutsch–Altenburg**, Heilbad mit Jodschwefelthermen (48.1410,16.9000)

1886,3 Str–Ⅱ B 49, re **A 2405 Bad Deutsch-Altenburg** (48.1463,16.9081)

1884,0 re **A 2410 Hainburg**, ⌘ Städtchen mit dem größten Stadttor Niederösterreichs. Bahnverbindung nach **Wien**. Wer nicht weiter Donauabwärts fahren möchte, sollte hier seine Wanderfahrt beenden. ≣ (48.1489,16.9390)

1883,5 re Anlegestelle für **TID–Zeltplatz** im Jahr 2015/16/17/18, Rampe, hinter der Hafenmole, Yachthafen, ⚠ starke Strömung ⚠. Gute ⛺–Möglichkeit oberhalb der schwimmenden österreichischen Zollstation, ⬆, Weiterfahrt bis zur Grenze nicht zu empfehlen, da schlechte Rückfahrmöglichkeit

(48.1507,16.9438)

1883,5 ⌂ TVN Hainburg, keine Übernachtungsmöglichkeit oder Anfragen, **A 2410 Hainburg**, Paffenbergweg 27 (48.1520,16.9450)

1883,0 re Braunsberg, 346 m hoch, sehr schöner Aussichtspunkt! (48.1556, 16.9480)

1882,0 re Ruine Röthelstein (48.1629,16.9483)

1881,2 ⇩ des Rußbach / Marchkanal in die Donau bei amtl. km 1880,3 (48.1713, 16.9578)

1880,3 Ab hier bildet die Donau die **Grenze zwischen der Slowakei li und Österreich** re. Wenn eine Weiterfahrt geplant ist, entlang dem li Ufer paddeln, falls die Fahrt bei km 1874,8 beendet wird, entlang dem re Ufer paddeln (48.1724,16.9750);
⇩ March (s. Seite 149) in die Donau bei amtl. km 1880,3 (48.1731, 16.9759)

Stromgebiet von Drau und Mur

Nr. in Karte	Fluss	Kleinfluss	Wanderfluss	Seengewässer	Kanal	Schifffahrtsstraße	WW I-II	WW III-IV	WW V-VI	Seite
1	Drau		o			o	o	o	o	55
1	Drau (Österreich)		o				o	o		55
2	Mur		o				o	o		58
3	Sulm (Mur)	o								67
4	Weiße Sulm	o						o	o	68
5	Laßnitz	o					o	o	o	68
6	Saggau	o								70
7	Schwarze Sulm	o						o	o	70
8	Kainach	o					o			71
9	Teigitsch	o						o		72
10	Gradner Bach	o					o			73
11	Mürz						o	o		74
12	Kalte Mürz						o			77
13	Stille Mürz						o			78
14	Laming	o					o			78
15	Thörlbach	o					o			79
16	Ilgnerbach						o			80
17	Stubmingbach	o					o			81
18	Raxenbach	o					o	o		81
19	Dobreinbach	o					o			82
20	Freiner Bach	o					o	o		82
21	Liesing-Bach	o								82
22	Ingering							o	o	83
23	Gaalbach	o						o		84
24	Pölsbach	o					o	o		85
25	Pusterwaldbach						o	o		86
26	Bretsteinbach	o					o			87
27	Wölzerbach						o	o		88
28	Katschbach	o								88
29	Rantenbach							o	o	89
30	Paalbach							o	o	90
31	Turrachbach	o						o		91
32	Thomataler Bach						o	o		92
33	Taurach (Mur)						o	o		92

Nr. in Karte	Fluss	Kleinfluss	Wanderfluss	Seengewässer	Kanal	Schifffahrtsstraße	WW I-II	WW III-IV	WW V-VI	Seite
34	Lessach	o					o	o		94
35	Göriachbach	o					o	o		95
36	Weißpriach	o					o	o		96
37	Zederhausbach	o					o	o		96
38	Krumbach	o								97
39	Lavant						o	o		98
40	Waldensteiner Bach	o						o	o	99
41	Gurk		o				o	o	o	100
42	Glan (Gurk)	o	o							103
43	Görtschitz	o					o	o		103
44	Metnitz	o					o	o		104
45	Vellach						o	o		105
46	Trögernbach	o					o	o		106
47	Waidischbach	o						o	o	107
48	Gail	o	o				o	o		107
49	Gailitz							o	o	110
50	Lieser (Drau)							o	o	112
51	Malta	o					o	o		114
52	Möll						o	o		115
53	Mallnitzbach	o						o	o	120
54	Seebach (Mallnitzbach)	o					o	o	o	121
55	Tauernbach (Mallnitzbach)	o					o	o	o	121
56	Isel						o	o	o	122
57	Kalserbach	o					o	o	o	125
58	Defereggenbach	o					o	o	o	126
59	Tauernbach (Isel)	o					o	o	o	128
60	Villgratenbach	o						o		130

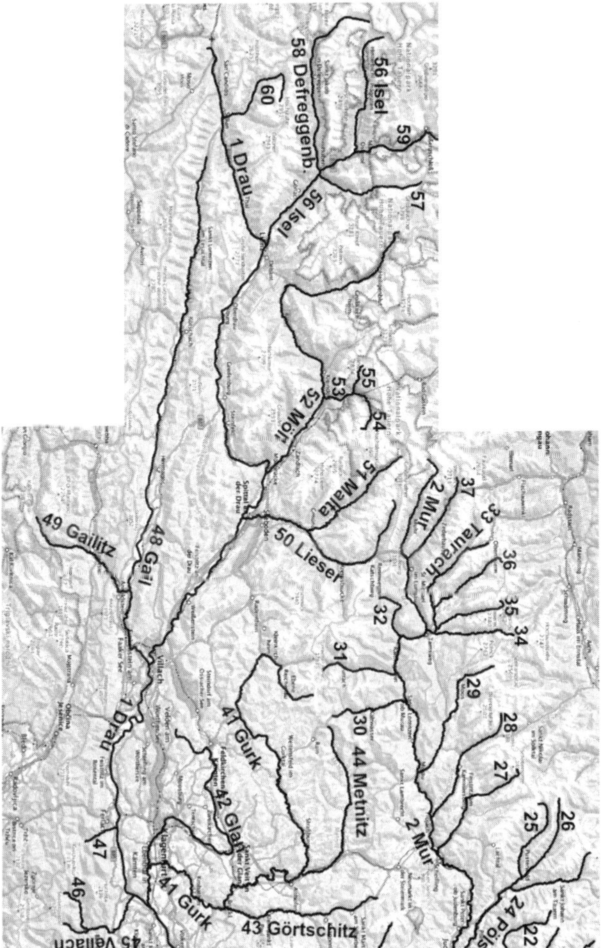
58 Defreggenb.
60
56 Isel
59
57
1 Drau
56 Isel
55
53
54
52 Möll
51 Malta
50 Lieser
49 Gailitz
48 Gail
2 Mur
37
33 Taurach
36
35
34
32
31
29
28
27
26
25
30
44 Metnitz
41 Gurk
42 Glan
1 Drau
47
46
45 Vellach
41 Gurk
43 Görtschitz
2 Mur
24 Pöls
22
Villach

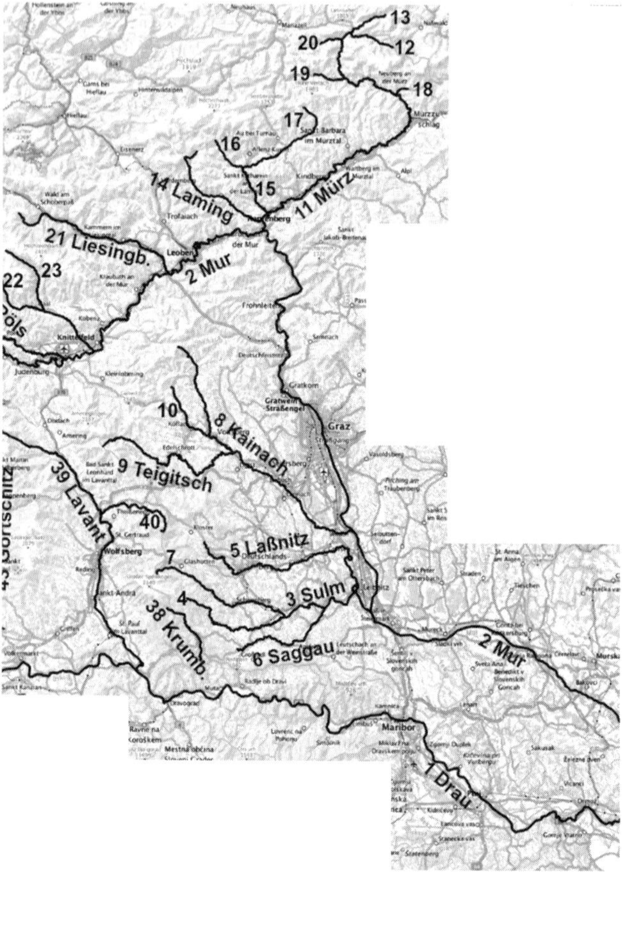
13
20
12
19
18
17
16
15
14 Laming
11 Mürz
21 Liesingb.
2 Mur
23
22
Pöls
10
8 Kainach
9 Teigitsch
39 Lavant
43 Görtschitz
40
5 Laßnitz
7
4
3 Sulm
38 Krumb.
6 Saggau
2 Mur
1 Drau
Leoben
Graz
Wolfsberg
Maribor

Drau

Weitere Namen: Drava
Wanderfluss, Schifffahrtsstraße, WW I-II, WW III-IV, WW V-VI, Gebirgsfluss [WW - SO]

Die Drau entspringt in Südtirol, durchfließt dann Österreich und Slowenien, und mündet nach einer weiteren Strecke in Kroatien in die Donau.
Die Beschreibung erfolgt für den Oberlauf als "Drau (Österreich)" und für den Unterlauf als "Drava".

Drau (Österreich)

Wanderfluss, WW I-II, WW III-IV, Gebirgsfluss

Osttirol – Kärnten (Oberlauf der Drau in Österreich)
Die Drau ist einer der größten Nebenflüsse der Donau. Sie fließt auf einer Strecke von 244,0 km durch österreichisches Staatsgebiet. Auf der für eine Befahrung in Frage kommenden Strecke ist sie landschaftlich sehr schön, in einem nur mäßig breiten Tal, im Norden begrenzt vom Defereggengebirge, der Kreuzeck- und der Reißeckgruppe sowie den Gurktaler Alpen. Die südliche Umrahmung bilden die langgestreckten Gailtaler Alpen mit den Lienzer Dolomiten.
In ihrem Oberlauf bietet die Drau leichtes Wildwasser von Kleinflusscharakter, das fast unvermittelt in schweres Wildwasser übergeht. Unterhalb Lienz war die Drau früher einer der beliebtesten Wanderflüsse Österreichs. Davon ist nur noch eine 82 km lange Strecke übrig geblieben, der Rest ist durch zahlreiche Stauanlagen weitgehend verbaut. Eine Befahrung dieser Staustrecken ist durchaus möglich und wegen ihrer landschaftlichen Reize und ihrer Einsamkeit sogar lohnend. Man muss sich allerdings auf nur kurze Strömungsstrecken mit nachfolgenden langen Stauabschnitten sowie auf mühsames Umtragen an den Stauwerken einstellen.

Befahrbarkeit:	km 321,0–308,0 nur bei Überwasser des ϟ von km 324,0, anscheinend nur sehr selten bei starkem HW; im Übrigen ganzjährig
Schwierigkeiten:	km 341,0–324,0 WW I–II. km 321,0–318,4 WW IV+, Gefälle 30 ‰. km 318,4–308,0 WW III–IV, Gefälle 12 ‰ (meist ohne Wasser). km 308,0–296,0 WW III–IV. km 296,0–213,1 WW I (Wanderstrecke), Gefälle 1,5 ‰. km 213,1–68,7 Stauseen, Staustufen und kurze Fließstrecken.
Infrastruktur:	Zeltmöglichkeiten: zahlreiche schöne Plätze am Fluss.
Karten:	Gen.-Karte Österreich Nr. 6, D 4–E 17 und Nr. 5, F 1–F 6.
Kilometrierung:	in Österreich amtliche Kilometrierung, mit km 0.0 in Marburg (Slowenien)

346,0 Ursprung mit zwei Hauptquellen auf dem Toblacher Feld (Italien) in etwa 1.200 m Höhe. Die Wasserführung nimmt durch mehrere Zuflüsse schnell zu (46.7193,12.2545)

341,0 Str-Ⅱ, **I 39038 Innichen ⬇**, ab hier Befahrung bei ausreichendem Wasserstand möglich. Die Drau ist hier ein Kleinfluss, ohne besondere Schwierigkeiten (46.7348,12.2856)

336,0 Str-Ⅱ, **I 39038 Innichen-Vierschach**, weitere mögliche ⬇ (46.7315, 12.3267)

335,2 Str-Ⅱ SS 49 Pustertaler Strasse (46.7330,12.3364)

332,0 Grenze Italien – Österreich, Zollstation knapp neben dem Fluss, hier kurze WW-Strecke, bis WW III- (46.7404,12.3692)

330,0 Arnbach, ■ mit Wasserableitung in Kanal zu Sägewerk. Bei unzureichender Wasserführung des alten Flussbetts muss die Folgestrecke bis kurz vor Sillian ⌓ werden (46.7434,12.3896)

329,5 Str-Ⅱ, Pustertalerstrasse, B 100 (46.7442,12.3937)

327,0 Str-Ⅱ, **A 9920 Silian** der Fluss ist hier reguliert (46.7455,12.4199)

325,5 li ⇩des Villgratenbach (s. Seite 130) in die Drau (46.7461,12.4448)

324,0 Str-Ⅱ B111 bei **A 9920 Tassenbach** (46.7479,12.4658)

323,9 ■ Wehr Ausgleichsbecken mit Wasserableitung für das ϟ Amlach, das Wasser kommt erst kurz vor Lienz bei zurück. Die Pflichtwassermengen sind für eine Befahrung nicht ausreichend. Eine Befahrung der folgenden schönen WW-Strecke ist daher nur bei ausreichendem Überwasser des ■ möglich. Blockstufen (scharfkantig), evtl. Steckgefahr (46.7478, 12.4667)

322,0 Str-Ⅱ, li **A 9920 Strassen-Hof** Es folgt auf einer Strecke von 4 km sehr schweres, wuchtiges WW IV+, bei HW bis WW V (46.7457,12.4894)

318,4 Str-Ⅱ, li **A 9113 Abfaltersbach** es folgt auf 9 km starke Strömung, sehr lebhaftes Wasser, WW III+ (46.7543,12.5278)

308,0 Str-Ⅱ unterhalb **A 9911 Assling** Die Folgestrecke bis **Lienz** ist je nach Wasserstand WW III–IV. Kurz danach Steil-■, **X**, re oder li ⌓ (46.7792, 12.6409)

306,0 Str-Ⅱ, **A 9911 Thal-Aue** zur Sportanlage es folgen mehrere ■ Gefällestufen (46.7824,12.6607)

302,0 2 dicht aufeinanderfolgende Steil-■, 2 m hoch, ⌓ (46.7918,12.7129)

299,0 re ⇩ ϟ-Auslauf mit Rückführung des abgeleiteten Wassers, ⬇. Anfahrt: Am oberen Ortsende von Leisach zur Gailitzenklamm, dann rechtsufrig zum ϟ Amlach. Es folgt Slalomstrecke, WW III (46.8034,12.7489)

296,0 li **Lienz**, Str-Ⅱ nach **Tristach** bzw. zu den Sportanlagen, 100 m davor re empfohlene ⬆⬇ für die nachfolgende Wanderstrecke. Es folgen bis zur Isel-⇩ schöne Schwälle WW II–III (46.8258,12.7664)

295,0 Wege-Ⅱ mit verblocktem Abfall vor der ⇩ der Isel. Hier weitere ⬇ (46.8286,12.7759);
li ⇩ der Isel (s. Seite 122) in die Drau (46.8288,12.7763)

295,0 –210,1 Empfohlene Wanderstrecke WWI über 85km bis Staubeginn ϟ Paternion, die letzte, derzeit noch ohne Behinderung ≈ Strecke der Drau, sehr schnelle Strömung, keine besonderen Schwierigkeiten, WW I (46.8285,12.7768)–(46.7440,13.5879)

294,8 Str-II, Grafenbachtraße, L 318, **A-9900 Lienz** (46.8279,12.7780)
293,6 Wege-II **A 9900 Lienz-Peggetz** li ⬇ Kosakenmuseum ⌘ und 700 m zum 🚆 Lienz-Peggetz, re Volksschule **Tristach** (46.8221,12.7899)
288,8 Str-II, re **A 9900 Lavant** (46.8066,12.8443)
283,9 Wege-II, li 🚆 Nikolsdorf (46.7796,12.8925)
276,3 EB-II (46.7473,12.9682)
276,1 li Str-II, B 110, **A 9781 Oberdrauburg**. ⬆⬇, Treppe, 🅿. ⛺, 🚐 „Dolomitenbad", nicht am Fluss gelegen, 🚆 re (46.7475,12.9702)
275,1 EB-II (46.7456,12.9825)
272,4 Str-II, li 🚆 Irschen (46.7390,13.0123)
267,0 Str-II, li 🚆 Dellach im Drautal (46.7339,13.0788)
262,8 Str-II, li 🚆 Berg im Drautal (46.7417,13.1280)
257,6 Str-II, B 87, li 🚆 Greifenburg-Weißensee li **Greifenburg**, re **Bruggen** (46.7390,13.1891)
251,8 Str-II, li 🚆 Steinfeld im Drautal (46.7508,13.2586)
243,7 Str-II, li 🚆 Kleblach-Lind (46.7732,13.3449)
238,1 Str-II, B 100 (46.8195,13.3533)
237,3 Str-II, li 🚆 Markt Sachsenburg (46.8258,13.3491)
235,6 Str-II, li 🚆 Möllbrücke-Sachsenburg (46.8318,13.3609)
235,0 Str-II, B 100 (46.8278,13.3660)
233,8 li ⇩ der Möll (s. Seite 115) in die Drau (46.8271,13.3800)
230,6 Str-II, li 🚆 Lendorf im Drautal (46.8228,13.4202)
222,7 Str-II, li **A 9800 Spittal an der Drau** (46.7858,13.4866)
222,5 re 🚐, Draufluss Camping (46.7838,13.4884)
221,5 ⇩ der Lieser (s. Seite 112) in die Drau ca. 542 m ü. NN (46.7812,13.4993)
213,1 Autobahn-II A10 (46.7491,13.5759)
210,1 Str-II B100, re **Mauthbrücken** re Anleger, gute ⬆ zur Beendigung der Wanderstrecke der Drau. Es beginnt der Stau des ϟ **Paternion** (46.7440, 13.5879)
204,8 ▬ Staustufe ϟ **Paternion**, ⬆ 400m vor dem ▬, X,. Diese Staustufe ist die 1. Stufe der fast totalen Verbauung der Drau. Zahlreiche Staustufen, längere Staus, kurze Fließstrecken. Gute ⬆-Stellen an den ▬ sind zumeist vorhanden, das Mitführen eines Bootswagens ist unerlässlich (46.7211,13.6453)
202,4 Str-II, li 🚆 Paternion Markt (46.7085,13.6716)
195,3 ▬ Staustufe ϟ **Kellerberg** (46.6697,13.7252)
187,3 Autobahn-II A10 (46.6413,13.8061)
185,4 ▬ Staustufe ϟ **Villach** (46.6333,13.8288)
184,9 Str-II, B100 (46.6296,13.8330)
182,0 Str-II 83, **A 9500 Villach** (46.6100,13.8530)
178,4 ⇩ der Gail (s. Seite 107) in die Drau (46.6065,13.8880)
178,2 Autobahn-II A2 (46.6066,13.8907)
175,4 Autobahn-II A11 (46.6116,13.9208)
172,3 Str-II, re **A 9580 Graschitz** (46.5973,13.9508)

168,5 ▬ Staustufe ϟ **Rosegg-St.Jacob**, 200 m davor an Schrägrampe ⬆, über das Werk zum li Ufer und über große Steine mühsam in Altarm ⬇ (46.5863,13.9928)
166,3 Str-II, Rosegger Strasse, L 52 (46.5935,14.0202)
155,7 Str-II, Selkacher Draubrücke (46.5476,14.0880)
149,1 ▬ Staustufe ϟ **Feistritz-Ludmannsdorf** li an Treppe gute ⬆, mühsames Hochtragen, ⬇ 300 m unterhalb Stufe (46.5343,14.1707)
148,7 Str-II, re **A 9181 Feistritz im Rosental** (46.5343,14.1758)
141,7 EB–II (46.5425,14.2555)
141,2 Str-II 91, Loiblpass Strasse (46.5433,14.2618)
138,1 ▬ Staustufe Maria Rain ↱ über Treppe 200 m vor Stufe, ⏏ 300 m zur Treppe oder 400 m zur Rampe (46.5468,14.2985)
136,1 ⇩ des Waidischbach (s. Seite 107) in die Drau (46.5448,14.3159)
123,4 ▬ Staustufe ϟ Annabrück re an Rampe ⬆, 300 m ⏏ (46.5608,14.4794)
120,5 Str-II, re **A 9132 Gallizien,** (46.5724,14.4919)
119,0 re ⇩der Vellach (s. Seite 105) in die Drau; etwa 395 m ü. NN (46.5790, 14.4956)
116,1 EB-II (46.6080,14.5257)
116,0 ⇩ der Gurk (s. Seite 100) in die Drau (46.6090,14.5256)
113,7 Str-II, re 🚆 Tainach-Stein (46.6202,14.5472)
106,0 Str-II 82, li **A 9100 Völkermarkt** (46.6460,14.6277)
96,5 ▬ Staustufe ϟ Edling, li ⬆, ⏏ sehr mühsam, kein Weg zum Wasser, steile, steinbefestigte Böschung (46.6293,14.7017)
90,5 Str-II L 127, Ruden (46.6348,14.7725)
90,2 Str-II B 80a, Jörg Heider Brücke (46.6332,14.7761)
86,4 EB-II (46.6475,14.8183)
80,0 ▬ Staustufe ϟ Schwabegg, die Fahrt am besten 2 km vor der Stufe li beenden, hier Zufahrt mit Pkw.
Evtl. li an Rampe ⬆ und ⏏, eine Weiterfahrt soll jedoch nicht lohnend sein. Der folgende Stau soll Fischzuchtgebiet sein (46.6579,14.8718)
74,0 ▬ Staustufe ϟ Lavamünd, das Gelände ist eingezäunt, ⏏ anscheinend kaum möglich (46.6435,14.9376)
73,4 Str-II, li **A 9473 Lavamünd** (46.6408,14.9410)
73,0 ⇩ der Lavant (s. Seite 98) in die Drau, ca. 344 m ü. NN (46.6393,14.9439)
72,1 Staatsgrenze, re Ufer slowenisch (46.6328,14.9556)
68,7 Staatsgrenze, ab hier beide Ufer Slowenien (46.6014,14.9794)

Mur

Wanderfluss, WW I-II, WW III-IV, Gebirgsfluss, Flachlandfluss
Mündung in Drau bei km 237,0 (li Nebenfluss)

Die Mur ist ein recht abwechslungsreicher Fluss. In ihrem Oberlauf oberhalb Tamsweg durchfließt sie ein landschaftlich reizvolles Alpenhochtal, ist dabei allerdings wassertechnisch nur streckenweise interessant. Die Strecke von

Tamsweg bis km 277,0 ist mäßig schweres Wildwasser, sie wird sehr häufig befahren. Unterhalb Murau verliert die Mur ihren Wildflusscharakter und wird zum verhältnismäßig leicht zu befahrenden Wanderfluss. Allerdings folgen bis zur Staatsgrenze 22 Wehre, die teilweise recht mühsam zu umtragen sind. Eine Befahrung der Mur als Wanderfluss kann daher nur auf den Strecken von Murau bis Unzmarkt und Zeltweg bis Leoben empfohlen werden. Unterhalb Graz wird die Mur zum Flachlandfluss. Ab Bad Radkersburg fließt die Mur ohne Hindernisse weitgehend unreguliert durch Slowenien und bildet dann die Grenze zu Kroatien und später zwischen Ungarn und Kroatien.

Befahrungsregeln: im Grenzbereich Slowenien/Kroatien und Ungarn/Kroatien werden spezielle Permits benötigt

Befahrbarkeit: ab km 458,0 bis Juni, im Sommer nur nach Regenfällen, ab Tamsweg ganzjährig.
Die Strecke Frohleiten–Peggau kann nur befahren werden, wenn der Pegel Graz mindestens 200 cm aufweist.

Pegel: für die Befahrung ab Tamsweg optimaler ≣ an der ⌶ in Tamsweg 120–150 cm

Schwierigkeiten: km 458,0–423,6 WW II–I (IV), Gefälle, einschl. Murfall, 14 ‰.
km 423,6–395,9 WW II–III–I, Gefälle 6 ‰.
km 395,9–334,3 WW I (1. Wanderstrecke), Gefälle 2 ‰.
km 318,0–270,1 WW I (2. Wanderstrecke)
km 270,1-110,0 nicht zu empfehlen, Wehre
km 110,0-⇩: Zahmwasser, keine Hindernisse, Grenzgebiet

Infrastruktur: ⛺, 🚐 Tamsweg an der Taurach

Karten: Jübermann Wassersport-Wanderkarte Nr. 5 ISBN: 978 3 929540-32-1 / Gen.-Karte Österreich Nr. 6, D 9

468,6 Ursprung Mur Quelle in den Hohen Tauern in 2.070 m Höhe (47.1299, 13.3469)

458,0 ⬇ bei einer Holz-⌶ bei **Rotgülden** zum Anwesen Hintermuhr 13. Verblocktes Wasser, auf längeren Strecken sehr starkes Gefälle, bis WW IV (47.1138,13.4403)

456,5 Str-⌶, bei **A 5583 Hintermuhr-Oellschützen** dahinter: Unholzrechen und Sohlrampe, anschließend Beginn Öllschützenspeicher (47.1123,13.4584)

456,0 ▬ Staumauer, am Ende des Öllschützenspeichers, **X**, dahinter sehr schöne Klamm, WW III+ (47.1109,13.4648)

455,3 ▬ Wehr, **X**, ↰ auf der Straße die beiden sehenswerten Mur-Wasserfälle ⩍ und bei einer ⌶ wieder ⬇. Anschließend zunächst WW II, mit kleinen Stufen, abnehmend WW I bis Tamsweg, in diesem Bereich streckenweise reguliert. ▬ bei einem Sägewerk (47.1081,13.4715)

440,7 Autobahn-⌶ A10 ⬆, die Fahrt wird oft hier beendet (47.0911,13.6084); ⇩ des Zederhausbach (s. Seite 96) in die Mur zwischen den beiden Str-⌶ der A 10-Tauernautobahn! Ca. 1.054 m ü. NN (47.0911,13.6090)

438,6 Str-⌶, **A-5582 St. Michael im Lungau** (47.0934,13.6368)

438,4 Str-⌶, Katschbergstrasse, B 99 (47.0936,13.6389)

424,4 Str-Ⅱ, Turracher Strasse, B 95 (47.1266,13.7973)
424,2 ⇩ Taurach (Mur) (s. Seite 92) in die Mur ca. 1.010 m ü.NN (47.1261, 13.8011)
423,7 EB-Ⅱ (47.1247,13.8066)
423,6 Str-Ⅱ, **A 5580 Tamsweg** ▤! re 🅿-Möglichkeit, re 🚂. Übliche ⬇ für die Befahrung der WW-Strecke der Mur. Zunächst leichte Fahrt (47.1244, 13.8073)
421,9 Wege-Ⅱ Beginn der Madling-Schlucht leicht verblockt, WW II–III, bei höherem Wasserstand wuchtig (47.1110,13.8170)
418,5 EB-Ⅱ (47.0836,13.8126)
418,1 Holz-Ⅱ bei **Madling** (47.0804,13.8141)
418,0 ▬ Sohlrampe, ≈ (47.0796,13.8135)
417,8 ⚠ Stufe von Madling ganz li ≈, re starke, rückläufige Walze und unterspülte Felswand, bis WW III+ (47.0781,13.8136);
⇩ des Thomataler Bach (s. Seite 92) in die Mur (47.0778,13.8141)
417,2 Str-Ⅱ, li 🚂 Madling (47.0760,13.8211)
416,4 Str-Ⅱ, li 🚂 Ramingstein-Thomatal (47.0747,13.8306)
416,0 Fußg.-Ⅱ, re **A 5591 Ramingstein** (47.0760,13.8362)
415,4 Str-Ⅱ, li 🚂 Ramingstein (47.0764,13.8440)
413,6 Str-Ⅱ, li 🚂 Hintering (47.0719,13.8656)
412,1 Str-Ⅱ, re **A 5591 Ramingstein-Kendlbruck**, li 🚂 Kendlbruck Unter der Ⅱ verblockte Stelle, WW III+, bis **Stadl** abnehmend WW III–II (47.0694, 13.8826)
409,7 Str-Ⅱ, Dorfstrasse, **A 8863 Predlitz**, dahinter re Treppe als ⬆⬇-Möglichkeit, ⛺ mit gutem ✕ „Zum Postwirt" (47.0719,13.9092)
409,6 ⇩ des Turrachbach (s. Seite 91) in die Mur ca. 917 m ü. NN (47.0724, 13.9103)
408,5 EB-Ⅱ, bei li 🚂 Predlitz-Pichl (47.0771,13.9224)
406,6 Str-Ⅱ, li **A-8862 Stadl an der Mur-Einach** (47.0848,13.9408)
403,3 Str-Ⅱ, B 97, **A 8862 Stadl an der Mur** ab hier WW I–II (III) (47.0880, 13.9822)
403,2 Holz-Ⅱ, li ⬆ **A 8862 Stadl a.d.Mur** (47.0881,13.9826)
403,0 ⇩des Paalbach (s. Seite 90) in die Mur (47.0891,13.9850)
400,3 Str-Ⅱ, re 🚂 Falkendorf li **A 8862 Falkendorf** (47.0995,14.0086)
398,4 ⚠ es folgt die Slalomstrecke St. Ruprecht WW III (47.1078,14.0228)
398,2 Wege-Ⅱ, re 🚂 St. Ruprecht li ca 300 m nach **A 8862 St. Ruprecht ob Murau** (47.1084,14.0242)
397,3 Wege-Ⅱ, re 🚂 Wandritsch übliche ⬆ (47.1110,14.0352)
395,9 Str-Ⅱ, bei re 🚂 Cäciliabrücke ⬆ die Fahrt sollte spätestens hier beendet werden. Bis **Murau** folgen 2 Staustufen und eine hohe Sohlrampe, ⌓ (47.1094,14.0518)
394,8 ▬ Staustufe, ϟ Bodendorf - Mur, ✕ (47.1075,14.0650)
393,6 Str-Ⅱ, **A 8861 St. Georgen ob Murau-Lutzmannsdorf** (47.1047, 14.0787)

392,9 ▬ Staustufe, ϟ **St. Georgen**, **X** (47.1047,14.0867)
392,2 Str-Ⅱ, li **A-8861 St. Georgen ob Murau** (47.1032,14.0957)
389,5 Str-Ⅱ, **A 8861 St. Georgen-Murau-Kaindorf** (47.1041,14.1243)
388,1 li ⛺ Olachgut, **A 8861 St. Georgen ob Murau** (47.1066,14.1408)
387,1 Str-Ⅱ, re 🚂 Murau-West (47.1127,14.1476)
385,3 Str-Ⅱ, in **A 8850 Murau** (Marktgasse) ⚠ es folgt bis zur nächsten Ⅱ der „Steinbrückenkatarakt", WW II–III (47.1098,14.1670)
385,0 Str-Ⅱ, **A 8850 Maurau** (Bahnhofstrasse) (47.1096,14.1709)
384,8 ⇩ des Rantenbach (s. Seite 89) in die Mur etwa 795 m ü. NN (47.1101, 14.1729);
Wege-Ⅱ, **A 8850 Murau** (Mursteg) zum re 🚂 (47.1098,14.1740)
384,1 Str-Ⅱ, L 502, **A 8850 Murau** (Umfahrungsstrasse) (47.1090,14.1828)
384,0 ▬Staustufe ϟ **Murau**, **X**, ⏏, unterhalb der ▬-Anlage ist ≋, WW V, das ⬇ ist jedoch recht schwierig. ⬅ Wasserableitung zum ϟ (47.1088, 14.1832)
383,8 li ⬇ für die Wanderstrecke bis Unzmarkt (47.1090,14.1857)
381,3 Str-Ⅱ, re **A 8850 Murau-Gestüthof** (47.1110,14.2114)
377,4 Str-Ⅱ, li **A 8850 Triebendorf** (47.1286,14.2447)
372,9 Str-Ⅱ, Murtal Strasse, B 96 (47.1347,14.2965)
372,8 li ⇩ des Katschbach (s. Seite 88) in die Mur (47.1352,14.2978)
372,7 Wege-Ⅱ, re **A 8841 Frojach** (47.1352,14.2982)
366,9 Str-Ⅱ, B 96, re **A 8833 Teufenbach** (47.1381,14.3677)
366,8 EB-Ⅱ (47.1380,14.3692)
364,5 li ⇩ des Wölzerbach (s. Seite 88) in die Mur (47.1465,14.3913)
362,9 Str-Ⅱ, B 96, re **A 8811 Scheifling-Lind** (47.1565,14.4032)
362,7 Wege-Ⅱ, li mögliche ⬆⬇, li 🚂 Lind-Scheifling 🅿-Möglichkeit (47.1570, 14.4050)
356,8 EB-Ⅱ (47.1927,14.4366)
356,2 Wege-Ⅱ vor Unzmarkt danach ↰ zum ⏏ des folgenden ▬ (47.1984, 14.4376)
355,8 ▬ Staustufe ϟ **Unzmarkt**, **X**, H etwa 6 m, li ⏏. Wieder einsetzen li ca. 100 m nach der Staustufe (47.2000,14.4424)
355,6 Str-Ⅱ, L 532, **A 8800 Unzmarkt** li 🚂 (47.2011,14.4451)
350,4 Str-Ⅱ, B 114 a, re **A 8756 St. Georgen ob Judenburg** (47.2119,14.4983)
339,5 Str-Ⅱ, B 114 (47.1904,14.6000)
335,1 Str-Ⅱ, S 36 (47.1767,14.6388)
334,3 überdachte Fußg-Ⅱ, **A 8750 Judenburg** (Paradeisgasse) ↱ vor der Ⅱ und die 3 nachfolgenden ▬ über Paradeisweg - Gußstahlwerkstraße - EuropaStraße - Talacker zur ⬇ ⏏. (47.1731,14.6485)
333,4 1. ▬ Wehr Judenburg, **X** (47.1725,14.6597)
332,9 Str-Ⅱ, B 77, **A 8750 Judenburg** (Gussstahlwerkstrasse) (47.1720, 14.6654)
332,7 Wege-Ⅱ, **A 8750 Judenburg** (47.1703,14.6677)
332,6 2. ▬ Wehr Judenburg, **X** (47.1702,14.6681)

332,4 3. ■ Wehr Judenburg, X (47.1705,14.6705)
331,4 Str-II, **A 8750 Judenburg** (Europastraße) hier wieder ⬇ nach dem ⏏ (47.1745,14.6718)
327,5 ■ Staustufe Fisching mit Kraftwerk ➔ Kraftwerkskanal. Davor ↱ und entlang des Kraftwerkskanals ⏏ und mit Bootswagen entlang des Kanals ca. 1,3 km bis ins Unterwasser karren. (47.1787,14.7101)
323,9 re ⇩ Kraftwerkskanal ⬇ nach dem ⏏ (47.1741,14.7239)
323,7 Str-II, B 78, bei **A 8740 Zeltweg** (47.1727,14.7265)
323,1 EB-II, bei Zeltweg; es folgen einige Schwalle bis WW II (47.1707, 14.7327)
321,6 ✕ mit Biergarten „Waldschenke **A 8740 Zeltweg-Pfaffendorf** (47.1815, 14.7392)
321,1 li ⇩ des Pölsbach (s. Seite 85) in die Mur (47.1831,14.7459)
320,3 Str-II, L 537, li **A 8740 Zeltweg** (47.1860,14.7534)
319,9 li ⌂ ATUS Zeltweg, Sektion Kanu; Am Laingerwald 5a, ist die Verlängerung der Murgasse. Zufahrtsstraße ist durch Poller abgesperrt, d.h. rechtzeitig anmelden; www.kajakzeltweg.at, Sektionsleiter Herbert Eichler, 0043 676 59 57 821) mögliche ⬇ für eine wehrfreie Wanderfahrt bis Leoben! (47.1876,14.7578)
314,9 re ⛺, Campingplatz am kleinen See Campingpark Murinsel Teichweg 1, **A 8734 Großlobming** (47.1957,14.8045)
314,6 Str-II re **A 8734 Großlobming** (47.1940,14.8074)
313,2 ⇩der Ingering (s. Seite 83) in die Mur (47.1973,14.8231)
312,1 Str-II, L 504, li **A 8720 Knittelfeld** (Lobminger Strasse) (47.1998, 14.8365)
309,5 Str-II, li **A 8720 Knittelfeld** (Leobner Straße) (47.2166,14.8461)
309,1 EB-II (47.2197,14.8457)
301,8 Str-II, re **A 8715 St.Lorenzen b.Knittelfeld** re 🚂 Fentsch-St.Lorenzen und ✕ (47.2533,14.8948)
295,1 EB-II (47.2822,14.9371)
295,0 Str-II, Zufahrt zum Steinbruch Preg (47.2822,14.9381)
291,9 Str-II, li nach **A 8714 Kraubath an der Mur** (47.3019,14.9532)
288,0 Str-II, re **A 8713 St. Stefan ob Leoben**, li **A 8713 Kaiserberg** (47.3222, 14.9747)
287,2 Str-II, li **A 8713 Kaiserberg** (47.3269,14.9799)
283,7 Autobahn-II A9 Es folgen die Michaeler Schwälle, WW II (47.3341, 15.0166)
283,3 ⇩des Liesing-Bach (s. Seite 82) in die Mur (47.3340,15.0214)
282,0 Str-II, S 6, Semmering Schnellstraße (47.3371,15.0331)
280,5 Str-II, S 6, Semmering Schnellstraße (47.3380,15.0426)
279,9 Str-II, S 6, Semmering Schnellstraße (47.3390,15.0489)
275,9 Str-II, li **A 8700 Leoben-Hinterberg** (Am Wirtschaftspark) (47.3598, 15.0721)
273,1 EB-II (47.3654,15.0917)

272,9 Str-II **A 8700 Leoben** (Josef-Heißl-Straße) (47.3655,15.0949)

271,4 Str-II, **A 8700 Leoben** (B116, Kärntener Str.) (47.3770,15.0939)

271,1 Str-II **A 8700 Leoben** (Waasenbrücke) (47.3795,15.0920)

270,9 Wege-II **A 8700 Leoben** (Erzherzog Johann-Brücke) (47.3809,15.0891)

270,1 li „LE-⌂“, Bootsvermietung, ⬆, Endpunkt von Rafting-Touren oder ⬇ für SUP Lage bei der Pizzeria Coretto, Bahnhofsplatz 1
li 🚂 mit 🅿-Haus.
Hier zweckmäßigerweise Beendigung der Befahrung der 2. Wander-Teilstrecke der Mur. Es folgen bis zur Staatsgrenze 21 ■ Wehr, die zum Teil recht mühsam zu ⌓ sind, ☎ +43664/88 33 29 30, office@flusswandern-mur.at (47.3860,15.0905);
Str-II, **A 8700 Leoben** (Bahnhofsplatz) (47.3861,15.0911)

269,7 ■ Staustufe und ϟ **Leoben**, X, H ca. 12 m, re ⌓, dahinter Fußg-#Brücke (47.3884,15.0947)

268,7 Wege-II **A 8700 Leoben** (Winkelfeldbrücke) (47.3819,15.0973)

267,8 Wege-II, **A 8700 Leoben** (Pionierweg) (47.3822,15.1042)

267,3 Str-II **A 8700 Leoben** (Kreuzfeldweg) (47.3864,15.1039)

265,2 ■ neue Staustufe und neues ϟ **Niklasdorf** 1, X, erneuert 2015, weiträumig li ⌓. ➔ Kraftwerkskanal für altes Kraftwerk **Niklasdorf** 1 (47.3875,15.1285)

263,9 re ⇩ Kraftwerkskanal von KW **Niklasdorf** 1 (47.3928,15.1320)

263,1 ■ Staustufe für ϟ **Niklasdorf** 2, X, li ⌓, ➔ Wasserableitung (47.3943, 15.1412)

262,5 Str-II, re **A 8712 Niklasdorf**, li **A 8712 Proleb** (47.3973,15.1478)

261,8 re ⇩ Kraftwerkskanal vom ϟ **Niklasdorf** 2 (47.3989,15.1519)

261,3 Wege-II, re **A 8712 Niklasdorf** mit Freibad, li **A 8712 Proleb** (47.3988, 15.1581)

260,1 ■ Staustufe für ϟ **Sankt Dionysen**, X, re ⌓. ⬅ Wasserableitung zum ϟ (47.4029,15.1731)

257,8 Str-II, **A 8600 Picheldorf** (47.4095,15.1988)

255,9 li ⇩ des Oberwasserkanal (47.4072,15.2176)

254,7 ■ Staustufe Bruck, X (47.4025,15.2306)

252,2 li ⇩ des Oberwasserkanal (47.4060,15.2575)

251,9 Str-II, **A 8600 Bruck/Mur** (Leobner Brücke) (47.4065,15.2616)

250,9 Str-II, **A 8600 Bruck/Mur** (47.4094,15.2741)

250,8 ⇩ der Mürz (s. Seite 74) in die Mur (47.4098,15.2753)

250,3 EB-II (47.4104,15.2818)

250,1 Str-II, S 6, Semmering Schnellstraße (47.4101,15.2841)

249,2 EB-II (47.4023,15.2872)

244,1 ■ Staustufe, ϟ **Pernegg** li Wasserableitung (47.3744,15.3071)

241,1 re ⇩ Kraftwerkskanal vom ϟ **Pernegg** (47.3633,15.3369)

240,5 Str-II, **A 8132 Pernegg/Mur** (47.3573,15.3385)

238,6 Str-II, L 104, **A 8131 Mautstatt** (47.3443,15.3522)

237,2 ■ Staustufe und ϟ **Mixnitz** ➔ erhebliche Wasserableitung zum ϟ

Laufnitzdorf. Damit mehrere Schwallstrecken bis Wiedereintritt (47.3317, 15.3559)

236,6 Str-Ⅱ, L 133, li **A 8131 Mixnitz** (47.3288,15.3622)

229,2 re ⇩ Kraftwerkskanal (47.2906,15.3218)

227,4 ▬ Staustufe, ϟ Frohnleiten, **X** (47.2831,15.3115)

225,0 AB-Ⅱ, S 35, Brucker Schnellstraße (47.2710,15.3296)

224,5 Str-Ⅱ, L 121, li und re **A 8130 Frohnleiten** (47.2688,15.3248)

222,0 ▬ Staustufe und ϟ **Rabenstein** 1, **X**, H ca. 10 m, re ⏏ (47.2511, 15.3103)

221,5 re am Berg die **Burg Rabenstein**, ⌘ (47.2468,15.3106)

219,6 re ▬ Staustufe Rabenstein 2, **X**, li ⏏. ➔ fast totale Wasserableitung zum E-Werk **Peggau**! Die Flussstrecke von **Frohnleiten** nach **Peggau** ist nur ≈, wenn ▤ **Graz** mindestens 200 cm (47.2329,15.3208)

217,5 EB-Ⅱ (47.2269,15.3390)

217,3 Str-Ⅱ, S 35, Brucker Schnellstraße (47.2261,15.3410)

216,6 EB-Ⅱ (47.2207,15.3367)

216,4 Str-Ⅱ, S 35, Brucker Schnellstrasse (47.2194,15.3358)

215,2 Wege-Ⅱ, re **A 8121 Deutschfeistritz** (E-Werk-Straße) darunter ▬ Sohlstufe, ca. 1 m hoch (47.2094,15.3373)

215,1 re ⇩ Kraftwerkskanal E-Werk **Peggau**, Rückführung des am ▬ Rabenstein abgeleiteten Wassers (47.2081,15.3361)

214,3 Str-Ⅱ, L 385, re **A 8121 Deutschfeistritz**; li **A 8120 Peggau** (47.2023, 15.3418)

214,1 2x EB-Ⅱ (47.2017,15.3429)

213,3 Str-Ⅱ, S35, Brucker Schnellstraße (47.1943,15.3456)

212,1 li Slipanlage, ⬆ (47.1877,15.3374)

212,0 ▬ Staustufe und ϟ **Friesach bei Gratkorn**, **X**, H ca. 10 m, ⏏ (47.1867, 15.3362)

211,2 Autobahn-Ⅱ A9 Davor und danach Zubringer-Ⅱ der Schnellstraße S 35 (47.1801,15.3312)

210,2 Str-Ⅱ, re **A 8114 Stübing** (47.1751,15.3203)

205,8 ▬ Staustufe **Sappi Gratkorn**, **X**, H etwa 7 m, re ⏏, 🡐 Wasserableitung zum ϟ **Gratkorn** (47.1388,15.3283)

205,0 Str-Ⅱ, **A 8112 Gratwein** (Judendorfer Straße) (47.1328,15.3244)

204,8 Str-Ⅱ, li **A 8101 Gratkorn** (47.1307,15.3259)

203,9 Str-Ⅱ, re **A 8112 Gratwein**, li **A 8101 Gratkorn** (47.1292,15.3363)

200,9 Autobahn-Ⅱ A9 (47.1187,15.3715)

198,7 li Sliprampe, 🅿, mögliche ⬆; gegenüber Weinzödl HsNr. 55, **A 8046 Graz** auch zum ⏏ (47.1083,15.3900)

198,6 ▬ Staustufe und ϟ Weinzödl, **X**, H ca. 4 m, li ca. 300 m ⏏, ➔ Kraftwerkskanal (47.1082,15.3919)

198,5 li Treppe für ⬇ am Ortsende nach ⏏ oder Fahrtbeginn, 🅿-Möglichkeit (47.1087,15.3929)

197,8 Str- Ⅱ, B67, **A 8051 Graz** (47.1063,15.4011)

196,1 Fußg-II, **A 8020 Graz** (Pongratz-Moore-Steg) (47.0952,15.4171)
195,1 Str- II, B 67b, <b<A 8020 Graz (Kalvarienbrücke) (47.0871,15.4239)
194,6 re ⇩ des Schleifbach (47.0834,15.4265)
193,7 Str-II, **A 8020 Graz** (Keplerbrücke) (47.0772,15.4330)
193,3 Grazer Museumsinsel mit re und li Fußg-II, **A 8020 Graz** (47.0733, 15.4345)
193,2 Wege-II, **A 8020 Graz** (Erich-Eddegger-Steg, auch Mursteg genannt) (47.0724,15.4346)
193,0 Str-II, **A 8020 Graz** (Hauptbrücke) darunter Freestylespot "Terminator" (47.0709,15.4351)
192,9 Str-II, **A 8010 Graz** (Tegetthoffbrücke) (47.0696,15.4351)
192,8 li ⬆ am ⌂ des Grazer Faltboot-Club „Wikinger" Marburger Kai 40, 8041 Graz. kajak-wikinger@asvoe-steiermark.at und Kanu Club Graz (www.kajakgraz.com) (47.0692,15.4353)
192,5 Str-II, **A 8010 Graz** (Radetzkybrücke) darunter Freestylespot "Radetzkywelle" (47.0664,15.4349)
192,3 Str-II, **A 8010 Graz** (Augartenbrücke) darunter Freestyle-Spot "Muglwelle" (47.0642,15.4346)
191,9 Fußg-II, **A 8020 Graz** (Augartensteg) (47.0608,15.4344)
191,5 Str-II, B67c, **A-8020 Graz** (Karlauergürtel) (47.0577,15.4354)
191,4 EB-II (47.0568,15.4356)
190,0 Wege-II, **A 8020 Graz** (Puchsteg) (47.0446,15.4426)
189,4 ■ Staustufe **Graz**, **X**, ⌓ (47.0399,15.4429)
188,8 Str-II, B 67a, **A 8055 Graz** (47.0352,15.4471)
188,1 Wege-II Gasrohrsteg, re ✕ (47.0296,15.4517)
186,3 Autobahn-II A2 davor li Bootssteg und ⌂ Ruder Club Graz Murfelder Straße 260, **A 8041 Graz**. Dahinter li Slipanlage und Bootssteg (47.0148, 15.4596)
184,4 ■ Staustufe und ϟ **Gössendorf**, **X**, weiträumig ⌓ (46.9979,15.4677)
180,6 Str-II, L 312, li **A 8072 Fernitz**, re **A 8401 Kalsdorf bei Graz** (46.9680, 15.4889)
177,7 ■ Staustufe und ϟ **Kalsdorf X**, weiträumig re ⌓ (46.9438,15.5037)
173,3 ■ Staustufe und ϟ **Mellach**, **X**, weiträumig ⌓. nachfolgend 2x Rohr-II (46.9117,15.4858)
172,5 EB- II und Str-II, L 682, **A 8410 Wildon-Weitendorf** (46.9051,15.4907)
169,5 ⇩ der Kainach (s. Seite 71) in die Mur (46.8868,15.5179)
169,4 Str-II, L 215, re **A 8410 Wildon** mögliche ⬆ bei der II re; danach re ⧣ (46.8863,15.5193)
165,8 ■ Staustufe und ϟ **Lebring**, **X**, li ⌓ Das folgende „Lebringer Wildbett" ist auf einer Strecke von 300 m verblocktes Wildwasser, WW III+ (46.8579,15.5376)
165,2 Str-II, L663, re **Ab8403 Lebring** (46.8527,15.5405)
164,0 Wege-II, re **A 8403 Bachsdorf** (46.8428,15.5475)
161,8 ■ Staustufe und ϟ Gralla, **X**, re ⌓ (46.8285,15.5663)
161,2 Str-II, B73, re **A 8431 Gralla** (46.8249,15.5718)

156,4 ■ Staustufe und ↯ **Gabersdorf**, X, ⌂ (46.7851,15.5856)
155,3 Autobahn-II A9 dahinter ≣ (46.7769,15.5798)
154,0 Str-II, B67, li **A 8424 Gabersdorf-Landscha**, re **A 8435 Wagna** (46.7663,15.5720)
151,6 ■ Staustufe und ↯ **Obervogau** (46.7457,15.5709)
151,4 ⇩ der Sulm (s. Seite 67) in die Mur (46.7434,15.5714)
149,2 Str-II, B 69, re **A 8461 Ehrenhausen** (46.7286,15.5847)
146,0 ■ Staustufe und ↯ Spielfeld (46.7170,15.6214)
145,3 EB-II (46.7124,15.6287)
144,8 Str-II, B67, re **A 8471 Spielfeld** (46.7099,15.6340)
144,2 Autobahn-II A9 (46.7076,15.6411)
143,4 ■ Zierberger Wehr, X, li ⌂, ➔ Wasserableitung zum Kraftwerkskanal. Jetzt re Ufer Slowenien. Bis **Murek** mehrere Schwallstrecken, aber bis zur Mündung keine Wehre mehr! (46.7059,15.6505)
137,9 ⛴ Seilfähre für Personen und Kleinfahrzeuge (46.6962,15.7192)
133,4 li Schiffsmühle Mureck, ✕ (46.7018,15.7742)
132,4 Str-II li **A 8480 Mureck**, re **SLO 2213 Trate** Mehrere ⛺ in Ortsnähe. Dahinter Brückenschwall und weitere Schwalle bis Mündung Saßbach (46.7070,15.7854)
130,5 li im Hinterland Röcksee mit Campingplätzen, ⛺ (46.7166,15.8049)
123,5 Wege-II, re ⚓ (46.7139,15.8930)
117,1 li Parktherme **Bad Radkersburg** und ⛺ Campingplatz der Parktherme (46.6862,15.9742)
115,3 Str-II, li **A 8490 Bad Radkersburg**. Davor li mögliche ⇅, re **SLO 9250 Gornja Radgona** (46.6839,15.9872)
112,1 li ⇩ des Drauchenbach, an der Mündung ist eine Slippanlage ⇅ (46.6639, 16.0135)
110,0 ab hier beide Ufer slowenisch (46.6562,16.0380)
108,8 Str-II, li **SLO 9251 Tisina**, re **SLO 9252 Radenci** (46.6494,16.0502)
101,2 ⛴ Seilfähre; li ✕ (46.6103,16.1174)
100,3 Autobahn-II A5 bei li **SLO 9000 Murska Sobota** (46.6073,16.1287)
97,6 ⇩ der Bistrica (Slowenien) (46.5970,16.1583)
96,8 ⚠ re Schiffsmühle, ca. 200 m landeinwärts Sportplatz von **SLO 9241 Verzej** (46.5925,16.1671)
95,8 Str-II, 439, re nach **SLO 9241 Verzej**, li nach **SLO 9231 Beltinci** (46.5890,16.1787)
95,3 EB-II (46.5882,16.1850)
93,3 ⚠ li Schiffsmühle nahe **Beltinci** (46.5795,16.2069)
93,2 ⛴ Personen-Seilfähre; li ca. 1 km Hauptort von **SLO 9231 Beltinci** (46.5791,16.2077)
86,2 Str-II, 726, re ca. 2 km nach **SLO 9246 Razkrizje** (46.5390,16.2730)
83,0 re ⇩ der Scavnica (46.5236,16.3035)
82,9 re **SLO 9240 Ljutomer-Gibina** letzte ⬆ vor der Grenzstrecke (46.5237, 16.3046)
82,2 ab hier ist das re Ufer kroatisch (46.5247,16.3135)

79,8 ⛴ Personen-Seilfähre nördlich von Dekanovec (Kroatien) (46.5337, 16.3407)
78,2 Str-II, re nach **HR 40313 Sveti Martin na Muri** (46.5360,16.3602)
76,7 Personen - Seil - ⛴ (46.5319,16.3793)
72,8 Personen - Seil - ⛴ (46.5240,16.4260)
71,2 Str-II, re **HR 40315, Mursko Središće**, li **SLO 9220 Lendava** (46.5152, 16.4407)
70,9 EB-II (46.5154,16.4443)
50,4 Dreiländereck Slowenien, Kroatien, Ungarn (46.4684,16.6104); li ⇩ der Lendava in die Mur (46.4688,16.6120)
37,2 Str-II, D 3, re **HR 40324 Gorican-Komparija**, li **H 8868 Letenye** (46.4202,16.6940)
36,1 Autobahn-II re A4 (kroat.), li M7 (ungar.) (46.4121,16.7011)
11,5 EB-II, halb ungarisch, halb kroatisch (46.3589,16.8512)
0,0 ⇩ der Mur in die Drau (46.2978,16.8860)

Sulm (Mur)

Kleinfluss
Mündung in Mur bei km 151,4 (re Nebenfluss)

Steiermark
Die Sulm wird von ihren Quellgewässern Schwarze Sulm und Weiße Sulm gebildet. Sie ist ein landschaftlich ansprechender Fluss in den Niederungen und Auen der südöstlichen Steiermark. Außer einigen, nur teilweise fahrbaren Wehren keine nennenswerten Schwierigkeiten.

Befahrbarkeit: Frühjahr und nach Regenfällen
Schwierigkeiten: Zahmwasser

29,2 ⇩ Zusammenfluss Schwarze Sulm (s. Seite 70) mit Weiße Sulm (s. Seite 68) zur Sulm ca. 303 m ü.NN (46.7349,15.3370)
29,1 ■ kleine Sohlrampe, ≈ (46.7347,15.3382)
27,1 ■ Wehr vor Gleinstätten, evtl. re von der Mitte ≈, oder ⏏ (46.7457, 15.3575)
25,9 ■ Wehr, **X**, li ⏏ (46.7520,15.3696)
25,8 Str-II **A 8443 Gleinstätten** (46.7528,15.3707)
21,9 ■ Wehr Ottersbach, **X**, re ⏏ (46.7580,15.4074)
18,7 ⇩ der Saggau (s. Seite 70) in die Sulm ca. 282 m ü. NN (46.7520,15.4445)
13,5 Str-II **A 8451 Heimschuh** (46.7602,15.4896)
9,8 Str-II, am Ende des Sulmsees (li) ⬆ die Befahrung der Sulm wird zumeist hier am li Ufer beendet. Eine Weiterfahrt bis zur Mur dürfte sicher möglich sein, es liegen darüber jedoch keine Unterlagen vor (46.7771,15.5196)
7,0 ■ Wehr (46.7893,15.5290)
6,6 ⇩ der Laßnitz (s. Seite 68) in die Sulm (46.7861,15.5305)
5,9 Str-II, li **A 8430 Leibnitz** (46.7803,15.5271)
5,3 ■ Sohlrampe (46.7754,15.5300)

1,2 EB-II (46.7502,15.5599)
0,1 ▬ Staustufe, Wasserkraftschnecke ϟ (46.7442,15.5703)
0,0 ⇩ der Sulm in die Mur (s. Seite 58) bei km 151,4 (46.7434,15.5714)

Weiße Sulm

Kleinfluss, WW III-IV, WW V-VI
Mündung in Sulm (Mur) bei km 29,2 (re Nebenfluss)

BL Steiermark
Die Weiße Sulm und auch die Schwarze Sulm am Ostabfall der Koralpe zählen zu den ursprünglichsten und ökologisch wichtigsten Flüssen Österreichs mit einzigartigen Biotopen und seltenen Tierarten.
Die Weiße Sulm bietet in ihrem Oberlauf auf kurzer Strecke in schöner Waldschlucht sehr schweres Wildwasser. In ihrem Unterlauf wird sie, ebenso wie die anschließende Sulm zu einem landschaftlich ansprechenden Fluss in den Niederungen und Auen der südöstlichen Steiermark. Hier außer einigen, nur teilweise fahrbaren Wehren keine nennenswerten Schwierigkeiten.

Befahrungsregeln:	Befahrungsregel: Ökologische Empfehlung: in Oberlauf teilweise Natura 2000-Gebiet, von einer Befahrung dieses Gebietes sollte Abstand genommen werden.
Befahrbarkeit:	Frühjahr und nach Regenfällen.
Schwierigkeiten:	km 17,0 bis km 14,0 WW IV–V. km 14,0 bis km 4,0 starker Uferbewuchs, keine Hindernisse im Luftbild erkennbar.

28,4 Ursprung der Weißen Sulm im Bereich der **Schwanberger-Brendlhütte**, Koralpe in etwa 1.580 m Höhe. (46.7668,15.0730)
16,6 mögliche ⬇ etwa 0,7 km oberhalb der folgenden II (46.7209,15.1737)
16,3 Wege-II bei der Strutz-Mühle Weitere mögliche ⬇, man erreicht sie über Wies Richtung Guntschenberg. 2,5 km hinter Wermersdorf li abbiegen zum Bach. Es folgt eine einsame Waldschlucht, bis WW V (46.7207, 15.1778)
14,0 Ende der Schlucht. ⬆ Wenn die Straße in Sicht kommt. Über die Folgestrecke bis km 4,0 keine erkennbare Erschwernisse (46.7121, 15.1971)
4,0 Str–II, **A 8544 Pölfing-Brunn** li 🚐, Sulmtal–Camp, Wohnmobil–Stellplätze, Kipferlbad. ⬇
Schöne Auen– und Wiesenlandschaft, Zahmwasser. Streckenweise ist die Sulm reguliert (46.7234,15.2945)
0,8 Str–II, L 654 bei **A 8543 Gasselsdorf** ▬ Wehr, ≈ (46.7346,15.3264)
0,0 ⇩ Zusammenfluss Schwarze Sulm (s. Seite 70) mit Weiße Sulm zur Sulm (s. Seite 67) bei km 29,2 ca. 303 m ü.NN (46.7349,15.3370)

Laßnitz

Weitere Namen: Obere Laßnitz, Niedere Laßnitz
Kleinfluss, WW I-II, WW III-IV, WW V-VI
Mündung in Sulm (Mur) bei km 6,6 (li Nebenfluss)

Der Oberlauf der Laßnitz, auch niedere Laßnitz genannt, fließt als schwerer Wildbach durch ein enges, naturbelassenes Waldtal. Der Unterlauf der Laßnitz ist ein landschaftlich reizvoller Auenlandfluss.

Befahrbarkeit:	Oberlauf: April bis Juni und nach starken Regenfällen. Unterlauf: Frühjahr und nach Regenfällen.
Pegel:	**Deutschlandsberg** km 38,0; Minimum 60 cm für Oberlauf.
Schwierigkeiten:	Oberlauf: WW IV-V-III-II Unterlauf: Zahmwasser, einzelne Wehre

64,6 Ursprung ca. 1.750 m ü. NN, ca. 1,0 km nördlich der Ortschaft **A-9413 Weinebene**, fließt der, teilweise als Niedere Laßnitz bezeichnete Bach, zunächst durch ein steiles Waldtal (46.8530,15.0226)

52,1 Str-II, Osterwitzstraße, re ⬇ in der Nähe des Gehöftes Ranhofer: WW IV, ca. 700 m ü. NN. Durchschnittsgefälle 32 ‰
⚠ es folgt eine wasserfallartige Stufe mit S-förmiger Durchfahrt sollte abgesichert werden, bis WW V (46.8660,15.1181)

49,1 re ⇩ Osterwitzbach mit starker Wasserzufuhr, ca. 598m ü. NN (46.8445, 15.1320);
⚠ Es folgt die sog. „Klause" bei höherem Wasserstand wird hier auf 1 km WW V erreicht. Die Durchfahrten müssen besichtigt werden!
Im weiteren Verlauf heißt der Bach amtlich nur noch Laßnitz. Sie fließt weiterhin in einem schönen Waldtal mit Durchschnittsgefälle 22 ‰ (46.8445,15.1325)

47,0 ▬ Staustufe Mitterspie **X** (46.8373,15.1517)

44,8 ▬ Wehr zum ϟ **Oberlaufenegg** (46.8384,15.1720)

44,5 Wege-II, ab hier begleitet die Laßnitztalstraße den Bach. Mögliche ⬇, falls die vorausgehenden Schwierigkeiten vermieden werden, ab hier WW II–III. Ca. 494 m ü. NN: (46.8359,15.1715)

42,7 ▬ Wehr mit Wasserableitung (46.8258,15.1835)

41,1 Wege-II Forstweg; li „Bürgerwaldstraße" nach **Deutschlandsberg**, re Ende Laßnitztalstraße. Nur noch ein Wanderweg begleitet den Bach (46.8195,15.1938)

39,3 Str-II, **A 8530 Deutschlandsberg** ⬆ Beendigung der Fahrt, li Wander-🅿 (46.8104,15.2043)

38,7 ▬ Wehr, **X**, H ca. 1,2 m (46.8129,15.2107)

37,9 Str-II, **A 8530 Deutschlandsberg** ≣ (46.8152,15.2183)

33,5 li Fußballplatz von **A 8523 Frauental an der Laßnitz** 🅿-Möglichkeit. ⬇ Ab hier sollte eine Befahrung bei durchschnittlich 3 ‰ Gefälle ohne größere Schwierigkeiten möglich sein (46.8295,15.2656)

29,5 ▬ Steilwehr, **X** (46.8202,15.3077)

22,7 Str-II, re **A 8521 Wettmannstätten** Empfohlene ⬇, ca. 290 m ü. NN. Durchschittsgefälle 1,5 ‰ (46.8350,15.3820)

3,1 2. Str-Ⅱ **A-8430 Tillmitsch** Empfohlene ⬆
Eine Weiterfahrt unterhalb Tillmitsch ist wegen einer größeren Wasserableitung kaum möglich (46.8073,15.5159)

0,0 ⇩ der Laßnitz in die Sulm (s. Seite 67) bei km 6,6 (46.7861,15.5305)

Saggau

Weitere Namen: Saggaubach
Kleinfluss
Mündung in Sulm (Mur) bei km 18,7 (re Nebenfluss)

Steiermark
Die Saggau, oder Saggaubach, ist ein weitgehend regulierter, ohne besondere Schwierigkeiten zu befahrender Kleinfluss. Er entsteht durch Zusammenfluss von Haderniggbach li Quellfluss und Auenbach re Quellfluss ca. 3 km südwestlich von **A 8552 Eibiswald**

Befahrbarkeit: Frühjahr und nach Regenfällen

26,6 Ursprung durch Zusammenfluss von Haderniggbach li Quellfluss und Auenbach re Quellfluss (46.6798,15.2098)

11,5 mögliche ⬇ nördlich **A 8455 Unterhaag** (46.6878,15.3524)

7,4 leichter zu erreichende ⬇ re 🅿 an der L604 in Höhe li **A 8453 Saggau** (46.7001,15.3920)

5,2 ▬ Gefällebremse, **X**, Rücklauf! (46.7170,15.4061)

3,5 ▬ zerfallene Stufe, ≈ (46.7267,15.4201)

0,0 re ⇩ der Saggau in die Sulm (s. Seite 67) bei km 18,7 ca. 282 m ü. NN (46.7520,15.4445)

Schwarze Sulm

Kleinfluss, WW III-IV, WW V-VI
Mündung in Sulm (Mur) bei km 29,2 (li Nebenfluss)

Die Schwarze Sulm ist in ihrem Oberlauf ein sehr interessanter, jedoch schwer zugänglicher Wildfluss in einer sehr schönen, völlig einsamen Waldschlucht; in ihrem Unterlauf wird sie zum Kleinfluss von Auenlandcharakter

Befahrbarkeit:	nur bei HW Frühjahr und nach starken Regenfällen
Umwelt:	Ökologische Empfehlung: Natura 2000-Gebiet, von einer Befahrung dieses Gebietes sollte Abstand genommen werden!
Pegel:	Ⅱ an der Bundesstraße in Schwanberg; Minimum 60 cm, ideal 70 cm, HW 85 cm.
Schwierigkeiten:	Oberlauf stark verblockt mit Stufen und Abfällen, Gefälle 50 ‰, WW IV–V mit Stellen **X**, Baumversperrungen möglich! Unterlauf keine besonderen Schwierigkeiten.

35,8 Ursprung am Bärenthalkogl, ca. 1.720 m. ü. NN (46.8105,14.9932)

27,0 re ⇩ Seebach; ca. 940 m ü. NN ⬇, Bei sehr gutem Wasserstand kann die Befahrung auch hier begonnen werden; auch dieser Abschnitt ist sportlich interessant, jedoch nur sehr mühsam zu Fuß zu erreichen. Anfahrt von **Schwanberg** auf Gressenbergweg, vorbei am ✕ Lenzbauer biegt nach ca. 13,8 km auf Höhe vom Wohnhaus Gressenberg 57, **A 8530 Gressenberg** links der Prieglkapellenweg ab. Folgt man diesem auf etwa 550 m biegt li, kurz vor der Ⅱ vom Urberlquellenbach li ein Feldweg ab. Dieser führt dann ca. 1,4 km hinunter zur Seebachmündung, wobei am Ende noch ca. 50 m steile Böschung zu überwinden sind (46.8058, 15.0838)

22,1 übliche ⬇, ca. 650 m ü. NN schwierig zu erreichen: Man fährt von **A 8541 Schwanberg** über die Kirchgasse und Gressenberger Straße Richtung **A 8530 Glashütten**, nach 4,8 km li in Richtung Grabenjoslweg abbiegen. Nach 3 km auf einer Forststraße bis zu einem Holzlagerplatz. Von hier die Boote etwa 350 m bis zum Bach tragen,
Es folgt ein ▬ Wehr 2,5 m hoch, **X** ⚠ lebensgefährlich (Wasser fließt unter Holzverplankung) (46.7819,15.1264)

14,5 Wege–Ⅱ ca. 2 km oberhalb von **A 8541 Schwanenberg** übliche ⬆
Bei Weiterfahrt: ↱ zum ⌂ nachfolgendes ▬
Die Reststrecke bis zur ⇩ bietet, abgesehen von mehreren ▬ Sohlschwellen, anscheinend keine besonderen Schwierigkeiten, er wird wohl kaum je befahren (46.7532,15.1899)

14,2 ▬ Wehr, **X** (46.7522,15.1939)

13,7 ▬ Wehr und ϟ, **X**, H ca. 3,5 m (46.7545,15.1972)

5,2 ▬ aus groben Felsblöcken (46.7536,15.2875)

1,6 ▬ Wehr Gasselsdorf, **X**, H ca. 4m (46.7441,15.3224)

1,4 Str Ⅱ, re **A 8543 Gasselsdorf** (46.7428,15.3244)

1,3 ▬ Sohlstufe Gasselsdorf, evtl. ≈, H ca. 1,4 m (46.7422,15.3257)

0,0 ⇩ Zusammenfluss Schwarze Sulm mit Weiße Sulm (s. Seite 68) zur Sulm (s. Seite 67) bei km 29,2 ca. 303 m ü.NN (46.7349,15.3370)

Kainach

Kleinfluss, WW I-II, Flachlandfluss
Mündung in Mur bei km 169,5 (re Nebenfluss)

BL Steiermark

Die Kainach hat ihre Quellen am Roßbachkogel und wird in ihrem ≈ Teil zum Flachlandfluss in teilweise ansprechender Wald- und Auenlandschaft. Sie stellt eine beliebte Sonntagstour der Grazer Paddler dar. Zahlreiche Wehre, die nur teilweise ≈ sind. Größere Abschnitte der Kainach sind reguliert. ⇩ in die Mur bei **Wildon**

Befahrbarkeit: ab **Kainach** nur zur Zeit der Schneeschmelze und nach stärkeren Regenfällen, ab **St. Johann** wahrscheinlich ganzjährig.

Wasser: zunächst sauber, im Bereich **Bärnbach** –

Voitsberg stärkere Verschmutzung, anschließend allmählich Reinigung.

Schwierigkeiten: km 55,6 bis km 47,0 WW I bis WW II

64,9 Ursprung im Bereich der Gleinalpe in ca. 1.700 m (47.2065,15.0468)

54,4 Fußg-II; zur re Volksschule und Kindergarten von **A-8573 Kainach bei Voitsberg**, mögliche ⬇ bei HW, zunächst WW I–II (47.1389,15.0948)

53,0 ■ Wehr **Hemmelberg**; **X**. Wasserableitung nach links
Es folgen 2 weitere ■ Wehre (47.1286,15.1012)

46,9 Str-II, danach re Schlossbad **A 8572 Bärnbach** ⬆ Fahrtunterbrechung empfehlenswert, da im Bereich **Bärnbach** – **Voitsberg** Regulierung des Flusses, Wasserverschmutzung und **X** ■ (47.0836,15.1271)

45,2 Str-II, **A-8572 Bärnbach** (47.0707,15.1309)

43,1 ⇩ des Gradner Bach (s. Seite 73) in die Kainach ca. 406 m ü. NN (47.0531,15.1314)

40,6 Str-II **A 8570 Voitsberg** (47.0447,15.1528)

37,9 Wege-II, re 🚉 Krems ⬇ zur Fortsetzung der Fahrt. Keine Schwierigkeiten, zahlreiche Windungen des Flusses (47.0322,15.1767)

35,4 ⇩ des Teigitsch (s. Seite 72) in die Kainach ca. 363 m ü. NN (47.0226, 15.1986)

33,7 Str-II, B 70 (47.0194,15.2149)

33,6 ■ Schrägwehr **Klein-Gaisfeld**, **X**, Im Sommer wegen Wasserableitung Weiterfahrt nicht möglich (47.0187,15.2150)

32,6 Str-II, **A 8564 Krottendorf bei Ligist** (47.0101,15.2177)

30,1 Str-II bei li **A-8565 St. Johann ob Hohenburg** ⬇ ab hier Befahrung auch im Sommer möglich. Zahmwasser, Flussbett vielfach reguliert (46.9973, 15.2389)

26,3 Str-II, **A-8562 Mooskirchen** Viele früher hier vorhandene Mühlen sind stillgelegt. Die Kainach ist hier auf längerer Strecke naturbelassen. Es folgen noch einige ■ Sohlbauwerke (46.9860,15.2808)

24,8 Autobahn-II A2 (46.9816,15.2983)

19,3 Str-II, B 76, re Gewerbegebiet **A 8502 Lannach** li Gwerbegebiet **A 8501 Lieboch**, mögliche ⬇ (46.9558,15.3448)

11,8 ■ Wehr bei Schloss **Pöls**, **X**, re Ausleitung Hochwassergerinne (46.9078,15.3990)

3,7 Autobahn-II A9 (46.8831,15.4747)

2,1 ■ Wehrund ϟ **Kainach**, **X** (46.8832,15.4944)

1,8 Wege-II, **A 8410 Wildon-Kainach** (46.8828,15.4971)

1,2 Str-II, B 6, **A-8410 Wildon** li 🅿-Möglichkeit, empfohlene ⬆, li Badesee Wildon (46.8863,15.5041)

0,0 ⇩ der Kainach in die Mur (s. Seite 58) bei km 169,5 (46.8868,15.5179)

Teigitsch

Kleinfluss, WW III-IV

Mündung in Kainach bei km 35,4 (re Nebenfluss)

Steiermark

Die Teigitsch ist in ihrem Oberlauf ein interessanter Wildbach. Ab **Stampf** wird durch den Packer Bach, dem Abfluss des Packer Stausees, je nach Wasserabgabe, die Wasserfracht deutlich erhöht. Bei einem Wasserablass von mindestens 4 m³/ könnte evtl. sogar der ca. 4 km lange Packer Bach fahrbar sein. Er hat allerdings 2 Wehre.

Befahrbarkeit: ab Packer Stausee nur bei Wasserablass von mindestens 4 m³/s
ab Zusammenfluss von Packer Bach und Teigitsch bei der Örtlichkeit Stampf im Frühjahr.

Schwierigkeiten: km 26,1 bis km 18,6: bis WW IV-
km 18,6 bis km 14,3: Stausee

42,8 Ursprung der Teigitsch (47.0323,14.8487)

25,7 Str-II, Hirscheggerstrasse, L 343 Ortschaft **Stampf** Gemeinde **A-8583 Edelschrott**, li P-Möglichkeit, mögliche ⬇. Bei höherer Wasserführung bis WW IV-, technisch interessant (47.0014,15.0128)

25,5 re ⇩ des Packer Bach Der etwa 4 km lange Packer Bach kann evtl. als Vorfahrt ab Packer Stausee; nur bei Wasserablass von mindestens 4 m³/s. befahren werden (47.0002,15.0140)

20,6 ▬ Schlauchwehr der Stadtwerke **Köflach**, X, wenig Restwasser, H ca. 10 m (47.0184,15.0428)

17,3 re ⬆ am Beginn des Hirzmann-Stausees Dort kurzer Schotterweg zum Bach; re P ⇩ des Guggibach, über diesen die historische „Ströbener Brücke" (47.0084,15.0574)

14,0 ▬ Hierzmann Talsperre H ca. 58 m, X. Davor Badestrand (46.9949, 15.0844)

0,0 re ⇩ des Teigitsch in die Kainach (s. Seite 71) bei km 35,4 ca. 363 m ü. NN (47.0226,15.1986)

Gradner Bach

Kleinfluss, WW I-II

Mündung in Kainach bei km 43,1 (re Nebenfluss)

Steiermark

Der Gradnerbach hat seinen Ursprung aus den Quellflüssen re Tremplgraben und li Schober im Lichtgraben im Mitteregg-Gebiet, ca. 740 m ü. NN.

Die Befahrung des Gradnerbachs ist nur auf einer kurzen Teilstrecke von ca. 3 km lohnend, eine Befahrung der Reststrecke ist wegen mehrerer Wehre mit Wasserableitungen kaum möglich.

Befahrbarkeit: Zusammenfluss mit dem Sallabach (Krennhof) bis Ortseingang Köflach

Schwierigkeiten: starker Uferbewuchs, max. WW II

14,4 Ursprung aus den Quellflüssen, ca. 740 m ü. NN (47.1364,15.0293)
8,7 re ⇩ Sallabach bei **A 8580 Köflach-Gradenberg** Empfohlene ⬇ (47.0955, 15.0598)
7,6 ▬ Sohlstufe bei einem Schotterwerk, gut ≈ (47.0879,15.0678)
6,8 ▬ Überfallswehr mit Wasserableitung li fürs Sägewerk; **X** (47.0809, 15.0697)
6,3 ▬ Klappenwehr zum ↯ **Ebnermühle**, **X**, Wasserableitung links (47.0771,15.0700)
5,8 ▬ Überfallswehr zum ↯ **Rumpf Johann**; das ▬ ist zwar ≈, bei HW jedoch gefährlicher Rücklauf, WW I–II (47.0727,15.0701)
5,6 ⬆ vor dem Ortanfang von **A 8580 Köflach** Weiterfahrt nicht möglich (47.0712,15.0715)
0,0 ⇩ des Gradner Bach in die Kainach (s. Seite 71) bei km 43,1 ca. 406 m ü. NN (47.0531,15.1314)

Mürz

WW I-II, WW III-IV, Zahmwasser, Gebirgsfluss
Mündung in Mur bei km 250,8 (li Nebenfluss)

BL Steiermark
Die Mürz entsteht durch Zusammenfluss der beiden Quellflüsse re Stille Mürz (s. Seite 78) und li Kalte Mürz (s. Seite 77) an der Grenz zwischen Steiermark und Niederösterreich ca. 2,2 km nördlich von **Frein** an der Mürz, direkt neben der Lahnsattel Bundesstraße
Die Mürz fließt in einem langgestreckten, sich langsam zur Mur (s. Seite 58) absenkenden Tal zwischen Schneealpe und Veitschalpe. Sie ist in ihrem Oberlauf ein interessantes Wildwasser in herrlicher Landschaft, ab Mürzzuschlag ist sie nur noch ganz leichtes Wildwasser bzw. Zahmwasser mit zahlreichen Wehren. Es wird daher zumeist nur der Oberlauf der Mürz befahren.

Befahrbarkeit:	Frühjahr bis Juni. Im Oberlauf ist später das Wasser nicht ausreichend, im Unterlauf ist ab Mürzzuschlag mit Trockenstrecken infolge von Wasserableitungen zu rechnen.
Pegel:	Mürzsteg; günstigster Wasserstand bei Latten-Pegel 130 bis 150 cm **Neuberg** an der Mürz, Abrufpegel Pegel: Mürzsteg 130-150 cm, 150 cm entspricht Internetpegel Stmk. Neuberg 180 cm (24 m^3/s).
Schwierigkeiten:	Im Oberlauf: WW II-III (+) Im Unterlauf: Zahmwasser-WW I, Wehre

83,7 ⇩ Zusammenfluss der beiden Quellflüsse Stille Mürz (s. Seite 78), und Kalte Mürz (s. Seite 77) zur Mürz (47.7531,15.5085);
Die folgenden 3 km sind WW II (47.7532,15.5078)
81,4 Wege–II, **A 8694 Neuberg-Frein** li 🅿–Möglichkeit übliche ⬇ für die

Befahrung der oberen Mürz. Es folgt die Schlucht von **Frein**, im ersten Klammabschnitt li Wasserfall "Totes Weib" aus einer Höhle, Schwierigkeiten bis WW III.
Mögliche Gefahrenstellen durch Bäume in der Schlucht (47.7413,15.4852)

81,3 ⇩ des Freiner Bach (s. Seite 82) in die Mürz etwa 858 m ü. NN (47.7404, 15.4851)

79,7 Ende des 1. Klammabschnittes, Ende Straßentunnel B 23, re mögliche ⬆; falls der 2. Abschnitt und die folgenden vier Stufen nicht befahren werden sollen. Auf Straße ca. 500 m ⏏ (47.7279,15.4852)

79,6 Im 2. Klammteil, dem anspruchsvolleren Teil, sehr schönes WW mit vier künstlichen Stufen. Eine evtl. Befahrung sollte nur nach eingehender Besichtigung erfolgen. ⚠, bei HW starker Rücklauf, keine Sicherungsmöglichkeit! (47.7274,15.4842)

79,1 1. ■ Stufe H ca. 0,9 m (47.7238,15.4845);
2. ■ Stufe H ca. 0,6 m (47.7230,15.4842)

79,0 3. ■ Stufe H ca. 0,6 m; re kein Unterwasser, li fiese Querströmung! Kann bei NW evtl. umtragen werden (47.7227,15.4840);
4. ■ Stufe, H ca. 1,9 m wenn Unterwasser frei etwas li von der Mitte die rechte Abrisskante anfahren! anschließend: Verblockte S-Kurve, WW III+ (47.7224,15.4839)

78,0 Schluchtende, re 🅿 Ab Schluchtende bis Mürzsteg Schwierigkeiten WW II–III (47.7212,15.4834)

72,2 Str–Ⅱ B 23, **A 8693 Neuberg-Mürzsteg** Latten–▤ (47.6757,15.4921)

72,1 ⇩ des Dobreinbach (s. Seite 82) in die Mürz ca. 780 m ü. NN (47.6752, 15.4927)

71,5 li Felsenge mit schöner Walze mögliche ⬆; Straße B 23 ganz nahe am Fluss (47.6737,15.4996)

67,5 Staubeginn bei der Str–Ⅱ, B 23 vor **Krampen** gute ⬆. Bis **Neuberg** folgen 2 ϟ mit längeren Staustrecken (47.6694,15.5322)

66,4 ■ Staustufe und ϟ **Krampen**; H ca. 11 m, **X** (47.6733,15.5427)

64,7 ■ Staustufe und ϟ Fladenhoferhöhe (47.6724,15.5613)

63,3 ■ Staustufe und ϟ **Kühhörndlwehr**; Wasserableitung nach li (47.6665, 15.5731)

62,5 Str–Ⅱ, li **A 8692 Neuberg an der Mürz** Weiterfahrt ab hier noch lohnend. WW II (47.6610,15.5768)

62,2 ■ Wehr Kurz unterhalb **Neuberg** gut ≋ (47.6597,15.5804)

61,1 Wege–Ⅱ **A-8692 Neuberg-Lechen** davor ▤ **Neuberg** (47.6563,15.5929)

57,6 li ⇩ des Raxenbach (s. Seite 81) in die Mürz Ca. 698 m ü: NN (47.6460, 15.6313)

54,5 ■ Steilwehr zum ϟ Kohlleben, **X**, H ca. 2,5 m, Wasserableitung nach links, ⏏ mühsam, Es wird empfohlen, gemeinsam mit dem folgenden ■ auf dem li Ufer auf einer Strecke von etwa 1 km mit PKW zu umfahren (47.6320,15.6543)

53,9 ■ Staustufe zum ϟ **Mürzzuschlag**, **X**, ⏏ mühsam. Wasserableitung nach links (47.6280,15.6583)

52,2 EB–II vor **Mürzzuschlag**, dahinter 2–stufiges ■ nach Besichtigung ≋.
⬆ Es ist empfehlenswert, die Befahrung der Mürz hier zu beenden. Die Durchfahrt durch **Mürzzuschlag** ist zumeist nicht möglich, da zwischen den ■ von **Mürzzuschlag** das Wasser abgeleitet wird (47.6173,15.6656)

49,3 Str–II, Ortende von **A 8680 Mürzzuschlag** Ab **Mürzzuschlag** ist die Mürz Zahmwasser. Es folgen bis **St. Marein** 14 ■ Wehr, von denen höchstens 6 ≋ sind. Die ■ sind z. T. recht mühsam zu ⏏ (47.5954, 15.6638)

46,9 Wege–II, re 🚆 Hönigsberg (47.5827,15.6459)

45,6 ■ Staustufe und ϟ **Hönigsberg**; H ca. 4 m (47.5753,15.6339)

44,5 ■ Staustufe und ϟ Langenwang H ca. 4,5 m (47.5717,15.6227)

43,9 Wege–II, **A 8665 Langenwang** re 🚆 (47.5687,15.6164)

40,3 ■ Staustufe und ϟ Krieglach 1; H ca. 4 2 m, Wasserableitung nach rechts (47.5624,15.5842)

37,3 ■ Staustufe und ϟ **Krieglach** 2; H ca. 10 m (47.5480,15.5584);
■ Staustufe **St. Barbara**; H ca. 3,2 m

37,2 Wege–II, **A 8670 Krieglach** re 🚆 (47.5466,15.5573)

34,7 ■ Staustufe und ϟ **Rittis**; H ca. 3 m (47.5503,15.5355)

33,7 ■ Staustufe und ϟ **Freßnitz**; H ca. 4 m (47.5487,15.5256)

32,3 ■ Staustufe und ϟ (47.5391,15.5153)

31,9 Str-II, re 🚆 Mitterdorf im Mürztal (47.5367,15.5114)

31,3 ■ Staustufe und ϟ **Lichtenegg** 1; H ca. 2,7 m (47.5361,15.5042);
■ Schlauchwehr und ϟ **Lichtenegg** 2; H ca. 1,5 m;
■ Staustufe und ϟ Wartberg 1; H ca. 3 m, innerhalb Betriebsgelände. Dahinter Betriebswege–II

30,3 ■ Staustufe und ϟ (47.5324,15.4952)

28,8 Str–II, **A 8661 Wartberg im Mürztal** (47.5266,15.4855)

28,7 ■ Staustufe und ϟ (47.5261,15.4841)

28,1 ■ Staustufe und ϟ **Wartberg** 2; innerhalb Betriebsgelände, H ca. 3 m. Dahinter Wege–II zur li Kleingartensiedlung (47.5262,15.4769)

26,6 ■ Staustufe und ϟ **Wartbergkogel**; H ca. 2,5 m (47.5202,15.4666)

25,5 ■ Staustufe und ϟ **Kindtal**; H ca. 3,5 m (47.5126,15.4665)

24,3 ■ Staustufe zum ϟ Kindberg 1 Wasserableitung nach rechts, H ca. 3 m. Die ■ in **Kindberg** werden am besten mit Pkw umfahren (47.5103, 15.4519)

24,2 Str–II S6, Semmering Schnellstraße (47.5100,15.4519)

23,4 ■ Staustufe und ϟ **Kindberg** 2, **X**, H ca. 5 m (47.5033,15.4493)

23,0 Str–II, **A-8650 Kindberg** leichte Zunahme der Schwierigkeiten, WW I, zahlreiche Kurven (47.5009,15.4455)

22,1 Str–II S6, Semmering Schnellstraße (47.5012,15.4393)

20,6 ■ Staustufe und ϟ **Aumühl** H ca. 10 m (47.4991,15.4224)

18,2 ■ Staustufe und ϟ **Mürzhofen**, **X**, H ca. 7m (47.4841,15.4022)

17,9 Str–II L115, Allerheiligenstr, re **A-8644 Mürzhofen** (47.4824,15.3999)

15,2 Str–II S6, Semmering Schnellstraße re **A–8641 St. Marein im Mürztal**

(47.4680,15.3785)
13,8 ■ Staustufe und ↯ **Trieb**, X, H ca. 6 m (47.4644,15.3631)
13,3 Str–Ⅱ S6, Semmering Schnellstraße (47.4644,15.3579)
11,7 ■ Staustufe und ↯ **Deuchendorf**, X, H ca. 5 m (47.4629,15.3386)
8,9 Str–Ⅱ B20, re **A 8605 Kapfenberg-Hafendorf** die Mürz fließt anschließend bis **Bruck a. d. Mur** durch ein landschaftlich uninteressantes Industriegebiet (47.4497,15.3251)
7,2 ■ Steilwehr zum ↯ **Kapfenberg**, X, H ca. 1,5 m, Wasserableitung nach links (47.4440,15.3058)
6,4 ■ Staustufe und ↯, X, ⏏ (47.4423,15.2962)
6,2 Str–Ⅱ B116 **A 8605 Kapfenberg** (47.4419,15.2933)
5,6 ⇩ des Thörlbach (s. Seite 79) in die Mürz ca. 496 m ü. NN (47.4398, 15.2869)
5,3 Str–Ⅱ B116 (47.4380,15.2884)
4,3 ■ Schrägwehr und ↯ **Diemlachg**, X, H ca. 6 m (47.4370,15.2831)
2,5 li ⇩der Laming (s. Seite 78) in die Mürz ca. 487 m ü. NN (47.4275, 15.2725)
1,8 Str–Ⅱ, **A 8600 Bruck an der Mur** danach Beginn Werksgelände der Papierfabrik, ⬆ Fahrt spätestens hier beenden, Durchfahrt durch Bruck nicht möglich (47.4228,15.2771)
1,3 ■ Staustufe Papierfabrik, X (47.4192,15.2801)
0,0 ⇩ der Mürz in die Mur (s. Seite 58) bei km 250,8 (47.4098,15.2753)

Kalte Mürz

WW I-II, Gebirgsfluss
Mündung in Mürz bei km 83,7 (li Nebenfluss)

Die Kalte Mürz ist der linke Quellflüsse der Mürz an der Grenz zwischen Steiermark und Niederösterreich.
Sie entspringt nördlich der Schneealpe und fließt westwärts, wo sie sich bei Neuwald, ca. 2,2 km nördlich von Frein an der Mürz, direkt neben der Lahnsattel Bundesstraße, mit der Stillen Mürz zur Mürz vereinigt

Befahrbarkeit:	Frühjahr bis Juni Im Oberlauf ist später das Wasser nicht ausreichend
Pegel:	**Mürzsteg**; erforderlicher Wasserstand 160 cm
Schwierigkeiten:	km 3,8 bis km 0: WW II bis WW II+

10,4 Ursprung Kalte Mürz am Eisenkogel, BL Steiermark, in 1.440 m Höhe (47.7284,15.6205)
7,1 Forstweg-Ⅱ Katzensteiner, oberste mögliche ⬇ bei sehr gutem Wasserstand erforderlich 160 cm beim ≣ **Mürzsteg**, ca. 989 m ü. NN Zufahrt auf Forststraße, Erlaubnis einholen (47.7368,15.5830)
4,5 ■ mehrstufiges Sohlbauwerk, X, Gesamthöhe etwa 3,5 m (47.7464, 15.5548)
3,8 Wege–Ⅱ, re zum ✕ Leitner, **A 8694 Lahnsattel** li Wander-🅿, weitere

mögliche ⬇. Die folgende Strecke bis zur ⇩ ist landschaftlich sehr schön, Schwierigkeiten gering WW II–WW II+ (47.7494,15.5486)

1,8 ■ Schrägwehr, ≈, Wasserableitung. Weiterfahrt nur bei ≡–Minimum 150 cm (47.7473,15.5239)

0,1 Wasser von km 1,8, wird im rechten Winkel zur Strömung eingeleitet, gefährlich, Wasser zieht unter Baumstämme des Ufers, li ⌂ (47.7524, 15.5095)

0,0 ⇩ Zusammenfluss der beiden Quellflüsse Stille Mürz (s. Seite 78), und Kalte Mürz zur Mürz (s. Seite 74) bei km 83,7 (47.7531,15.5085)

Stille Mürz

WW I-II, Gebirgsfluss
Mündung in Mürz bei km 83,7 (re Nebenfluss)

BL Niederösterreich
Die Stille Mürz entspringt am Gscheidl in Niederösterreich und fließt süd-westwärts wo sie sich bei **Neuwald** durch Zusammenfluss mit der Kalten Mürz an der Grenz zwischen Steiermark und Niederösterreich ca. 2,2 km nördlich von **Frein** an der Mürz, direkt neben der Lahnsattel Bundesstraße, zur Mürz vereinigt.
Ein Weg begleitet den Bach.

Befahrbarkeit:	Frühjahr bis Juni Im Oberlauf der Mürz ist später das Wasser nicht ausreichend Die Befahrung der Mürz kann auch auf der Stillen Mürz, dem re Quellfluss der Mürz, begonnen werden. Bei ausreichendem Wasserstand ⬇ bei ⇩ des Kriegskogelbachs, sehr schöne Fahrt durch eine einsame Landschaft, WW II-
Pegel:	**Mürzsteg**; erforderlicher Wasserstand 160
Schwierigkeiten:	km 1,2 bis ⇩: WW II+
Karten:	Jübermann Wassersport-Wanderkarte Nr. 5 - ÖsterreichKompass Wanderkarte Nr. 210, Wiener Hausberge

9,3 Ursprung am Gscheidl, ca. 1.007 m ü. NN noch mit dem Namen Gscheidlbach (47.7846,15.6007)

1,2 re ⇩ Kriegskogelbach Die stille Mürz biegt nahezu rechtwinklig nach Süden ab. ca. 882 m ü. NN.
Mögliche ⬇ bei **Kaltwagl** bei Wege–∏ Kriegskogelbach ca. 35 m nördlich der ⇩, oder bei Wege–∏ über Stille Mürz, ca. 65 m östlich der ⇩ (47.7600,15.5161)

0,0 ⇩ Zusammenfluss der beiden Quellflüsse Stille Mürz, und Kalte Mürz (s. Seite 77) zur Mürz (s. Seite 74) bei km 83,7 (47.7531,15.5085)

Laming

Kleinfluss, WW I-II, Gebirgsfluss
Mündung in Mürz bei km 2,5 (re Nebenfluss)

Steiermark

Der Laming bietet eine verhältnismäßig leichte Wildwasserfahrt durch das landschaftlich schöne und wenig bekannte Lamingtal. Eine besondere Sehenswürdigkeit der kurz oberhalb der ⬇ gelegene „Grüne See“.

Befahrbarkeit: Frühjahr bis Juni

Pegel: oberhalb **Pichl**, günstiger Pegelstand 1,8–1,9 m

Schwierigkeiten: maximal WW II, jedoch typische Kleinflussbehinderungen: niedrige Brücken, Baum- und Strauchhindernisse, durch Flussregulierungen wenig Kehrwasser, im Sommer unterhalb **Pichl** streckenweise total verwachsen.

27,9 Ursprung in etwa 1.720 m Höhe nördlich der Großwand, hier ist der Name des Flusses noch "Harringbach" (47.5468,15.0960)

24,5 ⇩ Abfluss aus dem Kreuzteich ⬇ unterhalb des Staudamms (47.5359, 15.0629)

24,4 li ≣ (47.5350,15.0639)

20,8 re ⛺ Freizeitsee Zenz **A 8612 Tragöß-Pichl** (47.5067,15.0778)

19,1 Str-II, **A 8612 Unterort** (47.4936,15.0849)

18,0 ▬ Wehranlage Grassauer Hubert, X, li ⌂ (47.4854,15.0918)

15,1 Str-II, **A 8611 Oberdorf** (47.4705,15.1196)

13,4 Str-II, **A 8611 Tragöß-Rastal** Auf den folgenden 3 km folgen 4 ▬ Wehr, X
Es wird empfohlen, diese Strecke bis **St. Katharein** mit Pkw zu umfahren (47.4689,15.1387)

12,6 ▬ Klappenwehr für Kraftwerksgruppe **Rastal** (47.4692,15.1494)

11,5 Str-II, **A 8611 St. Katharein an der Laming** (47.4684,15.1629)

11,2 ▬ Schützenwehr für Kraftwerksgruppe **Rastal**; re ≈ (47.4685,15.1664)

10,6 ▬ Schützenwehr für Ausleitungskraftwerk **Loidolt Johann** (47.4659, 15.1715)

9,8 ▬ Klappenwehr Ramsauer Richard (47.4634,15.1796)

9,3 ▬ Schützenwehr **Frank Johann**; li Wasserableitung zum ϟ (47.4599, 15.1824)

7,7 ▬ Wehr Ausleitung zum ϟ **Schwaig** (47.4537,15.1939)

7,0 ▬ Klappenwehr und ϟ **Laming-Stegg** (47.4493,15.1993)

4,9 ▬ Wehr; mehrstufig in **Stegg**, m ≈ (47.4394,15.2201)

3,1 Str-II, vor **A 8600 Kapfenberg-Arndorf** Dahinter: ▬ Wehr Arndorfer Mühle ⬆; Es wird empfohlen, die Fahrt noch vor **Arndorf** zu beenden, da bis zur ⇩ in Mürz noch mehrere X ▬ folgen (47.4338,15.2393)

1,9 Wege-II, **A 8600 Kapfenberg-Arndorf** ▬ Wehr X (47.4281,15.2511)

0,0 ⇩der Laming in die Mürz (s. Seite 74) bei km 2,5 ca. 487 m ü. NN (47.4275,15.2725)

Thörlbach

Kleinfluss, WW I-II

Mündung in Mürz bei km 5,6 (re Nebenfluss)

BL Steiermark
Der Thörlbach entsteht durch Zusammenfluss von Stübmingbach und Ilgnerbach bei **Kapfenberg**
Bei Vorfahrt auf dem Stübmingbach oder auch Ilgnerbach könnte man evtl. auch noch ein Stück auf dem Thörlbach weiterfahren. In dem Tal waren früher 3 Eisenhüttenwerke, nun noch 2 Werke, mit mehreren Wehren. Eine Befahrung wurde früher nicht empfohlen, woran sich wahrscheinlich nichts geändert hat
Schwierigkeiten: WW II, zahlreiche Wehre

12,4 ⇩ der Stübmingbach (s. Seite 81) und Ilgnerbach (s. Seite 80) in den Thörlbach Auf dem Thörlbach kann noch ein Stück bis zum Beginn einer wenig lohnenden ■-Strecke weitergefahren werden, WW II (47.5174, 15.2199)
12,2 ■ Schützenwehr (47.5157,15.2212)
10,6 ■ Klappenwehr zum ϟ **Margarethenhütte**; H ca. 4 m, Wasserableitung rechts (47.5068,15.2294)
9,5 ■ Klappenwehrr zum ϟ STEWEAG; H ca. 4 m (47.4997,15.2320)
6,3 ■ Schützenwehr, Ausleitung zum ϟ Fa. Pewag (47.4791,15.2500)
4,9 ■ Wehr für re Ausleitung Kraftwerkskanal für Eisenwerk (47.4680, 15.2546)
4,5 li Lager und 🅿 an der B20 kurz vor Eisenwerk **Pengg** ⬆ Befahrung spätestens hier beenden (47.4646,15.2539)
3,5 ■ Staustufe und ϟ **Kapfenberg**; (47.4572,15.2580)
0,0 ⇩ des Thörlbach in die Mürz (s. Seite 74) bei km 5,6 ca. 496 m ü. NN (47.4398,15.2869)

Ilgnerbach

Wildwasser, WW I-II
Mündung in Thörlbach bei km 12,4 (li Nebenfluss)

Der Ilgnerbach entsteht durch Zusammenfluss von Karlbach und Loserbach südlich von **Hochschwab**.
Zusammen mit dem Stübmingbach - li Quellfluss - ergeben sie den Thörlbach, der bei **Kapfenberg** in die Mürz mündet.
Befahrbarkeit: Zur Zeit der Schneeschmelze und nach starken Regenfällen, etwa ab Ortsende **Innerzwain**
Schwierigkeiten: maximal WW II+; mehrere ■

7,2 Wege-II **A 8621 St. Ilgen-Innerzwain** Oberste mögliche ⬇; Ab Ortsende **Innerzwain** zunächst ganz eng und verwachsen, später durch Zuflüsse breiter, mehrere ■ Wehr, ≈ (47.5538,15.1559)
1,6 ■ Sohlstufe, halb verfallen H ca. 2 m (47.5211,15.2025)
0,7 ■ Schützenwehr Fa. Vinzenz Pengg-Bührlein (47.5210,15.2139)
0,0 ⇩ der Stübmingbach (s. Seite 81) und Ilgnerbach in den Thörlbach

(s. Seite 79) bei km 12,4 Auf dem Thörlbach kann noch ein Stück bis zum Beginn einer wenig lohnenden ■-Strecke weitergefahren werden, WW II (47.5174,15.2199)

Stübmingbach

Kleinfluss, WW I-II
Mündung in Thörlbach bei km 12,4 (li Nebenfluss)

Steiermark
Der Stügmingbach hat seine Quellen am Kaiserstein in den Mürzsteger Alpen. Er fließt zunächst durch den Hinterhofgraben und ist ab dem Gasthof Pretalhof bei **A 8625 Turnau** ist ein landschaftlich reizvoller Kleinfluss mit Büschen, scharfen Kurven und ■ Wehre

Befahrbarkeit: Ab **Turnau** zur Zeit der Schneeschmelze und nach starken Regenfällen
Schwierigkeiten: enge Kurven mit Strauchhindernissen, WW II

25,1 Ursprung des Stübmingbach (47.6238,15.3826)
12,4 Wege-II, **A-8625 Turnau** übliche ⬇ (47.5568,15.3431)
11,8 ■ Sohlstufe, ≈ (47.5546,15.3370)
2,9 ■ Schützenwehr der Fa. Pengg-Bührlein; **X** (47.5232,15.2512)
0,8 ■ Klappenwehr und ↯ **Thörl**, **X**, 2-Stufig (47.5205,15.2283)
0,0 ⇩ der Stübmingbach und Ilgnerbach (s. Seite 80) in den Thörlbach (s. Seite 79) bei km 12,4 Auf dem Thörlbach kann noch ein Stück bis zum Beginn einer wenig lohnenden ■-Strecke weitergefahren werden, WW II (47.5174,15.2199)

Raxenbach

Kleinfluss, WW I-II, WW III-IV, Gebirgsfluss
Mündung in Mürz bei km 57,6 (li Nebenfluss)

Die Nebenflüsse der Mürz haben viele Gemeinsamkeiten: sie können nur bei HW befahren werden Zeit der Schneeschmelze und nach starken Regenfällen, ihre Fahrtstrecke ist kurz, sie sind schnell fließende, enge Kleinflüsse, mit Wehren und Strauchhindernissen, nur mäßig schweres Wildwasser.
Schwierigkeiten: mehrere Sohlschwellen im Ort Kapellen, bis WW III

3,1 Ursprung südlich vom Preiner Gscheid ca. 1.060 m ü. NN (47.6572, 15.6613)
2,0 ⬇, re **A 9691 Kapellen** bei einem ■ Wehr Achtung auf Verrammelungen, im Ort Kapellen mehrere Sohlschwellen, Vorsicht!, bis WW III (47.6576, 15.6468)
0,0 ⇩ des Raxenbach in die Mürz (s. Seite 74) bei km 57,6 Ca. 698 m ü: NN (47.6460,15.6313)

Dobreinbach

Kleinfluss, WW I-II [NG]
Mündung in Mürz bei km 72,1 (re Nebenfluss)

Steiermark
Der Dobreinbach entsteht durch Zusammenfluss der Quellflüsse Niederalplbach und Aschauerbach in den Mürzsteger Alpen.

Befahrbarkeit: Zur Zeit der Schneeschmelze und nach starken Regenfällen
Schwierigkeiten: Schnelle Strömung, evtl. Stacheldrahthindernisse, WW II+

7,0 Ursprung des Dobreinbach (47.6798,15.4108)
6,2 Übliche ⬇ beim ✕ Gamsjäger (an der Straße, die über das Niederalpl führt), ca. 920 m ü. NN (47.6810,15.4188)
0,0 ⇩ des Dobreinbach in die Mürz (s. Seite 74) bei km 72,1 ca. 780 m ü. NN (47.6752,15.4927)

Freiner Bach

Weitere Namen: Brunnbach
Kleinfluss, WW I-II, WW III-IV [NG]
Mündung in Mürz bei km 81,3 (re Nebenfluss)

Der Freinbach, auch Freiner Bach genannt, kann wie alle Nebenflüsse der Mürz, nur bei HW befahren werden, Zeit der Schneeschmelze und nach starken Regenfällen, die Fahrtstrecke ist kurz, sie sind schnell fließende, enge Kleinflüsse, mit Strauchhindernissen, vielfach nur mäßig schweres Wildwasser.

Befahrbarkeit: selten fahrbar
Schwierigkeiten: WW IV, fallend WW III bis WW II
Infrastruktur: Begleitung: ein Weg begleitet den Bach

5,1 Ursprung durch Zusammenfluss von li Brunnbach mit re Taschlbach; ca. 996 m ü. NN (47.7338,15.4282)
4,6 ⬇ **Gschwand**, Abzweigung Wanderweg zum Freinsattel Ca. 989 m ü. NN: Zunächst auf 1 km starkes Gefälle und Verblockung, Gefahr von Verklausungen, WW IV, dann fallend WW III–II (47.7362,15.4328)
0,0 ⇩ des Freiner Bach in die Mürz (s. Seite 74) bei km 81,3 etwa 858 m ü. NN (47.7404,15.4851)

Liesing-Bach

Kleinfluss, Gebirgsfluss
Mündung in Mur bei km 283,3 (li Nebenfluss)

Steiermark
Der Liesig-Bach hat seinen Ursprung aus mehreren Quellflüssen des Liesing Kars am Osthang des
Himmelecks in ca. 1930 m ü. NN. Er fließt zunächst durch den Wasserfallgraben. Ab der ⇩ des Thalerbach, ca. 1130 m ü. NN, wird er immer als Liesing bzw. Liesing-

Bach bezeichnet.

Der Liesing-Bach fließt weiter durch ein landschaftlich sehr schönes Tal zwischen den Seckauer Tauern und den Eisenerzer Alpen. Typische Kleinflussschwierigkeiten durch enge Kurven, Strauch- und Baumhindernisse bei schneller Strömung. Im Sommer ist der Bach durch Büsche teilweise völlig überwachsen. Mehrere ▬, die nur teilweise ≋ sind.

Befahrbarkeit: Frühjahr bis Juni und nach Regenfällen
Schwierigkeiten: starker Uferbewuchs, enge Kurven

41,0 Ursprung aus mehreren am Osthanng des Himmelecks in ca. 1.930m ü. NN (47.4366,14.6247)

33,0 **Unterwald**, übliche ⬇ ▬ Stauklappenwehr und ϟ Unterwald mit Genehmigung von 2013, genaue Lage nicht bekannt (47.4372,14.6902)

20,8 ▬ Staustufe **Mautern**; **X** (47.3970,14.8208)

20,4 EB–II bei **Mautern**. Die Folgestrecke wurde teilweise renaturiert nach Auflösung des „Sägewerkswehr" (47.3964,14.8247)

17,9 ▬ Klappenwehr, **X**, li Ausleitung zum ϟ **Pollinger** (47.3972,14.8549)

14,7 ▬ Klappenwehr **Leims**; mit mehreren Nachstufen, Gesamthöhe etwa 9 m, **X** (47.3873,14.8870)

13,8 ▬ Staustufe und ϟ **Kammern**; **X**, ⏏, danach li Fabrikgelände 3-stufige „Floßgasse", evtl. ≋, sehr wuchtig (47.3869,14.8955)

12,1 Schrag durch den Fluss verlaufende ▬ Stufe mit erheblichem Rücklauf, ≋ (47.3918,14.9174)

11,3 ▬ Überfallswehr zum ϟ **Pfaffendorf** (47.3904,14.9250)

11,0 Str–II, re **A 8773 Pfaffendorf**, dahinter ▬ Überfallwehr zum ϟ **Seiz**, evtl. ≋ (47.3900,14.9280)

10,3 ▬ Schützenwehr zum ϟ **Liesing**, evtl. ≋, Über die Reststrecke bis ⇩ liegen keine genauen Angaben vor, mehrere weitere ▬ Wehre (47.3897, 14.9359)

8,8 ▬ Überfallswehr zum ϟ **Mötschendorf** (47.3794,14.9474)

7,1 ▬ Klappenwehr; zum ϟ **Timmersdorf**, Wasserableitung nach links (47.3753,14.9680)

3,8 Str–II B113, **A 8770 Madstein** (47.3629,15.0046)

3,7 ▬ Überfallwehr **Madstein**,; li Wasserableitung zum ϟ **Madstein** (47.3627,15.0052)

1,6 ▬ Überfallwehr für ϟ **St. Michael** (47.3449,15.0131)

0,3 Str–II, **A-8770 St. Michael in der Steiermark** (47.3365,15.0198)

0,1 Str–#Brücke S6, Semmering-Schnellstraße (47.3345,15.0213)

0,0 ⇩des Liesing-Bach in die Mur (s. Seite 58) bei km 283,3 (47.3340, 15.0214)

Ingering

Weitere Namen: Ingeringbach
WW III-IV, WW V-VI, Gebirgsfluss

Mündung in Mur bei km 313,2 (li Nebenfluss)

Steiermark

Die Ingering durchfließt ein landschaftlich sehr schönes Tal der Seckauer Tauern. Sie ist in ihrem Oberlauf ein äußerst schwerer Wildbach.

Zumeist wird die Befahrung der Ingering auf der Gaal begonnen und auf der Ingering weitergeführt. Dieser Unterlauf der Ingering, ab ⇩ der Gaal, ist ein interessantes Wildwasser mit langen, ununterbrochenen Schwällen.

Befahrbarkeit: Frühjahr bis Juni, später nach Regenfällen

Schwierigkeiten: km 22,0 bis km 13,9: WW IV und V, Gefälle bis 40 ‰.
km 13,9 bis km 0,7: WW III-, Gefälle 16 ‰.

30,9 am Pass zwischen Kettentalkogel und Speikleitenberg in ca. 1.784 m ü. NN. Der Tauernhöhenweg begleitet den Bach (47.3718,14.5902)

21,8 li ⬇ unterhalb des ehemaligen ✕ **Ingering** Bis zur ⇩ der Gaal sehr schweres WW mit starker Verblockung, verwinkelten Durchfahrten und höheren Abfällen. Die gesamte Strecke sollte vor einer Befahrung besichtigt werden (47.3282,14.6767)

17,9 ▬ Tiroler Wehr Fa. Pülzl (47.2965,14.6736)

15,4 ▬ zum ϟ **Moarhof** (47.2781,14.6855)

13,8 ⇩ des Gaalbach (s. Seite 84) in den Ingering, (47.2663,14.6945); Die Reststrecke bis ⇩ ist erheblich leichter; sie bietet herrliches WW–Vergnügen (47.2662,14.6950)

12,9 ▬ Tiroler Wehr Fa. Pülzl H ca. 0.9 m, mit Wasserableitung, kein Rückstau vor dem ▬. Bei gutem Wasserstand ist im Frühjahr eine Weiterfahrt möglich, im Sommer dürfte dieser Abschnitt weitgehend trocken sein (47.2646,14.7059)

9,8 ▬ li Wasserableitung für Fischteiche,; leicht ≈ (47.2570,14.7431)

9,2 Rückführung des abgeleiteten Wassers, kurz danach li ⛺, 🚌-Haltestelle, gute ⬇ (47.2547,14.7494)

8,5 ▬ Klappenwehr zum ϟ **Ingeringbach**, **X**, li ⌂ (47.2511,14.7563)

6,1 ▬ „aufgelöste Sohlrampe"; Gesamthöhe ca. 1 m; Wasserableitung nach li in den Sachendorfer Bach, der bei km 303,1 in die Mur mündet (47.2358, 14.7747)

3,9 ▬ Überfallswehr H ca. 2 m (47.2194,14.7858)

3,0 Str-II S 36 Murtal Schnellstraße (47.2150,14.7962)

0,9 ▬ Überfallswehr Uitzmühle bei Weyern, ≈ (47.2033,14.8158)

0,6 Str–II, re **A-8724 Spielberg**, li **A-8720 Knittelfeld** ⬆ Die Fahrt wird vielfach hier beendet (47.2020,14.8189)

0,0 ⇩der Ingering in die Mur (s. Seite 58) bei km 313,2 (47.1973,14.8231)

Gaalbach

Kleinfluss, WW III-IV, Gebirgsbach [WW]

Mündung in Ingering bei km 13,8 (re Nebenfluss)

Steiermark

Ursprung südlich des Gaaler Törl in den Seckauer Tauern
Die Gaal ist ein sehr interessantes Wildwasser in einem schönen Tal der Seckauer Tauern.

Befahrbarkeit: Frühjahr und nach Regenfällen
Schwierigkeiten: schnelle Strömung, erhebliche Verblockung, WW III+ / WW IV-. Ununterbrochene Schwallstrecken

20,5 Ursprung in ca. 1.820m ü. NN, die Hauptfließrichtung ist südwärts. Hier ist der Name des Flusses noch Musenbach (47.3581,14.5446)
6,0 landw. Wege–II etwa 4 km oberhalb der Ortschaft **Gaal** bei einem Bauernhof ⬇ (47.2707,14.6257)
0,0 ⇩ des Gaalbach in den Ingering (s. Seite 83) bei km 13,8, (47.2663, 14.6945)

Pölsbach

Weitere Namen: Pöls
Kleinfluss, WW I-II, WW III-IV, Gebirgsfluss
Mündung in Mur bei km 321,1 (li Nebenfluss)

Steiermark
Der Pölsbach hat seine Quellen im Pölskar am Osthang der Zinkenkogel in den Rottenmanner Tauern.
Pöls und Pusterwaldbach fließen in landschaftlich sehr schönen Tälern der Rottenmanner Tauern. Die Flüsse sind auch wassertechnisch sehr interessant.
Die Pöls oder Pölsfluss, kann auf einer Strecke von etwa 6 km oberhalb **Möderbrugg** ebenfalls befahren werden. Sie ist hier ein Kleinfluss mit einigen Wiesen-■, die nach Besichtigung zumeist ≋ sind. Wasserreicher und interessanter ist jedoch die Befahrung des Pusterwaldbaches als Vorfahrt.

Befahrbarkeit: Frühjahr bis Juni, später nach stärkeren Regenfällen.
Pegel: Lattenpegel ca.1 km vor **Möderbrugg**, beste Wasserführung bei 150–170 cm.
Online-≡ **Pöls** km 18,1 am Pölsbach
Schwierigkeiten: Schwierigkeiten WW II bis WW III
Infrastruktur: Bootshaus ATUS Zeltweg, Mur km 313,2

55,6 Ursprung aus mehreren Quellbächen im Pölskar, ca. 1.480 m ü. NN (47.4297,14.3910)
36,5 Wege-II, mögliche ⬇ bei gutem Wasserstand nächstgelegenes Wohnhaus: Schattseite 1 in **A-8765 Sankt Johann**, ca. 967 m ü. NN (47.3148,14.4805)
35,7 ■ Klappenwehr Schwarzviertel BJ 2016,; **X**, li entlang Fischaufstieg ⩍ (47.3094,14.4830)
32,0 Wege-II, **A-8763 Möderbrugg** (47.2833,14.4822)
31,7 re ⇩ des Pusterwaldbach (s. Seite 86) in den Pölsbach ca. 913 m ü. NN (47.2811,14.4816);
Die Fahrt wird meist auf dem Pusterwaldbach begonnen (47.2809,

14.4816)

31,1 ▬ Klappenwehr zum ϟ **Zuegg-Möderbrugg**; H ca. 4,5 m, **X** (47.2766, 14.4833)

26,4 ▬ 3-stufiges Überfallswehr **Unterzeiring**, H ca. 4,4 m, **X** (47.2619, 14.5144)

25,7 ▬ Überfallswehr der Zellstoff **Pöls** AG, **X**, starke Schrägströmung und Pfähle im Unterwasser. Wasserableitung nach links (47.2596,14.5204)

23,9 ▬ Sohlstufe, evtl. ≈, Steine im Unterwasser (47.2482,14.5306)

23,2 ▬ Sohlstufe, **X**, Bis **Pöls** sehr schönes, teilweise wuchtiges und verblocktes Wasser, WW III– (47.2446,14.5369)

22,0 ▬ Schlauchwehr zum ϟ **Pöls I**,; H ca. 3 m; evtl. ≈ oder li ⏏, starke Schrägströmung! (47.2371,14.5419)

19,8 ▬ von **Thaling** H ca. 2,5 m; Schrägströmung! evtl. ≈ oder li über den Steg vom Mühlengraben ⏏ (47.2288,14.5612)

17,8 ▬ Überfallswehr der Stadtwerke Judenburg am Ortseingang von **Pöls**, **X**, H ca. 6 m, re ⏏ (47.2195,14.5769)

17,5 Str-II, **A 8761 Pöls** Vor der II ↱. Es empfiehlt sich, die Befahrung der Pöls hier zu beenden. Das Wasser der Pöls wird durch eine Zellulosefabrik in Pöls stark verunreinigt, die Pöls tritt in die Mur-Ebene aus und wird damit landschaftlich weniger interessant. Eine Weiterfahrt bis zur Mur ist möglich, aber infolge zahlreicher ▬ und Wasserableitungen recht beschwerlich (47.2193,14.5809)

17,2 ▬ Überfallswehr der Zellulosefabrik **Pöls**, **X**, mehrstufig, Gesamthöhe ca. 2,2 m (47.2195,14.5845)

16,6 ▬ Überfallswehr Klein-ϟ **Pöls**, **X**, H ca. 2 m, wenig Restwasser (47.2184,14.5908)

12,9 ▬ Staustufe mit Schützenwehr bei **Gasselsdorf**, **X**, Wasserableitung nach links (47.2063,14.6203)

11,6 ▬ Klappenwehr **Ritzendorf**; H ca. 4 m, **X**, Wasserableitung nach links, wenig Restwasser (47.2027,14.6341)

8,7 ▬ Schlauchwehr **Wasendorf**, **X**, H ca. 4 m (47.1945,14.6627)

3,6 ▬ Klappenwehr zum ϟ **Aichdorf**, **X**, H. ca. 1 m, Wasserableitung rechts, wenig Restwasser (47.1932,14.7132)

0,0 ⇩ des Pölsbach in die Mur (s. Seite 58) bei km 321,1 (47.1831,14.7459)

Pusterwaldbach

WW I-II, WW III-IV, Gebirgsfluss

Mündung in Pölsbach bei km 31,7 (re Nebenfluss)

Steiermark

Der Pusterwaldbach entsteht aus den beiden Quellflüssen Vorderer Pölsenbach und Hinterer Pölsenbach am Nordhang der Hohenwart in den Wölzer Tauern in ca. 1400 m ü. NN.

Der Pusterwaldbach und die Pöls gestatten eine durchgehende Befahrung. Pöls und

Pusterwaldbach fließen in landschaftlich sehr schönen Tälern der Rottenmanner Tauern. Die Flüsse sind auch wassertechnisch sehr interessant.

Befahrbarkeit:	Frühjahr bis Juni, später nach stärkeren Regenfällen
Pegel:	Lattenpegel ca.1 km vor **Möderbrugg**, beste Wasserführung bei 150–170 cm. Online-▤ **Hinterwinkel** km 19,1
Schwierigkeiten:	Schwierigkeiten WW II bis WW III
Infrastruktur:	⌂ ATUS Zeltweg, Mur km 313,2

24,6 Ursprung des Pusterwaldbaches in 1.400 m Höhe in den Wölzer Tauern (47.3358,14.2604)
11,2 Wege–Ⅱ, Ortsmitte von **A-8764 Pusterwald** (47.3095,14.3736)
10,8 Ende Fußballplatz, Pusterwal übliche ⬇; ca. 1.066 m über NN. Die gesamte Strecke von Pusterwaldbach und Pöls bis zur Ortschaft **Pöls** ist sehr schönes, schnellfließendes Wildwasser WW II–III (47.3064,14.3755)
3,6 li ⇩ des Bretsteinbach (s. Seite 87) in den Pusterwaldbach ca. 946 m ü. NN (47.3043,14.4566)
3,5 ▬ neues Klappenwehr **Zistl**, **X** (47.3040,14.4580)
3,0 ▤ **Zistl** (47.2999,14.4585)
2,1 ▬ Kette von 5 Sohlstufen, evtl. ≈, letzte Stufe besser re ⏏ (47.2950, 14.4664)
0,4 2x ▬ Sohlstufe am Ortseingang von **Möderbrugg**, **X**, li ⏏ (47.2843, 14.4791)
0,0 ⇩ des Pusterwaldbach in den Pölsbach (s. Seite 85) bei km 31,7 ca. 913 m ü. NN (47.2811,14.4816)

Bretsteinbach

Kleinfluss, WW I-II [WW]
Mündung in Pusterwaldbach bei km 3,6 (li Nebenfluss)

Steiermark
Der Bretsteinbach hat seinen Ursprung am Osthang des Kreuzkogels in den Rottmanner Tauern ca. 1860 m ü. NN. Er durchfließt zunächst in süd-östlicher Richtung durch den Bretsteingraben, ab dem Ort **Bretstein-Gassen** durchfließt er das Tal „Bretstein vor der Kirche".

Befahrbarkeit:	Frühjahr, evtl. bis Frühsommer
Schwierigkeiten:	2 ▬ Sohlstufe, nach Besichtigung ≈, WW II

21,5 Ursprung am Osthang des Kreuzkogels (47.3737,14.2466)
5,5 landw. Wege-Ⅱ am Ende des Fußballplatzes von **A 8763 Bretsstein** ca. 1018 m ü. NN. Mögliche ⬇ (47.3348,14.4144)
3,4 ▬ Klappenwehr zum ϟ **Haingartner** Baujahr: 2014 (47.3230,14.4288)
0,0 ⇩ des Bretsteinbach in den Pusterwaldbach (s. Seite 86) bei km 3,6 ca. 946 m ü. NN (47.3043,14.4566)

Wölzerbach

Weitere Namen: Hintereggerbach
Wildwasser, WW I-II, WW III-IV, Gebirgsbach
Mündung in Mur bei km 364,5 (li Nebenfluss)

Steiermark

Über den Ursprung des Wölzer Baches gehen die Darstellungen in den verschiedenen Karten kilometerweit auseinander. Manchmal wird der Eselsbergbach als rechtmäßiger Oberlauf dargestellt, manchmal der Dörflbach oder auch der Arlingbach, die in den Eselsbergbach münden.

In allen Karten ist man sich einig, dass mit der Mündung des Hintereggerbaches bei der Ortschaft **Winklern** bei **Oberwölz** der offizielle Name Wölzer Bach ist.

Der Wölzerbach ist ein interessanter Wildbach in einem sehr reizvollen Tal der Wölzer Tauern.

Befahrbarkeit:	Frühjahr und nach Regenfällen
Schwierigkeiten:	km 15,1 bis ⇩: WW II–III
Infrastruktur:	Straße neben dem Fluss

30,4	Ursprung des Wölzerbach, der Fluss hat hier noch den Namen "Hintereggerbach" (47.2958,14.1692)
15,1	li ⇩ Hintereggerbach ⬇ bei sehr gutem Wasserstand (47.1993,14.2453)
12,2	Wege-II am li Freizeitzentrum Oberwölz, re Fußballplatz, weitere gute ⬇ (47.1973,14.2767)
10,5	▬, „aufgelöste Sohlrampe", ≈ (47.1932,14.2972)
6,6	▬ Wehr, evtl. ≈, Wasserableitung nach li, H ca. 2 m (47.1745,14.3366)
5,1	▬ doppelstufige Sohlrampe, evtl. ≈, starker Rücklauf! (47.1697,14.3498)
3,2	▬ Klappenwehr **Niederwölz**, **X** (47.1594,14.3650)
2,4	Geröllfangrechen (47.1551,14.3704)
2,3	▬ „aufgelöste Sohlrampe" (47.1543,14.3710)
1,5	Str-II, B 75, **A 8831 Niederwölz** (47.1482,14.3751)
0,0	⇩ des Wölzerbach in die Mur (s. Seite 58) bei km 364,5 (47.1465,14.3913)

Katschbach

Kleinfluss, Gebirgsfluss
Mündung in Mur bei km 372,8 (li Nebenfluss)

Steiermark

Der Katschbach hat seinen Ursprung am Nordhang des Schöderkogels in den Wölzer Tauern, ca. 1915 m ü. NN:

Er ist ein landschaftlich reizvoller Gebirgsbach, der im Unterlauf ≈ ist.

Befahrbarkeit:	nur bei HW Zeit der Schneeschmelze und nach starken Regenfällen
Schwierigkeiten:	anfangs leicht, Baum und Strauchhindernisse. Bis zur ⇩ einige kleinere Stufen.

8,0	Str-II **A 8842 St. Peter-Peterdorf** li 🅿, übliche ⬇, ca. 803 m ü. NN

(47.1761,14.2265)
6,6 ▬ Steinschüttung, re ≈ (47.1669,14.2388)
2,9 ▬ Klappenweh zum ↯ **Katsch** mit Wasserableitung, bedingt ≈, kurz danach kataraktähnliche Steinschüttung Sohlrampe. Bis zur ⇩ einige kleinere Sohl-Stufen (47.1483,14.2696)
0,0 ⇩ des Katschbach in die Mur (s. Seite 58) bei km 372,8 (47.1352,14.2978)

Rantenbach

WW III-IV, WW V-VI, Gebirgsfluss
Mündung in Mur bei km 384,8 (li Nebenfluss)

Steiermark
Der Rantenbach fließt in einem sehr schönen Hochtal an der Südabdachung der Schladminger Tauern. Er ist durchweg ein sehr interessanter, im Bereich der Rantenklamm sogar sehr schwieriger Wildbach. Auch außerhalb der Klammstrecke ist mit plötzlich auftauchenden Hindernissen, z. B. Baumversperrungen, in schärfster Strömung zu rechnen. Steine von ▬ und Schüttungen sind häufig mit senkrechten Doppel-T-Stahlträgern befestigt, oft nicht zu erkennen. Vorsicht, Träger sind scharfkantig.
Befahrbarkeit: Frühjahr bis Juni, bei guten Wasserverhältnissen auch später
Schwierigkeiten: km 28,2 bis km 1,4: WW III–IV–V

34,9 Ursprung aus mehreren Quellbächen östlich der Knarrnspitze in ca. 2050 m ü. NN (47.2528,13.8944)
28,0 re ⇩ Preber-Bach etwa 1350m ü. NN ca. 4,5 km flussaufwärts von Krakauschatten (47.2002,13.9163)
27,6 Wege-Ⅱ übliche ⬇ Leichte Verblockung, schnellfließendes Wasser, enges Flussbett, WW III (47.1901,13.0201)
26,5 ▬ Überfallswehr (47.1922,13.9301)
21,6 Beginn einer Kette von ▬ Sohlstufen evtl. ≈, besser li ≏.
Wer die folgende Rantenklamm nicht befahren möchte, kann hier ⬆ und die Klamm bis km 17,5 mit Pkw umfahren. Kurz dahinter Beginn der Rantenklamm. Schwer verblocktes WW mit schwierigen Durchfahrten, höheren Abfällen und unübersichtlichen Blockstrecken. Die gesamte Klammstrecke stets mindestens WW IV, Teilstrecken knapp WW VI. Ein ≏ ist zwar möglich, jedoch sehr mühsam und zeitraubend. Die schwierigsten Stellen befinden sich im Bereich einer steilen S-Kurve und bei der ⇩ des Hollerbergbach. Eine eingehende Besichtigung der gesamten Klammstrecke ist unbedingt anzuraten (47.1848,13.9815)
17,5 Ende der Rantenklamm, ▬ Überfallswehr zum ↯ **Unteretrach**, **X**, re ≏.
Wer die Rantenklamm nicht fahren will, kann diese Stelle auch von der am re Flussufer verlaufenden Straße aus erreichen und hier ⬇.
Schwierigkeiten weiterhin WW III (47.1779,14.0138)
15,8 ▬ Klappenwehr **Rantenbach** (47.1707,14.0262)
14,0 ▬ Wehr zum ↯ **Seebach** im Bau Gemäß Bewilligungsbescheid vom 17.

01. 2017 (47.1625,14.0401)

13,9 Str-II B96 **A 8853 Ranten-Seebach** kurz dahinter ▬ „aufgelöste Sohlrampe" mit 10 Becken, evtl. ≈, oder re ⏏. Gesamthöhe ca. 4 m (47.1617,14.0405)

13,7 re ⇩ Seebach. Die folgende Strecke ist etwas leichter. WW II+ (47.1601, 14.0412)

10,9 ▬ Sohlstufe vor **Ranten**, evtl. ≈, li ⏏. Die folgende Flussstrecke ist erneut schwieriges Wildwasser WW IV- mit zahlreichen Sohlstufen unterschiedlicher Höhe (47.1581,14.0738)

7,0 ▬ neues Wehr **Kulmhammer** im Bau 2016, (47.1462,14.1193)

6,4 Str-II B96, Murtal Straße ⚠ auf der Folgestrecke wird Kiesbaggerei betrieben, es muss mit Röhrendämmen gerechnet werden! (47.1447, 14.1248)

2,1 ⚠ Abfall vor der II am Ortseingang von **A 8850 Murau** WW IV, vor Befahrung besichtigen, Stahlträger (47.1238,14.1675);
Str-II B96 am Ortseingang von **Murau** ⬆, Die Befahrung des Rantenbachs wird zweckmäßigerweise nacherh an geeigneter Stelle beendet. Es folgen bis zur Mündung in die Mur 2 ▬ Wehr, **X**, ⏏ sehr mühsam (47.1237,14.1674);
▬ Klappenwehr der Murauer Stadtwerke, **X**, H ca. 3 m Wasserableitung nach rechts (47.1233,14.1671)

0,0 li ⇩ des Rantenbach in die Mur (s. Seite 58) bei km 384,8 etwa 795 m ü. NN (47.1101,14.1729)

Paalbach

Wildwasser, WW III-IV, WW V-VI, Gebirgsfluss
Mündung in Mur bei km 403,0 (re Nebenfluss)

Der Paalbach entsteht durch Zusammenfluss der Quellflüsse links Glanackenbach und rechts Flattnitzbach neben der Landstraße L63 im Bundesland Kärnten. etwa 4 km nördlich der Ortschaft Flattnitz.

Der Paalbach, ein wenig bekannter Bach zwischen den Stangalpen und den Murauer Bergen, bietet schweres Wildwasser in hervorragender landschaftlicher Umrahmung. Die Schwierigkeiten ergeben sich aus hohem Gefälle, sehr schneller Strömung, starker Verblockung mit einer Kette von untereinander versetzten Abfällen und verwinkelten Durchfahrten sowie dem weitgehenden Fehlen von Kehrwassern. Die schwierigsten Stellen sollten unbedingt besichtigt werden, sie können zumeist auf beiden Ufern gut umtragen werden. Die Befahrung des Paalbaches ist stark abhängig vom Wasserstand. Bei NW dürfte ein Durchkommen in der starken Verblockung des Mittelteiles unmöglich sein, bei HW werden die zahlreichen Stufen und Gefällezonen extrem schwieriges bis unfahrbares WW beeinträchtigt.

Befahrbarkeit: April bis Anfang Juni und nach Regenfällen.
Schwierigkeiten: km 16,2 bs km 1,6: WW III, IV und V

Infrastruktur: „da Bräuhauser", km 0,1
bei **Tamsweg** und **Murau**

20,6 **A 9363 Metnitz-Flatnitz** ⬇ bei einer Ⅱ über den Flattnitzbach, gesperrte Forststraße. P-Möglichkeit direkt neben der L 63, Zunächst WW II. Allmählich Zunahme der Schwierigkeiten WW III (46.9502,14.0233)

12,2 Ab hier WW IV (47.0021,14.0134)

9,3 Str-Ⅱ, L 511, unterhalb **Weiler Kaltwasser**. Davor li P-Möglichkeit (47.0239,14.0059)

8,6 ▬ Staumauer, **X**, Wasserableitung zum Mur-↯ **Bodendorf**. Weiterfahrt nur bei HW-Überlauf möglich. Anlegen und die folgende Strecke besichtigen. Es folgt auf 2 km die schwierigste Strecke des Paalbaches, eine tief eingeschnittene Waldschlucht mit sehr schwierigen verblockten Durchfahrten, Gefälle 40 ‰. WW V (47.0285,14.0094)

7,3 ⚠ am Ende der Schlucht nach einer re-Kurve: eine 2 m hohe, wasserfallähnliche Stufe WW V+. Bis zur folgenden Ⅱ etwas leichter WW IV+ (47.0380,14.0023)

6,1 Str-Ⅱ, L 511, anschließend wieder schwer verblocktes Wildwasser WW IV+ (47.0467,14.0000)

4,2 li ⇩ Berglergraben, ⚠ sofort danach scharfe Ecke mit Aufprall des Wassers auf eine Felswand li. Weiterhin WW IV+ (47.0588,13.9923)

2,2 Str Ⅱ, bei li **A 8862 Paal** ⬆ Beendigung der Fahrt am besten hier (47.0737,13.9840)

0,1 Str-Ⅱ **A-8862 Stadl**, re ca. 250 m „da Bräuhauser", Steindorf 23a, **A-8862 Stadl** (47.0880,13.9859)

0,0 ⇩des Paalbach in die Mur (s. Seite 58) bei km 403,0 (47.0891,13.9850)

Turrachbach

Wildwasser, Kleinfluss, WW III-IV
Mündung in Mur bei km 409,6 (re Nebenfluss)

Steiermark

Der Turrachbach entsteht durch Zusammenfluss von Geißeckbach und Hintere Seebach südlich der Turracher Höhe, ca. 1451m ü. NN. Er ist ein kurzer aber schwerer Wildbach der nach Norden der Mur zufließt.

Befahrbarkeit: wegen Wasserableitungen nur bei HW Schneeschmelze

Schwierigkeiten: Überwiegend WW III bis WW IV, schnellfließendes wuchtiges Wasser, je nach WS mache Stellen **X**

18,6 Zusammenfluss von Geißeckbach mit Hinterer Seebach zum Turrachbach (46.9334,13.9026)

14,3 ⬇ am Ortsende von **A 8864 Turrach** (46.9639,13.8867)

13,8 ▬ Schützenwehr zum ↯, **X** (46.9677,13.8902)

11,0 ▬ Klappenwehr mit Wasserableitung zum ↯ **Bodendorf** Bei ausreichendem Überwasser kann auch die Folgestrecke bis zur ⇩ befahren werden. Vorbesichtigung mehrfach erforderlich, mehrere Stellen je nach Wasserstand **X** (46.9879,13.9063)

1,1 die Straße verschwindet re im Straßen-Tunnel, die Turrach fließt durch einen engen „Felstunnel“, stark verblockt! (47.0652,13.9154)

0,0 ⇩ des Turrachbach in die Mur (s. Seite 58) bei km 409,6 ca. 917 m ü. NN (47.0724,13.9103)

Thomataler Bach

Weitere Namen: Bundschuhbach
Wildwasser, WW I-II, WW III-IV, Widbach
Mündung in Mur bei km 417,8 (re Nebenfluss)

Salzburg

Der Bundschuhbach ist ein kurzer, nur mäßig schwerer Wildbach. Er wird in den topographischen Karten im Oberlauf als Bundschuhbach bezeichnet. Dieser entsteht durch Zusammenfluss von Weißbach und Feldbach beim Hochofenmuseum Franzenhütte ca. 1.339 m ü. NN.

Befahrbarkeit:	Frühjahr bis Juni
Pegel:	II vor der ⇩; günstig 80–120 cm
Schwierigkeiten:	WW II–III

13,3 ⇩ bzw. Zusammenfluss Weißbach mit Feldbach ca. 1.339 m ü. NN (47.0397,13.7136)

8,2 Str–II in **A 5592 Thomatal-Gruben** ⬇, bis **Thomatal** steinig (47.0772, 13.7309)

8,0 ▬ Sohlstufe, evtl. ≈, H ca. 1,5 m, es folgen noch einige niedrige Gefällebremsen, ≈ (47.0788,13.7325)

0,0 ⇩ des Thomataler Bach in die Mur (s. Seite 58) bei km 417,8 (47.0778, 13.8141)

Taurach (Mur)

Weitere Namen: Taurach-Süd, Taurach/Lungau
Wildwasser, WW I-II, WW III-IV, Gebirgsfluss [WW]
Mündung in Mur bei km 424,2 (li Nebenfluss)

Salzburg

Der amtlich als Taurach/Lungau bezeichnete Bach ist ein landschaftlich sehr reizvoller und wassertechnisch abwechslungsreicher Fluss, der aus den Hohen Tauern kommt. Sein Ursprung ist südlich des Ortes **A 5562 Obertauern**, seine ⇩ in die Mur westlich von **Tamsweg**.

Befahrbarkeit:	Oberlauf bis Frühsommer, ab **Mauterndorf** ganzjährig.
Umwelt:	Wasser: sehr sauber
Schwierigkeiten:	km 23,0 bis km 15,6 WW I–II
	km 15,6 bis km 14,2 WW IV
	km 14,2 bis km 12,0 mehrere Wehre, nicht zu empfehlen
	km 12,0 bis km 0,6 WW I–II

Infrastruktur:	⛺ "Waldcamping Tamsweg", am Fluss gelegen km 1,8 ⛺ **Mauterndorf** km 15,2
Karten:	Jübermann Wassersport-Wanderkarte Nr. 5 - ÖsterreichKompass Wanderkarte Nr. 67 LungauKilometrier

30,6 Ursprung unterhalb des Tauernpasses (47.2425,13.5697)

22,9 Wege-II, **A 5563 Tweng** ca. 1.229m ü. NN
dahinter ⬇ für den Oberlauf. Zunächst enges Flussbett, schnelle Strömung, wenig Kehrwasser, ⚠ auf Busch- und Baumhindernisse (47.1891,13.6026)

19,3 Wege-II, Der Fluss wird breiter, kaum mehr Hindernisse (47.1699, 13.6359)

17,4 Beginn einer schönen Waldschlucht, Zunahme der Schwierigkeiten, z. T. enge Verblockung, WW II+ (47.1576,13.6508)

15,5 ▬ Hammer mit Wasserableitung, **X**, H ca. 2 m, bei NW ist eine Weiterfahrt nicht möglich. Es muss dann etwa 500 m weit bis zur Rückführung des abgeleiteten Wasser ⏏ werden. Ein ⬆ ist kurz oberhalb des ▬ bei einem Kieswerk gut möglich. Bei ausreichendem Überlauf folgt eine Blockstrecke mit Stufen und Abfällen, WW IV (47.1440,13.6602)

15,1 re ⇩ Rückführung des abgeleiteten Wassers die Schwierigkeiten gehen unverändert weiter, ⚠ auf Baumhindernisse. Die gesamte Strecke von km 15,0 bis km 14,2 muss vor einer evtl. Befahrung besichtigt werden (47.1422,13.6639)

14,2 Ende der Blockstrecke es folgen mehrere ▬, ⏏ schwierig. ⬆ Von einer Weiterfahrt ist daher abzuraten. Am besten wird, je nach Wasserführung und Können, die gesamte Strecke von km 15,6 oder 14,2 bis km 11,9 mit Pkw umfahren (47.1411,13.6726)

13,7 ▬ Steilwehr am Ortsanfang von Mauterndorf, H ca. 5,5 m, **X** (47.1385, 13.6775)

13,6 ▬ Steilwehr, H ca. 3,5 m, **X** schwierig ⏏ (47.1379,13.6779)

13,5 ▬ doppelte Sohlstufe, H ca. 1,5 m (47.1372,13.6774)

13,0 ▬ Sohlstufe H ca. 3 m, **X**, dahinter Wege-II (47.1352,13.6802)

11,8 Str-II Flugplatzstraße am Ortsende von **A 5570 Mauterndorf** empfohlene ⬇ für die Befahrung des Unterlaufs bei einem kleinen Flughafen, die Zufahrt ist beschildert. Es folgt schnell fließendes Wasser mit leichter Verblockung, WW I+ (47.1301,13.6935)

8,3 ▬ Schräg-Rutsche in **Pichl**, ≋, H ca. 2 m (47.1383,13.7338)

7,7 Str-II, B 95 (47.1407,13.7406)

7,6 ▬ Sohlschwelle beim **Heuschober** H ca. 0,8 m; ⚠ bei HW starker Rücklauf!
Es folgen weitere Sohlrampen (0,3-0,5 m hoch), alle problemlos ≋, Aussteigen zum Besichtigen ist bei diesen kleinen Stufen nicht erforderlich (47.1412,13.7417)

7,4 li ⇩der Weißpriach (s. Seite 96) in die Taurach (Mur) ca. 1.065 m ü. NN (47.1419,13.7436)

7,3 Str-II, **A 5571 Mariapfarr-Leiten** (47.1418,13.7448)
3,0 ⇩ des Göriachbach (s. Seite 95) in den Taurach (Mur). Die Mündung befindet sich nur 10 m vor dem großen Tennen-■ der Taurach, ⬆ wegen Uferbefestigung fast unmöglich, vorher besichtigen!, (47.1456,13.7964)
2,9 ■ vierstufiges Tennen- Wehr **St. Andrä** mit etwa 3,7 m Höhenunterschied, in ■-Mitte gut ≈ oder re ⌓, mühsam. Vorsicht bei HW! Wasserableitung nach links, mündet wieder kurz vor ⇩ des Lessachbaches (47.1455,13.7964)
2,1 li ⇩ der Lessach (s. Seite 94) in die Taurach (Mur), ca. 1028 m ü. NN (47.1418,13.8060)
2,0 re schön gelegener ⛟ Waldcamping Tamsweg gut geeignet als Standquartier für Befahrungen von Taurach und Mur, mögliche ⬇ für eine Befahrung der Mur vom ⛟ aus, Mörtelsdorf 172, **A 5580 Tamsweg** (47.1414,13.8059)
1,2 Str-II, B96 (47.1349,13.8020);
■ verblocktes Steinwurfwehr, evtl. ≈, H ca. 2,5 m, Wasserableitungen nach re und nach li! oder beidseits ⌓. Es folgen bis zur ⇩ weitere 4 Steinwurf-Stufen, durchweg gut ≈ (47.1347,13.8018)
0,0 ⇩ Taurach (Mur) in die Mur (s. Seite 58) bei km 424,2 ca. 1.010 m ü.NN (47.1261,13.8011)

Lessach

Wildwasser, Kleinfluss, WW I-II, WW III-IV, Gebirgsbach
Mündung in Taurach (Mur) bei km 2,1 (li Nebenfluss)

Salzburg

Die Lessach ist ein sowohl landschaftlich wie sportlich lohnender Wildbach der Niederen Tauern.

Wenn am ■ 2 km nördlich von **Wöltung** zu wenig Restwasser abgegeben wird, dürfte die Reststrecke bis zur ⇩ **X** werden.

Befahrbarkeit: Frühjahr bis Mitte Juli.
Pegel: Bezugspegel: **Taurach** - II Tamsweg; günstig 145 cm.
Schwierigkeiten: Mit Baumversperrungen ist zu rechnen. Vorsicht vor Stacheldraht.
Meistens WW I bis WWW II, kurzer Abschnitt WW III bis WW IV
Karten: Jübermann Wassersport-Wanderkarte Nr. 5 - Österreich; Kompass Wanderkarte Nr. 67 Lungau

20,0 Ursprung am Waldhorn am Anger See in etwa 2.500 m Höhe (47.2907, 13.8127)
14,1 Wege-II ⬇, WW I, ca. 1294 m ü. NN; Almwiesen (47.2484,13.8036);
li ⇩ Landschitzbach mit ⌘ Wasserfall am Ausfluss aus dem Unteren Landschitzsee. (47.2483,13.8036)
13,8 ■ Sohlstufe, H ca. 1 m (47.2459,13.8042)

11,9 Wege-II zur li **Lenzenalm**, re P-Möglichkeit, ca. 1246 m ü. NN (47.2319, 13.8062)

9,6 ■ Geschiebesperre mit Fußg-II (47.2141,13.8063)

9,5 Wege- II, Beginn einer Gefällestrecke WW III-IV, ca. 1.224 m ü. NN (47.2134,13.8066)

8,6 Fußg-II, li ca. 70 m abseits: Winkel-Kapelle, nun nur noch WW I–II (47.2065,13.8099)

7,0 in kurzer Folge ■ : Sohlstufe, H 0,5m; natürliche Felsschwelle, H ca. 0,8m; natürliche Felsschwelle, H ca. 0,5m (47.1945,13.8093)

6,4 li ehemaliges Sägewerk **Lessach** Danach auf 1 km reguliert mit mehreren Sohlrampen (bis 0,5 m) (47.1899,13.8073)

6,2 li Str-II **A 5575 Lessach** (47.1886,13.8086)

3,3 Str-II, L 232, vor Ruine Thurnschall ⚠ Es folgt auf ca. 1,1 km eine steilere Strecke mit starker Verblockung und mehreren natürlichen Felsschwellen bis ca. 0,8 m Höhe, bis WW IV! Befahrung fraglich, schon bei der Anfahrt von der Straße aus gut zu sehen (47.1673,13.8052)

2,1 ■ Wehr mit totaler Wasserableitung H ca. 2 m, ⬆ Weiterfahrt nicht mehr möglich, Beendigung der Fahrt. Hierzu kurz vorher li P-Möglichkeit an der L 232 - Straße von **Tamsweg** nach **Lessach** (47.1580,13.8053)

0,0 ⇩ der Lessach in die Taurach (Mur) (s. Seite 92) bei km 2,1, ca. 1028 m ü. NN (47.1418,13.8060)

Göriachbach

Weitere Namen: Görich
Wildwasser, Kleinfluss, WW I-II, WW III-IV, Gebirgsbach
Mündung in Taurach (Mur) bei km 3,0 (li Nebenfluss)

Salzburg
Die Görach oder Göriachbach hat ihren Ursprung an der Westflanke des Hohen Wagen in den Schladminger Tauern und speist zunächst den Unteren Landwiersee. Sie umrundet nach Osten den Hohen Wagen und strebt dann Richtung Süden der Taurach zu.
Die Göriach ist ein gefällestarker Wildbach in schöner Landschaft.

Befahrbarkeit:	Frühjahr bis Mitte Juli.
Pegel:	Bezugspegel: Taurach-II Tamsweg; günstig 145 cm

19,2 Ursprung am Hohen Wagen, ca. 2.080m ü. NN (47.2652,13.7233)

9,2 Wege-II in **Ederhütte** ca. 1.555 m ü. NN, Mögliche ⬇, jedoch wenig ratsam, da bei schneller Strömung stark verwachsen (47.2044,13.7573)

5,0 ■ Sohlstufe Wassering, **X**, H ca. 2,0 m, ca. 1180 m ü. NN, re ⌂, - dahinter empfohlene ⬇, WW II–III, es folgen mehrere Sohlrampen (bis 0,6 m hoch) (47.1766,13.7645)

1,8 ■ zum ↯ **Göriachbach**, **X**, vor der Straßenabzweigung nach **Hinter-Lasa**, H ca. 2,5 m; ⚠ ⬆ davor fast unmöglich, bei Anfahrt besichtigen (47.1547,13.7820)

1,0 ■ Sohlrampe vor **St. Andrä**, ≈, H ca. 1 m, Es folgt eine Kette von 12 Sohlschwellen ca. 0,2 m Höhe (47.1510,13.7891)

0,0 ⇩ des Göriachbach in den Taurach (Mur) (s. Seite 92) bei km 3,0. Die Mündung befindet sich nur 10 m vor dem großen Tennen-■ der Taurach, ⬆ wegen Uferbefestigung fast unmöglich, vorher besichtigen!, (47.1456, 13.7964)

Weißpriach

Weitere Namen: Lonka
Wildwasser, Kleinfluss, WW I-II, WW III-IV, Gebirgsbach
Mündung in Taurach (Mur) bei km 7,4 (li Nebenfluss)

Salzburg

Der aus den Schladminger Tauern kommende Weißpriachbach wird amtlich als Lonka bezeichnet. Ihr Ursprung ist östlich der Sonntagskarhöhe. Er fließt zunächst Richtung NO und dreht unterhalb dem Oberhüttensee nach Süden ab.

Die Weißpriach ist ein besonders schöner, leichter Wildbach, gut geeignet als Vorfahrt für die Weiterfahrt auf Taurach und Mur.

Befahrbarkeit:	bis Mitte Juli ab Dicktlerhütte
Schwierigkeiten:	km 12.2 bis km 9,9: WW III km 9,9 bis km 0: WW I bis WW II
Karten:	Jübermann Wassersport-Wanderkarte Nr. 5 - ÖsterreichKompass Wanderkarte Nr. 67 LungauKilometrier

22,6 Ursprung an der Kalkspitze in etwa 2.000 m Höhe. Der Name vom Fluss ist zunächst Lonka (47.2691,13.6193)

12,7 Wege-Ⅱ, re 🅿 und 🚌-haltestelle zur Jausenstation Dicktlerhütte ⬇, ca. 1145 m ü. NN. Zunächst auf 2 km WW III (47.2092,13.6617)

9,9 ■ Streichwehr zum ehemaligen Sägewerk **Hinterweißpriach**, H ca. 0,7 m, **X**, re ⏶. Nachlassen der Schwierigkeiten, WW I (47.1922,13.6836)

7,9 Ⅱ Steg, meist nicht unterfahrbar, ⏶ Der Fluss mäandert durch reizende Moorwiesen (47.1824,13.6977)

7,2 Str-Ⅱ, **A-5573 Weißpriach** (47.1776,13.7034)

3,4 Str-Ⅱ, **A 5571 Maria Pfarr-Bruggarn** wieder flotte Fahrt. Ab Bruckdorf reguliert, zahlreiche Sohlrampen (47.1575,13.7150)

2,6 ■ Steinwurf-Wehr der Wollspinnerei mit Wasserableitung rechts, H ca. 1,2 m (47.1536,13.7206)

1,2 Str-Ⅱ, L 224, **A 5571 Maria Pfarr-Bruckdorf** dahinter bis zur ⇩ zahlreiche ■ Sohlbauwerke H ca. 0,3 m bis 0,5 m (47.1479,13.7330)

0,0 ⇩der Weißpriach in die Taurach (Mur) (s. Seite 92) bei km 7,4 ca. 1.065 m ü. NN (47.1419,13.7436)

Zederhausbach

Wildwasser, Kleinfluss, WW I-II, WW III-IV, Gebirgsbach

Mündung in Mur bei km 440,7 (li Nebenfluss)

Salzburg

Der Riedingbach hat seine Quellen an der Jägerspitze in den Radstädter Tauern. Er umrundet Richtung Osten die Riedingspitze und vereinigt sich nach ca. 11,5 km mit dem Großen Kesselbach zum Zederhausbach

Der Zederhausbach läuft als leichter Wildbach durch ein landschaftlich schönes Tal der Radstädter Tauern, allerdings fast durchweg neben der Tauernautobahn.

Befahrbarkeit:	Mai bis Juli.
Pegel:	KW Zederhaus km 14,6
Schwierigkeiten:	je nach Wasserstand WW II–III, mit Stellen WW III+, schnelle Strömungen, ⬆ wegen überhängender Büsche teilweise schwierig, unvermutet hinter Kurven auftauchende Abfälle. km 12,0 bis km 10,6 **X**, ⏏

16,5 Mögliche ⬇ nahe der ⇩ des Nahenfeldbachs 🚐 Nahenfeldbrücke, begrenzte 🅿-Möglichkeit. ⚠ Vorsicht beim Überqueren der Zederhauser Landesstraße (47.1720,13.4529)

14,6 ≣ KW **Zederhaus**, kleine Schwelle (47.1639,13.4721)

11,9 Autobahn-Ⅱ A10 am Ortsanfang von **A 5584 Zederhaus ⬆**, mit Zugang zur Straße L 212 und den Ort auf ca. 1,5 km mit Pkw umfahren. Im Ort mehrere Gefällebremsen, **X** (47.1552,13.5022)

10,6 Wege-Ⅱ am Ortsende **Zederhaus** Wieder ⬇ (47.1485,13.5152)

6,0 ⚠ Vor **A 5582 Fell**, etwa 200 m vor der AB-Ⅱ, sehr starkes Gefälle mit Schrägabfall und Steinschüttung, schon bei der Anfahrt besichtigen! Pkw am Ortsende von Fell parken (47.1249,13.5598)

3,1 Nach Autobahn-Ⅱ vor **Oberweißburg**: ▬ Schräg-Wehr H ca. 3m, bei HW starker Rücklauf (47.1123,13.5849)

2,4 ▬ in **Oberweißburg** am Sägewerk, **X**, H ca. 5,0 m, ⏏ (47.1066, 13.5889)

2,2 ▬ Sicherungsrampe für Triebwasserrückgabe, H ca. 1,0 m (47.1054, 13.5910)

0,9 Str-Ⅱ **A 5582 St. Michael im Lungau-Unterweißburg ⬆** Beendigung der Fahrt, ca. 1.060 m ü. NN. Li begrenzte 🅿-Möglichkeit (47.0975,13.6022)

0,0 ⇩ des Zederhausbach in die Mur (s. Seite 58) bei km 440,7 zwischen den beiden Str-Ⅱ der A 10-Tauernautobahn! Ca. 1.054 m ü. NN (47.0911, 13.6090)

Krumbach

Kleinfluss

Mündung in Bistrica (Slowenien) (li Nebenfluss)

Der Krumbach wird im Oberlauf in Kärnten meist als Krennbach und in der Steiermark als Kreuzbach bezeichnet. Ab dem Zusammenfluss von Kreuzbach und Kesselbach; wird er topographisch nur noch als Krummbach bezeichnet.

An diesem, in den vorausgehenden Auflagen ausführlich beschriebenen sehr schönen Wildbach wurde bei km 14,3 das ↯ **Koralpe** gebaut. Ein Großteil des Wassers wird abgeleitet. Der Einfluss auf die Wasserführung ist noch nicht bekannt. Eine Beschreibung ist daher nur vorläufig!

Befahrbarkeit: wahrscheinlich nur noch bei HW

Pegel: Pegel bei km 7,8

16,3 Ursprung in Kärnten am Kleinen Speikkogel ca. 2.000 m ü. NN unter dem Namen Kreuzbach (46.7492,15.0204)

14,6 ▬ Speicher Kreuzbach und ↯ **Koralpe** (46.7417,15.0378)

0,0 ⇩des Krumbach in die Bistrica (Slowenien) (46.6597,15.1105)

Lavant

WW I-II, WW III-IV, Gebirgsfluss, Aulandfluss

Mündung in Drau bei amtl. km 73,0 (li Nebenfluss)

Kärnten

Die Lavant, ein Fluss der Seetaler Alpen, ist in ihrem Oberlauf ein sowohl landschaftlich wie auch wildwassermäßig interessanter Fluss. Ab **Wolfsberg** treten die Berge zurück, das Tal wird breit, die Lavant wird zum Auenlandfluss. Da sich zwischen **Wolfsberg** und der ⇩ in die Drau zahlreiche, nur teilweise fahrbare ▬ befinden, wird die Strecke ab **Wolfsberg** nur selten befahren.

Befahrbarkeit: ab **St. Leonhard** im Frühjahr bis Juni und nach stärkeren Regenfällen.
Ab **Wolfsberg** ganzjährig.

Pegel: **St. Gertraud**, Holz-Ⅱ km 35,8, beste Wasserführung 150–180 cm.
St. Leonhard km 47,5
Krottendorf km 4,2

Schwierigkeiten: km 49,1 bis km 41,5: WW II
km 41,5 bis km 32,8: WW III – III+
km 30,1 bis km ⇩: WW I – II

72,3 Ursprung aus dem Lavantsee am Zirbitzkogel in 2.050 m Höhe. Bei sehr gutem Wasserstand kann die Befahrung schon einige km oberhalb **Bad St. Leonhard** begonnen werden (47.0607,14.5727)

49,1 Str-Ⅱ, **A 9642 Bad St. Leonhard im Lavanttal** übliche ⬇ zur Befahrung der WW-Strecke. Die Schwierigkeiten betragen zunächst je nach Wasserstand WW II (46.9615,14.7868)

47,5 Str-Ⅱ, B 78 nach **A-9462 Bad St. Leonhard** davor: ≣ **St. Leonhard** ▬ Kiendler Wehr, ≈ (46.9539,14.8031)

46,7 ▬ Rieger Wehr; ≈ (46.9506,14.8113)

44,3 ▬ Gefällebremse, **X**, re oder li ⌓
danach Stufe, li ≈ (46.9341,14.8267)

42,3 Autobahn-Ⅱ A2 (46.9211,14.8400)

41,5 ▬ Staustufe **Twimberg**, **X**, li ⌓. (46.9164,14.8437)

41,4 li ⇩ des Waldensteiner Bach (s. Seite 99) in den Lavant (46.9154,

14.8433);
Ab hier Zunahme der Schwierigkeiten WW III schnell fließendes Wasser, streckenweise Verblockung und einige Abfälle (46.9152,14.8429)

35,8 Holz-II, mit ≣, **St. Gertraud** (46.8852,14.8665)

34,2 ■ Wehr mit re ↯ vor **St.Gertraud**, **X**, des alten Eisenhammers von **Frantschach–St. Gertraud.** ⬆ Fahrt am besten vor ■ beenden. Re ⌓ mühsam. ⚠ Von eine Befahrung der nächsten 6,5 km ist abzuraten! (46.8732,14.8756)

32,8 Str-II **A 9413 Frantschach** re 🚆. Ende der WW-Strecke, unmittelbar folgend: ■ Staustufe **Frantschach**; **X**, li Wasserableitung (46.8643, 14.8690)

31,8 ■ mit Wasserableitung nach rechts zum Himmelberger Zementwerk (46.8588,14.8585)

31,5 ■ ehemalige Große Sperre wurde 2016 großräumig umgebaut, Ergebnis liegt noch nicht vor (46.8578,14.8558)

30,1 ■ Wehr, re Ableitung Kraftwerkskanal wenig Restwasser (46.8476, 14.8460)

28,9 ■ Wehr Wasserableitung li zum ↯, wenig Restwasser (46.8378,14.8433)

28,7 Str-II, B 70, **A 9400 Wolfsberg** (Spanheimerstraße) (46.8366,14.8420)

27,9 Str-II, B 70, **A 9400 Wolfsberg** ab hier keine wesentlichen Schwierigkeiten mehr. Die Strecke bis zur ⇩ ist jedoch durch insgesamt 15 Betonstufen, von denen etwa die Hälfte **X** ist, total verbaut. Vor Befahrung ansehen, da teilweise gefährliche Deckwalzen! (46.8302, 14.8405)

27,7 ■ Staustufe; li Ausleitung zum ↯ **Köstmann** (46.8284,14.8408)

21,6 ■ Staustufe, **X**, li Ableitung Kraftwerkskanal (46.7752,14.8350)

20,3 Str-II, L 139, re **A-9433 St. Andrä** (46.7648,14.8273)

11,4 Str-II, **A 9470 St. Paul** (46.7018,14.8814)

0,3 Str-II, B 80, **A 9473 Lavamünd** (46.6416,14.9432)

0,0 ⇩ der Lavant in die Drau (s. Seite 55) bei amtl. km 73,0, ca. 344 m ü. NN (46.6393,14.9439)

Waldensteiner Bach

Wildwasser, Kleinfluss, WW III-IV, WW V-VI, Gebirgsbach
Mündung in Lavant bei km 41,4 (li Nebenfluss)

Kärnten
Der Waldensteiner Bach hat seine Quellen an der Ostabdachung des Bärofen, nahe der Grenze zwischen Kärnten und Steiermark, ca. 1600 m ü. NN. Zunächst fließt er nach Norden und dreht dann nach Westen ab. Unterhalb des Ortes **Waldenstein** zu **A 9441 Wolfsberg** an der B70 ist er befahrbar.
Der Waldensteiner Bach ist ein kurzer, sehr schwerer Wildbach.
Mündung in die Lavant bei Twimberg (46.91539, 14.84329)
Befahrbarkeit: Zeit der Schneeschmelze, Frühjahr

Schwierigkeiten:	WW III bis V-. Mehrere, stark verblockte Steilstufen. Geröllbremsen! Achtung auf Reste von Metallverankerungen in der Verblockung.

20,6	Ursprung in ca. 1.600 m ü. NN (46.8854,15.0034)
3,1	⬇ bei ⇩ des Auerlingsbachs bei einem Sägewerk. Beendigung der Fahrt bei einer Holz-Ⅱ möglich. Bis ⇩ folgen 6 Geröllbremsen, die 3. sollte ⏏ werden, die übrigen sind je nach Wasserstand ≋. Beendigung der Fahrt nach ⇩ in Lavant bei Twimberg. Fahrstrecke insgesamt 3,5 km (46.9276, 14.8755)
0,0	⇩ des Waldensteiner Bach in den Lavant (s. Seite 98) bei km 41,4 (46.9154,14.8433); Weiterfahren auf Lavant: nach ca. 400 m Ⅱ zur Beendigung der Fahrt. Li 🅿 an der B70 ca. 602 m ü. NN (46.9154,14.8433)

Gurk

Wildwasser, Wanderfluss, WW I-II, WW III-IV, WW V-VI
Mündung in Drau bei amtl. km 116,0 (li Nebenfluss)

Kärnten
Die Gurk hat ihren Ursprung in den Gurktaler Alpen in ca. 2.000 m ü. NN.
In zahlreichen kleinen Windungen, indem sie in großen Bögen entsprechend den Tälern, ihre Hauptfließrichtung ändert, strebt sie letztendlich der Drau zu. Zwischendurch erreicht sie bei **Mellach** fast wieder die gleiche nördlich Breite wie an ihrem Ursprung und fließt nun endgültig, in zahlreichen Windungen mit Hauptfließrichtung nach Süden, der Drau zu. Die Gurk ist in ihrem Oberlauf ein harmloser Wanderfluss, teilweise eingedeicht, mit kleinen Stromschnellen; in diesem Bereich wassertechnisch und landschaftlich uninteressant. Danach ist sie auf etwa 9 km schweres bis schwerstes Wildwasser. Diese Schluchtstrecke sollte nur WW–Fahrern vorbehalten bleiben, die sich ab WW V sicher fühlen. Die von der Straße aus einzusehende Klammstrecke gibt nur einen unzutreffenden Eindruck von der nicht einzusehenden Schluchtstrecke der „Engen Gurk". Danach folgt auf etwa 7 km ein Flussabschnitt, der auch weniger versierten WW–Fahrern zu empfehlen ist. Ab **Klein–Glödnitz** ist die Gurk ein Flachland– und Auenfluss ohne besondere Schwierigkeiten.

Befahrbarkeit:	am besten April–Juni, evtl. auch später
Umwelt:	Wasser ist sehr sauber
Pegel:	Ⅱ bei km 121,4, Wirtshaus „Seebacher", günstig 60–80 cm. Minimum für „Enge Gurk" 40 cm. **Weitensfeld**, Ost, km 98,1 **Launsdorf** km 43,3
Schwierigkeiten:	km 142,1 bis km 121,4: WW I km 121,4 bis km 115,6: WW IV–V+, bis **X**, „Enge Gurk" km 115,6 bis km 112,1. WW III–IV, Gurkklamm km 112,1 bis km 104,5. WW II.

km 104,5 bis ⇩: WW I und Zahmwasser

156,1 Ursprung in den Gurktaler Alpen in 2.000 m Höhe (46.9134,13.9681)
141,8 Wege–Ⅱ **A 9565 Ebene-Reichenau** mögliche ⬇, WW I, keine nennenswerten Hindernisse (46.8541,13.8920)
133,1 ■ und ↯ **Zedlitzdorf**; li ⌓ evtl. ≈ (46.8057,13.8912)
123,4 Wege–Ⅱ am Ortsanfang von **A-9563 Gnesau-Weißenbach** re B 95, ⬇ für die Befahrung der WW–Strecke. Zunächst auf 2 km harmlos (46.7703, 13.9853)
121,3 Wege–Ⅱ, beim ✕ „Seebacher" ≣. Beginn der Schluchtstrecke „Enge Gurk". Die Schlucht ist völlig einsam, weitab jeglicher Straße. Es folgen einige sehr schwierige Katarakte, die vor einer Befahrung unbedingt besichtigt werden müssen. WW IV, mit Stellen bis WW VI. Es ist stets damit zu rechnen, dass die Fahrt durch umgestürzte Bäume versperrt ist (46.7747,14.0081)
119,7 Eingangskatarakt (46.7785,14.0270)
117,9 Doppel–Katarakt „Silberstiege" (46.7867,14.0448)
116,9 Schmaler Abfall mit scharfen Blöcken, evtl. li ⌓ (46.7911,14.0558)
116,5 Wuchtige Stufe (46.7939,14.0587)
115,5 Schräge Rutsche und enge Gasse, dann leichter (46.7985,14.0693)
114,5 Str–Ⅱ B 93 am Severgraben von Feldkirchen kommend, li und re 🅿–Möglichkeit. Ende der „Engen Gurk", Beginn der Gurkklamm. Die Straße verläuft jetzt neben dem Fluss. Zunächst in der Klamm leichter, dann Schwierigkeiten zunehmend bis knapp WW IV (46.8027,14.0795)
113,1 Str–Ⅱ B 93, Straße wechselt nach re vom Bach (46.8124,14.0729)
112,7 ⚠ Gegen Ende der Klamm im Bereich der Galerie, ein bei Normalwasser **X** Abfall. Die unfahrbare Stelle ist von der Straße aus gut zu sehen. Man sollte sich bei der Fahrt zur ⬇ die ⬆ gut einprägen. Rechtzeitig, ca. 50 m vor der Straßengalerie, ↱ und durch die Galerie bis zum 🅿 ca. 200 m ⌓. Bei NW ist der Abfall evtl. ≈, WW VI, ⚠ Verklemmungsgefahr (46.8159, 14.0744)
112,0 Str–Ⅱ B 93 bei li **Neualbeck**, ca. 775 m ü NN. Vor der Ⅱ rechts 🅿–Möglichkeit. Schluchtende, es folgt auf einer Strecke von 7 km sehr schönes, erheblich verblocktes Wildwasser, WW II – III (46.8219,14.0754)
111,1 Verblockte Steilzone, WW III (46.8279,14.0803)
108,3 Str–Ⅱ, **A 9571 Albeck** (46.8347,14.1108)
104,4 Feldweg–Ⅱ. bei **Kleinglödnitz** Ende der WW Strecke. ⬆, 🅿–Möglichkeit. Die restlichen 104,4 km sind WW I und Zahmwasser (46.8508,14.1438)
102,7 Holz-Fall-■ **Kaindorf** H ca. 4 m, nach Besichtigung gut ≈ oder re ⌓; starker Zug in Kanal! (46.8516,14.1633)
100,1 ■ 1. Wehr **Weitensfeld** nach Besichtigung gut ≈ oder re ⌓; starker Zug in Kanal! (46.8519,14.1848)
98,7 ■ 2. Wehr **Weitensfeld**, 2-stufiges Holz–■; Befahrung nicht ratsam, re über steile Böschung ⌓ (46.8481,14.1971)
98,1 Str–Ⅱ, ≣ **Weitensfeld**, re zum Freibad von **A 9344 Weitensfeld** (46.8491,

14.2001)

94,8 ▬ Schrägwehr; nach Besichtigung evtl. ≋ oder li an Fischtreppe ⏏; bei gutem Wasserstand Rücklauf! (46.8583,14.2267)

88,0 ▬ 1. Wehr **Gurk** 3–stufiges Holz–Wehr; oft wenig Überlauf, trotzdem meist gut ≋ oder re ⏏ (46.8718,14.2875)

87,3 Str–II, L 67, am Ortsende von li **A 9342 Gurk** li ca. 300 m zum Dom, ⌘, li Sportplatz (46.8730,14.2954)

86,7 2. ▬ Wehr Gurk, **X**, re ⏏ (46.8768,14.3009)

84,0 ▬ Schräg–▬ mit li ϟ **Straßburg**,; Wasserableitung links. Auch bei wenig Überlauf gut ≋ oder re ⏏ (46.8911,14.3238)

83,6 Wege–II, li **A 9341 Straßburg** Bis km 40,6 ist die Gurk mit zahlreichen, unbefahrbaren Wehren stark verbaut. Eine Befahrung ist wenig empfehlenswert, Beschreibung nur nach Luftbild! (46.8931,14.3279)

83,0 ▬ Schrägwehr zum Sägewerk (46.8941,14.3350)

77,3 ▬ Staustufe zu ϟ **Gundersdorf**, **X**, Wasserableitung links (46.8987, 14.3867)

71,9 ⇩ der Metnitz (s. Seite 104) in die Gurk beim **Schloss Pöckstein**, ca. 590 m ü. NN (46.8907,14.4390)

71,7 Str–II B317 (46.8889,14.4393)

71,6 ▬ mehrstufiges ▬ **Pöckstein**; **X**, Wasserableitung links (46.8884, 14.4399)

69,7 ▬ Staustufe und ϟ **Krumfelden**, **X** (46.8783,14.4523)

68,8 ⚠ nachfolgendes Fabrikgelände großräumig ⏏ (46.8715,14.4581)

68,5 ▬ Staustufe zu ϟ **Treibacher** Industrie; **X**, ⚠ keine Umtragemöglichkeit. **Gurk** durchfließt ein Fabrikgelände (46.8690,14.4605)

67,5 ▬ Staustufe zu ϟ **Mölbling** (46.8616,14.4582)

66,8 Str–II B 317, ≣ **Mölbling** (46.8601,14.4495)

65,9 ▬ Staustufe zu ϟ **Brugga**; **X**, Wasserableitung links (46.8638,14.4405)

65,1 li ⇩ Kraftwerkskanal vom ϟ **Brugga** (46.8622,14.4332)

59,3 Str-II B 317, Friesacher Bundesstraße (46.8391,14.4464)

52,9 ▬ Staustufe und ϟ **Passering**, **X** (46.8068,14.4518)

47,5 ▬ zum ϟ **Pölling** (46.7826,14.4703)

47,0 Str–II, **A 9313 St. Georgen-Pölling** Davor re ⇩ Kraftwerkskanal (46.7811,14.4750)

45,8 ▬ Staustufe und ϟ **Launsdorf**; **X**, re Wasserableitung (46.7710, 14.4708)

44,2 re ⇩ Rückführung vom ϟ **Launsdorf** (46.7635,14.4673)

43,6 Str–II B82 (46.7599,14.4735)

43,3 ≣ **Launsdorf** (46.7607,14.4770)

40,6 Wege–II nach re **A 9371Brückl-Selesen** mögliche ⬇, re 🅿-Möglichkeit (46.7536,14.4994)

38,0 ▬ mit ϟ **Brückl**, **X**, mit Wasserableitung re, li über Treppe ⏏. Auf etwa 1500 m bis zur Rückführung des abgeleiteten Wassers wenig Wasser, evtl. treideln. Kurz zuvor EB–II und von li ⇩ eines Kanals der Görtschitz (46.7481,14.5270)

37,9 li ⇩ Görtschitz (s. Seite 103) in die Gurk (46.7483,14.5281)
37,7 Str–II B 92, **A 9371 Brückl** mit kleiner Steinstufe (46.7477,14.5309)
35,7 re ⇩ Rückführung des abgeleiteten Wassers vom ↯ (46.7371,14.5298)
34,6 Str–II B82, danach evtl. auf ca. 600 m Schwallstrecke (46.7279,14.5302)
34,2 Fußg–II bei **A-9371 Brückl-Reisdorf ≡ Reisdorf** (46.7244,14.5286)
27,0 Str–II, re nach **A 9064 Brückl-Krobathen** li nach **A 9064 Poggersdorf-St. Michael** (46.6866,14.4974)
23,4 Str–II, L 87, **A 9064 Magdalensdorf-Pischelsdorf** li nach **A 9130 Poggersdorf** (46.6847,14.4557)
19,8 Str–II, **A 9064 Magdalensdorf-Schöpfendorf** (Sillebrücke) Bis zur Mündung sind keine besonderen Schwierigkeiten bei durchschnittlich 2,5 ‰ Gefälle, Einzelheiten nicht bekannt (46.6666,14.4337)
17,8 ▬ Staustufe bei **Poggersdorf**; **X**, Wasserableitung li in Ausleitungskanal bis km 12,4 (46.6551,14.4266)
16,1 Autobahn-II A2 darunter II–Schwall (46.6448,14.4191)
9,4 ⇩ des Glan (s. Seite 103) in die Gurk (46.6031,14.4256)
0,0 ⇩ der Gurk in die Drau (s. Seite 55) bei amtl. km 116,0 (46.6090,14.5256)

Glan (Gurk)

Kleinfluss, Wanderfluss
Mündung in Gurk bei km 9,4 (re Nebenfluss)

Kärnten
Die Glan entspringt östlich des Ossiacher Sees, fließt zunächst nach Nordost bis etwa **St. Veit**, dreht nach Süden ab nach **Klagenfurt**. Sie durchfließt Klagenfurt und wendet sich wieder nach Osten. Sie nimmt den Abfluss des Wöther Sees auf und mündet dann in die Gurk. Die Glan ist etwa ab **Mauthbrücken** weitgehend begradigt und kanalisiert, so dass sie zum Paddeln wenig reizvoll erscheint.
Die Glan ist sicher ab St. Peter bei Klagenfurt, mit großer Wahrscheinlichkeit auch auf größeren Teilstrecken weiter flussaufwärts zu befahren
Befahrbarkeit: es liegen keine Details vor
Pegel: **St. Veit** km 30,1
Zell km 2,3

67,5 Ursprung: der Glan als Überschusswasser aus dem Tiefbrunnen, ca. 616 m ü. NN, ca. 1,4 km südlich von **Dellach / A-9300 St. Veit** (46.6583, 14.0579)
0,0 ⇩ des Glan in die Gurk (s. Seite 100) bei km 9,4 (46.6031,14.4256)

Görtschitz

Weitere Namen: Steierbach
Wildwasser, Kleinfluss, WW I-II, WW III-IV, Gebirgsbach
Mündung in Gurk bei km 37,9 (li Nebenfluss)

Kärnten, Steiermark

Die Görtschitz ist ein Voralpenbach am Fuß der Saualpe in der Steiermark. Nach Wechsel in das BL Kärnten wird er in den Karten vielfach als Steirerbach bezeichnet und erst ab der ⇩ des Mosinzbach bei **Hütten** wird er wieder als Görtschitz geführt. Die B 92 -Görschitztalstraße begleitet in Kärnten den Bach.

Befahrbarkeit:	Zeit der Schneeschmelze und nach starken Regenfällen.
Pegel:	**Hüttenberg** km 27,3
Schwierigkeiten:	zumeist WW I, streckenweise bis WW III, mehrere ▬, meist ≈. Unzählige landw. Wege–II und II für Hofzufahrten, die nicht alle aufgeführt werden

40,6	Wege–II, **A 8822 Mühlen** etwa 40 m flussaufwärts li 🅿 mögliche ⬇ (47.0300,14.5077)
29,8	▬ und Staustufe für ϟ **Hüttenfeld**; **X** (46.9551,14.5327)
28,2	Wege–II, re zu den Tennisplätzen, li zum Friedhof von **Hüttenberg**, 🅿–Möglichkeit. ⬆ zum Umfahren von **Hüttenberg** mit PKW (46.9449, 14.5452)
27,9	▬ Sohlstufe am Ortsanfang von **A 9375 Hüttenberg**, **X**, H ca. 1,3 m, Im weiteren Verlauf zahlreiche diverse Brückenbauten und hohe Ufermauern. Durchfahrt durch **A 9375 Hüttenberg** unmöglich, umfahren mit Pkw (46.9423,14.5466)
18,3	Wege–II, **A-9374 Klein St. Paul-Wieting** empfohlene ⬆ Weiterfahrt über Wieting hinaus möglich, jedoch mehrere ▬ Wehre, **X** (46.8699,14.5388)
0,0	⇩ Görtschitz in die Gurk (s. Seite 100) bei km 37,9 (46.7483,14.5281)

Metnitz

Wildwasser, Kleinfluss, WW I-II, WW III-IV, Gebirgsbach
Mündung in Gurk bei km 71,9 (li Nebenfluss)

BL Kärnten
Der Unterlauf der Metnitz ist ab der Mündung der Olsa bei Friesach von links fast ganzjährig befahrbar, 7 km WW I, flacher Wiesenfluss. Nach der Brauerei Hirt wildwasserähnliche Verbauung im Mündungsbereich von Pöckstein – Zwischenwässern (WW II). Auch die Olsa ist ab Dürnstein auf 8 km befahrbar, WW I, schmaler Wiesenbach mit flotter Strömung.

Befahrbarkeit:	bei HW, Schneeschmelze und nach Regenfällen
Pegel:	**Hirt** km 1,5
Schwierigkeiten:	Schwierigkeit: zumeist WW II, in der kurzen Metnitz-Klamm WW III+ Vielfach starker Uferbewuchs

43,8	Metnitz–Ursprung nahe der Priewaldalm / Metnitzer Landestraße, östlich der Flattnitzer Höhe, ca. 1.230 m ü. NN (46.9417,14.0523)
28,2	Str–II, li Ort **Metnitz** mögliche ⬇, ca. 816 m ü. NN Es folgen 2x ▬ Wehr, **X** und die Metnitz-Klamm sollte schon bei der Anfahrt besichtigt werden (46.9797,14.2179)
14,3	Str–II, **A 9360 Friesach-St.Salvator** li Tennisplätze. übliche ⬆, ca. 670 m

ü. NN: Eine Weiterfahrt bis zur Gurk ist möglich, jedoch mehrere ▬ Wehre, sowohl landschaftlich wie sportlich wenig lohnend. Durchschnittsgefälle bis zur ⇩ etwa 5,6 ‰ (46.9685,14.3574)

0,0 ⇩ der Metnitz in die Gurk (s. Seite 100) bei km 71,9 beim **Schloss Pöckstein**, ca. 590 m ü. NN (46.8907,14.4390)

Vellach

Wildwasser, WW I-II, WW III-IV
Mündung in Drau bei amtl. km 119,0 (re Nebenfluss)

Kärnten

Die Vellach ist ein herrliches Wildwasser im südlichsten Bereich Österreichs, dessen Befahrung sehr zu empfehlen ist.

Befahrbarkeit:	Frühjahr bis Frühsommer
Pegel:	Str-II **Miklauzhof**, km 10,6
	MW 60 cm, entspricht etwa 10 m³/s
Schwierigkeiten:	km 17,3 bis km 13,35: WW II–III
	km 13,35 bis km 10,6: WW III–IV, Gefälle 20 ‰
	km 10,6 bis km 1,0: WW I

24,0 Ursprung in der Vellacher Kotschna in den Steiner Alpen Karawanken in etwa 1062 m Höhe (46.4431,14.5687)

22,8 li **Bad Vellach**, die Seeberg-Bundesstraße B 82 begleitet nun den Bach Kurze Teilstrecken könnten hier evtl. befahren werden (46.4518,14.5723)

17,4 Str-II, re **A 9135 Bad Eisenkappel** (46.4884,14.5883)

17,2 li mögliche ⬇. Schöne Schwallstrecken, WW III (46.4901,14.5872); ⇩des Trögernbach (s. Seite 106) in die Vellach, ca. 550 m ü.NN (46.4902, 14.5871)

15,9 ▬ zum ↯ **Vellach** vor der Str.-II B82, ✕, H ca. 6 m, ↱ und das ▬ zusammen mit dem folgenden Katarakt re ⏏ (46.4992,14.5825)

13,4 ▬ Fabrik-Wehr **Zauchen**, ✕, ca. 520 m ü. NN, li ⏏, danach 2 Kunststufen, ≈ (46.5206,14.5770)

13,1 re ⚠ es folgt die Rechberger Schlucht sie bietet herrliches Wildwasser, erhebliche Verblockung und Wasserwucht, WW III–IV. Es ist mit T-Trägern alter Uferbefestigungen auch in der Hauptströmung zu rechnen. Im weiteren Verlauf viele Bau- und Sprengarbeiten. Die Doppelstufe beim „Hugobründl" muss besichtigt werden. WW IV+ (46.5229,14.5772)

10,7 Str-II, re **A 9133 Sittersdorf-Miklauzhof** li ≣ **Miklauzhof**. Ende der schweren WW-Strecke. Die Weiterfahrt geht durch eine flache Buschwildnis, mehrere bis 2 m hohe Steinwürfe als Gefällebremsen, nach Besichtigung mit Vorsicht ≈; WW I (46.5365,14.5936)

7,5 ▬ hohe Sohlrampe (46.5519,14.5674)

7,0 Str-II, li **A 9133 Gallizien-Drabunaschach** dahinter ▬ Sohlrampe aus groben Blöcken (46.5535,14.5626)

1,3 Str-II, L 118, von li **A 9132 Gallizien** nach **Möchling** re ⬆. Die

Reststrecke bis in die Drau ist reguliert, ca. 5 ‰. Gefälle, WW I (46.5703, 14.5073)

0,2 ▬ Sohlstufe, X, H ca. 2,5 m, re entlang Fischtreppe ⩍ (46.5774, 14.4966)

0,0 ⇩der Vellach in die Drau (s. Seite 55) bei amtl. km 119,0; etwa 395 m ü. NN (46.5790,14.4956)

Trögernbach

Weitere Namen: Ebriach
Wildwasser, Kleinfluss, WW I-II, WW III-IV
Mündung in Vellach bei km 17,2 (li Nebenfluss)

Kärnten
Der Trögernbach und die anschließende Ebriach gestatten eine durchgehende Befahrung; sie werden daher auch in fortlaufender Kilometrierung geschildert.
Die Trögernbach ist ein recht anspruchsvoller Wildbach mit dem landschaftlichen wie auch sportlichen Höhepunkt der Trögenerklamm. Aber auch die anschließende Ebriach bietet noch sehr interessantes Wildwasser.
Bezugspegel: Vellach-≣ **Miklauzhof**; km 10,6
Minimum für den Trögernbach 60 cm, entspricht etwa 2 m³/sec am Beginn der Trögener Klamm.
Befahrbarkeit: Frühjahr
Schwierigkeiten: km 11,8 bis km 8,2 WW II– IV
km 8,2 bis km 4,1 WW II
km 4,1 bis km 3,1 ⩍
km 3,1 bis ⇩ WW II–III

12,8 Ursprung des Trögernbach am Petschounik in den Karawanken in ca. 1640 m ü NN im Gemeindebezirk **Eisenkappel-Vellach** (46.4443, 14.4886)

11,3 Str-II Trögener Klamm; ⬇ Es folgt die Trögener Klamm, ein Naturschutzgebiet von großer landschaftlicher Schönheit. Diese Superklamm ist auch kanusportlich sehr interessant mit einem engen Schlitz, Blockpassagen zwischen Riesenblöcken und einem Abfall, WW II–III mit Stellen bis WW IV. Die Klamm kann von der Straße aus fast durchgehend eingesehen werden (46.4533,14.4908)

8,2 Ende der Klamm (46.4707,14.5084);
⇩ in die von li kommende, deutlich kleinere Ebriach ca. 690 m über NN: Die Ebriach hat seit ihrem Ursprung an der Südseite des Hochobirk in ca. 1950 m Höhe bereits 6,4 km zurückgelegt. Bestenfalls die letzten 2 km bis zur ⇩ des von rechts kommenden Trögernbach könnten ≈ sein (46.4714, 14.5081)

7,5 Wege-II Schöner Slalom zwischen Felsbrocken, WW II (46.4746, 14.5138)

4,1 ▬ Wehr mit Wasserableitung ↱. Die folgende Steilzone durch den

Diabas-Steinbruch muss umfahren werden (46.4768,14.5522)

3,1 ϟ-Auslass, ↓; bergrenzte 🅿-Möglichkeit, weiter WW II–III (46.4794, 14.5638)

0,9 Str-II, L 131 vorm Sägewerk **Eisenkappel**, dahinter ■ Wehr danach zwei Gefällebremsen, nach Besichtigung ≈ (46.4847,14.5820)

0,0 ⇩des Trögernbach in die Vellach (s. Seite 105) bei km 17,2, ca. 550 m ü.NN (46.4902,14.5871)

Waidischbach

Wildwasser, Kleinfluss, WW III-IV, WW V-VI
Mündung in Drau bei amtl. km 136,1 (re Nebenfluss)

Kärnten

Der Waidischbach ist ein interessanter Wildbach aus der Nordabdachung der Karawanken.

Befahrbarkeit: nur bei ausreichendem Wasserablass des ■ an der ↓ Frühjahr. An der ↓ muss eine Befahrung ohne Grundberührung möglich sein, kein ≡

Schwierigkeiten: WW III bis WW V

8,1 Ursprung durch Zusammenfluss von Ribnica oder auch Ribnitzabach genannt mit dem Hudajamabach ca. 620 m ü NN (46.4853,14.3519)

7,8 ■ Staustufe **St. Barbara**, X, dahinter ↓, zunächst leicht verblockt mit erheblichem Gefälle
bei Fahrt flussaufwärts erreicht man das erwähnte ■ nach 3-maliger Flussüberquerung. Zunächst leicht verblockt mit erheblichem Gefälle, dann bei einem Schotterwerk auf kurzer Strecke reguliert. Kurz nachdem die Straße vom Bach weggeht, folgen 2 Kataraktstrecken, bis WW V. Nach Rückführung des abgeleiteten Wassers breites Schotterbett (46.4873,14.3508)

0,5 Str-II, B 85, li **A 9170 Ferlach** ↑ (46.5407,14.3164)

0,0 re ⇩ des Waidischbach in die Drau (s. Seite 55) bei amtl. km 136,1 (46.5448,14.3159)

Gail

Wildwasser, Kleinfluss, Wanderfluss, WW I-II, WW III-IV, Wildwanderfluss, Gebirgsbach
Mündung in Drau bei amtl. km 178,4 (re Nebenfluss)

Das Gailtal, das sich in 120 km Länge von Osten nach Westen als Paralleltal zum Drautal erstreckt, ist landschaftlich eines der schönsten mit Booten befahrbaren Täler Kärntens. Im Norden befinden sich zwischen der Gail und der Drau die Gailtaler Alpen und die Lienzer Dolomiten, im Süden bilden die Karnischen Alpen das Grenzgebirge gegen Italien, jeweils mit Gipfelhöhen bis 2 600 m Höhe. Von diesen Bergen ist vom Boot aus im Oberlauf (oberhalb Kötschach-Mauthen)

allerdings nur wenig zu sehen, da sich der Fluss hier in wildromantische Wald- und Felsschluchten eingegraben hat. In diesem Bereich fliesst die Gail durch das Lesachtal, die alpine Straße verläuft hier hoch über und weitab von dem Fluss. Steile Wege führen von dort zu den ⬇, die Abzweige sind mit grünen Schildern "Kajak-Einstieg" gekennzeichnet. Es sollte relativ viel Zeit für das versetzen der Fahrzeuge eingeplant werden. Im Falle eines Fahrtabbruchs kann die Gail praktisch nur an den verzeichneten Π verlassen werden.
Der Oberlauf der Gail ist wassertechnisch sehr interessant, mit starkem Gefälle. Teilweise erheblicher Verblockung, scharfen Kehren. Es ist stets mit Versperrungen durch Treibholz zu rechnen. Nach Regenfällen steigt die Gail schnell an, die Schwierigkeiten in den Schluchtstrecken nehmen dann stark zu, bei ausgesprochenem HW wird von einer Befahrung der oberen Gail abgeraten.
Unterhalb Kötschach weitet sich das Tal und gibt damit den Blick auf die Berge frei. Die Gail ist hier ein sehr zu empfehlender Wanderfluss. Nur noch geringe Schwierigkeiten, weitgehend reguliert. In dem breiten Flussbett ist im Hochsommer bei an sich ausreichender Wasserführung infolge von Verzweigungen gelegentlich mit Grundberührung zu rechnen.

Befahrbarkeit:	ab Untertilliach bis Juli, evtl. auch später möglich, ab Birnbaum meist ganzjährig.
Pegel:	≣ Maria-Luggau, km 106,0: ab Winkel Mindestpegel 50 cm, NW 55 cm, MW 80 cm, HW 95 cm ab Maria Luggau Mindestpegel 45 cm, NW 50 cm, MW 70 cm, HW 95 cm ab Birnbaum/Nostra Mindestpegel 45 cm, NW 50 cm, MW 70 cm, HW 95 cm ≣ Π Kötschach-Mauthen, km 77,0 re; günstig für Oberlauf 250 cm.
Pegel Link:	https://info.ktn.gv.at/asp/hydro/daten/MariaLuggau_dia1.gif
Schwierigkeiten:	km 102,4–90,9 WW III bis IV (V), Gefälle 12 ‰. km 90,9–86,6 WW II–III, Gefälle 8 ‰. 86,6-78,3 WW II km 78,0–71,0 nicht empfehlenswert, Wehre! km 71,0–0,0 WW II–I (III+)
Infrastruktur:	Zeltmöglichkeit: ⛺, 🚐 in Kötschach-Mauthen.
Karten:	Jübermann Wassersport-Wanderkarte Nr. 5 - ÖsterreichKompass-Wanderkarte 223 Seckauer TauernKilom
Quellen:	Einleitungstext, ⬇, Pegel und Strecke St. Lorenzen - Kötschach überarbeitet, Peter Walkowski + Frank Schröer 9/20

122,2 Ursprung in ca. 1.820m ü. NN, die Hauptfließrichtung ist südwärts (46.7173,12.5428)

111,8 Wege-Π, Winkl mögliche ⬇ bei gutem Wasserstand; zunächst reguliertes Flussbett, bald schönes Wildwasser, WW II–III (46.6997,12.6590)

110,4 Wege-II, li **A 9943 Untertilliach** ⇅ (46.7027,12.6756)

104,9 Str-II li ≡ Maria Luggau direkt danach ■, ≈ aber ⚠ je nach Wasserstand Rücklauf, ⇅ Maria Luggau (Moos - Sterzen) (46.7027, 12.7403)

102,4 Str-II, li ⇅ St. Lorenzen / Frohn Beginn der eigentlichen Schlucht. Zunahme der Schwierigkeiten (46.7009,12.7677)

97,1 Str-II, Steinecken - Weg, ⇅ Liesing (46.6881,12.8129)

95,4 Str-II, Niedergail, ⇅ Niedergail (46.6866,12.8315)

92,8 ⚠ neu gebildete Sufe/Katarakt je nach Wasserstand bis WW V, die Stelle unterliegt ständiger Veränderung durch Geschiebeeintrag, re besichtigen/⌂. Stand 9/20 (46.6826,12.8585)

90,9 Str-II Birnbaum - Nostra, re ⇅, ab hier WW II - III (bei MW) (46.6835, 12.8774)

86,6 Str-II nach Aigen, mögl. ⇅, ab hier leichter, WW II (bei MW) (46.6830, 12.9156)

80,2 ■ Wehr, **X**, re ⌂. Wasserableitung, bei ≡ Maria Luggau = 75 cm reicht der Wasserstand zur Weiterfahrt, sonst weiträumig bis hinter die Sohlrampe ⌂ (46.6703,12.9768)

79,7 ■ rauhe Rampe, **X**, bei MW li über die Rampe ⌂, bei HW rechtzeitig anlanden, 50 m unterhalb Rückführung des abgeleiteten Wassers (46.6681,12.9805)

78,3 Str-II, B110 **A 9640 Kötschach-Mauthen** re vor der II ↑ an Rampe, wenig 🅿-Möglichkeit, ggf. auf der anderen Flussseite parken (46.6679, 12.9986)

78,2 ■ Sohlrampe 2,5 m hoch, starker Rücklauf (46.6678,13.0006)

77,5 ■ Sohlrampe 2,5 m hoch, starker Rücklauf, in der Folge renaturiert, ca. WW II (46.6687,13.0094)

73,8 Wege-II, li 🚆 St. Daniel ↓, Beginn der Wanderstrecke (WW I) (46.6576, 13.0538)

72,0 Str-II, L 21, li **A 9635 Dellach im Gailtal** (46.6546,13.0765)

68,4 Str-II, li 🚆 Gundersbach (46.6435,13.1202)

65,3 Str-II, li **A 9633 Reisach** (46.6393,13.1591)

63,6 Str-II, L 24, li **A 9632 Kirchbach im Gailtal**, 🚆 (46.6352,13.1787)

62,4 Wege-II, re **A 9632 Unterdöbernitzen** (46.6309,13.1926)

59,3 Str-II, li zum 🚆 Waidegg (46.6275,13.2293)

57,4 Str-II, L 22, re **A 9631 Rattendorf** (46.6237,13.2514)

54,6 Str-II, B 90, li 🚆 Tröpolach (46.6232,13.2877)

52,9 Str-II, li 🚆 Watsching (46.6213,13.3095)

51,0 Str-II, li 🚆 Postran (46.6173,13.3329)

48,4 Str-II, L 23, li **A 9620 Hermagor** (46.6132,13.3662)

46,6 Wege-II, li **A 9624 Micheldorf** (46.6083,13.3880)

44,6 Wege-II, li **A 9624 Mellach** (46.6053,13.4132)

42,0 Str-II, li **A 9624 Dellach** (46.6022,13.4455)

40,5 Str-II, li **A 9624 Latschach** (46.6065,13.4643)

38,5 Str-Ⅱ, li **A 9631 Görtschach** (46.6135,13.4858)
34,8 Str-Ⅱ, li St.Stefan-Vorderberg (46.6005,13.5300)
27,0 Str-Ⅱ, Gailtalzubringer, B 111 (46.5847,13.6123)
20,2 ⇩ des Gailitz (s. Seite 110) in die Gail (46.5706,13.6902)
20,1 EB-Ⅱ (46.5714,13.6912)
17,5 ■ Staustufe Schütt, **X**, Bei ausreichender Wasserabgabe li ⌓ und sofort unterhalb des ■ ⬇. Vorsichtige Weiterfahrt, bis das ↯ Arnoldstein in Sicht kommt. li oder re zur Besichtigung der folgenden schwierigen in einer S-Kurve gelegenen Stelle anlegen. WW IV, bei HW wird diese Strecke **X**. Die anschließende Gefällestufe mit schmaler Durchfahrt ist ganz re ≋.
Auch bei minimalem Wasserablass ist es sinnvoll, nach ⌓ weiterzufahren. Man muss dann allerdings mehrere Treidelstellen in Kauf nehmen. Sonst ist es möglich die gesamte Strecke von oberhalb des ■ bis nach dem 2. ↯ umfahren (etwa 3,5 km) (46.5706,13.7218)
13,0 re ⇩ Kraftwerkskanal evtl. ⬇ nach dem ⌓ (46.5596,13.7621)
12,9 Autobahn-Ⅱ A2 (46.5594,13.7632)
8,6 Str-Ⅱ, B 83, re **A 9586 Finkenstein am Faaker See-Fürnitz** (46.5691, 13.8136)
6,6 3x EB-Ⅱ (46.5708,13.8398)
6,4 Str-Ⅱ, **A 9585 Finkenstein am Faaker See** (46.5710,13.8424)
5,5 Autobahn-Ⅱ A2 (46.5772,13.8399)
3,0 Str-Ⅱ, **A 9500 Villach** (Karawankenweg) (46.5929,13.8562)
2,7 ≣ **Tschinowitsch** (46.5937,13.8591)
1,1 Str-Ⅱ, B 84, **A 9500 Villach** (46.6034,13.8754)
0,0 re ⇩ der Gail in die Drau (s. Seite 55) bei amtl. km 178,4 (46.6065, 13.8880)

Gailitz

Weitere Namen: Rio Lago, Slizza
Wildwasser, WW III-IV, WW V-VI, Gebirgsfluss
Mündung in Gail bei km 20,2 (re Nebenfluss)

Friaul – Kärnten
Die Gailitz (italienischer Name „Slizza") ist der einzige für eine Befahrung in Frage kommende Fluss Italiens, der nicht zum Mittelmeer, sondern zur Gail und damit zum Schwarzen Meer entwässert. Sie durchbricht in einer tiefeingeschnittenen, teilweise klammartig verengten Schlucht das Kalkgebirge zwischen Friaul und Kärnten und ist in diesem Bereich ein Leckerbissen für die sportlichen Wildwasserfahrer.
Im Oberlauf wird er in machen Karten auch als Rio Lago (Seebach) bezeichnet und wird bei seinem Weg durch das „Val Rio del Lago" von der Provinzstraße 76 begleitet. Mit dem Ausfluss aus dem Lago di Predil Raibl See wird der Bach überwiegend Slizza genannt. Nördlich von Arnoldstein mündet sie in die Gail
Befahrbarkeit: ab km 27,7: nur zur Zeit der Schneeschmelze

	ab km 13,6 am besten im Frühjahr und Frühsommer, aber oft auch später bei gutem WS möglich.
Pegel:	**Thörl** km 7,1
Schwierigkeiten:	km 27,7 bis km 13,6: nur kurze Teilstrecken ≈ km 13,6 bis km 7,4. WW III, V–VI

31,9 Ursprung etwa 0,5 km östlich des Neva-Sattels, meist unter dem Fussnamen Rio Lago in ca. 1.120 m ü. NN (46.3937,13.4940)

28,0 In einem sehr schönen Hochtal kann eine etwa 2 km lange Strecke bis zum Raibl-See (Lago di Predil) befahren werden, erhebliche Verblockung (46.4052,13.5366)

25,6 ⇩ in den ca. 1,5 km langen Lago di Predi (46.4153,13.5557)

23,8 Totale Wasserableitung am See-Ende (46.4271,13.5684)

19,5 Hochspannungsleitung (46.4623,13.5729)

18,5 Str-Ⅱ SS54, vorher li ⇩ Rio Freddo. Ab hier Weiterfahrt möglich, wegen mehrerer Gefällebremsen und schwerer Verblockung wird die Folgestrecke jedoch nur selten befahren (46.4706,13.5703)

17,1 ▬ Sohlstufe (46.4810,13.5768)

15,4 1. ▬ Staumauer bei **Plezzut** (46.4932,13.5882)

15,1 2. ▬ Staumauer bei **Plezzut** (46.4950,13.5875)

13,9 ▬ Staumauer bei **Tarvisio** (46.5014,13.5932);
Str-Ⅱ der Straße Nr. 54 nach Slowenien am östlichen Ortsende von **Tarvisio Tarvis** (46.5022,13.5933)

13,6 Str-Ⅱ, li **I 33018 Tarvisio** (Via Dante Alighieri) Übliche ⬇ unterhalb der Ⅱ bei einem Fußballplatz.
Es besteht die Möglichkeit, sich schon vor der Befahrung einen Eindruck von der Schluchtstrecke zu machen. Man fährt dazu auf der Hauptstraße etwa 600 m weiter Richtung Osten, folgt einer Abzweigung 100 m weit nach links und dann einem Fußweg, der zu der alten EB-Ⅱ von km 13,1 führt.
Zunächst leicht, dann verblockte Stufen, WW III.
(46.5045,13.5937)

13,3 3x Str-Ⅱ Autobahn A23 (46.5058,13.5979)

13,1 Fußg-Ⅱ, vormals Alte EB-Ⅱ ↰. Die folgenden, stark verblockten Gefällestufen vor Befahrung besichtigen, WW V-, ⏏ dieser Stufen re möglich. Ein ca. 600 m langer Wandersteig durch die Slizza Schlucht beginnt kurz vor der Fußg-Ⅱ. Es folgen mehrere stark verblockte Stufen, WW III–IV (46.5066,13.6022)

11,6 Kurzer Stau in enger Klamm, re ⇩ Rio Bianco ca. 763 m ü. NN, zunächst nicht sichtbar.
⚠ danach Enorm verblockte Stufe mit Verklemmungsgefahr, 30 m WW VI-. Es wird dringend empfohlen, diese Stufe li ⏏. ↰ in schmalem Kehrwasser kurz vor dem Abfall, Platz für nur ein Boot. ⬇ schwierig. Weiterhin WW III mit erheblicher Verblockung, eine folgende Klamm ist einfach zu befahren.

(46.5125,13.6114)

10,1 Autobahn-Ⅱ A23 nachfolgend: ■ zahlreiche Sohlbauwerke (46.5217, 13.6213)

9,4 Autobahn-Ⅱ A23 (46.5251,13.6283)

8,8 Autobahn-Ⅱ A23 (46.5267,13.6350)

8,5 Fußg-Ⅱ, ⚠ li ausbooten zum ⏏ (46.5280,13.6383)

8,3 ab hier ist die Slizza auf ca. 400 m verrohrt! **X**! ⚠ (46.5291,13.6401)

7,7 Grenze Italien/Österreich, bisheriger Name Slizza, nun Gailitz (46.5332, 13.6427)

7,5 ■ Staumauer und ϟ **Thörl**, bei entsprechendem Überlauf gut ≋, sonst re ⏏. Ende der Schwierigkeiten (46.5348,13.6440)

7,2 Wege-Ⅱ, ≣ **Thörl** (46.5368,13.6476)

6,3 Autobahn-Ⅱ A2 (46.5384,13.6562)

5,6 ■ Staustufe, **X**, ⏏ re. Im Sommer oft zu wenig Wasser für die Weiterfahrt, ↰ möglich, ein Feldweg führt zur Hauptstraße. Die Gailitz schlängelt sich bis zur Mündung durch ein breites Kiesbett (46.5421, 13.6617)

3,7 Autobahn-Ⅱ A2 (46.5466,13.6802)

2,6 ■ Sohlrampe bei **A 9601 Arnoldstein-Gailitz**, **X**, ⬆ Die Fahrt wird hier li beendet. Es ist nicht bekannt, ob eine Weiterfahrt bis zur Gail möglich ist (46.5494,13.6922)

0,0 ⇩ des Gailitz in die Gail (s. Seite 107) bei km 20,2 (46.5706,13.6902)

Lieser (Drau)

Wildwasser, WW III-IV, WW V-VI, Gebirgsfluss
Mündung in Drau bei amtl. km 221,5 (li Nebenfluss)

Kärnten

Die Lieser entspringt im hinteren Pöllatal in etwa 1950 m ü.NN am der Nordabdachung des Großen Sonnblick 3030 m ü.NN. sie durchfließt das Pöllatal bis sie dann bei **Gries** auf die Tauenautobahn trifft und sich das Katschtal mit dieser teilen muss. Ihr größter Zufluss war bei **Gmünd** die Malta.

Durch die totale Ableitung der Malta hat die Lieser unterhalb von **Gmünd** weit weniger Wasser. Sie ist hier jetzt zumeist ein stark verblockter Wildfluss mit Schwierigkeiten vorwiegend im technischen Bereich, die eine exakte Fahrweise erfordern. Nur bei – seltenem – höherem Wasserstand ist sie ein „Wasserfluss", mit hohen Wellen, Walzen und Brechern. Die Verblockung spielt dann nur noch eine geringere Rolle.

Befahrbarkeit: bis Mitte Juli, später zumeist nur nach Regenfällen

Umwelt: Wasser: sauber; die lange Zeit bestehende extreme Verschmutzung unterhalb der Seeboden-Ⅱ ist durch Bau eines Klärwerks behoben

Pegel: **Gmünd** km 17,4, maßgeblich für Obere Lieser
Gries

	Spittal Fasan,km 3,3, maßgeblich für Strecke **Gmünd-Altersberg**, für Abschnitt Nickelbauerbrücke km 9,6 bis **Seebach** km 4,8 und für Abschnitt Lieserschlucht km 4,8 bis km 3,3: siehe auch RiverApp NW = 140 cm; MW = 170 cm; HW über 200 cm.
Schwierigkeiten:	km 27,3 bis km 3,3: WW III und IV / V
Infrastruktur:	mehrere ⛟ am Millstädter See.
Karten:	Jübermann Wassersport-Wanderkarte Nr. 5 - ÖsterreichKompass Wanderkarte Nr. 67 LungauKompass Wan

49,7 Ursprung am Fuß des großen Sonnblick in knapp 1.950 m Höhe (47.0649, 13.4542)

27,8 Wege-II, ⬇ bei sehr gutem Wasserstand ≣ **Gmünd** 200 cm; danach einige Kunststufen, ≈ (46.9660,13.6186)

27,4 Str-II, B 99 (46.9626,13.6179)

27,3 li ⇩ Krems; li **A-9862 Krems-Kremsbrücke** Danach li Kirche Maria Trost und 🚌–haltestelle (46.9614,13.6171)

26,8 Holz-II am Ortsende, danach: li Sägewerk (46.9581,13.6144)

26,1 Holz-II; davor li ⬆ und die folgenden 300 m besichtigen. Steilzone bis 70 ‰ Gefälle, WW V (46.9522,13.6122)

25,8 Str-II, B 99, Katschberg Straße, Ende der Steilzone; davor li 🚌–haltestelle Abzw. **Pleßnitz** und ✕. Weiterhin WW III+/WW IV. Durchschnittsgefälle bis **Gmünd** ca. 20 ‰ (46.9498,13.6107)

25,1 hölzerne landw. Wege-II (46.9444,13.6074)

24,8 hölzerne landw. Wege-II (46.9419,13.6064)

24,7 ▬, zum ϟ **Glanzer Gerhard**, **X**, li ⏏, Wasserableitung bis km 24,5 (46.9416,13.6063)

22,4 ▬ Wehr in der Mitte eingebrochen, Pfähle im Unterwasser; evtl. ganz li ≈, besser li ⏏. Kurz danach II (46.9291,13.5869)

21,2 Str-II **A 9861 Krems-Eisentratten** (46.9220,13.5756)

19,1 ⚠ Wuchtige Gefällestufe ganz li oder re ≈ oder ⏏ (46.9125,13.5546)

18,5 ▬ Langes, von li nach re gezogenes Blockwurf-Wehr, **X**, li überheben. Das Hauptwasser führt re in eine Ableitung zum ϟ **Gmünd**, schon bei der Anfahrt besichtigen. Es folgt eine Felsstufe, li durch einen verwinkelten Kanal ≈. re überhängende Büsche und Verblockung (46.9105,13.5478)

17,4 ≣ **Gmünd**, davor Str-II, li zum Freibad **Gmünd** (46.9053,13.5375)

16,9 re ⇩ der Malta (s. Seite 114) in die Lieser (46.9029,13.5327);
Str-II, Treffinger Landesstraße, **A-9853 Gmünd** (46.9028,13.5325)

16,4 übliche ⬇ unter der Autobahn-II A10 nach **A 9853 Gmünd**
Durchschnittsgefälle bis Seebodenbrücke ca. 16 ‰. Von der Treffinger Landesstraße führt ein Erdweg zum Bach.
Sofort stark verblockte, zunehmend schwieriger werdende Schwälle. Die

Schwierigkeiten der gesamten Lieser betragen durchschnittlich WW III und IV (46.8989,13.5294)

11,5 Str-Ⅱ, B 99 unmittelbar darunter Katarakt; re ≋, danach „Silberstiege“, stark verblockt, querlaufende Felsbänke, unübersichtlich. „Straßenschwall“, enormes Gefälle, riesige Blöcke im schmalen Flussbett (46.8635,13.5053)

9,5 Str-Ⅱ, Nickelbauerbrücke, L 10 li 🅿-Möglichkeit an der B99, mögliche ⬇ nach der Ⅱ; davor li in den „Dünnen Arm“ einfahren, enge, verblockte Durchfahrt. Nach der Ⅱ „Straßenwärterschwall“, mit hohen Wellen (46.8501,13.5006)

8,2 Str-Ⅱ, B 99, Katschberg Straße (46.8408,13.5006)

6,3 Str-Ⅱ von **A 9851 Lieseregg** weiter, offener Talboden, vorübergehend nur WW I–II (46.8297,13.4925)

5,9 Autobahn-Ⅱ A10 Anschlusstelle (46.8260,13.4933)

4,8 li ⇩ des Seebach, Abfluss des Millstädter Sees. Es folgt die 1,5 km lange Lieserschlucht, von der Straße aus gut einzusehen, Schwierigkeiten durchweg WW III-IV, Sofort nach Seebach-⇩ folgt die „Seebachstufe“, eine gewaltige Gefällestufe. Weiterhin ununterbrochene, verblockte Schwallreihen. ⚠ Bei höheren Wasserständen wird die Lieserschlucht sehr wuchtig und für Schwimmer gefährlich! „Happer“, Gefällestufe mit erheblicher Schrägwalze, anschließend Abnahme der Schwierigkeiten (46.8174,13.4965);
Str-Ⅱ, B 98, Hauptstrasse, Seeboden-Brücke, letzte ⬆ vor der Lieserschlucht sofort nach der Ⅱ am li Ufer anlanden (46.8173,13.4964)

4,7 Autobahn-Ⅱ A10 (46.8167,13.4950)

3,3 ⬆ vor re Zielturm der Weltmeisterschaft von 1977 ≣ Spittal-Fasan. ↱ und auf kurzem Steg hinauf zur Straße. Großer 🅿 an der Gmüdener Straße B 99, Weiterfahrt zur Drau nicht empfehlenswert (46.8078,13.4963)

2,6 Fußg-Ⅱ, Liesersteig (46.8024,13.4970);
▬ Schrägwehr, ✕ (46.8023,13.4975)

1,8 Str-Ⅱ, B 100 Villacher Straße, **A 9800 Spittal an der Drau** (46.7970, 13.5003)

1,2 ▬ Staustufe, ✕, Wasserableitung rechts, wenig Restwasser bis zur ⇩! (46.7913,13.4986)

0,0 li ⇩ der Lieser in die Drau (s. Seite 55) bei amtl. km 221,5 ca. 542 m ü. NN (46.7812,13.4993)

Malta

Wildwasser, Kleinfluss, WW I-II, WW III-IV, Gebirgsfluss
Mündung in Lieser (Drau) bei km 16,9 (re Nebenfluss)

Kärnten

Die Malta ist der Abfluss aus der Kölnbrein-Talsperre am Fuße der Brunnkarspitze im Nationalpark Hohe Tauern in ca. 2000 m ü. NN. Mehrere Wasserfälle in das

Maltatal machen das Tal sehenswert. Das Wasser der ursprünglichen Malta und all ihrer Zuflüsse endet in der Kölnbrein-Talsperre und wird zumeist total abgeleitet. Nur ein geringer Teil speist über das ϟ Malta den Bach.

Befahrbarkeit: Eine Befahrung dürfte nur sehr selten zur Zeit der Schneeschmelze möglich sein. Eine Befahrung ab **Pflüglhof** ist möglich, wenn der ≣ #Sandriesen# erreichbar von der Straße oberhalb **Gmünd** 70 cm anzeigt.

Pegel: **Pflüglhof** maßgeblich für Kararakt km 14,4
Sandriesen siehe RiverApp, km 1,2, erforderlich mind. 70 cm

Schwierigkeiten: Meist WW II, im obersten Teil und im Maltakatarakt bis WW III.

---

km	
29,7	Staumauer der der Kölnbrein-Talsperre (47.0795,13.3394)
17,1	li Alpenrestaurant Fallerhütte, **A 9854 Malta** mögliche ⬇, bei WW IV. 🅿-Möglichkeit (47.0094,13.4348)
14,5	überdachte Fußg-Ⅱ zum re Alpenhotel, li **Pflügelhof**, mögliche ⬇, 🅿-Möglichkeit in ca. 400m (46.9925,13.4571)
14,4	≣ **Pflügelhof**, WW II, Maltakatarakt WW III; besichtigen! (46.9917, 13.4577)
1,2	≣ **Sandriesen**, erforderlich mind. 70 cm (46.9123,13.5320)
0,6	li übliche ⬆; li 🅿-Möglichkeit in der Riesertratte, nahe Porsche-Automuseum (46.9077,13.5319)
0,2	Str-Ⅱ, Katschberg Strasse, B 99, **A 9853 Gmünd in Karnten** (46.9047, 13.5336)
0,0	⇩ der Malta in die Lieser (s. Seite 112) bei km 16,9 (46.9029,13.5327)

Möll

Wildwasser, WW I-II, WW III-IV, Gletscherfluss
Mündung in Drau bei amtl. km 233,8 (li Nebenfluss)

Kärnten

Die Möll ist einer der klassischen Wildflüsse Österreichs. Sie bietet in einem landschaftlich hervorragend schönen Tal überwiegend sehr interessantes, nicht allzu schweres WW. Eine durchgehende Befahrung ist allerdings wegen unfahrbarer Teilstrecken sowie infolge von zwei Wasserableitungen nicht möglich. Insbesondere bietet mehrere Unternehmen Rafting an.

Die künstlich angelegte Wildwasserarena Mölltal bei **Kleindorf** ist Austragungsort internationaler Wettkämpfe.

Befahrungsregeln: Befahrungsregel: Angeblich verbietet der Kraftwerksbetreiber das Befahren des Rottau-ausgleichsbecken

Befahrbarkeit: im Oberlauf meist ganzjährig, sonst nur im Sommer. Unterhalb km 27,9 abhängig von der Wasserabgabe des ϟ **Gößnitz**, zumeist ebenfalls ganzjährig. In trockenen Sommern kann es jedoch zu einer zeitweisen Sperrung des Wasserablasses kommen.

	Wasserabgabe dann vielfach nur an Werktagen zwischen 10 und 12 Uhr, Start in **Außerfragant** am besten um 11 Uhr. Außerhalb dieser Zeiten und an Sonntagen liegt das Flussbett dann gelegentlich trocken.
Pegel:	Heiligblut-OWF ▤ Winklern km 52,9: Putschall/Kraß bis Winklern Minimum 115 cm Döllach - Winklern Minimum 105, besser 110 cm Winklern bis Rakowitzen km 32,6: absoluter Mindestpegel 100 cm. NW = 120 cm, MW = 130 cm, HW = 140 cm. https://info.ktn.gv.at/asp/hydro/daten/abfluss_ext.HTML Tourismus:Straße meist etwas abseits vom Fluss, B 107 bzw. B 106 kreuzen mehrfach den Fluss
Schwierigkeiten:	km 75,7 -- ⇩ WW II und III.
Infrastruktur:	am Fluss gelegen: **Heiligenblut** **Döllach** in **Flattach-Schmelzhütten** **Obervellach** **Kolbnitz** **Möllbrücke**
Quellen:	Beschreibung Kraß bis Winklern und WW-Arena - See, Peter Walkowski + Frank Schröer 9/20

83,2 Ursprung als Gletscherabfluss der Pasterze Großglockner in 2.500 m Höhe Das Wasser der Möll wird allerdings aus dem folgenden Stausee Margaritze meist total abgeleitet (47.0762,12.7429)

75,6 ⇩ des Gößnitzbach bei **A 9844 Winkl** mit guter Wasserzufuhr, mögliche ⬇ für die Befahrung der Möll.
Der ▤ **Heiligenblut** sollte 5,5 -8 m³/s aufweisen.
Es ist allerdings empfehlenswert, die Befahrung auf dem Gößnitzbach zu beginnen. Mögliche ⬇ unterhalb des Wasserfalles „Gößnitzfall", ⌘. Zunächst Steilzone, WW VI. Weitere ⬇ bei einem Steg, etwa 1 km oberhalb der ⇩, ab hier WW IV, abnehmend WW III. Auf der Möll zunächst WW III. (47.0453,12.8149)

75,5 ▬ Naturstufe H ca. 3 m (47.0456,12.8167)

74,9 Wege-II **A 9844 Heiligenblut-Winkl** (47.0447,12.8219)

74,0 Str-II, am Anfang von **A 9844 Heiligenblut** (47.0412,12.8318)

72,1 Holz-II, **A 9844 Heiligenblut-Zlapp** li 🅿 am ✕ Sonnblick Hof (47.0320, 12.8504);
▬ Steilwehr „Möllfall", **X**, weiträumig li ⏏ auf ca. 800 m. Es folgt die ca. 450 m lange Möllschlucht mit mehreren Wasserfällen von insgesamt rund 100 m Fallhöhe, erschlossen mit einem Klettersteig (Seilbrücken!) (47.0319,12.8507)

71,2 Str-Ⅱ, bei li **A 9844 Heiligenblut-Pockhorn** weitere mögliche ↓ unterhalb des Ortes nach dem ⏢: WW II (47.0268,12.8566)

70,3 Wege-Ⅱ nach li **A 9844 Heiligenblut-Rojach** (47.0200,12.8633)

69,2 Wege-Ⅱ, **A 9844 Heiligenblut-Aichhorn** li 🅿, ✕ (47.0111,12.8683)

68,4 ■ Wehr für ϟ **Judenbrücke**; **X** 300 m weit ⏢ (47.0041,12.8732)

68,0 Str-Ⅱ, B 107 hinter li **A 9844 Heiligenblut-Fresser** es folgen ■ Mehrere HW-Schutzstufen, theoretisch ≋, bei höherem Wasserstand schwere Deckwalzen, vor einer evtl. Befahrung unbedingt ansehen (47.0014, 12.8758)

67,4 Wege-Ⅱ, bei **A 9843 Großkirchheim-Unterapriach** (46.9963,12.8764)

66,3 Str-Ⅱ, B 107 bei re **A 9843 Großkirchheim-Putschall** (46.9874,12.8766)

66,0 ■ letzte Hochwasser-Schutzstufe (46.9845,12.8769)

65,9 Str-Ⅱ, **A 9843 Großkirchheim-Kraß** Mögliche ↓ nach der Ⅱ re.
Wegen der vorstehend geschilderten Schwierigkeiten wird die Befahrung zumeist hier unterhalb der letzten HW-Schutzstufe begonnen. Zunächst sehr munteres Wasser, bis WW III (46.9836,12.8778)

65,1 li ⛺ Zirknitzer, Döllach 107, **A 9843 Großkirchheim** (46.9783,12.8849)

64,2 Str-Ⅱ, li **A 9843 Großkirchheim-Döllach** mögliche ↓ re Ufer (46.9720, 12.8900)

63,9 Wege-Ⅱ, li **A 9843 GroßkirchheimDöllach** Ab hier knapp 10 km WW II, vereinzelt Stellen bis WW III (46.9698,12.8930)

62,5 Wege-Ⅱ nach re **A 9843 Großkirchheim-Winklsagritz** (46.9581, 12.8932)

61,9 Str-Ⅱ bei re **A 9843 Großkirchheim-Untersagritz** (46.9535,12.8961)

61,2 Str-Ⅱ, B 107, hinter re **A 9843 Großkirchheim-Untersagritz** (46.9485, 12.8987)

59,5 Str-Ⅱ, B 107, re **A 9842 Mörtschach-Stampfen** (46.9343,12.9042)

58,1 Str-Ⅱ, li **A 9842 Mörtschach** (46.9230,12.9099)

56,5 Str-Ⅱ, li **A 9842 Mörtschach-Lassach** und ⛺ Lindlerhof, Lassach 11, **A-9842 Mörtschach** (46.9087,12.9096)

55,2 Str-Ⅱ zur Kirche „Maria i.d. Au“ (46.8988,12.9034)

53,4 Str-Ⅱ, B 107 (46.8869,12.8920)

52,8 Wege-Ⅱ bei re **A 9842 Mörtschach-Lederer** davor re schöner ⛱, mögliche ⇅.
Auf den folgenden 2 km fließt die Möll durch eine sehr schöne, kleine Schlucht. WW II (46.8831,12.8876)

50,4 Str-Ⅱ, li **A 9841 Winklern-Namlach**. möglich ⇅ re ca. 100 m nach der Ⅱ, begrenzte 🅿-Möglichkeit. Die folgenden 8 km sind verhältnismäßig leicht, WW I–II (46.8670,12.8877)

46,5 Wege-Ⅱ, re **A 9833 Rangersdorf-Lainach** (46.8565,12.9265)

45,8 überdachte Wege-Ⅱ (46.8568,12.9352)

45,6 Str-Ⅱ, Mölltal Strasse, B106 (46.8567,12.9386)

45,0 Str-Ⅱ, re **A 9833 Rangersdorf-Brenntratten** (46.8571,12.9452)

44,0 Wege-Ⅱ, li **A 9833 Rangersdorf-Witschdorf** (46.8580,12.9572)

42,6 Str-Ⅱ, re **A 9833 Rangersdorf-Lamnitz** 2 km einfach, danach Steigerung der Schwierigkeiten auf WW II-III (46.8640,12.9693)

42,1 überdachte Fußg-Ⅱ zum li Sportplatz (46.8647,12.9748)

40,3 ⚠ Vorsicht, im Bereich der Ortschaft **Tresdorf** wurde eine künstliche Schwallstrecke errichtet. Die Steine sind recht eckig und bergen gerade bei einer Kenterung in diesem Bereich ein nicht zu unterschätzendes Verletzungsrisiko (46.8723,12.9957)

40,1 Str-Ⅱ, li **A-9833 Rangersdorf-Tresdorf** (46.8728,12.9978)

38,5 Wege-Ⅱ, li **A 9832 Stall-Latzendorf** (46.8794,13.0131)

36,8 Str-Ⅱ, li **A 9832 Stall** (46.8828,13.0314)

35,4 Str-Ⅱ, B 106, li **A 9832 Stall-Pußtratten** ab hier wieder einfacher (46.8880,13.0446)

35,2 mögliche ⇅ **A 9832 Stall-Pußtratten** re Ufer in der Nähe Abfalllagerplatz der Kommune, der als 🅿 genutzt werden kann (46.8895,13.0454)

33,4 Str-Ⅱ, re **A-9832 Stall-Wöllatratten** (46.8994,13.0635)

32,6 Str-Ⅱ, B 106, Mölltal Straße, re **A-9832 Stall-Rakowitzen** Mögliche ⬆ bei Befahrung der oberen Möll. Die Boote müssen bis hinter das ϟ **Gößnitz** umfahren werden.
Beginn des Rückstaus des Sees (46.9053,13.0676)

31,3 Str-Ⅱ im Stausee Gößnitzspeicher, li in den Kiessee einfahren und am Ufer 1.000 m hinauffahren, hier weitere gute ⬆ mit 🅿 direkt neben der B 106 und Kiosk „Seehäusl“ (46.9162,13.0740)

30,3 ▬ Staudamm des ϟ **Gößnitz**. Die folgende Flussstrecke ist ✕

28,8 ϟ Außerfragant Unterhalb des ϟ können die Boote zur Fortsetzung der Befahrung der Möll wieder eingesetzt werden. Wasser eiskalt. Da die Parkmöglichkeiten hier recht beschränkt sind, empfiehlt sich der Einstieg an der Ⅱ Kleindorf. Dort gibt es einen Raftparkplatz und –Einstieg. Ab hier ist der Wasserstand kraftwerksreguliert und ändert sich tagsüber oftmals. Hierdurch ist der Wasserstand an Wochentagen verlässlicher als am Wochenende. Bei niedrigem Wasserstand ist eine Befahrung der Möll von hier bis zur ⇩ in die Drau nicht empfehlenswert, da mangels Wasser an vielen Kiesbänken ausgestiegen werden muss (46.9323,13.0923)

28,1 li ⇩ des Kraftwerkskanal in Möll (46.9322,13.1017)

27,8 Str-Ⅱ, li **A 9831 Flattach-Außerfragant**, Mögliche ⇅ li Ufer (46.9314, 13.1048)

27,2 Str-Ⅱ, li **A-9831 Flattach-Kleindorf**. Li 🅿-Möglichkeit empfehlenswerte ⬇. Ab hier künstlich angelegte WW-Strecke Wildwasserarena Mölltall, Beginn ca. 500 m WW III+ (lt. Angabe des Betreibers), Bei NW leichter. Fahrzeuge am anderen Flussufer auf 🅿 abstellen. Startpunkt vieler Raftingtouren! (46.9327,13.1118)

25,8 Str-Ⅱ bei **A 9831 Flattach** Empfehlenswerte ⬇ li wenn das 500 m lange WW III Stück vermieden werden soll. Li 🅿 -Möglichkeit nahe der B 106, ab hier WW I-II (46.9328,13.1279)

25,1 re ⛺ Alpencamping Raggaschlucht, Schmelzhütten 24,**A 9831 Flattach** (46.9323,13.1359)

25,0 Str-Ⅱ **A 9831 Flattach-Schmelzhütten** mögliche ⬇, li 🅿-Möglichkeit

(46.9332,13.1368)
23,3 Str-II von **Schmelzhütten nach Söbriach** (46.9319,13.1578)
22,1 Wege-II **A-9821 Obervellach-Söbriach** (46.9345,13.1703)
21,1 ⇩ der Mallnitzbach (s. Seite 120) in die Drau (Österreich) (s. Seite 55) bei amtl. km 233,8 (46.9339,13.1821)
19,7 Str-II, li **A 9821 Obervellach**, mögliche ⇅, 🅿 Ecke „Untervocken" (46.9298,13.1990)
19,2 re ⛺ Sport-Erlebnis-Camp Obervellach, ⇅ und Rafting-Camp. Durch Flussumbauten im Frühjahr 2005 im Bereich des ⛺ sind dort ein paar nette Spiel- und Übungsstellen entstanden. Ein kleiner abgeteilter Seitenarm eignet sich optimal für Anfänger und Kinder. Den ⛺ erreicht man unter „www.sporterlebnis.at". (46.9266,13.2036);
Ab dem ⛺ zunächst leichte Strecke WW I-II. Startpunkt vieler Raftingtouren! (46.9266,13.2036)
17,6 Str-II, li **A 9821 Obervellach-Stallhofen** (46.9186,13.2199)
16,2 Wege-II, li **A 9821 Obervellach-Untergratschach** (46.9137,13.2347)
14,7 Str-II, li ✕ Landgut Moserhof (46.9052,13.2486)
13,7 Str-II, B 106 Mölltalstraße (46.9032,13.2583)
13,3 Str-II, li **A-9815 Reißeck-Penk** (46.9002,13.2605)
12,0 Erste Prallwand. Ab hier Zunahme der Schwierigkeiten bis WW III (46.8917,13.2703)
10,7 Str-II, B 106, Mölltalstraße (46.8827,13.2809)
9,6 Wege-II, **A 9815 Reißeck-Polan** Nach 200 m rechts eine schöne langgezogene Prallwand (46.8787,13.2930)
8,5 Wege-II, **A-9815 Reißeck-Unterkolbnitz** (46.8743,13.3057)
7,7 re Kajakarena **Kolbnitz** (46.8715,13.3150)
7,3 li ⬆ Rottau Fahrt beenden, mögliche ⬆, Ende der Raftingstrecke, ⛺ Campanula Camping mit Holzhütten und Bootsverleih (46.8702,13.3202)
7,2 § Befahrung des Ausgleichsbecken Rottau verboten die Schilder sind nur vom Land aus lesbar. ⚠ Bei öffnen des Stauwehrs starker Stromzug und Lebensgefahr (46.8697,13.3211)
5,8 ▬ Stauwehr **Rottau**, ✕, mit Wasserableitung zur Drau. Es wird stets etwas Pflichtwasser in das alte Flussbett abgegeben. Da das ⩧ am ϟ sehr mühsam ist und die Weiterfahrt nur eine ermüdende Kiesbankrutscherei darstellt, wird die Reststrecke bis zur ⇩ kaum je befahren, WW I (46.8639,13.3355)
4,4 Str-II, li **A 9814 Mühldorf** (46.8561,13.3437)
3,4 Wege-II, li **A 9314 Rappersdorf** (46.8490,13.3523)
1,7 li kleiner ⛺ Möllcamping (46.8381,13.3666)
1,5 Str-II, **A 9813 Möllbrücke** (46.8375,13.3694)
0,5 Str-II, re **A-9813 Möllbrücke**, li **Altenmarkt** (46.8315,13.3781)
0,4 Str-II B 100 und darunter EB-II (46.8303,13.3791)
0,0 ⇩ der Möll in die Drau (s. Seite 55) bei amtl. km 233,8 (46.8271,13.3800)

Mallnitzbach

Wildwasser, Kleinfluss, WW III-IV, WW V-VI
Mündung in Möll bei km 21,1 (li Nebenfluss)

Kärnten

Der Mallnitzbach ist ein linker Nebenfluss der Möll. Gemäß Darstellung in der Kompass Wanderkarte Nr. 40 hat er seinen Ursprung auf der Huberalpl im südlichen Teil der Goldberggruppe und fließt dann durch das Tauerntal Richtung dem Ort **Mallnitz**. Dabei nimmt er den von links kommenden, größeren und wasserreicheren Tauernbach auf, wodurch dieser Flussabschnitt bis **Mallnitz** vielfach fälschlich als Tauernbach bezeichnet. Dort tritt er in den breiten Talboden des Mallnitztales aus und nimmt den deutlich größeren Seebach auf. Vielfach wird irrtümlich die ⇩ des Seebachs als Ursprungs des Mallnitzbach bezeichnet, bzw. fälschlich Tauernbach und Seebach als die beiden Quellflüsse des Mallnitzbach tituliert.

Befahrbarkeit:	entsprechend seinen beiden Hauptwasserlieferanten nur bei HW in der Zeit der Schneeschmelze und nach starken Regenfällen. Man kann ihn auf 2 kurzen Teilstrecken befahren.

7,7 ⇩ Zusammenfluss von Seebach (s. Seite 121) und Tauernbach (s. Seite 121) zum Mallnitzbach **A 9822 Mallnitz** (46.9891,13.1715); Weiterfahrt auf dem Mallnitzbach durch den Ort Mallnitz, WW I–II (46.9890,13.1717)

6,7 ≣ **Mallnitz** (46.9815,13.1738)

5,7 ▬ Staustufe der ÖBB **A 9822 Mallnitz-Rabisch** mit meist totaler Wasserableitung,
Die folgende Rabisch-Schlucht kann auf einem Fußweg durchwandert werden; sie dürfte wohl immer **X** sein. D.h. ⬆ Ende des 1. Abschnittes (46.9742,13.1791)

3,4 Str-II, B 105, Mallnitzer Straße, danach li ✕ „Zur guten Quelle“ Lassach-Schattseite 7, **A-9821 Obervellach**. Beginn der Groppensteinschlucht. Die Groppensteinschlucht ist ein atemberaubendes Naturjuwel und ein besonderes Naturschauspiel. Sie kann auf einem ca. 2,5 km langen Weg über Steiganlagen und Brücken, bei ca. 230 m Höhenunterschied, durchwandert werden. Sie ist geprägt von den 3 großen Wasserfällen: dem **Zechnerfall**, dem **Groppensteinfall** und dem **Raufenfall** (46.9590, 13.1844)

1,5 Evtl. ⬇ direkt unterhalb des Groppensteiner Wasserfalls Zunächst, je nach Wasserstand, WW IV/IV+. ⚠ Der Zugang über den Wandersteig der Groppensteinschlucht kann gebührenpflichtig sein! (46.9444,13.1795)

1,0 ⚠ hohe Wege-II mit schmalen Durchlässen sollte ⩍ werden. Danach auf 1,0 km sehr schöne spritzige Fahrt bis zur ⇩, WW III–III+ (46.9415, 13.1834)

0,0 li ⇩ der Mallnitzbach in die Drau (Österreich) (s. Seite 55) (46.9339, 13.1821)

Seebach (Mallnitzbach)

Wildwasser, Kleinfluss, WW I-II, WW III-IV, WW V-VI, Gebirgsbach
Mündung in Mallnitzbach bei km 7,7 (li Nebenfluss)

Kärnten

Der Seebach wird in seinem Oberlauf als Winkelbach bezeichnet, mit Ursprung westlich der Hochalmspitze in der Ankogelgruppe, ca. 2500 m ü. NN. Er ist ein kurzer, landschaftlich hervorragend schöner Wildbach und wasserreicher als der Mallnitzbach.

Befahrbarkeit:	nur bei HW, Zeit der Schneeschmelze und nach starken Regenfällen
Pegel:	wie **Tauernbach**
Schwierigkeiten:	allg. WW II bis WW III+, Kataraktstrecke WW V-

12,2 Ursprung als Winkelbach in der Ankogelgruppe (47.0051,13.2636)

8,1 Wege-II, oberste mögliche ⬇ ca. 75 m südlich der Schwussnerhütte, ca. 1.338 m ü. NN. ⚠ die Schwussnerhütte ist ab ✕ Alpenrose nur mit Bootswagen zu erreichen, etwa 1 1/2 Stunden Gehzeit! Schwierigkeiten liegen bei WW III+ bis WW I (47.0232,13.2306)

3,8 Wege-II zum li ✕ Alpenrose, **A 9822 Mallnitz</b re 🅿, der noch mit Pkw zu erreichen sind. Weiterhin ca. 1,2 km WW II bis WW III (47.0144,13.1878)**

2,6 Wege-II, ⚠ Danach Beginn einer ca. 400 m langen Katarakt-Strecke WW V- (47.0093,13.1781)

2,3 ▬ Sohlstufe Im Katarakt, X, versteckt liegend, ca. 3 m hoch, ⚠ ⬆ unbedingt schon bei Anfahrt festlegen. Danach wieder WW II bis WW III (47.0072,13.1771)

1,5 Beginn einer Kette von ▬ Sohlstufen, X (47.0011,13.1726)

1,3 Wege-II, Stappitz, dahinter letzte ▬ Sohlstufe. Weiterfahrt nach den Gefällebremsen bis zum Mallnitzbach möglich (46.9998,13.1734)

0,0 li ⇩ Zusammenfluss von Seebach und Tauernbach (s. Seite 121) zum Mallnitzbach (s. Seite 120) bei km 7,7 **A 9822 Mallnitz** (46.9891,13.1715)

Tauernbach (Mallnitzbach)

Wildwasser, Kleinfluss, WW I-II, WW III-IV, WW V-VI, Gebirgsbach
Mündung in Mallnitzbach bei km 7,7 (li Nebenfluss)

Kärnten

Der Tauernbach / Mallnitz, wie er in amtlichen Registern geführt wird, nicht zu verwechseln mit dem Tauernbach-Isel, einem Nebenfluss der Isel ist ein kurzer Wildbach in einem einsamen Tal am Fuss der Niederen Tauern. Gefällestark und fast ohne Kehrwasser fließt er in „Rißbach-ähnlicher Umrahmung" Richtung **Mallnitz**. Die Flussstrecke im Tauerntal ist sowohl nach alten Karten als auch nach der Kompass Wanderkarte bereits der Mallnitzbach, wird aber vielfach noch dem

Tauernbach zugerechnet.

Befahrbarkeit:	Zeit der Schneeschmelze und nach stärkeren Regenfällen.
Pegel:	in **Mallnitz** vor der II am ✕ „Zum Hannoverhaus“; Minimum 180 cm.#
Schwierigkeiten:	WW IV-, abnehmend auf WW II; Achtung vor verklemmten Bäumen!

17,2	Ursprung unterhalb der Hagener Hütte an der Grenze zwischen den Bundesländern Salzburg und Kärnten (47.0263,13.0888)
14,0	höhere ⬇ an der Wege-II vom ✕ Jamnighütte, alias Jamnigalm zur Hagener Hütte, je nach Können möglich, unbedingt besichtigen, WW V–VI-**X** (47.0032,13.1051)
13,6	Wege-II zur re Jamnighütte und zur Hagener Hütte li Ende der Straße, li P, übliche ⬇, ca. 1664 m. ü. NN. WW IV-, abnehmend auf WW II (47.0019,13.1101)
2,3	⬆ bei niedriger Holz-II bei den ersten Häusern von Mallnitz Man kann nach der Holz-II auch noch bis zum Zusammenfluss mit dem Seebach weiterfahren. Dazu bei der Holz-II ⬆ und ein folgendes 3 m hohes ▬ Wehr besichtigen, bei evtl. Befahrung unbedingt absichern, unsauberes Unterwasser (46.9912,13.1603)
0,0	⇩ Zusammenfluss von Seebach (s. Seite 121) und Tauernbach zum Mallnitzbach (s. Seite 120) bei km 7,7 **A 9822 Mallnitz** (46.9891,13.1715)

Isel

Wildwasser, WW I-II, WW III-IV, WW V-VI, Gletscherfluss
Mündung in Drau bei amtl. km 295,0 (li Nebenfluss)

Osttirol

Das gesamte Flussgebiet der Isel mit ihren Nebenflüssen ist von hervorragender landschaftlicher Schönheit. Der Ursprung der Isel liegt im Süd-West-Teil der Venedigergruppe an der Ostabdachung des Ahrner Kopfes in ca. 2.400 m ü. NN im Gletscherbereich. Der Oberlauf der Isel, Virgental sowie ihr größter Nebenfluss, der Tauernbach, führen in die Venedigergruppe; zwischen **Matrei** und **Lienz** verläuft die Isel in einem etwas breiteren Tal zwischen Bergen und Gipfelhöhen von über 3000 m. Der Oberlauf der Isel bis zur ⇩ des Kalserbachs ist schweres, streckenweise sehr schweres Wildwasser, unterbrochen von **X** Teilabschnitten.

Aber auch in ihrem Unterlauf bietet die Isel noch sehr interessantes, wuchtiges WW.

Befahrungsregeln:	Von der II bei **Feld** bis **Brücke** B100 in **Lienz** gesperrt vom 1.10. bis 14.5. Übrige Zeit Befahrung zulässig von 09:00 Uhr bis 19:00 Uhr. ⬇⬆ nur am Rafteinstieg oberhalb **Huben**, Kalserbachmündung, II **Ainet**, **Lienz-Lienzwelle** und Tiroler II. betreten der Ufer verboten, Befahrung nur im Hauptstromstrich.

Befahrbarkeit:	die Isel und ihre Quell- und wesentlichen Nebenflüsse sind Gletscherflüsse. Die Wasserführung der Isel nimmt daher nicht nur nach Regenfällen, sondern auch unter starker Sonneneinstrahlung zu.
Umwelt:	Wasser: klar bis trübe, je nach Anteil des Schmelzwassers
Pegel:	Ⅱ **St. Johann** im Walde, km 15,1 günstig 150–180 cm. Stadtbereich **Lienz** li, km 0,85: 260 cm entsprechen ca. 190 cm ≣ **St. Johann**
Schwierigkeiten:	km 46,0 bis km 41,2 WW III +/IV +, Gefälle 14 ‰. km 40,3 bis km 37,8 **X**. km 37,4 bis km 35,3 WW III. km 34,7 bis 31,3 WW V und VI, Gefälle 50 ‰. km 31,3 bis km 24,3 WW II–III (IV). km 24,3 bis km 22,3 WW VI – **X**, Iselkatarakt. km 22,3 bis km 20,7 WW V, abnehmend WW IV. km 20,7 bis km 0,8 WW III und II (IV), Hochwasserschutzstufen!
Quellen:	Überarbeitung Katarakt - Lienz Peter Walkowski + Frank Schröer 9/20

58,8 Ursprung: im Süd-West-Teil der Venedigergruppe im Gletscherbereich. Flussabwärts von Prägraten durchfließt die Isel eine enge, abseits der Straße gelegene wildromantische Waldschlucht (47.0475,12.2272)

45,9 Wege-Ⅱ **A 9971 Hinterbichl** ⬇ für die Befahrung der obersten Teilstrecke der Isel. Wuchtiges WW bei starkem Gefälle, Walzen und Brecher, einige Abfälle, nur mäßige Verblockung, WW III +/IV, li 🅿 (47.0180,12.3424)

41,7 Wege-Ⅱ **A 9974 Prägarten am Großvenediger-Wallhorn** (47.0149, 12.3909)

41,3 2 Abfälle, 1,5 m hoch, WW IV + (47.0142,12.3953)

40,9 landw. Wege-Ⅱ bei li **A 9974 Prägarten am Großvenediger-Bobojach** ↰ nach der Ⅱ, übliche ⬆
Die folgenden 1,5 km, die sog. Iselschlucht, beinhaltet zwei **X** Wasserfälle. Da ein Verlassen der Schlucht sehr problematisch sein dürfte, gilt sie allgemein als **X** (47.0130,12.3983)

38,1 landw. Wege-Ⅱ, Ende der Iselschlucht (47.0009,12.4200)

37,2 Wege-Ⅱ; zwischen **A 9972 Virgen** und **Welzelach** Die Folgestrecke ist wieder ≈, WW II–III, jedoch kaum lohnend (46.9983,12.4320)

36,6 landw. Str-Ⅱ, li 🚌 Habererhof (46.9957,12.4393)

35,1 Str-Ⅱ, Forststraße; li ca. 700 m nach **A 9972 Virgen** letzte Möglichkeit zum ⬆, falls die folgende Waldschlucht nicht befahren werden soll (46.9967,12.4563)

34,4 ⚠ Beginn der Waldschlucht Es handelt sich dabei um lange, steile Katarakte, Gefälle im Durchschnitt 50 ‰, teilweise bis 80 ‰, WW V–VI mit einem leichteren Zwischenstück, Baumhindernisse möglich. Eine Befahrung sollte nur bei NW durchgeführt werden, Spätsommer und

Herbst (46.9951,12.4657)

31,1 Ende der Waldschlucht ⬇ bei ausreichendem Wasserstand, falls die oberen Teilstrecken nicht befahren werden. Die Straße nach Prägraten geht hier vom Fluss weg, 🅿; Zunächst WW II–III, leichte Verblockung, schnelle Strömung (46.9952,12.5053)

29,1 Holz-II, ≣ **Waier** MW etwa 160 cm. Weitere günstige ⬇ (46.9940,12.5260)

28,5 li ⇩ des Tauernbach (s. Seite 128) in die Isel mit meist starker Wasserzufuhr (46.9935,12.5326);
ab hier ganzjährig ≋. Schwierigkeiten zunächst WW II (46.9933,12.5329)

28,3 Wege-II, re **A 9971 Matrei in Osttirol-Bichl** (46.9919,12.5350);
▬ Kunststufe, in der Mitte gut ≋, Anhalten vor der Stufe gut möglich, ⬆ wegen steiler Uferböschungen schwierig. Ab hier noch WW I (46.9918, 12.5352)

26,0 Beton-II der B 108 Felbertauernstr. Günstige ⬆ falls der nachfolgende schwere Abschnitt nicht befahren werden soll, ≣ (46.9754,12.5502);
Es verläuft die Straße wieder neben dem Fluss, Zunahme der Schwierigkeiten, bis WW IV (46.9752,12.5506)

24,2 Str-II; li **A-9971 Matrei in Osttirol-Feld** letzte ⬆ vor dem Isel-Katarakt (46.9604,12.5533);
▬ Blockwurfstufe, re ≋, re ≋. ⬆ vor der Stufe rechts (46.9601,12.5536)

24,1 Sofort danach Beginn des Isel-Kataraktes bei günstigem nicht zu hohem Wasserstand ≋. Sehr wuchtiges Wasser, WW V, WW VI bei HW, Besichtigung vor evtl. Befahrung unerlässlich. Li ⏜ über Geschiebekegel eines Seitenbaches, Mellitzbach, gut möglich. Nach dem Katarakt zunächst sehr schweres WW mit sehr hohem Gefälle, kaum überspülten Felsen und großer Wasserwucht (46.9596,12.5543)

24,1 –0,0 **§** Befahrungsverbot bis zur ⇩, jeweils vom 1.10 bis zum 14.5. und ganzjährig 19:00 bis 09:00 Uhr! (46.9598,12.5540)

23,6 li ⬇ im Endbereich des Katarakts WW IV+ - V (46.9571,12.5589)

23,1 li weitere ⬇ am Ende des Iselkatarakt ab hier etwas leichter, IV+ (46.9544, 12.5632)

22,2 re Ende Isel-Katarakt (46.9473,12.5686)

21,0 re mögliche ⬆⬇ Rafteinstieg Huben an der Bundesstr, ab hier bis Kalserbach ⇩ WW III mehrere Stellen WW IV (46.9372,12.5740)

20,9 Fußg-II bei **Huben** (46.9362,12.5750)

20,5 Str-II, B 108, re **A-9971 Matrei in Osttirol-Huben** Folgestrecke WW III (46.9334,12.5766)

20,0 re ⇩ der Defereggenbach (s. Seite 126) in die Isel, ca. 800 m ü NN (46.9293,12.5792)

19,2 ⇩des Kalserbach (s. Seite 125) in die Isel bei ca. 790 m ü. NN (46.9270, 12.5899)

19,1 li gute ⬆⬇ (Rafteinstieg Kalserbach) mit 🅿. Zunächst WW III, sehr starke Strömung, hohe Wellen, jedoch keine nennenswerte Verblockung. Die Schwierigkeiten lassen allmählich nach. (46.9265,12.5903)

15,9 ▬ Blockwurfstufe ca. 1,5 m hoch, ≋, aber steinig und teilweise mit starker Walze, besser vorher ansehen (46.9087,12.6211)

15,1 Str-Ⅱ, L 393, re **A 9952 St. Johann im Walde** davor li ≣. Re ⇅ bei der Feuerwehr, bitte rücksichtsvoll parken. Auf der folgenden Strecke finden sich mehrere HW-Schutzstufen, die z. T. ganz unvermutet auftauchen. Eine Besichtigung ist bei der schnellen Strömung dann oft kaum mehr möglich. Die Stufen sind im Prinzip alle ≋, je nach Wasserstand können sich Schwierigkeiten ergeben, bei höherem Wasserstand z. T. Rücklauf. Die 1. Stufe ist die Höchste. Kurz vorher li Holz-Ⅱ über einen Nebenbach. Ab hier leichter, WW II - III (46.9042,12.6295)

9,7 Str-Ⅱ, L 289, li **A 9951 Ainet** Adventurepark/Rafting, re ⇅, 🚐 (46.8709, 12.6773)

6,2 Str-Ⅱ, bei li **A 9900 Lienz-Tratte** (46.8511,12.7065)

2,2 Str-Ⅱ B108 Felbertauernstraße re vorher ⬆ mit 🅿 falls eine Befahrung des Isel-Abfalls und eine Weiterfahrt zur Drau nicht geplant ist, wird die Fahrt hier zweckmäßigerweise beendet. Bitte nicht die 🅿 vom Raftunternehmen blockieren. Re am Berg Schloss Bruck, Museum der Stadt Lienz (46.8337,12.7496)

1,3 „Dolomiti Welle“, lebhafte Spielwelle, Mitte ≋ (46.8326,12.7601);
Str-Ⅱ, L 321, **A 9900 Lienz**, li offizielle ⬆ (Pfarrgasse) (46.8324,12.7607)

0,9 Fußg-Ⅱ, Iselsteg dahinter Sohlschwelle H. ca. 0,4 m (46.8317,12.7653);
≣-Haus mit Pegelstufe. Li Stadtpark (46.8317,12.7662)

0,6 Str-Ⅱ, **A9900 Lienz** (Spitalbrücke) davor ▬ Sohlschwelle (46.8310, 12.7695)

0,3 ▬ Sohlrampe Isel-Abfall Gesamthöhe ca. 1,5 m, ≋, WW III, vor Befahrung besichtigen (46.8303,12.7739)

0,2 Str-Ⅱ, B 100 **A 9900 Lienz** (46.8302,12.7742)

0,1 EB-Ⅱ (46.8296,12.7753)

0,0 ⇓ der Isel in die Drau (s. Seite 55) bei amtl. km 295,0 (46.8288,12.7763)

Kalserbach

Wildwasser, Kleinfluss, WW I-II, WW III-IV, WW V-VI, Gletscherbach
Mündung in Isel bei km 19,2 (li Nebenfluss)

Osttirol

Der Kalserbach, im Oberlauf auch als Seebach bezeichnet, ist ein unregulierter Gletscherbach, dessen Quell- und Nebenflüsse ihren Ursprung im Gletscherbereich der Westseite des Großglocknermassivs haben. Er bietet schwieriges bis extrem schwieriges Wildwasser in landschaftlich hervorragender Umrahmung. Vom Flusscharakter her ähnelt der nachfolgend beschriebene Abschnitt des Kalserbachs der mittleren Ötz.

Befahrbarkeit: Frühsommer bis Herbst. Als Gletscherfluss höchster Wasserstand zur Zeit der Schneeschmelze, nach Regenfällen, aber auch nach starker Sonneneinstrahlung. Diese Zeiten sollten gemieden werden. Am günstigsten Herbst oder kühle

	Tage im Sommer.
Umwelt:	Wasser: naturtrübes Gletscherwasser
Pegel:	**Staniska** km 4,0; günstig 60-85 cm **Spöttling** km 13,8
Schwierigkeiten:	grobe Verblockung, hohes Gefälle, bei höherem Wasserstand enorme Wasserwucht. km 13,7 bis km 7,9: WW II, IV bis **X** km 7,9 bis km 4,0: WW IV und V / V–VI

25,4	Ursprung am Osthang des Kalser Bärenkopf im Nationalpark Hohe Tauern in ca. 2340 m Höhe (47.1183,12.6116)
13,8	Ende der Daberklamm, ≣ **Spöttling** mit ▬ ca. 1 m hoher Pegelstufe, danach Fußg-II (47.0261,12.6305)
13,7	Oberste mit dem Auto erreichbare ⬇ am Eingang zur Daberklamm begrenzte 🅿-Möglichkeit an der Mautstraße zum Nationalpark Hohe Tauern. Man kann noch ca. 1 km in die Klamm hineinwandern. Erst 1,5 km WW II, danach 2 km WW IV bis **X** (47.0255,12.6319)
12,7	Str-II, li ⛺ Nationalparkcamping **Kals** am Großglockner; (47.0184, 12.6346)
10,6	Fußg-II, li **A 9981 Kals am Großglockner** Ab hier meist WW II, kurze Abschnitte WW IV (47.0039,12.6437)
7,8	Str-II, L 26, li nach **A 9981 Kals am Großglockner-Unterlesach** (Knopfbrücke) mögliche ⬇, re 🅿-Möglichkeit (46.9816,12.6313)
7,2	⚠ Katarakt mit 80 ‰ Gefälle, WW V–VI (46.9767,12.6345)
6,7	Steg, weitere mögliche ⬇, ab hier WW V, abnehmend WW IV (46.9728, 12.6320)
4,7	Str-II, L 26 (46.9588,12.6185)
4,2	Str-II, L 26, mit Kapelle Heiliger Josef (46.9548,12.6164)
4,0	≣, letztmögliche ⬆ ⚠ Der Kalserbach bricht anschließend in einer gigantischen Schlucht WW VI bis **X** in das Tal der Isel durch (46.9531, 12.6156)
0,0	li ⇩des Kalserbach in die Isel (s. Seite 122) bei km 19,2 bei ca. 790 m ü. NN (46.9270,12.5899)

Defereggenbach

Weitere Namen: Schwarzach (Isel)
Kleinfluss, WW I-II, WW III-IV, WW V-VI, Gletscherbach
Mündung in Isel bei km 20,0 (re Nebenfluss)

Osttirol

Der Defereggenbach (heißt oft auch amtlich „Schwarzach") ist ein landschaftlich hervorragend schöner Wildbach stark wechselnder Schwierigkeiten, z. Teil im Extrembereich. Sein Ursprung liegt am der Ostabdachung der Kemetspitze in der Venedigergruppe, ca. 2600 m ü. NN. Begleitet von einem Wanderweg fließt er durch das Schwarzachtal. ab Mündung des Arventalbaches nennt es sich Defereggental.

Befahrbarkeit:	Frühsommer, die Extremstellen nur bei sommerlichem NW
Umwelt:	Wasser: naturtrübes Gletscherwasser
Pegel:	Hopfgarten. Für den Abschnitt St. Jacob – Straßentunnel: NW 50 cm, MW 60 cm, HW 70 cm

43,5 Ursprung mit mehreren Quellbächen im Gletscherbereich als Schwarzach (47.0206,12.1864)

33,0 Wege-Ⅱ bei der **Oberhaus-Alm** 1793 m ü. NN, mögliche ⬇, WW III, Boote hochtragen oder hochkarren (46.9474,12.2142)

32,3 li ✕ Alpengasthaus Oberhaus 1.760 m ü. NN, mögliche ⬇, zu erreichen über eine Mautstraße von **Erlsbach** aus, zunächst Asphalt, später Schotter

⬇ bei einer Holz-Ⅱ neben einem großen P; Ausgangspunkt für verschiedene Wanderungen. Zunächst Verlauf in engem Flussbett durch Wiesen, WW III (46.9438,12.2198)

31,6 ⚠ Beginn einer klammartigen Schlucht sehr starkes Gefälle, erhebliche Verblockung, zumeist WW IV, eine Stelle WW V; nach der Schlucht etwas leichter (46.9387,12.2244)

30,2 Wege-Ⅱ, zur re Patscherhütte 1685m ü. NN. Li P; Weitere mögliche ⬇ bei dem P der Patscher Hütte. Zunahme der Schwierigkeiten, durchgehend WW IV+. ⚠ auf Baumhindernisse! (46.9284,12.2272)

30,0 Verblockter Abfall, WW V+ nach 100 m Wasserfall, WW VI **X**, am besten werden die beiden Stellen zusammen ⏏. Danach bei enormem Gefälle etwa 50 ‰ bis WW V (46.9265,12.2277)

27,1 Str-Ⅱ, L 25, zum Staller-Sattel, li **A-9963 St.Jakob-Erlsbach** davor li Mautstelle und Wander-P

gute ⬆⬇ ca. 1560 m ü. NN. Die Straße geht vom Fluss weg. Beginn einer Schluchtstrecke, von der Straße aus nicht einzusehen. WW IV (46.9166, 12.2566)

26,1 Zunahme des Gefälles (46.9153,12.2661)

25,9 ⚠ Kurz nacheinander, 2 Wasserfälle 7 und 6 m hoch, zur Erkundung ↰, WW VI-**X**. ⏏ gut möglich. Danach auf 150 m enge Klamm, WW IV–V (46.9158,12.2701)

25,1 Ende der 1. Klamm, spritziges Wildwasser in offenem Geröllbett (46.9157, 12.2775)

24,5 ⚠ Das Tal wird enger, Eingang in die 2. Klamm Zunahme der Wasserwucht und der Schwierigkeiten, zur Erkundung ↰. Am Ausgang der Klamm großer Fels in Flussmitte, re und li davon je ein Schlitz, WW V, durch Baumversperrungen oft **X**, je nach Wasserstand tödlicher Siphon. Evtl. die gesamte Schlucht über steile Wiesen ⏏ oder in der Schlucht die Boote aufseilen und nach dem Felsblock wieder ⬇ (46.9119,12.2864)

23,9 Ende der Klamm, offenes Flussbett, WW III+ (46.9120,12.2949)

23,4 Str-Ⅱ; li **A 9963 St.Jakob-Maria Hilf** re P, übliche ⬇. Zunächst leicht, WW I–II (46.9116,12.3003)

20,5 Wege-Ⅱ, li **A 9963 St. Jakob** ▤, danach: ▬ Sohl-Stufe, ≈ (46.9150,

12.3358)
19,5 Str-II, Lackenbrücke; zu **A-9963 St.Jakob in Defereggen** (46.9152, 12.3487)
19,1 Prallwand gegen Straße L 25, starker Rechtsknick die Straße begleitet linksufrig den Bach (46.9163,12.3532)
18,9 ⚠ Beginn der Schwierigkeiten zunächst 3 Kunststufen mit Steinen im Unterwasser, vor Befahrung besichtigen. Zunahme der Verblockung, WW IV (46.9168,12.3554)
18,2 ⚠ Gefällestufe, WW IV+ es folgen mehrere kleine Gefällebremsen, ≈. Die Schwierigkeiten lassen nach, die Ufer sind begradigt, WW II (46.9156, 12.3639)
17,1 Str-II, li zu **A 9962 St. Veit in Defereggen-Bruggen** (46.9152,12.3765)
16,6 Hänge-II ⚠ Davor und dahinter 2 bis 1,5 m hohe Blockstufen, evtl. Steckgefährlich!. Danach weitere bis 1 m hohe Stufen, ≈ (46.9148, 12.3826)
11,3 Str-II L25 Abzweig nach **A 9962 St. Veit in Defereggen** gute ⬆, falls die folgenden Extremstellen nicht befahren werden. Li 🅿-Möglichkeit (46.9250,12.4451)
11,0 li ⚠ Beginn der „Tunnelstrecke" Gefälle bis 55 ‰, starke Verblockung, Wasserwucht, WW V+. Straße verläuft re in einem Tunnel (46.9263, 12.4492)
10,5 Str-II L25, die Straße verläuft links in einer Galerie. ⚠ Die nachfolgende „Galeriestrecke" bietet nochmals sehr schweres WW V+ (46.9262, 12.4557)
9,9 Ende der li Straßen-Galerie, ab hier WW IV nachlassend bis WW III (46.9260,12.4632)
7,2 überdachte Wege-II li **A 9961 Innerhopfgarten** 🅿 re und li (46.9182, 12.4941)
5,2 Str-II, li **A 9961 Hopfgarten in Defereggen**, gute ⬆ (46.9205,12.5182)
4,7 ▬ Tiroler Wehr **Außerhopfgarten**, X, das Wasser wird über einen Druckstollen zur Isel abgeleitet (46.9215,12.5251)
3,1 Str-II L 25 vor **A 9961 Hopfgarten in Defereggen-Dölach** (46.9232, 12.5435)
2,0 Str-II, L 25 davor und dahinter je ein ϟ mit Wasser-Rückführung ⚠ Es folgt eine Wildwasser-Steilstrecke mit durchschnittlich 82 ‰ (46.9243, 12.5581)
0,0 ⇩ der Defereggenbach in die Isel (s. Seite 122) bei km 20,0, ca. 800 m ü NN (46.9293,12.5792)

Tauernbach (Isel)

Wildwasser, Kleinfluss, WW I-II, WW III-IV, WW V-VI, Gletscherbach
Mündung in Isel bei km 28,5 (li Nebenfluss)

Osttirol

Der Tauernbach / Isel, nicht zu verwechseln mit dem Tauernbach-Ost, der über den Mallnitzbach zur Möll entwässert ist ein landschaftlich hervorragend schöner Wildbach zwischen der Venedigergruppe und der Granatspitze. Die Mehrzahl seiner Nebenflüsse stammt aus dem Gletscherbereich dieser Gebirgsstöcke. Der Tauernbach ist daher ein ausgesprochener Gletscherbach mit sehr reichlicher Wasserführung und entsprechend wuchtigem Wildwasser; Verblockung spielt nur eine geringe Rolle. Im Bereich einiger kurzer Schluchten wird der Tauernbach unfahrbar, es können daher nur Teilstrecken befahren werden. Sehr zu empfehlen die leichte Wanderung entlang dem Gschlößbach, dem größten Zubringer des Tauernbachs, zu dem wohl großartigsten Talschluss der Ostalpen im Bereich der Gletscher des Venedigers.

Befahrbarkeit:	ganzjährig; bei HW Zeit der Schneeschmelze wird die schwierige Teilstrecke schnell **X**
Pegel:	**Prosseg** km 2,5, siehe Riverapps
Schwierigkeiten:	km 16,7 bis km 14,1 WW II–III+ km 13,8 BIS Km 11,9 **X** km 11,9 bis km 8,0 WW IV–V–VI km 8,0 bis km 2,5 WW V bis **X** km 2,5 bis ‚Mündung# WW II

21,8 Ursprung in den Felbertauern in etwa 2.450 m Höhe (47.1510,12.4988)

16,7 Fußg-II, Trampelpfad zum li 🅿 am Matreier Tauernhaus, ca. 400 m. ⬇ für die oberste Teilstrecke (47.1196,12.4933)

16,4 Fußg-II dahinter: ≡ Matreier Tauernhaus (47.1180,12.4946)

14,5 Holz-II zum re Freilichtmuseum Schildalmen gute ⬆, li 🅿-Möglichkeit (47.1041,12.5063)

14,1 ⬆ Die Fahrt muss spätestens hier beendet werden, ⬆ li beim Gittermast jedoch mühsam! Durch Verlegung der Trasse der B108, Felbertauern Straße keine Straßenanbindung! Es folgt eine lange Schlucht, **X**, umfahren mit Pkw (47.1018,12.5092)

11,9 ⬇ unterhalb eines 5 m hohen Wasserfalls am Klamm-Ausgang. Zunächst etwa WW IV (47.0871,12.5256)

11,6 Holz-II (47.0848,12.5274)

10,6 2. Holz-II (47.0764,12.5273)

9,7 ⚠ re-Kurve, li Holz-Häuser von **Raneburg** ↱ und die Folgestrecke besichtigen, WW V (47.0687,12.5283)

9,6 Wege-II bei li **A 9971 Matrei-Raneburg** ⬆ die Fahrt kann hier beendet werden. Weiterhin WW IV (47.0677,12.5283)

9,2 Li Gittermast, ⬆ die Fahrt kann auch hier beendet werden die Boote müssen dann allerdings zum Steg zurückgetragen werden, die Boote müssen dann allerdings zum Steg zurückgetragen werden. Es folgt eine sehr schwere Schluchtstrecke mit starker Wasserwucht, Verblockung und hohen Abfällen, WW V–VI-**X**. Die Schwierigkeiten steigern sich bis zur Unfahrbarkeit (47.0637,12.5274)

8,3 Holz-II, **A 9971 Matrei** ⬆, die Fahrt muss spätestens hier beendet werden

	■ Schutzwasserbau H ca. 1,7 m (47.0574,12.5237)
7,7	⚠ Es folgt eine sehr schwere Schluchtstrecke mit starker Wasserwucht, Verblockung und hohen Abfällen, WW V–VI. Die Schwierigkeiten steigern sich bis zur Unbefahrbarkeit (47.0526,12.5190)
7,4	⚠ Es folgt die Klamm Lammschlucht je nach WS WW III bis WW IV, sonst **X**. 1. Wasserfall H ca. 7 m, 2. Wasserfall H ca. 8m, dann 3 weitere Wasserfälle H abnehmend ca. 4 m bis 2 m (47.0504,12.5173)
4,3	⚠ Es folgt die Prossegg-Klamm WW V bis WW V+; eine Befahrung nur bei NW maßgeblicher ≣ **Proßegg** evtl. möglich (47.0265,12.5188)
2,5	Str-II re **A-9971 Matrei-Proßegg** ≣ **Prosegg**, ab hier ist eine Weiterfahrt möglich, keine besonderen Schwierigkeiten mehr (47.0150,12.5301)
0,0	⇩ des Tauernbach in die Isel (s. Seite 122) bei km 28,5 mit meist starker Wasserzufuhr (46.9935,12.5326)

Villgratenbach

Kleinfluss, WW III-IV, Gebirgsbach
Mündung in Drau bei amtl. km 325,5 (li Nebenfluss)

Osttirol
Quelle in den Villgratener Bergen ca. 2418 m ü. NN. Unter der Bezeichnung Arntalbach umrundet er linksherum das Rote Giggerle 2763m. Teilweise wird er auch als Staller Bach bezeichnet. Ab seinem Zusammenfluss mit dem Kalksteiner Bach ist der Name Villgratenbach.
Der Villgratenbach läuft als sehr schwerer Wildbach durch ein landschaftlich großartiges Hochtal des Defereggengebirges.

Befahrbarkeit:	Frühsommer bis Mitte Juni, evtl. bis August.
Pegel:	**Eggeberg** ca. km 14,1
Schwierigkeiten:	streckenweise sehr schweres, stark verblocktes WW mit teilweise komplizierten Durchfahrten, WW III–IV

13,1	⇩ Zusammenfluss von Kalksteiner Bach und Stallerbach ⬇, zunächst WW II bis WW III (46.8158,12.3419)
12,4	li Hofgut Mittermaurer **A 9932 Innervillgraten**, weitere mögliche ⬇ (46.8125,12.3496)
11,6	Wege-II; Abfolge von mehreren ■ Sohlstufen Zunahme der Schwierigkeiten bis WW IV+ (46.8100,12.3581)
10,2	li Sägewerk, ■ Steinwurf-Wehr, evtl. ≈, danach weiterhin WW IV (46.8039,12.3817)
5,7	Wege-II bei der Kapelle zu Ehren der Hl. Rita, bestmögliche ⬆ (46.7890, 12.4259)
5,3	li ⇩ des Winkeltalbach; re mögliche ⬆ **A 9931 Außervillgraten** (46.7857, 12.4293)
5,2	Folgestrecke ist bis WW IV (46.7853,12.4294)
0,0	⇩des Villgratenbach in die Drau (s. Seite 55) bei amtl. km 325,5

Flüsse Ost-Österreichs

Nr. in Karte	Fluss	Kleinfluss	Wanderfluss	Seengewässer	Kanal	Schifffahrtsstraße	WW I-II	WW III-IV	WW V-VI	Seite
1	Raab	o	o				o	o		133
2	Lafnitz	o	o				o			135
3	Feistritz (Lafnitz)		o				o			136
4	Leitha	o	o				o			138
5	Zellenbach						o			139
6	Schwarza (Leitha)	o					o			139
7	Sierning	o					o			141
8	Preinerbach (Schwarza)	o					o			141
9	Nassbach	o						o		141
10	Preinbach (Nassbach)						o	o		142
11	Trauchbach	o					o	o		143
12	Pitten	o					o			143
13	Großer Pestingbach							o		144
14	Feistritz (Pitten)	o	o							145

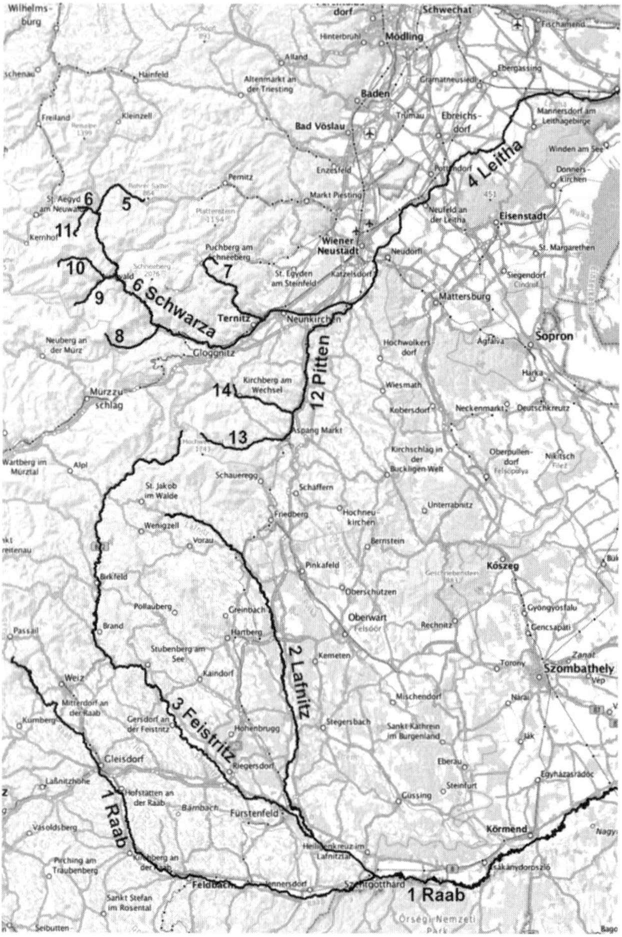
1 Raab
2 Lafnitz
3 Feistritz
4 Leitha
5
6
6 Schwarza
7
8
9
10
11
12 Pitten
13
14
Schwechat
Mödling
Baden
Bad Vöslau
Wiener Neustadt
Eisenstadt
Neunkirchen
Ternitz
Gloggnitz
Mürzzuschlag
Mattersburg
Sopron
Aspang Markt
Friedberg
Pinkafeld
Oberwart
Hartberg
Kőszeg
Szombathely
Gleisdorf
Fürstenfeld
Feldbach
Körmend
Szentgotthárd
Weiz
Birkfeld

Raab

Weitere Namen: Rába
Wildwasser, Kleinfluss, Wanderfluss, WW I-II, WW III-IV [WW - NG]
Mündung in Donau (Slowakei) bei km 14,8 (re Nebenfluss)

Steiermark – Burgenland
In ihrem Oberlauf ist die Raab ein interessanter Wildfluss, sie führt hier durch eine schwierige Klammstrecke mit starkem Gefälle. Ab Mitterdorf weitet sich das Tal, sie wird hier zum leichten Wildfluss und schließlich zum Zahmwasser. In ihrem österreichischen Unterlauf mäandert die Raab im Burgenland durch ein breites, von nur mäßig hohen Hügeln begrenztes Tal, mit Überschreiten der ungarischen Grenze wird die Raab endgültig zum Tieflandfluss.

Befahrbarkeit:	Vorfrühling bis Frühsommer, später nur nach ausgiebigen Regenfällen.
Pegel:	Ⅱ Arzberg: MW bei 45 (absolutes Minimum für obere Raab-Klamm) HW ab 55 (65 für die Strecke ab ϟ Mortantsch).
Infrastruktur:	im Bereich der Wanderstrecke zahlreiche schöne Zeltplätze.
Karten:	Gen.-Karte Österreich Nr. 5, B 10–D 13

318,8 Ursprung am Osser in 1500 m Höhe (47.3452,15.5153)

306,8 **A 8162 Arzberg**, ≣ ⬇ für die Befahrung der WW-Strecke. Bis zur Klamm WW II (47.2508,15.5189)

303,4 Beginn der Raabklamm landschaftlich sehr schön, schwer zugängig, leichtes WW II (47.2395,15.5480)

300,0 ▬ Wehr, ✕, ↰ vor der Staumauer, auf einem Weg zu der 50 m über dem Fluss verlaufenden Straße,
Die folgenden 4 km ϟ Mortantsch sind zumeist trocken. Fahrt mit Pkw über Lesska zur ⬇ beim ϟ Mortantsch. Die auf dem re Flussufer verlaufende Straße kann nicht benutzt werden. Wer längeres Tragen nicht scheut, kann das ϟ auch auf dem linksufrig verlaufenden Naturlehrpfad erreichen.
Bei ausgesprochenem HW kann eine Weiterfahrt unterhalb von der Staumauer möglich sein. In diesem Fall wird das ▬ re ⌂.
Zunächst verhältnismäßig leicht (WW II+), dann schnell steigende Zunahme der Schwierigkeiten. Erhebliche Verblockung, Engstellen, Abfälle und verwinkelte Durchfahrten bis WW IV+. In einer schwer verblockten li-Kurve wird bei entsprechendem Wasserstand WW V erreicht. Diese Stelle vor Befahren unbedingt besichtigen. Kurz vor dem ϟ nehmen die Schwierigkeiten schnell wieder ab (47.2238,15.5598)

296,5 ϟ Mortantsch, ⬇, falls die Raabklamm trockenliegt Schwierigkeiten weiterhin WW II,
es folgen mehrere ▬ Wehr, die ⩯ sein dürften (47.2060,15.5719)

290,4 ▬ Wehr (47.1826,15.6069)

288,7 Str-Ⅱ B72 **A 8181 Mitterdorf/Raab** (47.1714,15.6172)

284,2 Str-Ⅱ, **A 8181 St.Ruprecht/Raab** (47.1508,15.6614)

283,9 ▬ Wehr bei einem Flussschwimmbad. Wenn keine Schwimmer im Bad sind, ist der Schwimmeister evtl. bereit, das ■ zu öffnen, so dass es dann genügend Wasser für die Weiterfahrt gibt (47.1496,15.6651); St. Ruprecht, l ⇩ Weizbach (für eine Befahrung des Weizbaches kommt nur bei HW eine 2,5 km lange Strecke der Weizbachklamm vom ✕ Kreuzwirt bis ✕ Felsenkeller in Frage, WW III-) (47.1495,15.6658)

277,8 Str-Ⅱ B65, **A 8200 Gleisdorf** (47.1058,15.6986)

277,2 ■ Wehr Gleisdorf (47.1011,15.7013)

277,1 Auf der gesamten Reststrecke bis zur Grenze gibt es zahlreiche ■ unterschiedlicher Bauart. Z. T. sind sie niedrig und gut ≈, weitere ■ können gut ⏏ werden. Bei einigen Mühlen-■ ist das ⏏ sehr mühsam. Insgesamt gesehen ist eine Weiterfahrt nur wenig lohnend, die Reststrecke bis zur Grenze wird daher wohl auch nur sehr selten befahren (47.1006,15.7013)–(46.9383,16.1952)

277,0 Autobahn-Ⅱ A2 (47.0998,15.7013)

276,1 ■ Wehr (47.0933,15.7050)

271,6 ■ Wehr (47.0719,15.7404)

269,9 ■ Wehr (47.0618,15.7515)

267,4 ■ Sohlrampe (47.0418,15.7575)

264,6 ■ Wehr (47.0218,15.7616)

261,9 ■ Wehr re **A 8322 Studenzen** (47.0009,15.7709)

261,1 ■ Wehr Str-Ⅱ **A 8322 Fladnitz im Raabtal**, li 400 m zum 🚆 (46.9944, 15.7742)

256,8 ■ Wehr Str-Ⅱ L248, li **A 8330 Rohr an der Raab** im Ort 🚆 (46.9738, 15.8101)

252,6 ■ Wehr (46.9594,15.8501)

249,7 ■ Wehr (46.9545,15.8821)

249,1 Str-Ⅱ **A 8330 Feldbach**, li 🚆 Von hier ab verläuft die Raab in zahlreichen großen Mäandern, einige Wehre (46.9579,15.8886)

247,3 Str-Ⅱ B66 (46.9558,15.9109)

246,8 ■ Wehr (46.9543,15.9172)

244,4 ■ Sohlrampe (46.9489,15.9432)

242,2 ■ Wehr (46.9491,15.9560)

239,7 ■ Wehr (46.9443,15.9800)

236,9 ■ Wehr und Str-Ⅱ L207 re **A8350 Fehring** li 🚆 (46.9450,16.0089)

234,7 ■ Wehr (46.9434,16.0318)

231,3 ■ Wehr (46.9363,16.0720)

226,7 Str-Ⅱ B57 li 2km zum 🚆 Jennersdorf (46.9258,16.1254)

224,3 ■ Wehr (46.9304,16.1535)

224,2 Str-Ⅱ, re **A 8380 Neumarkt an der Raab** re ⇅ für Touren bis zur Grenze, www.naturpark-raab.at (46.9298,16.1552)

219,8 Staatsgrenze Österreich - Ungarn in den Mäandern verläuft die Grenze zum Teil aber auch auf dem Fluss (46.9383,16.1952)

212,8 Ab hier beide Ufer ungarisch (46.9497,16.2467)

209,8 li ⇩ der Lafnitz (s. Seite 135) in die Raab (46.9582,16.2743)

209,7	Str-II, **H 9970 Szentgotthárd** (46.9578,16.2751)
200,4	■ Wehr, **X**, re ⌓ (46.9560,16.3481)
198,8	Str-II, li nach **H 9954 Alsórönök** (46.9521,16.3658)
190,8	Str-II, li nach **H 9951 Ratot** (46.9507,16.4265)
175,8	Str-II, li nach **H 9919 Csákánydoroszló** (46.9621,16.5120)
162,7	EB-II (46.9973,16.5885)
162,5	■ Wehr, **X**, ⌓ (46.9982,16.5897)
160,8	Str-II, li **H 9900 Körmend** (47.0055,16.6087)
160,0	Str-II 86 (47.0081,16.6168)
146,2	Str-II, li **H 9912 Molnaszecsőd** (47.0429,16.6803)
136,0	Str-II 8, li **H 9777 Rábahídvég** (47.0635,16.7457)
131,1	EB-II (47.0771,16.7760)
114,5	Str-II 87, li **H 9766 Rum** (47.1265,16.8486)
101,2	■ Wehr mit Wasserableitung, **X**, li ⌓, auf der Folgestrecke evtl. wenig Wasser (47.1874,16.8928)
98,2	Str-II, li **H 9756 Ikervár** (47.2081,16.9018)
90,0	re ⇩ Kraftwerkskanal (47.2416,16.9509)
89,4	Str-II, li **H 9600 Sárvár** (47.2464,16.9537)
87,3	Str-II 84 und EB-II (47.2586,16.9621)
73,5	Str-II, li nach **H 9651 Uraiújfalu** (47.3489,17.0130)
68,4	■ Staustufe ϟ Nicki gát, **X**, li ⌓ (47.3847,17.0345)
62,5	Str-II, re nach **H 9514 Kenyeri** (47.4086,17.0952)
51,6	Str-II, li **H 9327 Vág** (47.4412,17.2103)
40,6	EB-II, li ⊪ Rábahíd (47.4372,17.3391)
40,0	Str-II, re nach **H 8532 Marcaltő** (47.4388,17.3452)
29,2	Str-II, li **H 9132 Árpás** (47.5129,17.4009)
23,5	Str-II, li **H 9134 Bodonhely** (47.5588,17.4113)
20,5	Str-II, li **H 9136 Rábacsécsény** (47.5826,17.4283)
14,1	Str-II, li **H 9142 Rábapatona** (47.6212,17.4886)
5,0	Autobahn-II M1 (47.6538,17.5993)
1,7	Str-II 1, Beginn von **H 9021 Győr** (47.6791,17.6205)
0,0	⇩ der Raab in die Donau (Slowakei) (47.6904,17.6304)

Lafnitz

Kleinfluss, Wanderfluss, WW I-II [WW - NG]
Mündung in Raab bei km 209,8 (li Nebenfluss)

Die Lafnitz ist einer der Natur-nächsten Flüsse Mitteleuropas. Das macht die Befahrung recht interessant, aber streckenweise auch recht mühsam.
Sie ist in ihrem Oberlauf zunächst ein leichter Wildfluss. Dann wird sie zum sehr urwüchsigen Kleinfluss und fließt letztlich mit zahllosen Mäandern der Raab und damit der ungarischen Tiefebene entgegen.

Befahrbarkeit: Oberlauf nur bei sehr gutem Wasserstand (Schneeschmelze und nach kräftigen Regenfällen).

Karten: Gen.-Karte Österreich Nr. 2, F 8 und Nr. 5, A–D 13 –14

102,2 **A 8253 Waldbach** Zusammenfluss von Quellbächen mit Ursprung in etwa 1000 m Höhe. Ⅱ, mögliche ⬇. Auf der Folgestrecke bis Rohrbach WW I mit Stellen knapp WW II, ein ▬ Wehr (47.4481,15.8360)

97,3 **A 8252 Mönichwald** (47.4456,15.8880)

94,8 Ⅱ **A 8250 Bruck an der Lafnitz**, ≡ (47.4386,15.9145)

91,7 Empfohlene ⬇ bei Ⅱ unterhalb ✕ Putz, kurz davor 12 m hohes Beton-▬, X. Ab hier durchgehend ≈ bis Lafnitz, kleinräumige Verblockung (47.4241,15.9470)

89,4 Ⅱ nach Vorau Birkenfeld Verblockung nimmt ab (47.4091,15.9640)

86,4 EB-Ⅱ, Ortsbeginn von **8234 Rohrbach** langer Ort mit zahlreichen Grundschwellen, alle gut ≈ (47.3984,15.9886)

82,5 **A 8322 Lafnitz**, Fußgänger-Ⅱ kurz danach 4 m hohes ▬ Wehr, X. re ⌂. Die Fahrt wird vielfach hier beendet. Nach dem Sportplatz hohes Steinwurf-▬, nach Besichtigung Mitte ≈. Ab hier wird die Lafnitz immer urwüchsiger: Bäume mitten im Fluss in scharfer Strömung, enge Kurven, Baumversperrungen möglich, meist unverbaute Ufer mit Steilwänden und Kiesbänken, schwieriger als die WW-Strecke. Hohes ▬, nach Besichtigung ≈ (47.3721,16.0109)

72,8 Ⅱ li Richtung **A 7411 Loipersdorf** (47.3247,16.0507)

70,8 Ⅱ li Richtung **A 7410 Kitzladen** (47.3194,16.0563)

69,4 Hohes ▬ der Maierhor-Mühle, nach Besichtigung ≈ (47.3061,16.0587)

65,3 Ⅱ Zwischen **A 8975 St. Johann** und **A 7411 Allhau** ▬ Wehr, X. Kurz davor li gute ⬆. Für die Reststrecke liegt ein gesicherter Bericht nicht vor, zahllose Mäander, jedoch keine besonderen Hindernisse (47.2902, 16.0664)

11,9 ⇩ der Feistritz (s. Seite 136) in die Lafnitz (47.0093,16.1481)

0,0 ⇩ der Lafnitz in die Raab (s. Seite 133) bei km 209,8 (46.9582,16.2743)

Feistritz (Lafnitz)

Wanderfluss, WW I-II [NG - WW]
Mündung in Lafnitz bei km 11,9 (re Nebenfluss)

Steiermark
Die Feistritz, ein beliebter Wochenendfluss der Grazer Paddler, fließt durch die ansprechende Hügellandschaft der östlichen Steiermark. Sie ist im allgemeinen ein Wanderfluss. Nur an wenigen, kurzen Stellen Wildflusscharakter. Sie wird meist nur bis St. Johann befahren.

Befahrbarkeit: im Frühjahr und nach Regenfällen.
Karten: Gen.-Karte Österreich Nr. 2, F 7 und Nr. 5, A 11–C 12.

114,5 Ursprung am Feistritzsattel in 1300 m Höhe (47.5625,15.8702)

103,0 Str-Ⅱ **A 8674 Rettenegg** (47.5241,15.7825)

101,9 ⬇ am Südende von **A 8674 Rettenegg** Bei sehr gutem Wasserstand kann die Befahrung der Feistritz schon hier begonnen werden. Bis Ratten WW

II+ (47.5170,15.7711)
97,6 ▬ Wehr neu, vermutlich X (47.4938,15.7430)
96,3 ▬ Wehr wegen starker Verblockung im Unterwasser am besten re ⏢ (47.4870,15.7317)
95,2 ▬ Wehr am Ortseingang von Ratten, X (47.4849,15.7243)
95,0 Str-Ⅱ **A 8673 Ratten** übliche ⬇, mit Ausnahme der nachfolgend aufgeführten Stellen bis km 68 im allgemeinen WW II. Bis Birkfeld 7 ▬ Wehr, davon 3 X (47.4844,15.7225)
89,9 ▬ Wehr bei Falkenstein, ≋ (47.4486,15.6997)
89,2 Fischbacher Stufen WW III (47.4427,15.7024)
85,6 Strallegger Knie WW III (47.4172,15.6968)
83,1 ⚠ Fußgängerübergang, darunter verblockte Stufe WW III (47.3999, 15.7010)
81,5 Beginn des Rückstaus des ϟ Riedlmüller Jausenstation, gute ⬆. Es empfiehlt sich die Strecke bis Neudörfl zu umfahren (47.3890,15.6967)
80,4 ▬ Staustufe ϟ Riedlmüller, X, li ⏢, anstrengend. Gleich dahinter Beginn des Rückstaus des ϟ Birkfeld (47.3833,15.6955)
79,3 ▬ Staustufe ϟ Birkfeld li ⏢ (47.3777,15.6916)
77,3 Str-Ⅱ B72 gute ⬆, falls Birkfeld nicht durchfahren werden soll (in Birkfeld 2 Wehre, X (47.3632,15.6935)
75,8 Str-Ⅱ **A 8190 Birkfeld** (47.3533,15.7011)
74,4 Neudörfl. ⬇ hinter kleinem ϟ Bis km 65,5 WW II–III (47.3441,15.6991)
69,0 ▬, Wehr mit Wasserentzug, X, 300 m am linken Ufer ⏢ oder treideln (47.3116,15.6892)
68,1 Ⅱ der Straße nach Rosseg 400 m dahinter gute ⬆. Reststrecke bis Anger wegen zweier ▬ Wehr mit Wasserentzug nur bei starkem HW befahrbar (47.3090,15.6929)
67,4 ▬, X mit Wasserentzug auf 500 m (47.3037,15.6933)
66,4 ▬ Wehr, X mit Wasserentzug bis km 64,8 (47.2980,15.6887)
64,8 Str.-Ⅱ B72, Wasser wird wieder eingeleitet (47.2916,15.6866)
62,5 Str-Ⅱ **A 8184 Anger** Weiterfahrt bis Beginn Freienberger Klamm nicht allzu lohnend.
Auf den folgenden 9 km 5 ▬ Wehr, davon 1 ≋ (47.2754,15.6927)
53,8 Beginn der Freienberger Klamm, zunächst gestautes Wasser (47.2436, 15.7848)
52,8 ▬ Wehr, X, li ⏢
Es folgt die schwierigste Strecke der Feistritz, auf knapp 1,5 km schnellfließendes Wasser, streckenweise stark verblockt (WW III, stellenweise WW IV-). Ab Ende der Klamm Nachlassen der Schwierigkeiten, li ϟ, das abgeleitete Wasser wird wieder zugeführt. ▬, ≋, es folgt eine Staustrecke parallel zum künstlichen Stubenbergsee. ⬆ Die Fahrt wird hier vielfach beendet (47.2393,15.7948)
48,9 ▬, Wehr, X, ⏢ mühsam
Es folgt die Herbertsteinklamm mit Wildpark, keine nennenswerten Schwierigkeiten, landschaftlich sehr lohnend (47.2214,15.7973)

46,7 ■ Wildrechen (47.2162,15.8159)

45,6 Str-Ⅱ **A 8222 St.Johann** der Fluss tritt anschließend in die Ebene aus, eine Weiterfahrt ist wenig lohnend.
Bis zur ⇩ Zahmwasser, mehrere ■ und eine Stauseestrecke, deren Staumauer nur mühsam ⏏ werden kann (47.2129,15.8234)

9,6 Str-Ⅱ **A 8280 Fürstenfeld** (47.0550,16.0725)

0,0 ⇩ der Feistritz in die Lafnitz (s. Seite 135) bei km 11,9 (47.0093,16.1481)

Leitha

Kleinfluss, Wanderfluss, WW I-II, Flachlandfluss [NG]
Mündung in Donau (Slowakei) bei km 87,0 (re Nebenfluss)

Burgenland
Die obere Leitha ist verhältnismäßig uninteressant und zudem durch viele, nur teilweise fahrbare Wehre unterbrochen. Die untere Leitha (ab Bruck a. d. Leitha) ist ein Fluss der österreichisch - ungarischen Tiefebene. Sie bietet keinerlei Schwierigkeiten, ist jedoch ein idealer Wanderfluss für all diejenigen, die Einsamkeit, Ruhe und Naturverbundenheit lieben, sie **vermittelt einen Eindruck von Pußta und der Weite des Ostens**.

Befahrbarkeit: Oberlauf nur im Frühjahr bei kräftiger Wasserführung der Pitten. Ab Bruck ganzjährig.

121,3 ⇩ Zusammenfluss von Schwarza (s. Seite 139) und des Pitten (s. Seite 143) zur Leitha (47.7350,16.2246)

121,2 Die Befahrung der Leitha bringt keine wesentlichen Schwierigkeiten (zunächst WW I, später Zahmwasser). Viele ■, die nur teilweise ≋ sind. Bei niedrigem Wasserstand ist damit zu rechnen, dass das gesamte Wasser bei den ■ in die ϟ-Kanäle abgeleitet wird, so dass das eigentliche Flussbett trocken liegt. Es ergeben sich dann sehr mühsame Umtrage- bzw. Treidelstellen (47.7351,16.2255)

119,9 Str-Ⅱ **A 2821 Lanzenkirchen** (47.7417,16.2408)

98,7 Str-Ⅱ L216 **A 2490 Ebenfurth** (47.8725,16.3756)

90,2 Str-Ⅱ B16 **A 2485 Wimpassing-Wampersdorf** Auch ab hier ist bei zu niedrigem Wasserstand noch damit zu rechnen, dass das Wasser bei den ■ in die ϟ-Kanäle abgeleitet wird (47.9200,16.4278)

71,9 Str-Ⅱ B15 **A 2434 Götzendorf an der Leitha** (48.0109,16.5843)

56,7 Str-Ⅱ B10 **A 2460 Bruck a.d.Leitha** hier nicht ⬇ (48.0219,16.7817)

56,0 Str-Ⅱ B 10 **A 2460 Bruckneudorf** empfohlene ⬇ in den ■-Arm. Ab hier ist die Leitha ganzjährig ≋. Als Wanderfluss sehr zu empfehlen.
Nicht an der B10 500m westlich in den Leithakanal einsetzen!
, kanu-leitha.leithaauen-neusiedlersee.at/leitfaden/index (48.0200, 16.7877)

52,6 Autobahn-Ⅱ A4 (48.0308,16.8294)

47,4 li **A 2471 Rohrau** Geburtshaus und Denkmal von Haydn (48.0636, 16.8613)

34,1 Autobahn-⌶ A6 (48.0333,16.9705)
31,9 ▬ Wehr**A 2474 Gattendorf**, **X**, re ⛺. Von hier aus gute Möglichkeit, zum Vogelparadies am Neusiedlersee zu kommen (48.0200,16.9776)
26,4 ⌶ bei **A 2424 Zumdorf** ab hier sind die Ufer der Leitha verbaut (47.9837, 17.0197)
21,4 Str–⌶ bei re **A 2425 Nickelsdorf ⬆** Beendigung der Fahrt (47.9594, 17.0716)
18,3 Staatsgrenze gegen Ungarn/Österreich (47.9450,17.1024)
14,5 ▬ Wehr (47.9312,17.1450)
13,3 EB-⌶ (47.9283,17.1587)
11,9 Autobahn-⌶ M15 (47.9240,17.1746)
4,0 ▬ Wehr (47.8891,17.2539)
2,5 Str-⌶ 150 **H 9200 Mosonmagyaróvár** (47.8829,17.2723)
0,0 ⇩ der Leitha in die Donau (Slowakei) (47.8687,17.2882)

Zellenbach

WW I-II, Gebirgsfluss
Mündung in Schwarza (Leitha) bei km 62,7 (li Nebenfluss)

Der Zellenbach, Hausfluss der Wiener Kanusportler, durchfließt in ihrem Oberlauf das parkähnliche Höllental zwischen Schneeberg und Rax, sie ist in diesem Bereich ein interessanter Wildfluss.

12,1 Ursprung des Zellenbach (47.8742,15.7900)
3,2 ⬇ nach einem ▬ Wehr bei **A 2663 Gstettner** (47.8773,15.7062)
0,0 ⇩ des Zellenbach in die Schwarza (s. Seite 139) bei km 62,7 (47.8551, 15.6950)

Schwarza (Leitha)

Kleinfluss, WW I-II, Gebirgsbach
Mündung in Leitha bei km 121,3 (li Nebenfluss)

Die Schwarza, Hausfluss der Wiener Kanusportler, durchfließt in ihrem Oberlauf das parkähnliche Höllental zwischen Schneeberg und Rax, sie ist in diesem Bereich ein interessanter Wildfluss. Ab Payerbach ist die Schwarza total verbaut, zahlreiche Wehre, die teilweise nur schwer zu umtragen sind. Sie führt in diesem Bereich ferner fast durchweg durch stark bebautes Gebiet. Von einer Befahrung der Schwarza zwischen Payerbach und Neunkirchen muss daher abgeraten werden.

Sehr empfehlenswert ist eine Befahrung des Preinbachs (s. KB) mit Weiterfahrt auf Naßbach und Schwarza bis Hirschwang, 20 km.

Schwierigkeiten der Schwarza in ihrem interessanten Oberlauf durchweg WW II mit einzelnen Stellen WW II+ und WW III.

Unterhalb Neunkirchen ist eine Befahrung wieder lohnend.

Befahrbarkeit: ab km 62,68 im Frühjahr; ab km 53.68 bis Juni; ab km 47.5 evtl. auch später; ab km 11.5 nur bei HW.

Pegel:	km 46.5; NW = 30, MW 40–80, HW ab 90 cm. Pegel bei Kaiserbrunn; Minimum 90; gut ≋ ab 110 cm; für Naßbach und Schwarza ideal 130 cm.

66,4 Ursprung der Schwarza durch Dürre Schwarza + Grüne Schwarza im Tiefental (47.8632,15.6522)
64,7 ⇩ des Trauchbach (s. Seite 143) in die Schwarza (47.8632,15.6736)
62,7 li ⇩ des Zellenbach (s. Seite 139) in die Schwarza (47.8551,15.6950); Str-II B27, ✕ „Gschaider Wirt" Holzsteg, weitere mögliche ⬇, WW II (47.8550,15.6953)
62,6 ▬ Wehr, ≋ (47.8551,15.6963)
59,9 ▬ Wehr, ≋ (47.8385,15.6914)
58,3 ▬ Wehr, ≋ (47.8263,15.6925)
55,7 Str-II, B 27, **A 2662 Schwarzau im Gebirge** mögliche ⬇ (47.8093, 15.7065)
55,5 ▬ Wehr, X, ⚠ ab MW Lebensgefahr! (47.8075,15.7058)
52,2 li ⇩ des Voisbach (er wurde auf einer 22 km langen Strecke befahren, Kleinfluss, niedrige Stege, WW II) (47.7875,15.7299)
50,8 ▬ Wehr, ≋ (47.7801,15.7330)
49,8 Str-II, re **A 2661 Höllental** Zunächst WW II (47.7732,15.7307)
49,7 re ⇩ des Nassbach (s. Seite 141) in die Schwarza (47.7730,15.7312)
48,8 Beginn des Höllentals ≣. Landschaftlich schönste Strecke der Schwarza. Zunahme der Schwierigkeiten. In der folgenden verblockten Klammstrecke „Freiheit", WW III, ist mit Baumversperrungen zu rechnen. Zur evtl. Besichtigung in Höhe des gemauerten Wasserauslasses der Wiener Wasserleitung ↱, ⏏ re möglich, doch mühsam. Die Weiterfahrt erfolgt in schöner Felslandschaft mit einigen scharfen Kurven und schönen Schwällen, weiterhin WW II (47.7676,15.7353)
43,6 Str-II, B 27, li 🅿 Weichtalklamm (47.7463,15.7698)
41,2 Str-II, B 27 ✕ Forsthaus Kaiserbrunn (47.7350,15.7920)
37,5 ▬ Wehr **A 2651 Hirschwang**, X, re ⬆, Parkplatz der Raxseilbahn. Ab hier ist die Schwarza landschaftlich und was-sertechnisch weniger interessant (47.7134,15.8059)
35,3 re ⇩ des Preinerbach (Schwarza) (s. Seite 141) in die Schwarza (47.7047, 15.8230)
35,2 ▬ Wehr (47.7044,15.8240)
33,3 ▬ Wehr (47.6983,15.8443)
31,4 Str-II, **A 2650 Payerbach** ⬆ Beendigung der Fahrt vor dem ▬. Von einer Weiterfahrt auf der Schwarza ist abzuraten, reguliert, viele ▬ (47.6927, 15.8637)
31,3 ▬ Wehr (47.6925,15.8654)
15,4 li ⇩ des Sierning (s. Seite 141) in die Schwarza (47.7124,16.0394)
14,4 ▬ Wehr (47.7180,16.0472)
11,4 Str-II **A 2620 Neunkirchen** Ab hier ergibt sich (nur bei HW, s. Pegel) bis zur ⇩ eine schöne Fahrt mit zahlreichen niedrigeren Stufen, alle gut ≋

(47.7255,16.0810)
0,0 ⇩ Zusammenfluss von Schwarza und des Pitten (s. Seite 143) zur Leitha (s. Seite 138) bei km 121,3 (47.7350,16.2246)

Sierning

Weitere Namen: Pfennigbach
Kleinfluss, WW I-II
Mündung in Schwarza (Leitha) bei km 15,4 (li Nebenfluss)

Der Sierningbach, mit Ursprung im Bereich des Schneebergs und der Dürren Wand, ist in seinem Oberlauf ein leichter Wildbach, später wird er zum Auenfluss mit vielen Wehren. Dieser Unterlauf wird kaum je befahren.

Befahrbarkeit: nur bei HW
Pegel: **Stixenstein**, günstig 70 cm.

15,2 ⬇ am süd-östlichen Ende von **A 2734 Puchberg am Schneeberg** WW II, alle Stufen ≈ (47.7738,15.9259)
7,0 Str-II, li Kirche von **A 2631 Siedling**, ⬆ Weiterfahrt 7 km bis Ternitz, kaum lohnend, Auenfluss (47.7375,15.9763)
0,0 ⇩ des Sierning in die Schwarza (s. Seite 139) bei km 15,4 (47.7124, 16.0394)

Preinerbach (Schwarza)

Kleinfluss, WW I-II
Mündung in Schwarza (Leitha) bei km 35,3 (re Nebenfluss)

Befahrbarkeit: nur bei HW
Schwierigkeiten: maximal WW II, mehrere Blockstufen bzw. Gefällebremsen in engem Bachbett. Nach 1,3 km (ehemalige Hausmannmühle) höhere gemauerte Sohlstufe mit lebensgefährlichem Rücklauf, kein Stau oder Kehrwasser vor der Stufe, unbedingt rechtzeitig ↱. Danach noch einige Stufen

3,1 Spitzer Säge in **A 2651 Edlach an der Rax**, ⬇ (47.6867,15.7958)
0,0 ⇩ des Preinerbach (Schwarza) in die Schwarza (s. Seite 139) bei km 35,3 (47.7047,15.8230)

Nassbach

Kleinfluss, WW III-IV, Gebirgsfluss
Mündung in Schwarza (Leitha) bei km 49,7 (re Nebenfluss)

Der Naßbach ist zwar ein nur kurzer, doch recht interessanter Wildbach am Fuß der Raxalpe.

Befahrungsregeln: Zeit der Schneeschmelze und nach Regenfällen
Pegel: bei einem Holzsteg, 300 m vor der ⇩; günstig 150 cm. Bezugspegel: Schwarza-Pegel **Kaiserbrunn** ideal 130 cm

3,5 ⬇ bei der Saurüssel-Ⅱ, zunächst WW III. Der Naßbach kann anscheinend schon weit oberhalb befahren werden. Schnell fließendes Wasser, WW II, nähere Unterlagen fehlen (47.7612,15.6938)
1,9 li ⇩ des Preinbach (s. Seite 142) in den Nassbach (47.7688,15.7091)
1,8 ⚠ kräftiger Abfall in einer Felsenge schon bei der An-fahrt besichtigen, da häufig durch Treibholz versperrt (47.7691,15.7104)
0,0 ⇩ des Nassbach in die Schwarza (s. Seite 139) bei km 49,7 (47.7730, 15.7312)

Preinbach (Nassbach)

WW I-II, WW III-IV, Gebirgsfluss
Mündung in Nassbach bei km 1,9 (li Nebenfluss)

Der Preinbach ist ein mäßig schwerer Wildbach, der durch mehrere sehr schöne Klammen fließt. Seine Befahrung ist besonders lohnend, wenn man auf Naßbach und Schwarza insgesamt 20 km weit bis **Hirschwang** weiterfährt.
Befahrbarkeit: Frühjahr und nach Regenfällen
Pegel: Bezugspegel: Naßbachpegel, günstig 150 bis 160 cm
Schwierigkeiten: WW II-IV-

5,3 ⬇ 700 m oberhalb der Straßenabzweigung Schwarzau über Eckbauersattel (die Straße entlang des Preinbachs ist gesperrt) bei einem verfallenen Sägewerk nach einem ▬ Wehr, **X**. Schnell fließender, kurvenreicher Bach, 2 Abfälle (bei der Anfahrt besichtigen) (47.7943, 15.6616)
4,5 Str-Ⅱ Straßenabzweigung Darunter ▬ 2 m hohe Stufe, **X** kein Tumpf! (47.7942,15.6719)
4,4 Es folgen eine Holz-Ⅱ und re Preinmühle danach eine einsame Waldschlucht. Straße hoch am Berg re. Baumversperrungen und Felsbarrieren, 700 m nach Preinmühle Vorsicht bei einer ▬-artigen Stufe in einer Felsenge unterhalb einer Wildfütterung. 3 km nach Start Holz-Ⅱ, weiterhin unübersichtliche Windungen und kleine Stufen. Die 1. Klamm ist noch niedrig, die folgende 2. sehr imposante Klamm ist tief eingeschnitten. Sie ist sehr eng, so dass jederzeit mit einer Verklausung gerechnet werden kann.
In der Klamm, die von oben nicht einzusehen ist, eine Felsbarriere, **X**, ⏏ Danach immer Schwemmholz in der Klamm. Diese 2. Klamm kann über die hoch oben führende Forststraße ⏏ werden, mühsam. Die folgende kurze 3. Klamm bietet keine besonderen Schwierigkeiten. Es folgen bis ⇩ noch einige verfallene niedrige Stufen.
(47.7933,15.6727)
0,0 ⇩ des Preinbach in den Nassbach (s. Seite 141) bei km 1,9 (47.7688,

15.7091)

Trauchbach

Kleinfluss, WW I-II, WW III-IV, Gebirgsbach [WW]
Mündung in Schwarza (Leitha) bei km 64,7 (re Nebenfluss)

Der Trauchbach (in älteren Flussfühern unterer Abschnitt auch Tiefentaler Bach genannt) kommt ebenso wie der Zellenbach und der Preinbach als Vorfahrten für die Weiterfahrt auf der Schwarza in Frage.

Befahrbarkeit: nur bei HW
Schwierigkeiten: WW II+ bis WW III

5,5 Ursprung des Trauchbach auf einer Höhe von 1.300 m (47.8255,15.6477)
4,1 ⬇ in Trauchbach 2 km oberhalb der ⇩ WW II+, Achtung auf Bäume! (47.8341,15.6516)
2,3 li ⇩ eines Baches, ab hier WW III ⚠ Baumhindernisse (ab hier auch Tiefentaler Bach genannt) (47.8484,15.6552)
0,0 ⇩ des Trauchbach in die Schwarza (s. Seite 139) bei km 64,7 (47.8632, 15.6736)

Pitten

Kleinfluss, WW I-II
Mündung in Leitha bei km 121,3 (re Nebenfluss)

Die Pitten verläuft als ruhiger Kleinfluss durch die landschaftlich reizvolle Bucklige Welt. Ihre Befahrung ist wegen zahlreicher, zumeist unfahrbarer Wehre jedoch nur bedingt lohnend.

Befahrbarkeit: Gefälle: 7 ‰, weitgehend durch Wehre abgefangen. Empfohlene Fahrtstrecke: bei HW ⬇ 4 km oberhalb der ⇩ der Feistritz bei der ⇩ des Pöstlingbach möglich. Mehrere ▬, nach Besichti-gung teilweise ≋, rasche Strömung, evtl. Baumhindernisse, WW I. Bei minder gutem Wasserstand Beginn der Befahrung bei der ⇩ der Feistritz, aber hier noch 14 km bis zur Beendi-gung der Fahrt beim ▬ vor Seebenstein.

Karten: Jübermann Wassersport-Wanderkarte Nr. 5 ISBN: 978 3 929540-32-1 / Gen.-Karte Österreich Nr. 2, E–D 9

23,6 ⇩ Zusammenfluß Großer Pestingbach (s. Seite 144) und Feistritz (Pitten) (s. Seite 145) zur Pitten in 435 m NN (47.5869,16.1005)
23,5 ⬇ Mehrere ▬ Wehr, nach Besichtigung teilweise ≋, rasche Strömung, evtl. Baumhindernisse, WW I. (47.5879,16.1012)
9,7 ▬ Wehr vor **A 2824 Seebenstein**, ⬆ (47.6963,16.1372)
0,0 ⇩ Zusammenfluss von Schwarza (s. Seite 139) und des Pitten zur Leitha (s. Seite 138) bei km 121,3 (47.7350,16.2246)

Großer Pestingbach

Weitere Namen: Pöstlingbach
WW III-IV
Mündung in Pitten bei km 23,6 (li Nebenfluss)

Der Pöstlingbach der auf manchen Karten im Oberlauf auch „Großer Pestingbach" oder „Pistingbach" heißt ist ein teilweise gefällestarker Bergbach aus dem Hochwechsel.

Befahrbarkeit:	Frühjahr und nach stärkeren Regenfällen
Umwelt:	Wasser sauber
Pegel:	Mariensee-II, günstig 135–150 cm.
Schwierigkeiten:	zumeist WW III (III+), die „Große Klause" WW V/**X**. Behinderungen durch Stacheldrähte und Viehzäune, sowie Baumversperrungen. Fischer.

20,2 Ursprung des Großer Pestingbach, mit mehreren Quellbächen in etwa 1.500 m Höhe (47.5592,15.9105)
13,3 Str-II, **A 2870 Mariensee** ≣, übliche ⬇. Bei sehr gutem Wasserstand kann die Befahrung evtl. schon weiter oben begonnen werden (47.5376, 15.9859)
12,2 Str-II, zu den Skiliften, kurz danach niedrige ▬-Stufe (47.5386,15.9989)
11,5 Str-II, L 4184 (47.5397,16.0070)
10,9 ▬ Stufe, ≈, 50 cm hoch (47.5429,16.0108)
10,4 Röhren-II, ≈ (47.5451,16.0173)
9,9 Str-II Abzw. nach St. Peter Gefälle nimmt zu (47.5473,16.0218)
9,3 Str-II, L 4184 (47.5485,16.0288)
9,2 ▬ Wehr 1,5 m hoch mit Rückstau und Wasserableitung. Die folgende Steilzone „Große Klause" hat vielfach nicht ausreichend Wasser; zur unbedingt erforderlichen Besichtigung und evtl. ⌓ ⬆.
Zunächst nach dem ▬ auf 200 m WW V mit 2 Passagen **X**, danach auf 500 m WW IV/IV+ (47.5486,16.0309)
8,4 Wege-II, Fabrik Ende der Extremschwierigkeiten, li Zufluss des abgeleiteten Wassers (47.5504,16.0398)
8,1 ⚠ verblockter Schrägabfall, WW III+ (47.5524,16.0423)
8,0 Str-II, L 4184 (47.5523,16.0433)
7,8 Str-II, L 4184, ✕ (47.5522,16.0463)
6,9 Niedriger Steg Danach Beginn einer kleinen Waldschlucht mit interessanten Passagen, bis WW III+ (47.5512,16.0559)
6,1 ▬ Wehr mit Wasserableitung (47.5515,16.0627)
5,2 re ⇩ des abgeleiteten Wassers Es folgt eine 0,5 m hohe Stufe und eine Straßen-II (47.5515,16.0754)
4,4 1. EB-II von Aspang (47.5525,16.0833)
4,3 ⚠ Schräg-Rutsche, 2 m Gefälle, ≈, Ufer beidseits gemauert, Vorsicht bei HW! Kurz danach Straßen-II, li ⇩ kl. Pestingbach (47.5529,16.0849)

4,0 Str-II, B 54 (47.5547,16.0862)
3,4 2. EB-II von Aspang (47.5578,16.0928)
3,3 Str-II **2870 Apang** gute ⬆ falls nicht auf dem Pitten weiter gefahren wird (47.5589,16.0941)
0,0 ⇩ Zusammenfluß Großer Pestingbach und Feistritz (Pitten) (s. Seite 145) zur Pitten (s. Seite 143) bei km 23,6 in 435 m NN (47.5869,16.1005)

Feistritz (Pitten)

Kleinfluss, Wanderfluss, Gebirgsfluss
Mündung in Pitten bei km 23,6 (li Nebenfluss)

Die Feitritz verläuft als ruhiger Kleinfluss durch die landschaftlich reizvolle Bucklige Welt. Ihre Befahrung ist wegen zahlreicher, zumeist unfahrbarer Wehre jedoch nur bedingt lohnend.

0,0 ⇩ Zusammenfluß Großer Pestingbach (s. Seite 144) und Feistritz (Pitten) zur Pitten (s. Seite 143) bei km 23,6 in 435 m NN (47.5869,16.1005)

Stromgebiet Donau - nördliche Nebenflüsse

Nr. in Karte	Fluss	Kleinfluss	Wanderfluss	Seengewässer	Kanal	Schifffahrtsstraße	WW I-II	WW III-IV	WW V-VI	Seite
1	March		o				o	o		149
2	Thaya		o				o			151
3	Pulkau	o					o	o		154
4	Seebsbach	o					o	o		154
5	Mährische Thaya	o					o			155
6	Taxenbach	o					o			155
7	Rußbach / Marchkanal	o	o		o					45
8	Gießgang	o								156
9	Kamp		o				o			156
10	Mühlkamp (Kamp)	o	o							162
11	Krems						o	o		163
12	Große Krems	o					o	o		165
13	Kleine Krems	o					o	o		166
14	Taffa	o								167
15	Kleine Taffa	o					o			167
16	Purzelkamp	o					o			168
17	Zwettl	o					o			169
18	Kleiner Kamp	o						o	o	170
19	Lohnbach	o						o		171
20	Großer Kamp	o					o	o		171
21	Weitenbach	o					o	o		172
22	Große Ysper	o					o	o		173
23	Kleine Ysper	o						o		174
24	Klambach							o	o	175
25	Naarn	o							o	175
26	Große Naarn	o					o	o		177
27	Kleine Naarn	o					o	o		177
28	Schwarzaubach	o						o	o	178
29	Aist						o	o		178
30	Schwarze Aist	o					o	o	o	179
31	Waldaist						o	o	o	180
32	Kettenbach	o					o	o		181
33	Feldaist	o					o	o		182
34	Stampfenbach						o			183

Nr. in Karte	Fluss	Kleinfluss	Wanderfluss	Seengewässer	Kanal	Schiffahrtsstraße	WW I-II	WW III-IV	WW V-VI	Seite
35	Große Gusen									183
36	Große Rodl						o	o	o	184
37	Kleine Rodl	o						o	o	186
38	Pesenbach	o					o	o	o	187
39	Große Mühl	o					o	o		187
40	Steinerne Mühl	o								191
41	Kleine Mühl	o					o	o	o	191
42	Ranna	o		o						193
43	Lainsitz		o				o			195
44	Reißbach	o					o			199
45	Kastenitzerbach							o		200
46	Braunau	o					o	o		200
47	Elexenbach	o					o	o	o	201

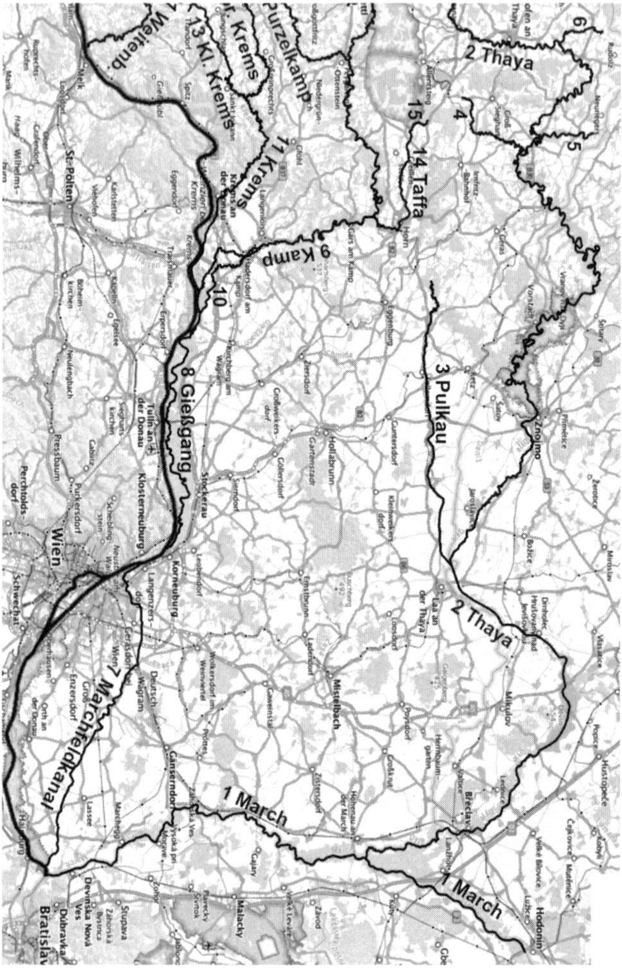
1 March
2 Thaya
3 Pulkau
4
5
6
7 Marchfeldkanal
8 Gießgang
9 Kamp
10
11 Krems
13 Kl. Krems
14 Taffa
15
Purzelkamp
Weitenb.

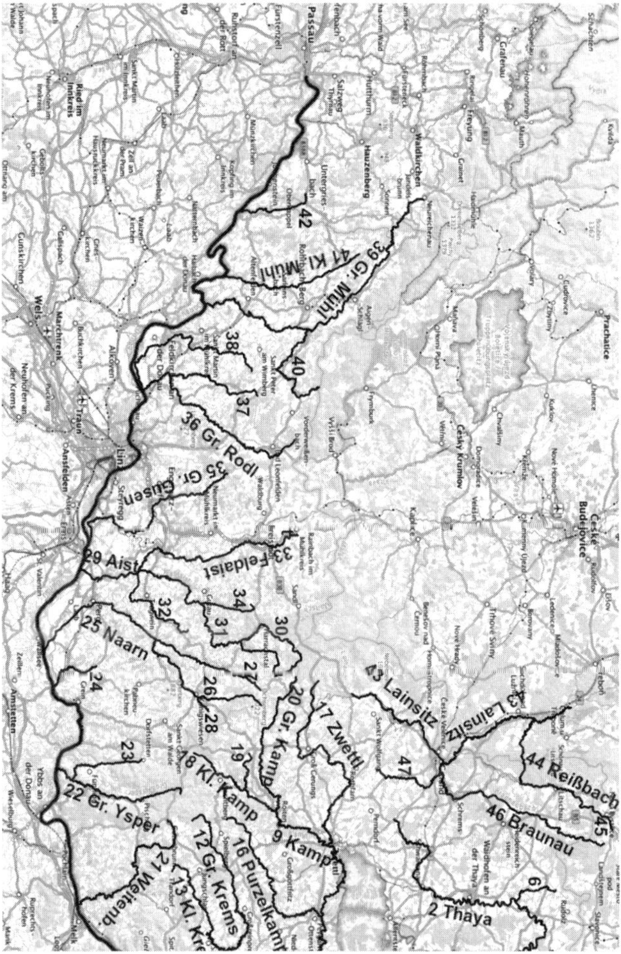
2 Thaya
6
9 Kamp
12 Gr. Krems
16 Purzelkamp
17 Zwettl
18 Kl. Kamp
19
20 Gr. Kamp
22 Gr. Ysper
23
24
25 Naarn
26
27
28
29 Aist
30
31
32
33 Feldaist
34
35 Gr. Gusen
36 Gr. Rodl
37
38
39 Gr. Mühl
40
41 Kl. Mühl
42
43 Lainsitz
44 Reißbach
45
46 Braunau
47

March

Weitere Namen: March [deu]
Wanderfluss, WW I-II, WW III-IV, Wanderfluss (Gebirgsfluss, Flachlandfluss)
Mündung in Donau bei amtl. km 1880,3 (li Nebenfluss)

Die Morava (March) ist der größte Fluss Mährens. Sie ist in ihrem Oberlauf leichtes Wildwasser, ab Olomouc Zahmwasser mit mäßiger Strömung ohne nennenswerte Schwierigkeiten. Die gesamte Morava ist landschaftlich reizvoll. Wegen der zahlreichen Wehre, die fast durchweg nicht befahrbar sind, wird zumeist nur der Oberlauf der Morava befahren.

Die Morava fließt streckenweise durch unberührte Urlandschaft; in diesem Bereich, insbesondere unterhalb von Mohelnice ist mit umgestürzten Bäumen zu rechen, welche die Befahrung recht mühsam gestalten können.

In Österreich ist die March ein landschaftlich reizvoller, sehr einsamer Fluss in herrlicher Auenlandschaft und einer reichen Tierwelt. Sie bietet eine der letzten Möglichkeiten, auf einem frei fließenden Fluss eine Mehrtagesfahrt mit Boot und Zelt zurückzulegen.

Befahrungsregeln:	Befahrung der Seitenarme in Österreich oberhalb von Marchegg verboten
Befahrbarkeit:	Oberlauf Frühjahr und nach stärkeren Regenfällen (s. Pegel), ab ⇩ Desná (km 284,6) ganzjährig.
Umwelt:	Wasser: Oberlauf bis Hanušovice sehr sauber, später leicht verschmutzt.
Pegel:	Ⅱ Raškov (km 306,1): für die Befahrung ab Velká Morava (Groß-Mohrau) km 327,1: Minimum 70 cm.
Schwierigkeiten:	Die Morava wurde unterhalb Hodonín als Teil des Oder-Donau-Schifffahrtsweges kanalisiert. km 335,1 – 327,1: WW II III+; Gefälle 30 ‰ km 327,1 – 311,5: WW I – III-; Gefälle 14 ‰ km 311,5 – 284,6: WW I (II); Gefälle 4,6 ‰ km 284,6 – 222,2: ZW; Gefälle 1 ‰ km 222,2 – ⇩: ZW; Gefälle 0,4 ‰
Infrastruktur:	Pkw: Straßen verlaufen auf weiten Strecken neben oder in der Nähe des Flusses
Karten:	Turistický atlas Česko 1:50 000, Nr. 58, 60, 61, 62, 63, 65

100,6 Str.-Ⅱ S51, re **CZ 695 01 Hodonín** li **SK 908 51 Holíč** (48.8380,17.1302)
100,3 EB-Ⅱ (48.8371,17.1269)
92,6 ■ Wehr (48.7821,17.0813)
85,2 ■ Wehr (48.7349,17.0216)
83,0 2x Rohr-Ⅱ (48.7172,17.0116)
81,9 EB-Ⅱ Kuty (48.7112,17.0002)
79,3 ■ Stufe (48.6892,16.9944)
78,9 Str.-Ⅱ S425, li **SK 908 85 Brodské** (48.6871,16.9894)
78,7 Autobahn-Ⅱ D2 (48.6861,16.9872)

76,7 ▬ Stufe (48.6723,16.9727)
73,9 ▬ Stufe (48.6488,16.9693)
69,3 re ⇩ der Thaya (s. Seite 151) in die March Dreiländereck Österreich/Tschechien/Slowakei; Ab hier bildet die Morava die Staatsgrenze zwischen Slowakei und Österreich. Die Morava ist bis zur ⇩ ein landschaftlich schöner, sehr einsamer Fluss. Zahlreiche sehr schöne ⛺ (48.6166,16.9402)
67,3 Str.-Ⅱ B48, re **A 2273 Hohenau** li **SK 908 71 Moravský Svätý Ján** (48.6019,16.9341)
61,0 re ⇩ Zaya (48.5488,16.9462)
31,9 ⛴ re **A 2261 Angern**, li **SK 900 65 Záhorská Ves** (48.3823,16.8337)
8,3 EB-Ⅱ Marchegg Staatsgrenze (48.2413,16.9467)
4,5 Weg-Ⅱ, li **SK 841 07 Devínska Nová Ves** (48.2111,16.9645)
0,2 li Burg **SK 841 10 Devín** (48.1744,16.9757)
0,0 li ⇩ March in die Donau (s. Seite 34) bei amtl. km 1880,3 (48.1731, 16.9759)

Thaya

Weitere Namen: Dyje [cze]
Wanderfluss, WW I-II
Mündung in Morava bei km 69,3 (re Nebenfluss)

Die Thaya (tschechisch: Dyje) ist ein 336 km langer Wanderfluss. Sie verläuft als schöner Wiesen- und Auenlandfluss zunächst im nördlichen Waldviertel. Bis zur Mündung in die March fließt sie streckenweise auf tschechischem Gebiet in Süd-Mähren, teils ist sie Grenzfluss zwischen Österreich und der Tschechei. Die gesamte Thaya ist Zahmwasser ohne nennenswerte Schwierigkeiten. Zahlreiche Wehre, die auf österreichischem Gebiet vorwiegend fahrbar sein sollen.
In Tschechien abschnittsweise schöne Wanderstrecke und Stauseen

Befahrbarkeit:	ab km 309,0 bei HW ab km 287,1 im Frühjahr ab km 272,6 bis Juni; Unterlauf ganzjährig.
Pegel:	am Ortsende von Raabs, km 222,3; Minimium 140 cm (6 m³/s.) = 40 cm Pegel Schwarzenau günstig ab 55 cm, HW ab 75 cm; Gefahr bei ▬!
Karten:	Jübermann Wassersport-Wanderkarte Nr. 5 ISBN: 978 3 929540-32-1 /

309,0 Str-Ⅱ **A 3932 Limbach** oberste mögliche ⬇ (ab Pegel Schwarzenau 100 cm). Auf 1 km kleines Waldtal mit Verblockung, WW II, dann stark verwachsen (48.7020,15.1126)
295,9 Str-Ⅱ **A 3901 Vitis**, Gerhartsmühle weitere mögliche ⬇ bei HW. Wiesenmäander, WW I (48.7550,15.1828)
287,1 Str-Ⅱ B2 **A 3900 Schwarzenau im Waldviertel** ≣. Übliche ⬇ bei ausreichendem Wasserstand.

Die Thaya fließt durch das nördliche Waldviertel in sehr einsamer, landschaftlich schöner und abwechslungsreicher Wiesen-, Wald- und Auenlandschaft. Zahmwasser. Viele ■ Wehre, die durchweg ≋ sein sollen. Die Thaya macht zahlreiche große Fluss-Schleifen (48.7439, 15.2632)

272,7 Str-Ⅱ **A 3830 Waidhofen an der Thaya** ab hier bis Sommer ≋; ideal Pegel Schwarzenau 55–75 cm (48.8137,15.2878)
272,1 ■ Wehr (48.8146,15.2948)
271,2 Str-Ⅱ, B 5 (48.8201,15.2976)
268,5 ■ Wehr Vestenötting (48.8321,15.2963)
265,4 ■ Wehr (48.8523,15.2963)
265,1 Str-Ⅱ, li **A 3842 Thaya** (48.8542,15.2935)
263,6 ■ Wehr (48.8626,15.3001)
263,5 Str-Ⅱ B36 (48.8629,15.2984)
261,6 ■ Wehr Niederedlitz (48.8737,15.3007)
258,8 ⇩ des Taxenbach (s. Seite 155) in die Thaya (48.8837,15.2944)
258,4 ■ Wehr (48.8860,15.2984)
256,9 ■ Wehr (48.8923,15.3085)
254,6 Str-Ⅱ B36 (48.9028,15.3150)
252,1 Str-Ⅱ B30 **A 3843 Dobersberg** (48.9136,15.3284)
238,4 ■ Wehr (48.8961,15.3962)
235,6 ■ Wehr (48.8850,15.4100)
235,1 Str-Ⅱ B30 **A 3822 Karlstein** (48.8818,15.4065)
235,0 ■ Wehr (48.8809,15.4054)
232,7 ■ Wehr (48.8746,15.4300)
231,4 ■ Wehr Speisendorf (48.8648,15.4369)
229,0 ■ Wehr (48.8526,15.4552)
227,9 ■ Wehr (48.8448,15.4602)
227,2 ■ Wehr (48.8475,15.4655)
222,4 ■ Wehr (48.8481,15.4898)
222,3 ⇩ der Mährische Thaya (s. Seite 155) in die Thaya (48.8480,15.4905)
222,2 Str-Ⅱ **A 3820 Raabs an der Thaya** (48.8470,15.4921)
221,8 ■ Wehr (48.8456,15.4958)
219,7 ⇩ des Seebsbach (s. Seite 154) in die Thaya (48.8380,15.5151)
215,5 ■ Wehr **A 3814 Kollmitzgraben** Burgruine, ✕, ⬆ bei Befahrung des Seebsbaches (48.8225,15.5287)
213,3 ■ Wehr (48.8249,15.5465)
211,0 ■ Wehr (48.8293,15.5642)
210,5 ■ Wehr (48.8324,15.5673)
209,5 ■ Wehr (48.8403,15.5712)
208,3 ■ Wehr Eibenstein (48.8459,15.5814)
206,3 ■ Wehr Primmersdorf (48.8597,15.5801)
206,1 Str-Ⅱ B30 (48.8610,15.5800)
203,0 ■ Wehr (48.8608,15.6043)

201,5 ■ Wehr (48.8647,15.6192)
201,3 Str-II, re **A 2095 Drosendorf** ⌘ Altstadt (48.8657,15.6184)
199,9 ■ Wehr (48.8704,15.6046)
198,9 ■ Wehr (48.8716,15.6146)
198,0 ■ Wehr (48.8700,15.6266);
re Thumeritzbach (bei starkem HW ≋ ab II Wolfsbach, 6 km, WW I–II) (48.8696,15.6267)
196,6 ■ Wehr (48.8798,15.6234)
196,4 Str-II **A 2095 Unterthürnau** (48.8809,15.6249)
194,4 Grenze Österreich/Tschechien (48.8872,15.6362)
191,9 Str-II 409 (48.8886,15.6601)
189,2 ■ Wehr Podhradí nad Dyjí, **X**, re ≏ (48.8997,15.6839);
■ Wehr Podhradí nad Dyjí, **X**, re ≏
188,6 ■ Wehr, **X**, re ≏, danach Beginn des Rückstaus der Talsperre Vranov (48.9033,15.6889)
174,2 Str-II, li **CZ 671 10 Bítov** (48.9331,15.7211)
160,5 ■ Staumauer Vranov 44 m hoch, re ≏ (48.9068,15.8193)
158,9 Str-II 398 **CZ 671 03 Vranov nad Dyjí** (48.8959,15.8122)
158,3 ■ Wehr, **X**, re ≏ (48.8936,15.8137)
158,1 –118,4 § Befahrungsverbot Národní park Podyjí (48.8940,15.8160)
118,4 ■ Staumauer der Talsperre Znojmo (48.8543,16.0391)
117,2 EB II (48.8479,16.0516)
116,5 ■ Wehr, evtl. ≋, oder re ≏ (48.8420,16.0551)
115,5 ■ Wehr mit Bootsgasse oder re ≏ (48.8342,16.0587)
114,6 Str-II, 38 **CZ 669 02 Znojmo ⇅**, beliebte Wanderfahrt bis Laa/Thaya (48.8368,16.0673)
114,1 ■ Wehr re Bootsgasse oder li ≏ (48.8390,16.0722)
107,8 Steil-■, **X**, li ≏ (48.8316,16.1306)
106,7 Str-II, 40834, li **CZ 671 25 Tasovice** (48.8317,16.1534)
103,4 ■ Wehr mit Bootsgasse, ≋, oder re ≏ (48.8135,16.1683)
91,2 Str-II, 397, li **CZ Hrádek** (48.7690,16.2586)
83,1 ■ Wehr, **X**, re ≏ (48.7343,16.3412)
82,6 ⇩ der Pulkau (s. Seite 154) in die Thaya (48.7361,16.3484)
80,0 Str-II 415, li **CZ 671 69 Hevlín**, re **A 2136 Laa an der Thaya** darunter ■ Stufe, ≋ (48.7437,16.3813)
70,4 ■ Stufe mit Holzbefestigung ansehen! (48.8054,16.4651)
68,6 EB-II, li 🚆 Jevišovka (48.8201,16.4691)
64,2 Str-II, 414, li **CZ 691 83 Drnholec** (48.8549,16.4914)
54,3 Str-II 52 (48.8935,16.5888)
51,9 ⇩ der Svratka in die Thaya (48.8962,16.6166)
49,9 Str-II 420 über den Stausee (48.8987,16.6433)
42,2 ■ Staumauer Nové Mlýny (48.8584,16.7222)
38,0 Wege-II, re **CZ 691 89 Bulhary** (48.8332,16.7490)
36,0 ■ Wehr, **X**, re oder il ≏ (48.8271,16.7699)

32,6 Str-II 422, re **CZ 691 44 Lednice** (48.8179,16.8080)
23,0 ▬ Wehr, X, li ⩍ (48.7660,16.8866)
22,7 Str-II 55 **CZ 690 02 Breclav** mögliche ⬇ für die Befahrung des Unterlaufs der Thaya, mit Weiterfahrt auf der March (48.7641,16.8876)
21,9 Str-II 425 **CZ 690 02 Breclav** (48.7578,16.8853)
16,5 ab hier li Ufer österreichisch (48.7168,16.8874)
0,0 ⇩ der Thaya in die March (s. Seite 149) Dreiländereck Österreich/Tschechien/Slowakei; Ab hier bildet die Morava die Staatsgrenze zwischen Slowakei und Österreich. Die Morava ist bis zur ⇩ ein landschaftlich schöner, sehr einsamer Fluss. Zahlreiche sehr schöne ⛺ (48.6166,16.9402)

Pulkau

Kleinfluss, WW I-II, WW III-IV
Mündung in Thaya bei km 82,6 (re Nebenfluss)

Die Pulkau durchbricht in ihrem Oberlauf, oberhalb Pulkau in einem wunderschönen, engen Tal, Landschaftsschutzgebiet! den „Thayagranit", sie ist hier ein interessantes Wildwasser. Der Unterlauf durchzieht als trostloser, regulierter Vorfluter das Weinviertel.

Befahrbarkeit: Frühjahr

Pegel: Internetpegel (NÖ) **Pulkau**: lohnend bei 210 cm (4,5 m³/s), Schräge Pegellatte am Ortsanfang von Pulkau. in **Pulkau**, günstig etwa 175 cm.

Schwierigkeiten: nach der Ruine **Neudegg** Zunahme des Gefälles und der Verblockung, bis WW III. Zahlreiche künstliche Schrägstufen, alle ≈. Mit Baumhindernissen ist zu rechnen.

Karten: Jübermann Wassersport-Wanderkarte Nr. 5 ISBN: 978 3 929540-32-1 /

50,4 Urprung der Pulkau in 549 m Höhe (48.7061,15.7739)
49,1 Str-II, Schwarze Brücke li nach **A 3742 Theras**, ⬇ (48.7069,15.7864)
40,5 Str-II **A 3741 Pulkau**, ⬆ (48.7044,15.8597)
0,0 re ⇩ der Pulkau in die Thaya (s. Seite 151) bei km 82,6 (48.7361,16.3484)

Seebsbach

Kleinfluss, WW I-II, WW III-IV
Mündung in Thaya bei km 219,7 (re Nebenfluss)

Der Seebsbach ist ein leichter Wildbach in schöner Waldschlucht.

Befahrbarkeit: Frühjahr, Schneeschmelze Febr.-März oder starke Regenfälle

Pegel: am Ortsende von **Aigen** am Ende des Mühlkanals, ab 135 cm. ; Minimum 50 cm, günstig ab 60 cm **Schwarzenau** ab 90 cm. Internet NÖ: Taffa Frauenhofen ab 2 m³/s

Schwierigkeiten: geringe Verblockung, mehrere Stufen, ≈, bis WW III.

22,4 Ursprung des Seebsbach (48.7490,15.4022)
11,3 ⬇ etwa 4 km oberhalb Aigen (48.7824,15.4725)
0,0 re ⇩ des Seebsbach in die Thaya (s. Seite 151) bei km 219,7 (48.8380, 15.5151);
Da hier ein ⬆ nicht möglich ist, muss auf der Thaya noch 6 km bis Ⅱ Kollmitzgraben weitergefahren werden, im zeitigen Frühjahr ist die Thaya oft noch vereist

Mährische Thaya

Kleinfluss, WW I-II
Mündung in Thaya bei km 222,3 (li Nebenfluss)

Die mährische Thaya, mit Ursprung in der Tschechei, ist ein landschaftlich schöner Wald- und Wiesenfluss des nördlichen Waldviertels.

Befahrbarkeit: Frühjahr und nach Regenfällen.
Pegel: Bezugspegel: Schwarzenau: ab 70 cm.
Schwierigkeiten: WW I, mehrere Wehre

68,0 Ursprung der Mährischen Thaya (49.2665,15.5210)
14,6 Str-Ⅱ **A 3823 Unterpertholz**, ⬇ (48.9305,15.4745)
0,0 li ⇩ der Mährische Thaya in die Thaya (s. Seite 151) bei km 222,3 (48.8480,15.4905)

Taxenbach

Kleinfluss, WW I-II
Mündung in Thaya bei km 258,8 (li Nebenfluss)

Der Taxenbach ist ein interessanter Kleinfluss. Er fließt abseits von Ortschaften durch Wiesen und kleine Waldschluchten mit z. T. riesigen Tannen.

Befahrbarkeit: Schneeschmelze und nach Regenfällen
Pegel: **Peigarten** , km 1,5; Minimum 140 cm, günstig 160 cm.
Schwierigkeiten: bis knapp WW II, jedoch Baum- und Strauchhindernisse sowie extrem scharfe Kurven, bei HW niedrige Brücken.

20,5 Ursprung in Tschechien nahe der Ruine Landstein
10,5 Str-Ⅱ **A 3851 Groß Taxen** ⬇ re unterhalb. Am Ortsausgang eckige Durchfahrt zwischen Bäumen, dann starke Mäander, Buschhindernisse, mit querliegenden Bäumen bei starker Strömung ist zu rechnen (48.9433, 15.2680)
9,0 ■ Wehr Obermühle, wegen Baumversperrungen meist **X**. Danach Ⅱ Obermühle, weitere gute ⬇ (48.9343,15.2660)
8,1 Toiflsmühle, kleiner verblockter Schwall, kein ■ (48.9310,15.2591)
7,9 Str-Ⅱ B30, li **A 3851 Tiefenbach** (48.9291,15.2591)
7,1 ■ Wehr, ≈ (48.9222,15.2619)

6,2 ▬ Wehr, X, Aus einem geraden Kanal nach re rechtwinklig abzweigend, li kurz ⛀, enges Stück neben Fischteichen (48.9159,15.2678)
5,7 Str-II, li **A 3843 Kleinharmanns** Es folgt die schönste Strecke, ein einsames, breites Waldtal mit Wald, Wie-sen und kleinen Schwällen (48.9127,15.2688)
2,8 Burg **A 3843 Peigarten** wird sichtbar 2 stark zugewachsene Stellen (48.8935,15.2702)
2,5 niedrige Beton-II (48.8930,15.2676)
1,8 re ⇩ Schearzach (48.8897,15.2749)
1,5 Str-II, li **A 3843 Peigarten** (48.8896,15.2778)
1,0 ⚠ Steg im Schwall nach scharfer re-Kurve, nicht unterfahrbar, ansehen und ⬆ merken (48.8891,15.2844)
0,4 ehem. EB-II (48.8857,15.2905)
0,0 li ⇩ des Taxenbach in die Thaya (s. Seite 151) bei km 258,8 (48.8837, 15.2944)

Gießgang

Kleinfluss
Mündung in Donau bei amtl. km 1964,1 (li Nebenfluss)

Beim „Gießgang" handelt es sich um einen schon seit jeher bestehenden Altarm der Donau, der durch ganzjährige kontinuierliche Wasserabgabe des Donaukraftwerkes fast durchgehend ≈ ist. Teilstücke davon binden auch den ehemals bei Faltbootfahrern sehr beliebten „Stockerauer Arm" ein. Etwa 15 Staudurchlässe, die bei HW gefährlich sind. Der Gießgang mündet bei der Kornneuburger Schiffswerft, km 1943,5 wieder in die Donau.

46,9 ← Gießgang aus der Donau (s. Seite 34) (48.3799,15.8650)
0,0 ⇩ des Gießgang in der Donau (s. Seite 34) bei amtl. km 1964,1 (48.3412, 16.3140)

Kamp

Wanderfluss, WW I-II, Gebirgsfluss, Flachlandfluss
Mündung in Kamp bei km 131,5 (li Nebenfluss)

Waldviertel

Der Kamp ist ein landschaftlich sehr schöner und als Gewässer sehr abwechslungsreicher Fluss, der für die Wiener Kanuten ein beliebtes Wochenendziel darstellt. Die ursprüngliche Mündung des Kamp in die Donau wurde umgebaut. Die Kamp mündet nun in die Krems, und diese erst nach der Staustufe Altenwörth in die Donau.

Befahrbarkeit: oberer: am besten März - April, abgesehen von Trockenperioden jedoch meist ganzjährig.
mittlerer: abhängig von der Wasserabgabe des ϟ **Wegscheid**. Freiwillige Selbstbeschränkung wegen Fischerei: ≈ im

Sommer nicht unter 5 m³/s, im Winter nicht unter 10 m³/s
unterer: am besten Frühjahr

Umwelt: **Stauseen** km 96,5–66,2: landschaftlich sehr schön, durchgehende Befahrung nicht möglich, mehrere ⛟
Mittlerer Kamp Wegscheid - Rosenburg: sehr schönes, einsames Waldtal, leichtes Wildwasser bis WW II, meist befahrene Strecke bis Kamp.

Pegel: wichtigster ≣ für den Kamp, sowie seine Quell- und Nebenflüsse ist der ≣ **Zwettl**, km 109,3. Er befindet sich 200 m unterhalb der hohen Eisenbahnbrücke am li Ufer an der Straße nach Stift **Zwettl**
Zwettl, km 102,8; Minimum 175 cm. Ab **Roiten**, km 117,2 ist evtl. schon eine Befahrung ab 165 cm möglich.
Pegelschlüssel:
165 cm = 3,5 m³/s
175 cm = 6,4 m³/s
185 cm = 10 m³/s
225 cm = 23 m³/s

≣ Rosenburg km 102,8, maßgebend für mittleren und unteren Kamp.
Rosenburg, km 47.8 s. Internet.
Für mittleren Kamp (Wegscheid-Rosenburg):
125 cm = 3 m³/s = Minimum; 145 cm = 8 m³/s = MW. 170 cm = 16 m³/s = HW, Gefahr bei allen ■!

Für unteren Kamp (Rosenburg-Hadersdorf):
ideal 170 cm, entspricht 16 m³/s

Für den Kamp in den Donauauen (Hadersdorf - ⇩):
Minimum 145 cm, entspricht 8 m³/s

Schwierigkeiten: oberer bis Stauseen: streckenweise sehr schönes WW, bis WW II+.
mittlerer: ZW-WW I
unterer: ZW- WW I

Literatur: „Der Kamp“, Kajak-Flussführer von Walter Mück, Gars am Kamp, 4. Aufl. 2004 mit Ergänzungen bis 25.07.2012. Die Angaben dieses sehr genauen Führers konnten mit freundlicher Genehmigung des Verfassers bei vorstehender Beschreibung verwendet werden.

131,5 ⇩ Zusammenfluss von Kleiner Kamp (s. Seite 170) und Großer Kamp (s. Seite 171) zum Kamp bei km 131,5. (48.5261,15.0944);
Str-II, mögliche ⬇, **A 3911 Ritterkamp** li Latten-≣, Minimum 85 cm (48.5265,15.0953)

130,0 ▬ Diethartsmühle, evtl. ≈ (48.5291,15.1095)

129,7 Str-Ⅱ, **A 3911 Roiten** auf ca. 2 km „Roitener Dschungel“ zahllose enge Kurven, schmaler Fluss, zahlreiche Baum- und Strauchhindernisse (48.5305,15.1117)

126,8 ▬ Wehr Roiten-Steghof, evtl. li #umtragen oder in Wehr-Mitte über Insel überheben. ⬇ Wegen der vorangehenden Schwierigkeiten wird die Fahrt vielfach erst unterhalb des Wehres am unteren Ortsende gegenüber dem Sägewerk begonnen (48.5334,15.1244)

126,7 Wege-Ⅱ, re Sägewerk, li **A 3911 Rapottenstein-Steghof**
Es folgt eine enge Waldschlucht, sehr reizvoll, zahlreiche große Felsen im Fluss, jedoch keine besonderen Schwierigkeiten (48.5336, 15.1256)

122,0 Uttissenbachmühle Der Fluss ist streckenweise total verblockt, bei NW ist die Durchfahrt nicht immer leicht zu finden, bei HW recht wuchtige Passagen, WW II+ (48.5640,15.1302)

121,1 li ▬ Wehr Schwarzmühle, evtl. ≈, H ca. 1,5 m, evtl. ≈, Vorsicht! (48.5709,15.1323)

120,7 landw. Wege-Ⅱ, günstige ⬆ bei NW auf dem Weg von der L 8268, ca. 800 m südlich von **Gschwendt**, vorbei am Holzlagerplatz, in den Wald (48.5733,15.1337)

118,9 ▬ Schrägwehr Gschwendtmühle H ca. 2,2 m; evtl. ≈ oder re ⌂. ⚠ li Privatgrund. Teilweise Wasserableitung auf rund 1,2 km, bei NW unzureichende Restwassermenge! Dahinter Fußg.-#Brücke. Weiterhin sehr schöne Waldschlucht, WW I (48.5814,15.1420)

117,8 re ↯ Zwettl und Rückführung des abgeleiteten Wassers (48.5867,15.1513)

115,7 ▬ 2x kleine Sohlschwelle (48.5974,15.1614)

114,5 Ortsanfang von **A 3910 Zwettl**, li sehr gute ⬆ li großer 🅿, Im Ortsbereich von Zwettl ist der Kamp reguliert. Weiterhin sehr schönes Waldtal (48.5973,15.1683)

114,3 ▬ 1. Sohlstufe H ca. 1,8 m, ≈, Vorsicht bei HW! Sonst li entlang Fischtreppe ⌂
(48.5992,15.1674)

114,1 Str-Ⅱ, Ottenschlägerstrasse, B 36, **A-3910 Zwettl** (48.6007,15.1688)

114,0 ▬ 2. und 3. Sohlrampe Zwettl, Gesamthöhe ca. 2,2 m, ≈, Vorsicht bei HW! (48.6015,15.1688)

113,9 Str-Ⅱ, B 36 (48.6023,15.1688);
⇩ der Zwettl (s. Seite 169) in den Kamp bei km 131,5 (48.6026,15.1688)

113,8 ▬ kleine Sohlrampe (48.6032,15.1698)

113,6 1. überdachte Fußg-Ⅱ bei re Feuerwehrhaus Zwettl, danach: re Groß-🅿 Gerungser Straße (48.6046,15.1710)

113,4 2. überdachte Fußg-Ⅱ am re 🚌-Bahnhof (48.6067,15.1714)

113,1 EB–Ⅱ (48.6088,15.1712);
Str-Ⅱ, B 36, am Ortsende von **A 3910 Zwettl** (48.6092,15.1712)

112,9 Online-≣ Bahnbrücke Zwettl, mit kleiner Pegelschwelle, li an der L 8244 Allentsteiger Straße. Weiterhin schönes Waldtal (48.6104,15.1717)

109,9 neue Str-Ⅱ, B 38, Umfahrung von **Zwettl** (48.6109,15.1925)
109,3 ▬ hohes Schrägwehr **Neumühle** mit Nachbecken, bei NW **X**, davor kleiner Stausee. Gesamthöhe ca. 2,7 m (48.6085,15.1982)
108,2 ▬ Wehr **Stift Zwettl**, meist ≈, H ca. 3 m, Vorsicht bei HW Wasserableitung nach links (48.6149,15.1969)
108,0 Str-Ⅱ, L 8245, li Stift Zwettl letzte ⬆ vor den Stauseen! Li Klosteranlage der Zisterzienser, ⌘. Es folgen 1 Rohr- und 2 Weg-Ⅱ als Verbindung vom li Kloster zum re Wirtschaftshof
(48.6153,15.2000)
106,7 Beginn des Rückstaus des Ottensteiner Stausees bei Vollstau! auf einer Strecke von rund 30 km folgen 3 Stauseen mit Wasserableitungen und diversen Seitenarmen. Eine durchgehende Befahrung ist nicht möglich. Landschaftlich sehr reizvoll, zumindest bei Vollstau, sonst Ufer sehr schlammig! (48.6218,15.2019)
104,6 –101,1 ⚠ Truppenübungsplatz Allenstein! (48.6244,15.2270)–(48.6184, 15.2566)
97,8 re in der Bucht beliebte ⬇ Mitterreith Badestelle, Zufahrt von B 38 Böhmerwaldstraße möglich (48.6017,15.2791)
93,9 li ⛺, Seecamping Ottenstein, Segel- und Surfschule (48.5952,15.3199)
93,4 re Ruine Lichtenfels ⛺ an der Purzelkamp: Zugang zum ⛺ Campingplatz Lichtenfels am Kampsee Ottenstein **A 3533 Friedersbach**, Badestrand-Bootsverleih und Terrassencafé Ottenstein, Ausflugsschifffahrt (48.5908,15.3236);
⇩ der Purzelkamp (s. Seite 168) in den Kamp bei km 131,5, Seitenarm des Ottensteinsees. (48.5905,15.3254)
93,2 re Groß-🅿 mit Zugang zu vorgenannten Cafe,Peygarten-Ottenstein 69, **A-3532 Rastenfeld** (48.5911,15.3285)
92,9 ▬ Staudamm Ottensteiner Sperre ca. 60 m hoch, keine direkte ⛟-Möglichkeit. Im Unterwasser Beginn des Rückstaus des Dobrastausee (48.5931,15.3309)
92,5 Str–Ⅱ, B 38, von **Horn nach Zwettl** (48.5934,15.3361)
86,0 li ⛺ Dobra und Badebucht ✕ **A 3594 Pölla**, Slipanlage (48.5945, 15.3873)
85,2 li ⛺ Ruine Dobra li Bootssteg zur li Ruine Dobra, zu **A 3594 Pölla** (48.5906,15.3922)
84,5 ▬ Staudamm Dobrasperre, ca. 50 m hoch, Das Flussbett ist auf ca. 5 km trocken, eine Befahrung ist nur bei sehr starkem HW möglich (48.5903, 15.4000)
79,3 li ϟ **Krumau** am Kamp, von li Rückführung des angeleiteten Wassers vom Dobra-Staudamm. (48.5895,15.4434)
78,9 Str-Ⅱ, L 8088, **A 3543 Krumau am Kamp** (48.5892,15.4491)
78,6 Fußg-Ⅱ zum re Sportplatz und zum ⛺, re 🅿 (48.5901,15.4515)
78,1 re ⛺, Staubeginn des Thurnbergsees (48.5898,15.4543)
75,5 ▬ Staumauer, Thurnberger Sperre mit Wasserableitung, anschließend auf rund 2 km erneut meist trocken. Bei HW bis Wegscheid gut ≈, WW I,

Vorsicht ⌓ unmöglich!! (48.6043,15.4763)

74,7 Str-II, B 32 (48.6017,15.4865)

73,6 ↯ **Wegscheid**, Rückführung des abgeleiteten Wassers. Es folgt auf knapp 20 km der wohl am meisten befahrene Abschnitt des Kamp (= mittlerer Kamp), leichtes WW in sehr schönen Waldtälern (48.6100,15.4838)

73,2 Str-II, L 58, **A-3593 Wegscheid am Kamp**,ca. 40 m dahinter übliche ⇅ li bei ehemals alter Straße. Der Kamp wird zunächst überwiegend durch Wald gesäumt (48.6126,15.4881)

69,9 Felsen im Fluss, Prallwand unter Ruine Schauenstein (48.6283,15.5127)

67,0 **Reitmühle**, ▬ Wehr, verfallen (48.6307,15.5412)

64,2 Str-II, L 8044, **A 3591 Altenburg-Steinegg** (48.6276,15.5649)

62,5 400 m lange Insel (48.6234,15.5813)

59,3 li im Wald Ruine „Ödes Schloß". Staubeginn (48.6298,15.6048)

58,5 ▬ Schrägwehr, bei ausreichend Wasserstand für Geübte ≈, 3,3 m hoch, Wasserableitung rechts in Rohr durch den Berg mit ca. 8 m³/s. ⚠ bei HW Lebensgefahr! Der alte Flusslauf umfließt in einem ca. 3 km langen Bogen den Umlaufberg.

Weiterfahrt im Flussbett nur bei ausreichender Wasserabgabe, sonst hier ⬆ Fahrt beenden! Falls eine Weiterfahrt ohne ausreichend Wasser nach dem Wehr geplant ist, wird das ▬ am besten li ⌓. Danach den Fluss unterhalb des Wehres nach re queren, auf Wanderweg ca. 300 m über den Umlaufberg bis zum ↯ umkarren/tragen und Wieder-⬇ beim ↯ (48.6286,15.6088)

55,5 Fußg-II, re ↯ **Rosenburg**, Rückführung des abgeleiteten Wassers Wieder-⬇ nach dem ⌓, Zufahrt mit PKW möglich (48.6304,15.6125)

55,3 alter ≣ **Rosenburg** ⚠ nur händisch 145 cm entspricht ca. 8 m³/s; 170 cm entspricht ca. 16 m³/s (48.6294,15.6144)

54,1 Str-II, **A 3573 Rosenburg** ⬆ Die Fahrt wird meist hier beendet. Es folgt das Untere Kamptal.Es folgt das Untere Kamptal. Es ist landschaftlich noch recht reizvoll, jedoch dicht besiedelt. Der Kamp ist bis **Hadersdorf** durch 13 ▬ weitgehend verbaut, WW I. Eine Befahrung dürfte nur bei einem WS von 16 m³/s (= 170 cm am ≣ Rosenburg) sinnvoll sein. Bei NW fallen die Ableitungen trocken. bei HW entsteht gefährlicher Rücklauf. Überheben der Wehre meist leicht möglich (48.6333,15.6295)

53,0 ▬ hohes Schrägwehr Mantler, Rosenburg, eher **X**, re ⌓, schwierig! Li **A 3573 Rosenburg**, re am Berg thront **Schloss Rosenburg**, ⌘ (48.6280, 15.6377)

52,7 ⇩ der Taffa (s. Seite 167) in die Kamp bei km 131,5 (48.6272,15.6411);
≣ **Rosenburg**: 145 cm = 8 m³/s
170 cm = 16 m³/s (48.6271,15.6413)

52,6 EB-II (48.6267,15.6420)

51,2 Str-II, nach re 🚂 **A-3573 Rosenburg-Stallegg** (48.6147,15.6445)

49,9 ▬ Schrägwehr Hofstätter H ca. 2,5 m li ⌓, re 🚂 Kamegg, li gute ⬆ (48.6106,15.6581)

49,7 Str-II, re nach **A 3571 Gars-Kamegg** li Mariabründlkapelle (48.6089,

15.6586)
49,1 ■ Schrägwehr Lachmair evtl. re ⌓, H ca. 1,7m (48.6041,15.6542)
48,4 Fußg-Ⅱ zum re 🚆 Gars-Thunau (48.5981,15.6566)
48,3 ■ Schrägwehr Hohenbichler, **Gars** H ca. 1,9 m; bei HW Lebensgefahr! re Fischtreppe, ggf. entlang Fischtreppe umtragen! Li Scater- und Basketball-Platz, 100 m zum 🅿 (48.5973,15.6564)
48,0 Str-Ⅱ, L 58, li Altort von **A 3571 Gars am Kamp** Ruine Gars (48.5947, 15.6570)
47,6 ■ Schrägwehr Schönbichler am Ende vom Freibad Gars H ca. 3,5 m! evtl. li ⌓ (48.5922,15.6582)
47,5 Str-Ⅱ, L57, re **A 3571 Gars-Thunau** (48.5917,15.6573)
47,2 ohne Wasserzugang, oben am Berg Bootslager des Kanu Club Gars! (48.5893,15.6550)
46,9 Schräg-■ Häusermann, **A-3571 Gars am Kamp-Zitternberg** H ca. 1,6m, Wasserableitung nach links (48.5881,15.6522)
45,1 Str-Ⅱ, nach re **A 3571 Gars am Kamp-Buchberg** (48.5758,15.6602)
44,8 EB-Ⅱ (48.5738,15.6583)
43,6 ■ Schrägwehr **Buchberg**, **X**, H ca. 7 m, evtl. über ■-Krone ⌓. li ϟ (48.5714,15.6553)
41,0 Str-Ⅱ, L 1244, nach re **A 3564 Schönberg-Oberplank** (48.5564,15.6726)
40,5 1. ■ Wehr Plank H ca. 2,0 m, nachfolgend ■ „aufgelöste Sohlrampe“, Gesamthöhe ca. 1 m (48.5543,15.6772)
40,1 EB-Ⅱ vor **Plank am Kamp** (48.5551,15.6823)
39,8 Str-Ⅱ, L 7003, **A 3564 Schönberg-Plank** (48.5573,15.6858)
39,5 2. ■ Wehr **Plank** H ca. 1,3 m, Wasserableitung nach rechts. Unmittelbar nachfolgend ■ aufgelöste Sohlrampe auf ca. 300 m bis Wiedereintritt Mühlkanal, Gesamthöhe ca. 2,5 m. Die folgenden 8 km bis **Schönberg** sind ohne große Hindernisse ≋, evtl. auch bei NW, landschaftlich reizvoll (48.5565,15.6886)
38,5 EB-Ⅱ, hinter **Plank am Kamp** (48.5516,15.6811)
36,0 Str-Ⅱ, am 🚆 **Altenhof** (48.5439,15.6858)
34,4 Str-Ⅱ, L 7020, **A 3562 Schönberg-Stiefern** dahinter re ≣ Stiefern mit Pegelstufe, ideal 175 cm (48.5350,15.6900);
■ Sohlrampe (48.5348,15.6899)
34,1 EB-Ⅱ (48.5315,15.6903)
32,5 Str-Ⅱ, Kamptal Strasse, B 34 (48.5240,15.6859)
31,5 ■ Schrägwehr, **Schönberg**, H ca. 2,7m, umtragen schwierig! Wasserableitung nach links (48.5197,15.6934)
31,1 Str-Ⅱ, L 7008 a, **A 3562 Schönberg am Kamp** (48.5171,15.6967)
28,7 ■ Schrägwehr, **Zöbing** mit nachgelagerter Sohlgleite; **X**, je nach WS am li Wehrende über Wehrinsel ⌓ oder li entlang Fischpass #umtragen. Wasserableitung nach links! (48.4983,15.6941)
28,5 kleine Bachmündung, li ⛺ am Radweg, 🅿 (48.4965,15.6951)
27,6 Str-Ⅱ, L 7009, re **A 3561 Zöbing**, li **Heilgenstein** (48.4917,15.6978)
26,3 ■ Wehr Langenloiser Bad je nach WS für Geübte evtl. ≋, sonst li

entlang Fischtreppe ⏢, Wasserableitung nach rechts (48.4815,15.6989)
25,5 Str-II, B 34, **A 3550 Langenlois** (48.4761,15.6992)
24,9 ▬ Wehr Kammern, ⚠, Steine im Unterwasser, ← des Mühlkamp (Kamp) aus der Kamp (48.4710,15.7034)

Nebenstrecke Mühlkamp (Kamp)

Der Mühlkamp ist ein teilweise künstliches Seitengewässer des Kamp. Er verläuft auf längeren Strecken durch eine urwaldähnliche, völlig einsame und sehr romantische Moor- und Auenlandschaft. Sehr empfehlenswert.

20,3 ▬ Wehr Kammern, ⚠, Steine im Unterwasser, ← des Mühlkamp (Kamp) aus der Kamp (s. Seite 156) (48.4710,15.7034); Eine Befahrung ab hier ist jedoch kaum ratsam da zunächst mehrere Mühlen und niedrige Brücken anzutreffen sind. Daher nur auszugsweise Beschreibung! (48.4707,15.7045)
19,0 neue Str-II, Am Mühlkamp, über ▬ zur ehemaligen Mühle (48.4628,15.7146)
18,7 Str-II, B35, Retzer Strasse direkt davor Unterdückerung des Gschninzbach kleiner Wassergraben und ▬ Sohlstufe, H ca. 0,8 m. Es folgt die Ortsdurchfahrt von **A 3493 Hadersdorf am Kamp** (48.4604,15.7164)
16,2 ▬ Wehr zur ehemaligen Mühle Schloss Walkersdorf, dahinter li Schloss (48.4459,15.7304)
12,9 Wege-II, Schloßpark Grafenegg übliche ⬇, kurz danach ▬ Wehr, ≈, sehr schöner Park (48.4307,15.7463)
12,7 ⚠ 200 m langer Tunnel, ≈ (48.4294,15.7440)
12,1 Wege-II, **A 3485 Grafenegg-Haitzendorf** zum großen Park. Hier auch als ⬇ zu benutzen (48.4264,15.7401)
10,4 ▬ Hochwasser-Sperrwerk mit kleiner Stufe, darüber Wege-II (48.4153,15.7439)
9,2 Schnellstrassen–II, S5 Stockauer Schnellstrasse Die nächsten 5,4 km führen durch Ortsgebiet von **Jettsdorf** und **Grafenwörth** (48.4087,15.7482)
6,7 Str.-II, Ortsanfang von **A 3484 Grafenwörth** (48.4047,15.7718)
6,4 Str.-II, L 113, **A 3484 Grafenwörth** ⚠ bereits davor ⬆ und re Hofgarten bis nach der Fischtreppe an der Mühle ca. 250 m ⏢ (48.4063,15.7751)
6,3 ▬ Mühle **Grafenwörth**, X, re 200 m weit ⏢ (48.4069,15.7758)
4,0 ▬ Hochwasser-Sperrwerk am Ortsende von **A 3484 Grafenwörth-St. Johann** überheben. Hier beginnt die „Wildnis“ der Donauauen (48.3967,15.7975)
3,9 li Kläranlage von **Grafenwörth** (48.3972,15.7988)
2,7 re ⇩ eines Altarmes (48.3964,15.8109)
0,0 li ⇩ des Mühlkamp (Kamp) in den Kamp (s. Seite 156) bei km 131,5 (48.3859,15.8380);

kurz danach kräftiger Schwall, noch etwa 0,3 km bis Mündung in Donau-Altwasser von **Altenwörth**. Weitere 1,1 km bis ⛺, mögliche ⬆ in **A-3474 Altenwörth**

23,8 Str–II, L 7018, von re **A 3550 Gobelsburg** gute ⬇ für die Befahrung der Donau-Auen. Li Fußballplatz (48.4630,15.7056)
22,3 Str–II, B 35 (48.4549,15.7159)
21,8 EB–II, bei li **A 3491 Hadersdorf am Kamp** (48.4523,15.7215)
20,9 Str-II, L 7015, li **A 3492 Diendorf am Kamp** (48.4450,15.7211)
19,6 bei NW 3x Grundschwelle (48.4362,15.7176)
17,8 Str–II, L 45, von **A 3494 Stratzdorf - A 3485 Haitzendorf**, Brückenschwall (48.4228,15.7148)
15,9 Schnellstraßen–II, S5, Stockerauer Schnellstrasse (48.4125,15.7069)
14,7 Str–II, L 7012 von li **A 3485 Grunddorf** - re **A 3485 Donaudorf**, Brückenschwall (48.4078,15.7209)
13,0 Str-II, S 33, Kremser Schnellstrasse (48.4049,15.7396)
11,8 Str-II, bei li **A 3484 Jettsdorf** (48.3988,15.7528)
10,3 Str–II, L 113, von **A 3484 Grafenwörth** zur alten Donau (48.3911, 15.7675)
7,2 Teilung in Altarm li und regulierten Flusslauf re, ➔ Arm fahren! (48.3857, 15.7906)
6,7 re ⇩ der Krems (s. Seite 163) in den Kamp bei km 131,5 (48.3838, 15.7976)
6,6 Der Kamp fließt hier mit geringer Strömung neben den 10 m hohen Dämmen des ϟ Altenwörth (48.3837,15.7986)
5,8 ▬ Sohlrampe (48.3824,15.8096)
3,7 ▬ kleine Sohlrampe (48.3858,15.8371)
3,6 ⇩ des Mühlkamp (Kamp) in den Kamp bei km 131,5 (48.3859,15.8380)
3,4 ▬ kleiner Schwall (48.3856,15.8407)
3,3 ⇩ in Donau-Altwasser in Höhe von km 1981,7 (48.3855,15.8419)
2,1 li **A 3474 Altenwörth**, ⛺, gute ⬆ (48.3838,15.8574)
1,5 li 🡐 des Gießgang (48.3799,15.8650)
1,4 Im AW ist ein Straßendamm vor dem links der „Gießgang“ abzweigt, Die Fischtreppe und der Durchlass unter dem Damm sind **X** (48.3791, 15.8648)
0,0 li ⇩ der Kamp bei km 131,5 in die Donau (s. Seite 34) (48.3693,15.8753)

Krems

WW I-II, WW III-IV
Mündung in Kamp bei km 6,7 (re Nebenfluss)

Die Krems entsteht aus den beiden Quellflüssen Große Krems und Kleine Krems aus dem Gföhler Wald nördlich der Donau. Die Krems ist ein landschaftlich sehr

schöner und als Gewässer sehr abwechslungsreicher Fluss mit starkem Gefälle im Oberlauf und Kanalstrecke von Stadt Krems bis zur Mündung.
Die bisherige Empfehlung war, die Fahrt noch vor Stadtbeginn zu beenden. Die teilweise Renaturierung der Ufer und die Kanalstrecke unterhalb der Stadt widersprechen dieser Empfehlung nicht.

Befahrbarkeit:	am besten im Frühjahr
Pegel:	Imbach www.noel.gv.at Hohenstein https://pegel.Feuerwehr-krems.at Senftenberg wie vor
Schwierigkeiten:	zwischen Wasserableitung am „Zwickl“ und Kraftwerk Hohenstein, bis WW III+, meist wenig Restwasser danach Beginn der Wanderstrecke WW I bis WW II

44,0 ⇩ Zusammenfluss Kleine Krems (s. Seite 166) und Große Krems (s. Seite 165) zur Krems (48.4502,15.4036);
▬ Staumauer „Am Zwickl“, X, mit li Wasserableitung, zum Eisenbahn-ϟ Hohenstein, kleiner Stausee, re ⏏, Wasserableitung auf ca. 8 km. Folgestrecke unter ≣ 180 cm X! Zunehmendes Gefälle, WW III, eine große Stufe WW III+ (48.4500,15.4040)

40,3 ϟ Hohenstein, Rückführung des abgeleiteten Wassers, Zufahrt mit Pkw möglich, Beginn der Wanderstrecke, WW I - II, Gefälle 8 ‰, zahlreiche ▬, meist ≈, Straße am li Ufer (48.4634,15.4321)

38,8 Str-II, **A 3521 Gföhl-Hohenstein** ≣ Hohenstein der Feuerwehr Krems (48.4679,15.4426);
▬ Wehr Hohenstein, X, li ⏏ (48.4682,15.4432)

38,1 ▬ Pennenhammer, Wasserableitung nach links (48.4654,15.4477)

36,3 ▬ Wehr **Obermeisling** (48.4709,15.4571)

35,5 ▬ Sohlrampe **Obermeisling** (48.4721,15.4618)

34,2 ▬ Sohlrampe, **Obermeisling - Siedlung** (48.4735,15.4713)

32,0 ▬ Sohlrampe (48.4775,15.4907)

30,0 ▬ Senftenbergeramt-Königsalm mit starker Wasserableitung auf 1 km, besichtigen, X, li ⏏, dahinter. Str.-II Senftenbergeramt, danach li 🚌 Senftenbergeramt-Königsalm (48.4726,15.5124)

25,9 Fußg-II, dahinter kräftiger Schwall, li 🚌 Senftenberg-Botental li 🅿 - Möglichkeit (48.4554,15.5401)

24,5 Str-II, **A 3541 Senftenberg** dahinter ▬ Sohlrampe Senftenberg (48.4498,15.5539)

23,5 ▬ Schrägwehr **Senftenberg** (48.4487,15.5635)

22,9 ▬ Wehr (48.4456,15.5585)

21,9 Wege-II bei li Friedhof von **Imbach** ≣ Imbach; li 🅿, laut bisheriger Beschreibung soll eine Weiterfahrt nicht lohnend sein (48.4453,15.5666);
▬ Sohlrampe (48.4453,15.5668)

20,9 ▬ Sohlrampe (48.4391,15.5752)

20,7 Str-II, li **A 3500 Imbach** li Feuerwehrhaus Imbach, ≣ Imbach der Feuerwehr, danach re Rampe ⇅, Weiterfahrt kaum lohnend (48.4380,

15.5771)
20,0 #Wehr, Schrägwehr **Rehberg**, danach re Fußbalplatz (48.4341,15.5835)
19,5 ▬ Wehr**Rehberg**, **X**, im weiteren Verlauf viele wechselseitige Buhnen und kleine Sohlbauwerke (48.4308,15.5885)
17,6 ▬ Sohlstufe, **X**, Hindernisse im Unterwasser (48.4205,15.5923)
16,8 ▬ aufgelöste Sohlrampe, re ⏢ (48.4197,15.6019)
16,3 ▬ Sohlrampe vor der Krems-Mehrlbrücke (48.4155,15.6030)
16,2 Wege-Ⅱ, Mehrlbrücke, Eine Befahrung ist nach wie vor wenig empfehlenswert,; im weiteren Verlauf wurden die ehemals gemauerten Ufer der Stadtdurchfahrt von Krems auf ca. 2,5 km weitgehend renaturiert und zahlreiche Sohlbauwerke eingebaut (48.4154,15.6037)
15,6 Str-Ⅱ, B 35, **A 3500 Krems an der Donau** Folgestrecke kanalisiert, Weiterfahrt wenig lohnend (48.4113,15.6072)
14,3 Str-Ⅱ, B 37 (48.4102,15.6251)
11,7 Autobahn-Ⅱ S5 (48.4030,15.6561)
8,2 re ⇩ der Alte Krems Folgestrecke kanalisiert, Seitengerinne der Donaustufe **Altenwörth**. Die ursprüngliche Mündung in die Donau wurde verlegt (48.3904,15.6985)
6,2 Str–Ⅱ, S 33, Kremser Schnellstrasse (48.3863,15.7232)
4,5 ▬ Sohlrampe (48.3758,15.7411)
2,7 ▬ Sohlrampe, danach Str.-Ⅱ (48.3754,15.7635)
0,9 ▬,Sohlrampe (48.3823,15.7862)
0,0 ⇩ der Krems in den Kamp (s. Seite 156) bei km 6,7 (48.3838,15.7976)

Große Krems

Kleinfluss, WW I-II, WW III-IV
Mündung in Krems (Kamp) bei km 44,0 (li Nebenfluss)

Die Große Krems und die anschließende Krems sind landschaftlich sehr reizvolle und sportlich interessante Wildbäche aus dem Gföhler Wald nördlich der Donau. Der Ursprung der Großen Krems liegt amtlich etwa 250 m westlich des Weilers „Vordere Waldhäuser“ in der Gemeinde A 3664 Martinsberg etwa 933 m ü NN. Die Hauptfliessrichtung ist zunächst ziemlich Richtung NO bis sie nach etwa 9,1 km ihren nördlichsten Punkt erreicht und dann Richtung Südost fließt. „Am Zwickel“ vereinigt sich mit dem rechten Quellfluss „Kleine Krems“ zur Krems. Die Große Krems fließt dabei über weite Strecken durch Waldgebiete.

Befahrbarkeit: zur Zeit der Schneeschmelze, beliebt ist die Strecke von Brauhaus an der Großen Krems bis ↯ Hohenstein an der Krems.

Pegel: Bezugspegel dient ≣ Imbach an der Krems
ab 180 cm für Brauhaus bis Hohenstein
ab 200 cm bei Einstieg in Großreinprechts
ab 210 cm für Einstieg in Rabenhofer Säge

Schwierigkeiten: km 23,3 bis km 20,8 WW I

km 20,8 bis km 0,0 WW II (WW IV)

37,4 Ursprung Gr. Krems westlich von **A-3664 Martinsberg-Vordere Waldhäuser** ca. 933 m ü NN (48.4000,15.1145)

23,3 Str-II, B 36 von Zwettl nach Ottenschlag, **A 3525 Sallingberg-Armschlag** höchstmöglich ⬇ bei HW. Zunächst zahlreiche Mäander, Baum- und Strauchhindernisse, niedrige II, WW I (48.4526,15.2215)

21,4 Str-II, Kremstalstrasse, L 8273 (48.4622,15.2387)

21,2 Str-II, Kremstalstrasse, L 8273, li 🅿 (48.4617,15.2402)

20,8 Str-II, **A 3525 Sallingberg-Rabenhofer Säg** Schwall (48.4603,15.2447)

20,5 Schwer verblockte Kurve, WW III Der Bach führt nun bis zur ⇩ in die Kamp durch ein einsames Waldtal mit starkem Gefälle, WW II (48.4601, 15.2479)

18,7 Katarakt WW IV- evtl. li ⩍ (48.4630,15.2684)

18,4 Str-II, **A 3524 Großnondorf-Grafenmühle** (48.4614,15.2713)

14,5 ▬ Wehr, X, Hindernis im Unterwasser (48.4637,15.3137)

12,8 Str-II, L 7163, li **A 3524 Großreinprechts** mögliche ⬇ ab ≣ Imbach über 200 cm (48.4741,15.3182)

9,4 Str-II, L 7067 (48.4829,15.3421)

7,8 Str-II, L 7065 (48.4798,15.3619)

5,3 Str-II, **A 3613 Albrechtsberg-Brauhaus** Beginn des sportlichen Teils der Krems WW II bis WW III. Auf ausreichend Wasserabgabe am ▬ „Am Zwickl" ist zu achten (48.4703,15.3784)

4,6 ▬ Wehr mit starker Wasserableitung zu den Weihern (48.4706,15.3856)

0,8 li Naturdenkmal Wotansfelsen; tiefe Waldschlucht, stark verblockt! (48.4541,15.3976)

0,0 Rückstau vom ▬, kleiner Stausee am Zwickl (48.4503,15.4036); ⇩ Zusammenfluss Kleine Krems (s. Seite 166) und Große Krems zur Krems (s. Seite 163) (48.4502,15.4036)

Kleine Krems

Kleinfluss, WW I-II, WW III-IV
Mündung in Krems (Kamp) bei km 44,0 (re Nebenfluss)

Die Kleine Krems ist zunächst ein Kleinfluss und mausert sich später zum schweren Wildfluss.

Befahrbarkeit: Zeit der Schneeschmelze und nach starken Regenfällen
Pegel: Krems - ≣ **Imbach**; Minimum 210 cm, HW ab 230 cm

26,7 Ursprung der Kleine Krems, entspringt in der Gemeinde Kirchschlag (48.3698,15.2255)

14,1 Str-II **A 3632 Kottes**, ⬇ zunächst mäßig schwerer Wildbach mit Kleinflusshindernissen wie niedrigen Stegen und kleinen ▬ Wehr, nach Besichtigung alle ≈, WW I, Steigerung auf WW II–III. In der schönen Schluchtstrecke des Kremszwickels bei Hartenstein WW III+, bei HW bis WW IV+, hier Baumhindernisse möglich. (48.4148,15.3047)

1,3 Wege-II, ⌘ re Gudenushöhle aus der Altsteinzeit (48.4467,15.3954)

0,0 ⇩ Zusammenfluss Kleine Krems und Große Krems (s. Seite 165) zur Krems (s. Seite 163) (48.4502,15.4036)

Taffa

Kleinfluss
Mündung in Kamp bei km 52,7 (li Nebenfluss)

Die Taffa ist ein Kleinfluss mit entsprechenden Behinderungen, streckenweise ein leichter Wildfluss, im Unterlauf reguliert.

Befahrbarkeit:	die Taffa entwässert das niederschlagsarme Horner Becken, Befahrung daher nur bei kräftigem HW möglich.
Pegel:	Frauenhofen, km 10,0, Minimum 190 cm Rosenburg km 2.2
Literatur:	„Der Kamp", 2. Aufl., Kajakflussführer von Walter Mück, Gars am Kamp.

10,2 ⇩ Zusammenfluss Kleine Taffa (s. Seite 167) und [löschen] Große Taffa zur Taffa (48.6764,15.6345)

7,8 Str-II, B 34, **A 3580 Horn** (48.6622,15.6546)

7,3 li ehemaliges **Schloss Horn**, nun Finanzamt (48.6630,15.6605)

7,0 Kläranlage von **Horn** Das folgende 5 km lange verträumte Taffatal WW I–II, mehrere ■ (48.6619,15.6644)

5,2 Str-II, B2 (48.6537,15.6675)

2,1 Str-II, ≣ **Rosenberg** (48.6330,15.6618)

0,1 Str-II, B 34, **A 3573 Rosenburg an der Kamp** (48.6280,15.6421)

0,0 li ⇩ der Taffa in die Kamp (s. Seite 156) bei km 52,7 (48.6272,15.6411)

Kleine Taffa

Kleinfluss, WW I-II
Mündung in Taffa bei km 10,2 (re Nebenfluss)

Die Kleine Taffa ist ein Kleinfluss mit entsprechenden Behinderungen, streckenweise ein leichter Wildfluss

Befahrbarkeit:	die Kleine Taffa entwässert das niederschlagsame Homer Becken, Befahrung daher nur bei kräftigen HW möglich

8,9 Str-II, von re **A 3592 Röhrenbach-Feinfeld** nach li **Neubau** oberste mögliche ⬇, Die Folgestrecke bis **Strögen** zählt zu den Perlen des Waldviertels (48.6704,15.5354)

5,2 Str-II, L 8022, von Altenburg nach Großburgstall weitere mögliche ⬇. Die Kleine Taffa fließt durch eine einsame Waldschlucht, zauberhaftes Miniaturwildwasser, WW II, Kleinflussgefahren (48.6632,15.5799)

2,5 kleine Fußg-II nach li Kirche von **A 3580 St. Bernhard Strögen** ⬆ die Befahrung wird vielfach hier beendet! (48.6684,15.6083)

0,3 Str-Ⅱ, Ortsende von **A 3580 St. Bernhard-Frauenhofen** mögliche ⬇ für die Taffa (48.6752,15.6311)

0,0 ⇩ Zusammenfluss Kleine Taffa und [löschen] Große Taffa zur Taffa (s. Seite 167) bei km 10,2 (48.6764,15.6345)

Purzelkamp

Kleinfluss, WW I-II
Mündung in Kamp bei km 93,4 (re Nebenfluss)

Der Purzelkamp verläuft als leichter Wildfluss durch ein enges, urwaldähnliches Waldtal.

Befahrbarkeit:	nur bei HW Zeit der Schneeschmelze – März, mit WW-tauglichen Kurzbooten
Pegel:	Ⅱ **Rastenberg**, km 6,4; NW 55 cm, ideal 70 cm
Schwierigkeiten:	im oberen Teilstück bis WW II+
Literatur:	„Der Kamp", 2. Aufl., Kajak-Flussführer von Walter Mück.
Kilometrierung:	teilweise aus Kartenmaterial und nach Luftbild

37,2 Quelle ca. 1,4 km nördlich von **A 3632 Bad Traunstein**, ca. 865 m ü. NN (48.4512,15.1119)

18,2 Str-Ⅱ, zwischen Rappoltschlag und Obernondorf, re**Ringmühle** höchstmögliche übliche ⬇ (48.5178,15.2496)

17,5 Blockstelle mit verzwickten Passagen, bis WW II+ (48.5171,15.2560)

17,3 ▬ Wehr Wasserableitung nach links, es folgen einige weitere ▬, vor evtl. Befahrung besichtigen, ⌂ jeweils einfach (48.5186,15.2606)

16,7 Str-Ⅱ, **A 3914 Waldhausen** kurze Mäanderstrecke (48.5197,15.2644)

15,5 landw. Wege-Ⅱ bei li **A 3914 Waldhausen-Loschmühle** Beginn einer sehr schönen, steilen Waldschlucht (48.5255,15.2729)

10,8 großes Sägewerk Furthmühle ⚠ am ▬ zurückgebaut (48.5306,15.3182)

6,2 Str-Ⅱ, L 8245, Rastenberg–Zwettl ⬆, falls der Stausee nicht befahren wird, re Latten-≣. In der Folge durchbricht der Fluss die letzten Granitausläufer des Waldviertels (48.5588,15.3215)

4,5 ▬ Wehr zur **Schöpfermühle**, weitere ⬆ Zufahrt mit Pkw möglich (48.5667,15.3206)

4,0 landw. Wege-Ⅱ Dahinter Beginn des Stausees (48.5699,15.3172)

2,8 In der Bucht re Bootsliegeplätze und am Ende Slipanlage mit Straßenanbindung nach **A 3532 Rastenfeld**, mögliche ⬆ (48.5755, 15.3138)

1,0 Str-Ⅱ, B 38, Purzelkampbrücke (48.5860,15.3164)

0,5 li Zugang zum ⛺ Lichtenfels am Kampsee Badestrand (48.5894,15.3213)

0,0 re Bootsverleih und Terrassencafe Ottenstein, Ausflugsschifffahrt, mögliche ⬆ (48.5902,15.3259);
re ⇩ der Purzelkamp in den Kamp (s. Seite 156) bei km 93,4, Seitenarm des Ottensteinsees. (48.5905,15.3254)

Zwettl

Kleinfluss, WW I-II
Mündung in Kamp bei km 113,9 (li Nebenfluss)

Waldviertel

Die Zwettl, der größte Nebenfluss des Kamp, verläuft vorwiegend durch landwirtschaftlich genutzte Gegend; sie ist fast durchgehend mit zahlreichen Wehren verbaut, die bei guter Wasserführung zumeist ≈ sind. Die Zwettl ist in ihrem Oberlauf ein mühsam zu befahrender Kleinfluss, im Unterlauf ein leichter Wildfluss. Insgesamt speisen mehr als 70 Klein- und Kleinstbäche die Zwettl.

Befahrbarkeit:	Frühjahr bis April und nach Regenfällen
Pegel:	Sportplatz-II, km 0,9; Minimum 165 cm.
	Bezugspegel: Kamp-≡ EB-II **Zwettl** , km 113.7; Minimum 185 cm
Schwierigkeiten:	Groß Gerungs bis Jagenbach km 15,7 teilweise WW II
	Jagenbach km 15,7 bis Mündung WW I
Literatur:	„Der Kamp", 2. Aufl., Kajak-Flussführer von Walter Mück

50,2 Ursprung zwischen **Karlstift** und **Langschlag** (48.5893,14.8086)
31,9 Str-II, B 119, **A 3920 Groß Gerungs** li oberste ⬇, Auf der Folgestrecke zahlreiche Kleinfluss-Hindernisse (48.5720,14.9712)
25,8 Weg gute ⬇ Auf 7 km bis WW II in kleiner Waldschlucht ca. 90 m südlich nachfolgend beschriebener Str.-II der B119 führt ein Weg zum Gehöft Schall, Nach wenigen Metern zweigt hiervon re ein Feldweg / Wanderweg ab, der nach weiteren ca. 650 m fast parallel zur Zwettl verläuft (48.6021, 14.9684)
24,9 Str-II B119, re **A 3920 Schall** (48.6035,14.9771)
19,7 ▬ Schrägwehr zur Klingenmühle H ca. 2,7 m (48.6257,14.9964)
18,8 Auf 3 km mühsame Mäander, vorwiegend durch Waldgebiet (48.6271, 15.0075)
15,8 ▬ Schrägwehr Jagenbach (48.6353,15.0322)
15,7 Str-II, L 8242, **A 3923 Jagenbach** Bis zur Mündung leichtes WW (WW I), insgesamt 11 ▬, bei HW durchweg ≈ (48.6356,15.0340)
13,6 ▬ Schrägwehr zur Mühle Rosenau-Dorf H ca. 1,8 m, re Umleitungsgerinne (48.6246,15.0532)
13,0 ▬ Schrägwehr Rosenau-Dorf (48.6238,15.0596)
12,0 rückgebautes ▬ ehemalige Mühle Negers (48.6182,15.0642)
11,3 ▬ Schrägwehr Holzmühle H ca. 2,7 m (48.6150,15.0681)
10,4 ▬ Schrägwehr Schloss Rosenau H ca. 2 m (48.6110,15.0776)
8,7 ▬ Schrägwehr ehemalige Mühle **Guttenbrunn** H ca. 2m, re Umleitungsgerinne (48.6034,15.0912)
7,8 ▬ Sohlrampe am li Schickenhof (48.6041,15.1012)
7,2 ▬ Wehr Gerölleintrag von li Bach, li ≈ (48.6022,15.1083)
4,5 ▬ Schrägwehr **Syrafeld** H ca. 2 m, li Sägewerk, landschaftlich sehr

schön (48.5963,15.1285)
3,3 Str-II, B 38n, Umfahrung Zwettl (48.6025,15.1406)
1,4 1. ▬ Schrägwehr Zwettl (48.6081,15.1574)
1,1 neuer ≡ Zwettl - Sportplatz (48.6077,15.1605)
0,8 2. ▬ Schräwehr **Zwettl** (48.6076,15.1637)
0,0 ⇩ der Zwettl in den Kamp (s. Seite 156) bei km 113,9 (48.6026,15.1688)

Kleiner Kamp

Kleinfluss, WW III-IV, WW V-VI
Mündung in Kamp bei km 131,5 (re Nebenfluss)

Waldviertel
Der Kleine Kamp bietet sowohl im Ober- wie auch im Unterlauf jeweils sehr interessante WW-Abschnitte, mit Schwierigkeiten bei WW V. Dazwischen ist der Kleine Kamp auf weiten Strecken ein Kleinfluss, der infolge zahlreicher, stark verwachsener Mäander nur recht mühsam zu befahren ist.

Befahrbarkeit: Zeit der Schneeschmelze März und nach starken Regenfällen
Pegel: Kamp-≡ **Zwettl**, km 8,6; Minimum 200 cm
Literatur: „Der Kamp“, 2. Aufl., Kajak-Flussführer von Walter Mück

23,8 Ursprung im Weinsberger Wald in 920 m Höhe (48.4025,14.9661)
18,2 ⇩ Prinzbach, oberste mögliche ⬇ (48.4346,15.0118)
15,5 Die folgende Steilzone beginnt bei der Mühle mit einer sehr schweren Stelle, WW V, re gut zu ⏏. Danach geht es etwa 600 m weit mit großem Gefälle und starker Verblockung weiter. Zum Abschluss eine sehr enge Passage, WW III–IV. ⚠ (48.4536,15.0198)
11,7 Str-II nach re **A 3633Schönbach** übliche ⬇ (48.4673,15.0415)
9,5 li ⇩ des Lohnbach (s. Seite 171) in den Kleiner Kamp (48.4794,15.0442)
6,1 ▬ Wiesmühle Zufahrt Wegweiser nach **Kleinkamp**. Es folgen stark verwachsene Mäander (48.4911,15.0643)
4,9 Blockwildnis „Schütt“ Wer die vorausgehenden Schwierigkeiten vermeiden will, kann auch hier ⬇. Man folgt dazu etwa 500 m dem Feldweg, der von der Abzweigung nach **Kleinkamp** nach Nord-Osten führt. Das Flussbett ist zunächst völlig verrammelt, re 200 m weit ⏏. Die Folgestrecke bietet herrliches Wildwasser, starke Verblockung, Gefälle 18 ‰. In dem Gewirr von Felsen ist sehr genaues Fahren erforderlich. Besonders anspruchsvoll der „Lange Schuss“ und die „Hochschaubahn“, WW IV (48.4967,15.0671)
3,0 Str-II, **Oedmühle** Zufahrt von Grünbach (48.5096,15.0782)
1,9 ⚠ Weitere totale Verblockung ≋ nur bei HW ≡ über 220 cm (48.5144, 15.0869)
1,7 2x ▬ Wehr in **Rapottenstein**, ≋, Gute ⬆ vor dem 1. ▬. Weiterfahrt durch Mäander, WW I, 2 weitere ▬ (48.5149,15.0888)
0,0 ⇩ Zusammenfluss von Kleiner Kamp und Großer Kamp (s. Seite 171) zum Kamp (s. Seite 156) bei km 131,5. (48.5261,15.0944)

Lohnbach

Kleinfluss, WW III-IV
Mündung in Kleiner Kamp bei km 9,5 (li Nebenfluss)

Aus den Quellflüssen Schönfeldbach und Arbesbach entsteht der Lohnbach. Der Lohnbach ist nur auf eine kurze Strecke befahrbar und verläuft durch ein unberührtes, schützenwertes Biotop mit Schwierigkeiten bis WW V. Der Bach fließt praktisch unter den Steinen, erst bei HW wird er sozusagen oberirdisch. Eine Befahrung sollte, wenn überhaupt, nur in ganz kleinen Gruppen unter möglichster Schonung der Ufer durchgeführt werden. Der Lohnbachfall in der wildromantischen Landschaft des Waldviertels ist Naturdenkmal, aber auch eine Wanderung wert.

Befahrungsregeln:	Ökologische Empfehlung: möglichst Befahrungsverzicht, da europaweit geschützter Wasserlebensraum!
Befahrbarkeit:	Frühjahr bis April
Pegel:	Kamp-≣ Zwettl- Bahnbrücke, km 113,7; günstig etwa 220 cm
Karten:	Jübermann Wassersport-Wanderkarte Nr. 5 ISBN: 978 3 929540-32-1 / Gen.-Karte Österreich Nr. 1, D 3

2,1 Wanderweg-II, ⬇ für Befahrung der Lohnbachfälle (Wegweiser zum Lohnbachfall); zunächst in sehr schöner Landschaft leicht. Wenn die Wasseroberfläche wie abgeschnitten erscheint, ↰ und 100 m ⏏ (die „Steinerne Stube“ ist wohl immer X). Am Ende dieser Strecke 6 m hoher Abfall, evtl. ≈, absichern! Danach li fahren. Auf 100 m WW IV. Anschließend bis zur ⇩ wieder leicht (48.4789,15.0233)

1,8 Beginn der Wasserfälle, Gesamthöhendifferenz ca. 45 m. Unbedingt vom Wandersteig aus vorher besichtigen und Steilabfall absichern! (48.4782, 15.0267)

1,7 re Naturdenkmal „Steinerne Stuben“, in diesem Bereich immer X, ⏏ (48.4790,15.0280)

1,5 Ende der Wasserfälle (48.4805,15.0289)

0,0 ⇩ des Lohnbach in den Kleiner Kamp (s. Seite 170) bei km 9,5 (48.4794, 15.0442)

Großer Kamp

Kleinfluss, WW I-II, WW III-IV
Mündung in Kamp bei km 131,5 (li Nebenfluss)

Waldviertel

Der Große Kamp ist in seinem Oberlauf ein enger Kleinfluss mit zahlreichen Mäandern, in seinem Unterlauf ein interessanter Wildbach in schöner Waldschlucht, mit unfahrbaren Teilstrecken. Einzelne, nachfolgend nicht verzeichnete Wehre sind je nach Wasserstand fahrbar.

Befahrbarkeit:	nur bei HW (Zeit der Schneeschmelze und nach starken Regenfällen)
Pegel:	Kamp-Pegel Zwettl, Minimum 210 cm. Neustift, km 7,1

	Minimum 65 cm Kamp-Pegel Ritterkamp (Kamp, km 0) Minimum 115 cm.
Schwierigkeiten:	km 7,3–0,3 WW III und II, im übrigen Kleinflussschwierigkeiten
Literatur:	„Der Kamp“, 2. Aufl., Kajak-Flussführer von Walter Mück

26,5 Str-II, **Neumühle/Langschlägerwald** oberste mögliche ⬇. Der nur 2–3 m breite Bach läuft in vielen Mäandern durch einige Waldengen (48.5263, 14.8824)

17,5 Str-II, B119 **A 3925 Arbesbach-Groß Gerungs** empfohlene ⬇ (48.5062, 14.9556)

16,4 Str-II **A 3925 Kamp A 3920 Haselbach** Mäanderstrecke (48.5050, 14.9674)

15,1 Gruberg, Mühle, Beginn eines herrlichen Waldtales mit leichten Blockstrecken, WW I–II (48.5018,14.9784)

13,5 ⚠ Auf 800 m „Höllfall“ Der Steilabbruch ist mit riesigen Blöcken total versperrt, **X**, am Anfang und Ende der Steilzone finden sich anspruchsvolle Passagen, WW IV, Erkundung und ⌓ auf Wanderweg am re Ufer (48.5012,14.9931)

12,8 II **A 3911 Petrobruck–A 3911 Haselbach** ⬇. Folgestrecke mit stark verwachsenen Mäandern (48.5050,14.9984)

9,8 Str-II Hausmühle ⚠ es folgt der Feuranz–Katarakt, nur bei schwerem HW evtl. ≋, im Eingang WW IV. Weiter starke Mäander (48.5019, 15.0205)

7,7 Str-II **A 3911 Neustift**, ≣ Pegel. Es folgt der schönste Teil des Großen Kamp, das sog. „Paradies“, eine Waldschlucht mit sehr starkem Gefälle, WW III–II, bei HW (Pegel Neustift 90 cm) mit Stellen WW IV. Die Befahrung des Großen Kamp wird vielfach erst hier begonnen (48.5080, 15.0375)

6,8 ⚠ Eisgraben, total verblockter Absturz in li-Kurve li 50 m weit ⌓, mühsam, ⬇ in die kleine Granitklamm. Bei HW Lebensgefahr!, Ausstiegsstelle absichern! (48.5126,15.0449)

6,5 Str-II, **Heumühle** gute ⬇ ohne ⌓-Probleme. Einige alte ▬ sind je nach Wasserstand gut ≋ (48.5147,15.0486)

5,4 Str-II, L 7312, **A 3911 Grünbach A 3911 Reichenbach** Nachlassen der Schwierigkeiten (48.5200,15.0573)

3,1 Str-II, **A 3911 Grünbach** nach **A 3911 Kirchberg** (48.5292,15.0664)

0,1 Str-II B124 (48.5261,15.0929)

0,0 ⇩ Zusammenfluss von Kleiner Kamp (s. Seite 170) und Großer Kamp zum Kamp (s. Seite 156) bei km 131,5. (48.5261,15.0944)

Weitenbach

Weitere Namen: Höllerbach
Kleinfluss, WW I-II, WW III-IV
Mündung in Donau bei amtl. km 2038,8 (li Nebenfluss)

Waldviertel
Der Weitenbach ist ein landschaftlich sehr schöner, leichter Wildbach des südlichen Waldviertels.

Befahrbarkeit: Zeit der Schneeschmelze und nach längeren Regenfälen.
Pegel: Wollfabrik, km 2,0; Minimum 185 cm = 2 m³/s
Literatur:

35,9 Ursprung aus mehreren Teichen bei **Gutenbrunn** in etwa 912 m Höhe (48.3630,15.1138)
29,1 Wege-II, 2 km unterhalb **A 3664 Martinberg** nach ⇩ mehrerer Bäche mögliche ⬇, schmaler Bach, mehrere ▬, nur für Kleinflussliebhaber (48.3608,15.1743)
26,4 Str-II, B 36, Beginn einer Steilzone ⚠ WW III bis zu einer kleinen II, hier ⬆ und die folgen-den 200 m besichtigen. Sehr starkes Gefälle, zumeist durch Bäume total verrammelt, ⏏. Danach wieder ⬇. WW IV, abnehmend WW III (48.3416,15.1658)
23,6 re Str-II, B 36, Ortsumfahrung von Würnsdorf kanalisiert mit kleinen Stufen, gut ≈. Vor Befahrung von der Straße aus besichtigen; es besteht die Gefahr, dass Baumstämme vom Sägewerk im Wasser liegen, keine Möglichkeit zum Anhalten, da keine Kehrwasser! In der Ortsdurchfahrt keine besonderen Schwierigkeiten, 2 ▬, gut ≈ (48.3223,15.1702)
22,8 Str-II **A 3650 Würnsdorf** empfohlene ⬇ (48.3162,15.1735)
21,3 re ⇩ des Laimbach, Schnelle Strömung, mehrere Stufen, nach Besichtigung ≈ (48.3129,15.1901)
20,4 Str-II, li **A 3650 Pöggstall** (48.3137,15.1997)
19,7 Wege-II bei **A 3650 Pöggstall** es folgt eine sehr schöne Waldschlucht, WW II, li oben Kirche St. Anna, ⌘, Straße weitab (48.3121,15.2072)
17,7 bis ⇩ Straße neben dem Fluss mehrere ▬ Wehre (48.3168,15.2170)
14,8 ▬ Wehr Greißl, **X**, li umheben (48.3078,15.2450)
13,5 Str-II, ⚔ Am Schuss (48.3026,15.2572)
12,2 Str-II **A 3653 Weiten** im Ort ▬ Betonstufe mit gefährlichem Rücklauf, re ⏏, Besitzer des Grundstückes fragen. Weiterhin landschaftlich sehr schön, zahlreiche Burgen und Ruinen, mehrere ▬ Wehr nach Besichtigung ≈, WW I–II (48.2926,15.2636)
2,0 ≡ Wollfabrik (48.2402,15.2833)
0,1 li ⇩ des Weitenbach in die Donau (s. Seite 34) bei amtl. km 2038,8, bei **Weitenegg**, Ruine, in den gestauten Seitenarm. Dahinter öffnet sich das Weitental mit seinen Burgen und anmutigen Orten
, ⬆ im Altarm der Staustufe **Melk** (48.2291,15.2978)

Große Ysper

Kleinfluss, WW I-II, WW III-IV, Gebirgsfluss [WW]
Mündung in Donau bei amtl. km 2065,7 (li Nebenfluss)

Waldviertel

Die Große Ysper entspringt am Weinsberger Wald und zieht mit starkem Gefälle in südlicher Richtung zur Donau. Bis zum Jahre 1983 bei Kanuten unbekannt, bietet sie doch eines der interessantesten Wildwassererlebnisse im Waldviertel.

Befahrbarkeit: Zeit der Schneeschmelze, März - April

Pegel: Ⅱ **Ispersdorf**, km 1,0; Minimum 170 cm, MW 190 cm.

Schwierigkeiten: km 15,0–2,0 WW I - II, im Bereich der Waldschlucht bis WW IV

Karten: Jübermann Wassersport und Wildwasserkarte Nr. 5, ISBN: 978-3-929540-32-1Gen.-Karte Österreich Nr.

29,1 Ursprung am Weinsberg in 1.041 m Höhe (48.3822,15.0552)

22,8 Ysperklamm, ⌘, schöner Klammsteig, Gefälle 25 ‰ (48.3399,15.0605)

14,9 Str-Ⅱ, **A 3683 Ysper**, mögliche ⬇ zunächst leicht, Wiesenmäander, einige ▬, ≈ (48.2854,15.0655)

12,1 li günstige ⬇ vor der Waldschlucht, 2 km unterhalb von Altenmarkt Straße am li Flussufer (48.2678,15.0580)

12,0 –7,0 Sehr schöne Waldschlucht über 5km. Bei einem Gefälle von 30 ‰ bietet sie fast durchweg sehr interessantes WW, mit einigen verblockten Stufen bis knapp WW IV (48.2677,15.0572)–(48.2355,15.0374)

6,1 Nachlassen von Gefälle und Schwierigkeiten (48.2298,15.0329)

4,1 re ⇩ der Kleine Ysper (s. Seite 174) in die Große Ysper, der Fluss wird breiter, weiter schönes, leichtes WW I - II (48.2173,15.0250)

2,1 Günstige ⬆ an der Straße. Eine Weiterfahrt bis zur Donau ist jedoch gut möglich und lohnend. Die noch folgenden ▬ sind ≈ (48.2077,15.0114)

1,0 Str-Ⅱ, **A 3681 Ispersdorf**, ≣ (48.2030,15.0028)

0,0 li ⇩ der Große Ysper in die Donau (s. Seite 34) bei amtl. km 2065,7, bei **A 3681 Isperdorf**, Yachthafen. Grenze zwischen Ober- und Niederösterreich (48.1958,15.0027)

Kleine Ysper

Kleinfluss, WW III-IV

Mündung in Große Ysper bei km 4,1 (re Nebenfluss)

Die Kleine Ysper ist im Ganzen schwerer und als Wildwasser interessanter als die Große Ysper. Insgesamt 11 km bis ⇩

Befahrbarkeit: Zeit der Schneeschmelze (März–April).

Pegel: Bezugspegel: Isper-≣ km 1 **Ispersdorf**; Minimum 170 cm, günstig 190 cm

Karten: Jübermann Wassersport-Wanderkarte Nr. 5 ISBN: 978 3 929540-32-1 / Gen.-Karte Österreich Nr. 1, F 3.

16,3 Ursprung der Ysper auf 980 m Höhe (48.3232,14.9809)

11,0 ⬇ unterhalb einer **X** Gefällezone, nach **A 4392 Dorfstetten** Zunächst Wiesenmäander, später ein 3 m hoher Abfall mit verwinkelter Aus-fahrt, WW IV. Mehrere ▬, nur teilweise ≈. Gefällstrecke mit künstlichen Einbauten bei einer Mühle, Achtung auf niedrige Ⅱ. Im letzten Drittel eine

1 km lange Gefällstrecke, WW III–IV. Gefälle auf Teilstrecken bis 40 ‰. Die Kleine Isper ist im ganzen schwerer und als Wildwasser interessanter als die Große Isper.
(48.2832,14.9886)

0,0 ⇩ der Kleine Ysper in die Große Ysper (s. Seite 173) bei km 4,1, der Fluss wird breiter, weiter schönes, leichtes WW I - II (48.2173,15.0250)

Klambach

WW III-IV, WW V-VI, Wiesenbach
Mündung in Donau bei amtl. km 2084,9 (li Nebenfluss)

Der Klambach ist nur auf kurzer Strecke ein interessanter Wildbach, im Übrigen ein reiner Wiesenfluss

Befahrbarkeit: nur bei kräftigem HW
Karten: Jübermann Wassersport-Wanderkarte Nr. 5 ISBN: 978 3 929540-32-1 / Gen.-Karte Österreich Nr. 3, D 1

11,5 Zusammenfluss der Quellflüsse Klausbach und Käfermühlbach (48.2542, 14.7759)

6,4 Str-Ⅱ **A 4352 Klam bei Grein** bei einer Mühle am Eingang der Klamschlucht Auf 1 km enges, stark verblocktes Wildwasser mit scharfen Ecken, Gefälle bis 50 ‰, WW IV–V.
(48.2205,14.7804)

5,6 Am Ende der Schlucht ▬ Wehr, **X** (48.2156,14.7775)

4,2 Str-Ⅱ B3, li **A 4351 Saxen** Ende der WW-Strecke. Auf den restlichen 4 km bis zur ⇩ reiner Wiesenfluss (48.2085,14.7834)

0,0 li ⇩ des Klambach in die Donau (s. Seite 34) bei amtl. km 2084,9, Badesee (48.1911,14.0198)

Naarn

Kleinfluss, WW V-VI, Gebirgsfluss
Mündung in Donau bei amtl. km 2090,1 (li Nebenfluss)

Waldviertel
Die Große Naarn und die anschließende Naarn sind landschaftlich sehr schöne und auf längeren Abschnitten die wohl schwersten Flüsse nördlich der Donau.

Befahrbarkeit: März - April, später nur nach stärkeren Regenfällen.
Umwelt: sehr sauber
Pegel: Molkerei–Ⅱ am Ortsende von **Königswiesen**
km 46,0: Minimum 150 cm, ideal 170 cm.
Beim Gehöft **„Hoser in der Haid“** südlich von **Arbing**, km 6,0; ideal 195 cm, entspricht 10 m³/s
Schwierigkeiten: km 27,4–13,0 WW IV und V (VI), Gefälle 35 ‰, lebensgefährliche Siphone
km 13,0–0,0 Zahmwasser.

Literatur:

27,4 ⇩ Zusammenfluss Kleine Naarn (s. Seite 177) und Große Naarn (s. Seite 177) zur Naarn (48.3455,14.7178)
27,2 Str-II, B 124 (48.3446,14.7164)
26,9 ▬ Wehr (48.3420,14.7143)
26,5 ▬ Staustufe mit ↯, X, Übliche ⬇ für die Befahrung der drei Schluchten der Naarn mit ihrem extrem schweren Wildwasser. Die erste Schlucht beginnt sofort mit starkem Gefälle und schönen Abfällen, sie ist jedoch die leichteste der drei Schluchten (WW IV–/V–) (48.3388,14.7123)
24,3 ▬ Wehr, ≋ wenn offen (48.3252,14.6933)
23,9 ⚠ Beginn der 2. Schlucht Die Einfahrtsstufe ist eine wasserfallähnliche Engstelle: sie wurde schon befahren, es wird jedoch dringend empfohlen, diese Stelle zu ⏏. Das Unterwasser ist steckgefährlich und der darauffolgende Felsriegel siphoniert, WW VI. Danach sehr anspruchsvolles Wildwasser. An der Stelle, wo die neben der Naarn verlaufende Rohrleitung den Fluss quert, befindet sich ein verklemmungsgefährlicher Abfall, ganz li ≋. Bald danach versperrt ein flacher Felsriegel fast den ganzen Fluss, er kann einen Siphon bilden. Die Schwierigkeiten der 2. Schlucht betragen fast durchgehend WW IV–V (48.3223,14.6911)
21,7 ▬ Wehr, ≋ (48.3078,14.6770)
20,7 ▬ Wehr beim ✕ „Jägerheim" ganz re durch Seiteneingang ≋. Bei unzureichender Wasserabgabe muss die Fahrt hier abgebrochen werden. Beginn der 3. Schlucht. Der folgende, 150 m lange Katarakt hat WW V+. Auch auf den folgenden 2 km liegen die Schwierigkeiten selten unter WW IV (48.3049,14.6648)
18,8 ⚠ Falkensteinkatarakt, WW V- danach Ende der 3. Schlucht. Abnahme der Schwierigkeiten, WW III (48.2895,14.6585)
17,7 ▬ Wehr mit Wasserableitung, evtl. ≋ (48.2813,14.6522)
17,3 ▬ Wehr, ≋ (48.2791,14.6497)
16,6 ▬ Wehr, X, re ⏏ Die Möglichkeit zur Weiterfahrt ist von der Wasserabgabe abhängig (48.2797,14.6414)
14,5 ▬ Wehr Kuchlmühle, ≋ (48.2623,14.6371)
14,4 Str-II, ✕ Kuchlmühle (48.2618,14.6368)
13,9 Bei der Ortstafel **„Perg"** noch eine Stelle WW IV; danach ▬, ganz li gut ≋ (48.2579,14.6366)
13,3 ▬ Wehr am Endes des Strandbades Perg, gut ≋ (48.2527,14.6370)
13,0 Str-II, **A 4230 Perg** (Hafnerplatz) danach ▬ Wehr, ⬆ Ende der WW-Strecke, die Befahrung der Naarn wird zumeist hier beendet. Die folgende Flussstrecke bis zur Donau ist Zahmwasser, reguliertes Flussufer, über ▬ ist nichts bekannt. Dieser Unterlauf der Naarn wird praktisch nie befahren (48.2502,14.6372)
10,7 Str-II, B3 (48.2335,14.6457)

6,1 ≣ beim Gehöft **„Hoser in der Haid“** (48.2039,14.6881)
0,0 li ⇩ der Naarn in die Donau (s. Seite 34) bei amtl. km 2090,1 (48.1759, 14.7498)

Große Naarn

Weitere Namen: Klammleitenbach
Kleinfluss, WW I-II, WW III-IV, Gebirgsfluss
Mündung in Naarn bei km 27,4 (li Nebenfluss)

Waldviertel
Die Große Naarn und die anschließende Naarn sind landschaftlich sehr schöne und auf längeren Abschnitten die wohl schwersten Flüsse nördlich der Donau.

Befahrbarkeit: März – April, später nur nach stärkeren Regenfällen
Pegel: Molkerei-Ⅱ am Ortsende von **Königswiesen** km 18,7: Minimum 150 cm, ideal 170 cm.
Beim **Gehöft „Hoser in der Haid“** südlich von **Arbing**, km 6,0 der Naarn; ideal 195 cm entspricht 10 m³/s
Schwierigkeiten: km 18,8–10,2 Kleinfluss
km 10,2–4,6 WW II–IV.
km 4,6–0,0 Kleinfluss

18,8 li ⇩des Schwarzaubach (s. Seite 178) in die Große Naarn (48.4098, 14.8457)
18,7 Str.-Ⅱ B124 am Ortsende **A 4280 Königswiesen** ≣ bei Molkerei-Ⅱ. ⬇ Bei gutem Wasserstand kann die Befahrung der Große Naarn hier begonnen werden. Zunächst Wiesenfluss mit zahlreichen, stark verwachsenen Mäandern (48.4039,14.8379)
10,2 Ruine **Ruttenstein** Übliche ⬇ falls nur die WW Strecke der Großen Naarn befahren werden soll. Beginn der Schwierigkeiten, schnelle Strömung, starkes Gefälle, erhebliche Verblockung, bis WW III+, landschaftlich sehr schön (48.3786,14.7800)
8,4 Kurz nacheinander 2 ▬, beide ≋. Kurz danach „Kraftwerkskatarakt“, auf 200 m WW IV. Anschließend WW III, auf WW I sinkend (48.3671,14.7677)
4,6 **A 4282 Pierbach** Ende der WW-Strecke der Großen Naarn. Auf 4 km verwachsene Mäander (48.3487,14.7523)
0,0 ⇩ Zusammenfluss Kleine Naarn (s. Seite 177) und Große Naarn zur Naarn (s. Seite 175) bei km 27,4 (48.3455,14.7178)

Kleine Naarn

Kleinfluss, WW I-II, WW III-IV, Gebirgsfluss
Mündung in Naarn bei km 27,4 (re Nebenfluss)

Die Kleine Naarn ist ein auf 2 Teilstrecken befahrbarer interessanter Wildbach.
Befahrbarkeit: bei HW und nach stärkeren Regenfällen.
Pegel: **Unterweisenbach**; günstig 155 – 175 cm

Schwierigkeiten: 1. Teilstrecke: WW I-IV
2. Teilstrecke: WW I (III)

15,7 Str-Ⅱ **A 4273 Unterweißenbach**, ⬇ für die 1. Teilstrecke (48.4328, 14.7798)
9,8 Grubmühle, ⬆ für die 1. Teilstrecke (48.4000,14.7577)
4,0 Heindlmühle, ⬇ für die 2. Teilstrecke
0,0 ⇩ Zusammenfluss Kleine Naarn und Große Naarn (s. Seite 177) zur Naarn (s. Seite 175) bei km 27,4 (48.3455,14.7178)

Schwarzaubach

Kleinfluss, WW III-IV, WW V-VI
Mündung in Große Naarn bei km 18,8 (li Nebenfluss)

Der Schwarzaubach ist ein extrem schwerer Wildbach.
Befahrbarkeit: bei HW
Pegel: Bezugspegel: Gr. Naarn, **Königswiesen**, günstig 170–180 cm
Karten: Jübermann Wassersport-Wanderkarte Nr. 5 ISBN: 978 3 929540-32-1 / Gen.-Karte Österreich Nr. 3, C 14

3,2 Str-Ⅱ, re nach **A 4280 Hörzenschlag**, ⬇ (48.4237,14.8728)
0,0 ⇩des Schwarzaubach in die Große Naarn (s. Seite 177) bei km 18,8 (48.4098,14.8457)

Aist

WW I-II, WW III-IV
Mündung in Donau bei amtl. km 2108,4 (li Nebenfluss)

Der Unterlauf der Aist ab Riedlhammer zählt zu den beliebtesten Standardstrecken im Mühlviertler Frühjahr.
Schwierigkeiten: WW II-III
Karten: Jübermann Wassersport-Wanderkarte Nr. 5 ISBN: 978 3 929540-32-1 /

13,7 ⇩ Zusammenfluss Feldaist (s. Seite 182) und Waldaist (s. Seite 180) Zur Aist (48.3199,14.5652)
12,9 ⇩ des Kettenbach (s. Seite 181) in die Aist (48.3178,14.5732)
11,5 ▬ Wehr (48.3065,14.5706)
10,6 ▬ Wehr von **A 4312 Josefsthal** bei höherem Wasserstand wird wegen der starken Deckwalze von einer Befahrung dieses ▬ abgeraten, bei MW ist das ▬ ≋, li ⏏.
⬆ Die Fahrt wird vielfach bei der Ⅱ unterhalb des ▬ von Josefsthal abgebrochen.
Es folgen bis Schwertberg 5 ▬ Wehre, die jeweils zu längeren Staustrecken führen. Die Befahrung ist nicht mehr lohnend (48.3004,14.5777)

10,0 ▬ Wehr (48.2974,14.5770)
9,1 ▬ Wehr (48.2913,14.5773)
8,1 ▬ Schrägwehr (48.2851,14.5825)
7,3 ▬ Wehr (48.2776,14.5813)
6,5 ▬ Wehr (48.2714,14.5777)
6,4 Str-II, **A 4311 Schwertberg** (48.2707,14.5775)
3,9 ▬ Wehr (48.2574,14.5818)
0,0 li ⇩ der Aist in die Donau (s. Seite 34) bei amtl. km 2108,4 (48.2308, 14.5648)

Schwarze Aist

Kleinfluss, WW I-II, WW III-IV, WW V-VI, Gebirgsfluss
Mündung in Waldaist bei km 35,1 (re Nebenfluss)

s. Waldaist

Befahrbarkeit:	März bis Mai, im Sommer nach starken Regenfällen
Schwierigkeiten:	WW I–II–III–IV–V
Karten:	Jübermann Wassersport-Wanderkarte Nr. 5 ISBN: 978 3 929540-32-1 /

25,5 Ursprung der Schwaze Aist am Brockenberg (1053 m) Liebenau; sie durchquert anschließend das Naturschutzgebiet „Große Heide". Schon ab einem Pegel Weitersfelden von 165–170 cm kann man als höchstmögliche ⬇ die Abflüsse des Stierhübelteiches nahe Karlsstift (Kombach bzw. Weitenbach) oder des Muckenteiches (Muckenbach) wählen. Sie beginnen zunächst als wenig attraktive Stichkanäle, bieten jedoch auf ihren letzten etwa 3 km zauberhafte Kleinflusslandschaften, WW II (48.5251,14.7978)
19,8 re ⇩ des Muckenbach (48.5638,14.7630)
18,6 re ⇩ des Weitenbach (48.5621,14.7491)
15,8 Str-II, re **A 4251 Gugu** mögliche ⬇ Die Schwarze Aist ist hier zunächst ein Kleinfluss der Hochebene mit zahlreichen Mäandern, WW I (48.5525, 14.7324)
11,8 ⚠ Steilzone mit 40 ‰ Gefälle, sehr schmales Bachbett, WW III–IV (48.5358,14.7210)
9,8 li Sägewerk Saghammer ▬ Wehr, X, ⩟. Erneut WW I. Bis km 5,9 Straße in Flussnähe (48.5234,14.7099)
6,9 ⚠ Weitere Steilzone, mit 30 ‰ Gefälle WW III. Es folgt ▬ Sohlstufe, 2 m hoch, ≋. 30 m danach völlig unterspülte Flussverbauung (alte Geschiebebremse, unbedingt vorher ⬆!) (48.5094,14.6870)
5,9 Str-II, **A 4272 Harrachstal** gute ⬇, WW III sinkend auf WW I (48.5031, 14.6870)
0,1 Str-II, **A 4272 Weitersfelden** ≣ (48.4716,14.7217)
0,0 ⇩ und Zusammenfluss von Schwarze Aist und Weiße Aist zur Waldaist (s. Seite 180) bei km 35,1 (48.4706,14.7223)

Waldaist

WW I-II, WW III-IV, WW V-VI, Aulandfluss, Mittelgebirgsfluss
Mündung in Aist bei km 13,7 (li Nebenfluss)

Eine Befahrung der Wald-Aist mit ihrem Quellfluss Schwarze Aist zählt zu den abenteuerlichsten und eindrucksvollsten Unternehmungen im Granithochland der Böhmischen Masse. Die sprunghaften Wechsel im Gefälle und die einsamen Waldschluchten des Oberlaufs verlangen genaue Ortskenntnis; der Unterlauf ab **Riedlhammer** zählt zu den beliebtesten Standardstrecken im Mühlviertler Frühjahr.

Befahrbarkeit:	März bis Mai, im Sommer nach starken Regenfällen
Umwelt:	klares Moorwasser
Pegel:	s.Internet: Ⅱ **Weitersfelden**; NW 150 cm; ideal 170 cm; darüber erhebliche Zunahme der Schwierigkeiten.
	Pfahnl - Mühle; NW 110 cm; ideal 140 cm
Schwierigkeiten:	km 35,1–18,6 WW I – II – III – IV - V, Gefälle bis 70 ‰
	km 18,6–0,0 WW II und III, Gefälle 10 ‰
Literatur:	

35,1 ⇩ und Zusammenfluss von Schwarze Aist (s. Seite 179) und Weiße Aist zur Waldaist (48.4706,14.7223);
Die Straße verlässt das Flusstal. Zunehmendes Gefälle in schöner Waldschlucht mit flotten Schwallstrecken, WW II (48.4703,14.7222)

33,7 ▬ Wehr, geringer Wasserentzug bis km 32,0, **X**, In der folgenden Steilzone mit 40 ‰ Gefälle steigern sich die Schwierigkeiten bis WW V. ⩍ li auf Güterweg möglich (48.4618,14.7265)

32,0 ▬ Wehr Pieberbachmühle, **X**, Zufahrtsmöglichkeit für Pkw. Der Fluss wechselt hier unvermutet von der Granitschlucht in ein flaches Waldtal, WW I. Mehrere ▬, meist ≈ (48.4507,14.7313)

26,7 Str-Ⅱ, Haidmühle, Zufahrtsmöglichkeit von Haid ⬇ für den schwersten Abschnitt der Wald-Aist. Nach 500 m „Höllentor": scharfe re-Kurve mit Abfall, WW IV-. Einfahrt in eine finstere Waldschlucht, WW III, auf WW I sinkend (48.4308,14.7127)

23,6 Str-Ⅱ,Schwaighof ideale ⬆ vor der folgenden Riedlhammerstrecke (48.4227,14.6877)

21,3 ▬ Wehr Kleiner Rückstau, **X**, ⩍, Beginn der sehr schweren Wald-Aist-Katarakte. Die Boote können li auf einer für Pkw fahrbaren Fortstraße bis Riedlhammer transportiert werden.
Die extrem steile Granitschlucht mit 70 ‰ Gefälle bietet außer einem kurzen leichteren Zwischenstück bei der Haselmühle auf 3 km durchgehend WW V, äußerste Vorsicht und eingehende Besichtigung ist erforderlich (48.4213,14.6678)

19,1 ⚠ niedrige Ⅱ bei HW evtl. nicht unterfahrbar, anhalten davor kaum möglich, unbedingt erkunden (48.4179,14.6450)

18,6 re ⇩ des Stampfenbach (s. Seite 183) in die Waldaist (48.4143,14.6404)

18,5 Riedlhammer, übliche ⬇ für die Befahrung des leichteren Teils der Wald-Aist beim ✕ „Waldaist", ▬ Wehr (steile Betonrutsche), ≈, anschließend stark verblockte Gefällstrecke (WW III), die Schwierigkeiten lassen schnell nach. Es folgen mehrere ▬ Wehre, die sämtlich leicht ≈ sind. Auf mehrere km keine nennenswerten Schwierigkeiten, die Wald-Aist hat hier den Charakter eines Auenflusses (48.4137,14.6404)

12,6 Beginn einer Waldschlucht die Schwierigkeiten nehmen zu, leichte Verblockung, technisch interessant, WW II–III (48.3973,14.6099)

9,1 Schluchtende, der Schluchtausgang ist durch große Granitblöcke erheblich eingeengt schwierigste, doppel-S-förmige Stelle der unteren Wald-Aist, WW III+. Es folgen weitere Mühl-▬ ≈ (48.3761,14.5872)

7,9 ▬ Wehr Es empfiehlt sich, vor dem Rückstau des letzten ▬ ⬆, da beim ≙ des ▬ von km 7,3 mit Problemen mit dem Grundeigentümer zu rechnen ist, evtl. umfahren bis km 6,3 (48.3670,14.5855)

7,3 ▬ Wehr Pfahnl-Mühle, ≡ Eine S-förmige verblockte Stufe führt in eine gut 1 km lange Schwallstrecke, WW III. (48.3650,14.5823)

3,5 ▬ Wehr (48.3429,14.5780)

2,6 ▬ Wehr (48.3382,14.5706)

0,0 ⇩ Zusammenfluss Feldaist (s. Seite 182) und Waldaist Zur Aist (s. Seite 178) bei km 13,7 (48.3199,14.5652)

Kettenbach

Kleinfluss, WW I-II, WW III-IV
Mündung in Aist bei km 12,9 (li Nebenfluss)

Der Kettenbach bietet einen reizvollen Wechsel zwischen Waldschlucht und Wiesen, zwischen Wildwasser und Kleinfluss.

Befahrbarkeit:	nur bei HW
Pegel:	Bezugspegel: **Aistpegel Pfahnlmühle**, günstig etwa 220 cm
Karten:	Jübermann Wassersport-Wanderkarte Nr. 5 ISBN: 978 3 929540-32-1 / Gen.-Karte Österreich Nr. 3, D 1

21,3 Ursprung im östlichen Waldviertel (48.3943,14.6979)

9,9 Str-II, B 124, ⬇ unterhalb des Sägewerkes Stögmühle bei **A 4282 Tragwein** (Straße von Trag-wein nach Bad Zell). Kleiner, schnell fließender Bach, bis WW II (48.3367,14.6330)

7,2 Str-II, ⚠ auf 1 km einsame, landschaftlich schöne Waldschlucht starkes Gefälle, Achtung auf Baumversperrungen, WW IV (48.3165,14.6335)

5,9 Str-II, Ende der Waldschlucht. Bis kurz vor **Kriechbaum** leichter, aber immer noch schnell fließender Wiesenbach (48.3083,14.6332)

3,9 II, L,1416, nach **A 4284 Kriechbaum** auf 500 m Gefällestrecke neben der Straße, durch Büsche erheblich verwachsen (48.3102,14.6143)

2,7 Zahlreiche Mäander in breitem Talboden (48.3167,14.6028)

1,1 ⚠ Bis zur ⇩ wieder stärkeres Gefälle, WW III+, Baumversperrungen!

(48.3189,14.5868)

0,0 li ⇩ des Kettenbach in die Aist (s. Seite 178) bei km 12,9 (48.3178, 14.5732)

Feldaist

Kleinfluss, WW I-II, WW III-IV, Gebirgsfluss
Mündung in Waldaist bei km 0,0 (re Nebenfluss)

Oberösterreich

Die Feldaist ist ein landschaftlich sehr schöner Fluss im östlichen Mühlviertel. Sie ist auch als Wildwasser sehr interessant, streckenweise sehr schwer. Mehrere Wehre sind durchweg fahrbar. ⌘ der Kefermarkter Flügelaltar.

Befahrbarkeit:	Frühjahr während der Schneeschmelze und nach starken Regenfällen.
Umwelt:	Wasser sehr sauber, im Unterlauf leicht verschmutzt
Pegel:	Ⅱ am Ortsende von **Freistadt**, km 30,6; Minimum 115 cm. **Kefermarkt**, km 21,3; Minimum 150 cm
Schwierigkeiten:	km 41,3–29,6 WW I–II (III+) km 29,6–15,5 WW I (II+) km 15,5–9,2 WW II/IV- km 9,2–4,0 WW IV/V, Gefälle 20 ‰ km 4,0–0,0 WW I
Literatur:	s. auch Hans Matz, „Durch Österreichs Schluchten“.

41,3 Str-Ⅱ, re **A 4261 Rainbach im Mühlkreis** ≈ ab hier nur bei starkem HW! Minimum Pegel 145 cm, ideal 155 cm. Zunächst WW I–II, Steigerung auf WW III+ (48.5576,14.4874)

30,6 Str-Ⅱ am Ortsende von **A 4240 Freistadt** ≣ (48.4959,14.5084)

29,6 Übliche ⬇ etwa 1 km unterhalb des Ortsendes von Freistadt am l Ufer. Zunächst leicht.
▬ Wehr, ≈, Anschließend Blockstrecke, WW II+.
Es folgen 2 ▬, beide gut ≈
Nach den ▬ sehr schönes WW II, vorübergehend Wiesenfluss. (48.4923,14.5073)

23,8 Str-Ⅱ in der Nähe eines Bauernhofes Die folgenden 8 km sind reguliert, vielfach wird die Strecke bis km 15,5 mit Pkw umfahren (48.4672,14.5144)

21,3 Str-Ⅱ, **A 4292 Kefermarkt** ≣ (48.4396,14.5361)

18,0 ▬ Wehr (48.4141,14.5403)

15,5 Str-Ⅱ bei Mühle (48.3981,14.5454)

15,2 sehr schöne Blockstrecke, WW III+ (48.3964,14.5432)

12,7 ▬ Wehr aus großen Felsblöcken bei einer Mühle li ≈ dahinter enge und steile Durchfahrt zwischen großen Blöcken (WW IV–). ▬ und Blockstrecke vor Befahrung besichtigen!
Nach einer Ⅱ erneut leichte Blockstrecke (48.3804,14.5394)

10,7 ▬ Wehr, m ≈ (48.3688,14.5294)

9,4 ■ Wehr, re ≋ (48.3602,14.5290)

9,2 Großes ■ Wehr vor **A 4230 Pregarten** im Verschneidungswinkel ≋. Weiterhin sehr schöne Blockstrecken. ■ Wehr, ≋. Kurz hinter dem ■ folgt in einer deutlichen S-Kurve eine sehr enge, verblockte Durchfahrt mit starkem Gefälle, WW V, vor Befahrung besichtigen! Die folgenden 3 km bieten schweres WW, mit erheblicher Verblockung, starkem Gefälle, WW IV mit Stellen bis WW V. ■ Wehr in der Waldschlucht, li ≋. 100 m nach dem ■ bei einem Steg ↰ und die folgende Gefällestufe besichtigen. Es folgen noch einige weitere leichte Blockstrecken (48.3592,14.5284)

4,0 Das Tal weitet sich, Str-II, **A 4230 Giemböcksiedlung** ab hier keine wesentlichen Schwierigkeiten. Wiesenfluss (48.3302,14.5366)

3,8 ■ Wehr, ≋ (48.3290,14.5386)

0,0 re ⇩ Zusammenfluss Feldaist und Waldaist (s. Seite 180) bei km 0,0 Zur Aist (s. Seite 178) (48.3199,14.5652)

Stampfenbach

WW I-II
Mündung in Waldaist bei km 18,6 (re Nebenfluss)

Befahrbarkeit: Frühjahr
Schwierigkeiten: WW II+

11,2 Ursprung des Stampfenbach (48.4884,14.6409)

4,0 ⬇ unterhalb eines ■ bei einer Gerberei in Herzogreith Offener Wiesenbach mit einigen künstlichen Stufen, gut ≋, im Mündungskatarakt max. WW II+ (48.4158,14.6454)

0,0 ⇩ des Stampfenbach in die Waldaist (s. Seite 180) bei km 18,6 (48.4143, 14.6404)

Große Gusen

Weitere Namen: Gusen
Wildwasser, Gebirgsfluss
Mündung in Donau bei amtl. km 2113,6 (li Nebenfluss)

Die Große Gusen ist ein sportlich interessanter Wildbach in sehr schöner, weitgehend unberührter Landschaft.

Befahrbarkeit: im Frühjahr zur Zeit der Schneeschmelze und nach stärkeren Regenfällen
Umwelt: sehr sauber
Schwierigkeiten: km 36,4–25,5 WW II (III)
km 25,5–⇩ Zahmwasser WW II
Infrastruktur: zahlreiche schöne Zeltplätze
Literatur:

45,3 Ursprung des Große Gusen, es Endet hier der Fluss Rohrbach, im **Mühlviertel** in etwa 800 m Höhe

41,3 **A 4204 Reichenau im Mühlkreis** (48.4543,14.3526)

39,4 ■ Wehr, gesperrte Ⅱ übliche ⬇ am li Ufer. Schmaler Bach mit gutem Gefälle und leichter Verblockung inmitten von Wiesen. 2 ■ Wehr, beide ≋. Es folgt eine Felsbarre, **X** (48.4436,14.3658)

33,9 Str-Ⅱ Straßenabzweigung nach Matzelsdorf ■ Wehr. **X**, ⬇ falls der Wasserstand für die Befahrung der oberen Gusen nicht ausreicht (48.4109,14.3969)

33,5 ■ Wehr, ≋, Es folgt eine stärker verblockte Gefällstrecke, WW III+. weiterhin folgen:
■ Wehr, ≋
■ Wehr, ≋, große Steine im Unterwasser, ⏏ empfehlenswert.
Es folgt auf 300 m eine Blockstrecke mit scharfkantigen Felsen mit einem ≋ Abfall, WW III.
Kurz danach eine weitere, schwierige Blockstrecke mit starkem Gefälle, WW III+.
■ Wehr, ≋
■ Wehr, **X**, ⏏ (48.4079,14.3977)

25,5 Str-Ⅱ **A 4210 Gallneukirchen** ⬆ die Fahrt wird vielfach hier beendet. Die Große Gusen fließt anschließend durch eine breite Aulandschaft, bis zur ⇩, abgesehen von einer kurzen Strecke, Zahmwasser, mehrere ■ Wehre, die nur teilweise ≋ sind (48.3519,14.4144)

18,1 li ⇩ Kleine Gusen (auf Teilstrecken ≋) (48.3277,14.4775)

10,9 Str-Ⅱ, Kurze Talenge, mäßige Verblockung, WW II (48.2883,14.4683)

10,8 ■ Wehr, ≋, Anschließend eine kurze Strecke WW III- (48.2875,14.4663)

7,5 Str-Ⅱ **A 4222 St. Georgen an der Gusen** ⬆ am re Ufer. Eine Weiterfahrt ist nicht lohnend, da die Große Gusen ab hier reguliert ist (48.2717, 14.4507)

0,0 li ⇩der Große Gusen in die Donau (s. Seite 34) bei amtl. km 2113,6 (48.2454,14.4994)

Große Rodl

WW I-II, WW III-IV, WW V-VI, Gebirgsfluss
Mündung in Donau bei amtl. km 2145,0 (li Nebenfluss)

Die Rodl führt, auf langen Strecken weitab der Straße, durch die einsame und landschaftlich schöne Gegend des Mühlviertels. Sie ist als Wildwasser ein sehr interessanter und auf kürzeren Strecken sehr schwerer Wildfluss.

Befahrbarkeit: Zeit der Schneeschmelze bis spätestens Mai und nach starken Regenfällen

Pegel: Ⅱ **Rottenegg**, km 6,7 (s. Internet) Minimum 165 cm, dabei öfters Grundberührungen; günstig 180–200 cm; über 210 cm

	zunehmend gefährlich / **X**.
Schwierigkeiten:	km 33,2–20,9: WW II
	km 20,9–13,2: WW II–IV
	km 13,2–10,0: WW IV/V+, Gefälle 50 ‰
	km 10,0–6,7: WW III–IV
	km 6,7–⇩: WW I–II
Literatur:	

43,2 Ursprung am Fuß des Sternsteins nahe der tschechischen Grenze in etwa 1.000 m Höhe (48.5551,14.2788)

33,2 re ⇩ Steinbach mögliche ⬇ bei sehr gutem Wasserstand. Nur geringe Schwierigkeiten, mit Baumhindernissen muss gerechnet werden (48.4962, 14.3038)

33,0 ▬ Wehr, ≈ (48.4948,14.3029)

32,4 ▬ Wehr, ≈ (48.4934,14.2959)

27,3 Str-Ⅱ B126 **A 4180 Zwettl** übliche ⬇ li unterhalb. Leichte Fahrt durch ein sehr schönes Hochtal, WW II. Bis Untergeng 5 ▬ Wehr, sämtlich ≈, bei niedrigem Wasserstand dürfte sich kräftiges Auffahren nicht vermeiden lassen (48.4654,14.2718)

21,2 ▬ Wehr (48.4302,14.2374)

20,9 Str-Ⅱ, li **A 4201 Untergeng** Kurz danach Beginn einer herrlichen Waldschlucht, welche mit einer Reihe von Abfällen beginnt. WW IV. Befahrung möglichst auf der re Seite, re ⌓ gut möglich. Anschließend auf 2 km sehr schönes, verblocktes WW III.
Es folgen einige ▬ Wehr, nach Besichtigung ≈ (48.4278,14.2373)

14,0 li Sportplatz **A 4201 Gramastetten** ⬇ (48.3897,14.2005)

13,6 ▬ Wehr, ≈ (48.3860,14.1988)

13,2 Str-Ⅱ **A 4201 Gramastetten** Wegen Schwierigkeiten mit den Grundeigentümern wurde im Einvernehmen mit dem Bürgermeister von Gramastetten vereinbart, dass als ⬇ für die Befahrung der folgenden schweren WW-Strecke der Bereich des Sportplatzes 800 m oberhalb der Ⅱ empfohlen wird.
Beginn der 2. Rodl-Schlucht, die fast ohne Unterbrechung bis Rotenegg reicht. In der Schlucht sehr schweres WW mit enormem Gefälle, sehr starker Verblockung, verwinkelten und unübersichtlichen Durchfahrten und mehreren teils hohen Abfällen. Es wird empfohlen, die gesamte Schlucht vor Befahrung zu besichtigen. Bis zur Ⅱ bei km 11 kann dies von einem Fußweg aus geschehen, unterhalb der Ⅱ verläuft die Straße neben dem Fluss. Nach leichtem Beginn 3 m hoher Abfall, gut ≈, sofort danach schwerer doch kurzer Katarakt, bis WW IV.
(48.3847,14.1951)

12,4 Waldbad, ▬ kleiner Stausee ⚠ Wer bis hierher schon Schwierigkeiten hatte, sollte hier ⬆ und die Folgestrecke auf 3,5 km mit dem Pkw

umfahren. ▬ Wehr am Ende des Waldbades, ≈.
Schnelle Ausfahrt, geht in weitere Katarakte über, extreme Verblockung bei starkem Gefälle, um WW IV. 2. Flussgabelung, li Durchfahrt mit steilen Abfällen, steckgefährlich, am Ende ein Siphon. re Durchfahrt ungefährlicher. Danach etwas leichter, 2 ▬ Wehr, gut ≈ (48.3836, 14.1870)

11,0 Str-II die Straße verläuft jetzt re neben dem Fluss ⚠ erneute Zunahme der Schwierigkeiten. Zur Besichtigung der folgenden Strecke nach der II ↱. „Zuckerhut", ein auffallend großer und spitzer Felsen in Flussmitte, Steilabfall mit sehr wuchtiger Schrägwalze. Danach weiterer sehr wuchtiger Katarakt mit riesigen Felsbrocken. Stufen, total unübersichtlich, bis WW V. Nach einem weiteren, leichten Katarakt 2,5 m hoher Abfall, danach schnell Abnahme der Schwierigkeiten (48.3808,14.1749)

7,7 ⬇ für Fahrer, die die Strecke unterhalb des Waldbades mit Pkw umfahren haben (48.3699,14.1455)

7,0 re ⇩ Kleine Rodl (s. Seite 186) in Große Rodl (48.3682,14.1375)

6,8 ▬ Wehr **A 4112 Rottenegg** ≣, Ende der Schlucht. Die WW-Fahrt wird zumeist hier beendet.
Bis zur Donau nur geringe Strömung, 6 ▬ Wehre, je nach Wasserstand ≈, sonst keine besonderen Schwierigkeiten, landschaftlich wenig lohnend (48.3674,14.1349)

5,9 ▬ Wehr (48.3617,14.1341)

3,3 ▬ Wehr (48.3443,14.1507)

1,8 ▬ Wehr (48.3366,14.1607)

0,0 li ⇩ der Große Rodl auch Rodl genannt, in die Donau (s. Seite 34) bei amtl. km 2145,0 bei **Ottensheim** (48.3285,14.1712)

Kleine Rodl

Kleinfluss, WW III-IV, WW V-VI
Mündung in Große Rodl bei km 7,0 (re Nebenfluss)

Insgesamt ein großartiges Wildwasser.

Befahrbarkeit:	bei sehr hohem Wasserstand
Pegel:	Pegel der Gr. Rodl bei **Rottenegg**; günstig 200–230 cm
Schwierigkeiten:	Oberlauf bis Stausee WW IV, nach dem Stausee Abfälle, Kaskaden und Blockstrecken, wenig Kehrwasser, WW V-.

11,5 oberste ⬇ etwas 3 km oberhalb von Herzogsdorf bei sehr gutem Wasserstand. Oberlauf bis Stausee WW IV (48.4394,14.1585)

8,5 Str-II, re nach **A 4175 Herzogsdorf** weitere ⬇ (48.4262,14.1386)

2,8 ▬ kleine Staustufe nach dem Stausee Abfälle, Kaskaden und Blockstrecken, wenig Kehrwasser, WW V-. Insgesamt ein großartiges Wildwasser (48.3889,14.1404)

0,0 ⇩ Kleine Rodl in Große Rodl (s. Seite 184) bei km 7,0 (48.3682,14.1375)

Pesenbach

Kleinfluss, WW I-II, WW III-IV, WW V-VI
Mündung in Donau bei amtl. km 2151,0 (li Nebenfluss)

Der Pesenbach ist oberhalb **Bad Mühllacken** ein extrem schwerer Wildbach, WW IV - VI mit Stellen und Gefälle bis 200 ‰. Die WW - Strecke muss unbedingt vor einer evtl. Befahrung vom Wanderweg **Bad Mühllacken** Richtung **Kerzenstein** eingehend besichtigt werden. Kurzboote ratsam.

Befahrbarkeit: nur bei sehr starkem HW.
Pegel: **Pesenbach**, günstig 100 - 120 cm

20,4 Str-II B127, li Gerling OÖ, ⬇ Zunächst leicht, die geschilderten Schwierigkeiten beginnen etwa 5 km nach dem Start (48.3972,14.0755)

12,1 ▬ Wehr **A 4101 Bad Mühllaken** ⬆, Unterhalb wieder leicht, WW I–II (48.3657,14.0627)

0,0 li ⇩ des Pesenbach in die Donau (s. Seite 34) bei amtl. km 2151,0 (48.3212,14.1454)

Große Mühl

Weitere Namen: Großer Michelbach
Kleinfluss, WW I-II, WW III-IV, Kleinfluss und Wanderfluss
Mündung in Donau bei amtl. km 2168,0 (li Nebenfluss)

Die Große Mühl ist ein ca. 70 km langes Flüsschen, das unter dem Namen Großer Michelbach im Dreisesselgebirge (Böhmerwald /Bayer. Wald) entspringt. Nach der Vereinigung mit dem Kleinen Michelbach bei Klein-Gsenget/Niederbayern fließt der Fluss entlang der Südflanke des Böhmerwaldes in südöstlicher Richtung und nimmt dabei die gesamte Vorflut dieser Region auf. Bei Haslach im Mühlviertel in Oberösterreich, wendet sich die Große Mühl in südliche Richtung und bricht unterhalb Neufelden durch das von der Donau her ansteigende Bergland, um dann bei Untermühl in die Donau zu münden. Im Oberlauf (von Klein-Gsenget/Niederbayern bis Klaffer/ OÖ) fließt der Große Michelbach / die Große Mühl durch ein mit Erlen und Weiden bestandenes flaches Tal. Das Gefälle ist sehr leicht, wodurch starke Flusswindungen entstehen. Die Ortschaften liegen abseits des Flusses. Im Mittellauf (von Klaffer bis Haslach) wird nun das Wiesenufer öfter von Waldufer abgelöst.

Befahrbarkeit: ab Breitenberg (km 58,3) nur bei sehr gutem Wasserstand (Zeit der Schneeschmelze und nach starken Regenfällen)
ab Rothmühle (km 54,9) nur bei starkem HW (Zeit der Schneeschmelze)
ab Haslach (km 24,9) im Frühjahr und nach Regenfällen

Pegel: Iglmühle (km 17,5) (Online-Pegel, über www.land-oberoesterreich.gv.at abrufbar über Suchweg:Themen -> Umwelt -> Wasser -> Hydrographie -> Aktuelle Wasserstände -> Iglmühle) für oberen Bereich: NM unter 110cm, MW bei 140 cm

Schwierigkeiten: km 58,3 – km 11,5: WW I-II
km 11,5 – ⇩: WW III-IV (bei max. 15 m^3/s; WW V ab 20 m^3/s)
Bei entsprechender WW-Ausrüstung/ Boot sind die Wehre bei ausreichendem WS meistens ≋

66,8 Ursprung der Großen Mühl unter dem Namen Großer Michelbach in ca. 700 m über NN aus dem Zusammenfluss der 3 Quellflüsse: Schreiender Michelbach, Saubach und Schimmelgraben an der Südwestflanke des Dreisesselberges im Bayerischen Wald (48.7473,13.7517)

59,8 ⬇ bei Str-Ⅱ ST2130 nahe **94089 Klafferstraß** (Dreisesselstr.) von 94139 Breitenberg nach 94089 Klafferstraß, (nahe Klafferstraß 111, 94089 Neureichenau) nur bei sehr gutem Wasserstand, (Bei ≡ Iglmühle unter 100 cm muss mit Grundberührungen gerechnet werden) (48.7158,13.7924)

59,3 neuer Name: Große Mühl (48.7133,13.7961)

59,3 –53,7 Grenzbach re Ufer Bayern und li Ufer Österreich

57,3 ■ zur Rothmühle, ≋ (48.7049,13.8126)

56,7 Str-Ⅱ, L 1560, re **94139 Breitenberg** (bay.:Grenzstr, Ö.: Hinteranger Bezirksstr.), bayerisch-österreichische Grenze (48.7011,13.8138)

55,9 ■, verfallen, ≋ (48.6993,13.8218)

55,5 li ⇩ Frauenbach, ab hier starke Flusswindungen mit viel Strauchwerk (48.7005,13.8260)

53,3 starker Schwall ⚠ Steine (48.7003,13.8414)

53,2 Wege-Ⅱ, Kollerweg, von Hinteranger nach Seitelschlag (48.6997, 13.8421)

52,2 ■, li ⌓ (48.7008,13.8496);
niedrige Wege-Ⅱ (48.7007,13.8497)

48,9 Str-Ⅱ von **A-4163 Vorderanger** nach **A-4161 Seitelschlag** (48.6952, 13.8673)

47,4 ■ li ⌓ Seitelschläger-Mühle bei **Klaffer** (48.6899,13.8825)

46,0 ■ **Berdetschlag** li ⌓ oder treideln, ab hier stärkeres Gefälle und oft seichte Stellen (48.6824,13.8917)

45,3 ■ westlich von **Ulrichsberg** re in Kanal ⌓;
nach 400 mim Kanal am ■ Wehr Sägewerk Steinmühle, 150 m durch den Fabrikhof ⌓ und zwischen Fußg-Ⅱ und Str-Ⅱ wieder in das Flussbett einsetzen, ab hier mehrere Schwalle und sehr seicht (48.6776, 13.8955)

44,6 Str-Ⅱ, li **A-4161 Ulrichsberg** Stifterstrasse, 🛒, re Fußballplatz (48.6743, 13.9006)

43,3 ■ **Erlet** li ⌓ und in das untere Bachbett einsetzen, vorsichtig weiterfahren und evtl. streckenweise treideln, nach 1 km wieder einige Schwalle, davor li Flussbad (48.6693,13.9134)

42,9 Str-Ⅱ, li **A-4161 Erlet**, re **A-4161 Dietrichschlag** (48.6691,13.9194)

40,1 Str-Ⅱ, re **A-4160 Zaglau**, ca. 560 m ü. NN (48.6536,13.9472)

39,7 ▬ zum ϟ **Kerschbaum**, wenig Restwasser in der Großen Mühl, re in Kanal ⌂ (48.6513,13.9504);
⬆ Alternativ Fahrt hier beenden li führt ein Feldweg vom „Bruckhäuselweg, von **A 4160 Aigen-Rudolfing** kommen) zum ▬ (48.6514,13.9505)

39,4 Der Kanal ist ab hier **X** (Balken über den Kanal), 250 m ⌂ und hinter dem ϟ in den unteren Wehrkanal einsetzen (48.6495,13.9538)

39,2 re ϟ **Kerschbaum** (48.6484,13.9554)

38,3 ▬ **Berndlmühle** über das Wehr heben (48.6414,13.9585)

38,2 Str-Ⅱ (Mühltal) (48.6406,13.9580)

38,0 ▬ Baumgartenmühle in **Schlägl** über das Wehr heben (48.6393,13.9608)

37,6 Str-Ⅱ B 127, **A-4160 Aigen-Schlägel** (Rohrbacher Bundesstr.) (48.6375, 13.9645)

37,5 ▬ **Aigen-Schlägl** ↰, über Straße und durch den Klosterhof ⌂ und in den unteren Wehrkanal einsetzen, 🍺 (48.6372,13.9660)

37,4 Str-Ⅱ, **A-4160 Aigen-Schlägel**, Schlägler Hauptstraße (48.6368,13.9658)

36,5 EB-Ⅱ (48.6320,13.9747)

36,4 ▬ kleine Naturstufe nur bei leichtem HW ≋, vorher ansehen, ab hier ist der Fluss stark verblockt und hat stärkeres Gefälle als bisher (48.6311, 13.9746)

36,2 ▬ zur **Bruckmühle** über das Wehr heben, evtl. in der Mitte ≋ (48.6296, 13.9756)

35,8 Wege-Ⅱ von Unterneudorf-Bruckmühle nach Winkl (48.6285,13.9800)

34,3 Ende der verblockten Strecke (48.6245,13.9983)

33,3 ▬ **Pfeffermühle bei Steineck** li über das Wehr heben (48.6191,14.0000)

0,0 ▬ **Minihof** über das Wehr heben (48.6187,14.0075)

32,6 Str-Ⅱ, Güterweg Knollmühlenweg (48.6183,14.0084)

32,6 –30,5 verblockte Strecke mit starkem Gefälle (48.6183,14.0084)

30,5 ▬ **Furtmühle** über das Wehr heben, ab hier starke Kehren; li 🍴 Furtmühle Schwackenreit 20, **A-4170 St. Oswald bei Haslach** (48.6051, 14.0189)

30,4 Wege-Ⅱ, Güterweg Damreith, li nach **Schwackenrreith** re nach **Gattergaßling** (48.6040,14.0202)

29,1 li ⇩ des Zwettlbach als Teil des Moldau-Mühl-Schwemmkanals oder auch Schwarzenberger Schwemmkanal genannt. Der ab 1789 angelegte Kanal diente der Überwindung der Wasserscheide zwischen Moldau und Donau für den Holztransport des Holzes aus dem Böhmischen, teilweise bis nach Wien. In Betrieb bis etwa 1891. Einige seichte Schwalle (48.5979, 14.0235)

27,9 ▬ bei **Märzing**, ≋, ▬-Schütze hochziehen, nicht in den Kanal einfahren (48.5900,14.0232)

26,0 Str-Ⅱ, B 38, **A-4170 Haslach an der Mühl**, Böhmerwald-Bundesstrasse (48.5791,14.0377)

25,9 ▬ Wehr **A-4170 Haslach an der Mühl** über das Wehr heben und die nächsten 200 m vorsichtig fahren oder treideln, da der Kanal sehr viel Wasser wegnimmt,

Ab hier ist die Große Mühl meist auch noch im späten Frühjahr ≈ (48.5782,14.0375)
25,5 li ⇩ Steinerne Mühl (s. Seite 191) in die Große Mühl (48.5751,14.0358)
25,2 mehrere leichte Schwalle (48.5722,14.0350)
23,2 ■ Magerlmühle re in den unteren Wehrkanal einsetzen (48.5564, 14.0308)
23,0 🚂 **Haslach** (48.5545,14.0310)
22,1 ■ Teufelsmühle über das Wehr heben, die nächsten 300 m treideln (48.5480,14.0292)
22,0 Wege-Ⅱ Frindorf nach **A-4171 Auberg** li ✕ Teufelsmühle (48.5473, 14.0289)
21,5 li ≡ am Ufer (48.5439,14.0324)
19,9 ■ und ↯ **Schönbergmühle** bei **A-4171 Auberg-Hehenberg**, über das Wehr heben (48.5317,14.0392)
18,4 ■ Wehr und ↯ **Iglmühle** bei Etzerreith 4, **A-4122 Arnreit**, re ⌂ und in den unteren Wehrkanal einsetzen (48.5201,14.0368)
17,6 –15,9 Kataraktstrecke mit starkem Gefälle (48.5154,14.0310)
14,5 ■ Wehr **Pürnstein** über das Wehr heben, li auf dem Felsen Schloss Pürnstein (48.5034,14.0124)
14,4 Str-Ⅱ **A-4120 Neufelden-Pürnstein** re Joch fahren und dahinter sofort scharf li wenden, re Steine (48.5030,14.0120)
14,3 EB-Ⅱ (48.5027,14.0110)
13,7 –11,5 Stausee Neufelden (48.4981,14.0096)–(48.4874,14.0023)
12,0 re ⬆ **A-4120 Neufelden-Langhalsen** evtl. hier ↱ und Fahrt beenden (48.4872,13.9967)
11,5 ■ Staustufe **Neufelden**, ✕, ⚠ nicht zu nahe heran fahren, ⚠ Lebensgefahr! Starker Sog. Der Fluss wird unterirdisch zum Speicherkraftwerk **Partenstein** abgeleitet (48.4875,14.0021)
10,6 ■ Sohlstufe (48.4838,14.0047)
10,2 ■ Wehr (48.4806,14.0023)
10,0 ⬇ bei Str-Ⅱ am Ortsende von **A-4120 Neufelden** 🅿-Möglichkeit es folgt eine schöne WW-Strecke mit erheblicher Verblockung und mehreren Abfällen, bis WW IV, bei HW – Pegel Iglmühle über 185 cm - bis WW V. Die Große Mühl durchfließt lange, einsame Waldschluchten mit geringer Wegeerschließung (48.4791,14.0019)
9,4 Str-Ⅱ, Mühltalbrücke, B 127, re nach **A 4121 Altenfelden** (48.4768, 13.9957)
3,9 Wege-Ⅱ, Ebenmühle (48.4475,13.9796)
1,8 ■ Wehr Partenstein ≈ (48.4331,13.9838)
1,6 Str-Ⅱ **A 4114 St Martin-Partenstein** (48.4333,13.9864)
1,5 li ⇩ des Diesenbach, des abgeleiteten Wassers aus dem Neufeldener Stausees, ⚠ Querströmung (48.4332,13.9876)
0,4 Wege-Ⅱ, li **A 4114 St Martin-Untermühl** (48.4257,13.9795)
0,2 li Sportboothafen Untermühl (48.4244,13.9799)
0,0 li ⇩ der Große Mühl in die Donau (s. Seite 34) bei amtl. km 2168,0, li

Untermühl, Gemeinde **A 4114 Neuhaus**; am Berg oben **Schloss Neuhaus**; im Bereich des Staus des ϟ **Aschach** (48.4223,13.9805)

Steinerne Mühl

Wildwasser, Kleinfluss
Mündung in Große Mühl bei km 25,5 (li Nebenfluss)

Die Steinerne Mühl ist ein landschaftlich sehr reizvoller, weitab von der Straße durch Wald und Wiesen führender Kleinfluss, der nur auf kurzen Abschnitten zum interessanten Wildwasser wird.

Befahrbarkeit:	Frühjahr und nach Regenfällen.
Pegel:	Ortsanfang von Haslach, min 120 cm
Schwierigkeiten:	km 26,4–1,0: WW I und II mit Stellen bis WW III (**X**)

35,9	Ursprung in Tschechien, St. Thomas, am Fuß des 1032 m hohen Vitkuv kamen
26,4	Staatsgrenze, **A 4184 Löfflersäge** – **A 4191 Guglwald** mögliche ⬇. Es folgen 5 niedrige Stege, daher besser bei km 25,6 ⬇ (48.5889,14.1639)
25,6	Güterweg-Ⅱ empfohlene ⬇. Beginn einer 3 km langen Waldschlucht, WW II, anfangs sehr schnell (48.5843,14.1688)
24,0	Str-Ⅱ Hintermühl – Gugler Gefälle lässt nach (48.5765,14.1795)
23,1	Ende der Waldschlucht; ab hier stark verwachsen (48.5692,14.1821)
22,1	Str-Ⅱ B38 bei Rohrau, Reifmühle, ▬ Wehr, **X**, li ⏏. Auf der Folgestrecke Wiesenmäander, 1 weiteres ▬ Wehr, **X** (48.5632,14.1836)
18,9	Bogen-Ⅱ B38 hier ⬆. Es folgt eine extreme Gefällezone, **X** (48.5528, 14.1655)
17,4	Waldhäuser, Ende der Steilzone (48.5570,14.1472)
14,9	Str-Ⅱ B38, **A 4184 Helfenberg** übliche ⬇ für die Standardstrecke, WW I–II (48.5426,14.1424)
8,9	Fauxmühle, kurzer Abschnitt WW III Straße verlässt das Waldtal (48.5422, 14.1046)
1,0	Wege-Ⅱ **A 4170 Haslach** am Ortsbeginn, ⬆ Es folgen 3 ▬ Wehr, **X** (48.5721,14.0460)
0,0	⇩ Steinerne Mühl in die Große Mühl (s. Seite 187) bei km 25,5 (48.5751, 14.0358)

Kleine Mühl

Kleinfluss, WW I-II, WW III-IV, WW V-VI, Kleinfluss und Gebirgsfluss
Mündung in Donau bei amtl. km 2177,9 (li Nebenfluss)

Die Kleine Mühl ist ein ca. 30 km langes Flüsschen, das etwa 3 km nördlich von Julbach im südlichen, oberösterreichischen Böhmerwald, etwa 620 m ü. NN entspringt. Sie fließt großteils durch eine schöne, einsame und weitgehend naturbelassene Landschaft des Mühlviertels. Im Oberlauf. ab Peilstein, ist sie ein netter Kleinfluss, ab **Sarleinsbach-Fürling** ist sie ein abwechslungsreicher Wildfluss und im Unterlauf bis kurz vor der Mündung in die Donau, ein extrem schwerer Wildfluss.

Befahrungsregeln:	keine bekannt
Befahrbarkeit:	im Frühjahr, zur Zeit der Schneeschmelze und später nach starken Regenfällen
Pegel:	Obermühl
	für die Extremstrecke: maximal 145 cm, sonst Lebensgefahr
Schwierigkeiten:	km 23,2 bis km 12,0 Kleinfluss
	km 12,0 bis km 3,0 WW II-III
	km 3,0 bis ⇩ WW IV bis VI, teilweise **X**

28,6 Ursprung der Kleinen Mühl bei in der Bräuerau ca. 620 m über NN (48.6503,13.8713)

23,2 Str-II, B 38, re **A 4153 Peilstein** re 🚐 Peilstein-Berging; höchstmögliche ⬇ bei HW, zunächst ein schöner Kleinfluss (48.6130,13.9053)

14,0 ▬ Meising (48.5489,13.9418)

12,0 ⬇ bei Str-II in **A-4152 Sarleinsbach-Fürling** Fürling 7, übliche ⬇ unterhalb des ▬ Koblmühle bei Fürling. Die ⬇ wird erreicht auf einer kleinen Straße, die 2 km vor Sprinzenstein von der Tannberg Landesstr, links zum Bach abzweigt. Die Kleine Mühl ist hier ein Bach mit vielen Windungen, WW II, landschaftlich sehr schön (48.5338,13.9435)

9,6 Str-II, vor **Hühnergeschrei im Mühlkreis** (48.5198,13.9468);
▬ 1. Wehr Hühnergeschrei ≈ (48.5198,13.9465)

9,5 ▬ 2. Wehr Hühnergeschrei ≈ mit anschließender kurzer Blockstrecke
🅿 und 🚐 Hühnergeschrei-Ort, ↯ (48.5186,13.9464)

9,3 li **A-4121 Altenfelden-Hühnergeschrei**, li ⇩ eines Baches, 🚐 Hühnergeschrei-Abzweig Doppl (48.5175,13.9474)

8,9 ▬ nach Hühnergeschrei ≈ (48.5144,13.9450)

7,1 Str-II, Tannberg Landesstrasse, bei **A-4121 Altenfelden-Doppl** (48.5043,13.9394)

6,9 ▬ Doppl, ≈ (48.5027,13.9397);
Str-II, li **Doppl** 🚐 Kleines Mühltal-Doppl (48.5026,13.9398)

6,6 ▬ Doppl, **X**, re ⌓
Es folgt sehr schönes, schnell fließendes WW mit mäßiger Ver¬blockung, WW III-, dazwischen ruhige Abschnitte (48.5005,13.9403)

5,0 Wege-II, li **A-4121 Altenfelden-Kleemühle**, li 🚐 nach Kleemühle (48.4892,13.9339);
▬ Kleemühle, **X**, re ⌓ (48.4891,13.9340)

4,0 ▬ Staustufe Weigert, **X**, re ⌓ (48.4814,13.9322)

3,3 ▬ Graben ≈ (48.4761,13.9274)

3,0 Str-II bei **Lembach** Straßenabzweigung nach Lembach, re 🚐 Lembach-Bruckwirt, ✕ Bruckwirt, li 🚐 Altenfelden-Obermühl (48.4754,13.9250);
▬ **Lembach** etwa 398 m ü. NN, unbeding ↱ ! ggf. Fahrt beenden! Oder die nächsten 800 m li ⌓ (48.4750,13.9245)

3,0 –2,2 ⚠ Extremstrecke ⚠ vor einer Befahrung genau besichtigen!

auf den nächsen 800 m steigern sich die Schwierigkeiten schnell, zunächst WW IV, dann mehrere ■ Stufen WW V, die in eine ■ Kataraktstrecke mit gewaltigen Blöcken und wasserfallähnlichen Stufen übergehen. WW VI bis X. Steckgefahr auch für Kurzboote, unbedingt gut absichern, Vorsicht, wegen des starken Gefälles besteht keine Möglichkeit vor dem Katarakt anzulegen. Bei unkontrollierter Einfahrt besteht Lebensgefahr (48.4748,13.9244)–(48.4685,13.9244)

2,2 Ende dieses Hauptgefälles ggf. nach dem ⌂ hier wieder einsetzen (48.4685,13.9244);
Wege-II, li 🚐 Obermühl/Starz

2,2 –1,4 weiterhin schweres Wildwasser IV+

1,6 ■ ehemalige Papierfabrik Obermühl X, li ⌂ (48.4630,13.9222)

1,4 –0,6 weiterhin WW IV langsam abnehmend auf WW III (48.4617,13.9216) –(48.4550,13.9211)

0,8 ≣ **Obermühl** (48.4567,13.9223)

0,5 Str-II, **A-4131 Kirchberg-Obermühl a. d. Donau** (48.4537,13.9208)

0,0 li ⇩ Kleine Mühl in die Donau (s. Seite 34) bei amtl. km 2177,9 etwa 284 m ü. NN, mit Yachthafen (48.4500,13.9200)

Ranna

Kleinfluss, Seengewässer, Gebirgsfluss
Mündung in Donau bei amtl. km 2196,0 (li Nebenfluss)

Die Ranna entspringt im Bayerischen Wald, südöstlich von **94164 Sonnen** (Landkreis Passau) in etwa 815 m ü. NN. auf ihrem Weg südwärts treibt sie einige Mühlen an.Bei Rannasäge unterquert sie die B388 zwischen Untergriesbach und Wegscheid. Kurz darauf mundet sie in den Rannasee, den größten Badesee Niederbayerns, etwa 511 m ü. NN. Danach ist sie bis Oberkappel Grenzfluss zwischen Bayern und Österreich. Bald nach Oberkappl im Mühlviertel beginnt der große Rannastausee. Eine etwa 4 km lange Druckleitung führt zum Pumpspeicherwerk bei Kramesau an der Donau. Der nachfolgende Flussteil ist eine tief eingefurchte Klamm mit entsprechender Verblockung und Stufen. Ein privater Wirtschaftsweg kreuzt mehrfach die Ranna. Das Rannatal ist Naturschutz- und FFH-Gebiet mit großer Artenvielfalt an weniger bekannten Tier- und Pflanzenarten. Eine Befahrung wäre daher nur mit vorheriger Genehmigung der Oö. Landesregierung, Abteilung Naturschutz, Bahnhofplatz 1, A-4021 Linz möglich. Es ist aber a priori aus Umweltschutzgründen abzuraten.

Befahrungsregeln: Naturschutz- und FFH-Gebiet Rannatal, das bedeutet praktisch ein Befahrungsverbot
Eine Befahrung der oberen Ranna ist wenig lohnenswert!

Befahrbarkeit: Seeflächen wahrscheinlich ganzjährig, sonst bei HW Frühjahr und nach Regenfällen
X nach dem großen Stausee wegen Wassermangel oder bei Staumauerüberlauf wegen zu hoher Wasserwucht.

Schwierigkeiten: über die Klamm liegen keine Details vor
Karten: L7348, L7548, Jübermann Wasser-Wanderkarte Nr. 5

30,1 Ursprung bei **94110 Rannaberg** ca. 815 m über NN. (48.6789,13.7339)
14,3 Str-Ⅱ B388 bei **94110 Wegscheid-Rannasäge** (48.5722,13.7391)
13,8 Weg-Ⅱ bei **94110 Wegscheid-Rannasäge** (48.5720,13.7446)
12,8 Str-Ⅱ von der B388 nach **94107 Untergriesbach-Gottsdorf** (48.5715, 13.7570)
12,8 –11,9 Rannasee (größter Badesee Niederbayerns, 511 m ü. NN)
11,9 ■ Staumauer Rannasee, **X**, mit Straße, re oder li ⌂ (48.5648,13.7608)
11,9 –10,4 Die Ranna ist Grenzfluss zwischen Bayern und Österreich (48.5655, 13.7603)–(48.5535,13.7686)
10,9 ■ Wehr zum Sägewerk Kappel (48.5573,13.7666)
10,4 li ⇩ Osterbach (= Grenzfluss) danach Ranna ganz österreichisch (48.5535,13.7686)
10,3 ■ Sohlstufe Oberkappel li Schwimmbad (48.5528,13.7688)
10,2 ■ Sohlstufe Oberkappel (48.5519,13.7690);
Str-Ⅱ, li **A 4144 Oberkappel** L 1541 im Mühlviertel (48.5513,13.7698)
9,4 –6,2 ⇩ des Ranna-Stausee (48.5455,13.7727)–(48.5174,13.7800)
9,1 li ⇩ des Zanklbachl (48.5428,13.7733)
8,1 re ⇩ des Unteraschenberger Bach (48.5338,13.7731)
7,8 li **A 4144 Konzing** (Konzingersteg) (48.5313,13.7748)
7,5 li ⇩ des Willramsbach (48.5287,13.7751)
6,2 ■ Staumauer Rannastausee mit Straße, L 1540 (48.5174,13.7800)
6,2 –0,6 ⚠ Ranna-Klamm tief eingefurchte Klamm mit entsprechender Verblockung und Stufen. Ein Wirtschaftsweg kreuzt mehrfach die Ranna. Das Rannatal ist Naturschutz- und FFH-Gebiet mit großer Artenvielfalt an weniger bekannten Tier- und Pflanzenarten. Das Betreten außerhalb der befestigten Wege ist verboten (48.5174,13.7800)–(48.4783,13.7770)
5,2 re ⇩ des Stöcklbach (48.5122,13.7724)
4,8 Str-Ⅱ (48.5093,13.7739)
4,7 Str-Ⅱ (48.5089,13.7745)
4,5 Str-Ⅱ (48.5075,13.7729)
3,9 re ⇩ des Breimühlbach (48.5025,13.7720)
3,7 Str-Ⅱ (48.5009,13.7736)
2,4 Str-Ⅱ (48.4917,13.7800)
2,1 Str-Ⅱ (48.4895,13.7808)
2,0 Str-Ⅱ (48.4887,13.7807)
1,8 Str-Ⅱ (48.4874,13.7792)
1,5 Str-Ⅱ (48.4862,13.7771)
1,3 Str-Ⅱ (48.4840,13.7762)
1,1 Str-Ⅱ (48.4825,13.7757)
0,6 Str-Ⅱ (48.4783,13.7770)
0,1 Wege-Ⅱ **A 4085 Rannamühl** (48.4744,13.7764)
0,0 li ⇩ der Ranna in die Donau (s. Seite 34) bei amtl. km 2196,0 etwa 280 m

über NN **Rannamühl**, Gemeinde **A-4085 Wesenufer** (48.4741,13.7758)

Lainsitz

Weitere Namen: Lainsitz [deu]
Wanderfluss, WW I-II, Flachlandfluss
Mündung in Vlatava bei km 201,3 (re Nebenfluss)

Die Lužnice, der böhmische nationale Wanderfluss, ist ein sehr schöner, im Sommer allerdings überlaufener Fluss des südlichen Böhmens. Noch in Österreich durchschneidet die europäische Hauptwasserscheide das nördliche Waldviertel. (Denkmäler in Großschönau und Langenschwarze) Wegen der historischen Stadtkerne von Weitra und Gmünd, sowie des Naturparks Blockheide-Eigenstein, lohnt eine Befahrung der Lainsitz durch das Gabrielental. In ihrem tschechischen Oberlauf fließt sie durch eine Ebene mit reichlich Wäldern und Wiesen. Charakteristisch für die Gegend ist die intensive Fischzucht mit über 2000 Fischteichen. Sie erhalten ihr Wasser aus der Lužnice, neben kleineren Abzweigungen aus 2 großen, schon Jahrhunderte alten Sei¬ten-armen, dem Zlatá stoka (Goldener Kanal) und der Nová řeka (Neuer Fluss). Nová řeka kann befahren werden und führt auf Umweg über Nežárka wieder zur Lužnice zurück. Sie wird gesondert beschrieben. Weiter flussab wird die Landschaft hügelig, unterhalb Tábor verläuft die Lužnice durch ein tiefes, landschaftlich sehr schönes Waldtal, streckenweise schluchtartig; hier leichte Stromschnellen, WW I, im übrigen Zahmwasser, bei Niedrigwasser viele Staustrecken. Auf der Lužnice wurde früher geflößt, die Floßgassen sind zumeist noch erhalten. Bei gutem Wasserstand sind sie häufig geöffnet und können dann leicht befahren werden, bei NW, im Sommer, sind sie allerdings vorwiegend geschlossen und müssen dann umtragen werden. Im Oberlauf muss sehr häufig mit einer erheblichen Belästigung durch Mücken gerechnet werden.

Befahrbarkeit:	Österreichischer Teil: Schneeschmelze (März-April) ab km 149,6: zumeist ganzjährig
Umwelt:	Wasser: zunächst sauber, unterhalb Veselí leicht verschmutzt
Pegel:	für Oberlauf: Bezugspegel: Zwettl/Kamp: min 195 cm Bechyně (km 10,6), ab Tábor mindestens 100 cm
Schwierigkeiten:	km 178,7 – 172,7: WW II, Gefälle 14 ‰ km 172,7 – 149,6: Zahmwasser km 149,6 – 38,0: Zahmwasser; Gefälle 0,7 ‰ km 38,0 – 20,2: WW I; Gefälle 1,3 ‰ km 20,2 – ⇩: ZW; Gefälle 0,9 ‰
Infrastruktur:	Zeltmöglichkeit: 🚐 in Suchdol, Veselí, Tábor und Bechyně, am Fluss ⛺-Möglichkeit für kleinere Gruppen. Straßen: bis Tábor verlaufen die Straßen meist nahe dem Fluss, unterhalb Tábor weitab.
Karten:	Jübermann Wassersport-Wanderkarte Nr. 5 ISBN: 978 3 929540-32-1 /

Quellen: Ergänzt Hajo Popken (06/15)

113,7 li **CZ 378 03 Majdalena** ⛺ li, ⇅, pujcovnalodidunaj.cz (48.9664,14.8666); ▬ Stufe (48.9666,14.8668)

109,5 ➔ Nová řeka aus der Lainsitz Es handelt sich dabei ebenfalls um einen künstlichen, schon vor Jahrhunderten angelegten Wasserlauf. Er leitet das überschüssige Wasser der Lužnice als Schutz für den Fischteich Rožmberk (Rosenberg) und dessen Dämme ab. Auf dem Umweg über die Nežárka kann man auch auf diesem Wasserlauf wieder zur Lužnice zurückkommen (Nebenroute, empfehlenswertester Weg zur unteren Lužnice). Das natürliche Flussbett der Lužnice heißt bis zum Fischteich Rožmberk Stará řeka (Alter Fluss), die Ufer sind sehr stark verwachsen, Naturschutz, Mückenplage. Meist wenig Wasser (48.9869,14.8489)

109,4 ▬ Wehr li ⩲ (48.9868,14.8480)

101,7 Weg-II (49.0239,14.8230)

98,7 Weg-II, re **CZ 379 01 Třeboň-Stará Hlína** (49.0370,14.8150)

98,6 Str.-II S34/E551 (49.0372,14.8143)

96,6 ⇩ in Rožmberk-Fischteich Er ist eigentlich ein kleiner See, re fahren (49.0428,14.7953)

94,0 ▬ Staudamm ϟ, re ⩲. Die Wasserführung unterhalb des Staudamms ist abhängig von der Wasserabgabe des ϟ, häufig nicht ausreichend (49.0481,14.7617)

92,1 Str.-II S15510, li **CZ 379 01 Lužnice** re ⛟ Kemp Lužnice, kempluznice.cz (49.0626,14.7594)

91,4 ▬ Wehr 2,3 m, X, li ⩲; II, nach 100 m Stufe, ≋ (49.0680,14.7581)

87,8 Str.-II S148, re **CZ 379 01 Klec** li nach **378 16 Lomnice nad Lužnicí** (49.0941,14.7478)

86,2 Klapp-▬ 2 m, wenn Klappen geöffnet ≋, sonst li oder re ⩲ (49.1055, 14.7393)

84,6 Weg-II, li **CZ 379 01 Frahelž** 🚂 100 m li (49.1186,14.7380)

84,3 EB-II Stufe, ≋, nach 100 m Stufe, ≋ (49.1218,14.7374)

82,0 ▬ Wehr 1 m, X, re ⩲ (49.1395,14.7269)

81,2 Weg-II davor und danach Stufe (49.1435,14.7198)

80,9 Str.-II S1551, re nach **CZ 391 81 Vlkov** li ⛟ Kemp Měruše; 🚂 800 m re, kemp-meruse.cz (49.1467,14.7191)

77,8 li ⇩ Zlatá stoka (49.1681,14.7013)

76,8 Weg-II, li 🚂 Veselí nad Lužnicí zastávka Ende Chráněná krajinná oblast Třeboňsko (49.1772,14.6977)

76,7 EB-II (49.1776,14.6975)

76,4 Fußg.-II **CZ 391 81 Veselí nad Lužnicí** (49.1805,14.6989)

76,4 –75,0 Ortsgebiet von **CZ 391 81 Veselí nad Lužnicí** (49.1803,14.6988)–(49.1916,14.7044)

75,8 Weg-II (49.1855,14.7005)

75,7 Str.-II S603 niedrig, re ⩲ gleich mit dem nächsten ▬ (49.1865,14.7006)

75,6 ▬ Wehr 1,9 m, X (49.1875,14.7007)

75,4 re ⛺ Vodácké tábořiště Ostrov auf Insel; ⇅, vztechnik.cz (49.1885, 14.7010)

75,2 re ⇩ Nežárka in die Lainsitz Die Nebenroute führt hier wieder in die Lužnice zurück. Ab hier ist die Lužnice mit nur geringer Strömung und vielen ▬ auch landschaftlich nicht mehr sehr interessant, ihre Befahrung wird daher vielfach hier unterbrochen und erst in Tábor wieder fortgesetzt (49.1898,14.7032);
Weg-II (Za Slabých) (49.1902,14.7038)

74,4 Str.-II S3 (49.1970,14.7048)

72,6 Autobahn-II D3 (49.2089,14.7135)

69,9 ▬ Wehr Floßgasse r, 1,2 m, **X**, mehrere Todesfälle, rechtzeitig #rechts anlanden#, re ⌓ (49.2277,14.7116);
Str.-II S159, li **CZ 392 01 Dráchov** re ⛺ (49.2285,14.7121)

67,8 ▬ Wehr Floßgasse li, 1,5 m, **X**, li ⌓ (49.2404,14.7111)

65,7 li ⛺ Tělovýchovná jednota Spartak Soběslav (49.2518,14.7135)

65,2 Fußg.-II, re ⛺ Turistická Ubytovna TJ Spartak, spartaksobeslav.cz (49.2551,14.7169)

64,8 re ⇩ Černovický potok (49.2577,14.7145)

64,4 ▬ Wehr Floßgasse li, re ⌓ (49.2588,14.7089)

64,2 Str.-II S135, re **CZ 392 01 Soběslav** (49.2589,14.7057)

62,7 ▬ Wehr Spačkův mlýn Floßgasse li, 1,1 m, ≈ oder li ⌓. ▬ Wehr in li Arm 1,1 m, meist ≈ (49.2678,14.6974)

60,3 Str.-II S13510 (49.2807,14.7002)

57,7 Str.-II, li **CZ 392 01 Skalice** (49.3003,14.6975)

56,1 ▬ Wehr, re **CZ 392 01 Roudná** Floßgasse li, 1,5 m, re ⌓ (49.3059, 14.7158)

54,5 ▬ Stufe, ≈

53,8 ▬ Stufe, ≈

53,0 ▬ Stufe, ≈

48,6 ▬ Wehr Floßgasse in der Mitte, 1,6 m, li ⌓ (49.3539,14.7006)

48,5 Str.-II S1359, re **CZ 391 11 Planá nad Lužnicí** 🚉 600 m re (49.3545, 14.6999)

46,2 ▬ Wehr Floßgasse li, 1,6 m, re ⌓ (49.3713,14.6876)

45,9 re ⛺ Tábořiště Soukeník (49.3728,14.6839)

44,2 Weg-II, re **CZ 391 01 Sezimovo Ústí** (49.3852,14.6803)

43,7 ▬ Wehr Floßgasse in der Mitte, 1,4 m, li ⌓ (49.3888,14.6774)

42,5 Weg-II (49.3982,14.6798)

41,2 EB-II (49.4079,14.6701)

41,1 ▬ Wehr Floßgasse re, 1,1 m, evtl. ≈ oder re ⌓ (49.4086,14.6692)

40,3 ▬ Wehr Floßgasse li, 1,1 m, re ≈ oder li ⌓ (49.4112,14.6607)

40,0 Str.-II S1371 **CZ 390 01 Tábor** Zentrum re. Zur Stadtbesichtigung am besten bei dem nächsten ▬ anlegen (49.4098,14.6572)

39,6 ▬ Wehr Floßgasse re, 1,2 m, bei HW gefährlich, li ⌓ lang (49.4067, 14.6542)

39,2 Str.-Ⅱ S137, re **CZ 390 01 Tábor** (49.4078,14.6499)

38,9 ■ Wehr Floßgasse re, 1,4 m, bei HW re ≋, sonst li ⌓, re ↓. Hier beginnt der reizvollste Abschnitt der Lužnice, ein tiefes, dicht bewaldetes Tal, auf den Höhen der Steilhänge Ruinen, Schlösser. Die Lužnice hat hier gute Strömung, leichte Stromschnellen mit geringer Verblockung, WW I. An den Ufern bezeichnete ⛺. Die folgenden ■ und Floßgassen sind teilweise zerstört und daher meist ≋ (49.4103,14.6479)

38,0 ■ Wehr Na Papirně 0,9 m, zerstört, ≋ oder li ⌓ (49.4107,14.6397)

37,4 ■ Wehr ehemalige Benešův mlýn zerstört, nur Stromschnelle, WW II, ≋ (49.4121,14.6330)

36,8 re 🏕 und Bootsverleih Půjčovna lodí V-servis Tábor, pujcovna-lodi-levne.cz (49.4084,14.6301)

35,4 ■ Wehr Kvěchův mlýn 1 m, verfallen, ≋, re ⌓ (49.4128,14.6165)

35,0 bei NW Steine im Fluss (49.4125,14.6110)

33,8 ■ Wehr Matouškovský mlýn Floßgasse li, 1,2 m, ≋, re 🏕, matousovskymlyn.cz (49.4091,14.6020)

32,0 ■-Reste, Bredův mlýn li ≋

29,8 ✕ Penzion Příběnice Ruine (49.3931,14.5584)

27,8 ■ Wehr Floßgasse li, 1,3 m, **X**, li ⌓ (49.3862,14.5457)

27,2 li 🏕 Kemp Country Bečice (49.3831,14.5400)

26,3 Verfallenes ■ Wehr mit Floßgasse, 1,4 m, zerstört, ≋ (49.3783,14.5287)

24,4 Str.-Ⅱ S13711, re nach **CZ 391 61 Stádlec** (Stádlecký řetězový most) (49.3673,14.5147);
■ Wehr Floßgasse re, 1,2 m, ≋ oder re ⌓ (49.3670,14.5143)

22,3 ■ Wehr U Papirny Floßgasse nach 150 m im Mühlenkanal, 1,5 m, re oder li ⌓ (49.3500,14.5141)

20,3 ■ Wehr Floßgasse in der Mitte, 1,4 m, ≋ (49.3385,14.5022)

20,2 Str.-Ⅱ, re nach **CZ 391 65 Dobronice u Bechyně** Burgruine re (49.3379, 14.5024)

15,9 Weg-Ⅱ, li **CZ 391 65 Černýšovice-Hutě** (49.3116,14.5024)

12,1 Str.-Ⅱ S122, re **CZ 391 65 Bechyně** (49.2964,14.4804)

11,9 ■ Wehr Floßgasse li, 1,5, ≋ (49.2958,14.4781)

11,0 Str.-Ⅱ S12217**CZ 391 65 Bechyně** Kloster, Schloss, ⌘, Zentrum 500 m re (49.2917,14.4695)

10,8 ■ Wehr Floßgasse li, 1,4 m, evtl. ≋, re ⌓ (49.2901,14.4691);
re ⇩ Smutná in Lainsitz (49.2895,14.4693)

10,6 li ≣

9,3 li ⇩ Židová strouha (49.2790,14.4599)

7,3 li 🏕 Červený mlýn (49.2757,14.4366);
■ Wehr Floßgasse re, 1,6 m, evtl. ≋, Rücklauf, re ⌓ (49.2752,14.4355)

6,3 li 🏕 Autocamp Pohoda (49.2679,14.4288)

5,8 re 🏕 Camping Cabrov (49.2634,14.4281)

4,5 re 🏕 Kemp Pension Koloděje, campingkolodeje.eu (49.2541,14.4207)

4,4 Str.-Ⅱ S105, li **CZ 375 01 Týn nad Vltavou-Koloděje nad Lužnicí**

	Schloss. Beginn des Rückstaus des Stausees von Orlík (Vltava). re gute ⬆. ✕ (49.2527,14.4204)
0,7	re ⛟ Nový Dvůr (49.2353,14.3941)
0,0	⇩ Lainsitz (Lainsitz) in die Vlatava ⛟ 500 m Flussaufwärts (49.2310, 14.3880); Zur Beendigung der Fahrt wird am besten auf dem Stausee etwa 2 km weit nach li flussaufwärts gefahren. Vor Týn schöner ⛺ (49.2311, 14.3881)

Reißbach

Weitere Namen:
Kleinfluss, WW I-II, Wildbach (Wiesenbach)
Mündung in Lužnice bei km 123,2 (re Nebenfluss)

Der Reißbach zählt zu den lohnendsten Wildbächen im Waldviertel, bzw. in Südböhmen.

Befahrbarkeit:	Schneeschmelze im März und nach starken Regenfällen
Pegel:	Bezugspegel: Schwarzenau/Thaja: min 70 cm, Internet NÖ Gopprechts 5 m³/s (295 cm), entspricht Internet Tschechien Klikov 5 m³/s (135 cm) bzw. Nova Bistrice 1,5 m³/s.
Karten:	Jübermann Wassersport-Wandorkarte Nr. 5 ISBN: 978 3 929540-32-1 /

28,3	re ⇩ des Kastenitzerbach (s. Seite 200) in die Reißbach, mögliche ⬇ (48.9684,15.0519)
28,0	Str-II, Hörmanns, L 62, **A-3874 Hörmanns** (48.9664,15.0503)
27,3	Str-II, Hörmanns, **A-3874 Hörmanns** (48.9617,15.0481)
27,0	⇩ in den Herrenteich bei Litschau, es folgt der Schönauer Teich, beliebte Badeteiche (48.9594,15.0486)
25,1	▬ Staudamm Herrenteich (48.9455,15.0419)
24,9	Str-II **A-3874 Litschau**, danach: Schönauer Teich, beliebter Badeteich (48.9442,15.0419)
23,8	▬ Staudamm Schönauer Teich danach WW I (48.9356,15.0361)
23,3	Str-II am Ortsende von **A-3874 Litschau** (48.9321,15.0380)
17,8	Str-II, li **A-3874 Gopprechts**, Waldtal, WW II (48.8933,15.0344)
13,2	Wege-II, mögliche ⬆ (48.8973,14.9916)
12,5	Staatsgrenze Österreich/Tschechien (48.8952,14.9876)
10,3	Wege-II, li nach **CZ-378 07 Rapšach-Velký Londýn** mögliche ⬇, lohnend wegen der folgenden Katarakte bis WW III (48.8944,14.9671)
7,9	▬ Wehr (48.8917,14.9408)
7,6	Str-II S15015, **CZ-378 06 Suchdol nad Lužnicí-Františkov** Waldbad, es folgen Wiesenmäander (48.8932,14.9378)
2,6	Str-II, S1502, re **CZ-378 06 Suchdol nad Lužnicí-Klikov** (48.9051, 14.9064)
0,0	⇩ der Reißbach in die Lainsitz (s. Seite 195) (48.9139,14.8951)

Kastenitzerbach

WW III-IV
Mündung in Dračice bei km 28,3 (li Nebenfluss)

20,6 Ursprung in 738 m Höhe, am Vysoky Kamen (49.0827,15.1911)
6,0 Staatsgrenze Österreich/Tschechien Hier beginnt eine steile Waldschlucht, wegen vieler Baumhindernisse nur stellenweise ≈, WW III (48.9979,15.0842)
5,4 **A 3874 Griesbach**, ⚠ Ortskatarakt ev. WW IV, besser li ⌓ (48.9936, 15.0855)
5,2 Str-II, L 8183 (48.9922,15.0867)
5,1 Str-II, **A 3874 Griesbach** (48.9907,15.0863)
0,0 Str-II, L 62, **A 3874 Litschau-Hörmans** (48.9681,15.0523); ⇩ des Kastenitzerbach in die Reißbach (s. Seite 199), mögliche ⬇ (48.9684,15.0519)

Braunau

Weitere Namen: Braunaubach
Kleinfluss, WW I-II, WW III-IV
Mündung in Lužnice bei km 156,8 (re Nebenfluss)

Die Braunau ist einer der wenigen Flüsse Österreichs, der über die Lansitz zur Nordsee entwässert.

Befahrbarkeit:	Schneeschmelze März oder nach starken Regenfällen, im Frühjahr
Umwelt:	Wasser im Oberlauf sehr sauber, ab Schrems verschmutzt
Pegel:	Bezugspegel: Thaya (s. Seite 151)-Pegel Schwarzenau: min. 70 cm Internet NÖ: Hoheneich km 1,8 ab 6 m³/s 190 cm
Schwierigkeiten:	km 16,7 – 8,3 WW I-II, Gefälle 1 Promille km 8,3 – 0,0 WW II-III (IV), Gefälle 6 Promille
Karten:	Jübermann Wassersport-Wanderkarte Nr. 5 ISBN: 978 3 929540-32-1 /
Quellen:	Aktualisiert von W. Mück, KC Gars, Stand 2012

43,3 Ursprung des Braunaubach in 704 m Höhe zunächst ist der Name Skremelice (49.0151,15.1652)
27,0 Str-II, **A 3862 Eisgarn** mögliche ⬇ bei HW, keine Details zur Folgestrecke bekannt (48.9159,15.1023)
23,0 ▬ Staumauer von **A 3860 Eberweis** (48.8861,15.0962)
22,9 Str-II, L 8191 (48.8856,15.0952)
21,3 Str-II, L 8192, li nach **A 3860 Heidenreichstein** (48.8752,15.0857)

16,9 Str-II, L 8197 bei **A 3872 Aalfang** ⬇, leichte Wiesenmäander bis **Schrems** (48.8450,15.0624)
16,6 EB-II (48.8422,15.0636)
16,4 re ⇩ des Romaubach der Bach wurde 9 km von **Heidenreichstein** bis zur Mündung befahren, mühsamer Kleinstfluss ohne WW (48.8406,15.0628)
15,2 Str-II, Thayatal Bundestrasse, B 30 (48.8343,15.0523)
12,4 ▬ Wehr (48.8110,15.0570)
12,1 Str-II, **A 3943 Schrems-Eugenia** gute ⬇ für WW Strecke. Bis **Schrems**, Ortsbrücke, Wiesenmäander WW I. Ortsdurchfahrt problemlos (48.8096, 15.0587)
9,7 Str-II L 66, **A 3943 Schrems** es folgen mehrere II (48.7937,15.0674)
8,6 Str-II, Schnellstraße B2 ⚠ es folgt der „Schremser Katarakt" bei der **Heumühle**, Naturdenkmal „Pummerloch" und „Grafenhäusl", Granitblöcke bei starkem Gefälle, WW III-IV (48.7882,15.0604)
8,0 Str-II, L 8207, **A 3943 Niederschrems** (48.7844,15.0568)
7,3 ▬ Wehr **A 3943 Schrems-Kleedorf** re ⌓. Es folgen abwechselnd kurze Blockstellen und Stauzonen (48.7804,15.0549)
4,4 ▬ Staumauer re führt ein Überlauf steil zum Bach hinunter, WW III, Einfahrt besser rechts umtragen (48.7753,15.0326)
3,4 Str-II, **A 3945 Hoheneich** ▬ Wehr, Durchlass, meist ≈ (48.7742, 15.0238)
2,9 Str-II, B 41, **Schrems** - **Gmünd** (48.7753,15.0185)
2,3 ⚠ Katarakt „Gmünder Happer" WW III-IV (48.7741,15.0109)
1,9 li ⇩ des Elexenbach (s. Seite 201) in die Braunau, ≡ (48.7714,15.0083)
0,5 ▬ Wehr am Eingang zum „Malerwinkel", meist ≈, in der Folge Granitrippen, WW III. Bei der Insel links halten, bei HW niedrige Brückendurchfahrt! (48.7715,14.0033)
0,2 Str-II **A 3950 Gmünd** (48.7728,14.9903)
0,0 ⇩ der Braunau in die Lainsitz (s. Seite 195) bei **Gmünd**, gute ⬆ (48.7741, 14.9902)

Elexenbach

Kleinfluss, WW I-II, WW III-IV, WW V-VI
Mündung in Braunau bei km 1,9 (li Nebenfluss)

Bei kräftigem HW kann dieser Kleinbach auf einer Strecke von 12 km von Groß Neusiedl bis zur Mündung kurz vor Gmünd befahren werden. Erforderlich ist aber der seltene Pegel an der Braunau (Hoheneich) von 230 cm (14 m3/s), das sind rund 3 m³/s am Elexenbach. Dann bietet der Bach viel Abwechslung, eine nette Waldschlucht bei Waldenstein (WW II) sowie eine kurze Steilzone bei der Hammerschmiede vor Nondorf, welche man vorher besichtigen sollte (WW IV-V). Es folgt noch eine kleine Blockstelle bei der Eisenbahnbrücke, der Rest ist aber eine schwer durchdringbare Mäanderstrecke.

Karten: Jübermann Wassersport-Wanderkarte Nr. 5 ISBN: 978 3

Quellen:	929540-32-1 / Befahrungsbericht vom 14.3.2009, KC Gars

17,7	Ursprung des Elexenbach (48.6756,15.0052)
12,0	Str-II, re **A 3961 Groß-Neusiedl**, ⬇ (48.7113,15.0206)
10,9	Str-II, re **A 3961 Kleinruprechts** (48.7188,15.0234)
10,1	Str-II L 8211, li **A 3961 Waldenstein** (48.7239,15.0209)
8,8	Str-II L 8210 **A 3961 Waldenstein** (48.7335,15.0214)
7,4	Str-II, re **3961 Großhöbarten** (48.7381,15.0348)
5,4	Str-II L 68, **3945 Nondorf** (48.7505,15.0407)
3,7	Str-II, L 8218 (48.7583,15.0302)
1,6	EB-II (48.7644,15.0175)
0,4	Str-II, B 41, re **A 3945 Hoheneich** (48.7699,15.0118)
0,0	⇩ des Elexenbach in die Braunau (s. Seite 200) bei km 1,9, ≣ (48.7714, 15.0083)

Stromgebiet der Donau - südliche Nebenflüsse

Nr. in Karte	Fluss	Kleinfluss	Wanderfluss	Seengewässer	Kanal	Schifffahrtsstraße	WW I-II	WW III-IV	WW V-VI	Seite
1	Piesting (Fischa)						o			208
2	Schwechat	o					o			209
3	Agsbach	o					o			210
4	Lammeraubach	o					o			210
5	Riesenbach	o					o			210
6	Liesing (Schwechat)	o					o			211
7	Mödlingbach	o					o			211
8	Sattelbach						o			212
9	Triesting	o					o			212
10	Coronabach						o			213
11	Wienfluss	o					o			213
12	Mauerbach	o					o			214
13	Hagenbach	o					o			214
14	Grosse Tulln	o					o	o		215
15	Perschling	o								215
16	Michelbach (Perschling)	o					o			215
17	Stössingbach	o					o			216
18	Traisen	o					o			216
19	Unrechttraisen	o					o	o		217
20	Türnitz	o					o			218
21	Gölsen	o					o			218
22	Halbach	o					o	o		218
23	Pielach	o					o	o		219
24	Nattersbach	o					o	o		220
25	Melk						o			220
26	Erlauf						o	o	o	221
27	Kleine Erlauf	o								224
28	Mitteraubach	o					o	o		224
29	Nestelbergbach							o		225
30	Ötscherbach						o	o	o	225
31	Ybbs						o	o		226
32	Url	o					o			228
33	Kleine Ybbs	o					o			228
34	Hammerbach (Ybbs)	o						o		229

Nr. in Karte	Fluss	Kleinfluss	Wanderfluss	Seengewässer	Kanal	Schifffahrtsstraße	WW I-II	WW III-IV	WW V-VI	Seite
35	Göstlingbach	o						o		229
36	Steinbach (Ybbs)							o	o	229
37	Lunzer Seebach	o					o	o		230
38	Daglesbach							o		231
39	Enns		o				o	o	o	231
40	Steyr		o				o	o		237
41	Krumme Streyrling						o	o		239
42	Paltenbach (Steyr)	o					o			240
43	Vorderer Rettenbach						o	o		241
44	Teichl						o	o		241
45	Hinterer Rettenbach	o					o	o		242
46	Pießling							o	o	243
47	Krumme Steyr	o					o			243
48	Reichraming	o					o	o		244
49	Laussabach							o	o	245
50	Buchauer Bach	o					o	o		246
51	Salza						o	o		247
52	Mendlingbach	o					o	o		249
53	Lassingbach	o					o	o		250
54	Rotbach (Lassingbach)	o					o	o		251
55	Holzäpfeltalbach	o					o			252
56	Hinterwildalpenbach	o						o		252
57	Siebenseebach	o						o	o	253
58	Rotmoosbach	o						o	o	253
59	Aschbach	o					o	o		254
60	Walster	o					o			255
61	Schwabelbach	o						o		255
62	Erzbach	o						o		256
63	Radmer	o						o	o	257
64	Seebach (Erzbach)							o		258
65	Johnsbach	o					o	o		258
66	Paltenbach (Enns)	o					o			259
67	Strechaubach	o					o	o		260
68	Golling						o	o	o	260
69	Mittereggbach	o						o		261

Nr. in Karte	Fluss	Kleinfluss	Wanderfluss	Seengewässer	Kanal	Schifffahrtsstraße	WW I-II	WW III-IV	WW V-VI	Seite
70	Grimming-Bach	o					o	o		262
71	Donnersbach						o	o	o	262
72	Planerbach							o		264
73	Salzabach	o		o			o	o		264
74	Groß-Sölk	o						o	o	265
75	Klein-Sölk	o					o	o		266
76	Strieglerbach	o						o	o	267
77	Talbach							o	o	267
78	Untertalbach						o	o	o	268
79	Obertalbach						o	o	o	268
80	Forstaubach	o							o	269
81	Taurach (Enns)	o					o	o	o	269
82	Traun (Donau)		o	o			o	o	o	270
83	Krems (Traun)	o					o			275
84	Alm						o			275
85	Straneggbach	o					o	o		277
86	Ager	o		o			o			277
87	Vöckla						o			279
88	Äußerer Weißenbach						o	o		280
89	Gimbach	o					o	o		281
90	Fuschler Ache	o					o			282
91	Frauenweissenbach	o					o	o		282
92	Mitterweißenbach						o	o	o	283
93	Rettenbach						o	o	o	284
94	Ischl	o		o			o	o		285
95	Weißenbach (Ischl)	o					o	o		286
96	Gosaubach	o					o		o	287
97	Waldbach	o						o		287
98	Grundlseetraun						o			287
99	Altausseer Traun						o	o		288
100	Innbach	o								289
101	Aschach (Innbach)	o					o			290

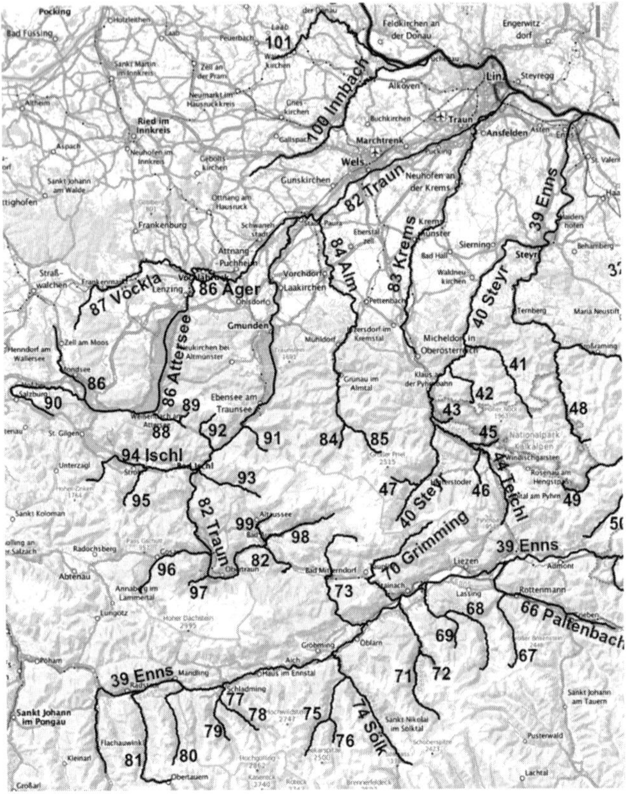
101
100 Innbach
82 Traun
84 Alm
83 Krems
39 Enns
40 Steyr
87 Vöckla
86 Ager
86 Attersee
86
90
89
88
92
91
84
85
94 Ischl
93
95
82 Traun
99
98
82
96
97
47
40 Steyr
46
44 Teichl
41
42
43
45
48
49
50
70 Grimming
39 Enns
73
68
66 Paltenbach
69
67
71
72
39 Enns
77
78
75
74 Sölk
79
76
80
81
Linz
Wels
Marchtrenk
Gmunden
Vorchdorf
Laakirchen
Ried im Innkreis
Frankenburg
Pocking
Bad Füssing
Steyr
Liezen
Salzburg
Sankt Johann im Pongau
Ansfelden
Traun
Alkoven

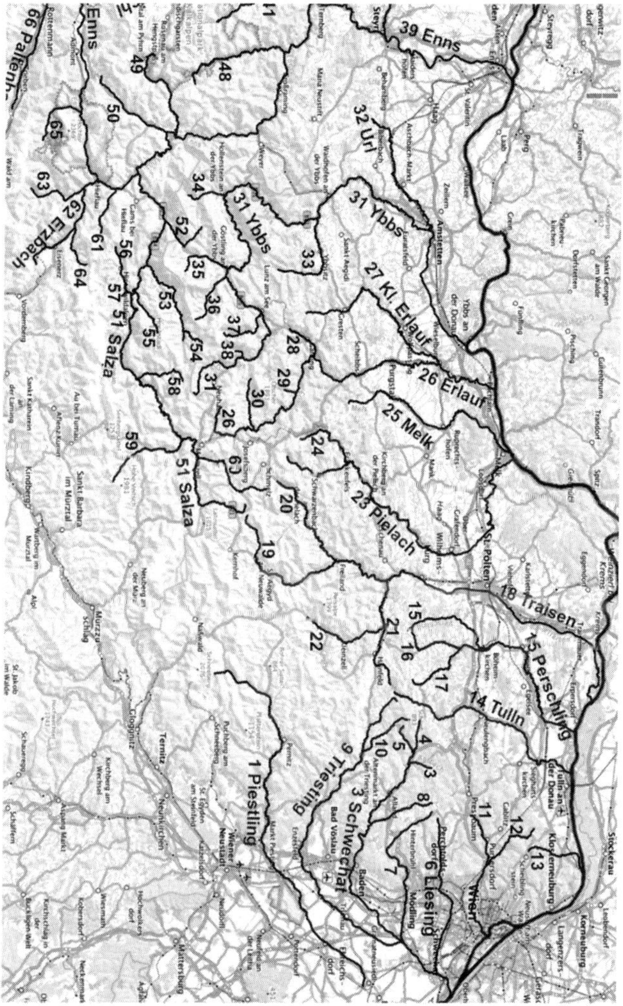
39 Enns
32 Url
31 Ybbs
27 Kl. Erlauf
26 Erlauf
25 Melk
23 Pielach
18 Traisen
15 Perschling
14 Tulln
1 Piestling
9 Triesting
3 Schwechat
6 Liesing
51 Salza
57 51 Salza
62 Erzbach
66 Paltenb.
Enns

Piesting (Fischa)

WW I-II, Zahmwasser, Gebirgsfluss, Flachlandfluss
Mündung in Fischa bei km 24,7 (li Nebenfluss)

Die Piesting ist in ihrem Oberlauf ein schöner Bach in den **Gutensteiner Alpen**. Zumeist wird nur dieser Teil befahren. In seinem Unterlauf tritt die Piesting in die Donauebene aus. Sie ist hier Zahmwasser, landschaftlich nur wenig interessant.
Im gesamten Vorlauf der Piesting finden sich zahlreiche Wehre in Form von Mühlenwehren, die nur teilweise ≋ sind. Bei nicht ausreichendem Wasserstand muss unterhalb der Wehre mit Trockenstellen gerechnet werden.

Befahrbarkeit:	nur zur Zeit der Schneeschmelze im Vorfrühling oder nach starken Regenfällen
Umwelt:	zunächst sauber, zunehmende Verschmutzung durch industrielle Abwässer
Pegel:	Str-II unterhalb **Gutenstein** Für eine Befahrung ab km 68,0 ist ein Pegelstand von 100 cm ab km 60,4 ein ≣ von 80 bis 90 cm erforderlich.
Schwierigkeiten:	km 68,0–45,7: WW II/II+ km 45,7–⇩: Zahmwasser
Literatur:	

76,9 Ursprung am Hutberg in 900 m Höhe (47.7931,15.8145)

68,0 **A 2770 Saghöf** oberste mögliche ⬇ bei HW, ⚠ auf Zäune! Der Oberlauf der Piesting führt die Bezeichnung „Kalter Gang" (47.8536,15.8487)

65,7 li ⇩ Zellenbach ⬇, ab hier nur bei sehr hohem Wasserstand ≋, s. ≣. Auf der gesamten Strecke der Piesting zahlreiche ▬ Wehr, es werden nachfolgend nur die beschrieben, über die Unterlagen vorliegen. Es gibt darüber hinaus mit Sicherheit noch zahlreiche weitere ▬. Schwierigkeiten der Flussstrecke zunächst WW II+ (47.8702,15.8597)

60,4 Str–II unterhalb **Gutenstein**, ▬, X. Übliche ⬇ unterhalb des ▬, s. ≣ (47.8810,15.9161)

57,3 Str–II, es folgen die Ortschaften **Pernitz** und **Ortmann**. In diesem Bereich mehrere ▬, X, sowie Verschmutzung des Wassers und des Ufers durch Industrieanlagen. Es wird empfohlen, die beiden Ortschaften mit Pkw zu umfahren (47.8910,15.9442)

53,6 Ortsende von **A 2763 Ortmann** wieder ⬇ bei einem Steg. Die folgende Flussstrecke bringt schnell fließendes WW mit leichter Verblockung, WW II+ (47.8915,15.9839)

51,0 **Miesenbach**, ▬, X (47.8769,16.0025)

49,7 ▬ Wehr Oed, X (47.8773,16.0181)

46,7 ▬ Wehr, X, Beginn einer hübschen Flussschleife mit leicht verblocktem, schnell fließendem WW (47.8709,16.0482)

45,7 Zerfallenes ▬, ≋ bei **A 2754 Waldegg** ⬆ Ende der WW - Strecke, die Befahrung des Oberlaufs der Piesting wird hier zumeist beendet. Das Tal wird anschließend breiter, die Piesting tritt später in die Donauebene aus. Abnahme der Schwierigkeiten, Zahmwasser. Weiterhin zahlreiche ▬, über deren Zahl und Befahrbarkeit keine Unterlagen vorliegen (47.8686, 16.0575)

0,0 ⇩ der Piestling in die Fischa (48.0200,16.4947)

Schwechat

Kleinfluss, WW I-II, Zahmwasser, Gebirgsfluss, Flachlandfluss
Mündung in Donau bei amtl. km 1913,9 (re Nebenfluss)

Die Schwechat ist in ihrem Oberlauf ein landschaftlich schöner und auch wassertechnisch interessanter Fluss durch den Wienerwald. Hinter Baden tritt sie in die Donauebene aus, sie ist dann Zahmwasser. Schwierigkeiten des Oberlaufs der Schwechat maximal WW II.

Befahrbarkeit: zur Zeit der Schneeschmelze im Vorfrühling und nach stärkeren Regenfällen.

Pegel: **Klausen - Leopoldsdorf**; MW = 175 cm.

Literatur:

60,9 li ⇩ Zusammenfluss von Agsbach (s. Seite 210) und Lammeraubach (s. Seite 210) zur Schwechat (48.0879,16.0133); Str-Ⅱ, **A 2533 Klausen-Leopoldsdorf** ▤, ⬇, falls die Quellflüsse nicht befahren werden. Die Schwechat hat gute Strömung, gelegentlich leichte Verblockung, WW II (48.0880,16.0142)

60,5 Autobahn-Ⅱ A21 (48.0866,16.0189)

58,8 Alte Klause, zweiröhrig, Durchfahrt nur auf der li Seite möglich. ⚠ Schon bei der Anfahrt besichtigen, da die Möglichkeit besteht, dass die Durchfahrt verlegt ist (48.0811,16.0374)

53,9 Str-Ⅱ, B 11, **A 2534 Alland** (48.0581,16.0783)

46,7 li ⇩ des Sattelbach (s. Seite 212) in die Schwechat (48.0309,16.1425)

46,6 ⚠ Es folgen einige Sohlrampen mit Eisenbahnschienen im Unterwasser. Unter Pegel 175 cm geht eine Befahrung auf Kosten der Boote. Die Schwechat fließt anschließend durch das vielsbesungene „Helenental". Gelegentlich leichte Verblockung, Schwierigkeiten jedoch nicht mehr als WW II. Nach einer kurzen regulierten Strecke folgt ein leicht verblocktes Flussstück, WW II (48.0307,16.1437)

39,2 Fußg-Ⅱ, li Ruine Rauenstein, ⬆ hier kann die Fahrt gut am li Ufer bei einem 🅿 beendet werden (48.0112,16.2024)

38,3 Str-Ⅱ, B 210 (48.0070,16.2120)

38,2 ▬ Wehr am Ortseingang von **A 2500 Baden**, ✕, ⬆ Die Fahrt muss spätestens hier beendet werden. Eine Durchfahrt durch **Baden** ist nicht möglich. Über den Unterlauf der Schwechat liegen keine Beschreibungen vor (48.0067,16.2130)

18,3 re ⇩ des Triesting (s. Seite 212) in den Schwechat (48.0803,16.4001)

18,2 li ⇩ des Mödlingbach (s. Seite 211) in die Schwechat (48.0812,16.3995)

9,1 li ⇩ der Liesing (s. Seite 211) in die Schwechat (48.1360,16.4698)
0,0 re ⇩ der Schwechat in die Donau (s. Seite 34) bei amtl. km 1913,9 (48.1381,16.5610)

Agsbach

Kleinfluss, WW I-II
Mündung in Schwechat bei km 60,9 (li Nebenfluss)

Die drei Quellflüsse der Schwechat haben vieles gemeinsam: sie haben ihren Ursprung im Wienerwald in etwa 600 m Höhe, sie bieten leichtes bis mäßig schweres Wildwasser, sie sind fahrbar nur bei sehr gutem Wasserstand (Schwechat–Pegel Klausen–Leopoldsdorf, Minimum 175 cm) und jeder von ihnen kann als Vorfahrt zur Schwechat genutzt werden.

3,4 Wege-II etwa 3 km oberhalb Klausen–Leopoldsdorf, ⬇ (48.1141,16.0170)
0,0 ⇩ Zusammenfluss von Agsbach und Lammeraubach (s. Seite 210) zur Schwechat (s. Seite 209) bei km 60,9 (48.0879,16.0133)

Lammeraubach

Kleinfluss, WW I-II
Mündung in Schwechat bei km 60,9 (re Nebenfluss)

Die drei Quellflüsse der Schwechat haben vieles gemeinsam: sie haben ihren Ursprung im Wienerwald in etwa 600 m Höhe, sie bieten leichtes bis mäßig schweres Wildwasser, sie sind fahrbar nur bei sehr gutem Wasserstand (Schwechat–Pegel Klausen–Leopoldsdorf, Minimum 175 cm) und jeder von ihnen kann als Vorfahrt zur Schwechat genutzt werden.

4,1 li ⇩ des Gaisrückenbach, ⬇ zunächst einige verfallene ▬ Stufen, ≈ (48.1000,15.9711)
2,7 re ⇩ des Riesenbach (s. Seite 210) in den Lammeraubach (48.0945, 15.9861)
2,5 bei einem Gefälle von 15 ‰ auf weiteren 2 km Blockzonen mit slalomartigen Durchfahrten, WW II+ bis ⇩ (48.0948,15.9878)
0,0 ⇩ Zusammenfluss von Agsbach (s. Seite 210) und Lammeraubach zur Schwechat (s. Seite 209) bei km 60,9 (48.0879,16.0133)

Riesenbach

Kleinfluss, WW I-II
Mündung in Lammeraubach bei km 2,7 (re Nebenfluss)

Die drei Quellflüsse der Schwechat haben vieles gemeinsam: sie haben ihren Ursprung im Wienerwald in etwa 600 m Höhe, sie bieten leichtes bis mäßig schweres Wildwasser, sie sind fahrbar nur bei sehr gutem Wasserstand (Schwechat–Pegel Klausen–Leopoldsdorf, Minimum 175 cm) und jeder von ihnen kann als Vorfahrt zur

Schwechat genutzt werden.
Schwierigkeiten: WW II+

2,1 Str-II etwas oberhalb der ⇩ des Hollerbachs, ⬇ sofort danach schöne Naturstufe, schönes, leicht verblocktes WW II+ (48.0854,15.9633)

0,0 ⇩ des Riesenbach in den Lammeraubach (s. Seite 210) bei km 2,7 (48.0945,15.9861)

Liesing (Schwechat)

Kleinfluss, WW I-II, Widbach
Mündung in Schwechat bei km 9,1 (li Nebenfluss)

Eine Befahrung der Liesing kommt nur in ihrem Oberlauf in Frage, sie ist hier ein leichter Wildbach des Wienerwaldes.
Befahrbarkeit: bei HW
Pegel: km 11,9 li bei neuen Wohnbauten; Minimum 60 cm.
Schwierigkeiten: WW II–II+

29,0 Ursprung als Reiche Liesing bei **Hochrotherd** Wienerwald (48.1323, 16.1294)

28,3 Wege-II **A 2384 Breitenfurt-West** ⬇ bei HW (48.1337,16.1388)

23,7 Str-II **A 2384 Breitenfurt-Ost** (48.1356,16.1945)

19,9 li ⇩ Güntenbach (≈ nur bei HW auf 2,5 km Länge, Kleinfluss, Stacheldrahthindernisse, 3 Mündungsstufen 1 m hoch, WW I) (48.1366, 16.2414)

18,2 100 m Stau beim Rodauner-Bad, am Ausfluss ■ Betonstufe, 2 m hoch, evtl. ≈, Danach mehrere niedrige Stufen im kanalisierten Flussbett (48.1375,16.2599)

17,9 re ⇩ Dürre Liesing (48.1376,16.2632)

16,8 Wege-II **A 1230 Wien-Liesing** ⬆ Beendigung der Fahrt vor dem S-Bahntunnel (48.1371,16.2772)

8,4 ≡ Liesing, Großmarktstr, www.pegelalarm.at/paw/ (48.1454,16.3664)

0,0 ⇩ der Liesing in die Schwechat (s. Seite 209) bei km 9,1 (48.1360, 16.4698)

Mödlingbach

Kleinfluss, WW I-II
Mündung in Schwechat bei km 18,2 (li Nebenfluss)

Der Mödlingbach ist ein leichter Wildbach aus dem Wienerwald, WW II-
Befahrbarkeit: bei HW
Pegel: II an der ⬆; günstig etwa 35 cm

29,5 Ursprung des Mödlingbach in 505 m Höhe (48.1233,16.1153)

22,6 Str-II **A 2393 Sittendorf bei Wien**, ⬇ Verwachsungen, Baumhindernisse. ■ Wehr, X, oberhalb Gaden, re ⏶. Danach leichte Verblockung

(48.0750,16.1633)

12,8 Str-Ⅱ, bei der Kirche von **A 2371 Hinterbrühl** hier ≣ unter der Ⅱ. ⬆ Weiterfahrt kaum möglich (48.0866,16.2470)

0,0 ⇩ des Mödlingbach in die Schwechat (s. Seite 209) bei km 18,2 (48.0812, 16.3995)

Sattelbach

Wildwasser, WW I-II
Mündung in Schwechat bei km 46,7 (li Nebenfluss)

Befahrbarkeit: bei HW
Schwierigkeiten: WW II–II+.

12,4 Wege-Ⅱ ober halb Gruberau, ⬇ es folgen einige Naturstufen, etwa 1,5 m hoch (48.1195,16.0965)

11,7 Str-Ⅱ **A 2392 Gruberau im Wienerwald**, li ✕ Schusternatzl (48.1150, 16.1010)

9,7 re ⇩ Münchbach mit guter Wasserzufuhr (48.0989,16.0965)

7,4 Str-Ⅱ oberhalb **A 2392 Grub im Wienerwald** ⚠ In Grub einige niedrige Ⅱ (48.0851,16.1066)

3,3 Str-Ⅱ B111, **A 2532 Heiligenkreuz im Wienerwald** Oberhalb Heiligenkreuz verblocktes ▬ Wehr, evtl. re ≈, Verklemmungsgefahr! Danach eine verblockte, 1,5 m hohe Stufe und eine kleine Gefällzone in Heiligenkreuz, der Rest ist leicht (48.0562,16.1290)

0,0 ⇩ des Sattelbach in die Schwechat (s. Seite 209) bei km 46,7 (48.0309, 16.1425)

Triesting

Kleinfluss, WW I-II [WW]
Mündung in Schwechat bei km 18,3 (re Nebenfluss)

Der Triesting ist ein leichter Wildbach am Südoststrand des Wienerwaldes mit Ursprung am Schöpfl in etwa 700 m Höhe.

Befahrbarkeit: nur bei HW
Schwierigkeiten: zumeist WW II- mit Stellen bis WW III-, mehrere ▬, zumeist ≈

63,1 Ursprung in 680 m Höhe (48.0687,15.8734)

56,2 ⬇ in der Nähe des Gehöfts "Fersengelder" zumeist WW II- mit Stellen bis WW III-, mehrere ▬ Wehre, zumeist ≈ (48.0369,15.9212)

53,6 Str-Ⅱ B18 (48.0244,15.9411)

49,7 li ⇩ Coronabach (s. Seite 213) in den Triesting (48.0167,15.9850)

42,7 **A 2564 Weissenbach an der Triesting**, li 🚂 (47.9836,16.0442)

37,5 Str-Ⅱ L 138 **A 2563 Pottenstein** (Gutensteiner Strasse) (47.9584,

16.0927)
36,3 ⬆ Ortsbeginn **A 2560 Berndorf** ■ Wehr (47.9504,16.1014)
35,3 Str-II L 4020 **Berndorf**, Kislingerplatz, re 🚂 (47.9454,16.1085)
0,0 ⇩ des Triesting in den Schwechat (s. Seite 209) bei km 18,3 (48.0803, 16.4001)

Coronabach

Weitere Namen: Klosterbach (Triesting)
Wildwasser, WW I-II [WW]
Mündung in Triesting bei km 49,7 (li Nebenfluss)

Der Coronabach (der im Unterlauf meist "Klosterbach" heißt) ist ein leichter Wildbach am Südoststrand des Wienerwaldes mit Ursprung am Schöpfl in etwa 700 m Höhe.

Befahrbarkeit: nur bei HW
Schwierigkeiten: WW II/II+, Vorsicht bei Stacheldrahtzäunen
Karten: Gen.-Karte Österreich Nr. 2, C 8–9

11,2 Quelle des Coronabaches am Schöpfl (48.0842,15.9148)
8,1 Str-II Ortsende **A 2572 St. Corona am Schöpfl** (48.0633,15.9276)
7,2 ⬇ ca 1 km unterhalb St. Corona Zunächst schmales Flussbett, Vorsicht bei Stacheldrahtzäunen. Nach 4 km eine schöne, 2 m hohe Naturstufe, dann hindernisfrei bis zur ⇩ (48.0574,15.9369)
0,0 ⇩ Coronabach in den Triesting (s. Seite 212) bei km 49,7 (48.0167, 15.9850)

Wienfluss

Kleinfluss, WW I-II
Mündung in Donaukanal Wien bei km 10,5 (re Nebenfluss)

Eine Befahrung des Wienflusses kann nur in seinem Oberlauf auf kurzer Teilstrecke angeraten werden.
Mit Erlaubnis des Magistrates ist jetzt auch eine Befahrung des regulierten Abschnittes unterhalb der Rückhaltebecken (**X**) bis zur ⇩ in den Donaukanal möglich. Achtung auf Stufen, nicht bei HW fahren, die beidseitigen Ufer sollten mindestens 2 m frei sein. Künstliche Beleuchtung (Stirnlampe) mitnehmen. Die Befahrung dieses Unterlaufs ist „Geschmackssache".
Befahrbarkeit: nur bei hohem Wasserstand

23,2 Str-II B15, ⬇ unterhalb des Stausees „Wienerwaldsee" (48.1851,16.1241)
15,2 ⬆ beim 🚂 Wien Weidlingau der Westbahn (48.2101,16.2120)
13,6 li ⇩ des Mauerbach (s. Seite 214) in den Wienfluss (48.2059,16.2325)
12,4 ■ Wehr am Ende des Hochwasserrückhaltebeckens, **X**, ⬇ zur Befahrung der regulierten Stadtdurchfahrt Wien (48.2012,16.2465)
11,2 li 🚂 Wien-Hütteldorf ab hier verläuft der Wienfluss parallel zur U-Bahn-

Linie 6 in einem Betonbett (48.1964,16.2608)

7,1 Tunnel, re Schloss Schönbrunn (48.1874,16.3136)

6,0 Tunnel beim U-🚇 Meidling-Hauptstr (48.1839,16.3272)

5,0 –4,6 Tunnel 400 m (48.1878,16.3378)–(48.1887,16.3426)

3,2 –1,1 Tunnel 2,1 km unter der Wiener Innenstadt (48.1958,16.3549)–(48.2026,16.3788)

0,0 ⇩ des Wienfluss in die Donaukanal Wien (s. Seite 47) bei km 10,5 (48.2118,16.3845)

Mauerbach

Kleinfluss, WW I-II
Mündung in Wienfluss bei km 13,6 (li Nebenfluss)

Der Mauerbach ist ein leichter Wildbach des westl. Wienerwaldes, einige Stufen, WW I

Befahrbarkeit: Zeit der Schneeschmelze und nach starken Regenfällen.
Pegel: an der ⬆, günstig 70 – 90 cm

9,2 ⬇ **A 3001 Mauerbach** bei HW, Kartause, ⌘ (48.2488,16.1680)

5,0 li ⇩ Hainbach, ⬇ bei geringerem Wasserstand Es folgt eine kleine Waldschlucht mit geringer Verblockung. Auf halber Fahrtstrecke sind 2 ▬ Sohlstufen, Höhe 2 m. Bei HW lebensgefährli-cher Rücklauf. Kaum Kehrwasser. Danach folgen noch 2 Stufen, 1 m, ≋. (48.2303,16.1983)

1,4 li Schloss Laudon, ⬆ Eine Weiterfahrt bis zur ⇩ in den Wienfluss ist nicht möglich, da hier im Bereich des Rückhaltebeckens keine Anlandemöglichkeit besteht (48.2124,16.2228)

0,0 ⇩ des Mauerbach in den Wienfluss (s. Seite 213) bei km 13,6 (48.2059, 16.2325)

Hagenbach

Kleinfluss, WW I-II
Mündung in Donau bei amtl. km 1951,4 (re Nebenfluss)

Der Hagenbach, ein Kleinfluss des Wienerwaldes, ist ein schmaler, mit Uferbüschen gesäumter Waldbach mit einer kleinen Schlucht.

Befahrbarkeit: bei Schneeschmelze und nach stärkeren Regenfällen
Pegel: Bezugspegel: Mauerbachpegel in Hadersdorf; erforderlich sind 70–80 cm

11,9 Ursprung des Hagenbach in 440 m Höhe (48.2703,16.2001)

8,9 Str-II L 2120 **A 3413 St. Andrä-Unterkirchbach**, ⬇ Die Fahrt führt durch die landschaftlich ansprechende Kleinschlucht der sog. „Hagenbachklamm“, mit einem Wanderweg und Greifvogelstation. Mehrere Kunststufen sind nur bedingt ≋, die höheren sollten unbedingt besichtigt werden. WW II+ (48.2901,16.1949)

4,8 ⬆ am nördlichen Eingang der Hagenbachklamm (48.3157,16.2115)
0,0 re ⇩ des Hagenbach in die Donau (s. Seite 34) bei amtl. km 1951,4 (48.3518,16.2506)

Grosse Tulln

Weitere Namen: Laabenbach
Kleinfluss, WW I-II, WW III-IV
Mündung in Donau bei amtl. km 1965,3 (re Nebenfluss)

Die Gr. Tulln heißt in ihrem Oberlauf zumeist „Laabenbach“. Dies ist der wohl schönste Wildbach des Wienerwaldes.
Befahrbarkeit: nur bei HW – Schneeschmelze

41,9 Ursprung der Laabenbach / Gr. Tulln in 680 m Höhe (48.0649,15.8541)
39,1 Str-II **A 3053 Glashütte**, ⬇ Zunächst bis Laaben auf 3 km Waldschlucht, Gefälle bis 18 ‰, bis WW III-. Danach leichter, einige Stufen, nach Besichtigung ≈, Stacheldraht- und Baumhindernisse möglich (48.0854, 15.8651)
22,4 Str-II 44, **A 3040 Neulengbach**, ⬆ Beendigung der Fahrt, Weiterfahrt bis ⇩ bei Tulln uninteressant, reguliert, Stufen (48.1978,15.9014)
0,0 re ⇩ der Grosse Tulln in die Donau (s. Seite 34) bei amtl. km 1965,3 (48.3334,16.0304)

Perschling

Weitere Namen: Perschlingbach
Kleinfluss
Mündung in Donau bei amtl. km 1972,1 (re Nebenfluss)

Die Perschling dürfte für eine Befahrung kaum in Frage kommen. Ihr Quellfluss der Perschlingbach und ihre Nebenflüsse sind jedoch auf kurzen Teilstrecken interessante, nur mäßig schwere Wildbäche des westlichen Wienerwaldes.
Befahrbarkeit: nur bei HW

49,4 Ursprung der Perschling (48.0840,15.7193)
46,0 Str-II L 5101 **A 3144 Perschenegg**, 🚌. Abzweig nach Michelbach (48.1074,15.6997)
45,5 ⬇ bei einem Skilift (48.1108,15.6959)
41,7 Str-II **A 3144 Auern** ⬆ (48.1407,15.6945)
29,5 ⇩des Michelbach (s. Seite 215) in den Perschling (48.2132,15.7512)
0,0 re ⇩ der Perschling in die Donau (s. Seite 34) bei amtl. km 1972,1. Yachthafen (48.3385,15.9411)

Michelbach (Perschling)

Kleinfluss, WW I-II

Mündung in Perschling bei km 29,5 (re Nebenfluss)

18,2 Ursprung des Michelbach (48.0910,15.7237)
14,6 re ⇩ des Durlachsbach, ⬇, Str-II **A 3074 Michelbach-Markt** es folgen 3 Stufen, bis 3 m hoch, ≈ (48.1014,15.7631)
6,5 Wege-II, ⬆ vor Ortseingang **A 3071 Furth** Eine Weiterfahrt bis zur ⇩ in den Perschlingbach ist möglich, nur geringe Schwierigkeiten (48.1630, 15.7584)
6,2 ⇩ des Stössingbach (s. Seite 216) in den Michelbach (48.1653,15.7582)
0,0 re ⇩des Michelbach in den Perschling (s. Seite 215) bei km 29,5 (48.2132, 15.7512)

Stössingbach

Kleinfluss, WW I-II, Gebirgsbach
Mündung in Michelbach (Perschling) bei km 6,2 (re Nebenfluss)

Schwierigkeiten: WW II+

9,0 Str-II oberhalb **A 3073 Stössing**, ⬇ bei einer kleinen Kapelle, starkes Gefälle, 1 m hohe Stufe, ≈. In Stössing verfallenes ■ Wehr, 4-stufig, ≈ (48.1186,15.8235)
1,9 Str-II, re **A 3072 Kasten b.Böheimkirchen**, ⬆ (48.1532,15.7753)
0,0 re ⇩ des Stössingbach in den Michelbach (s. Seite 215) bei km 6,2 (48.1653,15.7582)

Traisen

Kleinfluss, WW I-II
Mündung in Donau bei amtl. km 1979,1 (re Nebenfluss)

Die Traisen ist ein verhältnismäßig leichter Wildbach in der ansprechenden Landschaft der niederösterreichischen Voralpenberge, der bei Freiland von seinen Quellflüssen Türnitzer Traisen und Unrechttraisen gebildet wird. Zum Teil werden die als eigene Gewässer beschriebenen Quellflüsse auch nur Traisen genannt. In ihrem Unterlauf wird die Traisen zum Flachlandfluss von Auflusscharakter, wassertechnisch Zahmwasser. Dieser Teil wird wegen zahlreicher, nur teilweise fahrbarer Wehranlagen und streckenweise Wasserentzug zumeist nicht befahren.

Befahrbarkeit: Frühjahr bis Juni und nach stärkeren Regenfällen
Schwierigkeiten: km 75,9–40,0: WW II–I (II+)
km 40,0–⇩: Zahmwasser
Infrastruktur: zahlreiche schöne Zeltplätze am Fluss, vor allem am Unterlauf

75,9 ⇩ der Türnitz (s. Seite 218) in die Traisen (47.9274,15.4846)
75,8 ⬇, falls das Wasser für eine Befahrung der Türnitz nicht ausreicht. Schwierigkeiten der Traisen zunächst WW II, stellenweise leicht darüber

(47.9278,15.4855)

69,7 Neues ■ mit starkem Rücklauf, re ⌂. Es folgen mehrere ■ -Anlagen, die größtenteils ≈ sind (47.9513,15.5359)

66,5 ■ Wehr Dickenau, X, Wasserentzug, kurzes ⌂ (47.9676,15.5588)

65,4 ⇩ Unrechttraisen (s. Seite 217) in die Traisen (47.9754,15.5684)

65,3 Str-Ⅱ, B 214 **A 3183 Freiland** (47.9758,15.5688)

65,1 ■ Wehr Freiland nach Besichtigung evtl. ≈. Bis Lilienfeld 2 ■ Stufen, die schon bei NW gefährlichen Rücklauf bilden (47.9770,15.5700)

59,0 ■ Wehr **A 3810 Lilienfeld**, X, ⬆ die Befahrung der Traisen wird vielfach hier beendet. Eine Weiterfahrt ist möglich, durch mehrere ■ Wehre mit mühsamem ⌂ jedoch beschwerlich (48.0146,15.5969)

58,3 2. ■ Wehr Lilienfeld (48.0184,15.5973)

57,1 ■ Wehr Marktl (48.0254,15.6053)

55,9 ■ Wehr vor Traisen (48.0332,15.6028)

54,7 ■ Sohlstufe es folgen 4 weitere Sohlstufen, evtl. Rücklauf! (48.0402, 15.6107)

53,2 ⇩ der Gölsen (s. Seite 218) in die Türnitz (s. Seite 218) (48.0523,15.6114)

53,0 ■ Wehr nach Traisen (48.0543,15.6101)

49,5 ■ Wehr Göblasbruck (48.0780,15.5904)

47,4 ■ Sohlstufe **A 3150 Wilhelmsburg** (48.0929,15.6005)

46,5 ■ Wehr Kreisbach es folgen mehrere Sohlstufen (48.1000,15.6051)

44,8 ■ Wehr es folgen mehrere Sohlrampen und Sohlstufen (48.1110, 15.6198)

40,0 ■ Wehr vor **A 3104 St. Pölten** mit Wasserableitung. Die Folgestrecke bis **Herzogenburg** ist daher nur ganz selten ≈ (48.1511,15.6388)

37,2 2. ■ Wehr St. Pölten weiterhin viele Sohlstufen und -Rampen (48.1740, 15.6299)

34,1 ■ Wehr, U-Form! nach der Ⅱ weiteres ■ gleicher Bauart! (48.2019, 15.6346)

33,8 Str-Ⅱ B1, Zentrum von **A 3100 St. Pölten** (48.2039,15.6349)

22,9 Str-Ⅱ, li **A 3130 Herzogenburg** ab hier Zahmwasser. Weiterhin viele ■ Wehre (etwa 25) (48.2830,15.7035)

14,3 Str-Ⅱ, B43 **A 3133 Traismauer** (48.3519,15.7417)

9,2 Wege-Ⅱ. Ab hier seit 2013 neuer mäandrierender Flusslauf angelegt (48.3691,15.8017)

0,0 re ⇩ der Traisen in die Donau (s. Seite 34) bei amtl. km 1979,1 (48.3611, 15.8805)

Unrechttraisen

Kleinfluss, WW I-II, WW III-IV, Gebirgsbach [WW]
Mündung in Traisen bei km 65,4 (re Nebenfluss)

Der Unrecht Traisen ist ein landschaftlich reizvoller Wildbach der Voralpen.

Befahrbarkeit: Frühjahr bis Mai

Schwierigkeiten: zumeist knapp WW II mit zwei kurzen Stellen WW III-. 10 ■, nur teilweise ≈, mehrere Geröllbremsen, ≈

27,5 Ursprung der Unrechttraisen (47.8408,15.4707)
14,5 ⬇ unterhalb Straßentunnel flussab von St. Aegyd am Neuwalde, zunächst schnellfließendes WW (II+ bis III-) (47.8765,15.5983)
0,5 ■ Wehr am Ortsanfang von **A 3183 Freiland** empfohlene ⬆ zur Beendigung der Fahrt (47.9722,15.5714)
0,0 ⇩ Unrechttraisen in die Traisen (s. Seite 216) bei km 65,4 (47.9754, 15.5684)

Türnitz

Kleinfluss, WW I-II, Gebirgs, und Flachlandfluss [WW]
Mündung in Traisen bei km 75,9 (li Nebenfluss)

Die Türnitzer Traisen ist ein verhältnismäßig leichter Wildbach in der ansprechenden Landschaft der niederösterreichischen Voralpenberge.

Befahrbarkeit: ab km 14,6 nur bei HW (selten), ab km 5,2 Frühjahr bis Juni und nach stärkeren Regenfällen
Schwierigkeiten: WW II–I (II+)

10,2 **A 3222 Haupttürnitzrotte-Ödhof**, 🚌 oberste mögliche ⬇. Recht munterer Bach mit erheblichem Gefälle. Grobe Bruchsteine vom Bau der neben dem Fluss verlaufenden Straße im Flussbett, WW II (II+). Am Ortsanfang von **A 3184 Türnitz** mehrere ■ Wehre, alle nach Besichtigung gut ≈ (47.8860,15.3969)
0,0 ⇩ der Türnitz in die Traisen (s. Seite 216) bei km 75,9 (47.9274,15.4846)

Gölsen

Kleinfluss, WW I-II, Gebirgsbach
Mündung in Traisen bei km 53,2 (re Nebenfluss)

Die Befahrung der Gölsen ist insgesamt wenig lohnend.

Befahrbarkeit: Zeit der Schneeschmelze und nach kräftigen Regenfällen.
Pegel: II vor **Kropfsdorf**, günstig 17–18 cm
Schwierigkeiten: WW II-, zahlreiche ■ und Gefällbremsen, meist X

9,2 Str-II **A 3163 Bernreit**, ⬇ (48.0481,15.7225)
8,4 li ⇩ der Halbach (s. Seite 218) in die Gölsen (48.0490,15.7121)
5,1 ■ Wehr **A 3161 St.Veit/Gölsen** meist totale Wasserableitung auf einer Strecke von 1 km, Durchfahrt nur bei HW möglich (48.0417,15.6717)
2,1 Str-II, Kalkmühle, ⬆ (48.0509,15.6378)
0,0 re ⇩ der Gölsen in die Türnitz (s. Seite 218) (48.0523,15.6114)

Halbach

Kleinfluss, WW I-II, WW III-IV
Mündung in Gölsen bei km 8,4 (li Nebenfluss)

Der Halbach ist ein leichter Wildbach in einsamer, reizvoller Gegend mit einer kleinen Schlucht

Befahrbarkeit:	Zeit der Schneeschmelze und nach starken Regenfällen.
Pegel:	Ⅱ Unterrohrbach; günstig 190 cm; Minimum 160 cm, dann nur ≋ ab Ⅱ der Straße nach Salzerbad.
Schwierigkeiten:	zumeist WW II-, mit Stellen bis WW III-; 12 Stufen und ■ Wehr, alle ≋. Kurz vor der ⇩ 3 Gefällebremsen, evtl. ≋, doch harter Aufschlag.

17,0 ⬇, bei der Kumpfmühle, 🅿 (47.9331,15.6938)
8,6 Str-Ⅱ, re nach **A 3171 Salzerbad** ⬇ bei geringerem Wasserstand (47.9890,15.7470)
1,3 Str-Ⅱ, re ⛺ am Halbach ⬆, wenn man die 3 Gefällebremsen vermeiden will (48.0399,15.7200)
0,0 ⇩ der Halbach in die Gölsen (s. Seite 218) bei km 8,4 (48.0490,15.7121)

Pielach

Kleinfluss, WW I-II, WW III-IV, Gebirgsfluss
Mündung in Donau bei amtl. km 2034,3 (re Nebenfluss)

Niederösterreich
Die Pielach ist ein landschaftlich schöner und wassertechnisch leichter Wildfluss im österreichischen Alpenvorland. Zahlreiche Wehranlagen, die zumeist ≋ sind. Bei HW kann die Befahrung auch auf dem Oberlauf der Pielach begonnen werden

Befahrbarkeit:	ab km 69,0 im Frühjahr und nach Regenfällen, ab km 60,0 bis Juni.
Pegel:	Ⅱ **Hofstetten**, km 36,4; 190 cm (16 m³/s) = Minimum für Befahrung ab km 67,9. Für eine Befahrung ab km 59,6 sind erforderlich 170 cm (8 m³/s).
Schwierigkeiten:	km 67,9–59,6: WW II, zahlreiche ■ Wehre, meist ≋ km 59,6-38,7: WW II–III km 20,6–⇩: WW II – Zahmwasser

72,9 Ursprung Pielach im Bereich der niederösterreichischen Voralpenberge in etwa 1.200 m Höhe (47.9005,15.3424)
67,9 ⬇ 2 km oberhalb des Ortes Schwarzenbach (47.9326,15.3695)
65,9 Str-Ⅱ **A 3212 Schwarzenbach an der Pielach** (47.9463,15.3836)
59,6 li ⇩ des Nattersbach (s. Seite 220) in die Pielach (47.9905,15.3578); Falls die Wasserverhältnisse für die Befahrung des Nattersbaches nicht ausreichen, kann bis Juni und nach Regenfällen auch später die Befahrung der Pielach hier begonnen werden.
Schwierigkeiten der Pielach im wesentlichen WW II. Bis Kirchberg zunächst eine ausgeprägte Schluchtstrecke, später mehrere ■ Wehre,

≈ und ein ■, X. Nach einem ■, X, bei Schwerbach folgt eine kurze Blockstrecke, WW III.
(47.9907,15.3582)

49,7 Str-II, B 39 **A 3204 Kirchberg a. d. Pielach** ab hier bietet die Pielach keine nennenswerten Schwierigkeiten (48.0265,15.4292)

41,0 Str.-II B39 vor **Grünau**, günstige ⬆ (48.0834,15.4937)

39,0 Str.-II, **A 3202 Hofstetten** Der Fluss geht von der Straße weg, es folgen bis zur Mündung in die Donau noch mehrere ■, Einzelheiten sind nicht bekannt. Das ⏏ soll jedoch teilweise recht mühsam sein. Außerdem ist damit zu rechnen, dass bei unzureichendem Wasserstand durch die ■ Teilstrecken des Flusses trockengelegt werden (48.0960,15.5127)

20,7 Str.-II, **A 3385 Prinzersdorf** für eine Befahrung der sehr schönen Reststrecke bis Mündung ist ratsam, erst 2 km nach der Ortschaft einzusetzen; man vermeidet dadurch einige steinige Rampen. Es folgen mehrere ■ Wehre, zumeist X (48.2007,15.5104)

18,0 ■ Wehr (48.2096,15.4905)

15,2 ■ Wehr (48.2093,15.4720)

13,5 li ■ Wehr (48.2015,15.4592)

8,4 ■ Wehr (48.2136,15.4115)

1,9 ■ Wehr (48.2296,15.3597)

0,0 re ⇩ der Pielach in die Donau (s. Seite 34) bei amtl. km 2034,3, unterhalb **Melk**, Beginn der Wachau (48.2423,15.3494)

Nattersbach

Kleinfluss, WW I-II, WW III-IV
Mündung in Pielach bei km 59,6 (li Nebenfluss)

Der Nattersbach und Pielach werden bei günstigen Wasserverhältnissen meist zusammen befahreb. Sie sind landschaftlich schöne und wassertechnisch leichte Wildflüsse im österreichischen Alpenvorland.

Befahrbarkeit:	im Frühjahr und nach Regenfällen
Pegel:	Pielach: II Hofstetten, km 36,4; 190 cm (16 m³/s) = Minimum

13,4 Ursprung des Nattersbach (47.9202,15.3041)

9,6 Str-II ca. 1 km oberhalb Laubenbachmühle, ⬇ bei ausreichendem Wasserstand. Schwierigkeiten bis zur ⇩ in die Pielach WW II–III (47.9473, 15.2853)

8,9 Str-II, re ⚠ Laubenbachmühle (47.9529,15.2860)

3,1 Str-II B39 **A 3213 Frankenfels** (47.9821,15.3249)

0,0 ⇩ des Nattersbach in die Pielach (s. Seite 219) bei km 59,6 (47.9905, 15.3578)

Melk

Weitere Namen: Melk und Mank

Wildwasser, WW I-II
Mündung in Donau bei amtl. km 2035,6 (re Nebenfluss)

Bei Hochwasser ist eine Befahrung ab der Brücke **Pöllendorf – Rinn** zunächst 5 km auf der Mank, rechter Nebenfluss, dann weiter 5 km auf der Melk bis zur Brücke bei **Mannersdorf** möglich. Auf der Mank bietet die kurze Waldschlucht unter **Pöllendorf** lustiges WW I-II, die Melk ist ZW.

Karten: Jübermann Wassersport-Wanderkarte Nr. 5 ISBN: 978 3 929540-32-1 /

0,0 re ⇩ der Melk in die Donau (s. Seite 34) bei amtl. km 2035,6 (48.2357, 15.3322)

Erlauf

WW I-II, WW III-IV, WW V-VI, Gebirgsfluss
Mündung in Donau bei amtl. km 2045,3 (re Nebenfluss)

Die Erlauf umfließt in großem Bogen den Ötscher, den beherrschenden Berg der Voralpen. Besonders ⌘ sind die Schluchten der vorderen und hinteren Tormäuer sowie die Erlaufmäuerschlucht. Wer sie nicht mit dem Boot befahren will, sollte sie zumindest von einem durch die Klammern führenden Naturlehrpfad aus besichtigen.
Der Ötscherbach und die Erlauf im Bereich der hinteren Tormäuer sind sehr schweres Wildwasser, die möglichen ⬇ für diese Teilstrecken sind mit Pkw nicht zu erreichen, so dass die Boote weit getragen werden müssen. Diese Abschnitte werden daher nur selten befahren.
Die Erlaufmäuerschlucht liegt fast immer trocken; sie wurde bei extremem Hochwasser schon befahren. Es handelt sich dabei um den extremsten Voralpenflussabschnitt Niederösterreichs. Eine Begehung des Trockenbettes der Erlaufmäuerschlucht ist möglich und bietet phantastische Eindrücke.

Befahrbarkeit: km 73,0 – 66,0 Frühjahr und bei HW.
km 64,0 – 60,0: ≣ 3; Ideal 80 - 100 cm entspricht 180 - 200 ≣ **Opponitz** Ybbs/Internet.
km 60,0 – 57,0: Minimum ≣ 2 = 250 cm.
ab km 57,0: am besten März – Mai, durch den Wasserablass des ϟ ist aber auch meist noch später eine Befahrung möglich. Minimum ≣ 2: = 190 cm, günstig 200 - 270 cm.
Ab km 46,0, Eibenboden bis Juni, ab km 38,0 meist ganzjährig.

Umwelt: Oberlauf glasklar, Unterlauf verschmutzt.
Begleitung nur ab Schluchtende der vorderen Tormäuer möglich.

Pegel: ≣ 1 am Ötscherbach, etwas oberhalb der ⇩ in Erlauf.
≣ 2 am Auslauf des Erlaufbodens; beide ≣ können erfragt werden über ϟ **Erlaufboden**; ♪ 02728/325 EVN.
≣ 3: an der Staumauer des Stausees Erlaufklause, kann mit Pkw erreicht werden.

Schwierigkeiten:	km 73,0–66,0 WW I - II km 64,0–61,0 WW V und VI (Erlaufmäuerschlucht, in der Regel trocken) km 61,0–60,0 WW I km 60,0–57,0 WW V (in der Regel trocken) km 57,0–38,0 WW III - IV (II) km 38,0–20,0 WW I - II (III-) km 20,0–14,0 WW III (IV), abnehmend II - I km 14,0–0,0 Zahmwasser.
Infrastruktur:	⛟ **St. Sebastian** am oberen Erlaufsee.
Literatur:	

77,0 Ursprung am Eisernen Herrgott in etwa 1.000 m Höhe Hier ist der Flussname noch Steinbach

---

(47.8007,15.2349)

74,4 ⇩ in den Erlaufsee, **Seewirt** (47.7937,15.2627)

73,1 re ⛟ Erlaufsee (47.7905,15.2798)

73,0 ⇩ Abfluss aus dem Erlaufsee, **Erlaufklause**, ⬇. Schnell fließender Wiesenfluss mit Strauchhindernissen, einige ▬ Wehre, **X**, WW I - II (47.7914,15.2816)

67,6 ⇩ in den Erlaufstausee (47.8205,15.2967)

65,4 ▬ Staumauer des Erlaufstausees Beginn der Erlaufmäuerschlucht. Der Pegel befindet sich gegenüber einem Trichtereinlauf, durch den das Wasser bei sehr starkem HW sich siphonartig durch ein Rohr in die Schlucht ergießt. Eine durchgehende Besichtigung der folgenden 3 km ist unbedingt erforderlich. ⬇ direkt unter der Staumauer. Ab Pegel 130 cm entstehen in der 2. Hälfte der klammartigen Schlucht Zwangspassagen, die nicht mehr ⏏ werden können! (47.8345,15.2800)

65,0 Besonders schöne, S-förmige Stelle mit herrlichen ausgekolkten Strudeltöpfen, je nach Wasserstand WW IV - VI. Anschließend folgt ein 6 m hoher Wasserfall, unbedingt li fahren, re im Unterwasser Felsen ⚠ (47.8354,15.2803)

64,5 ⚠ Eine Stelle **X** mit mehreren Siphonen li ⏏. Anschließend noch durchgehend schwer verblockt, WW V (47.8386,15.2825)

62,7 ⇩ des Ötscherbach (s. Seite 225) in den Erlauf (47.8497,15.2845)

62,3 re Speicher-ϟ Wienerbruck (47.8523,15.2878)

61,7 ▬ Staumauer ϟ Wienerbruck mit Wasserableitung, Weiterfahrt nur bei ausreichender Wasserabgabe möglich (≣2 = 220 cm). Die Befahrung kann auch hier begonnen werden, eine Zufahrt mit Pkw ist allerdings ebenfalls nicht möglich. Die Boote müssen daher mühsam von Wienerbruck hinunter getragen werden. Die folgende Schluchtstrecke der hinteren Tormäuer ist von großartiger landschaftlicher Schönheit bei schwerem WW, weiterhin WW V (47.8558,15.2849)

57,6 **A 3223 Erlaufboden** übliche ⬇ an der ⇩ des Werkkanales des ↯, ≣ 2. Die ⬇ ist zu erreichen von der Bundesstraße 28 **Neubruck – Mariazell**, ➔ bei **Reith**, Schwierigkeiten zunächst WW II bis III (47.8810,15.2646)

54,9 ⚠ Vor einer Rechtskurve ↰ oder ↱ und die folgende verblockte Gefällstufe besichtigen, Teufelskirche WW IV (47.8910,15.2348)

52,6 Beginn der wildromantischen Schlucht der vorderen Tormäuer (Toreckklamm) Schwierigkeiten zunächst WW III, später mit zunehmender Verblockung je nach Wasserstand WW IV. In der „Erlaufröhre" verengt sich der Fluss bei starkem Gefälle bis auf 2 m. 30 m nach der „Erlaufröhre" schwerste Stelle der vorderen Tormäuer, WW IV, unbedingt vor Befahrung besichtigen! (47.9046,15.2352)

49,6 li ⇩ Nestelbergbach (s. Seite 225) in den Erlauf (47.9128,15.2020)

49,5 Schluchtende, Eibenboden, Blockhütte und 🅿 (47.9131,15.2017)

49,4 Str-Ⅱ, li weitere mögliche ⬇ ab hier WW I–II (III–) (47.9145,15.2003)

49,0 Beginn der wildromantischen Schlucht der vorderen Tormäuer (Toreckklamm). Schwierigkeiten zunächst WW III, später mit zunehmender Verblockung je nach Wasserstand WW IV. In der „Erlaufröhre" verengt sich der Fluss bei starkem Gefälle bis auf 2 m. 30 m nach der „Erlaufröhre" durch Erdrutsch entstandene schwerste Stelle der vorderen Tormäuer, WW IV, unbedingt vor Befahrung besichtigen! ⚠ (47.9155,15.1962)

48,7 Str-Ⅱ, Tormäuerstrasse, L 6171 (47.9172,15.1935)

42,5 Wege-Ⅱ, li ≣ Nr. 3 empfohlene ⬆ (47.9320,15.1339)

41,7 ▬ Wehr Kienberg, **X**, Bis Neubruck einige Stellen bis WW II (47.9344, 15.1229)

41,0 li ⇩ des Mitteraubach (s. Seite 224) in den Erlauf (47.9394,15.1267)

34,6 ▬ Wehr **A 3270 Neubruck** Die Weiterfahrt bis zur Donau ist möglich. Die Strecke ist jedoch landschaftlich und wassertechnisch weniger interessant, es folgen insgesamt 17 ▬ Wehr, eine Floßgasse und 4 Grund-▬, die nur teilweise ≈ sind. Von einer Befahrung dieser Strecken wird daher abgeraten. Auf eine Detailbeschreibung wird verzichtet. ⬆ Die Fahrt wird daher zumeist vor der ▬-Anlage unterbrochen (47.9752, 15.1774)

31,2 ▬ Wehr (47.9999,15.1619)

30,2 ▬ Wehr Scheibbs (48.0070,15.1647);
Str-Ⅱ, B29 (48.0076,15.1641)

29,2 ▬ Wehr Heuberg (48.0156,15.1591)

26,5 ▬ Wehr Sölling (48.0360,15.1437)

24,4 ▬ Wehr (48.0512,15.1338)

24,0 ▬ Wehr (48.0548,15.1336)

23,8 ▬ Wehr Marktwehr, Purgstall (48.0572,15.1339)

23,1 ▬ Wehr (48.0632,15.1338)

22,8 Str-Ⅱ, B25 unterhalb **A 3251 Purgstall an der Erlauf** es folgt auf 6 km eine Schlucht, deren Befahrung sehr zu empfehlen ist. ⬇ oberhalb der Ⅱ unterhalb eines hohen ▬ Wehr. Die Boote müssen abgeseilt werden.

Zunächst auf kurzer Strecke bis WW IV, danach abnehmend WW II–I (48.0643,15.1364)

22,7 Markanter Abfall zwischen Felsbrocken, 2 m hoch, bei MW X, unterspültes Tosbecken mit starkem Rücklauf, 1997 schwerer Unfall, ⚠ (48.0653,15.1368)

17,4 ▬ Wehr (48.1016,15.1356)

14,8 ▬ Wehr (48.1223,15.1397)

14,0 Str-II, **A 3250 Wieselburg** (48.1280,15.1404)

13,8 li ⇩ Kleine Erlauf (s. Seite 224) in den Erlauf (48.1295,15.1403)

13,7 ▬ Wehr (48.1300,15.1418)

12,8 ▬ Wehr (48.1333,15.1516)

12,5 ⚠ verblockter, Wasserfallartiger Abfall (48.1361,15.1540)

9,6 ▬ Wehr Kendl (48.1532,15.1711)

6,2 Autobahn-II A1 (48.1696,15.1739)

5,0 ▬ Wehr (48.1771,15.1782)

4,9 Str-II, B1, re **A 3253 Erlauf** (48.1788,15.1788)

2,3 ▬ Wehr (48.1956,15.1854)

0,0 re ⇩ der Erlauf in die Donau (s. Seite 34) bei amtl. km 2045,3. Yachthafen, ⌂ TVN Pöchlarn, ⅄ 50 m flussaufwärts, Dusche (48.2138,15.1943)

Kleine Erlauf

Kleinfluss, Voralpenfluss
Mündung in Erlauf bei km 13,8 (li Nebenfluss)

Die Kleine Erlauf ist ein sehr ansprechender Kleinfluss zwischen Wiesen und Wäldern. Eine besonders romantische Flussstrecke findet sich in dem einsamen, bewaldeten Tal zwischen **Zarnsdorf und Berging**

Befahrbarkeit: Frühjahr
Schwierigkeiten: teilweise enges und verwachsenes Bachbett, gute Strömung, zahlreiche ▬, nur teilweise ≈. Kein WW.

29,2 Str-II B22, **A 3264 Gresten**, ⬇ (47.9874,15.0261)

0,0 ⇩ Kleine Erlauf in den Erlauf (s. Seite 221) bei km 13,8 (48.1295,15.1403); ⬆ am besten re vor dem ▬ Wehr **A 3250 Wieselburg**

Mitteraubach

Kleinfluss, WW I-II, WW III-IV
Mündung in Erlauf bei km 41,0 (li Nebenfluss)

Befahrbarkeit: Schneeschmelze und nach Regenfällen.
Schwierigkeiten: WW II (III+)

7,1 ⬇ Wenn die Bundesstraße 2 km oberhalb Gaming bei einem ▬ Wehr, X, vom Bach weggeht, führt ein Weg re 1 km weit bachaufwärts. Hier ⬇;

schneller Wiesenbach, mehrere ■ Wehre, ≈ 100 m nach dem ■ X, steile Blockpassage, WW III+, sonst WW II (47.9041,15.0681)

6,1 Str-II B25 2 km oberhalb Gaming Abbzweig des weges zur ⬇ (47.9113, 15.0715)

2,0 Str-II am Ortsanfang von **A 3291 Kienberg**, ⬆ (47.9403,15.1012)

0,0 ⇩ des Mitteraubach in den Erlauf (s. Seite 221) bei km 41,0 (47.9394, 15.1267)

Nestelbergbach

WW III-IV
Mündung in Erlauf bei km 49,6 (li Nebenfluss)

Pegel: Erlaufboden von mindestens 230 cm

0,5 Wege-II, ⬇ am Ende eines Steilabbruches bis zur ⇩ auf 500 m ≈, sehr schnell, technisch schwer, WW III–IV (47.9086,15.2015)

0,0 ⇩ Nestelbergbach in den Erlauf (s. Seite 221) bei km 49,6 (47.9128, 15.2020)

Ötscherbach

WW I-II, WW III-IV, WW V-VI, Gebirgsfluss
Mündung in Erlauf bei km 62,7 (li Nebenfluss)

Der Ötscherbach ist ein Idealfluss der Kalkalpen hinsichtlich Landschaft, Wasserqualität und paddeltechnischen Schwierigkeiten. Geeignet für Kanuten, die bereit sind, intakte Lebensräume auf schonende Art und Weise zu erleben und die mit vergleichbaren Schwierigkeiten, wie z. B. mittlerem und unterem Fermersbach, fertig werden. Bei Niedrigwasser dürften konditionelle Faktoren den Ausschlag für eine Befahrung geben, da sich alle schweren Stellen auch umtragen lassen.

Befahrbarkeit: Zeit der Schneeschmelze und nach stärkeren Regenfällen

Pegel: kurz oberhalb der ⬇ in die Erlauf. Der Pegelstand kann von der EVN–Erlaufboden erfragt werden, ✆ 02728/325
NW = 195–210 cm; MW = 210–230 cm; HW über 230 cm

Schwierigkeiten: sind stark abhängig vom Wasserstand. Ein Großteil der Strecke bietet WW I–III, dazwischen Passagen zwischen III+ und WW VI bzw. X

Literatur: s. auch Hans Matz, „Wanderziel Wasserfall“ sowie Hans Matz, „Durch Österreichs Schluchten“

10,1 Ursprung in den Türndlmäuern am kleinen Ötscher in etwa 1.400 m Höhe (47.8450,15.1734)

6,0 Oberste mögliche ⬇ beim **Schleierfall**. Es folgen zunächst 4 Passagen WW II–IV, bei höherem Wasserstand zunehmend schwieriger (47.8403, 15.2188)

5,3 ⚠ Grottenstufe, WW IV–V (V) (47.8433,15.2253)
4,8 ⚠ Naturstufe, 3 m hoch, WW III–IV (IV+, V) (47.8435,15.2313)
3,2 li li Mirafälle Bei höherem Wasser sollte man bei Anblick der l auftauchenden Mirafälle ⬆ und die Folgestrecke mit der „Unfahrbaren“ vorbesichtigen (47.8443,15.2492)
3,0 ⚠ „Unfahrbare“, WW VI Abfall mit anschließender Siphonstrecke (47.8443,15.2520)
2,5 ⚠ Stufe beim Ötscherhaus, WW IV+ (47.8448,15.2573)
2,0 ⚠ Hoher, plattiger Stufenabfall, 1 m re vom Ufer ≈ (47.8438,15.2619)
1,2 ⚠ Katarakt beim Schrägen Steg, WW IV (IV+) (47.8456,15.2714)
0,5 ⚠ ▤-stufe, WW V (V+), ▤ (47.8492,15.2776)
0,0 li ⇩ des Ötscherbach in den Erlauf (s. Seite 221) bei km 62,7 (47.8497, 15.2845)

Ybbs

WW I-II, WW III-IV, Gebirgsfluss
Mündung in Donau bei amtl. km 2057,1 (re Nebenfluss)

Die Ybbs in ihrem Oberlauf wird sie zumeist als weiße Ois bezeichnet, ist ein landschaftlich außerordentlich reizvoller Fluss der Voralpen. Sie ist ein nur mäßig schwerer Wildfluss.

Befahrbarkeit:	Frühjahr und Frühsommer; im Sommer ist die Strecke von km 93,0 – 79,0 wegen Wasserableitung nicht zu befahren
Umwelt:	im Oberlauf sauber, ab Kematen starke Verschmutzung durch Industrieabwasser
Pegel:	**Lunz**, 100 m oberhalb **Seebach** - ⇩; Minimum für Befahrung ab **Langau** 155 cm. **Opponitz** (s. Internet): 180 cm Minimum für Befahrung ab **Taglesbach**
Schwierigkeiten:	km 121,0–115,0 WW II - III km 115,0–105,0 WW I - II km 105,0–65,0 WW I (II) km 65,0–59,0 WW I - III km 59,0–0,0 Zahmwasser, nicht ratsam
Karten:	Jübermann Wassersport-Wanderkarte Nr. 5 ISBN: 978 3 929540-32-1 / Gen.-Karte Österreich Nr. 2, D

134,5 Ursprung am Gr. Zellerhut in 1.500 m Höhe (47.7583,15.2029)
127,4 Mögliche oberste ⬇, an Ort und Stelle erkunden, wegen der folgenden großen Umtragestelle wird diese oberste Flussstrecke allerdings nur selten befahren. Angaben über die Schwierigkeiten dieser Flussstrecke liegen nicht vor (47.7832,15.1426)
124,9 Es folgt eine total **X** Flussstrecke, die ⏏ werden muss. Beginn geschätzt aus km-Angabe, genaue Position nicht bekannt! (47.8006,15.1394)
123,4 **A 3924 Holzhüttenboden** Übliche ⬇ bei ausreichendem Wasserstand

nach Zufluss des Neuhauserbaches an der Str–II der Straßenabzweigung von der Straße 71 in das **Lassingtal** diese Straße ist oft gesperrt. Es folgen mehrere bis 1,5 m hohe HW - Schutzstufen, die sämtlich ≈ sind. WW II (47.8106,15.1492)

120,1 li ⇩ Daglesbach (s. Seite 231) in die Ybbs (47.8314,15.1265); Abwechslungsreiches Flussbett mit scharfen Kehren die Ufer von Konglomeratwänden begrenzt. WW II, in den Stufen bis WW III (47.8316, 15.1265)

120,0 –118,1 Oberhalb von Langau wurde ein Großteil der HW-Schutzstufen durch ein HW zerstört ⚠ Metallträger (47.8318,15.1265)

118,0 **A 3294 Langau bei Gaming** ⚠ Das ▬ beim Sägewerk wurde zerstört, Holzpfosten im Stromzug, besser ⏏. Es folgt eine 8 km lange, landschaftlich sehr schöne Durchbruchstrecke, teilweise bis WW II (47.8462,15.1302)

117,4 Str-II, B71 (47.8507,15.1280)

108,0 li ⛺ Ötscherland Der Besitzer, Herr Schlöglhofer, ist sehr paddlerfreundlich und erteilt gerne Auskunft über den Wasserstand der oberen Ybbs (47.8629,15.0357)

107,5 Str-II, **A 3293 Lunz am See** (Oisbrücke) ≣ (47.8603,15.0313); 1. ▬ Wehr Lunz, **X**, mit Wasserableitung, ⏏, danach meist trocken. Rückführung des Wassers erst nach 5 km bei einer Figuren-II. Umkarren mit Bootswagen oder erst bei der II ⬇ (47.8601,15.0309)

107,4 ⇩ des Lunzer Seebach (s. Seite 230) in die Ybbs (47.8600,15.0302)

107,2 2. ▬ Wehr Lunz, überall ≈ (47.8601,15.0276)

105,7 3. ▬ Wehr am Ortsende von Lunz, ≈, Weiterhin relativ leichtes WW (einzelne Stellen WW II–III) (47.8505,15.0190)

97,3 ⇩ des Steinbach (s. Seite 229) in die Ybbs (47.8063,14.9504)

96,0 ⇩ des Göstlingbach (s. Seite 229) in die Ybbs (47.8087,14.9339)

94,4 ▬ Wehr, **X**, Eine Weiterfahrt ist im Sommer zumeist wegen Wasserableitung nicht möglich (47.8200,14.9302)

76,0 ⇩ des Hammerbach (s. Seite 229) in die Ybbs (47.8046,14.7739)

72,6 Str-II, B31 **A 3343 Krenngraben** (47.8280,14.7523)

66,4 Str-II, B31 (47.8601,14.7870)

61,4 Str-II, **A 3342 Opponitz** Das Tal verengt sich, auf 5 km sehr hübsches WW (bis WW III) (47.8816,14.8216)

56,1 ▬ Wehr Stauhöhe 8 m, re ⏏, mühsam.
⬆ Beendigung der Fahrt an geeigneter Stelle vor dem ▬. Es folgen bis Kematen 13 ▬ Wehre, nur teilweise ≈, ⏏ z. T. sehr mühsam, längere Staustrecken, von einer Weiterfahrt ist daher abzuraten. (47.9209,14.8366)

53,4 ▬ Wehr Arzberg nach Luftbild derzeit im Umbau! (47.9400,14.8243)

52,9 ⇩ Kleine Ybbs (s. Seite 228) in die Ybbs (47.9443,14.8228)

50,9 ▬ Wehr Kreilhof (47.9457,14.8007)

49,4 1. ▬ Wehr Waidhofen (47.9547,14.7882)

48,3 2. ▬ Wehr Waidhofen (47.9607,14.7771)

47,8 Str-II **A 3340 Waidhofen/Ybbs** (47.9638,14.7731)
45,1 1. ▬ Wehr Böhlerwerk (47.9820,14.7528)
44,3 2. ▬ Wehr Böhlerwerk (47.9871,14.7475)
43,5 1. ▬ Sonntagsberg (47.9895,14.7388)
42,5 2. ▬ Sonntagsberg (47.9976,14.7373)
41,0 ▬ Wehr Rosenau (48.0100,14.7364)
38,2 ▬ Wehr Kemanten (48.0243,14.7610)
38,0 Str.-#Brück B121 **A 3331 Kematen** Starke Verschmutzung der Ybbs durch Industrieabwasser. Die folgende Flussstrecke bis zur Mündung in die Donau ist landschaftlich sehr schön, sie wird jedoch wegen der Verschmutzung des Flusses und mehrerer **X** ▬, die teilweise recht mühsam umtragen werden müssen, kaum je befahren (48.0245,14.7637)
23,8 li ⇩ der Url (s. Seite 228) in die Ybbs (48.1117,14.8493)
0,0 re ⇩ der Ybbs, in die Donau (s. Seite 34) bei amtl. km 2057,1, Mündungsbereich versandet. Eine kleine Ebene hat sich am linken Ufer gebildet, die 'Ybbser Scheibe'. Blick auf die Voralpen mit dem die Landschaft beherrschenden Ötscher (48.1703,15.1031)

Url

Kleinfluss, WW I-II
Mündung in Ybbs bei km 23,8 (li Nebenfluss)

Die Url entspringt in den Voralpen des Mostviertels und verläuft entlang der Westbahnstrecke mäandrierend durch Wiesen und Felder.

Befahrbarkeit: nach Schneeschmelze, Regen
Umwelt: Wasser ist Naturtrüb
Pegel: **Krenstetten** ab 5 m³/s
Karten: Jübermann Wassersport-Wanderkarte Nr. 5 ISBN: 978 3 929540-32-1 /

11,3 Str-II **Aschbach**, ⬇ Bei hoher Wasserführung lohnt eine flotte Wanderfahrt bis **Pilsing**. WW I, ein ▬ Wehr nach 7 km zu umtragen, ein Schwall nach 8 km WW II (48.0710,14.7603)
2,5 ▬ Wehr **Pilsting**, ⬆ (48.1107,14.8282)
0,0 ⇩ der Url in die Ybbs (s. Seite 226) bei km 23,8 (48.1117,14.8493)

Kleine Ybbs

Weitere Namen: Schwarze Ois
Kleinfluss, WW I-II, Gebirgsbach [WW]
Mündung in Ybbs bei km 52,9 (re Nebenfluss)

Landschaftlich reizvoller Wildbach
Befahrbarkeit: Frühjahr und nach Regenfällen
Schwierigkeiten: im Oberlauf enges Flussbett mit Strauchhindernissen, nach ⇩ des Zogelbaches schnelle Strömung, WW II.

Karten: Jübermann Wassersport-Wanderkarte Nr. 5 ISBN: 978 3 929540-32-1 / Gen.-Karte Österreich Nr. 2, D 1.

14,3 Str-II bei der Wallfahrtskirche Maria Seesal, ⬇ (47.9188,14.9422)
13,4 re ⇩ Zogelbach schnelle Strömung, WW II (47.9242,14.9454)
7,5 ⬆ vor **A 3341 Ybbsitz** Eine Weiterfahrt bis ⇩ ist wegen mehrerer hoher ▬, meist **X**, nicht ratsam (47.9508,14.9084)
0,0 re ⇩ Kleine Ybbs in die Ybbs (s. Seite 226) bei km 52,9 (47.9443,14.8228)

Hammerbach (Ybbs)

Wildwasser, Kleinfluss, WW III-IV
Mündung in Ybbs bei km 76,0 (li Nebenfluss)

Befahrbarkeit: nur bei kräftigem HW
Karten: Jübermann Wassersport-Wanderkarte Nr. 5 ISBN: 978 3 929540-32-1 / Gen.-Karte Österreich Nr. 2, D

6,7 ⬇ oberhalb des Forsthauses Seeau (auf dem Seeaubaach) In anregender Landschaft nicht immer ganz übersichtliches Wasser, je nach Wasserstand bis WW III+. Einige ▬ sollten vor einer evtl. Befahrung besichtigt werden (47.7485,14.7715)
2,2 ⬆ bei einem Sägewerk oberhalb von **A 3343 Hollenstein** Eine Fahrt durch den Ort bis zur kurz darauffolgenden ⇩ ist nicht ratsam (47.7844,14.7661)
0,0 li ⇩ des Hammerbach in die Ybbs (s. Seite 226) bei km 76,0 (47.8046, 14.7739)

Göstlingbach

Kleinfluss, WW III-IV
Mündung in Ybbs bei km 96,0 (li Nebenfluss)

Befahrbarkeit: bei HW

6,5 ⬇ bei der Siedlung „Im Ort“ (Privatgrund, Erlaubnis einholen), bis ⇩ WW III, stellenweise darüber. Mehrere ▬, ≈ sowie 3 ▬, **X**. Das ▬ bei Göstling kurz vor der ⇩ hat bei HW einen lebensgefährlichen Rücklauf, senkrechte Ufermauer verhindern das ⏏. Wegen dieser Schwierigkeiten ist eine Befahrung des Göstlingbaches kaum zu empfehlen (47.7612, 14.9051)
0,0 li ⇩ des Göstlingbach in die Ybbs (s. Seite 226) bei km 96,0 (47.8087, 14.9339)

Steinbach (Ybbs)

WW III-IV, WW V-VI, Gebirgsbach

Mündung in Ybbs bei km 97,3 (li Nebenfluss)

Der Steinbach ist ein sehr schöner, auf kurzer Strecke extrem schwerer Wildbach.

Befahrbarkeit: Zeit der Schneeschmelze und nach starken Regenfällen

Karten: Jübermann Wassersport-Wanderkarte Nr. 5 ISBN: 978 3 929540-32-1 / Gen.-Karte Österreich Nr. 2, D 2

10,8 Ursprung des Steinbach (47.7602,15.0439)

9,2 re ⇩ Hundsaubach, in diesen ⬇ Die ⬇ kann man auf einem Feldweg nach 30 Min. erreichen. Fahrtstrecke vom Weg gut einsehbar. Ein „Korsika“ Bach. Klares Wasser, Stufen, Rutschen und kleine Engstellen. Schwierigkeiten kaum über WW III. Übersichtlich, Unterwasser immer Tief genug.
Die ersten km des Steinbachs sind leicht. (47.7730,15.0362)

5,5 Wege-II, re Schloss Steinbach (47.7761,14.9949)

3,6 ⚠ Beginn der Schwierigkeiten 800 m oberhalb der Noth-Klamm bis WW IV (47.7867,14.9787)

2,8 Str-II vor Tunnel, ⚠ es folgt die Noth-Klamm Einfahrt in die kurze Klamm ganz li, re Verklemmungsgefahr, in der Klamm je nach Wasserstand WW V–VI–X, Lebensgefahr! Falls die Klamm nicht befahren wird, hier ⬆ und 100 m weit ⩍. Nach der Klamm folgen mehrere Gefällebremsen, die 1. Stufe ⩍, Eisenreste! Die folgenden sind ≈, die letzte kurz vor der ⇩ ist X. Die Fahrt wird zumeist nach insgesamt 6 km hier re beendet (47.7886, 14.9701)

0,2 ▬ Wehr (47.8052,14.9513)

0,0 li ⇩ des Steinbach in die Ybbs (s. Seite 226) bei km 97,3 (47.8063, 14.9504)

Lunzer Seebach

Kleinfluss, WW I-II, WW III-IV, Gebirgsbach
Mündung in Ybbs bei km 107,4 (li Nebenfluss)

Der Lunzer Seebach ist ein zwar nur kurzes doch recht interessantes Wildwasser, Befahrung jedoch nur lohnend zusammen mit einer Fahrt auf der Ybbs.

Befahrbarkeit: Frühjahr

Schwierigkeiten: WW II mit Stellen WW III+

Karten: Jübermann Wassersport-Wanderkarte Nr. 5 ISBN: 978 3 929540-32-1 / Gen.-Karte Österreich Nr. 2, D 1.

10,7 Ursprung des Lunzer Seebach aus dem Obersee (47.8039,15.0738)

1,3 ⇩ Ausfluss aus dem Lunzer See, ⬇ Kurz danach, in kurzen Abständen zwei Felsstufen, WW III+. (47.8534,15.0402)

0,3 ▬ Wehr nach Besichtigung am besten ≈ durch Durchlass ganz re (47.8583,15.0332)

0,0 ⇩ des Lunzer Seebach in die Ybbs (s. Seite 226) bei km 107,4 (47.8600, 15.0302)

Daglesbach

WW III-IV
Mündung in Ybbs bei km 120,1 (li Nebenfluss)

Befahrbarkeit: bei guter Wasserführung
Schwierigkeiten: WW III

1,0 ⬇ unterhalb eines Wasserfalls, **X** (47.8305,15.1145)
0,0 ⇩ Daglesbach in die Ybbs (s. Seite 226) bei km 120,1 (47.8314,15.1265)

Enns

Weitere Namen: Ennsbach
Wanderfluss, WW I-II, WW III-IV, WW V-VI, Gebirgsfluss
Mündung in Donau bei amtl. km 2111,8 (re Nebenfluss)

Die Enns ist ein Fluss von außerordentlich wechselhaftem Landschafts- und Flusscharakter. In ihrem Oberlauf durchfließt sie das verhältnismäßig breite Tal der oberen Enns, das begrenzt wird im Norden von **Dachstein** und **Grimming**, im Süden von der **Gipfelreihe** der niederen Tauern. In diesem Bereich ist die Enns zunächst verhältnismäßig leichtes Wildwasser, anschließend auf einer Strecke von knapp 80 km ausgesprochener Wanderfluss. Unterhalb **Admont** tritt die Enns in die engen Täler des Gesäuses ein, gebildet von den Ennstaler Alpen. Der schluchtartige Charakter dieses Flussteils ist allerdings unterhalb **Hieflau** durch eine Kette von Stauseen verlorengegangen. Die Gesäuse–Strecke der Enns stellt schweres Wildwasser dar, dessen Befahrung, abgesehen von der Strecke oberhalb der Kummerbrücke, nur sehr guten Fahrern vorbehalten sein sollte. Die Flussstrecke unterhalb **Hieflau** stellte früher die klassische Wildwasserstrecke Österreichs dar. Die zahlreichen Kraftwerksbauten in diesem Bereich haben dazu geführt, dass eine durchgehende Befahrung dieser Strecke kaum mehr durchgeführt wird. Dazwischenliegende kurze Fließstrecken sind bedingt lohnend. Weiter flussabwärts werden die Berge niedriger, das Tal breiter, es finden sich jedoch auch hier noch mehrere Stauanlagen.

Befahrungsregeln: Die Gstatterbodenstrecke km 132,0–124,0 ist im Prinzip für Rafts gesperrt, gestattet sind jedoch Boote mit maximal 3 Personen und die kommerziellen Rafts.

Befahrbarkeit: Oberlauf, bis **Radstadt** Frühjahr, je nach Schneelage auch später, ab **Radstadt** im Allgemeinen ganzjährig.
Kummerbrückenstrecke: durch das ϟ **Gstatterboden** werden 60 m³/sec abgeleitet; in der Zeit von Mai – 15. Oktober wird täglich von 10 Uhr bis Sonnenuntergang eine Restwassermenge von 10–15 m³/sec abgegeben, in der übrigen Zeit trocken; bei starkem Zulauf in den Stausee auch erheblich mehr. Auskunft durch ϟ **Hieflau**, ✆ 0043/3634/282;

	MW bei 20 m³/s.
Pegel:	Ⅱ **Admont**, maßgebend für Befahrung des Gesäuseeingangs, NW = 45 cm; MW = 60 cm. **Gstatterboden** Ⅱ, km 126,0, maßgebend für Gesäuse-Eingang und die Gstatterbodenstrecke (s. dort). **Steyr** (Internet). 80 cm = winterliches NW = ideal für Gesäuseeingang.
Schwierigkeiten:	km 249,3–237,0 WW II–III km 237,0–220,0 WW I–II km 220,0–212,0 WW III–II km 212,0–133,0 WW I km 133,0–132,0 WW VI km 132,0–123,0 WW II–III (IV) km 123,0–116,0 WW IV–VI km 116,0–0,0 WW I, zahlreiche große Stauanlagen und Wehre, von einer Befahrung wird abgeraten.
Infrastruktur:	🚐 in **Pichl**, **Schladming** und **Admont**, am Fluss gelegen. Im Bereich der Wanderstrecke sind überall schöne ⛺ am Fluss zu finden. Ab Gesäuseeingang sind die Zeltmöglichkeiten schlecht.
Karten:	Jübermann Wassersport-Wanderkarte Nr. 5

252,7 Ursprung Pleißlingbach bei der Tauernalm
250,1 1. Autobahn-Ⅱ A10 ⬇ Bei günstigem Wasserstand kann die Befahrung der Enns auf dem Pleißlingbach hier begonnen werden (47.2703,13.4134)
248,9 ⚠ Dücker, **X** (47.2801,13.4112)
248,5 Viehgatter, danach Buschstrecke
247,5 ▬ Abfall, ≈
247,1 re ⇩ Zusammenfluss von Ennsbach und Pießlingbach (47.2921,13.4018); ▬ Wehr danach Geröllbremse (47.2924,13.4015)
246,7 **A 5542 Flachauwinkl**, Kabinenbahn 🅿 (47.2945,13.3984)
246,1 Str-Ⅱ, Flachauwinklstrasse (47.2991,13.3960)
244,8 2. Autobahn-Ⅱ A10 (47.3095,13.3939)
243,0 ▬ Stufe, m ≈, Vorsicht re und li Eisen im Wasser (47.3248,13.3938)
242,8 Str-Ⅱ, Flachauwinklstrasse (47.3260,13.3918)
241,1 ▬ Wehr **A 4452 Flachau** kurz danach Steinschüttung, ≈ (47.3397, 13.3940)
238,3 Str-Ⅱ, Ortsende von **A 5542 Flachau** (47.3600,13.3900)
238,1 Str-Ⅱ, Abfahrt der A10 (47.3616,13.3908)
236,4 Str-Ⅱ, B 163, **A 5542 Reitdorf** ⬆ Fahrt evtl. hier vorher re beenden. Ab hier keine Schwierigkeiten, der Fluss ist reguliert (47.3751,13.3928)
236,3 ▬ Wehr, evtl. ≈ (47.3758,13.3920)
234,6 Autobahn-Ⅱ A10 (47.3894,13.3998)
232,0 Str-Ⅱ, B163, **A 5541 Altenmarkt i.Pongau** (47.3807,13.4288)
228,5 Str-Ⅱ, Katschberg Strasse, B 99, **A 5550 Radstadt** (47.3845,13.4740)

226,9 Ⅱ zum Kieswerk, gute ⬇ (47.3852,13.4936);
⇩ der Taurach (s. Seite 269) in die Enns (47.3853,13.4945)

226,8 bis **Mandlingpass** keine nennenswerten Schwierigkeiten WW I. Die Enns ist hier begradigt (47.3853,13.4952)

224,2 Str-Ⅱ, mögliche ⬇, kein 🅿, Zufahrt bei einem Rathaus an der Hauptstraße (47.3956,13.5249)

220,6 Wege-Ⅱ **A 8974 Mandlingpaß** (kein Pass im geographischen Sinn). Auf der folgenden Strecke bis Schladming Zunahme der Schwierigkeiten, WW II–III (47.4017,13.5724)

218,3 ⇩ des Forstaubach (s. Seite 269) in die Enns (47.3907,13.5955);
⇩ des Forstaubach (s. Seite 269) in die Enns;
Str-Ⅱ, L 721, re **A 8973 Gleiming** (47.3906,13.5956)

218,2 re ⛺ Campingplatz über der Strasse (47.3902,13.5963)

216,5 Str-Ⅱ, re **A 8973 Pichl** ⛺, mit Anlegerampe für Boote (47.3881,13.6169)

211,1 Str-Ⅱ, **A 8970 Schladming** (Rohrmooser Strasse) (47.3924,13.6836)

211,0 ⇩ des Talbach (s. Seite 267) in die Enns (47.3928,13.6840);
⚠ hoher Abfall, WW II+ unbedingt schon bei der Anfahrt ansehen, bei HW evtl. gefährlich (47.3929,13.6841)

210,9 Str-Ⅱ, **A 8970 Schladming** (Roseggstr.) (47.3935,13.6844)

210,5 Str-Ⅱ, B 320, **A 8970 Schladming** darunter gute ⬆⬇, 🅿 (47.3967, 13.6859)

210,0 Str-Ⅱ, **A 8970 Schladming** (Untere Klausstrasse) (47.3981,13.6924)

209,9 li ⛺ Zirngast gut geeignet als Standquartier für Befahrungen der Enns und ihrer Nebenflüsse, günstige ⬇ für die Befahrung der folgenden Wanderstrecke der Enns. Bis zum Gesäuseeingang keine nennenswerten Schwierigkeiten, WW I (47.3982,13.6939)

208,8 Str-Ⅱ, li Sportplatz **A 8970 Schladming** (47.3991,13.7064)

207,3 Str-Ⅱ, re **A 8967 Lehen** (47.4048,13.7240)

205,0 Str-Ⅱ, re **A 8967 Oberhaus** (47.4105,13.7518)

202,3 Str-Ⅱ, li **A 8967 Weissenbach** (47.4189,13.7831)

201,3 EB-Ⅱ und Str-Ⅱ, L 725, re **A 8967 Haus i.Ennstal** (47.4194,13.7940)

199,2 Str-Ⅱ, **A 8966 Aich** (47.4209,13.8208)

199,0 Str-Ⅱ B320 (47.4201,13.8241)

197,0 Str-Ⅱ, li **A 8966 Assach** (47.4233,13.8455)

194,5 Str-Ⅱ, L 712, **A 8965 Pruggern** (47.4245,13.8734)

191,8 Str-Ⅱ, L 727, re **A 8962 Moosheim** (47.4301,13.9050)

190,9 Str-Ⅱ, re **A 8962 Tunzendorf** (47.4312,13.9162)

188,9 ⇩ der Groß-Sölk (s. Seite 265) in die Enns (47.4419,13.9349)

188,6 Str-Ⅱ, Sölkpassstrasse, re **A 8961 Stein/Enns** (47.4433,13.9382)

184,2 Str-Ⅱ, L 712, re **A 8960 Öblarn** (47.4631,13.9837)

181,0 ⇩ des Salzabach (s. Seite 264) in die Enns (47.4835,14.0085)

180,0 EB-Ⅱ (47.4880,14.0183)

179,1 Str-Ⅱ, L 735, re **A 8960 Zeißenberg** (47.4902,14.0287)

176,6 Str-Ⅱ, li **A 8951 Niederstuttern** (47.5066,14.0502)

173,4 re ⇩ des Donnersbach (s. Seite 262) in die Enns (47.5152,14.0872)
173,3 Str–Ⅱ, 75, re **A 8952 Irdning** (47.5158,14.0873)
172,5 ⇩ des Grimming-Bach (s. Seite 262) in die Enns (47.5229,14.0900)
170,7 Str-Ⅱ, li **A 8950 Stainach** (47.5248,14.1093)
167,4 Str–Ⅱ, li **A 8942 Wörschach** gute ⬇ (47.5438,14.1428)
167,1 re ⇩ des Golling (s. Seite 260) in die Enns (47.5448,14.1470)
163,6 Str-Ⅱ, re **A 8940 Fischern** (47.5496,14.1912)
162,2 Str-Ⅱ, re **A 8940 Döllach** (47.5556,14.2072)
161,1 Str-Ⅱ, li **A 8940 Liezen** (Döllacher Strasse) (47.5544,14.2222)
159,0 Str–Ⅱ 113, **A 8940 Liezen** (47.5519,14.2490)
158,4 EB–Ⅱ (47.5529,14.2574)
157,2 Str-Ⅱ, B 320 (47.5562,14.2718)
154,1 Wege-Ⅱ Ennsradweg (47.5640,14.3057)
153,9 Autobahn-Ⅱ A9 (47.5647,14.3072)
151,5 EB-Ⅱ (47.5743,14.3330)
151,2 ⇩ des Paltenbach (s. Seite 259) in die Enns (47.5742,14.3358)
146,6 Str-Ⅱ, li **A 8904 Frauenberg** (47.5851,14.3873)
140,6 Str.-Ⅱ re **A 8911 Admont** ⌘ Besuch der Stiftsbibliothek, li ⛺, ≣ (47.5817,14.4595)
134,0 Holz–Ⅱ nach **A 8913 Weng** ⚠ danach <u>Gesäuseeingang</u>, rechtzeitig ↱. Der Gesäuseeingang ist sehr schweres WW. Die Strecke galt früher als völlig **X**, sie wurde jedoch in letzter Zeit schon mehrfach befahren. Eine Befahrung kommt am besten bei herbstlichem NW in Frage. Maßgebend ist der ≣ **Gstatterboden**, km 126,0. NW bei 230 cm (= WW IV); MW 260 cm (= WW V); HW 290 cm (= WW VI). Der Gesäuseeingang wurde zum „Naturdenkmal" erklärt; die Planungen zum Bau eines ϟ können daher nicht verwirklicht werden. Beim Gesäuseeingang kann etwa 400 m nach dem Beginn der Schwierigkeiten bei einem Gedenkkreuz eingesetzt werden, ab hier noch wuchtiges Wasser, WW IV (47.5880,14.5371)
132,2 EB–Ⅱ. Es folgt die <u>Gstatterbodenstrecke</u> Ihre Schwierigkeit ist stark wasserstandsabhängig. Bei herbstlichem NW, ≣ **Gstatterboden** –Ⅱ 230 cm, ist sie eine harmlose Wanderpartie; bei HW im Frühjahr, ≣ über 330 cm wird die Enns hier zu einem sehr wuchtigen WW, vergleichbar mit der Imster Schlucht, bis WW IV. ⬇-Möglichkeit bei oder oberhalb der Ⅱ. Man kann dann per Seil–⊥, sichere Beherrschung erforderlich in den li Arm gelangen. Der re Arm ist wegen eines gefährlichen Siphons unbedingt zu meiden (47.5802,14.5546)
131,7 Meist wird hier nach dem Zusammenfluss der beiden Arme eingesetzt, die Stelle ist von der Bundesstraße aus über einen gut begehbaren Weg zu erreichen (47.5792,14.5585)
130,2 li ⇩ des Bruckgraben sehr schöner Seitencanon (47.5805,14.5785)
129,0 ⇩ des Johnsbach (s. Seite 258) in die Enns (47.5821,14.5933)
125,6 re ⛺, Campingplatz Forstgarten (47.5901,14.6274)
125,5 li Gstatterboden–Ⅱ. ≣ (47.5907,14.6285)
123,8 Beginn eines kleinen Stausees, ↰ bei einer Bachmündung 🅿 (47.5910,

14.6505)

122,8 ▬ Staustufe, **X**, mit Wasserableitung. Hier Auskunft über die Wasserabgabe (47.5880,14.6626)

122,3 Kummer–Ⅱ mögliche ⬇ für die Befahrung der folgenden Kummerbrückenstrecke, Schwierigkeiten bei NW Pflichtwasserabgabe WW IV, jedoch dann sehr gefährlich, da mehrere Siphone; der 2. Siphon ist vom Wasser aus kaum zu erkennen, es hat hier schon einige Todesfälle gegeben. Bei Unkenntnis der Strecke sollte man nur mit ortskundigen Kameraden einfahren, die Warnschilder sind derzeit nicht mehr vorhanden. Bei höherem Wasserstand nehmen die Schwierigkeiten zu bis WW VI, die Strecke wird dann jedoch etwas weniger gefährlich (47.5877,14.6692);
EB-Ⅱ (47.5878,14.6697)

121,5 Weitere re ⬇ für die Befahrung der Durchbruchstrecke der Enns. Hierzu wird auf dem re Ufer an einer geeigneten Stelle die Bahnlinie überquert und auf einem schräg nach li abwärts-führenden Steig die Enns unterhalb einer gewaltigen Stufe erreicht (47.5895,14.6797)

119,5 Hartelsgraben–Ⅱ ⚠ 100 m nach der Ⅱ sehr schwierige und nicht ungefährliche Stufe, WW V-. Es ist möglich, unter der Ⅱ ↱, über die Ⅱ nach li ≏ und unterhalb der Stufe an geeigneter Stelle wieder ⬇. Auch nach der Stufe noch starke Verblockung mit sehr schweren Durchfahrten, Schwierigkeiten allmählich abnehmend WW IV–III. Wenn man unterhalb der Hartlesgraben–Ⅱ vor der nächsten Hang–Ⅱ einsetzt, betragen die Schwierigkeiten nur noch WW II - III (47.5920,14.7049)

117,5 Scheiben–Ⅱ, Gesäuse Strasse (47.5996,14.7266)

115,5 ⇩ des Erzbach (s. Seite 256) in die Enns (47.6081,14.7431);
Str.-Ⅱ, re **A 8920 Hieflau** bei NW Vorsicht bei einem alten Triftrechen! Eine Weiterfahrt auf der Enns ist wegen der folgenden großen ϟ–Bauten mit erheblichem Rückstau und schwierigem ≏ nicht empfehlenswert. Es wird daher empfohlen, die Befahrung der Enns in abzubrechen. Eine Befahrung kurzer Fließstrecken kann lohnend sein, danach Kieswerk mit quer über den Fluss gespannten Seilen (47.6083,14.7436)

113,0 ▬ Staustufe, ϟ Wandau Bei ausreichender Wasserabgabe auf 6 km schöne WW-Strecke mit starken Schwällen und mäßiger Verblockung, WW II. ⬇ am ▬ über steilen Hang sehr mühsam (47.6279,14.7568)

112,8 Str-Ⅱ, B 115 (47.6283,14.7585)

112,0 Str-Ⅱ, re **A 8921 Lainbach** (47.6356,14.7602)

111,9 ⇩ des Schwabelbach (s. Seite 255) in die Enns (47.6361,14.7602)

110,7 Str-Ⅱ B25, re **A 8921 Mooslandl** (47.6468,14.7586)

109,7 Str-Ⅱ, L 744, li **A 8931 Kirchenlandl** Beginn des Rückstaus des ▬ von Großreifling (47.6524,14.7499)

108,3 EB-Ⅱ (47.6604,14.7354)

106,9 ⇩ der Salza (s. Seite 247) in die gestaute Enns Günstige ⬆ an der Ⅱ über die Salza (47.6707,14.7272)

106,8 ▬ Staustufe Großreifing, ϟ, **X**, li ≏ (47.6703,14.7257)

105,6 Str-II, B 115, li **A 8931 Großreifing** li ⬇ für die folgende sehr empfehlenswerte leichte WW–Strecke, WW I, landschaftlich sehr reizvoll (47.6697,14.7126)

103,8 Auf 500 m Hirschensprungklamm, herrliche Klammstrecke, keine Schwierigkeiten. re der alte Triftsteig (47.6769,14.7065)

100,2 Wasserausflauf des ϟ **Krippau**, günstige ⬆ oberhalb des ϟ bei einer Hang–II, hier Zufahrt mit Pkw möglich (47.7035,14.6885)

97,2 ▬ Staustufe Altenmarkt, ϟ, **X**, li ⏏ (47.7195,14.6723)

94,1 ⇩ des Buchauer Bach (s. Seite 246) in die Enns (47.7128,14.6368)

94,0 Str-II, B 117, li **A 8932 Weißenbach-St.Gallen** (47.7132,14.6369)

92,1 li ⇩ Laussabach (s. Seite 245) in die Enns (47.7254,14.6461);
Str-II, **A 8934 Altenmarkt bei St. Gallen** (47.7255,14.6466)

87,5 Str-II, re **A 4464 Schifflend** (47.7574,14.6437)

85,2 ▬ Staustufe, ϟ Schönau re ⏏ (47.7752,14.6498)

79,4 Str-II, li **A 4464 Kleinreifling** (47.8215,14.6428)

76,2 re ▬ Staustufe Kastenreith, ϟ, **X**, li ⏏ (47.8483,14.6387)

75,6 EB-II und Str.-II (47.8527,14.6380)

66,3 Str-II **A 4463 Großraming** (47.8829,14.5459)

63,1 ▬ Staustufe Großraming, ϟ, **X**, li ⏏ (47.8927,14.5122)

59,1 Str-II, li **A 4462 Reichraming** (47.8920,14.4639)

59,0 ⇩ des Reichraming (s. Seite 244) in die Enns (47.8920,14.4619)

57,3 Str-II, li **A 4462 Rohrbachgraben** (47.9010,14.4493)

54,1 re ▬ Staustufe Losenstein, ϟ, **X**, re ⏏ (47.9231,14.4351)

53,9 Str-II, re **A 4460 Losenstein** (47.9243,14.4333)

46,3 ▬ Staustufe Ternberg, ϟ, **X**, li ⏏ (47.9404,14.3530)

45,6 Str-II, re **A 4452 Ternberg** (47.9462,14.3557)

44,7 Str-II, li **A 4451 Ebenboden-Siedlung** (47.9545,14.3585)

38,8 ▬ Staumauer, ϟ Rosenau, **X**, li ⏏ (47.9924,14.3760)

36,1 Str-II, re **A 4451 Sand** (48.0004,14.4028)

33,6 ▬ Staumauer, ϟ Garsten-St. Ulrich, **X**, li ⏏ (48.0184,14.4112)

33,3 li Slipanlanlage ⬆⬇ (48.0189,14.4151)

32,4 EB-II (48.0258,14.4154)

31,3 Str-II **A 4400 Steyr** (Schönauer Brücke) (48.0357,14.4180)

30,5 Str-II, **A 4400 Steyr** (Ennsstrasse) (48.0417,14.4222)

30,4 ⇩ der Steyr (s. Seite 237) in die Enns (48.0425,14.4224)

30,1 li ≣ (48.0437,14.4264)

29,9 Str-II, 122, **A 4400 Steyr** (Ennstalbrücke) (48.0438,14.4292)

27,4 Fußg-II, re ⛟ am Fluss (48.0591,14.4288)

26,1 Str-II 122a (48.0638,14.4426)

20,0 ▬ Staumauer Staning, ϟ, **X**, li ⏏ (48.0984,14.4668)

13,9 ▬ Staumauer, Mühlrading, ϟ, **X**, re ⏏ (48.1309,14.4748)

8,2 ▬ Staustufe und ϟ Thurnsdorf, **X**, li ⏏, re Wasserableitung (48.1771, 14.4832)

6,7 ▬ Sohlschwelle (48.1894,14.4827)

5,4 ■ Sohlschwelle (48.2003,14.4807)
5,2 Autobahn-Ⅱ A1 (48.2018,14.4813)
3,9 Str-Ⅱ, **A 4470 Enns** (48.2131,14.4859)
3,2 EB-Ⅱ (48.2190,14.4885)
3,1 Grund–■, 3,5 m hoch, **X** (48.2199,14.4890)
2,6 EB-Ⅱ und Str.-Ⅱ B1 (48.2243,14.4927)
0,6 li Slipanlage, ⇅ und 🅿 (48.2344,14.5147)
0,0 re ⇩ der Enns, in die Donau (s. Seite 34) bei amtl. km 2111,8, Einfahrt in Hafen **Enns**. Ab hier macht sich zunehmend der Rückstau des ↯ **Wallsee** bemerkbar (48.2369,14.5213)

Steyr

Wanderfluss, WW I-II, WW III-IV, Gebirgsfluss
Mündung in Enns bei km 30,4 (li Nebenfluss)

Oberösterreich
Die Steyr ist ein landschaftlich sehr schöner Wildfluss. Wegen des Wasserfalls **Stromboding** sowie mehrerer Kraftwerksanlagen ist eine durchgehende Befahrung nicht möglich.

Befahrbarkeit:	zumeist ganzjährig, am besten bis Frühsommer
Pegel:	Bezugspegel: Enns-▤ Steyr 190 cm = HW
Schwierigkeiten:	1. Teilstrecke: km 67,0–56,0 WW II–III
	2. Teilstrecke: km 55,0-46,0 WW III (III+)
	3. Teilstrecke: km 30,0–17,0 WW I–II
Karten:	Jübermann Wassersport-Wanderkarte Nr. 5

68,6 Ursprung am Fuß des Hebenkas im Toten Gebirge (47.6378,14.0824)
68,4 Oberste mögliche ⬇ Man fährt dazu die Hauptstraße bis zu ihrem Ende bei einem ✕. Von hier die Boote auf Feldweg 400 m weit zum Fluss tragen. ⬇ unterhalb einer kleinen Beton-Ⅱ. Extrem eng, Büsche und Bäume, WW II–III (47.6438,14.0875)
68,3 Fußg-Ⅱ (47.6459,14.0909)
66,7 Kleine Schlucht, an ihrem Ende Steil-■, 2 m hoch, ≈ (47.6578,14.1012)
65,7 Steil-■, evtl. ≈, ⏏ leicht (47.6645,14.1051)
65,4 Steil-■, evtl. ≈, ⏏ leicht (47.6676,14.1049)
65,1 Str-Ⅱ, L 552, **A 4573 Hinterberg-Dietlgut** übliche ⬇, WW II (47.6683, 14.1082)
61,8 ■ Wehr und ↯, **X**, re ⏏ (47.6871,14.1311)
61,4 ⇩ Krumme Steyr (s. Seite 243) in die Steyr (47.6900,14.1342)
58,9 Str-Ⅱ, **A 4573 Hinterstoder** auf 1 km reguliertes Flussbett, mehrere ■ Sohlrampen, bei HW starker Rück-lauf! (47.7008,14.1525)
57,7 Str-Ⅱ, ⬆-Möglichkeit Hinterstoder Kläranlage (47.7075,14.1633)
57,0 Fußg.-Ⅱ vor dem folgenden Wasserfall Stromboding ⚠, letzte ⬆-Möglichkeit; die ⬆ schon bei der Anfahrt besichtigen und evtl. absichern, der Wasserfall ist WW VI, Besichtigung von der Ⅱ aus, ⏏ problemlos

(47.7127,14.1667)

56,8 Fußg-Ⅱ unterhalb des Tumpfes Übliche ⬇ für die Befahrung der Steyr direkt unterhalb des Wasserfalles. Zumeist wird nur die ab hier folgende 2. Teilstrecke der Steyr befahren. Die ⬇ wird erreicht, wenn man von der Steyr-Ⅱ bei Kniewas etwa 9 km flussaufwärts bis zu einem rechtsseitig gelegenen 🅿 mit Hinweisschild für den Abstieg zum Wasserfall Stromboding fährt. Die Boote auf Steig zum Fluss hinuntertragen. Zunächst verblockte S-Kurve, WW III, anschließend leichte Fahrt. (47.7139,14.1679)

55,3 ■ Wehr bei höherem Wasserstand m Bootsrutsche, ab MW ≋, schon bei der Anfahrt besichtigen! Vorsicht, der Stromzug geht nach li in einen Rechen!
Die Schwierigkeiten der folgenden Strecke bis zum Stausee Klaus betragen im allgemeinen knapp WW III, mit mehreren kurzen Stellen WW III+.
(47.7239,14.1796)

53,4 Holz-Ⅱ ⚠ darunter Engstelle mit Querwalze, li evtl. ≋, re Stromzug auf einem Felsen (47.7348,14.1769)

51,9 Str.-Ⅱ, L 552 (47.7448,14.1670)

50,2 li ⇩ Weißenbach der Weißenbach verläuft mit Schwierigkeiten zwischen WW III und II durch eine landschaftlich hervorragend schöne Schlucht. Es gibt allerdings keine Zufahrtsmöglichkeit, so dass man die Boote von der Hauptstraße her etwa 2 km weit durch die Schlucht bachaufwärts tragen muss. Kurz vor der ⇩ befindet sich ein gut 2 m hohes ■, das mit Schwung mittig ≋ ist. Beste Befahrenszeit: April – Mai, bei MW der Steyr (47.7579,14.1637)

49,6 ⚠ Unter einem Steg verblockter Abfall WW III+ Am besten bei der Fahrt zur ⬇ von der Ⅱ aus besichtigen. Kurz dahinter Riesenblock in Flussmitte! Stark unterspült. Je nach Wasserführung re oder li vorbeifahren (47.7619, 14.1666)

48,5 Str-Ⅱ 138, **A 4572 Steyrbrücke** gute ⬆ li, 🅿, ✕. Die Befahrung der 2. Teilstrecke der Steyr wird zumeist hier beendet. Danach li ⛺, nur für Dauergäste, Schranken verhindern die Zufahrt zum Fluss (47.7713, 14.1710)

47,8 ⇩ der Teichl (s. Seite 241) in die Steyr Beginn des Klauser Stausees (47.7777,14.1702)

46,1 EB-Ⅱ (47.7894,14.1623)

45,8 re ⇩ des Vorderer Rettenbach (s. Seite 241) in die Steyr (47.7907, 14.1672)

40,9 ■ Staumauer Klaus, **X**, ⌓ mühsam (47.8279,14.1558)

40,6 Str-Ⅱ, li **A 4564 Klaus an der Pyhrnbahn** mögliche ⬇ (47.8296,14.1587)

38,8 Autobahn-Ⅱ A9 (47.8405,14.1706)

37,1 Str-Ⅱ, re **A 4564 Frauenstein** (47.8525,14.1832)

35,0 ■ Staumauer Steyrdurchbruch, ϟ re ⌓, zum ⬇ müssen die Boote an einem Holzbrett in die Schlucht abgeseilt werden, Seil und Karabiner vorhanden. Man muss dann über eine Stahltreppe in die Schlucht klettern. Die Schlucht ist landschaftlich schön, Wassertechnisch relativ einfach (WW I-II), nach ca. 300 m eine Stufe WW II+, bei HW mit Walze (47.8639, 14.1973)

34,4 ⇩ des Paltenbach (Steyr) (s. Seite 240) in die Steyr (47.8675,14.2045)

32,4 ■ Wehr Agonitz, **X**, li ⏏

⬇ Es folgt die 3. Teilstrecke der Steyr, deren Befahrung ebenfalls sehr zu empfehlen ist, schönes Wildwasser, WW I–II, Kiesbankschwälle (47.8758, 14.2223)

32,3 –22,2 **§** Befahrungsverbot vom 1.4.-1.7 (47.8758,14.2229)–(47.9480, 14.2586)

29,9 Str-II, re **A 4591 Molln** (47.8870,14.2435)

28,9 re ⇩ Krumme Streyrling (s. Seite 239) in die Steyr (47.8959,14.2424)

22,4 Str-II, li **A 4593 Obergrünburg** (47.9460,14.2563)

22,1 ■ Wehr Haunoldmühle (47.9482,14.2586)

18,9 ■ Wehr Steinbach (47.9713,14.2660)

18,6 Str-II, li **4594 Untergrünburg** (47.9741,14.2684)

18,2 ■ Wehr Humpelmühle (47.9771,14.2698)

17,1 EB-II (47.9855,14.2776)

17,0 ■ Wehr Waldneukirchen (47.9864,14.2776)

13,8 Str-II, **A 4421 Aschach** (Sommerhuber-Brücke) (48.0066,14.2999)

13,6 ■ Wehr Sommerhubermühle (48.0075,14.3022)

11,4 Str-II, **A 4421 Aschach an der Steyr** (48.0211,14.3214)

11,3 ■ Wehr Pichlern (48.0217,14.3230)

9,6 Str-II, re **A 4523 Letten** (48.0328,14.3368)

8,0 Str-II, li **A 4523 Sierninghofen** (48.0437,14.3316)

3,8 Fußg.-II, Kruglweg danach ■ Wehr (48.0440,14.3770)

3,3 ■ Wehr (48.0428,14.3839)

2,4 Wege-II am Ortsanfang von **A 4400 Steyr ⬆**, in der Stadt fließt die Steyr über mehrere ■ Wehre, eine Weiterfahrt ist daher nicht zu empfehlen, auf eine Beschreibung wird verzichtet (48.0425,14.3954)

0,0 li ⇩ der Steyr in die Enns (s. Seite 231) bei km 30,4 (48.0425,14.4224)

Krumme Streyrling

WW I-II, WW III-IV, Wildfluss (Gebirgsfluss)
Mündung in Steyr bei km 28,9 (re Nebenfluss)

Oberösterreich

Der Krumme Steyrling fließt durch ein landschaftlich sehr schönes, einsames Hochtal der Voralpen. Während der ersten Kilometer führt die Fahrt durch ein gerölliges Bachbett, der Mittelteil des Flusses ist charakterisiert durch zahlreiche Mäander, hier finden sich auch mehrere mehr oder weniger ausgeprägte Konglomeratschluchten. Landschaftlicher und wassertechnischer Höhepunkt der Befahrung ist die 2 km lange enge Ausgangsschlucht vor der Mündung.

Befahrbarkeit: April – Juni und nach stärkeren Regenfällen.
Pegel: II zwischen Molln und Gstadt; für Befahrung ab km 22,0 sind erforderlich 110 cm.
Schwierigkeiten: km 22,0–⇩: WW III und II.

22,0 Jagahäusl Bodinggraben oberste mögliche ⬇. Es folgt eine sehr schöne Schlucht, WW III (47.7909,14.3924)
14,6 Str-II, li **A 4591 Jaidhaus** übliche ⬇
Diese ⬇ wird erreicht, wenn man von der Ortschaft Molln etwa 11 km weit flussaufwärts fährt.
Die Schwierigkeiten betragen auf der folgenden Strecke bis km 1,5 WW II–III.
(47.8424,14.3551)
13,8 Blockwurf-▬ 2 m hoch, evt. ≈; danach 2 Stufen, ≈ (47.8475,14.3508)
5,5 Str-II L1325 (47.8916,14.2983)
5,3 ▬ Wehr, X, 6 m hoch, li ⩯ (47.8913,14.2964)
5,0 ▬ Wehr, X, 10 m hoch, li ⩯ (47.8918,14.2940)
2,7 ▬ Wehr, X, mit starker Wasserableitung, ⩯, bei Anfahrt erkunden. Bei ausreichendem Überlauf li durch den Wald ⩯. Bei zu geringem Überlauf empfiehlt es sich, rechtsufrig auf einem Fahrweg etwa 2 km weit ⩯ oder 1 km weit zu treideln (47.8939,14.2715)
1,5 Str-II, re nach **A 4591 Gstadt** es beginnt die sehr schöne End-Schlucht. WW III, bei HW erheblich schwieriger. ⚠, bei höherer Wasserführung können die tiefen Unterspülungen in dieser Konglomeratschlucht gefährlich werden! (47.8941,14.2568)
0,6 verfallenes ▬ Wehr im li Hauptstrom breiter Durchlass zwischen Holzpfählen, gut ≈. Evtl. ⩯ bei NW und MW re gut möglich. re 1,5 m breiter Kanal, bei HW ≈, evtl. Einfahrt durch Treibholz verlegt (47.8948, 14.2489)
0,0 ⇩ Krumme Streyrling in die Steyr (s. Seite 237) bei km 28,9 (47.8959, 14.2424);
An der ⇩ führt auf dem li Ufer ein steiler Pfad auf die gut 100 m hohe Anhöhe. Man kann sich das mühsame Bootstragen ersparen, wenn man auf der Steyr noch etwa 4 km weiter fährt und die Fahrt an einer Stelle beendet, an der die Bundesstraße ganz an die Steyr herankommt. Hier Postbushaltestelle

Paltenbach (Steyr)

Kleinfluss, WW I-II
Mündung in Steyr bei km 34,4 (re Nebenfluss)

Der Paltenbach ist ein kurzer, leichter Wildbach des Alpenvorlandes; er führt kurz vor der ⇩ durch eine kleine Klamm.
Befahrbarkeit: Zeit der Schneeschmelze und nach stärkeren Regenfällen.
Schwierigkeiten: WW II, in der Klamm WW I, Gefällestufen, evtl. ≈.

Karten: Jübermann Wassersport-Wanderkarte Nr. 5

10,8 Ursprung des Paltenbach (47.8133,14.2526)
2,6 kleine Ⅱ bei li **A 4564 Fortsthub** ⬇ (47.8497,14.2157)
0,0 ⇩ des Paltenbach (Steyr) in die Steyr (s. Seite 237) bei km 34,4 (47.8675, 14.2045);
⬆ nach weiteren 2 km beim ▬ Agonitz der Steyr

Vorderer Rettenbach

Weitere Namen: Steyrischer Rettenbach
WW I-II, WW III-IV
Mündung in Steyr bei km 45,8 (re Nebenfluss)

Der Steyr. Rettenbach mit Ursprung aus einem großen Quelltopf (Teufelskirche, sehenswert) bietet auf seinem Lauf parallel zur Teichl ein lohnendes Kleinflusserlebnis, in 2 Klammen schweres, unübersichtliches Wildwasser mit bis zu 2 m hohen Abfällen.

Befahrbarkeit: Frühjahr (die Straßen können durch Lawinenreste unfahrbar sein) und nach stärkeren Regenfällen
Pegel: an der ⬇, Minimum 40 cm.
Schwierigkeiten: zumeist WW II, in den Klammern bis WW IV. Kurz nach der ⬇ ragt eine Eisentraverse gegen die Fahrtrichtung in den Bach!

4,5 Ursprung des Vorderer Rettenbach (47.7882,14.2105)
4,2 ⬇ bei der 1. Wege-Ⅱ die den Fluss quert hier ≣ (47.7876,14.2062)
0,8 Autobahn-Ⅱ A9 (47.7860,14.1747)
0,0 ⇩ des Vorderer Rettenbach in die Steyr (s. Seite 237) bei km 45,8 (47.7907,14.1672)

Teichl

WW I-II, WW III-IV, Gebirgsfluss
Mündung in Steyr bei km 47,8 (re Nebenfluss)

Oberösterreich
Die Teichl ist ein landschaftlich sehr schöner Fluss, der auf der befahrbaren Strecke streckenweise durch einsame Konglomeratschluchten führt. Wassertechnisch ist sie ein mäßig schwerer Wildfluss.

Befahrbarkeit: ab km 25,0 nur bei sehr gutem Wasserstand; ab km 15,3 meist ganzjährig, in trockenen Sommern können sich Schwierigkeiten ergeben
Pegel: Ⅱ unterhalb **Windischgarsten**, km 15,3
Minimum für Befahrung ab km 24,4 = 60 cm; ab km 15,3 sind 25 cm erforderlich
Schwierigkeiten: km 24,4–⇩ WW I–II (III)
Infrastruktur: ⛟ an der Steyr gegenüber der ⇩ der Teichl

Karten: Jübermann Wassersport-Wanderkarte Nr. 5

28,5 Ursprung im Warscheneck in etwa 1.400 m Höhe, teilweise unterirdischer Verlauf (47.6315,14.3229)
24,4 Str-II, **A 4582 Spital am Pyhrn** ⬇ bei hohem Wasserstand, einige Stufen WW I–II (47.6635,14.3387)
22,3 Straße neben dem Fluss: gute ⬇. Bis km 15,3 Kleinfluss mit Strauchhindernissen (47.6785,14.3319)
18,2 Autobahn-II A9 (47.7073,14.3093)
18,0 ▬ Wehr mit schräger Betonplatte, evtl. ≈ (47.7085,14.3073)
16,8 Str-II, li **A 4575 Seebachhof** (47.7163,14.2999)
15,3 Str-II, B 138, unterhalb **A 4580 Windischgarsten** empfohlene ⬇. ≣. Danach 2 ▬ Stufen, ≈. Schwierigkeiten der gesamten folgenden Strecke WW II–III. Zahlreiche Kurven, mäßige Verblockung, später zunehmende Schluchtbildung (47.7277,14.2955)
14,6 Autobahn-II A9 (47.7321,14.2947)
13,3 Autobahn-II A9 (47.7372,14.2888)
12,6 Autobahn-II A9 (47.7384,14.2869)
11,4 li ⇩ des Pießling (s. Seite 243) in die Teichl Zunahme der Wasserführung (47.7407,14.2744)
10,0 Autobahn-II A9 (47.7425,14.2631)
9,4 Autobahn-II A9 über Flussschleife (47.7461,14.2595)
8,2 EB-II (47.7494,14.2484);
re ⇩ des Hinterer Rettenbach (s. Seite 242) in den Teichl Zunahme der Wasserführung (47.7498,14.2483)
7,8 Autobahn-II A9 (47.7514,14.2450)
6,5 ▬ Wehr bei Sägewerk, X, re ⌓. Nach 150 m Steinwurf ▬, li gut ≈, evtl. re ⌓ (47.7567,14.2328)
3,9 Wege-II mit ▬ Stufe ≣ (47.7655,14.2087)
1,3 Str-II, li zum 🚂 Hinterstoder (47.7742,14.1835)
0,4 Autobahn-II A9 (47.7783,14.1756)
0,3 EB-II (47.7784,14.1740)
0,0 re ⇩ der Teichl in die Steyr (s. Seite 237) bei km 47,8 Beginn des Klauser Stausees (47.7777,14.1702);
⛺ am gegenüberliegenden Ufer, Bootsteg. Erreichbar über eine kleine landwirtschaftliche Straße zum ✕ „An der Steyrbrücke“

Hinterer Rettenbach

Weitere Namen: Fischbach
Kleinfluss, WW I-II, WW III-IV
Mündung in Teichl bei km 8,2 (re Nebenfluss)

Befahrbarkeit: nur bei HW
Pegel: Bezugspegel: Teichl-#Pegl# **Windischgarsten**, Minimum 60

	cm
Schwierigkeiten:	WW II-III
Karten:	Jübermann Wassersport-Wanderkarte Nr. 5

6,3 li ⇩ des Fischbach (47.7548,14.3161)
6,2 Str-⫼, re Jagdhaus Rettenbach, ⬇ (47.7545,14.3142)
0,0 ⇩ des Hinterer Rettenbach in den Teichl (s. Seite 241) bei km 8,2 Zunahme der Wasserführung (47.7498,14.2483)

Pießling

WW III-IV, WW V-VI
Mündung in Teichl bei km 11,4 (li Nebenfluss)

Der Pießling ist ein interessanter, in seinem Oberlauf auf kurzer Strecke sehr schwerer Wildfluss. Sehenswert der Ursprung des Pießling aus einer der größten Karstquellen der Ostalpen

Befahrbarkeit:	Frühjahr und nach stärkeren Regenfällen
Pegel:	⫼ Roßleiten; 190 cm = beginnendes HW, die Stufen im Unterlauf werden dann **X**
Schwierigkeiten:	Km 6,8-5,4: WW V, Steilstufen
	Km 5,4-1,0: WW III
	Km 1,0-⇩: Gefällebremsen
Karten:	Jübermann Wassersport-Wanderkarte Nr. 5

6,9 Ursprung des Pießling (47.6916,14.2764)
6,8 ⬇ oberhalb **A 4575 Roßleithen** ⚠ stark verblockte Steilstufen, die vor Befahrung besichtigt werden müssen. WW V (47.6920,14.2758)
6,2 ▬ Wehr, **X**, 200 m ⏏ (47.7012,14.2737)
5,4 Str-⫼, **A 4575 Roßleithen** ⬇, ab hier WW III (47.7024,14.2726)
4,4 Str-⫼, L 551 (47.7090,14.2669)
4,0 Str-⫼, L 551 (47.7117,14.2639)
1,0 Schräg-▬, meist **X** (47.7324,14.2737)
0,8 es folgen mehrere ▬ Gefällebremsen nach Besichtigung evtl. ≈, ab einem ≣ >190 cm **X**, ⚠ auf Eisenteile (47.7345,14.2738)
0,6 Str-⫼, Pyhrnpass Strasse, B 138 (47.7361,14.2746)
0,1 Autobahn-⫼ A9 (47.7401,14.2747)
0,0 ⇩ des Pießling in die Teichl (s. Seite 241) bei km 11,4 Zunahme der Wasserführung (47.7407,14.2744)

Krumme Steyr

Kleinfluss, WW I-II, Gebirgsbach
Mündung in Steyr bei km 61,4 (li Nebenfluss)

Die Krumme Steyr ist ein kurzer, jedoch landschaftlich besonders reizvoller Wildbach

Schwierigkeiten:	WW II–

Infrastruktur: Für die Zufahrtsstraße besteht ein Fahrverbot, die ⬇ ist daher nur mit Bootswagen zu erreichen.
Karten: Jübermann Wassersport-Wanderkarte Nr. 5

2,5 Ursprung als Karstquelle ⬇ (47.6960,14.1116)
0,0 ⇩ Krumme Steyr in die Steyr (s. Seite 237) bei km 61,4 (47.6900,14.1342)

Reichraming

Kleinfluss, WW I-II, WW III-IV, Gebirgsbach
Mündung in Enns bei km 59,0 (li Nebenfluss)

Die Reichraming mit ihren Ursprungsbächen Weißwasser, Schwarzer Bach und Großer Bach gestatten eine durchgehende Befahrung, daher durchgehende Kilometrierung. Sie sind, wenig bekannt, in landschaftlich hervorragend schöner Umrahmung, sehr interessante Wildbäche von wechselnder Schwierigkeit. Die wenigen schwierigen Stellen können gut umtragen werden.

Befahrbarkeit: Frühjahr und nach Regenfällen, die hier häufig sind
Pegel: **Rabenbach**, km 14,5; Auskunft ↯ **Großraming**, ☎ 07254/7373, man Frage nach dem ≣ **Rabenbach**; ab km 25,5 erforderlich 180 cm; ab km 24,0 Minimum 175 cm = etwa 10 m³/s, entspricht etwa 345 cm des ≣ **Reichraming**-Ⅱ
Bezugspegel: Ybbs-≣ **Opponitz**, Minimum 220 cm
Karten: Jübermann Wassersport-Wanderkarte Nr. 5

24,2 Oberste mögliche ⬇ bei einer Ⅱ beim Zusammenfluss Weißwasser/Sonnbergbach Falls der Wasserstand für eine Befahrung ab hier nicht ausreicht, müssen die Boote bis km 1,5 getragen werden. Flussname „Schwarzer Bach“. Gefälle 50 ‰, Baumhindernisse, mehrere kleine ▬ Stufen, alle ≈

Zufahrt von Unterlaussa über die Mooshöhe auf Schotterstraßen (47.7559,14.5306)

22,6 li ⇩ Saigerinbach übliche ⬇. Zu Beginn mehrere Grundschwellen, danach eine großartige mäandernde Felsschlucht, nur von einem gesicherten ehemaligen Triftsteig begleitet, die Forststraße schneidet die Schlingen durch Tunnels ab. Gefälle 16 ‰, Verblockung, WW II+/WW III (47.7516, 14.5115)
19,6 li ⇩ des Haselbach mit starker Wasserzufuhr, ab hier Name des Baches „Großer Bach“, ruhiges Wasser wechselt mit Verblockungen, landschaftlich sehr schön (47.7672,14.4865)
17,6 Die Schlucht weitet sich, **Annerlsteig**, Gefälle 7 ‰, Schwierigkeiten durch Prallwände (47.7776,14.4867)
15,0 ⚠ Ehemaliger kleiner Stausee, danach „Große Klause“, verfallene Triftanlage. Vor evtl. Befahrung unbedingt besichtigen, keine Sicherungsmöglichkeit, ⌂ durch Tunnel leicht.In der folgenen kurzen Klamm ruhiges Wasser (47.7927,14.4759)
14,5 li ⇩ Rabenbach, ≣. Ab hier Waldschlucht mit fallweise wuchtigem Wasser,

Gefälle 12 ‰, bei viel Wasser zunächst bis WW IV, abnehmend WW III (47.7971,14.4751)

8,1 re ⇩ Pleißabach, ab hier Flussname „Reichramingbach“ (47.8408, 14.4641)

6,5 re ⇩ Anzenbach, 🅿 Schranke der Forststraße, gute ⬆. Ab hier Gefälle 6 ‰, sportlich weniger interessant, landschaftlich ansprechend, Wehre! (47.8512,14.4592)

2,7 ▬ Wehr (47.8759,14.4491)

1,3 ▬ Wehr (47.8844,14.4497)

0,9 ≣ Reichraming (47.8863,14.4542);
▬ Wehr **A 4462 Reichraming**, ✕ (47.8865,14.4547)

0,0 EB-Ⅱ (47.8917,14.4618);
li ⇩ des Reichraming in die Enns (s. Seite 231) bei km 59,0 (47.8920, 14.4619)

Laussabach

Weitere Namen: Laussa
WW III-IV, WW V-VI, Wildfluss Gebirgsfluss
Mündung in Enns bei km 92,1 (li Nebenfluss)

Steiermark
Die Laussa ist ein landschaftlich sehr schöner Wildfluss am Fuß der Hallermauern.

Befahrbarkeit:	Frühjahr und nach Regenfällen.
Umwelt:	Wasser sehr sauber
Pegel:	Klamm vor **Unterlaussa**; für Befahrung ab km 18,5 erforderlich 190 cm = HW für untere Laussa
Schwierigkeiten:	durch schnelle Strömung mit wenig Kehrwasser, Strauchhindernisse, viele Stufen mit Rücklauf. km 15,5–0,0 WW II/III/IV

23,4 Ursprung am Hengstpass (Laussapass) in etwa 1000 m Höhe

18,9 Oberste mögliche ⬇ unterhalb der Hengstpass-Ⅱ bei der Puglalm bei HW (s. Pegel), WW III+ (47.6817,14.4819)

15,9 ▬ Wehr beim Sagwirtshaus **A 8934 Oberlaussa**, ✕, danach weitere ⬇, nur bei sehr gutem Wasserstand. Die Laussa ist hier noch recht schmal, mit vielen engen Kurven, WW II. Zahlreiche niedrige Gefällebremsen, gut ≋.
danach 13. Str.-#Brücke L 550 (47.6813,14.5154)

14,9 11. Str.-Ⅱ L550 (47.6883,14.5238)

14,4 10. Str.-Ⅱ L550 (47.6920,14.5261)

13,8 9. Str.-Ⅱ L550 (47.6959,14.5274)

12,8 li ⇩ eines Baches mit Wasserzufuhr Kurz danach Ⅱ bei Holzmaier, ⬇, falls der Wasserstand für eine Befahrung oberhalb nicht ausreicht. Die Folgestrecke ist leicht verblockt.
Kurze Klamm vor Unterlaussa, ≣

(47.7033,14.5214)

12,5 8. Str.-Ⅱ L550 (47.7054,14.5227)

12,3 7. Str.-Ⅱ L550 (47.7071,14.5238)

11,8 6. Str.-Ⅱ L550 (47.7098,14.5284)

9,4 5. Str.-Ⅱ L550 danach mehrerer ▬ Stufen (47.7195,14.5531)

8,7 4. Str-Ⅱ L550 **A 8934 Unterlaussa** danach ▬ Wehr, teilweise verfallen, ≋.
▬ Wehr, nach Besichtigung ≋, Unterwasser häufig durch Treibholz blockiert
(47.7182,14.5619)

3,5 3. Str-Ⅱ L550 (47.7291,14.6122)

3,3 Nach einer re-Kurve starke Verblockung und erhebliches Gefälle, WW III+. re Straße mit Holzleitplanke (47.7303,14.6138)

2,3 2. Str-Ⅱ L550 (47.7292,14.6260)

1,9 ▬ Wehr li steile Floßgasse, evtl. ≋,starker Rücklauf, re ⌂ mühsam. (47.7285,14.6303)

1,8 1. Str-Ⅱ L550 davor und dahinter 4x ▬ Gefällestufen mit starkem Rücklauf. Es folgt eine Strecke mit unübersichtlicher Verblockung und mehreren kleinen Abfällen, WW IV-. Danach sehr schöne WW-Strecke, 2 niedrige ▬ Wehr, gut ≋ (47.7282,14.6311)

0,1 Steg, darunter Wasserfall. Die Anfahrt zum Wasserfall ist bei MW evtl. ≋, WW V–VI. ↱ etwa 50 m vor dem Fall. Es wird dringend empfohlen, den Wasserfall schon bei der Anfahrt zu besichtigen und die ⬆ festzulegen. Kaum Kehrwasser, li Straßenmauer. (47.7262,14.6450);
EB-Ⅱ (47.7260,14.6456)

0,0 ⇩ Laussabach in die Enns (s. Seite 231) bei km 92,1 (47.7254,14.6461)

Buchauer Bach

Weitere Namen: Buchaubach, Billbach
Kleinfluss, WW I-II, WW III-IV, Gebirgsbach
Mündung in Enns bei km 94,1 (li Nebenfluss)

Der Buchaubach, ein landschaftlich außergewöhnlich schöner Bach der Ennstaler Alpen, ist ein sehr interessanter Wildbach.

Befahrbarkeit:	Frühjahr und nach stärkeren Regenfällen
Schwierigkeiten:	WW I–V. Niedrige Ⅱ, Baumhindernisse
Karten:	Jübermann Wassersport-Wanderkarte Nr. 5

17,3 Ursprung des Buchauer Bach (47.6128,14.5143)

8,2 Str-Ⅱ, B 117 oberhalb **A 8933 St. Gallen**, oberste ⬇ Zunächst auf etwa 3 km kanalisiertes Flussbett, davon 700 m mit 90 %iger Wasserableitung (47.6547,14.5949)

8,0 ▬ Wehr mit Wasserableitung (47.6562,14.5959)

3,9 Str-Ⅱ, Erbstrasse, L 705 ⚠ darunter Beginn eines 400 m langen Canons, WW V. Die Einfahrt in den Canon ist eng und verwinkelt, oft mit Holz verlegt, li ⏏ auf Anglersteig möglich. Der Endabfall des Canons ist verklemmungsgefährlich. Der folgende, etwa 3 km lange Zinkengraben WW III-, Achtung auf niedrige Stege (47.6852,14.6207)

1,4 li ⇩ des Spitzenbach, ⬆ Auf der Reststrecke mehrere ▬ Wehr, X (47.7026,14.6281)

0,0 li ⇩ des Buchauer Bach in die Enns (s. Seite 231) bei km 94,1 (47.7128, 14.6368)

Salza

WW I-II, WW III-IV, Gebirgsfluss
Mündung in Enns bei km 106,9 (re Nebenfluss)

Steiermark

Die Salza ist ein landschaftlich hervorragend schöner und dabei wassertechnisch nur mäßig schwerer Wildfluss. Sie gehört zu den in Paddlerkreisen beliebtesten Flüssen Österreichs.

Befahrungsregeln: Die Befahrung der Salza selber ist nicht reglementiert, allerdings ist im Bereich ab der Perencyklause, das ⬆⬇ nur an ausgewiesenen Parkplätzen der "Salzaline" erlaubt. Dort ist, auch nur zu Be- und Entladen ein kostenpflichtiges Ticket der Salzaline zu erwerben salzaline.at

Befahrbarkeit: ab km 83,4 zur Zeit der Schneeschmelze und nach stärkeren Regenfällen, ab km 62,7 zumeist ganzjährig.

Pegel: Ortsende Wildalpen, km 26,5; NW = 150, MW = 200, HW = 250
Bezugspegel: Enns-≣ **Steyr** 190 cm = HW

Schwierigkeiten: 83,4-66,6: WW I-II
62,7-54,0: WW I-II
54,0-43,1: WW II-III
43,1-31,9: WW I-II
31,9-27,5: WW II
27,5-19,9: WW II-III
19,9-16,6: WW III+
16,6-4,3: WW III
4,3-⇩: WW II-I

Infrastruktur: ⛟ **Wildalpen**, wird fast nur von Kanuten benutzt, günstigster Standort für Befahrungen der Salza und ihrer Nebenflüsse. An Wochenenden zur Zeit der Ferien oft sehr voll

Karten: Jübermann Wassersport-Wanderkarte Nr. 5

Quellen: http://salzaline.at/

91,0 Ursprung an den Nordhängen des großen Göller (47.8374,15.4471)

83,4 Oberste mögliche ⬇ bei HW an der ⇩ des Bärengrabens bis Terz WW I–II (47.7902,15.4401)

81,1 li ⇩ Terzbach bei **A 3195 Terz** ⬇ nur bei sehr gutem Wasserstand. Die

Salza fließt ohne wesentliche Schwierigkeiten durch ein breites Tal (47.7714,15.4484)

70,9 ⇩ der Walster (s. Seite 255) in die Salza Es folgt auf 6 km eine sehr schöne Waldschlucht, WW II (47.7672,15.3446)

66,6 Str-II B 20, re **A 8630 Mariazell-Rasing** ⬆ die folgenden 4 km bis Gußwerk sind uninteressant und außerdem durch 3 ▬ X unterbrochen. Es wird empfohlen, die Fahrt in Rasing zu unterbrechen und in Gußwerk wieder einzusetzen (47.7626,15.3086)

64,7 ▬ Wehr (47.7502,15.3015)

64,0 ▬ Wehr (47.7447,15.3047)

63,7 ⇩ des Aschbach (s. Seite 254) in die Salza (47.7414,15.3045)

63,2 ▬ Wehr Gußwerk, X, mit Wasserableitung (47.7384,15.3016)

62,7 Str-II über Kanal und altes Flussbett, **A 8632 Gußwerk** mögliche ⬇ in den alten Flusslauf, auf 200 m bis zur ⇩ des ϟ-Auslaufs vielfach sehr seicht. Es folgt leichtes Wildwasser, WW I–II (47.7359,15.2977)

60,8 Str-II B 24, **A 8632 Gleißnerhof** übliche ⬇ für die Befahrung der oberen Salza, erforderlich ≣ Minimum 180 cm (47.7266,15.2828)

54,0 Die Straße geht vom Fluss weg, Beginn der landschaftlich hervorragend schönen oberen Salzaschlucht (Klausgraben). Einige scharfe Kurven mit Prallhängen an den senkrecht aus dem Wasser ansteigenden Felsen, WW II-III (47.7085,15.2280)

45,7 Ende der Schlucht, **A 8632 Weichselboden**, Str-II ⬆, Die Befahrung der oberen Salza wird vielfach hier beendet (47.6721,15.1752)

45,3 re ⇩ des Rotmoosbach (s. Seite 253) in die Salza (47.6693,15.1721)

44,1 Staubeginn, weitere ⬆ (47.6648,15.1609)

43,1 ▬ Prescenyklause Presceni-Klause, die „Klause" war früher ein kleiner Stausee, der täglich angestaut und dann für die Flößerei abgelassen wurde. Mit Einstellung der Flößerei hat er diese Aufgabe verloren. Es befindet sich jetzt hier ein Staudamm für ein ϟ
Kurz unterhalb des Staudamms folgt eine Stufe, X. ↱ an der Treppe, Staudamm und Stufe zusammen 200 m weit durch Tunnel ⌓
offizielle ⬆⬇ für die Befahrung der mittleren Salza (47.6585,15.1530)

42,9 Str-II (47.6562,15.1520)

41,6 Str-II, B 24 (47.6481,15.1424)

38,6 Str-II, li **A 8632 Gschöder** (47.6479,15.1081)

37,6 offizielle ⬆⬇ Gschödermündung (47.6505,15.0959)

33,6 Wege-II offizielle ⬆⬇ Plattersteg ab hier nehmen die Schwierigkeiten zu, es beginnt der als WW interessanteste Teil der Salza, WW II (47.6582, 15.0496)

31,9 li offizielle ⬆⬇ Brunn (47.6649,15.0314)

30,9 Str-II, Lichtscheidweg (47.6703,15.0225)

30,1 Str-II, re ⛺ Nachbagauer (47.6646,15.0197)

27,5 ⇩ des Hinterwildalpenbach (s. Seite 252) in die Salza (47.6618,14.9896)

27,4 li ⛺ Wildwasserzentrum Wildalpen (47.6628,14.9894)

27,2 Beginn der Slalomstrecke Wildalpen am Ende kräftige Walze, re ⛺ Wildalpen (47.6641,14.9884)
27,0 Fußg-II Ende der Slalomstrecke (47.6658,14.9871)
26,8 Str-II, **A 8924 Wildalpen** (Hopfgartenweg) (47.6669,14.9863); ⇩ des Holzäpfeltalbach (s. Seite 252) in die Salza (47.6670,14.9861)
26,7 II der Fernwasserleitung nach Wien ≡ (47.6675,14.9849)
26,3 Str-II, B 24, Ortsende von **A 8924 Wildalpen** (47.6655,14.9829)
23,7 Str-II, B 24 (47.6746,14.9603)
22,6 offizielle ⇅ Bretterbach (47.6716,14.9489)
20,1 Str-II, Rotwaldweg (47.6836,14.9271)
19,9 re offizielle ⇅ Fachwerk, 🅿 Es beginnt der schönste Teil der Salza mit zahlreichen Blockpasagen und kleinen Stufen (47.6852,14.9266); ⇩ des Lassingbach (s. Seite 250) in die Salza (47.6856,14.9262)
19,1 Nach li-Kurve „Lawinenschwall“, erhebliche Verblockung, am besten li ≈ (47.6850,14.9174)
16,6 offizielle ⇅ Petrus I (47.6879,14.8886)
16,2 offizielle ⇅ Petrus II (47.6887,14.8833)
14,8 Hänge-II, Wasserlochklamm, offizielle ⇅, großer 🅿 die Boote müssen über einen steilen Weg runter zum Fluss getragen werden (47.6987, 14.8742)
13,5 Str-II B24, offizielle ⇅ Schönau (47.7044,14.8612)
12,9 Verblockter Abfall, li oder Mitte ≈, WW III. Es folgt das „Paradies“ mit der „langen Gasse“ in einer 50 m hohen Konglomeratschlucht (47.7059, 14.8544)
11,0 ⇩ des Mendlingbach (s. Seite 249) in die Salza, offizielle ⇅, 🅿 **Erzhalden** Beendigung der Fahrt re nach der ⇩ gut möglich (47.7122,14.8309)
9,5 Str-II, B 25, re **A 8923 Paflau**. Ab hier gräbt sich die Salza zunehmend tiefer in die wildromantische Konglomeratschlucht der unteren Salza ein. Sehr schönes WW mit Stufen und Schwällen (47.7099,14.8132)
5,6 re ⛺ **Saggraben** offizielle ⇅, 🅿 die Fahrt wird vielfach hier beendet, die Boote müssen mühsam hochgetragen werden. Die Reststrecke der Salza ist weiterhin landschaftlich hervorragend schön, jedoch kaum mehr Schwierigkeiten. Bald danach Staubeginn (47.6892,14.7777)
4,3 offizielle ⇅ Kalter Graben (47.6810,14.7680)
1,0 re ⛺ Weiberlauf, offizielle ⇅ mit 🅿 Beginn eines Stausees (47.6728, 14.7390)
0,2 Niedrige Wege-II, re offizielle ⇅ **Krippau** gute Gelegenheit zur Beendigung der Fahrt (47.6719,14.7286)
0,0 ⇩ der Salza in die gestaute Enns (s. Seite 231) bei km 106,9 Günstige ⇡ an der II über die Salza (47.6707,14.7272)

Mendlingbach

Kleinfluss, WW I-II, WW III-IV
Mündung in Salza bei km 11,0 (re Nebenfluss)

Der Mendlingbach ist als Wildbach verhältnismäßig leicht, maximal WW III, er ist jedoch interessant durch die Tatsache, dass er mehrere, bis 4 m hohe Stufen, Wehre und Triftanlagen aufweist. Landschaftlich ist er hervorragend schön; er verläuft durch insgesamt 4 Klammen.

Befahrbarkeit:	nur bei kräftigem HW
Karten:	Jübermann Wassersport-Wanderkarte Nr. 5

8,3 Oberste mögliche ⬇ bei **A 3345 Großegg** unterhalb eines Abbruches (WW V), Ein- und Ausfahrt unbedingt ansehen, hohe Steckgefahr, absichern!. In den Klammen ist auf Baumversperrungen zu achten, ⌂ jeweils gut möglich. Einfahrt in die nur 2 m breite 1. Klamm mit starkem Gefälle. Einfahrt in die 2. Klamm durch eine 4 m hohe Stufe, nach Besichtigung ≈, Einfahrt in 3. Klamm über Triftsperre, Befahrung bei NW und MW gut möglich. Ausfahrt aus der 3. Klamm erneut 4 m hohe Stufe, evtl. ≈ (47.7548,14.8679)

5,8 Str-Ⅱ, li **A 3345 Lassing** ⬇, wenn die Schwierigkeiten des Oberlaufes vermeiden werden sollen, bei einigen Häusern, bevor die vom Salzatal kommende Straße vom Bach weggeht (47.7404,14.8851)

4,2 ▬ Wehr, **X**, li ⌂ (47.7332,14.8703)

4,1 Str-Ⅱ B 25 (47.7324,14.8698)

2,7 ▬ Wehr bei **A 8923 Mendling**, **X**, li ⌂; Auf den folgenden 2 km mehrere niedrige Stufen gut ≈ (47.7256,14.8556)

0,3 am Ende der 500 m langen 4. Klamm: ▬ Wehr mit ϟ keine ⌂-Möglichkeit. Man muss die Boote entweder sehr mühsam re über einen Steilhang aufseilen oder die Fahrt schon 500 m vorher am Beginn der Schlucht beenden (47.7146,14.8327)

0,0 re ⇩ des Mendlingbach in die Salza (s. Seite 247) bei km 11,0, offizielle ⬆⬇, 🅿 **Erzhalden** Beendigung der Fahrt re nach der ⇩ gut möglich (47.7122,14.8309)

Lassingbach

Weitere Namen: Lassing
Kleinfluss, WW I-II, WW III-IV, Gebirgsbach
Mündung in Salza bei km 19,9 (re Nebenfluss)

Steiermark

Der Lassing verläuft als interessanter, in seinem Mittellauf recht schwerer Wildbach durch ein abgelegenes enges Waldtal.

Befahrbarkeit:	März–Juni und nach Regenfällen, die hier recht häufig sind. Das Wasser steigt dann schnell an, verläuft sich aber ebenfalls wieder rasch
Pegel:	Hilfspegel: Ⅱ km 4,6, Imbach-Ⅱ. Gutes MW ist vorhanden, wenn der Sockel des re Ⅱ-Pfeilers etwa 10 cm aus dem Wasser ragt. Weiterer Hilfspegel: guter Wasserstand, wenn das re Ⅱ-

	Fundament bei km 10,9, Sicht Flussab gerade angespült ist.
	Bezugspegel: Ybbs-≣ Opponitz; Minimum 180 cm
Schwierigkeiten:	km 16,6–10,9 WW II (III)
	km 10,9–4,6 WW III–IV
	km 4,6–0,0 WW II/II+
Karten:	Jübermann Wassersport-Wanderkarte Nr. 5

18,3 Ursprung am Bärenrißsattel (47.7412,15.0895)

17,4 Str-Ⅱ, re **Rothwald** danach ▬ Wehr **X**, re kurze Ableitung, mögliche ⬇ (47.7426,15.0791)

16,6 re ⇩ des Rotbach (s. Seite 251) in den Lassingbach (47.7413,15.0699); Übliche ⬇ an der Holz-Ⅱ über den Rotbach 100 m bis zum Lassingbach. Schnelle Strömung in breitem Kiesbett, zumeist WW II, nur eine kurze Blockstrecke bis WW III (47.7412,15.0698)

10,9 Str-Ⅱ, Rotwaldweg, re Forsthäuser von **Klaus** weitere mögliche ⬇, falls der Wasserstand für den Oberlauf nicht ausreicht. Die Schwierigkeiten nehmen zu, zunächst WW III (47.7296,15.0088)

7,1 Ⅱ-Fundamente am Ufer; es folgt die „Schloif", eine 4 km lange schwere WW-Strecke. Schwere Verblockung, starkes Gefälle. Abfälle in Stufen, bei höh-rem Wasserstand mit wuchtigen Deckwalzen, verwinkelte Engstellen. Die Strecke ist sehr unübersichtlich, wenig Kehrwasser, Anhalten zur Besichtigung oft nur schwer möglich, Schwierigkeiten bis WW IV (47.7213, 14.9734)

4,8 altes ▬ Wehr, nach Besichtigung ≈ (47.7061,14.9643)

4,6 Str-Ⅱ, Rothwaldweg Hilfs-≣. Nachlassen der Schwierigkeiten, jedoch weiterhin schnelles, spritziges WW (47.7049,14.9658)

0,1 Str-Ⅱ, **A 8021 Fachwerk** ⬆ die Fahrt kann hier beendet werden (47.6863, 14.9264)

0,0 re ⇩ des Lassingbach in die Salza (s. Seite 247) bei km 19,9 (47.6856, 14.9262)

Rotbach (Lassingbach)

Weitere Namen: Großer Almbach
Kleinfluss, WW I-II, WW III-IV
Mündung in Lassingbach bei km 16,6 (re Nebenfluss)

Der gesamte Rotbach ist landschaftlich hervorragend schön mit Ursprung in einem Urwaldgebiet, dessen Betreten verboten ist, und mit Wasser von Trinkwasserqualität. Oberhalb der empfohlenen ⬇ ist er als Wildwasser extrem schwer, mit Teilstrecken **X** und als möglicher Zugang nur weglose, steile Waldhänge

Befahrbarkeit:	nur bei HW des Lassing. Es ergibt sich dann eine sehr reizvolle Vorfahrt zum Lassing.
Karten:	Jübermann Wassersport-Wanderkarte Nr. 5

3,2 ⬇ unterhalb der Gindelstein-Ⅱ bei einer Wildfütterung, über Forststraße zu erreichen. Man kann die Boote noch bis zur ⇩ des Weißenbachs hochtragen, WW IV, eine Passage WW VI/**X** (47.7594,15.0892)

1,4 re ⇩ des Großalmbach Er kann, ebenfalls nur bei HW, auf einer reizvollen Strecke von etwa 1 km, WW IV, als Vorfahrt zu Rotbach und Lassing befahren werden (47.7511,15.0746)

0,2 Str-⌶, mögliche ⇅ (47.7427,15.0702)

0,0 ⇩ des Rotbach in den Lassingbach (s. Seite 250) bei km 16,6 (47.7413, 15.0699)

Holzäpfeltalbach

Weitere Namen: Holzäpfelbach
Kleinfluss, WW I-II
Mündung in Salza bei km 26,8 (re Nebenfluss)

Mündung in Salza beim 🚐
Befahrbarkeit: bei HW.
Karten: Jübermann Wassersport-Wanderkarte Nr. 5

8,7 Ursprung des Hochstadlgraben bzw. Holzäpfektalbach (47.7016,15.0724)

2,6 ⌶ Aquädukt Wiener Hochquelwasserlleitung, ⬇ WW II-, mehrere ▬ Stufen, ≈ (47.6751,15.0124)

0,0 re ⇩ des Holzäpfeltalbach in die Salza (s. Seite 247) bei km 26,8 (47.6670,14.9861)

Hinterwildalpenbach

Weitere Namen: Lurgbach
Kleinfluss, WW III-IV, Stufenbach
Mündung in Salza bei km 27,5 (li Nebenfluss)

Steiermark

Der Hinterwildalpenbach, ein zumeist nur mäßig schwerer Wildbach, ist besonders interessant, da er insgesamt mehr als 70 Kunststufen, Gefällebremsen aufweist, mit einer maximalen Höhe von etwa 3 m. Sie sind fast alle ≈. Besichtigung jedoch vielfach unerlässlich.

Befahrbarkeit: nach Regenfällen, die hier häufig sind, bleibt meist lange ein ausreichender Wasserstand
Schwierigkeiten: abgesehen von den Stufen auf Teilstrecken starkes Gefälle, Verblockung, bis WW IV. Achtung, bei der 2. Stufe nach dem Eisensteg! Hier hat sich re ein Siphon gebildet
Karten: Jübermann Wassersport-Wanderkarte Nr. 5

9,4 Ursprung in etwa 1.300 m Höhe hier ist der Name noch Lurgbach (47.6365,14.8864)

5,8 **A 8924 Hinterwaldalpen** ⬇ bei der ⌶ unterhalb ✕ Ganser (47.6465, 14.9299)

4,8 Schreierengklamm zahlreiche Stufen, nach Besichtigung ≈, bis WW IV, ⚠ bei HW! Nachfolgend wieder etwas Verblockung, enge Kurven, WW III- und weitere Stufen (47.6448,14.9415)

1,4 ↯ oberhalb **Poschenhöhe** über eine Stufe Einfahrt in die „Waldschlucht", eng und unübersichtlich, bei MW bis WW IV-, Besichtigung erforderlich, da Verklausungen möglich. Anschließend erneut zahlreiche Kunststufen (47.6530,14.9793)

0,9 Str-II, re zur Sauna Bis zur ⇩ mehrere Kunststufen von maximal 1 m Höhe. Sie sind alle problemlos ≈. Eine Befahrung bis in die Salza ist möglich (47.6555,14.9840);
re ⇩ des Siebenseebach (s. Seite 253) in den Hinterwildalpenbach (47.6554,14.9843)

0,1 Str-II, Hochschwab Strasse, B 24 (47.6611,14.9891)

0,0 li ⇩ des Hinterwildalpenbach in die Salza (s. Seite 247) bei km 27,5 (47.6618,14.9896)

Siebenseebach

Kleinfluss, WW III-IV, WW V-VI, Stufenbach
Mündung in Hinterwildalpenbach bei km 0,9 (re Nebenfluss)

Der Siebenseebach kann mit Kurzbooten auf einer Strecke von 500 m befahren werden.

Befahrbarkeit: Nach Regenfällen die hier sehr häufig sind, bleibt meist lange ein ausreichender Wasserstand

Schwierigkeiten: WW III+ bis -V

1,3 Ursprung aus dem Siebensee (47.6473,14.9920)

0,4 ⬇ bei der Waldsauna Wildalpen (47.6525,14.9863)

0,0 ⇩ des Siebenseebach in den Hinterwildalpenbach (s. Seite 252) (47.6554,14.9843)

Rotmoosbach

Kleinfluss, WW III-IV, WW V-VI
Mündung in Salza bei km 45,3

Der Rotmoosbach ist ein extrem schwerer Wildbach. Eine durchgehende Befahrung ist allerdings unmöglich; eine für eine Befahrung des obersten Rotmoosbaches ausreichende Schüttung bedeutet Unfahrbarkeit für den mittleren Streckenteil. Er kann daher wohl immer nur in Teiletappen befahren werden, eine genaue Beobachtung und Beachtung des ≡ ist unerlässlich.

Befahrbarkeit: nur bei starkem HW Zeit einer starken Schneeschmelze und nach sehr starken Niederschlägen

Pegel: etwa 800 m oberhalb der ⇩ am li Ufer; man erreicht ihn auf einem undeutlichen Steig kurz vor der Lawinengalerie.
Pegelstände: (NW/MW/HW)

Oberster Rotmoosbach: MW=220–225 cm
Oberer Rotmoosbach: 190/200/210 cm
Mittlerer Rotmoosbach: 180/190/200 cm (enge Klamm)
Unterer Rotmoosbach: 190/200–205/215 cm

Schwierigkeiten: km 10,8–7,9: WW IV (V), Gefälle 30 ‰.
km 7,9–6,7: WW V, Gefälle 73 ‰.
km 6,7–4,7 WW III und IV (V), Gefälle 22 ‰.
km 4,7–⇩ WW IV (III), Gefälle 22 ‰.

13,8 Ursprung mit mehreren Quellbächen in etwa 1.300 m Höhe

10,8 ⬇ für die Befahrung der 1. Etappe oberster Rotmoosbach bei der ⇩ des Hutgrabens. Die Zufahrt ist für Pkw gesperrt, Bootswagen erforderlich. Bachname hier meist Schallenbach (47.7414,15.1778)

10,3 re ⇩ Lochbach (47.7400,15.1720)

7,9 Klenner-Ⅱ, ▬ Schallenbachklause, **X**, Danach ⬇ für die 2. Etappe oberer Rotmoosbach. Hohe Abfälle, Engstellen, Baumversperrungen, unbedingt besichtigen (47.7267,15.1522)

6,7 Fang-Ⅱ, ⬇ für die 3. Etappe mittlerer Rotmoosbach ▬ Stufe bei ≣ 180-210 cm evtl. ≈ (47.7194,15.1609)

6,5 ⇩ Radmerbach (47.7174,15.1621)

4,7 ⚠ Enge Klamm es muss damit gerechnet werden, dass es zu Baumversperrungen kommen kann, unbedingt vor Einfahrt vom Jagdsteig aus besichtigen. Evtl. ⏏ über diesen Steig ist zwar möglich, jedoch extrem mühsam. Die etwa 250 m lange Klamm mit WW V ist eine Zwangspassage, Anhalten oder Sichern unmöglich. Am Ende der Klamm beginnt die 4. Etappe unterer Rotmoosbach (47.7042,15.1675)

3,6 Ende der Klammstrecke mit S-förmiger Stufe, WW IV, danach leichter (47.6962,15.1629)

2,4 Str-Ⅱ (47.6864,15.1611)

1,8 Str-Ⅱ B24 danach eine Passage WW III- (47.6818,15.1628)

1,0 li ≣ (47.6774,15.1685)

0,0 ⇩ des Rotmoosbach in die Salza (s. Seite 247) bei km 45,3 (47.6693, 15.1721)

Aschbach

Weitere Namen: Rotsohlbach
Kleinfluss, WW I-II, WW III-IV, Gebirgsbach
Mündung in Salza bei km 63,7 (li Nebenfluss)

Befahrbarkeit: Zeit der Schneeschmelze und nach starken Regenfällen
Schwierigkeiten: maximal WW III-, Baumhindernisse

17,2 Ursprung des Aschbach hier ist der Name noch Rotsohlbach (47.6359, 15.3965)

10,4 **A 8634 Aschbach**, ⬇ (47.6714,15.3327)

0,4 Steil-■, evtl. ≈, 1,5 m hoch, unbedingt vorher besichtigen! (47.7409, 15.3080)
0,0 li ⇩ des Aschbach in die Salza (s. Seite 247) bei km 63,7 (47.7414, 15.3045)

Walster

Weitere Namen: Rottenbach
Kleinfluss, WW I-II, Gebirgsbach
Mündung in Salza bei km 70,9 (re Nebenfluss)

Der Walster verläuft als leichter Wildbach in einem engen Tal. Die Befahrung ist lohnend, wenn die Fahrt auf der Salza 6 km weit bis **Rasing** fortgeführt wird

Befahrbarkeit: Frühjahr und nach Regenfällen
Schwierigkeiten: WW I

17,6 Ursprung in 820 Meter Höhe des Rottenbach (47.8690,15.4136)
12,7 **A 3222 Ulreichsberg**, ⬇ bei HW Auf dem Quellfluss Weiße Walster, WW I-II (47.8334,15.4178)
6,0 ⬇ am Ende des Hubertussees (47.8076,15.3606)
0,0 re ⇩ der Walster in die Salza (s. Seite 247) bei km 70,9 Es folgt auf 6 km eine sehr schöne Waldschlucht, WW II (47.7672,15.3446)

Schwabelbach

Kleinfluss, WW III-IV
Mündung in Enns bei km 111,9 (re Nebenfluss)

Befahrbarkeit: Frühjahr und nach Regenfällen
Schwierigkeiten: WW III-IV
Karten: Jübermann Wassersport-Wanderkarte Nr. 5 ISBN: 978 3 929540-32-1 /

9,2 Ursprung des Schwabelbach durch 2 Quellflüsse (47.6141,14.8549)
2,4 ⬇ oberhalb Lainbach etwa 30 m unterhalb einer Stelle, X; 80 m oberhalb der ⬇ befindet sich ein ■ Wehr mit teilweiser Wasserableitung. Die Boote müssen 4 m tief in eine Konglomeratschlucht hinabgelassen werden. Vorsicht vor Unterspülungen, viele Baumhindernisse. Das abgeleitete Wasser kommt bald wieder zurück. Am Ortsanfang von Lainbach ■ Wehr, eingebrochen, nach Besichtigung evtl. ≈. Vor der Straßen-Ⅱ ■ Wehr, 3 m hoch, X. Nach mehreren niedrigen Stufen bei einer alten Fabrik ■ Wehr, 5 m hoch, evtl. ≈. Nach EB-Ⅱ, 1,5 m hohe Stufe und kleine Blockstrecke bis ⇩ in Enns, insgesamt 3 km, WW III+, je nach Wasserstand bis WW IV (47.6248,14.7833)
0,6 Str-Ⅱ, re **A 8921 Lainbach** (47.6356,14.7669)
0,0 EB-Ⅱ (47.6362,14.7606);

⇩ des Schwabelbach in die Enns (s. Seite 231) bei km 111,9 (47.6361, 14.7602)

Erzbach

Kleinfluss, WW III-IV, Gebirgsbach
Mündung in Enns bei km 115,5 (re Nebenfluss)

Steiermark

Die Erzbach verläuft als recht anspruchsvolles Wildwasser in einem landschaftlich schönen Tal der Ennstaler Alpen.

Befahrbarkeit:	ab km 15,0 nur bei HW, Zeit der Schneeschmelze und nach starken Regenfällen; ab km 11,0 April bis Juli, meist aber auch noch später möglich
Umwelt:	Wasser durch Abwasser leicht verschmutzt, macht sich wohl nur bei NW bemerkbar
Pegel:	Ⅱ in **Hieflau** Zufahrt zum 🚂; Minimum 270 cm. MW 290 cm entspricht etwa 18 m³/sec. HW 310 cm.
Schwierigkeiten:	km 15,0–0,0 WW III–IV.
Infrastruktur:	⛺ in **Wildalpen** und **Admont**

22,2 Ursprung am Eisenerzer Reichenstein. Eine Befahrung oberhalb km15,0 ist infolge von mehreren Kunststufen und Baumversperrungen bei senkrechten Ufermauern nicht möglich (47.5143,14.9239)

15,0 Str-Ⅱ, **A 8790 Münichtal**, mögliche ⬇ nur bei HW. Es folgt ein enger und schneller Wildbach, Baumversperrungen möglich, wenig Kehrwasser (47.5497,14.8762)

13,7 ▬, **X**, Wasserableitung. Weiterfahrt nur bei ausreichendem Überwasser, li ⏢ (47.5593,14.8674)

12,0 100 m vor einer Rohr-Ⅱ der KW-Leitung befindet sich ein Abfall, 1 m hoch. Anschließend zerfallene ▬-Stufe evtl. mit Baumversperrungen. re den ganzen Bereich etwa 100 m weit ⏢ (47.5689,14.8515)

11,2 re ⇩ des Seebach (s. Seite 258) in den Erzbach (47.5732,14.8441); re Ⅱ, übliche ⬇ für die Befahrung des Erzbaches, 🅿; kurz danach Rückführung des abgeleiteten Wassers. Der Erzbach ist ein Bach mit schneller Strömung, durchweg gutem Gefälle, Verblockung, schönen Stromschnellen, zumeist WW III mit Stellen bis knapp WW III+. Erhebliche Behinderung durch Strauchhindernisse, evtl. auch quer liegende Bäume (47.5732,14.8438)

6,8 Stufe bei 🚌-haltestelle **Jassigau**, **X**, starker Rücklauf, bei Anfahrt besichtigen (47.5885,14.7975)

4,7 EB-Ⅱ, kurz danach Blockwurf-▬ mit starkem Rücklauf nach li-Kurve, erst spät erkennbar (47.5868,14.7751)

4,5 Str-Ⅱ, B 115 (47.5879,14.7738)

3,4 EB-Ⅱ (47.5882,14.7620)

3,1 ⇩ des Radmer (s. Seite 257) in den Erzbach (47.5874,14.7589)

2,4 Str-II B115 (47.5909,14.7530)
1,8 ▬ Staustufe, X, re ⌂, Privatgrund (47.5956,14.7487)
1,6 Str-II B115 (47.5967,14.7477)
1,4 EB-II (47.5985,14.7487)
1,2 II, sofort danach ▬, Bruchsteine, Eisenträger! (47.6000,14.7494)
0,8 Günstige ⬆ li vor dem Ortschild **A 8920 Hieflau**, bei Anfahrt besichtigen, wenig Kehrwasser (47.6023,14.7474)
0,5 Str-II, li Hieflau, (47.6047,14.7457)
0,4 Wege-II, letzte ⬆ beschildert (47.6054,14.7439)
0,3 ▬ Wehr ϟ **A 8920 Hieflau**, X (47.6059,14.7434)
0,1 EB-II (47.6079,14.7430)
0,0 ⇩ des Erzbach in die Enns (s. Seite 231) bei km 115,5 (47.6081,14.7431)

Radmer

Kleinfluss, WW III-IV, WW V-VI, Gebirgsbach
Mündung in Erzbach bei km 3,1 (li Nebenfluss)

Die Radmer ist in ihrem Oberlauf ein extrem schwerer Wildbach, aber auch die Reststrecke ist immer noch schwer in einem landschaftlich hervorragend schönen Engtal der **Ennstaler Alpen**

Befahrbarkeit:	April–Juni und nach Regenfällen.
	Bezugspegel: **Erzbach-II** in Hieflau; Minimum etwa 235 cm
Umwelt:	Wasser sehr sauber.
	Infrastrucktur: in **Admont** und **Wildalpen**
Schwierigkeiten:	km 11,2–7,0 WW V und VI
	km 7,0–0,0 WW IV–V

12,7 Ursprung am Zeiritzkampel in etwa 2.000 m Höhe
11,2 Oberste mögliche ⬇ bei einer II in der Nähe einer kleinen Häusergruppe unterhalb einer Stelle X. Die Radmer ist auf den folgenden 4,5 km ein alpiner Kleinbach mit extremer Verblockung und Baumhindernissen. Die schwierigen Steilabschnitte müssen unbedingt besichtigt und abgesichert werden. Die schwierigsten Stellen, zahlreiche Abfälle folgen sofort nach der ⬇, bei höherem Wasserstand wahrscheinlich X. Nach einem ruhigen Abschnitt folgt eine weitere Steilzone, an deren Ende ein Stacheldraht-Wildzaun den gesamten Fluss versperrt, kaum rechtzeitig zu erkennen, unbedingt vorher besichtigen. Nach der ⇩ eines Wildbaches von li eine weitere Blockstrecke mit hohem Gefälle, danach kurze Klamm (47.5107, 14.7682)
7,0 **A 8795 Radmer**, übliche ⬇ bei II Schnelle Strömung, erhebliche Verblockung, Baumhindernisse möglich, mehrere Stufen, ≈, zunächst WW III (47.5420,14.7642)
3,9 Str-II, Straße wechselt endgültig auf das li Ufer ▬ Wehr unter der II, nach Besichtigung ≈. Beginn einer Schluchtstrecke, von der Straße aus einzusehen. Bald nach Beginn schlitzartiger 2 m hoher Wasserfall re von

einem riesigen Felsblock, WW V; weiterhin schwere Verblockung, enge Durchfahrten, WW IV (47.5601,14.7843)

2,6 Nach einer li-Kurve Wasserfall, Verklemmungsgefahr, **X** rechtzeitig ↰ und durch den Wald entlang der Trasse der ehemaligen EB-Linie bis Ende der Klamm ⏏ (47.5695,14.7744)

2,3 ⚠ Extrem verblockte Passage je nach Wasserstand bis WW V-. Auch anschließend nur wenig leichter (47.5709,14.7722)

0,0 li ⇩ des Radmer in den Erzbach (s. Seite 256) bei km 3,1 (47.5874, 14.7589)

Seebach (Erzbach)

WW III-IV, Wildbach (Gebirgsbach)
Mündung in Erzbach bei km 11,2 (re Nebenfluss)

Der Seebach ist Zu- und Abfluss des Leopoldsteiner Sees. Eine Befahrung ist nur in einer kurzen Teilstrecke möglich.

Befahrbarkeit: nur bei HW (günstig Pegel 60–70 cm).
Pegel: am Ende der Klamm.

8,2 ⬇ etwa 500 m oberhalb der Klamm Für die Zufahrt ist eine Genehmigung der Forstbehörde erforderlich. In der 2 km langen Klamm WW III+. Die Strecke ist von der Straße aus teilweise einzusehen. Bei dem empfohlenen Pegel ist, trotz Aufteilung des Wassers nach der Klamm in weiten Schotterfeldern, eine Weiterfahrt möglich (47.5845,14.9238)

2,2 ⇩ in Leopoldsteiner See, ⬆ (47.5706,14.8677)

1,2 –0,0 **§** Befahrungsverbot vom Seeausfluss bis ⇩ (47.5743,14.8553)–(47.5735,14.8441)

0,0 ⇩ des Seebach in den Erzbach (s. Seite 256) bei km 11,2 (47.5732, 14.8441)

Johnsbach

Kleinfluss, WW I-II, WW III-IV
Mündung in Enns bei km 129,0 (re Nebenfluss)

Der Johnsbach ist ein landschaftlich hervorragend schöner Gebirgsbach am Fuß des Großen Ödstein. Seine Schwierigkeiten sind stark wechselnd. Im Oberlauf ist er ein Kleinfluss mit entsprechenden Behinderungen, der Mittellauf ist extrem schwer; im Unterlauf finden sich nur noch mäßige Schwierigkeiten.

1. Oberlauf. ⬇ unterhalb Hinterleitner, WW II-, Büsche und typische Kleinflusshindernisse. ⬆ nach etwa 3 km am Beginn einer Steilzone mit Wasserableitung.

2. Mittelstrecke. Sie bietet auf etwa 2 km extreme Schwierigkeiten, WW VI, ⬇ vor einer Rohrleitung.

3. Unterlauf: Die Befahrung dieses Abschnittes dürfte vor allem bei einer Weiterfahrt auf der Gstatterbodenstrecke der Enns von Interesse sein.

Befahrbarkeit: Zeit der Schneeschmelze und nach stärkeren Regenfällen
Schwierigkeiten: Schwierigkeiten: schnelle Strömung, teilweise reguliert, WW II–III+. Mehrere Gefällebremsen, die bei HW gefährlich werden können.

0,0 ⇩ des Johnsbach in die Enns (s. Seite 231) bei km 129,0 (47.5821, 14.5933)

Paltenbach (Enns)

Kleinfluss, WW I-II, Gebirgsfluss
Mündung in Enns bei km 151,2 (re Nebenfluss)

Steiermark
Der Paltenbach ist ein landschaftlich schöner Fluss zwischen den Ennstaler Alpen und den Rottenmanner Tauern. Im Ortsbereich von Rottenmann befinden sich Gefällebremsen, im übrigen ist der Paltenbach Zahmwasser vom Charakter eines Klein- und Auenlandflusses.
Befahrbarkeit: ganzjährig, bester Wasserstand im Frühjahr

36,4 Ursprung am Fuße des Leobner in 2000 m Höhe. Über die Möglichkeit einer Befahrung oberhalb Au ist nichts bekannt
23,3 Str-II, re **A 8783 Au bei Gaishorn am See** übliche ⬇, erhebliche Behinderung durch Baum- und Strauchhindernisse (47.4867,14.5201)
20,7 Autobahn-II A9 (47.4967,14.4906)
19,3 EB-II (47.4971,14.4739)
17,8 li ⇩ Triebenbach (47.5072,14.4612)
14,8 EB-II (47.5140,14.4241)
10,5 EB-II (47.5255,14.3696)
10,4 Str-II, re **A 8786 Rottenmann** (47.5259,14.3000)
10,3 ▬ Wehr, X, re kurz ⌓, Es folgen im Ortsbereich mehrere Gefällebremsen sowie am Ortsende ein Stufen-▬ vor einer II, nach Besichtigung alle ≈ oder ⌓ (47.5262,14.3675)
7,2 li ⇩ des Strechaubach (s. Seite 260) in den Paltenbach (Enns) (47.5289, 14.3309)
6,6 Autobahn-II A9 (47.5312,14.3228)
5,2 Autobahn-II A9 (47.5364,14.3084)
4,4 Str-II B113 (47.5434,14.3067)
3,9 Str-II und EB-II **A 8900 Selzthal** ⬆ falls eine Weiterfahrt auf der Enns bis Frauenberg nicht geplant ist, wird die Fahrt hier abgebrochen (47.5474, 14.3059)
0,5 EB-II (47.5715,14.3332)
0,0 ⇩ des Paltenbach in die Enns (s. Seite 231) bei km 151,2 (47.5742, 14.3358);
Da hier eine Zufahrtmöglichkeit mit Pkw nicht besteht, muss auf der Enns 5 km weit bis zur II bei Frauenberg weitergefahren werden

Strechaubach

Kleinfluss, WW I-II, WW III-IV, Gebirgsbach
Mündung in Paltenbach (Enns) bei km 7,2 (li Nebenfluss)

Der Strechaubach ist ein landschaftlich sehr reizvoller Wildbach in einem Hochtal der **Ennstaler Alpen**. Ein gesicherter Befahrungsbericht liegt allerdings nur für eine kurze Strecke seines Unterlaufs vor.

Befahrbarkeit: Frühjahr bis Juli

15,9 Ursprung in 2.095 m Höhe (47.4224,14.3372)
9,3 Str-II bei **A 8786 Kaiserhäuser** ⬇, Mehrere Gefällebremsen (47.4624, 14.3494)
2,9 ⚠ Wasserfall ⬆ für die obere Teilstrecke (47.5076,14.3139)
2,8 Str-II, L 739 ⬇ unterhalb des Wasserfalls – ⇩, WW IV, abnehmend bis WW II (47.5088,14.3137)
0,0 ⇩ des Strechaubach in den Paltenbach (Enns) (s. Seite 259) bei km 7,2 (47.5289,14.3309)

Golling

WW I-II, WW III-IV, WW V-VI, Wildfluss (Gebirgsfluss)
Mündung in Enns bei km 167,1 (re Nebenfluss)

Die Golling ist ein schwerer Wildbach in den Rottenmanner Tauern. Er führt auf längeren Strecken durch sehr schöne wassertechnisch interessante Waldschluchten.

Befahrbarkeit:	Juni–August, evtl. auch später
Pegel:	Ketten, km 2: NW = 285 cm; MW = 300 cm; HW = 330 cm Weiterer Pegel: II km 25,2 li; 45 cm sind günstig für Befahrung des Forsthauskataraktes. Bezugspegel Enns/Steyr: ideal 190 cm.
Schwierigkeiten:	km 26,7–17,9 WW II und III. km 17,9–10,0 WW III+/IV. km 10,0–6,4 WW IV+/V/VI/**X**. km 6,4–⇩ WW III–II–I.
Infrastruktur:	Pkw: Begleitung nur oberhalb Oppenberg möglich, auf der Reststrecke führt die Straße hoch über dem Fluss.

34,7 Ursprung am Fuß der Breiteckkoppe (Rottenmanner Tauern) in etwa 2000 m Höhe
26,7 Talschluß, **A 8786 Eltllehen** übliche ⬇ unterhalb des Ortes. Zufahrt von Ketten, Ritzmannsdorf oder Strechau über Oppenberg.
Die folgenden 8 km sind WW II–III, sehr lohnend ab Pegel 320 cm (47.4152,14.2785)
17,9 Wege-II, re **A 8786 Oppenberg** mögliche ⬇ bei niedrigem Wasserstand. Die Golling gräbt sich immer tiefer in eine schöne Wald- und Felsschlucht ein, die Straße verläuft hoch über dem Fluss, die Schwierigkeiten nehmen

kontinuierlich zu. Zunächst kleine Abfälle, mäßige Verblockung, WW III–IV (47.4817,14.2754)

15,9 ⚠ „Rapplstufe“, WW IV. Es folgen 3 ▬ Stufen, nach Besichtigung mit Vorsicht ≈ (47.4888,14.2564)

12,9 ⚠ Weitere Verengung der Schlucht, Zunahme der Schwierigkeiten. Nach einigen Stufen re Beginn einer Forststraße, ↱ und die folgenden 300 m besichtigen, Gefahr von Baumversperrungen, WW IV (47.4988,14.2321)

10,0 Nach einem kurzen, ruhigeren Stück nehmen die Schwierigkeiten bis zum Bachwirt ganz erheblich zu ⚠ Gefahr von Baumversperrungen, Gefälle 40 ‰, WW IV+ (47.5012,14.1992)

9,1 li Bachlwirt, ⬆ Zufahrt von Aigen. Eine Befahrung der Folgestrecke kann nur bei NW empfohlen werden. Vielfach werden die nächsten 2,1 km auf der am li Ufer verlaufenden Straße mit Pkw umfahren.
Zunächst WW III–IV (47.4955,14.1918);
li ⇩ des Mittereggbach (s. Seite 261) in die Golling (47.4952,14.1918)

8,2 Wege-Ⅱ, re Steinbruch ≡, ⚠ scharfkantige Steine im Wasser, Achtung auf Sprengsignale! (47.4945,14.1810)

7,7 ⚠ Beginn einer äußerst schwierigen Steilzone, Gefälle 50 ‰, WW V+ (Forsthauskatarakt) (47.4929,14.1757)

7,4 Wege-Ⅱ auf 200 m weiterhin WW V ⚠ danach wasserfallartiger Katarakt, WW VI. li 100 m weit ⌂ (47.4934,14.1721)

6,9 ⬇ Falls die vorausgehende Strecke ausgelassen wurde kann die Befahrung hier fortgeführt werden. Zunächst noch erhebliche Verblockung, WW IV–III, abnehmend. Mehrere ▬ Wehre, zumeist ≈. Das ▬ Wehr in Niederndorf hat einen starken Rücklauf, evtl. ≈ nur bei NW, schon bei MW **X** (47.4965,14.1659)

4,1 1. ▬ Wehr **A 8943 Ritzmannsdorf** (47.5135,14.1480)

3,5 2. ▬ Wehr **A 8943 Ritzmannsdorf** (47.5177,14.1469)

2,0 Str-Ⅱ **A 8943 Ketten** ≡ (47.5294,14.1470)

0,0 ⇩ des Golling in die Enns (s. Seite 231) bei km 167,1 (47.5448,14.1470)

Mittereggbach

Kleinfluss, WW III-IV
Mündung in Golling bei km 9,1 (li Nebenfluss)

Der Mittereggerbach ist ein interessanter Wildbach der Rottenmanner Tauern.

Befahrbarkeit:	nur bei HW
Pegel:	Bezugspegel: Golling-Pegel Ketten, km 2; Minimum 320 cm. Weiterer Bezugspegel: Enns-Pegel Steyr, ideal 190 cm.
Schwierigkeiten:	sehr starkes Gefälle, sehr schnelle Strömung, erhebliche Verblockung, jedoch kaum Wasserwucht, WW IV.
Infrastruktur:	Pkw: bis zur ⇩ (Bachwirt) Zufahrt frei, ab hier eine an sich gut befahr-bare Forststraße, für den öffentlichen Verkehr gesperrt. Von dieser Straße aus kann der gesamte Bach besichtigt

werden.

6,8 die ⬇ kann frei gewählt werden (47.4508,14.2162)
0,0 ⇩ des Mittereggbach in die Golling (s. Seite 260) bei km 9,1 (47.4952, 14.1918)

Grimming-Bach

Weitere Namen: Grimmig
Kleinfluss, WW I-II, WW III-IV, Gebirgsbach
Mündung in Enns bei km 172,5 (li Nebenfluss)

Der Grimming-Bach ist ein landschaftlich sehr schöner Wildbach, der nur in mehreren Etappen zu befahren ist.

Befahrbarkeit: Frühjahr bis Frühsommer und nach Regenfällen.
Schwierigkeiten: zumeist WW II+ mit Abschnitten bis WW IV
Literatur: S. auch Hans Matz, Wanderziel Wasserfall

27,3 Ursprung der Grimmig in 2.000 m Höhe (47.6348,14.1641)
18,4 ⬇ nur bei sehr gutem Wasserstand bei der Böhmhütte (1060 m) WW IV (47.5900,14.0902)
14,0 Wege-II ehem. Draxlmühle, ⬆ der 1. Etappe Die Schwierigkeiten steigern sich anschließend bis zu einem Wasserfall, **X** (47.5791,14.0400)
13,2 Wasserfall, unterhalb ⬇ für die 2. Teilstrecke zu erreichen vom Sagtumpel (Straße von Tauplitz ins Gnanitztal) auf Fußweg etwa 15 Minuten. Zunächst durch eine sehr schöne, stark verblockte, 1 km lange Schlucht, WW IV, Achtung auf verkeilte Bäume! Anschließend leichter (47.5773, 14.0307)
8,1 Wege-II, re 🚌 Klachau Grimmingaufstieg, ⬆ der 2. Teilstrecke Die folgende Stufenkette ist **X**, umfahren mit Pkw etwa 1500 m weit (47.5483, 14.0157)
5,9 ⬇ für die 3. Teilstrecke Str.-II, li 🚌 Lessern Bundesstraße (47.5420, 14.0379)
4,3 Str-II nach li **A 8951 Pürgg** ⬆ für die 3. Teilstrecke Die Folgestrecke ist auf 1 km erneut **X** (47.5351,14.0520)
2,8 Str-II, li **A 8951 Untergrimming** ⬇ für die 4. Teilstrecke bis ⇩ WW II abnehmend (47.5251,14.0601)
0,0 ⇩ des Grimming-Bach in die Enns (s. Seite 231) bei km 172,5 (47.5229, 14.0900)

Donnersbach

WW I-II, WW III-IV, WW V-VI, Wildfluss (Gebirgsfluss)
Mündung in Enns bei km 173,4 (re Nebenfluss)

Der Donnersbach ist in der oberen Hälfte ein sehr schwerer Wildfluss, der durch grandiose Schluchten fließt. Unterhalb Donnersbach weitet sich das Tal, der

Donnersbach wird leichter, auf dieser Strecke 6 Wehre, die sämtlich fahrbar sind.

Befahrbarkeit:	infolge Wasserableitung ist der Oberlauf des Donnersbachs nur bei HW fahrbar (Zeit der Schneeschmelze – Mai bis Juni – und nach starken Regenfällen); ab km 11,5 dürfte eine ganzjährige Befahrung möglich sein.
Pegel:	II unterhalb Donnersbachwald, km 17,9: für Oberlauf sind erforderlich etwa 2,10 m. Bezugspegel (nur maßgebend für Unterlauf ab km 11,5): Ennspegel Irdning, II nach Öblarn; günstig 285–310 cm.
Schwierigkeiten:	km 23,6–16,0 WW II–III. km 16,0–7,7 WW IV und V. km 7,7–⇩ WW III–II–I.

23,6	⬇ am Zusammenfluss zweier Quellbäche zunächst rasanter Wildbach, WW III (47.3560,14.1536)
23,5	▬ Wehr (47.3569,14.1524)
20,6	▬ Wehr neben der Straße bei der Anfahrt besichtigen! (47.3695,14.1248)
18,7	Str-II **A 8953 Donnersbachwald** (47.3845,14.1172)
17,9	Str-II unterhalb **A 8953 Donnersbachwald** ≡ (47.3911,14.1206)
16,4	▬ Wehr (47.4016,14.1250)
16,0	Beginn der Gefällestufen. Übliche ⬆ Wegen der kurz danach folgenden Wasserableitung ist eine Weiterfahrt nur selten möglich (ab Pegel Irdning 285 cm, WW IV–V) (47.4046,14.1244)
15,5	▬ Wehr mit Wasserableitung. ⚠ Bei Weiterfahrt muss jederzeit mit einem erhöhten Ablass gerechnet werden; die Wassermenge kann sich dadurch schlagartig verdoppeln (47.4085,14.1241)
11,5	Straße verlässt den Fluss, übliche ⬇ für die Weiterfahrt Infolge Wasserzufuhr von Seitenbächen ist ab hier der Wasserstand meist ausreichend (47.4379,14.1319)
11,0	re ⇩ des Planerbach (s. Seite 264) in den Donnersbach (47.4423,14.1326)
10,1	⚠ Große Klamm, auf 1 km durchgehend WW V, vor einer Befahrung unbedingt vom linksufrigen Klammsteig aus besichtigen, mit Baumversperrungen ist zu rechnen (47.4491,14.1332)
7,7	Str-II **A 8953 Donnersbach** Ende der schweren WW-Strecke. Ab hier WW III–II, zur ⇩ abnehmend (47.4638,14.1301); Es folgen bis zur ⇩: 1. ▬, verfallene Triftanlage, ≋ 2. ▬, 5 m hoher freier Fall in einen rücklauffreien Topf, besser r ⏏. 3. ▬, leicht ≋. 4. ▬, 2 m hoher Abfall, ≋. 5. ▬, gut ≋. 6. ▬, leicht ≋ (47.4640,14.1303)
0,0	⇩ des Donnersbach in die Enns (s. Seite 231) bei km 173,4 (47.5152, 14.0872)

Planerbach

WW III-IV
Mündung in Donnersbach bei km 11,0 (re Nebenfluss)

Der Planerbach (der vielfach auch „Schrabbach" heißt), ist ein zwar nur kurzer doch sehr interessanter Wildbach. Seine Befahrung dürfte allerdings nur als Vorfahrt zum Donnersbach von Interesse sein.

Befahrbarkeit:	Frühjahr und nach Regenfällen.
Schwierigkeiten:	WW IV-IV+
Infrastruktur:	Zufahrt: auf der Straße von Donnersbach nach Donnersbachwald zweigt bald nach der Hauptsteigung nach li eine Forststraße zum ↯ Planerbach ab. Sie ist gesperrt, die Boote müssen daher etwa 1,5 km weit getragen werden.

2,4 ⬇ bei der 3. Ⅱ oberhalb des ↯ Bei schneller Strömung mit wenig Kehrwassern wechseln Steinplattenkatarakte mit 2–3 m hohen Stufen mit Geröllstrecken, Achtung auf Baumversperrungen (beim Hochtragen erkunden), WW IV bis IV+. 2 km bis zum ↯ Planerbach an der ⇩ in den Donnersbach (47.4344,14.1575)

0,0 ⇩ des Planerbach in den Donnersbach (s. Seite 262) bei km 11,0 (47.4423,14.1326)

Salzabach

Weitere Namen: Salza
Kleinfluss, Seengewässer, WW I-II, WW III-IV, Gebirgsbach
Mündung in Enns bei km 181,0 (li Nebenfluss)

Der Salzabach ist ein landschaftlich sehr schöner und als WW nur mäßig schwerer Bach aus dem Toten Gebirge.

Befahrbarkeit:	Frühjahr und nach starken Regenfällen
Pegel:	Hilfspegel: der Querbalken unterhalb der Ⅱ der ⬇ sollte gut überronnen sein.
Schwierigkeiten:	schnelle Strömung, zumeist WW II, in einigen Abfällen bis WW III

27,9 Ursprung des Salzabach (47.6078,13.9902)

19,5 ⬇ bei einer kleinen Ⅱ in der Nähe einer Kapelle etwa 500 m vor der Kochalm; nach etwa 3 km 4-stufige Gefällebremse, nach Besichtigung ≈ (47.5952,13.9232)

16,1 ▬ Wehr vor **A 8983 Mitterndorf X**; Im Ort 2-stufige Gefällebremse, nach Besichtigung ganz re ≈. Nach einer Steinrutsche, gut ≈ leichte Fahrt bis zum Salzastausee (47.5658,13.9334)

10,7 Str-Ⅱ, Beginn des Salza-Stausees schöner Stausee, etwa 7 km lang (47.5319,13.9275)

5,3 ▬ Staustufe des Salza-Stausees ⩍ etwa 200 m, Weiterfahrt bis zur Enns möglich (47.4960,13.9512)

0,0 ⇩ des Salzabach in die Enns (s. Seite 231) bei km 181,0 (47.4835, 14.0085)

Groß-Sölk

Weitere Namen: Sölk
Kleinfluss, WW III-IV, WW V-VI, Gebirgsbach
Mündung in Enns bei km 188,9 (re Nebenfluss)

Steiermark
Die Sölk gehört den zu größten Nebenflüssen der oberen Enns. Durch den Bau des Sölk-Stausees und den Ausbau der Sölkpaßstraße hat das landschaftlich hervorragend schöne Hochtal viel von seiner Ursprünglichkeit verloren. Die Groß-Sölk bleibt trotzdem als Wildwasser interessant. Die Schluchten unterhalb des Stausees bringen extrem schweres, nur sehr mühsam zu befahrendes Wildwasser.

Befahrbarkeit:	Mai–Juni; die Schluchten unterhalb km 10,0 nur bei Überwasser des Stausees (selten)
Umwelt:	Wasser sauber
Pegel:	kleine Ⅱ **Fleiß–Ödwirt**, km 11,4; MW = 170 cm; HW = 210 cm Bezugspegel: Enns-Pegel Steyr ideal 190 cm
Schwiorigkeiten:	km 19,5–9,8 WW III (VI) km 9,8–1,8 WW VI–X

27,8 Ursprung aus mehreren kleinen Seen in 2.300 m Höhe (47.2737,14.1125)
19,5 **A 8961 St. Nikolai im Sölktal** ⇩ Bräualmbach, mögliche ⬇ (47.3205, 14.0465)
18,8 Str-Ⅱ ⚠ es folgt eine 500 m lange Klamm mit einem Gefälle von 100 ‰, unbedingt besichtigen, WW V (47.3256,14.0456)
17,8 ⬇ am Klammausgang wuchtiges, aber offenes Wildwasser, bis WW III (47.3315,14.0399)
11,4 Wege-Ⅱ **A 8961 Fleiß** ≡, bis zum Stausee besonders wuchtig, letzte Passagen WW III+ (47.3767,14.0021)
9,8 Beginn Stausee. ⬆ an der Straße In den Stausee werden auch die Wasser der Klein-Sölk sowie des Donnersbachs eingeleitet (47.3858,13.9896)
8,9 ▬ Staumauer 40 m hoch. Das Wasser wird zumeist total abgeleitet, so dass die folgenden Schluchten trocken sind. Im Frühjahr, bei vollem Stausee, erfolgt zeitweise eine Wasserabgabe, so dass eine Befahrung möglich wird. Die Groß-Sölk ist ab Stausee ein extrem schwerer Bach mit vielen Stellen **X** in einer nicht einsehbaren Schlucht mit z. T. klammartigem Charakter. Idealer Wasserstand 5–8 m³/s, beim ϟ zu erfragen. Durch automatische Regelung der Wasserabgabe kann der Durchfluss auf über 20 m³/s ansteigen, wodurch es zu lebensgefährlichen Situationen kommen kann.
Ab Staumauer mehrere hohe Abfälle, erste Doppelstufe nur re ≈. Am Ende einer klammartigen Passage befindet sich eine schwer einsehbare

hohe Stufe, li Unterwasser unsauber. Vor der ⇩ der Klein-Sölk befindet sich ein Abschnitt **X**, li ⏢; durch Baumversperrungen aber zumeist schon vorher ⏢ erforderlich.
(47.3919,13.9818)

6,4 li ⇩ der Klein-Sölk (s. Seite 266) in die Groß-Sölk (47.4071,13.9631)

6,3 ab hier Flussname „Sölk". re Möglichkeit zum ⬆, die Boote können durch steilen Wald zur Straße getragen werden. Eine Weiterfahrt ist möglich, die Schwierigkeiten nehmen jedoch eher noch zu. Die Sölk stürzt sich zunächst mit einem verschraubten Wasserfall in eine kleine Klamm. Sie ist ≋. Danach deutliche Zunahme der Schwierigkeiten, am besten re ⏢, sehr mühsam durch glatten, rutschigen Fels. Es kommen noch mindestens 2 Stellen **X** (47.4078,13.9627)

3,9 Abnahme der Schwierigkeiten, WW II–III (47.4223,13.9523)

1,8 re ϟ Stein an der Enns Rückführung des abgeleiteten Wassers (47.4335, 13.9487)

1,2 **A 8961Stein an der Enns** gute Stelle zum ⬆ (47.4329,13.9414)

0,0 ⇩ der Groß-Sölk in die Enns (s. Seite 231) bei km 188,9 (47.4419, 13.9349)

Klein-Sölk

Weitere Namen: Schwarzenseebach
Kleinfluss, WW I-II, WW III-IV, Gebirgsbach
Mündung in Groß-Sölk bei km 6,4 (li Nebenfluss)

Steiermark
Die Klein-Sölk fließt durch ein einsames Hochtal der Schladminger Tauern. Der klare Gebirgsbach bietet interessantes Wildwasser in großartiger alpiner Umrahmung.

Befahrbarkeit:	Mai–Juni, ab km 5,0 nur bei HW
Umwelt:	Wasser sehr sauber
Pegel:	Ⅱ **Kesslerkreuz**, km 8,6; günstig 190 cm
Schwierigkeiten:	km 16,6–4,8 WW I–IV
	km 4,8–0,5 WW IV+

21,6 Ursprung in den Schladminger Tauern (Gipfelhöhen bis 2700 m). Flussname zunächst „Schwarzenseebach"

16,6 Mögliche ⬇ in den Schwarzensee zunächst bis km 13,6 WW III+, Baumhindernisse! (47.2940,13.8733)

13,6 Breitlahnhütte, weitere ⬇ auf Naturstraße zu erreichen. Zunächst ohne Probleme über die idyllische Sacherseealm, WW I–II (47.3169,13.8870)

9,7 Weidegitterrost. ⚠ Beginn einer Steilzone Gefälle 35 ‰, stark verblockt und wuchtig, Baumhindernisse, WW IV (47.3389,13.9143)

8,6 re ⇩ des Strieglerbach (s. Seite 267) in die Klein-Sölk (47.3431,13.9260)

8,5 Wege-Ⅱ **A 8961 Kleinalm** ≣ Folgestrecke leichter, offenes, jedoch wuchtiges Wasser, bis WW III (47.3442,13.9263)

4,8 ▬ Wehr, **X**, Wasserableitung zum Sölkstausee. Bei ausreichendem

Überwasser (nur selten z. Z. der Schneeschmelze) kann die Befahrung weitergeführt werden. Sehr schnelles Wasser, sportlich und landschaftlich großartig. Flusscharakter: zunächst noch offen, evtl. Stacheldrähte. Die folgende Klamm WW IV+, eine Stelle X, re ⌂ sehr mühsam mit Abseilen. In der ganzen Klamm muss mit Holzverhauen gerechnet werden. Besichtigung der gesamten Strecke vom re Ufer aus dringend anzuraten; wegen unwegsamer Ufer sehr mühsam (47.3745,13.9344)

0,5 Steg, ⬆ die Fahrt muss hier li beendet werden Es folgt die gewaltige Sölk-Klamm. Mühsamer Transport der Boote zur Straße (47.4038,13.9623)

0,0 ⇩ der Klein-Sölk in die Groß-Sölk (s. Seite 265) bei km 6,4 (47.4071, 13.9631)

Strieglerbach

Kleinfluss, WW III-IV, WW V-VI
Mündung in Klein-Sölk bei km 8,6 (re Nebenfluss)

Der Strieglerbach ist ein kurzer, interessanter Wildbach

Befahrbarkeit:	Frühjahr bis Juni und nach Regenfällen
Schwierigkeiten:	WW IV (VI–X), schnelle Strömung, Baum- und Strauchhindernisse, wenig Kehrwasser.

3,1 ⬇ Zufahrt auf der Straße nach Überquerung der Klein-Sölk am Kesslerkreuz bis zum Verbotsschild, hier ⬇ mühsam oder besser 100 m unterhalb bei einem Steg. Kurz danach 30 m lange Klamm, unbedingt schon bei der Anfahrt besichtigen! ⬆ festlegen! Die 3 m hohe Eingangsstufe fällt fast senkrecht in die re Klammwand, WW VI–X, ⌂ leicht. Die 2. und 3. Stufe sind leichter. Danach bis zur ⇩ WW IV, ein ▬ Wehr, X, re ⌂, insgesamt etwa 3 km. Weiterfahrt auf der Klein-Sölk bis zu einer II, hier günstige ⬆ (47.3224,13.9377)

0,0 ⇩ des Strieglerbach in die Klein-Sölk (s. Seite 266) bei km 8,6 (47.3431, 13.9260)

Talbach

WW III-IV, WW V-VI
Mündung in Enns bei km 211,0 (re Nebenfluss)

Der Talbach und seine beiden Quellflüsse Unter- und Obertalbach sind landschaftlich hervorragend schöne und als Wildwasser sehr interessante Gewässer der Schladminger Tauern, in den Klammstrecken extrem schwer.

Befahrbarkeit:	Juni bis Spätsommer, bei HW gefährlich.
Pegel:	Pegel (gilt für alle 3 Bäche): II über Talbach nach Zusammenfluss der beiden Quellbäche: Bei Überschreiten der empfohlenen Pegelstände besteht in den Klammen Lebensgefahr! günstig 85 cm.

2,8 ⇩ Zusammenfluss von Obertalbach (s. Seite 268) und Untertalbach (s. Seite 268) zum Talbach (47.3730,13.6764);
Str-II, ≣ ⚠ Es folgt die Talbachklamm, herrliches Wildwasser mit mehreren schönen Stufen. Nach einem engen Schlitz sofort ↱. Der folgende, 6 m hohe Schrägabfall sollte re ⏏ werden. Naturslalom und weitere Abfälle. WW IV (V-). Beendigung der Fahrt nach 2,5 km bei einem ▬ Wehr, X. Bei einer evtl. Weiterfahrt muss noch eine 4-m-Stufe gemeistert werden. Endgültiges Ende vor der Doppelstufe, X, vor der Staumauer von Schladming (47.3734,13.6768)

0,0 ⇩ des Talbach in die Enns (s. Seite 231) bei km 211,0 (47.3928,13.6840)

Untertalbach

WW I-II, WW III-IV, WW V-VI
Mündung in Talbach bei km 2,8 (re Nebenfluss)

Der Talbach und seine beiden Quellflüsse Unter- und Obertalbach sind landschaftlich hervorragend schöne und als Wildwasser sehr interessante Gewässer der Schladmin-ger Tauern, in den Klammstrecken extrem schwer.

Pegel: für oberen Teil über 110 cm, für Untertalbachklamm unter 110 cm, besser 100. Bei höheren Wasserständen gibt es keine Kehrwasser in der Klamm.

9,5 Mögliche ⬇ bei den Riesachfällen zunächst WW III, dann WW I (47.3279, 13.7579)

8,0 Übliche ⬇ beim ✕ „Weiße Wand“, WW II–III, in den Gefällestufen bis WW IV, eine Stufe WW IV+ (47.3355,13.7453)

1,9 Holz-II bei Hinkerlehen, ⬆ die Fahrt wird vielfach hier beendet Es folgt die Untertalbachklamm. Viele, bis 6 m hohe Stufen, alle ≈, doch Unterwasser teilweise unsauber, Besichtigung unbedingt erforderlich, WW V. Gefälle 50 ‰ (47.3614,13.6909)

0,0 ⇩ Zusammenfluss von Obertalbach (s. Seite 268) und Untertalbach zum Talbach (s. Seite 267) bei km 2,8 (47.3730,13.6764)

Obertalbach

WW I-II, WW III-IV, WW V-VI
Mündung in Talbach bei km 2,8 (li Nebenfluss)

Der Talbach und seine beiden Quellflüsse Unter- und Obertalbach sind landschaftlich hervorragend schöne und als Wildwasser sehr interessante Gewässer der Schladmin-ger Tauern, in den Klammstrecken extrem schwer

Befahrbarkeit: Juni bis Spätsommer, bei HW gefährlich

Pegel: für oberen Teil über 110 cm; für Obertalbachklamm unter 110 (optimal 100 cm).

7,9 ✕ Hopfriesen ⬇, WW II und III, in den Stufen bis WW IV. Vor dem Weiler

Glock 2 ▬ Wehr, nach Besichtigung ≈ (47.3173,13.6882)

1,5 Nach dem 2. ▬ Wehr ↱. ⚠ Es folgt die Obertalbachklamm Sie ist extrem schwer mit vielen künstlichen Stufen, Verklemmungsgefahr Treibholzversperrungen möglich. Mehrere Stufen **X**. Schlechte Möglichkeit zum ⬆. Der untere Teil der Klamm ist teilweise ungangbar, so dass ⏏ oder Verlassen der Klamm äußerst schwierig ist. WW V, Zeitaufwand etwa 3 Stunden (47.3630,13.6678)

0,0 ⇩ Zusammenfluss von Obertalbach und Untertalbach (s. Seite 268) zum Talbach (s. Seite 267) bei km 2,8 (47.3730,13.6764)

Forstaubach

Kleinfluss, WW V-VI
Mündung in Enns bei km 218,3 (li Nebenfluss)

Der Forstaubach ist ein kurzer, extrem schwerer Wildbach

Befahrbarkeit:	Frühjahr
Pegel:	Ⅱ unterhalb **Forstau**; Maximum 100 cm
Schwierigkeiten:	zunächst ein 15 m hoher Abfall, li ⏏. Nach drei kleineren Stufen eine kleine Klamm, unbedingt besichtigen, enorme Strömung, verklemmte Bäume, Abfälle, Verblockung, Walzen, Kehrwasser gibt es nur selten. Auch nach der Klamm sehr schwer, mehrfach Besichtigung erforderlich. WW V+

7,0 Ⅱ oberhalb Forstau, ⬇ (47.3561,13.5691)

3,6 Str-Ⅱ **A 5552 Forstau**, ⬆ (47.3788,13.5550)

0,0 re ⇩ des Forstaubach in die Enns (s. Seite 231) bei km 218,3 (47.3907, 13.5955)

Taurach (Enns)

Weitere Namen: Taurach-Nord
Kleinfluss, WW I-II, WW III-IV, WW V-VI, Gebirgsbach
Mündung in Enns bei km 226,9 (re Nebenfluss)

Die Taurach-Nord ist ein landschaftlich sehr schöner Fluss. Sie ist in ihrem Oberlauf als Wildwasser sehr schwer, später nur mäßig schwer, mit mehreren Gefällebremsen, die meistens alle ≈ sind.

Befahrbarkeit:	Frühjahr und nach Regenfällen
Schwierigkeiten:	km 16,3–12,8 WW V (X) km 12,8–⇩ WW II (WW III+), Gefällebremsen!

24,3 Ursprung der Taurach in 1.650 m Höhe (47.2533,13.5628)

16,3 Mögliche ⬇ etwa 3,5 km oberhalb Untertauern muss erkundet werden. Die Taurach verläuft hier durch eine Schlucht, von der Straße aus gut einzusehen. Erhebliches Gefälle, mehrere Wasserfälle, WW V, 1 Fall ist **X** (47.2682,13.4990)

12,8 ▬ Wehr mit Wasserableitung (47.2960,13.5048)
12,3 Str-II, li Sportplatz, re **A 5561 Untertauern** Ende der Gefällestrecke, gute ⬇ (47.3006,13.5058)
4,8 ▬ Sohlstufe ⚠ starker Rücklauf! (47.3579,13.4952)
1,8 Str-II nach re **A 5552 Forstau** (47.3781,13.4743)
0,0 ⇩ der Taurach in die Enns (s. Seite 231) bei km 226,9 (47.3853,13.4945);
Zur Beendigung der Fahrt Weiterfahrt auf der Enns. Nach etwa 2 km II bei einem Betonwerk, hier gute ⬆

Traun (Donau)

Weitere Namen: Koppentraun
Wanderfluss, Seengewässer, WW I-II, WW III-IV, WW V-VI, Gebirgsfluss
Mündung in Donau bei amtl. km 2124,8 (re Nebenfluss)

Ödenseetraun, Koppentraun, Hallstättersee, Traunsee
Die Ödenseetraun, die Koppentraun, die Traun und die von ihnen durchflossenen Seen, Hallstättersee, Traunsee, bilden ein einheitliches Flusssystem, das, theoretisch, durchgehend befahren werden kann. Sie werden daher auch in durchlaufender Kilometrierung gemeinsam beschrieben.
Die Traun ist mit ihren Quellflüssen gleichermaßen landschaftlich und wassermäßig außerordentlich abwechslungsreich: In ihrem Oberlauf, als Ödenseetraun, ist sie ein interessanter, teilweise schwieriger Gebirgsbach. Die anschließende Koppentraun, die in einer wildromantischen und kaum zugängigen Schlucht die Ausläufer des Dachsteins durchbricht, ist der wohl schwerste Wildfluss des gesamten Gebietes. Der anschließende Hallstättersee mit seinen steil bis zum hohen Dachstein ansteigenden Ufern vermittelt einen fast schwermütigen Eindruck. Die Strecke zwischen **Hallstättersee** und **Traunsee** ist verhältnismäßig leichtes Wildwasser, das auch Wildwasserneulingen empfohlen werden kann. Dieser Abschnitt ist besonders interessant durch seine durchweg fahrbaren Wehranlagen, „Polster" genannt, mit dem Höhepunkt des „Wilden Lauffen"
Die Traun verläuft hier zwischen hohen Voralpenbergen.

Befahrbarkeit: **Ödenseetraun** April–Juni
Koppentraun, am besten bei NW Sommer–Herbst
ab km 134,0 ganzjährig.

Pegel: ≣, gilt nur für Koppentraun: **Bad Aussee**, 🚂; MW 100, Minimum 90, Maximum 120. Koppenbrüller II, km 134,0, abrufbar über ♪ 0043/ (0) 6131/606; NW 90–120 cm; günstig 140–160 cm, darüber HW mit erheblicher Zunahme der Schwierigkeiten. Bei einem ≣ von 120 cm können Ödenseetraun und Koppentraun durchgehend befahren werden.

Schwierigkeiten:	km 149,5–136,4	WW II–III (IV), Gefälle 19 ‰
	km 136,4–131,7	WW IV+, Gefälle 25 ‰
	km 131,7–127,3	WW I

	km 127,3–118,3 Zahmwasser (Hallstätter See) km 118,3–104,1 WW II, Wehre und Floßgassen! km 104,1–85,6 WW I km 85,6-72,9 Zahmwasser (Traunsee) km 72,9-59,2 wegen zahlreicher, zumeist unfahrbarer Wehre nicht empfehlenswert km 59,2-⇩ WW II-I, einige Wehre
Infrastruktur:	im Bereich der Koppentraun und der Seen freies Zelten kaum möglich, hier mehrere ⛺, z. B. Aussee, **Steeg**, **Hallstadt**. Im Mittel– und Unterlauf der Traun ausreichend Zeltmöglichkeiten. im Bereich der Koppentraun Straße abseits vom Fluss, 🚂 neben dem Fluss, es empfiehlt sich, das Umstellen des Pkw mit der Bahn vorzunehmen und bei der Fahrt schon einen Eindruck von den Schwierigkeiten zu gewinnen.
Karten:	

149,6 Ursprung der Ödenseetraun aus dem Ödensee in 780 m Höhe. ⬇ bei sehr gutem Wasserstand, z. B. während der Schneeschmelze. Zunächst auf leichtem WW in schöner Moorlandschaft vor dem eindrucksvollen Hintergrund des Grimming, ⚠ vor umgestürzten Bäumen und Stacheldrahthindernissen (47.5624,13.8218)

146,9 re ⇩ der Kainischtraun mit reichlich Wasser, ab hier ⬇ bis Juni, Zunahme der Schwierigkeiten (47.5695,13.8397)

146,4 ▬ Wehr Stufenartige Rutsche, evtl. ≈, oder re ⏏. Die folgende Strecke ist erheblich verblockt mit starker Strömung, WW II–III (47.5731,13.8379)

144,1 EB-Ⅱ und Str.-Ⅱ ⬆, falls die folgende 700 m lange verbaute Strecke nicht gefahren werden soll
Es folgt zunächst eine 2 m hohe Gefällebremse, evtl. ≈, wegen Deckwalze wird bei HW re ⏏ empfohlen. Knapp dahinter eine stark verblockte und sehr schwierige Rechtskurve, WW IV.
Es folgt eine Kette von künstlichen Stufen, die bei HW starke Deckwalzen entwickeln. Es ist insbesondere bei den letzten Stufen mit einem lebensgefährlichen Rücklauf zu rechnen. Bei NW in den Stufen harte Aufschläge!
(47.5758,13.8099)

142,7 Ⅱ ⬇, falls die verbaute Strecke nicht gefahren wird. Die restliche Strecke der Ödenseetraun bietet sehr schönes WW mit schwierigen Stellen, WW III–IV
(47.5863,13.8013)

140,6 Stufen-▬ kurz vor Bad Aussee, von einer Befahrung wird abgeraten. Vorher re ⬆. Eine Weiterfahrt zur Koppentraun kommt kaum in Frage, da ein guter Wasserstand für die Befahrung der Ödenseetraun ein lebensgefährliches HW für die Koppentraunstrecke bedeutet (47.5987, 13.7819)

140,3 re ⇩ der Grundlseetraun (s. Seite 287) in die Ödenseetraun ab hier Name des Flusses Koppentraun (47.6002,13.7788)

139,9 ⬇ am 🚆 Bad Aussee (47.5995,13.7741);
⚠: Mehrere ■ Sohlschwellen Gefahr durch Eisenträger und Rückläufe (47.5995,13.7735)

139,2 ■ Wehr bei NW Betonplatte im Unterwasser, bei höheren Wasserständen lebensgefährlicher Rücklauf evt. über Fischtreppe ≈ oder li ⏢
Gesamtgefälle der Koppentraun 15 ‰, im schwierigen Mittelstück 25 ‰. Bei HW Lebensgefahr! Die Koppentraunschlucht bedeutet sehr schweres WW, mit starker Verblockung, sehr starkem Gefälle und erheblicher Wasserwucht. Ein ⏢ der schwierigsten Stellen ist zwar möglich, jedoch mühsam.
Nach der ⬇ bis zur 1. EB-II zunächst leichtes WW, WW II–III. Die Koppentraun schneidet allmählich immer tiefer in die Koppenschlucht ein. (47.6011,13.7656)

136,4 1. EB-II Zunahme der Schwierigkeiten (47.5957,13.7329)

136,2 2. EB-II Fast schlagartige Steigerung der Schwierigkeiten. In einer leichten Linkskurve zunächst knapp aufeinanderfolgende Gefällestufen, WW III–IV. Unmittelbar darauf folgt ein Katarakt, der mit großen Felsbrocken durchsetzt ist (das „Gschaute“), WW IV, vor Befahrung vom re Ufer aus besichtigen. Am Ende des „Gschauten“ re großes Loch mit starkem Rücklauf, evtl. li über Steine ⏢.
Nach 200 m ruhigen Wassers folgen die schwersten Stellen der Koppentraun (das „Ungschaute“), zur Besichtigung ↰, WW IV–V, bei HW WW V. Die 3 aufeinanderfolgenden Stufen können li ⏢ werden. Danach Stufe mit erheblichem Rücklauf, li umfahren möglich. Bis zur 3. EB-II eine Reihe von weiteren Katarakten, WW IV.
(47.5944,13.7314)

135,3 ⚠ Erste Kernstelle Gefahr durch Siphon links (47.5914,13.7222)

135,0 ⚠ Beginn der zweiten Kernstelle bei höheren Wasserständen WW V, vor Befahrung unbedingt besichtigen, im Anschluss auf 2 Kilometern Länge durchgehende Katarakte und Schwallstrecken (47.5913,13.7180)

132,5 3. EB-II (47.5716,13.7177)

131,7 Str-II, re 🚆 Obertraun-Koppenbrüllerhöhe ⬆ für die WW-Strecke der Koppentraun.
Empfehlenswert eine Besichtigung der nahegelegenen großen Koppenbrüller Höhle.
Ab hier ist die Koppentraun ein reiner Wanderfluss ohne Schwierigkeiten (47.5647,13.7212)

128,1 Str-II, re **A 4831 Obertraun**, 🚆 (47.5532,13.6847)

127,3 ⇩ in den Hallstädter See (47.5539,13.6740)

125,6 li ⇩ des Waldbach (s. Seite 287) in den Hallstädter See (47.5563,13.6489)

125,1 li **A 4830 Hallstatt** ⌘ Salzbergwerk (47.5619,13.6505)

122,2 ⇩ des Gosaubach (s. Seite 287) in den Hallstädter See (47.5876,13.6583)

118,6 Str-II, B 166 (47.6115,13.6326);
▬ Wehr Seeklause, evtl. ≋, Ausfluss aus dem Hallstädter See (47.6117, 13.6322)

117,9 EB-II (47.6158,13.6270)

115,3 ▬ Wehr ϟ Bad Goisern (47.6332,13.6249)

114,3 Str-II, re **A 4822 Bad Goisern** (47.6370,13.6154);
▬ Wehr Mörtlmühle re ⌓ (47.6371,13.6152)

111,4 Str-II, re 🚂 Bad Goisern Jodschwefelbad (47.6610,13.6073)

111,1 ▬ Wehr Weißenbachpolster li ⌓ (47.6629,13.6073)

110,4 EB-II hier ↰ zu Besichtigung des "Wilden Lauffen" (47.6691,13.6088)

110,0 ⚠ "Wilder Lauffen“ Der Fluss teilt sich in 2 Arme.
Im li Arm Floßgasse, am Ende kräftige Walze, bei höherem Wasserstand gefährlicher Rücklauf, evtl. ganz re am Rücklauf vorbeifahren.
re Arm zunächst ▬ Wehr mit mäßigem Rücklauf, ≋, kurz danach verwinkelter Abfall, WW IV, li ⌓ möglich, mühsam.
(47.6716,13.6125)

109,6 Str-II, li 🚂 Lauffen (47.6740,13.6167)

107,6 EB-II (47.6894,13.6232)

106,0 ▬ Sohlrampe, ≋ (47.7002,13.6121)

104,2 EB-II, **A 4820 Bad Ischl** davor li gute ⬆, 🅿 (47.7103,13.6271)

103,7 EB-II und Str.-II **A 4820 Bad Ischl** (47.7139,13.6279)

103,5 li ⇩ der Ischl (s. Seite 285) in die Traun (Donau) (47.7147,13.6266)

103,3 Str-II, B 145 (47.7163,13.6291)

102,8 ⇩ des Rettenbach (s. Seite 284) in die Traun (Donau) (47.7179,13.6351)

102,7 ▬ Sohlrampe (47.7184,13.6360)

101,4 Str-II (47.7261,13.6482)

99,4 Str-II, re 🚂 Mitterweißenbach (47.7381,13.6604)

98,5 ⇩ des Mitterweißenbach (s. Seite 283) in die Traun (Donau) (47.7428, 13.6683)

97,0 Str-II, li 🚌 Mitterweißenbach Kößlbachbrücke (47.7481,13.6873)

95,3 Str-II, re 🚂 Langwies (47.7566,13.7043)

92,6 Str-II, re 🚂 Lahnstein (47.7744,13.7285)

92,1 re ⇩ des Frauenweissenbach (s. Seite 282) in die Traun (Donau) (47.7775,13.7332)

91,7 Str-II, B145 (47.7799,13.7302);
▬ Sohlrampe, ≋ (47.7802,13.7297)

91,0 ▬ Sohlrampe, evtl. ≋ (47.7842,13.7315)

90,3 ▬ Sohlrampe, evtl. ≋ (47.7873,13.7383)

90,2 Str-II, re 🚂 Steinkogel (47.7887,13.7389)

86,3 EB-II und Str-II **A 4802 Ebensee** 🚂 (47.8112,13.7761)

85,6 ⇩ in Traunsee, auch Gmunder See (47.8131,13.7849)

72,9 Str-II, B 120b **A 4810 Gmunden** Ausfluss der Traun aus dem Traunsee.
Auf den folgenden 18 km finden sich mehrere große ▬-Anlagen, deren Floßgassen gesperrt oder verfallen sind, so dass eine Befahrung nur

selten möglich ist. Die Mehrzahl dieser ▬ muss recht mühsam ⌓ werden. Von einer Befahrung dieser Strecke ist daher abzuraten (47.9183, 13.8020)

71,1 ▬ Wehr ϟ Gmunden (47.9334,13.7961)

70,2 Str-Ⅱ, B120 (47.9403,13.8004)

64,9 ▬ Wehr Laakirchen (47.9777,13.8114)

63,0 ▬ Wehr Steyrermühl (47.9902,13.8034)

61,7 ▬ Wehr, **X** (47.9946,13.7973)

61,4 Autobahn-Ⅱ A1 (47.9969,13.7949)

59,4 ▬ Staustufe Siebenbrunn, **X** (48.0135,13.7974)

59,3 Str-Ⅱ B135 (48.0145,13.7981)

59,2 ▬ ϟ am Traunfall, **X**, ursprünglich 13 m hoher natürlicher Wasserfall, der auch zur Energiegewinnung genutzt wird (48.0153,13.7986)

54,1 ▬ Wehr ϟ Kemating re ⌓
Die Befahrung der Folgestrecke bis Wels kann bedingt empfohlen werden. Schöne Fahrt (48.0477,13.8369)

49,0 ▬ Wehr Stadl-Paura re ⌓ (48.0776,13.8534)

48,3 Str-Ⅱ, **A 4651 Stadl-Paura** (48.0823,13.8587)

47,7 li ⇩ der Ager (s. Seite 277) in die Traun (Donau) (48.0877,13.8587)

47,2 Wege-Ⅱ, li **A 4650 Lambach** (48.0867,13.8655)

46,3 Str-Ⅱ, B 144 (48.0898,13.8756)

45,2 ▬ Staustufe ϟ Lambach re ⌓ (48.0887,13.8865)

44,4 EB-Ⅱ (48.0909,13.8950)

41,7 ⇩ der Alm (s. Seite 275) in die Traun (Donau) (48.0905,13.9183)

41,6 Str-Ⅱ (48.0908,13.9184)

36,1 ▬ Wehr Traunleiten re ⌓ (48.1220,13.9698)

33,1 Autobahn-Ⅱ A8 (48.1398,13.9939)

31,1 Fußg-Ⅱ **A 4600 Wels** (Angerlehner Steg) gute Gelegenheit zur Beendigung der Fahrt. Die Traun tritt ab Wels in die Donauebene aus, in die sogenannte „Welser Heide“, der Fluss ist zumeist reguliert (48.1488, 14.0179)

30,7 EB-Ⅱ, li 🚉 Wels-Messe ca. 150 m (48.1512,14.0215)

30,2 Str-Ⅱ, **A 4600 Wels** (Traungasse) (48.1534,14.0266)

29,8 Fußg-Ⅱ, **A 4600 Wels** (Trodat Steg) (48.1550,14.0320)

28,8 Str-Ⅱ, B 138 **A 4600 Wels** (48.1571,14.0443)

24,2 ▬ Staustufe ϟ Marchtrenk re ⌓ (48.1719,14.0994)

22,9 Autobahn-Ⅱ A25 (48.1751,14.1163)

22,6 Str-Ⅱ, Marchtrenker Strasse (48.1766,14.1200)

14,0 ▬ Staustufe ϟ Traun-Pucking re ⌓ (Rampen) (48.2065,14.2233)

12,6 Str-Ⅱ, B 139 (48.2114,14.2395)

12,4 Str-Ⅱ, li **A 4050 Traun** (48.2126,14.2418)

11,1 EB-Ⅱ (48.2177,14.2573)

8,1 li ← Jauckerbach nicht ≈ (48.2348,14.2868)

8,0 ▬ Staustufe, **X**, re ⌓ (48.2344,14.2875)

7,2 Autobahn-Ⅱ A7 (48.2355,14.2977)
5,7 re ⇩ der Krems (s. Seite 275) in die Traun (48.2416,14.3156)
5,3 ▬ Sohlrampe (48.2435,14.3201)
4,7 Str-Ⅱ, B1 Wiener Strasse (48.2475,14.3250)
3,7 EB-Ⅱ (48.2549,14.3332)
3,6 Str-Ⅱ, Umfahrung Ebelsberg (48.2557,14.3340)
3,4 ▬ Traunwehr bei Ebelsberg je nach WS der Donau ≈, ⚠ bei NW der Donau gefährlicher Rücklauf! (48.2574,14.3356)
2,5 li ⇩ des Kleinmünchner Kanal (48.2629,14.3423)
0,0 re ⇩ der Traun (Donau), in die Donau (s. Seite 34) bei amtl. km 2124,8 unterhalb ⅄, **Weikerlsee**. Ab hier totaler Rückstau des ϟ **Abwinden–Asten** (48.2693,14.3743)

Krems (Traun)

Kleinfluss, WW I-II
Mündung in Traun (Donau) bei km 5,7 (re Nebenfluss)

Die Krems gestattet eine durchgehende Befahrung über 60 km. Der Unterlauf ist jedoch weitgehend reguliert und das Wasser verschmutzt; lohnend ist daher nur die Befahrung des Oberlaufs. Die Krems ist hier ein sportlich interessanter Kleinfluss, zahlreiche ▬ Wehre, zumeist ≈, auf kurzer Teilstrecke leichtes Wildwasser (WW I+).

Befahrbarkeit: Frühjahr und nach kräftigen Regenfällen.
Pegel: Schenkermühle (westl. Kirchdorf, 3 km nach dem Start) Minimum 75 cm.

56,7 Str-Ⅱ **A 4563 Kremsdorf** ⬇ (47.8897,14.1248)
26,3 Str-Ⅱ, li **A 4532 Achleiten** übliche ⬆. Von einer Befahrung der 30 km langen Reststrecke muss abgeraten werden (48.0728,14.1789)
0,0 ⇩ der Krems in die Traun (s. Seite 270) bei km 5,7 (48.2416,14.3156)

Alm

WW I-II, Wehrfluss, Gebirgsfluss
Mündung in Traun (Donau) bei km 41,7 (re Nebenfluss)

Die Alm kommt aus dem landschaftlich schönen und touristisch stark überlaufenen Almsee an der Nordflanke des Toten Gebirges. Die Alm fließt zunächst durch die ansprechende Landschaft der Voralpenberge, in diesem Bereich ist sie verhältnismäßig leichtes Wildwasser. Ab **Pettenbach** tritt sie aus den Bergen aus, sie wird dann zum Zahmwasser.
Die Alm ist besonders bemerkenswert durch ihre zahlreichen Wehranlagen, auf der beschriebenen Strecke insgesamt 28, so dass im Schnitt pro km ein Wehr kommt. Lediglich zwei Wehre sind X. Es empfiehlt sich allerdings, die Wehre vor der Befahrung zu besichtigen. Bei Hochwasser können sich gefährliche Deckwalzen bilden, bei Niedrigwasser kann die Befahrung auf Kosten der Boote gehen.

Befahrbarkeit:	am besten Mai bis Juni, aber auch im Sommer möglich
Umwelt:	Wasser sehr klar
Schwierigkeiten:	km 48,8–36,9 WW I–II+ km 36,9–20,9 WW I–II km 20,9–⇩ Zahmwasser

51,3 Nordspitze des Almsees, sehr schöner See mit glasklarem Wasser (47.7462,13.9532)
48,8 Wege-II am Seeausfluss (47.7663,13.9569);
Staumauer, ⌂ (47.7663,13.9569);
1. ▬ Wehr, X, große Felsbrocken im Tosbecken. Vielfach wird erst hier unterhalb ⬇. Es folgt sehr interessantes, abwechslungsreiches WW, WW II–III, einige Stellen knapp WW III (47.7668,13.9568)
47,2 Str-II, li **A 4645 Habernau** (47.7776,13.9623);
2. ▬ Wehr Rutsche, li ≈ (47.7779,13.9625)
46,8 re ⇩ des Straneggbach (s. Seite 277) in die Alm (47.7812,13.9645);
Es folgt ein Wildpark (47.7812,13.9644)
46,1 Str-II, Almseestrasse, L 549 (47.7854,13.9593)
44,8 3. ▬ Wehr, ≈ (47.7925,13.9510)
42,0 4. ▬ Wehr, ≈ (47.8147,13.9504)
40,1 5. ▬ Wehr, li ≈, mit einer Zwischenstufe (47.8299,13.9495)
39,5 Str-II, Almseestrasse, L 549 (47.8350,13.9511)
39,0 6. ▬ Wehr, ≈, zerfallen (47.8374,13.9492)
38,2 7. große ▬-Anlage ei höherem Wasserstand starke Deckwalze, am besten li ≈ (47.8437,13.9499)
37,1 8. ▬ Wehr Rutsche mit anschließendem Abfall, gut ≈ (47.8511,13.9505)
36,9 Str-II, **A 4645 Grünau** Ab Grünau Schwierigkeit der Alm nur noch WW I–II (47.8519,13.9517)
36,4 re ⇩ des Grünaubach (47.8558,13.9543)
34,8 9. ▬ Wehr, evtl. ≈, bei HW gefährlich! (47.8651,13.9413)
33,8 Str-II, Almseestrasse, L 549 (47.8731,13.9434)
33,7 10. ▬ Wehr, evtl. ≈, bei HW evtl. gefährlich! (47.8742,13.9440)
32,9 11. ▬ Wehr, evtl. ≈, bei HW evtl. gefärlich! (47.8813,13.9427)
32,3 Str-II, li ⚙ Kothmühle (47.8857,13.9413)
31,6 12. ▬ Wehr Schrägtenne mit etwa 1 m hohem Abfall ins Unterwasser, vor Befahrung ansehen (47.8911,13.9477)
31,1 13. ▬ Wehr, evtl. ≈, stufenartig (47.8944,13.9519)
30,7 14. ▬ Wehr, evtl. ≈, stufenartig (47.8968,13.9544)
30,2 15. ▬ Wehr, evtl. ≈, größere Rutsche (47.8994,13.9590)
29,8 Str-II B 120 **A 4644 Scharnstein** (47.9015,13.9633);
16. ▬ Wehr im Ortsbereich Scharnstein, ≈ (47.9017,13.9639)
29,2 17. ▬ Wehr, ≈, Rutsche (47.9063,13.9666)
28,6 18. ▬ Wehr, ≈, Rutsche (47.9111,13.9704)
28,2 Str-II, li ⚙ Viechtwang (47.9143,13.9713)
27,9 19. ▬ Wehr, li ⛺ Schatzlmühle vor Befahrung unbedingt besichtigen.

Nach Besichtigung evtl. ≈ (47.9155,13.9738)
26,9 20. ■ Wehr, evtl. ≈, 1 m hoher Abfall auf Wehrtisch (47.9223,13.9787)
26,2 21. ■ Wehr 1 m hoher Abfall auf Wehrtisch (47.9255,13.9866)
25,5 22. ■ Wehr, evtl. ≈, am Ende höherer Abfall (47.9284,13.9922)
25,3 EB-II (47.9297,13.9915)
24,7 23. ■ Wehr große Anlage auf beiden Seiten einer Insel. re von der Insel über eine lange, mehrstufige Tenne ≈ (47.9343,13.9924)
23,8 24. ■ Wehr hoher Abfall und nachfolgend lange Rutsche, ≈ (47.9426, 13.9943)
22,3 25. ■ Wehr, **X**, (im Unterwasser der neuen Anlage sind große Felsblöcke eingebaut), li ⏏ (47.9517,13.9823)
21,4 26. ■ Wehr, ≈ (47.9581,13.9815)
21,2 27. ■ Wehr zerfallen (47.9599,13.9841)
20,9 Str-II, re nach **A 4643 Pettenbach** dahinter 28. ■ Wehr ⬆, Die Befahrung der Alm wird hier zumeist abgebrochen. Die Alm ist ab hier Zahmwasser, kaum mehr Strömung, es folgen noch eine Reihe von ■-Anlagen (47.9614,13.9872)
0,0 re ⇩ der Alm in die Traun (Donau) (s. Seite 270) bei km 41,7 (48.0905, 13.9183)

Straneggbach

Weitere Namen: Straneck-Bach
Kleinfluss, WW I-II, WW III-IV
Mündung in Alm bei km 46,8 (re Nebenfluss)

Der Straneck-Bach ist ein kurzer, interessanter Wildbach
Befahrbarkeit: bei HW
Schwierigkeiten: Schwierigkeiten zumeist WW I–II, vereinzelt WW III, Achtung auf Baumhindernisse! Insgesamt etwas mehr als 5 km.

9,6 Ursprung in 825 m Höhe (47.7399,14.0474)
4,8 ⬇ bei 🅿 etwas unterhalb der Abzweigung des Fußweges Richtung Ödsee (bei sehr gutem Wasserstand evtl. auch höher möglich). In einer kurz darauf folgenden kleinen Schlucht 3 baufällige ■ Wehr, nach Besichtigung evtl. ≈. Schwierigkeiten zumeist WW I–II, vereinzelt WW III, Achtung auf Baumhindernisse! (47.7649,14.0109)
0,0 ⇩ des Straneggbach in die Alm (s. Seite 275) bei km 46,8 (47.7812, 13.9645)

Ager

Weitere Namen: Attersee, Mondsee, Irrsee
Kleinfluss, Seengewässer, WW I-II
Mündung in Traun (Donau) bei km 47,7 (li Nebenfluss)

Im Prinzip ist auf verhältnismäßig leichtem Wasser eine durchgehende Befahrung von der Nordspitze des Zeller Sees über die Zeller Ache, den Mondsee, die Seeache, den Attersee und die Ager bis zur Traun möglich; die Gewässer werden daher auch in durchlaufender Kilometrierung beschrieben.

Befahrbarkeit: Zeller Ache Frühjahr und nach stärkeren Regenfällen, ab Mond-see ganzjährig.

Pegel: km 20,2; günstig 140 cm.

Schwierigkeiten: km 81,7–77,0: Irrsee.
km 77,7–69,5: Zeller Ache, Gefälle 10 ‰.
km 69,5–58,4: Mondsee.
km 58,4–55,8 Seeache, Gefälle 5,7 ‰.
km 55,8–33,7 Attersee.
km 33,7–⇩ Ager, Gefälle 3,3 ‰, Floßgassen und Wehre.

81,7 ⬇ am Nord-West-Ufer des Irrsees Die Fahrt führt in fast genauer Nord-Süd-Richtung über den Irrsee (auch Zeller See) bis zum Ausfluss der Zeller Ache am Süd-Ost-Zipfel des Sees. (47.9281,13.2997)

77,0 ⇩ Ausfluss der Zeller Seeache aus dem Irrsee Sehr enger, stark mäandernder Flusslauf. Vor der ⇩ Betonstufen und Felsbrocken (47.8908, 13.3152)

69,5 ⇩ in den Mondsee Bei der Weiterfahrt zur Seeache und Attersee wird der Mondsee der ganzen Länge nach auf einer Strecke von etwa 10 km in allgemeiner Richtung nach Süd-Osten durchfahren (47.8498,13.3478)

65,3 ⇩ der Fuschler Ache (s. Seite 282) in den Mondsee (47.8199,13.3674)

58,4 Str-II, ⇩ Ausfluss der Seeache aus dem Mondsee Befahrbarkeit der Seeache ganzjährig, keine Schwierigkeiten (47.8038,13.4506)

58,2 ▬ Wehr, **X** (47.8039,13.4527)

55,9 Str-II B152, **A 4866 Unterach** (47.8018,13.4814)

55,8 ▬ Wehr, **X** (47.8017,13.4825)

55,5 ⇩ in den Attersee Der Attersee ist der größte See des Salzkammergutes (47.8001,13.4846)

52,3 re ⇩ Äußerer Weißenbach (s. Seite 280) in den Attersee (47.7975, 13.5285)

33,9 Str-II, **A 4861 Kammer** ⇩ Ausfluss der Ager aus dem Attersee Befahrbarkeit: im Prinzip ganzjährig, die Floßgassen sind jedoch bei niedrigem Wasserstand geschlossen. Da diese Floßgassen den größten Reiz einer Ager-Befahrung darstellen, sollte sie, wenn überhaupt, nur bis Juni oder nach stärkeren Regenfällen befahren werden. Die Ager ist ein leichter Wildfluss, WW I–II, interessant durch zahlreiche ▬ und Floßgassen, die bei gutem Wasserstand zum größten Teil ≈ sein sollen (47.9490,13.5949)

33,7 1. ▬ Wehr beim See-Ausfluss, **X**, dahinter Baumstämme im Fluss (47.9490,13.5971)

33,6 EB-II (47.9487,13.5985)

km	
32,8	Autobahn-II A1 (47.9518,13.6075)
31,5	2. ■ Wehr in Unterachmann, **X**, ob eine Befahrung eines Seitenkanals möglich ist, müsste erkundet werden (47.9628,13.6083)
29,2	3.■ Wehr Zellulosewerk Lenzing, **X**, li ⏏ sehr mühsam, ab hier starke Verschmutzung des Wassers (47.9757,13.6217)
27,6	4. ■ Wehr vor Pichlwang, **X**, li ⏏ über 2 m hohe steile Ufer (47.9880, 13.6175)
27,1	5. ■ Wehr mit Floßgasse in Pichlwang wenn Floßgasse **X**, re in Mühlkanal einfahren und nach li zum Fluss ⏏ (47.9915,13.6187)
23,8	6. ■ Wehr bei Vöcklabruck li Floßgasse, wenn geschlossen re ⏏ (47.9931,13.6444)
23,2	7. ■Sohlrampe, re ≋ (47.9933,13.6513)
23,1	8. ■Sohlrampe, re ≋ (47.9939,13.6523)
22,9	9. ■Sohlrampe 2,5 m hoch, wegen großer Steine nur nach Besichtigung evtl. ≋ (47.9945,13.6545)
22,7	10. ■ Sohlrampe, ≋ (47.9953,13.6581)
22,1	11. ■ Sohlrampe Floßgasse, falls nicht ≋, re ⏏ (47.9977,13.6644)
22,0	Str-II, li **A 4840 Vöcklabruck** (47.9987,13.6643)
21,8	12. ■ Sohlrampe (48.0003,13.6656)
21,3	li ⇩ der Vöckla (s. Seite 279) in die Ager (48.0011,13.6717)
20,2	Str-II, re **A 4844 Unterregau** ≣ (47.9986,13.6843)
17,2	Str-II, re **A 4844 Preising** (47.9954,13.7096)
16,6	re **A 4844 Geidenberg** gute ⬆. Die Reststrecke ist total verbaut mit Wasserableitungen. Von einer Weiterfahrt ist abzuraten (47.9918,13.7161)
16,1	13. ■ Wehr vor **A 4800 Wankham** Floßgasse, evtl. li ≋ (47.9935, 13.7195)
15,1	EB-II (47.9999,13.7280)
13,8	re ⇩ Aurach (≋ im Frühjahr 10 km ab Aurach, einige ■ Wehr) (48.0055, 13.7378)
13,1	■ Wehr (48.0091,13.7451)
12,5	Str-II, re **A 4693 Deutenham** (48.0143,13.7475)
11,0	Wege-II, Kieswerk (48.0242,13.7595)
9,9	■ Wehr (48.0332,13.7656)
7,9	Str-II, B 135, li **A 4690 Schwanenstadt** (48.0462,13.7825)
6,4	Str-II (48.0569,13.7952)
5,0	■ Wehr (48.0666,13.8072)
0,0	⇩ der Ager in die Traun (Donau) (s. Seite 270) bei km 47,7 (48.0877, 13.8587)

Vöckla

WW I-II

Mündung in Ager bei km 21,3 (li Nebenfluss)

Die Vöckla ist ein reizvoller, leichter Wildfluss des Alpenvorlandes.

Befahrbarkeit:	ab Frankenmarkt im Frühsommer, sonst evtl. Schneeschmelze.
Pegel:	Timelkam km 8,2; günstig 115 cm (5 m³/s) Pegel Vöcklabruck 150 cm (7 m³/s).
Schwierigkeiten:	km 37,4–24,4: Landschaftlich schön, WW II. km 4,4–8,2: regulierter Flachlandfluss, mehrere Wehre, wenig reizvoll. km 8,2–⇩: wunderschöner Abschnitt, WW I, Gefälle 3 ‰.

39,0 ▬ Wehr Sagmühle (47.9289,13.3508)

37,4 ⬇ ca. 1 km unterhalb Haslau. Danach mehrere unangenehme ▬ Wehre (47.9403,13.3585)

37,1 ▬ Wehr Sägewerk (47.9427,13.3585)

36,6 Str-II Vöcklatal Bezirksstr. ⬇ ab hier gut ≋. Kleinere Stufen und Wehre (47.9458,13.3627)

31,1 Str-II beim Güterweg Rudlberg ⬆. Danach Doppel-▬ (47.9822,13.3872)

27,7 ▬ Wehr am Ortsbeginn von **A 4890 Frankenmarkt**, X (47.9814, 13.4174)

24,4 Str-II **A 4870 Mösendorf-Trenau** besser erst 500 m später nach dem folgenden ▬ Wehr ⬇ (47.9910,13.4560)

24,1 ▬ Wehr, X, li weiträumig ⌓, oder erst danach ⬇ (47.9923,13.4587)

22,9 ▬ Wehr, X, li ⌓, und im regulierten Gerinne („Feilbach") weiterpaddeln. Der links abzweigende Mühlbach (altes Flussbett) gabelt sich mehrmals und kehrt erst nach 1 km zurück! Es folgen einige künstliche Abfälle, WW I (47.9983,13.4690)

21,9 Str-II **A 4870 Vöcklamarkt** (48.0021,13.4784)

19,9 ▬ Wehr Aierzelten, mit Vorsicht ≋, starke Ausleitung! (48.0084,13.5025)

17,9 ▬ Wehr Rohrwies, ≋, li schöne Rutsche (48.0230,13.5044)

17,4 ▬ Wehr, X, li ⌓ (48.0227,13.5115)

17,2 Str-II, li 🚆 Redl-Zipf Die Folgestrecke bis Timelkam wenig lohnend (48.0237,13.5136)

8,2 Str-II **A 4850 Timelkam** ≣ re

(48.0051,13.6079)

8,1 re ⇩ Dürre Ager Hier beginnt eine überaus lohnende Fahrtstrecke (15 km bis Wankham/Ager): Hohe Sandsteinwände, Parklandschaft, leichte Schwallstrecken, WW I (48.0048,13.6099)

3,3 ▬ Wehr, X, li ⌓ (48.0119,13.6386)

1,7 Str-II **A 4840 Vöcklabrück** re ≣ (48.0101,13.6582)

0,0 ⇩ der Vöckla in die Ager (s. Seite 277) bei km 21,3 (48.0011,13.6717); schöne Weiterfahrt ohne Hindernisse 6 km bis Wankham (48.0011, 13.6718)

Äußerer Weißenbach

WW I-II, WW III-IV, Wildbach (Gebirgsbach)
Mündung in Ager bei km 52,3 (re Nebenfluss)

Befahrbarkeit:	ab ⬇ A nur bei sehr starkem HW, ab B zur Zeit der Schneeschmelze und nach stärkeren Regenfällen.
Schwierigkeiten:	unterhalb A kurze, enge Klamm, die oft durch Treibholz versperrt ist und vor Befahrung unbedingt besichtigt werden muss, WW IV. Unterhalb Punkt B Verlauf in weitem Kiesbett, WW II.

6,6 ⬇ A bei Ⅱ etwa 5 km oberhalb Weißenbach (47.7800,13.5941)
5,7 re ⇩ des Gimbach (s. Seite 281) in Äußerer Weißenbach (47.7850, 13.5854);
⬇ B (47.7850,13.5852)
0,9 ⬆ bei einer Holz-Ⅱ vor einem ▬ Wehr, **X**, vor Weißenbach 800 m vor ⇩ in Attersee (47.7945,13.5385)
0,0 ⇩ Äußerer Weißenbach in den Attersee (s. Seite 277) bei km 52,3 (47.7975,13.5285)

Gimbach

Kleinfluss, WW I-II, WW III-IV
Mündung in Äußerer Weißenbach bei km 5,7 (re Nebenfluss)

Der Gimbach ist ein zwar nur kurzer, doch sehr empfehlenswerter Wildbach, landschaftlich hervorragend schön. Zufahrt über gesperrte Forststraße aus dem Weißenbachtal, mit Bootswagen! Bis zur oberen ⬇ wird man etwa 1 Stunde rechnen müssen.

Befahrbarkeit:	nach längeren Regenfällen, bei ablaufendem HW, wenn der Äußere Weißenbach gerade noch ≈.
Umwelt:	Wasser: sehr sauber
Schwierigkeiten:	im Oberlauf zunächst WW I, in der Klamm WW III und IV; im Bereich der unteren Schlucht WW III (IV) Baumversperrungen!

2,8 Ursprung als Wasserfall der Gimbachwand. Oberste ⬇. Auf etwa 1 km leichtes WW (47.7993,13.6082)
2,5 Wege-Ⅱ, ⬇ (47.7973,13.6064)
2,3 ⚠ Klammbeginn, Plattenstufe, danach kleine Doppelstufe. Nach leichten Schwällen in der enger werdenden Klamm Engstelle mit 2,5 m hohem Abfall mit Rücklauf. Nach Ende der Klamm Katarakt, WW IV. Bis zur 2. Ⅱ kleinere Stufen (47.7960,13.6047)
1,5 2. Ⅱ, Sagstube, ⬇ für den unteren Teil des Gimbaches. Unter der Ⅱ Rutsche, WW III–IV; Steckgefahr! Danach zunächst leicht, nur bei gutem Wasserstand fahren. Höhere Rutsche, nach 20 m 2 m hohe Stufe, ganz li oder ganz re ≈. (47.7942,13.5962)
1,0 ⚠ Es folgt die schwerste Passage des Gimbachs WW IV mit mehreren

Stufen; Zwangspassage, bei höherem Wasserstand evtl. ⌓ aufwändig. Danach noch weitere Stufen. Wunderschöne Klamm (47.7921,13.5913)

0,1 Str-II, Weißenbachtal-Bundesstr, B 153 (47.7855,13.5860); Radweg-II, ⬆, 🅿 (47.7854,13.5857)

0,0 ⇩ des Gimbach in Äußerer Weißenbach (s. Seite 280) bei km 5,7 (47.7850,13.5854)

Fuschler Ache

Kleinfluss, WW I-II, Gletscherbach
Mündung in Ager bei km 65,3

Die Fuschler Ache, der Verbindungsbach zwischen Fuschsee und Mondsee, fließt als mäßig schwerer Wildbach durch eine schöne Waldschlucht.

Befahrbarkeit: Frühjahr und nach Regenfällen.
Schwierigkeiten: schnell fließendes Wasser, im Oberlauf WW II, später abnehmend, mehrere Mühlen-▬

26,7 **A 5330 Fuschl a.See** mögliche ⬇ am Ostende des Sees (47.7966, 13.2985)

22,7 ⇩ Ausfluss der Fuschler Ache aus dem Fuschlsee in 664 m ü. A (47.8129, 13.2523)

21,6 Str-II **A 5303 Hof bei Salzburg- Waldach** weitere ⬇ (47.8200,13.2446)

15,0 Str-II bei **A 5303 Thalgau-Oberdorf ⬆**. Befahrung der Reststrecke bis zum Mondsee Reststrecke wegen zahlreicher ▬ Wehr nicht ratsam (47.8411,13.2185)

0,0 ⇩ der Fuschler Ache in den Mondsee (s. Seite 277) bei km 65,3 (47.8199, 13.3674)

Frauenweissenbach

Kleinfluss, WW I-II, WW III-IV
Mündung in Traun (Donau) bei km 92,1 (re Nebenfluss)

Befahrbarkeit: nur bei Hochwasser

7,1 Ursprung des Frauenweissenbach (47.7422,13.7887)

4,0 Wege-II, ⬇ beim 🅿 des Aufstiegs zur Hochkogelhütte WW II–III, rechtzeitig anlanden vor 3 ▬ Wehr, ≈ schon bei der Anfahrt besichtigen. Nach 3 km in einer r-Kurve, kurz nach einer Häusergruppe, unvermutet ein ▬-artiger, sehr hoher Anfall, der in einem Katarakt, **X**, übergeht. ⇩ in Traun nach insgesamt 4 km (47.7541,13.7666)

0,0 ⇩ des Frauenweissenbach in die Traun (Donau) (s. Seite 270) bei km 92,1 (47.7775,13.7332)

Mitterweißenbach

Weitere Namen: Höllbach
WW I-II, WW III-IV, WW V-VI, Wildfluss Gebirgsfluss
Mündung in Traun (Donau) bei km 98,5 (li Nebenfluss)

Der Mitterweißenbach verläuft fast durchweg in tiefeingeschnittenen Schluchten, teilweise von klammartigem Charakter. Er bietet in seinen Schluchten herrliches, zum Teil schweres Wildwasser. Trotz seiner nur kurzen Flusslänge 10,0 km ist der Mitterweißenbach daher ein sehr empfehlenswerter Wildfluss.

Befahrbarkeit:	Frühjahr bis Frühsommer
Pegel:	Ⅱ km 1,3
	MW: 180–210 cm, Minimum 160 cm
Schwierigkeiten:	km 6,4–4,6 WW I–II
	km 4,6–4,1 WW IV, bei HW WW V-X
	km 4,1–0,3 WW III

6,4 Mögliche ⬇ in den Höllbach, erreichbar auf einer gesperrten Forststraße, WW I–II, nur bei HW, die Weiterfahrt auf dem Weißenbach kann dann allerdings problematisch werden (47.7808,13.6365)

4,7 Str-Ⅱ, Weißenbachtal Bundesstrasse, B 153 ab hier ist der Name des Flusses "Mitterweißenbach" (47.7673,13.6363)

4,6 ⚠ Höllbachfall der zur Dürren Pölitz hinunterstürzt und mit ihr zusammen den Mitterweißenbach bildet. Übliche ⬇ unterhalb des Wasserfalles. Man erreicht sie auf einem steilen Pfad, der unmittelbar neben der Straßen-Ⅱ über den Höllbach auf dem linken Ufer hinunter in die Klamm führt. ⬇ schwierig. Schwierigkeiten in der 150 m langen Klammstrecke IV–V. Die gesamte Klamm sollte vor einer Befahrung von oben aus genau angesehen werden. Kurz nach dem Start 1,5 m hoher Wasserfall in den Klammtopf. Die folgende Klamm ist nur 2 bis 3 m breit. Am Ende der Klamm ein weiterer Abfall über eine Platte, der von li nach re befahren werden muss. Bei HW können die Stufen in der Klamm einen gefährlichen Rücklauf bilden. Nach dem Ende der Klamm führt der Mitterweißenbach durch ein breites Schotterfeld (47.7672,13.6362)

3,8 ▬ Wehr, X, links ⏏ Übliche ⬇ unterhalb wenn man sich die Befahrung der oberen Klamm nicht zutraut. Man erreicht diese Stelle, indem man etwa 500 m vor dem Weiler „in der Sag" scharf li in eine schmale Forststraße einbiegt, die zum Fluss hinunterführt. Die folgende Strecke bis zur ⇩ bietet ein sehr schönes WW mit mehreren technisch reizvollen Stellen, kleinen Abfällen und Engstellen. Schwierigkeiten je nach Wasserstand II+ bis III. Von li stürzt ein schöner Wasserfall in den Fluss (47.7646,13.6438)

1,4 Str-Ⅱ, Weißenbachtal Bundesstrasse, B 153 darunter S-förmige, besonders schöne Klammstrecke, li ≣ (47.7512,13.6598)

0,8 ⬆, es folgt ein ▬ Wehr, X (47.7478,13.6623)

0,3 ▬ Wehr, X (47.7443,13.6658)

0,0 Str-II, B 145 (47.7430,13.6681);
li ⇩ des Mitterweißenbach in die Traun (Donau) (s. Seite 270) bei km 98,5 (47.7428,13.6683)

Rettenbach

WW I-II, WW III-IV, WW V-VI, Gebirgsfluss
Mündung in Traun (Donau) bei km 102,8 (re Nebenfluss)

Oberösterreich
Der Rettenbach verläuft auf der fahrbaren Flussstrecke durch tiefeingeschnittene, klammartige Schluchten. Die gesamte Strecke ist schweres bis extrem schweres Wildwasser. Der Rettenbach gilt daher als der landschaftlich schönste und schwierigste Wildfluss des Salzkammergutgebietes.
Die untere Klamm gilt als nur bedingt ≈. Eine Besichtigung dieser Klamm ist bei der Fahrt zur ⬇ unbedingt anzuraten. Gegenüber dem letzten Haus der Ortschaft **Rettenbachmühle** befindet sich ein kleiner P. Von hier aus erreicht man auf einem Pfad in kurzer Zeit einen Steg in der Rettenbachwildnis. Man kann von hier aus gut in den unteren Teil der etwa 200 m langen letzten Klamm blicken. Der vom Steg aus sichtbare obere Abfall ist die schwierigste Stelle der Klammstrecke.
Vom P aus fährt man anschließend etwa 500 m weiter Richtung flussaufwärts bis zu einer von der Straße zum Fluss führenden schwach ausgebildeten Schutthalde. Diese Stelle sollte man sich als spätere ⬆ vor der Klamm gut merken.

Befahrbarkeit: bis Juli und nach Regenfällen.
Schwierigkeiten: km 7,5–6,0: WW I
km 6,0–1,7: WW IV und V
km 1,7–0,0: WW II

13,1 Ursprung des Rettenbach (47.6736,13.7715)
7,5 re ⬇ Ende des Forstweges Einstieg unterhalb von hier entlang des Forstwegs frei wählbar (47.6909,13.7108)
5,6 Str-II, ⬇ falls nur der untere Teil befahren wird (47.6937,13.6881)
2,9 ⬆ vor Befahrung unbedingt selbst besichtigen es folgt die gefährliche Endklamm ohne weitere Ausstiegsmöglichkeiten,
Hochtragen der Boote zur Straße und bis zum kleinen Parkplatz der Rettenbachmühle umfahren oder ⏏. Auf dem Klammsteig und einem steilen Pfad re hinunter zum Ausgang der Klamm.
Eine Weiterfahrt bis zu der 150 m später beginnenden Schlussklamm ist zwar theoretisch möglich, es besteht jedoch keine günstige Anlegemöglichkeit mehr.
Eine Befahrung der Klamm ist bei günstigen Wasserverhältnissen möglich. Nach einigen recht schwierigen Stufen folgt der Hauptabfall, der am besten von li angefahren wird. Schwierigste Stelle der Klamm, WW V, bei NW ist die Befahrung dieses Wasserfalls lebensgefährlich! (Felsnase!) Es besteht evtl. die Möglichkeit, knapp vor dem Abfall re anzuhalten, zur li Klammwand zu fahren und zu einer Felsstufe emporzusteigen. Von hier

aus kann man mittels „Katapultstart“ in die 2,5 m tieferliegende Klamm unterhalb des Wasserfalls hinunterspringen (47.7011,13.6563)

2,2	Weg-Π Klammsteg ⚠, Endklamm mit dem „Ohrwascherl“ und den Schlussstufen, vor evtl. Befahrung unbedingt besichtigen, sehr gefährlich (47.7041,13.6490)
1,7	▬ Wehr Rettenbachmühle, ≈ (47.7068,13.6430)
1,5	Str-Π, Rosenkranzgasse, ⬆ danach ▬ Stufe (47.7077,13.6408)
0,0	re ⇩ des Rettenbach in die Traun (Donau) (s. Seite 270) bei km 102,8 (47.7179,13.6351)

Ischl

Weitere Namen: Zinkenbach, Wolfgangsee
Kleinfluss, Seengewässer, WW I-II, WW III-IV, Gebirgsfluss
Mündung in Traun (Donau) bei km 103,5 (li Nebenfluss)

Der Zinkenbach, der größte Zufluss des Wolfgangsees, und die Ischl, dessen Abfluss, werden in durchgehender Kilometrierung beschrieben, da sie im Prinzip eine durchgehende Befahrung gestatten. Landschaftlich und als WW sind die beiden Flüsse jedoch deutlich unterschieden.
Zinkenbach: Kurzer, jedoch als WW sehr interessanter Bach in einer eindrucksvollen Klamm.
Ischl: Reizvoller, nur mäßig schwerer Wildfluss

Befahrbarkeit:	Zinkenbach: April–Juni und nach Regenfällen Ischl: Frühjahr bis Frühsommer und nach Regenfällen
Umwelt:	Wasser ist sauber
Pegel:	letzte Π vor Ischl, km 1,5; günstig 180–200 cm.
Schwierigkeiten:	km 22,4-19,0: WW III und IV (X) km 19,0-16,4: WW II, Wehre km 16,4-12,3: Wolfgangsee km 12,3–⇩: WW II bis III.

22,7	Schreinbachfall, mögliche ⬇ (47.6986,13.4006)
22,6	Wege-Π über den Zinkenbach (47.6991,13.4020)
22,1	⚠ Klammwasserfall 10 m hoch, wegen mangelnder Tiefe des Unterwassers meist X, abseilen neben dem Fall möglich. Vielfach wird die Befahrung des Zinkenbachs erst unterhalb des Falles begonnen. die ⬇ ist schwer zu finden. Für die Befahrung der Forststraße ist zunächst eine Erlaubnis beim Forstamt neben der 1. Schranke einzuholen (übliche ⬆). Weiterfahrt bis zu einer Holzhütte vor der 2. Schranke. Man kann von hier aus zu Fuß zur Π bei km 22,6 mit gutem Einblick in die Klamm gehen. Zur ⬇ gelangt man anschließend, indem man genau 600 m zurück bis zu einer Ausweichstelle fährt. Von hier aus kann man auf einem Waldweg die ⬇ knapp unterhalb des Wasserfalls erreichen. Ein 40 m-Seil zum Abseilen der Boote über die letzte Steilstrecke hinunter zum Fluss sowie die Mitnahme eines Bootswagens sind zweckmäßig.

In der Klamm zunächst einige Stufen bis zu einem Felssturz, bei höherem Wasserstand evtl. ≈, jedoch oft durch Treibholz versperrt, ⌂ mühsam. Kurz danach verfallenes ■ Wehr, ≈, wenn nicht durch Baumstämme verlegt, sonst li überheben, Alpinstart. (47.7018,13.4062)

19,0 Holz-II am Ende der Klamm mögliche ⬆ (47.7255,13.4112)

18,9 ■ Wehr bei Forsthaus nach Besichtigung meist ≈, ⬆ übliche Stelle zur Beendigung der Fahrt (47.7269,13.4113)

18,7 ■ Wehr Zinkenbach, **X**, Eine Weiterfahrt zum Wolfgangsee ist wegen mehrerer Gefällebremsen, nur teilweise ≈, kaum anzuraten (47.7267, 13.4127)

16,4 ⇩ des Zinkenbachs in den Wolfgangsee Von hier bis St. Gilgen am Westufer des Sees 6,5 km (47.7355,13.4386)

12,3 Str-II **A 5350 Strobl** ⇩ Ausfluss aus dem Wolfgangsee ab hier Flussname Ischl (Ischler Ache). Eine Weiterfahrt ist sehr wenig lohnend; es sind nur noch 2 kurze Fließstrecken vorhanden, der Rest ist durch 1–2 m hohe Blockwurf-■ in wenigen 100 m Abstand verbaut, oft **X**, da nur knapp überspülte Eisenschienen im Unterwasser. 3 hohe Tennen-■, nur das erste ≈, teilweise Wasserableitung (47.7222,13.4864)

9,3 re ⇩ Weißenbach (s. Seite 286) in Ischl (47.7189,13.5169)

1,5 Str-II B158 am Ortseingang von **A 4820 Bad Ischl** ≡, anschließend am besten ↱ und ⬆. Die Fahrt kann bis zur Traun fortgesetzt werden, ⬆ dort ungünstiger (47.7197,13.6120)

1,0 ■ längere Sohlrampe (47.7154,13.6146)

0,6 ■ Wehr (47.7142,13.6194)

0,0 ⇩ der Ischl in die Traun (Donau) (s. Seite 270) bei km 103,5 (47.7147, 13.6266)

Weißenbach (Ischl)

Kleinfluss, WW I-II, WW III-IV, Gletscherbach
Mündung in Ischl bei km 9,3 (re Nebenfluss)

Der Weißenbach ist ein erheblich verblockter Wildbach südlich des Wolfgangsees.

Befahrbarkeit:	Frühjahr und nach Regenfällen.
Schwierigkeiten:	schnelle Strömung, stellenweise starke Verblockung, WW II–III (bei HW III+).
Infrastruktur:	Pkw: Straße neben dem Bach, gebührenpflichtig. Die letzten 800 m vor der ⬇ können allerdings nur mit Genehmigung der Forstbehörde befahren werden.

9,4 li ⇩ Rußbach, ⬇ (47.6626,13.4624)

4,6 Holz-II, ⬆ Beginn der Gefällebremsen. Eine Weiterfahrt bis zur Ischl ist wegen der Verbauung kaum möglich (47.6916,13.4851)

0,0 ⇩ des Weißenbach in die Ischl (s. Seite 285) bei km 9,3 (47.7188, 13.5169)

Gosaubach

Kleinfluss, WW I-II, WW V-VI
Mündung in Traun (Donau) bei km 122,2

Der Gosaubach ist in seinem Oberlauf ein leichter Wildbach mit etwa 30 kleinen Kunststufen, im Unterlauf, unterhalb des Stausees, verläuft er als sehr schwerer Wildbach durch eine landschaftlich sehr schöne Waldschlucht.

Befahrbarkeit: nur bei gutem Wasserstand im Frühjahr und nach Regenfällen.

Umwelt: Das Gefälle ist im Unterlauf im Durchschnitt 35 ‰, auf Teilstrecken erheblich höher.

14,2 ⬇ für den Oberlauf beim ✕ Gosauschmied WW II, ein ▬ Wehr, nach Besichtigung ≈ (47.5511,13.5168)
7,1 Wege-II vor Beginn des Stausees ⬆ (47.5895,13.5758)
6,9 ▬ Staustufe unterhalb Gosau ⬇ für den Unterlauf: Gefälle in Stufen, enge Verblockung, unübersichtliche Durchfahrten, Baumversperrungen, Verklemmungsgefahr. Die gesamte Strecke sollte vor Befahrung erkundet werden, WW V (47.5903,13.5781)
0,7 ▬ Wehr, X, ⬆ oder Nach ⌂ kann die Fahrt auch am Hallstädter See beendet werden (47.5914,13.6515)
0,0 ⇩ des Gosaubach in den Hallstädter See (s. Seite 270) bei km 122,2 (47.5870,13.6583)

Waldbach

Kleinfluss, WW III-IV, Gletscherbach
Mündung in Traun (Donau) bei km 125,6 (li Nebenfluss)

Der Waldbach ist ein zwar nur kurzer, als WW jedoch interessanter Wildbach am Fuß des Dachsteins.

Befahrbarkeit: Zeit der Schneeschmelze
Schwierigkeiten: WW IV, abnehmend

3,4 ⬇ unterhalb des Simonydenkmals (47.5488,13.6134)
0,1 ⇩ des Waldbach in den Hallstädter See (s. Seite 270) bei km 125,6 (47.5563,13.6489)

Grundlseetraun

Weitere Namen: Tropitzbach, Grundlsee
WW I-II, Wildfluss (Gebirgsfluss)
Mündung in Traun (Donau) bei km 140,3 (re Nebenfluss)

Der Toplitzbach, der Grundlsee und die Grundlseetraun können durchgehend befahren werden; sie werden daher auch in fortlaufender Kilometrierung beschrieben.

Sie sind landschaftlich hervorragend schön zwischen hohen Bergen, als WW verhältnismäßig leicht zu befahren.

Befahrbarkeit: Toplitzbach nur bei HW (Zeit der Schneeschmelze), Grundlseetraun Frühjahr bis Frühsommer und nach Regenfällen.

Schwierigkeiten: km 13,8-0 WW I und II, Wehre!

13,8 ⇩ Ausfluss des Toplitzbachs aus dem Toplitzsee Keine Schwierigkeiten, bei niedrigem Wasserstand können zahlreiche als Fischerstege über den Bach gelegte Baumstämme recht hinderlich sein (47.6416,13.9180)

12,2 ⇩ in den Grundlsee (47.6366,13.9021)

6,3 ⇩ Ausfluss aus dem Grundlsee Ab hier Name des Flusses „Grundlseetraun". ⬇ falls Toplitzbach und Grund-lsee nicht befahren werden. Es geht zunächst durch die alte Seeklause (47.6218,13.8286)

5,6 Beton-■, evtl. ≋, besser re ⌂ (47.6197,13.8206)

3,0 1. Str.-Ⅱ darunter ■ Stufe mit Rücklauf, je nach Wasserstand gut ≋ (47.6157,13.7951)

2,8 ■ Stufe etwa 1 m hoch, mit Rücklauf, je nach Wasserstand ≋ (47.6145, 13.7937)

2,7 ■ Betondoppelstufe kurz vor 2. Straßen-Ⅱ kräftiger Rücklauf im Tosbecken, evtl. re ≋, am besten schon bei der Anfahrt besichtigen (47.6145,13.7921)

2,2 Holz-Schräg-■ gut ≋; kurz danach re gute ⬆ (47.6125,13.7894)

1,8 ■ Sohlstufe mit Rücklauf (47.6121,13.7861)

1,4 re ⇩ Altausseer Traun (s. Seite 288) in die Grundlseetraun (47.6088, 13.7849)

1,2 ■ Wehr (47.6078,13.7850)

0,4 ■ Wehr von einer Befahrung wird abgeraten, die Befahrung der Grundlseetraun wird meist vorher re beendet (47.6022,13.7833)

0,0 ⇩ der Grundlseetraun in die Ödenseetraun (s. Seite 270) bei km 140,3 ab hier Name des Flusses Koppentraun (47.6002,13.7788)

Altausseer Traun

Weitere Namen: Altausseer See

WW I-II, WW III-IV, Wildbach (Gebirgsbach)

Mündung in Grundlseetraun bei km 1,4 (re Nebenfluss)

Landschaftlich hervorragend schöne Gewässer im Naturschutzgebiet am Südrand des Toten Gebirges. Die Altausseer Traun bietet sehr interessantes, abwechslungsreiches Wildwasser.

Befahrbarkeit: Frühjahr bis Frühsommer.

Schwierigkeiten: km 4,6–⇩ WW II und III.

7,2 Die Fahrt kann am Nord-Ostende des Altausseer Sees begonnen werden (47.6479,13.7981)

4,6 ⇩ Ausfluss der Altausseer Traun aus dem Altausseer See ■ Wehr, X, ⬇ unterhalb des ■, falls auf die Befahrung des Sees verzichtet wird. Kurz unterhalb des ▬ fließt die Altausseer Traun durch einen Tunnel. Durchfahrt besichtigen! Kurz nach dem Tunnel kräftiger Abfall und anschließend 100 m weiter in einer re-Kurve eine schwierige Blockstrecke, WW III. Es folgt interessantes WW (II–III), mehrere Gefällebremsen, die leicht befahren werden können (47.6354,13.7683)

0,4 ▬ in Bad Aussee, evtl. ≋, unbedingt besichtigen, bei höherem Wasserstand gefährlicher Rücklauf! (47.6097,13.7801)

0,0 ⇩ Altausseer Traun in die Grundlseetraun (s. Seite 287) bei km 1,4 (47.6088,13.7849);
Auf der Grundlseetraun 1 km weiterfahren bis zu dem folgenden ▬ Wehr hier ⬆

Innbach

Weitere Namen: Wilder Inn
Kleinfluss
Mündung in Donau bei amtl. km 2145,9 (re Nebenfluss)

Der Innbach ist ein Kleinfluss der ansprechenden Hügellandschaft des Innviertels. Er führt durch Wälder, Wiesen und Auenlandschaften. Auf der gesamten Flussstrecke lediglich die üblichen Schwierigkeiten eines Kleinflusses mit Kurven, Strauchhindernissen, insgesamt 5 Umtragestellen.

Befahrbarkeit: Frühjahr bis Juni, später nach Regenfällen
Umwelt: sauber

52,4 Ursprung im Bereich des Hausruck in etwa 700 m Höhe (48.1494, 13.7541)

42,2 Str-II, re **A 4633 Kemanten a.Innbach** übliche ⬇ bei ausreichendem Wasserstand (48.1774,13.8592)

38,3 Str-II **A 4632 Pichl b.Wels**, weitere mögliche ⬇ (48.1852,13.8972)

28,9 ▬ Wehr (48.2196,13.9580)

28,0 Str-II B137, li **A 4702 Wallnern an der Trattnach** abseits gelegen (48.2222,13.9650)

25,1 li ⇩ Trattnach (dieser verhältnismäßig große Bach dürfte ebenfalls ≋ sein, näheres ist darüber jedoch nicht bekannt) (48.2421,13.9713)

18,1 ▬ Wehr (48.2799,14.0024)

16,5 ▬ Wehr (48.2830,14.0163)

12,7 ▬ Beton-Wehr, X, 2 m hoch, re ⌂ oder Boote hinablassen. Außer den beiden vorstehend angegebenen ▬ Wehre befinden sich zwischen Kematen und ⇩ in die Donau noch weitere 3 ▬ Wehr (48.2911,14.0373)

12,3 Str-II B129, li **A 4070 Eferding** etwas abgelegen (48.2922,14.0411)

5,6 li ⇩ der Aschach (Innbach) (s. Seite 290) in den Innbach (48.3053, 14.1004)

0,1 ⇩ des Innbach in die Donau (s. Seite 34) bei amtl. km 2145,9 unterhalb der Staustufe Ottensheim (48.3213,14.1605)

Aschach (Innbach)

Kleinfluss, WW I-II
Mündung in Innbach bei km 5,6 (re Nebenfluss)

Die Aschach verläuft zunächst als Zahmwasser durch die oberösterreichische Hochebene. Anschließend tritt sie auf einer Strecke von 10 km in ein enges, romantisches Tal ein, in diesem Bereich hat die Aschach den Charakter eines leichten Wildflusses. Anschließend läuft sie durch das breite Donautal, in diesem Bereich ist sie wieder Zahmwasser.

Befahrbarkeit:	ab **Waizenkirchen** Frühjahr und nach Regenfällen. Ab Beginn des Engtales wahrscheinlich ganzjährig.
Pegel:	**Kropfleiten**, **St. Agatha**; Minimum 120 cm
Schwierigkeiten:	km 31,7–26,9: Zahmwasser km 26,9–19,9: WW I und II, Gefälle 10 ‰ km 19,9–⇩: Zahmwasser

35,6	Ursprung bei **Wendling** in 400 m Höhe weitere Quellflüsse Faule Achach und Dürre Achach (48.3202,13.8086)
31,7	Str-II B129, **A 4730 Waizenkirchen** mögliche ⬇ Bei sehr guten Wasserverhältnissen dürfte die Aschach schon oberhalb Waizenkirchen ≈ sein. Zunächst keine nennenswerten Schwierigkeiten, Zahmwasser. (48.3330,13.8540)
28,9	li ⇩ Leitenbach, kurz dahinter li ⇩ Sandbach (48.3533,13.8723)
26,9	Kropfleiten, Beginn des Engtales, ab hier WW II, leichte Verblockung (48.3622,13.8898)
23,0	Im Bereich einer li- und anschließenden re-Kurve schwierigste Stelle der Aschach (WW II+) (48.3805,13.9097)
19,9	li ✕, Ende des Engtales Austritt der Aschach in das „Eferdinger Becken“, Abnahme der Schwierigkeiten, Zahmwasser (48.3797,13.9329)
16,1	▬ Wehr (48.3731,13.9693)
15,7	▬ Wehr **A 4081 Hilkering** ⬆ gute Möglichkeit zur Beendigung der Fahrt (48.3701,13.9736)
14,0	▬ Wehr (48.3643,13.9778)
11,8	▬ Wehr (48.3580,13.9889)
8,8	▬ Wehr Flussgabelung, der Hauptarm fließt li auf kurzem Weg zum Innbach, der re Arm ⇩ in der Nähe von Eferding in einen Nebenarm der Donau (nicht lohnend) (48.3441,14.0029)
6,9	li ⇩ Umgehungsgerinne für die Staustufe Ottensheim von der Donau (48.3349,14.0227)
0,0	⇩ der Aschach (Innbach) in den Innbach (s. Seite 289) bei km 5,6 (48.3053,14.1004)

Stromgebiet des Inns und Flüsse Tirols

Nr. in Karte	Fluss	Kleinfluss	Wanderfluss	Seengewässer	Kanal	Schifffahrtsstraße	WW I-II	WW III-IV	WW V-VI	Seite
1	Inn		o				o	o	o	291
1	Inn 2 (Tiroler Inn)						o	o	o	298
1	Inn 3 (Haiming-Kufstein)		o				o	o		303
1	Inn 4 (Unterer Inn, Kufstein-Donau)		o				o			306
2	Pram	o								313
3	Antiesen	o								315
4	Waldzeller Ache	o								318
5	Mattig	o								319
6	Schwemmbach	o								321
7	Salzach		o				o	o	o	322
7	Obere Salzach		o				o	o	o	323
7	Untere Salzach		o				o			328
8	Oichten	o								332
9	Fischach (Salzach)						o			333
10	Saalach		o				o	o	o	334
11	Unkenbach	o					o	o	o	342
12	Loferbach	o					o	o		343
13	Schüttach	o						o	o	345
14	Leoganger Ache	o					o			346
15	Urslaubach						o	o		347
16	Klausbach (Salzach)	o						o		348
17	Almbach (Salzach)	o		o						349
18	Mörtlbach							o	o	349
19	Taugl						o	o	o	350
20	Torrener Bach	o								352
21	Lammer						o	o		353
22	Aubach (Lammer)							o	o	355
23	Schwarzenbach (Lammer)	o					o	o	o	356
24	Rußbach (Lammer)	o						o		357
25	Fritzbach							o		358
26	Wagrainer Bach	o						o		359
27	Großarlbach	o					o	o	o	360
28	Gasteiner Ache	o					o	o		361
29	Rauriser Ache	o					o			364

Nr. in Karte	Fluss	Kleinfluss	Wanderfluss	Seengewässer	Kanal	Schifffahrtsstraße	WW I-II	WW III-IV	WW V-VI	Seite
30	Hüttwinkl Ache	o					o	o		364
31	Seidlwinklache	o						o		366
32	Fuscher Ache	o					o	o		367
33	Kapruner Ache	o					o	o	o	368
34	Stubache	o					o	o		369
35	Felberbach	o						o	o	370
36	Hollersbach	o						o	o	371
37	Obersulzbach	o						o	o	372
38	Krimmler Ache						o	o	o	373
39	Kössener Ache		o				o			374
40	Kitzbüheler Ache						o			375
39	Großache		o				o			377
39	Tiroler Achen		o				o			379
41	Wössener Bach									380
42	Lofer	o						o		381
43	Schwarzloferbach	o					o	o		382
44	Kohlenbach	o					o			383
45	Weißenbach (Kohlenbach)	o					o			385
46	Walchseeabfluss	o					o			386
47	Reither Ache						o	o		386
48	Fieberbrunner Ache						o	o		388
49	Thierseer Ache						o	o		389
50	Weißache (Inn)						o	o		391
51	Brixentaler Ache						o	o		393
52	Lange Grund Ache	o							o	394
53	Kelchsauer Ache	o						o	o	395
54	Windauer Ache						o	o	o	396
55	Wildschönauer Ache	o						o	o	398
56	Brandenberger Ache							o	o	399
57	Steinberger Ache	o					o	o		403
58	Ziller		o				o	o	o	404
59	Finsingbach									407
60	Gerlosbach						o	o	o	407
61	Zemmbach						o	o		408
62	Tuxbach							o	o	409

Nr. in Karte	Fluss	Kleinfluss	Wanderfluss	Seengewässer	Kanal	Schifffahrtsstraße	WW I-II	WW III-IV	WW V-VI	Seite
63	Floitenbach							o		410
64	Zamserbach						o	o		410
65	Stillupbach								o	411
66	Sill						o	o	o	412
67	Ruetz						o	o	o	416
68	Gschnitzbach	o					o	o	o	419
69	Valser Bach							o	o	420
70	Obernberger Seebach	o						o		421
71	Melach							o	o	422
72	Ötztaler Ache						o	o	o	423
73	Venter Ache							o	o	428
74	Gurgler Ache	o					o	o	o	430
75	Pitzbach									431
76	Taschachbach	o								433
77	Sanna							o		434
78	Rosanna							o	o	435
79	Trisanna						o	o	o	439
80	Faggenbach	o								442
81	Isar		o				o			443
81	Isar 1 (Hinterautal – Scharnitz)						o	o		444
81	Isar 2 (Scharnitz – Wehr Krün)						o	o		445
82	Loisach		o				o	o		447
82	Loisach 1 (Biberwier – Farchant)						o	o		448
83	Neidernach	o					o	o		451
84	Walchen						o	o	o	452
85	Dürrach	o						o	o	454
86	Krottenbach (Dürrach)	o						o	o	455
87	Rißbach						o	o	o	456
87	Rißbach 1 (Engtal)						o	o		456
87	Rißbach 2 (Klamm)								o	458
87	Rißbach 3 (unterhalb Stauwehr)						o			459
88	Fermersbach	o						o	o	460
89	Leutasch									461
90	Gleirschbach	o						o	o	463
91	Lech		o				o	o	o	464

Nr. in Karte	Fluss	Kleinfluss	Wanderfluss	Seengewässer	Kanal	Schifffahrtsstraße	WW I-II	WW III-IV	WW V-VI	Seite
92	Vils (Lech)	o					o	o		471
93	Plansee			o						473
94	Heiterwanger See			o						474
95	Weißenbach (Lech)	o					o	o		474
96	Rotlech	o					o	o	o	474
97	Namloser Bach	o						o	o	475
98	Hornbach (Lech)	o						o	o	476
99	Gstreinbach							o		478
100	Otterbach (Lech)								o	479
101	Madaubach	o						o		480
102	Kaiserbach (Lech)							o	o	480
103	Breitach						o	o		481
104	Bregenzer Ache						o	o	o	484
105	Rotach (Bregenzer Ache)	o					o	o		489
106	Weißach (Bregenzer Ache)	o					o	o	o	490
107	Frutz							o	o	492
108	Ill (Alpenrhein)						o	o	o	493
109	Lutz	o						o		496
110	Litz	o						o		498

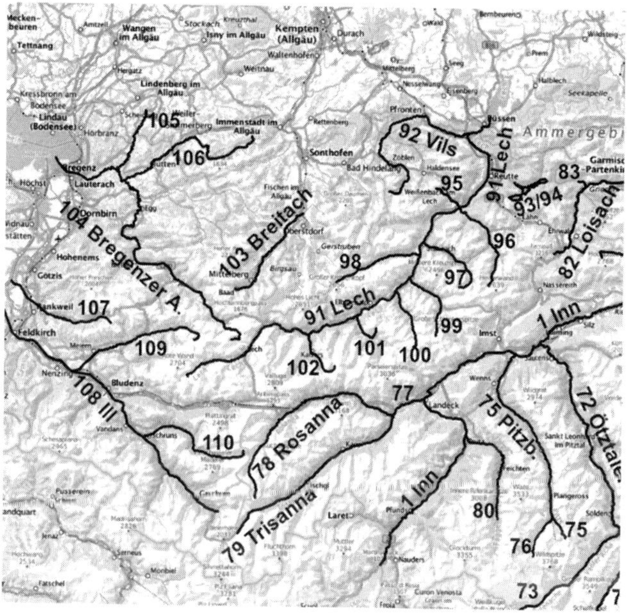
105
106
104 Bregenzer A.
103 Breitach
92 Vils
91 Lech
95
93/94
83
82 Loisach
96
98
97
91 Lech
1 Inn
107
109
101
100
99
102
108 Ill
110
78 Rosanna
77
75 Pitzb.
72 Ötztale
79 Trisanna
1 Inn
80
76
75
73
Kempten (Allgäu)
Wangen im Allgäu
Isny im Allgäu
Lindenberg im Allgäu
Lindau (Bodensee)
Immenstadt im Allgäu
Sonthofen
Bad Hindelang
Oberstdorf
Bregenz
Lauterach
Dornbirn
Hohenems
Götzis
Feldkirch
Bludenz
Landeck
Imst
Füssen
Reutte
Nauders
Ammergeb

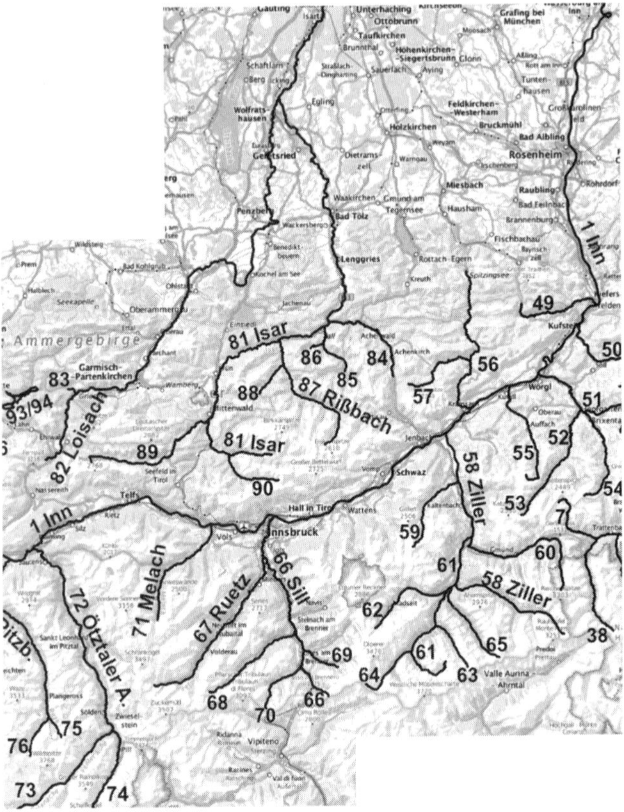
81 Isar
86
84
85
88
87 Rißbach
83
93/94
82 Loisach
89
81 Isar
90
1 Inn
57
56
49
1 Inn
50
51
52
55
58 Ziller
53
54
7
59
60
61
58 Ziller
62
66 Sill
67 Ruetz
71 Melach
72 Ötztaler A.
Pitzb.
69
61
65
63
64
38
68
66
70
75
76
73
74
Ammergebirge
Garmisch-Partenkirchen
Rosenheim
Bad Tölz
Lenggries
Miesbach
Wörgl
Jenbach
Schwaz
Telfs
Innsbruck
Wolfratshausen
Vipiteno

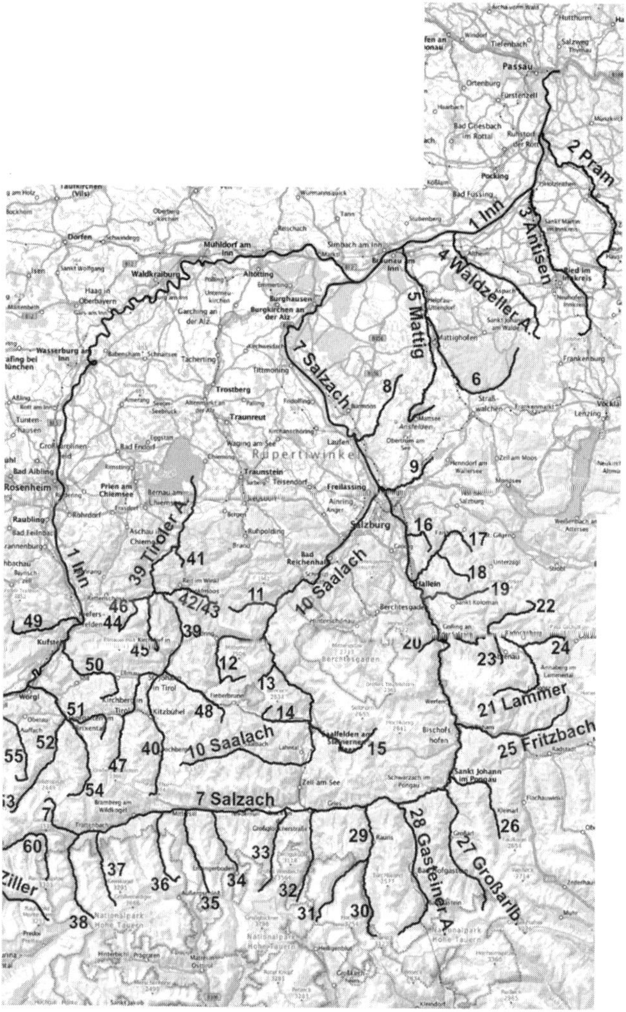
1 Inn
2 Pram
3 Antiesen
4 Waldzeller A.
5 Mattig
6
7 Salzach
8
9
10 Saalach
11
12
13
14
15
16
17
18
19
20
21 Lammer
22
23
24
25 Fritzbach
26
27 Großarlb.
28 Gasteiner A.
29
30
31
32
33
34
35
36
37
38
39 Tiroler A.
40
41
42/43
44
45
46
47
48
49
50
51
52
54
55
60
Ziller
Passau
Salzburg
Rosenheim
Kufstein
Hallein
Bad Reichenhall
Mühldorf am Inn
Waldkraiburg
Altötting
Burghausen
Traunstein
Laufen
Freilassing
Wasserburg am Inn
Bischofshofen
Zell am See
Sankt Johann im Pongau
Kitzbühel
Wörgl

Inn

Wanderfluss, WW I-II, WW III-IV, WW V-VI, Gebirgsfluss, Gletscherfluss, Stauseen

Der Inn, mit Ursprung im Engadin (dort auch „En" genannt) am Piz Grevasalvas etwa 2480 m ü. NN; ist in seinem langen Lauf durch die Schweiz und Österreich wahrscheinlich der landschaftlich schönste und wassertechnisch abwechslungsreichste Wildfluss mit stark wechselnden Schwierigkeiten. Im Oberlauf durchfließt er zunächst den Silser See und danach den See von Silvaplana. Im weiteren Verlauf bieten verschiedene Schluchten schweres bis extrem schweres Wildwasser. Ab Pfunds/Tirol wird das Tal und auch der Inn deutlich breiter und die Schwierigkeiten nehmen deutlich ab. Ab Haiming ist es nur noch leichtes WW. Mit einer Gesamtlänge von rund 517 km ist er der längste Fluss der Alpen.
Entsprechend der Länderzugehörigkeit wird er nachfolgend in mehreren Abschnitten beschrieben.

Inn 2 (Tiroler Inn)

WW I-II, WW III-IV, WW V-VI

Charakteristik: Der Inn ist der wasserreichste Wildfluss Österreichs. Der größte Teil des Wassers des Inns stammt aus Gletschern. Infolge der langen Laufstrecke des Inns und der verschiedenen, gletscherwasserführenden Nebenflüsse ist ein nennenswerter Einfluss der Sonneneinstrahlung auf die Wasserführung des Inns in Österreich nicht festzustellen. In seinem Oberlauf fließt der Inn in einem engen Tal zwischen der Samnaungruppe im Nordwesten und den Ötztaler Alpen im Südosten. In diesem Bereich ist der Inn schweres Wildwasser. Ab Landeck weitet sich das Tal, das Wasser wird leichter. Die Imster Schlucht stellt nochmals anspruchsvolles Wildwasser dar.

Befahrungsregeln: Landecker Schlucht, Imster Schlucht, Strecke von Strass nach Kramsach: jeweils privates Rafting verboten

Befahrbarkeit: ganzjährig; die Befahrung der Landeck-Schlucht ist abhängig von der Wasserabgabe des ϟ Pradella in der Schweiz, meist nur bei Volllast des Werkes während der Woche. An den Wochenenden ist die Strecke meist völlig trocken.

Pegel: -Pfunds, an Kajetans-II, km 411,5, maßgebend für die Finstermünzstrecke; günstig 180 cm.
-Magerbach an Str-II Haiming, km 342,6, maßgebend für die Imster Schlucht. NW 200 cm entspricht etwa 50 m³/s; MW 300 cm; HW 400 cm

Pegel Link: www.tirol.gv.at

Schwierigkeiten: sehr schnelle Strömung, sehr starke Wasserführung, in den schwereren WW-Strecken unheimliche Wasserwucht, starke Wellenbildung, Walzen und Brecher, nur geringe Verblockung
km 417,1 bis km 411,3 WW III+ / IV / V (Finstermünzer Schlucht)
km 411,3 bis km 383,3 WW IV–III (Tösener Strecke)

	km 383,3 bis km 374,8 (Landeckschlucht)	WW V (X) / IV / III
	km 374,8 bis km 355,5	WW II, Gefälle 2 ‰
	km 355,5 bis km 342,6	WW III (Imster Schlucht), Gefälle 4 ‰
Infrastruktur:	Zeltmöglichkeit: ⛺ in Landeck, Imst und Oberstadt, Pfunds	
Karten:	Jübermann Wasser-Wanderkarte Nr. 5, Kompaß-Wanderkarte Nr. 290, (Rund um Innsbruck)	

418,2 Str-II, li **CH-7560 Martina** Schweizer Zollamt, die Befahrung der Schweizer Strecke des Inns wird zumeist hier beendet. Es folgt die Finstermünzschlucht, eine extrem schwere WW-Strecke (46.8847, 10.4650);
⚠: noch 2013 soll mit dem Bau eines ↯ in der Finstermünzschlucht begonnen werden, was vorerst das Ende jeder Befahrung wäre. Die Staumauer soll im Bereich von Ovella, d. h. etwa bei km 414 erstellt werden. Der Rückstau soll ca. 2,5 km betragen. Voraussichtliche Bauzeit: 4 Jahre (46.8849,10.4651)

417,7 li ⇅-Möglichkeit am Ortsende von **CH-6543 Martina** nach einem Holzlagerplatz etwa 1.035 m ü. NN (46.8891,10.4688)

415,5 li **CH-7560 Schleins-Ovella** ⚠ hier etwa soll ▬ Staumauer „Grenzkraftwork" mit Baubeginn 2013 entstehen (46.9064,10.4782)

414,9 Schwälle nach re-Kurve (46.9111,10.4795)

414,2 re ⇩ Stiller Bach Unbedingt rechtzeitig ↱ 100-200 m nach der ⇩ (46.9149, 10.4859)

413,8 ⚠ Bei der 1. schweren Stelle versperrt ein riesiger Block die Einfahrt. In der Mitte Siphon im Wasserzug. (46.9187,10.4854)

413,2 2. schwere Stelle ⚠ eine Stufe geht über die ganze Flussbreite, im verblockten Unterwasser starker Rücklauf, WW V. Beim ⛰ re Schwierigkeiten durch Stacheldraht (46.9237,10.4871)

412,5 Str-II mit Grenzturm **A-6543 Altfinstermünz** davor re Festung Altfinstermünz. Der Inn wird auf ganzer Breite österreichisch (46.9292, 10.4868);
Die Schwierigkeiten lassen nach WW IV–III (46.9294,10.4865)

411,5 li ⇩ Schalkl- oder Schergenbach Ende der „Finstermühlschlucht". li 🚌 Schalklhof, nur noch schwache Verblockung (46.9363,10.4912)

409,0 Str-II, Reschenstrasse, B180, **A-6542 Pfunds-Kajetansbrücke** Steinbogenbrücke, davor li ⇡-Möglichkeit und ≡, li Zollstation an der B 184 (46.9517,10.5116);
Anschließend bis Tösens etwas leichter (46.9519,10.5119)

408,8 li ⛺ Via Claudiasee mit kleinem Badesee, Paddlerfreundlich, gutes Standager für längeren Aufenthalt in der Gegend, Rauth 714, **A-6542 Pfunds** (46.9535,10.5137)

405,7 Alte Str-II re **A 6542 Pfunds-Dorf** li **Pfunds-Stuben**, 🅿. starke Verblockung (46.9679,10.5392)

405,0 Str-Ⅱ, re **A-6542 Pfunds-Dorf** (46.9714,10.5433)
404,5 –402,5 starke Verblockung (46.9738,10.5488)
401,3 Wege-Ⅱ. re **A-6542 Mariastein**, li nach **A-6542 Lafairs** bzw. **A-6542 Stein** (46.9924,10.5764)
398,9 li ⇅-Möglichkeit für Befahrung der Tösener Schlucht; gegenüber der südlichen Zufahrt nach Tschupbach von der B180 aus ist eine Feldweg von dem aus man ans Wasser kommt) (47.0072,10.5981)
398,3 Str-Ⅱ, Reschenstrasse, B 180 bei **re A-6541 Tösens**, li ≋! (47.0121, 10.5997);
⚠ im Bereich dieser und der nachfolgenden Ⅱ sehr schweres WW (IV), vorherige Besichtigung wird empfohlen. Dahinter li ⇩ Tschupbach (47.0122,10.5996)
398,2 re-Kurve nach Möglichkeit Innenseite der Kurve fahren (47.0130,10.5995)
398,1 alte Str-Ⅱ, bei re **A-6541 Tösens** li nach **A-6541 Tösens-Tschupbach** (47.0134,10.6001)
397,4 Str-Ⅱ re Ortskern von **A-6541 Tösens** li nach **A-6534 Unter Tösens** davor re gute ⇅ (47.0186,10.6049)
393,6 re **A-6531 Ried-St. Christina** hier erneut sehr wuchtige Blockstrecke (47.0424,10.6344)
391,8 ⬆ Günstige Ausstiegsstelle bei ⛺ linksufrig (47.0550,10.6473)
391,6 Str-Ⅱ, re **A-6531 Ried i. Oberinntal** mit ⛺ Dreiländereck. li nach Fiss und Ladis (47.0569,10.6496)
391,5 li 🅿 und möglicher ⛺ gute ⬆ (47.0572,10.6498);
Bis zum Stausee relativ leichte Fahrt (47.0574,10.6505)
390,8 re ⇅-Möglichkeit bei Str-Unterführung unter der B 180 bei re ⇩ Fendlerbach, in Höhe des Badesees, begrenzte 🅿-Möglichkeit (47.0610, 10.6582)
389,7 re ⇩ Unterkanal des Kaunertalkraftwerkes künftig mit Rückführung des in der Finstermünzschlucht abgeleiteten Wassers (47.0693,10.6631)
388,8 Str-Ⅱ, re **A-6522 Prutz** (47.0772,10.6610)
388,5 li ⛺ Aktiv-Camping Prutz, Pontlatzstr. 22, **A-6522 Prutz** (47.0801, 10.6601)
387,7 re ⇩ des Faggenbach (s. Seite 442) in den Inn aus dem Kaunertal kommend manchmal auch Kaunerbach genannt (47.0870,10.6642)
387,2 re gute ⬆ unterhalb Prutz 🅿, bzw. Raftausstiegstelle (zwischen Spar-Markt und Esso Tankstelle) (47.0910,10.6655)
385,5 Str-Ⅱ (47.1055,10.6612)
384,4 Je nach Wasserführung wird der größte Teil des Wassers oder das gesamte Wasser bis Imst (km 357,1) unterirdisch abgeleitet. Die folgende Strecke bis Landeck ist an den Wochenenden meist völlig trocken, bei Volllast des ϟ Pradella in der Schweiz ist während der Woche jeweils nachmittags eine Befahrung vielfach möglich. Es ergibt sich dann eine enorme Wasserwucht mit riesigen Walzen. (47.1129,10.6528);
▬ Staustufe, X, re ⌂ (47.1132,10.6523)
383,3 re die neue B180 wird ab hier in einem Tunnel direkt zur Inntalautobahn

bei km 368,7 geführt (47.1143,10.6384)

383,2 Str-II, Niedergallmigg, **A-6521 Fließ-Neuer Zoll**, etwa 853 m ü. NN (47.1139,10.6362)

382,8 hölzerne, überdachte Fußg-II danach Beginn der Kernstrecke, auf ca.800 m WW V bis WW VI; bei höherem WS unbedingt vorher von Straße aus besichtigen, ggf. erst in Nesselgarten einsetzen (47.1139,10.6326)

381,6 ⬇ Übliche Einstiegsstelle für die Befahrung der Landecker Schlucht (47.1154,10.6173)

381,3 ⬇-Möglichkeit bei zu starker Wasserabgabe aus dem Stausee; WW II bis WW IV (47.1168,10.6133)

381,0 überdachte Fußg-II, **A-6500 Landeck-Urgen** (47.1171,10.6094)

380,8 Str-II, Hochgallmigg Landesstrasse, L 312, **A-6500 Landeck-Urgen** (47.1172,10.6065)

376,9 Str-II B180 (47.1354,10.5673)

376,7 Str-II, L 76, Innstrasse, **A-6500 Landeck** (47.1371,10.5660)

376,6 Fußg-II (47.1385,10.5654)

376,3 Str-II, Tiroler Strasse, B 171, **A-6500 Landeck**, (47.1406,10.5652); EB-II (47.1411,10.5653)

376,1 Rohr-II (47.1426,10.5652)

376,0 ⬇, **A-6500 Landeck** Sannamündung 🅿 an der Innstr. mit direktem Zugang oder auf dem ⛺ an der Sanna, etwa 800 m flussaufwärts der Sanna; doppelte Sohlrampe (47.1437,10.5644);
li ⇩ der Sanna (s. Seite 434) in den Inn (47.1438,10.5642)

375,9 –353,3 Die folgenden 21 km bis Imst sind verhältnismäßig leichtes WW II, bei HW (Juni–Juli) mehrere Schwallstrecken mit erheblicher Wellenbildung, WW III. (47.1440,10.5647)

375,3 Str-II, Schrofensteinstrasse, **A-6500 Landeck-Perjen** (47.1470,10.5710)

374,8 re 🚆 Landeck-Zams, **A-6500 Landeck** (47.1487,10.5779)

372,2 Str-II, Hauptstrasse, B 171, **A-6511 Zams**, re **Altort**, großes Unfallkrankenhaus (47.1618,10.5854)

372,1 Wege-II, Bachgasse (47.1624,10.5870)

371,6 Str-II, Walter Fraidl Brücke, **A-6511 Zams** (47.1651,10.5916)

370,3 Str-II, Reschen Strasse, neue B 180 verläuft im Tunnel bis Fließ-Neuer Zoll (47.1713,10.6041)

370,0 Autobahn-II A12 (47.1734,10.6070)

367,2 Autobahn-II A12 (47.1855,10.6366)

366,6 li ⇩ Starkenbach ⚠ viel Geschiebeeintrag! (47.1887,10.6438)

365,9 Str-II, Tiroler Strasse, B 171, re **A 6491 Schönwies**, li **A-6491 Schönwies-Starkenbach** (47.1940,10.6471)

363,4 Str-II, Tiroler Strasse, B 171, li **A-6493 Mils bei Imst**, re **A-6491 Schönwies-Saurs** (47.2033,10.6746)

361,6 Insel im Fluss bei **A 6492 Imsterberg** re fahren (47.2090,10.6955)

360,8 re **A-6492 Imsterau** (47.2132,10.7030)

359,3 Str-II, Imsterberg Landesstrasse, li **A 6460 Imst**, li Gewerbegebiet (47.2160,10.7221)

358,7 re ⇩ Einleitung abgeleiteten Wassers von km 382,7 (47.2159,10.7303)

356,8 ⬇ für die Imster Schlucht bzw. ⬆-Stelle zur Beendigung der Landeck-Strecke (47.2178,10.7536)

356,7 li ⇩ Pigerbach oder Gurglbach davor li ⬇ der Rafter für die folgende Imster Schlucht, 🅿 der Rafter. (Anfahrt: beim Gummiwerk Czermak und Feger-Brennbichl 82 - immer nach Süden, unter dem Autobahnzubringer und unter der Autobahn hindurch immer dem Pigerbach entlang fahren!) ⚠ Mit Rafting ist zu rechnen zwischen 1. Mai und 15. Oktober jeweils zwischen 9.00 Uhr und 19.00 Uhr! (47.2183,10.7549)

356,6 Str-Ⅱ, Pitztal Landesstrasse, hoch über dem Fluss, li etwa 2,5 km zum Ortszentrum von **A-6460 Imst**, re nach **A-6471 Arzl im Pitztal** (47.2188, 10.7567)

356,5 li Alternative ⬇ für die folgende Imster Schlucht, bzw. ⬆ für die Landeck-Strecke an Slipanlage etwa 20 m oberhalb (47.2192,10.7573);
alte Str- Ⅱ, Königskapelle, re 🚂 Imst-Pitztal darunter li Schwall (47.2191, 10.7577)

356,5 –343,7 Die Imster Schlucht wird sehr häufig befahren Schnelle Strömung, erhebliche Wellenbildung mit Walzen und Löchern, starke Wasserwucht, nur geringe Verblockung. Den größten Wellen kann zumeist ausgewichen werden. WW III, bei höherem Wasserstand erheblich darüber. Im Falle einer Kenterung muss mit längeren Schwimmstrecken gerechnet werden. Schwierige Stellen: Eingangsschwall an der alten Brücke, Rohrbrückenschwall, Strecke vor der Roppener-Ⅱ, vor und nach der ⇩ der Ötztaler Ache und vor Haiming (47.2192,10.7581)–(47.2587,10.8750)

354,6 re ⇩ des Pitzbach (s. Seite 431) in den Inn (47.2134,10.7797)

353,7 Rohr-Ⅱ, davor Schwall "Rohrbrückenschwall", Auftakt der eigentlichen Imster-Schlucht (47.2110,10.7917)

353,0 Fußg-Ⅱ (47.2113,10.7997);
„Fotografenschwall“ (47.2115,10.8005)

351,7 Str-Ⅱ, Holzbrücke, Roppener Landesstrasse, **A-6426 Roppen** (47.2156, 10.8150)

350,7 Str-Ⅱ, Tiroler Strasse, B 171, **A-6426 Roppen** (47.2237,10.8208)

350,0 Fußg-Ⅱ, **A-6426 Roppen-Innkniesiedlung** (47.2267,10.8238)

348,5 ⇩ der Ötztaler Ache (s. Seite 423) in den Inn (47.2322,10.8384)

347,6 Str-Ⅱ, Autobahnzubringer; Ötztal Bundesstrasse, B 186 (47.2358, 10.8474)

346,9 Fußg-Ⅱ, Simmeringweg, re **A-6430 Ötztal-Bahnhof**, li **A-6425 Haiming-Schlierenzau** (47.2400,10.8543)

344,2 li gute ⬆⬇ **A-6425 Haiming** zwischen zwei Buhnen, auch Ende der Rafting-Tour; mit 🅿 Zufahrt zwischen Autobahnunterführung und **A-9425 Haiming-Magerbach** (47.2565,10.8706)

343,7 Str-Ⅱ, Alte Bundesstrasse, **A-6425 Haiming**, ≡ **Magerbach**. li ✕ Hollinger, Magerbach 2, **A-6425 Haiming**, Raftingzentrum Haiming, Alternativer ⬆⬇ evtl. li, 200 m flussabwärts der Ⅱ, 🅿-Möglichkeit (47.2587, 10.8750)

Inn 3 (Haiming-Kufstein)

Wanderfluss, WW I-II, WW III-IV

Charakteristik: Der Inn ist ab Haiming bis Kufstein leichtes Wildwasser. Leider stark reguliert.

Befahrungsregeln: keine

Befahrbarkeit: ganzjährig

Pegel Link: www.tirol.gv.at/buerger/sicherheit/wasserstand/

Schwierigkeiten: vielfach schnelle Strömung, ab Kirchbichl durch mehrere große Stauanlagen weitgehend verbaut, die dazwischen liegenden Fließstrecken sind kurz und ohne Schwierigkeiten zu befahren.
km 342,6 bis km 219,9 WW I–II

Karten: Jübermann Wassersport-Wanderkarte Nr. 5 ISBN: 978 3 929540-32-1 /

343,8 Str-II, Alte Bundesstrasse, **A-6425 Haiming**, **Magerbach**. li ✕ Hollinger, Magerbach 2, **A-6425 Haiming**, Raftingzentrum Haiming, Alternativer ⇅ evtl. li, 200 m flussabwärts der II, P-Möglichkeit (47.2587, 10.8750);
Beginn der leichteren WW-Strecke des Inns Anfangs allerdings noch WW III+; sehr schnelle Strömung, Kiesbankschwalle, Wirbel im Bereich der Buhnen und Brücken. Kehrwasser sind selten. Anlanden daher vielfach schwierig oder unmöglich. Die Inntal-Autobahn sowie die Bundesstraße verlaufen auf längeren Abschnitten neben dem Inn (47.2589,10.8755)

339,9 Str-II, re **A-6424 Silz** Simmeringstr. ⚠ Unter der II sehr wuchtiger Schwall. li etwas leichter als re! Evtl. bei Anfahrt besichtigen (47.2704, 10.9200)

339,3 ▬ 2x Sohlstufe (47.2724,10.9268)

338,6 re gute ⇅ **A-6424 Silz** nach der Egerbachsiedlung/Fabrikstraße; zum 🚆 **Silz** 5 Minuten (47.2720,10.9360)

338,3 AB-II, A 12 Inntalautobahn, darunter Schwall (47.2734,10.9388)

336,7 Str-II, li **A 6423 Mötz** die Befahrung des Inns für WW-Anfänger wird vielfach hier begonnen. WW II (47.2759,10.9576);
re hinter Autobahn und Eisenbahn 🚆 **Mötz** und B 171 mit 🚌 nach **A-6422 Staudach** (47.2762,10.9580)

336,3 Str-II, Mötzer Landesstrasse, li **A-6423 Mötz**, Zubringer zur re Inntalautobahn und zur B 171 (47.2790,10.9598)

335,8 re ⇩ des Kraftwerksausleitung Silz (47.2799,10.9663)

334,2 Fußg-II, Hängebrücke bei re **A-6422 Stams** (47.2858,10.9852)

329,6 Achtung auf Inseln und Kiesbänke! (47.2974,11.0429)

328,6 Autobahn-II A12 (47.2979,11.0558)

327,5 Str-II, B 171, li **A-6410 Telfs**, re **A-6405 Pfaffenhofen** (47.3010,11.0704)

327,2 Fußg-II **A 6410 Telfs** (47.3014,11.0740)

318,5 Str-II, re **A-6402 Hatting**, li **Leiblfing** (47.2836,11.1695)
316,1 AB-II, A 12, Inntalautobahn, re **A-6401 Inzing**, li **A-6170 Eigenhofen** (47.2804,11.1981)
312,8 Str-II, Bahnhofstrasse, **A-6170 Zirl** (47.2683,11.2357)
312,8 –224,3 WW I bis WW II
310,4 Str-II B177 Zubringer zur Inntalautobahn (47.2665,11.2609)
310,3 re ⇩ der Melach (s. Seite 422) in die Inn (47.2665,11.2621)
310,2 Str-II, Sellreiner Landesstrasse, li **A-6170 Zirl-Martinsbühel**, re **A-6175 Kematen** (47.2668,11.2640)
305,2 Str-II B171, re **A 6176 Völs** Autobahnzubringer; li etwas abseits Camping Kranebitten, Kranebitter Allee 214, A 6020 Innsbruck (47.2613, 11.3259)
304,2 li Flugplatz Innsbruck re etwa 500 m hinter der Autobahn Völs, Bahnhofstrasse 10, A-6176 Völs, www.camping-stigger.at (47.2551, 11.3349)
302,5 –293,3 Stadtgebiet von **A-6020 Innsbruck** (47.2550,11.3552)–(47.2672, 11.4527)
301,9 Fußg-II, Sieglangersteg, (47.2542,11.3624);
⚠ Bei höheren Wasserständen sind hinter den Brückenpfeilern große Kehrwässer und Schwalle! (47.2541,11.3626)
300,6 EB-II (47.2571,11.3768)
300,3 Str-II, Bachlechnerstrasse, B 174, (47.2593,11.3791)
299,9 re mögliche ⇅, an Franz-Gschnitzer-Promenade/Rechengasse an Ende der HW-Schutzmauer (47.2625,11.3823)
299,5 Str-II, Blasius-Hueber-Strasse,, re Altstadt, li **A-6020 Innsbruck-Hötting** (47.2653,11.3846)
298,9 Str-II, Innbrücke, (47.2686,11.3910)
298,3 Fußg-II, Innsteg, (47.2732,11.3952)
298,0 EB-II der neuen Hungerburgbahn (47.2760,11.3973)
297,7 Fußg-II, Weiherburgsteg, (47.2783,11.3998)
297,3 EB-II der Alten Hungerburgbahn (47.2802,11.4040)
297,2 Str-II, Mühlauer Brücke, B 171, ⌘ Stadt, man sollte sich unbedingt für eine Besichtigung Zeit nehmen. Anlanden im Stadtbereich allerdings sehr schwierig, bei höherem Wasserstand möglich (47.2803,11.4049)
296,4 EB-II, schwierige Durchfahrt schwerer Schwall, ↱ zur Besichtigung sehr mühsam, wegen Zäune kaum möglich, li Joch am günstigsten ≋ (47.2788,11.4158)
296,2 re ⇩ der Sill (s. Seite 412) in den Inn und ⌂ Kajakverein NF Innsbruck, http://bootfahren.at (47.2780,11.4176);
Weitere Kanuvereine in Innsbruck sind: Canoe und Kayak Club Innsbruck www.ckc-innsbruck.at und der Tiroler Wassersportverein www.twv-kanusport.at
295,2 Str-II, Grenobler Brücke, (47.2744,11.4301)
293,7 Str-II, Kugelfangweg, (47.2680,11.4472)
291,5 Str-II, li **A-6060 Hall in Tirol** Zubringer zur Inntal Autobahn, li

Gewerbegebiet (47.2715,11.4748)
289,0 Str-Ⅱ, B 171A, li **A-6060 Hall in Tirol** danach Felsen im Fluss, Lücke ist halblinks (47.2763,11.5061)
288,8 überdachte Holz-Fußg-Ⅱ, Münzergasse, **A-6060 Hall in Tirol** (47.2768, 11.5086)
286,4 EB-Ⅱ, links halten, nachfolgend flache Kiesbank! (47.2810,11.5402)
285,3 Str-Ⅱ, B171, re **A-6111 Volders** ⚠, davor mehrere Felsen im Fluss! (47.2842,11.5537)
284,5 Fußg-Ⅱ, Innsteg/Auwegre, **A 6111 Volders**, li 🚆 **A-6121 Baumkirchen-Unterfeld** (47.2900,11.5602)
281,8 Str-Ⅱ, li **A-6122 Fritzens** re **A-6112 Wattens** ab hier gute Zeltmöglichkeiten (47.3009,11.5881)
278,0 Str-Ⅱ, li **A-6123 Terfens** re **A-6114 Weer**, etwas abseits ⛺ Alpencamping Mark (47.3121,11.6335)
275,5 AB-Ⅱ, A 12, li **A-6123 Weißlahn** (47.3208,11.6620)
274,1 Str-Ⅱ, re **A-6136 Pill**, li **A-6123 Vomperbach** (47.3240,11.6793)
273,0 re re mögliche ⇅ **A-6136 Pill** nahe Heiligkreuz 22, 🅿, ca. 200 m zum 🚌 Pill-Kreuzbichl an der B 171 (47.3270,11.6927)
270,7 Str-Ⅱ, **A-6130 Schwaz** (Swarovskystrasse) (47.3450,11.7064)
270,4 Str-Ⅱ, **A-6130 Schwaz** (Bahnhofstrasse) (47.3482,11.7056)
269,6 Str-Ⅱ, **A-6130 Schwaz** (Münchner Strasse) li Anschlussstelle Schwaz der A 12 (47.3544,11.7073)
265,5 re **A-6220 Buch in Tirol** (47.3766,11.7497)
263,3 Str-Ⅱ, Achenseestrasse, li **A-6200 Jenbach**, li Endstation der Zillertal-Bahn. Für den empfehlenswerten Abstecher zur Ziller werden die Boote von der Zillertal-Bahn auf eigenem Wagen aufgebaut mitgenommen (47.3844,11.7730);
Str-Ⅱ, Achenseestrasse, li **A-6200 Jenbach**, li Endstation der Zillertal-Bahn. Für den empfehlenswerten Abstecher zur Ziller werden die Boote von der Zillertal-Bahn auf eigenem Wagen aufgebaut mitgenommen
261,6 überdachte Fußg-Ⅱ, li **A-6210 Tiergarten**, re **A-6220 Rotholz** (47.3903, 11.7937)
261,3 EB-Ⅱ und Str-Ⅱ (47.3920,11.7957)
260,2 Str-Ⅱ, Achensee Strasse, B 181, li A 12-Inntalautobahn (47.4005, 11.8044)
260,1 re **A-6261 Strass im Zillertal.** ⚠ zwischen 1. Mai und 15. Oktober muss bis km 251 Kramsach mit kommerziellem Rafting gerechnet werden, privates Rafting verboten! (47.4007,11.8045)
257,5 re ⇩ des Ziller (s. Seite 404) in den Inn (47.4077,11.8378)
253,5 Wege-Ⅱ, re **A-6230 Brixlegg**, danach EB-Ⅱ (47.4329,11.8737)
253,4 ⚠ sehr schwere Schwallstrecke! WW III; re ⌓, evtl. nach Besichtigung re ≋ (47.4335,11.8744)
252,5 Str-Ⅱ, li **A-6233 Kramsach**, Autobahnzubringer zur AS32/Kramsach (47.4385,11.8822);
Ende der Raftingstrecke, li hinter der Autobahn ⛺ Seencamping

Stadlerhof **A-6233 Kramsach**
252,0 re 🚐 und 🅿 **A-6240 Rattenberg** an der Südtiroler Str. (47.4383,11.8893); ⚠ Wirbel und Wellen in der Linkskurve (47.4384,11.8898)
251,5 Str-II, **A-6240 Rattenberg** ⌘ Städtchen (47.4417,11.8938)
251,2 Autobahn-II A12, Inntal-Autobahn (47.4444,11.8959)
250,9 li ⇩ der Brandenberger Ache (s. Seite 399) in den Inn, ca. 515m ü. NN, bei **Rattenberg**; direkt an der ⇩ besteht ⬆-Möglichkeit (47.4467,11.8978)
244,2 Str-II, re **A-6250 Kundl** li **A-6252 Breitenbach am Inn** (47.4761, 11.9739)
242,7 re ⇩ der Wildschönauer Ache (s. Seite 398) in den Inn (47.4802,11.9921)
237,6 Fußg-II, re **A-6300 Wörgl**, evtl. Fahrt vor der II beenden, 10 Min zum 🚂, danach bis Kufstein 2 lange Abschnitte ohne Strömung (47.4934, 12.0549)
236,9 re ⇩ der Brixentaler Ache (s. Seite 393) in die Inn (47.4992,12.0590); Autobahn-II A12 (47.4994,12.0584)
235,9 Str-II, li **A-6321 Angath**, re **A-6322 Kirchbichl-Kastengstatt** (47.5058, 12.0663);
hier weisen Hinweistafeln auf das Spülen des Staubeckens hin; nicht mehr weiterfahren sondern bis nach dem ϟ ⏏
234,9 ▬ Staustufe zum ϟ Kirchbichl **X**, li ca. 150 m ⏏, ➔ Kraftwerkskanal. Befahrung verboten (47.5106,12.0778);
Je nach Wasserabgabe hat die nachfolgende Innschleife für eine Befahrung zu wenig Wasser. Dann evtl. sinnvoll vorm Kraftwerkskanal re ausbooten und über die Viktor-Kaplan-Str. etwa 1,6 km bis unterhalb des ϟ ⏏
231,3 re ⇩ Kraftwerkskanal vom ϟ Kirchbichl (47.5169,12.0887)
230,8 Str-II, Kirchbichler Strasse, li **A-6336 Oberlangkampfen**, re **A-6322 Bichlwang** und **A-6322 Kirchbichl** (47.5208,12.0926)
228,8 EB-II (47.5346,12.1042)
224,9 ▬ Staustufe zum ϟ Langkampfen-Kufstein (Bj. 1998), **X**, re ca. 100 m ⏏ (47.5602,12.1384)
223,8 Str-II, Eiberg-Bundesstrasse, B 173, vor **A-6330 Kufstein** (47.5687, 12.1447)
222,7 Fußg-II (47.5759,12.1520)
222,6 re ⇩ der Weißache (s. Seite 391) in die Inn (47.5758,12.1537)
221,9 Str-II, **A-6330 Kufstein** (Schubertstrasse) (47.5784,12.1624)
221,3 Str-II **A 6330 Kufstein** (Münchner Str.) ⌘ Alte Feste, Heldenorgel, li 🚂, re Wilder Kaiser (47.5829,12.1675)

Inn 4 (Unterer Inn, Kufstein-Donau)

Wanderfluss, WW I-II, teilweise Wildwasser
Mündung in Donau bei amtl. km 2225,4 (re Nebenfluss)

Charakteristik. Die nachfolgende Beschreibung bezieht sich auf die

Strecke von Kufstein bis Passau. Der Inn ist hier durch mehrere große Stauanlagen weitgehend verbaut, die dazwischenliegenden Fließstrecken sind kurz und ohne Schwierigkeiten zu befahren. Alle Umtragestellen an den Wehren sind vorbildlich gekennzeichnet und überwiegend mit Anlegerampen und Treppen versehen. Mitführen von Bootswagen wird empfohlen. Die Ausleitungsstrecke von Jettenbach bis Mühldorf ist auf Grund erhöhter Restwasserabgabe ganzjährig befahrbar. Bis zu 13 fahrbare Sohlrampen wurden zwischenzeitlich zur Sohlstabilisierung eingebaut. Zwischen Jettenbach und Töging werden weitere Sohlrampen eingebaut. Wildwasserkenntnisse und entsprechende Ausrüstung (Schwimmweste) sind erforderlich.

Befahrungsregeln:	km 73,0 – km 61,1 NSG Vogelfreistätte Salzachmündung, Befahrung des Hauptstromstrichs gestattet, Betreten der Inseln, Kiesbänke und Ufer, sowie Befahren der Altarme verboten km 56,0 – km 35,3 NSG Unterer Inn, Befahrungsverbot vom 01.05. bis 31.08. (gilt nur auf der bayerischen Seite, gilt nicht für österreichisches Hoheitsgebiet, Flussmitte ist die Staatsgrenze zu Österreich). In der übrigen Zeit ist das Betreten der Ufer, Inseln und Sandbänke generell verboten.
Befahrbarkeit:	ganzjährig, zwischen Jettenbach und Mühldorf durch Restwasserabgabe ausreichender Wasserstand Mindestpegel 100 cm am Pegel Kraiburg.
Pegel:	Pegel: Kraiburg (km 122,4), ☎ 01804-370037-424 Internet-Pegelinfo www.kanu-bayern.de (unter Pegelinfo) Info LFW www.hnd.bayern.de
Schwierigkeiten:	Im staugeregelten Bereich keine, zwischen Jettenbach und Mühldorf bis zu WW II+ durch Sohlrampen.
Infrastruktur:	bei Einöden (km 204,0) Λ beim ⌂ des Faltboot-Club Braunau (km 58,3) Λ des FC Neuhaus (km 16,3)
Literatur:	Marco Polo Freizeitkarte Nr. 65 (Niederbayern/Rottal-Inn), Marco Polo Freizeitkarte Nr. 37 (Östl. Bayer. Alpen)
Karten:	L8338, L8138, L7938, L7940, L7740, L7742, L7744, L7746, L7546,Jübermann Wasser-Wanderkarte Nr. 4
Kilometrierung:	km-Tafeln am Ufer

221,3 Str-II **A 6330 Kufstein** (Münchner Str.) ⌘ Alte Feste, Heldenorgel, li, re Wilder Kaiser (47.5829,12.1675)

219,3 Fußg.-II re Schwimmbad, Sportplätze „Kufsteinarena“ (47.5881,12.1663); li ⬇ Kufstein (47.5885,12.1656)

219,0 Str-II bei Kufstein (Wildbichler Bundesstr.) (47.5910,12.1662); Str-II **A12** (Inntal-Autobahn) (47.5911,12.1661)

217,5 –204,0 Der Inn ist Grenzfluss zwischen Deutschland (li) und Österreich (re) (47.6011,12.1778)–(47.7011,12.1623)

216,2 Str-II **A93/A12** (Rosenheim-Kiefersfelden) (47.6050,12.1935)

215,5 li ⇩ der Thierseer Ache (s. Seite 389) in den Inn auch Kieferbach genannt, bei Kiefersfelden (ca. 477 m ü. NN) (47.6067,12.2013); li **83088 Kiefersfelden** li 🚂 (1200 m), re Zahmer Kaiser

214,2 re **A 6341 Oberndorf**

212,5 re **A 6341 Ebbs**

211,6 re ⇩ Jennbach (47.6395,12.2008)

211,4 ▬ Staustufe ϟ Oberaudorf/Ebbs, X, ⌂ (47.6415,12.1987)

210,8 li Seeausbuchtung Rechenauer See, ⬇ (47.6459,12.1955)

210,6 Str-II ST2093; li **83080 Oberaudorf** re **A 6342 Niederndorf** (Tiroler Str.), re ✕ Tiroler Hof (47.6478,12.1943)

208,7 Holz-II, li **83080 Oberaudorf-Reisach** (hinter der Autobahn) mit Schloss Urfahrn, Schwall (47.6631,12.1843)

207,3 –198,7 Rückstau der Staustufe Nußdorf (47.6734,12.1749)–(47.7447, 12.1347)

204,0 li 🚐 Inntal Camping etwa 200 m auf der anderen Seite der A93, vom Inn aus schwer zu erreichen, nunmehr wieder beide Ufer deutsches Staatsgebiet, Kranzhornweg 40, 83126 Flitsbach (47.6989,12.1592)

203,6 re **83131 Nußdorf-Windshausen**

202,0 –200,5 ⚠ Standortübungsplatz Brannenburg Pionierübungsgelände (47.7162,12.1504)–(47.7371,12.1371)

199,2 Str-II ST2359, re **83131 Nußdorf** li **83098 Brannenburg-Degerndorf** (Brannenburger Str.) (47.7398,12.1360)

198,7 ▬ Staustufe ϟ Nußdorf, X, li ⌂ ins Altwasser (150 m), Hinweistafeln und Rampen (47.7447,12.1347)

198,3 Rampen für Pionierbrücke ⚠ bei Übungen! (47.7483,12.1341)

194,5 Str-II RO7, re **83115 Neubeuern-Altenmarkt am Inn** li **83064 Raubling-Kirchdorf am Inn** (Innstr.) (47.7816,12.1256)

194,5 –187,6 Rückstau der Staustufe Rosenheim (47.7825,12.1250)–(47.8375, 12.1531)

193,5 li **83064 Raubling**

191,6 Str-II **A8** (München-Salzburg) (47.8070,12.1272)

187,9 re ⌂ Rudersport-Club Rosenheim ⛺-Möglichkeit bei vorheriger Anmeldung, Ahornstr.; 83101 Rohrdorf, www.rsc-rosenheim.de, ☎ 08031-9017080 (47.8355,12.1534)

187,6 ▬ Staustufe ϟ Rosenheim, X, (8 m), re ⌂ über Rampen (47.8379, 12.1533)

186,6 Str-II St2095 (Miesbacher Str.) (47.8462,12.1530)

185,9 li ⌂ des Kajak Klub Rosenheim, www.kajak-klub-rosenheim.de (47.8512, 12.1472)

185,9 EB-II, darunter ▬ Sohlstufe, ≈ (47.8521,12.1473); re ⇩ Sims Abfluss des Simssee (47.8528,12.1474)

185,3 Str-II ST2362; li **83022 Rosenheim** (Innstr.), li 🚂 (2 km) (47.8558, 12.1417)

184,7 li ⇩ der Mangfall in den Inn (47.8597,12.1361)

184,2 ⌂-Möglichkeit vom Inn in den Hammerbach so kann man über

Hammerbach und Rott das Wehr unterhalb Rosenheim umfahren (47.8639,12.1347)

173,4 ↱ zum ⏏ der folgenden Staustufe (beschildert) (47.9573,12.1579)
173,1 ▬ Staustufe ↯ Feldkirchen, **X**, (8 m) (47.9604,12.1574)
173,0 ⬇ nach dem ⏏ (47.9615,12.1590)
171,2 re ⇩ der Murn in den Inn (über Altwasser) (47.9772,12.1526)
169,6 ⇩ der Rott (Rott am Inn) in den Inn (47.9911,12.1556)
168,8 Str-II ST2079, re **83556 Griesstädt** (47.9950,12.1641)
168,8 –159,9 Rückstau der Staustufe Wasserburg (47.9954,12.1647)–(48.0579, 12.2185)
167,0 re **83556 Griesstätt-Altenhohenau**
165,5 li **83512 Wasserburg-Attel** auf der Anhöhe; mit Kloster;
li ⇩ der Attel in den Inn ⬆⬇ Attel, hierfür ca. 200 m in die Attel einfahren.
🅿-Möglichkeit vorm ✕ Fischerstüberl; (Elend 1, 83512 Wasserburg) (48.0223,12.1777)
165,0 –160,0 § Anlanden verboten! (NSG) (48.0237,12.1841)–(48.0572, 12.2170)
159,9 ▬ Staustufe ↯ Wasserburg (6 m), **X**, re ⏏ (48.0579,12.2187)
159,6 Flussinsel (48.0583,12.2206)
158,7 Str-II ST2359, li **83512 Wasserburg** (Bruckgasse) (48.0594,12.2325);
⌘ Wasserburg herrliche Altstadt auf einer schmalen Landzunge, ⌘ Schloss, gotische Pfarrkirche, Herrenhaus, Kernhaus, Frauenkirche
157,0 li 🚆 Wasserburg (48.0635,12.2266)
155,9 Str-II B304 (48.0683,12.2159)
147,2 ▬ Staustufe ↯ Teufelsbruck (7 m), **X**, li ⏏ (300 m) (48.1147,12.2722)
145,9 Rohr-II (48.1241,12.2636)
144,8 EB-II (48.1313,12.2551);
li **83564 Soyen-Königswart**,
re **83567 Unterreit-Au im Wald**
140,8 Str-II ST2353 **83536 Gars am Inn** ⌘ Kloster mit Kirche (48.1504, 12.2806)
140,7 re ⬆⬇ mit 🅿 an der Straße zum Klärwerk (48.1514,12.2816)
138,7 re **83555 Gars-Bahnhof**, 🚆
137,5 ▬ Staustufe ↯ Gars (7 m), **X**, li ⏏ (300 m) (48.1532,12.3127)
133,5 li **83546 Gars-Au a. Inn** ehemaliges Augustinerkloster, nun Franziskanerinnen
128,3 EB-II (48.1801,12.3789)
128,0 ⬅ Innwerkkanal § Einfahrt verboten (48.1791,12.3828)
128,0 ▬ Staustufe ↯ Jettenbach (8 m), **X**, re ⏏ (ca. 600 m bis ⬇ unterhalb der Str-II km 127,5) (48.1781,12.3828)
128,0 –91,1 Der Inn fließt im Naturbett diese Strecke ist für Tagesfahrten sehr zu empfehlen, in den Sommermonaten wird am Wehr ausreichend Restwasser abgegeben. (Siehe Schwierigkeiten, Befahrbarkeit und Pegel) (48.1775,12.3834)–(48.2502,12.6890)
127,5 Str-II MÜ19 Insel (48.1744,12.3842);

re ⬇ Jettenbach direkt unter der ⵊⵊ, Zufahrt (beschildert) von Hauptstr. in Jettenbach Weg parallel zur Mü19 (48.1739,12.3831)

127,4 ▬ Sohlrampe (48.1728,12.3836)

127,1 re **84555 Jettenbach** (vom Fluss aus nicht sichtbar)

125,0 ▬ mehrere ≈ Sohlschwellen (48.1814,12.4004)

123,4 li **84478 Waldkraiburg-Sankt Erasmus**

122,4 re ≣ Kraiburg (48.1881,12.4221)

122,0 Str-ⵊⵊ ST2091 Niederndorf-Kraiburg (48.1876,12.4278);
li **84478 Waldkraiburg-Niederndorf**;
re **84559 Kraiburg** altes Städtchen, Marktplatz, Burgruine, ✕ Brückenwirt

121,9 ⚠ re bei NW Buhnen (Quermauern) (48.1878,12.4323)

121,3 Str-ⵊⵊ MÜ18, li **84478 Waldkraiburg-Niederndorf** re **84559 Kraiburg-Ensdorf** (48.1926,12.4331)

117,0 re am Hang **84559 Kraiburg-Guttenburg** mit Schloss Guttenburg

116,1 ▬ Sohlrampe (48.2047,12.4633)

115,5 ▬ Sohlrampe, ≈ (48.2096,12.4641)

114,9 li **84478 Waldkraiburg-Ebing**

114,8 ▬ Sohlrampe re ≈ (48.2113,12.4737)

113,5 re Heistinger Hang (auch Ebinger Schleife genannt), hoher Prallhang, der sich durch Erosion ständig verändert (48.2121,12.4905)

111,4 re **84570 Polling-Gweng**

110,0 ▬ 2 Sohlrampen in 200 m Abstand (48.2391,12.4699)

108,9 ▬ Schwelle (Gasleitung), bei MW ≈ (48.2403,12.4832)

108,0 ▬ Sohlschwelle, mittig ≈ (48.2378,12.4927)

107,3 re ⬆-Möglichkeit zum ✕ in Starkheim nach einem Stein-/Felshaufen, am Ufer stromabwärts ca. 400 m auf Waldweg bzw. Weg zum Restaurant, ☎ 08631/5982 (48.2363,12.5040)

107,2 ▬ Zwei Sohlrampen im Abstand von 300m (48.2370,12.5046)

106,2 ▬ Zwei Sohlrampen im Abstand von 200m (48.2424,12.5146)

105,7 ⚠ ⛴ Seilfähre! (48.2401,12.5198)

104,5 li Kiesbank (48.2345,12.5237)

104,2 links günstige ⬆ Mühldorf 🅿-Möglichkeit (48.2370,12.5280)

104,1 Str-ⵊⵊ B12; li **84453 Mühldorf** (Brückenstr.), m Joch fahren, ⌘ altes Städtchen mit prächtigen Bürgerhäusern am Marktplatz, St. Nikolauskirche (48.2385,12.5288)

103,7 ▬ Sohlschwelle, m ≈, je nach WS hohe Wellen (48.2409,12.5331)

101,8 EB-ⵊⵊ re **84570 Polling-Ehring** (48.2375,12.5587)

101,5 re ⬆ **84570 Polling-Ehring**, Zufahrt zur B12, ⬆-Möglichkeit (re Rampe) vor Staustrecke (48.2383,12.5611);
re ⇩ des Grünbach in den Inn (48.2385,12.5614);
▬ Sohlrampe, m ≈ (48.2389,12.5614)

100,4 ▬ Sohlrampe (48.2429,12.5741)

99,8 li **84513 Töging**

98,6 re ⇩ des Pollinger Bach in den Inn (48.2383,12.5969)

96,6 li ⇩ Inn-Werkkanal vom ϟ Töging bzw. Jettenbach (48.2489,12.6182)

93,3 Str-Ⅱ B299, re gute ⬆ (Radweg nach Mühldorf über die Ⅱ) (48.2496, 12.6618)

92,5 li ⇩ der Isen in den Inn (48.2505,12.6724)

91,7 Str-Ⅱ, re **84524 Neuötting** und **84503 Altötting** (Bahnhofstr.); (⌘ bedeutendster Wallfahrtsort Bayerns mit Gnadenkapelle, Stiftskirche und Schatzkammer), li **84543 Winhöring-Unterau** (48.2501,12.6830)

91,4 ⬆ zum re ⩯ des nachfolgenden ↯ ca. 600 m, daher eigener Bootswagen sinnvoll oder Fahrt hier beenden. (48.2492,12.6871)

91,1 ▬ Staustufe ↯ Neuötting (7 m), **X**, re ⩯ (48.2502,12.6910)

90,8 re ⬇ nach dem ⩯ des ↯ Neuötting Treppe, (Weg zur Kläranlage folgen) (48.2510,12.6956)

90,5 re ⇩ des Mörnbach in den Inn (48.2533,12.6981);
re **84524 Neuötting-Obereschelbach**

90,3 Str-Ⅱ **A94** (München-Mühldorf-Passau), danach re Kläranlage. (48.2545, 12.6987)

87,9 ▤-Anlage (48.2555,12.7293)

82,9 ▬ Staustufe und ↯ Perach (6 m), **X**, re ⩯ in Altwasserarm (200 m), li **84567 Perach-Niederperach** (48.2607,12.7898)

80,4 re ⇩ der Alz in den Inn danach li Marktler Badeseen (48.2700,12.8183)

78,3 Flussinsel (48.2563,12.8341)

77,9 li Treppe (48.2529,12.8388)

77,7 Str-Ⅱ A622, li **84533 Marktl** re **M-Bergham** (Burghauser Str.) (48.2508, 12.8396)

77,2 li günstige ⬆⬇ Marktl am Ortsende (48.2486,12.8439)

75,4 ▬ Staustufe und ↯ Stammham (6 m), **X**, li ⩯ (48.2467,12.8663)

74,4 li **84533 Stammham**

73,9 Str-Ⅱ B12/B20, re **84533 Haiming-Niedergottsau** (48.2439,12.8829)

73,0 –61,1 **§** NSG Vogelfreistätte Salzachmündung Befahrung des Hauptstromstrichs gestattet, Betreten der Inseln, Kiesbänke und Ufer, sowie Befahren der Altarme verboten (48.2375,12.8890)–(48.2444, 13.0058)

73,0 li ⇩ Türkenbach (48.2380,12.8897)

68,7 "tatsächliche" ⇩ der Salzach in den Inn durch den Stau des Karftwerks Simbach befindet sich die "Innspitze" nunmehr hier (48.2077,12.9282)

68,2 li ⬅ Einfahrt zum Hafen **84375 Kirchdorf-Bergham** ⬆-Möglichkeit (48.2086,12.9346)

67,4 re amtliche ⇩ der Salzach (s. Seite 328) in den Inn, von hier bis Passau ist der Inn Grenzfluss (48.2066,12.9444)

65,3 ⬅ Altwasser mit Badesee Gstetten dort ⬆-Möglichkeit (48.2175,12.9661)

61,1 ▬ Staustufe und ↯ Simbach/Braunau, **X**, (12 m), re oder li ⩯ (48.2450, 13.0068)

60,5 Str-Ⅱ E 552; re **A 5280 Braunau-Osternberg** li **84375 Kirchdorf a. Inn** (dt.: B12, ö. B148) (48.2496,13.0098)

58,3 Str-Ⅱ, li **84359 Simbach** re **A 5280 Braunau** re ⌂ des Kanuclub Braunau (48.2609,13.0339)

57,9 EB-Ⅱ (48.2620,13.0384)
56,0 re ⇩ Mattig (s. Seite 319) in den Inn (48.2677,13.0632); re technisch anspruchsvoller, weitgehend naturbelassener Kleinfluss bis WW I; rund 40 Wehre und Sohlstufen, nur teilweise ≈, jedoch meist leicht ⏏, Unterlauf von Kühberg bis ⇩ nicht empfehlenswert
56,0 –35,3 re **§** NSG Unterer Inn Befahrungsverbot vom 01.05. bis 31.08. gilt nur auf der bayerischen Seite. In der übrigen Zeit ist das Betreten der Ufer, Inseln und Sandbänke generell verboten. Die Verordnung gilt nicht für österreichisches Hoheitsgebiet. Die Flussmitte ist die Staatsgrenze zu Österreich (48.2686,13.0625)–(48.3183,13.3190)
52,9 re **A 4963 Hagenau** Schloss Hagenau (48.2768,13.0994)
48,0 ▬ Staustufe ϟ Ering/Frauenstein (9 m), **X**, re ⏏ (350 m) (48.2900, 13.1607); Weg-Ⅱ, re **A 4962 Frauenstein** li **94140 Ering** (Innwerkstr.) (48.2897, 13.1610)
44,5 re ⇩ der Waldzeller Ache (s. Seite 318) in den Inn (48.2941,13.2067); re oder Mühlheimer Ache, ruhiger Kleinfluss westlich von **A 4910 Ried im Innkreis** ca. 16 Wehre und Sohlstufen von Ornading bis ⇩, meist **X**; Befahrung daher wenig empfehlenswert
35,3 ▬ Staustufe und ϟ Egglfing (10 m), **X**, re ⏏ (500 m) (48.3188,13.3196)
34,5 Str-Ⅱ ST2117, li **94072 Bad Füssing-Egglfing** re **A 4982 Obernberg am Inn** (48.3224,13.3280)
31,8 re Stift **A 4981 Reichersberg**
26,4 re ⇩ des Antiesen (s. Seite 315) in den Inn (48.3707,13.4084); re im Unterlauf, ab **Ort i. Innkreis,** ein landschaftlich schöner Kleinfluss bis WW I, im Oberlauf ein sportlicher Kleinfluss WW I bis II. Insgesamt etwa 30 Wehre und Sohlstufen, meist unter Materialeinsatz ≈
21,8 Str-Ⅱ **A3/A8** (Innkreis-Autobahn, Nürnberg-Passau-Linz) (48.4113, 13.4256)
21,3 re ⇩ Etzelshofer Bach (für eine Befahrung ungeeignet) (48.4140,13.4300); re **A 4975 Suben**
18,8 ▬ Staustufe und ϟ Schärding (11 m), **X**, re Rampe mit Bootswagen, 900 m umkarren, ⬆ bei km 19,2, ⬇ bei km 18,5 (48.4354,13.4396)
18,1 li ⇩ des Kößlarner Bach in den Inn (48.4404,13.4360)
16,5 li ⇩ der Rott (Nbay.) in den Inn (48.4533,13.4256)
16,5 li ⛺ Dschungelcamp Neuhaus, dschungelcamp-neuhaus.de (48.4538, 13.4253)
16,3 Str-Ⅱ ST2119, re **A 4780 Schärding** li **94152 Neuhaus am Inn** (Schärdinger Str.) Zufahrt zum ⌂ des FC Neuhaus durch das 1. Joch li (48.4560,13.4266); ≣ Schärding (48.4561,13.4279)
15,8 li Schloss Neuhaus (48.4597,13.4265)
15,4 Str-Ⅱ B512 (48.4637,13.4304)
14,9 re ⇩ der Pram (s. Seite 313) in den Inn (48.4676,13.4336); anspruchsvoller Kleinfluss des Innviertels; WW I bis II; zahlreiche Wehre

und Sohlstufen, li Flussinsel bei **A 4780 Schärding**

12,8 Flussinsel, li Schloss und Kloster Vornbach Beginn der Inn-Enge (48.4849,13.4441)

10,2 Fußg.-II li **94127 Neuburg am Inn** 1000-jährige Stadt; re **A 4783 Wernstein** mit Schloss Wernstein, re 🚂 (48.5064,13.4540)

4,6 li 🏠 des Passauer Rudervereins danach Treppen und 🅿, Innstr. 123, 94036 Passau (48.5503,13.4361)

4,2 ▬ Staustufe und ϟ Ingling (10 m), X, re ⏶, Bootswagen (48.5536, 13.4371)

2,6 re **A 4784 Ingling** ab hier beide Ufer deutsch (48.5636,13.4508)

2,0 EB-II (48.5681,13.4557)

1,6 Fußg-II, Innsteg, **D-94032 Passau** (48.5699,13.4597)

1,1 Str-II ST2625 Passau (Marienbrücke), ⚠ ab hier nicht am li Ufer fahren (Passagierschiffe)! (48.5725,13.4655)

0,0 ⇩ des Inn in die Donau (s. Seite 1) (48.5732,13.4812)

Pram

Kleinfluss, Gebirgsfluss
Mündung in Inn bei amtl. km 14,9 (re Nebenfluss)

Die Pram entspringt südwestlich von **Haag am Hausruck** in ca. 620 m ü. NN: Die Pram ist ein recht anspruchsvoller Kleinfluss des Innviertels. Die Pram ist meist sehr windungsreich mit starkem Uferbewuchs und Baumhindernissen, teilweise ist sie infolge Wasserbaumaßnahmen durch unzählige Sohlstufen und Sohlrampen mit einer Fallhöhe von 0,2 m bis 0,5 m verbaut ist.

Befahrbarkeit: ab **Pram** nur bei sehr gutem Wasserstand ≣-Minimum 160 cm; ab **Zell** im Frühjahr und nach Regenfällen; ab **A 4770 Andorf** meist ganzjahrig, doch ist auch hier ein höherer Wasserstand wegen Wasserableitungen bei den Mühlen günstig. Neben den angeführten Wehren besitzt der Pram noch eine größere Anzahl kleiner Stufen bis 50 cm Fallhöhe, durchweg ≈

Schwierigkeiten: vielfach sehr windungsreich mit starken Uferbewuchs; zahlreiche ▬ und Sohlbauwerke

Karten: Jübermann Wassersport-Wanderkarte Nr. 5 ISBN: 978 3 929540-32-1 /

52,3 Ursprung etwa 2 km südlich von **A 4922 Pramerdorf** in etwa 620 m Höhe (48.2018,13.6025)

46,5 li Fußballplatz von **4742 Pram** Peterskirchnerstr. 18, ⬇ bei sehr gutem Wasserstand. Nach kurzer regulierter Strecke folgt auf 12 km eine sehr kurvenreiche Auwald-Wildnis mit Baumhindernissen (48.2373,13.6013)

46,2 ▬ Sohlstufe Fallhöhe etwa 1 m, danach li im Wald: Schloss Feldegg (48.2383,13.5978)

45,5 Str-II li **A 4742 Irringsdorf** (48.2422,13.5917)

44,8 Wege-II, danach re ▬ Überlaufwehr, X, dahinter kleiner See.

Weiterfahrt geradeaus im Obergraben, der in einer Schwallstrecke vor Einlaufgitter endet, hier nur Platz für 1–2 Boote (48.2501,13.5869)

44,6 ■ Damm des HW-Rückhaltebeckens H etwa 8m, **X**, Ⅱ, li **A 4753 Altmannsdorf**, re ≣. Re Kläranlage und 2x ■ Sohlstufe a. 0,9 m Höhe (48.2537,13.5903)

41,9 ■ Fallhöhe etwa 1,7 m (48.2629,13.6038)

40,7 Str-Ⅱ Hohenerlach, re **A 4751 Pimingsdorf** (48.2640,13.6161)

39,6 landw. Wege-Ⅱ, re **A 4751 Dorf an der Pram** (48.2678,13.6174)

39,5 EB-Brücke und ■ Fallhöhe etwa 1,6 m (48.2713,13.6196)

39,3 ■ Fallhöhe etwa 3,5 m, **X** (48.2756,13.6234)

39,0 Str-Ⅱ Pramtal Bezirksstr (48.2823,13.6248)

37,8 Wege-Ⅱ, danach ■ Sohlstufe Fallhöhe etwa 1,2 m (48.2905,13.6277)

36,7 ■ Sohlstufe aus groben Steinen Fallhöh e etwa 1,5 m, ≋ (48.2962, 13.6329)

36,5 Hoch-Ⅱ Unterinnviertler Landesstr. vor **Riedau**. Auf 3 km ist der Pram reguliert (48.2974,13.6317)

36,1 Fußg-Ⅱ, ■ Sohlstufe aus groben Steinen Fallhöhe etwa 2 m, evtl. ≋ (48.3004,13.6293)

34,7 ■ Sohlstufe aus groben Steinen Fallhöhe etwa 2 m, evtl. ≋ (48.3121, 13.6354)

34,1 Str.-Ⅱ Hofmark, **A-4755 Zell an der Pram** (48.3167,13.6311)

33,7 Str-Ⅱ Griesbacher Str, ■ Sohlstufe aus groben Steinen Fallhöhe etwa 1,5 m, evtl. ≋ (48.3203,13.6294)

33,3 li Kläranlage, Ende der Regulierung; bis Taufkirchen sehr kurvenreich, z. T. recht sportlich, Baumhindernisse (48.3221,13.6245)

31,9 Str-Ⅱ B137 Innviertler Str. (48.3296,13.6171)

31,8 Schräg-■ Schrägwehr mit scharfkantige n Steinen im Unterwasser, Fallhöhe etwa 1,6 m, re ⏏ (48.3302,13.6167)

24,4 ■ Mühle Heitzing, Fallhöhe etwa 2 m, **X**, re ⏏ (48.3589,13.5704)

22,1 Str.-Ⅱ Hauptstr, **A 4770 Andorf** (48.3713,13.5756)

21,7 ■, **X** Fallhöhe etwa 3 m, li ⏏ (48.3747,13.5772)

20,9 Str.-Ⅱ, re **A 4770 Andorf-Winertsham** (48.3801,13.5743)

20,8 ➔ Hochwasserüberlauf, die Pram selbst fließt in Linkskurve stark mäandrierend weiter (48.3805,13.5739)

20,0 li Mühle, re ■ Fallhöhe ca. 2 m, evtl. ≋, dahinter Wege-Ⅱ (48.3844, 13.5708)

18,5 re ⇩ Flutkanal, li Hochwasserüberlauf; die Pram mäandriert unter starken Bewuchs weiter (48.3906,13.5683)

18,1 Str-Ⅱ L1127 Kallinger Bezirksstr, re **Antersham** (48.3916,13.5665)

16,9 ■ Grobstein-Wehr (Fallhöhe etwa 2 m), evtl. ≋ (48.3929,13.5610)

16,4 Str.-Ⅱ, li **Igling**, Gemeinde **A 775 Taufkirchen**, re **Inding**, Gemeinde **A 776 Diersbach** (48.3957,13.5581)

16,2 🡐, Hochwasserüberlauf, in dem rund 1,5 km langen Hochwasserüberlauf sind mehrere Sohlbauwerke. Die Pram verläuft windungsreiche rund 2,6 km unter starkem Uferbewuchs (48.3964,13.5568)

14,0 ▬ Wehr **A 4775 Taufkirchen an der Pram**, renaturiert durch nachgelagerte Rampe aus groben Steinen, re ⏏. Nach 50 m Stufe, ≋. Die Folgestrecke bis zur ⇩ ist reguliert, viele Stufen und Grobstein-▬. Wegen Wasserableitungen ist eine evtl. Befahrung nur bei höherem Wasserstand ratsam (48.4089,13.5428)

13,5 Str-Ⅱ, L1142, Schwendter Str, **Windten** (48.4083,13.5351);
▬ Sohlschwelle und Steinbrocken (48.4083,13.5350)

13,3 Fußg-Ⅱ zum li Sportplatz, davor ▬ Sohlstufe Fallhöhe etwa 0,6 m (48.4087,13.5325)

12,6 Str-Ⅱ B129, Eferdinger Str, li 🚌 **Taufkirchen-Furth** (48.4116,13.5254);
▬ Sohlstufe Fallhöhe etwa 0,6 m (48.4117,13.5253)

12,3 Str-Ⅱ, L 1142, Schwendter Str (48.4133,13.5208)

10,9 ▬ Sohlrampe, Fallhöhe etwa 2,0 m (48.4154,13.5061)

10,2 auf rund 200 m starke Verblockung (48.4145,13.4985)

9,3 EB-Ⅱ (48.4118,13.4908)

8,7 Str-Ⅱ, re **Allerding**, Gemeinde **A 4782 Sankt Florian am Inn** (48.4083, 13.4861);
▬ Schrägwehr; Fallhöhe etwa 2,5 m (48.4085,13.4852);
▬ Sohlstufe, Fallhöhe etwa 1,4 m (48.4086,13.4845)

8,6 ▬ Sohlstufe, Fallhöhe etwa 1,0 m es folgen auf den nächsten 3 km in kurzen Abständen 13 x ▬ Sohlstufen mit Fallhöhen zwischen 0,5 m und 0,7 m (48.4086,13.4838)

8,2 Wege-Ⅱ **Allerding**, **A 4782 Sankt Florian am Inn** (48.4095,13.4798)

5,3 Str-Ⅱ Pramtalradweg, **A 4782 Sankt Florian am Inn**, dahinter ▬ Sohlrampe, Fallhöhe etwa 0,5 m davor ≣ **Pramerdorf** (48.4314,13.4626)

5,0 ▬ Sohlrampe bei **Pramerdorf**, Fallhöhe etwa 0,7 m (48.4341,13.4618)

4,4 EB-Ⅱ, darunter Schwall (48.4387,13.4571)

3,6 ▬ langgezogene Sohlrampe aus groben Steinen, Gesamthöhe etwa 3,0 m (48.4437,13.4548)

3,5 Str-Ⅱ, L1146 Gopperdinger Str., li B137 bei **A 4782 St. Florian am Inn** (48.4446,13.4555)

2,5 ▬, renaturiert durch nachgelagerte Rampe aus groben Steinen, re ⏏, Gesamthöhe etwa 2,5 m (48.4517,13.4506)

1,2 Str-Ⅱ Bahnhofstr, **A 4780 Schärding** (48.4589,13.4371)

0,0 ⇩ der Pram in den Inn (s. Seite 306) bei amtl. km 14,9 (48.4676,13.4336)

Antiesen

Kleinfluss
Mündung in Inn bei amtl. km 26,4 (re Nebenfluss)

BL Oberösterreich
Die Antiesen entspringt im südlichen Gemeindegebiet von **A 4906 Eberschwang** in etwa 650 m ü. NN. Vorbei an **A 4910 Ried im Innkreis** strebt sie in nordwestlicher Richtung dem Inn zu. Die Antiesen ist im Oberlauf ein sportlicher, Kleinfluss, 3–5 m

breit, Baum- und Strauchhindernisse. Allerdings wegen Wassermangels eher selten ≋. Im Mittellauf ist sie massiv verbaut, im Unterlauf mäandriert die Antiesen noch weitgehend unbeeinflusst mit aufragenden Steilufern und ausgedehnten Schotterbänken. Auf der gesamten Strecke insgesamt etwa 109 Querbauwerke, davon erwähnenswert etwa 30 ■, z. T. als Grobstein-Wurf-■, z. T. nur unter Materialeinsatz ≋, ⏏ stets einfach, außerdem zahlreiche kleine Stufen, alle gut ≋. Der landschaftlich schönste Teil ist der Unterlauf, unterhalb **A 4974 Ort/Innkreis**, hier stellenweise bis WW I. Durch den Flussdialog Oberösterreich" sind viele Renaturierungsmaßnahmen und Verbesserungen der Durchlässigkeit geplant bzw. im Bau.

Befahrungsregeln:	keine bekannt, jedoch bitte Rücksicht nehmen auf Flussuferläufer und Eisvogel
Befahrbarkeit:	Frühjahr und nach Regenfällen, ab **Ried** bei gutem WS
Pegel:	**Haging** an der Ⅱ bei **Utzenaich** km 17,7; Minimum etwa 75 cm.
Schwierigkeiten:	sportlicher Kleinfluss mit vielen ■ hohen, **X** Wehren und zahlreichen, nur teilweise ≋ Sohlstufen
Karten:	Jübermann Wassersport-Wanderkarte Nr. 5

45,1 Ursprung im Hausruck (48.1201,13.5373)

37,8 Wege-Ⅱ, unterhalb **A 4906 Eberschwang**, von li B 143 nach re Königsberg, oberste mögliche ⬇ bei gutem WS. Dichter Uferbewuchs! (48.1634,13.5590)

36,4 ■ Wehr zum ϟ **A 4906 Aspach** Fallhöhe etwa 3 m (48.1740,13.5586)

35,3 Str-Ⅱ, Manaberg, re nach **A 4926 St. Marienkirchen am Hausruck**, li **Manaberg** (48.1821,13.5581)

34,0 ■ Wehr **A 4921 Aching** Fallhöhe etwa 4 m (48.1902,13.5519)

33,2 Str-Ⅱ, L1079, li **A 4921 Hohenzell** (48.1944,13.5459)

32,0 ■ 3-fache Sohlstufe Gesamtfallhöhe etwa 2,8 m (48.1992,13.5372)

29,7 Str-Ⅱ, **A 4921 Hohenzell**, 🚐 (48.2108,13.5219)

29,6 ■ Sohlstufe; Fallhöhe etwa 1,0 m, anschließend Fußg-Ⅱ, es folgen in kurzen Abständen ■ 4x Sohlstufe Fallhöhen 0,4 bis 0,6 m (48.2111, 13.5217)

29,2 Str-Ⅱ B141, bei **A 4921 Hohenzell-Langstadl** (48.2136,13.5183)

28,3 EB-Ⅱ (48.2192,13.5135)

28,0 ■ Sohlstufe Fallhöhe etwa 3 m (48.2202,13.5101)

26,4 Str-Ⅱ B141a, re **A 4910 Tumeltsham** li nach **A 4910 Ried im Innkreis** (48.2283,13.4982)

26,1 ■ Staustufe zur Ornetsmühl; Fallhöhe etwa 4,5 m, **X**, dahinter: Fußg-Ⅱ (48.2281,13.4953)

25,2 ■ Sohlstufe Fallhöhe etwa 1,2 m (48.2309,13.4866)

24,4 ■ Sohlstufe Fallhöhe etwa 0,7m (48.2302,13.4785)

23,9 Wege-Ⅱ, Maria Aich, dahinter: ■ ≣-stufe Fallhöhe etwa 1,2 m (48.2312, 13.4747)

23,8 2x ■ Sohlstufe Fallhöhe 0,8m (48.2316,13.4740)

23,5 li ⇩ Oberach; die mitten durch **Ried** im Innkreis fließende Oberach ist breiter und bringt mehr Wasser als die Antiesen. Aufgrund zahlloser Querbauwerke dürfte eine Befahrung kaum zu empfehlen sein, eine Beschreibung liegt nicht vor. Fußg-II direkt vor der ⇩ (48.2311,13.4695)

23,4 auf 700 m ■ 7x Sohlstufe mit Fallhöhe n 0,6 bis 0.9 m (48.2317, 13.4689);
Str-II, li **A 4971 Aurolzmünster-Weierfing** (48.2315,13.4691)

22,3 ■ Staustufe; Fallhöhe etwa 4,5 m, **X** (48.2393,13.4631)

22,0 ■ Sohlrampe Fallhöhe etwa 1,2 m (48.2410,13.4622)

21,9 ■ Sohlrampe Fallhöhe etwa 1,2 m (48.2417,13.4613)

21,3 hölzerne, überdachte Fußg-II Antiesensteg, **A 4971 Aurolzmünster** (48.2473,13.4589)

21,0 Str-II, **A 4971 Aurolzmünster**, ■ Wehr, dahinter ■ Sohlrampe; Fallhöhe etwa 0,6m, li 🅿-Möglichkeit, danach re mögliche ⬇ bei minder gutem Wasserstand (48.2499,13.4593)

20,1 ■ mit Wasserableitung und ■-II; Fallhöhe etwa 6 m, **X** (48.2552, 13.4564)

19,6 ■ Sohlstufe Fallhöhe etwa 1,2m (48.2577,13.4584)

19,5 ■ Sohlstufe Fallhöhe etwa 0,6m (48.2582,13.4573)

18,9 ■ Sohlstufe Fallhöhe etwa 0,6m (48.2639,13.4549)

18,8 Str-II Forchtenau, **A 4971 Forchtenau** (48.2643,13.4548)

17,9 ■ Wasserkraftanlage **Utzenaich**, ↯; Fallhöhe etwa 3,8 m, **X** (48.2716, 13.4531)

17,6 Str-II, re **A 4972 Utzenaich** dahinter ≡ Haging, empfohlen mind. 75 cm (48.2730,13.4505);
■ doppelte Sohlstufe; Fallhöhe etwa 1,3 m (48.2736,13.4497)

16,8 ■ Wehr zum ↯ **Hofing**, Fallhöhe etwa 2,5 m, **X** (48.2801,13.4477)

16,5 ■ Sohlstufe,Fallhöhe etwa 2 m (48.2822,13.4487)

15,8 ■ Wehr zum ↯ **St. Martin**, Fallhöhe etwa 2,5 m, **X** (48.2866,13.4436)

15,7 Fußg-II (48.2872,13.4437)

15,6 ■ Sohlrampe Fallhöhe etwa 3m, **X** gemeinsam mit obigen ■ ⌂ (48.2884,13.4446);
■ Sohlstufe Fallhöhe etwa 0,8 m (48.2888,13.4446)

14,8 Str-II, **A 4973 St. Martin im Innkreis** re 🅿 (48.2947,13.4415)

14,6 ■ Sohlrampe, Gesamthöhe etwa 1,8 m (48.2964,13.4405)

14,2 ■ Sohlrampe, Gesamthöhe etwa 1,5 m (48.2973,13.4365)

13,3 ■ Sohlrampe, Gesamthöhe etwa 2,5 m (48.3041,13.4310)

13,2 dickes Rohr über den Fluss (48.3043,13.4304)

12,9 Wege-II Kammer, dahinter: ■ Sohlrampe Gesamthöhe etwa 2,4 m, auf den nächsten 1,2 km folgen jeweils in kurzen Abständen ■ 14 x Sohlstufen mit Fallhöhen 0,5 m bis 1,0 m (48.3071,13.4288)

12,2 Autobahn-II A8 Innkreisautobahn (48.3119,13.4265)

11,5 Str-II L112, **A 4974 Ort im Innkreis**, danach Wege-II (48.3174,13.4305)

10,8 ■ Steilwehr,; Fallhöhe etwa 2,5 m, **X** (48.3232,13.4308)

10,7 Wege-II, re Kläranlage von **Ort im Innkreis** (48.3241,13.4301)
10,1 ■ Wehr mit ■-II Fallhöhe etwa 3,5 m (48.3264,13.4242)
8,8 re ↯ Hübing und ⇩ Kraftwerkskanal (48.3291,13.4198)
5,5 Wege-II, darunter ■ Kraftwerkswehr; Fallhöhe etwa 5 m, **X** (48.3439, 13.4077)
4,9 Autobahn-II A8 Innkreisautobahn (48.3471,13.4051)
4,8 Str-II, li **A 4980 Antiesenhofen** (48.3475,13.4045)
4,6 Autobahn-II A8 Innkreisautobahn (48.3487,13.4057)
4,5 Wege-II und ■ **Schätzmühle**,; Fallhöhe etwa 6 m, **X** (48.3486,13.4067)
4,1 Autobahn-II A8 Innkreisautobahn (48.3513,13.4079)
3,3 ■ Sohlstufe,etwa 0,5 m (48.3536,13.4079)
0,8 EB-II, re **A 4774 Bodenhofen** (48.3647,13.4091)
0,1 Str-II L512 Reicherberger Landesstr (48.3701,13.4084)
0,0 ⇩ des Antiesen in den Inn (s. Seite 306) bei amtl. km 26,4 (48.3707, 13.4084)

Waldzeller Ache

Kleinfluss
Mündung in Inn bei amtl. km 44,5 (re Nebenfluss)

BL Oberösterreich

Die Waldzeller Ach, die im Unterlauf meist als Mühlheimer Ach bezeichnet wird, ist ein ruhiger Fluss des Alpenvorlandes mit ihren Quellen an der Ostabflachung des Steiglbergs. Die Hauptfließrichtung ist zunächst nach Norden bis **Magetsham**, wo sie dann in Richtung NNW dem Inn zustrebt und Nahe **Mühlheim** am Inn in diesen mündet. Ihre Befahrung dürfte allerdings nur bedingt zu empfehlen sein, da sie durch zahlreiche Wehre weitgehend verbaut ist.

Befahrbarkeit: wahrscheinlich ganzjährig
Pegel: **Mamling** km 1,8
Schwierigkeiten: die Wehre sind durchweg Felswurfwehre, bei MW **X**, bei HW evtl. als sehr schwere Stufen ≈; im Übrigen leicht
Karten: Jübermann Wassersport-Wanderkarte Nr. 5 ISBN: 978 3 929540-32-1 / MarcoPolo-Freizeitkarte Nr. 65 Ni
Kilometrierung:

34,9 Ursprung in etwa 670 m ü. NN, Flussname "Ach" (48.1124,13.4295)
16,4 Str-II, L507, re nach **A 4951 Ornading** li nach **A 4933 Wildenau**, ↓, es folgen bis zur ⇩ 16 ■ Wehre aus Blocksteinen (48.2150,13.3354)
11,8 ■ Sohlstufe Fallhöhe etwa 0,5 m (48.2297,13.2813)
11,2 ■ Sohlstufe Fallhöhe etwa 0,5 m (48.2314,13.2747)
11,1 Wege-II, Römerweg, zur li Kläranlage, dahinter: ■ Sohlstufe Fallhöhe etwa 0,5 m (48.2322,13.2732)
10,6 ■ Sohlstufe Fallhöhe etwa 0,5 m (48.2327,13.2668)
10,4 ■ Sohlstufe Fallhöhe etwa 0,5 m (48.2335,13.2643)
10,2 Wege-II Römerweg, darunter ■ Sohlstufe Fallhöhe etwa 0,5 m

(48.2345,13.2621)

9,6 ▬ Sohlrampe aus groben Steinen Gesamthöhe etwa 0,5m (48.2375, 13.2559)

9,1 ▬ Staustufe mit Wasserableitung; Fallhöhe etwa 2,9m (48.2394,13.2499)

8,5 ▬ Sohlrampe aus groben Steinen; Gesamthöhe etwa 2,4m (48.2407, 13.2428)

7,9 ▬ Sohlrampe aus groben Steinen; Gesamthöhe etwa 2,1m (48.2411, 13.2364)

6,8 Str-II B148 Braunauer Str, **A 4950 Altheim** (48.2493,13.2304)

6,3 ▬ Sohlrampe aus groben Steinen Gesamthöhe etwa 2,0m (48.2513, 13.2258)

5,6 ▬ Sohlrampe aus groben Steinen; Gesamthöhe etwa 2,3m (48.2541, 13.2197);
▬ Sohlrampe aus groben Steinen; Gesamthöhe etwa 2,2m;
▬ Sohlrampe aus groben Steinen; Gesamthöhe etwa 3,5m

5,0 Str-II B148 Altheimer Str, li begrenzte P-Möglichkeit unter II (48.2582, 13.2151)

3,8 Wege-II, re **A 4961 Mühlheim-Niederach** (48.2637,13.2056)

3,0 EB-II, bis zur ⇩ beidseitig Hochwasserschutzdämme (48.2703,13.2014)

2,6 ▬ mit nachgelagerter Steinschüttung aus kantigen Steinen; Gesamthöhe rund 4,8 m, **X** (48.2737,13.2000)

1,7 Str-II, Mühlheimer Str, L1100, li **A 4962 Mamling**. re **A 4961 Mühlheim**; ≣ **Mamling** der Mühlheimer Ache (www.bogner-lehner.com/mamling.php) (48.2811,13.2017)

1,2 ▬ „aufgelöste Sohlrampe" Gesamthöh e etwa 2,7 m, unter Materialeinsatz ≋ (48.2853,13.2011)

0,0 ⇩ der Waldzeller Ache in den Inn (s. Seite 306) bei amtl. km 44,5 (48.2941,13.2007)

Mattig

Kleinfluss, Kleinflusss
Mündung in Inn bei amtl. km 56,0 (re Nebenfluss)

BL OÖ

Die Mattig entwässert das westliche Innviertel und einen Teil des Salzburger Seensystems. Sie ist Hauptzu- und Abfluss des Obertrumer Sees und des Grabensees.

Die Mattig ist ein ansprechender Kleinfluss; sehr kurvenreich, einige Baumhindernisse, technisch anspruchsvoll bis WW I, knapp 40 Wehre, nur teilweise ≋, jedoch ⏏ stets einfach. Flusslauf weitgehend naturbelassen. Ihr Gefälle ist im Oberlauf sehr gering, erst auf den letzten 5 km beträgt es fast 8 ‰ was zum Bau entsprechender Querbauwerke führte, die man nunmehr wieder überwiegend renaturierte. ⇩ in Inn unterhalb von **Braunau**

Befahrungsregeln: keine bekannt

Befahrbarkeit:	Frühjahr und nach Regenfällen. Evtl. möglicher Start in **A 5164 Seeham** am Obertrunner See, empfohlene Fahrtstrecke: ⬇ bei Singham bis Kühberg. Eine Fahrt bis zur ⇩ ist möglich, wegen einer Häufung von ▬▬ jedoch nicht ratsam.
Pegel:	Jahrsdorf km 2,0 (www.bogner-lehner.com/jahrsdorf.php) Laimhausmühle bei Singham km 39,7; Minimum etwa 190 cm.
Schwierigkeiten:	etwa 40 ▬ Wehre und Sohlstufen, starker Uferbewuchs; bis WW I
Infrastruktur:	⛺ Campingplatz Grabensee Edt 4, **A 5163 Perwang am Grabensee** ⛺ Campingplatz Macking km 40,7; **Macking 3**, **A 5163 Palting**
Karten:	Jübermann Wassersport-Wanderkarte Nr. 5 ISBN: 978 3 929540-32-1 / MarcoPolo Freizeitkarte Nr. 65 Nie

51,4 Beginn des Mattsees (47.9928,13.1490)
47,7 Str-II, li **A 5163 Mattsee** Übergang von Mattsee in den Obertrumer See (47.9781,13.1056)
45,1 **A 5164 Seeham** am Obertrumer See, ⬇ (47.9681,13.0810)
44,3 ⇩ Ausfluss aus dem Obertrumer See (47.9751,13.0829)
43,2 ⇩ in den Grabensee (47.9845,13.0844)
41,2 ⇩ Ausfluss aus dem Grabensee (47.9954,13.1047)
40,1 Str-II, ▬ Sohlrampe H etwa 1 m (47.9979,13.1168)
39,5 Str-II, ≣ **Singham-Laimhausmühle** mögliche ⬇ (48.0010,13.1173)
36,8 Str-II L1044, re **A 5163 Palting** (48.0149,13.1223)
34,0 ▬ Wehr am Sägewerk **Kerschham** H etwa 2 m (48.0290,13.1356)
33,6 Str-II, li **A 5221 Lochen am See-Kerschham** (48.0308,13.1388)
33,5 ▬ Wehr **Kerschham 2 X** H etwa 2 m (48.0313,13.1400)
32,6 ▬ Wehr mit Schütz und ▬-II **Bernroid** H etwa 3 m (48.0374,13.1442)
32,0 ▬ Wehr mit Schütz Bernroid H etwa 4 m (48.0421,13.1460)
31,3 Str-II, L 505, li **A 5225 Jeging** (48.0476,13.1490)
31,0 ▬ Wehr **Jeging** H etwa 1 m (48.0498,13.1493)
30,4 1. ▬ Wehr **Abern** H etwa 2,5 m (48.0539,13.1516)
30,1 2. ▬ Wehr **Abern** H etwa 2,0 m; (48.0557,13.1532)
29,7 ▬ zum Sägewerk (48.0584,13.1534)
28,7 ▬ zum ehemaligen Sägewerk; danach Str-II, im ← nach ca. 100 m halbverfallenes Stauwehr am ehemaligen Sägewerk (48.0643,13.1513)
27,3 ▬ Sohlstufe **Pfaffstätt** H etwa 1,3 m (48.0736,13.1458)
26,9 Str-II, **A 5223 Pfaffstätt** (48.0769,13.1444)
23,4 Str-II, L 503, re **A 5230 Mattighofen** (48.1012,13.1360)
21,0 ▬ Wehr Unterlochen Absturzhöhe etwa 2,5 m (48.1189,13.1315)
17,1 Str-II B147 Mattighofener Strasse, **A 5261 Helpfau-Uttendorf**, li 🚌 Linie 870 **Höfen** ca. 100 m (48.1470,13.1260)
17,0 re ⇩ des Schwemmbach (s. Seite 321) in die Mattig (48.1475,13.1262)

16,7 ▬ Wehr zum ↯ **Höfen** (48.1505,13.1248)
15,8 Str-Ⅱ, **A 5261 Helpfau-Uttendorf** (48.1575,13.1270)
14,3 ▬ Überlaufwehr zur Mühle **Hochholz** (48.1673,13.1253)
13,7 Str-Ⅱ B142 (48.1716,13.1258)
11,7 Str.-Ⅱ, **A 5270 Mauerkirchen-Biburg** li P und Sportplätze an der Straße nach Albrechtsberg, re Freibad (48.1869,13.1200)
9,2 Str-Ⅱ, li **A 5274 Burgkirchen** (48.2029,13.1105)
8,3 ▬ Staustufe **St. Georgen**; Fallhöhe etwa 3,5m (48.2096,13.1028)
8,0 Str-Ⅱ, **A 5274 Burgkirchen-St. Georgen** (48.2108,13.1012)
5,7 Str-Ⅱ, **A 5274 Burgkirchen-Unterseibersdorf** günstige ⬆, eine Weiterfahrt ist aufgrund zahlreicher ▬ hoher Sohlstufen, X nicht empfehlenswert (48.2216,13.0803)
0,0 ⇩ Mattig in den Inn (s. Seite 306) bei amtl. km 56,0 (48.2677,13.0632)

Schwemmbach

Weitere Namen: Riedelbach
Kleinfluss
Mündung in Mattig bei km 17,0 (re Nebenfluss)

BL OÖ

Der Schwemmbach, regional auch als Riedlbach bezeichnet, hat seine Quellen im Kobernaußer Wald, nordöstlich von **Straßwalchen**, ist ein teilweise regulierter Kleinfluss mit sehr flotter Strömung, z. T. bis WW I. Mehrere ▬, nur teilweise ≈, Achtung auf niedrige Ⅱ und Stege.

Befahrungsregeln:	ökologische Empfehlung: Befahrungsverzicht im NSG Feuchtgebiet Teichstätt.
Befahrbarkeit:	Frühjahr und nach Regenfällen.
Schwierigkeiten:	Kleinfluss bis WW I, zahlreiche ▬
Karten:	Jübermann Wassersport-Wanderkarte Nr. 5 ISBN: 978 3 929540-32-1 /

34,7 Ursprung im Kobernaußerwald etwa 700 m ü. NN. Hier ist der Flussname noch "Riedelbach" (48.0935,13.3731)
29,0 Str-Ⅱ in **A 4891 Pöndorf-Hocheck** oberste mögliche ⬇, leichte Verblockung, enges Bachbett, viele kleine Stufen, WW I (48.0460, 13.3492)
25,7 Str-Ⅱ, re 🚌 **Schneegattern-Höcken** (48.0265,13.3171)
23,7 Str-Ⅱ, **A 5212 Lengau-Schneegattern** (48.0207,13.2924)
23,6 ▬ Sohlstufe X ⚠ rechtzeitig anlegen, (50 m nach dem sichtbaren Ortsendeschild von Schneegattern, danach keine Kehwasser mehr vorher) (48.0203,13.2917)
20,2 Str-Ⅱ B147, **A 5212 Lengau-Frieburg** (48.0164,13.2478)
17,9 1. ▬ Wehr **Teichstätt** (48.0241,13.2216)
17,4 2. ▬ Wehr **Teichstätt** (48.0268,13.2179)
15,7 ▬ Sohlstufe mit anschließender Unterdükerung, X (48.0349,13.2152)

14,7 ≣ **Kolming-Pfannenschmiede** Minimum 145 cm, bei 155 cm ist die Mehrzahl der niedrigen II noch unterfahrbar (48.0414,13.2098)
13,8 ▬ Wehr **Achenlohe** (48.0443,13.2021)
13,4 Str-II, **A 5222 Munderfing-Achenlohe** (48.0477,13.2008)
12,7 ▬ Wehr **Ach** (48.0518,13.1968)
12,3 EB-II (48.0548,13.1955)
11,6 ▬ Wehr zum Sägewerk **Katztal**, kurz danach ▬ Sohlstufe (48.0597, 13.1902)
10,9 ▬ Klappenwehr **Munderfing**,; H etwa 1,5 m, **X**, re ⏢ (48.0647,13.1849)
10,6 Str-II L1043, **A 5222 Munderfing** (48.0670,13.1827)
9,4 Str-II B147 (48.0761,13.1744)
7,9 Str-II B147 (48.0866,13.1622)
7,0 Str-II B147, **A 5230 Mattighofen** (48.0935,13.1576)
6,5 Wege-II und EB-II, (48.0968,13.1621)
6,4 Str-II, li **A 5230 Mattighofen** (48.0971,13.1620)
4,3 Str-II, re **A 5231 Schalchen** (48.1156,13.1555)
3,7 Str-II B 147, **A 5231 Schalchen** (48.1205,13.1520)
2,4 ≣ **Furth** (48.1309,13.1457)
1,9 Str-II B147 (48.1349,13.1415)
0,9 EB-II (48.1423,13.1348)
0,0 ⇩ des Schwemmbach in die Mattig (s. Seite 319) bei km 17,0 (48.1475, 13.1262)

Salzach

Wanderfluss, WW I-II, WW III-IV, WW V-VI, Gebirgsfluss
Mündung in Inn bei amtl. km 67,4 (re Nebenfluss)

Die Salzach hat ihren Ursprung nördlich von Krimml am Salzachgeier in den Kitzbühler Alpen rund 2300 m ü. NN. Die Salzach, der größte Nebenfluss des Inns, ist sowohl landschaftlich wie wassertechnisch sehr abwechslungsreich, ein sehr eindrucksvoller Wildfluss mit unterschiedlichen Schwierigkeiten. Im Oberlauf ist ihre Hauptfließrichtung zunächst nach Osten in einem relativ breiten Tal des Pingaus. In ihrer Charakteristik ist sie ein schneller Wanderfluss. Nach der Staustufe Gries im unteren Pinzgau steigern sich die Schwierigkeiten bis WW IV und es erfolgt der erste Durchbruch durch das Gebirge. Bei St. Veit im Pongau wird sie durch eine Nagelfluh Schwelle von ihrer ursprünglichen Fließrichtung nach Norden abgeleitet. Das Tal wird wieder breiter und der Lauf der Salzach wird durch mehrere Staustufen gehemmt.
Nach Tenneck verengt sich das Tal wieder und die Salzach durchbricht in einer wildromantischen Schluchtstrecke, den Salzachöfen, die nördlichen Kalkalpen. zwischen Tennengebirge und Hagengebirge.
Bei Golling tritt sie in das Voralpenland aus. Bald erreicht sie den größten Ort auf ihrer Reise, nämlich Salzburg.
Im anschließenden Salzburger-Freilassinger Becken, ist sie ab der Mündung der

Saalach, auf rund 60 km, die Grenze zwischen Deutschland und Österreich. Sie ist hier ein ohne Schwierigkeiten zu befahrender schnell fließender Wanderfluss. Nach dem Tittmoninger Becken, im Landkreis Traunstein, durchbricht sie bei Nonnreit und Burghausen den Jung-Altmoränengürtel und mündet bei Burghausen-Haiming auf einer Höhe von ca. 334 m über NN in den Inn. Die Gesamtlänge ist etwa 227 km.
Um einer weiteren Eintiefung infolge der Regulierung (5 m in den letzten 90 Jahren) entgegen zu wirken, wird in den nächsten Jahren etwa zwischen Freilassing (Km 60) und Laufe (Km 45) die Sanierung Untere Salzach durchgeführt. Mit entsprechende Baustellen und Veränderungen des Gewässers muss gerechnet werden.

Obere Salzach

Wanderfluss, WW I-II, WW III-IV, WW V-VI, Gebirgsfluss

Befahrungsregeln:	Für den österreichischen Teil sind keine Einschränkungen bekannt
Befahrbarkeit:	ganzjährig Salzachöfen nur bei NW
Umwelt:	Zwischen Krimml und Zell am See verkehrt die Pinzgauer Lokalbahn (www.pinzgauerlokalbahn.at) eine Schmalspurbahn mit eigenem Fahrradwaggon. Diese eigenet sich hervorragend zum versetzen. Die Haltepunkte sind jeweils sehr nah am Fluss.
Pegel:	Golling (km 94,0), ☎ 01804-370037-481 ▤ Mittersill (https://www.salzburg.gv.at/wasser/hydro/#/Fliessgew%C3%A4sser): 180 cm = NW für den Abschnitt bis Mittersill
Pegel Link:	www.hnd.bayern.de
Schwierigkeiten:	km 214,2 bis km 210,4 WW II bis WW III km 210,4 bis km 156,4 WWI bis WW III km 156,4 bis km 137,8 WW III bis WW IV km 137,8 bis km 99,4 WW I bis WW II mit Staustufen km 99,4 bis km 96,8 WW IV bis WW V, Bei HW **X** km 96,8 bis km 88,5 WW I bis WW II km 88,5 bis ⇩: WW I, mit Staustufen
Infrastruktur:	siehe Text
Karten:	Jübermann Wassersport-Wanderkarte Nr. 5 ISBN: 978 3 929540-32-1 / L8344, L8142, L7942, L7742, Kompas

228,9 Ursprung am Salzachgeier, etwa 2.300 m ü. NN (47.2950,12.1061)
214,2 re ⇩ der Krimmler Ache (s. Seite 373) in die Salzach (47.2368,12.1986)
214,2 –211,7 selten Befahrbare Strecke infolge Wassermangels (47.2368, 12.1989)
213,4 Fußg-Ⅱ **A-5742 Lahn** an ehemaligem 🚆 **Lahn** (47.2396,12.2068)
212,7 Wege-Ⅱ, li **A-5742 Wald im Pinzgau** am ehemaligen 🚆 Kreidlsiedlung

(47.2420,12.2156)

211,7 Wege-II, li **A 5742 Wald im Pinzgau** (47.2435,12.2272); ⇩ Rückführung des abgeleiteten Wassers von der Krimmler Ache, li am ϟ **Wald i. Pinzgau**, ab hier ganzjährige Befahrung möglich ⬇-Möglichkeit, zunächst WW II bis WW III (47.2435,12.2311)

210,9 ■ Wehr bei Wald nach Besichtigung evtl. ≈ (47.2436,12.2375)

210,4 Str-II, Rosental Bundesstrasse, li **A-5741 Neukirchen-Rosental**, gute ⬇-Möglichkeit, li 🅿 am ehemaligen EB-Haltepunkt Rosental; li 🚌 an der B 165 **Rosental-Ortsmitte** etwa 350 m; re Bauernhof Unterburgbauer (47.2437,12.2441)

209,7 re ⇩des Obersulzbach (s. Seite 372) in die Salzach (47.2443,12.2523)

209,7 –158,2 bis **A-5662 Gries** keine nennenswerten Schwierigkeiten weitgehend regulierte Strecke in landschaftlich herrlicher Umrahmung; als Tagesfahrt für Wildwasseranfänger geeignet (47.2442,12.2522)

209,0 Str-II des Tauernradweg (47.2422,12.2610)

207,8 Wege-II, Einöde, **A-5741 Neukirchen am Großvenediger** (47.2453, 12.2748)

206,8 Str-II, Sportplatzstrasse, **A-5741 Neukirchen** (47.2506,12.2853)

205,8 Str-II, Kohlhäuslgasse, **A-5741 Neukirchen am Großvenediger**, li Haltepunkt Neukirchen Vorstadl der Pinzgauer Lokalbahn. Bis Mittersill kanalisiertes Flussbett, teilweise renaturiert, bei NW schnelle Wanderfahrt mit vereinzelten Stellen bis WW I (47.2525,12.2977)

205,3 –203,7 Ufer aufgebrochen und teils renaturiert auf etwa 1.600 m (47.2533, 12.3038)–(47.2549,12.3091)

204,2 Str-II ins Habachtal (47.2566,12.3176)

202,1 Str-II, re **A-5733 Bramberg-Steinach**, li **A-5733 Bramberg-Weichseldorf** (47.2672,12.3383)

200,7 Str-II, li **A 5733 Bramberg am Wildkogel** re **A 5733 Bramberg Wenns**, li 🅿 am ehemaligen Bahnhof (47.2720,12.3543)

199,1 Str-II, li **A-5732 Mühlbach** (47.2732,12.3755)

198,0 Wege-II, li **A-732 Dorf-Paßthurn** (47.2770,12.3881)

195,8 neue Str-II, Hollersbacher Landesstrasse, re **A-5731 Hollersbach im Pinzgau** (47.2782,12.4168)

195,7 ⛺ Dorfcamping Hollersbach, Hollersbach 9, A-5731 Hollersbach im Pinzgau (47.2780,12.4181)

195,6 Str-II, Gerlos Strasse, B 165 (47.2783,12.4200)

195,2 ⇩ des Hollersbach (s. Seite 371) in die Salzach, nahe **A 5731 Hollersbach im Pinzgau** (47.2785,12.4241)

193,2 Wege-II, li **A-5730 Rettenbach**, re **A-5730 Schattberg** (47.2812, 12.4498)

190,7 Str-II, Zeller Strasse, **A-5730 Mittersill**, li 🚆 **Mittersill** (47.2834,12.4827)

190,1 Fußg-II, li vorher ⬆⬇, zu erreichen von kleiner Stichstr. die direkt vor dem M-Preis abzweigt. Haltepunkt der Pinzgauer Lokalbahn direkt am M-Preis (47.2830,12.4896)

190,0 re ⇩des Felberbach (s. Seite 370) in die Salzach, in **A 5730 Mittersill** bei

etwa 788 m ü. NN (47.2829,12.4901);
Str-II, Felbertauern Strasse, B 108, **A-5730 Mittersill** (47.2828,12.4908)
187,3 Wege-II, li **A-5724 Stuhlfelden** re **A-5724 Stuhlfelden-Wilhelmsdorf** (47.2832,12.5271)
185,7 Wege-II, li **A-5724 Stuhlfelden A-5724 Stuhlfelden-Pirtendorf** (47.2818,12.5476)
184,6 re ⇩ der Stubache (s. Seite 369) in die Salzach nahe **A 5723 Uttendorf** bei etwa 781 m ü. NN, mit Alter Salzach (47.2809,12.5620)
184,0 Str-II, Stubachstrasse, li **A-5723 Uttendorf**, und (47.2797, 12.5699)
182,0 Wege-II, li **A-5723 Uggl**, re nach **A-5723 Schwarzenbach** (47.2801, 12.5959)
180,0 Wege-II, li **A-5722 Lengdorf** (47.2790,12.6214)
179,1 Wege-II, li **A-5722 Lengdorf/Hacklwirt** (47.2819,12.6323)
177,8 Str-II, Niedernsiller Strasse, li **A-5722 Steindorf** re **A-5722 Niedernsill** (47.2828,12.6480)
176,6 Fußg-II, re **A-5722 Jesdorf** (47.2834,12.6615)
173,6 Wege-II, re **A-5721 Hummersdorf** (47.2805,12.6997)
171,9 Wege-II, Krinnerstrasse, li nach **A-5721 Piesendorf** (47.2787,12.7209)
169,4 Str-II, Kapruner Strasse, li **A-5721 Fürth** re **A-5710 Kaprun** (47.2842, 12.7520)
168,9 re ⇩ der Kapruner Ache (s. Seite 368) in die Salzach, etwa 754 m ü. NN (47.2874,12.7566)
166,6 Str-II, Kaprunerstrasse, **A-5700 Zell am See** (47.2820,12.7843)
164,6 Str-II, Pingauer Strasse, B 311 (47.2842,12.8109)
164,3 Str-II, Kapruner Strasse, **A-5671 Bruck-Krössenbach**, re Sport-Camp Woferlgut (47.2849,12.8150)
164,2 EB-II (47.2853,12.8163)
164,0 Wege-II, Sportplatzstrasse, **A-5671-Bruck** (47.2862,12.8187)
163,7 li ⇩ des Zeller Seebach Auf diesem schmalen Bach mit nur wenig Strömung kann man etwa 3,5 km flussaufwärts bis zum Zeller See paddeln. Nach dem Durchqueren des etwa 4 km langen Sees gelangt man am Nordufer zu einem günstig zum See gelegenen (47.2877, 12.8214)
163,5 Str-II, Zeller Strasse, **A-5671-Bruck** (47.2871,12.8244)
163,2 Rohr-II (47.2857,12.8285)
162,5 re ⇩ der Fuscher Ache (s. Seite 367) in die Salzach, in **A-5671 Bruck a.d. Großglocknerstr.**, ca. 754 m ü. NN (47.2849,12.8361)
162,2 EB-II am Ortsende von **A-5671 Bruck** (47.2835,12.8402)
161,9 Str-II, Pinzgauer Strasse, B 311 (47.2818,12.8439)
160,4 Str-II, Staudachstrasse, **A-5662 Bruck-Hauserdorf** (47.2834,12.8623)
158,2 Str-II, Fürstauweg, **A-5662 Gries**, li Gries im Pinzgau (47.2877, 12.8905);
kurze Schwallstrecke (WW II) (47.2879,12.8913)
157,4 –156,4 Rückstau der Staustufe Taxenbach-Högmoos (47.2886,12.8959)–

(47.2880,12.9134)
156,4 ▬ Staustufe mit Wege-II, X, **A-5660 Taxenbach-Högmoos**, Wasserableitung (47.2880,12.9134)
155,8 ▬ Pegelstufe etwa 600 m nach der Staustufe ⬇-Möglichkeit beim Pegelhäuschen (47.2875,12.9211);
Es beginnt eine sehr schöne WW-Strecke WW III die bei ≣ 100 unproblematisch ist. Der Wasserstand ist durch die Wasserabgabe der Staustufe sehr gleichmäßig. Bei HW, also stärkerem Überlauf an der Staustufe können die Schwierigkeiten allerdings erheblich zunehmen (47.2875,12.9216)
154,9 Fußg-II vor li **A-5660 Hasenbach** (47.2886,12.9313);
⚠ längere Gefällestrecke WW III+ stark verblockt, unübersichtlich; vor der Befahrung unbedingt besichtigen! (47.2886,12.9318);
Es folgt eine schöne Schluchtstrecke (47.2886,12.9324)
153,6 Fußg-II, li 🚂 **A-5660 Taxenbach-Rauris** und 🚌; gute ⬇-Möglichkeit. Direkt am 🚂 führt ein Tunnel unter den Gleisen zum Fluss (47.2922, 12.9461)
152,9 Str-II, Rauriser Bundesstrasse, li **A-5660 Taxenbach**, beschilderter Straße zur Kitzlochklamm, ⌘ (47.2918,12.9549)
151,2 ⇩ Rückführung des abgeleiteten Wassers (47.2925,12.9756);
Str-II, Kitzlochklammstrasse, **A-5660 Taxenbach**, re ✕ Kitzlochklamm; beschilderter Weg zur Kitzlochklamm, ⌘ (47.2926,12.9757)
151,1 re ⇩ der Rauriser Ache (s. Seite 364) in die Salzach (47.2933,12.9764)
149,3 li ⇩ Trattenbach ⚠ ab hier Stahlträger im Fluss, Es handelt sich dabei um freigespülte Reste alter Uferbefestigungen (47.3010,12.9958)
148,6 ▬ hohe Sohlstufe mit Tosbecken, X, ⚠ Lebensgefahr! Die Sohlstufe wird rechtzeitig durch Schilder angekündigt; weitere 4x ▬ Sohlrampen gemeinsam li etwa 1 km ⏏; Nur bei NW können sichere Paddler bis auf 30 m an die Sohlstufe heranfahren und re kurz ⏏. Die weiteren 4 Sohlrampen sind dann unter Materialeinsatz ≈ (47.3032,13.0033)
148,0 li 🚂 **A-5660 Eschenau** (47.3067,13.0085)
147,9 ▬ 4. Sohlrampe bei Eschenau danach wiedereinsetzen nach ⏏ (47.3066,13.0097)
147,6 1. EB-II vor Lend (47.3060,13.0145);
Beginn einer längeren verblockten Gefällstrecke, WWII bis WW III (47.3062,13.0152);
Str-II, re **A-5651 Lend-Mohrsiedlung** re beliebte ⬇ für Raftingstrecke bis km 138,4 (47.3062,13.0160)
147,1 Str-II B311 (47.3070,13.0194)
145,9 Str-II, Dientener Landesstrasse (47.3049,13.0338)
145,6 2. EB-II vor Lend danach gut ≈ ▬ schiefer Steinwurf (47.3031,13.0358)
144,2 Str-II, **A-5651 Lend**, re 🚌 Lend-Ortsmitte (47.2971,13.0513)
144,2 –137,8 schönes WW (47.2971,13.0519)
143,9 Fußg-II, li 🚂 **A-5651 Lend** (47.2968,13.0561)
143,6 re ⇩ der Gasteiner Ache (s. Seite 361) in die Salzach (47.2964,13.0596)

143,4 EB-II (47.2966,13.0608)
140,0 Str-II B311, li 🚌 Loifarn Mauth (47.3027,13.1065)
139,8 alte Wege-II (47.3032,13.1088)
138,5 li 🅿 mit Sitzbänken an der B311, ⬆ kurz danach Beginn des Rückstaus der Staustufe Schwarzach. Der gewaltige Schwarzacher Naturkatarakt ist im Stausee verschwunden. Es eine Kette von Staustufen, die Salzach verläuft weitgehend gestaut zwischen hohen Dämmen, ⏏-Möglichkeiten sind nicht eingeplant, eine Befahrung bis Werfen dürfte kaum mehr in Frage kommen (47.3099,13.1210);
li ≡ Wallnerau
137,9 –136,6 Rückstau der Staustufe Schwarzbach (47.3106,13.1263)–(47.3160,13.1409)
136,9 Fußg-II, li **A-5600 St. Johann i. Pongau** (47.3164,13.1374)
136,6 ■ Staustufe Schwarzach, mit Wege-II, li ⏏ (47.3160,13.1409)
135,5 Str-II, li **A-5620 Schwarzach im Pongau** re 🚆 Schwarzach-Stasse Veit, 🚌 (47.3196,13.1519)
135,0 Fußg-II an der Sportplatzstrasse (47.3196,13.1588)
134,2 EB-II (47.3233,13.1652)
133,8 li **A-5621 Grafenhof-Dorf** (47.3219,13.1706)
133,5 ■ Staustufe Grafenhof mit Fußg-II, re ⏏ (47.3213,13.1741)
132,9 re ⇩ des Großarlbach (s. Seite 360) in die Salzach (47.3222,13.1823)
132,7 Fußg-II (47.3239,13.1827)
131,1 Fußg-II, li ⛺ und ✕ Hirschenwirt, Bundesstrasse 1, A-5600 St. Johann (47.3337,13.1909)
130,3 ■ Staustufe St. Johann mit Fußg-II, li ⏏ (47.3383,13.1974)
129,9 Str-II, Alpendorfstrasse, re **A-5600 St. Johann i. Pongau**; ⛺ Kastenhof (47.3399,13.1935)
129,3 re ⇩ des Wagrainer Bach (s. Seite 359) in die Salzach (47.3451,13.1959)
129,1 Str-II, Hauptstrasse, re **A-5600 St. Johann i. Pongau**, li ⛺ Wieshof, li 🚆 (47.3466,13.1955)
127,9 Str-II, Salzburger Strasse, B 163, **A-5600 St. Johann i. Pongau**, re 🚌 Salzachpremenade (47.3559,13.2022)
126,4 re **A-5600 Maschl-Rothof** (47.3685,13.2098)
125,7 ■ Staustufe und ↯ **Urreiting**, mit Fußg-II, li ⏏ (47.3747,13.2098)
124,4 Str-II, B 311 bei **A-5600 Einöd** (47.3837,13.2117)
124,0 Wege-II, Alte Bundesstrasse, li 🚌 **St. Johann-Einöden** (47.3874, 13.2136)
122,7 li **A-5500 Bischhofshofen-Mitterberghütten** 🚆 (47.3949,13.2223)
121,5 Str-II, Hochkönigstrasse, li **A-5500 Bischofshofen** B 164 /B 159 (47.4051,13.2220)
121,2 ■ Staustufe und ↯ Bischofshofen, **X** (47.4068,13.2204)
120,3 Str-II, **A-5500 Bischofshofen** (47.4146,13.2209)
119,0 2x EB-II in ca. 150 m Abstand (47.4246,13.2224)
118,1 Fußg-II nach **A-5500 Bischofshofen** (47.4309,13.2153)
117,3 Str-II, Kreuzberg, B 99, re **A-5452 Ellmauthal**, hoch über dem Fluss

(47.4367,13.2088)
116,7 ▬ Staustufe Ellmauthal, **X** (47.4412,13.2104)
116,5 re ⇩ des Fritzbach (s. Seite 358) in die Salzach (47.4430,13.2116);
li ⛺ Camping Vierthaler, Reitsam 8, A 5452 Werfen (47.4456,13.2123)
114,7 Fußg-Ⅱ nahe **Pfarrwerfen** (47.4544,13.2035)
113,9 Str-Ⅱ **A 5452 Pfarrwerfen** li Gewerbegebiet Grießl (47.4615,13.1992)
113,3 Str-Ⅱ, B 159, Zubringer zur A 10-Tauernautobahn (47.4667,13.1995)
112,7 ▬ Staustufe **Werfen** (47.4706,13.1941)
112,4 Str-Ⅱ, li **A-5450 Werfen** re 🚆 Werfen (47.4730,13.1940)
111,5 li ≡ Werfen an der Eishöhlenstr (47.4808,13.1906);
li mögliche ⬇ **A-5450 Werfen** begrenzte 🅿-Möglichkeit, großer 🅿 etwa 400 m flussaufwärts
111,4 Wege-Ⅱ **A-5450 Werfen** (Schlamig), danach li am Berg die Festung Hohenwerfen; re führt die Straße zu den berühmten „Werfener Eisriesenhöhlen" (47.4815,13.1910);
Beginn „Werfener Eck" WW II, erhebliche verblockte Schwallstrecke (47.4820,13.1912)
109,3 Str-Ⅱ, Wimmstrasse, mit Fußg-Ⅱ, li **A-5451 Tenneck** 🅿; re 🚆 (47.4947, 13.1779)
105,8 Str-Ⅱ, B 159 (47.5217,13.1667);
re 🚆 von **A-5451 Sulzau**;
„Sulzauer Wächterschwall" bis WW II mehrere Abschnitte mit starker Wellenbildung (47.5225,13.1660)
103,3 hölzerne Wege-Ⅱ, Lueg-Strasse, **A-5451 Tenneck-Eckhard** re B 159-Paß (47.5417,13.1706)
100,1 Autobahn-Ⅱ A10 Tauernautobahn (47.5654,13.1713)
99,4 EB-Ⅱ, mit Fußg-Ⅱ, ⬇ für eine Befahrung der Öfen Starke Strömung, hohe Steilufer (47.5675,13.1814)
98,8 –97,2 ⚠ „Salzachöfen" Eindrucksvolle Klamm, Durchwandern auf gebührenpflichtiger Steiganlage möglich;
Die Schwierigkeiten der Salzachöfen sind stark wasserstandsabhängig. Als Anhalt gilt der Pegel in Golling: günstig bei NW von 90 bis 100 cm, WW IV; schwierig bei MW von 120 bis 140 cm, WW V, Preßwasser!; sehr schwer bei Pegel über 150 cm WW VI; **X** bei HW über 170 cm. Im Zweifelsfall auf eine Befahrung verzichten! (47.5703,13.1879)–(47.5794, 13.1855)
97,9 Fußg-Ⅱ über die Salzachöfen,✕ Paß Lueg (47.5773,13.1905)
97,2 Str-Ⅱ, Taggerstrasse, li **A-5440 Golling-Ofenau** ⬆ unterhalb re (47.5797, 13.1847)
96,4 EB-Ⅱ, re **A-5440 Golling-Obergau** (47.5801,13.1794)

Untere Salzach

Wanderfluss, WW I-II
Mündung in Inn bei amtl. km 67,4 (re Nebenfluss)

Charakteristik: ohne besondere Schwierigkeit schnell fließender Wanderfluss mit Sohlrampen und Staustufen

Befahrungsregeln:	km 6,5 bis Mündung: Naturschutzgebiet „Vogelfreistätte Salzachmündung". Uferbetretungsverbot und Verbot der Befahrung der Altgewässer
Befahrbarkeit:	ganzjährig
Pegel:	abrufbar über www.hnd.bayern.de: Golling (km 94,0), ✆ 01804-370037-481 Salzburg (km 64,4), ✆ 01804-370037-483 Laufen (km 47,5), ✆ 01804-370037-484 Burghausen (km 11,4), ✆ 01804-370037-486
Schwierigkeiten:	km 96,8 bis km 88,5 WW I bis WW II km 88,5 bis ⇩: WW I, mit Staustufen
Infrastruktur:	am Leitgeringer See siehe Text
Karten:	L8344, L8142, L7942, L7742, und Österreich 63
Kilometrierung:	km-Tafeln am Ufer, ab km 80 aufwärts nach Luftbild
Quellen:	Ergänzungen: Karin Fraundorfer 10/2017, Simon Huber 04/2018

96,4 EB-II, re **A-5440 Golling-Obergau** (47.5801,13.1794)
95,5 re ⇩ der Lammer (s. Seite 353) in die Salzach (47.5829,13.1688)
94,3 li ⇩ des Torrener Bach (s. Seite 352) in die Salzach (47.5902,13.1627)
94,1 Str-II, Zubringer zur A 10, AS Golling (47.5914,13.1637)
93,6 Golling, ✆ 01804-370037-481 (47.5957,13.1640)
93,5 Str-II, re **A 5440 Golling** (Wasserfallstr.) (47.5965,13.1641)
91,3 li ⇩ Schwarzbach (Schöner, sehenswerter Quelltopf, Oberlauf für eine Befahrung nicht geeignet, kurzes Wiesenstück im Unterlauf nicht lohnend) (47.6105,13.1483)
89,8 ⚠ „Kuchler Schwall" hohe Wellen, beliebte „Spielstelle"; vorher besichtigen! (47.6214,13.1399)
89,3 Str-II, re **A 5431 Kuchl** (Salzachstr.), re P, li Weißenbach-Siedlung (47.6253,13.1387)
88,1 Autobahn-II A10 Tauernautobahn (47.6345,13.1330)
85,4 re ⇩ des Taugl (s. Seite 350) in die Salzach (47.6552,13.1207)
82,6 ▬ Staustufe und ϟ Hallein-Zellulose-Fabrik (47.6728,13.1094)
81,6 Wege-II Neumayrbrücke (47.6771,13.0994)
80,9 Str-II **A 5400 Hallein** (Stadtbrücke) Anfang der Perner-Insel: unbedingt ➔ fahren! ⚠ Im ← hohe Ufermauer, keine Ausstiegs-Möglichkeit vor der nachfolgenden Staustufe (47.6830,13.0968)
80,7 Wege-II, Pernerweg, **A-5400 Hallein** (47.6850,13.0947)
80,6 re ⇩ des Almbach (Salzach) (s. Seite 349) in die Salzach (47.6857, 13.0939)
80,4 danach Weg-II (47.6859,13.0918)
80,2 Zusammenfluss der beiden Arme ↱ an einer Rampe am „Feuerwehrweg"

und etwa 300 m nachfolgende Staustufe ≏ (47.6861,13.0894)

80,1 ▬ Staustufe und ϟ Hallein (47.6874,13.0880)

79,3 Fußg-II, Tauernradweg, li **A-5400 Kaltenhausen** (47.6933,13.0830)

75,6 Fußg-II, Salzachsteg, bei **A-5412 Urstein** (47.7251,13.0830)

74,9 li ⇩ der Berchtesgadener Ache in die Salzach, an der AB-II, A 10 kurz oberhalb vom ϟ **Puch-Urstein** (47.7315,13.0822);
Autobahn-II A10 Tauernautobahn (Salzburg-Klagenfurt) (47.7316, 13.0828)

74,7 ▬ Staustufe und ϟ Urstein, **X**, li vor der Autobahnbrücke etwa 30 m in die Berchtesgadener Ache einfahren, ↰ vor Fußg.- II (Treppe), ≏ über das ϟ auf das re Ufer der Salzach und dort nach 200 m einsetzen (47.7330,13.0826)

70,9 re ⇩des Klausbach (s. Seite 348) in die Salzach (47.7672,13.0753)

70,8 re **A 5061 Elsbethen** Slipstelle (47.7680,13.0750)

70,5 Str-II, Hellbrunner Landesstrasse, **A-5061 Salzburg-Glasenbach** (47.7709,13.0749)

70,5 –63,4 Stadtgebiet von **A 5020 Salzburg** Anlandung im Stadtgebiet fast nicht möglich (außer km 65,5 re), Aufenthalt zur Stadtbesichtigung unbedingt zu empfehlen

69,3 Fußg-II, **A-5020 Salzburg** (47.7816,13.0762)

68,2 Fußg-II, Überfuhrsteg, **A-5020 Salzburg** (47.7899,13.0690)

67,8 li Jugendherberge, Schwimmbad (47.7923,13.0652)

66,7 Str-II, Karolinenbrücke, B 150, **A-5020 Salzburg** (47.7981,13.0539)

66,3 Fußg-II, Mozartsteg, **A-5020 Salzburg** (47.7997,13.0490)

65,9 Str-II, Staatsbrücke, **A-5020 Salzburg** (47.8008,13.0446)

65,7 Fußg-II, Makartsteg, **A-5020 Salzburg** (47.8017,13.0422)

65,2 Fußg-II, Müllner-Steg, **A-5020 Salzburg** (47.8051,13.0379);
re ⬆-Möglichkeit **A-5020 Salzburg** Rampe, Autozufahrt möglich (47.8058, 13.0381)

64,8 EB-II, Schwall, WW I (47.8087,13.0365)

64,5 Str-II, Ignaz-Harrer-Strasse, B 1, **A-5020 Salzburg** (47.8111,13.0366)

64,2 Wege-II, Pioniersteg, **A-5020 Salzburg** (47.8143,13.0366)

64,1 ≣ Salzburg, ♪ 01804-370037-484 (47.8154,13.0362)

63,4 ▬ Staustufe Lehen-Salzburg, **X**, H= 6,6 m (47.8214,13.0345)

63,2 Wege-II, Traklsteg, **A-5020 Salzburg** (47.8233,13.0332)

62,6 Autobahn-II A1 Westautobahn München-Salzburg-Linz-Wien darunter raues Deckwerk (47.8281,13.0303)

61,6 ⚠ Bergheimer Katarakt WW III (durch Bauarbeiten entstanden), auf 300 m hohe Wellen, WW III, vor Befahrung besichtigen, bei HW gefährlich, enorme Wasserwucht, bei Kenterung lange Schwimmstrecken, Anlanden wegen steiler Ufer und Fehlen von Kehrwasser sehr schwierig, re ≏ (47.8355,13.0234)

60,2 ▬ Sohlrampe ≋ oder ≏ (47.8454,13.0120)

59,5 re ⇩ des Fischach (s. Seite 333) in die Salzach (47.8503,13.0069)

59,4 ▬ Sohlrampe evtl. re ≋ oder li ≏ (47.8514,13.0049)

59,0 li ⇩ der Saalach (s. Seite 334) in die Salzach ab hier ist die Salzach Grenzfluss bei **A-5101 Überfuhr**, zu Österreich (47.8542,13.0015);
li gute ⬇ unter Saalach-Ⅱ B 304/B 155 **83395 Freilassing - A-5020 Salzburg** etwa 2,3 km vor der Saalach-⇩ auf der linken Seite. Parkmöglichkeit auf der österreichischen Seite an der ehemaligen Grenzstation

58,9 –26,6 einsame Auenlandschaften die Salzach fließt bis Tittmoning einsam durch Auenlandschaften, um sich zwischen Tittmoning und Burghausen in reizvoller Landschaft zwischen Höhenzügen hindurch zu winden. Flotte Strömung durch häufig auftretende Kiesbänke

55,0 geplant: ▬ "aufgelöste" Sohlrampe mit mehreren Becken (analog km 51,9)

52,1 li ⇩ der Sur in die Salzach (47.9086,12.9582)

51,6 ▬ „aufgelöste" Sohlrampe mit mehreren Becken, Gesamthöhe ca. 2m; mittig eine Durchfahrt (gelbe Bojen) mit größeren Wellen am Ende, ≈ nur für Geübte. ⬇ ⬆ zum ⏏ vorhanden (47.9129,12.9556)

51,1 –50,1 li ⚠ neu eingebaute Lenkbuhnen m-re ≈ Baustelle bis Dezember 2017 (47.9163,12.9511)–(47.9237,12.9452)

48,6 re ⇩ der Oichten (s. Seite 332) in die Salzach (47.9365,12.9402)

48,3 Str-Ⅱ, re **A-5110 Oberndorf** Eisen-Ⅱ, ⌘ Stahlkonstruktion aus dem Jahre 1902 in Oberndorf die „Stille-Nacht-Kapelle", in der das bekannte Weihnachtslied erstmals erklang (47.9397,12.9389);
re ⬆⬇ Laufen nach der Ⅱ (auch für Fahrten auf Oichten und Fischach), 🅿-möglichkeit. Li **84310 Laufen** (alte in der Römerzeit entstandene Siedlung, ⌘ Wehrkirche Maria Himmelfahrt, alte Bürgerhäuser). (47.9397,12.9389)

47,6 li ⬆⬇ Laufen II an Sandbank. Bis Tittmoning (km 27,0) im Bereich der „Laufener Enge" auf 21 km keine ⬆ ⬇-Möglichkeit mehr (47.9437,12.9360)

47,4 Fußg-Ⅱ, Europasteg, li **A-83410 Laufen** ⚠ bei NW und MW! Unter der Fußg- Ⅱ befinden sich Holzpfähle der alten Ⅱ, die bei schräger Anströmung zum Kentern führen können. Unbedingt im Hauptstromzug bleiben, da hier die Pfähle abgeschnitten wurden (47.9420,12.9348)

47,1 ≣ Laufen- Siegerstetter Keller, ☎ 01804-370037-484 (47.9401,12.9325)

45,4 ⚠ heftiger Schwall für Geübte ≈ oder re ⏏ (offiziell li auf ca. 2 km ⏏) (47.9470,12.9197)

27,4 li ⇩ Götzinger Achen (Ausfluss aus dem Waginger See) (48.0614, 12.7770)

26,6 Str-Ⅱ ST2106, li **84529 Tittmoning** (⌘ Burg mit Schützen-Scheibenmuseum, Stadtplatz, römische Ausgrabungen), li ⬆⬇, nach den Anlegestellen für die „Plätten!! (Zufahrt bis zum Ufer möglich, aber Parken hinter dem Damm!) Li ca. 2,8 km über B 20 ⛺ am Leitgeringer See. (48.0662,12.7701);
re **A-5121 Ettenau** Kiesbank re nach der Ⅱ, jedoch keine Parkmöglichkeit

18,6 li **84489 Burghausen-Unterhadermark** ⬆⬇-Möglichkeit in einer „hafenartigen" Bachmündung (48.1294,12.7667)

16,3 li auf der Höhe **84489 Burghausen-Raitenhaslach** Kloster mit

Barockkirche ⌘, Klostergaststätte (48.1277,12.7896)
16,1 li schräge Rampe, ⇅ Anlegeplatz der „Plätten", daher freihalten! Fußweg zum Kloster (48.1297,12.7905)
14,7 li **84489 Burghausen-Scheuerhof/Moosbrunn** auf der Höhe Wallfahrtskirche Marienberg, Rokokobau (48.1409,12.7980)
14,3 li **84489 Burghausen-Tiefenau** ✕ (sehr Paddler freundlich), Treppe, von hier aus Aufstieg zur Wallfahrtskirche Marienberg möglich (48.1445, 12.7963)
12,0 Str-II li **84489 Burghausen** re **A 5122 Wanghausen** ST2357 (Karl-Stechele-Str.) (48.1523,12.8238);
re ⇅ Wanghausen (schräge Rampe), Anmerkung: der SV Wacker-Burghausen kann keine Zeltmöglichkeit bieten; ersatzweise besteht eine ⛺-Möglichkeit in Wanghausen bei der Familie Frauenberger, vom Ausstieg ca. 200 m flussaufwärts, ✆ 0042-676-9490654 (48.1518,12.8249)
11,9 li ⬆ **84489 Burghausen** (48.1528,12.8250)
10,9 Str-II, li **84489 Burghausen** (Bruckgasse.) re **A 5122 Ach** li auf der Anhöhe Burg (Deutschlands größte Burganlage mit 1052 m weltlängste Burganlage, ⌘, Burgbesichtigung, Burgmuseum, Stadtmuseum, Stadtgalerie) (48.1586,12.8349);
≣ Burghausen am linken Joch, ✆ 01804-370037-486
10,7 li ⇅ Rampe Burghausen (gut mit Auto zu erreichen: Kanzelmüllerstr.) (48.1603,12.8344)
9,8 li Kreuzfelsen, dahinter Wirbel letzter Durchbruch der Salzach beginnt; Felsenhöhlen am Salzachufer (48.1665,12.8405)
7,9 li Insel (Kiesbank) bei NW re Felsbarriere, li oben Wacker Chemie AG (48.1779,12.8520)
6,7 li **84533 Haiming** re **A 5122 Überackern** (48.1869,12.8614)
6,5 –0,0 li **§** auf der li (deutschen) Seiten NSG „Vogelfreistätte Salzachmündung", Befahrungsverbot für die Altwasserarme und Uferbetretungsverbot (48.1887,12.8622)–(48.2066,12.9444)
5,9 li ⇩ Alzkanal ⬆ li an der ⇩ (Zufahrt über Neuhofen) (48.1939,12.8628)
1,3 "tatsächliche" ⇩ der Salzach in den Inn durch den Stau des Karftwerks Simbach befindet sich die "Innspitze" nunmehr hier (48.2077,12.9282)
0,0 amtliche ⇩ der Salzach in den Inn (s. Seite 306) bei amtl. km 67,4, von hier bis Passau ist der Inn Grenzfluss (48.2066,12.9444)

Oichten

Kleinfluss, Wald, und Wiesenbach
Mündung in Salzach bei km 48,6 (re Nebenfluss)

BL Salzburg

Die Oichten entsteht aus mehreren Vorflutern nahe dem oberösterreichischen Ort **A 5143 Oichten**, etwa 500 m ü. NN. Im Oberlauf ist sie weitgehend reguliert und entwässert mehrere Hochmoore. Im Unterlauf fließt der schmale Bach windungsreich durch Wald und Wiesen und treibt dabei einige Sägewerke an.

Befahrbarkeit: Frühjahr etwa bis April und nach Regenfällen mit Einer
Schwierigkeiten: Baum- und Strauchhindernisse
Karten: Jübermann Wassersport-Wanderkarte Nr. 5 ISBN: 978 3 929540-32-1 / Gen.-Karte Österreich Nr. 4, A 2-

21,1 Ursprung nahe der Ortschaft **Oichten/OÖ**, ca. 500 m ü. NN (48.0460, 13.0621)
12,0 Str-II, li **A-5151 Eisping** mögliche ⬇ (47.9818,13.0060)
8,6 ■ Sohlstufe **Nußdorf**, X (47.9584,12.9988)
7,4 ■ Wehr **Eberharten** (47.9522,12.9926)
7,3 Str-II, re **A-5114 Eberharten** (47.9516,12.9922)
6,8 ■ Wehr **Waidach**, X (47.9477,12.9913)
3,0 1. ■ Wehr **Drei Mühlen**, X, davor Wege-II (47.9400,12.9638)
2,7 2. ■ Wehr **Drei Mühlen**, X (47.9389,12.9617)
2,2 Str-II, B 156, **A-5152 Nußdorf am Haunsberg** (47.9357,12.9596)
1,5 Str-II, B 156A, **A-5110 Oberndorf bei Salzburg** (47.9333,12.9527)
1,4 EB-II (47.9328,12.9527)
0,0 ⇩ der Oichten in die Salzach (s. Seite 328) bei km 48,6 (47.9365, 12.9402);
etwa 500 m auf der Salzach weiterfahren bis ⬆ re nach der Str-II **Oberndorf/Ö - Laufen/D**

Fischach (Salzach)

Wildwasser, WW I-II
Mündung in Salzach bei km 59,5 (re Nebenfluss)

Der Wallersee ist ein kleiner, wenig bekannter, jedoch landschaftlich ansprechender See des österreichischen Alpenvorlandes. Der Abfluss des Wallersees, die Fischach, kann bis zur Mündung in die Salzach befahren werden. Sie ist ein schöner Auen- und Waldfluss mit mehreren interessanten Stellen und fahrbaren Wehren.

Befahrbarkeit: Frühjahr bis Mitte Juni.
Schwierigkeiten: bis WW II
Infrastruktur: Zeltmöglichkeit: ⛺ am Südufer des Wallersees.

16,1 ⇩ Ausfluss der Fischach aus dem Wallersee ⬇ bei Matzing am NO-Ufer des Wallersees (die Fahrt kann selbstverständlich auch an mehreren anderen Stellen des Sees begonnen werden). Sie fließt zunächst als Zahmwasser durch Aulandschaft (47.9032,13.1457)
15,6 ■ Wehr, evtl. ≋ (47.8996,13.1431)
14,0 Str-II **A 5201 Seekirchen am Wallersee** (47.8910,13.1268)
13,6 ■ Wehr, evtl. ≋, es folgen (mehrere kleine Stufen), ≋. Anschließend Beginn eines landschaftlich sehr schönen, engen Waldtales, zahlreiche Felsen im Fluss, kleine Stufen, Baumhindernisse, WW I und II (47.8882, 13.1251)
11,8 ■ Wehr, evtl. ≋ (47.8737,13.1169)

9,7 ▬ Wehr, evtl. ≋ (47.8669,13.1001)

8,1 ▬ Wehr Sägewerk, **X**, li ⏏ (47.8599,13.0889)

7,3 verfallenes ▬ Wehr ⚠ evtl. verklemmte Bäume, re ≋, 2 m hoher Abfall, Steine im Unterwasser, besichtigen (47.8578,13.0812)

4,6 ▬ Wehr, **X**, li ⏏ (47.8513,13.0531)

3,9 ▬ Wehr **A 5101 Lengfelden**, **X**, re ⏏. Kurz dahinter Str.-Ⅱ. Es ist zweckmäßig, die Fahrt hier zu beenden. Die folgenden 300 m müssen bei ungenügender Wasserabgabe getreidelt werden. Anschließend 3 Stufen, ≋, jedoch zahlreiche Betonbrocken (47.8476,13.0466)

2,2 ▬ Wehr bei HW evtl. ≋, bei NW totale Wasserableitung auf einer Strecke von 2,0 km (47.8476,13.0320)

2,0 Str-Ⅱ **A 5101 Bergheim bei Salzburg** (47.8477,13.0295)

1,2 Str-Ⅱ B156 (47.8458,13.0205)

0,4 re ⇩ des abgeleiteten Wassers (47.8504,13.0119)

0,1 EB-Ⅱ der folgende Mündungskatarakt dürfte nur bei HW ≋ sein, WW III (47.8503,13.0078)

0,0 ⇩ des Fischach in die Salzach (s. Seite 328) bei km 59,5 (47.8503, 13.0069);
⬆ auf der Salzach erst nach 12 km bei der Ⅱ zwischen Laufen u. Oberndorf möglich

Saalach

Wanderfluss, WW I-II, WW III-IV, WW V-VI, Gebirgsfluss
Mündung in Salzach bei km 59,0 (li Nebenfluss)

Die Saalach ist ein landschaftlich und wassertechnisch besonders abwechslungsreicher Fluss. In ihrem Oberlauf durchfließt sie das enge Saalbacher Tal. Bei ausreichendem Wasserstand bietet sie hier eine fast ununterbrochene Schwallstrecke mit herrlichem Wildwasservergnügen. Ab Maishofen folgt eine wenig interessante Flussstrecke. Von Saalfelden bis Pass Luftenstein durchfließt die Saalach ein zunehmend enger werdendes Waldtal, ohne besondere Schwierigkeiten, so dass diese Strecke auch Wildwasseranfängern empfohlen werden kann. Ab Pass Luftenstein steigern sich die Schwierigkeiten bis zur grandiosen Lofer-Schlucht, deren Befahrung nur ausgesprochenen Spitzenfahrern vorbehalten sein sollte. Ab Schluchtende bis zum Saalach-Stausee in herrlicher Landschaft mäßiges schweres Wildwasser. Seit 2019 wird die Saalach touristisch vermarktet, dazu wurde ein ausgeklügeltes System an ⬇⬆-Stellen und Flussabschnitten entwickelt, die auch mit den örtlichen Rettungskräften abgestimmt sind.

Das Problem der Saalach im Unterlauf ist die fortschreitende Eintiefung. Auf den letzten 10 km vor der Mündung in die Salzach hat sich in den letzten 90 Jahren die Sohle schon um 5 m eingetieft, sodass ein Sohldurchschlag zu erwarten ist. Die Stützung der Gewässersohle und die Hebung des Grundwasserspiegels versucht man durch Einbau einer Sohlrampe mit versetzten Querriegeln und Becken zu erreichen.

Befahrungsregeln:	Benutzung der ausgewiesenen ⬇⬆-Stellen
Befahrbarkeit:	im Oberlauf Mai bis Juni und nach Regenfällen ab Saalfelden ganzjährig
Pegel:	Siezenheim (km 5,5), ☎ 01804- 370037-495 Staufeneck (km 15,0), ☎ 01804- 370037-821 Unterjettenberg ,Str-Ⅱ vor Fronau (km 26,0), ☎ 01804- 370037-492 günstig für die Befahrung der Loferschlucht etwa 70 cm Weißenbach bei Lofer (km 53,0) und Viehhofen (km 82,3) abrufbar über www.4-paddlers.com >>Flussinfo>>Saalach
Pegel Link:	www.lofer.com/de/aktiv-im-sommer/wilde-wasser/kanu-kajak/pegelstand-saalach/
Schwierigkeiten:	km 96,7 – km 76,8 WW II-III km 76,8 – km 56,5 WW I km 56,5 – km 48,6 WW I-II (A) km 48,6 – km 47,3 WW III+ (B) km 47,3 – km 44,2 WW II (C) km 44,2 – km 43,7 WW III-IV (D) km 43,7– km 41,7 WW V+, Syphone, Unterspülungen (E) km 41,7 – km 26,0 WW III-II (F)
Infrastruktur:	Grubhof bei St. Martin (km 45,5) Paddlerplatz in Niederland (km 34,0) siehe auch Hinweise im Text
Literatur:	https://www.lofer.com/de/aktiv im sommer/wilde-wasser/kanu-kajak/flussinformationen-saalach/
Karten:	L8542, L8342, L81452, Jübermann Wasser-Wanderkarte Nr. 4Kompaß-Wanderkarte Nr. 14 (Berchtesgaden
Kilometrierung:	in Bayern nach Karte Top10; Oberlauf nach Luftbild, Unterhalb des Saalachstaumauer (km 19,8) bis zur ⇩ (km 0) sind km-Tafeln am Ufer. Die Kilometrierung könnte daher in diesem Bereich von der Kilometrierung nach Karte 1:10000 geringfügig abweichen.
Quellen:	Benedict Cramer 05/19

105,7 Ursprung aus dem Torsee am Fuß des Gamshag in 1.998 m Höhe (47.3613,12.4718)

96,7 Str-Ⅱ oberste mögliche ⬇ am Talstation Skilift Zwölferkogel (47.3752, 12.5660);
Es folgen mehrere raue Sohlrampen unter Materialeinsatz, mäßige Verblockung, WWII bis WW III (47.3753,12.5664)

96,5 Wege-Ⅱ, re Hinterglemm-Reichkendl (47.3754,12.5680)

96,0 Wege-Ⅱ (47.3755,12.5748)

95,4 Str-Ⅱ (47.3761,12.5829)
95,2 Wege-Ⅱ (47.3764,12.5851)
95,1 ▬ Wiesermühle, ✕, re ⌂ (47.3768,12.5868);
re Mögliche ⬇ (47.3768,12.5870);
Wege-Ⅱ, Wiesermühlweg und Fußg-Ⅱ (47.3768,12.5872)
94,8 Str-Ⅱ, **A-5754 Hinterglemm**,Tunnelumfahrung (47.3777,12.5901);
7 verschiedene Ⅱ Ⅱ innerhalb des Dorfes (47.3778,12.5902);
schöne Schwalle auf der folgenden Flussstrecke bis kurz vor Maishofen, sehr schnelle Strömung, mäßige Verblockung, zahlreiche befahrbare Sohlstufen, Baum- und Strauchhindernisse. WW II-III (47.3778,12.5903)
93,8 Str-Ⅱ, **A-5754 Hinterglemm** am Ende der Tunnelumfahrung (47.3810, 12.6014)
93,5 Str-Ⅱ die Hauptstraße wechselt auf li Flussseite (47.3824,12.6044)
93,3 Wege-Ⅱ, Safe-Weg, **A-5754 Hinterglemm** (47.3831,12.6064)
92,3 Wege-Ⅱ, Wieslweg, **A-5753 Saalbach** , am Ortsanfang (47.3855, 12.6146)
92,1 Wege-Ⅱ (47.3873,12.6176)
91,4 Wege-Ⅱ, Bärenbachweg, **A-5753 Saalbach** (47.3905,12.6286);
5 weitere Ⅱ folgen Ortsdurchfahrt von **A-5753 Saalbach** (47.3906, 12.6288)
90,0 Fußg-Ⅱ, Ortsende von **Saalbach** (47.3879,12.6466)
89,3 Wege-Ⅱ, li 🚌 Saalbach-Rauchenbach (47.3855,12.6552)
88,4 Wege-Ⅱ, li 🚌 Saalbach-Reitermühle (47.3833,12.6652)
87,6 ⬇-Möglichkeit, li 🅿 (47.3794,12.6743)
87,5 Wege-Ⅱ, li 🚌 Saalbach-Schönleitenlifte (47.3792,12.6754)
87,4 Str-Ⅱ, **A-5753 Vorderklemm** zur Talstation der re Schönleitenliften (47.3792,12.6767)
87,0 Str-Ⅱ, Löhnersbachweg, **A-5753 Saalbach-Jausern** (47.3781,12.6815)
86,8 ▬ hohe Sohlstufe, stark verblockt besser re ⌂, weiterhin zahlreiche Sohlstufen und Schwalle (47.3769,12.6821)
86,6 li **Igelsberg** (47.3758,12.6847)
86,4 Wege-Ⅱ (47.3747,12.6874)
85,9 Wege-Ⅱ, li 🚌 Saalbach-Taxing re Kläranlage (47.3723,12.6925)
84,9 Wege-Ⅱ (47.3685,12.7005)
84,6 Wege-Ⅱ, li 🚌 Viehhofen-Exenbach (Exenbachweg) (47.3678,12.7069)
83,4 Str-Ⅱ, li Rehrenberg-Siedlung (Kreuzerlehenweg) (47.3665,12.7219)
82,7 ▬ Sägewerk **Viehhofen** starker Zug auf das ▬, evtl. ≈, besser jedoch re ⌂ (47.3656,12.7306)
82,3 Wege-Ⅱ, li **A-5752 Viehhofen** li 🚌 Viehhofen-Ortsmitte (47.3656, 12.7358);
≡ Viehhofen, www.4-paddlers.com >>Flussinfo>>Saalach (47.3656, 12.7360)
81,8 ▬ Sohlstufe (47.3662,12.7416)
81,5 Wege-Ⅱ danach re „Glemmy Offroad Park" (47.3651,12.7447)

80,7 Wege-II am Ende vom „Glemmy Offroad Park“ Viehhofen, bis Atzing weiterhin starke Verblockung, WW III (47.3633,12.7546)
79,8 li ✕ und ⛺ Glemmerhof (Glemmerstr. 52, A 5752 Viehhofen) (47.3648, 12.7633)
79,2 Wege-II, li 🚌 **Maishofen-Gindlhof** (47.3662,12.7720)
78,9 li begrenzte Ⓟ-Möglichkeit um hier die Fahrt zu beenden (47.3655, 12.7747);
■ Sohlstufe, **X**, ⚠ Eisenschienen, scharfer Stromzug! (47.3653, 12.7748)
78,6 Weg-II (47.3644,12.7799)
78,4 Str-II 🚌 „Hinterer Forsthof“ (47.3648,12.7825)
78,2 ■ Wehr (47.3645,12.7850)
77,8 Schwall (47.3637,12.7897)
77,3 Weg-II Stablberg, ⬆ gute Möglichkeit zur Beendigung der Befahrung der oberen Saalach, Ⓟ-Möglichkeit rechts (47.3625,12.7950)
76,9 Weg-II, betriebsintern (47.3628,12.8002)
76,8 Str-II B 311, li **A 5751 Kirchham** (Saalfeldner Str.) nach re **A 5751 Atzing** (47.3631,12.8011);
folgende Strecke, in einem weiten Tal ist landschaftlich wenig reizvoll, der Fluss ist durch mehrere Sohlstufen reguliert. Die Befahrung der Saalach wird daher zumeist bis km 66,7 unterbrochen. Keine wesentlichen Schwierigkeiten. (47.3631,12.8014)
76,4 Str-II, re **A 5751 Maishofen** (Kirchhamer Str.) (47.3649,12.8063)
75,8 EB-II ca. 760 m ü NN, dahinter Schwall (47.3675,12.8129)
75,0 überdachte Wege-II (47.3704,12.8223)
74,6 ■ Sohlstufe (47.3733,12.8250)
73,8 Wege-II, Uferstrasse, re **Oberhaus** (47.3800,12.8272)
73,2 ■ Sohlstufe, **X**, ⌓, mühsam (47.3854,12.8284)
73,0 Str-II, li **A-5760 Schützing**, re **A-5760 Gerling** (47.3869,12.8298)
71,6 Str-II, li **A 5760 Pfaffenhofen** re **Letting-Bsuch** (Kollingwald Str.) (47.3963,12.8318)
71,5 EB-II (47.3965,12.8308)
70,7 Weg-II, re **A 5760 Bsuch** li ✕ Haid (47.4033,12.8289)
70,6 ■ Sohlstufe bei NW evtl. ≋ oder zusammen mit der nachfolgenden Sohlstufe ⌓ (47.4039,12.8288)
70,4 ■ Sohlstufe bei NW evtl. ≋, oder ⌓ (47.4057,12.8281)
70,3 Wege-II, li zum ✕ Haid (47.4066,12.8276)
68,8 Str-II, Zeller Bundesstrasse, B 311, re **A-5760 Saalfelden** 2 km entfernt (47.4198,12.8264)
68,6 Str-II, **A 5760 Saalfelden am Steinernen Meer** (Zeller Str.) (47.4216, 12.8258)
68,0 Wege-II, re 🚆 **Saalfelden** 500 m (47.4268,12.8222)
67,2 EB-II (47.4309,12.8214)
67,1 EB-II (47.4334,12.8215)
66,7 Str-II B 164 Straße von Saalfelden nach St. Johann, Fußg.- II, günstige

⬇ (47.4380,12.8209);
Beginn der leichten und landschaftlich sehr reizvollen Strecke der Saalach, auch für WW-Anfänger, weiterhin WW I (47.4384,12.8210)

66,4 re ⇩ des Urslaubach (s. Seite 347) in die Saalach, gegenüber ⇩ Leoganger Ache (s. Seite 346) nahe **Uttenhofen** (47.4395,12.8230)

64,9 Str-Ⅱ, li **A 5760 Euring** (500 m), weitere gute ⬇ (47.4523,12.8235)

63,6 re **A-5760 Stoißen**

61,4 1. Golf-Wege-Ⅱ, Golfplatz beidseitig re **A-5760 Hohlwegen** (47.4792, 12.8287)

60,9 2. Golf-Weg-Ⅱ (47.4832,12.8266)

60,7 3. Golf-Weg-Ⅱ (47.4845,12.8258)

60,4 4. Golf-Weg-Ⅱ (47.4871,12.8234)

59,9 5. Golf-Weg-Ⅱ (47.4884,12.8175)

59,3 re Einleitung aus dem Dießbachstausee re ϟ (500 m), danach Ende Golfplatz (47.4905,12.8092)

58,1 Weg-Ⅱ, re 🚌 Weißbach-Nusserbauer (47.4958,12.7982)

57,0 –49,2 *Abschnitt A: obere Saalach* WW I-II, ideal für Anfänger, praktisch ganzjährig ≈ (47.5032,12.7796)–(47.5510,12.7227)

56,5 Weg-Ⅱ, re 🅿-Möglichkeit 🚌, offizielle ⬇⬆ ***1*** *Klettergarten*, Beginn des offiziellen Wasserweges (47.5030,12.7801)

54,4 Wege-Ⅱ, li **A-5093 Hacker** re nach **A-5093 Fronwies** (47.5112,12.7578)

53,6 re **A 5093 Weißbach bei Lofer** (47.5210,12.7502)

53,5 li ≣ Weißbach, www.salzburg.gv.at/wasser/hydro/#/Fliessgewässer?station=203497 (47.5222,12.7493)

53,0 Str-Ⅱ, Pinzgauer Bundesstrasse, B 311, offizielle ⬇⬆ ***2*** *Weißbach* (47.5221,12.7492)

52,1 li Lamprechtshöhle, ⌘ Höhlengaststätte, 🅿-Möglichkeit, 🚌. Vom Berg grüßt die Ruine Salleck (47.5271,12.7403)

51,2 li **A-5092 Haitzmann**

50,6 Wege-Ⅱ, re **A-5092 Kleberau** (47.5372,12.7274)

50,5 li ⇩ der Schüttach (s. Seite 345) in die Saalach (47.5382,12.7273)

49,4 Str-Ⅱ B311, re **A 5092 Kleber** mögliche ⬇ für die Luftensteinklamm (47.5452,12.7202)

48,6 li offizielle ⬇⬆ ***3*** *Kieswerk* (47.5515,12.7232);
▬ Staustufe mit Wasserableitung für ϟ Obsthurn, re Bootsgasse mit regulierter Wasserabgabe (Pflichtwasser von 1,5 m³/sec für Befahrung unzureichend). Eine ausreichende Wassermenge von 3 m³/sec wird immer abgelassen in der Zeit von April bis Ende August, vom 1. September bis 15. Oktober an Samstagen von 13-17 Uhr und an Sonntagen von 9-17 Uhr, sowie bei offiziellen Kanuveranstaltungen. ⚠ bei Befahrung, Rücklauf! (47.5518,12.7229)

48,6 –47,3 *Abschnitt B: St. Martin Schlucht* (Paß Luftenstein) WW III+, Besichtigung vom li Ufer aus empfehlenswert. ⚠: wegen des ▬ beim Kieswerk meist nur sehr niedriger Wasserstand. Das Einbooten ist dann direkt oberhalb des Korkenziehers sinnvoll (47.5531,12.7232)–(47.5624, 12.7147)

48,3 Str-Ⅱ B311, re **A 5092 Wildenbach-Obsthurn** (47.5552,12.7245)

47,8 Fußg.- Ⅱ über die Schlucht (47.5592,12.7212)

47,7 li ⇩ Werkkanal Rückführung des abgeleiteten Wassers (47.5598,12.7202); ⚠ „Korkenzieher" welcher je nach Wasserstand den vierten Grad erreicht (47.5600,12.7196)

47,3 ▬ Sohlstufe St. Martin gefährliche Bootsrutsche, wegen möglicher Steckgefahr Sicherung durch Kameraden oder li ⏏, Wasserableitung, bei NW (≣ Weißbach 50 cm) auf ca. 300m zu wenig Wasser. (47.5618, 12.7153);
li offizielle ⇅ ***4*** *Wildentalbrücke* (47.5619,12.7149)

47,3 –44,2 *Abschnitt C: mittlere Saalach* WW II (47.5623,12.7149)–(47.5848, 12.6987)

47,0 Str-Ⅱ, nach re **A 5092 Wildental** li **A 5092 St. Martin bei Lofer**. Ab hier einfacher (WW II) bis zur ⇩ Loferbach/Strubbach (47.5637,12.7140)

45,5 Fußg- Ⅱ, li ⛺ **A 5092 Grubhofsiedlung** (**A 5092 St.Martin bei Lofer**, ✆ 0043/6588 /8237 oder 8405) (47.5766,12.7082)

44,7 re offizielle ⇅ ***5*** *Scheffsnoth* (47.5827,12.7027)

44,6 Str-Ⅱ, nach re **A 5090 Scheffsnoth** li **A 5090 Kreuzfeld** (47.5832, 12.7010)

44,3 li ⇩ des Loferbach (s. Seite 343) in die Saalach, ca. 630 m über NN (47.5848,12.6983)

44,2 li offizielle ⇅ ***6*** *Hubertussteg* (47.5849,12.6988)

44,1 Fußg.- Ⅱ, li **A 5090 Lofer** (Hubertus-Steg) (47.5852,12.6993)

44,1 –43,8 *Abschnitt D: WM-Slalomstrecke* Die Schwierigkeiten nehmen schnell zu, auf 500 m WW III-IV. Die Slalomstrecke bietet tolle Kehrwässer und kann auf unterschiedlichen Linien befahren werden. An der Zielkurve oder am Teufelssteg aussteigen (47.5855,12.6993)–(47.5888,12.6955)

43,8 li Friedhof Lofer Kirche, Markt Lofer ca. 630 m über NN (47.5879,12.6956)

43,7 li offizielle ⇅ ***7*** *Teufelssteg* in der Zielkurve der Slalomstrecke, Fußweg zum 🅿 an der Touristen-Information (47.5887,12.6951)

43,6 Fußg.- Ⅱ Lofer (Teufelssteg) (47.5888,12.6959)

43,6 –41,8 *Abschnitt E: Teufelsschlucht* die lange Zeit als **X** gegolten hat. Befahrung nur für sehr gute WW-Fahrer. (WW IV - V, ⚠ Siphone!, bei HW starke Zunahme der Schwierigkeiten.) Der Triftsteig begleitet den Bach und ermöglicht eine vorherige Besichtigung. (Triftsteig beim HW 2013 zerstört und erst teilweise wiederhergestellt, Stand 9/19) (47.5892, 12.6963)–(47.6025,12.7044)

42,2 li ↰, Ausstieg vor der Dreier-Kombination der schwierigsten Stelle der Teufelsschlucht. 400 m Fußweg zu Straße (47.5923,12.6964);
⚠ Kernstelle Dreier-Kombination gefährliche Siphone (47.5925,12.6972)

42,0 li **Antonikapelle** (47.6006,12.7037)

41,7 Wege-Ⅱ, li zur B 178, re nach **Au** 600 m, offizielle ⇅ ***8*** *Au* für die Weiterfahrt unterhalb der Teufelsschlucht; 🅿-Möglichkeit li vor, oder re nach der Ⅱ. Teilweise wird hier für die Benutzung der ⬇ kassiert, 3,00 €/Kajak in 2019, Inhaber einer Gästekarte vom TVB Lofer sind frei (47.6031,12.7038)

41,7 –26,2 *Abschnitt F: untere Saalach* Es folgt eine landschaftlich sehr schöne Flussstrecke Schwierigkeiten zunächst WW III mit mäßiger Verblockung, später abnehmend WW II (47.6040,12.7044)–(47.6815,12.8225)

41,6 ▬ längere, schräg abfallende Sohlgleite gut ≈ (47.6044,12.7048)

41,0 verblockte S-Kurve schwierigste Stelle der "Wanderstrecke" (47.6082, 12.7056)

40,2 li **A 5090 Hallenstein** (47.6149,12.7075)

38,4 Str-Ⅱ, re offizielle ⬇⬆ *9 Reith* li 🚌 Lofer Reith an Bundesstr. B178, ⬇ falls die Befahrung der verblockten Flussstrecke unterhalb km 41,7 vermieden werden soll, ab hier WW II (47.6271,12.7219)

38,0 re ⇩ Innersbach (Klamm, ✕, ⌘) (47.6293,12.7261)

37,0 li 🅿 an der B 178 (47.6367,12.7276)

36,4 li ⇩ des Unkenbach (s. Seite 342) in die Saalach (47.6423,12.7275);
li 🚌 Unken-Oberrain, danach Insel im Fluss (47.6428,12.7277)

36,0 Str-Ⅱ B 178 (Loferer Bundesstraße), darunter noch ein leicht verblockter Abfall (47.6440,12.7313)

35,9 Fußg.- Ⅱ **A 5091 Unken** weitere Abnahme der Schwierigkeiten (47.6447, 12.7313);
re offizielle ⬇⬆ ***10** Alter Sportplatz* großer 🅿 (47.6452,12.7315)

35,4 Str-Ⅱ, li **A 5091 Unken** (47.6500,12.7321)

34,4 Str-Ⅱ B 178 (Loferer Bundesstraße) (47.6554,12.7417)

33,9 Insel, li **A 5091 Niederland** li ✕, li ⛺ (47.6600,12.7460)

32,8 Str-Ⅱ, re offizielle ⬇⬆ ***11** Köstlerbrücke* kleiner 🅿 (47.6633,12.7562)

32,7 li ⇩ Steinbach (ist Grenzbach), Saalach ist ein Stück Grenze Deutschland-Österreich, das re Ufer ist noch österreichisch (47.6634,12.7569)

30,2 beide Ufer sind deutsch, re **83458 Schneizlreuth-Haiderhof** (Brotzeitstüberl, Oberjettenberg 6) (47.6738,12.7812)

27,9 li ⇩ des Weißbach in die Saalach ca. 500 m ü. NN, an der Fußg-Ⅱ des Tauernradwegs (47.6884,12.8025);
Weg-Ⅱ, li **83458 Schneizlreuth** (47.6882,12.8028)

27,3 li günstige ⬆ vor Beginn einer scharfen re-Biegung li 🅿 an der B305/B21 (47.6869,12.8096)

26,2 Str-Ⅱ B305/B 21, li offizielle ⬆ ***11** Fronau* (47.6819,12.8210)

26,0 ≣ Unterjettenberg, www.hnd.bayern.de/pegel/inn/unterjettenberg-18642003?, ♪ 01804-370037-492 (47.6813,12.8239)

25,9 Holz-Ⅱ, li **83458 Fronau** li Privatgelände, ⬆ (ohne Probleme), re **83458 Unterjettenberg** (47.6809,12.8242)

25,4 re ⇩ Schwarzbach in die Saalach (47.6796,12.8300)

25,2 re 🅿 an der B21 (47.6804,12.8331)

24,5 –20,7 Rückstau des Saalach-Stausees

20,7 ▬ Staumauer des Saalach-Stausees Wasserableitung durch Stollen (47.7117,12.8654);

Die Weiterfahrt direkt nach der Staumauer ist bei gutem Wasserstand während der Schneeschmelze je nach Wasserableitung zum ↯ durchaus möglich. Auch die Vorbeifahrt an Bad Reichenhall ist dann möglich

19,8 ▬ Sohlstufe „Saalachterassen" **X**, li ⌂ S3 (47.7174,12.8735)

19,7 Str-Ⅱ, re **83435 Bad Reichenhall** (Luitpoldbrücke) (47.7186,12.8723)

19,1 Str-Ⅱ ST 2101, re **83435 Bad Reichenhall** (Kretabrücke), 🚆 (1½ km) (47.7226,12.8670)

18,9 li Rückführung des abgeleiteten Wassers ab hier wieder ganzjährig ≋ Es folgen noch einige leichte, ≋ Stufen (47.7237,12.8655);
Die weitere Fahrt bis zur Str-Ⅱ Freilassing (km 2,2) ist durch teilweise bewaldete Inseln und Kiesbänke nicht uninteressant

17,8 ▬ Sohlrampe meist ohne Grundberührung ≋. ⚠ vorher ansehen! WW II+ (47.7317,12.8696);
Fußg.- Ⅱ (Nonner Steg) (47.7322,12.8704)

15,9 ▬ doppelte Sohlrampe meist ohne Grundberührung ≋. ⚠ vorher ansehen! WW III (47.7429,12.8908)

15,4 li 🚐 Schöne Melanie Staufeneck (83451 Piding) (47.7452,12.8948)

15,0 Fußg.- Ⅱ Ⅱ (alter und neuer Staufensteg), ≣ Staufeneck (47.7471, 12.9001)

14,9 EB Ⅱ (47.7481,12.9022)

14,6 Str-Ⅱ B 20, re **83435 Bad Reichenhall-Woißbach** (47.7500,12.9049)

14,0 ▬ doppelte Sohlschwelle aus groben Steinen (47.7541,12.9098)

12,8 Fußg.- Ⅱ, li **83451 Piding** re **83435 Bad Reichenhall-Schwarzbach** (47.7624,12.9202);
2 kleine Sohlstufen ≋ (47.7627,12.9205)

12,1 AB-Ⅱ Autobahn A 8 (München-Salzburg) (47.7675,12.9262)

11,8 li **83451 Piding** re **83435 Bad Reichenhall-Buchenhof**, ab hier bis zur ⇩ ist das re Ufer österreichisch (47.7698,12.9279)

11,6 li ⇩ der Stoißer Ache in die Saalach Pidinger Ache oder auch Angerache (47.7712,12.9279)

10,2 Insel im ← eine ▬ lange Sohlrampe auch bei gutem WS nicht ohne Grundberührung ≋

im ← eine hohes ▬ Wehr; ⚠ Rücklauf (vergleichbar WW III)! Vorher ansehen, besser ⌂, re Wasserableitung zum Mühlbach (öster.) (47.7806, 12.9394)

9,2 ▬ Wehr 2-Stufig, **X**, re ⌂, gemeinsam mit nachfolgendem Wehr; li Wasserableitung zum Kraftwerk (47.7864,12.9437);
re **A-5071 Käferheim**

8,8 ▬ Wehr, **X**, re ⌂ gemeinsam mit vorgenanntem Wehr (47.7870, 12.9479)

8,2 überdachte Fußg-Ⅱ, li **A-83404 Ainring-Hammerau** re **A-5071 Wals** (47.7921,12.9529)

8,0 ▬ Staustufe Hammerau mit nachfolgender Sohlrampe, **X**, re ca. 150 m ⌂ (47.7930,12.9543);

re **A 5071 Wals-Grünau** li **83404 Ainring-Hammerau**
6,0 li ⇩ Hammerbach (47.8068,12.9699)
5,5 Fußg.- ⌶, li **83404 Ainring-Hausmoning** re **A 5071 Wals-Siezenheim** (Siezenheimer Steg) (47.8115,12.9738); Siezenheim
4,6 –4,4 ▬ „aufgelöste" Sohlrampe mit 2 m Fallhöhe in 11 Stufen (47.8186, 12.9788)
3,8 li ⇩ Saalbach (47.8249,12.9821)
2,8 EB-⌶ (47.8319,12.9890)
2,4 ▬ Staustufe, ca. 10 m Kraftwerk Rott-Freilassing, **X**, (47.8350, 12.9941)
2,3 Str-⌶ B304 /B155, li **83395 Freilassing** (Salzburger Str./ Münchner Bundesstr.) (47.8356,12.9951); li gute ⬇ Rampe für Fahrten auf der Salzach P-Möglichkeit am Zufahrtsweg, re **A-5020 Salzburg-Rott** (47.8365,12.9959)
0,0 ⇩ der Saalach in die Salzach (s. Seite 328) bei km 59,0 ab hier ist die Salzach Grenzfluss bei **A-5101 Überfuhr**, zu Österreich (47.8542, 13.0015)

Unkenbach

Kleinfluss, WW I-II, WW III-IV, WW V-VI, Gebirgsbach
Mündung in Saalach bei km 36,4 (li Nebenfluss)

Der Unkenbach am Fuß der Loferer Steinberge ist landschaftlich hervorragend schön, mit kurzen Schluchtstrecken. Als Wildwasser ist er sehr interessant, auf kurzer Strecke sogar sehr schwer. Seine Befahrung ist jedoch infolge zahlreicher Sohlbauwerke recht mühsam; bei günstigem Wasserstand sind sie zwar durchweg ≈, bei HW jedoch gefährlicher Rücklauf.

Befahrbarkeit:	zur Zeit der Schneeschmelze und nach Regenfällen beim Friedelwirt sollte ein Minimum von etwa 4 m³/sec angetroffen werden, günstig sind 7 m³/sec. Fahrtstrecke: Einsetzen bei einer 3,5 m hohen Sohlstufe oberhalb der sehr kurzen Eiblklamm, die nach der Einfahrt nicht mehr verlassen werden kann. Befahrbare Strecke: 5,4 km
Schwierigkeiten:	WW II-III, Steilabfälle WW V-V+
Karten:	L8340, L8342, Jübermann Wasser-Wanderkarte Nr. 4Kompass Wanderkarte Nr. 14 (Berchtesgadener Land/C

11,6 Ursprung südöstlich der **83242 Reit im Winkl-Winkelmoosalm** etwa 1140 m ü. NN (47.6376,12.6018)
8,5 Ende der Schwarzbergklamm (47.6338,12.6360)
5,4 ▬ Sohlstufe (47.6449,12.6668); re übliche ⬇ (47.6450,12.6672)
5,3 Beginn der Eiblklamm die kurze Eiblklamm beginnt mit einer etwa 4 m

hohen Sohlstufe; danach folgt eine Doppelstufe von etwa 2 m und 2,5 m, wobei die erste Stufe nur durch einen eingeklemmten Wurzelstock entsteht. Die letzte Stufe ist eine gut 5 m hohe steile Rutsche; Ende der Klamm nach etwa 130 m (47.6455,12.6682)

4,6 Wege-II, nach der Eiblklamm (47.6459,12.6755);
2x ■ Doppelsohlrampe und ■ Sohlstufe (ca. 5m hoch) Betonschwelle am Fuß der Sohlstufe! (47.6458,12.6758)

4,5 Danach alternative ⬇ WWII bis WW III (47.6458,12.6759);
■ Bis zum Friedelwirt etwa 9 kleinere und größere Sohlstufen, meist ≈ (47.6458,12.6761)

3,3 Str-II (47.6451,12.6908)

2,9 ■ Sohlstufe, ca. 3 m (47.6442,12.6945);
Fußg-II und ■ Sohlstufe (47.6444,12.6948)

2,7 ■ Sohlstufe, li ✕ Friedelwirt Gasthof Friedelwirt, Gföll 28, **A-5091 Unken** (47.6455,12.6961)

2,2 Ende Friedelwirt (47.6463,12.7018)

2,2 –1,3 nachfolgende Schlucht mit einigen schwierigen Katarakten bis WW V; unbedingt vorher besichtigen!! Verklemmungsgefahr! (47.6463, 12.7018)–(47.6440,12.7129)

1,3 auf der Reststrecke noch einzelne ■ Sohlstufen, meist ≈ (47.6440, 12.7129)

1,0 Str-II, Unkenberg, li **A-5091 Unken-Oberrain** (47.6433,12.7166)

0,0 Wege-II (47.6422,12.7271);
Str-II B 312, li 🚌 Unken-Oberrain (47.6422,12.7272);
⇩ des Unkenbach in die Saalach (s. Seite 334) bei km 36,4 (47.6423, 12.7275)

Loferbach

Weitere Namen: Haselbach, Strubbach, Grießelbach
Kleinfluss, WW I-II, WW III-IV, Gebirgsbach [WW]
Mündung in Saalach bei km 44,3 (li Nebenfluss)

Der im BL Salzburg als Loferbach titulierte Bach heißt im BL Tirol auf vielen Karten auch Haselbach.

Unter dem Namen Grieselbach (ca. 12.5 km lang) ist er der Hauptzufluss des Pillersees und entspringt an der Südseite der Loferer Steinberge in ca. 1600 m ü. NN. Der Pillersee ist touristisch als Badesee und mit Bootsverleihern voll erschlossen. Als Abfluss des Pillersees wird er bis etwa Schöttl vielfach noch als Grieselbach bezeichnet. Er ist in seinem Oberlauf ein interessanter, im Unterlauf, im Bereich der Schlucht unterhalb des Passes Strub, ein schwerer Wildbach.

Befahrungsregeln:	keine	
Befahrbarkeit:	am besten Frühjahr, aber auch später möglich	
Umwelt:	Wasser:	sehr sauber
Pegel:	II Lofer (km 0,4): Minimum 160 cm, MW 180 cm, HW 200 cm	

Schwierigkeiten:	km 14,6 – km 4,5: WW II-I (III) km 4,5 – km 1,7: WW IV+ km 1,7 – km 0,0: WW II
Infrastruktur:	Zeltmöglichkeit: ⛺ Grubhof an der Saalach (km 45,5)
Karten:	L8642 und Österreich 92, Jübermann Wasser-Wanderkarte Nr. 5Kompass Wanderkarte Nr. 14 (Berchtesg

28,5 Ursprung des Grieselbaches am Fuße der Loferer Steinberge, etwa 1.600 m ü. NN (47.5181,12.6452)

14,6 Ausfluss aus dem Pillersee landschaftlich sehr reizvolle, raue Sohlrampe, dahinter niedrige Fußg-II, Mögliche ⬇ (47.5470,12.5692);
Straße begleitet den Bach, von **A-6393 St. Ulrich** (Tirol) nach **A-6384 Waidring** (47.5472,12.5693)

13,3 Str-II, bei **St. Adolari** Kirche erbaut 1407, re 🅿, übliche ⬇, die Schwierigkeiten betragen zunächst WW II (47.5576,12.5666);
es folgt eine kleine Schlucht mit 2 Stufen (WW III) (47.5580,12.5669);
■ Sohlstufe (1,5 m) in ■-Mitte ≈ (47.5581,12.5669)

12,4 Fußg- II, niedrig, **X**, wahrscheinlich neue Wege-II (47.5641,12.5714)

12,1 Str-II (Niedersee Str.) (47.5664,12.5704)

11,9 Wege-II (Schöttlweg) (47.5680,12.5719)

10,5 Str-II, Achenweg, li **A-6384 Waidring**, ca. 780 m ü NN (47.5795,12.5736)

10,5 –4,5 schnell fließendes Wasser ohne nennenswerte Schwierigkeiten (WW I), 2 kleine ≈ ■ Sohlstufen bis zur B178 (47.5796,12.5737)

10,3 Fußg.- II (Nähe Achenweg), re Schwimmbad (47.5810,12.5756)

10,1 Str-II, Sonnwendstrasse, li **A-6384 Waidring** (47.5820,12.5774)

9,6 Fußg.- II (47.5850,12.5815)

9,5 Str-II, re ⛺ Camping Steinplatte (Unterwasser), ab hier begleitet die B178 den Loferbach bis kurz vor Lofer, (Unterwasser 43, A 6384 Waidring) (47.5856,12.5826)

7,9 Str-II, Hausstattweg, **A-6384 Waidring** (47.5873,12.6025)

6,0 Str-II, li B 178, re 🚌 **A-6384 Waidring-Strub-Ort** (47.5836,12.6273)

4,5 Str-II B 178 (Loferer Bundesstr.), davor re Kieswerk, Ende der leichten Flussstrecke, ca. 750 m über NN; neuer Name: **Loferbach** (47.5816, 12.6458)

4,1 ⬇ für Befahrung des schwierigen Teils zunächst auf 1 km WW IV, starke Verblockung, ⚠ eingeklemmte Bäume! (47.5816,12.6459);
Weg-II (47.5813,12.6507)

3,5 ■ Wehr evtl. ≈, vor Befahrung besichtigen, besser li ⏏; ⚠ Besichtigung empfohlen! Rassiger Naturslalom und extremes Gefälle (70 ‰), WW IV+, auf etwa 1,5 km nahezu unveränderte Schwierigkeiten (47.5796,12.6613)

3,0 Wege-II, re Bushaltestelle Tiroldenkmal, danach Übergang in BL Salzburg (47.5797,12.6647)

2,7 Str-II B 311 Zubringer zur B178 (47.5788,12.6682)

2,4 Str-II B178, Ortsumgehung von Lofer (47.5789,12.6717)

2,1 Str-II B311, Zubringer zur B178, Ende des verblockten Steilstücks, ca. 640 m ü.NN (47.5793,12.6759)
1,7 Wege-II bei Sägewerk (47.5797,12.6798)
1,6 ■ Steilwehr, X, ⬆ Häufig Ende der Befahrung des Loferbachs eine Weiterfahrt ist jedoch gut möglich (47.5794,12.6816)
1,4 re Tennis- und Sportplatz (47.5805,12.6840)
1,3 ■ 1.Wehr gut ≈ (47.5815,12.6852)
1,3 –0,0 Ortsgebiet von **A-5090 Lofer** (47.5815,12.6852)
0,8 ■ 2. Wehr evtl. ≈, besser ⏏, davor re Schwimmbad-Parkplatz (47.5846,12.6892)
0,5 Str-II beim Steinerwirt (47.5857,12.6917)
0,4 Str-II Ortsmitte **A-6384 Lofer** (47.5857,12.6933); ≣ (47.5857,12.6934)
0,2 Str-II B 311 (47.5847,12.6964)
0,0 ■ Sohlstufe je nach Wasserstand der Saalach m gut ≈, bei HW gefährlich (47.5848,12.6982);
⇩ des Loferbach in die Saalach (s. Seite 334) bei km 44,3, ca. 630 m über NN (47.5848,12.6983)

Schüttach

Kleinfluss, WW III-IV, WW V-VI, Gebirgsbach
Mündung in Saalach bei km 50,5 (li Nebenfluss)

Die Schüttach ist ein zwar nur kurzer, landschaftlich jedoch hervorragend schöner Wildbach. Sie entsteht aus den Quellflüssen Rotschüttbach, Römerbach und Brunnbach in ca. 770 m ü NN, etwa 1 km westlich der Vorderkaseralm 730 m üNN, im Norden der Leoganger Steinberge. Sie durchfließt den Schidergraben und wird begleitet von einem Rad- und Wanderweg, Tauern-Radweg, Route der Klammen. Sie mündet bei **A-5092 Kleberau** in die Saalach ca. 660 m ü NN

Befahrungsregeln: keine
Befahrbarkeit: zur Zeit der Schneeschmelze und nach starken Regenfällen möglich ab Vorderkaseralm, es folgt jedoch eine Steilzone, WW V, Beginn der Befahrung daher meist nach diesem Steilabfall, dann noch 2,5 km bis zur ⇩
Befahrbare Strecke: 3 km
Schwierigkeiten: bis WW III, Steilzone WW V
Karten: L8542, „Kompass"-Wanderkarte Nr. 30 (Saalfelde.Saalbach…), oder. Kompass Wanderkarte Nr. 14

4,0 Zusammenfluss Rotschüttbach und Römerbach (47.5189,12.6939)
2,8 re Almgaststätte Vorderkaserklamm 🅿-Möglichkeit. Ab hier ist der Almweg für den allg. Verkehr gesperrt. Übliche ⬇; der Weg begleitet rechtsseitig (47.5204,12.7053)
1,8 Wege-II der Weg begleitet nun linksseitig (47.5265,12.7142)
1,0 Fußg- II, re zur Naturbadeanlage **Vorderkaseralm** (47.5324,12.7183)

0,6 li li im Wald Wander-🅿 am Fahrweg zu re **Vorderkaseralm** (47.5361, 12.7209)
0,5 Str-II, Pinzgauer Bundesstrasse, B 311 (47.5363,12.7216)
0,0 Wege-II (47.5382,12.7269);
⇩ der Schüttach in die Saalach (s. Seite 334) bei km 50,5 (47.5382, 12.7273)

Leoganger Ache

Kleinfluss, WW I-II, Gebirgsbach
Mündung in Saalach bei km 66,4 (li Nebenfluss)

Die Leoganger Ache entsteht aus dem Zusammenfluss von Schwarzleobach, Hinterrettenbach und Grießnerbach westlich von Leogang-Hütten. Sie ist ein landschaftlich hervorragend schöner, als Wildwasser jedoch nur wenig interessanter Bach am Fuß der Leoganger Steinberge.
Eine Befahrung der Leoganger Ache ist wohl nur lohnend als Vorfahrt zu einer Befahrung der Saalach.

Befahrungsregeln:	keine
Befahrbarkeit:	im Frühjahr und nach Regenfällen Befahrbare Strecke: 7 km bis zur ⇩ ⬇ bei einer hohen ▬ Sohlstufe, ⌓, in der Nähe von **A-5771 Leogang-Finsterbach**
Schwierigkeiten:	WW I-II, zahlreiche Sohlstufen und kleine Brücken
Karten:	L8542; Jübermann Wasser-Wanderkarte Nr. 5 / Kompass-Wanderkarte Nr. 30 (Saalfelden, Saalbach, Zell a

13,9 Ursprung der Leoganger Ache (47.4659,12.7174)
7,8 li 🚐, **A-5771 Leogang-Finsterbach** (47.4390,12.7252);
▬ Sohlstufe (47.4393,12.7253)
7,5 Str-II, Rain (47.4403,12.7278)
7,3 Str-II (47.4405,12.7303)
7,2 Str-II (47.4403,12.7314)
7,1 Str-II, Rain (47.4403,12.7335)
6,7 Wege-II (47.4404,12.7386)
6,2 Str-II, B 164, davor Sägewerk danach re 🚐 Sägewerk (47.4400, 12.7440);
Wege-II (47.4400,12.7445)
5,9 Str-II (47.4400,12.7484)
5,4 Str-II, **A-5771**, **L-Sonnrain** (47.4391,12.7550)
5,2 überdachte Fußg-II, li Tennisplätze (47.4397,12.7579)
5,1 ▬ hohe Sohlstufe (47.4397,12.7579)
4,9 Wege-II (47.4408,12.7599)
4,6 Str-II, li **A-5771 L-Rosental**, re **A-5771 Leogang** (47.4405,12.7641)
3,5 Wege-II (47.4404,12.7787)
2,8 Str-II nach **A-5771 Otting** (47.4408,12.7874)

2,0 Str-II (47.4402,12.7974)
1,3 EB-II (47.4415,12.8059)
1,2 Wege-II (47.4418,12.8080)
0,3 Str-II, re **A-5760 Uttenhofen**, li **A-5760 Lenzing** (47.4409,12.8190)
0,0 ⇩ des Urslaubach (s. Seite 347) in die Saalach (s. Seite 334) bei km 66,4, gegenüber ⇩ Leoganger Ache nahe **Uttenhofen** (47.4395,12.8230)

Urslaubach

WW I-II, WW III-IV, Wildfluß, Gebirgsfluss
Mündung in Saalach bei km 66,4 (re Nebenfluss)

Der Urslaubach, früher auch als Urschlaubach bezeichnet, dessen Quellflüsse aus dem Bereich des Hochkönig stammen, fließt in seinem Oberlauf bis Maria Alm in einem engen Tal, das im Norden vom Steinernen Meer begrenzt wird. In diesem Bereich ist der Urslaubach landschaftlich sehr schön und sportlich interessant. Ab Maria Alm treten die Berge etwas zurück, ab Saalfelden a. Steinernen Meer tritt der Urslaubach in das weite Tal der Saalach aus.

Befahrungsregeln:	keine
Befahrbarkeit:	im Frühjahr
Schwierigkeiten:	km 15,5 – km 7,6: WW II-III+
	km 7,6 – km 4,1. WW I-II
	bis Maria Alm stark verblockt, schnelle Strömung, starkes Gefälle, einige fahrbare Stufen, enges Bachbett
Karten:	Jübermann Wasser-Wanderkarte Nr. 5 Kompaß-Wanderkarte Nr. 30 (Saalfelden, Saalbach, Zell am See)

19,1 Ursprung mit mehreren Quellflüssen im Bereich des Hochkönig in 2200 m Höhe (47.4278,12.9995)
15,5 Wege-II, Hochmais, mögliche ⬇ bei sehr günstigem Wasserstand sehr schnelle Strömung, Sohlstufen (47.4051,12.9697)
14,5 Wege-II, Hochmais (47.3987,12.9618)
12,0 Str-II der Straßenabzweigung nach Bachwinkl und Hintermoos, übliche ⬇ (47.3873,12.9375);
2 ▬ Sohlstufen, **X** (47.3872,12.9374);
zahlreiche Wege-II und mehrere Fußg-II folgen (47.3872,12.9372)
9,3 Str-II, li **A-5761 Aberg** re 🚐 Unterberg (47.3925,12.9074)
8,0 ▬ Sägewerkswehr **X** (47.4032,12.9015)
7,8 Str-II, Hochkönig Strasse, B 164 (47.4047,12.9003)
7,6 Str-II, re **A-5761 Maria Alm** (47.4056,12.8994);
ab hier Nachlassen der Schwierigkeiten WW II es folgen 2 ▬ Wehr, **X**, ▬ Wehr Stufe evtl. in Flussmitte ≈, ▬ 4. Wehr **X**, re ⏏, nach der Str-II das ▬ 5. Wehr **X**, re ⏏ (47.4057,12.8993)
4,1 Str-II, Almerstrasse, B 164, **A-5760 Saalfelden**, Ortsanfang, im Ortsbereich 2 Stufen (47.4178,12.8591);
wegen der Stufen sollte die Fahrt am Ortsanfang beendet werden

3,7	re 🚌 Saalfelden „HTL/HBLA" danach beide Ufer senkrechte Mauern (47.4193,12.8549)
2,5	Str-II, Bahnhofstrasse, **A-5760 Saalfelden am Steinernen Meer**, re Zentrum (47.4266,12.8444)
2,2	Str-II, Zeller Bundestsrasse, B 311 (47.4273,12.8410)
1,5	Str-II, Dorfheimer Strasse, Ende der Kanalisierung, li ca. 400m zum 🚂 (47.4293,12.8331)
0,3	Str-II, Leoganger Strasse, B 164, re **Saalfelden** (47.4368,12.8234)
0,1	▬ Sohlstufe mit sehr gefährlichem Rücklauf li ⏏, ⚠ es hat hier schon tödliche Unfälle gegeben (47.4386,12.8230)
0,0	⇩ des Urslaubach in die Saalach (s. Seite 334) bei km 66,4, gegenüber ⇩ Leoganger Ache (s. Seite 346) nahe **Uttenhofen** (47.4395,12.8230)

Klausbach (Salzach)

Weitere Namen: Glasenbach
Kleinfluss, WW III-IV, Gebirgsbach
Mündung in Salzach bei km 70,9 (re Nebenfluss)

BL Salzburg
Der südlich von **Salzburg** bei **Elsbethen** in die Salzach mündende Klausbach wird vielfach nach der von ihm durchflossenen Glasenbachklamm auch als Glasenbach bezeichnet siehe Jübermann-Karte. Sein Ursprung ist am südlichen Talende zwischen **Schwarzenberg** und **Mühlstein**. Zwischen der Südflanke des Gaisberg und dem Mühlstein dreht er nach Westen ab und durchfließt dabei die paddlerisch interessante Glasenbach-Klamm.

Befahrungsregeln:	keine bekannt
Befahrbarkeit:	Schneeschmelze und nach starken Regenfällen Fahrstrecke. im Bereich des Wanderweges
Schwierigkeiten:	WW III mit Stellen bis WW IV
Infrastruktur:	Zugang: mit Bootswaagen von **Glasenbach** über den Wanderweg bis zur ⬇ am Fahrweg von **A 5061 Hinterwinkel** nach **A 5061 Haslau**. Nahe Hinterwinkl HausNr. 30
Karten:	Jübermann Wassersport-Wanderkarte Nr. 5 ISBN: 978 3 929540-32-1 / Kompass-Wanderkarte Nr. 17, Marco

9,1	Ursprung am südlichen Talende zwischen **Schwarzenberg** und **Mühlstein** (47.7402,13.1351)
4,6	re ⇩ Talbach, danach Beginn der Klamm; ⬇-Möglichkeit nach den X Felsstufen (47.7723,13.1236)
4,4	Wege-II des Glasenbach-Wanderweges. Dieser Wanderweg begleitet den Klausenbach durch die ≈ Strecke der Klamm. In die Klamm münden zahlreiche kleine Bäche als Wasserfälle (47.7726,13.1221)
1,7	▬ Sohlstufe, X, am Ende des Glasenbach-Wanderweges, ⬆ (47.7680, 13.0958)
0,0	⇩des Klausbach in die Salzach (s. Seite 328) bei km 70,9 (47.7672,

13.0753)

Almbach (Salzach)

Weitere Namen: Wiestal-Stausee
Kleinfluss, Seengewässer, Stausee
Mündung in Salzach bei km 80,6 (re Nebenfluss)

BL Salzburg
Der Almbach ist der Ausfluss aus dem Hintersee, etwa 668 m ü. NN, zwischen **Rannberg** und **Wieserhörndl** , zwischen Salzburger Land und Salzkammergut, südlich von **A 5324 Faistenau** . Auf dem Weg zum Wiestalstausee wird er noch 2x in kleineren, jedoch stark verlandeten Seen aufgestaut. Aus der Sicht der Paddler ist der Almbach nicht lohnend.
Dagegen ist die Strubklamm des Almbachs bekannt und beliebt für Canyoning

Befahrungsregeln:	Die Befahrung des Almbach vom Ausfluss aus dem Wiestal-Stausee bis zur ⇩ in die Salzach ist laut Aushang verboten und wegen Baumversperrungen und geringem Wasserdurchlauf ohnehin kaum je möglich.
Befahrbarkeit:	wegen geringer Wasserführung selten
Pegel:	**Adnet**, km 0,5, http://ehyd.gv.at
Schwierigkeiten:	km 15,6 bis km 12,3, **X** km 12,3 bis km 8,3, Stausee km 8,3 bis ⇩, Befahrungsverbot
Karten:	Jübermann Wassersport-Wanderkarte Nr. 5 ISBN: 978 3 929540-32-1 /

21,4 Beginn des Hintersee und damit dem Almbach 668 m Höhe (47.7411, 13.2518)
19,8 ⇩ Ausfluss aus dem Hintersee ▬ Staumauer; wegen Baumversperrungen und geringem Wasserdurchlauf ist eine Befahrung kaum je möglich (47.7524,13.2396)
12,0 ⇩ in den Wiestalstausee (47.7599,13.1788)
8,9 li ⇩ des Mörtlbach (s. Seite 349) in den Wiestalstausee (47.7377,13.1577)
8,5 ▬ Staumauer und ↯ am Ende des Wiestal-Stausee; ca. 560 m ü. NN. Eine Befahrung der Reststrecke bis zur ⇩ ist lt. Aushang aus Sicherheitsgründen verboten (47.7351,13.1525)
8,4 –0,0 **§** Befahrungsverbot laut Aushang (47.7347,13.1526)
0,0 ⇩ des Almbach (Salzach) in die Salzach (s. Seite 328) bei km 80,6 (47.6857,13.0939)

Mörtlbach

Weitere Namen: Mirtlbach
WW III-IV, WW V-VI, Gebirgsfluss,
Mündung in Almbach (Salzach) bei km 8,9

BL Salzburg
Der Mörtlbach, in vielen Top-Karten auch als Mirchtlbach bezeichnet, ist im Oberlauf ein mittelschwerer, im Unterlauf extrem schwerer Wildbach mit hohen Wasserfällen. Sein Ursprung liegt im Norden des Tennengebirges an der Nordostflanke des Schmittenstein

Befahrungsregeln:	keine
Befahrbarkeit:	Frühling bis Frühsommer
Schwierigkeiten:	km 3,6 bis km 0,5 , WW III bis WW IV km 0,5 bis km 0,1, WW V bis VI Baumversperrungen möglich
Infrastruktur:	🚐 an der Salzach: 🚐 Camping Schönauer Markt 235, **A 5440 Golling** 🚐 Camping Martina (Wasserfallstr. 235, **A 5440 Golling** 🚐 Auwirt in der Moossiedlung (N47° 42` 13,7``; E13° 04` 09,3``); Salzburgerstr. 42, **A 5400 Hallein**
Karten:	Jübermann Wassersport-Wanderkarte Nr. 5 ISBN: 978 3 929540-32-1 / Kompass-Wanderkarte Nr. 15 Tennen

10,4	Ursprung nordöstlich des Schmittensteins etwa 1.250 m ü. NN (47.6878, 13.2446)
3,8	Wege-Ⅱ, **A 5421 Gaißau** re 🚌 **Gaißa-Strub**; davor: re 🅿-Möglichkeit (47.7186,13.1910)
3,6	⚠ Felsrippen als natürlicher Wasserfall (47.7202,13.1903)
3,5	■ Sohlstufe, danach: übliche ⬇ an der Straße Haltemöglichkeit zum Abladen der Boote; durch den Wald zur ⬇ tragen (47.7214,13.1892)
3,3	re oben an der Straße großer 🅿 (47.7231,13.1889)
3,0	Wege-Ⅱ, etwa 50 m danach: ■ Sohlstufe (47.7247,13.1857)
2,5	Str-Ⅱ Krispler Landesstraße, darunter Klamm (47.7272,13.1819)
1,5	Str-Ⅱ Krispler Landesstraße, L 209 (47.7294,13.1694)
0,5	■ Konsolidiersperre, davor ⬆ für Standardstrecke bzw. ⬇ für die „Wasserfallstrecke“, WW V+ bis WW VI; insgesamt 4 verwinkelte Wasserfälle mit einer Höhe von 5-10 Metern gefolgt von Wege-Ⅱ, begrenzte 🅿-Möglichkeit, diese Wege-Ⅱ erreicht man, indem man etwa nach 300 m auf der Krispler Landesstr. nach rechts in einen Fahrweg einbiegt.Dahinter ■ Felsschwelle (47.7354,13.1618)
0,4	■ natürliche Felsschwelle, dahinter re ↯ am **Mörtlbach** (47.7362, 13.1619)
0,0	Str-Ⅱ, re **A 5421 Höhenwart** (47.7375,13.1579); ⇩ des Mörtlbach in den Wiestalstausee (s. Seite 349) bei km 8,9 (47.7377, 13.1577)

Taugl

WW I-II, WW III-IV, WW V-VI, Gebirgsfluss
Mündung in Salzach bei km 85,4 (re Nebenfluss)

BL Salzburg

Die Taugl oder auch Tauglbach nicht zu verwechseln mit der benachbarten Taugl, die der Hauptzufluss zum Hintersee ist, ist ein nur wenig bekannter und damit auch nur wenig befahrener Wildbach in einer 8 km langen, schwer zugänglichen Klamm. Sie bietet in diesem Bereich sehr schweres Wildwasser, mit sehr starkem Gefälle, verwinkelten Blockstrecken, engen Abfällen, Verklemmungsgefahr! Stets muss mit verkeilten Bäumen gerechnet werden.

Evtl. erforderliches Umtragen in der Tauglschlucht kann sehr mühsam werden. Mitnahme von Kletterseil, Reservepaddel, dringend erforderlich. Für die Befahrung der 8 km langen Klammstrecke müssen 3–5 Stunden eingeplant werden. Wenn man sich einen Überblick über die zu erwartenden Schwierigkeiten verschaffen will, kann man die Tauglschlucht bei herbstlichem NW auch „begehen“. Neopren vorteilhaft, nur bei sicherer Wetterlage, da bei Regenfällen sehr schnell aus Karsthöhlen viel Wasser kommen kann. Diese Wanderung durch die traumhaft schöne Schlucht ist auch ohne Kanufahrt sehr zu empfehlen. Beim „Hohen Steg“ kann man die Schlucht auf schmalem, verstecktem Pfad orographisch re verlassen, sonst unmöglich.

Befahrungsregeln: keine
Sicherheitsempfehlung: Bei einer Wasserführung von mehr als 3,5 m³/sec besteht akute Lebensgefahr!

Befahrbarkeit: Frühjahr bis Juni und nach Regenfällen.

Pegel: alter Latten-▤ etwa 200 m oberhalb Römer-Ⅱ, günstig 75 cm entspricht etwa 3 m³/s. Der ▤ ist infolge von laufenden Veränderungen des Flussbettes beim ▤ unzuverlässig. Bei einer Wasserführung von mehr als 3,5 m³/sec besteht akute Lebensgefahr!

Schwierigkeiten: Bei höherem Wasserstand, z. B. nach Gewitterregen, kann die Taugl-Klamm zur lebensgefährlichen Falle werden.
km 13,7 – km 11,7: WW II.
km 11,7 – km 11,5: **X** Strubklamm
km 11,5 – km 9,8: WW IV mit Stellen WW V bis /**X**.
km 9,8 –km 3,7: WW III.
km 3,7 – ⇩: WW I–II

Infrastruktur: benachbarte ⛺ an der Salzach:
Camping Martina Wasserfallstr. 235, A-5440 Golling,
Camping Schönauer, Markt 235, **A 5440 Golling**
Camping Auwirt in der **Moossiedlung**; Salzburgerstr. 42, **A-5400 Hallein**
Pkw: Begleitung nicht möglich, ein Einblick in die Schlucht ist von einem Steg km 9,8 aus möglich, der über den Weiler Sommerau zu erreichen ist. Man sieht allerdings nur einen leichten Abschnitt.

Literatur: Pollner Verlag, Hans Matz, Durch Österreichs Schluchten.

Karten: Jübermann Wassersport-Wanderkarte Nr. 5 ISBN: 978 3 929540-32-1 /Kompass-Wanderkarte Nr. 15 Tennenge

16,6 Ursprung aus mehreren Quellbächen am Kalmerriedel, etwa 840 m ü. NN (47.6746,13.2960)

13,7 Forstweg-II Tauglboden, etwa 735 m ü. NN, dahinter Felsstufe. Die folgende, nur selten befahrene Strecke ist interessant, da sie durch die „Rote Schlucht“ führt, gebildet durch rote Kalksteine (47.6675,13.2623)

12,3 Str-II Tauglbodenstr, mögliche ⇅ nahe Taugelbodenstr. 34, **A 5423 St. Koloman**; der Weg begleitet zunächst linksufrig die Taugl (47.6635, 13.2491)

11,7 re am Berg der Schallhof, von re der Egg-Graben ⚠ Beginn der Strubklamm! Die folgende Strub-Klamm ist auf ca. 200 m **X**, li ⏜. Nicht verwechseln mit der bekannten Strubklamm im Almbach nahe **A 5423 Faistenau**, die eine beliebte Schlucht für Canyoning ist (47.6614,13.2428)

11,5 Fußg-II, dahinter übliche ⬇ nach der Strub-Klamm für die Befahrung der Taugl-Klamm. Sie wird erreicht, indem man etwa 800 m unterhalb der II unterhalb des Jägerwirts auf einem bezeichneten Weg bis zum letzten Wasserfall der Strub-Klamm folgt (47.6609,13.2403)

10,7 li ⇩ Sommeregggraben; Wasservorhang, gebildet durch einen in die Schlucht stürzenden Seitenbach, die Schwierigkeiten lassen jetzt etwas nach (47.6577,13.2319)

9,8 Str-II „Hoher Steg“ von **Sommerau** nach **Kasbach**. Es folgen noch einige Engstellen mit Abfällen (47.6559,13.2214)

6,8 2. ⬇ St. Koloman; etwa 550 m ü. NN, ab hier ist eine Befahrung auch bei höheren Wasserständen möglich. Der Zugang ist allerdings recht mühsam, Seil mitnehmen! Zufahrt von der St. Kolomaner Landesstr. über Hellwengstraße bis zur Abzweigung des Forstweges bei „Untergrabenweg 45, **A 5423 St. Koloman**; dann über Forstweg - Boot etwa 1,7 km bis zur ⬇ karren (47.6643,13.1892)

3,7 ⚠ Wasserfall, **X**, etwa 505m ü. NN; li ausbooten oder li ⏜ (47.6629, 13.1575)

3,6 Str-II „Römerbrücke“ bei **A 5424 Vigaun** ⬆ Die Fahrt wird zumeist hier beendet, Danach Aufweitung zu einem breiten Kiesbett, Eine für eine Weiterfahrt ausreichende Wassermenge dürfte für die Klamm ein HW bedeuten, das eine Befahrung unmöglich macht (47.6622,13.1563); Str-II L210 (47.6620,13.1560)

1,0 Str-II A10 Tauernautobahn, Ende des Breiten Kiesbettes (47.6583, 13.1323)

0,5 Str-II B159, re 🚌 **Bad Vigaun-Tauglmauth** darunter Schwall (47.6559, 13.1274)

0,4 EB-II, danach Schwall (47.6553,13.1262)

0,0 ⇩ des Taugl in die Salzach (s. Seite 328) bei km 85,4 (47.6552,13.1207)

Torrener Bach

Weitere Namen: Bluntaubach

Kleinfluss
Mündung in Salzach bei km 94,3 (li Nebenfluss)

BL Salzburg

Das nach der hydrologischen Karte von Österreich als Torrener Bach bezeichnete Gewässer fließt durch das Bluntautal und wird daher regional auch als Bluntau bezeichnet. Er mündet südlich von **Golling** in die Salzach

Befahrungsregeln:	Die Befahrung dieses Baches ist laut Gemeindeamt **Golling** ganzjährig verboten.
Karten:	Jübermann Wassersport-Wanderkarte Nr. 5, ISBN: 978-3-937743-54-7

5,7 Ursprung des Torrener Bach (47.5637,13.1121)
5,7 –0,0 **§** Befahren des gesamten Gewässers ganzjährig verboten (47.5639, 13.1125)–(47.5902,13.1625)
0,0 ⇩ des Torrener Bach in die Salzach (s. Seite 328) bei km 94,3 (47.5902, 13.1627)

Lammer

WW I-II, WW III-IV, Gebirgsfluss
Mündung in Salzach bei km 95,5 (re Nebenfluss)

BL Salzburg

Die Lammer umfließt in großem Bogen das Tennengebirge. Sie ist mit ihren Nebenflüssen sowohl sportlich wie landschaftlich besonders interessant, mit dem Höhepunkt der „Lammeröfen", die schweres Wildwasser darstellen. Ihre Besichtigung sollte nicht versäumt werden, auch wenn auf eine Befahrung verzichtet wird.

Befahrungsregeln:	keine bzw. ist nichts bekannt
Befahrbarkeit:	Oberlauf: Frühjahr bis Juni; günstiger ≣ 120 cm HW. **Lammeröfen**: am besten bei herbstlichem NW August–September; günstiger ≣ 90–110 cm.
Pegel:	Pegel. **Obergäu** km 1,2, an der Ⅱ über die Lammer bei **Golling**, der ≣ variiert stark. **Schwaighofbrücke** km 20,6; www.salzburg.gv.at unter Wasserwirtschaft Abfrage über: http://ehyd.gv.at ! ab ≣ 120 cm werden die Lammeröfen **X**! Unterlauf ganzjährig
Schwierigkeiten:	km 33,1 – 11,2 WW II–III, Gefälle 15 ‰ km 11,2 – 9,5 Lammeröfen WW IV (V), Gefälle 35 ‰ km 9,5 – 0,0 WW I–II
Infrastruktur:	⛟ Camping Schönauer, Markt 235, **A 5440 Golling**, ⛟ Camping Martina, Wasserfallstr. 235, **A 5440 Golling** ⛟ Oberwötzlhof Camp, Oberwötzlhof, **A 5441 Abtenau**, etwa 1 km südlich von **Voglau**, nahe der B 162
Literatur:	Karten. MarcoPolo Freizeitkarte Nr. 39 Salzburger

	Land Kompass Wanderkarte Nr. 80 St. Johann/Salzburger Land Kompass Wanderkarte Nr. 15 Tennengebirge Jübermann Wassersport-Wanderkarte Nr. 5
Karten:	Jübermann Wassersport-Wanderkarte Nr. 5 ISBN: 978 3 929540-32-1 /MarcoPolo Freizeitkarte Nr. 39 Salz

41,7 Ursprung der Lammer am **Jochriedel** im Süden des Tennengebirges in 1.700 m Höhe (47.4892,13.3123)

33,2 Wege-Ⅱ, Gappen **A-5523 Lungötz**, ⬇ nur bei sehr hohem Wasserstand, Schwierigkeiten der folgenden Strecke WW II (III). Davor 🚌, **Lungötz-Bründlschneider** (47.4975,13.4070)

31,4 Str-Ⅱ, B166 (47.5039,13.4248)

30,4 Str-Ⅱ B166, davor re 🚌, **Annaberg-Mandlhofsiedlung** (47.5089, 13.4332)

30,0 Str-Ⅱ B166 am Ortsanfang von **A 5524 Annaberg** (47.5105,13.4314)

29,8 Wege-Ⅱ, **A-5524 Annaberg**, übliche ⬇, es folgen im Ort 4x Ⅱ und 6x Sohlstufe (47.5120,13.4306)

27,3 ■ 2-stufiges Steil-■ beim Sägewerk **Annaberg** 3,5 und 1,5 m hoch; mit vorgelagerter Grundschwelle aus groben Steinen; von der Straße aus einzusehen, **X**, rechtzeitig ↱. Mögliche ⬇, begrenzte 🅿-Möglichkeit. Davor re 🚌 **Annaberg-Hagensiedlung** (47.5316,13.4253)

26,3 Wege-Ⅱ, Leitenhaus, nach **Annaberg**, Beginn einer etwa 1 km langen klammartigen Schlucht, die bei der Anfahrt gut besichtigt werden kann. Schwierigkeiten bis zur ⇩ des Rußbaches WW II–III+ (47.5390,13.4216)

25,5 Str-Ⅱ, B 166, Pass Gschütt Straße dahinter Wege-Ⅱ nach **A-5524 Salfelden** (47.5447,13.4188)

21,0 ⇩ des Rußbach (s. Seite 357) in die Lammer. Bis zur ⇩ des Schwarzenbachs WW II (47.5724,13.3868)

20,8 Str-Ⅱ, B 166, **Schwaighofbrücke**, Pass Gschütt Straße, bei re **A-5441 Hallseiten**, danach: ≣ **Schwaighofbrücke**, ■ kleine Stufe, re 🚌 **Schwaighofbrücke** (47.5737,13.3851)

20,2 Str-Ⅱ **Schorn**, re **A-5441 Hallseiten** (47.5744,13.3791)

19,1 Str-Ⅱ, Lammerweg 1, nach **A-5441 Abtenau-Möselberg** (47.5795, 13.3667)

19,0 ■ niedrige Blockstufe meist ≈ (47.5795,13.3664)

14,5 li ⇩ des Schwarzenbach (s. Seite 356) in die Lammer, etwa 564 m ü. NN. re **A-5441 Abtenau-Voglau**, li 🚌 **Voglau-Lammerbrücke**; re gute ⬆ (47.5933,13.3144)

14,2 Str-Ⅱ, Lammerstraße, re **A-5441 Abtenau-Voglau**, li 🚌 **Voglau-Lammerbrücke**; re gute ⬇ für die Befahrung der Lammeröfen (47.5941, 13.3114)

13,9 Str-Ⅱ, Pichl, **Waldhof**, **A-5441 Abtenau-Voglau**. Es folgt eine kurze, von der Straße gut einsehbare Klamm mit bis zu 1,5 m hohen Stufen, WW III (47.5942,13.3077)

13,6 Wege-Ⅱ **Pichl**, **A 5441 Abtenau-Voglau**, etwa 100 m danach: Ende der

Klamm (47.5950,13.3034)

13,1 ⇩ des Aubach (s. Seite 355) in die Lammer, es folgen etwa 500 m mit stärker Verblockung, flussabwärts von **A-5441 Voglau** (47.5952,13.2977)

12,1 Str-II, B 162 (47.5894,13.2877)

11,5 Str-II, B 162, davor li günstige ↑↓ mit 🅿-Möglichkeit (47.5891,13.2839)

11,2 li letzte Möglichkeit zum Anlanden vor den Lammeröfen, ↑ (47.5896, 13.2809)

10,7 ↓ Möglicher Einstieg für die Lammeröfen 🅿-Bucht an der Straße (47.5898,13.2737)

10,6 ⚠ Beginn der Lammeröfen! Diese stellen schweres Wildwasser dar, mit sehr starkem Gefälle, verblockten und verwirbelten Katarakten sowie wasserfallähnlichen Abfällen. Eine Befahrung sollte nur bei NW und nach eingehender Besichtigung durchgeführt werden. Auf eine Einzelschilderung der Lammeröfen wird verzichtet. Die „Lammeröfen" können auf einem Steg durchwandert werden! (47.5898,13.2733)

10,3 Str-II, Wallingwinkl, **A-5440 Scheffau** ⚠ Darunter engster Teil der Öfen (Dom), Gefahr von Baumhindernissen, vorab besichtigen! (47.5879, 13.2697)

9,6 Fußg-II ⚠ Die folgende Klammausfahrt wird vor allem bei viel Wasser problematisch, Anhalten davor nicht mehr möglich. Unbedingt vor der Fahrt besichtigen (47.5836,13.2661)

9,4 Ende der Lammeröfen (47.5816,13.2663)

8,8 Str-II, B 162, **Oberscheffau** Gemeinde **A-5440 Scheffau am Tennengebirge**, 🚌 **Oberscheffau-Ortsmitte**, ↑ Ausstieg nach der Brücke li (47.5772,13.2677)

8,7 ⇩ Schwerbach Schwerbach. (Der Schwerbach ist nur zur Zeit der Schneeschmelze auf einer kurzen Strecke von etwa 1–1,5 km ≈. Schwierigkeiten WW II–III). Ab hier ist die Lammer ganzjährig ≈, keine nennenswerten Schwierigkeiten mehr, WW I–II (47.5764,13.2659)

1,9 ▬ Wehr, nach Besichtigung ≈, bei HW gefährlicher Rücklauf, li ⌓ (47.5870,13.1861)

1,2 Str-II, der B 159, Salzachtalstraße, **A-5440 Golling-Luegwinkl**, ≣ **Obergäu**, ↑ Falls eine Weiterfahrt auf der Salzach nicht geplant ist, wird die Fahrt hier abgebrochen (47.5835,13.1825)

0,9 EB-II (47.5844,13.1785)

0,0 ⇩ der Lammer in die Salzach (s. Seite 328) bei km 95,5 (47.5829,13.1688)

Aubach (Lammer)

Weitere Namen: Lienbach

WW III-IV, WW V-VI

Mündung in Lammer bei km 13,1 (re Nebenfluss)

BL Salzburg

Der Aubach entsteht durch Zusammenfluss von Zinkenbach mit Lienbach an der

Nordflanke des Einberg etwa 880 m ü. NN. er ist ein technisch anspruchsvolles WW und mündet nahe **A-5441 Voglau** in die Lammer

Befahrbarkeit:	zur Zeit der Schneeschmelze und nach starken Regenfällen Er stellt eine Alternative zu den Lammeröfen dar, wenn diese infolge HW ≣ **Obergäu** über 120 cm **X** werden.
Pegel:	**Obergäu** Lammer km 1,2, http://ehyd.gv.at
Schwierigkeiten:	3 Wasserfälle WW V, sonst WW III bis WW IV; **X** Teilstrecke die Aubachfälle kurz vor der ⇩, die Boote müssen von ⬆ zur ⬇ getragen werden
Infrastruktur:	Camping Schönauer Markt 235, **A 5440 Golling**, Camping Martina Wasserfallstr. 235, **A 5440 Golling** Oberwötzlhof Camp (Oberwötzlhof, **A 5441 Abtenau**, etwa 1 km südlich von **Voglau**, nahe der B 162 Hinweise. Zufahrt von **Voglau** auf Weitenaustr. bis **Lienbachschmied**; dann Begleitung durch für öffentlichen Verkehr gesperrten Almweg
Karten:	Jübermann Wassersport-Wanderkarte Nr. 5 ISBN: 978 3 929540-32-1 / Kompaß-Wanderkarte Nr. 17

15,8	Ursprung vom Lienbach und später Aubach (47.6529,13.4004)
9,1	ab hier ist der Flussname Aubach (47.6297,13.3748)
7,3	Wege-Ⅱ **Seygegg**, etwa 790 m ü NN, mögliche ⬇ (47.6307,13.3529)
2,9	übliche ⬇ (47.6144,13.3091)
2,8	Wege-Ⅱ etwa 655 m ü. NN ⚠ Zwei Stufen vor und nach der Brücke (47.6138,13.3075)
2,1	⚠ Steckgefährliche Stufe (re ⌂ möglich), danach schöne Felsgasse und Blockstelle, am Ende gefährliche Unterspülung (47.6102,13.3004)
0,6	Str-Ⅱ, re **A 5441 Kühbichl** ⬆ etwa 625 m ü. NN (47.5992,13.2963)
0,5	⚠ Beginn der Aubachfall-Schlucht, bis zu 20 m hohe Wässerfälle, **X** (47.5988,13.2978)
0,4	Aubachwasserfall (47.5982,13.2985)
0,0	re ⇩ des Aubach in die Lammer (s. Seite 353) bei km 13,1, es folgen etwa 500 m mit stärker Verblockung, flussabwärts von **A-5441 Voglau** (47.5952,13.2977)

Schwarzenbach (Lammer)

Kleinfluss, WW I-II, WW III-IV, WW V-VI
Mündung in Lammer bei km 14,5 (li Nebenfluss)

BL Salzburg
Der Schwarzenbach ist ein landschaftlich hervorragend schöner Bach am Fuß des Tennengebirges. Sein Ursprung liegt am Nordabfall des Großen Breitstein und die Mündung bei **A 5441 Voglau in die Lammer**

Befahrbarkeit:	bei der alten Mühle im Dachserfallbach befindet sich ein ▬ Wehr mit Wasserableitung. In der Zeit von Mai bis Ende

August und im September an Wochenenden soll vom Betreiber ein Pflichtwasser von 3 m³/sec abgelassen werden, günstig ist trotzdem eine Befahrung nach Regenfällen.

Pegel: Bezugs-Pegel: **Obergäu** Lammer km 1,2, günstig etwa 100 cm; http://ehyd.gv.at

Schwierigkeiten: km 2,4 bis km 0,5: WW IV mit Stellen WW V
km 5,5 bis km 2,4: WW I bis WW II;
schnell fließender Kleinfluss, Strauchhindernisse

Infrastruktur: 🚐 Camping Schönauer **Markt 235**, **A 5440 Golling**,
🚐 Camping Martina Wasserfallstr. 235, **A 5440 Golling**
🚐 Oberwötzlhof Camp Oberwötzlhof, **A 5441 Abtenau**, etwa 1 km südlich von **Voglau**, nahe der B 162

Karten: Jübermann Wassersport-Wanderkarte Nr. 5 ISBN: 978 3 929540-32-1 / Kompass-Wanderkarte Nr. 15

6,8 Ursprung am Nordabfall des Große n Breitstein, etwa 730 m ü. NN (47.5440,13.3316)

5,4 Lagerplatz Nähe Unterberg HsNr. 1, **A-5441 Abtenau**, mögliche ⬇. re 🅿 (47.5541,13.3338)

2,4 Wege-II, etwa 628 m ü. NN. Die Schwierigkeiten und das Gefälle nehmen zu, bald danach beginnt ein schluchtartiges Engtal durch den Wald. In diesem Bereich Gefälle 36 ‰, dichte Verblockung, unübersichtliche Abfälle, mit Baumversperrungen ist zu rechnen. Vorherige Besichtigung dieser Steilzone von einem den Bach links begleitenden Fußweg unbedingt notwendig. WW IV - V (47.5755,13.3217)

1,8 ⚠ Naturstufe (47.5795,13.3209)

1,6 Fußg-II, begleitender Fußweg wechselt nach rechter Seite (47.5811, 13.3195)

1,2 ⚠ Katarakt Reststrecke wieder leichter (47.5850,13.3190)

0,5 Ende des rechts begleitenden Fußweges. Anschließend bis zur Lammer wieder leicht (47.5894,13.3152)

0,1 Str-II B162 (47.5924,13.3147)

0,0 ⇩ des Schwarzenbach in die Lammer (s. Seite 353) bei km 14,5, etwa 564 m ü. NN. re **A-5441 Abtenau-Voglau**, li 🚌 **Voglau-Lammerbrücke**; re gute ⬆ (47.5933,13.3144)

Rußbach (Lammer)

Kleinfluss, WW III-IV, Gebirgsbach
Mündung in Lammer bei km 21,0 (re Nebenfluss)

Salzburg

Der Rußbach ist ein kurzer, jedoch interessanter Wildbach

Befahrbarkeit: Frühjahr und nach Regenfällen

Pegel: Bezugspegel: Lammer-≣ II km 40,0; günstig etwa 120 cm

Schwierigkeiten: in der 1 km langen Schlucht kurz nach der ⬇ sehr starkes

	Gefälle, verwinkelte und unübersichtliche Verblockung und Abfälle, WW IV. Dieser Abschnitt sollte vor der Befahrung besichtigt werden, Baumversperrungen möglich. Nach der Str-II etwas leichter, jedoch auch weiterhin verblocktes, schnell fließendes WW mit wuchtigen Abfällen und scharfen Kurven, WW III
Karten:	Jübermann Wassersport-Wanderkarte Nr. 5 ISBN: 978 3 929540-32-1 / Gen.-Karte Österreich Nr. 7, B 14

10,6	Ursprung des Rußbach (47.5861,13.5018)
7,3	Str-II **A 5442 Rußbach** ⬇, Die Fahrt kann auch erst nach dem ▬ Wehr unterhalb von Rußbach begonnen werden (47.5907,13.4666)
0,0	re ⇩ des Rußbach in die Lammer (s. Seite 353) bei km 21,0. Bis zur ⇩ des Schwarzenbachs WW II (47.5724,13.3868)

Fritzbach

WW III-IV, Gebirgsfluss
Mündung in Salzach bei km 116,5 (re Nebenfluss)

BL Salzburg
Der Fritzbach hat seinen Ursprung an der Ostflanke der „Hacklplatten" südöstlich der Dachsteingruppe.Zunächst fließt er in Richtung Süden bis er, gebremst durch die Radstädter Tauern, nach Westen abschwenkt und der Salzach zufließt. Der Fritzbach ist in seinem Oberlauf ein landschaftlich reizvoller Wildbach, im Unterlauf ist er durch zahlreiche meist X Sohlstufen, deren Umtragen sehr schwierig ist, so verbaut, dass von einer Befahrung dringend abzuraten ist. ⇩ in die Salzach unterhalb der Staustufe Ellmauthal, gegenüber dem Campingplatz **Vierthaler/Werfen**.

Befahrungsregeln:	Sicherheitsempfehlung: auf eine Befahrung zwischen **Hüttau** km 10,4 und der ⇩ ist zu verzichten
Befahrbarkeit:	Frühjahr
Schwierigkeiten:	km 23,6 bis km 13,6: WW III, mit Katarakt WW IV, zahlreiche Sohlbauwerke teilweise 1 m hoch, km 13,6 bis ⇩: zahlreiche Sohlbauwerke mit teilweise gefährlichem Rücklauf, ⏏ meist sehr schwierig, anlanden oft kaum möglich.
Infrastruktur:	⛺ an der Salzach, z.B. Camping Vierthaler, Reitsam 8, **A 5452 Werfen** ⛺ Camping Hirschenwirt Bundesstr. 1, **A 5600 Sankt Johann im Pongau**
Karten:	Jübermann Wassersport-Wanderkarte Nr. 5 ISBN: 978 3 929540-32-1 / Kompass-Wanderkarte Nr. 80 St. Jo

31,4	Ursprung östlich der „Hacklplatten" etwa 1.350 m ü. NN (47.4870,13.5125)
23,5	li mögliche ⬇, 🅿 nahe **Neuberg** HsNr. 87, **A 5532 Filzmoos**, etwa 960 m ü. NN

3x je etwa 1 m hohe ■ Gefällestufen, gut ≈. Im vom Fluss aus nicht völlig einsehbaren Katarakt unter der 1. Ⅱ WW IV, hier Baumhindernisse möglich, von der Straße aus gut zu besichtigen (47.4353,13.4673)

16,6 EB-Ⅱ unter Autobahn-Ⅱ A10 (47.4179,13.3871)

13,6 Wege-Ⅱ an einem Altstoffsammellager vor **A 5521 Niedernfritz ↑**, Von einer Weiterfahrt ist abzuraten; der Bach ist hier auf 3 km bis Hüttau kanalisiert, 2 ■ Wehr mit starkem Rücklauf, **X**. Die Reststrecke bis zur ⇩ ist durch 28 Gefällebremsen total verbaut. Sie sind nur teilweise ≈, z. T. lebensgefährlicher Rücklauf! ⌓ zumeist sehr mühsam, anlanden oft kaum möglich (47.4207,13.3504)

0,0 ⇩ des Fritzbach in die Salzach (s. Seite 323) bei km 116,5 (47.4430, 13.2116)

Wagrainer Bach

Weitere Namen: Kleinarlerache, Jägergraben
Kleinfluss, WW III-IV
Mündung in Salzach bei km 129,3 (re Nebenfluss)

BL Salzburg

Der Wagrainer Bach, amtlich als „Kleinarlerache" bezeichnet, entspringt am Fuße der Glingspitze und ist Haupt-Zufluss und Abfluss des Tapponkarsees in den Radstädter Tauern etwa 1760m ü. NN. Nach weiteren 5 km mündet er in den Jägersee, wo ein Großteil des Wassers zur Kraftwerksnutzung abgeleitet wird. Ab der ⇩ des Schwaighofbaches in der Ortschaft **Wagrain** wird er in den topographischen Karten als Wagrainer Bach bezeichnet. Durch weitere Wasserableitungen ist von dem früher sehr interessanten Wagrainer Bach nur noch im Oberlauf ein kurzes Stück zwischen Jägersee und **Wagrain** für eine Befahrung verblieben.

Befahrungsregeln:	keine
Befahrbarkeit:	meist bis Mitte Juli und nach Regenfällen.
Pegel:	Lattenpegel **Wagrain**; km 9,9: Minimum 40 cm.
Schwierigkeiten:	km 20,6 bis km 11,5: erhebliche Verblockung und schnelle Strömung, WW III–IV km 11,2 bis ⇩: meist **X** infolge Wasserableitungen, theoretisch WW III bis IV
Infrastruktur:	⛺ Camping Kastenhof Kastenhofweg 6, **A 5600 Sankt Johann im Pongau**, ☎ 0043-6412-5490 ⛺ Camping Wieshof Wieshofgasse 8, **A 5600 Sankt Johann im Pongau**, ☎ 0043-6412-8519
Karten:	Jübermann Wassersport-Wanderkarte Nr. 5 ISBN: 978 3 929540-32-1 / Kompass-Wanderkarte Nr. 80 St. Jo

21,5 ■ Staumauer am Ende vom Jägersee (47.2381,13.3300)

20,6 ↓ der Standardstrecke unterhalb einer ■ Sohlrampe, re 🚌 **Kleinarl-Stöcklbrücke** (47.2459,13.3279)

15,5 ▬ Wehr, X, li ⌓, Danach erhebliche Verblockung und schnelle Strömung, WW III–IV (47.2875,13.3128)

11,5 ▬ Staustufe und ϟ **Spannberg** mit erheblicher Wasserableitung, X; re oder li ⌓, (47.3171,13.3058)

11,2 Fußg-Ⅱ Hofmark ⬆ eine Weiterfahrt ist wegen der folgenden Steilzone und Wasserableitungen kaum zu empfehlen (47.3194,13.3061)

0,0 ⇩ des Wagrainer Bach in die Salzach (s. Seite 323) bei km 129,3 (47.3451,13.1959)

Großarlbach

Kleinfluss, WW I-II, WW III-IV, WW V-VI
Mündung in Salzach bei km 132,9 (re Nebenfluss)

BL Salzburg

Der Großarlbach oder Großarler Ache entsteht aus mehreren Quellbächen an der Nordflanke des Keeskogel in den Hohen Tauern etwa 2200 m ü. NN. Er verläuft durch ein landschaftlich hervorragend schönes Seitental der Salzach. In einer kurzen Klammstrecke und in der Liechtensteinklamm bietet er schweres, im Übrigen meist verhältnismäßig leichtes Wildwasser.

Befahrbarkeit:	Frühjahr bis Mitte Juli und nach Regenfällen.
Schwierigkeiten:	km 25,8 bis km 17,3, WW I bis WW II+ km 17,3 bis km 16,6, WW IV bis WW V; bei HW, X km 16,6 bis km 9,8, WW I bis WW II km 9,8 bis km 2,3, WW II mit Stellen bis WW IV km 2,3 bis km 0,3, X
Infrastruktur:	Zeltmöglichkeit: Camping Kastenhof Kastenhofweg 6, **A 5600 Sankt Johann im Pongau**, ☎ 0043-6412-5490 Camping Wieshof Wieshofgasse 8, **A 5600 Sankt Johann im Pongau**, ☎ 0043-6412-8519 Sonnenterrassen-Camping **St. Veit**, **A 5621 St. Veit im Pongau** Naturcamping **Stockham** in **A 5612 Hüttschlag** bei km 25,8
Karten:	Jübermann Wassersport-Wanderkarte Nr. 5 ISBN: 978 3 929540-32-1 / Kompass Wanderkarte Nr. 80 St. Jo

30,5 Ursprung am Nordhang der Keeskogel in 2.200 m Höhe im Nationalpark „Hohe Tauern“ (47.1110,13.2862)

25,8 Str-Ⅱ und Fußg-Ⅱ bei **A 5612-Hüttschlag-Stockham** li ✕ Talwirt im Nationalpark **A 5612 Hüttschlag**, See 30; oberste ⬇ bei HW; Schwierigkeiten WW I bis WW II+; re 🅿, re 🚌 **Hüttschlag-Stockham**; re ca. 200 m zum Naturcamping **Stockham** (47.1476,13.2867)

22,3 Str-Ⅱ , Wanderweg zur Tappenkarseehütte oberhalb von **Wolfau**, übliche ⬇ bei gutem Wasserstand, schnellfließendes Wasser. WW II+.; li 🚌 **Hüttschlag-Karteis**. Vorsicht bei HW! Mehrere niedrige Ⅱ sind dann evtl.

nicht mehr unterfahrbar und das Anhalten und ⬆ vor den Oflekstufen wird dann sehr problematisch (47.1675,13.2591)

19,7 ▬ Wehr (47.1783,13.2304)

17,4 Str-II L109 Großarler Landesstr 🚌 **Großarl-Rabenstein**;; Beginn einer Klamm-ähnlichen Schlucht, den „Oflekstufen", sehr starkes Gefälle, schwere Verblockung, WW IV. Eine Stelle in einer re-Kurve 100 m nach Beginn der Gefällstrecke sowie die letzten 100 m der Klamm jeweils, je nach Wasserstand, bis WW IV+. ⚠ Bei HW wird eine Befahrung der Klamm lebensgefährlich und sollte daher unbedingt vermieden werden! (47.1923,13.2110)

16,6 Ende der Schlucht, weiterhin starke Strömung, Ufer streckenweise mit Natursteinen eingefasst. WW I–II+ (47.1973,13.2072)

11,6 Str-II, **A 5611 Großarl**, re Ortsmitte (47.2394,13.1964)

10,4 ▬ Steilwehr **Unterberg** mit Wasserableitung H etwa 3 m; etwa 869m ü. NN; ϟ der Großarler Bergbahnen, danach Fußg-II (47.2498,13.1989)

9,5 Wege-II, nachfolgend verblockte Gefällestrecke, bis WW IV (47.2571, 13.1982)

8,0 ▬ Staustufe **Schied**, X, H etwa 4 m. Durch Wasserableitung ist auch der Folgestrecke vielfach nur wenig Restwasser. ⬆ Es wird empfohlen, die Fahrt hier zu beenden. Die folgende Strecke ist zumeist ohne Wasser, mehrere ▬ hohe Sohlstufen. Zur Zeit der Schneeschmelze Mai–Juni ist eine Weiterfahrt und damit eine Teilbefahrung der Liechtensteinklamm bis zum Schleierfall möglich (47.2685,13.2073)

6,0 ▬ Sohlstufe H etwa 3 m (47.2838,13.2183)

5,8 ▬ Sohlstufe H etwa 7 m (47.2847,13.2179)

5,6 ▬ Sohlstufe und Geschiebesperre H etwa 8 m (47.2870,13.2167)

4,5 ▬ Staustufe, X, H etwa 7 m, re ϟ **Großarl** etwa 740 m ü. NN, Beginn der Liechtensteinklamm. Besonders eindrucksvoll ist der Schluchtabschnitt unterhalb des ϟ **Großarl**, kleine Abstürze, technisch interessant, jedoch schwer zugängliche ⬆, sehr mühselig (47.2944, 13.2099)

2,3 ⚠ Ende der Befahrbarkeit ! Vor dem Schleierfall unbedingt im großen Kehrwasser rechts ↱, die ⬆ vor Befahrung besichtigen und absichern. Man muss die Boote über Leitern zu den Besuchersteigen hochbringen und auf diesen bis zum 🅿 am Klammeingang über einen Kilometer mühselig tragen (47.3085,13.1927)

0,0 ⇩ des Großarlbach in die Salzach (s. Seite 323) bei km 132,9 (47.3222, 13.1823)

Gasteiner Ache

Weitere Namen: Naßfleder Ache

Kleinfluss, WW I-II, WW III-IV

Mündung in Salzach bei km 143,6 (re Nebenfluss)

BL Salzburg

Die Gasteiner Achе entsteht durch Zusammenfluss von Naßfelder Ache und Anlaufbach in **A-5645 Bad Gastein**, OT **Böckstein** etwa 1118 m ü. NN. Sie fließt als nur mäßig schwerer Wildfluss durch das landschaftlich hervorragend schöne Gasteiner Tal. Sie ist streckenweise reguliert. Eine durchgehende Befahrung ist wegen mehrerer **X** Teilstrecken nicht möglich.

Die etwa 8,5 km lange Naßfelder Ache hat ihren Ursprung etwa in 1630 m ü. NN als Zusammenfluss mehrerer Vorfluter etwa 2 km südlich von Sportgastein in der Skiregion **Naßfeld**. Die bisherige Beschreibung sah vor, dass man rund 2 km der Naßfelder Ache als Vorfahrt zur Gasteiner Ache paddeln könne. Durch die geringe Wasserabgabe vom Bockhartsee dürfte dies nur ganz selten möglich sein.

Befahrbarkeit:	Frühjahr bis Juni und nach Regenfällen
Schwierigkeiten:	schnellfließender Gebirgsbach, km 28,8 bis km 26,9: WW II bis III+; km 26,9 bis km 24,3: WW II km 24,3 bis km 22,1: **X** km 22,1 bis km 3,0: WW I bis WW II km 3,0 bis ⇩: **X**
Infrastruktur:	**Badgastein** **Bad Hofgastein** Hinweise: Begleitung durch Straße B167 von **Böckstein** bis zur Klamm
Karten:	Jübermann Wassersport-Wanderkarte Nr. 5 ISBN: 978 3 929540-32-1 / Kompass Wanderkarte Nr. 40 -Gast

32,6 ▬ Staumauer Bockhartsee unterhalb **A 5645 Sportgastein**, Wasserableitung, daher meiste wenig Wasser bis Böckstein (47.0668, 13.0619)

28,8 Oberste mögliche ⬇ zunächst starke Verblockung, erhebliches Gefälle, WW III+ (47.0837,13.0954)

27,8 ✕, ↱, ⚠ der folgende Wasserfall muss auf 400 m ⏏ werden (47.0860, 13.1074)

27,1 Nach dem Wieder-⬇ lassen die Schwierigkeiten allmählich nach (47.0882, 13.1158)

26,5 Holz-II unterhalb **A-5645 Bad Gastein-Böckstein** ⬇ etwa 1103m ü. NN falls der Oberlauf nicht befahren wird. Die Gasteiner Ache ist im gesamten nachfolgend beschriebenen Bereich ein schnellfließender Gebirgsbach, Schwierigkeiten im allgemeinen WW II, wenige Stellen bis WW III (47.0931,13.1178)

24,3 EB-II, **A 5640 Bad Gastein** vor der II: ↱, ⬆ Die folgenden 2,2 km sind **X**. ⌘ Wasserfall im Ortszentrum
re 🚌 Gemeindesiedlung, li 🚂 400 m (47.1085,13.1339)

23,4 Str-II, **A 5640 Bad Gastein** (Kaiser-Franz-Joseph-Strasse) mit Blick auf die Gasteiner Wasserfälle etwa 1.030 m ü. NN (47.1142,13.1364)

22,0 Str-II, **A 5640 Gastein-Badbruck** (Kleinhofstrasse) dahinter ▬

Sohlrampe, etwa 865 m ü. NN. Ab hier oder von etwas oberhalb kann die Befahrung der Gasteiner Ache fortgesetzt werden. Da die Ufer weitgehend reguliert sind, fließt das Wasser sehr gleichmäßig ab. WW I mit wenigen Stellen WW II (47.1261,13.1389)

21,8 li ⛺ Kurcamping Erlengrund Erlengrundstr. 6, **A-5640 Bad Gastein** (47.1278,13.1377)

21,5 Str-Ⅱ, **A 5640 Bad Gastein** (Waggerlgasse) li ⛺ Camping Pub (47.1302, 13.1362)

19,7 Wege-Ⅱ zum re Badesee von **A 5640 Bad Gastein** re nach **Bad Bruck** Erlengrundstr, weitere mögliche ⬇. Die Folgestrecke bis zur EB-Ⅱ bei km 6,2 ist reguliert, geradliniger Verlauf mit gelegentlich ■ versetzten Grundschwellen, WW I mit Stellen WW II
li an der B167 ⛺ Camping Bertahof Vorderschneeberg 15, **A 5630 Bad Hofgastein**, li 🚌 **Bad Gastein-Badesee** (47.1432,13.1226)

16,8 Fußg-Ⅱ, li Sportgelände, li etwa 250 m Groß-🅿 Schlossalmbahn, mit 🚌 Busbahnhof Schlossalmbahn, re 🅿 am Senator-Wilhelm-Wilfling-Platz, danach zahlreiche versetzte Grundschwellen bis zur Str-Ⅱ Kurgartenstr (47.1657,13.1061)

15,8 Str-Ⅱ B 167, **A-5630 Bad Hofgastein** (47.1726,13.0982)

13,5 Str-Ⅱ, **A-5630 Bad Hofgastein** li zum 🚉 etwa 250 m (47.1932,13.1020)

8,2 Str-Ⅱ, Bahnhofstrasse, **A-5632 Dorfgastein**, li 🚉, re 🚌 (47.2101, 13.1032)

7,6 Str-Ⅱ **A-5632 Dorfgastein**, danach versetzte Grundschwellen (47.2445, 13.1002)

6,1 EB-Ⅱ, danach versetzte Grundschwellen; leichte Zunahme der Schwierigkeiten (47.2566,13.0918)

4,1 auf ca 400 m kräftige Schwallstrecke WW II+ (47.2712,13.0780)

3,4 ■ Staustufe und ↯ Klammsteinwerk,; 797 m ü. NN, **X**. Wasserableitung, re oben am Berg, jenseits des hohen Bahndammes die Ruine Klammstein;
Eine Weiterfahrt ist nicht empfehlenswert. Hinweis: zwischen der Staustufe und der nachfolgenden Bachmündung ist re hinter dem Bahndamm ein Groß-🅿 zur Burg Klammstein mit 🚌 **Dorfgastein-Burg Klammstein**. Vom einem überklettern der Bahnlinie mit Booten ist dringend abzuraten! Bei der Anfahrt erkunden, ob der nachfolgende Bach trocken liegt und man durch den Bachtunnel den Bahndamm unterqueren kann. Alternativ erkunden ob beim Bahnübergang ein Ausstieg möglich ist bzw. ob genügend Restwasser vorhanden ist um die 300 m vom Stauwehr bis zum Bahnübergang paddelbar sind, ggf. treideln. Schlimmstenfalls vorm ↯ ↰ und über Weg rund 900 m bis zum 🅿 umkarren (47.2764, 13.0747)

2,9 EB-Ⅱ etwa 792 m ü. NN, ⚠ Die folgende Gasteiner Klamm ist total **X** (47.2806,13.0762)

0,0 ⇩ der Gasteiner Ache in die Salzach (s. Seite 323) bei km 143,6 (47.2964, 13.0596)

Rauriser Ache

Weitere Namen:
Kleinfluss, WW I-II, Gebirgsfluss
Mündung in Salzach bei km 151,1 (re Nebenfluss)

BL Salzburg
Die Rauriser Ache, entsteht durch den Zusammenfluss von Hüttwink Ache mit der Seidlwinklache nahe Wörth. Vor der ⇩ in die Salzach gruben Regen und Schmelzwasser in Jahrtausende langer Arbeit die „Kitzlochklamm" als bizarren Parcours mitten durch den Kalkschiefer. Stege und Tunnel aus dem 16. Jahrhundert erschließen die Klamm für Wanderer, für Paddler dagegen ist sie absolut **X**.

Befahrbarkeit:	im Frühjahr zur Zeit der Schneeschmelze und später nach starken Regenfällen
Umwelt:	Wasser sehr sauber
Pegel:	**Bucheben**, Lattenpegel
Schwierigkeiten:	Rauriser Ache WW I bis II
Infrastruktur:	⛺ und #Gasthof# Andrelwirt, Goldbergweg 3, **A 5661 Rauris-Wörth** , daneben Jugendherberge
Karten:	Jübermann Wassersport-Wanderkarte Nr. 5 ISBN: 978 3 929540-32-1 / Kompaß Wanderkarte Nr. 39 Glockner

12,0 ⇩ Zusammenfluss von Hüttwinkl Ache (s. Seite 364) und Seidlwinklache (s. Seite 366) zur Rauriser Ache (47.1996,12.9790)

8,8 Str-Ⅱ L 112, re **A 5661 Rauris** (47.2242,12.9929)

4,5 ▬ Wehr, **X**, Der größte Teil des Wassers wird unterirdisch abgeleitet. ⬆ Zumeist wird die Fahrt hier beendet. Bei ausreichendem Wasserstand können unterhalb des ▬ noch etwa 1,5 km gefahren werden. Schwierigkeiten WW II–III, evtl. darüber (47.2589,12.9816)

3,4 Str-Ⅱ, Embacher Landstrasse Der Fluss läuft von der Straße weg, ⬆ hier unbedingt Fahrt beenden. Es folgt die letzte und höchste aller Steilstufen dieses Tales, die „Kitzlochklamm", **X**, eine berühmt-berüchtigte Sehenswürdigkeit darstellt (Tod mehrerer Kinder durch Einsturz einer Ⅱ) (47.2674,12.9798)

0,0 ⇩ der Rauriser Ache in die Salzach (s. Seite 323) bei km 151,1 (47.2933, 12.9764)

Hüttwinkl Ache

Kleinfluss, WW I-II, WW III-IV, Gebirgsfluss
Mündung in Rauriser Ache bei km 12,0 (re Nebenfluss)

BL Salzburg
Die Hüttwinkl Ache ist ein Quellfluss der Rauriser Ache und fließt dann nahe Wörth in die Rauriser Ache..
Sie fließt durch eines der sehenswertesten südlichen Seitentäler der Salzach. Der

Aufbau des Tales in 5 nur mäßig abfallenden Plateaus und ebenso vielen dazwischenliegenden Steilabfällen ist maßgebend für den Flusscharakter. Die Plateaus sind gut zu fahren, die Steilstufen sind unfahrbar und müssen mit Pkw umfahren werden. Die fahrbaren Teilstrecken sind zwischen 0,5 und 10 km lang.

Befahrungsregeln: beachte: - der Teil flussaufwärts von Parkplatz in Kolm-Saigurn liegt im Nationalpark Hohe Tauern
- im Winter ist die Mautstraße oberhalb km 12.7 gesperrt, ggf. ebenfalls der Pfandlerweg und die Alte Buchebenstr. wegen Lawinengefahr

Befahrbarkeit: im Frühjahr zur Zeit der Schneeschmelze und später nach starken Regenfällen

Umwelt: Wasser sehr sauber

Pegel: Bucheben (Lattenpegel)

Schwierigkeiten: WW II bis IV, mit Schluchtstrecken X

Infrastruktur: ⛺ und #Gasthof# Andrelwirt, (Goldbergweg 3, A-5661 Rauris-Wörth), daneben Jugendherberge

Karten: Jübermann Wassersport-Wanderkarte Nr. 5Kompaß Wanderkarte Nr. 39 (Glockner Gruppe)

19,2 Ursprung der Hüttwinkl Ache, Zusammenfluss mehrerer Gletscher-Quellbäche zur Hüttwinkl Ache am Fuß von Hochahrn und Hoher Sonnblick etwa 1.600 m ü. NN, nahe dem Naturfreundehaus Kolm-Saigurn, re 🚘 (47.0639,13.0019)

17,3 Fußg-II, **Kolm–Saigurn**, 1. Plateau. Hier ist nur eine ganz kurze Strecke ≈, so dass sich eine Befahrung nicht lohnt (47.0706,12.9816)

16,7 Wege-II, es folgt der 1. Steilabfall X der Bach verengt sich, Höhenunterschied etwa 320 m auf den nächsten 3,2 km!! (47.0756, 12.9806)

12,7 Wege-II ⬇ zur Befahrung des 2. Plateaus, 🚘 Asten, li 🅿, direkt am Ende der Abfälle. Zunächst erhebliche Verblockung. WW III–IV, dann abnehmend WW III–II. Diese Strecke wird allerdings nur selten befahren, da sie durch 4 Aufschüttungen, X, verbaut ist, deren ⏏ mühsam ist (47.1048,12.9927)

11,3 ab hier WW III, Verblockung, Baumhindernisse (47.1148,12.9872)

10,3 ⬆ Ende der Fahrtstrecke am Ende der re aufgeschütteten Abraumhalde, Zufahrt für Pkw. Weiterfahrt wegen der Schwierigkeit des Aussetzens nicht empfehlenswert. Es folgt der nächste Steilabfall, X (47.1224, 12.9853)

8,5 li ⇩ des Krumlbach, mögliche ⬇ für die Weiterfahrt vielfach wird die Befahrung der Rauriser Ache erst hier begonnen. Man erreicht die ⬇, wenn man nach der II re abbiegt und etwa 300 m flussaufwärts fährt. Beginn des 3. Plateaus. Sehr schönes, schnelles Wasser, WW II+ (47.1340,12.9759)

6,0 Str-II, Alte Buchebenstrasse, danach li Sägewerk, vorher Rohrbrücke, re 🚘 Rauris-Frohnwirt etwa 300 m. Zunahme der Schwierigkeiten, erhebliche Verblockung, WW III+ (47.1539,12.9693)

4,1 Wege-II, davor ↱ ⬆ Der folgende Steilabfall ist wiederum **X**. Zumeist wird der folgende Abschnitt bis km 0,9 mit Pkw umfahren (47.1673,12.9689)

3,2 ⬇ möglich wegen der kurzen Strecke jedoch kaum lohnend (47.1747, 12.9727)

2,6 Wege-II, ⬆ vor dem nächsten Steilabfall, **X** (47.1798,12.9733)

0,9 Str-II, L 112 oberhalb **A 5661 Wörth** ⬇ für die Befahrung des 2. lohnenden Teilstücks. Schnelles Wasser, regulierte Ufer, keine besonderen Schwierigkeiten (47.1919,12.9782)

0,0 ⇩ Zusammenfluss von Hüttwinkl Ache und Seidlwinklache (s. Seite 366) zur Rauriser Ache (s. Seite 364) bei km 12,0 (47.1996,12.9790)

Seidlwinklache

Kleinfluss, WW III-IV, Gebirgsfluss
Mündung in Rauriser Ache bei km 12,0 (li Nebenfluss)

BL Salzburg

Die Seidlwinklache ist ein landschaftlich hervorragend schöner, Wildbach, der allerdings auf Teilstrecken sehr schwer ist. Bei **Wörth** vereinigt sie sich mit der Hüttwinkl-Ache zur Rauriser Ache. Sie fließt durch eines der sehenswertesten südlichen Seitentäler der Salzach.

Befahrungsregeln:	beachte: Nationalpark Hohe Tauern. Der Talabschnitt oberhalb von **Gasthof Weixen** ist im Winter meist wegen Lawinengefahr vollständig gesperrt
Befahrbarkeit:	im Frühjahr, zur Zeit der Schneeschmelze und später nach starken Regenfällen,
Schwierigkeiten:	teilweise WW IV+
Infrastruktur:	⛺ und ✕ Andrelwirt, Goldbergweg 3, **A-5661 Rauris-Wörth**, daneben Jugendherberge
Karten:	Jübermann Wassersport-Wanderkarte Nr. 5 ISBN: 978 3 929540-32-1 /Kompaß Wanderkarte Nr. 39 Glockner

19,3 Ursprung der Seidlwinklache (47.0889,12.8425)

6,4 ⬇ bei einem Parkplatz oberhalb der Schatteralm für Besucher des Nationalparks am Ende der öffentlichen Straße, Wirtschaftswege zu den Almen nur für Berechtigte; das Parken außerhalb ist nicht gestattet, d.h. Boote zur ⬇ tragen
(eine Weiterfahrt mit Pkw ist verboten und sinnlos, weil oberhalb davon unfahrbare Steilzonen beginnen)
zunächst auf 500 m Gefällzone, erheblich verblockt, Gefälle bis 60 ‰, WW IV+, vor Befahrung besichtigen (47.1705,12.9174)

5,6 weiter WW II (47.1756,12.9229)

4,1 Wege-II, li Land-✕ Weixen,; im Winter wird nur bis hierher Schnee geräumt; Ende der Sperrung wegen Lawinengefahr, ca. 1076 m ü. NN (47.1836,12.9375)

3,4 Str-II Seidlwinklstrasse, etwa 1067m ü NN; nach gut 50 m wird der Bach schmäler, etwa 3,5 m, eine verbuschte und verblockte Schluchtstrecke mit etwa 38‰ folgt, WW IV+ (47.1874,12.9440)
2,6 Steil-■, X, Felsbrocken im UW, ⏏ (47.1910,12.9510)
1,7 ■ Steilwehr mit II, X, li ⏏ (47.1948,12.9605)
0,6 Wege-II, li ⇩ abgeleitetes Wasser vom ↯ **Schüttgut** ⚠ die nächsten 300 m sind schwer verblockt, WW IV+ (47.1961,12.9731)
0,4 Str-II, Dorfstr, **A-5661 Wörth** (47.1970,12.9748)
0,2 ⛺ und ✕ Andrelwirt, Goldbergweg 3, **A-5661 Rauris-Wörth**, ♪ 0043-6544-6411 (47.1983,12.9770)
0,0 ⇩ Zusammenfluss von Hüttwinkl Ache (s. Seite 364) und Seidlwinklache zur Rauriser Ache (s. Seite 364) bei km 12,0 (47.1996,12.9790)

Fuscher Ache

Weitere Namen: Fuscherache
Kleinfluss, WW I-II, WW III-IV, Gebirgsbach
Mündung in Salzach bei km 162,5 (re Nebenfluss)

BL Salzburg
Durch Zusammenfluss der Quellbäche Kaefetalbach, Pfanflbach und Traunerbach an der Nordflanke des Fuscher-Kar-Kopfes entsteht in etwa 1300 m ü. NN, umrandet vom Nationalpark „Hohe Tauern" die Fuscher Ache. Sie ist ein wenig bekannter, dabei sowohl landschaftlich wie als Wildwasser interessanter Bach aus dem Glocknergebiet. Wegen seiner höchsten Gewässergüte wird die Fuscher Ache vielfach als „Perle der Hohen Tauern bezeichnet
Bei **A 5671 Bruck a. d. Großglocknerstr.** mündet sie in die Salzach

Befahrbarkeit:	meist ganzjährig
Pegel:	Pegel. **Ferleiten**, km 14,5 **Bruck** km 1,9
Schwierigkeiten:	km 10,3 bis ⇩; WW II und III mit Stellen bis WW IV
Infrastruktur:	⛺ Camping und ✕ Lampenhäuser km 2,5
	⛺ Sportcamp Woferlgut Krössenbachstr. 40, **A-5671 Bruck an der Großglocknerstr.**
	⛺ und ✕ Zur Mühle Nikolaus-Gassnerstr. **A 5710 Kaprun**
Karten:	Jübermann Wassersport-Wanderkarte Nr. 5 ISBN: 978 3 929540-32-1 / Kompass-Wanderkarte Nr. 39, Glock

20,8 Ursprung aus mehreren Quellbächen ca. 1.300 m ü NN (47.1236,12.7896)
10,2 oberste mögliche ⬇ kurz vor dem Anfang der Steigung der Glocknerstraße. Zunächst auf kurzer Strecke starkes Gefälle, erhebliche Verblockung, WW IV.begrenze 🅿-Möglichkeit, re 🚌 **Fusch-Embachkapelle**. Zunächst auf kurzer Strecke starkes Gefälle, erhebliche Verblockung, WW IV. Bis zur Wasserzufuhr am ↯ **Bärenwerk** vielfach unzureichend Wasser, so dass eine Befahrung nicht lohnend ist. danach re ⇩ Weixelbach (47.2026,12.8326)
10,0 re 🅿 an der B 107, mögliche ⬇, falls die vorausgehenden Schwierigkeiten

vermieden werden. Ab hier etwa WW III (47.2044,12.8325)

9,4 Str-II, B 107, Großglocknerstr, 🚌 **Fusch-Mauthaus** li Wasserzufuhr aus dem ϟ **Bärenwerk**; 🅿-Möglichkeit zwischen Kraftwerksgebäude und Fluss.

der Fluss ist zumeist reguliert, die Ufer machen trotzdem einen natürlichen Eindruck, WW II/II+ (47.2095,12.8320);

Wasserzufuhr aus dem ϟ **Bärenwerk**, der Fluss ist zumeist reguliert, die Ufer machen trotzdem einen natürlichen Eindruck, WW II/II+

7,7 li ⛺, Lampenhaus Camping (47.2239,12.8274)

7,5 Str-II, **A-5672 Fusch** (47.2258,12.8277)

3,5 Str-II, li 🚌 **Fusch-GlocknerStr.-Waldgasse** ⬆ evtl. hier Fahrt vor der II rechts beenden um die 3 nachfolgenden X ▬/Sohlstufen zu vermeiden (47.2586,12.8260)

2,9 ▬ Staustufe, X, li ⏏. Li Walcherhof. Nach einer etwa 100 m langen Blockstrecke mit schönem WW folgt bei HW starker Stromzug auf das folgende ▬ Wehr (47.2633,12.8247)

2,5 Str-II, Glocknerstr, ▬ Sohlstufe, X, li ⏏ ⚠ bei HW starker Stromzug auf diese Sohlstufe. Danach etwa 100 m langen Blockstrecke mit schönem WW

re ⛺ und ✕ Lampenhäuser (47.2668,12.8244)

1,9 Str-II, Latten-≡ **Bruck** (47.2723,12.8265)

1,6 Walzen-▬ **A 5671 Vorfusch** mit Eisenstreben in 1 m Abstand, starker Rücklauf, evtl. Befahrung gefährlich. Bei schneller Strömung und begradigten Ufern schlechtes ⬆; re ⏏. Die Fahrt wird am besten vor dem ▬ beendet (47.2751,12.8269)

0,8 Str-II, B 311, **A-5671-Bruck-Oberhof** (47.2802,12.8308)

0,0 ⇩ der Fuscher Ache in die Salzach (s. Seite 323) bei km 162,5, in **A-5671 Bruck a.d. Großglocknerstr.**, ca. 754 m ü. NN (47.2849,12.8361)

Kapruner Ache

Kleinfluss, WW I-II, WW III-IV, WW V-VI, Gebirgsfluss
Mündung in Salzach bei km 168,9 (re Nebenfluss)

BL Salzburg

Der Ursprung der rund 18,5 km langen Kapruner Ache ist ein kleiner Gletschersee am Kapruner Törl, etwa 2355 m ü. NN im Bereich der Glocknergruppe. Sie durchfließt die Stauseen Mooserboden und Wasserfallboden bis sie dann durch das Kapruner Tal der Salzach zustrebt.

Befahrbarkeit:	Frühjahr bis Frühsommer
Schwierigkeiten:	km 8,5 bis km 7,0: WW V (oberer Bereich)
	km 7,0 bis km 4,4: WW II und III (Mittelteil)
	km 4,0 bis km 3,8: X (Sigmund-Thun-Klamm)
	km 3,8 bis ⇩: WW I (Unterlauf)
Infrastruktur:	⛺ und ✕ Zur Mühle (Nikolaus-Gassnerstr. **A 5710 Kaprun**

	🚐 Sportcamp Woferlgut Krössenbachstr. 40, **A 5671 Bruck an der Großglocknerstr.**
Karten:	Jübermann Wassersport-Wanderkarte Nr. 5 ISBN: 978 3 929540-32-1 /

19,4	Ursprung der Kapruner Ache (47.1407,12.6841)
8,5	re 🅿-Möglichkeit neben der Kesselfallstraße; mögliche ⬇; Starkes Gefälle, schwere Verblockung, oft Baumsperren, WW V (47.2223,12.7269)
7,6	Wege-II, re Groß-🅿 der Kitzsteinhorn-Bahnen. Etwa 911 m ü. NN (47.2292,12.7256)
7,1	re untere 🅿. Im weiteren Verlauf WW II-III (47.2337,12.7279)
5,1	Fußg-II, re 🅿 an der Kesselfallstraße; gute ⬆. Danach Beginn des Klammsee.-Stausee etwa 847 m ü. NN (47.2494,12.7362)
4,4	▬ Staumauer Klammsee, **X**, auf Klammweg bis nach ϟ ⏏. Es folgt die „Sigmund-Thun-Klamm“, **X**! Ein eindrucksvoller Wandersteig führt durch die Klamm (47.2560,12.7366)
3,9	re 🅿 zum Klammwanderweg, danach Ende der Sigmund-Thun-Klamm, mögliche ⬇ für eine Weiterfahrt auf der Kapruner Ache; jedoch sehr schnelle Strömung, Kehrwasser fehlen vollständig; teilweise senkrechte Ufermauern (47.2597,12.7399)
0,6	Str-II, **A 5710 Kaprun** (Tauern-Spa-Straße) re 🅿 der Tauerntherme ⚠ danach kann ein Doppelschott den Fluss absperren. Ein Anhalten vor dem evtl. geschlossenen Schott ist wegen der begradigten und verwachsenen Ufer kaum möglich (47.2826,12.7564)
0,1	▬ Sohlstufe, H etwa 1,5 m, mit steinigem Unterwasser, re ⏏ (47.2870, 12.7564)
0,0	⇩ der Kapruner Ache in die Salzach (s. Seite 323) bei km 168,9, etwa 754 m ü. NN (47.2874,12.7566)

Stubache

Kleinfluss, WW I-II, WW III-IV, Gletscherbach
Mündung in Salzach bei km 184,6 (re Nebenfluss)

BL Salzburg
Die Stubache ist ein landschaftlich reizvoller, als WW jedoch nur kurzer und mäßig interessanter Wildbach aus der Granatspitzgruppe. Sie ist der Abfluss des Stausees am Enzingerboden. In der Schneiderau wird sie erneut abgeleitet und das Wasser erst am ϟ **Uttendorf** zurückgeführt. Eine Befahrung ist daher nur bei hohem Wasserübrschuss möglich

Befahrbarkeit:	der größte Teil des Wassers wird abgeleitet, Befahrung daher nur im Frühjahr und nach Regenfällen möglich.
Schwierigkeiten:	WW II bis WW III, eine Passage **X**
Infrastruktur:	🚐 Schmidl Museumstr.6, **A 5730 Mittersill**, +43-6562-6158
	🚐 Dorfcamping Hollersbach Hollersbach 9, **A 5731 Hollersbach im Pinzgau**

	Jugendherberge in A-5724 Stuhlfelden an der Salzach
Karten:	Jübermann Wassersport-Wanderkarte Nr. 5 ISBN: 978 3 929540-32-1 / Kompass-Wanderkarte Nr. 39, Glockn

14,6	Ausfluss aus dem Stausee Enzingerboden (47.1773,12.6260)
5,6	li ⇩ Guggernbach, Straßenabzweig nach **Bodenasten**, mögliche ⬇ (47.2372,12.5761)
3,1	▬ Sohlrampe, **X**, li ⏏ (47.2574,12.5667)
2,0	re Rückführung des Wassers vom ϟ (47.2661,12.5684); ▬ Wehr oberhalb **A 5723 Vorderstubach**, **X**, li etwa 250 m ⏏ oder ⬆ Fahrt beenden (47.2666,12.5682)
1,8	Str-II, **A-5723 Uttendorf** davor ▬ Klappenwehr mit hydraulischer Regelung der Stauhöhe, **X**, ⚠ meist wenig Restwasser dahinter Sohlrampe, **X** Danach bis zur ⇩ abgesehen von einigen kleinen Sohlstufen keine Schwierigkeiten (47.2680,12.5678)
0,0	⇩ der Stubache in die Salzach (s. Seite 323) bei km 184,6 nahe **A 5723 Uttendorf** bei etwa 781 m ü. NN, mit Alter Salzach (47.2809,12.5620)

Felberbach

Weitere Namen: Ammerbach
Kleinfluss, WW III-IV, WW V-VI, Gebirgsbach
Mündung in Salzach bei km 190,0 (re Nebenfluss)

BL Salzburg

Der Felberbach, oft auch als Felber Ache bezeichnet, ist der Ausfluss des Plattachsees am Nordhang des Tauernkogels in der Venediger Gruppe. Er ist Hauptzufluss des Hintersees etwa 1313m ü. NN und auch dessen Abfluss. Nur wenige Hundertmeter später, an der Bushaltestelle, verlässt er den Nationalpark „Hohe Tauern".

Aufgrund der zahlreichen Sohlstufen, nicht immer ≈, ist eine Befahrung wenig empfehlenswert.

Befahrungsregeln:	keine
Befahrbarkeit:	meist ganzjährig
Pegel:	**Haidbach** km 3,9
Schwierigkeiten:	WW III bis V; mehrere Geröllbremsen, nur teilweise ≈, Achtung auf gefährlichen Rücklauf!
Infrastruktur:	⛺ Schmidl Museumstr.6, **A-5730 Mittersill**, ✆+43-6562-6158 ⛺ Dorfcamping **Hollersbach** Hollersbach 9, **A-5731 Hollersbach im Pinzgau** Jugendherberge in **A-5724 Stuhlfelden an der Salzach**
Karten:	Jübermann Wassersport-Wanderkarte Nr. 5 ISBN: 978 3 929540-32-1 / Kompass-Wanderkarte Nr. 38, Vened

18,9	Ursprung aus dem Ammertaler See (47.1379,12.5493)
7,1	Str-II, B 108, Felbertauernstrasse (47.2260,12.4922);

li 🅿, mögliche ⬇, li Wolframwerk (47.2263,12.4920)

6,4 ■ zum ↯ **Gruben**. Beginn obere Steilzone, massive Verblockung, je nach WS WW V bis **X**, unbedingt vorher besichtigen; ggf. li ⏏ (47.2303, 12.4921)

5,7 ■ Geröllbremse, etwa 4 m, **X** (47.2385,12.4910)

5,6 Wege-Ⅱ, re **Schiederhof**, 🅿-Möglichkeit, mögliche ⬇ bzw. einsetzen nach umtragen. Danach bis zur ⇩ verblocktes WW, WW III bis WW IV; zahlreiche bis zu 2 m hohe Sohlstufen, nach Besichtigung meist ≋ (47.2397,12.4907)

4,8 ■ Wehr Großbruck mit starker Wasserableitung (47.2454,12.4882)

4,2 1. Str-Ⅱ, **A 5730 Mittersill-Oberfelben** danach ■ Sohlstufe mit starkem Rücklauf! (47.2498,12.4882)

3,9 2. Str-Ⅱ, **A 5730 Mittersill-Oberfelben** ≣ Haidbach, weiterhin in kurzem Abstand zahlreiche Sohlstufen (47.2521,12.4862)

0,0 ⇩des Felberbach in die Salzach (s. Seite 323) bei km 190,0, in **A 5730 Mittersill** bei etwa 788 m ü. NN (47.2829,12.4901)

Hollersbach

Kleinfluss, WW III-IV, WW V-VI, Gebirgsbach
Mündung in Salzach bei km 195,2 (re Nebenfluss)

BL Salzburg

Der Hollersbach entsteht durch Zusammenfluss von Seebach und Hüttenbach an der Nordabdachung des **Fürther Ecks** in der Venedigergruppe im Nationalpark „Hohe Tauern. In einem schmalen Tal fließt er nach Süden der Salzach zu. Er ist ein sehr schwerer Wildbach

Befahrungsregeln:	Der obere Teil des Hollersbaches Ursprung bis km 4,4 liegt im Nationalpark „Hohe Tauern“. Es wird gebeten auf Pflanzen und Tiere Rücksicht zu nehmen und die Wege nicht zu verlassen. Daraus folgt, von einer Befahrung ist Abstand zu nehmen.
Befahrbarkeit:	Zeit der Schneeschmelze, später nach starken Regenfällen,
Pegel:	Hilfs-Pegel: Ⅱ km 2,7; li Betonsockel, vordere Kante: NW = 5 cm überspült, MW = 10 cm überspült, HW = 20 cm überspült.
Schwierigkeiten:	starkes Gefälle, teilweise in Stufen mit erheblichem Rücklauf, enge Verblockung, wenig Kehrwasser, nur mäßige Wasserwucht, Baumversperrungen; zahlreiche **X** Sohlstufen vor der ⇩ bei MW etwa WW IV+ bei HW etwa WW V
Infrastruktur:	⛺ Dorfcamping **Hollersbach** Hollersbach 9, **A 5731 Hollersbach im Pinzgau** ⛺ Schmidl Museumstr.6, **A 5730 Mittersill**, +43-6562-6158 Jugendherberge in **A-5724 Stuhlfelden an der Salzach**

Zufahrt auf einer Straße, deren Benutzung nur für Anrainer freigegeben ist, evtl. Fahrterlaubnis durch die Forstbehörde einholen, Richtung ✕ „Edelweiß“. Im Mittelteil verläuft die Straße abseits vom Bach. Hier führt ein Weg zu einer von der Straße aus sichtbaren Holz-Ⅱ. Man kann sich hier eine der schwersten Stellen schon bei der Anfahrt ansehen.

Karten: Jübermann Wassersport-Wanderkarte Nr. 5 ISBN: 978 3 929540-32-1 / Kompass-Wanderkarte Nr. 38, Vened

18,4 Ursprung durch Zusammenfluss von Seebach und Hüttenbach etwa 1500 m ü. NN (47.1638,12.4701)

6,6 oberste mögliche ⬇ bei der Talstation der Materialseilbahn zur Lachalm nur bei sehr gutem Wasserstand.
Falls bei dem kurz danach folgenden Katarakt Probleme entstehen, sollte die Befahrung abgebrochen werden; der Bach wird noch schwerer (47.2263,12.4110)

5,0 Weitere ⬇ bei NW an der Stelle da die Straße, Flussabwärts gesehen vom Bach weg geht (47.2399,12.4143)

2,7 Wege-Ⅱ; Hilfs-≣ (47.2580,12.4096)

2,4 Holzrechen, Beginn des Stausees, empfohlene ⬆ Zugang auf Weg Richtung **Niederberg** und **Hinterflecktruhealm** (47.2613,12.4096)

1,7 ■ Staumauer, **X**, li ↯, davor Sicherungssperrkette.
Eine Weiterfahrt bis zur ⇩ ist wegen mehrerer Gefällebremsen nicht möglich (47.2669,12.4129)

0,0 ⇩ des Hollersbach in die Salzach (s. Seite 323) bei km 195,2, nahe **A 5731 Hollersbach im Pinzgau** (47.2785,12.4241)

Obersulzbach

Kleinfluss, WW III-IV, WW V-VI, Gletscherbach
Mündung in Salzach bei km 209,7 (re Nebenfluss)

BL Salzburg

Der Obersulzbach mit Ursprung aus dem Obersulzbachkees einem Gletscher der Nordabdachung des Großvenedigers ist ein extrem schwerer Wildbach mit sehr schneller Strömung, gewaltiger Verblockung, hohem Gefälle und starker Wasserführung mit erheblicher Wasserwucht. Eine vorherige Besichtigung der Gesamtstrecke ist unerlässlich.

Befahrungsregeln: Der obere Teil des Obersulzbaches Ursprung bis km 4,9 liegt im Nationalpark „Hohe Tauern“. Es wird gebeten auf Pflanzen und Tiere Rücksicht zu nehmen und die Wege nicht zu verlassen. Daraus folgt, von einer Befahrung ist Abstand zu nehmen.

Befahrbarkeit: am besten an warmen Sommertagen; eine Befahrung bei NW ist weniger ratsam, da dann sehr steinig und klemmgefährlich.

Pegel: **Sulzau** beim ✕ **Siggen** km 1,5, .günstig etwa 70cm bis 90

	cm. www.salzburg.gv.at >>Wasserwirtschaft
Schwierigkeiten:	von 7,8 bis 4,9, WW V bis WW VI von 4,9 bis ⇩, WW V, abnehmend WW IV Mit Baumhindernissen muss gerechnet werden.
Karten:	Jübermann Wassersport-Wanderkarte Nr. 5 ISBN: 978 3 929540-32-1 / Kompass-Wanderkarte 38 Venedigerg

17,6 Ursprung als Gletscherbach aus dem Obersulzbachkees am Nordhang des Großvenedigers (47.1130,12.2981)

7,8 oberste ⬇ in der Nähe der Berndlalm Ende des Talbodens, Beginn der Waldschlucht, WW V bis WW VI!
Zufahrt: im Obersulzbachtal auf Forststraße Richtung Kürsingerhütte bis zu einer Schranke, ab dort muss man die Boote tragen, und zwar nicht auf der Forststraße, sondern li auf einem Fußweg (47.1846,12.2598)

4,9 Fußg-II, Querverbindung zum rechtsufrigen Wanderweg. Ende des Nationalparks Hohe Tauern. Mögliche ⬇, bis zur ⇩ WW V abnehmend bis WW IV (47.2053,12.2535)

4,7 li Groß- P Hopffeldboden des Nationalparks, Weiterfahrt nur mit den „Tälertaxis" (47.2072,12.2521)

2,1 ▬ Staumauer, X (47.2272,12.2461)

2,0 ▬ Gefällebremse, X, H etwa 18 m, re ⌂, mühsam (47.2278,12.2452)

1,5 Str-II, dahinter ▯-II, re P (47.2314,12.2464)

0,0 ⇩des Obersulzbach in die Salzach (s. Seite 323) bei km 209,7 (47.2443, 12.2523)

Krimmler Ache

WW I-II, WW III IV, WW V VI, Gletscherbach
Mündung in Salzach bei km 214,2 (re Nebenfluss)

BL Salzburg

Die Krimmler Ache entsteht aus dem Krimmler Kees, einem charakteristischen, spaltenreichen Hanggletscher am **Dreiherrenspitz**, der bis 2300 m herabreicht. das hintere Achental wird durch eine großartige Kulisse in einer ausgeprägten Moränenlandschaft beherrscht. Die theoretisch befahrbare Strecke wird durch die Krimmler Wasserfälle abgeschlossen. Mit einer Gesamtfallhöhe von rund 380 Metern in drei Stufen sind sie eindeutig die höchsten Wasserfälle in Europa. Ein Wanderweg vom „Wasserfallparkplatz" an der Mautstelle in 1076 m ü. NN erschließt mit mehreren Aussichtskanzeln ein großartiges Naturerlebnis. Eine Wanderung zum Gletscherrand ist ebenfalls empfehlenswert.

Befahrungsregeln:	Der obere Teil der Krimmler Ache liegt im Nationalpark „Hohe Tauern". Es wird gebeten auf Pflanzen und Tiere Rücksicht zu nehmen und die Wege nicht zu verlassen. Daraus folgt, von einer Befahrung ist Abstand zu nehmen.
Befahrbarkeit:	außerhalb des Nationalparks, an der Staustufe unterhalb des Wasserfalls wird das Wasser durch ein Rohr abgeleitet und

	erst bei km 211,7 zur Salzach zurückgeleitet, eine Befahrung ist daher infolge Wassermangels selten möglich oberhalb der Wasserfälle ist eine Befahrung, je nach WS, theoretisch zwischen Außerunlaßalm und Schettbrücke möglich
Pegel:	Zufahrt: für öffentlichen Verkehr gesperrt; Taxibus bis zum Krimmler Tauernhaus.
Schwierigkeiten:	WW II bis WW VI; X Wasserfälle
Karten:	Jübermann Wassersport-Wanderkarte Nr. 5 ISBN: 978 3 929540-32-1 /

21,7	Ursprung aus mehreren Quellen am Krimmler Kees ca. 2.300 m ü. NN (47.0906,12.2378)
14,1	⬇ etwa 500 m oberhalb des Tauernhauses je nach Wasserstand Zunächst WW II, kurze Klamm, Baumhindernisse möglich, besichtigen (47.1351,12.1901)
13,7	Wege-Ⅱ, li ✕ Krimmler Tauernhaus, Oberkrimmel 27, **A-5743 Krimml**;. Ende Taxi-🚌 (47.1389,12.1915)
10,7	Ab Wege-Ⅱ bei der **Mühleggalm** WW III bis WW VI etwa 1590m ü. NN (47.1614,12.1900)
7,9	Wege-Ⅱ an der **Hölzlahneralm** etwa 1580 m ü. NN (47.1798,12.1807)
7,7	⬆ etwa 500 m nach Hölzlahneralm Eine Weiterfahrt ist auf etwa 2,0 km möglich, hohes Gefälle, dichte Verblockung, Abfälle, Sicherung erforderlich (47.1830,12.1796)
5,7	Wege-Ⅱ Schettbrücke; allerletzte ⬆, etwa 1482 m ü. NN (47.1979, 12.1715)
5,6	⚠ Oberer Krimmler Wasserfall, X (47.1988,12.1717)
0,0	⇩ der Krimmler Ache in die Salzach (s. Seite 323) bei km 214,2 (47.2368, 12.1986)

Kössener Ache

Weitere Namen: Tiroler Achen [deu]
Wanderfluss, WW I-II, Wanderfluss (Gebirgsfluss)
Mündung in Chiemsee bei km 14,2

Der von Paddler meist „Kössener Ache" genannte Bach, (Gesamtlänge ca. 76 km) entspringt am Pass Thurn in ca. 1250 m Höhe. In ihrem Oberlauf wird sie regional zumeist Jochberger Ache bezeichnet. Ab dem Einsatzpunkt bei Hütte, km 66,5 heißt sie amtlich Kitzbüheler Ache. Ab St. Johann, nach dem Zusammenfluss mit Reither Ache und Fieberbrunner Ache ist ihr amtlicher Name: „Großache". Ab der Staatsgrenze wird sie in der bayerischen amtlichen TK 50 und beim WWA als „Tiroler Achen" geführt. Die Kössener Ache ist landschaftlich hervorragend schön. Sie fließt zunächst in einem verhältnismäßig breiten Tal zwischen dem Wilden Kaiser und den Loferer Steinbergen. Unterhalb Kössen bricht sie in der wildromantischen Entenlochklamm durch die Chiemgauer Berge in die breite, dem

Chiemsee vorgelagerte Ebene durch.
In ihrem Oberlauf, oberhalb St. Johann, ist die Kössener Ache ein mäßig schweres Wildwasser, ab St. Johann bietet sie keine wesentlichen Schwierigkeiten mehr, so dass ihre Befahrung als Wanderfluss auch für Wildwasseranfänger und F 2 empfohlen werden kann.

Befahrungsregeln:	Bayerischer Teil: Das Befahren der (Kössener Ache) Tiroler Achen im Mündungsbereich zum Chiemsee von der Str.-II bei Almfischer, km 4,8 bis zur Mündung ist ganzjährig verboten. Km 24,4 bis 22,1 Entenlochklamm: NSG „Durchbruchstal der Tiroler Achen“: ganzjährig Anlanden und Betreten der Ufer verboten
Befahrbarkeit:	ab Hütte (km 65,8) im Frühjahr und nach Regenfällen ab St. Johann (km 48) ganzjährig über die Möglichkeit einer Befahrung der Klamm bei Jochberg bestehen keine gesicherten Unterlagen
Pegel:	Staudach (km 9,2) St. Johann, Kitzbühel Kirchdorf, Kössen-Hütte, Kössen-Staffenbrücke siehe http://www.tirol.gv.at/themen/umwelt/wasser/wasserkreislauf/hydro-online/
Schwierigkeiten:	km 65,8 – km 47,8 WW II-III km 47,8 – km 12,9 WW I-II km 12,9 – km 4,8 WW I
Infrastruktur:	⛟ in Kitzbühel, St. Johann, Kössen und am Walchsee
Karten:	L8140, L8340 und Kompass-Wanderkarte Nr. 29 (Kitzbüheler Alpen)Kompass-Wanderkarte Nr. 9, Kompaß
Kilometrierung:	in Bayern KM-Steine alle 200 m und nach TOP 10, in Österreich nach Luftbild und GPS
Quellen:	Ergänzungen: Christine Körber 07/16

Kitzbüheler Ache

Weitere Namen: Jochberger Ache
WW I-II
Mündung in Kössener Ache bei km 47,4

1. Abschnitt der Kössener Ache

77,6 Pass-Thurn/Paßhöhe, Ursprung der Kitzbühler Ache, hat hier noch den Flussnamen "Jochberger Ache" (47.3083,12.3884)

65,8 Stein-II, Hüttweg, li **A-6373 Jochberg-Hütte** ⬇ für die Befahrung der WW-Strecke der Ache, schnelle Strömung, gutes Gefälle, leichte Verblockung, WW II+, li ca. 150 m zur 🚌-HP Jochberghütte (47.3893, 12.4251)

65,5 Str-II, Kitzbüeler Strasse, B 161 (47.3921,12.4244)

64,5 Str-II, Gigglingweg, re **A 6370 Aurach-Haberberg** 🚌-HP Hechenmoos, ab hier ist der Flussname "Kitzbüheler Ache" (47.4010,12.4224)

63,4 Fußg.-II, re **A 6371 Aurach bei Kitzbühel** (47.4102,12.4268)

62,2 Str-II, Traidlweg, re **A-6371 Unter-Aurach**, 🚌-HP **Aurach-Auwirt** (47.4184,12.4198)

61,7 ■ Sohlstufe ⌓ zweckmäßig (47.4212,12.4139)

61,6 ▮ **St. Johann**, Hydrografischer Dienst Tirol, über www.tirol.gv.at (47.4214, 12.4134);
■ Sohlstufe (47.4217,12.4129)

61,5 ■ Sohlstufe (47.4224,12.4123)

60,7 Str-II, Einfangweg, li 🚌-HP **Kitzbühel-Staudach**, mögliche ⬆ (47.4288, 12.4065)

60,3 kleine Renaturierung mit befahrbaren Stufen (47.4318,12.4048)

60,1 überdachte Wege-II, Malernweg, re Badhaussiedlung. Gleich nach der Brücke ↱ zum ⌓ der folgenden Sohlstufe (47.4333,12.4040);
■ Sohlstufe bei NW nur unter Materialeinsatz ≋, besser re ⌓ (47.4338, 12.4036)

60,1 –54,9 Ortsgebiet von **A 6370 Kitzbühel** (47.4333,12.4040)–(47.4739, 12.3850)

59,5 Wege-II,, 🛒 am Billa-Markt, Jochbergerstr. 64 (47.4379,12.3997);
↱, am besten Kitzbühel umfahren! Nach ca. 50 m Beginn der senkrechten Uferverbauungen. ⚠ Keine Ausstiegsmöglichkeit mehr vor der Sohlstufe Kitzbühel (**X**, km 11,53) (47.4380,12.3997)

59,2 Str-II, Ehrenbachgasse, **Kitzbühel** (47.4401,12.3988)

59,1 EB-II (47.4414,12.3984)

58,9 ■ Sohlstufe Kitzbühel (H=2 m) **X**, ⚠ gefährlicher Rücklauf!, senkrechte Wände, ⚠ keine Umtragemöglichkeit! Fahrt bei km 12.1 unterbrechen! (47.4429,12.3981)

58,8 Str-II, Jochberger Strasse, **A-6370 Kitzbühel** Jochberger Str./ Ecke Kapserkreisel, Ende der senkrechten Ufermauern! Re 🅿 mit WC. (47.4438,12.3981)

58,5 Str-II, Traunsteiner Weg, li **A-6370 Kitzbühel**, li 🚂 700 m zum HP Hahnenkamm (47.4467,12.3967)

58,0 Str-II, Paß Thurn Strasse/ Ecke Hornweg, B 161, **Kitzbühel** ⚠ ca. 90 m langer Tunnel! Durchfahrtshöhe oder sonstige Hindernisse im Tunnel nicht erkundet! Danach ca. 1km ! senkrechte Ufermauern! (47.4495,12.3920)

57,5 Str-II, Bahnhofstrasse, **Kitzbühel**, re 🚂 Kitzbühel Hbf (47.4539,12.3898)

57,1 überdachte Wege-II, Ende der senkrechten Ufermauern (47.4576, 12.3892)

56,5 Str-II, Achenweg, **Kitzbühel** (47.4621,12.3870)

56,1 Str-II, B 161, **A-6370 K-Vordergrub** mögliche ⬇ zur Weiterfahrt, WW II, re begrenzte Parkmöglichkeit am Walsenbachweg (47.4653,12.3863)

55,6 li Wege-II, Hausertal, ⬇ nach Kitzbühel zur Weiterfahrt WW II bis WWIII, re begrenzte Parkmöglichkeit am Infostand (47.4681,12.3837)

55,5 Str-II, B 161, Ortsende **Kitzbühel** re Siedlung „Frieden“; 🚌 „Schwarze

Brücke“ (47.4692,12.3839)

54,0 Str-II, Steinerbach (47.4817,12.3824)

53,8 EB-II (47.4838,12.3814)

52,4 ■ raue Sohlgleite, X, re oder li ⏏ (47.4947,12.3881)

52,3 ■ raue Sohlgleite, X, re oder li ⏏ (47.4957,12.3890)

52,2 neue Str-II, Bahnhofstrasse, **A-6372 Oberndorf in Tirol** (47.4963, 12.3896)

52,1 überdachte Fußg-II, li **A-6372 Oberndorf**, re 🚉 (47.4972,12.3903)

50,9 überdachte Fußg-II zum Eggerwerk (47.5063,12.3978)

50,4 neue Str-II zum Eggerwerk und ⛺ Michelnhof (Weiberndorf 6, A 6380 St. Johann in Tirol) (47.5106,12.4015)

50,0 ■ Sohlgleite, X, re oder li ⏏ (47.5131,12.4051)

49,2 li ⇩ Reither Ache (s. Seite 386) in die Kitzbüheler Ache (im Oberlauf Aschauer Ache) landschaftlich schöner, meist schwerer Wildfluss (47.5175,12.4127)

48,3 Wege-II, Achenallee (47.5210,12.4233)

48,1 Str-II, Kaiserstr, **A-6380 St. Johann** (47.5227,12.4249)

48,0 re nach der II großer 🅿 empfohlene ⬇ für eine Wanderfahrt auf der „Kössener Ache“, (amtlicher Name „Großache“), bis **D 83236 Übersee** keine nennenswerten Schwierigkeiten, Ausnahme „Entenlochklamm“, jedoch Achtung auf Pfahlreihen, Kurvenschwälle, Brückendurchfahrten usw (47.5238,12.4257)

47,8 Str-II, Neubauweg (47.5251,12.4265)

47,6 Fußg-II (47.5269,12.4276)

47,4 ⇩ Zusammenfluss von Kitzbüheler Ache und Fieberbrunner Achen (s. Seite 388) zur Großache (s. Seite 377) bei km 47,4 (47.5284,12.4286)

Großache

Wanderfluss, WW I-II

2. Abschnitt der Kössener Ache

Befahrungsregeln: Das Befahren der Großache (Kössener Ache) ist lt. VO vom 19. Feb. 1999 (VO Nr. 12 des LGBl. v. 9.03.1999) von der Dorfbrücke in Kirchdorf i.T (km. 43,5) bis zur Staatsgrenze bei Kössen (km 24,4) ganzjährig verboten. Ausnahmen: Mit „wildwassergeeignetten Ruderfahrzeugen“ oder Schwimmkörpern ist jeweils zwischen 9.00 und 19.00 Uhr erlaubt, vom 1.06. bis 14.09: das Befahren des Hauptstromstriches von Kirchdorf (km 43,5) bis Staatsgrenze (km 24,4), sowie vom 15. Mai bis 15. Oktober vom Bauhof Kössen (km 26,6) bis zur Staatsgrenze (km 24,4). Das Ein- und Aussetzen ist dabei, außer in Notfällen, nur an den dafür vorgesehenen, im Text ausgewiesenen, Stellen erlaubt.

Die Einstiegsstelle in Kössen liegt jedoch im

	Laichschongebiet, und ist daher nur in der Zeit vom 1.6. bis 14.9. nutzbar. Bis eine alternative Einstiegsstelle gefunden wird ist die Großache damit auf der gesamten Strecke praktisch nur in dieser Zeit befahrbar.
Karten:	Jübermann Wassersport-Wanderkarte Nr. 5 ISBN: 978 3 929540-32-1 /

47,4 ⇩ Zusammenfluss von Kitzbüheler Ache (s. Seite 375) und Fieberbrunner Ache (s. Seite 388) zur Großache (47.5284,12.4286)
47,3 Str-II B178 (47.5293,12.4289)
45,4 Wege-II, Further Steg (47.5442,12.4399)
43,8 Str-II, Dorfstrasse, li **A-6382 Kirchdorf i. Tirol** (47.5564,12.4499)
43,8 –26,6 **§** Befahrungs- und Uferbetretungsverbot vom 15. Sept. bis 31.Mai bis Kössen /Bauhof
43,7 li erlaubte ⇅ Loferbachmündung vom 01.06. bis 14.09 (47.5569,12.4503)
42,2 überdachte Wege-II, **A-6383 Erpfendorf**, Wenger Steg (47.5666, 12.4634)
40,1 Str-II, Wohlmutinger Bücke, re **A-6383 Erpfendorf** (47.5833,12.4744)
38,0 Wege-II, Laufer Weg, li **A-6383 Pfeifer** (47.6010,12.4699)
35,5 Str-II, Hager-Brücke, erlaubte ⇅ li Ufer (47.6213,12.4646)
32,5 Wege-II (47.6449,12.4488)
29,3 Str-II B 172, re 🚌 Kössen-Neuwirt (47.6612,12.4216)
29,2 re erlaubte ⇅ Loferbach-⇩ (47.6619,12.4207);
re ⇩ der Lofer (s. Seite 381) in die Großache (47.6620,12.4206)
28,9 Str-II, Hüttfeldstrasse, li **A-6345 Kössen-Hütte**, li 🚌 Kössen-Hüttwirt, re **A-6345 K-Blaik** (47.6624,12.4166)
28,1 li **Weidach-Niederachen** 🚌 Kössen-Bruckwirt (47.6612,12.4053)
28,0 Str-II, Alleestrasse, B 176, re **A-6345 Kössen**; 2011 erneuert, ehemalige Stufe entfernt (47.6611,12.4045)
27,4 ⇩ des Kohlenbach (s. Seite 383) in die Großache ca. 589 m ü. NN (47.6654,12.3998)
26,8 re ⇅ bei Str-II, re **A-6345 Kössen** li **A-6345 Staffen-Erlau**, Staffenbrücke, 🅿; Beachte! Parken beim Einstieg nur zum Be- und Entladen, Benutzung nur vom 1.6. bis 14.9 (47.6704,12.3996)
26,6 re städt. Bauhof Kössen früher erlaubte ⇅, nun an direkt an der Brücke (47.6718,12.3984)
26,6 –24,4 **§** Befahrungsverbot vom 16. Okt. bis 14.Mai bis zur Staatsgrenze (47.6718,12.3984)
25,6 re Sandbank letzte erlaubte ⇅ vor der Staatsgrenze. (47.6799,12.3948)
25,6 –24,4 klammartige Schlucht (Entenlochklamm) bei NW keine Schwierigkeiten (WW I+), bei HW erhebliche Zunahme der Schwierigkeiten.
24,6 eiserne Hänge-II danach re Wallfahrtskirche Klobenstein ⌘ (47.6884, 12.3937)
24,4 Grenze österreichisch-deutsch nunmehriger Name. „Tiroler Achen“

(47.6900,12.3933)

Tiroler Achen

Wanderfluss, WW I-II
Mündung in Chiemsee bei km 14,2

3. Abschnitt der Kössener Ache
Karten: Jübermann Wassersport-Wanderkarte Nr. 5 ISBN: 978 3 929540-32-1 /

24,4 Grenze österreichisch-deutsch nunmehriger Name. „Tiroler Achen“ (47.6900,12.3933)

24,4 –22,1 § NSG „Durchbruchstal der Tiroler Achen“ Anlanden und Betreten der Ufer ganzjährig verboten (47.7043,12.3951)–(47.7043,12.3951)

21,5 Str-II, B307 re gute ⬆-Stelle zur Beendigung der Fahrt, re **83259 Schleching-Wagrain**, li **83259 S-Ettenhausen**, re gute P-Möglichkeit (47.7082,12.3935)

20,4 li **83259 Schleching** re **S-Achberg**

19,1 li ⇩ Mühlbach (47.7208,12.4140)

18,3 li ⇩ Alpbach (47.7264,12.4220)

17,0 re Segelflugplatz

16,4 Renaturierungen

16,1 li gute ⬆-Möglichkeit P-Möglichkeit (47.7382,12.4447);
Str-II, re **83246 Unterwössen** li **83259 Schleching-Raiten** (Raitner Str.) (47.7382,12.4452);
re ⇩ Einleitung des HW-Überlaufs des Wössener Baches (47.7392, 12.4461)

15,5 in einer S-Kurve Pfähle bei NW ⚠ Lebensgefahr

14,2 re ⇩ des Wössener Bach (s. Seite 380) in die Tiroler Achen (47.7437, 12.4628)

13,4 –13,3 Renaturierungsinsel, li fahren (47.7486,12.4645)

13,3 li ⬆-Möglichkeit Marquartstein begrenzte Parkmöglichkeit; gute Möglichkeit zur Beendigung der Fahrt (47.7498,12.4628)

13,2 Str-II B305, **83250 Marquartstein** (Schlechinger Str.); bei NW Achtung auf Grundschwelle aus scharfkantigen Steinen (47.7513,12.4635)

12,9 ▬ Wehr vor Marquartstein **X**, ca. 1,5 m (47.7527,12.4661);
Die Befahrung der Kössener Ache wurde meist re vor dem Wehr beendet. Zufahrt mit Pkw abgehend von der Straße nach Unterwössen, (Alte Dorfstr. Richtung Landschulheim) etwas schwierig zu finden. Falls eine Weiterfahrt bis Übersee geplant ist, vor dem Wehr in der starken Kurve ↰.
Bei günstigem WS kann li über trockene Wehrkrone ⏶ und sofort nach dem Wehr wieder eingesetzt werden, evtl. über Kiesbank treideln, andernfalls muss 400 m weit bis zu einer Steintreppe ⏶ werden;
Ab Marquartstein ist die Kössener Ache reguliert, keine Schwierigkeiten

12,2 Str-II, **83250 Marquartstein** (Alte Dorfstr.), li 🚃 (200 m) (47.7576,

12.4645)
9,4 Str-II, li **83224 Grassau** re **G-Staudach** (Bahnhofstr.), li letzter P vor dem NSG (47.7802,12.4767)
9,2 Staudach, 01804-370037-472
5,4 Weg-II, li **83236 Übersee-Almau** re **83355 Grabenstätt-Osterbuchberg**, letzte Ausbootmöglichkeit, dahinter Sohlstufe (47.8088,12.5025)
4,8 Fußg.-II, li **83236 Übersee-Almfischer** (47.8119,12.4988)
4,8 –0,0 § ganzjähriges Befahrungsverbot Das Befahren der (Kössener- oder) Tiroler Achen von hier bis zur Mündung in den Chiemsee ist ganzjährig verboten
3,7 Str-II, li **83236 Übersee** li (1500 m) (47.8194,12.5055)
3,5 EB-II (47.8218,12.5055)
2,1 Str-II **A8** (München-Salzburg) (47.8331,12.5087)
2,0 danach Fußg.-II (47.8338,12.5085)
0,0 Nullpunkt zum Stand der amtl. Kilometrierung (47.8571,12.4974)
-1,7 Deltaförmige ⇩ der Tiroler Achen in den Chiemsee (auch Kössener Ache genannt), § Befahrungsverbot des Mündungsdelta, NSG! Durch die Ablagerung der mitgebrachten Schwebstoffe wächst das Mündungsdelta jährlich um mehrere Meter (47.8659,12.5023)–(47.8570,12.4884)

Wössener Bach

Wildwasser, Gebirgsbach
Mündung in Kössener Ache bei km 14,2 (re Nebenfluss)

Hammergraben und Moosbach vereinen sich in Brem zum Wössener Bach. Von der ⬇ in Oberwössen bis Brem sind mehrere Abfälle (bis 1 m). Das ▬ Wehr in Brem muss li ca. 100 m werden. Es folgen dann weitere Überfälle. Das bei Daxenberg liegende ▬ Wehr ist X und es muss bis Neuschmied (ca. 500 m) gekarrt werden. Von Neuschmied ab folgen noch einige Überfälle und ein ▬ Wehr (m).

Befahrungsregeln:	keine
Befahrbarkeit:	ab Oberwössen, nur im Frühjahr ratsam Befahrbare Strecke: max. 5 km
Schwierigkeiten:	WW I-III
Karten:	L8340, Jübermann Wasser-Wanderkarte Nr. 4 Kompaß-Wanderkarte Nr. 10 (Chiemsee)
Kilometrierung:	Luftbild

5,0 1. Teil: Moosbach;
Str-II, li **83246 Unterwössen-Hinterwössen** (Taubenseestr.), re P (47.7092,12.4727)
4,3 Str-II B 305 (47.7147,12.4760)
4,2 2. Teil: Wössener Bach;
Zusammenfluss von li Moosbach und re Hammergraben zum Wössener Bach (47.7151,12.4762)

3,9 Weg-II (47.7177,12.4783)
3,5 ■ Wehr Daxberg, X (47.7200,12.4768)
2,8 Weg-II (47.7247,12.4688)
2,6 Str-II B 305 es folgen 2 Querbauten, li Einkaufszentrum (47.7262, 12.4679)
2,4 li HW-Überlauf-Schütz danach ■ ca. 20 m lange Sohlrampe aus groben Steinen, re 🚌-HP, re Ufer Privatgrund, nicht betreten
2,3 Wildholzrechen (Pfostenabstand ca. 0,8 m) ■ kleine Sohlstufe vor und nach dem Rechen (47.7284,12.4662)
2,1 Str-II, **83246 Unterwössen-Garbmühle** (Schmidfeldweg) (47.7290, 12.4643)
1,8 re ⇩ Kaltenbach (47.7300,12.4610);
Weg-II (47.7300,12.4607)
1,7 Fußg.-II Entlastungsbauwerk beim Fehlbachweg für HW-Freilegung Unterwössen, li Senkrechtschütz mit anschließenden Tosbecken; 1/3 des Wasser verbleibt bei HW im alten Bett, 2/3 laufen über Schütz in Flutkanal; daher bei HW vorher anschauen und ggf. rechtzeitig aussteigen! (47.7308,12.4591);
weiterhin ■ viele Querbauten
1,3 Fußg.-II, **83246 Unterwössen** (47.7338,12.4563)
1,0 Str-II B 305, **83246 Unterwössen** (47.7357,12.4572)
0,9 Fußg.-II (47.7367,12.4581)
0,8 Fußg.-II, li Friedhof (47.7373,12.4585)
0,7 Str-II B 305, **83246 Unterwössen** (47.7383,12.4589)
0,0 ⇩ des Wössener Bach in die Tiroler Achen (s. Seite 379) bei km 14,2 (47.7437,12.4628)

Lofer

Kleinfluss, WW III-IV, Gebirgsbach
Mündung in Kössener Ache bei km 29,2 (re Nebenfluss)

Entsteht durch Zusammenfluss von Schwarzloferbach und Weißloferbach

6,3 ⇩ Zusammenfluss von Schwarzloferbach (s. Seite 382) und Weißloferbach (47.6700,12.4847)
5,7 ■ Sohlstufe (0,5 m) m ≈ (47.6700,12.4779)
5,6 ■ Sohlstufe (1 m) m ≈;
Str-II, re **83242 Reit i. Winkl-Groissenbach** (Blindauer Str.), li 🅿 (47.6702,12.4769)
5,5 ■ Sohlstufe (1,3 m) m ≈, evtl. li ⛺ (47.6704,12.4760)
4,4 Fußg.-II (Krautloider-Steg) (47.6682,12.4643)
3,6 Fußg.-II, re **83242 Reit-Unterbichl** (Lofersteg) (47.6672,12.4550)
3,4 deutsch-österreichische Grenze (47.6669,12.4526);
re 🚌-HP Kössen-Peternhof an der B172 (47.6670,12.4514)
3,1 Str-II B 172, Reit im Winkl - Kössen (ca. 660 m ü. NN), li 🅿 ca. Str.-Km

0,45; günstig für Besichtigung des nachfolgenden Kaltenbacher Grabens, der auf 1200 m kataraktartig verblockt ist, mit hohen Stufen. Je nach WS etwa WW IV. Oder hier Fahrt beenden! (47.6644,12.4509);
■ Stufe (1 m) m-re ≈ (47.6644,12.4507)

2,5 ■ Sohlstufe (2,2 m), **X**, li ⌂ (100 m);
■ Sohlstufe (4 m, **X**, li ⌂ (50 m), großer Gumpen

2,4 WW IV-V mit Katarakten und Holzverhau li ⌂ (200 m)

2,1 ■ Sohlstufe (4 m) li und re ≈, li ⌂ (50 m), großer Gumpen (Nothaltebucht an der Straße km 1,4 zur Besichtigung der Sohlstufe)

1,9 bis zur Mündung nur noch WW I bis II

1,7 Weg-II; re **A 6345 Kössen-Kaltenbach** (ca. 615 m ü. NN) (47.6611, 12.4377)

0,0 ■ 2 Sohlstufen (0,5 m) m ≈;
Str-II, ⬆ (47.6620,12.4209);
⇩ der Lofer in die Großache (s. Seite 377) bei km 29,2 (47.6620,12.4206)

Schwarzloferbach

Kleinfluss, WW I-II, WW III-IV, Gebirgsbach
Mündung in Lofer bei km 6,3 (li Nebenfluss)

Der Schwarzloferbach entspringt am Scheibelberg in ca. 1400 m ü NN. Mit den weiteren Vorflutern des Nordwesthanges des Scheibelberges wird der Schwarzloferbach im Schwarzlofergraben in ca. 860 m ü. NN ein mächtiger Gebirgsbach. Nach rund 7,5 km vereint er sich mit dem Weißloferbach bei Groissenbach vor Reit im Winkel zur Lofer (s. Seite 381).

Von Seegatterl bis km 9 geht es alpin durch einen Stein- und Holzverhau. Bis zur Landesgrenze sind viele Stufen und Wehre, die nicht alle befahrbar sind. Fahrtbegleitung mit Pkw ist teilweise möglich.

Befahrungsregeln:	keine
Befahrbarkeit:	März/April bei der Schneeschmelze und nach Regenfällen, (2-3 m³/sek) ab Holzstube
Pegel:	Reit i. Winkl (km 7,5): ☎ 01804-370037-786: ≈, ab 0,7m
Schwierigkeiten:	WW I-IV
	bei HW gefährlich und unübersichtlich, Schwemmholz, Stufen und Wehre mit Rücksog verlangen höchste Aufmerksamkeit, Anlanden schwierig
Infrastruktur:	🚐 in Seegatterl
Karten:	Kompaß-Wanderkarte Nr. 9 (Kaisergebirge) Jübermann Wasser-Wanderkarte Nr. 4
Kilometrierung:	nach Karte 1:50000, ergänzt nach Luftbild

13,8 Anfang des Sc… ‑rzlofergrabens

12,9 li ⇩ Talbac… .6458,12.5539)

12,7 Holzstube, ⬇ (über Forststraße erreichbar, Wanderweg 14) (47.6467, 12.5509)

12,3 Fußg.-II (47.6490,12.5454)
12,1 li ⇩ Klausbach (47.6503,12.5450)
11,2 Weg-II **83242 Seegatterl** (47.6574,12.5393);
hölzerne ▬ Sohlstufe mit nachgelagerter Steinschüttung **X**, ⏢ (47.6574, 12.5390);
⬇ an der Wegbrücke zum Winter-🅿 (ca. 765 m ü. NN), ✕, ⛺ nördlich vom Ort (47.6573,12.5388)
10,0 Weg-II (47.6581,12.5256)
9,0 großes Gefälle mit Holz- und Steinverhau
7,6 ▬ Sohlstufe (2,2 m), m ≈, oder ⏢ (47.6657,12.4993)
7,5 Weg-II, niedrig, ▬ Sohlstufe (ca. 0,8 m, mit langer, betonierter Krone) (47.6659,12.4980);
li ≡ Reit i. Winkl (ab 70 cm ≈);
▬ 3 Stufen m ≈
7,1 ▬ Sohlstufe (0,5), m ≈, (re Tankstelle an der B 305);
re **83242 Reit im Winkel-Aubauer**
7,0 ▬ Sohlstufe (1.0), m ≈
6,9 re Sägewerk **83242 Reit im Winkel**
6,7 ▬ Sohlstufe (2 m), **X**, „renaturiert" durch eine ca. 50 m lange, nachgelagerte Steinschüttung aus groben Steinen, li ⏢ (etwa 100 m)
6,6 Weg-II (Liebertinger Brücke), re Gewerbegebiet (47.6697,12.4883)
6,3 ⇩ Zusammenfluss von Schwarzloferbach und Weißloferbach (47.6700, 12.4847)

Kohlenbach

Kleinfluss, WW I-II, Gebirgsbach
Mündung in Kössener Ache bei km 27,4 (li Nebenfluss)

Der Kohlenbach entspringt am Fuße östlichen Rand des Kaisergebirges und ist ein landschaftlich schöner Wildbach. Als Wildwasser ist er nur mäßig schwer. Denkbar wäre eine Befahrung als Vorfahrt für die Entenlochklamm der Großache und Tiroler Achen. Befahrungsregelung der Großache (s. Seite 377) beachten (Befahrungsverbot vom 16. Oktober bis 14. Mai).

Befahrungsregeln:	keine Ökologische Empfehlung: aus Laich- und Naturschutzgründen Befahrung nur bei sehr gutem WS
Befahrbarkeit:	Frühjahr bis September, nur bei hohen Wasserständen
Umwelt:	Wasser: klar
Pegel:	Kössen
Pegel Link:	http://www.tirol.gv.at/themen/umwelt/wasser/wasserkreislauf/hydro-online/
Schwierigkeiten:	WW I bis WW II
Karten:	Jübermann Wasser-Wanderkarte Nr. 5 Kompaß-Wanderkarte

Nr. 9 (Kaisergebirge)im Oberlauf Begleitu

16,3 Ursprung am östlichen Rand des Kaisergebirges im Bereich des Hinterberges etwa 870 m ü. NN (47.5643,12.4013)

11,8 Mögliche ⬇ bei sehr gutem Wasserstand Keine Schwierigkeiten in sehr schöner Wald- und Wiesenlandschaft. (Etwa 330 m den Kaiserbach flussaufwärts kreuzt dieser die B176 bei **A 6382 Griesenau am Wilden Kaiser**) (47.5845,12.3866)

10,9 Str-II, Einwall, zum re Einödhof Einwallbauer li ca 100 m zum 🚐, ab hier begleitet ein Radwanderweg den Bach (47.5913,12.3826)

9,1 ■ Sohlstufe (47.6052,12.3848)

9,0 ■ Sohlrampe (47.6063,12.3846);
Str-II B176 bei **Hohenkendl** weitere gute ⬇, mehrere ■ ■ Sohlstufen und Sohlrampen im weiteren Verlauf, nicht alle ≈ (47.6064,12.3845)

8,8 Wege-II (Steinerweg), Radweg wechselt auf linke Flussseite (47.6083, 12.3839);
3x ■ Sohlstufe folgt (47.6084,12.3839)

8,4 Fußg.-II Radweg wechselt wieder auf rechte Flussseite (47.6108, 12.3825)

7,8 Str-II, Bichlachweg, re 🚐 **Schwendt-Lederer** etwa 150 m, ⬇ hier möglich. Weiterhin WW I (47.6155,12.3827)

7,1 Str-II, re 🅿 an der B176 mögliche ⬇ (47.6209,12.3873)

6,9 re mögliche ⬇, re Weg ca. 120 m zu 🚐 Schwendt-Forellenhof (47.6223, 12.3859)

5,6 Wege-II, re **A 6345 Schwendt** (Mühlau) (47.6299,12.3859)

5,0 ■ Sohlrampe evtl. ≈. Kurz danach Betonmauer vor kleiner Schlucht, re oder li ⌓ (47.6342,12.3841);
Die Schwierigkeiten nehmen etwas zu (bis WW II) (47.6344,12.3840)

4,5 ■ Holzwehr re Ableitung zum ϟ, Vorsicht, starker Zug auf Rechen (47.6384,12.3866)

4,4 ⚠ ■ hohe Stufe, **X** (47.6390,12.3854)

4,3 Rohr-II am re ϟ (47.6399,12.3849)

4,0 Wege-II (47.6423,12.3845)

3,6 Wege-II (47.6447,12.3827)

2,7 ■ Wehr ganz li ≈ (47.6500,12.3821)

2,6 Str-II, Mühlau (47.6507,12.3811)

2,5 li ⇩ Weißenbach (s. Seite 385) in den Kohlenbach (47.6515,12.3817)

2,1 Golfweg-II (47.6534,12.3850)

1,7 Golfweg-II (47.6563,12.3858)

1,4 Wege-II, re Clubhaus Golfplatz Kaiserwinkl, Mühlau 1, **A 6345 Kössen** (47.6559,12.3906)

0,9 ■ Wehr Weidach meist mit totaler Wasserableitung, evtl. ≈ oder re 200 m ⌓. Reststrecke kanalisiert (47.6592,12.3946)

0,7 Str-II (Außerkapelle) (47.6610,12.3949);
■ Sohlrampe (47.6611,12.3949)

0,5 Str-II B172, **A 6345 Kössen-Waidach** gute Gelegenheit zur Beendigung der Fahrt (47.6621,12.3954)

0,4 ■ Sohlstufe (47.6630,12.3958)

0,0 Wege-II (47.6652,12.3996);
⇩ des Kohlenbach in die Großache (s. Seite 377) bei km 27,4 ca. 589 m ü. NN (47.6654,12.3998)

Weißenbach (Kohlenbach)

Kleinfluss, WW I-II, Gebirgsbach
Mündung in Kohlenbach bei km 2,5 (li Nebenfluss)

Der Weißenbach entspringt an der Südostseite des Zahmen Kaisers und wird großteils durch den Abfluss des Walchsees gespeist. Er ist ein kurzer, nur mäßig schwerer Wildbach. Denkbar wäre eine Befahrung als Vorfahrt zum Kohlenbach (s. Seite 383) und Weiterfahrt auf der Großache mit Befahrung der Entenlochlamm. jedoch Befahrungsverbot der Großache (s. Seite 377) (Kössener Ache) vom 16. Oktober bis 14. Mai beachten

Befahrungsregeln:	keine Ökologische Empfehlung: aus Laich- und Naturschutzgründen Befahrung nur bei sehr gutem Wasserstand
Befahrbarkeit:	Frühjahr bis Mai/Juni und nach Regenfällen
Schwierigkeiten:	schnelle Strömung, WW I bis WW II, mehrere ■ ■ Sohlgleiten und Sohlstufen
Infrastruktur:	⛺ Camping Seespitze (Seespitz 1, Walchsee) ⛺ Camping Seemühle (Am See 3, Durchen) ⛺ Terassencamping Süd-See (Seestr. 76, Hörhag) jeweils **A 6344 Kössen-Walchsee**
Karten:	Jübermann Wassersport-Wanderkarte Nr. 5 ISBN: 978 3 929540-32-1 / Kompass-Wanderkarte Nr. 9 (Kaiser

11,9 Ursprung Weißenbach durch Zusammenfluss mehrerer Quellbäche an der Nordflanke des Wilden Kaisers (47.5948,12.3036)

4,0 ■ mehrere hohe Sohlstufen, **X** (47.6428,12.3423)

3,9 Wege-II, Durchen (47.6434,12.3418)

3,5 Fußg.-II (47.6469,12.3410)

3,2 li ⇩ Walchseeabfluss (s. Seite 386) in den von re kommenden Weißenbach (47.6491,12.3428)

3,0 Str-II B172, **A 6344 Durchen** (Kranzach) (47.6490,12.3455);
3x ■ Sohlrampen (47.6490,12.3456)

2,4 ■ Sohlstufe (47.6504,12.3529)

1,9 ■ Sohlstufe (47.6508,12.3594)

1,7 Wege-II nach li **A 6344 Hallbruck** (47.6512,12.3620)

0,8 Str-II B172, **A 6345 Kössen-Niederbichel** (Walchseestr) (47.6532, 12.3728);
■ Sohlgleite (47.6531,12.3729)

0,0 ⇩ Weißenbach in den Kohlenbach (s. Seite 383) bei km 2,5 (47.6515, 12.3817)

Walchseeabfluss

Kleinfluss, WW I-II, Gebirgsbach
Mündung in Weißenbach (Kohlenbach) bei km 3,2 (li Nebenfluss)

Abfluss vom Walchsee, mündet in den Weißenbach

0,9 Seeausfluss/Abfluss Walchsee ca. 655 m ü. NN (47.6474,12.3323)
0,7 Weg-II, **A 6344 Walchsee** (Am See) re 🅿 für Badegäste (47.6471, 12.3351)
0,4 ▬ Staumauer Seemühle (47.6475,12.3389);
mehrere ▬ Grundschwellen re ⛺ Seemühle;
mögliche ⬇ unterhalb der Staumauer
0,1 Weg-II zum ⛺ Seemühle (47.6488,12.3411)
0,0 ⇩ Walchseeabfluss in den von re kommenden Weißenbach (s. Seite 385) bei km 3,2 (47.6491,12.3428)

Reither Ache

Weitere Namen: Aschauer Ache
WW I-II, WW III-IV, Wildfluss (Gebirgsfluss)
Mündung in Kössener Ache bei km 49,2 (li Nebenfluss)

Die Reither Ache, im Oberlauf amtlich als Aschauer Ache bezeichnet, entsteht durch Zusammenfluss von Oberer Grund Ache mit Unterer Grund Ache etwa 700 m südlich der Ortschaft Aschau in Tirol am Fuß des Großen Rettensteins in etwa 1000 m Höhe. Sie fließt in ihrem Oberlauf durch das landschaftlich hervorragend schöne, enge Spertental im Bereich der Kitzbüheler Alpen. In diesem Bereich ist die Reither Ache ein schwerer Wildfluss. Unterhalb Kirchberg weitet sich das Tal. Bis zur Mündung in die Kössener Ache nur mäßige Schwierigkeiten.

Befahrbarkeit: Frühjahr bis Juni und nach starken Regenfällen
Pegel: Kirchberg: www.tirol.gv.at oder http://www.tirol.gv.at/themen/umwelt/wasser/wasserkreislauf/hydro-online/
Schwierigkeiten: km 23,4 – km 15,0: WW III-IV+
km 15,0 – km 13,4: X
km 13,4 - ⇩: WW I-II
Infrastruktur: ⛺ in St. Johann
⛺ Bruggerhof, Kitzbühel (www.bruggerhof-camping.at)
Karten: Kompass-Wanderkarte Nr. 29 (Kitzbüheler Alpen), Jübermann Wasser-Wanderkarte Nr. 5
Kilometrierung: amtliche Kilometrierung

23,2 re 🅿-Möglichkeit günstige ⬇ in Untere Grund Ache für ein herrliches

Wildwasser mit erheblicher Verblockung und starkem Gefälle, bis WW IV+ (47.3748,12.3045)

22,9 Wege-II Falkensteinweg, re P-Möglichkeit (47.3770,12.3049); re ⇩ Obere Grundache ergibt Aschauer Ache (47.3773,12.3050)

20,8 Str-II, L 203, Mauerbrücke (47.3949,12.3071)

18,9 Str-II, Reiserer, L 203 (47.4109,12.3089)

18,1 Str-II, Schmiedweg (47.4169,12.3091)

16,4 Str-II, Aschauer Ache (47.4299,12.3156)

15,0 Str-II, Aschauer Str (47.4422,12.3169)

14,3 Str-II, Neugasse (47.4464,12.3141)

14,2 Str-II, Kitzbüheler Str (47.4471,12.3158)

13,3 Str-II, Brixental Str, B 170 (47.4508,12.3249)

12,4 Str-II, Klausen (47.4536,12.3369)

11,9 EB-II (47.4556,12.3416)

10,9 Str-II Griesbachweg (47.4636,12.3470); ▬ es folgen bis Reith zahlreiche Sohlgleiten (47.4635,12.3469)

9,9 Str-II, **A 6370 Reith-Hallerndorf**, L 602,Kitzbüheler Str (47.4724, 12.3453)

9,5 Str-II, li **A 6370 Reith bei Kitzbühel** (47.4762,12.3460); vorübergehend leichte Zunahme der Schwierigkeiten, WW II (47.4764, 12.3459)

8,2 Str-II, **Kohlhofen**,Kaiser Str (47.4872,12.3493)

7,4 Fußg.-II (47.4941,12.3505)

6,9 Fußg.-II (47.4989,12.3511); ▬ Sohlstufe, unterhalb **Winkl X**, starker Rücklauf, re ⏏ (47.4991, 12.3510)

5,6 Str-II, **A 6353 Going am Wilden Kaiser-Achen** (Rerobichler Str.), 🚌 (47.5060,12.3587)

4,6 Wege-II, **A 6353 Going-Reisch**, Linderbrandweg (47.5152,12.3585)

3,8 Wege-II zur Kläranlage Möglichkeit zur Beendigung der Fahrt, Reststrecke weniger interessant, Bach verläuft parallel zur Bundesstr (47.5191,12.3663)

3,0 Wege-II (47.5211,12.3760)

2,5 Wege-II, re **Wiesen** li P an der Bundesstr, 🚌 **Going-Waldheim** (47.5217,12.3821)

1,8 Str-II B178, vor li **A 6380-St. Johann-Rettenbach** (Loferer Str.) (47.5219,12.3904)

0,8 Str-II, re **A 6380 Sperten** li nach Rettenbach, ⬆, weitere gute Gelegenheit zur Beendigung der Fahrt (47.5194,12.4025)

0,0 Str-II, B178, **A 6380 St. Johann in Tirol**, Loferer Str (47.5175,12.4123); ⇩ Reither Ache in die Kitzbüheler Ache (s. Seite 375) bei km 49,2 (im Oberlauf Aschauer Ache) landschaftlich schöner, meist schwerer Wildfluss (47.5175,12.4127)

Fieberbrunner Ache

Weitere Namen: Schwarzache, Pillersee Ache
WW I-II, WW III-IV, Gebirgsfluss
Mündung in Kössener Ache bei km 47,4 (re Nebenfluss)

Die Fieberbrunner Ache entsteht durch Zusammenfluss hauptsächlich zweier Quellflüsse, der Schwarzache als Vorfluter des Nordhanges der Hochalpspitze (1921 m) und des Spielbergbaches an der Ostflanke des Spielberghorns (2044 m). Sie fließt in einem landschaftlich ansprechenden Tal zwischen den Loferer Steinbergen und den Kitzbüheler Alpen. mit dem Hauptort **A 6391 Fieberbrunn**. Wassertechnisch ist sie ein mäßig schweres Wildwasser, mit starker Strömung, vielen Steinen und mäßiger Verblockung.

Befahrbarkeit:	Frühjahr bis Juli, später auch bei scheinbar ausreichendem Wasserstand an der ⬇ nur nach stärkeren Regenfällen (Wasserableitungen)
Pegel:	Almdorf, http://www.tirol.gv.at/themen/umwelt/wasser/wasserkreislauf/hydro-online/
Schwierigkeiten:	zahlreiche Straßen- und Fußgängerbrücken km 16,1 – km 13,5 WW II-III (IV) km 13,5 – ⇩ WW II
Infrastruktur:	⛺ in Fieberbrunn
Karten:	Kompaß-Wanderkarte Nr. 9 (Kaisergebirge)Kompass-Wanderkarte Nr. 29 (Kitzbüheler Alpen)

16,1 ⇩ der wesentlichen Quellflüsse Schwarzachbach und Spiegelbergbach ca. 860 m ü. NN), bei **6391 Fieberbrunn-Trixlegg**, ⬇ Beginn der Befahrbarkeit bei gutem Wasserstand. Zunächst gutes Gefälle, leichte Verblockung, WW II+ (47.4551,12.5899)

15,6 ▬ Sohlrampe (47.4584,12.5873)

15,5 2x ▬ Sohlrampe nach Besichtigung evtl. ≈ (47.4593,12.5862)

15,2 ▬ Wehr re ≈, oder re ⏏, Wasserableitung, daher im Sommer oft zu wenig Wasser für Weiterfahrt (47.4614,12.5840)

14,8 ▬ Sohlrampe (47.4623,12.5803)

14,8 –14,2 Bach renaturiert (47.4625,12.5800)

14,2 –13,5 schmale Schluchtstrecke zwischen re Wald und li Gewerbegebiet folgt auf 500 m. In rascher Folge 4x ▬ Sohlstufe und 4x ▬ Sohlrampe: WW IV, ⚠ vor Befahrung unbedingt besichtigen. (47.4641,12.5729)

12,5 Str-II, **A-6391 Fieberbrunn-Walchau** li ca. 500 m zum ⛺ **Fieberbrunn-Lindau** (47.4726,12.5567)

12,4 Str-II, B 164 (47.4728,12.5565)

10,5 ▬ Wehr beim Freibad von **A 3691 Fieberbrunn** evtl. ≈, besser li ⏏ von Wegbrücke vor dem Wehr bis zur nachfolgenden Straßenbrücke, erneute Wasserableitung, ab hier natürliches Flussbett (47.4824,12.5372)

10,4 Str-II, B 164 🚌-HP ✕ Auwirt (47.4824,12.5354)

9,6 Str-II, re **A 6391 Fieberbrunn-Rosenegg** (47.4866,12.5305);
■ Sohlrampe (47.4869,12.5297)
8,9 Str-II, Ortsende von **A 6391 Fieberbrunn** (47.4904,12.5235)
6,1 Str-II, B 164, li **A-6380 St. Johann- Bruckhäusl** (47.4967,12.4906)
5,7 Str-II, Winkl Sonnenseite, Aulen Diek, ⬆ li 🅿 (47.4999,12.4878)
3,0 EB-II (47.5130,12.4577)
0,9 ■ Sohlstufe **Almdorf**, ≈ (47.5220,12.4351)
0,6 Str-II, B 164, li **A-6380 St. Johann**, Dechant-Wiehofer-Strasse, ⬆-Gelegenheit zur Beendigung der Fahrt. Weiterfahrt bis zur ⇩ möglich Aussetzen dann jedoch schwierig (47.5239,12.4313)
0,0 ⇩ Zusammenfluss von Kitzbüheler Ache (s. Seite 375) und Fieberbrunner Ache zur Großache (s. Seite 377) bei km 47,4 (47.5284,12.4286)

Thierseer Ache

Weitere Namen: Kieferbach
WW I-II, WW III-IV, Gebirgsfluss
Mündung in Inn bei amtl. km 215,5 (li Nebenfluss)

Die Thierseer Ache entspringt am Hinterkesselboden nahe dem Ursprungpaß in Tirol und mündet in Kiefersfelden in den Inn. Der landschaftlich und wassertechnisch reizvolle Bach heißt auf bayerischem Gebiet Kieferbach.
Nach Regenfällen verändert sich der Wasserstand sehr schnell. Unterspülte Ufer führen zu kleinen Erdrutschen und Baumhindernissen. Der Zugang ist nur teilweise möglich.
Kurz nach der Ortschaft Vorderthiersee fließt die Achе durch das stillgelegte Steinbruchgebiet des Zementwerks Kiefersfelden.

Befahrbarkeit:	von März bis Mai während der Schneeschmelze und nach Regenfällen Empfohlene Srecke: Landl - ⇩ Gießenbach ca. 12,5 km
Pegel:	Kiefersfelden Bleyer-II (km 4,1), ☎ 01804-370037-433, Mindestpegel: 135 cm
Schwierigkeiten:	WW II-III (stark wasserstandsabhängig)
Infrastruktur:	⛺ in Oberaudorf am Luegsteinsee
Karten:	Jübermann Wassersport-Wanderkarte Nr. 5 ISBN: 978 3 929540-32-1 / Kompass-Wanderkarte Nr. 9 (Kaiser

19,8 Ursprung am Schönfeldjoch in ca 1550 m ü. NN (47.6095,12.0183)
17,5 Str-II, Thiersee Landesstrasse, L 37, **A-6335 Wacht** (47.5905,12.0193)
16,8 Wege-II zu Gehöft re oberste mögliche ⬇ nach einer ■ Sohlrampe, H etwa 0,6 m, re 🅿, ca 700 m ü.NN (47.5891,12.0267)
16,3 Wege-II, **A-6335 Trojer-Landl** Ortsmitte (47.5877,12.0332);
■ Sohlrampe, H etwa 60 cm (47.5877,12.0334)
16,0 ■ Sohlstufe H etwa 30 cm (47.5883,12.0363);
Wege-II, Landl zum Badesee (47.5883,12.0364)
15,2 Str-II L37, vor Ascherdorf (Thiersee Landesstr.) (47.5904,12.0449)

15,0 Wege-Ⅱ, **A-6335 Trojer-Ascherdorf** (47.5902,12.0466);
▬ Steilwehr Aschersäge H = 2,5 m, **X**, re ⏏, mögliche ⬇ (47.5902, 12.0471)

14,8 Str-Ⅱ L37, nach Ascherdorf (Thiersee Landesstr.), Straße verläuft in Flussnähe (47.5898,12.0496);
zahlreiche ▬ Grundschwellen Sohlrampen und Sohlstufen Höhe etwa 0,3 bis 0,6 m; WW II folgen im weiteren Verlauf (47.5898,12.0497)

14,3 Wege-Ⅱ, Ascherdorf HsNr. 10 (47.5915,12.0524)

14,0 Wege-Ⅱ, Ascherdorf HsNr. 6 (47.5927,12.0557);
4x ▬ Sohlschwelle oder Sohlrampe 0,3 m bis 0,5 m hoch folgen in kurzem Abstand (47.5927,12.0559)

13,3 5x ▬ Sohlschwelle oder Sohlrampe 0,3 m bis 0,5 m hoch folgen (47.5933,12.0644);
Wege-Ⅱ, Schmiedtal HsNr. 45 (47.5933,12.0646)

12,8 Wege-Ⅱ, Schmiedtal HsNr. 20 (47.5946,12.0709)

12,6 **⬇ A 6335 Thiersee-Schmiedtal** (47.5950,12.0730)

12,2 ▬ Sägemühle Schmiedtal H etwa 2,5 m, evtl. nach Besichtigung ≋ (47.5946,12.0771)

11,9 Str-Ⅱ, L37, li **A-6335 Trojer-Schmiedtal** (47.5953,12.0791);
Beginn einer sehr schönen Wald- und Felsenschlucht ⚠ Steinschlaggefahr! WW III (47.5954,12.0791)

11,3 Fußg-Ⅱ, möglicher weise durch Straßenbau entfernt (47.5962,12.0857)

11,0 Wege-Ⅱ, **A-6335 Trojer** (47.5949,12.0875);
die Thierseer Ache entfernt sich von der Straße sie fließt durch eine abgelegene Schlucht mit Kiesüberläufen, Prallwänden und niederen Felsbarrieren (47.5950,12.0878)

9,5 Str-Ⅱ, Wieshäusl (47.5962,12.1021)

8,0 re ⇩ Abfluss vom Thiersee bei **A 6335 Vorderthiersee** (47.5981,12.1190);
nachfolgend Strecke durch den stillgelegten Zement-Steinbruch (47.5982, 12.1194)

7,2 2x ▬ Sohlrampe etwa 0,3 m bzw 0,5 m hoch (47.6008,12.1258)

6,5 ▬ Sohlschwelle ca.0,4 m hoch (47.6031,12.1329);
Wege-Ⅱ (47.6031,12.1330)

6,0 ⬆, Eiserne Fußg.-Ⅱ re zum Gasthaus Wachtl hinauf führend. Gute Möglichkeit die Fahrt hier mit einer Brotzeit zu beenden. 🅿 am Gasthaus. li Endstation vom „Wachtl-Express". (47.6047,12.1385)

5,6 Landesgrenze zu Bayern (47.6065,12.1426)

5,4 EB-Ⅱ (47.6082,12.1418);
mehrere kleine ▬ Sohlstufen folgen (47.6086,12.1417)

4,8 Die Weiterfahrt nach Kiefersfelden ist nicht lohnend die folgenden Abfälle und Wehre sind gefährlich (allgemein unterspülte Balken und im Unterwasser unterspülte Bohlen) (47.6120,12.1472)

4,6 EB-Ⅱ (47.6126,12.1492)

4,5 ▬ Sohlstufe, **X** (47.6126,12.1495)

4,5 –4,0 7x ▬ Sohlstufe teilweise **X** (47.6126,12.1499)

4,0 ≣ Pleyerbrücke mit Pegelstufe, ✆ 01804-370037-433 (47.6138,12.1564)
3,6 Fußg.-Ⅱ (47.6130,12.1599)
3,3 Fußg.-Ⅱ danach li 🅿 an der Thierseestr. (47.6149,12.1646)
2,3 ▬ Lauchwehr, **X**, li ⛟, Kanalabzweig, mehrere Grundschwellen (47.6168,12.1766)
1,5 ▬ Wehr Kiefersfelden, **X**, li oder re schlecht zu ⛟ (47.6158,12.1873)
1,4 Str-Ⅱ ST2089, **83088 Kiefersfelden** (Kufsteiner Str, Rosenheimer Str.) (47.6157,12.1882);
7 ▬ Sohlstufen folgen nur teilweise ≈ (47.6157,12.1885)
0,8 EB-Ⅱ (47.6116,12.1933)
0,5 Fußg.-Ⅱ (47.6098,12.1958)
0,4 Str-Ⅱ (47.6086,12.1977)
0,3 AB-Ⅱ **A93** (Rosenheim-Kiefersfelden) (47.6083,12.1984)
0,0 ⇩ der Thierseer Ache in den Inn (s. Seite 306) bei amtl. km 215,5 auch Kieferbach genannt, bei Kiefersfelden (ca. 477 m ü. NN) (47.6067, 12.2013)

Weißache (Inn)

WW I-II, WW III-IV, Gebirgsfluss
Mündung in Inn bei km 222,6 (re Nebenfluss)

Tirol

Die Weißache ist ein landschaftlich besonders empfehlenswerter Fluss: Sie verläuft zunächst in einem verhältnismäßig breiten Tal und gibt dabei den Ausblick auf die eindrucksvollen Zacken des Wilden Kaisers frei. Weiter flussabwärts durchbricht sie die Ausläufer des Kaisergebirges in einer sehenswerten, 4 km langen und an den schmalsten Stellen kaum 3 m breiten Klamm.

Befahrungsregeln:	keine bekannt
Befahrbarkeit:	Frühjahr bis Mai und nach Regenfällen
Pegel:	Kaiserwerke Km 5,4
Schwierigkeiten:	km 15,8 bis km 0,0: WW II und III
Infrastruktur:	⛺ Camping **Kufstein**
	⛺ Camping Maier, km 3,3 in **A 6334 Schwoich**

24,0 Ursprung des Weißache (47.4776,12.2556)
15,7 Wege-Ⅱ bei **A-6352 Ellmau** Höhe etwa 743m ü. NN, ein ⬇ hier ist wohl nur sinnvoll, wenn der Wasserstand hoch ist. Schnelle Strömung, leichte Verblockung, zahlreiche Sohlbauwerke Stufen und Rampen bis 50 cm Höhe, die nicht einzeln aufgeführt werden (47.5209,12.2818)
14,4 1. Str.-Ⅱ **A 6351 Scheffau-Oberau** (47.5210,12.2655)
13,6 2. Str.-Ⅱ **Scheffau-Oberau** Es folgen ehemaliges ▬ Wehr umgebaut in „Offene Sohlrampe" mit 7 niedrige Stufe a. 30 cm (47.5220,12.2555)
12,8 ▬ Wehr Blaiken, **X**, mögliche ⬇ bei ausreichender Wasserführung. Kiesbankschwälle, Buschhindernisse, WW II, eine Stelle etwas schwieriger (47.5200,12.2466)

12,7 Str-Ⅱ B178 Loferer Str (47.5199,12.2453)

12,5 Str-Ⅱ **A 6351 Scheffau am Wilden Kaiser-Blaiken** re ✕, re ϟ **Blaikenmühle**, nachfolgend Schwallstrecke (47.5208,12.2442)

11,8 Str-Ⅱ bei **A 6351 Söll-Bocking** (47.5220,12.2353)

10,9 ▬ Wehr, evtl. ≈, H etwa 1,5m, mit verblocktem UW, starker Wasserentzug auf 1 km (47.5192,12.2247)

10,2 li ϟ, Rückführung des Wassers von km 11,0 (47.5180,12.2157)

8,6 Wege-Ⅱ zur re Kläranlage, ⬇ (47.5195,12.1968)

8,1 Wege-Ⅱ bei ✕ **A 6306 Söll-Oberstegen** nach Rückführung des abgeleiteten Wassers gute ⬇, wenn der Oberlauf nicht befahren werden kann oder wenn nur beabsichtigt ist, die folgende Klammstrecke zu befahren (47.5224,12.1930)

7,4 ▬ 30 m lange Sohlgleite, ≈. Davor re Depot der „Transalpinne Ölleitung Österreich“ (47.5268,12.1858)

7,2 ▬ Wehr, evtl. ≈ (47.5281,12.1844);
Beginn einer sehr schönen Klamm. WW III, nur bei HW größere Schwierigkeiten (47.5282,12.1844)

7,0 li ⚠: Neuer Felssturz vor Befahrung besichtigen (47.5294,12.1818)

6,6 Str-Ⅱ, B 173 ⚠ Enge Klamm, vor Befahrung wg. Gefahr kompletter Baumversperrungen unbedingt besichtigen! Im Anschluss offenere Schlucht (47.5324,12.1798)

5,4 ϟ-Einlauf, li ▤ **Kaiserwerke** (47.5421,12.1779)

5,0 Ⅱ zu den Steinbrüchen des Zementwerkes Eiberg, Dahinter ▬ Sohlstufe H etwa 0,5 m, gute ⬆ Gelegenheit zur Beendigung der Fahrt. Li begrenzte 🅿-Möglichkeit. Danach Beginn Stausee (47.5438,12.1738)

4,6 ▬ Staustufe, X, H etwa 3,0 m, mit Wasserableitung, ⬆ mühsam, die Boote müssen weit bis zum 🅿 getragen werden. Eine Weiterfahrt ist nur bei ausreichendem Überwasser möglich. li 200 m weit ⛺. Weiterhin schönes, doch leichteres Wildwasser. Mehrere ▬ Sohlbauwerke, je nach Wasserstand evtl. ≈ (47.5456,12.1700)

4,3 Str-Ⅱ, B 173 (47.5477,12.1687)

3,7 Str-Ⅱ B173 davor re Zementwerk (47.5515,12.1650)

3,3 Str-Ⅱ, **>A 6334 Schwoich-Egerbach** li 🚐 Camping Maier (47.5532, 12.1608)

2,4 Str-Ⅱ L208 nach **A 6334 Schwoich** (47.5573,12.1524)

2,0 ▬ Sohlstufe, H etwa 2,00 m (47.5603,12.1532)

1,5 ▬ Sohlstufe, H etwa 2,80 m (47.5632,12.1569)

1,0 Str-Ⅱ B 173 **A6330 Kufstein-Endach** hier ⬆ vor Ⅱ li; nahe Klammstraße 25 möglich. Etwa 495 m ü. NN (47.5671,12.1581)

0,5 Str-Ⅱ B171 dahinter ▬ Sohlstufe etwa 0,4 m gefolgt von ▬ Sohlrampe etwa 1,2 m (47.5711,12.1560)

0,0 ⇩ der Weißache in die Inn (s. Seite 303) bei km 222,6 (47.5758,12.1537)

Brixentaler Ache

WW I-II, WW III-IV, Wildfluss Gebirgsfluss
Mündung in Inn bei km 236,9 (re Nebenfluss)

Tirol

Ursprung am Gampenkogel, etwa 5 km südlich von **Brixen** im Tal. Die Brixentaler Ache ist im Oberlauf eher ein kleiner unscheinbarer Wiesenfluss. Nach einer Steilzone, die meistens trocken liegt, ist sie ein leichter Wildfluss der reizvollen Kitzbüheler Berge. Ihre Hauptzuflüsse sind Kelchsauer Ache und Windauer Ache. Bei **Wörgl** mündet sie in den Inn.

Befahrbarkeit:	Oberlauf Frühjahr und nach Regenfällen; ab ⇩ der Windauer Ache zumeist ganzjährig
Pegel:	**Bruckhäusl** www.tirol.gv.at/umwelt/wasser/wasserkreislauf/hydro-online/ **Brixen** im Thale Straßenbegleitung: Die B178 bzw. B170 begleiten von **Wörgl** bis **Brixen**
Schwierigkeiten:	km 19,1 bis km 14,5, WW II km 14,5 bis km 12,8, **X** km 12,8 bis km 0,0, WW III-
Infrastruktur:	Schlossberg bei **Itter** km 8,3 Panorama Camping **Westendorf** km 15,8
Karten:	Jübermann Wassersport-Wanderkarte Nr. 5

26,4 Ursprung am Gampenkogel in etwa 1.600 m Höhe (47.4057,12.2574)

19,1 Str-II, B 170, **A 6364 Brixen im Thale-Hof** mögliche ⬇ für die Befahrung einer kurzen Teilstrecke, nur bei gutem Wasserstand, schmaler Fluss, keine besonderen Schwierigkeiten, etwa 790 m ü. NN (47.4403,12.2383)

18,8 ▬ Wehr zum Sägewerk Grittmühle H etwa 2 m (47.4456,12.2351)

18,3 Str-II, B170 am Ortende von **A 6364 Brixen-Hof** danach EB-II (47.4431, 12.2296)

16,8 Str-II B170, **A 6363 Westendorf-Mühltal** (47.4373,12.2149)

16,4 ▬ Wehr Straßhäusl H etwa 2,0 m (47.4358,12.2090)

15,8 Wege-II, li **A 6363 Westendorf-Mühltal**, danach li Panorama Camping Westendorf (47.4333,12.2022)

14,6 Str-II, B170 (47.4384,12.1904)

14,4 Str-II, re Windau im Brixental ⬆ Ende der oberen Teilstrecke. Die Folgestrecke bis km 12,7 wird mit dem Pkw umfahren (47.4384,12.1880)

13,8 ⚠ Etwa 50 m langer Tunnel unter EB-Damm und Straße B170 am Ende des Tunnels ▬ Wehr zum ϟ Haslau, etwa 3,0 m hoch, **X**, keine -Möglichkeit; danach Beginn einer Steilzone mit Wasserfällen, **X** (47.4387, 12.1825)

12,8 li ⇩ der Windauer Ache (s. Seite 396) in die Brixentaler Ache etwa 625 m ü. NN (47.4379,12.1709);
EB-II (47.4379,12.1708)

12,4 Str-Ⅱ, **A 6361 Hopfgarten-Haslau** (Glantersberg) sofort danach ▬ Steilwehr Haslau, H etwa 4 m, **X**, re ⏏
Ab hier ist die Brixentaler Ache zumeist ganzjährig ≈, ihre Befahrung wird vielfach erst hier begonnen. ⬇ und 🅿-Möglichkeit direkt hinter dem Ortsendeschild. Zunächst leichtes Gefälle und mäßige Verblockung, WW III- (47.4371,12.1668)

11,7 li ⇩ der Kelchsauer Ache (s. Seite 395) in die Brixentaler Ache ab hier WW II (47.4420,12.1615)

11,3 Str-Ⅱ, **A 6361 Hopfgarten-Markt** (47.4451,12.1587)

10,4 ▬ Hopfgarten-Markt, **X**, H etwa 1 m, li ⏏. Gefährliche Eisen im Unterwasser! Bei NW evtl. ≈ (47.4511,12.1520)

8,5 EB-Ⅱ (47.4653,12.1383)

8,3 Str-Ⅱ, B 170 re ⛺ Terrassencamping Schlossberg Itter, Brixentaler Str. 11, **A 6305 Itter** (47.4667,12.1390)

7,4 ▬ Schlauchwehr mit Tosbecken zum ϟ Bruckhäusl, 7 m hoch, **X**, Wasserableitung, 30 m davor ↱ und etwa 100 m ⏏. Re am Berg: Schloss Itter (47.4719,12.1353)

5,6 Str-Ⅱ B170 Brixentaler Str (47.4819,12.1254)

5,5 Str-Ⅱ B178 Loferer Str (47.4826,12.1236)

4,4 Wege-Ⅱ, re **A 6322 Kirchbichl-Bruckhäusl** ⬆ Die Fahrt wird meist hier re hinter der Ⅱ beendet, 🅿. Re 🚌 Bruckhäusl-Zentrum, li 🚂 (47.4867, 12.1105)

4,3 ▬ Sohlrampe 1,8 m hoch, evtl. ≈, gefährlicher Rücklauf bei höherem Wasser. Auch die Reststrecke bis zur Mündung ist noch lohnend, mehrere Steinwurf-▬, dazwischen mäßige Verblockung, WW I–II (47.4871, 12.1092)

3,7 ϟ **Bruckhäusl** mit ▬ ϟ-stufe H 1,6 m (47.4907,12.1036)

1,7 Str-Ⅱ B178 (47.4933,12.0796)

1,6 Str-Ⅱ, B171, li **A 6300 Wörgl** (47.4936,12.0773)

0,8 EB-Ⅱ, li **A 6300 Wörgl** Haupt-🚂 (47.4954,12.0681)

0,6 Str-Ⅱ, B 178, Autobahnanschluss Wörgl Ost (47.4958,12.0646)

0,0 ⇩ der Brixentaler Ache in die Inn (s. Seite 303) bei km 236,9 (47.4992, 12.0590)

Lange Grund Ache

Kleinfluss, WW V-VI, Gebirgsbäche
Mündung in Kelchsauer Ache bei km 10,5 (li Nebenfluss)

Die Langer Grundache hat ihre Quellen am Nordabfall des Torhelms in den Kitzbühler Alpen. Zusammen mit dem rechten Quellfluss der Kurzer Grundache ergeben sie die Kelchsauer Ache. Die Kelchsauer Ache und ihr li Quellfluss, die Langer Grundache, können bei entsprechendem Wasserstand durchgehend befahren werden; sie werden trotzdem nicht in durchlaufender, sondern in amtlicher Kilometrierung beschrieben. Sie sind schwere bzw. sehr schwere Wildbäche in einem sehr schönen Hochtal der Kitzbüheler Alpen. Mündung in die Brixentaler Ache (s. Seite 393) unterhalb **A-6361 Hopfgarten- Haslau** .

Befahrbarkeit:	Frühjahr bis Juli
Pegel:	**Hörbrunn** km 3,2, direkt an der Kelchsauer Str. nahe HsNr. 72 Minimum für Kelchsauer Ache 175 cm, MW 190 cm, HW ab 210 cm. www.tirol.gv.at/umwelt/wasser/wasserkreislauf/hydro-online/ Werte für die Lange Grundache sind nicht bekannt.
Schwierigkeiten:	Lange Grundache: km 5,8 bis km 0,0: WW V
Karten:	Jübermann Wassersport-Wanderkarte Nr. 5

15,2	Ursprung am Torhelm in etwa 2.040 m Höhe (47.2761,12.0160)
5,7	Die ⬇ in Lange Grund Ache kann je nach Wasserstand und Können frei gewählt werden Sehr starkes Gefälle, schwer verblockte Gefällezonen, sehr schnelle Strömung, kaum Kehrwasser, es ist stets mit Baumversperrungen zu rechnen. WW IV–V. Die gesamte Strecke sollte vor einer Befahrung unbedingt besichtigt werden (47.3346,12.0833)
4,6	▬ Tiroler Wehr, **X**, Höhe etwa 2,5 m, li ϟ mit Zuweg-Ⅱ, etwa 1.065 m. ü. NN (47.3428,12.0905)
1,6	Str-Ⅱ, Langer Grund (47.3615,12.1154)
0,6	⚠ Kataraktstrecke mit Anstürzen zu je 0,5 m (47.3657,12.1245)
0,1	Forstweg-Ⅱ (47.3678,12.1281)
0,0	⇩ Zusammenfluss von Lange Grund Ache mit Kurzer Grundache zur Kelchsauer Ache (s. Seite 395) bei km 10,5 (47.3690,12.1286)

Kelchsauer Ache

Kleinfluss, WW III-IV, WW V-VI, Gebirgsbäche
Mündung in Brixentaler Ache bei km 11,7 (li Nebenfluss)

Tirol

Die Langer Grundache hat ihre Quellen am Nordabfall des Torhelms in den Kitzbühler Alpen. Zusammen mit dem rechten Quellfluss der Kurzer Grundache ergeben sie die Kelchsauer Ache. Die Kelchsauer Ache und ihr li Quellfluss, die Langer Grundache, können bei entsprechendem Wasserstand durchgehend befahren werden; sie werden trotzdem nicht in durchlaufender, sondern in amtlicher Kilometrierung beschrieben. Sie sind schwere bzw. sehr schwere Wildbäche in einem sehr schönen Hochtal der Kitzbüheler Alpen. ⇩ in die Brixentaler Ache (s. Seite 393) unterhalb **A-6361 Hopfgarten- Haslau** .

Befahrbarkeit:	Frühjahr bis Juli
Pegel:	**Hörbrunn** km 3,2, direkt an der Kelchsauer Str. nahe HsNr. 72 Minimum für Kelchsauer Ache 175 cm, MW 190 cm, HW ab 210 cm www.tirol.gv.at/umwelt/wasser/wasserkreislauf/hydro-online/

	Werte für die Lange Grundache sind nicht bekannt.
Schwierigkeiten:	Langer Grund Ache: km 5,8 bis km 0,0. WW V Kelchsauer Ache: km 10,5 bis km 0,0: WW III–IV

10,5 ⇩ Zusammenfluss von Lange Grund Ache (s. Seite 394) mit Kurzer Grundache zur Kelchsauer Ache (47.3690,12.1286)

10,3 Str-Π, li 🅿 Kurzer Grund re ins Tal der Kurzen Grund Ache. Übliche ⬇. Stark verblocktes, gefällestarkes WW mit unzähligen Grundschwellen, jedoch deutlich leichter als die Lange Grund Ache, laufend Veränderungen durch Muren, so dass eine Beschreibung kaum möglich ist, bis WW IV (47.3705,12.1301)

8,3 vor der 1. Π im Ortsbereich **A 6361 Kelchsau** ⚠ stark verblockter Katarakt in einer li-Kurve, besichtigen (47.3869,12.1373)

7,6 Wege-Π in **A-6361 Kelchsau-Unterdorf** li 🅿 und 🚌 Kelchsau-Hofstattbahn (47.3922,12.1357)

7,4 ▬ Wehr aus groben Steinen Höhe etwa 2,3 m; besser re ⏏ (47.3937, 12.1352)

5,7 Schwierige S-Kurve mit Beton-Π am Ende des Kataraktes (47.4041, 12.1362)

4,5 ⚠ Katarakt von Hörbrunn li ✕ Waldschenke, stark verblockte li-Kurve. Ab hier etwas leichter. Auf den nächsten 2 km rund 20x ▬ Sohlrampen, Höhen jeweils ca. 0,6 m, evtl. ≋, z. T. erhebliche Wellenbildung (47.4124, 12.1355)

3,8 Str-Π, **A 6361 Hörbrunn** ⬆, re Beginn der Achenpromenade, Fußweg, der den Fluss bis kurz vor der Mündung begleitet, li 🚌 Kelchsau-Hörbrunn (47.4173,12.1354)

3,2 ≣ Hörbrunn, direkt an der Kelchsauer Str. nahe HsNr. 72 (47.4208, 12.1400)

1,7 li ⛺ Hopfgarten im Brixental (47.4301,12.1512)

1,4 Wege-Π re Freizeitanlage Salvenaland li Groß-🅿 (47.4318,12.1528)

0,0 ⇩ der Kelchsauer Ache in die Brixentaler Ache (s. Seite 393) bei km 11,7 ab hier WW II (47.4420,12.1615)

Windauer Ache

WW I-II, WW III-IV, WW V-VI, Wildbach Gebirgsbach
Mündung in Brixentaler Ache bei km 12,8 (li Nebenfluss)

Tirol

Die Windauer Ache ist Zufluss und Ausfluss des Rainkarsees am Fuße des Kröndlhorns in etwa 2200 m Höhe. Sie ist ein sehr sportlicher Wildbach in einem landschaftlich hervorragend schönen Hochtal der Kitzbüheler Alpen. Besonders eindrucksvoll ist eine nahezu 4 km lange Schluchtstrecke.

Befahrbarkeit:	Frühjahr bis Juli und nach Regenfällen.
Pegel:	Unterwindau: : www.tirol.gv.at/umwelt/wasser/wasserkreislauf/hydro-online/

	NW =19 dm; MW = 20 dm die Angaben auf dem ≣ erfolgen in Dezimeter
Schwierigkeiten:	km 12,7 bis km 11,7: WW IV–V km 9,5 bis 3,6: WW IV und III km 3,6 bis ⇩: WW II
Infrastruktur:	Pkw: die im Oberlauf am Fluss entlang führende Forststraße ist gesperrt bzw. mautpflichtig Die Straße über **A 6363 Westendorf** führt nur teilweise am Fluss entlang. Im Unterlauf begleitet ein Fahrradweg die Ache von Rettenbach bis zur Mündung
Karten:	Jübermann Wassersport-Wanderkarte Nr. 5

22,0 Ursprung aus dem Rainkarsee in einer Höhe von 2.194 m (47.3053, 12.1681)

12,7 ⚠ Wasserfall 2 m hoch, ≈. Mögliche ⬇ bei NW. Evtl. ist auch eine Befahrung von weiter oben möglich, jedoch stark verblockt bei geringer Wasserführung. Bis km 11,7 sehr eng und steil, WW IV–V (47.3531, 12.2221)

12,5 Wege-Ⅱ, Straße wechselt von re nach links, danach Abzweig, Weg zur **Wallernalm** (47.3542,12.2207)

11,7 Mögliche ⬇ am Ende der Steilzone, Li 🅿 etwa 915 m ü. NN; WW III, einzelne Stellen bis knapp WW IV. 2 Katarakte WW IV (47.3602,12.2205)

10,7 Wege-Ⅱ, bei li ✕ Steinberghaus übliche ⬇ H etwa 870 m ü NN. Li 🅿. Die Straße begleitet linksufrig. Etwas später Abnahme der Schwierigkeiten (47.3684,12.2219)

8,4 Str-Ⅱ L204 beim re ✕ „Jagerhäusl“ Vor der Ⅱ li das Mauthäuschen, die Straße flussaufwärts ist mautpflichtig, nach der Ⅱ li Wander-🅿; Von hier führt ein Rad- und Wanderweg bis zur ⇩
kurz danach Beginn einer sehr schönen Wald- und Felsschlucht, sehr interessantes WW, bis max. WW IV- (47.3870,12.2172)

7,0 ▬ Sohlstufe, H etwa 1,2 m evtl. nach Besichtigung ≈, bei HW absolut **X**, ⚠ Vom Boot aus nur sehr schwer zu erkennen, kein Rückstau, kein Kehrwasser. Unbedingt nach Einfahrt in die Schlucht beim 1. großen Schieferabbruch ↰ und gemeinsam mit der folgenden Sohlstufe ansehen! (47.3969,12.2149)

6,7 ▬ Sohlstufe, H etwa 1,2 m. nach Besichtigung evtl. ≈, bei HW absolut **X**! (47.3989,12.2136)

4,9 ▬ Wehr zum li Sägewerk Unterwindau (47.4082,12.2033)

3,6 Wege-Ⅱ **A 6363 Westendorf-Unterwindau** Ende der Schlucht, ab hier erheblich leichter, WW II. Bis zur ⇩ zahlreiche ▬ niedere Sohlbauwerke und Geröllbremsen (0,2 m bis 0,4 m hoch, alle ≈), ⓘ (47.4141,12.1936)

2,1 EB-Ⅱ (47.4236,12.1855)

0,0 Wege-Ⅱ, re ≣ Unterwindau (47.4379,12.1713);
⇩ der Windauer Ache in die Brixentaler Ache (s. Seite 393) bei km 12,8 etwa 625 m ü. NN (47.4379,12.1709);

Kurz danach ▬ Steilwehr Haslau, X, gute ⬆ Gelegenheit zur Beendigung der Fahrt (47.4380,12.1708)

Wildschönauer Ache

Kleinfluss, WW III-IV, WW V-VI, Gebirgsbach
Mündung in Inn bei km 242,7 (re Nebenfluss)

Die Wildschönauer Ache entsteht aus mehreren Quellflüssen zwischen Großer Beil und Kleiner Beil am Rand der Kitzbühler Alpen etwa 1600 m ü. NN. Sie verläuft als prächtiger, auf kurzer Strecke sehr schwerer Wildbach durch ein landschaftlich hervorragend schönes Engtal nordwestlich der Kitzbüheler Alpen, das sich am Ende der Fahrtstrecke zu der eindrucksvollen Kundler Klamm verengt Die Klamm unbedingt auf dem Fußweg vorher erkunden!

Befahrbarkeit:	Frühjahr bis Mitte Juli und nach Regenfällen
Schwierigkeiten:	km 9,5 bis km 2,8 WW III+, V
	Kundler Klamm: WW IV bis WW V
Karten:	Jübermann Wassersport-Wanderkarte Nr. 5

23,6 Ursprung zwischen **Großer Beil** und **Kleiner Beil** in etwa 1.600 m Höhe (47.3389,12.0285)

10,8 li Talstation der Schatzbergbahn Mögliche ⬇ bei HW. Sehr schmal, wenig Kehrwasser, unzählige Stufen bis **Mühltal**, meist ≈ (47.4097,12.0373)

9,4 Wege-II, übliche ⬇ bei MW; bei HW schon etwas oberhalb möglich. Sehr schmal, wenig Kehrwasser, etwa 10 kleine Stufen bis **Mühltal**, meist gut ≈, jedoch Achtung bei HW! WW II+ (47.4213,12.0321)

8,5 Str-II, L3, **A 6311 Wildschönau-Mühltal** darunter ▬ Steilwehr, 2 m hoch, bei MW evtl. ≈ (47.4284,12.0277)

8,4 ▬ Schrägwehr mit Fischtreppe und Wasserableitung. li P-Möglichkeit nahe Mühltal 75, **A 6311 Wildschönau**. Weitere mögliche ⬇ am Ortsende. Auf etwa 3 km sehr schönes WW mit starkem Gefälle, schneller Strömung, erheblicher Verblockung, wenig Kehrwasser, laufend Veränderungen durch Geschiebe, WW III+. Bis ✕ „Klammrast" Uferregulierungen mit Bruchsteinen im Flussbett (47.4288,12.0265)

7,5 li ✕ „Klammrast", ⬇ (47.4333,12.0173)

7,2 Wege-II **Mühltal**, darunter Stufe, gut ≈, li P-Möglichkeit, der „Kundler Klammweg" begleitet nun die Ach (47.4341,12.0141)

5,2 In einer li-Kurve unübersichtliche Blockstrecke, WW IV-, Besichtigung ratsam (47.4414,11.9937)

4,9 ⚠ oft unsauberer Katarakt die Folgestrecke ab der Brücke sollte unbedingt besichtigt werden (oft zu enger Schlitz) und wird meist am Fahrweg umtragen (47.4432,11.9912)

4,7 Wege-II, Beginn der Kundler Klamm, die Einfahrt ist meist verklaust, X, die gesamte Klamm muss vor der Befahrung von dem Klammsteig aus besichtigt werden, es muss dabei auch die ⬆ am Klammeingang festgelegt werden. ↱ und bis zum Steg ⌓. In der Klamm fast durchweg

WW IV mit Stellen bis WW V. Eine Detailbeschreibung ist nicht möglich, die Verhältnisse in der Klamm ändern sich von Jahr zu Jahr (47.4443, 11.9896)

4,6 weiterer Steilabfall (47.4451,11.9886)

4,5 li ⇩ Steinbach oder Stainer Talbach ⬇ für Umträger. Die Schwierigkeiten lassen etwas nach. Weiterhin sehr schönes WW in enger Klamm (47.4452,11.9882)

2,8 ■ Sohlstufe, **X**, ↱ zur ⬆; am ✕ in der Klamm. Die Fahrt wird zumeist hier beendet. Es ist nicht bekannt, ob eine Weiterfahrt bis zum Inn möglich ist (47.4567,11.9899)

2,2 ■ Sohlstufe H etwa 2,5 m, **X**, Bald danach weitere ■ Sohlrampe, **X** (47.4611,11.9892)

1,6 Str-Ⅱ B171, **A 6250 Kundl** (47.4665,11.9885)

0,0 Str-Ⅱ A12 Inntalautobahn (47.4799,11.9911);
⇩ der Wildschönauer Ache in den Inn (s. Seite 303) bei km 242,7 (47.4802,11.9921)

Brandenberger Ache

Weitere Namen: Rote Valepp, Valepp
WW III-IV, WW V-VI, Gebirgsfluss
Mündung in Inn bei km 250,9 (li Nebenfluss)

Die Brandenberger Ache durchbricht in ihrem Verlauf mehrere querliegende Gebirgszüge, daraus ergibt sich ein häufiger Wechsel zwischen Schluchten und Klammen sowie lieblichen Talweitungen. 600 Jahre Holztrift haben das Flussbett geformt: loser Schotter wurde abtransportiert, nur große Blöcke sind geblieben. Auf langen Strecken verläuft die Brandenberger Ache durch blanken, gewachsenen Fels. Die Brandenberger Ache gehört zu den landschaftlich schönsten und wassertechnisch interessantesten Flüssen Tirols. Eine durchgehende Straßenverbindung entlang der Ache besteht nicht, der größte Teil der Brandenberger Ache kann auf einem ehemaligen Triftsteig besichtigt werden.
Wassertechnisch ist die Brandenberger Ache (von Paddlern liebevoll „Brandy" genannt) auf längeren Strecken ausgesprochen interessantes, mittelschweres, auf Teilstrecken sehr schweres Wildwasser.
Es bereitet Schwierigkeiten, die bestmöglichen Aussetzstellen vor den Extremstellen zu finden. Es wird daher dringend empfohlen, eine erste Befahrung der Brandenberger Ache entweder in Begleitung ortskundiger Kameraden durchzuführen oder vorher die gesamte Strecke auf dem erwähnten Triftsteig zu durchwandern und sich die Aussetzstellen gut einzuprägen. Die Brandenberger Ache wurde 1988 zum Naturdenkmal erklärt, damit dürften die lange Zeit heftig umstrittenen Pläne für eine Verbauung der Ache wohl endgültig erledigt sein.

Befahrungsregeln: keine;
Vereinbarung mit Fischerzunft:
- Ein- und Aussetzen nur an den gekennzeichneten Stellen

	(ab Kaiserklamm-Eingang) - Befahrungsverzicht zwischen 18 Uhr – 9.00 Uhr - Befahrungsverzicht bei Pegel Mariatal (km 2,9) unter 60 cm in der Zeit von 1. Oktober bis 30. April
Befahrbarkeit:	Oberlauf: bis Juni, Reststrecke ganzjährig
Pegel:	bei Fußg-Ⅱ Mariatal (km 3,1) NW = 40-50 cm ; MW = 60- 70 cm; HW = ab 90 cm Minimum und zugleich günstiger Wasserstand für eine Befahrung der mittleren Ache (ab Kaiserklamm) ca. 60 cm (etwa 4-5 m³/sec), darunter steigt die Verklemmungsgefahr erheblich an. Bei Pegel 110 cm werden die Schluchten wuchtig, für die Kaiserklamm ist damit die Obergrenze erreicht. Pegelauskunft über Pegel-☎ 0043/5337/63300 oder www.tirol.gv.at/
Schwierigkeiten:	km 27,9 – km 16,5: WW III (IV) km 16,5 – km 15,7: WW V (Kaiserklamm) km 15,7 – km 8,9: WW III-IV km 8,9 – km 6,2: WW V-VI (Tiefenbachklamm/Strahl) km 6,2 – km 0,0: WW III (Saugraben IV), abnehmend
Infrastruktur:	Camping Stadlerhof, Seebühel 15, A 6233 Kramsach
Karten:	Jübermann Wassersport-Wanderkarte Nr. 5 ISBN: 978 3 929540-32-1 /L8336 und Kompass-Wanderkarte Nr. 2
Quellen:	Ergänzungen und Korrekturen von Matthias Breuel

33,8 Abfluss aus dem Spitzingsee (47.6610,11.8860)

28,3 Übliche ⬇ etwa 200m nördlich beim P zwischen den Bächen. (Zufahrt vom Spitzingsee über Valepperstr.) (47.6200,11.8915)

28,1 re ⇩ weißer Valepp in roten Valepp, ca. 870 m ü. NN, etwa 5 km südlich des Spitzingsees. Neuer Name: Valepp (47.6184,11.8919)

27,7 li ✕ Forsthaus Valepp (47.6154,11.8931);
⚠ Wasserfall, X, vor der Kapelle Maria Hilf, li ⏏ (47.6148,11.8928)

26,9 Landesgrenze Bayern-Tirol nunmehriger Name: Branderberger Ache, teilweise auch schon als Brandenberger Ache bezeichnet (47.6087, 11.8943)

26,8 –24,2 sehr schöne Schlucht folgt mit klammartigen Verengungen, besonders reizvoll durch Wasserfälle, die in die Schlucht stürzen, am Ende der Schluchtstrecke (nach 2 Wasserfällen auf der re Seite) eine etwa 200 m lange Blockstrecke, WW IV, vor Befahrung unbedingt besichtigen, li ⏏ bis zu einer Fußg-Ⅱ gut möglich (47.6085,11.8944)

22,6 Erzherzog-Johann-Klause, ▬ Staumauer mit 3 m hohem Abfall, bei höherem Wasserstand gefährlicher Rücklauf, bei evtl. Befahrung unbedingt absichern, zum ⏏ 50 m vor der Klause ↱ und über die Klausen-⇩ zum li Ufer oder nach Absicherung der ⬆ li von der Steinmauer aussteigen und über eine ehem. Holzrutsche ⩍, bis zum Eingang der Kaiserklamm herrliche WW-Fahrt in großartiger Landschaft, WW II-III (47.5810,11.8877)

22,2 Str-II, Bayrachtalstrasse, re ins Tal der Bairache Richtung **Haida-Bairachalm** (47.5785,11.8843)

21,9 re ⇩ der Bairache die Bairache kann bei gutem Wasserstand auf einer Strecke von 2 km befahren werden (47.5775,11.8809)

21,6 Str-II, Schöberstrasse (47.5749,11.8819)

18,6 Str-II, Baumbach Weittalstrasse (47.5547,11.8938);
re ⇩ der Weißache ca. 800 m ü. NN Diese schmale, etwa 8,2 km lange Weißache hat ihren Ursprung bei der Issalm an der Nordflanke der Guffertspitze, etwa 1460 m ü. NN. Geringe Wasserführung und starkes Gefälle machen sie **X** (47.5546,11.8939)

17,6 Str-II, Gemäuerstrasse (47.5506,11.9037)

17,5 re ⇅ vor der Kaiserklamm. Es ist empfehlenswert, die Boote nach der Befahrung des Oberlaufes hier liegen zu lassen und die Pkw in einer sehr reizvollen etwa 3-stündigen Fußwanderung entlang dem Fluss nachzuholen. Rechts Weg zum 🅿 (47.5509,11.9050)

17,2 re 🅿, Schranke, die aus dem Inntal kommenden Pkw müssen hier abgestellt werden (47.5488,11.9074)

16,6 re ⬇ für die Befahrung der Kaiserklamm (47.5449,11.9135)

16,5 ⚠ Eingangskatarakte der Kaiserklamm, Ufer unbegehbar (47.5442, 11.9137)

16,5 –15,7 Kaiserklamm verengt sich bis auf 3 m. Sie hat bei dem empfohlenen Wasserstand nur mäßige Wasserwucht, ist jedoch technisch sehr schwierig, WW V (47.5441,11.9138)

15,7 Wege-II ⬇ falls die Kaiserklamm nicht befahren wird, anschließend leichtes Wasser, WW II (47.5387,11.9164)

15,6 re Kaiserhaus, Erlebnispark (47.5376,11.9162)

13,0 ⚠ Pinegg-Klamm Am Beginn der Klamm 1,2 m hoher Abfall, li ⩍ gut möglich. Oder nach Besichtigung, je nach Wasserstand m evtl. ≈ oder aber MW absolut **X**, Steckgefahr! WW IV. Bei sehr hohem Wasser kann dieser Abfall auf der re Rampe umfahren werden. In der Klamm keine besonderen Schwierigkeiten; 🅿 re vor Eingang der Klamm am Fahrweg zum Kaiserhaus (47.5241,11.8968)

12,8 Str-II L4, **A 6234 Pinegg** 🚌 Brandenberg-Pinegg (nördlichste Haltestelle) (47.5218,11.8969)

12,6 re ⇩der Steinberger Ache (s. Seite 403) in die Brandenberger Ache (47.5205,11.8951);
li 🚌 **Brandenberg-Gwercherwirt** mögliche ⇅ (47.5203,11.8950)

11,6 ⚠ Riffl-Katarakt, WW IV, li oder re ≈, Hauptwasser in der Mitte wegen Verklemmungsgefahr gefährlich, ⚠ tödlicher Unfall! (47.5127,11.8961)

11,0 Beginn der Wiesklamm, WW III+ (47.5079,11.8971)

10,2 Blockstrecke (47.5014,11.8965)

10,1 Str-II, **A 6234 Stegen**, Rohrbach-II, ⬆ für Befahrung Wiesklamm /

mittlere Teil der Brandenberger Ache, ⬇ für Tiefenbachklamm. Man kann hier am li Ufer über einen Pfad die Straße **Brandenberg - Aschau** erreichen (47.5013,11.8965);
Blockstrecke (47.5012,11.8964)

9,5 li zwei Häuser ✕ Mösl-Mühle Beendigung der Fahrt auch hier möglich, die Zufahrt mit Pkw wird jedoch nur ungern gesehen. Die Ache dreht rechtwinklig nach rechts (47.4983,11.8914)

9,4 Wege-Ⅱ Der Wanderweg Tiefenbachklamm wechselt auf die rechte Bachseite. Es folgen die schwersten Abschnitte der Brandenberger Ache, die Mösl-, Gschöß- und Tiefenbachklamm. Die gesamten Schluchten stellen sehr schweres WW dar, fast durchweg WW V. Sie müssen vor einer evtl. Befahrung von einem Triftsteig aus unbedingt besichtigt werden (47.4988,11.8906)

8,9 Wege-Ⅱ Der Wanderweg Tiefenbachklamm wechselt auf die linke Bachseite. ↰ am Steg zur Besichtigung und ggfs. ⌓ der folgenden Gefällzone "Strahl". Der Aufstieg zum Wanderweg wird durch Eisenkrampen erleichtert (47.4978,11.8855)

8,8 ⚠ verwinkelte Gefällzone der Strahl, hat WW VI; sie wurde allerdings in letzter Zeit vielfach befahren. Es dürfte vernünftig sein, den Steig zum ⌓ zu benutzen und nach 200 m wieder ⬇ (Krampen erleichtern den Abstieg). Weiterhin schwerstes Wildwasser (47.4973,11.8849)

8,1 Fußg-Ⅱ, danach Abfall Maier-Gumpen, li ≋, re Verklemmungsgefahr, ⚠ tödlicher Unfall: ⚠ Die Strömung zieht in der Einfahrt nach rechts! (47.4933,11.8786)

7,9 ⚠ Silberkatarakt, langer Katarakt über Felsrippen, vor Befahren besichtigen (47.4925,11.8759)

6,3 re ⇩ des Kreuzbach Ende der Tiefenbachklamm, danach etwas leichter (47.4810,11.8661)

6,2 re Ende Wanderweg Triftsteigt danach re 🚌 Kramsach-Tiefenbachklamm, re 🅿, ⬇ für Unterlauf (47.4794,11.8656)

4,5 Am li Ufer Reste einer ehem. Wehranlage Danach folgt auf 500 m eine schwere Blockstrecke, Saugraben, WW IV, wegen möglicher Treibholzversperrungen vor Befahrung besichtigen! (47.4656,11.8671)

4,2 ⚠ es folgen direkt in Folge die Schlüsselstellen "Saugraben" und "Hennenstein". Zunächst nach verblockter Anfahrt eine wuchtige Felsgasse, dann ein verblockter Katarakt (47.4631,11.8663)

3,9 ehemaliges Maschinenhaus Moosau li Skulpturenpark, ab hier bis zur Mündung leichtes WW (47.4604,11.8667)

3,4 überdachte Wege-Ⅱ, alte Brandenberger Brücke (47.4568,11.8655)

3,1 Bezugs-▤ Mariatal (47.4546,11.8646)

3,0 Fußg-Ⅱ, li Kirche Mariatal, gute ⬆, Kirche und Friedhof ⌘ (47.4539, 11.8649);
▬ Sohlrampe ca. 0,5 m hoch (47.4537,11.8650)

2,1 ehemaliger Triftrechen Stufe ca. 0.3 m hoch, bei NW Pfähle! (47.4494, 11.8731)

2,0 Str-II, Post-II auf beiden Seiten gutes ✕, ↱ gut möglich, mögliche ⬆ (47.4484,11.8746)
1,2 Str-II, **A 6233 Kramsach**, Duftner-II, beste Stelle zur Beendigung der Fahrt beim Rathaus, re Zentrum von **Kramsach** (47.4489,11.8836)
0,6 Str-II, **Kramsach-Voldöpp**, Waidach-II (47.4461,11.8906)
0,0 ⇩ der Brandenberger Ache in den Inn (s. Seite 303) bei km 250,9, ca. 515m ü. NN, bei **Rattenberg**; direkt an der ⇩ besteht ⬆-Möglichkeit (47.4467,11.8978)

Steinberger Ache

Kleinfluss, WW I-II, WW III-IV, Gebirgsbach
Mündung in Brandenberger Ache bei km 12,6 (re Nebenfluss)

Tirol
Die Steinberger Ache verläuft durch einmalig schöne Klammen zwischen den Brandenberger Alpen und dem Rofangebirge. Wie die Brandenberger Ache wurde sie bis in die 60er Jahre zur Holztrift benutzt. Eine verfallene Triftklause, verfallene und nur lebensgefährlich begehbare Triftsteige erinnern daran. Das Umtragen der **X** Teilstrecken ist extrem mühsam. Ein Abbruch der Fahrt ist spätestens an der verfallenen Triftklause zu Beginn der ersten Klamm möglich. Das Austragen erfolgt sehr mühselig am linken Hanggelände zur Verbindungsstraße **Steinberg–Pinegg**, Dauer etwa 1,5 Std.
Ein Umstellen der Fahrzeuge wird mit dem Mountainbike durch die in Richtung **Steinberg** gesperrte Verbindungsstraße **Steinberg–Pinegg** erheblich erleichtert.

Befahrbarkeit:	im Frühjahr und Frühsommer, nicht bei Gewittern oder instabiler Witterungslage. Die Ache ist ≈, wenn an der ⬇ Grundberührung geschieht. Sollten sich hier gute Wasserverhältnisse zeigen, ist der Wasserstand für eine Befahrung zu hoch. Ein Anlanden vor den **X** Stellen wird allzu riskant
Schwierigkeiten:	Schwierigkeiten. km 8,2 bis km 0,1: WW II–III (IV+) mehrere **X**-Stellen, sehr aufwändig zu ⏏. Enge Kalksteinklammen. Mit Baumverhauen muss gerechnet werden.
Infrastruktur:	Zufahrt: Von **Pinegg** auf Güterweg über Außersteinberg Richtung **Achental** an der B181. Kurz vor Erreichen der L221 Steinbergerstr. im Ortsteil **Unterberg-Sonnenseite** zweigt der Güterweg zu den Höfen im Ortsteil **Endtal-Durra** HsNr. 14 ab.
Karten:	Jübermann Wassersport-Wanderkarte Nr. 5

16,7 Ursprung der Steinberger Ache (47.4850,11.7451)
8,2 Wege-II; nach **A 6215 Steinberg-Endtal-Durra** ⬇, ca. 868 m ü. NN (47.5116,11.8124)
7,2 ▬ Geschiebesperre etwa 854 m ü. NN, **X**, li ⏏ (47.5176,11.8200)
5,2 Alte Triftanlage nahe **Hinterberg**; etwa 810 m ü. NN, ein 10 m hohes

Betonskelett kündigt die Triftsperre an; X. Beginn der ersten Klamm. Die Klamm ist durch Unterspülungen, eingeschwemmte Baumstämme und Wasserfälle X! Bei einem Einfahren in die Klamm, was auf den ersten Metern möglich erscheint, ist ein Abbruch nicht möglich. Der Triftsteig auf der linken Seite ist verfallen und wäre nur bei klettertechnischer Absicherung begrenzt begehbar. Ein ⩯ der Boote auf diesem Weg ist nicht möglich. Das ⩯ geschieht unwegsam und beschwerlich auf der rechten Seite über einen Felsrücken Luftlinie etwa 450 m! (47.5191, 11.8425)

4,5 Ende der 1. Klamm (47.5200,11.8471)

3,9 Beginn der zweiten Klamm. Mindestens eine unterspülte Zwangspassage. Kehrwasser für ein Boot, Absicherung über den verfallenen Triftsteig auf der li Seite teilweise möglich (47.5217,11.8535)

0,8 Beginn der dritten Klamm; H etwa 693 m ü. NN. Einfahrt X, ↱. Seit 1992 ist ein Materiallift über den X Eingang durch den AKC gespannt. Zur Bedienung muss mindestens ein Mann im Unterwasser stehen. Lift nicht für den Personentransport benutzen, Unfallgefahr! Kanuten klettern re Hang hoch, zur Ache hinunter und müssen teilweise im Flussbett gegen die Strömung sich zum Verankerungspunkt des Materialliftes im Unterwasser hocharbeiten. Installierter Lift verkürzt den Zeitaufwand erheblich (47.5224,11.8868)

0,1 ■ Sägewerkswehr, X, H etwa 4,0 m. ⬆ Hier Fahrt beenden und li auf schmalen Pfad Boot zur Straße bringen (47.5208,11.8938)

0,0 ⇩der Steinberger Ache in die Brandenberger Ache (s. Seite 399) bei km 12,6 (47.5205,11.8951)

Ziller

Wanderfluss, WW I-II, WW III-IV, WW V-VI, Gletscherfluss
Mündung in Inn bei km 257,5 (re Nebenfluss)

Tirol

Der Ziller mit seinen Nebenflüssen stammt aus den Gletschern der Zillertaler Alpen. In seinem Oberlauf ist er zunächst größter Zu- und Abfluss des Speichers **Zillergründl**, dann fließt er durch ein enges Hochalpental; er ist hier ein sehr schweres Wildwasser, auf größeren Teilstrecken X. Ab **Mayrhofen** beginnt das touristisch stark besuchte verhältnismäßig breite „Zillertal". Der Ziller ist hier zunächst ein mäßig schwerer, ab **Hippach** ein leichter, vorwiegend regulierter Wildfluss, keine besondere Schwierigkeit. Die Befahrung des Ziller ist insbesondere auch in Verbindung mit einer Befahrung des Inns zu empfehlen. In **Jenbach** wUrden von der Zillertalbahn **Loren** bereitgestellt, auf denen aufgebaute Boote nach **Hippach** mitgenommen werden können. Von der EB-Station ist es ganz nah zum Ufer des Ziller, ob dieses Angebot noch aktuell ist, gilt ist unbekannt. Ein Wanderweg begleitet auf weiten Strecken den Ziller

Befahrungsregeln: Befahrung erlaubt von 9:00 Uhr bis 19:00 Uhr in WW-

	geeigneten Hartschalenbooten. Privates Rafting verboten Kommerzielles Rafting erlaubt
Befahrbarkeit:	der Wasserstand ist kraftwerksabhängig; 1. Teilstrecke im Sommer meist trocken; 2. Teilstrecke wahrscheinlich nur noch bei HW; ab km 22 abhängig von der Wasserabgabe des ↯ **Mayrhofen**, meist ganzjährig, Spitzenabgabe bis 80 m³/s, meist in den Mittagsstunden.
Pegel Link:	www.tirol.gv.at/umwelt/wasser/wasserkreislauf/hydro-online/
Schwierigkeiten:	km 45,0 bis km 38,0 WW IV–V 1. Teilstrecke km 38,0 bis km 32,6 **X** km 32,6 bis km 30,9 WW III / IV+, **X**, 2. Teilstrecke km 30,9 bis km 29,8 zahlreiche Sohlstufen **X** km 29,8 bis km 25,6 WW III km 25,6 bis km 21,9 WW II km 21,9 bis km 0,0 WW I
Karten:	Jübermann Wassersport-Wanderkarte Nr. 5

55,6 Ursprung aus dem Rauchkogelkees, am Fuß des Rauchkogels in etwa 2.600 m Höhe (47.0861,12.1174)

44,9 re ✕ „In der Au“ etwa 1260 m ü. NN. Re gebührenpflichtiger 🅿 Mögliche ⬇ unterhalb des ✕ für 1. Teilstrecke; jedoch im Sommer meist trocken. Es folgt sehr schweres, wuchtiges WW mit starkem Gefälle. Die Strecke kann schon bei der Anfahrt besichtigt werden. Die Zufahrt ist allerdings mautpflichtig! (47.1217,12.0100)

43,7 ▬ neue Staumauer, **X**, Wasserableitung zum ↯ **Häusling**! (47.1294, 12.0005)

38,0 Str-II beim li ✕ „Klaushof“, ⬆, ca. 1018 m ü. NN; **A 6290 Brandberg-Zillergrund**, 🚌. Ende der 1. Teilstrecke. Der nächste Abschnitt bis zum Ferienhotel Zillergrund ist als **X** einzustufen (47.1570,11.9423)

33,0 Wege-II, re Mautstelle, 🚌, 🅿, Einfahrt zum Brandbergtunnel. Li Zufahrt zum „Ferienhotel Zillergrund“ und Wanderweg zur Ahornstraße (47.1601, 11.8859)

32,6 ✕ „Ferienhotel Zillergrund“, ⬇ für die Befahrung der Zillerschlucht. 2. Teilstrecke ≡ bei km 30,9: 50 cm = Minimum. In der folgenden Schlucht Gefälle 70 ‰, eine Stelle Geröllfang **X**, im Übrigen stark verwinkelte, steckgefährliche, teils hohe Stufen, z. T. mit starkem Rücklauf, WW III bis WW V (47.1592,11.8807)

31,0 ▬ Sohlstufe, **X**, li 🅿 der alten Ahornbahn (47.1588,11.8638)

30,8 ⬆ Ende der 2. Teilstrecke bei überdachtem Holz-Steg zwischen „Zillerlände“ und „Ahornstr.“ in **A 6290 Mayrhofen**, darunter li Latten-≡; es folgen 4x ▬ Sohlstufe, **X** (47.1599,11.8635)

30,0 ▬ Sohlstufe, **X**. Mögliche ⬇ li neben der Sohlstufe in den Zemmbach oder re nach der Sohlstufe in den Ziller (47.1667,11.8596)

29,9 Str-II, B169, **A 6290 Mayrhofen** (47.1678,11.8594)

29,8 li ⇩ des Zemmbach (s. Seite 408) in die Ziller, bei **A 6290 Mayrhofen**

(47.1683,11.8591)
29,2 Str-II unterhalb **A 6290 Mayrhofen** Gute ⬇, Auf keinen Fall die Befahrung auf dem Zemmbach beginnen. Die folgende Strecke bis **Hippach** bietet sehr wuchtiges, schnelles WW mit erheblicher Wellenbildung. WW III, bei Vollast bis WW III+. li oder Mitte fahren, da re gefährliche Eisenträger eingebaut sind. Starke Schwankungen des Wasserstandes durch ↯-Ablaß vom KW **Mayrhofen am Stillupbach**. Boote nicht in der Nähe des Wassers liegen lassen (47.1729,11.8624)
27,3 Str-II, L 299, li **A 6283 Stockach** mit Talstation der Horbergbhn (47.1900, 11.8665)
25,6 Str-II, L300, li **A 6283 Hippach-Schwendau** re **A 6284 Ramsau im Zillertal** übliche ⬇ für die Befahrung der leichten WW-Strecke des Ziller, re 🚂 **Ramsau-Hippach** direkt neben dem Fluss. Li 🅿-Möglichkeit (47.2043,11.8688)
24,7 Fußg-II bei **A 6283 Hippach-Leimach** (47.2121,11.8698)
23,6 Fußg-II bei **A 6283 Hippach-Weidach** dahinter kräftige Schwalle bis **Zell am Ziller** (47.2216,11.8718)
21,9 Str-II, L 331, re **A 6280 Zell am Ziller** li **A 6277 Zellbergeben**, ≣ **Zell** (47.2348,11.8804)
20,8 EB-II (47.2404,11.8914)
20,3 re ⇩ des Gerlosbach (s. Seite 407) in den Ziller (47.2417,11.8977)
17,9 Str-II **A 6274 Aschau im Zillertal** danach re hinter der B169: Groß-⛺ Erlebnis-Comfort-Camping Aufenfeld Distelberg 1 (47.2618,11.8981)
14,1 Str-II, L 216, re **A 6275 Stumm**, li **A 6272 Kaltenbach** (47.2900,11.8789)
13,3 li ⛺, am Fluss gelegen Camping Ziller-Häusl, **A 6272 Kaltenbach** (47.2969,11.8759)
12,1 Str-II B169 Zillertal Str (47.3073,11.8742)
11,4 bei NW ▬ Sohlstufe, re ≋ (47.3136,11.8756)
10,8 bei NW ▬ Sohlstufe, re ≋ (47.3185,11.8726)
9,5 li ⇩ des Finsingbach (s. Seite 407) in den Ziller (47.3289,11.8664)
9,3 Str-II, li **A 6271 Unders-Finsing**, re **A 6263 Haselbach** (47.3303, 11.8655)
7,5 Str-II, li **A 6263 Fügen** Heimat- und Bergbaumuseum, gotische Pfarrkirche von 1497, li etwas abseits: ⛺ Camping Daum Zillertal Str. 306, **A 6263 Fügen**; Camping Hell Gagering 212, **A 6263 Fügen**, re **A-6265 Hart im Zillertal** (47.3468,11.8631)
3,4 Str-II, li **A 6260 Schlitters**; re **A 6260 Imming** (47.3801,11.8533)
2,4 Fußg-II, re **A 6260 Bruck am Ziller** Gotische Kirche von 1648 (47.3875, 11.8458)
0,6 Str-II, B 171 gute Gelegenheit zur Beendigung der Fahrt re vor der II ✕ Landhaus Gde. Reith; li nach **A 6260 Strass im Zillertal** (47.4018, 11.8375)
0,0 ⇩ des Ziller in den Inn (s. Seite 303) bei km 257,5 (47.4077,11.8378)

Finsingbach

Mündung in Ziller bei km 9,5 (li Nebenfluss)

Zahlreiche hohe Hochwasserschutzbauten, Befahrung unmöglich
Karten: Jübermann Wassersport-Wanderkarte Nr. 5

17,6 Quelle des Finsingbach in einer Höhe von 2.267 m (47.2277,11.7546)
0,0 ⇩ des Finsingbach in den Ziller (s. Seite 404) bei km 9,5 (47.3289, 11.8664)

Gerlosbach

Weitere Namen: Gerlos
WW I-II, WW III-IV, WW V-VI, Gebirgsfluss
Mündung in Ziller bei km 20,3 (re Nebenfluss)

Tirol
Ursprung zu Füßen der Reichenspitze am Westrand des Nationalparks „Hohe Tauern"
Der Gerlosbach ist größter Zufluss und Abfluss des Speichers Durlaßboden im BL Salzburg etwa 1405 m ü. NN. Bald nach dem Stausee von **Gmünd/Tirol** durchfließt er eine eindrucksvolle Klamm, die Gerlosklamm, die aber bisher als **X** einzustufen war und mündet flussabwärts von **Zell am Ziller** in den Ziller

Befahrungsregeln: Befahrung nur zwischen 9.00 Uhr und 19.00 Uhr mit wildwassertauglichen Hartsschalenbooten; privates Rafting verboten kommerzielles Rafting erlaubt!

Befahrbarkeit: abhängig von der Wasserabgabe des Speichers Durlaßboden meistens zwischen 10 und 13 Uhr
Fahrtstrecke: üblich von **Gerlos-Finsingau** km 17,2 bis **Gmünd** km 11,9

Pegel: **Rohr** www.tirol.gv.at/umwelt/wasser/wasserkreislauf/hydro-online/
Pegel A: in **Gerlos**, gegenüber Pension „Ferienhof"; NW = 150 cm; MW = 160 cm; HW = 180 cm.
Pegel B: am Metallsteg kurz vor dem Stausee Gmünd; NW = 160 cm; HW = 180 cm.

Schwierigkeiten: km 17,2 - 11,7: WW II–III-IV-
km 9,0 - 2,3: WW V-VI-**X** (Gerlosklamm)

Karten: Jübermann Wassersport-Wanderkarte Nr. 5

31,1 Ursprung am Wildgerloskees ca. 2.500 m ü. NN (47.1566,12.1111)
17,2 re ⇩ des Krummbach ⬇ auf diesem kurz vor dem ↯ (Straße biegt in Gerlos an einer Tankstelle li ab) (47.2343,12.0555)
17,1 es folgen 3x ▬ niedrige Sohlstufe: die erste in ganzer Breite ≈, die 2. ganz re oder ganz li ≈ (47.2336,12.0547)
16,4 Str-II B165 Gerlos-Str, re Talstation der Isskogelbahn von hier führt der

Weg „Innertal" zur ⬇ (47.2291,12.0498)

14,8 Fußg-II in **A 6281 Gerlos-Ried** ≡ A, mit ▬ ≡-stufe, im li Drittel ≋ (47.2233,12.0320)

12,3 Wege-II, re **A 6281 Gerlos-Gmünd** danach ▬ Wehr, Felsbrocken im Unterwasser, unter Materialeinsatz ≋, besser li ⏏ (47.2119,12.0058)

12,0 Str-II B165 bei **A 6821 Gerlos-Gmünd** Es schließt sich eine wuchtige Schwallstrecke mit herrlichen Brechern an, WW IV- (47.2109,12.0038)

11,9 Fußg-II, Latten-≡ B unbedingt re ⬆ und Fahrt beenden (47.2111,12.0024)

11,7 ▬ hohe Sohlstufe direkt vor dem Stausee ⚠ schon bei NW lebensgefährlicher Rücklauf, **X** (47.2109,12.0001)

10,7 ▬ Staumauer des Stausee Gmünd (47.2102,11.9874)

9,0 Wege-II Beginn einer Waldschlucht, der <u>Gerlosklamm</u> WW V-VI-**X**. Die Kameraden vom Kajakclub Kramsach (www.kajakclub.com) haben diese Schlucht mit durchschnittlich 80 Promille Gefälle schon befahren. Sehr steile und engverwinkelte Stufen von bis zu 10 m Höhe, einige Siphons und viele Baumversperrungen. Man kann alles vor Ort besichtigen, umtragen mittels eines 30 m langen Seils möglich aber schwierig. Der Wasserstand ist abhängig vom Stausee Gmünd. ⚠ Bei zu viel Wasser besteht Lebensgefahr! Anfahrt von **Zell am Ziller** über die B165 Richtung **Gerlos**. Von einer 🅿-Möglichkeit führt ein Waldweg etwa 700 m hinunter zum Bach (47.2106,11.9663)

3,0 ▬ Geröllfang, nachfolgend Stufe, **X** (47.2244,11.8986)

2,3 ▬ Geröllfang, **X**, Ende der Gerlosklamm. ⬆; H etwa 624 m ü. NN Eine Weiterfahrt ist aufgrund zahlreicher ▬ Sohlstufen nicht empfehlenswert, keine weitere Beschreibung (47.2258,11.8908)

0,5 Str-II, L 331, li **A 6280 Zell am Ziller** ≡ **Rohr**, davor ϟ, Wasserrückführung vom Speicher Gmünd, dahinter ▬ Sohlrampe, **X** (47.2370,11.8975)

0,2 Str-II B169 (47.2402,11.8978)

0,0 ⇩ des Gerlosbach in den Ziller (s. Seite 404) bei km 20,3 (47.2417, 11.8977)

Zemmbach

WW I-II, WW III-IV, Gebirgsbach
Mündung in Ziller bei km 29,8 (li Nebenfluss)

Tirol

Der Zemmbach als Gletscherflüsse der Zillertaler Alpen hat meist ganzjährig ausreichend Wasser, er bietet auf nur kurzen Teilstrecken schweres Wildwasser, Die Nebenflüsse des Zillers werden nur selten befahren, so dass die Unterlagen dürftig und mit Vorsicht zu genießen sind. Die Möglichkeiten ihrer Befahrung sind wahrscheinlich noch nicht ganz ausgeschöpft, genaue Besichtigung ist stets notwendig.

Die Zemmbach verläuft auf seiner befahrbaren Strecke durch eine sehr schöne

Schlucht. Sie kann bei der Anfahrt von einer Ⅱ weitgehend eingesehen werden.

Befahrungsregeln:	Hochgebirgs-Naturpark Zillertaler Alpen; Rücksicht nehmen auf Tier- und Pflanzenwelt
Befahrbarkeit:	meist ganzjährig
Schwierigkeiten:	WW II, in der Schlucht WW IV
Karten:	Jübermann Wassersport-Wanderkarte Nr. 5

28,4	Ursprung als Ausfluss des Eissees zwischen **Rotkopf** und **Roßkopf** im Hochgebirgs-Naturpark Zillertaler Alpen etwa 2.600 m ü. NN (47.0439, 11.8334)
17,0	li ⇩ des Zamserbach (s. Seite 410) in den Zemmbach ca. 1250 m ü. NN (47.0605,11.7499)
9,6	re ⇩ des Floitenbach (s. Seite 410) in die Zemmbach ca. 1.000 m ü. NN (47.1022,11.8095)
3,0	⬇ beim ↯ **A 6292 Finkenberg-Hochsteg** auf 0,7 km km Schlucht (47.1513,11.8326)
2,2	li ⇩ des Tuxbach (s. Seite 409) in den Zemmbach (47.1566,11.8378)
1,4	Str-Ⅱ, li **A 6292 Finkenberg** nach Hintertux ⬆, unbedingt bei Anfahrt festlegen! (47.1605,11.8449)
1,2	re ⇩ des Stilluphach (s. Seite 411) in den Zemmbach (47.1612,11.8472); ▬ hohe Sohlstufe, **X**, ⚠ Lebensgefahr! (47.1615,11.8474)
0,1	▬ Sohlstufe, **X** (47.1675,11.8578)
0,0	⇩ des Zemmbach in die Ziller (s. Seite 404) bei km 29,8, bei **A 6290 Mayrhofen** (47.1683,11.8591)

Tuxbach

WW III-IV, WW V-VI, Gebiergsbach
Mündung in Zemmbach bei km 2,2 (li Nebenfluss)

Tirol

Befahrbarkeit:	als Gletscherfluss ganzjährig
Schwierigkeiten:	schwer verblockte Kataraktstrecken, sehr starkes Gefälle, erhebliche Wasserwucht, WW IV und V. Die gesamte Strecke sollte unbedingt bei der Anfahrt besichtigt werden.
Karten:	Jübermann Wassersport-Wanderkarte Nr. 5

18,4	Ursprung aus Zusammenfluss mehrere Bäche die aus der Hintertuxer Gletscherregion kommen (47.0981,11.6623)
12,4	Wege-Ⅱ am Bauhof, **A 6293 Tux-Juns** oberste mögliche ⬇ (47.1365, 11.7072)
10,9	mögliche ⬇ bei der Ortschaft **A 6293 Tux-Juns** re 🅿-Möglichkeit; H etwa 1340 m ü. NN (47.1443,11.7189)
10,6	▬ Sohlstufe H etwa 1,8 m, nach Besichtigung evtl. ≈ es folgen in kurzen Abständen ▬ 3x Sohlstufe H 1,5 bis 1,8 m mit verblocktem UW (47.1471,11.7204)
10,3	Str-Ⅱ, L 6, Tuxer Str. ⚠ danach schwieriger Katarakt, auf den nächsten

700 m etwa 29 ▬ Sohlstufen und Sohlrampen mit Einzelhöhen 0,4 bis 1,5 m, insgesamt etwa Höhenunterschied von etwa 30 m (47.1492, 11.7215)

9,8 Str.-II, li 🅿 zur Eggalmbahn, **A 6293 Tux-Lanersbach**, Vorübergehend etwas leichter (47.1531,11.7256)

7,9 ▬ Sohlrampe, evtl. ≋, H etwa 4,5 m
Beginn des Tuxbach Katarakts, der schwierigste Abschnitt der Strecke; auf etwa 700 m zahlreiche Sohlrampen und Sohlstufen 0,4 bis 2 m hoch (47.1610,11.7451)

5,7 Wege-II zu li Bauernhaus **A 6293 Ausserrettenbach** übliche ⬆ etwa 1150 m ü. NN.
Es folgt eine **X** Steilstrecke mit Gefälle durchschnittlich 112 ‰. Eine Weiterfahrt ist nicht ratsam (47.1547,11.7712)

0,0 ⇩ des Tuxbach in den Zemmbach (s. Seite 408) bei km 2,2 (47.1566, 11.8378)

Floitenbach

WW III-IV, Gebirgsbach
Mündung in Zemmbach bei km 9,6 (re Nebenfluss)

Tirol
Der Floitenbach ist der Ausfluss des Floitenkees im Zillertaler Hauptkamm.
Als Gletscherflüsse hat er grundsätzlich meist ganzjährig ausreichend Wasser, er bietet auf nur kurzen Teilstrecken schweres Wildwasser und wird nur selten befahren, so dass die Unterlagen dürftig und mit Vorsicht zu genießen sind, genaue Besichtigung ist stets notwendig.

Befahrungsregeln:	Der Floitengrund liegt voll im Hochgebirgspark Zillertaler Alpen, um Rücksichtnahme auf Tier und Pflanzenwelt wird gebeten
Schwierigkeiten:	WW III-IV
Infrastruktur:	Zufahrt: ab der Tristenbachalm ist die Straße für den öffentlichen Verkehr gesperrt
Karten:	Jübermann Wassersport-Wanderkarte Nr. 5

10,6 Ursprung des Floitenbach (47.0357,11.8863)

3,8 schmale Wege-II bei der Sulzenalm direkt dahinter ⬇ an Wegefurt, ca. 1310 m ü. NN (47.0836,11.8429)

2,1 ⬆ im Stausee etwa 1177 m ü. NN
infolge Wasserableitung wenig Restwasser, Weiterfahrt unmöglich (47.0944,11.8307)

0,0 ⇩ des Floitenbach in die Zemmbach (s. Seite 408) bei km 9,6 ca. 1.000 m ü. NN (47.1022,11.8095)

Zamserbach

WW I-II, WW III-IV, Gebirgsbach, Gletscherbach
Mündung in Zemmbach bei km 17,0 (li Nebenfluss)

Tirol

Der Zamserbach ist der Ausfluss des Stampflkees zwischen **Kastenschneid** und **Hohe Wand** in den Tuxer Alpen etwa 2700 m ü. NN. Er ist einer der Zuflüsse des Schlegeisspeichers und sein Abfluss

Der Zamserbach hat als Gletscherfluss oberhalb des Speichers meist ganzjährig ausreichend Wasser, er bietet auf einer kurzen Teilstrecke schönes Wildwasser, wird nur selten befahren, so dass die Unterlagen dürftig und mit Vorsicht zu genießen sind, eine genaue Besichtigung ist stets notwendig.

Schwierigkeiten:	geschätzt WW II bis WW III
Infrastruktur:	PKW-Zufahrt: auf Mautstr. von **Ghf Breitlahner** bis **Schlegeisspeicher/Zamsereck** möglich, dann Almweg zur ⬇, Bootswagen!
Karten:	Jübermann Wassersport-Wanderkarte Nr. 5

12,9	Ursprung als Gletscherausfluss (47.0095,11.6384)
7,1	Fußg-Π, übliche ⬇ etwa 1 km oberhalb des Schlegeis-Stausees etwa 1830 m ü. NN (47.0231,11.6845)
6,0	Str-Π, li 🅿 am Ende der Mautstr. Empfohlene ⬆, etwa 1790 m ü. NN (47.0292,11.6956)
5,9	⚠ Mündungskatarakt in den Stausee WW V (47.0297,11.6962)
5,7	Stausee Schlegeis-Stausee ⬆, wenn der Mündungskatarakt befahren wird (47.0313,11.6979)
4,7	▬ Staumauer Schlegeisspeicher H etwa 131 m, Länge 725 m, etwa 1784 m ü. NN, Infolge totaler Wasserableitung ist die Reststrecke praktisch nie ≈ (47.0375,11.7071)
0,0	⇩ des Zamserbach in den Zemmbach (s. Seite 408) bei km 17,0 ca. 1250 m ü. NN (47.0605,11.7499)

Stillupbach

WW V-VI, Gebirgsbach, Gletscherbach
Mündung in Zemmbach bei km 1,2 (re Nebenfluss)

Tirol

Ursprung als Abfluss des Östlichen Stillupkees etwa 2500 m ü. NN im Zillertaler Hauptkamm fließt sie durch den Stillupgrund und ist zunächst Hauptzufluss des Stillup-Speichers 1116 m ü. NN. Von hier wird das gesamte Wasser des Baches zum ϟ vor **Mayrhofen** abgeleitet, oberhalb des Stausees ist die Stillup in landschaftlich hervorragend schöner Umrahmung ein zwar nur kurzer, dafür extrem schwerer Wildbach.

Befahrungsregeln:	Naturpark Zillertaler Alpen, Rücksicht nehmen auf Tier- und Pflanzenwelt
Befahrbarkeit:	Im Oberlauf nur bei genügend Schmelzwasser aus den Gletschern

Schwierigkeiten:	extremes Gefälle etwa 80 ‰, maximale Verblockung, Achtung, Bäume im Bachbett! Fast durchgehend WW V, vergleichbar mit mittlerer Ötz.
Infrastruktur:	Pkw: Zufahrt von **A 6290 Mayrhofen** Ahornstr/Oberkumbichl, bis zum ✕ am Speichersee auf gebührenpflichtiger Mautstraße, weiter bis zur ⬇ entweder Privattaxi oder Bootswagen
Karten:	Jübermann Wassersport-Wanderkarte Nr. 5

17,7	Ursprung als Ausfluss des Gletschers (47.0500,11.9625)
10,6	Wege-Ⅱ nach li zur **Waldalm** Vermutlich oberste mögliche ⬇, die ⬇ kann je nach Können und Wasserstand frei gewählt werden (47.0890,11.9059)
7,8	Hier ⬆ wenn Mündungsdelta des Stausees **X**, danach ⇩ in den Stausee (47.1091,11.8869)
6,2	re ✕ Wasserfall mit 🅿, Ende der Mautstraße (47.1190,11.8728)
5,7	▬ Staumauer Stillupspeicher Aufgrund der Wasserableitung zum ϟ bei **Mayrhofen** ist die Reststrecke so gut wie nie ≈ (47.1214,11.8669)
0,0	⇩ des Stillupbach in den Zemmbach (s. Seite 408) bei km 1,2 (47.1612, 11.8472)

Sill

WW I-II, WW III-IV, WW V-VI, Gebirgsfluss
Mündung in Inn bei km 296,2 (re Nebenfluss)

Die Sill ist ein schwerer Wildfluss, der vom Brenner nach **Innsbruck** zieht. Sie fließt im Bereich der schwierigen Wildwasserstrecke fast durchweg in einer tiefeingeschnittenen Waldschlucht. Straße und Autobahn verlaufen hoch über dem Fluss und geben kaum je den Blick auf ihn ob er frei ist.

Befahrungsregeln:	Befahrungsregeln: Befahrungsverbot von der Prinz-Eugen-Ⅱ km 0,8 bis zur ⇩ in den Inn in der Zeit vom 30.10 bis 15.04 und bei Hochwasser gem. VO vom 16.Mai 2011
Befahrbarkeit:	Frühjahr bis Frühsommer, Teilstrecken ganzjährig
Pegel:	**Innsbruck-Reichenau** km 0,9 **Puig** km 26,2 www.tirol.gv.at/umwelt/wasser/wasserkreislauf/hydro-online/ Latten-≣ Ⅱ der Straße von **Matrei** nach **Ellbögen** Für obere Sill oberhalb Europabrücke MW 90, NW 60, HW 110 Für untere Sill unterhalb Europabrücke MW 100, NW 80, HW 130 Wasser: Oberlauf sauber; unterhalb Europabrücke durch Einleitung von Abwässern zunehmend sehr starke Verschmutzung
Schwierigkeiten:	km 34,1 bis km 24,8: WW II–III / IV+

km 24,8 bis km 20,1: X Wehre!
km 20,1 bis km 2,7: WW III, IV und V
Flusscharakter: erhebliche Verblockung, treppenartiges Gefälle, je nach Wasserstand mäßige bis starke Wasserwucht.

Infrastruktur: mehrere ⛺ im Bereich der Brennerstraße

Karten: Jübermann Wassersport-Wanderkarte Nr. 5 ISBN: 978 3 929540-32-1 / Kompaß-Wandertarte Nr. 290 Rund

---

43,4 Urspung am Fuße des Wolfendorn in der Nähe des Brenners in etwa 2.400 m Höhe (46.9913,11.5472)

35,4 li ⇩ des Obernberger Seebach (s. Seite 421) in die Sill (47.0369,11.4792)

35,2 Str-II, **A 6156 Gries am Brenner** vor und nach der II re 🅿. Ab hier ist eine Befahrung zwar möglich, wegen der folgenden ■ Wehr jedoch nicht ratsam (47.0384,11.4788)

34,7 ■ Wehr **Gries** li ⏏, auf 50 m wenig Restwasser (47.0410,11.4820)

34,3 ■ Wehr **Untergries** li ⏏, auf etwa 70 m wenig Restwasser, davor re ✕ Hotel Rose (47.0446,11.4831)

34,0 Str-II B182 Brenner Straße, unterhalb **Gries**, ⬇ für die Befahrung des Oberlaufs der Sill. Nach leichtem Beginn folgt eine sehr schwierige S-Kurve mit 2 versetzten Abfällen, WW IV+ (47.0477,11.4837)

33,5 Str-II B182 Brenner Straße, Straße wechselt von li nach re (47.0518, 11.4858)

32,9 Str-II B182 Brenner Straße, Straße wechselt von re nach li (47.0561, 11.4851)

32,5 Str-II B182 Brenner Straße, Straße wechselt von li nach re (47.0604, 11.4858)

32,1 li Sägewerk Mayer, danach Betriebsweg-II, re 🚌 Stafflach (47.0633, 11.4872);
■ Steilwehr Stafflach, H etwa 3,0 m X, auf 60 m wenig Restwasser; re bis nach der Mündung des Valserbachs ⏏ (47.0636,11.4873)

32,0 re ⇩ des Valser Bach (s. Seite 420) in die Sill (47.0639,11.4875)

31,5 Str-II zum li Gewerbegebiet „Wolf", **A 6150 Steinach am Brenner** (47.0677,11.4856)

30,6 neue und alte Str-II B182 Brenner Straße (47.0749,11.4827)

29,5 ■ Schlauchwehr am Sägewerk, H etwa 2 m, evtl. ≈, wegen großer Blöcke im Unterwasser besser li ⏏. Auf 200 m wenig Restwasser (47.0812,11.4751)

29,0 Str-II, **A 6150 Steinach am Brenner-Harland**, (Höhenweg) Im weiteren Ortsverlauf überwiegend hohe Ufermauern! (47.0845,11.4716)

28,5 Str-II Bahnhofstraße und zu den Sportplätzen (47.0887,11.4685);
■ Überfallwehr Nähe 🚂 **Stainach**, H etwa 3 m; nach Besichtigung evtl. ≈. Es folgt eine sehr schöne, unverbaute WW-Strecke, allerdings zunächst auf 500 m wenig Restwasser (47.0891,11.4686)

27,9 ⇩ des Gschnitzbach (s. Seite 419) in die Sill in **A 6150 Steinach** (47.0939,

11.4674);
EB-Ⅱ (47.0940,11.4677)

26,0 ≣ **Puig** (http://www.tirol.gv.at/umwelt/wasser/wasserkreislauf/hydro-online/ (47.1061,11.4589)

25,8 Wege-Ⅱ li **A-6150 Mühlbachl-Statz** (47.1084,11.4574)

25,3 Str-Ⅱ, re **A-6150 Steinach-Puig** (47.1116,11.4529)

24,7 ■ Schlauchwehr Mühlen Ende des oberen Teilstückes der Sill, ⬆. Bis km 22,8 Restwasserstrecke, teilweise stark verblockt. Bis unterhalb **Mühlbachl** ist die Sill durch 7 große ■ durchweg **X**, total verbaut! Dieser Abschnitt muss umfahren werden (47.1156,11.4549)

23,3 Str- Ⅱ Außerweg, re **A 6145 Navis**, li **Matrei am Brenner**. Von einem ⬇ an dieser Ⅱ ist dringend abzuraten. Es folgen auf 2 km noch mehrere ■ und Stufen, **X**, ≏ sehr mühsam (47.1256,11.4525)

22,6 EB-Ⅱ, davor Rückführung des bei km 24,8 abgeleiteten Wassers (47.1312,11.4546)

22,2 ■ Wehr an der Hauptschule von **Matrei am Brenner**, allerletzte ⬆-Möglichkeit (47.1340,11.4540)

21,9 Str-Ⅱ, re **A 6143 Pfons**, li **A 6143 Mühlbachl-Ziegelstadl** (47.1366, 11.4528)

21,8 ■ Steilwehr, H etwa 3 m fürs Brenner-ϟ, **X**, keine Umtragemöglichkeit! (47.1372,11.4533)

21,7 Wege-Ⅱ am li **Altersheim**, davor ■ Sohlstufe, H etwa 1,5 m (47.1378, 11.4540)

21,6 EB-Ⅱ (47.1382,11.4547)

21,1 EB-Ⅱ, dahinter ■ Rampe, H etwa 20 m, **X** (47.1404,11.4553)

20,3 li ϟ Brennerkraftwerk (47.1456,11.4495)

20,1 ■ Wehranlage Sillwasserschloss, **X** (47.1470,11.4495)

19,9 ⬇ unterhalb des letzten ■, nahe Matreiwald HsNr. 19, **A 6143 Mühlbachl**; H etwa 890m ü. NN. Man gelangt dorthin auf einer Privatstraße der Sill-Kraftwerks-AG, die unterhalb der letzten Häuser von **Mühlbachl-Zieglstadl** zum Fluss führt. Die Befahrung dieser Straße ist verboten, wird jedoch für Kanufahrer geduldet. Das Wasser reicht noch aus, wenn die Boote hier ohne dauernde Grundberührung schwimmen. Durch Nebenflüsse nimmt der Wasserstand schnell wieder zu. Bis km 19,1: WW II–III+ (47.1487,11.4503)

19,1 ⚠ „Kettenstufe“ Stark verblockte stufige Passage WW V, Verklemmgefahr, Anlanden davor aufgrund Uferbefestigung (rechts) und Steilufer links bei mehr Wasser problematisch, unbedingt absichern. Danach WW III–IV (47.1546,11.4475)

18,3 Ⅱ Eisensteg ⚠ sofort danach „Oberer Katarakt“, eine sehr schwere Gefällstrecke, WW IV+, vor Befahrung besichtigen. Weiterhin knapp WW IV (47.1606,11.4448)

16,9 ⚠ Lange gemauerte Rutsche vor Befahrung unbedingt besichtigen, danach rückläufige künstliche Stufe (47.1705,11.4351)

15,6 ⚠ Kaskadenstrecke Ab hier bis zur Europa-Brücke zunächst auf mehreren Kilometern durchweg sehr schweres WW, unbedingt die einzelnen Katarakte und Gefällestufen besichtigen, Achtung auf verklemmte Bäume, WW IV–V+ (47.1773,11.4239)

14,2 Kaskadenstrecke, Gesamthöhe etwa 2 m (47.1874,11.4178)

13,7 Abnahme der Schwierigkeiten (47.1905,11.4192)

11,6 ▬ Staustufe zur „ϟ-gruppe Untere Sill", **X**. Vor der Staumauer ↱ und die Boote über die ▬-Krone zur Straße im Werkgelände hochtragen. Zufahrt mit Pkw von einer Abzweigung nach dem 🅿 unter Europabrücke. Die Befahrung dieser Straße wird ebenfalls geduldet. Bei ausreichender Wasserabgabe kann die Befahrung unterhalb einer Gefällebremse noch innerhalb des Werkgeländes fortgesetzt werden. Es folgt eine Restwasserstrecke! (47.2014,11.4032)

11,4 Str-Ⅱ Europa-Ⅱ hoch über dem Fluss (47.2025,11.4024)

11,1 Betriebsweg-Ⅱ im Sillwerk (47.2029,11.3986)

11,0 ▬ Sohlstufe, H etwa 0,6 m, bei gutem WS kann hier wieder eingesetzt werden (47.2035,11.3982)

10,7 Rohr-Ⅱ mit Fußweg. Li etwa 200 m zum „✕ zur Stephansbrücke" **A 6020 Schönberg im Stubaital**, Unterberg 40, 🚐. ✕ vor der Stephans-Ⅱ. Die Boote können über die Wiesen zum Fluss hinuntergetragen werden. Aber üblicherweise wird die Fahrt im Ruetzbach bei der kleinen Ⅱ km 1,0; nahe Unterberg 23, **A 6020 Schönberg im Stubaital** begonnen siehe auch dort (47.2063,11.3996)

9,3 li ⇩ der Ruetz (s. Seite 416) in die Sill (47.2137,11.3900); ⬇ Sehr interessantes WW, erheblich verblockt, WW III+ (47.2139,11.3900)

7,0 Fußg-Ⅱ Zenzenhofbrücke, li **A 6020 Mutters-Gärberbach** (47.2317, 11.3901)

6,2 EB-Ⅱ (47.2379,11.3899)

6,1 Str-Ⅱ A13 Brennerautobahn (47.2380,11.3908)

4,4 ↱ zur Besichtigung der Kernstelle der unteren Sill, Wanderweg am Fluss (47.2448,11.3981)

4,3 ⚠ Kernstelle der unteren Sill kurze Kataraktstrecke mit Stufen bis zu 1,5 Meter, je nach Wasserstand bis WW V. Bei Hochwasser gewaltige Walzen. Besichtigen und evtl. ⩍ auf einem rechtsufrigen Wanderweg gut möglich (47.2448,11.3994)

4,1 Wege-Ⅱ, Sillschluchtweg (47.2463,11.4029)

3,9 ▬ Wehranlage in Planung (47.2482,11.4046)

3,6 AB-Ⅱ, A13, Brennerautobahn, Stadtrand von **A 6020 Innsbruck** (47.2495,11.4030); die Sill wird breiter (47.2498,11.4026)

3,4 ▬ Steilwehr mit Geröllfang, H etwa 5 m, **X**, davor re ⬆ (47.2515, 11.4027)

3,3 AB-Ⅱ, A 12, Inntalautobahn hoch über dem Fluss, dahinter Str-Ⅱ (47.2523,11.4036)

2,7 Str-Ⅱ B174 Olympiastr, **A 6020 Innsbruck** (47.2576,11.4036)

2,6 ▬ Steilwehr, etwa 2,5 m hoch, **X**, übliche Beendigung der Fahrt re an

der Kiesbank nahe Olympiastr. 7 (47.2586,11.4038)
2,3 li ⛟ von **Innsbruck** (47.2614,11.4041)
1,9 Str-Ⅱ Amraser Straße, **A 6020 Innsbruck** (47.2646,11.4048)
0,8 re ≣ **Innsbruck-Reichenau** (http://www.tirol.gv.at/umwelt/wasser/wasserkreislauf/hydro-online/ (47.2729,11.4115)
0,7 Str-Ⅱ Prinz-Eugen-Ⅱ, Erzherzog-Eugen-Straße (47.2735,11.4123)
0,1 ▬ Sohlrampe, H etwa 1,5 m, Str-Ⅱ (47.2778,11.4170)
0,0 ⇩ der Sill in den Inn (s. Seite 303) bei km 296,2 und ⌂ Kajakverein NF Innsbruck, http://bootfahren.at (47.2780,11.4176)

Ruetz

Weitere Namen: Ruetzbach
WW I-II, WW III-IV, WW V-VI, Wildfluss Gletscherfluss
Mündung in Sill bei km 9,3 (li Nebenfluss)

Der Ruetzbach oder Ruetz entsteht aus mehreren Quellflüssen im Bereich der Gletscher der Stubaier Alpen. Er fließt durch das Mutterbergtal, das Unterbergtal und das landschaftlich hervorragend schöne Stubaital. Er bietet einen mehrfachen Wechsel zwischen extrem schwerem und nur mäßig schwerem Wildwasser. Er ist im Oberlauf über weite Strecken durch Sohlstufen verbaut

Pegel: **Krößbach**, km 21,3, von der Hauptstraße aus gut sichtbar. Günstig für die Befahrung des Oberlaufs 90–100 cm. www.tirol.gv.at/umwelt/wasser/wasserkreislauf/hydro-online/

Schwierigkeiten: naturtrübes Gletscherwasser mit starker Wasserführung, erhebliche Wasserwucht, in den Extremstellen schwere Verblockung. Teilweise reguliert
km 29,0 bis km 28,5 1. Schlucht: bis WW VI; Klammausgang **X**
km 28,1 bis km 27,7 2. Schlucht: Eingang WW V bis VI, dann WW IV+
km 27,7 bis km 24,9 WW II bis WW III
km 24,9 bis km 24,0 **X**
km 24,0 bis km 20,7 WW III bis WW IV
km 20,7 bis km 19,5 **X**
km 19,5 bis km 13,2 WW II
km 13,2 bis km 6,0 WW III bis WW IV
km 6,0 bis km 1,8 WW V

Karten: Jübermann Wassersport-Wanderkarte Nr. 5

37,1 Ursprung des Ruetzbaches aus mehreren Quellflüssen im Bereich der Gletscher der Stubaier Alpen, etwa 2.155 m ü NN (47.0112,11.1260)
31,7 re Wasserfall des Sulzaubaches ⚠ Es folgt eine Steilzone mit 80 ‰ Gefälle, Baumverhaue, **X** (47.0144,11.1890)
30,3 Mögliche ⬇, etwa 1425 m ü. NN, unterhalb der Steilzone für eine

Befahrung der extrem schweren Schluchten des Oberlaufs. Zunächst WW II. (47.0203,11.2043)

29,6 Str-II, Gletscherstr, B183 bei der **Tschlangelairalm**, davor und darunter Kaskadenstrecke, WW IV (47.0228,11.2126)

29,0 ⚠ Beginn der 1. Schlucht sie ist klammartig verengt. Man kann die Klamm li zunächst auf einer Forststraße und dann über einen Anglerpfad hinunter zum Fluss gut 500 m weit ⩯. Wer in die Schlucht einfahren will, muss unbedingt eine geeignete ⬆ vor dem **X** Klammausgang festlegen und absichern. Beginn der Klammstrecke mit 2 etwa 3,5 m hohen kataraktartigen Stufen. Weitere Zunahme der Schwierigkeiten mit einer verwinkelten 4 m Stufe mit anschließender Engstelle. WW VI. Nach einigen kleineren Stufen folgt der Klammausgang, ein 12 m hoher Wasserfall zwischen senkrechten, nur 3 m weit auseinanderstehenden Felswänden, absolut **X** (47.0262,11.2178)

28,6 ⚠ Klammausgang **X** (47.0289,11.2202)

28,4 Ende der 1. Schlucht, Fußg-II zunächst leicht in Kiesbett, WW II (47.0301,11.2209)

28,1 ■ Schutzwasserbau, **X** (47.0329,11.2216);
⚠ Beginn der 2. Schlucht, sie ist breiter und leichter als die 1. Schlucht. Die Ufer können bei normalem Wasserstand zur Besichtigung bzw. evtl. ⩯ begangen werden. Zu Beginn der Schlucht zunächst ein klemmgefährlicher Katarakt. WW V–VI, danach WW IV+ (47.0332, 11.2215)

27,4 Wege-II, re ⚔ Ranalt Ende der 2. Schlucht
Hier Kiessperre, evtl. li Fenster ≈, schon bei der Anfahrt besichtigen. Danach spritzige Fahrt in ab hier kanalisiertem Flussbett, WW II–III (47.0373,11.2258)

26,9 ■ Sohlrampe, **X**, H etwa 5 m, li ⩯ (47.0418,11.2272)

26,7 ■ Kiessperre evtl. re ≈ oder ⩯
es folgen mehrere Sohlstufen, max. 0,7 m hoch (47.0430,11.2277)

26,0 Str-II L232 Stubaitalstraße (47.0484,11.2324)

25,6 ■ Sohlrampe am Kieswerk **A 6167 Falbeson**, H etwa 2 m! (47.0506, 11.2371)

24,9 Str-II L232 unterhalb **A 6167 Falbeson** Straße wechselt von links nach rechts. Die Folgestrecke ist auf etwa 700 m durch etwa 26 ■ Sohlstufen mit Höhen zwischen 1,0 m bis 1,5 m total verbaut, gefährlicher Rücklauf in den Stufen, ⩯ jeweils sehr mühsam
li kleiner Badesee, 🅿-Möglichkeit. ⬆ Die Befahrung des Oberlaufs sollte hier beendet werden (47.0554,11.2408)

24,0 Ende der Kette der Sohlstufen ■, danach WW III bis WW IV (47.0622, 11.2468)

23,1 Str-II **A 6167 Neustift im Stubaital-Volderau** li ⛺ Campingplatz Edelweiß. Die Verbauungen gehen noch weiter (47.0679,11.2538)

21,8 ■ Sohlrampe, H etwa 3 m (47.0766,11.2615)

21,7 Str-II darunter ■ Geschiebesperre, etwa 2,5 m, **X** (47.0776,11.2625)

21,5 ≣-häuschen **A 6167 Krößbach** mit ≣-stufe (47.0795,11.2647)

20,9 Str-Ⅱ, Ranalter Straße, L 232, dahinter ▬ Sohlrampe, H etwa 3 m (47.0825,11.2716)

20,7 ▬ Kiessperre mit nachfolgender Sohlrampe H etwa 3 m, evtl. li Fenster ≋, schon bei der Anfahrt besichtigen. Ende der 2. Schlucht direkt unterhalb des ✕ Ranalt. Danach spritzige Fahrt in ab hier kanalisiertem Flussbett mit zahlreichen Sohlschwellen etwa 0,4 m hoch: WW II–III (47.0832,11.2729)

19,6 Str-Ⅱ B183 unterhalb **A 6167 Schaller** unterhalb ⬇ für die Befahrung des Unterlaufs, Ende der Verbauung (47.0913,11.2798)

18,1 Fußg-Ⅱ, li **A 6167 Neustift-Milders** (47.1007,11.2910)

17,8 li ⇩ Oberberger Bach anschließend WW II (47.1032,11.2926)

16,7 Str-Ⅱ B183, **A 6167 Neustift im Stubaital** (47.1077,11.3045)

16,3 li ⛺, Campingplatz Stubai, ⬇ (47.1094,11.3087)

14,3 Str-Ⅱ B183 Stubaitalstraße (47.1219,11.3251)

13,7 Fußg-Ⅱ re Sportplatz **A 6167 Neustift-Kampl** ⬇ (47.1252,11.3301)

13,2 Str-Ⅱ, re **A 6167 Neustift im Stubaital-Kampl** (47.1284,11.3322)

13,1 Fußg-Ⅱ am Ortsende, li ✕ Hotel Rastbichlhof
Zunahme der Schwierigkeiten, WW III+/WW IV (47.1291,11.3334)

10,9 Holz-Ⅱ L56, **A 6166 Medraz** (47.1430,11.3424)

9,6 Str-Ⅱ, li **A 6166 Fulpmes** (Waldrasterstraße) (47.1501,11.3534)

8,8 ▬ Wehr **A 6166 Fulpmes** nach Besichtigung evtl. ≋, Wasserableitung. ⬆ Die Fahrt wird zumeist hier beendet (47.1570,11.3575)

8,3 ▬ Sohlrampe **Fulpmes** H etwa 3 m, evtl. ≋ (47.1585,11.3594)

8,0 Str-Ⅱ L337 Telfeser Landesstraße ⬇ für die Befahrung der Ruetzschlucht (47.1602,11.3614)

7,3 Wege-Ⅱ, re **A 6142 Mieders** (Kirchbrücke) (47.1636,11.3663)

6,0 Wege-Ⅱ unterhalb **A 6165 Telfes im Stubaital** Es folgt die Ruetz-Schlucht, sie kann nur ausreichendem Überwasser selten befahren werden. Sie ist vor evtl. Befahrung unbedingt zu besichtigen. Sie hat durchgehend eine Schwierigkeit von WW IV–V, der „Klotz-Katarakt" ist deutlich leichter geworden, WW V. Er kann mühsam ⏏ werden. Etwa 400 m nach dem Klotz-Katarakt inmitten eines weiteren Kataraktes Stahlseil quer über den Fluss, ⚠ Lebensgefahr. Wenn man in den Katarakt eingefahren ist, ist ein ⬆ oder Ausweichen nahezu unmöglich (47.1728, 11.3765)

1,8 re ϟ Ruetzkraftwerk Schönberg ⬆ Beendigung der Fahrt. Alternativ ca. 300 m ⏏ (47.1997,11.3910)

1,6 ▬ Staustufe H etwa 5 m, mit nachfolgendem Tosbecken, **X** (47.2008, 11.3910)

1,0 Wege-Ⅱ, **A 6020 Schönberg im Stubaital** Zufahrt von der B182 aus in Richtung **Ruetzwerk**. li ⬆⬇, üblicherweise wird die Fahrt auf der unteren Sill hier begonnen (47.2057,11.3889)

0,4 Str-Ⅱ B182 Stephansbrücke; diese ist die größte noch erhaltene Steinbrücke Österreichs (47.2110,11.3894)

0,0 ⇩ der Ruetz in die Sill (s. Seite 412) bei km 9,3 (47.2137,11.3900)

Gschnitzbach

Kleinfluss, WW I-II, WW III-IV, WW V-VI, Gebirgsbach
Mündung in Sill bei km 27,9 (li Nebenfluss)

Tirol

Der Gschnitzbach, im Oberlauf auch als Lauterseebach bezeichnet, ist der Ausfluss des Lautersees südlich der „Äußeren Wetterspitze" in den Stubaier Alpen in etwa 2440 m Höhe. Bereits nach etwa 300 m wird er das erste Mal gestaut zur Energiegewinnung für die Bremer Hütte. Er verläuft durch das gleichnamige Gschnitztal.

Er hat zwei völlig verschiedene Abschnitte: In seinem Oberlauf verläuft er als leichtes Wildwasser im Bereich eines landschaftlich hervorragend schönen Naturparks durch weite Talböden. Unterhalb Trins, in enger Schlucht, wird der Gschnitzbach zu einem schweren Wildwasser.

Befahrbarkeit:	Frühjahr bis Juli.
	km 5,1 bis km 0,5: WW IV–V, Gefälle 35 ‰.
Pegel:	π **Steinach**; Minimum 180 cm, sehr günstig 210 cm. http://www.tirol.gv.at/umwelt/wasser/wasserkreislauf/hydro online/
Schwierigkeiten:	km 14,1–5,1: WW I–II, Gefälle 5 ‰ km 5,1–⇩: WW IV–V, Gefälle 35 ‰

22,2 Ursprung als Ausfluss des Lautersees in etwa 2.440 m Höhe (47.0002, 11.2581)

14,7 re gebührenpflichtiger Groß-🅿 für Besucher des Wasserfalls des Sandesbaches und des Mühlenmuseums; Talstation der Materialseilbahn zur Innsbrucker Hütte am Pinnisjoch, ⬇. Leichtes Wildwasser in einsamen Talböden (47.0283,11.3299)

14,2 re ⇩ Sandelsbach, mögliche ⬇ (47.0316,11.3326)

14,0 ▬ Sohlschwelle (47.0329,11.3347)

13,9 Str-Ⅱ L10, 🚌 **Gschnitz-Alfaierhof** (47.0333,11.3353)

12,0 Wege-Ⅱ am Gemeindeamt von **A 6150 Gschnitz**, begrenzte 🅿-Möglichkeit (47.0443,11.3510)

10,1 li Kiesbaggerei (47.0520,11.3716)

5,4 Fußg-Ⅱ, re großer 🅿 ✕ Liftstüberl Trins ⬆⬇ (47.0776,11.4132)

5,1 ▬ **A 6152 Trins** H etwa 3 m, evtl. li ≈. Dahinter Str-Ⅱ. Beginn der Schlucht. Steine der Uferbefestigung im Fluss. Durchgehend sehr anspruchsvolle WW-Strecke mit starkem Gefälle. Nach dem ▬ von **Trins** zunächst WW III (47.0795,11.4141)

4,7 ab einer Holz-Ⅱ steigend auf durchgehend WW IV mit einer Stelle WW V (47.0806,11.4193)

2,2 Nach einer Stahl-Fußgänger-Ⅱ Abnahme der Schwierigkeiten (47.0859,

11.4461)

1,5 Hänge-II (47.0866,11.4559)

1,2 Autobahn-II A13 Brennerautobahn hoch über dem Fluss. Darunter ▬ Sohlrampe, H etwa 1,5 m (47.0870,11.4588)

1,1 Str-II Huebenweg re günstige ⬆ mit großem 🅿 der Talstation zur Bergalmbahn. Davor Fußg-II bei einer Kapelle. Etwa 1060 m ü. NN. Bis zur ⇩ in die Sill weitere Abnahme der Schwierigkeiten, jedoch bald eingefriedete Grundstücke! (47.0876,11.4600)

0,5 re Bauernhof am Ortsanfang, Privatstraße führt bis fast zum Bach. Auf vorherige höfliche Anfrage evtl. als ⬆ möglich (47.0912,11.4648)

0,3 Fußg-II am Friedhof von **Steinach** mit ≣ **Steinach**, die Ufer sind gemauert, ⬆ nicht mehr möglich (47.0930,11.4652)

0,2 ▬ mehrstufiges Steilwehr H etwa 2,5 m; Befahrung nicht ratsam (47.0937,11.4652)

0,1 Str-II B182 Brenner-Bundesstraße in **A 6150 Steinach** (47.0939, 11.4660)

0,0 ⇩ des Gschnitzbach in die Sill (s. Seite 412) bei km 27,9 in **A 6150 Steinach** (47.0939,11.4674)

Valser Bach

WW III-IV, WW V-VI, Wildbach Gletscherbach
Mündung in Sill bei km 32,0 (re Nebenfluss)

Der Valser Bach entsteht durch Zusammenfluss von Alpeiner Bach und Tscheischbach oft auch als Zeischbach bezeichnet, die beiden Quellflüsse haben ihren Ursprung im Gletscherbereich der Zillertaler Alpen. Er rauscht mit sehr schneller Strömung, starker Verblockung und erheblichem Gefälle begleitet von der Straße durch das schmale Valser Tal und durch eine enge Schlucht. Er wird als „Dschungelfluss“ bezeichnet; Ursache dafür sind die zahlreichen Versperrungen durch Treibholz und Baumstämme, die sehr häufige und zeitaufwendige Besichtigungen erforderlich machen.

Pegel:	**St. Jodok**, km 1,0; guter Wasserstand bei 90 cm http://www.tirol.gv.at/umwelt/wasser/wasserkreislauf/hydro-online/
Schwierigkeiten:	km 8,1 bis km 1,4: WW IV-V
Karten:	Jübermann Wassersport-Wanderkarte Nr. 5

8,3 Ursprung durch Zusammenfluss von Alpeiner Bach und Tscheischbach etwa 1.320 m ü. NN (47.0374,11.5703)

8,2 Mögliche ⬇ unterhalb einer kleinen Feldscheune. Bei führt ein Feldweg, begleitet durch einen Graben, ca. 230 m hinüber zum Fluss (47.0378, 11.5689)

7,3 landw. Wege-II etwa 10 m abseits der Valser Landesstraße; Bessere ⬇, die Straße ist hier nahe am Bach (47.0406,11.5622)

5,5 ▬ Sohlschwelle, H etwa 0,4 m; Steine im Unterwasser, ≋ (47.0431,

11.5403)

5,2 ■ Streichwehr, etwa 4,0 m hoch, kaum Anlandemöglichkeit, Mitte ≈, bei HW starker Rücklauf, dann re ⌂ (47.0441,11.5377)

5,1 ■ Sohlrampe, etwa 1 m hoch, in ganzer Breite ≈, Rücklauf bei HW (47.0439,11.5366)

3,7 ■ Sohlstufe, halb verfallen 1,5 m hoch, li nach Besichtigung ≈ (47.0480, 11.5237)

3,3 ■ Sohlrampe, kommt unvermutet in einer unübersichtlichen und verwachsenen l-Kurve, etwa 2,5 m hoch, ≈, bei Rücklauf ⌂ gut möglich (47.0496,11.5196)

3,2 ⚠ Beginn einer engen Schlucht sehr starkes Gefälle, schwierige Abfälle, komplizierte. Durchfahrten, wenig Landemöglichkeit, mehrfache Baumversperrungen. WW IV mit Stellen bis WW V. Die gesamte Schluchtstrecke muss vor Befahrung besichtigt werden (47.0502,11.5182)

1,9 Ende der Schluchtstrecke (47.0569,11.5062)

1,8 landw. Wege-II. Die Fahrt kann hier beendet werden, die Boote müssen li über Wiesen zu einem Hof getragen werden (47.0577,11.5056)

1,7 ⚠ Tunnel unter Bahndamm nach Besichtigung ≈ (47.0583,11.5054)

1,4 ■ Sohlastufe oberhalb **A 6145 St.Jodok am Brenner** ⬆ kurz davor Beendigung der Fahrt, es folgen weitere Sohlstufen! (47.0608,11.5035)

0,1 Wege-II in **A 6150 Steinach a.Brenner-Stafflach** (47.0637,11.4882)

0,0 Str-II B182, ≣-Stufe H 0,5 m (47.0638,11.4878);
⇩ des Valser Bach in die Sill (s. Seite 412) bei km 32,0 (47.0639,11.4875)

Obernberger Seebach

Kleinfluss, WW III-IV, Gebirgsbach
Mündung in Sill bei km 35,4 (li Nebenfluss)

Tirol

Der „Obernberger Seebach" ist ein landschaftlich hervorragend schöner Wildbach unterschiedlicher Schwierigkeit, streckenweise sehr enges Flussbett. Seinen Ursprung hat er am Westhang des „Hohen Sattels" in den Stubaier Alpen., etwa 1920 m ü. NN. Er ist Hauptzufluss und Abfluss des gleichnamigen Obernberger Sees.

Befahrbarkeit:	Frühjahr und Frühsommer
Pegel:	http://www.tirol.gv.at/umwelt/wasser/wasserkreislauf/hydro-online/
Schwierigkeiten:	km 5,7 bis km 3,3: WW III.
	km 3,3 bis km 1,6: **X**
	km 1,6 bis km 0,3: WW IV
Karten:	Jübermann Wassersport-Wanderkarte Nr. 5

11,9 Ursprung des Obernberger Seebach (46.9728,11.3953)

5,7 landw. Wege–II bei der Kirche St. Nikolaus **A 6151 Obernberg-Außertal** li ⬇, Verlauf mit nur mäßigen Schwierigkeiten in einem sehr schönen Hochtal. ⚠ Niedrige Ⅱ! (47.0145,11.4195)

5,5 ■ 1. Wehr Außertal H etwa 2 m, evtl. ≈ oder re ⌓ (47.0153,11.4206)

5,4 ■ 2. Wehr **Außertal**, H etwa 2,0 m (47.0156,11.4220)

5,3 ■ 3. Wehr Außertal, H etwa 1,5 m, davor landw. Wege–Ⅱ (47.0161, 11.4224)

4,3 Str–Ⅱ L231 (47.0196,11.4335);
■ Wehr, evtl. ≈, oder re ⌓ (47.0197,11.4336)

3,3 ■ Wehr bei Au H etwa 2,0 m, ca. 1340 m ü. NN, ↱, ⬆, eine Weiterfahrt ist wegen der folgenden Steilzone, durchschnittlich 12,5% nicht möglich (47.0223,11.4453)

1,6 Fußg–Ⅱ bei den letzten Häusern von **A 6151 Vinaders** Wieder ⬇. Es folgt schwer verblocktes WW mit starkem Gefälle, schmales Bachbett, wenig Landemöglichkeit, WW IV (47.0278,11.4640)

0,4 Autobahn–Ⅱ A13, Brennerautobahn davor ■ Sohlstufe H etwa 0,5 m darunter Wege–Ⅱ, 🅿-Möglichkeit. Bei Ⅱ ↰ und ⬆ Fahrt beenden, Etwa 1185 m ü. NN (47.0345,11.4764)

0,2 ■ Sägewerkswehr zurückgebaut in 5x ■ Sohlstufen zu je 0,5 m Höhe. Infolge Ufermauern ist ein Ausstieg bei den 4 folgenden privaten Wege–Ⅱ sehr schwierig! (47.0354,11.4777)

0,0 Str-Ⅱ **A 6156 Gries a.Brenner** (47.0368,11.4791);
⇩ des Obernberger Seebach in die Sill (s. Seite 412) bei km 35,4 (47.0369,11.4792)

Melach

Weitere Namen: Melach-Bach
WW III-IV, WW V-VI, Wildfluss Gletscherfluss
Mündung in Inn bei km 310,3 (re Nebenfluss)

Tirol

Der Melach-Bach fließt in seinem fahrbaren Teil durch das Sellrain im Norden der Stubaier Alpen. Er ist ein außergewöhnlich schwieriger Wildfluss.

Pegel:	ab 75 cm wird die Melach sehr wuchtig. www.tirol.gv.at/umwelt/wasser/wasserkreislauf/hydro-online/
Schwierigkeiten:	sehr starkes Gefälle, erhebliche Wasserwucht, hohe Strömungsgeschwindigkeit, wenig Kehrwasser. km 13,6 bis km ⇩: WW IV-V+
Karten:	Jübermann Wassersport-Wanderkarte Nr. 5

23,4 Ursprung durch Zusammenfluss von „Längentaler Bach“ mit „Oberer Lisenser Bach“ und „Unterer Lisenser Bach“ aus den Gletschern des Lisenser-Ferner-Kogels etwa 1,8 km südlich von **A 6184 Lüsens** (47.1146,11.1345)

14,7 Str-Ⅱ, Praxmarer Straße li begrenzte 🅿-Möglichkeit. Danach verblockt mit mehreren Sohlschwellen

Bei höherem Wasserstand kann die Befahrung der Melach schon oberhalb Gries begonnen werden (47.1845,11.1499)

13,6 Wege-II, li **A 6182 Gries im Sellrain** übliche ⬇, oberhalb der Str-II nach **Praxmar** Zunächst weites Schotterbecken mit vielen kleinen Schwallen (47.1936,11.1545)

11,9 Wege-II nachfolgend verblockte Stelle, WW IV+ (47.2002,11.1732)

10,3 Str-II L13 Sellrainer Landesstraße die Straße quert von li nach re. 🚌 Marchebnerbrücke. ⚠ Unbedingt anhalten und die folgende Kataraktstrecke WW V–VI besichtigen. Weiterhin WW IV (47.2044, 11.1908)

9,0 re 🅿 am Fußballplatz von **A 6181 Sellrain** (47.2105,11.2032)

8,4 Wege-II vor **A 6181 Sellrain**,; nachfolgend enormes Gefälle, WW V bis WW VI. Die Strecke durch Sellrain wurde reguliert, Befahrung nicht zu empfehlen (47.2126,11.2106)

7,4 re ⇩ Kirchbachl, mögliche ⬇ (47.2172,11.2211)

7,0 auf ca. 300m Kataraktstrecke (47.2195,11.2248)

6,0 Str-II L13 Sellrainer Landesstr; Straße wechselt von li nach re. Es folgt auf etwa 1 km eine Kataraktstrecke mit Abstürzen von 0,3 bis 1,5 m Höhe, davor ≣ „In der Au" mit ≣-stufe (https://apps.tirol.gv.at/hydro). Unterhalb des ≣ bis zur nächsten II unbedingt besichtigen: ⚠ bei reißender Strömung laufend Veränderungen durch Muren und Baumhindernisse, WW V. Eine Stufe hat erheblichen Rücklauf, ist aber mit Schwung durchaus ≈. Es folgen noch 4 km sehr harten, überaus schnellen Wassers mit erheblicher Verblockung, WW IV (47.2252,11.2328)

5,1 Str-II L13 Sellrainer Landesstr Straße wechselt die Seite (47.2300, 11.2404)

3,1 ▬ Schrägwehr Oberperfuss mit Wasserableitung, ⬆ die Fahrt muss zumeist hier beendet werden. Eine Weiterfahrt bis km 2,3 ist nur bei HW möglich (47.2410,11.2581)

2,3 ▬ Kiessperre, **X**, H etwa 3 m, Nach dem Steinbruch oberhalb **A 6175Kematen**, ⚠ kein Stau, sondern starke Strömung durch die Öffnungen, Gefahr! Rechtzeitig ↰, ⬆, li ⏏ oder zweckmäßige Stelle zur Beendigung der Fahrt. Unmittelbar anschließend ▬ Rampe ca. 4 m hoch, **X**. Ein Weg führt li nach **Unterperfuss** (47.2466,11.2621)

1,5 Str-II, L 11, re **A 6175 Kematen in Tirol** (47.2532,11.2652)

0,3 EB-II (47.2637,11.2626)

0,2 AB-II A 12 Inntalautobahn (47.2649,11.2621)

0,0 ⇩ der Melach in die Inn (s. Seite 303) bei km 310,3 (47.2665,11.2621)

Ötztaler Ache

WW I-II, WW III-IV, WW V-VI, Wildflüsse, Gletscherflüsse
Mündung in Inn bei km 348,5 (re Nebenfluss)

Tirol

Der Ausfluss des Hintereisferners in den Ötztaler Alpen in ca. 2480 m Höhe durch das Rofental führt zunächst den Namen Rofenache. Kurz vor der Ortschaft **Vent** fließt im von rechts der Niedertalbach zu und der neue Name in den Topografischen Karten ist Venter Ache ca. 1880 m ü. NN. Bei **Zwieselstein** mündet von rechts die Gurgler Ache und bis zur ⇩ in den Inn ist der nunmehrige Name Ötztaler Ache.
Die Venter und die anschließende Ötztaler Ache fließen in einem der landschaftlich schönsten Hochtäler der Österreichischen Alpen. Die beiden Flüsse sind fast durchgehend schweres bis sehr schweres Wildwasser. Im Falle der Kenterung ist in diesen Bereichen das Bergen von Boot und Paddel meist sehr schwer bis unmöglich. Die nachfolgend gemachten Schwierigkeitsangaben beziehen sich auf MW der jeweiligen Teilstrecke s. ≣.

Befahrungsregeln: Befahrungsverbot von Fluss-km 41,9 **Zwieselsteiner Achbrücke** in **Sölden** bis Fluss-km 7,5 Brandachbrücke in **Ötz**, ausgenommen eine Befahrung zwischen 9.00 Uhr und 19.00 Uhr mit wildwassertauglichen Hartschalenbooten; privates Rafting verboten kommerzielles erlaubt! Das Befahrungsverbot der Tiroler Landesregierung gem. VO vom Nov. 2007 von der Nesslachbrücke km 20,7 bis Str-II B186 Fluss- km 18,3 tritt mit dem Anbringen der Schifffahrtszeichen in Kraft.

Befahrbarkeit: am besten August–Oktober, die Extremstellen der mittleren Ötz nur bei starkem NW November–März. Bei HW Frühjahr bis Juli werden sämtliche Teilstrecken sehr schwer bzw. **X**.
Wasserführung: Die Ötztaler Ache ist einer der wenigen Flüsse, deren Oberlauf noch nicht durch Staudämme verbaut ist, der Gletschercharakter des Flusses macht sich daher sehr deutlich bemerkbar. HW Mai–Juli, mittlere Wasserführung August–September, NW Oktober–Februar. An heißen Sommertagen am Nachmittag infolge des Schmelzwassers bis zu 0,5 m höher als am Vormittag.

Umwelt: Wasser: naturtrübes Gletscherwasser mit mäßiger Verunreinigung.

Pegel: ≣ **Tumpen**, km 12,1: Bezugspegel für Befahrbarkeit

Obere Ötztaler Ache:
Anhaltswerte bezogen auf ≣ **Tumpen**: NW/MW/HW, eine persönliche Erkundung wird hierdurch nicht ersetzt!
a) allgemein: bis 180/200250 cm
b) Kühtrainschlucht: 160/170/180 cm
c) Söldenschlucht: 170/200/240 cm

Mittlere Ötztaler Ache: bis km 7,5
Anhaltswerte bezogen auf ≣ **Tumpen**: NW/MW/HW, eine persönliche Erkundung wird hierdurch nicht ersetzt!
a) allgemein: 170/185/200 cm

	b) Au bis Köfelser Brücke: 165/200/230 cm c) Köfelser Strecke: 170/205/240 cm d) Achestürze: 150/155/160 cm e) Wellerbrücke: 160/180/195 cm
	Untere Ötztaler Ache bis ⇩ Anhaltswerte bezogen auf ≣ Tumpen:, eine persönliche Erkundung wird hierdurch nicht ersetzt! NW = 190 cm: WW III MW = 210 cm: WW II-IV HW = 240 cm: WW IV+
Schwierigkeiten:	km 42,0-37,0: WW V (Kühtrain) km 37,0-30,7: WW IV-V (obere Ötz), Gefälle 20 ‰. km 30,7-20,2: WW I-II (obere Ötz), Gefälle 9 ‰. km 20,2-8,0: WW IV-V-VI-**X** (mittlere Ötz), Gefälle 40 ‰. km 8,0-⇩: WW III-IV (untere Ötz) Gefälle 15 ‰. Flusscharakter: sehr schnelle Strömung, erhebliche Wasserwucht, auf den schwersten Abschnitten enormes Gefälle, riesige Felsblöcke, unübersichtliche Abstürze, schwere Walzen.
Infrastruktur:	⛺ **Sölden** am Fluss gelegen sowie bei **Ötz**, **Längenfeld**, **Umhausen**, **Huben** und **Haiming**. Besonderheit: die Gemeinde **Ötz** erhebt eine „Eintrittsgebühr" für die Befahrung der Ötz, allerdings anscheinend nur im Sommer.
Karten:	Jübermann Wassersport-Wanderkarte Nr. 5

41,9 ⇩ Zusammenfluss der Gurgler Ache (s. Seite 430) mit der Venter Ache (s. Seite 428) zur Ötztaler Ache etwa 1.455 m ü. NN, mit Gerölleintrag (46.9387,11.0261)

41,8 Str-II, Ötztaler Straße, B 186 re **A 6450 Zwieselstein**, davor re 🅿-Möglichkeit. Mögliche ⬆ nach Befahrung der Venter Ache bzw. mögliche ⬇ für Befahrung der Kühtrainschlucht.
⚠ Auf den folgenden 3 km bis **Sölden** fließt die Ötztaler Ache mit sehr starkem Gefälle durch eine zunehmend tiefer und enger werdende Schlucht (Kühtrain-Schlucht). Schwierigkeiten bis **Sölden** WW IV-VI (46.9400,11.0272)

41,5 ⬇ für die Befahrung der Kühtrein-Schlucht beim letzten Haus von **A 6450 Zwieselstein** ca. 1.450 m ü. NN. Befahrung nur bei niederer Wasserführung für sehr gute „Alpinpaddler". Aufwendige Besichtigungen und Umtrageaktionen. Insgesamt wenig empfehlenswert!
Am Eingang der Schlucht eine Stufe, deren Ausgang unter einem Block hindurchführt; bei höheren Wasserständen (80–90 cm) wird daraus ein Siphon. Nach 300 m führt ein kleiner Katarakt unentrinnbar in einen lebensgefährlichen Siphon, absolut **X**! Re ⩍. Es folgt ein enger

Durchschlupf, der bei NW ≋ ist. Nach 3 kleinen, leichteren Stufen erscheint die Wasseroberfläche wie abgeschnitten. Auf den nächsten 500 m enorm starkes Gefälle. Zunächst großer, 4 m hoher Abfall, ≋. Die folgenden, sehr engen und schwierigen Stufen sind, bei entsprechendem Wasserstand und falls sie nicht durch Holz versperrt sind, evtl. ≋. Bei ungünstigen Verhältnissen sofort nach der großen Stufe ↱ und die gesamte Gefällstrecke über Geröll re ⏏. Anschließend 1 km lang eng und verblockt, jedoch nicht übermäßig schwierig. Es folgt dann eine enge Passage mit einem 4 m hohen Abfall, **X**, re ⏏. Die restliche Strecke bis **Sölden** ist leichter, jedoch technisch anspruchsvoll! (46.9425,11.0277)

39,1 Str-II, **A-6450 Sölden** (Wohlfahrt) etwa 1.360 m ü.NN, li Camping Sölden Wohlfahrtstraße 22, ⬆ nach Kühtrainschlucht. Es folgt die Ortsdurchfahrt von Sölden, WW I bis WW II (46.9578,11.0129)

36,9 Ortsende von **Sölden** mögliche ⬇ für die Befahrung der oberen Ötz. Zunächst leicht WW I (46.9753,11.0114)

35,7 Str-II Kaiserbergstraße, etwa 1.330 m ü NN), **A-6450 Sölden**, mögliche ⬇; die Schwierigkeiten nehmen zu! (46.9853,11.0131)

35,3 ⚠ Beginn der Sölden-Schlucht Beginn der Schwierigkeiten. Zunächst auf 400 m WW IV–V,
⚠ 2020 hat sich die Schlucht durch einen Murenabgang verändert, daher ist die Beschreibung mit Vorsicht zu genießen! (46.9882,11.0121)

34,9 weiter auf 4 km WW IV (46.9918,11.0116)

32,3 Str-II, Ötztalstrasse, B 186 (47.0121,11.0016)

31,4 Fußg-II **A-6444 Längenfeld-Bruggen** etwa 1 250 m ü. NN, Übliche ⬆ am Ende der Söldenschlucht. Re begrenzte P-Möglichkeit. Die Schwierigkeiten lassen etwas nach WW III (47.0188,10.9953)

30,6 Abgesehen von einer kurzen Strecke WW IV sind die folgenden 10 km leicht zu befahren WW II (47.0252,10.9924)

28,5 Str-II, li etwas abseits: Ötztaler Naturcamping **A 6444 Huben bei Längenfeld** (47.0404,10.9785)

27,6 Str-II **A 6444 Huben** ≡ Huben (47.0454,10.9695)

24,2 Fußg-II, re Ötztal Längenfeld re „Aqua Dome - Tirol Therme Längenfeld“ (47.0720,10.9617)

23,4 Str-II, li **A 6444 Längenfeld-Oberried** Mögliche ⬇ für die Befahrung der mittleren Ötz (47.0783,10.9570)

20,7 Str-II, L340, li **A 6444 Längenfeld-Winklen** re P-Möglichkeit, ⬇ für die Befahrung der mittleren Ötztaler Ache (47.1006,10.9506)

20,1 vielfach wird auch erst kurz davor an einem Feldweg gegenüber „Au 260“ eingesetzt ⬇ (47.1056,10.9527);
Beginn der sehr schweren WW-Strecke, zunächst auf 500 m WW IV (47.1066,10.9529)

19,7 ⚠ Eingangskatarakt „Schräge Platte“, WW V (47.1073,10.9493)

18,7 Str-II, B 186, etwa 1.100 m ü. NN, die Straße wechselt von re auf die li Flussseite. Davor ▬ Sohlstufe, evtl. ≋ oder li ⏏. (47.1128,10.9405);
⚠ Es folgt die Zwischenbrückenstrecke, WW VI (47.1132,10.9404)

18,2 Str-Ⅱ, B186, Ötztal Straße dahinter re 🅿 und ⬇, falls die Zwischenbrückenstrecke nicht befahren wird. Bis **Umhausen** weiterhin sehr schweres Wasser, WW V (47.1151,10.9377)

17,1 Wege-Ⅱ nach li **A 6441 Köfels** etwa 1035 m ü. NN; In der li Durchfahrt stehen 2 Eisenschienen senkrecht im Wasser, die kaum sichtbar sind. Re an der B186 🚌 Abzw Köfels. Mögliche ⬆⬇ (47.1222,10.9293)

15,9 Die Schwierigkeiten lassen etwas nach (47.1307,10.9212)

15,4 schmale Wege-Ⅱ, re **A-6441 Umhausen**. Weiteres Nachlassen der Schwierigkeiten WW III, abnehmend WW II (47.1352,10.9207)

13,6 überdachte Wege-Ⅱ, **A 6441 Östermuhre** 🚌 Östen-Östermuhre, ⬆ (47.1501,10.9117)

13,3 re 🅿, ⬆ (47.1526,10.9118)

12,1 ≣ **Tumpen**; Bezugs-≣ für Befahrbarkeit (47.1628,10.9106)

12,0 Str-Ⅱ, Ötztalstrasse, B 186 (47.1636,10.9109)

10,8 Str-Ⅱ, li **A 6441 Umhausen-Tumpen** (Rieder Brücke) (47.1750,10.9104)

10,4 Wege-Ⅱ, li **A 6441 Umhausen-Tumpen** (47.1774,10.9122)

10,1 ⚠ Es folgen die Achstürze Schwerste Katarakte, hohe Stufen, mächtige Verblockung, Unterspülungen und Siphone, Gefälle 90 ‰, WW VI, eine 100 m lange, total verrammelte Strecke ist **X** und muss ⌓ werden. Von einer Befahrung bei ≣ **Tumpen** über 165 cm ist dringend abzuraten! Eine eingehende vorherige Besichtigung dürfte wohl selbstverständlich sein (47.1802,10.9124)

9,0 Str-Ⅱ, B 186, **A-6433 Oetz-Habichen**, Ende der Achstürze. (47.1883, 10.9065);
Dahinter alte Holz-Fußg-Ⅱ, ⬆⬇ Die folgende Wellerbrückenstrecke/Ötzkatarakt bis unterhalb der Weller-Ⅱ ist nur geringfügig leichter, bei extremem NW etwa WW V–VI bis **X** 50 m oberhalb der letzten hohen Stufe Siphon unter dem großen, schräg überhangenen Felsblock. Vor der Felswand liegt noch ein Stein und bildet mit dieser ein Siphon. **X**, Lebensgefahr! (47.1885,10.9055)

8,4 Weller-Ⅱ (47.1929,10.9024)

8,0 Ende der extremen Wellerbrückenstrecke, die Befahrung der Ötz kann ab hier weitergeführt werden. Man kann diese ⬇ von der folgenden üblichen ⬇ auf einem Pfad 500 m weit flussaufwärts erreichen. WW IV bis V- (47.1962,10.9030)

7,5 Holz-Ⅱ, überdacht Brandachbrücke, am südlichen Ortsende von **A 6433 Ötz**. Li Latten-≣! Grün = NW; blau = MW; rot = HW! Re übliche ⬇ für die Befahrung der unteren Ötz. Die Ufer der Reststrecke sind teilweise reguliert.
Ab hier schnelle Strömung, starke Wasserwucht, erhebliche Wellenbildung, jedoch nur mäßige Verblockung, WW IV (47.1998, 10.8991)

6,9 Str-Ⅱ, L 310, Piburger Straße, re **A 6433 Oetz** (47.2023,10.8923)

5,1 Fußg-Ⅱ kündigt die „Waldschlucht" an (47.2076,10.8748)

4,6 Str-Ⅱ, li **A-6432 Sautens** re **A-6433 Oetz-Ebene** (47.2114,10.8707)

3,2 Fußg-Ⅱ, re nach **Brunau**, Schnelle Schwallfahrt mit vielen Hindernissen bis zur ⇩ in den Inn. Warntafel auf nachfolgendes „Brunauer Wehr"! (47.2177,10.8578)

2,4 ⚠ ▬ gefährliche Sohlstufe **Brunau**! 4 m hohe Sohlrampe mit lebensgefährlichem Rücklauf, **X**, spätestens bei Ansicht der Ufermauern sofort ohne zu zögern, re in angelegtes Kehrwasser oder li anlanden, ⬆ und ⏢. Erst nach dem Rückstau wieder Einsetzen (47.2234,10.8601)

1,9 ⚠ in Linkskurve folgt „Constructa" WW IV bis WW V; vom re Ufer aus besichtigen! (47.2272,10.8558)

1,6 re mögliche ⬆, re 🅿 (47.2268,10.8527)

1,0 Str-Ⅱ, B 171, nachfolgend „Area 47" ein Freizeit-Center (47.2280, 10.8474)

0,1 EB-Ⅱ, davor überdachte Fußg-Ⅱ. Hier li mögliche ⬆ falls man die „Imster Schlucht" nicht befahren will, ein Weg führt von der B 171, etwa 300 m südlich der Str-Ⅱ zum 🅿 des Freizeit-Centers und weiter zur ⬆ (47.2319, 10.8396)

0,0 ⇩ der Ötztaler Ache in den Inn (s. Seite 298) bei km 348,5 (47.2322, 10.8384);
Die Fahrt wird zumeist 4,2 km weit bis zur li ⬆; mit 🅿 vor Metallbogen-Ⅱ von **A-6425 Heiming** auf dem Inn fortgesetzt. Es folgen noch sehr schöne Schwallstrecken, WW III

Venter Ache

Weitere Namen: Rofenache
WW III-IV, WW V-VI, Gletscherfluss
Mündung in Inn bei km 41,9

Der Ausfluss des Hintereisferners in den Ötztaler Alpen in ca. 2.480 m Höhe durch das Rofental führt zunächst den Namen Rofenache. Kurz vor der Ortschaft Vent fließt im von rechts der Niedertalbach zu und der neue Name in den Topografischen Karten ist Venter Ache (ca. 1.880 m ü. NN). Bei Zwieselstein mündet von rechts die Gurgler Ache und bis zur Mündung in den Inn ist der nunmehrige Name Ötztaler Ache.

Die Venter und die anschließende Ötztaler Ache fließen in einem der landschaftlich schönsten Hochtäler der Österreichischen Alpen. Die beiden Flüsse sind fast durchgehend schweres bis sehr schweres Wildwasser. Im Falle der Kenterung ist in diesen Bereichen das Bergen von Boot und Paddel meist sehr schwer bis unmöglich. Die nachfolgend gemachten Schwierigkeitsangaben beziehen sich auf MW der jeweiligen Teilstrecke (s. Pegel).

Befahrbarkeit: am besten August–Oktober, die Extremstellen der mittleren Ötz nur bei starkem NW (November–März). Bei HW (Frühjahr bis Juli) werden sämtliche Teilstrecken sehr schwer bzw. unfahrbar.

Umwelt: naturtrübes Gletscherwasser mit mäßiger Verunreinigung.

Pegel:	Bezugspegel: Vent (altes Feuerwehrhaus) (NW/MW/HW): obere Venter Ache: 65/78/90 cm Heiligkreuzschlucht: 45/60/75 cm untere Venter Ache: 50/75/100 cm
Schwierigkeiten:	km 13,7-7,8: obere Venter Ache: WW IV-VI km 7,8-4,5: Heiligkreuzschlucht: WW IV-V km 4,5-⇩: untere Venter Ache: WW III-V
Infrastruktur:	⛟ Sölden (am Fluss gelegen) sowie bei Ötz, Längenfeld, Umhausen, Huben und Haiming.
Karten:	Jübermann Wassersport-Wanderkarte Nr. 5

25,4 Ursprung der Venter Ache aus den Gletschern der Ötztaler Alpen in 2.480 m Höhe. Der Name des Flusses ist hier noch Rofenache (46.8144, 10.7923)

13,9 ≣ **Niedertalbach/Vent** an ▬ Sohlstufe, X (46.8564,10.9106)

13,7 re ⇩ Niedertalbach, ca. 1.880 m ü. NN. Der rund 11 km lange Niedertalbach entspringt aus dem Gletscher der Mutmalspitze in ca. 2.800 m ü. NN. Er könnte ≈ sein auf ca. 4,5 km, überwiegend in einer Klamm WW V-VI. Der Zugang ist möglich indem man dem Weg zur Martin-Busch-Hütte auf 4,5 bis 4,8 km folgt. Der Weg verläuft immer etwa 40 m bis 60 m hoch über dem Dach. Nach dem Abseilen von Boot und Paddler bei rund 55% Hangneigung beginnt die Fahrt in ca. 2.140 m ü. NN. Entsprechend der gewählten ⬇ folgt nach 300 m bis 500 m die Klamm. Einmal in der Klamm, bei einem durchschnittlichen Gefälle von 58 ‰, gibt es kein Zurück mehr! Eine Befahrung ist daher nicht empfehlenswert (46.8579, 10.9112)

13,5 Str-II, Venter Straße, L 240, **A-6458 Sölden Vent** (46.8592,10.9133)

13,4 Str-II, davor Fußg-II, danach li Talstation der Wildspitz-Sesselbahn; 🅿-Möglichkeit, mögliche ⬇ (46.8593,10.9142)

12,3 landw. Wege-II mögliche ⬇ unterhalb Vent, li begrenzte 🅿-Möglichkeit Bei MW schneller, eiskalter Gletscherfluss mit Walzen und Verblockung, durchgehend WW III mit Stellen WW IV. Bei HW wird die Venter Ache sehr gefährlich, da auf der gesamten Strecke ein Schwimmer ohne fremde Hilfe fast keine Möglichkeit hat, ans Ufer zu gelangen. Die Strömung ist reißend und zieht immer zur Mitte.
(46.8677,10.9217)

9,6 ⚠ Schwerste Stelle der oberen Venter Ache auf Höhe einer Lawinengalerie (46.8813,10.9421)

8,5 ⬆ vor der folgenden Klamm vor der Fahrt besichtigen (46.8920,10.9528)

8,4 ⚠ es folgt eine zumindest bei hohen Wasserständen X Klammpassage (46.8923,10.9531)

8,3 Str-II, Venter Strasse, L 240, vor **A-6450 Sölden-Winterstall** Darunter weitere sehr schwere Stelle, bei HW evtl. X. Wenn es nicht gelungen ist, nach einer Kenterung Boot und Schwimmer vor der II zu bergen, besteht dazu kaum mehr eine Möglichkeit. (46.8929,10.9544)

7,8 Wege-Ⅱ, re **A-6450 Sölden-Winterstall** etwa 1.710 m ü. NN. ⬇, Die Venter Ache zieht danach ohne Kehrwasser und Ruhepause in die folgende Heiligkreuzschlucht hinein.
Die Schwierigkeiten nehmen hier, auch bei Normalwasser, erheblich zu. WW IV, mit zahlreichen Stellen WW V und einzelnen Stellen WW VI, starke Verblockung, in der Klamm auch Wasserwucht. Eine eingehende Besichtigung ist unbedingt anzuraten, in der Klamm ist dabei insbesondere auch auf Lawinenreste und verklemmtes Holz zu achten, ein kleiner Korkenzieher-Wasserfall muss evtl. umhoben werden.
Bei höheren Wasserständen wird die Klamm schnell **X**, ein günstiger (niedriger) Wasserstand bedeutet zumeist, dass das Wasser für eine Befahrung ab km 12,3 knapp oder unzureichend ist.
Die Heiligkreuzschlucht ist nur bei NW (meist ab Mitte September) ≈ (46.8965,10.9571)

7,0 landw. Wege-Ⅱ über der Schlucht ⬇ (46.9018,10.9631)

6,6 Str-Ⅱ, L 240, Venter Strasse über der Schlucht (46.9041,10.9670)

6,4 ⚠ Kernstellen der Heiligkreuz-Schlucht teilweise Zwangspassagen (46.9049,10.9690)

5,6 li oben die Kirche von **Heiligkreuz** (46.9088,10.9764)

4,5 1.Str-Ⅱ **A 6450 Heiligkreuz** beim Bauernhof „Lehen". ⬇, falls die Klamm nicht befahren wird; etwa 1630 m ü. NN. li 🅿-Möglichkeit. Schwierigkeiten im Wesentlichen unverändert, WW IV+ (46.9173,10.9833)

2,7 2. Wege-Ⅱ **A 6450 Heiligenkreuz** davor Absturzkette (46.9225,10.9882); Gefällestufen, bei MW etwa WW VI–V, unbedingt vor Befahrung besichtigen (46.9278,10.9994)

0,8 Wege-Ⅱ zum re Sportplatz ⬆, li 🅿-Möglichkeit (46.9345,11.0199)

0,0 re ⇩ Zusammenfluss der Gurgler Ache (s. Seite 430) mit der Venter Ache zur Ötztaler Ache (s. Seite 423) etwa 1.455 m ü. NN, mit Gerölleintrag (46.9387,11.0261)

Gurgler Ache

Kleinfluss, WW I-II, WW III-IV, WW V-VI, Gletscherfluss
Mündung in Inn bei km 41,9 (re Nebenfluss)

Tirol

Das Quellgebiet liegt unter dem Großen Ramolkogel in den Ötztaler Alpen.

Die Gurgler Ache ist wie die Ötztaler Ache ist einer der wenigen Flüsse, deren Oberlauf noch nicht durch Staudämme verbaut ist, der Gletschercharakter des Flusses macht sich daher sehr deutlich bemerkbar.

In der 3 km langen Strecke unterhalb dem „Sahne-Stüberl" ist nach einem gewaltigen Felssturz in der Mitte der Klamm eine Befahrung nicht mehr möglich, bzw. die Reststrecke kaum mehr lohnend.

Befahrungsregeln: Sicherheitshinweis: Einsetzen nur, wenn die Gurgler Ache

	ungetrübtes grünes Wasser führt!
Befahrbarkeit:	Nur bei NW
Pegel:	**Obergurgl**, km 10,1: www.tirol.gv.at/umwelt/wasser/wasserkreislauf/hydro-online/
Schwierigkeiten:	km 9,8 bis km 2,3 WW II bis WW V km 2,3 bis km 0,2 **X**
Karten:	Jübermann Wassersport-Wanderkarte Nr. 5

18,9 Ursprung als Ausfluss aus dem Gurgler Ferner in 2.450 m Höhe (46.8035, 10.9871)

9,8 Wege-II zum Ramolhaus oberste mögliche ⬇, ca. 1 km WW II (46.8663, 11.0201)

9,4 ≣ re **Obergurgl**, MW = 1,10 m (46.8690,11.0224)

8,7 Wege-II, re **A 6456 Obergurgl** etwa 1,2 km WW IV bis WW V (46.8735, 11.0264)

7,4 Wege-II, li **A 6456 Poschach** nachfolgend etwa 2 km WW III (46.8829, 11.0347)

5,6 re Talstation der Hochgurgler Bahn 🚌, Reststrecke WW IV bis WW V mit unfahrbaren Teilstücken (46.8976,11.0392)

4,9 Str-II, Gurgler Strasse, B 186 (46.9036,11.0395)

2,2 li ⬆ vor Beginn der Klamm **X** (46.9257,11.0439)

0,3 Wege-II, davor Ende der Klamm (46.9378,11.0285)

0,2 Str-II, B 186, Gurgler Strasse bei **Zwieselstein**, **A-6450 Sölden**, Schwallstrecke (46.9382,11.0274)

0,0 ⇩ Zusammenfluss der Gurgler Ache mit der Venter Ache (s. Seite 428) zur Ötztaler Ache (s. Seite 423) etwa 1.455 m ü. NN, mit Gerölleintrag (46.9387,11.0261)

Pitzbach

Weitere Namen: Pitze
Wildwasser, Gletscherfluss
Mündung in Inn bei km 354,6 (re Nebenfluss)

Tirol

Der Pitzbach oder Pitze ist der Ausfluss des Mittelbergferners und fließt durch das landschaftlich hervorragend schöne Pitztal zwischen den Dreitausendern des Kaunergrates und des Geigenkamms. Noch oberhalb von **Mittelberg** wird dem Pitzbach ein Großteil des Wassers entzogen und zum Kaunertalkraftwerk/Inn abgeleitet.

Befahrbarkeit:	Juli – Oktober, Die Befahrbarkeit des Oberlaufes sollte durch einen Blick in die Kitzgartenschlucht abgeschätzt werden. Als Gletscherfluss kann der Pitzbach bei entsprechender Wetterlage sehr schnell und hoch ansteigen bis 70 cm, die Grenzen des Möglichen, werden dann schnell erreicht. Eine Befahrung des Pitzbaches

	sollte daher bei heißem Sommerwetter bis gegen Mittag abgeschlossen sein.
Pegel:	Latten-≣ bei **Wiesle**, km 13,2 gutes MW bei 130–150 cm, HW = 170 cm.
	Wenns: NW = 40 cm; MW = 50 cm; HW = 60 cm
Pegel Link:	www.tirol.gv.at/umwelt/wasser/wasserkreislauf/hydro-online/
Schwierigkeiten:	km 32,6 bis km 30,1: WW IV.
	km 30,1 bis km 18,3: WW II, Stellen WW IV und VI
	km 18,3 bis km 8,0: WW V–VI
	km 8,0 bis ⇩: WW III bis WW IV meist wegen Wassermangels X
	Flusscharakter: sehr schnelle Strömung, Wasserwucht, sehr starke Verblockung, schwierige Abfälle.
Karten:	Jübermann Wassersport-Wanderkarte Nr. 5

40,8 Ursprung in den Gletschern der Ötztaler Alpen (46.9297,10.9018)

37,5 ■ Staustufe, Ableitung zum Gepatsch-Stausee (46.9518,10.8841)

35,9 li ⇩ Taschachbach (s. Seite 433) in den Pitzbach (46.9616,10.8713)

32,8 Wege-Ⅱ, am Ortsende von **A 6481 Plangeross** ⬇. 🅿-Möglichkeit vor der Volksschule, re 🚌
Es folgt bis Weißwald eine Strecke mit 45 ‰ Gefälle, enge Verblockung, Baumhindernisse, WW IV (46.9878,10.8665)

31,9 Wege-Ⅱ, **A 6481 Sankt Leonhard-Weißwald** re ca. 200 m zum 🚌 **Plangeroß-Weißwald**. Ab hier zumeist WW II (46.9954,10.8667)

30,8 Wege-Ⅱ vor **A 6481 Köfels** auf einer Strecke von 400 m WW IV, anschließend weiterhin WW II. Eine Stelle WW IV (47.0045,10.8666)

23,4 Str-Ⅱ, li Gemeindeamt von **A 6481 St. Leonhard im Pitztal** kurz davor kurzer Abschnitt mit WW IV+. Danach auf 400 m WW IV, mit einer Stelle WW VI, anschließend weiterhin WW II (47.0640,10.8487)

18,2 Wege-Ⅱ; re **A 6481 Hairlach** H ca. 1270 m ü. NN, gute ⬇. Von dieser Ⅱ bis zum Ende der WW-Strecke bei **Wenns**; fast durchgehend WW V, selten darunter, öfter darüber. Für diese Standardstrecke maßgeblich ≣ **Wenns** NW = 40 cm; MW = 50 cm; HW = 60 cm (47.1002,10.8193)

18,1 Str-Ⅱ L16 Pitztal Landesstraße ⚠ Unter der 2. Ⅱ am Ortsende von **A 6481 Hairlach** befinden sich mehrere senkrecht stehende Eisenträger in 60 cm Abstand. Sie sind bei NW vom Wasser aus nur schwer zu erkennen. Vorsicht! (47.1009,10.8188)

17,3 ■ Wehr zum ϟ Pfurmühl (47.1064,10.8120)

17,1 Str-Ⅱ, **A 6481 St. Leonhard-Obermühl** Es folgt die <u>Kitzgarten-Schlucht</u>, auf einer Strecke von 0,8 km WW V, 60 ‰ Gefälle, Besichtigung von einem guten Weg am re Ufer aus möglich (47.1082,10.8107)

16,7 Str-Ⅱ, re **A 6481 St. Leonhard im Pitztal-Zaunhof** (47.1108,10.8072)

15,5 Str-Ⅱ, li **A 6481 St. Leonhard im Pitztal-Wiese** (47.1155,10.7959)

14,2 ■ Schlauchwehr vor Rietzenried (47.1213,10.7833)

14,0 ■ Steilwehr Ritzenried etwa 2,5 m hoch, evtl. ≈. Dahinter ■ Sohlstufe

	1 m hoch, ⬆ Wegen der Schwierigkeiten in der folgenden Pitzschlucht wird die Befahrung vielfach hier beendet (47.1215,10.7807)
13,5	▬ Wehr bei **Wiesle** im Bau 2013 (47.1247,10.7785)
13,2	Wege-II, li **A 6474 Wiesle** Latten-≡! ⚠ Weiterhin WW V– WW VI (47.1267,10.7748)
12,3	Str-II L16, Abzweig zur Berghütte Graslehn Ende der Standardstrecke, li ⬆, Rückführung des bei km 13,6 abgeleiteten Wassers. Die Schwierigkeiten betragen weiterhin WW V. Es folgt die 1,7 km lange unzugängliche Pitzschlucht, WW V, Mittelteil etwas leichter, evtl. Lawinenholz. Besichtigungsmöglichkeit: Vom ✕ „Schön“, Schön 96, **A 6474 Jerzens**; etwa km 11,5 aus 50 m durch den Wald absteigen zu den Naturkanzeln hoch über der Schlucht (47.1308,10.7654)
10,5	Str-II **A 6474 Niederhof** nach li **A 6474 Kienberg**, Ende der Pitzschlucht (47.1392,10.7480)
9,7	Str-II oberhalb **A 6474 Jerzens** es folgt eine 1,5 km lange Waldschlucht, WW IV, auf 500 m **X**, abseilen der Boote (47.1454,10.7420)
8,0	▬ Klappenwehr **Pitzbach**, **X**, das gesamte Wasser des Pitzbaches wird normalerweise über ein ϟ in den Inn geleitet. Eine für eine Weiterfahrt ausreichende Wasserabgabe erfolgt nur sehr selten, bei ausgesprochenem HW. Die Wasserabgabe kann beim Schleusenwärter erfragt werden. Die Reststrecke bis zum Inn bietet mit einem Gefälle von 20 ‰ eine rasante WW-Fahrt, bis WW III (47.1594,10.7370)
1,7	Str-II L 243 hoch überm Fluss, li **A 6471 Arzl im Pitztal** bis zur ⇩ Verlauf in „Pitzeklamm“ (47.2041,10.7677)
0,0	EB-II (47.2133,10.7796); ⇩ des Pitzbach in den Inn (s. Seite 298) bei km 354,6 (47.2134,10.7797)

Taschachbach

Wildwasser, Kleinfluss, Gletscherbach
Mündung in Pitzbach bei km 35,9 (li Nebenfluss)

Tirol

Der Taschachbach fließt durch ein eindrucksvolles Hochtal der Ötztaler Alpen, zwischen Bergen von weit über 3000 m Gipfelhöhe. Er ist ein sehr schwerer Wildbach. Bei km 1,3 wird der Bach gestaut und ein Großteil des Wassers zum ϟ **Kaunertal** am Inn abgeleitet. Für die Weiterfahrt zum Pitzbach verbleibt nur ganz selten ausreichend Restwasser.

Befahrungsregeln:	keine bekannt
Befahrbarkeit:	der Taschachbach bezieht sein Wasser aus mehreren umliegenden Gletschern; seine Wasserführung ist daher abhängig von deren Schmelzwasser. Bei HW sollte von einer Befahrung eher Abstand genommen werden.
Schwierigkeiten:	km 6,0 bis km 4,2: nur gering km 4,2 bis km 3,7: **X**

	km 3,7 bis km 1,3: WW IV-V Eingehende Besichtigung der gesamten Strecke von der begleitenden Straße aus unerlässlich. km 1,3 bis km 0,0: wegen Wassermangels **X**
Karten:	Jübermann Wassersport-Wanderkarte Nr. 5

8,9 Ursprung als Ausfluss des Taschachferners ca. 2.350 m ü. NN (46.9008, 10.8249)

6,0 Fußg-II ehemaliger Fußweg zum Tachachhaus wegen Steinschlaggefahr gesperrt; H etwa 2040 m ü. NN, oberste mögliche ⬇ bei gutem WS. Auf ca. 1,5 km verhältnismäßig leicht (46.9214,10.8296)

4,2 ⚠ Beginn der Gefällzone, etwa 1980m ü. NN, **X**, re auf der Forststraße ⩍ (46.9349,10.8399)

3,6 mögliche ⬇ unterhalb der Gefällzone, etwa 1930 m ü. NN. Es beginnt der schwere Abschnitt, eine Buckelpiste mit extremem Gefälle, viele verklemmungsgefährliche Schlitze, mehrere Abrisskanten ohne Blick in das Unterwasser, durchweg WW IV–V, mit mehreren Stellen WW V (46.9386,10.8439)

1,3 ▬ Staumauer etwa 1800 m ü. NN; ⬆ der Bach wird gestaut und ein Großteil des Wassers zum ↯ **Kaunertal** am Inn abgeleitet. Für eine Weiterfahrt zum Pitzbach verbleibt selten ausreichend Restwasser (46.9536,10.8614)

0,7 oben li die Taschach-Alm Ende der öffentlichen Straße; die Boote müssen von hier zur ⬇ etwa 3 km bzw. 5 km gekarrt werden (46.9565,10.8680)

0,0 ⇩ Taschachbach in den Pitzbach (s. Seite 431) bei km 35,9 (46.9616, 10.8713)

Sanna

WW III-IV, Gletscherfluss
Mündung in Inn bei km 376,0 (li Nebenfluss)

Tirol

Die Sanna ist ein zwar nur kurzer, jedoch sportlich sehr interessanter Fluss, der durch den Zusammenfluss von Rosanna und Trisanna entsteht. Die Sanna wird manchmal im Zusammenhang mit der Rosanna und/oder der Trisanna befahren, allerdings ist eine durchgehende Befahrung wegen der Befahrungsverbote auf Rosanna und Trisanna im Mündungsbereich nicht möglich. Infolge vorgeschalteter Stauanlagen macht sich der Gletschercharakter des Flusses kaum bemerkbar.

Befahrungsregeln:	Privates Rafting verboten, Befahrung nur zwischen 9.00 und 19.00 Uhr
Befahrbarkeit:	ganzjährig
Pegel:	alter Lattenpegel Sanna–II Landeck km 0,9, bester ☰-stand etwa 150, NW 120, HW ab 190 Online-☰ **Landeck-Bruggen**: als app: https://apps.tirol.gv.at/hydro

	www.tirol.gv.at/umwelt/wasser/wasserkreislauf/hydro-online/
Schwierigkeiten:	km 7,1 bis ⇩: WW III/IV+ Verblockung, starkes Gefälle.
Infrastruktur:	Sport Camp **Landeck**, am Fluss gelegen, jedoch keine Zelte! Riffler, **Landeck** in **Prutz** am Inn Via Claudiasee in **Pfunds** am Inn

7,1	Ursprung durch Zusammenfluss von Rosanna (s. Seite 435) und Trisanna (s. Seite 439) zu Sanna, ⬇; etwa 868 m ü. NN) li, gegenüber vom **Wiesberg**, Gemeinde **A 6552 Tobadill**, Zufahrt über **Silvretta-**Hochalpenstraße auf der re Seite. Die Schwierigkeiten der Sanna liegen durchweg bei mindestens WW III, an den nachfolgend erwähnten Stellen bei WW IV+ (47.1173,10.4904)
6,9	re 🅿 gute ⬇ Vorsicht beim überqueren der Strasse (47.1181,10.4925)
5,8	Str-II, B 188, Patznaumtalstrasse, anschließend Fußg-II Erich-Lederle-II und kleiner Katarakt mit scharfer Rechtskurve „Schiefes Eck", WW III+. Es folgen verblockte Engstellen und Schnellen, sowie Abstürze bis 50 cm Fallhöhe (47.1264,10.4986)
4,4	Str-II, **A 6551 Pians** Danach der 400 m langes ⚠ Katarakt von **Pians**, WW IV+, die schwierigste Stelle der Sanna (47.1343,10.5115)
3,1	landw. Wege-II, li **Grins-Gurnau** (47.1364,10.5265)
2,5	Str-II, S 16 Arlberg Schnellstraße (47.1381,10.5331)
1,8	Str-II S16 Arlberg Schnellstraße (47.1408,10.5414)
1,5	▬ langgezogene Sohlrampe; Gesamthöhe etwa 0,7 m am Ortsanfang von **Landeck** Steinschüttung, gut ≈ (47.1404,10.5463)
0,9	Str-II, B 171, **A-6500 Landeck**, danach li möglicher ⬆ (47.1407,10.5541)
0,3	re Camping Riffler, Bruggfeldstr. 2, **A-6500 Landeck**, www.camping-riffler.at (47.1429,10.5606)
0,2	Str-II, **A 6500 Landeck** (Burschlweg) (47.1433,10.5617)
0,1	**Landeck-Bruggen** dahinter ▬ Sohlrampe, nach Besichtigung evtl. ≈, bei NW steckgefährlich, H etwa 1,5 m (47.1437,10.5633)
0,0	⇩ der Sanna in den Inn (s. Seite 298) bei km 376,0 (47.1438,10.5642)

Rosanna

WW III-IV, WW V-VI, Gletscherfluss
Mündung in Sanna bei km 7,1 (li Nebenfluss)

Tirol

Die Rosanna fließt in einem landschaftlich hervorragend schönen Tal zwischen den Bergen der Verwall-Gruppe
im Süden und den Lechtaler Alpen im Norden, jeweils mit Gipfelhöhen von etwa 3.000 m. In sportlicher Hinsicht gehört die Rosanna zu den interessantesten Flüssen Tirols. Der bisher wohl nur selten befahrene Oberlauf, oberhalb **St. Anton**, bietet

extrem schweres Wildwasser, aber auch die übliche Kajakstrecke, unterhalb **St. Anton**, ist noch recht anspruchsvoll, auch wenn sie durch Regulierungsarbeiten erheblich verloren hat.

Befahrungsregeln:	Gemäß Verordnung der Tiroler Landesregierung von 1992: Ganzjähriges Befahrungsverbot von 150 m westlich der Str-II bei **Flirsch** km 7,0 bis zum Sägewerks-■ **Strengen** km 4,1. Gemäß Verordnung der Tiroler Landesregierung von 1993: Ganzjähriges Befahrungsverbot vom Sägewerks-■ **Strengen** km 4,1.bis zum Zusammenfluss mit der Trisanna, gemäß Schreiben der Tiroler Landesregierung vom 10. 12. 2013 gilt BV ab km 7,0 nach wie vor! Sicherheitshinweis: wegen Eisenträger im Fluss sollen die BV beachtet werden!
Befahrbarkeit:	km 29,9 bis km 26,0 und km 19,6 bis km 1,5 wahrscheinlich ganzjährig, km 25,0 bis km 21,7 nur bei HW.
Pegel:	Sanna-≣ in **Landeck-Bruggen**; für die Teilstrecke von km 29,9 bis km 21,7 sind günstig 170–190 cm, für die Reststrecke 160 cm. Bei einem ≣ von über 200 cm wird auch die Wolfsschlucht kritisch.
Schwierigkeiten:	km 29,9 bis km 21,7: WW IV, V und VI **X** km 19,6 bis km 1,5: WW III/IV+
Infrastruktur:	⛺ in **Landeck**, jedoch keine Zelte! ⛺ in **Prutz** am Inn ⛺ Via Claudiasee in **Pfunds** am Inn ⛺ Camping **Arlberg** km 14,1
Literatur:	S. auch P. Dinter, Kajakfahrten
Karten:	Jübermann Wassersport-Wanderkarte Nr. 5

42,0 Ursprung aus den Gletschern der Verwall-Gruppe, etwa 2.600 m ü. NN (46.9855,10.1682)

29,9 oberste mögliche ⬇ bei gutem WS; etwa 1650 m ü. NN, Es folgt eine natürliche Kaskadenstrecke, Zufahrt über einen Weg, der oberhalb von St. Johann von der Hauptstraße abzweigt und erst nach 3 km den Fluss erreicht. Die Fahrt ist nur bis zu einem Wander-🅿 möglich (= ⬆), die Reststrecke bis zur ⬇ müssen die Boote etwa 3 km weit gekarrt werden, da die Forststraße für den öffentlichen Verkehr gesperrt ist.
Bachcharakter: eng, verwinkelt, stark verblockt, teilweise sehr steil, wenig wuchtig, schluchtartig, alles gut zu ⏏. Etwa 800 m nach der ⬇ verengt sich der Bach und läuft unvermittelt in einen Siphon, unbedingt vor Befahrung besichtigen, anhalten vor dem Siphon fast unmöglich.
Es folgt eine 2 m hohe Stufe, Verklemmungsgefahr.
Nach einem flacheren Teil folgt eine 4 m-Stufe mit sauberem Unterwasser, Mitte nach re gut ≈
(47.0727,10.1919)

27,6 ⚠ Es folgt eine 900 m lange Steilzone, 60–80 ‰ Gefälle, vor Befahrung unbedingt besichtigen, oft Baumversperrungen (47.0906,10.2031)

26,4 ⚠ Nach einem flacheren Teil folgt Wege-II; etwa 1488 m ü. NN mit ≣ „Salzhütte" günstig 30 bis 40 cm; gute ⬆. Eine Weiterfahrt bis in den See ist möglich, es folgt zunächst eine natürliche Rampe H etwa 1,0 m, noch ein enger Schlitz und ein Holzfang, **X**, ⌓, 🚐 (47.0964,10.2129)

25,5 ▬, 20,0 m hohe Staumauer etwa 1480 m ü. NN, zum Speicher-ϟ **Rosanna** bei km 21,7. Re ⌓ mit hinabklettern zum Fluss möglich, mühsam. Eine Weiterfahrt ist nur bei HW mit ausreichender Wasserabgabe möglich, im Herbst meist trocken (47.1024,10.2176)

25,0 Wege-II, davor li ⚔ „Verwall" etwa 1438 m ü. NN, Verwallweg 122, **A-6580 St. Anton**. Die Zufahrt mit PKW ist bis morgens 9.00 Uhr erlaubt. Beginn der 2. Teilstrecke. Sie sollte vor einer evtl. Befahrung unbedingt über einen Fußweg besichtigt werden, der vom ϟ bei km 21,7 in die untere Schlucht führt. Zunächst leicht WW II (47.1051,10.2225)

24,5 ⚠ nach kurzer Klamm Steigerung der Schwierigkeiten bis WW V. Die Klamm kann durch Baumversperrungen **X** werden (47.1085,10.2239)

23,0 ⚠ Der Katarakt am Ende der Schlucht Gefälle etwa 50 ‰ ist wahrscheinlich immer **X**, re ⌓ möglich. Der Rosannaweg Forstweg begleitet flussnah den Bach (47.1163,10.2382)

21,7 ▬ Staustufe ϟ **Moosbach**, ⬆, Ende der Fahrt. Zufahrt mit Pkw möglich (47.1206,10.2521)

21,3 II Röhren der S16 Arlberg Schnellstraße, Arlbergtunnel (47.1224, 10.2562)

20,9 Wege-II, Alpenrosenweg, anschließend Wege-II nahe Rosannaweg 2, **A-6580 St. Anton**, hier führt der Weg am li Ufer zum ϟ und zum Fußweg in die Schlucht vorbei (47.1240,10.2592)

20,4 ⚠ die Rosanna verschwindet in Tunnel unter EB und Straße, **X** (47.1262, 10.2649)

19,6 **St. Anton** gegenüber Hauptschule. Übliche ⬇; etwa 1282 m ü. NN bei einem 🅿 entlang der B197-Arlbergstraße, zwischen Straße und Fluss. Herrliches, leicht verblocktes WW, erhebliche Strömungsgeschwindigkeit, WW III (47.1310,10.2724)

19,4 Wege-II, Friedhofsweg, **A-6580 St.Anton**, li Wertstoffhof (47.1322, 10.2746)

18,9 Rettungsweg-II für Arlberg-Straßentunnel der S16, mehrere Sohlschwellen, mögliche ⬇ (47.1352,10.2789)

18,4 Str-II, B 197, Arlbergstraße (47.1365,10.2826)

18,1 Str-II, B 197, Arlbergstraße, li **A 6580 St. Anton-St. Jakob** (47.1382, 10.2842)

17,6 EB-II (47.1392,10.2894)

17,3 ▬ Sägewerkswehr **St. Jakob** im „Gsörer-Au-Weg", etwa 1237 m ü. NN; H rund 3,0 m, in ▬-Mitte evtl. ≈. Weiterhin WW III (47.1403,10.2930)

16,5 Wege-II, Gsörer Au-Weg nach dem Sägewerk Flussabwärts begleitet re und li ein Weg die Rosanna. Nach etwa 400 m, etwas unterhalb der Fußg-

Ⅱ zu dem Weg der vom „Tiroler Hof Landauerweg 3 her kommt, befindet sich die empfohlene ⬇; etwa 1223 m ü. NN für die Befahrung der mittleren Rosanna (47.1409,10.3024)

15,5 Str-Ⅱ von li B197 nach re S16-Arlberg Schnellstr (47.1430,10.3146)

14,0 re ⛺ Camping Arlberg **A-6574 Pettneu** (47.1457,10.3336)

13,5 Wege-Ⅱ, re **A-6574 Pettneu am Arlberg-Strohsack** (47.1456,10.3399)

11,8 EB-Ⅱ (47.1488,10.3619)

10,2 Wege-Ⅱ, **A-6574 Pettneu am Arlberg-Schnann** (47.1502,10.3800)

10,1 Str-Ⅱ L68 Stanzertaler Landesstr (47.1504,10.3815)

9,7 Str-Ⅱ S16 Arlberg-Schnellstraße, dahinter „neue" Wege-Ⅱ, re Stanzertaler Landesstraße, li 🅿-Möglichkeit (47.1502,10.3862)

9,5 Holz-Ⅱ, ab hier Zunahme der Schwierigkeiten WW IV, die Schwallstrecken können zunächst von der L68-Arlbergstraße aus eingesehen werden (47.1496,10.3878)

8,4 Fußg-Ⅱ, dahinter natürlicher wuchtiger Absturz H etwa 0,6 m; WW IV, darüber Str-Ⅱ S16 Arlberg-Schnellstraße westlich von **A 6572 Flirsch**; li.Sportplatz (47.1484,10.4024)

8,1 Str-Ⅱ L68 Stanzertaler Landesstraße, danach hier re ⬆ (47.1480,10.4063)

8,0 1. EB-Ⅱ bei **A-6572 Flirsch**, kurz dahinter ▬ Schrägwehr H etwa 1,5 m, **X**, re evtl. ≈. Die folgende Strecke bis zum Beginn der Wolfsschlucht ist etwa WW IV (47.1475,10.4067)

8,0 –4,0 **§** Befahrungsverbot aus Sicherheitsgründen mit Sperrschild hinsichtlich der Verordnung der Tiroler Landesregierung von 1992 ein: ganzjähriges Befahrungsverbot bis zum Sägewerkswehr **Strengen**. Betroffen davon ist insbesondere der Katarakt vor der „Wolfsschlucht", in der es durch herausstehende Eisenträger schon zu tödlichen Unfällen gekommen ist. Das Befahrungsverbot wird nicht konsequent überwacht, dennoch ist aus Sicherheitsgründen von einer Befahrung dringend abzuraten (47.1478,10.4065)–(47.1289,10.4448)

7,5 EB-Ⅱ, danach Fußg-Ⅱ bei **A 6572 Flirsch-Bahnhof** (47.1447,10.4113)

6,9 Wege-Ⅱ, li **A-6572 Flirsch-Lache** (47.1412,10.4159)

6,8 ▬ Staustufe mit ϟ **Lache**, **X** (47.1406,10.4171)

6,5 Str-Ⅱ S16 Arlberg-Schnellstraße südlich von **A-6572 Flirsch** (47.1381, 10.4183)

6,3 Wege-Ⅱ zur Kläranlage (47.1366,10.4189)

5,7 Katarakt 500 m, steil bis 70 ‰.Gefälle, ⚠, Eisenträger noch immer vorhanden, **Lebensgefahr!** (47.1339,10.4249)

5,2 ⚠ Beginn der „Wolfsschlucht" Schwierigkeiten der gesamten Wolfsschlucht etwa WW IV+. Lt. diverser Foren soll das Befahrungsverbot im Jahr 2003 von hier bis km 1,4 aufgehoben worden sein. Dies wurde auf Anfrage von der Tiroler Landesregierung nicht bestätigt. **BV gilt noch!** ⚠ Auch in der Wolfsschlucht gibt es gefährliche Eisenträger (47.1308, 10.4298)

4,8 li 🅿 hinter der B316 zum ⬇ müsste aber die Schnellstraße gequert werden (47.1304,10.4348)

4,2 überdachte Wege-II (47.1294,10.4422)

4,0 ▬ Sägewerkswehr **Strengen** Mögliche ⬇ für Befahrung der „Wolfsschlucht". ⚠ Gefährliche Eisenträger! (47.1290,10.4436)

2,6 Str-II **A-6571 Strengen**, li B316, re ⛟. Nachfolgend ⚠ langgezogener Kataraktstrecke mit Fallhöhen 0,5 bis 1,0 m (47.1256,10.4615)

1,5 ▬ Staustufe **Wiesberg** H etwa 2,0 m, **X**, Ableitung des gesamten Wassers der Rosanna, Beendigung der Fahrt. Die ⬆ kann von der Arlbergstraße aus auf einem schmalen Weg mit Pkw erreicht werden (47.1209,10.4732)

0,0 Ursprung durch Zusammenfluss von Rosanna und Trisanna (s. Seite 439) zu Sanna (s. Seite 434), ⬇; etwa 868 m ü. NN) li, gegenüber vom ϟ **Wiesberg**, Gemeinde **A 6552 Tobadill**, Zufahrt über **Silvretta**-Hochalpenstraße auf der re Seite. Die Schwierigkeiten der Sanna liegen durchweg bei mindestens WW III, an den nachfolgend erwähnten Stellen bei WW IV+ (47.1173,10.4904)

Trisanna

WW I-II, WW III-IV, WW V-VI, Gletscherfluss
Mündung in Sanna bei km 7,1 (re Nebenfluss)

Die Trisanna entspringt in mehreren Quellflüssen aus den Gletschern der Silvretta-Gruppe. Infolge von Stauseeanlagen macht sich der Gletscherflusscharakter der Trisanna bei der Befahrung allerdings nur bedingt bemerkbar. Sie fließt in dem landschaftlich hervorragend schönen hochgelegenen Paznauntal zwischen den Dreitausendern der Samnaun-Gruppe im Norden und ebenso hohen Bergen der Verwall-Gruppe im Süden.

Die Trisanna ist auf weiten Strecken ein nur mäßig schwerer Wildfluss, der unterbrochen wird von kurzen, sehr schweren Gefällstrecken. Diese Abschnitte lassen sich gut umtragen bzw. umfahren.

Die Ufer der Trisanna sind weitgehend reguliert mit massiven Steinschüttungen

Befahrungsregeln: offizielle Sperrung der Gefällschlucht vom Sportplatz **See** km 4,1 bis ⇩ aus Sicherheitsgründen gem. VO Tiroler Landesregierung vom 6. Mai 1992
Sicherheitsempfehlung: von einer Befahrung ab **See** bis zur Staustufe **Gfäll** ist dringend abzuraten

Befahrbarkeit: ganzjährig; zur Zeit der Schneeschmelze und nach stärkeren Regenfällen nehmen die Schwierigkeiten stark zu, so dass dann die Befahrung der Gefällstrecken extrem schwierig bzw. unmöglich wird.

Pegel: Sanna-Pegel II Landeck; Minimum 140 cm, gut ≈ ab 150 cm#
Pegel# **Ischgl**
www.tirol.gv.at/umwelt/wasser/wasserkreislauf/hydro-online/
Galtür-Au: als app: https://apps.tirol.gv.at/hydro

Schwierigkeiten:	bei HW erhebliche Zunahme der Schwierigkeiten, sonst WW II und III, bis WW V in Ulmicher Walzen, im Sägewerkskatarakt, Seestufen und **X** Teilstrecken: Details siehe im Text ⚠ im gesamten Flussbereich wurden Eisenträger als Uferbefestigung eingebaut. Teils sehr gefährlich!
Infrastruktur:	⛺ in **Landeck**, **keine Zelte** ⛺ in **Prutz** am Inn ⛺ Via Claudiasee in **Pfunds** am Inn
Karten:	Jübermann Wassersport-Wanderkarte Nr. 5 ISBN: 978 3 929540-32-1 / Kompaß-Wanderkarte Nr. 41 Silvrett

31,1 Ursprung durch Zusammenfluss der Quellflüsse Vermuntbach und Jambach bei **A 6563 Galtür**, etwa 1.560 m ü. NN. Oberhalb des Zusammenflusses des Tennis- und Fußballplatz von **Galtür**, mögliche ⬇ bei gutem WS von Juni bis Oktober; wegen enger Verblockung, Bauschutt und Eisen in der Galtürschlucht allerdings nicht empfehlenswert (46.9699, 10.1890)

29,6 Str-Ⅱ, B188, Silvretta Straße, **A-6563 Galtür-Tschafein** (46.9749, 10.2059)

28,3 li ⇩ Pachtlbach mit erheblichen Geschiebeeintrag, ⬇ danach die Galtürschlucht, bis **Mathon**; WW IV+; ⚠! Mit Bauschutt und Eisen in der Schlucht muss gerechnet werden! (46.9807,10.2195)

26,9 Wege-Ⅱ beim Wildpark **A 6562 Mathon** (46.9845,10.2358)

26,2 Holz-Wege-Ⅱ **A-6562 Mathon**, übliche ⬇; sehr abwechslungsreiches, nur mäßig schweres WW (46.9859,10.2428)

25,3 Str-Ⅱ, **A-6562 Mathon** (Lochweg) mögliche ⬇, bis Ebene WW II bis WW III (46.9903,10.2527)

24,2 Str-Ⅱ, B188, dahinter Wege-Ⅱ (46.9956,10.2635)

22,2 Str-Ⅱ, Paznaunweg, **A-6551 Ischgl** (47.0075,10.2824)

21,4 Str-Ⅱ **A-6551 Ischgl** (Brandweg) davor re 🅿 der Silvretta-Bergbahn. Vorsicht, unter der Ⅱ ist quer über den Fluss ein Netz gespannt zum Auffangen der Bälle des am Fluss liegenden Fußballplatzes, tödliche Gefahr bei höherem Wasserstand! Weitere gute ⬇ unterhalb der Ⅱ (47.0126,10.2884)

20,9 Str-Ⅱ, **A 6561 Ischgl** (Johannesweg) (47.0153,10.2933)

20,7 re ⇩ Fimbach (47.0168,10.2953)

19,8 Str-Ⅱ, **A 6561 Ischgl-Versahl** (47.0204,10.3044)

19,3 Wege-Ⅱ **A 6551 Ischgl-Unterschrafen** (47.0249,10.3083)

18,6 Str-Ⅱ, **A 6551 Ischgl-Waldhof**, dahinter Fußg-Ⅱ (47.0282,10.3145)

17,7 Str-Ⅱ, **A-6551 Ischgl-Ebene**, re Hotel Tannenhof, re 🚌 danach Beginn der Waldschlucht, ⚠ Zunahme der Schwierigkeiten, "Ulmicher Walzen", WW III bis WW IV, Besichtigung von einem auf dem li Ufer verlaufenden Wanderweg gut möglich. Vorsicht vor allem bei dem Ausgang der S-Kurve, ⚠ auf Eisenträger! (47.0335,10.3228)

15,9 Fußg-II, re 🚌 Kappl-Ulmichbrücke (47.0445,10.3386)
15,6 Str-II, B 188, beim Abzweig nach **A-6555 Kappl-Ulmich** Weiter WW II (47.0458,10.3411)
14,9 Wege-II, **A-6555-Kappl-Nederle**, im weiteren Verlauf WW II (47.0493, 10.3485)
14,0 Wege-II, li 🚌 **A 6555 Kappl** -Abzweig Wiese, P-Möglichkeit (47.0523, 10.3581)
12,3 überdachte Wege-II (47.0608,10.3760)
11,7 Str-II, re Neue Mittelschule Paznaun **A 6555 Kappl** (47.0631,10.3825)
10,4 Str-II, **A 6555 Kappl-Labebene** Hinweisschild Labebene, Sägewerks-Katarakt, auf 200 m Gefälle 50 ‰. ⚠, li ragen Eisenteile aus dem Wasser, gefährlich, vor Befahrung unbedingt besichtigen, WW IV+, li ⌂ gut möglich.
(47.0679,10.3968)
8,5 Str-II, Paznauntalstrasse, B 188 anschließend wieder sehr interessantes Wildwasser, WW II–III (47.0714,10.4208)
6,0 Str-II **A 6553 Pattrich** (47.0777,10.4513)
5,4 Wege-II **A 6553 See-Haslen** ⚠ Es folgen auf einer Länge von 600 m die Seestufen. Sehr starke Verblockung, enormes Gefälle, Schwierigkeiten WW IV-V. Vor Befahrung unbedingt genau besichtigen! ⚠ Eisenteile! re ⌂ der gesamten Strecke auf der Bundesstraße am re Ufer leicht möglich (47.0798,10.4576)
4,8 Fußg-II, übliche ⬆ P-Möglichkeit re Bergbahn-Talstation, li (47.0831, 10.4632)
4,2 Wege-II Unterlahngang, **A 6553 See**; re 🚌 **See-Abzweig Dorf**, davor re Fußballplatz (47.0866,10.4695)
4,1 –0,0 **§** Befahrungsverbot aus Sicherheitsgründen (47.0871,10.4704)–(47.1171,10.4903)
3,8 ■ doppelte Sohlstufe H etwa 1,6 m; **X**. Es folgt bis zur Staustufe die obere Gfällschlucht; nochmals schweres WW mit schräg flussaufwärts gerichteten Eisenträgern als Geröllfang.Von einer Befahrung wird aus Sicherheitsgründen dringend abgeraten (47.0893,10.4725)
3,7 Str-II, B 188, Silvretta Straße am Ortsende von **A-6553 See** (47.0898, 10.4731)
3,3 ■ Sohlrampe H etwa 0,8 m; danach re mögliche ⬇ falls von entgegen der Sicherheitsempfehlung, nur die obere Gfällschlucht befahren sollte (47.0916,10.4774)
2,1 ■ Staustufe **Gfäll**; H etwa 1,5 m, etwa 998 m ü. NN; davor re letztmögliche ⬆ (47.1003,10.4864)
0,0 Ursprung durch Zusammenfluss von Rosanna (s. Seite 435) und Trisanna zu Sanna (s. Seite 434), ⬇; etwa 868 m ü. NN) li, gegenüber vom ϟ **Wiesberg**, Gemeinde **A 6552 Tobadill**, Zufahrt über **Silvretta-**Hochalpenstraße auf der re Seite. Die Schwierigkeiten der Sanna liegen durchweg bei mindestens WW III, an den nachfolgend erwähnten Stellen bei WW IV+ (47.1173,10.4904)

Faggenbach

Weitere Namen: Kaunerbach, Fagge
Wildwasser, Kleinfluss
Mündung in Inn bei km 387,7 (re Nebenfluss)

Der Fagge oder Faggenbach, der in den Gewässerführern auch Kaunerbach genannt wird, ist ein landschaftlich sehr schöner Bach der Ötztaler Alpen; er ist allerdings auch nur ein Fluss für Spezialisten. Sein Ursprung ist der Ausfluss des Gepatschgletschers etwa in 2100 m ü. NN. Er ist der Hauptzufluss und der Abfluss des Gepatschstausees in ca 1770 m ü NN. Seine Hauptfließrichtung ist zunächst nach Norden bis er bei Nufels nach Westen abdreht und nahe **A 6522 Prutz** in den Inn mündet. Aufgrund der Wasserableitung hat der Faggenbach nur selten genügend Wasser für eine Befahrung

Fahrtstrecke: die ⬇ kann frei gewählt werden, je höher, desto steiler. Gute ⬇ die 2. Ⅱ unterhalb eines kleinen ▬, die Straße wechselt hier von li nach re. ⬆ nach etwa 4 km bei einem Metallgitter am Talausgang, hier auch Beurteilung des Wasserstandes.

Befahrbarkeit: das gesamte Wasser des Bachs wird zumeist bei einem hoch gelegenen Stausee abgeleitet. Eine Befahrung ist daher nur bei starkem HW von Sanna und Inn möglich Sanna-≣ 200 cm

Schwierigkeiten: enges Flussbett mit starker Verblockung und wenig Kehrwasser, ähnlich Melach oberhalb **Sellrain**, jedoch enger und weniger Wasserdruck. Sehr gefährlich durch querliegende Bäume, vor denen ein Anhalten kaum möglich ist. Die ganze Strecke, zumindest jedoch die ersten beiden Kilometer, sollten daher von der begleitenden Straße aus genau angesehen werden. WW IV, fallend auf WW II.

Infrastruktur: ⛺ in **A 6522 Prutz** am Inn

Karten: Jübermann Wassersport-Wanderkarte Nr. 5 ISBN: 978 3 929540-32-1 / Kompaß-Wanderkarte Nr. 43 Ötztaler

31,6 Ursprung als Gletscherausfluss
21,3 ▬ Staumauer Ende des Gepatschstausee, Wasserableitung zum ϟ in **Prutz** (46.9583,10.7405)
9,4 Wege-Ⅱ Platz, **A 6524 Kaunertal** nach li ⛺ Kaunertal (47.0533,10.7545)
8,9 Fußg-Ⅱ nach **A 6524 Kaunertal-Loch**, re 🅿-Möglichkeit (47.0562, 10.7531)
8,5 Wege-Ⅱ nach **A 6524 Kaunertal-Loch** ≣ Platz-Loch, dahinter ▬ Sohlstufe (47.0571,10.7492)
7,1 Str-Ⅱ L18 Kaunertalstraße, davor re 🅿-Möglichkeit an der Hauptstr. Die Kaunertalstraße wechselt von re nach links vom Fluss (47.0662,10.7383)
6,8 Str-Ⅱ L18 Kaunertalstraße wechselt zurück von li nach re vom Fluss (47.0680,10.7363)
5,1 Wege-Ⅱ zu li Holzlagerplatz, re Straßenabzweig L64 nach **A 6522 Kauns**

(47.0745,10.7183)

3,7 Str-II L18 Kaunertal Landesstraße, Straße wechselt von re nach li vom Fluss; hoch oben Burg Berneck oder auch Bernegg genannt (47.0748, 10.7027)

2,8 Str-II, L 18, Kaunertalstraße bei **A 6522 Kauns** Straße wechselt von li nach re vom Fluss (47.0759,10.6916)

2,5 2. Str-II Kaunertalstraße bei **A 65 Kauns** Straße wechselt von re nach li vom Fluss (47.0758,10.6875)

1,8 ■ Gröllfanggitter, li ⬆ (47.0757,10.6781)

0,9 Str-II, L 250, li Mühlgasse von **A 6522 Prutz**, re **Unterfaggen** von **A 6522 Faggen** (47.0799,10.6701)

0,1 Str-II B180 Reschenstraße (47.0864,10.6649)

0,0 ⇩ des Faggenbach in den Inn (s. Seite 298) bei km 387,7 aus dem Kaunertal kommend manchmal auch Kaunerbach genannt (47.0870, 10.6642)

Isar

Wanderfluss, WW I-II, Gebirgsfluss
Mündung in Donau bei amtl. km 2281,7 (re Nebenfluss)

Auf ihrem fast 300 km langen Weg vom Ursprung im Karwendelgebirge bis zur Mündung in die Donau durchfließt die Isar eine vielfältige Landschaft: Hochgebirge, Vorberge, mit Sedimenten verfüllte ehemalige Gletscherseen, Moränendurchbruch, Münchner Schotterebene und zuletzt Auwälder in der niederbayerischen Tiefebene. Über lange Strecken wird ihr Wasser bis auf geringe Restwassermengen entzogen - im oberen Teil wird sie aller wesentlichen natürlichen Zuflüsse beraubt. Fast 30 Kraftwerke nutzen das Flussgefälle. Durch fehlendes Geschiebe aus dem Gebirge hat sie sich stellenweise enorm eingetieft. Einige Flussstrecken im Oberlauf werden nun naturnah umgebaut, um Nachteile früherer Verbauung wenigstens teilweise auszugleichen. Restwassererhöhungen und stellenweise Geschiebezugaben verbessern die Situation der Flusslandschaft. Zwischen Landshut und Plattling ist die Isar eine Kette von Stauseen mit betonierten Ufern.

Befahrungsregeln: Im Lks. Bad Tölz-Wolfratshausen (km 244,1 bis 169,4) ist die Befahrung nur vom 1.6. bis 15.10. erlaubt, unterhalb von Bad Tölz (km 199) bis 31.12.

(Verordnung zur Regelung des Gemeingebrauchs auf der Isar im Landkreis Bad Tölz - Wolfratshausen)

Außerdem gelten folgende Auflagen:

-Befahrung nur mit geeigneten Booten

-Zusammenbinden von Booten und Anhängen von Beibooten ist verboten

-Maximal 0,5 Promille Alkohol im Blut

-Schwimmwestenpflicht für Kinder unter 12 Jahren und Nichtschwimmer

-Mitführen von Glasflaschen verboten
-Befahrung nur zwischen 7:00 und 20:30
-Nur so viele Personen pro Boot, wie Herstellerangaben zulassen (max. 12)
-möglichst großer Abstand zu gekennzeichneten Kiesinseln
-Uferbetrtungsverbot an Kiesinseln und abgelegenen Uferbereichen außer in Notfällen
-Verbot von Tonverstärkern
-kein Treideln durch Flachwasserzonen

Isar 1 (Hinterautal – Scharnitz)

WW I-II, WW III-IV

Der Ursprung der Isar liegt Bei den Flüssen (Bei den Quellen) im Herzen des Karwendelgebirges. Sie durchfließt im Hinterautal eine großartige, weitgehend unveränderte Gebirgslandschaft, zuletzt in zwei tief eingeschnittenen Schluchten.

Befahrungsregeln:	Es wird gebeten auf eine Befahrung oberhalb des Taxiumkehrplatzes zu verzichten. (In mancher Literatur wird auch von einem Befahrungsverbot gesprochen!)
Befahrbarkeit:	Bei den Flüssen – unterer Futterstadel: theoretisch bei gutem WS unterer Futterstadel – Scharnitz: Frühjahr bis Herbst (am besten Mai bis August)
Pegel:	Pegel Scharnitz (km 264,4): NM = 115 cm; MW = 135 cm; HW = 160 cm Info : www.tirol.gv.at/buerger/sicherheit/wasserstand/
Schwierigkeiten:	Bei den Flüssen (km 277) – ⇩ Karwendelbach (km 266,6) WW II bis III-, bis Bustaxi-Endstation mehrfach niedere Brücken und Bäume, Anhalten davor teilweise problematisch ⇩ Karwendelbach (km 266,6) – Scharnitz WW I bis II (III+)
Infrastruktur:	„Isarhorn" (km 253,5), 08823-5216, www.camping-isarhorn.de
Karten:	BayLVA Umgebungskarte „Karwendelgebirge" 1:50 000,Kompaß-Wanderkarte Nr. 290, (Rund um Innsbr

277,6 Ursprung des Lafatscherbach Oberhalb der Hallerangeralm in 1800m Höhe entspringt der Lafatscherbach, welcher auch als „Isar" bezeichnet wird, jedoch zeitweise versickert (47.3753,11.4118)

277,3 „Bei den Flüssen" entspringt die Isar (Quell-Ursprungsstein und –Tafel) aus mehreren Quellen mit ganzjähriger Wasserführung und fließt mit dem nicht ganzjährig durchgehend wasserführenden Lafatscherbach zusammen, höchstmögliche ⬇, bis Bustaxi-Endstation mehrfach niedere Brücken und Bäume, Anhalten davor teilweise problematisch. Auf eine Befahrung soll verzichtet werden! (47.3758,11.4074)

275,7 re ⇩ Ödkarbach (47.3738,11.3879)

274,3 Fußg-II (47.3752,11.3719)

273,9 Str-II niedrig ⚠ li zum Forsthaus Hubertus, davor re „oberer Futterstadel“ ⬇ bei gutem WS (47.3768,11.3679)

273,7 Bustaxi-Endstation, übliche ⬇;
Hinterauertal Die Fahrt im Hinterautal ist zunächst flott und ohne besondere Schwierigkeiten, Innenkurven fahren, gelegentlich zieht das Wasser etwas unter einen Baum oder Busch

273,4 Das Flussbett wird breiter und flacher.

272,7 100 m lange Blockstrecke mit stärkerem Gefälle (WWIII-) Am Ende wird der Fluss von links durch einen mächtigen Schuttkegel aufgestaut. Hier ist die schwierigste Passage der Fahrt, zu Unrecht Katarakt genannt; ⏏-Möglichkeit werden kann. Eine Besichtigung vom linken Ufer aus ist zu empfehlen

271,6 niedrige Fußg-II bei HW re ⏏ „unterer Futterstadel“, ⬇ ganzjährig, die Straße entfernt sich vom Fluss

270,8 Einfahrt in die erste Schlucht sportlich der schönste Abschnitt (WW II+ bis III-)

269,0 Str-II, Weg ins Gleirschtal nur noch WW II bis II+ (47.3761,11.3204)

269,0 Fußg-II, Beginn einer landschaftlich großartigen Schluchtstrecke (47.3750,11.3105)

268,7 li ⇩ des Gleirschbach (s. Seite 463) in die Isar, etwa 1.050 m ü. NN, am Ende der Schlucht mehrere unterspülte Felswände, die die volle Aufmerksamkeit erfordern (47.3759,11.3084)

267,2 Wege-II (Holz) re Fußweg zum ✕ Wiesenhof (47.3804,11.2918)

266,6 re ⇩ Karwendelbach (47.3803,11.2849)

265,4 Str-II, Schraffelbrücke, Hinterautalstrasse, **A 6108 Scharnitz/Tirol** (47.3842,11.2721)

265,0 Str-II, Auweg (47.3861,11.2686)

264,9 li ⬆ Scharnitz 🅿, Bustaxistation (47.3864,11.2670)

264,8 ▬ Sohlrampe ⚠ gefährlich! eine Befahrung scheint in der Mitte möglich, ist jedoch aufgrund stark unterspülter Felsblöcke sehr gefährlich und dringend abzuraten. ⏏ li leicht möglich oder nach der Sohlrampe einsetzen (47.3871,11.2664)

Isar 2 (Scharnitz – Wehr Krün)

WW I-II, WW III-IV

Schnelles Wasser zwischen Kiesbänken mit einigen befahrbaren Sohlrampen in großartiger alpiner Tal-Landschaft kennzeichnet diesen Abschnitt. Die Ortsdurchfahrt Scharnitz ist nach Renaturierungen gut ≈ (WW II - III)

Befahrungsregeln: **Ökologische Empfehlung**:
von Scharnitz (km 264,8) – Anfang Mittenwald (km 260,2) und von Kaserne Mittenwald (km 255) – Stausee Krün (251,5) in der Zeit vom 15.04. – 10. 07. an Inseln und Kiesbänken

	nicht anlanden, ausgenommen Campingplatz Isarhorn. Stausee Krün (km 251,5) – Wehr Krün ganzjähriges Befahrungsverbot
Befahrbarkeit:	ganzjährig (am besten Mai bis August)
Pegel:	Pegel Scharnitz (km 264,4) Pegel Mittenwald (km 257,1), ✆ 01804- 370037-312 Info: Internet-Pegelinfo www.hnd.bayern.de Info : www.tirol.gv.at/
Schwierigkeiten:	WW I-II, an Sohlrampen teilweise höher (bis WW III). Da oberhalb Scharnitz zuviel Kies entnommen wird, weist die Isar im Bereich Scharnitz starke Eintiefungstendenz auf. Mit laufenden Baumaßnahmen in diesem Bereich ist zu rechnen. Entsprechende Vorsicht ist geboten.
Infrastruktur:	⛺ „Isarhorn" (km 253,5), ✆ 08823/5216
Karten:	L8532, Kompaß-Wanderkarte Nr. 290, (Rund um Innsbruck), Karte 2
Kilometrierung:	km-Tafeln am linken Ufer
Quellen:	Ergänzungen: Arnold Hinz (08/2016), Oliver Bungers (08/2017)

264,8 ▬ Sohlrampe ⚠ gefährlich! eine Befahrung scheint in der Mitte möglich, ist jedoch aufgrund stark unterspülter Felsblöcke sehr gefährlich und dringend abzuraten. ⏏ li leicht möglich oder nach der Sohlrampe einsetzen (47.3871,11.2664);
⬇ A 6108 Scharnitz 🅿 100 m flussaufwärts (47.3873,11.2662)

264,6 EB-II (47.3885,11.2650)

264,5 Str.-II **A 6108 Scharnitz** (Innsbrucker Str.) (47.3891,11.2647);
li ≣ Scharnitz;
▬ Sohlrampe (47.3894,11.2643)

264,2 li ⇩ Gießenbach (47.3909,11.2627)

264,0 Str-II re 🚆 Scharnitz (Porta-Claudia-Str.) (47.3925,11.2640)

264,0 ▬ Sohlrampe (47.3930,11.2644)

263,7 Str.-II 177 (neue Umgehung von Scharnitz) (47.3953,11.2650)

263,5 Wege-II davor li und re Ruinenreste der Tiroler Festung „Porta Claudia" (47.3967,11.2662);
▬ aufgelöste Sohlrampe, ≋, mit Eisenschienen bis über den Niedrigwasserspiegel. Bei NW am re Ufer und allmählich nach li in Hauptstrom einfahren (47.3969,11.2665)

263,2 Landesgrenze Deutschland-Österreich (47.3983,11.2661)

263,0 Fußg.-II re Am Brunnstein ab hier breites Flussbett, ehemals Umlagerungsstrec[illegible]e allmählich verbuschend mit eingetieftem Flusslauf (47.4007,11.26[illegible]

262,6 re 🅿 an der [illegible] mögliche ⇅ (47.4035,11.2624)

260,0 ▬ 2 Sohlrampen, evtl. ≋, 1. Sohlrampe mittig, 2. Sohlrampe links (Durchfahrt vom li Ufer aus anschauen), sehr schwierig (wie WW III), vorher auf jeden Fall ↱ und ansehen, da oft verholzt, re ⛺, davor re ⬆, 🅿 an der B2 (47.4246,11.2588)

259,6 Str-Ⅱ **82481 Mittenwald-Riedboden** davor li Tennisplatz mit 🅿, links ⬆ ⚠, es folgt die Ortsdurchfahrt Mittenwald, die 2008-2011 renaturiert wurde (wechselseitige Kiesbänke, Rückbau der hohen Sohlstufen) (47.4288, 11.2599)

259,4 ■ aufgelöste Sohlrampe, mittig ≋ (47.4299,11.2595)

259,3 li ⇩ der Leutasch (s. Seite 461) in die Isar (47.4312,11.2585)

259,0 Str-Ⅱ ca. 50 m vorher re ⇅ ST 2042 (Innsbrucker Str.) (47.4332,11.2599)

258,8 EB-Ⅱ (47.4341,11.2629)

258,4 ■ aufgelöste Sohlrampe, Gasse in der Mitte ≋, bei NW besser im Becken (47.4357,11.2668)

258,1 Str-Ⅱ li **82481 Mittenwald** (Weidenweg) oberhalb re großer 🅿 (Nr.P3), unterhalb re ⬇ bei Pumpenhäuschen, Mittenwald ist bekannter Geigenbauort am Fuß des Karwendels, re 🚆, Bergbahn zur Karwendelspitze, Lift zum Kranzberg (47.4383,11.2688)

258,1 –258,0 ■ aufgelöste Sohlrampe (47.4392,11.2693)

257,6 Str-Ⅱ Mittenwald (Am Rain) (47.4425,11.2707)

257,6 li ⇩Mühlkanal (47.4429,11.2707)

257,5 ■ aufgelöste Sohlrampe, ≋, WW III (47.4439,11.2712)

257,1 ▮ Mittenwald, ☎ 01804 370037-312;
Weg-Ⅱ Mittenwald (Gebirgspionierstr.) (47.4466,11.2724)

256,5 ■ Sohlrampe, mittig und re ≋ (47.4520,11.2745)

256,0 Str-Ⅱ re Kaserne, Ende des regulierten Flussabschnitts (47.4562, 11.2746)

255,2 Str-Ⅱ, re Kaserne (47.4624,11.2798)

254,5 Str-Ⅱ B2 es folgt nochmals eine kurze, landschaftlich sehr schöne naturnahe Flussstrecke (47.4682,11.2814)

253,9 re ⇩ Seinsbach (47.4723,11.2788);
re Str-Ⅱ B2, danach re 🚐 Isarhorn, www.camping-isarhorn.de, ☎ 08823/5216 (47.4722,11.2787)

253,0 Str-Ⅱ B2 danach re günstige ⬆ (47.4754,11.2763)

251,5 li ⬆ Krün (Hinweisschild) 800 m bis zum 🅿 an der B2 (Bootswagen) Die Isar fließt eingedämmt durch den Stausee bis kurz vor die Staumauer. Auf keinen Fall darf in die Seitenteile des Stausees gefahren werden, ⚠ links am Wehr ist der Kanal- und Turbineneinlauf, Lebensgefahr! (47.4881, 11.2789)

251,5 –250,8 **§** ganzjähriges Befahrungsverbot

250,0 ■ Staustufe Krün li ⬇ direkt unterhalb der Staumauer (Zugang von B11 über Kanal-Ⅱ mit Bootswagen möglich, für Kfz gesperrt) (47.4949, 11.2788)

Loisach

Wanderfluss, WW I-II, WW III-IV, Gebirgsfluss
Mündung in Isar bei amtl. km 175,1 (li Nebenfluss)

Loisach 1 (Biberwier – Farchant)

WW I-II, WW III-IV, Gebirgsfluss

Die Loisach entspringt am Fuß des Grubigstein unweit der Fernpaß-Bundesstraße in Tirol. Nach dem ebenen Talboden des Ehrwalder Beckens beginnt die Wildwasserstrecke. Besonders die stark verblockte Loisachschlucht zwischen Griesen und Garmisch mit dem nach der Straßenbrücke liegenden „Treppenhaus" ist eine der schönsten Wildwasserstrecken Bayerns. Die weitere Strecke bis Farchant wird derzeit abschnittweise renaturiert.

Befahrungsregeln:	⚠ Der Bereich von km 90,3 bis 89,0 ist wegen Brückenarbeiten bis Sommer 2020 gesperrt **Ökologische Empfehlung:** a) von Ehrwald (km 108) bis Staatsgrenze (km 100,3): Befahrung nur bei Pegel Garmische o.d.P. (oberhalb der Partnachmündung) über 130 cm b) von Staatsgrenze (km 100,3) - „Gschwandsteg" (km 95,0): ganzjährig keine Befahrung (Vogelschutzgebiet). Es wird dringend gebeten, auf eine Befahrung zu verzichten. c) Gschwansteg (km 95,0) – Zielhaus/Grainau (km 90,3): Befahrung nur zwischen 8.00 und 20.00 Uhr bei einem Pegel Garmisch o.d.P. über 90 cm
Befahrbarkeit:	- Ehrwald – Staatsgrenze: ab Pegel Garmisch o.P. 130 cm - Griesen-Schlucht: ab Pegel Garmisch o.P. 90 cm
Umwelt:	Wasser: ⇩ Neidernach –⇩ Hammersbach: Güteklasse I-II (gering belastet) ab ⇩ Hammersbach: Güteklasse II (mäßig belastet)
Pegel:	Ehrwald (Viadukt): www.tirol.gv.at/umwelt/wasser/wasserkreislauf/hydro-online Garmisch o. d. P. (oberhalb der Partnachmündung) (km 88,5): ☎ 01804-370037-336 Garmisch u.P. (km 85,2): ☎ 01804-370037-337 Internet-Pegelinfo www.kanu-bayern.de (unter Pegelinfo) Internet- Pegelinfo www.hnd.bayern.de
Schwierigkeiten:	Ehrwald – Gumpen: WW III bis IV Gumpen – ehem. Gschwandsteg: WW III bis I abnehmend ehem. Gschwandsteg – Zielhaus: WW III bis IV Zielhaus – Farchant: WW I, einzelne Stellen II
Infrastruktur:	Camping „Zugspitze" in Garmisch (km 89,5), ☎ 08821-3180 Naturcamping „Große Birke" im Staffelsee
Karten:	L8530, L8532, L8334, L8134Kompaß-Wanderkarte Nr. 290,

	(Rund um Innsbruck), Karte 2
Kilometrierung:	ab Garmisch nach Karte 1:50000 gemessen

114,5 Ursprung etwa 2,5 km nordöstlich des Fernpasses in knapp 1100 m Höhe (47.3712,10.8687)

110,4 Str-II, Ehrwaldstrasse, in **A-6633 Biberwier-Schmitte** li nach **Biberwier**, re nach **A-6632 Ehrwald**, 🚌-HP, ⛺ Biberhof, ↓ nur bei sehr gutem WS, zunächst Zahmwasser in kanalisiertem Flussbett, einige Weg-II, nicht lohnend (47.3834,10.9044)

107,4 –100,3 **§** freiwillige Selbstbeschränkung bis zur Staatsgrenze: Befahrung nur bei ≣ Garmisch o.d.P. über 130 cm (47.4076,10.9117)

107,3 EB-II (47.4077,10.9118);
Str-II B 187, re **A 6632 Ehrwald** und EB-II (Ehrwald-Bundesstr.), davor re ↓-Möglichkeit, danach 🚆-station der Zugspitzbahn (47.4076,10.9117)–(47.4680,10.9325)

106,9 ▬ am Sägewerk umgebaut zu Blockrampe, nach Besichtigung ≋, ab hier Schluchtstrecke, zuerst starkes Gefälle in engen Flussbett, WW IV. (47.4116,10.9135)

106,8 2. Str-II, Ehrwald-Bundesstrasse, B 187 (47.4128,10.9135)

105,5 3. Str-II, Ehrwald-Bundesstrasse, B 187 (47.4235,10.9196)

105,0 4. Str-II, Ehrwald-Bundesstrasse, B 187 (47.4271,10.9183)

104,5 ▬ Wehr aus Spundwandschienen links ⌂ (47.4308,10.9176);
re **A-6632 Ehrwald-Schanz** ehemalige Zollstation, danach WW III (47.4308,10.9174)

103,1 ⚠ Gumpen, 1,5 Meter hohe Stufen in Engstelle Kurz nach einer Rohrbrücke mit Holzverschalung, wegen Gefahr tödlicher Baumversperrungen unbedingt rechtzeitig links aussteigen und besichtigen! WW IV+. Bei der Einfahrt in den Gumpen links halten. Der Gumpen sollte bei der Anfahrt unbedingt eingesehen werden. Man findet ihn am Besten, wenn man von der Straßenbrücke km 102,5 (bei der abgebrochenen Weg-II, s.u.) ca. 1500 m in Richtung Ehrwald und dann nach rechts durch den Wald zur Loisach geht, 🅿- Möglichkeit an einem Forstweg (47.4462,10.9179)

103,0 –100,3 WW III-I abnehmend

102,5 Str-II danach abgebrochene Wege-II, links oder rechts ↑ (47.4525, 10.9235)

102,0 EB-II (47.4573,10.9231)

100,3 Staatsgrenze D/A mit Grenztafeln (47.4680,10.9325)

100,3 –95,0 **§** freiwilliger Befahrungsverzicht Es wird dringend gebeten, dieses Teilstück ganzjährig nicht zu befahren (Vogelschutz). Nur dadurch können auf Dauer weit unangenehmere Einschränkungen im Bereich der Griesenschlucht vermieden werden. (47.4682,10.9323)

98,8 li ⇩ der Neidernach (s. Seite 451) in die Loisach (47.4763,10.9463)

95,2 ehemaliger „G`schwandsteg“ davor li 🅿 an der B 23, ↓ (47.4827,10.9878)

95,1 Beginn der „Griesenschlucht“ (Bergsturzzone in einem Waldtal, schönste

WW-Strecke Deutschlands, sehr viel befahren). Im Flussbett, das ein sehr starkes Gefälle aufweist, bremsen große Felsblöcke die Strömung und versperren dem Kajakfahrer die Sicht. Es ist unmöglich, sich jede Durchfahrt zu merken, deshalb langsam fahren! Am besten hinter einem ortskundigen Führer. Bis zur Str-II durchwegs WW III+ bis IV. Auch markante Stellen, wie Dom und Schlüsselloch weisen keine größeren Schwierigkeiten auf (47.4822,10.9880)

95,0 **§** freiwillige Selbstbeschränkung Für die Griesenschlucht gilt folgende freiwillige Selbstbeschränkung: Befahrung nur bei Pegel Garmisch o.d.P. über 90 cm und nur zwischen 8.00 und 20.00 Uhr. Kehrwasserfahren möglichst einschränken (47.4819,10.9880)

93,2 Str-II B23, im Bereich der Str-Brücke WW II-III, aber schon wenige 100 m danach das Treppenhaus, auf 50 m WW IV, danach einige tückische Stellen wie das „Straßen-S“ (von der Straße einzusehende S-Kurve), danach 🅿, von hier aus bis zur EB-II leichtere Fahrt (47.4817,11.0119)

91,4 EB-II, letzte III-er-Stellen, dann unschwer bis zum ⛺ „Zugspitze“ (47.4845,11.0342)

90,5 Fußg.-II (47.4823,11.0452)

90,3 re übliche ↑↓ beim ⌂ **82491 Grainau-Untergrainau** 🅿-Möglichkeit, ca. 450 m Fußweg zum 🚆 Untergrainau (47.4814,11.0467)

90,1 neue Weg-II zum Bau des Kramertunnels (47.4800,11.0488)

89,8 re **82491 Grainau-Schmölz**

89,5 re ⛺ „Zugspitze“ an der B24 ↑ ↓ am Ende des Platzes nur für ⛺-Benutzer; große Hinweistafel, keine allgemeine ↑↓), es folgt eine durchaus lohnende, teilweise renaturierte Flussstrecke, Griesener Str. 4, 82491 Grainau (47.4814,11.0537)

88,6 Str-II, **82467 Garmisch** (Äußere Maximilianstr.) (47.4833,11.0630); ▬ kleine Stufe am ≣ Garmisch o. d. P. (oberhalb der Partnachmündung), danach links ↓ ↑, 🅿-Möglichkeit (47.4835,11.0631)

88,6 –84,5 Ortsgebiet von **82467 Garmisch-Partenkirchen**

88,1 ▬ Wehr Garmisch, **X**, links ⩡ über Überlauf, Umbau in Sohlrampe geplant (47.4867,11.0658)

87,7 Weg-II Garmisch-Partenkirchen (Nahe Archstr.) (47.4895,11.0661); ▬ Sohlrampe, extrem rauh (als **X** beschildert), bei gutem WS im Hauptstrom leicht ≈, bei NW ⩡ (S1) (47.4904,11.0691)

87,2 Fußg.-II Garmisch-Partenkirchen (Kreuzsteg) am Ritter-von-Halt-Stadion (47.4910,11.0732)

86,6 Str-II Garmisch-Partenkirchen (Maximilianstr) (47.4925,11.0805)

86,2 Fußg.-II Garmisch-Partenkirchen Nähe Kramerstr (47.4945,11.0846); re ↓ Garmisch an der Alleestraße (47.4946,11.0848)

85,9 Str-II B23 Garmisch-Partenkirchen (Burgstr.), davor renaturierte Strecke mittels versetzter Bruchsteine, danach re weitere ↓, 🅿 zwischen Loisach und Partnach, re Ortsmitte **82467 Garmisch** (Sonnenstraße, Pfarrkirche, Werdenfelser Heimatmuseum in Partenkirchen, Zugspitze (2963 m), Partnachklamm und Höllentalklamm) (47.4959,11.0879)

85,5 re ⇩ der Partnach in die Loisach (47.4996,11.0884)
85,3 Fußg.-Ⅱ (47.5014,11.0880)
85,2 li ≣ Garmisch u. d. P. (unterhalb der Partnachmündung), maßgeblich für Befahrbarkeit des Wehres in Mühldörfl, mind. 120 cm
84,2 Str-Ⅱ B23 Garmisch (Burgstr.) (47.5098,11.0932)
83,3 Fußg.-Ⅱ, li **82467 GAP-Burgrain** (Riedwiesenstr.) (47.5129,11.1028)
82,8 li **82467 GAP-Burgrain** li mögliche ⇅ an der Grubenkopfstr, 🅿-Möglichkeit, li am Berg die Burgruine Werdenfels (daher „Werdenfelser Land") (47.5162,11.1062)
82,6 EB-Ⅱ (47.5171,11.1089);
Str-Ⅱ ehem. B2/B23 (nun Münchner Str.) (47.5169,11.1098)
82,0 ▬ Sohlrampe links ⏢ (S3) für Geübte ≋ (47.5193,11.1132)
81,0 ▬ Wehr Mühldörfl, **X**, links ⏢, ➔ Kanal, bei NW im Flussbett ca. 250 m bis zur Str-Ⅱ treideln oder mit Bootswagen umfahren, ab Pegel Garmisch u. d. P. 120 cm ≋ (47.5269,11.1176)
80,7 Str-Ⅱ, **82490 Farchant** (Mühldörflstrasse) (47.5297,11.1169)

Neidernach

Kleinfluss, WW I II, WW III-IV, Gebirgsbach
Mündung in Loisach bei km 98,8 (li Nebenfluss)

Die Neidernach entsteht aus dem Zusammenfluss von Neuweidbach, Schellbach und Schobergraben „Bei den drei Wassern" im NSG Ammergebirge in ca. 900 m ü. NN. Sie verläuft als mäßig schwerer Wildbach durch eine völlig einsame, naturbelassene Landschaft mit einer kurzen Klamm und einer tiefen Waldschlucht im Tal zwischen" Spitzinger Brand" und „Schollschlicht". Bis kurz vor **82467 Griesen** ist sie Staatsgrenze zwischen Österreich und Bayern.

Befahrungsregeln: keine
Ökologische Empfehlung: Eine Befahrung sollte aus Naturschutzgründen unbedingt unterbleiben! Zu beachten ist auch die Empfehlung des BKVs die Loisach von der Staatsgrenze (km 100,3) bis zum Gschwandtsteg (km 95,0) ganzjährig nicht zu Befahren.

Befahrbarkeit: höchstens Frühjahr bis Ende Mai möglich
Fahrstrecke: max. 5 km vom Holzladeplatz bei der Mündung des Neuweidbaches bis zur Straßenbrücke der B23 in Grießen
Zugang: nur mit Bootswagen auf einem steilen Forstweg von Griesen aus

Schwierigkeiten: WW I bis II, in der Waldschlucht bis WW III; Baumversperrungen

Karten: L8530, Jübermann Wassersport-Wanderkarte Nr. 4

Walchen

Weitere Namen: Seeache
WW I-II, WW III-IV, WW V-VI, Wildbach mit Schlucht- und Klammstrecken
Mündung in Isar bei amtl. km 226,3 (re Nebenfluss)

Der Walchen war ganz früher der natürliche Abfluss des Achensees/Tirol und wird in Österreich amtlich als Seeache bezeichnet. Durch die Nutzung des Achensees als Wasserspeicher für das Kraftwerk in Jenbach/Inn wird dem Walchen sämtliches Wasser entzogen. Selbst die im Raum Achenkirch mündenden Seitenbäche werden teilweise zurück in den Achensee abgeleitet. Der Walchen ist daher am nördlichen Ende des weiten Talkessels von Achenkirch bei Normalwasser nur ein Rinnsal. Danach ist der Walchen ein sportlich außerordentlich interessanter Wildbach. Sein besonderer Reiz liegt in den zahlreichen Stufen, die durchweg stark verwinkelt, eng, verklemmungsgefährdet und zum Teil sehr hoch sind. Achtung auf mögliche Treibholzversperrungen! Umtragen der schwierigsten Stufen ist, wenn auch mühsam, möglich.
Bei Fahrtbeginn am Vormittag ist das Wasser meist knapp, bei Fahrtende am Nachmittag kann die Wasserführung durch Schmelzwasser unangenehm stark werden. Der Idealwasserstand ist jeweils ein wenig mehr als der normale Sommerwasserstand. Bei starker Schneeschmelze wird der Idealwasserstand erheblich überschritten. Der Wasserstand ist für die Befahrung der oberen Schlucht günstig, wenn man auf der Strecke kurz vor dem Schluchteingang (km 13,5) soeben gerade noch (mit mehrfacher Grundberührung) fahren kann. Bei stärkerer Wasserführung werden die hohen, teils verwinkelten Abfälle des Schluchteingangs zu schwierig und gefährlich. Beide Schluchten sollten nur nach eingehender Besichtigung befahren werden.

Befahrbarkeit: Frühjahr bis Mitte Sommer,
obere Schlucht bei Idealwasser nur Kurzboote,
untere Schlucht auch *Einer* mit normaler Länge

Pegel: Walchen (km 4,8 amtlicher Kilometrierung)
Pegel bei km 6,7: ideal 150 cm (man erreicht das Pegelhäuschen, wenn man vom P bei km 2,5 die 2. Straße nach re zum Fluss geht)

Schwierigkeiten:
km 15,3 - km 14,0: X (Wassermangel)
km 14,0 – km 11,9: WW V-V+ (ca. 300 m), dann WW II
km 11,9 – km 6,5: WW I bis II
km 6,5 – km 3,6: 3 Passagen WW IV+-V,
2 Stellen X, dazwischen überwiegend leichtes Wasser

Infrastruktur: bei Achental
mehrere am Achensee
Arzbach zwischen Lenggries und Bad Tölz

Karten: Kompaß-Wanderkarte Nr. 290 (Rund um Innsbruck) K2
Kilometrierung: nach Karte 1:10000
Quellen: Ergänzungen: Matthias Breuel 07/20

13,5 mögliche ⬇ bei gutem WS (47.5508,11.6926)
13,4 ■ Stufe (47.5513,11.6914)
13,1 Fußg-Ⅱ, beim letzten Haus vor der Schlucht (47.5527,11.6870); mögliche ⬇ für obere Klamm bei Fußg-Ⅱ (47.5528,11.6869)
13,0 ⚠ Schluchteingang kann hier vom re Ufer aus gut besichtigt werden. Man überquert auf der Ⅱ den Bach und steigt vom rechtsufrigen Fahrweg zu einer langen Mauer hinunter. Von ihr aus sieht man die Einfahrt der Schlucht. Da der Wasserstand oberhalb der Schlucht sehr knapp ist, wird man nur wenig oberhalb einsetzen, meist bei dem o.g. Haus an der Ⅱ. Bei NW müssen mindestens 3 der Gefällstufen wegen Verklemmungsgefahr ⏶ werden, bei günstigem Wasserstand sind sie alle ≈ (47.5528,11.6869)
13,0 –11,5 obere Klamm (47.5528,11.6869)
12,3 ⚠ Doppelstufe mit Rücklauf und Unterspülung (47.5577,11.6804)
11,5 ✕ Marie ⚠ Wirt macht Schwierigkeiten, wenn Paddler seinen 🅿 benutzen, empfohlene ⬆ bei km 11,3 (Str-Ⅱ Achenwald) (47.5628, 11.6746)
11,1 re ⇩ Klammbach (47.5653,11.6727)
10,9 keine nennenswerten Schwierigkeiten bis zur ■ Stufe am Eingang der unteren Schlucht, ⚠ Weidezäune, auch aus Stacheldraht knapp über dem Wasser!mögliche, ⬆ Str-Ⅱ, re **A-6215 Achenwald** (47.5668,11.6705)
10,1 Weg-Ⅱ (47.5697,11.6654)
9,6 Str-Ⅱ B181, re **Hagenwirt** (Achensee Str.) (47.5709,11.6594)
8,5 mögliche ⬇ für die untere Schluchtstrecke ca. 1400 m vor der Abzweigung der Achenseestraße von der B307 ist die Straße nahe an der Walchen, es mündet von re ein kleiner Bach (47.5747,11.6468)
7,0 re ⇩Pittenbach (Grenzbach), die Seeache oder Walchen ist nun Grenzfluss (47.5803,11.6304)
6,2 ■ Stufe ⚠ ansehen, Rücklauf und Unterspülung, ⬇ unterhalb möglich (47.5842,11.6218)
6,2 –3,5 untere Klammstrecke
6,0 1.Str-Ⅱ, B 307, li 🅿 kurze Klamm WW III-bis zur 2. Str-Ⅱ; gut ≈, ⚠ ⏶ teils nicht möglich (47.5843,11.6199)
5,8 ⚠ Strassenklamm Vorsicht Baumhindernisse! ⏶ teils nicht möglich! (47.5834,11.6176)
5,6 2.Str-Ⅱ B307 (47.5820,11.6168)
5,6 –5,3 langsam fließendes Wasser auf ca. 300 m, mit einzelnen Felsblöcken, leicht ≈
5,0 ⚠ Felsbarriere, **X** danach zwei Meter hohe Stufe, in der folgenden Klamm Engstelle mit Gefahr von Verklausung (47.5805,11.6102)
4,7 li ⇩ Hühnerbach (Grenzbach), der Walchen ist nun bayrisch (47.5818, 11.6070)
4,6 ≡ Walchen (47.5825,11.6066)
4,5 ⚠ Stufe"Riesenklo" gefährlicher Rücklauf und Unterspülungen, unbedingt

besichtigen, recht leicht zu ⏏ (47.5828,11.6061)

4,1 Fußg-Ⅱ (47.5837,11.6013)

3,9 ■ Geschiebesperre ca. 10 m Hoch, re oder li ⏏; ⚠ oft siphoniert (47.5835,11.5989);
⚠ Beginn der letzten Klamm es folgt eine aus 3 Stufen bestehende Gefällstrecke, die besichtigt werden muss (47.5835,11.5983)

3,5 ⚠ letzter Abfall kann je nach Stauhöhe des Sylvensteinstausees bis zu 6 m hoch sein. Da dieser Abfall von oben nicht einzusehen ist, wird die Besichtigung dieser Stelle bereits bei der Anfahrt empfohlen: Gegenüber einem Holzlagerplatz auf der flussabgewandten Seite der Straße (🅿-Möglichkeit) und ca. 50 m vor einem Marterl (Bildstock) auf der flusszugewandten Seite zweigt ein Weg mit Schranke in Richtung Fluss ab, über den man einen Fußg.-Ⅱ über den Walchen erreicht. Vom gegenüberliegenden Ufer aus kann man die letzte Stufe von unten her einsehen. Meist ist man hier bereits im Rückstau des Sylvensteinstausees (47.5813,11.5963);
Fußg-Ⅱ (47.5815,11.5953)

3,4 ⇩ in den Sylvensteinstausee (47.5821,11.5941)

2,9 re Badeplatz mit 🅿 an der B307 (Landzunge) nach 400 m Fahrt auf dem See (47.5814,11.5882)

0,0 ehemalige ⇩ des Walchen in die Isar, man kann hier in die östlich Bucht bis zur Mündung des Walchen in den Sylvensteinspeicher in einer sehenswerten Klamm paddeln (47.5832,11.5527)

Dürrach

Kleinfluss, WW III-IV, WW V-VI, Klammbach
Mündung in Isar bei amtl. km 226,3 (re Nebenfluss)

Die Dürrach ist der Ausfluss eines Speichersees im Bächental im Alpenpark Karwendel. Von hier wird ein Großteil des Wassers zum Achensee abgeleitet, so dass nur im Frühjahr eine für die Befahrung ausreichende Wassermenge vorhanden ist. In Bayern verläuft die Dürrach in einer landschaftlich außergewöhnlich schönen Klamm im NSG Karwendel Die eigentliche Klamm kann zu Fuß nicht begangen werden. Die Dürrach mündet in die östliche Bucht des Sylvenstein-Speichers.

Befahrungsregeln: **Ökologische Empfehlung:** Im Sinne eines umweltgerechten Kanusports ist eine Befahrung nicht zu empfehlen (NSG Karwendel)

Befahrbarkeit: Ende April bis Mitte Juni, nur mit WW-Booten
Befahrbare Strecke: etwa 3 km der Dürrach und ca. 2 km des Sylvensteinsees (Straßenbrücke zur Stierschlaghütte bis Ausstiegsmöglichkeit nahe der Straßenbrücke

Pegel: Dürrach (km 0,9), ✆ 01804-370037-332

Schwierigkeiten: WW III, im Klammbereich je nach WS bis WW V, ggf. Verklemmungsgefahr und Baumhindernisse bei Fall)

Karten:	Jübermann Wassersport-Wanderkarte Nr. 5 ISBN: 978 3 929540-32-1 /L8534, Kompaß-Wanderkarte Nr. 290,

11,1 Ausfluss aus dem Stausee ca. 940 m ü. NN (47.5065,11.5909)
8,6 Landesgrenze Tirol – Bayern (47.5248,11.5870)
5,0 ▬ Geschiebesperre (47.5366,11.5480);
Str-Ⅱ, übliche ⬇ zur Stierschlaghütte ca. 830 m ü. NN (dort werden die Boote abgeseilt!) (47.5366,11.5476)
5,0 –2,8 Dürrach-Klamm nach Fahrtbeginn ist ein Entkommen aus der engen Klamm praktisch unmöglich! (47.5367,11.5474)
4,4 ▬ Katarakt ⚠ Verklemmungsgefahr
3,9 Fußg.-Ⅱ Kotzenmoos (47.5443,11.5403);
Verengung auf ca. 2,5 m eine ca. 2m hohe Felsstufe muss ⌓ werden
3,1 li ⇩ des Krottenbach (s. Seite 455) in die Dürrach Mit einer letzten Felsstufe (47.5511,11.5388)
2,8 ≣ Dürrach, ☎ 01804-370037-332
2,2 Str-Ⅱ (47.5576,11.5414)
2,0 Schluss-Katarakt mit ca. 3 m hoher Felsstufe ⚠ unbedingt besichtigen und absichern
1,8 ▬ Geschiebesperre re soll Durchlass sein (47.5601,11.5438);
⇩ in Sylvensteinstausee (47.5604,11.5441)
0,2 ⬆ bei **83661 Fall** im Stausee weiterfahren bis zur Slipanlage, nahe der Str-Ⅱ (47.5743,11.5371)
0,0 ⇩ Dürrach in die Isar in die westliche Bucht (47.5760,11.5403)

Krottenbach (Dürrach)

Kleinfluss, WW III-IV, WW V-VI, Klammbach
Mündung in Dürrach bei km 3,1 (li Nebenfluss)

Der knapp 8 km lange Krottenbach ist der Ausfluss aus dem österreichischen Delpsee (1590m ü. NN) im Alpenpark Karwendel. Nach wenigen Metern erreicht er bayerisches Staatsgebiet, fließt durch ein enges Tal zwischen Kotzenberg und Oberes Lichteck im NSG Karwendelgebirge und wird von zahlreichen Zuflüssen gespeist. Als schwerer Wildbach fließt er durch zahlreiche enge und winklige Klamme in einer intakten Naturlandschaft.
Der Krottenbach mündet kurz oberhalb des Pegels Dürrach in die Dürrach.

Befahrungsregeln:	Keine **Ökologische Empfehlung:** Im Sinne eines umweltgerechten Kanusports (NSG Karwendel) soll auf eine Befahrung verzichtet werden.
Pegel:	Dürrach (km 0,9), ☎ 01804-370037-332
Schwierigkeiten:	je nach Wasserstand WW III bis WW V
Infrastruktur:	Die untere Klamm kann zu Fuß nicht begangen werden, doch führt südlich von **Fall** eine Forststraße (für den öffentlichen Verkehr gesperrt) Richtung Wies-Alm und zur Mündung des

	Oedlbaches (Fluss-km 3,5). Von da aus gibt es einen Wandersteig entlang des Krottenbaches zum Delpsee, bzw weiter zur Tölzer Hütte.
Karten:	L8534, Kompaß-Wanderkarte Nr. 290, (Rund um Innsbruck), Karte 2, Jübermann Wassersport-Wanderkarte
Kilometrierung:	nach TOP 10

7,8 Ausfluss aus dem Delpsee/Tirol ca. 1600 m ü. NN
3,5 ⇩ Oedbach manchmal auch Oedlbach bezeichnet
3,1 ⬇ in breitem Schotterbett Absteigen von der etwa 50 m oberhalb vorbeiführenden Forststr (47.5431,11.5076)
2,3 ▬ „Wasserfall", etwa 5 m hoch, nach Besichtigung evt. ≈, li ⌂ bzw. umklettern möglich
1,2 –0,7 langes Kiesbett etwa 500 m lang
0,7 –0,5 enge Klamm 200 m lang, mit 2 verwinkelten ▬ Felsstufen je etwa 1m hoch und einem etwa 5 m langen, nur etwa bootsbreiten Schlitz. Falls dieser nicht verlegt ist, ist er gut ≈.Es folgt nochmals ein etwa 200m langes breiteres Kiesbett
0,3 Felsverhau wegen möglicher Baumhindernisse unbedingt besichtigen, sonst ≈
0,0 ⇩ des Krottenbach in die Dürrach (s. Seite 454) bei km 3,1 Mit einer letzten Felsstufe (47.5511,11.5388);
Weiterfahrt zur ⬆ Slipanlage auf der Dürrach etwa 1km bis zum Beginn des Sylvensteinsees und auf diesem etwa 2 km bis zur Slipanlage li am Ende der Bucht von Fall am Sylvensteinsee.
Dabei sollte an der Str-II von der Mündung in den See der Schlusskatarakt mit der 3 m hohen Felsstufe unbedingt vorher besichtigt werden.
(47.5743,11.5371)

Rißbach

WW I-II, WW III-IV, WW V-VI, Gebirgsfluss
Mündung in Isar bei amtl. km 235,1 (re Nebenfluss)

Der Rißbach entspringt aus mehreren Quellbächen im „Enger Grund" am Fuß der Grubenkarspitze im Karwendelgebirge. Er durchfließt ein außerordentlich schönes Gebirgstal, das durch eine Mautstraße erschlossen ist, die ständig in Flussnähe verläuft. Der Rißbach ist auf weiten Strecken ein mäßig schwerer, auf kurzen Teilstrecken schwerer und im Klammbereich extrem schwerer Wildbach.

Pegel:	Rißbachklamm (km 4,6) ♪ 01804-370037-331
Karten:	L8534, Jübermann Wassersport-Wanderkarte Nr. 4

Rißbach 1 (Engtal)

WW I-II, WW III-IV

Befahrungsregeln: **Befahrungsverbot** von Haglhütten (km 20,2) bis zur Neuner-Ⅱ (km 11,7) in der Zeit vom 15.04. bis 15.08.
Während dieser Zeit ist in diesem Bereich das Verlassen der Straßen und Wege verboten.
Begründung: Brut- und Aufenthaltszeit des Flussuferläufers (Amt der Tiroler Landesregierung/Abteilung Umweltschutz);
Ökologische Empfehlung: im Sinne eines umweltgerechten Kanusports sollte oberhalb von Haglhütten sollte auf eine Befahrung verzichtet werden

Befahrbarkeit: ab km 20,2 (Hagelhütten) nur bei gutem WS nach Regenfällen, Mindestpegel 130 cm
ab Neuner-Ⅱ km 11,7 meist ganzjährig

Pegel: Pegel Rißbachklamm (km 4,6 re.), ☎ 01804-370037-331
www.kanu-bayern.de (unter Pegelinfo)
www.hnd.bayern.de

Schwierigkeiten: km 20,2 - km 5,8 WW II-III (IV)
Achtung auf Baumhindernisse

Infrastruktur: kein ⛺ im Rißbachtal
An der Isar: ⛺ Isarhorn

Karten: L8534

Kilometrierung: nach Karte 1:10000

29,0 Ursprung als Enger-Grundbach aus mehreren Quellbächen im Enger Grund am Fuß der Grubenkarspitze

26,3 li **A 6215 Engalm** (47.3980,11.5586)

24,5 re Alpen-✕, **A 6215 Eng** (47.4028,11.5661)

21,7 Str-Ⅱ (von Hinterriß nach Eng) (47.4278,11.5752)

20,2 re ⇩ Plumsbach ab hier Name: Rißbach (47.4392,11.5759);
Fußg.-Ⅱ, li **Haglhütten** mögliche ⬇ (47.4397,11.5752);
WW II-III; (WW IV) Mit relativ schnellem Stromzug fließt der Rißbach in einem breiten Kiesbett. Achtung auf Baumhindernisse (47.4398,11.5748)

20,2 –11,7 § Befahrungsverbot vom 15.04. bis 15.08. von Haglhütten bis zur Neuner-Ⅱ; Während dieser Zeit ist in diesem Bereich das Verlassen der Straßen und Wege verboten! (47.4397,11.5749)

18,4 Weg-Ⅱ zur Karlalm (47.4468,11.5558)

16,2 re evtl. mögliche ⬇ der Rißbach fließt durch breite Kiesbänke (47.4563, 11.5316);
Str-Ⅱ (Kreuz-Ⅱ) die Rißbachstraße verläuft nun am re Ufer

15,1 re **Gaberlalm**

13,9 Weg-Ⅱ, re 🅿 (47.4624,11.5028)

13,4 li ⇩ Johannesbach (47.4634,11.4969);
re **Fuggerangeralm**, ✕, 🅿 (47.4647,11.4961)

12,3 Fußg.-Ⅱ re ✕ Alpenhof, Mautstelle (47.4653,11.4848)

11,7 Str-Ⅱ (Neuner-Ⅱ) (47.4686,11.4780);

li übliche ⬇ (Neuner-II) 🅿, ab hier ist eine Befahrung ganzjährig möglich (47.4686,11.4771)

10,9 Str-II, re Jagdschloß **A 6215 Hinterriß** (47.4717,11.4683); erster Durchbruch, bis WW III der Rißbach fließt an der Ortschaft Hinterriß vorbei und steigert seine Schwierigkeiten bis WW III, das Tal wird eng (47.4719,11.4682)

10,2 Str-II Beginn einer kleinen Waldschlucht (47.4762,11.4649)

9,4 Fußg.-II, re **Brandau** (47.4821,11.4627)

8,3 ⚠ S-Kurve WW IV auch Straßen-S genannt; nach einer langgezogenen Linkskurve folgt eine unübersichtlich scharfe Rechtskurve (re Flussufer ist eine Steilwand). Vor einem im Stromzug liegenden Felsblock scharf re halten, enge Passage mit anschließendem Abfall, Ober- und Unterwasser stark verblockt, WW IV. Es ist empfehlenswert, die S-Kurve bei der Anfahrt von der Straße aus zu besichtigen (nahe Leckbachbrücke). An der Straße steht hier ein Hinweisschild zur kürzeren Aufstiegsroute zum Scharfreiter. ⩍ auf der Straße möglich! Besichtigunh von oben und unten empfehlenswert! (47.4907,11.4616)

7,8 Abfall Schräge Rippen, WW IV li einfahren, ⩍ re auf Straße möglich, ⚠ im UW stehen manchmal kräftige Walzen, unbedingt ansehen!, bei NW evtl. nicht ≋ es folgt eine spritzige Fahrt, WW III (47.4952,11.4595)

7,5 Fußg.-II (47.4965,11.4568)

7,1 re ✕, **Weitgrießalm** (47.4992,11.4567)

6,0 ab hier re Ufer deutsch (47.5072,11.4495)

Rißbach 2 (Klamm)

WW V-VI

Befahrbarkeit:	nur bei NW, Idealpegel 90 bis 110 cm
Pegel:	Pegel Rißbachklamm (km 4,6 re.), ☎ 01804-370037-331 NM= 90 m; MW=130 cm; HW= 160 cm
Schwierigkeiten:	km 5,8 - km 4,7: WW V und VI, unbedingt vorher besichtigen, Achtung auf Baumhindernisse
Karten:	Jübermann Wassersport-Wanderkarte Nr. 4, L8534
Kilometrierung:	nach Karte 1:10000

6,0 ab hier re Ufer deutsch (47.5072,11.4495)

5,8 Engstelle mit Schrägwalze (WW III+) re fahren, das Wasser drückt unter das li Ufer. (47.5090,11.4485); Str-II ⬇ für die Befahrung der unteren Klamm ⚠ Pegel beachten, wenig 🅿-Möglichkeiten (47.5094,11.4483); ⬆ vor der Rissbach-Klamm Die Fahrt kann hier beendet werden. Sichere Fahrer können noch etwa 200 m weiter fahren (die kleine Klamm unter der Brücke) und in der beginnenden Schlucht ↰. Die ⬆ muss jedoch schon bei der Anfahrt festgelegt werden, denn bald danach beginnt die extrem schwere untere Klamm (47.5107,11.4475)

5,5 –4,6 ⚠ untere Klamm WW VI bis X Sie galt lange Zeit als unbefahrbar, wurde aber in den letzten Jahren schon mehrfach befahren. Schwer verblockte Engstellen, Unterspülungen, verwinkelte Steilabfälle (der höchste ist 7 m hoch), Baumversperrungen erfordern eine genaue Besichtigung und machen eine Befahrung nur für Kanuten ratsam, die sich auf Flüssen vergleichbarer Schwierigkeiten (mittlere Ötz, Lechschluchten) sicher fühlen. Der Eingangskatarakt ist bei NW X, (Verklemmungsgefahr!), anschließend bis zur Ⅱ bis WW IV+ (47.5108, 11.4471)–(47.5179,11.4421)

5,2 li ⬆ die „Garagen" letzte ⬆-Möglichkeit vor den Steilabfällen (WW VI bis X), die ⬆ darf keinesfalls verpasst werden!, kleiner 🅿 an der Rißtal Landesstr (47.5129,11.4444)

5,0 ⚠ erster Abfall der Klamm je nach WS WW IV-X, das Wasser fließt durch einen Engen Schlitz, Verklemmungsgefahr! (47.5134,11.4442)

4,9 Str-Ⅱ, Landesgrenze (47.5154,11.4428);
⚠ letzter Abschnitt der Klamm wird nur sehr selten befahren, ⬆ festlegen! WW VI bis X, am Ende 7 m hoher Wasserfall, der bei einer Befahrung unbedingt abgesichert werden muss; der Rißbach ist bis zur Mündung des Fermersbach Grenzfluss (47.5156,11.4426)

4,6 li ⇩ des Fermersbach (s. Seite 460) in den Rißbach (Grenzfluss zu Österreich) (47.5179,11.4421);
≣ Rißbachklamm, mit ▬ Pegelstufe ⚠ sehr gefährlicher Rücklauf (47.5182,11.4425)

4,5 re übliche ⬆ für die Befahrung der unteren Rißbach-Klamm oder der Fermersbach-Klamm, re 🅿-Möglichkeit (47.5182,11.4426)

4,4 re Oswald-Haus (47.5192,11.4429)

4,3 re ⬆ ▬ Staustufe davor kleiner Stausee mit meist totaler Wasserableitung (über ca. 8,5 km langen Rißbachdüker zum Walchensee-Kraftwerk) (47.5198,11.4413)

Rißbach 3 (unterhalb Stauwehr)

WW I-II
Mündung in Isar bei amtl. km 235,1 (re Nebenfluss)

Befahrbarkeit:	ab km 4,3 nur bei extremem HW (Pegel 160), bis zur Isar breites Kiesbett
Pegel:	Pegel Rißbachklamm (km 4,6 re.), ☎ 01804-370037-331
Schwierigkeiten:	km 4,3 - ⇩: WW I
Karten:	Jübermann Wassersport-Wanderkarte Nr. 4, L8534
Kilometrierung:	nach Karte 1:10 000

4,3 ⬆ ▬ Staustufe davor kleiner Stausee mit meist totaler Wasserableitung (über ca. 8,5 km langen Rißbachdüker zum Walchensee-Kraftwerk)

(47.5198,11.4413)
4,0 ⬇ unterhalb der Staumauer (47.5221,11.4405)
3,7 Str-II (47.5266,11.4398)
3,3 re ⇩ Augraben (47.5301,11.4396)
2,4 li ⇩ Fischbach (47.5377,11.4381)
0,1 re **83661 Lenggries-Vorderriß**
0,0 ⇩ Rißbach in die Isar (47.5583,11.4332)

Fermersbach

Weitere Namen: Bärnbach
Kleinfluss, WW III-IV, WW V-VI, Gebirgsbach
Mündung in Rißbach bei km 4,6 (li Nebenfluss)

Der Fermersbach heißt im Oberlauf Bärnbach und entspringt an der Nordflanke des Barnalpkopfes ca. 1550m ü. NN. Er verläuft als sehr schwerer Wildbach im Grenzbereich Tirol-Oberbayern durch enge Klammen. Infolge des sehr aufwendigen Bootstransports zur Einsetzstelle dürfte die Häufigkeit der Befahrungen gering sein.

Befahrungsregeln: keine

Befahrbarkeit: wahrscheinlich ganzjährig, beste Zeit Juni bis Juli,bei höherem WS schnell **X**

Fahrtstrecke: ⬇ etwa 1,4 km oberhalb der Brandel-Alm in breitem Kiesbett. Nach 1 km folgt die Hauptklause (auf dem Fermersbach wurde bis 1972 getriftet), **X**, li ⩍. Die Fahrt kann auch hier begonnen werden. Zunächst noch verhältnismäßig leicht. Nach weiteren 2,8 km Alte Klause, ebenfalls **X**, re ⩍, Alpinstart. Danach Beginn der schwierigen Klammstrecken. Beendigung der Fahrt nach insgesamt etwa 8,0 km in dem kleinen Stausee der Rißbachableitung.

Fahrtdauer: 4-5 Stunden

Pegel: am Klamm-Ausgang, Pegel Rißbachklamm: ☎ 01804-370037-331:
Minimum 90 cm, günstig 100-110 cm,
Grenze der Befahrbarkeit bei etwa 130 cm

Schwierigkeiten: Der Fermersbach verläuft durch drei völlig unzugängliche Klammen. Ein Fahrtabbruch ist in diesem Bereich kaum möglich. Das Gefälle erfolgt zumeist in Stufen mit einer maximalen Höhe von etwa 6 m, sehr starke Verblockung, verwinkelte Durchfahrten, häufig Baumversperrungen. Besichtigungen und Absicherung an zahlreichen Stellen erforderlich, nur mäßige Wasserwucht. Erste (kurze) Klamm WW II-III, zweite Klamm WW IV+, dritte Klamm WW IV-V, **bei höherem Wasserstand wird WW VI erreicht.** Umtragestellen abhängig von Baumversperrungen und Wasserstand. Auf gegenseitige Sicherung achten!

	Steinschlaggefahr bei Gewitter oder Sturm!
	Gefälle: im Durchschnitt 42 ‰, im Klammbereich erheblich höher
Karten:	L8534, Jübermann Wassersport-Wanderkarte Nr. 4

10,5	Ursprung des Bärnbaches
7,8	li ⇩ Sandbach nunmehriger Name: Fermersbach (47.4725,11.3839); li mögliche ⬇ Sandbachmündung die Forststraßen nähern sich von beiden Seiten dem Bachbett, ca. 1120 m ü.NN
6,8	▬ Hauptklause, **X**, li ⌓ (47.4803,11.3894)
6,6	li auf der Höhe die **Brandelalm** (Zufahrt zur Alm von 82481 Mittenwald aus auf vermutlich nicht öffentlichem Weg)
4,4	re ⇩ Aubach (47.4913,11.4080)
4,0	▬ Alte Klause, **X**, re ⌓
4,0	–0,3 drei alpine Klammstrecken
2,5	–2,3 obere Klammstrecke auf etwa 150 m WW II-III
1,5	–1,1 mittlere Klammstrecke auf etwa 400 m WW IV+
0,9	–0,3 untere Klammstrecke Auf etwa 600 m WW IV-V; ⚠ bei höherem Wasserstand wird WW VI erreicht
0,0	⇩ des Fermersbach in den Rißbach (s. Seite 458) bei km 4,6 (Grenzfluss zu Österreich) (47.5179,11.4421); ≣ Rißbachklamm, mit ▬ Pegelstufe ⚠ sehr gefährlicher Rücklauf (47.5182,11.4425); übliche ⬆ für die Befahrung der unteren Rißbach-Klamm oder der Fermersbach-Klamm, re 🅿-Möglichkeit (47.5182,11.4426)

Leutasch

Weitere Namen: Leutascher Ache
Wildwasser
Mündung in Isar bei amtl. km 259,3 (li Nebenfluss)

Die Leutascher Ache fließt in einem landschaftlich sehr schönen Hochtal, dem Gaistal, das auf beiden Seiten von bis zu 2700 m hohen Bergen begrenzt wird. Hauptzubringer ist der Gaistalbach, (in manchen topografischen Karten auch als Leutascher Ache bezeichnet) der an der Nordflanke der Hochplatte (2465 m) im Mieminger Gebirge entspringt (ca. 22 km westlich von Scharnitz). Am Fuße der Tillfussalm (Steinernes Hüttl) mündet der Gaistalbach in die Leutascher Ache, die dort ihre Quellen hat. Wassertechnisch ist die Leutascher Ache nur auf den ersten Kilometern interessant, streckenweise begradigt, mehrere Geröllbremsen, etwa 0,5 m hoch, ≈, jedoch Vorsicht vor Eisenträgern! Etwa 1,7 km vor der Österreichisch-Deutschen Grenze bei Mittenwald durchfließt sie die Untere Leutaschklamm oder auch Geisterklamm genannt. Diese ist seit 2006 mit Stegen und Brücken touristisch voll erschlossen und bietet einen eindrucksvollen Wanderweg. Von einer Befahrung der Klamm (ca. 1650 m lang) muss aus Sicherheitsgründen allerdings dringend abgeraten werden.

Befahrungsregeln:	keine, **Sicherheitsempfehlung**: Befahrungsverzicht der „Geisterklamm“
Befahrbarkeit:	Frühjahr und Frühsommer
Pegel:	Klamm/Österreich, www.tirol.gv.at.buerger/sicherheit/wasserstand/ Mittenwald/Bayern, (km 0,6), ☎ 01804-370037-330, empfohlen über 45 cm
Schwierigkeiten:	km 19 bis km 2,3 WW V-I (abnehmend) km 2,3 bis km 0,6 X
Infrastruktur:	Zeltmöglichkeit: sehr schöner ⛺ bei km 8,8 (☎ 0043/5214/6570), gut geeignet als Standquartier für Fahrten im Garmischer Raum, Besitzer gibt Auskunft über den WS der Leutasch
Karten:	L8532 und 117 (Österreich), Jübermann Wassersport-Wanderkarte Nr. 4
Kilometrierung:	nach Luftbild

29,7 Urspung der Leutacher Ache (47.3662,10.9796)

23,1 ⇩ Gaistalbach in den Quellfluss der Leutascher Ache (47.3704,11.0351)

22,8 li **Tillfussalm/Steinernes Hüttl**

21,0 Wegefurt, mögliche ⬇ bei gutem Wasserstand. Die Leutascher Ache ist sicher auch schon oberhalb des empfohlenen Einsetzortes bei km 18,2 ≈, die Zufahrt ist jedoch für Pkw gesperrt. Die Boote müssen getragen oder mit Bootswagen gekarrt werden (47.3667,11.0626)–(47.3636, 11.0940)

20,3 –18,3 reizvolle Schlucht (bis WW V) zunächst auf einer Strecke von 300 m bei erheblichem Gefälle WW V. Der Katarakt ist häufig das ganze Jahr hindurch durch eine Lawine verschüttet. Mehrere bis zu 2 m hohe ▬ Abfälle kombiniert mit einer rasanten Klammdurchfahrt. Schwierigkeiten in der Schlucht selbst WW II-IV (47.3646,11.0690)

18,2 li mögliche ⬇ mit 🅿 Parkplatz als Ausgangspunkt des Ganghofer Wanderweges. Weiterfahrt für Pkw ab hier flussaufwärts gesperrt; mögliche ⬇ (47.3638,11.0954)

18,2 –17,1 kleine Schlucht neben der Straße. Zunächst auf 1 km WW III, anschließend nach einer re-Kurve auf 100 m in einer Durchbruchstrecke WW IV (47.3638,11.0951)

16,8 li weiterer 🅿 (47.3640,11.1119)

16,7 2x ▬ Betonstufe mit Rücklauf An der ▤-Station Klamm; ⚠ Gefahr von Treibholzversperrungen; am besten schon bei der Anfahrt von der Straße aus besichtigen (47.3635,11.1125)

16,5 ▬ Gefällbremse von 1 m im Bereich einer Flussbegradigung; ≈, ⚠ Rücklauf! Re ⏏ (47.3622,11.1144)

16,4 ▬ weitere Gefällbremse von 2 m, evtl. ≈, harter Aufschlag im UW, re ⏏ (47.3621,11.1158)

15,9 Str-II Leutasch (47.3611,11.1224);
li günstige ⬇ **A 6105 Leutasch-Klamm** re **L-Obern** Ende des Gaistales, re P-Möglichkeit, li 🚌 (47.3610,11.1240);
Ab hier WW II-III, flotte Strömung leichte Verblockung; ca. 5 ▬ Sohlrampen bzw. Sohlgleiten aus rauen Steinen teilweise mit Eisenpfosten am Ende (47.3608,11.1244)

14,3 Str-II, re **Aue** Buchener Landstr, Oberleutasch nach Telfs (47.3650, 11.1409);
ab hier WW I-II Schwierigkeiten lediglich durch Kurven, Bäume im Flussbett und niedrige Büsche (47.3652,11.1413)

13,9 Str-II, li **A 6105 Kirchplatzl** (47.3681,11.1456);
▬ Sohlgleite (47.3684,11.1458)

13,1 Str-II, Leutasch-Alpenbad (47.3731,11.1527)

12,3 Str-II, ⬆⬇, re **A 6105 Föhrenwald** (47.3728,11.1630);
▬ raue Sohlgleite/Eisenträger (47.3729,11.1631)

10,0 li ⇩ Puitbach (47.3882,11.1759)

8,8 re ⛺ Holiday Camping Leutasch, Reindlau 230b, A 6105 Leutasch, ☎ 0043-5214-65700, Fax 0043-5214-657030, info@holiday-camping.at (47.3984,11.1801)

7,0 li **A 6105 Lochlehn**

4,3 Wege-II, li **A 6105 Unterkirchen** (47.4168,11.2176)

4,0 Str-II (Unterkirchen/Tirol nach Mittenwald) (47.4193,11.2190)

3,4 re **A 6105 Unterleutasch-Burggraben**

3,2 Str-II, li **A 6105 Schanz/Tirol** ⬆, re P (47.4223,11.2279)

2,3 Str-II, Klammbrücke re ⬆ Klammbrücke, Fahrtende ▬ Wehr, ⚠ hier unbedingt Fahrt beenden, re P; es folgt eine **X** Schlucht; schöner Wanderweg durch die „Geisterschlucht" (47.4279,11.2348)

2,3 –0,6 Geisterschlucht, **X** (47.4281,11.2352)–(47.4273,11.2536)

0,7 Staatsgrenze Österreich-Deutschland nunmehriger Name: Leutasch (47.4273,11.2530)

0,6 Str-II bei Mittenwald (47.4274,11.2539);
🚉 Mittenwald (47.4303,11.2564)

0,6 –0,0 Eine Befahrung der Reststrecke ist nicht lohnend (47.4301,11.2558)

0,2 ▬ ⬅ Ableitung eines Mühlbaches (47.4303,11.2566)

0,0 ⇩ der Leutasch in die Isar (s. Seite 445) bei amtl. km 259,3 (47.4312, 11.2585)

Gleirschbach

Kleinfluss, WW III-IV, WW V-VI
Mündung in Isar bei amtl. km 268,7 (li Nebenfluss)

Der Gleirschbach hat seinen Ursprung an einem kleinen Wasserfall an der Westflanke der Stempeljochspitze im Karwendelgebirge. Er ist ein zwar kurzer, doch sehr interessanter Wildbach. Der Zugang ist allerdings mangels öffentlicher Wege recht beschwerlich. Kanu-Taxis verkehren von **A 6108 Scharnitz** nur Juni bis September, so dass die Boote mit dem Bootswagen rund 6 km ins Hinterautal bis zur Brücke über die Isar bei km 269,7 gefahren werden müssen. Danach noch reichlich Fußmarsch ins Gleirschtal Richtung Möslalm.

Befahrungsregeln:	keine
Befahrbarkeit:	nach der Schneeschmelze
Schwierigkeiten:	fast kehrwasserloser Bach mit zahlreichen verwinkelten Stufen, anhalten davor ist oft nicht möglich. WW III bis WW IV (V) 2 Stellen **X**; (Stufe etwa 1,5m hoch mit anschließend nur 40 cm breitem Schlitz und hohe Stufe am Ende des Baches Gefälle: durchschnittlich 80 ‰.
Karten:	Jübermann Wassersport-Wanderkarte Nr. 5 ISBN: 978 3 929540-32-1 / Kompaß Wanderkarte Nr. 290 (Insbru

13,1	Ursprung an der Stempeljochspitze, ca. 2.000 m ü. NN (47.3351,11.4279)
5,9	li **Möslalm**, **A-6020 Innsbruck**, etwa 1.260 m ü. NN (47.3390,11.3435)
4,7	li ⇩ Kristenbach etwa 1176 m ü. NN, ob der Wasserstand für eine Befahrung ab hier ausreichend ist, muss beim Hinweg erkundet werden (47.3427,11.3311)
4,6	re Jagdhütte Gleirschtal (47.3432,11.3304)
4,0	5x ▬ Sohlrampe in kurzer Folge (47.3471,11.3247)
3,3	▬ Stufe (47.3517,11.3203)
3,2	Wege-Ⅱ, etwa 1.137 m ü. NN (47.3526,11.3200)
3,1	re Futterhütte, mögliche ⬇ (47.3537,11.3197)
1,7	Wege-Ⅱ zur Isartalhütte etwa 1.098m ü. NN (47.3631,11.3112); Mögliche ⬇ wenn nur die Klamm gefahren werden soll (47.3632,11.3107)
1,2	li ⇩ Tröglgraben, dahinter Beginn der Klamm. Die Klamm unbedingt vorher vom Klammsteig aus besichtigen! (47.3665,11.3085)
0,4	▬ Wasserfall, etwa 1,5 m hoch **X** (47.3726,11.3084); Fußg.-Ⅱ, mögliche ⬆ (47.3728,11.3085)
0,1	Wege-Ⅱ, ⬆ (47.3748,11.3086)
0,0	▬ Stufe **X** (47.3758,11.3084); ⇩ des Gleirschbach in die Isar (s. Seite 444) bei amtl. km 268,7, etwa 1.050 m ü. NN, am Ende der Schlucht mehrere unterspülte Felswände, die die volle Aufmerksamkeit erfordern (47.3759,11.3084)

Lech

Wanderfluss, WW I-II, WW III-IV, WW V-VI, Gebirgsfluss, Stauseen
Mündung in Donau bei amtl. km 2496,6 (re Nebenfluss)

Der Lech entsteht unterhalb des Formarinsees in ca. 1580 m Höhe aus den Quellflüssen Formarinbach (aus der Rotwand kommend) und dem Spullerbach (Abfluss des Spuller Sees). Er gehört in seinem **Oberlauf** zu den größten Gebirgsflüssen Österreichs. Zwischen Lech und Steeg fließt er durch klammartige, völlig unwegsame Schluchten. Die Straße verläuft hoch über und zum Teil weitab vom Fluss und gestattet nur ganz selten einen unvollkommenen Einblick in die Schluchten. Diese Strecke ist **extrem schweres Wildwasser**, an deren Befahrung sich nur wirkliche Spitzenfahrer wagen sollten. Sie erleben dann allerdings ein Optimum an eindrucksvoller Landschaft und wassertechnischen Schwierigkeiten. Ab Steeg weitet sich das Tal, es wird jedoch bis Reutte auf beiden Seiten von bis zu 2800 m hohen Bergen eingerahmt. Diese landschaftlichen Schönheiten des oberen Lechtales zusammen mit der Tatsache, dass der Lech ab Steeg ein verhältnismäßig leichter Wildfluss ist, machen den Lech zu einem Fluss, der sehr gern und vielfach auch von Wildwasseranfängern befahren wird. Der Lech nimmt zwischen Steeg und Füssen eine Reihe von Nebenflüssen auf. Es sind durchweg kurze, sehr gefällstarke und wildwassermäßig schwere Bäche. Es bestehen noch immer Pläne, den Lech auf österreichischem Gebiet mit all seinen Nebenflüssen total zu verbauen.

In seinem **Mittellauf**, zwischen Füssen und Augsburg, besteht der Lech aus einer Vielzahl von Staustufen, die das alte Urstromtal ausfüllen. Sie sind aber landschaftlich reizvoll und abwechslungsreich. Alle Wehre sind ca. 8 m hoch und mit Bootswagen leicht zu umkarren (Umtragestrecken 200 bis 300 m). Für Zahmwasserpaddler zu empfehlen.

In seinem **Unterlauf**, zwischen Augsburg und ⇩, wird dem Lech periodisch Wasser entzogen und zugeführt, so dass diese Strecke nur mit kundigem Führer befahren werden soll.

Befahrungsregeln: km 248,0 – km 167,0 (Tiroler Lech) Rafting verboten 230,9 – km 227,7 Fischaufzuchtgebiet, Kajakfahren und Rafting gemäß Verfügung von 1995 ganzjährig untersagt (Verbotsschilder beachten). Es ist nicht bekannt, ob von der Sperrung auch die Lechschluchten oberhalb betroffen sind.

Von Straßenbrücke Steeg (km 227,4) bis Straßenbrücke Weißenbach (km 187,3): Befahrungsverbot jeweils von 19.00 bis 9.00 Uhr km

143,0 – km 131,5: vom 01.03. bis 31.08. Betretungsverbot an Kiesbänken und Inseln, Durchfahren im Stromstrich für Wasserwanderer erlaubt, dabei Flachwasserzonen meiden

km 116,0 – km 113,2: vom 01.10. bis 31.05. Befahrungsverbot

km 114,6 – km 113,2: ganzjäriges Befahrungsverbot für den rechten Flussarm

km 113,2 - km 84,6 : Befahren ausschließlich in Flussmitte (Stromstrich) erlaubt. Es ist ganzjährig verboten Flachwasserzonen, Schilf- und Binsenbereiche, Altwasserarme sowie Bachmündungen mit Booten zu befahren.

km 79,3 – km 67,8 (Staustufen 18, 19 und 20): vom 01.03. bis 31.07. Befahren ausschließlich in Flussmitte erlaubt.

	Teilweise besteht ein Uferbetretungsverbot. km 67,8 – km 60,4 (Staustufen 21 und 22): ganzjährig gesperrt km 37,2 – km 21,0 (Lechauen): keine Befahrung vom 01.04. bis 30.06. in der übrigen Zeit Befahren ausschließlich in Flussmitte (Stromstrich) ohne Anlanden km 4,8 – km 1,4 (Feldheimer Stausee): ganzjährig gesperrt
Befahrbarkeit:	ab km 248,0 bei HW im Frühjahr km 244,2 – km 231,0 nur bei herbstlichem NW km 227,4 – km 37,3 ganzjährig km 37,3 – km 4,8 nur bei ausreichend Wasser
Umwelt:	Wasser: Oberlauf sehr sauber Mittellauf bis Schongau sauber, danach leicht verschmutzt
Pegel:	li neben der alten Holz-II im Ort Lech Richtung Zug (für die Lechschluchten günstig etwa 75 cm) li an der Str-II von Steeg, (km 227,4) www.tirol.gv.at.buerger/sicherheit/wasserstand/ li nach der Str-II von Häselgehr (für die Strecke unterhalb Steeg, günstig 50-100 cm, - entspricht 15-25 m³/sec.) Vorderhornbach (km 198,2), www.tirol.gv.at.buerger/sicherheit/wasserstand/ Lechbruck (km 146,6) ✆ 01804-370037-184 Landsberg (km 85,4) ✆ 01804-370037-185 Haunstetten (km 50,4) ✆ 01804-370037-186 Augsburg (km 38,6) ✆ 01804-370037-187
Schwierigkeiten:	km 248,0 – km 244,2 WW II km 244,2 – km 231,0 WW V-VI km 227,4 – km 181,0 WW I-II (III) km 165,8 – km 56,8 Stauseen, dazwischen WW I km 56,8 – km 47,0 gute Strömung (kleine unfahrbare Wehre)
Karten:	L8726, L8728, L8528, L8530, L8330, L8130, L7930, L7730, L7530, L7330 oder C8726, C8730, C8330, C7930
Kilometrierung:	in Bayern: km-Tafeln am Ufer, sonst nach Luftbild
Quellen:	Ergänzungen: Arnold Hinz (08/16)

254,6 Ursprung aus Quellflüssen Spullerbach und Formarinbach in ca.1.840 m Höhe über NN (47.1735,10.0086)

245,1 oberste mögliche ⬇, Fußg- II am OE von **Zug** Auerhahnbrücke ca. 140 m südlich des Hauptweges, beim Gasthof Auerhahn in Zug 12, A 6764 Lech, ca. 1505 m ü. NN. Bei Frühjahrs-HW ist der Lech ab hier auf einer Strecke von 4 km bis Lech leicht zu befahren. Eine Weiterfahrt durch die Lechschluchten ist bei diesem Wasserstand allerdings unmöglich. (47.1976,10.1008)

244,2 Str-II, Zug, li **A-6764 Zug/Lech**, re Seilbahnstation mit 🅿, ca. 1485 m ü.

NN (47.1989,10.1106)

241,8 Wege-II, Lech, li **A-6764 Lech a. Arlberg-Tannberg** re **L-Omesberg** (47.2063,10.1346)

241,3 Str-II, Tannberg, **A-6764 Lech am Arlberg** nach li Tannberg und Zug, re 🚌 (47.2076,10.1408);
Lech und Wege-II günstig für die Befahrungs der Lechschluchten ca. 75 cm (47.2076,10.1409)

241,3 –243,2 ⚠ stark verblockte Ortsdurchfahrt auf ca 1000 m; hohe Ufermauern ohne Ausstiegsmöglichkeit; Daher ist die nachfolgende frühere Empfehlung nur bedingt gültig: ⬇ für die Befahrung der Lechschluchten. (47.2077,10.1412)

240,6 Str-II B198 (Lechtal-Bundesstr) (47.2123,10.1448)

239,3 Str-II von **A-6764 Stubenbach** nach **S-Strass**, letzte ⬆ vor den Lechschluchten; etwa 1.425 m ü. NN (47.2213,10.1538);
⚠ Lechschluchten Die Schluchtstrecken müssen mit größter Vorsicht befahren werden, da sehr große Teilstrecken klammartig sind, d.h, dass keine Möglichkeit zum Anlanden besteht. Dabei ist jederzeit mit Hindernissen zu rechnen, z.B. Holzhindernisse, Altschnee-/Lawinenkegel und sogar von der Straße heruntergeworfene Altautos. Die Lawinenkegel sind im Herbst allerdings hoch ausgewaschen und können daher unterfahren werden. Für eine Erstbefahrung ist für die Stecke von Lech bis Steeg mit 2 Tagen zu rechnen. Es empfiehlt sich daher, die Befahrung der Lechschluchten in 2 Tagesetappen (1. Etappe von Lech bis Warth, 2. Etappe von Warth bis Steeg) aufzuteilen. Bei guter Kenntnis der Strecke kann die gesamte Schluchtstrecke von Lech bis Steeg in etwa 6 Stunden durchfahren werden. Zur Kennzeichnung der Schwierigkeiten sei angegeben, dass der Lech über sehr weite Strecken in einer ausweglosen Klamm verläuft, mit sehr starker Verblockung, zahlreichen Zwangspassagen mit Schwierigkeiten WW V-VI, unter anderem einem 4 m hohen Abfall, der nicht ⏏ werden kann. Auf der Strecke bis Warth finden sich je nach Wasserstand und Können 2 bis 3 **X** Flussstellen, die ⏏ werden müssen (47.2215,10.1538)

239,2 übliche ⬇ für die Lechschluchten (47.2220,10.1541)

238,2 ⚠ Beginn mehrerer enger Klammen mit Zwangspassagen, Achtung: Gefahr von Baumhindernissen und Lawinenresten (47.2288,10.1609)

237,5 ⚠ Zwei Kernstellen mit leichterer Zwischenstrecke (47.2329,10.1650)

234,6 Holz-Fußg-II bei **A-6767 Warth** etwa 1325 m ü. NN, ⬆ für die 1. Etappe, bzw. ⬇ für die 2. Etappe, ca. 1,6 km bis Gemeindeamt Warth!
Auf der folgenden Strecke sind die Schwierigkeiten zunächst gering. Die Strecke bis zum Beginn der Schlucht ist öfters durch Baumverhaue an mehreren Stellen **X**, es ist dann sinnvoll, erst kurz vor Schluchtbeginn von der Straße zum Lech abzusteigen (47.2515,10.1860)

234,0 Beginn der Klamm Schwierigkeiten WW V bis WW VI, wie oben für den 1. Teil geschildert (47.2527,10.1955)

233,6 ⚠ Kurze Klamm mit siphonierter Stufe oft **X**, unbedingt vorab besichtigen

(47.2535,10.1977)

229,6 re ⇩ des Bockbach, ⚠ Zwangspassage „Turmzimmerl“ siphonierter Stufe oft **X** (47.2454,10.2406)

228,9 ⬆ für die Lechschluchten Pfad zur Straße. Ausstieg vor der Fahrt besichtigen, unter der folgenden Straßenbrücke sehr unsaubere Stelle mit Eisenschrott (ggf. **X**), ⌂ kaum möglich (47.2450,10.2482)

228,6 Str-II B 198, Lechtal-Bundesstraße die Befahrung der Lechschluchten wird zumeist etwa 250 m li oberhalb der Str-II beendet. Falls eine Weiterfahrt geplant ist, muss unter der Str-II eine durch Bauschutt und Eisenträger **X** Stelle sehr mühsam ⌂ werden. Der nachfolgende Schlusskatarakt der Lechschluchten galt lange Zeit als **X**, er wird jetzt jedoch vielfach befahren, wobei 2 Stellen zumeist ohne besondere Schwierigkeiten ⌂ werden. Diese beiden Extremstellen wurden aber auch schon gemeistert (47.2463,10.2519)

228,1 Str-II (alt) Zufahrt: aus Steeg kommend, hinter der 2. Lech-II nach etwa 1 km hinter einem Schrottlagerplatz der Straßenmeisterei re in Fahrweg (alte B198) einbiegen. Bootswagen zweckmäßig, etwa 1,5 km bis zum Fluss. Eine Zufahrt auf der anderen Seite ist wegen eines Erdrutsches nicht möglich (47.2488,10.2544)

228,1 –227,8 **§** ganzj. Befahrungsverbot, Fischaufzuchtgebiet, Kajakfahren und Rafting gemäß Verfügung von 1995 ganzjährig untersagt (Verbotsschilder beachten) (47.2490,10.2549)

226,5 Str-II B198 (Lechtal-Bundesstr.) (47.2445,10.2725)

225,4 re Mögliche ⬇, **A-6655 Steeg** wenige ▣-Möglichkeiten; Ab hier ist der Lech ganzjährig verhältnismäßig leicht ≈. Bei leidlicher WW-Erfahrung kann der Lech auch als Wanderfluss empfohlen werden. Schnelle Strömung, nur stellenweise leichte Verblockung, WW II mit Stellen WW II+ (47.2408,10.2832)

225,0 re ⇩ des Kaiserbach (s. Seite 480) in den Lech (47.2400,10.2886)

224,9 Weg-II (47.2401,10.2892)

224,6 Str-II, li **A 6655 Steeg** re **S-Dickenau**, ⬇, Stufe bei NW ≈, ⚠ ansehen (47.2414,10.2929);
Wege-II, li **A-6655 Steeg-Walchenau** (47.2415,10.2931)

224,0 Nach Geröllhang auf der re Flussseite und Rechtskurve folgt eine stark verblockte Stelle; bei NW und MW Felsen im Fluss, gut ≈; bei HW zahlreiche Löcher (47.2456,10.3004)

223,5 Wege-II, li **A-6655 Steeg-Hägerau**, gute ⬇ (47.2449,10.3053)

221,1 Str-II, Dürnau, re **A-6654 Dürnau** (47.2557,10.3305)

220,6 Wege-II (47.2557,10.3361)

218,4 Fußg-II, li **Schönau** (47.2578,10.3628)

217,7 Str-II, Lechtalstrasse, B 198, re **A-6653 Bach-Stockach** darunter ▬ Abfall, bei NW und MW li ≈, bei HW auch re, in der Mitte liegt ein Felsblock im Unterwasser (47.2600,10.3718)

217,1 Fußg-II, am OE von **Stockach** (47.2631,10.3782)

214,9 Str-II, Lechtalstrasse, B 198, re **A-6653 Bach** (47.2713,10.4039)

214,8 re ⇩ Madaubach (s. Seite 480) in den Lech (47.2715,10.4046)

213,4 li schöner ⛵ (47.2801,10.4147)

212,9 Str-Ⅱ nach re **A-6652 Grünau** (47.2817,10.4205)

211,6 Str.-Ⅱ ⚠, danach re Felsblöcke in der Strömung (47.2838,10.4351)

211,0 Holz-Ⅱ, li **A 6652 Elbigenalp** (47.2868,10.4422)

208,9 Str-Ⅱ, re **A 6651 Grießau** (47.2979,10.4630)

207,9 Weg-Ⅱ (47.2953,10.4758)

205,6 re ⇩ Otterbach (s. Seite 479) in den Lech (47.3093,10.4935); Str-Ⅱ, Lechtalstrasse, **A-6651 Häselgehr** darunter befand sich früher die schwerste Stelle der Wanderstrecke des Lechs, nun gut ≈, li ≡ (47.3101, 10.4937)

204,9 li ⛺ Lechtalcamping Rudi **A 6651 Häselgehr**, sehr günstig gelegen (47.3148,10.4987)

202,9 Wege-Ⅱ (47.3245,10.5202)

201,9 re ⇩ des Gstreinbach (s. Seite 478) in den Lech (47.3316,10.5281)

201,2 Fußg-Ⅱ, re **A-6644 Elmen** li **E-Klimm** (47.3355,10.5351)

201,1 Str-Ⅱ, auf Pfeiler achten li **A-6644 E-Martinau** (47.3556,10.5465)

197,3 li ⇩ des Hornbach (s. Seite 476) in den Lech (47.3674,10.5514)

195,7 Str-Ⅱ, re **A-6642 Stanzach** re ⬆⬇ mit 🅿 (47.3809,10.5509)

195,1 re ⚠ kraftiger Schwall früher schwerste Stelle des unteren Lechs. Der Felsriegel ist nun re durchbrochen und gut ≈ (WW II) bei HW li starke Walze.

Unterhalb Stanzach verläuft der Lech in einem breiten Kiesbett, öfters Aufteilung in mehrere Arme. ⚠ Kiesbank-Schwalle! (47.3844,10.5569)

194,8 re ⇩ des Namloser Bach (s. Seite 475) in den Lech (47.3864,10.5596)

191,8 li ⇩ Schwarzwasserbach (Dor etwa 10 km lange Bach entsteht durch Zusammenfluss von Reitgehrenbach und Fuchskarbach am Fuße des Hochvogels und durchfließt das nach ihm benannte Schwarzwassertal. Bis zur Wegbrücke, etwa bei km 6,5, nahe der Eibleshütte fließt er in einem breiten Geschiebebett mit mehren Geschiebesperren. Die nächsten 3,5 km durchfließt er als schmaler Bach eine tiefe Waldschlucht -etwa 15 ‰ Gefälle- und weiterhin etwa 1,5 km durch eine wuchtige Klamm mit fast 90 ‰ Gefälle. Ab der Wegbrücke bei der Jagdhüttenalm fließt er wieder in einem breiten Kiesbett dem Lech zu. Zwischen den beiden Wegbrücken gibt es keinen Zugang zum Bach. Eine Befahrung ist daher nicht zu empfehlen!) (47.4092,10.5755)

189,9 Hänge-Ⅱ, re **A-6670 Forchach** (47.4256,10.5817)

187,9 Str-Ⅱ, auf Pfeiler achten (47.4314,10.6050)

185,4 Wege-Ⅱ (47.4367,10.6357)

184,8 li ⇩ Weißenbach (s. Seite 474) in den Lech (47.4394,10.6432); re ⇩ des Rotlech (s. Seite 474) in den Lech ca. 880 m ü. NN, gegenüber von **A-6671 Weißenbach** (47.4389,10.6445)

184,6 Str-Ⅱ, li **A 6671 Weißenbach** re ⬆ (47.4406,10.6458)

182,4 re ⬆ **A 6671 Rieden** 🅿 (47.4512,10.6684)

182,2 li Schotterwerk, gute ⬆ 🅿 nach Anfrage (47.4540,10.6670)

181,3 ■ Geschiebefalle § Befahrung verboten, Das Bauwerk zweigt das Wasser bei MW nach re ab, und sorgt für eine dosierte Abgabe des Geschiebes. Weiterfahrt bei MW im re Arm (47.4589,10.6759)

179,2 Fußg.-Ⅱ (47.4724,10.6953)

179,0 ■ Wehr Stauhaltung Ehenbichl **X**, li ⏏. Bei NW wird soviel Wasser abgeleitet, dass eine Weiterfahrt gelegentlich unmöglich wird. In diesem Fall muß die Folgestrecke bis km 177,1 umfahren werden (47.4736, 10.6976)

177,2 re ⇩ Werkkanal (47.4876,10.7101)

177,1 Str-Ⅱ, Lechtalstrasse, re **A-6600 Reutte** li **A-6600 Lechaschau** (47.4889, 10.7099)

176,1 li ≡ **Lechaschau** (47.4979,10.7101)

175,9 Fußg.-Ⅱ, li **A-6600 Hinterbichl** (47.4996,10.7105)

174,4 re ⇩ des Archbach Abfluss des Plansee (s. Seite 473)s (47.5130,10.7122)

173,8 Str-Ⅱ, li **A-6600 Unterletzten** re **A-6600 Pflach**, re dahinter gute ⬆. Es empfiehlt sich, die Befahrung des Lechs hier abzubrechen. Hier landen und ca. 3 km re ⏏, wenn die nun folgende Kniepassschlucht nicht gefahren wird. Durch einen Stollen wird am Kniepassstausee und Kniepass-■ dem Lech fast alles Wasser entzogen und erst wieder beim ϟ Weißhaus zugeführt (direkt vor der Staatsgrenze). Befahrung dieser Strecke nur noch bei HW möglich, aber sehr umständlich. Bei offenen Wehren (2 bis 3 mal im Jahr) ist die Befahrung der Kniepass-Schlucht zu unterlassen △ Lebensgefahr! Geöffnete Wehre erkennt man bereits an der Ⅱ in Pflach am starken Stromzug (sonst fast stehendes Wasser durch den Stau). Ausbooten nach der Ⅱ in Pflach sehr schwierig! (47.5177, 10.7109)

173,7 EB-Ⅱ (47.5185,10.7111)

173,0 Str-Ⅱ, Fernpaß Bundesstrasse, B 179 (47.5231,10.7093)

172,6 ■ und ϟ, am Kniepass **X**, die nachfolgende Kniepass-Schlucht ⏏ (300 m, S3) (47.5251,10.7051)

168,4 alte Str-Ⅱ, Ulrich-Ⅱ, li **A-6682 Vils-Steegen**, li 🚆 (47.5461,10.6627)

168,0 Str-Ⅱ (neu) L396 von Füssen zur B 179 (47.5484,10.6609)

167,1 li ⇩ der Vils (s. Seite 471) in den Lech (47.5551,10.6663)

165,7 re Wassereinleitung vom ϟ (47.5571,10.6852)

165,2 Staatsgrenze, (Deutschland/Österreich) (47.5590,10.6908)

164,7 △ Lechfall (H ca. 12 m), **X**, ⏏ oder Beendigung der Fahrt, darüber Fußg.-Ⅱ (Maxsteg) (47.5616,10.6949)

163,9 Str-Ⅱ, li **87629 Füssen** (Lechhalde) (mittelalterliche Stadt, Hohes Schloss, Königsschlösser), li 400 m 🚆 (47.5657,10.7003); ≡ Füssen (47.5658,10.7005)

163,2 Str-Ⅱ B 16 **87629 Füssen** (Sebastianstr.), davor Fußg.-Ⅱ (Lechsteg) (47.5663,10.7094)

163,1 ■ Wehr Füssen, **X**, re oder li ⏏ (47.5669,10.7104)

161,7 ⇩ des Lech in den Forggensee Stauhaltung zu Lechstaustufe 1. Durch die Absenkung der Winterstauhaltung auf 765 m sind die Uferbereiche recht bis etwa Ende Mai sehr flach. (47.5789,10.7146)

Vils (Lech)

Kleinfluss, WW I-II, WW III-IV, Wildfluß, Gebirgsfluss
Mündung in Lech bei km 167,1 (li Nebenfluss)

Die Vils in Tirol ist der Ausfluß des Vilsalpsees im Tannheimer Tal. Die Vils verläuft in einem landschaftlich sehr reizvollen, einsamen Tal, auf kurzer Strecke in einer sehr schönen Waldschlucht. Sie ist zumeist ein verhältnismäßig leichter, nur im Schluchtbereich schwerer Wildfluss.
Die Vils entspringt in Österreich, fließt streckenweise durch Bayern und mündet wieder in Österreich in den Lech.

Befahrungsregeln:	keine
Befahrbarkeit:	Frühjahr bis Juni (je nach Schneelage und Tauperiode), später nur nach sehr starken Regenfällen
Pegel:	Pfronten - Ried (km 9,9), ☎ 01804-370037-190 Vils (km 0,9), www.tirol.gv.at.buerger/sicherheit/wasserstand/Wasserführung Ideal sind etwa 8 m³/sec. Das ↯ Schattwald gibt zumeist etwa 5 m³/sec ab. Das ist für eine genussreiche Befahrung zu wenig. Es sollten daher durch den Vilsfall noch etwa 3 m³/sec dazu kommen.
Schwierigkeiten:	km 33,7 - km 19,1 WW I-II km 19,1 - ⇩ WW II (III-IV)
Infrastruktur:	⛺ am Haldensee und nördlich von Grän
Karten:	Jübermann Wassersport-Wanderkarte Nr. 5 ISBN: 978 3 929540-32-1 / L8528
Kilometrierung:	nach Karte 1:50000

36,2 Ursprung der Vils (47.4636,10.4772)
33,2 Wege-II, mögliche ⬇ re 🅿, 🚌 und Bootsverleih (47.4696,10.5056); Auslauf der Vils aus dem Vilsalpsee 1.165 m ü. NN (47.4696,10.5055)
33,2 –24,0 Eine Befahrung der folgenden 10 km ist wenig ratsam. Die Vils ist zunächst sehr eng, später begradigt und mit Steinwänden befestigt. Keine besonderen Schwierigkeiten (47.4697,10.5057)
31,9 ▬ 3-fache Geschiebesperre **X** (47.4795,10.5135)
31,0 Str-II, Vilsalpseestr. von Thannheim zum Vilsalpsee (47.4829,10.5219)
30,1 Str-II, Schmieden, re **A-6675 Schmieden** (47.4907,10.5210)
30,0 Str-II, Bogen, li **A-6675 Bogen** (47.4916,10.5214)
29,3 Str-II, zum Vilsalpsee Strasse, re **A-6675 Tannheim-Oberhöfen** (47.4967,10.5186)
28,8 Str-II, re **A 6675 Tannheim** li **Bichl** (47.4992,10.5140)
28,6 Str-II (B199) (47.5011,10.5118)
28,1 re ⇩ Berger Ache (Ausfluß aus dem Haldensee) (47.5042,10.5075)

28,0 Weg-II, li nach **A 6675 Kienzen** (47.5046,10.5060)
27,4 Str-II (B199) re nach **A 6675 Untergschwend** (47.5051,10.4988)
27,1 landw. Wege-II, dahinter ■ Sohlstufe (47.5037,10.4947)
26,4 Fußg-II, es folgen 2 ■ Sohlstufen 1-2 m, evtl. ≈, vorher unbedingt ansehen! (47.5023,10.4871)
25,0 Weg-II und Str-II (B199) re **A 6677 Zöblen**, li **Z-Katzensteig** (47.5084, 10.4737)
23,8 Str-II, li **A 6677 Schattwald S-Wies** (47.5150,10.4625)
23,4 Str-II, Schattwald, re **A-6677 Kappl** (47.5175,10.4595)
22,4 li Ableitung zu kleinem Stausee (47.5242,10.4520)
22,0 ■ Staustufe und ϟ Schattwald X, li ⏢ sehr mühsam, Vilsfall, ↓, Vom Grenzübergang Schattwald führt eine Straße zum Stausee, dort P für etwa 4-5 Pkw. Die Boote müssen mühsam über Treppen und einen steilen Weg zum Fluss hinunter getragen werden. Es folgt sehr schönes WW II. Str-II (47.5268,10.4530)
19,4 Str-II, danach li **Kälberhof-Alm** (47.5466,10.4641)
18,8 Beton-II (47.5499,10.4681)
18,6 Grenzübertritt (47.5514,10.4700)
18,4 –18,1 Der "Schranz" sehr schöne WW-Strecke in enger Waldschlucht (WW III-IV), ⚠ vor Befahrung unbedingt besichtigen, Gefahr von Baumhindernissen. Besichtigung und evtl. ⏢ über einen am li Ufer verlaufenden Wanderweg (47.5525,10.4712)
17,5 Str-II anschließend wieder leichtere Fahrt (47.5589,10.4778)
14,3 landw. Weg-II (47.5731,10.5046)
13,8 li ✕ Vilstalsäge li Straße nach 87459 Pfronten (47.5749,10.5110)
13,2 ■ Wehr Schochersäge, X, li ⏢ (47.5757,10.5163)
13,0 Weg-II, re ✕ Schochersäge Vilstalstr, 87459 Pfronten, P. Die Fahrt wird zumeist hier beendet (47.5763,10.5185);
⚠ Eine Weiterfahrt zum Lech ist zwar möglich, es muß jedoch dringend davon abgeraten werden. Bis Pfronten folgen 2 ■ und zahlreiche Gefällstufen, z.T. in kurzen Abständen. Bei höherem Wasserstand werden sie durch starken Rücklauf gefährlich
12,1 Weg-II (47.5782,10.5311)
11,7 ■ Wehr (47.5795,10.5351)
11,0 ■ Wehr (47.5809,10.5427)
10,7 Str-II, li **87459 Pfronten-Ried** (47.5802,10.5466)
9,9 Str-II B309, li **87459 Pfronten** re **Pf-Heitlern** (Allgäuer Str.) (47.5806, 10.5576);
≣ Pfronten-Ried;
weiterhin viele Stufen
9,6 EB-II und Fußg.-II (47.5810,10.5615);
■ Sohlgleite etwa 30m (47.5810,10.5619)
8,7 Str-II, re **87459 Pfronten-Steinach** li **Stoffelmühle** (Badstr.) (47.5752, 10.5680)
8,1 Str-II, re **87459 Pfronten-Steinach** (500 m) (Panoramaweg) (47.5703,

10.5699);
Folgestrecke stark verblockt

7,2 re 87459 Pfronten-Steinach (47.5661,10.5747);
Weg-II re 🅿 (47.5657,10.5792)

7,2 –6,1 die bis zur Landesgrenze folgenden 10x ■ Sohlrampen bzw. ■ Sohlstufen, sind je nach WS für Geübte evtl. ≈ (47.5656,10.5795)–(47.5627,10.5926)

6,1 Grenzübertritt (Tiroler Str 204, 87459 Pfronten zu A 6682 Schönbichl), die Vils kehrt nach Österreich zurück (47.5627,10.5925)

3,8 ■ Sohlrampe (47.5555,10.6203);
Str-II, Allgäuer Strasse (47.5555,10.6204)

3,5 Fußg.-II li St. Anna und Burgruine Vilsegg (47.5546,10.6247)

2,7 Str-II, re **A-6682 Vils/Tirol** Untertor, davor Materialseilbahn kreuzt; günstige Gelegenheit zur Beendigung der Fahrt (47.5519,10.6329)

2,2 Str-II und EB-II re 500 m Vils, li Kieswerk (47.5514,10.6389)

1,3 ■ Sohlstufe ⚠ schon bei MW Lebensgefährlicher Rücklauf! gemauerte Ufer, unbedingt rechtzeitig ↰ (47.5518,10.6508)

1,0 Weg-II, **A 6682 Vils**, re ✕ Vilser Hof (47.5532,10.6527)

0,8 Str-II, Fernpassstrasse, B 179 (47.5543,10.6563);
Vils (47.5544,10.6564)

0,0 ⇩ der Vils in den Lech (s. Seite 464) bei km 167,1 (47.5551,10.6603)

Plansee

Seengewässer

Der Plansee liegt in der Nähe von Reutte. Er ist 5 km lang und maximal 1,7 km breit. Die Tiefe beträgt max. 77 m. Er ist über einen 1903 erbauten, 300 m langen Kanal mit dem Heiterwanger See verbunden.

16,3 ⇩ Abfluss der Archbaches über ein ■ Wehr (47.4793,10.7727)

15,1 Weg-II, re Seespitze Übergang vom großen zum kleinen Plansee (47.4735,10.7847)

13,4 Weg-II, ⇩ des Heiterwanger See (s. Seite 474) in den Plansee (47.4617, 10.7893)

13,0 –13,7 Kanal zum Heiterwanger See ⚠ Schifffahrt (47.4637,10.7925)–(47.4640,10.7920)

6,1 Plansee (47.4850,10.8389)

1,2 Weg-II, li Seespitze Übergang vom kleinen zum großen Plansee (47.4737,10.7849)

0,0 ⇩ Abfluss der Archbaches über ein ■ Wehr (47.4795,10.7729)

0,0 –5,8 Am Nordufer begleitet die Straße den Plansee ⬇ an einer der zahlreichen 🅿 Parkbuchten frei wählbar (47.4793,10.7732)–(47.4850, 10.8351)

Heiterwanger See

Seengewässer
Mündung in Plansee bei km 13,4

0,0 Weg-II, ⇩ des Heiterwanger See in den Plansee (s. Seite 473) bei km 13,4 (47.4617,10.7893)

Weißenbach (Lech)

Kleinfluss, WW I-II, WW III-IV
Mündung in Lech bei km 184,8 (li Nebenfluss)

Der Weißenbach hat seinen Ursprung an der Nordwestflanke der Leilachspitze in den Allgäuer Alpen.
Bei der gleichnamigen Ortschaft **A 6671 Weißenbach** mündet er in den Lech ca. 880 m ü. NN. Die Wasserabgabe vom Stausee reicht selten für eine Befahrung, die ohnehin wenig lohnend ist

Befahrungsregeln: keine
Befahrbarkeit: bei gutem WS im Frühjahr zur Zeit der Schneeschmelze, maximal auf 2,6 km
Eine Befahrung ist allerdings wenig lohnend
Schwierigkeiten: ⬇ in Schlucht mühsam
Karten: CC 8726; Generalkarte Österreich 8

6,4 Ursprung des Weißenbach (Lech) (47.4692,10.5890)
2,7 möglich ⬇ durch Abseilen vom alten Gaichtpass (47.4545,10.6212)
2,5 Einfahrt zum Stausee (47.4531,10.6223)
2,3 ▬ Staumauer des Stausees von Untergaicht ca 955 m ü. NN, schwierig ⌓ (47.4518,10.6229)
2,2 Str-II zum Kieswerk in Untergaicht mögliche ⬇ (47.4507,10.6239)
1,5 überdachte Weg-II (47.4493,10.6314)
0,3 ▬ Sohlstufe (47.4419,10.6410)
0,2 Str-II, B198, Lechtalstr, in **A 6671 Weißenbach** (47.4407,10.6416)
0,0 ⇩ Weißenbach in den Lech (s. Seite 464) bei km 184,8 (47.4394,10.6432)

Rotlech

Kleinfluss, WW I-II, WW III-IV, WW V-VI
Mündung in Lech bei km 184,8 (re Nebenfluss)

Der Rotlech ist ein Wildbach der Lechtaler Alpen, der seinen Ursprung am Fuße der Heiterwand in ca. 1600 m ü. NN hat. Bekannt ist der Wasserfall bei **A-6622 Bergwang-Rinnen**. Bei der Ortschaft Weißenbach mündet er in den Lech ca. 880 m ü. NN

Befahrbarkeit: bei gutem WS im Frühjahr,
befahrbare Strecke etwa 3 km. ist angeblich allerdings wenig

	lohnend
Pegel:	
Schwierigkeiten:	Oberhalb und unterhalb des Stausees je eine Klamm mit zahlreichen Stufen über deren Schwierigkeiten keine Erkenntnisse vorliegen
Infrastruktur:	⛺ in Häselgehr, Lech-km 207,6
Karten:	Jübermann Wassersport-Wanderkarte Nr. 5 ISBN: 978 3 929540-32-1 / CC8726, L8528

18,5	Ursprung am Fuße der Hinterwand ca. 1.600m ü. NN (47.3206,10.7130)
7,7	Wasserfall bei **Rinnen**, danach mögliche ⬇, ca. 1.140 m ü. NN, danach: 1. Rotlechklamm (47.4039,10.7125)
7,5	Wege-II, Schluchtweg (47.4048,10.7117)
6,3	–5,1 Stausee mittl. Wasserspiegel ca. 1.080 m ü. NN (47.4112,10.7007)–(47.4185,10.6895)
5,1	▬ Staumauer ↰ und über Wirtschaftsweg-II nach re ⏏ oder Fahrt beenden (47.4185,10.6895)
4,6	Wege-II, Fahrt beenden; es liegen keine Daten vor, ob der Wirtschaftweg von **A 6671 Rieden** zum Stausee und weiter nach **A 6622 Rinnen** öffentlich oder gesperrt ist! (47.4198,10.6833)
4,6	–0,4 ⚠ 2. Rotlechklamm diese Wildwasser-Steilstrecke gilt als **X** (47.4198,10.6831)–(47.4360,10.6473)
0,0	⇩ des Rotlech in den Lech (s. Seite 464) bei km 184,8 ca. 880 m ü. NN, gegenüber von **A-6671 Weißenbach** (47.4389,10.6445)

Namloser Bach

Kleinfluss, WW III-IV, WW V-VI
Mündung in Lech bei km 194,8 (re Nebenfluss)

Der Namloser Bach, oder auch Namlosbach genannt, ist ein sehr schwerer und auch sehr mühsam zu befahrender Wildbach, der seinen Quellen zu Füßen der Gabelspitze in den Lechtaler Alpen hat. In seinem Unterlauf fließt er in einer eindrucksvollen, allerdings von außen unzugänglichen Klamm. Eine Befahrung des Namlosen Baches ist gefährlich, sie kann daher nur bedingt empfohlen werden.

Befahrungsregeln:	keine; **Sicherheitsempfehlung**: nur für **sehr erfahrene** Wildwasserpaddler in kleinen Gruppen geeignet
Befahrbarkeit:	bei sommerlichem NW, Vorsicht: bei HW ist die Klamm **X**; bei HW sind aber 2,5 km oberhalb der Klamm ≈ Befahrbare Strecke: 7 km, bei höherem WS auch oberhalb der Klamm zusätzlich 2,5 km Einsetzstelle: unterhalb Namlos li unterhalb des ▬ am Klammeingang oder in einen von einer II überspannten Seitenbach (Sommerbergbach) unterhalb Namlos; der Weg zur ⬇ ist für Pkw gesperrt Aussetzstelle: bei Stanzach (Schotterstraße entlang des

	Baches)
	Fahrtdauer: etwa 3 1/2 Stunden
Pegel:	re vor II in Stanzach (km 0,4), günstig 40 cm, maximal 50 cm
Schwierigkeiten:	Oberhalb der Klamm bei HW WW III-IV. In der Klamm sind zahlreiche Rinnen und Abfälle, die meist nicht oder nur schlecht zu ⏏ sind. Wenig Kehrwasser, Anhalten und Aussteigen vielfach nur im Bach selbst möglich, viele Holzhindernisse, die z. T. mit Stahlseilen verbunden sind, ein Drahtverhau mit WW II-VI-**X**. Die Klamm kann nur an einer einzigen Stelle bei einem Steg verlassen werden, die schwierigsten Stellen kommen erst nach dem Steg in Form steiler Katarakte. Ein Abgehen der Klamm ist nur am Klammrand möglich. Kurzboote und kleine Gruppen sind vorteilhaft. Eine Befahrung des Namlosen Baches ist gefährlich, sie kann daher nur bedingt empfohlen werden.
Infrastruktur:	⛺ in Häselgehr (Lech-km 207,6)
Karten:	Jübermann Wassersport-Wanderkarte Nr. 5 ISBN: 978 3 929540-32-1 /

15,4	Ursprung vom Namloser Bach (47.3178,10.6450)
10,0	▬ Geschiebesperre, **X**, ein für PKW gesperrter Weg begleitet den Bach bis Namlos (47.3470,10.6599)
9,0	Str-II, re **A 6623 Namlos** die L 21 Berwang-Namloser-Str. begleitet von **Stanzach** nach **Namlos** linksseitig den Bach, 1.225 m ü NN (47.3552, 10.6548)
7,8	▬ Sohlstufe (47.3577,10.6407)
7,5	li ⇩ Sommerbergbach (mit markantem Wasserfall), mögliche ⬇ (47.3579, 10.6371); Hänge-II (47.3580,10.6370)
5,5	Fußg.-II zur Schretterr Hütte
0,9	▬ Sohlstufe (47.3807,10.5696); Fußg-II, davor Fahrt beenden weitere 7 Sohlstufen bis zur Mündung (47.3811,10.5688)
0,2	Str-II, **A 6642 Stanzach**, B 198 (47.3848,10.5610); ▤ günstig 40 bis maximal 50 cm (47.3848,10.5610)
0,0	⇩ des Namloser Bach in den Lech (s. Seite 464) bei km 194,8 (47.3864, 10.5596)

Hornbach (Lech)

Kleinfluss, WW III-IV, WW V-VI, Gebirgsbach
Mündung in Lech bei km 197,3 (li Nebenfluss)

Der Hornbach ist der Abfluss des Marchloch-Gletschers, ca. 1500m ü.NN, km 15,5 an der Westseite der Hornbachkette und fließt zunächst in östlicher Richtung zwischen dem Petersberg und der Hornbachkette dem Lech zu. Er ist ein

Gebirgsbach, der mit großer Strömungsgeschwindigkeit teilweise durch enge Felsschluchten führt. Für sehr gute Fahrer dürfte er einer der empfehlenswertesten Nebenflüsse des Lechs sein.

Befahrbarkeit:	April bis Juli, bei HW: Lebensgefahr Einfahrt in die Klamm oberhalb Hinterhornbach durch 2 direkt hintereinander folgende ▬ Sohlstufen (6 m) X
Pegel:	Vorderhornbach (km 1,0), über 125 cm; www.tirol.gv.at.buerger/sicherheit/wasserstand/
Schwierigkeiten:	starkes Gefälle, zahlreiche Abfälle, starke Verblockung, in der Klamm Gefahr von Baumversperrungen, WW III bis V+
Infrastruktur:	⛟ in Häselgehr, Lech-km 207,6
Karten:	Jübermann Wassersport-Wanderkarte Nr. 5 ISBN: 978 3 929540-32-1 / L8728

17,6 Ursprung des Hornbach (47.3229,10.3541)
9,2 Ende der Geschiebestrecke ▬ Geschiebessperre, X, oberste mögliche ⬇ unterhalb linksufrig (47.3540,10.4439)
9,1 Wege-Ⅱ dahinter Engstelle von der Ⅱ aus bei der Anfahrt erkunden! (47.3546,10.4451)
8,6 Mögliche ⬇ indem man vom Fahrweg Richtung Peterberg-Alm/Drähütten über die Wiese oberhalb der ⇩ einsetzt. An der Ⅱ über den Joch gibt es begrenzte Parkmöglichkeiten, von wo aus man auch die obere ⬇ erreichen kann (47.3567,10.4508)
8,5 li ⇩ des Jochbach Mögliche ⬇ indem man vom Fahrweg Richtung Peterberg-Alm/Drähütten über die Wiese oberhalb der Mündung einsetzt. An der Ⅱ über den Joch gibt es begrenzte Parkmöglichkeiten, von wo aus man auch die obere ⬇ erreichen kann (47.3569,10.4517)
8,3 Wege-Ⅱ, Neder, **A-6646 Hinterhornbach**, Ortsmitte, re 🅿, von hier mit Bootswagen zur ⬇ karren (47.3581,10.4537);
Kurze Klamm nach der Brücke (47.3582,10.4540)
7,9 es folgt eine Klamm (47.3589,10.4580)
7,7 hölzerne Wege-Ⅱ, **A-6646 Hinterhornbach** li oben Kirche, Ende des oberen Hornbachabschnittes (47.3594,10.4604)
6,9 re ⇩ des Doserbach, li oben **Krummenstein**, ✕ Alpenrose, enge Schluchtstrecke. ⚠ Beginn einer längeren Zwangspassage, vor der Fahrt besichtigen, Gefahr völliger Verklausung (47.3617,10.4693)
6,5 li oben Krummenstein, ✕ Alpenrose enge Schluchtstrecke (47.3625, 10.4742)
6,0 li oben Lawinengalerie (47.3648,10.4795)
5,8 Wege-Ⅱ, mögliche ⬇ (47.3645,10.4820)
4,0 Aufweitung zur Geschiebestrecke (47.3654,10.5042)
2,4 ▬ Geschiebesperre Höhe rund 15 m, X, rund 150 m li auf einem kleinen Weg ⏏ oder direkt hinter der Sperre abseilen! (47.3656,10.5235);
Engtalstrecke mit starkem Gefälle und versetzten Blöcken
1,5 ≣ Vorderhornbach mehrere leicht ≈ Stufen (47.3685,10.5333)

1,0 Str-II li **A 6642 Vorderhornbach** darunter ▬ Sohlstufe, evtl. re ≋, ansehen!
re ⬆, evtl. Fahrt beenden oder Weiterfahrt über mehrere leicht ≋ Stufen (47.3685,10.5391)
0,9 Wege-II (47.3681,10.5405)
0,5 li ⬇ am ⛟ Vorderhornbach Lechtal (47.3666,10.5448)
0,0 ⇩ des Hornbach in den Lech (s. Seite 464) bei km 197,3 (47.3674, 10.5514)

Gstreinbach

Weitere Namen: Streimbach
WW III-IV
Mündung in Lech bei km 201,9 (re Nebenfluss)

mögliche ⬇ bei der Kirche von Bschlabs. Man fährt dazu an der Kirche vorbei einen Fahrweg bis zu dessen Ende. Von dort müssen die Boote durch den Wald getragen werden, zum Schluss noch etwa 80 m weit abseilen. Diese ⬇ ist allerdings kaum zu empfehlen, es folgt nämlich auf 1 km eine enge Klamm WW V, die nur nach sehr aufwendiger Erkundung befahren werden kann, da immer Holzverhaue möglich sind, die evtl. nicht zu ⏏ sind. Es ist daher besser, erst nach dieser Klamm einzusetzen. Dazu führt man beim Hochfahren schon vor der Ortschaft Bschlabs in einen Fahrweg, und erkundet die ⬇. Beim Abseilen Steinschlaggefahr!
Wenn man unterhalb der Kirche von Bschlabs ⬇, sind die Schwierigkeiten geringer, WW III+/IV. In der ganzen, sehr engen Klamm besteht Gefahr durch Baumversperrungen und Lawinenreste. Die schwierigste Stelle der unteren Strecke mit WW IV befindet sich am Schluchtausgang.
Gesamtfahrtstrecke je nach ⬇ 5 bzw. 4 km. Zerfallene Pegelschwelle unter der II der Lechtaler Bundesstraße kurz vor der ⇩. Unbedingt vor der Fahrt besichtigen. Davor schnelle Strömung und wenig Kehrwasser.

Befahrungsregeln:	keine; Ökologische und Sicherheitsempfehlung: Eine Befahrung dieses Flusses erscheint aus Natur- und Umweltschutzgründen, sowie aus Sicherheitsgründen (Steinschlaggefahr) äußerst bedenklich und soll daher ganzjährig unterbleiben
Befahrbarkeit:	Frühjahr und Frühsommer, Befahrbare Strecke max. 5,5 km
Pegel:	II am Ausgang der Klamm, günstig 60–90 cm
Schwierigkeiten:	WW III+/IV In der sehr engen Klamm unterhalb **A 6647 Bschlabs** besteht Gefahr durch Baumversperrungen und Lawinenreste, ⏏ unmöglich. Ein gekenterter Kanute musste von der Bergwacht geborgen werden. Vorherige eingehende Besichtigung daher unbedingt erforderlich.
Infrastruktur:	⛟ in A-6651 Häselgehr, Lech

14,8 Ursprung des Gstreinbach (47.2416,10.5907)
4,8 ⬇ Einstieg mit Abseilen der Boote beim Weiler Sack, nicht oberhalb

starten ✕ Klamm, keine Umtragemöglichkeit (47.3100,10.5711)
0,6 Str-II, Lechtalstrasse ⬆, ■ Gefährliche Wehrstufe unter der II (47.3264, 10.5306)
0,0 ⇩ des Gstreinbach in den Lech (s. Seite 464) bei km 201,9 (47.3316, 10.5281)

Otterbach (Lech)

WW V-VI, Wildfluss (Gebirgsfluss)
Mündung in Lech bei km 205,6 (re Nebenfluss)

Der Otterbach entspringt aus dem Bittrichsee nördlich des Bittrichkopfs. Er durchfließt das Gramaiser Tal zwischen Leiterspitze und Kogelseespitze der Lechtaler Alpen und mündet bei **A 6651 Häselgehr** in den Lech.
Der Ottersbach ist ein extrem schwerer Wildbach in einer stellenweise nur 1 m breiten Klamm, mit zahlreichen verwinkelten Abfällen und bis zu 5 m hohen Wasserfällen. Mehrere absolute Zwangspassagen, die bei HW nicht ⏏ werden können. Wegen der Gefahr von Holzverklemmungen muss jede Stufe und jeder Winkel vor Befahrung besichtigt werden. Das Risiko einer Befahrung lässt sich am besten in Grenzen halten, wenn der Bach vor der Befahrung durchschwommen wird (Dauer knapp 3 Stunden). Nach einer derart eingehenden Vorbesichtigung kann der Ottersbach in etwa 3 Stunden durchfahren werden. Ist er nicht bekannt, müssen etwa 6-7 Stunden gerechnet werden.

Befahrbarkeit: nur bei sehr wenig Wasser (Spätsommer und Herbst)
Beim Einsetzen unterhalb **A 6650 Gramais** sollte man so eben über die Steine rutschen können. Reicht das Wasser für eine Befahrung oberhalb Gramais oder gibt es an der ⬇ keine Grundberührungen, so darf man auf keinen Fall in die Klamm einfahren, da dann ein ⏏ unmöglich wird. Es besteht dann Lebensgefahr! Steffen Henzler und Kameraden mussten 8 Stellen ⏏, durch Holzversperrungen kann aber jederzeit das Doppelte an ⏏-Stellen erreicht werden.
Schwierigkeit: WW V und VI
Befahrbare Strecke: 6 km von Gramais bis zur ⇩

Infrastruktur: ⛺ in Häselgehr (Lech.km 207,6)

Karten: Jübermann Wassersport-Wanderkarte Nr. 5 ISBN: 978 3 929540-32-1 / L8728

12,6 Ursprung des Otterbach (Lech) (47.2238,10.5382)
6,3 Hütte unterhalb **A 6650 Gramais** mögliche ⬇, ca. 1285 m ü NN (47.2688, 10.5325)
5,9 Str-II von **A 6650 Riefen** zur Gampenhütte (47.2718,10.5299)
3,6 –0,3 Klamm (47.2840,10.5082)
0,2 Weg-II, **A 6651 Häselgehr** (47.3090,10.4951)
0,0 ⇩ Otterbach in den Lech (s. Seite 464) bei km 205,6 (47.3093,10.4935)

Madaubach

Weitere Namen: Alperschonbach
Kleinfluss, WW III-IV
Mündung in Lech bei km 214,8 (re Nebenfluss)

Der Alperschonbach, entsteht in den Lechtaler Alpen aus mehreren Quellbächen zwischen Rotspitze (2837m) und Fallenbacher Spitze (2723m) nahe der Lärchwaldhütte. Er ist ein landschaftlich sehr schöner Gebirgsbach mit einer eindrucksvollen Klammstrecke.

Einsetzstelle: Über Forststraße von Bach in Richtung Madau. Die Straße ist ab der Steigung hinter Bach für den Kfz-Verkehr gesperrt. Verstöße werden mit Geldstrafen konsequent verfolgt. Nach 2 km kann man von der Mateiler Brücke (Steg) Teile der Schlucht besichtigen.

3 km nach Bach überquert die Straße den Grießlbach (Abzweigung einer Stichstraße, Parkmöglichkeit). Etwa 400 m Fluss aufwärts kann man die Boote durch den Wald zwischen zwei Tobeln zum Fluss hinuntertragen. Das Einsetzen in der Schlucht ist etwas beschwerlich, Abseilen an 2-3 Wurfsackleinen.

Es ist unbedingt darauf zu achten, dass durch parkende Pkw kein Flurschaden angerichtet wird oder die enge Straße versperrt wird. Am besten werden die Pkw sofort zur Aussetzstelle zurückgebracht oder die Boote mit Bootswagen zur Einsetzstelle befördert.

Es soll jedoch einen Kanu-Taxi-Dienst geben unter ✆ 0043 -663-9159975

Befahrbarkeit:	Frühsommer bis Juli Befahrbare Strecke: Klammstrecke 3 km, Weiterfahrt bis ⇩ in Lech etwa 1 km
Pegel:	beim 1.▬ in **Bach** ca. 1 km oberhalb ⇩: 55 = NW, 75 = MW
Schwierigkeiten:	WW III, Ein- und Ausfahrt der Klamm bis WW IV
Infrastruktur:	⛺ in Häselgehr (Lech-km 207,6)
Karten:	Jübermann Wassersport-Wanderkarte Nr. 5 ISBN: 978 3 929540-32-1 / L8728

7,5	Ursprung des Alpenschonbach (47.2519,10.4491)
3,6	Mögliche ⬇, Abseilen der Boote (47.2432,10.4196)
2,9	Fußg-II (47.2487,10.4160)
1,0	Ende der Klamm es folgen 3 ▬ Sohlstufen (47.2628,10.4064); 1. ▬ Sohlstufe (verfallen) ⌓ (47.2630,10.4062); 2. ▬ Sohlstufe evtl. ≈, ansehen!; 3. ▬ Sohlstufe **X**, re ⌓ (47.2632,10.4059)
0,7	Str-II, Oberbach, **A-6653 Bach am Lech** (47.2653,10.4051)
0,3	Fußg-II (47.2689,10.4046)
0,1	Str-II, Bach, **A-6653 Bach am Lech** (47.2705,10.4046)
0,0	⇩ Madaubach in den Lech (s. Seite 464) bei km 214,8 (47.2715,10.4046)

Kaiserbach (Lech)

WW III-IV, WW V-VI, Gebirgsfluss
Mündung in Lech bei km 225,0 (re Nebenfluss)

Der Kaiserbach entspringt am „Kälberlahnzug“ in den Lechtaler Alpen etwa 2300 m ü. NN und mündet bei **A-6655 Steeg** in den Lech.

Befahrbarkeit:	Befahrbare Strecke: max. 3,6 km von“ Kaisers“ bis zur ⇩
Schwierigkeiten:	mind. WW III, in den Klammen deutlich höher
	Zeltmöglichkeit:
Infrastruktur:	in Häselgehr (Lech.km 207,6) Zufahrt von Steeg über Kaiserer Landesstr.
Karten:	L8728

10,5	Ursprung am Kälberlahnzug ca. 2300 m ü. NN (47.1921,10.3522)
3,5	evtl. hier ⬇ es liegen jedoch keine Erkenntnisse vor, ob bei gutem WS ab hier eine Befahrung möglich wäre (47.2121,10.2958)
3,2	re oben am Berg die Wallfahrtskirche St. Anna von **A 6655 Kaisers** und das „Edelweisshaus“ (47.2147,10.2953)
3,0	Ende der öffentlichen Straße
2,7	–1,8 obere Klamm Über die Schwierigkeiten liegen keine Erkenntnisse vor!
1,6	Fußgänger-Furt re oben Kaisers- Abzweig Almajurtal (47.2282, 10.2947)
1,0	re oben am Berg der Land-✕ Alpenhof **Kaisers-Kienberg** (47.2325, 10.2911)
1,0	–1,0 untere Klamm, ▬ mehrere Sohlstufen bis zur Mündung Über die Schwierigkeiten liegen wenige Erkenntnisse vor! (47.2326,10.2911)–(47.2326,10.2911)
0,5	▬ Wasserfall **X** (47.2363,10.2906)
0,1	▬ mehrere Sohlstufen bis zur Mündung (47.2391,10.2891)
0,0	Str-II, Dickenau, **A-6655 Steeg** (47.2398,10.2886); ⇩ des Kaiserbach in den Lech (s. Seite 464) bei km 225,0 (47.2400, 10.2886)

Breitach

WW I-II, WW III-IV, Wildfluss (Gebirgsfluss)
Mündung in Iller bei km 147,1 (li Nebenfluss)

Die Breitach fließt durch das landschaftlich außerordentlich schöne, jedoch touristisch stark überlaufene Kleine Walsertal; dieses ist, oberhalb der Walser Schanze, österreichisches Staatsgebiet, jedoch deutsches Zollanschlussgebiet. Die obere Breitach ist schweres Wildwasser, die Breitach-Klamm selbst ist unbefahrbar, vom Ende der Breitach-Klamm bis zur Mündung in Iller verhältnismäßig leicht.

Befahrungsregeln:	keine, jedoch Hinweistafeln über Vogelschutzgebiete an Breitach und Iller beachten
Befahrbarkeit:	obere Breitach Frühjahr bis Frühsommer und nach

	Regenfällen untere Breitach meist bis Sommer
Pegel:	Pegel Breitachklamm bei km 4,9 am Grünen Gumpen wird nicht mehr unterstützt! Tiefenbach, (km 2,0) ☎ 01804-370037-816 Obere Breitach: NW = 12 m³/s; MW = 18 m³/s Untere Breitach: NW = 7 m³/s; MW = 12 m³/s
Schwierigkeiten:	km 18,1 – km 6,5: WW III-IV+ km 6,5 – km 4,7: **X** (Breitachklamm) km 4,7 – km 0: WW II
Infrastruktur:	⛺ bei km 13,3 Zwerwald und 20,2 Baad-Vorderboden
Karten:	Jübermann Wassersport-Wanderkarte Nr. 5 ISBN: 978 3 929540-32-1 / L8726, L8526, Marco Polo Freizeitk
Quellen:	Ergänzungen: Simon Huber 01/20

21,7 Ursprung bei **A-6993 Mittelberg-Baad** durch Zusammenfluss von Derrenbach, Turabach und Bärguntbach, ca. 1.200 m ü. NN (47.3101, 10.1171)

20,3 li ⛺ **Baad-Vorderboden**, Vorderboden 1, **A-6993 Mittelberg** (47.3116, 10.1342)

18,2 Str-II, Wildentalstr, li **A-6993 Mittelberg-Bödmen**, auf der Straße Richtung **Baad** sofort nach dem Kur- und Sporthotel abbiegen, 🅿 bei der II, ⬇
Der bei der II beginnende Katarakt, ist nur bei gutem MW oder HW ≈, WW IV+. Meist wird die Fahrt erst nach dem Katarakt, 500 m unterhalb der II, begonnen. Zunächst WW II-III (47.3186,10.1559)

16,7 Fußg-II von **A-6993 Mittelberg** Höflerweg nach re **M-Höfle** (47.3287, 10.1647)

16,2 Fußg-II, Haldeweg (47.3324,10.1675)

15,5 Str-II, Dürrenboden Strasse, li **A-6992 Hirschegg** (47.3363,10.1696)

14,4 Wege-II bei **Hirschegg** nach **H-Letze** weitere mögliche ⬇ (47.3442, 10.1724)

13,9 Scharfe re-Kurve mit kleinem Abfall und Prallwasser WW III+, kurze Schlucht, ⚠ Baumhindernisse! (47.3475,10.1735)

13,4 re ⛺ Zwerwald **A-6991 Riezlern**, mögliche ⬇ über einen Feldweg (47.3508,10.1780)

12,8 Str-II, Walser Strasse, B201, re **A-6991 Riezlern** hoch über dem Fluss (47.3548,10.1798)

12,8 –12,6 ⚠ Zunahme der Verblockung, auf 100 m WW IV nach der Schneeschmelze ist diese Strecke oft durch Baumhindernisse versperrt (47.3549,10.1798)

12,5 Str-II, re Klärwerk **Riezlern** unbedingt ↱ und die Folgestrecke besichtigen. Mögliche ⬆⬇ (47.3574,10.1798)

12,4 –12,0 Bauhauskataraktes WW IV+, ⚠ Baumhindernisse auf 500 m (47.3581,10.1793)–(47.3600,10.1825)

12,0 re ⌂ möglich am Ausgang des Kataraktes sehr enge Durchfahrt mit Verklemmungsgefahr, danach mittlere Verblockung und einige kleine Abfälle, WW III-IV (47.3600,10.1825)

10,9 li ⇩ des Schwarzwasserbach der Schwarzwasserbach kommt aus dem Gebiet des Hohen Ifen und ist ≋ auf einer Strecke von 2,5 km, ⬇ beim Mahdtalhaus, nach 200 m Wasserfall, 6 m hoch, **X**, danach bis zur ⇩ WW III-IV, ⚠ Baumhindernisse! (47.3652,10.1906);
Wege-Ⅱ (47.3653,10.1907)

10,7 re ⇩ Schmiedebach; ⚠. Beginn der Schwende-Schlucht, WW IV+ Die Schwendeschlucht endet im sog. Fischerloch, einem etwa 1,5 m hohen Abfall, danach auf 4 km WW III-IV (47.3664,10.1926)

10,6 Hoch-Ⅱ, Jägerwinkel, li **A-6991 Riezlern-Schwende** re **R-Westegg** (47.3673,10.1930);
Mögliche ⬇ falls der obere Teil wegen des WS nicht befahren werden kann (47.3675,10.1930)

10,5 Unter der Ⅱ wuchtiger Eingangsschwall, ansehen li ⌂ auf Fußweg möglich (47.3682,10.1941)

8,7 Wege-Ⅱ, li ✕ Waldhaus zu **A-6991 Riezlern** (47.3764,10.2076);
es folgt der Waldhauskatarakt sämtliche Stufen evtl. li ≋, WW III-IV bis Broitachklamm (47.3764,10.2078)

8,0 li ⇩ Hörnlesbach die Breitach ist Grenzfluss zwischen Deutschland und Österreich, li Ufer bayrisch (47.3804,10.2126)

6,6 ⬆ Ausstieg ↰ bereits vor der Linkskurve empfohlen, besondere Vorsicht bei Hochwasser, mehrere tödliche Unfälle! Vorbesichtigung empfohlen, ein Wanderweg führt in 15 min hinauf zum ✕ Walserschanz, ⚠ Die folgenden 100 m sollten nur von sehr geübten Fahrern mit guter Ortskenntnis gefahren werden, nie bei HW! (47.3871,10.2244)

6,5 Wege-Ⅱ Wanderweg zur re **Walser Schanze**, Eiserner Steg, nun auch re Ufer bayrisch (47.3890,10.2271)

6,4 Beginn der Breitachklamm bis Ende der Klamm **X**, ⚠ Lebensgefahr! (47.3891,10.2274);
Ein Wanderweg begleitet die Klamm bis **Mittwänden** (47.3892,10.2276)

5,0 ehemaliger ≣ Breitachklamm nicht mehr abrufbar! (47.4002,10.2316)

4,7 Fußg.-Ⅱ (47.4028,10.2311)

4,6 ⬇ am Ende der Breitachklamm Zugang: 100 m unterhalb des 🅿 gebührenplichtig, nahe ✕ Breitachklamm, Klammstr. 45, **A-87561 Oberstdorf** führt li ein ca. 80 m langer gesperrter Weg. Starke Strömung, Schwalle und mäßige Verblockung! (47.4039,10.2313)

4,5 li ⇩ Starzlach, Wegefurt **Schellenoy** (47.4042,10.2315)

3,1 Fußg.-Ⅱ, li **87561 Oberstdorf-Im Weidach** (47.4124,10.2445)

2,0 ≣ Tiefenbach neuer Abrufpegel, ✆ 01804-370037-816 (47.4172,10.2547);
nach der Engstelle ▬ Sohlrampe 2015 umgebaut, nun kein gefährlicher Rücklauf mehr! gut ≋, sonst re ⌂ (47.4173,10.2551)

1,8 ▬ Sohlstufe (WW II+) (47.4192,10.2568)

1,2 ▬ 3-stufige Sohlrampe (47.4239,10.2599)

0,6 Str-II B19 vor Oberstdorf (Walserbrücke), 🅿 neben McDonalds (An der Breitach 1, 87538 Fischen) (47.4254,10.2672)
0,4 EB-II (47.4259,10.2696);
⚠ Hinweistafeln über Vogelschutzgebiete an Breitach und Iller beachten! (47.4259,10.2697);
unter der Brücke ▬ Steinwurfwehr (½ m) ≈ (47.4260,10.2698)
0,3 ▬ kleine Sohlrampe, ≈ (47.4263,10.2712)
0,2 ▬ kleine Sohlrampe, ≈ (47.4265,10.2719)
0,1 ▬ 2x kleine Sohlrampe, ≈ (47.4272,10.2734)
0,0 ⇩ der Breitach, Trettach und Stillach in die Iller Illerursprung, Weiterfahrt auf der Iller bis Fischen empfehlenswert (47.4275,10.2740)

Bregenzer Ache

Weitere Namen: Bregenzer Ach
WW I-II, WW III-IV, WW V-VI, Gebirgsfluss
Mündung in Bodensee-Obersee bei km 56,5

Die Bregenzer Ache, mit Ursprung aus mehreren Quellbächen in den westlichen Lechtaler Alpen, führt durch den schönen Bregenzer Wald. Sie ist bis **A 6951 Lingenau-Bahnhof** ein sportlich recht anspruchsvoller Wildfluss, der auf dieser Strecke sehr häufig befahren wird. Durch Kraftwerksbauten und Wasserableitungen hat sie allerdings viel von ihrem früheren Reiz verloren. Die Waldschlucht unterhalb Lingenau ist landschaftlich hervorragend schön, dabei leicht zu befahren. Sie kann auch Wildwasser-Anfängern sehr empfohlen werden.

Befahrbarkeit: km 56 bis km 35,4: Frühjahr bis Juni
km 35,4 bis km 29,2: nur bei HW (Zeit der Schneeschmelze und nach starken Regenfällen), wegen Wasserableitung kaum ≈
km 29,2 bis km 17,5 : wegen Wasserableitung kaum ≈
ab km 17,5: abhängig von Wasserabgabe des ϟ Alberschwende, jedoch zumeist ganzjährig

Pegel: örtlich: 1. ▬ von Au (km 51,0): günstig etwa 60 cm = 15-20 m³/s, für die Strecke von:
Bezau (km 35,4) Andelsbuch (km 29,2) sind mindestens 150 cm erforderlich

Pegel Link: www.vorarlberg.at/abfluss/ für die Stationen Kennelbach, Mellau und Au

Schwierigkeiten:

km 59 bis km 56	WW III bis V+
km 56 bis km 53	WW III
km 53 bis km 39	WW II(IV+)
km 39 bis km 29	WW II-III
km 29 bis km 23	WW III-IV
km 23 bis km 6	WW II-I
km 6 bis km 0:	WW I

	Flusscharakter: schnelle Strömung, erhebliche Verblockung, mäßige Wasserwucht
Karten:	L8524 und Österreich 111, 112, Jübermann Wassersport-Wanderkarte Nr. 5

70,0 Ursprung am Fuße der Mohnenfluh in 2.400 m Höhe (47.2309,10.1093); Die Schlucht oberhalb **A 6886 Schoppernau** wurde schon auf Teilstrecken befahren, Einzelheiten sind wenig bekannt

62,6 re **A 6888 Schröcken** die L 200-Bregenzerwaldstr. verläuft bis **A 6886 Schoppernau** immer nahe der Ache (47.2571,10.0906)

58,9 oberste mögliche ⬇ unterhalb einer Doppelstufe. Die Boote müssen dabei aber von einer kleinen 🅿-Möglichkeit an der L 200; ungefähr 200 m vor der 1. Galerie bzw. etwa 650 m oberhalb der Bushaltestelle Hinterhopfreben, über einen sehr steilen Hang zum Bach abgeseilt werden (47.2781,10.0602)

58,5 re **A 6886 Bad Hopfreben** 🚌-Haltepunkt Hinterhopfreben Vom Sporthotel Bad Hopfreben **A 6886 Schoppernau**, Hinterhopfreben 140 die Boote über das Schotterbett des Vorfluters ca. 160 m zur ⬇ an der Bregenzer Ache tragen. Diese fließt mit rascher Strömung durch eine tiefe Schlucht mit verblockten Gefällstrecken WW III bis V+ (47.2803,10.0580)

57,4 Fußg-Ⅱ ≣-Anlage Hopfreben: gemauerte, senkrechte Ufer (47.2855, 10.0476);
▬ Stufe bei HW mit gefährlichem Rücklauf, mühseliges ⏏; anschließend auf rund 300 m starke Verblockung (WW IV bis V), durch Lawinenabgänge ständige Veränderungen im Flusslauf, unbedingt vorher besichtigen (47.2855,10.0475)

56,5 1. Str-Ⅱ L 200 bei **A 6886 Vorder-Hopfreben**, Bregenzerwald Bundesstr, danach li 🚌 **Schoppernau-Schalzbach**; kleiner, oberhalb schmaler 🅿-Streifen, über steile Böschung mögliche ⬇ (47.2917,10.0460)

55,8 li 🅿, übliche ⬇ Anfahrt: durch **A 6886 Schoppernau** auf der L 200, nach dem Straßentunnel ca. 800 m bis zur ⬇. Zunächst leichte Fahrt (47.2962, 10.0422)

55,3 2. Str-Ⅱ L 200, Bregenzerwald-Bundesstr, unter der Brücke li gefährliche T-Träger im Fluss mit Verklemmungsgefahr, auch weiterhin noch einzelne Eisenträger im Fluss, je nach WS schlecht zu sehen und dann gefährlich (47.3002,10.0384)

55,1 3. Str-Ⅱ, L 200, Bregenzerwald-Bundesstr, gefolgt von alter Wege-Ⅱ; der Bach umrundet die „Armenseelen Kapelle“ (47.3022,10.0375)

54,7 4. Str-Ⅱ L200 danach erhebliche Verblockung, kleinere Abfälle bis WW IV (47.3036,10.0363)

53,8 Wege-Ⅱ vor re **A 6886 Schoppernau** Schwierigkeiten abnehmend WW II bis III (47.3051,10.0250)

52,7 Fußg-Ⅱ am li Schwimmbad, mögliche ⬇ (47.3104,10.0128)

52,6 Str-Holz-Ⅱ, li **A 6886 Schoppernau-Gräsalpe**, Unterdorf, mögliche ⬇, falls die obere, schwierigere Strecke nicht befahren wird (47.3111,

10.0112)
52,1 Fußg-II am Ortsende (47.3135,10.0062)
51,9 re ⬆ vor **A 6883 Au-Neudorf** günstige Möglichkeit zur Beendigung der Fahrt, kleiner Parkstreifen an der B 200 vor Ortsbeginn (47.3143,10.0038)
51,5 Str-II, **A 6883 Au-Neudorf**, Lugerbrücke, li vor der II Camping Austria Fam. Köb, **A 6886 Au**, re Kaufhaus Gorbach; sofort danach (47.3165,9.9988)
51,4 ▬ Sohlstufe evtl. nach Besichtigung ≈, li Eisenträger, bei HW starker Rücklauf, X; rechtzeitig vorher re ⬆ und ⌂; (47.3166,9.9986); mögliche ⬇ nach der Sohlstufe li (47.3168,9.9981)
51,1 Es folgen noch zwei ▬ raue Sohlgleiten meist ≈ (47.3179,9.9952)
50,6 Str-II, li **A 6883 Au** (47.3203,9.9890)
50,3 Fußg-II **A 6883 Au** vor dem re Tennisplatz (47.3216,9.9855)
50,0 Fußg-II **A 6883 Au** nach dem re Tennisplatz (47.3227,9.9821)
49,6 Str-II B193, Faschina-Bundesstr, re (47.3235,9.9763)
49,4 li ⇩ Argenbach (47.3250,9.9758);
Str-II **A 6883 Au**, Argenstein (47.3253,9.9758)
49,1 Au (47.3275,9.9738)
48,5 ⚠ verblockte Schwallstrecke WW III (47.3314,9.9695)
48,0 ⚠ schwierige, verblockte Linkskurve (47.3351,9.9674)
46,7 Wege-II, re Steinbruch (47.3442,9.9561)
45,9 ▬ raue Sohlgleite, X, re ⌂ (47.3483,9.9480)
45,7 ▬ raue Sohlgleite, X, re ⌂ (47.3481,9.9458)
45,5 Str-II, re **A 6882 Schnepfau** (47.3476,9.9430)
45,2 ▬ Sohlrampe (47.3465,9.9390)
43,5 Wege-II bei re **A 6882 Schnepfau-Hirschau** (47.3464,9.9163)
40,8 Str-II **A 6881 Mellau** (Platz) (47.3513,9.8835);
li ⇩ des Mellenbach (47.3517,9.8833)
40,7 Str-II L 200 (47.3519,9.8832);
▬ Sohlgleite, ≈ (47.3523,9.8831)
40,5 Str-II **A 6881 Mellau**, Zimmerau, gute ⬆ (47.3537,9.8821)
40,4 ▬ Sohlstufe am Ortsende von **A 6881 Mellau** X, hohe Ufermauern, schwieriges Ausbooten; re ⌂, ⚠ rechtzeitig anlegen! (47.3549,9.8811)
39,5 alte und neue Str-II, li **A 6881 Mellau-Klausbrücke** li , re nach **A 6870 Hinter-Reuthe** (47.3624,9.8788)
38,8 die L 200 verschwindet in Klausenwald-Galerie; davor zur Besichtigung des Nadelöhrs ↰ (47.3677,9.8808)
38,5 ⚠ Nadelöhr schwierigste Stelle der Bregenzer Ache, je nach WS bis WW V. Das folgt sofort nach einer re-Kurve, in der sich die Bregenzer Ache der Straße nähert. Vor der Kurve zur Besichtigung ↰; s.oben! Diese Stelle wird zweckmäßigerweise schon bei der Fahrt zur Einsatzstelle besichtigt, evtl. li mühsam ⌂ (47.3683,9.8814)
37,8 ▬ Sohlrampe, re **A 6870 Reuthe** (47.3714,9.8926)
37,1 Str-II bei li **A 6870 Reuthe-Platten**, Pelzrain, re **A 6870 Bezau**; die Fahrt

wird meist hier abgebrochen, re 🚌 Bezau-Cafe-Natter (47.3772,9.8892)

36,1 EB-II und Str-II nach **A 6870 Bezau** (Schmalspurbahn), mögliche ⬆ re vor Kläranlage oder nach der Brücke li (47.3849,9.8833)

35,8 ▬ Stauhaltung Bezau **X**, das gesamte Wasser wird normalerweise bis zum ϟ in Andelsbuch durch einen Stollen abgeleitet (47.3871,9.8814); Weiterfahrt im alten Flussbett nur bei ausgesprochenem HW möglich. Onlinepegel Mellau: HW Stufe 1 bei ca. 180 cm, www.vorarlberg.at/abfluss/ (47.3871,9.8813);
Die folgende Schwarzenberg Schlucht, von teilweise klammartigem Charakter, ist gut zu befahren, Prallwände, WW II-III (47.3871,9.8809)

35,4 Betriebs-Wege-II, li **A 6870 Hof** re Werksgelände, mögliche ⬇ nach dem ▬ (47.3865,9.8758)

33,6 alte Str-II, Steinbogenbrücke, danach neue Str-II L200 und nachfolgend EB-II, Sporeneggbrücke der Schmalspurbahn (47.3892,9.8550)

32,3 kleine Schlucht mit anschließend ca. 100 m verblockte Strecke WW III (47.3981,9.8502)

32,0 alte Str-II, Loch (47.4002,9.8510);
neue Str-II, li nach **6867 Schwarzenberg** (47.4007,9.8516)

30,0 re ⛺, Camping Fischteich (47.4053,9.8727)

29,9 re bei NW hier gute ⬆ Andelsbuch (47.4049,9.8727)

29,6 ▬ **A 6866 Adelsbuch-Bühel** mit totaler Wasserableitung beim ϟ, und Stollen von Andelsbuch bis ϟ Alberschwende, danach wenig Wasser bis km 17,5. Bei HW: li ⩍, die folgende Strecke ist dann zunächst WW II+-III-, ⬇ etwa 50 m unterhalb des Wehres (47.4036,9.8755)

28,0 Fußg-II (47.4085,9.8774)

26,4 Wege-II, Junkerau re Tennisplatz (47.4267,9.8859)

26,0 ▬ am Sportplatz von **A 6863 Egg** bei NW m oder re ≈, ⚠ bei HW starker Rücklauf! Dann **X**, gute ⬆⬇-Möglichkeit, re 🅿 (47.4287,9.8881)

25,3 Str-II **A 6863 Egg**, Pfarrhof, L 26, li nach **A 6867 Schwarzenberg**; unter Brücke ein ▬ verblockter Abfall mit starkem Stromzug auf eine teilweise unterspülte Felswand. Die beste Durchfahrt vorher erkunden oder allenfalls links ⩍ (47.4315,9.8927);
Es beginnt der interessanteste Teil der Bregenzer Ache, WW III-IV

24,6 Str-II, Bregenzerwald-Bundesstr, L 200 (47.4355,9.8883)

23,3 re ⇩ des Subersach für Befahrung nicht zu empfehlen; Beginn des Lingenauer Tobels (47.4442,9.8926)

22,9 re ehemaliger 🚂 **A 6951 Lingenau** Bahnhof Nr. 248, Zufahrt mit Pkw möglich, die Befahrung der Bregenzer Ache wird vielfach hier abgebrochen (47.4467,9.8903);
Hier am ehemaligen Bahnhof traf man sich in den letzten Jahren jeweils an Fronleichnam zum „Wasserablassfest“ des Kraftwerks Adelsbuch. Hierdurch wurde die Befahrung der Ache interessant (47.4466,9.8899); Nachlassen der Schwierigkeiten WW II es folgt eine landschaftlich außerordentlich schöne, völlig einsame Waldschlucht, deren Befahrung sehr zu empfehlen ist. Die Trasse der alten Schmalspurbahn begleitet die

Ache bis Kennelbach (47.4466,9.8898)

22,5 alte Wege-II, Bahnhofstr, **A 6861 Alberschwende-Müselbach** (47.4488, 9.8871)

22,0 Str-II, L 205, li **6861 Müselbach**, nach re **6951 Lingenau**, „Hochbrücke" (47.4523,9.8878)

20,6 Wege-II, li 🚌 **Müsselbach-Tobel**, re zum ehemaligen 🚂 **Langenegg** (47.4599,9.8779)

20,3 gute ⬆-Möglichkeit am ehemaligen 🚂 Langenegg 🅿 (47.4611,9.8758)

18,0 Werks-II, Weitloch, re ↯ **A 6861 Alberschwende** re Einleitung des Wassers vom Bolgenach-Stausee (47.4706,9.8634)

17,7 li Stolleneinlauf, Rückführung der Ableitung von km 29,2 Andelsbuch (47.4707,9.8599)

17,6 ⬇-Möglichkeit am ↯ **A 6861 Alberschwende** ⚠ auf Fahrverbot für Kfz im unteren Teil der Zufahrtstraße zum ↯ achten (47.4711,9.8583)

17,4 ■ raue Sohlstufe, **X**, ⚠ Markierte, jedoch gefährliche Bootspassage in der re Hälfte, ⚠ Walzenbildung je nach WS bis WW IV, ⚠ Eisen im UW (47.4726,9.8575)

17,1 re ⇩ Weißach (s. Seite 490) in die Bregenzer Ache mögliche ⬆⬇ über Wirtschaftsweg Rohrhalde bei der ehemaligen EB-Brücke an der Weißach-Mündung nicht geprüft. Nunmehr fast ganzjährig ≈ (47.4752, 9.8545)

16,3 ■ Sohlstufe, ≈ (47.4756,9.8468)

15,6 Fußg-II, **A 6933 Doren-Bozenau** re ⛺ Bregenzer Ache, mit ⬇ nur für Campinggäste; Schwierigkeit nun WW I–II. Es folgt eine landschaftlich sehr schöne, einsame Waldschlucht die vom Wanderweg auf der Trasse der ehemaligen Kleinbahn begleitet wird (47.4810,9.8446)

14,5 re ⇩ Rotach (s. Seite 489) in die Bregenzer Ache etwa 451 m ü. NN (47.4896,9.8396)

7,8 ≡ **Kennelbach**, 120 cm: niedrig; 160 cm: mittel; 220 cm: hoch (47.4761, 9.7755)

7,5 ■ **A 6921 Kennelbach**, **X**, der größte Teil des Wassers wird abgeleitet, eine Zufahrt zum ■ mit Pkw ist nicht möglich, re ca.200 m ⌓, mühsam (47.4753,9.7717)

7,3 ■ Sohlstufe, **X**, zusammen mit dem ■ re auf altem Bahndamm ⌓ (47.4750,9.7690)

6,3 Str-II, li **A 6922 Wolfurt** Achstr./Hofsteiger Str, re gute Gelegenheit zur Beendigung der Fahrt, ab hier 🚌-verbindung nach **Egg - Andelsbuch**, re **A 6921 Kennelbach** (47.4794,9.7577)

6,2 ■ raue Sohlrampe, **X**, re ⌓ (47.4797,9.7571)

5,0 AB-II **A14**, Rheintal-Autobahn (47.4849,9.7429)

4,6 ■, raue Sohlrampe, **X**, ⌓ mühsam (47.4854,9.7375)

4,2 Str-II, L 190, re **A 6900 Bregenz-Dornbirn** li **A 6923 Lauterach** (47.4856,9.7323)

3,5 EB-II (47.4867,9.7226)

2,3 Str-II, L 202, **A 6900 Bregenz** Rheinstr. nach **St.Gallen** (47.4927,9.7097)

1,5 ▬, raue Sohlrampe, X, ⌓, mühsam (47.4978,9.7029)
1,4 Radweg-Ⅱ Radschnellweg **Bregenz-Hard** (47.4987,9.7016)
0,0 ⇩ der Bregenzer Ache in den Bodensee (s. Seite 598) bei km 56,5, 3 km westlich von **A 6900 Bregenz** (47.5090,9.6922)

Rotach (Bregenzer Ache)

Weitere Namen: Rothach [deu]
Kleinfluss, WW I-II, WW III-IV
Mündung in Bregenzer Ache bei km 14,5 (re Nebenfluss)

Die Rotach, im deutschen Bereich meist als Rothach bezeichnet, hat ihren Ursprung im bayerischen Allgäu, östlich von **88161 Lindenberg**. In ihrem Oberlauf ist sie ein ruhiger Wiesenfluss, in ihrem Unterlauf nehmen die Schwierigkeiten zu und steigern sich bis zur Unbefahrbarkeit.

Befahrbarkeit:	Frühjahr und nach Regenfällen Fahrtstrecke: ⬇ bei Sievers (Deutschland), aber auch später möglich, auf 7 km ruhiger Wiesenfluss, nach einer Ⅱ bei Eschau nehmen die Schwierigkeiten kontinuierlich zu, in der folgenden Schlucht mehrere Stufen WW IV mit Stellen X. Beendigung der Fahrt erst nach weiteren 8 km auf der Bregenzer Ache bei Wolfurt möglich.
Pegel:	an der Martinsbrücke in **Thal**, (km 6,6): Minimum 20 cm, günstig MW 30 cm, ab 50 cm dürfte der Teil ab Wehr Ach X werden
Schwierigkeiten:	km 11 bis km 4,6: WW I km 4,6 bis km 0: WW IV-X
Karten:	L8524; Jübermann Wassersport-Wanderkarte Nr. 5

19,5 Ursprung der Rotach ca. 650 m ü. NN, durch Zusammenfluss von Mühlbach und Angerbach nahe der B308, nördlich von **88171 Weiler-Simmerberg**
12,2 re ⇩ Maisach nunmehr als Rothach bezeichnet (47.5652,9.8958)
11,2 Fußg.-Ⅱ an der Heilquelle von re **88171 Weiler-Simmerberg-Siebers** eine der ältesten Bade- und Heilquellen des Allgäus (47.5585,9.8888)
11,0 Mögliche ⬇ **88171 Weiler-Simmerberg-Siebers** ca. 570 m ü. NN; Ein Feldweg an der ST2001 reicht bis an die Rotach. (47.5577,9.8887)
9,9 Weg-Ⅱ **88171 Weiler-Simmerberg-Eyenbach** von der ST2001 südlich von Siebers nach Eyenbach; Eyenbach HsNr. 1; übliche ⬇ etwa 666 m ü. NN (47.5510,9.8840)
9,2 li ⇩ Eyenbach die Rotach ist nun Grenze zwischen Bayern und Vorarlberg (47.5479,9.8803)
8,6 Fußg.-Ⅱ, li Eglismühle (47.5441,9.8757)
6,7 re ⇩ Kesselbach Staatsgrenze, die Rotach verläuft nun ganz in Österreich (47.5285,9.8744)
6,6 Str-Ⅱ **A 6934 Sulzberg** (Märzengschwend) 🚌-Martinsbrücke/Thal, davor

≣ Thal (47.5281,9.8742)

5,7 li Weiler **A 6934 Sulzberg-Au**

4,6 ■ Wehr Ach, **X**, ca. 2,5 m hoch, li ⩠ (47.5156,9.8637)

4,5 Str-II, li **A 6934 Eschau** re **A 6932 Fischanger**, re 🚌 Langen bei Bregenz, danach nehmen die Schwierigkeiten kontinuierlich zu, in der folgenden Schlucht mehrere Stufen WW IV bis WW V, mit Stellen **X**; ein Wasserfall mit anschließendem Siphon ist **X**, re ⩠
bei Pegel Thal über 50 cm dürfte von einer Befahrung abzuraten sein (47.5151,9.8631)

0,0 EB-II der ehemaligen Schmalspurbahn (47.4899,9.8396);
⇩ Rotach in die Bregenzer Ache (s. Seite 484) bei km 14,5 etwa 451 m ü. NN (47.4896,9.8396)

Weißach (Bregenzer Ache)

Kleinfluss, WW I-II, WW III-IV, WW V-VI, Gebirgsbach
Mündung in Bregenzer Ache bei km 17,1 (re Nebenfluss)

Die Weißach hat ihren Ursprung an der Ostflanke des Dreherberges, wenige km nördlich der Ortschaft **Mittelberg** (bei Immenstadt/Allgäu), ca. 1350 m ü. NN. Sie umrundet zunächst der Dreherberg und verläuft dann rund 9 km in südwestlicher Richtung bis zum Lanzenbach am Fuße des Imbergkammes. Nach weiteren ca. 6 km in nördlicher bzw. nordwest-licher Richtung erreicht die Weißach beim Ort Weißach (ca. 650 m ü. NN, südlich von Oberstaufen) ihren nördlichsten Punkt. Von nun an strebt sie kontunierlich in südwestlicher Richtung der Bregenzer Ache zu.
Die Weißach verläuft auf ihrer, für die Befahrung in Frage kommenden Strecke, weitab von der Straße und durch einsame, landschaftlich sehr schöne, enge Waldtäler. Sie ist zumeist ein nur mäßig schwerer, auf 2 längeren Kataraktstrecken, jedoch ein sehr schwerer bis extrem schwerer Wildbach.

Befahrbarkeit:	Frühjahr bis Juni und nach Regenfällen (die früher mögliche ganzjährige Befahrbarkeit ab Weißach-II ist wegen der Ableitung des Bolgenach- Stausees zum KW Alberschwende an der Bregenzer Ache nicht mehr möglich), bei höherem WS werden die Kataraktstrecken schnell **X**	
Pegel:	bei km 7,2 (100 m oberhalb der üblichen ⬇): MW bei 150 cm Oberstaufen (km 17,3), ☎01804-370037-695; (nach Sanierung der Gewässersohle liegen keine MW vor, geschätzt ca. 33 cm)	
Schwierigkeiten:	km 23,5 bis km 17,3:	WW V
	km 17,3 bis km 7,4:	WW II-III
	km 7,4 bis km 0,0:	WW III (V-VI)
Infrastruktur:	Zeltmöglichkeit: ⛺ s. Bregenzer Ache (s. Seite 484); ⛺ in Aach i. Allgäu (an der ST2005) Zugang: Pkw-Begleitung nicht möglich	
Karten:	L8524, Jübermann Wassersport-Wanderkarte Nr. 5	

34,1 Ursprung nördlich des Stuiben in etwa 1350 m Höhe auf deutschem Gebiet (47.5454,10.1525)

23,8 li ⇩ Lanzenbach ⬇ für Befahrung der Steibisschlucht (WW V), ca. 826 m ü. NN; (ca. 600 m vor der Hochgratbahn) (47.5104,10.0518)

23,3 Wege-Ⅱ, danach ■ Sohlstufe (47.5146,10.0488)

22,4 Wege-Ⅱ anschließend Beginn des Katarakts (47.5214,10.0507)

21,1 ⚠ Buchenegger Wasserfälle Höhe ca. 14m, **X** (47.5294,10.0499)

21,0 –20,4 ⚠ auf ca. 600 m schwerer Katarakt (WW V), Verklemmungsgefahr! Danach leichter (47.5304,10.0496)

18,0 Ende der Waldschlucht (47.5429,10.0217)

17,6 nördlichster Punkt der Weißach danach Wege-Ⅱ **87534 Oberstaufen** Kapellenweg (47.5433,10.0186)

17,4 li 🅿; ⬆⬇-Möglichkeit **87534 Oberstaufen-Weißach** (47.5426,10.0160); Str-Ⅱ ST2005, **87534 Oberstaufen-Weißach** Mühlenstr, ≣ **Oberstaufen**, ca. 655 m ü. NN (47.5428,10.0154)

15,8 Wege-Ⅱ, li nach **87534 Oberstaufen-Steinebach** (47.5384,9.9973)

14,4 ⇩ in den Stausee (47.5336,9.9816)

13,8 ■ Wehr (47.5316,9.9751);
Str-Ⅱ beim Feriendorf **87534 Oberstaufen-Eibele** (47.5314,9.9751)

13,0 re ⇩ Abfluss des Eibelesee die Weißach ist auf rund 600 m Grenzfluss zwischen Bayern und Vorarlberg (47.5274,9.9679)

12,4 li ⇩ Littenbach Grenze **Deutschland-Österreich**, li ca. 500 m abseits an der ST2005 der ⛺ in **Aach i. Allgäu</b<, Aach 1, 87534 Oberstaufen** (47.5230,9.9651)

12,3 alte und neue Str-Ⅱ nahe Grenze mögliche ⬇ bei sehr gutem WS, ca. 590 m ü. NN, zunächst keine besonderen Schwierigkeiten (47.5230,9.9645)

11,7 Str-Ⅱ, li Anfang Golfpark Bregenzer Wald (47.5202,9.9578)

10,8 Stromschnelle, ■ (47.5155,9.9507)

10,4 Fußg-Ⅱ, li nach **A 6943 Riefensberg-Unterlitten** (47.5155,9.9478)

8,9 Str-Ⅱ, Brunnenau, **A 6934 Brunnenau** nach **A 6943 Hasen** (47.5090, 9.9343)

7,5 li ⇩ des Bolgenach sie wird total zur Bregenzer Ache abgeleitet und so ist sie damit nicht mehr ≈ (47.5030,9.9204)

7,3 ■, Staumauer, li ≣ min 150 cm (47.5022,9.9178)

7,1 Str-Ⅱ, Brunsttobelbrücke, L 4, hoch über dem Fluss, übliche ⬇ für die Befahrung der schweren WW-Strecke, nach der Ⅱ in Richtung **Doren** re kleiner 🅿, von hier steil zum Fluss hinunter. Alternativ ca. 70 m nördlich der Ⅱ ein Feldweg zum ■/≣; li 🚌 (47.5011,9.9186)

6,9 1. Katarakt, Kristallkatarakt zur Besichtigung ↰, infolge der Flussveränderungen ist die früher übliche Befahrung auf der re Seite nur noch mit erheblichem Risiko möglich (WW V-VI), bei entsprechendem WS kann man sich evtl. li vorbei mogeln, Gefahr von Baumversperrungen, ⏏ (mühsam), danach wieder leichte Fahrt, WW I-II (47.4998,9.9198)

3,2 ⚠ 2. Katarakt (Weißachstufen) auf ca. 250 m eine Folge von

stufenförmigen, bis 2 m hohen Abfällen mit starkem Rücklauf (47.4863, 9.8884);
⚠ Verklemmungsgefahr! Besonders gefährlich ist die 3. Stufe, es hat hier schon einen tödlichen Unfall gegeben, unbedingt ↰ und die gesamte Strecke vor evtl. Befahrung eingehend besichtigen.
Eine weitere Erschwernis ergibt sich aus der Tatsache, dass der Hang des re Ufers infolge der Verlagerung eines unterirdischen Sees abrutscht. Im Erdreich befinden sich tiefe Risse, der Lehmboden ist (trotz Trockenheit) fast flüssig, das ⏏ wird dadurch sehr mühsam und z. T. gefährlich (letzter mir bekannter Erdrutsch 2008). Es ist noch nicht abzusehen, wie sich die Weißachstufen nach einem durchaus möglichen totalen Abgleiten des Hanges präsentieren werden. Auskünfte evtl. beim Besitzer des ⛟ Doren (47.4863,9.8873)

2,0 –1,0 ⚠ 3. Katarakt (47.4814,9.8763)–(47.4800,9.8641)

0,0 EB-Ⅱ der ehemaligen Schmalspurbahn (47.4753,9.8547); ⇩ Weißach in die Bregenzer Ache (s. Seite 484) bei km 17,1 mögliche ⬆⬇ über Wirtschaftsweg Rohrhalde bei der ehemaligen EB-Brücke an der Weißach-Mündung nicht geprüft. Nunmehr fast ganzjährig ≈ (47.4752, 9.8545)

Frutz

WW III-IV, WW V-VI, Gebirgsbach
Mündung in Alpenrhein bei amtl. km 68,9 (re Nebenfluss)

Etwa ab **A 6830 Laterns** verläuft die Frutz in einer tiefen Klamm - „Üble Schlucht“- und tritt erst bei Rankweil aus den Bergen aus. Die restlichen 7,5 Kilometer bis zur Mündung sind kanalisiert mit zahlreichen unbefahrbaren Sohlstufen und Kiesfangwehren.

Befahrbarkeit: außerhalb der Schneeschmelze nur sehr geringer Wasserführung

Karten: Jübermann Wassersport-Wanderkarte Nr. 5 ISBN: 978 3 929540-32-1 /

23,4 Ursprung der Frutz in 1.700 m Höhe (47.2544,9.8254)

18,7 ⬇ für die Eingangsschlucht an einer Fußg.-Ⅱ ca. 1,5 km unterhalb Bad Laterns WW IV (47.2557,9.7750)

17,8 ⬆⬇ 100 m unterhalb Fußg.-Ⅱ ⚠ es folgt die Kernschlucht (WW V!) (47.2554,9.7639)

16,4 Fußg.-Ⅱ bei **Innerlatans** ⬇ für die Innerlatanser Schlucht WW IV+ (V) (47.2543,9.7470)

14,7 Wege-Ⅱ bei **Bonacker**, ≡ (Straße nicht mit dem Auto baefahren), ⬆ (47.2570,9.7288)

11,3 ⬆ vor der "Üblen Schlucht" (47.2630,9.6971)

0,0 ⇩ Frutz in Alpenrhein (s. Seite 605) bei amtl. km 68,9 etwa 417 m über NN (47.3178,9.5890)

Ill (Alpenrhein)

WW I-II, WW III-IV, WW V-VI
Mündung in Alpenrhein bei amtl. km 65,8 (re Nebenfluss)

Die obere Ill fließt durch das landschaftlich hervorragend schöne Montafon zwischen den Bergen der Silvretta, des Rätikon und der Verwallgruppe. Sie ist hier auf kurzen Teilstrecken ein sehr schwerer, im Übrigen zumeist nur mäßig schwerer Wildfluss. Eine Durchfahrt durch Bludenz und Feldkirch ist wegen mehrerer unfahrbarer Wehre nicht möglich.

Befahrbarkeit:	der WS der Ill wird bestimmt durch die unregelmäßige Wasserabgabe von zwei abseits vom Fluss gelegenen Stauseen, ab km 50,8 nur bei sehr gutem WS, ab km 38,4 zumeist ganzjährig	
Pegel:	Gisingen (km 4,7),	www.vorarlberg.at/abfluss
Schwierigkeiten:	km 50,8 bis km 44,4	WW III-V
	km 44,4 bis km 34,9	WW II
	km 34,9 bis km 32,8	WW IV
	km 32,8 bis km 0,0	WW II
Infrastruktur:	Zeltmöglichkeit: ⛺ s. Brogenzer Ach ⛺ Nova, km 53,3	
Karten:	Österreich 169, 142, 111, 110, Jübermann Wassersport-Wanderkarte Nr. 5	

74,5 Ursprung aus dem Ochsentaler-Gletscher der Silvretta-Gruppe in ca. 2500 m ü.NN (46.8605,10.1281)

68,4 Abfluss aus dem Silvretta-Stausee die Ill ist nun Zufluss zum Vermunt-Stausee (46.9153,10.0915)

63,7 Abfluss aus dem Vermunt-Stausee ca. 1740 m ü. NN (46.9366,10.0585)

56,4 mögliche ⬇ nur bei HW, am ϟ-Auslauf Rifa-Werke ca. 983 m ü.NN oberhalb Gaschurn, über Schwierigkeiten bis km 50,8 ist nichts bekannt (46.9783,10.0353);
Str-II, re B188 (Unter-Trantrauas), Abzweig Bühel (Gefälle bis Ortsende Gaschurn ca. 15 ‰) (46.9784,10.0351)

55,9 Str-II B188, **A 6793 Gaschurn-Rifa** (Montafoner Str.), danach Fußg.-II (46.9816,10.0328)

55,5 Weg-II **A 6793 Gaschurn** (Gässli), re Minigolf (46.9838,10.0284)

55,3 li ⇩ Garnerabach danach li Talstation der Versetta-Bahn, 🅿-Möglichkeit (46.9847,10.0268);
Str.-II **A 6793 Gaschurn** (Schulstr.) (46.9853,10.0255)

55,0 Str-II **A 6793 Gaschurn** (Montafonerstr.) (46.9865,10.0254)

54,5 Fußg.-II **A 6793 Gaschurn** (46.9904,10.0226)

54,4 ▬ Sohlstufe, **X** (46.9908,10.0224)

54,1 ▬ Sohlrampe es folgt ca. 1 km Steilstück mit durchschnittlich 36 ‰ Gefälle (46.9926,10.0191);
Str-II B188 **A 6793 Gaschurn** (Montafoner Str.) am Ortsende (46.9927,

10.0187)

53,3 re ⛺ Nova, Campingstr. 138a, A 6793 Gaschurn (46.9967,10.0107)

52,7 Fußg.-Ⅱ danach durchschnittlich 15 ‰ Gefälle (47.0009,10.0059)

52,0 Str-Ⅱ, re **A 6791 Gortipohl** (Blendolmaweg), li Kneippanlage und Tennisplätze (47.0056,10.0005)

51,5 niedrige Weg-Ⅱ (47.0088,9.9966)

50,8 Holz-Ⅱ, re **A 6791 Gortipohl** übliche ⬇ bei MW, zunächst WW III, danach relativ ruhig und streckenweise reguliert, WW II (47.0130,9.9909)

50,6 Str-Ⅱ, **A 6791 Grandau** Talstation Sessellift Gaschurn-Bahn, re **A 6791 St. Gallenkirch** (47.0141,9.9894)

49,1 Fußg.-Ⅱ davor beginnend durchschnittlich 45 ‰ Gefälle (47.0184,9.9727)

48,4 Str-Ⅱ, **A 6791 St. Gallenkirch** (Galgenuler Str.), davor li Freibad St.Gallenkirch, danach li Talstation Valiserbahn. Auf 1 km erhebliche Steigerung der Schwierigkeiten, hier mehrfach Abgang von Muren, dadurch oft Veränderungen im Flussbett, wenig Kehrwasser, WW III-IV+ (47.0213,9.9658)

47,8 Weg-Ⅱ, davor li ⇩ Saggadinbach (47.0258,9.9632)

46,5 Str-Ⅱ, re **A 6791 St. Gallenkirch-Badmunt** (Gargellener Str.), überdacht und **A 6791 Montafonerhüsli** li nach **A 6791 Galgenul** ab hier wieder leichter, WW I-II (47.0332,9.9514)

45,5 Str-Ⅱ B188neu (47.0401,9.9437)

45,3 Str-Ⅱ (alte Silvretta Str.) danach auf ca. 600 m der Obere Ill-Katarakt, WW IV, bei höherem WS steigend bis WW V, ebenfalls Veränderungen durch Abgang von Muren, mit Baumversperrungen ist zu rechnen, ⚠ bei NW Holz- und Eisenträger! (47.0422,9.9446)

44,7 überdachte Fußg.-Ⅱ, li **A 6780 Mauren** falls die vorausgehenden schwierigen Flussabschnitte vermieden werden sollen, kann die Fahrt hier an geeigneter Stelle begonnen werden. WW II, z.T. reguliert, abnehmende Verblockung (47.0477,9.9428)

43,2 Str-Ⅱ B188, re **A 6780 Schruns-Stiefens** (Silvretta Str.), davor überdachte Fußg.-Ⅱ (47.0591,9.9355)

43,0 ▬ Sohlstufe (47.0605,9.9342)

42,6 Weg-Ⅱ (47.0635,9.9323)

40,9 Str-Ⅱ li **A 6774 Tschagguns** (Schwimmbadstr.), re 🅿 (47.0719,9.9147)

40,0 Weg-Ⅱ, re 🚆 Tschagguns (47.0773,9.9051)

39,8 Str-Ⅱ **A 6774 Tschagguns** (Kreuzgasse) (47.0781,9.9035)

39,7 re ⇩ der Litz (s. Seite 498) in die Ill weiterhin WW II (47.0791,9.9027)

38,6 ▬ Staustufe Rodund **X**, re ⌓ (Tosbecken, Rücklauf), rechtzeitig ↱, Rampen vorhanden, Wasserableitung zum ϟ Rodund (47.0838,9.8909)

38,4 Str-Ⅱ, re 🚆 von **A 6780 Schruns-Gantschier** (Rodunder Str.) und Fußg.-Ⅱ; Abzweigung von der Hauptstraße ist gekennzeichnet mit Rodundwerke, weitere mögliche ⬇, ab hier meist ganzjährig ≈, re nach **A 6780 Kaltenbrunnen** (47.0851,9.8879)

38,0 bei NW 2x ▬ Sohlrampe (47.0874,9.8839)

37,2 kurz nach dem Einstieg li reichlich Wasserzufuhr aus ϟ-Auslauf, schnelle

Strömung, streckenweise erhebliche Schwallbildung, geringe Verblockung, weiterhin WW II (47.0921,9.8754)

37,0 Weg-II **A 6773 Vandans** (Rieder Str.), übliche ⬇ (47.0933,9.8738)

36,3 Str-II, li **A 6773 Vandans** (Bahnhofstr.), re **A 6780 Außerböden**, danach li ⇩ Mustergielbach (47.0974,9.8673)

35,4 Weg-II, re **A 6771 St. Anton im Montafon** (St. Antoner Str.) (47.1051, 9.8649)

34,9 Weg-II, li **A 6773 Vandans-Vens** (Auweg), re **A 6771 St. Anton im Montafon** (47.1092,9.8628)

34,1 li ⇩ Venser Tobel der folgende 1,5 km lange Untere Ill-Katarakt von St. Anton galt lange Zeit als **X**, bei NW erhebliche Verblockung, kleine Stufen, bei höherem WS wuchtige Schwalle und kräftige Walzen, denen man vorteilhaft aus dem Weg geht, maximal WW IV+ (47.1164,9.8586)

32,8 Str-II B188 (von li Lorüns nach re St. Anton im Montafon) (47.1263, 9.8579)

32,5 EB-II vor **A 6700 Lorüns** (47.1286,9.8576)

31,3 ▬ Wehr Zementfabrik evtl. ≈ oder re ⏏, die Fahrt kann evtl. vor dem ▬ re bei der ⇩ eines kleinen Baches beendet werden, die Boote werden in dem Bachbett bis zu einem Holzplatz hochgetragen; nachfolgend EB-II und Weg-II (Zementfabrikstr.) (47.1335,9.8449)

31,2 Str-II B188 (47.1332,9.8434)

30,6 re ⇩ Alfenz (47.1349,9.8370)

30,3 ▬ Steilwehr starker Rücklauf, je nach WS evtl. ≈, besser ⏏, nachfolgend ▬ Sohlrampe (47.1363,9.8338)

30,1 Str-II **A14** (Rheintal-Autobahn), re **A 6700 Brunnenfeld** (47.1373,9.8322)

29,0 Ortsanfang von **A 6700 Bludenz** ▬ 2x Sohlgleite; evtl. ≈ oder re ⏏; Weiterfahrt wegen mehrerer ▬ Sohlbauwerke (durchweg **X**) nicht empfehlenswert, Fahrt sollte daher hier li (Nähe Bremschlstr.), alternativ re am Oberer Illrain, nahe der Mündung des Werkskanal, beendet oder unterbrochen werden (47.1460,9.8227)

28,7 EB-II, re **A6700 Bludenz-Klarenbrunn** (47.1480,9.8207)

28,1 Str-II, li **A 6700 Bludenz-Bürs** (Wichner Str.) re **A 6700 Bludenz**, re Hofer-Markt, anschließend Fußg.-II und Str-II (Zubringer zur **A14**), allerletzte ⬆-Möglichkeit (47.1522,9.8164)

27,7 re 🚂 **A 6700 Bludenz** (47.1538,9.8136)

27,4 ▬ Sohlstufe, **X** (47.1554,9.8088)

26,6 Str-II Zubringer zur **A14** re **A 6700 Bludenz** (47.1605,9.8023); ▬ Sohlrampe, **X** (47.1608,9.8018)

26,3 ▬ Sohlrampe (47.1623,9.7995)

26,0 Str-II zum Kieswerk Zech li Gewerbegebiet mögliche ⬇ für Weiterfahrt (47.1636,9.7975)

25,6 Str-II B190 nachfolgend 2x Str-II für Autobahn-Anschluss (47.1659, 9.7918)

25,1 Str-II re **A 6714 Nüziders** (Katils Werkstr.) (47.1682,9.7885);

	▬ Sohlstufe (47.1688,9.7875)
24,4	Str-II B193 **A 6714 Nüziders** (Faschina Str.), re Gewerbegebiet (47.1723,9.7803)
24,3	Str-II **A 6714 Nüziders** (Kuhbrückenweg) (47.1731,9.7786); ▬ Sohlstufe, **X**, ⌓ (47.1735,9.7778)
23,3	▬ Sohlrampe evtl. ≋ oder ⌓, davor re Kläranlage; nachfolgend kleinere Sohlrampen (47.1746,9.7666)
21,0	EB-II (47.1777,9.7365)
20,8	re ⇩ der Lutz (s. Seite 496) in die Ill (47.1786,9.7348)
20,3	▬ Wehr, **X**, li ⌓ (47.1809,9.7291)
20,1	Str-II **A14** (Rheintal-Autobahn), danach ▬ Sohlrampe (47.1823,9.7264)
19,3	▬ kleine Sohlrampe (47.1873,9.7196)
18,9	Str-II, li **A 6710 Nenzing** (Zubringer zur **A14**), danach li ⇩ Meng (47.1901,9.7160)
18,6	überdachte Weg-II, li **A 6710 Nenzing** (Gaisstr.) (47.1919,9.7138)
16,8	Str-II, re **A 6824 Schlins** (Bahnhofstr.), li nach **A 6710 Beschling**, dahinter Schwall (47.1972,9.6910)
14,9	li ⇩ Kraftwerkskanal (47.2049,9.6703)
12,3	Weg-II, li **A 6820 Frastanz** (Gewerbestr.) (47.2230,9.6466)
11,9	Str-II **A14** (Rheintal-Autobahn), darüber Str-II (Satteiner Str.), li **A 6820 Frastanz** (47.2251,9.6429)
11,2	Str-II re **A 6811 Schildried** (Römerstr.) (47.2258,9.6337)
10,8	Str-II **A14** gefolgt von EB-II und Weg-II, li **A 6820 Frastanz** (47.2257, 9.6289)
9,8	Str-II (Zubringer zur **A14** AS Frastanz) (47.2276,9.6169)
8,8	Str-II, li **A 6820 Frastanz-Felsenau** davor Fahrt bei einer Baggerstelle li beenden (47.2300,9.6048)
8,4	Str-II B190 **A 6800 Feldkirch** am Ortsanfang, Durchfahrt durch Feldkirch nicht möglich, Fahrt s.o. beenden (47.2321,9.6006)
8,3	▬ Staustufe Feldkirch, **X**, es folgen 5 II II (47.2326,9.5990)
7,1	Str-II L53 **A 6800 Feldkirch** darunter ▬ Staustufe (H etwa 5 m), davor ➔ Kraftwerkskanal (47.2405,9.5903)
5,4	Str-II, li **A 6800 Feldkirch-Nofels** (Rheinstr.), re **A 6800 Feldkirch-Gisingen** ab hier ist eine Weiterfahrt möglich (47.2544,9.5819)
5,2	re ⇩ Kraftwerkskanal (47.2564,9.5809)
4,7	≣ Gisingen (47.2605,9.5786)
0,7	Weg-II danach ➔ Umleitungsgerinne, evtl. ≋ (47.2937,9.5577)
0,4	▬ Grundschwellen kurz vor der ⇩ in den Rhein etwa 160 m lange Schwallstrecke (WW III) (47.2961,9.5572)
0,0	⇩ der Ill in den Alpenrhein (s. Seite 605) bei amtl. km 65,8 li **CH 9464 Rüthi-Hirschensprung** (47.2995,9.5586)

Lutz

Weitere Namen: Lutzbach
Kleinfluss, WW III-IV, Gebirgsbach
Mündung in Ill (Alpenrhein) bei km 20,8 (re Nebenfluss)

Der Lutzbach (amtlich Lutz) entspringt an der Südflanke des Hochberges im Bregenzer Wald in ca. 2.000 m ü. NN. Als schwerer Wildbach durchfließt er das Große Walsertal und mündet bei Nenzing in die Ill.

Befahrbarkeit:	Frühjahr bis Juni Fahrtstrecke: 7 km von Buchboden-Ⅱ nach Garsella, eine Fahrt über den Stausee unterhalb Garsella hinaus ist nicht zu empfehlen, da ⩍ an der Staumauer sehr mühsam.
Pegel:	Garsella, nahe der Ausbootstelle: Minimum 80 cm
Schwierigkeiten:	starke Strömung, Baumhindernisse, erhebliche Verblockung, bei NW WW II mit 2 Stellen bis WW III+, bei höherem WS bis WW IV+
Karten:	Jübermann Wassersport-Wanderkarte Nr. 5 ISBN: 978 3 929540-32-1 / Österreich 142, 141

28,2 Quelle westlich vom Hochbergsattel (47.2301,10.0231)

21,6 li 🅿 am Weg zur Metzgertobelalpe, oberste mögliche ⬇; WW III, mehrere Teilstrecken bis WW V (47.2450,9.9753)

21,4 Wege-Ⅱ, re nach **A 6731 Sonntag-Vordergurga** (47.2456,9.9726)

20,9 –20,9 WW IV bis WW V (47.2460,9.9668)–(47.2456,9.9662)

20,8 Str-Ⅱ vor **A 6731 Buchboden- Bärenmaisass** nach Bad Rottenbrunnen bzw. zur Metzgertobelalpe, davor mögliche ⬇, li 🅿-Möglichkeit (47.2454, 9.9656)

20,3 Wege-Ⅱ bei **A 6731 Buchboden- Bärenmaisass** zur Rinderalpe, Ende des schweren WW, mögliche ⬆⬇ Möglichkeit (47.2444,9.9598)

19,8 Wege-Ⅱ, re oben **A6731 Sonntag-Buchboden** (47.2435,9.9535)

19,3 li ⚠ unterspülter Felsblock als Auftakt einer ca. 200 m langen Blockstrecke (WW V); li ⩍ (47.2426,9.9472)

19,0 li Schwefelquelle (47.2421,9.9437);
Wege-Ⅱ von **A 6731 Buchboden** nach Litze; mögliche ⬇; nachfolgend nur noch WW II (47.2420,9.9437)

16,8 Str-Ⅱ von **A 6731 Seeberg** nach **A 6731 Wurzen** (47.2371,9.9177)

15,8 Str-Ⅱ nach **A 6731 Boden-Flecken** (47.2367,9.9064)

15,5 li Sportplatz von **A 6731 Litz** (47.2360,9.9021)

14,9 Str-Ⅱ unterhalb **A 6731 Sonntag** danach ca. 300 m verblockte Schwallstrecke WW III (47.2344,9.8953)

13,9 re Sägewerk (47.2298,9.8856)

13,1 Str-Ⅱ nach **A 6741 Plazera** ⛺ Großwalsertal und **A 6741 Raggal**, li ≣, li **A 6731 Garsella** 735 m ü. NN (47.2267,9.8757)

12,9 re ⇩ Ladritschbach, gute ⬆, re Sportplatz von **Stutz** Eine Weiterfahrt ist nicht empfehlenswert! (47.2256,9.8743)

12,4 Beginn des Rückstaus der Stauhaltung Raggal Letzter öffentlicher Weg nahe dem Bach (47.2244,9.8691)

10,0 ▬ Staumauer Raggal-Bargenboden sehr schwierig zu ⌂, Straßenzugang von **A 6741 Raggal** aus nur über Privatstraße. Die nächsten 5 km führen durch ein einsames, unzugängliches Waldtal. Durch die Wasserableitung zum ϟ **Gstins** reicht die Wasserfracht für eine Befahrung selten aus (47.2191,9.8399)
5,2 ▬ Staustufe und ϟ **Gstins**, Wege-II (47.2050,9.7880)
4,6 ▬ Sohlgleite (47.2016,9.7821)
4,0 Str-II, Walgaustrasse, L 193, re **A 6712 Thüringen** li **A 6713 Ludesch** (47.1979,9.7766)
3,8 ▬ es folgen 4 Sohlstufen (47.1968,9.7744)
0,0 ⇩ der Lutz in die Ill (s. Seite 493) bei km 20,8 (47.1786,9.7348)

Litz

Weitere Namen: Litzbach
Kleinfluss, WW III-IV, Gebirgsbach
Mündung in Ill (Alpenrhein) bei km 39,7 (re Nebenfluss)

Die Litz oder Litzbach, hat ihren Ursprung aus den sieben Quellen in der Nähe der Fresch Alpe in ca. 1800 m ü. NN. Sie verläuft als schwerer Wildbach durch das landschaftlich hervorragend schöne Silbertal. Von den rund 22 km Gesamtlänge sind höchstens 4 km befahrbar. Vor allem der Unterlauf ist durch hohe Ufermauern und zahlreiche Sohlstufen nicht empfehlenswert.

Fahrtstrecke: Mögliche ⬇ an der Stein-II bei einem 🅿 oberhalb der Ortschaft **A 6780 Silbertal**. Ein Wirtschaftsweg führt rechtsufrig, vorbei am Kieswerk zum Felli männle. Bei gutem Wasserstand kann man auch einen Einstieg weiter flussaufwärts erkunden

Befahrbarkeit: abgesehen von trockenen Sommern wahrscheinlich ganzjährig, aber nur etwa von km 7,3 bis km 3,3
neueren Berichten zufolge soll der Silberkatarakt durch mehrere Gefällbremsen und eine Wasserableitung für das neue Litzkraftwerk völlig unbefahrbar geworden sein.

Schwierigkeiten: schnelle Strömung, erhebliche Verblokkung, Walzen, im allgemeinen WW III-IV,
im Silberkatarakt bis WW IV+;

Karten: Österreich 142

24,0 Ursprung der Litz (47.0580,10.1398)
7,3 Str-II, oberhalb von **A 6780 Silbertal** davor re 🅿, übliche ⬇ (47.0934, 9.9877)
6,9 Str-II, re **A 6780 Silbertal** (47.0932,9.9833)
6,5 Weg-II, re **A 6780 Silbertal**, re 🅿, mögliche ⬇ (47.0950,9.9784)
5,6 Weg-II (47.0954,9.9677)
5,3 Weg-II (47.0954,9.9634)
4,8 Str-II, danach Rohr-II (47.0952,9.9570)
3,3 Weg-II, Fahrt hier beenden! (47.0906,9.9405)

3,2 ■ Wehr und Wasserableitung; das Restwasser reicht meist für eine Befahrung des nachfolgenden Teils des SIbertal-katarakts nicht aus, Mehrere Sohlstufen (47.0895,9.9393)
3,1 Str-II die Hauptstr. von Schruns nach Silbertal wechselt auf linke Bachseite (47.0891,9.9379)
1,6 Str-II am Recyclinghof von **A 6780 Schruns** es folgen mehrere ■ Sohlstufen und Weg-II (47.0825,9.9225)
1,1 Str-II, **A 6780 Schruns** Ortsmitte (47.0807,9.9175)
0,1 EB-II, 2x Str-II 2x ■ Sohlstufe (47.0792,9.9044)
0,0 ⇩ der Litz in die Ill (s. Seite 493) bei km 39,7 weiterhin WW II (47.0791, 9.9027)

Kanusport in der Schweiz

Die Schweiz gilt als das Alpenland schlechthin. Tatsächlich werden 2/3 des Landes von den Alpen eingenommen, mit maximalen Höhen bei 4600 m. Größere Teile der Schweizer Alpen sind vergletschert. Das Klima entspricht weitgehend den Verhältnissen im Bereich der Deutschen und österreichischen Alpen. Eine Ausnahme machen lediglich das Wallis (Rhônetal) und das Tessin.

Das Rhônetal liegt im Regenschatten und ist schon sehr trocken und warm, das Tessin ist das Schweizer Sonnenland schlechthin, mit einem ausgesprochen milden Klima. Falls der Regen nördlich des Alpenhauptkammes einmal gar nicht aufhören will, lohnt es sich schon, den kurzen, schnellen Weg durch den Tunnel des San Bernardino in das Tessin zu nehmen.

Die zahlreichen aus dem Gletscherbereich stammenden Flüsse der Schweiz führen ganzjährig reichlich Wasser mit Maximum im Frühsommer. Vielfach wird ihre Befahrung erst bei herbstlichem Niedrigwasser möglich. Aber auch die übrigen Flüsse sind, dank reichlicher winterlicher Schneefälle, meist bis in den Sommer hinein gut zu befahren. Im nördlichen und südlichen Vorland der Alpen liegen sehr schöne Seen. Sie werden im Verlauf der von ihnen durchströmten Flüsse kurz besprochen.

Zwischen dem Nordrand der Alpen bzw. dem Genfer See und dem Bodensee liegt das Schweizer Mittelland. Es handelt sich dabei um eine sehr ansprechende, landwirtschaftlich gut genutzte hügelige Landschaft mit zahlreichen, z. T. großen Seen. Hinsichtlich der fließenden Gewässer ist das Mittelland, abgesehen von einigen Kleinflüssen, vorwiegend Durchflussgebiet der aus dem Alpenbereich stammenden Flüsse.

Im Westen der Schweiz liegt der Jura, der in diesem Bereich, zusammen mit dem angrenzenden französischen Jura im Laufe der alpiden Gebirgsbildung aus den ursprünglich horizontal liegenden Schichten in Falten angehoben wurde (Faltenjura) mit Gipfelhöhen bei 1700 m. Die Landschaft ist gekennzeichnet durch langgestreckte, bewaldete Ketten und breite, baumlose, aber hügelige grüne Talmulden. Das Klima ist rauh mit langen Wintern und reichlich Niederschlägen. Der Hauptfluss dieses Gebietes ist der Doubs.

Die Schweiz ist geographisch interessant durch die Tatsache, dass ihre Entwässerung in vier verschiedene Meere erfolgt: Inn – Schwarzes Meer; Rhein – Nordsee; Tessin – Adria; Rhône – Mittelmeer.

Die Schweiz ist kanusportlich ein sehr interessantes Land. Man muss sich allerdings darüber im Klaren sein, dass ihre Gewässer vorwiegend Wildwasser sind, zum größten Teil sogar recht schwere. Sie sind außerdem für Zwecke der Energiegewinnung und des Hochwasserschutzes weitgehend verbaut. Wanderfahrten unter Mitnahme des gesamten Zeltgepäcks sind in der Schweiz kaum möglich. Die in der Schweiz vorherrschende Form des Kanusports ist daher die etappenweise Befahrung von Wildflüssen. Freies Zelten ist in der Schweiz recht schwierig, vielfach unmöglich bzw. verboten.

Befahrungsverbote

Laut Schweizer Bundesgesetz steht die Gewässerhoheit den einzelnen Kantonen zu, diese sind berechtigt, für ihr Hoheitsgebiet entsprechende Erlasse und Verordnungen für die Schiffahrt herauszugeben.

In einigen Kantonen besteht eine Vorschrift, wonach die Befahrung eines Flusses nur nach Erwerb eines mit einer Haftpflichtversicherung gekoppelten Fahrzeugausweises möglich ist (z. B. für Doubs 14,40 s. Franken pro Boot). Diese Bestimmung wird kaum je angewandt. Wenn man aber das Pech hat, einem übereifrigen Polizeibeamten zu begegnen, kann man doch gelegentlich zahlen müssen.

Mit dem Pkw in die Schweiz

Das Straßennetz der Schweiz ist durchweg in sehr gutem Zustand, für die Autobahnen benötigt man eine Vignette.

Manche Forststraßen, die zu den Einsetzstellen im Bereich abgelegener Oberläufe von Flüssen führen, sind allerdings für den allgemeinen Verkehr gesperrt; es wird sich dann gelegentlich nicht vermeiden lassen, die Boote mit dem Bootswagen zur Einsetzstelle zu karren.

Landkarten

Es gibt von der ganzen Schweiz die sehr genauen Landeskarten der Eidgenössischen Landestopographie im Maßstab 1:50 000 und 1:100 000.

Pegelstandsangaben

Über Internet können die Wasserstände der wichtigsten schweizer Fließgewässer abgefragt werden. Speziell für Kanuten gibt es die Seite www.rivermap.ch.

Verschiedenes

Genaue Informationen über Zoll- und Devisenbestimmungen, Verkehrsregeln, usw. finden sich in den sehr zu empfehlenden „Reiseinformationen“, die vom ADAC herausgegeben und stets auf dem neuesten Stand gehalten werden.

Die Schweiz ist dreisprachig: Im Tessin wird italienisch, im Süd-Westen des Landes Französisch und im übrigen Gebiet deutsch gesprochen.

Anschriften:

Deutsche Botschaft
Botschaft der Bundesrepublik Deutschland
Willadingweg 83, 3006 Bern, Telefon: +41 31 359 41 11
www.bern.diplo.ch

ADAC-Partnerclub
Touring-Club der Schweiz (TCS),
Chemin de Blandonnet 4, 1214 VernierTelefon: +41 58 827 27 27
international@tcs.ch

Schweizer Kanuverband (Swiss Canoe):
+41 43 222 40 77
info@swisscanoe.ch, www.swisscanoe.ch

Stromgebiet des Hochrheins

Nr. in Karte	Fluss	Kleinfluss	Wanderfluss	Seengewässer	Kanal	Schifffahrtsstraße	WW I-II	WW III-IV	WW V-VI	Seite
1	Hochrhein		o			o				507
2	Birs		o				o	o		514
3	Lützel	o								516
4	Sorne						o	o		517
5	Schelte	o								517
6	Gabiar							o		518
7	Ergolz	o								518
8	Vordere Frenke	o								519
9	Aare		o	o			o	o	o	519
10	Limmat		o	o	o		o	o		527
11	Sihl						o	o		531
12	Alp	o					o	o		534
13	Biber (Alp)	o								535
14	Jona						o	o		535
15	Wägitaler Aa	o						o		537
16	Goldigerbach	o					o	o		537
17	Seez	o					o	o		538
18	Sernf						o	o	o	539
19	Klausenbach	o								539
20	Reuss		o	o			o	o	o	540
21	Kleine Emme						o	o	o	545
22	Rümlig							o	o	549
23	Entlen	o						o	o	550
24	Sarner Aa	o					o			551
25	Engelberger Aa						o	o		551
26	Muota						o	o	o	553
27	Meienreuss								o	554
28	Göschener Reuss	o					o	o	o	555
29	Unteralpreuss								o	555
30	Emme						o	o	o	555
31	Zihl			o	o					559
32	Broye		o	o						560
33	Areuse						o	o		560
34	Buttes							o		562

Nr. in Karte	Fluss	Kleinfluss	Wanderfluss	Seengewässer	Kanal	Schiffahrtsstraße	WW I-II	WW III-IV	WW V-VI	Seite
35	Orbe	o					o	o		562
36	Saane		o				o	o		563
37	Sense						o	o		566
38	Schwarzwasser (Sense)							o		567
39	Glâne (Saane)						o			568
40	Jaunbach	o					o	o		569
41	Kander						o	o		569
42	Simme						o	o		571
43	Chirel	o						o	o	573
44	Kleine Simme							o	o	573
45	Große Simme						o			574
46	Kiene	o						o	o	575
47	Engstlige							o	o	576
48	Lütschine							o	o	577
49	Weiße Lütschine						o	o	o	577
50	Schwarze Lütschine							o	o	578
51	Glatt (Rhein)						o			579
52	Töss	o					o			581
53	Thur		o				o	o	o	583
54	Sitter						o	o		587
55	Rotbach (Sitter)	o						o	o	590
56	Urnäsch						o	o	o	590
57	Necker						o	o		591
58	Glatt (Thur)	o					o	o		592

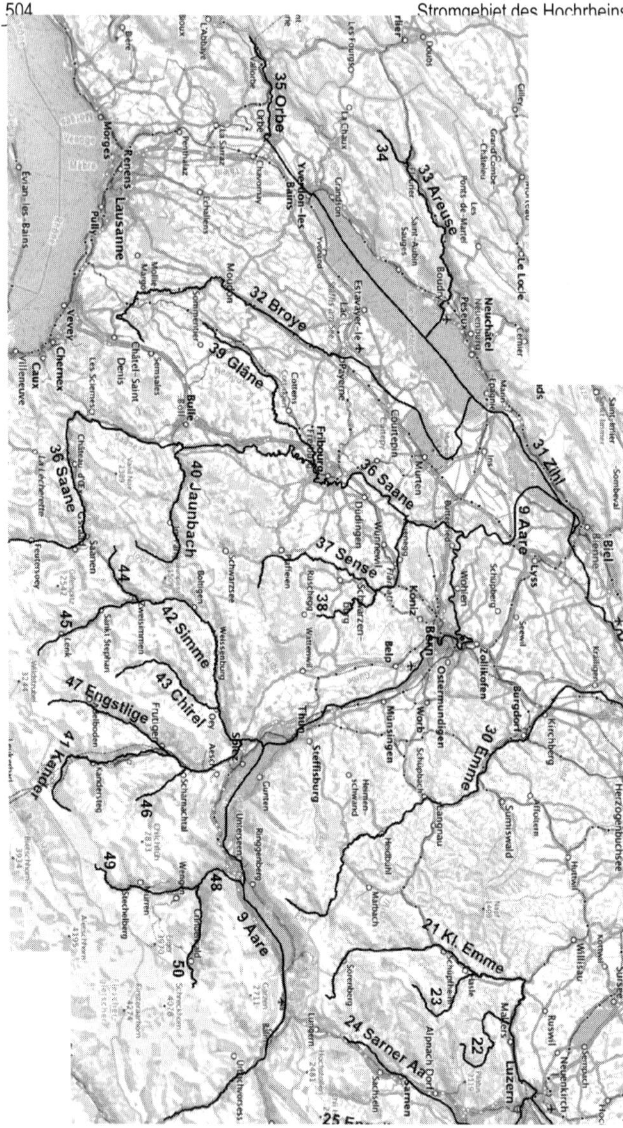
35 Orbe
34
33 Areuse
32 Broye
39 Glâne
31 Zihl
36 Saane
40 Jaunbach
9 Aare
37 Sense
38
44
45
42 Simme
43 Chirel
47 Engstlige
41 Kander
46
30 Emme
49
48
50
21 Kl. Emme
23
22
24 Sarner Aa
Lausanne
Fribourg
Bern
Biel
Thun
Luzern
Neuchâtel
Burgdorf

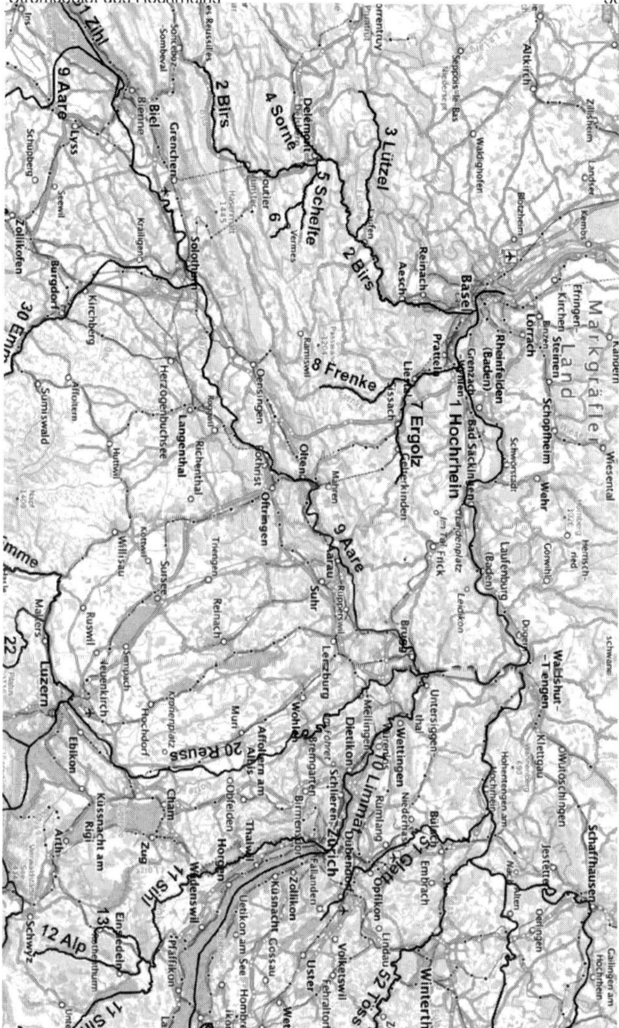
1 Hochrhein
2 Birs
3 Lützel
4 Sorne
5 Schelte
6
7 Ergolz
8 Frenke
9 Aare
10 Limmat
11 Sihl
12 Alp
13
20 Reuss
22
30 Emme
52 Töss
53
Markgräfler Land

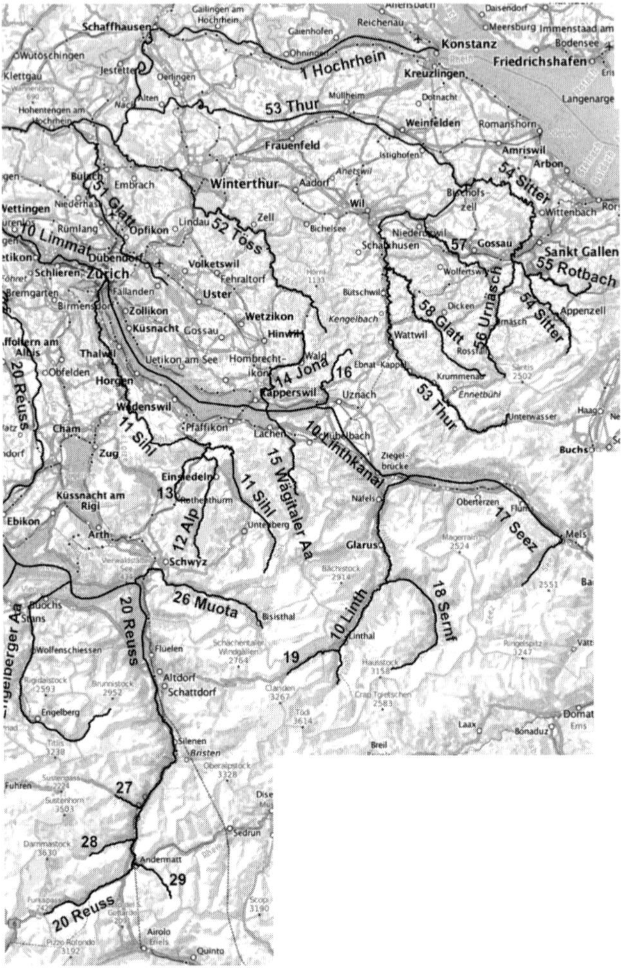
1 Hochrhein
53 Thur
54 Sitter
55 Rotbach
56 Urnäsch
57
58 Glatt
51 Glatt
52 Töss
10 Limmat
11 Sihl
12 Alp
13
14 Jona
15 Wägitaler Aa
16
17 Seez
18 Sernf
19
10 Linthkanal
10 Linth
20 Reuss
26 Muota
27
28
29
Engelberger Aa
Schaffhausen
Konstanz
Kreuzlingen
Friedrichshafen
Winterthur
Frauenfeld
Weinfelden
Amriswil
Arbon
Sankt Gallen
Gossau
Zürich
Uster
Wetzikon
Rapperswil
Wädenswil
Horgen
Zug
Einsiedeln
Schwyz
Glarus
Altdorf
Andermatt
Airolo
Wil
Wattwil
Appenzell
Mels

Hochrhein

Wildwasser, Wanderfluss, Schifffahrtsstraße

Als Hochrhein wird die 170 km lange Strecke von Konstanz (alte Rheinbrücke) bis Basel bezeichnet. Er verläuft zunächst auf ca. 25 km durch den Untersee, einen Teil des Bodensees. Die echte Stromstrecke beginnt in Stein/Rhein. Abgesehen vom Stadtbereich Konstanz ist das gesamte linke Ufer Schweizer Hoheitsgebiet, an mehreren Stellen greift das Schweizer Gebiet auch auf das rechte Ufer über. Mit gültigen Personalpapieren kann unbehindert auf beiden Seiten des Rheins angelegt werden.

Landschaftlich ist der Hochrhein sehr reizvoll, zwischen dem Schwarzwald bzw. den Ausläufern der Schwäbischen Alb im Norden und dem Schweizer Jura im Süden, mit welligen Hügeln, die z.T. bis ins Tal bewaldet sind, in einem meist engen Tal, vorbei an sehenswerten Ortschaften. Höhepunkt des Hochrheins ist der Rheinfall von Schaffhausen, der mit 150 m Breite und 21 m Höhe größte Wasserfall Europas, entstanden durch ein Riff aus Jurakalk als Rest einer frühen Verbindung zwischen Schweizer Jura und Schwäbischer Alb.

Befahrungsregeln: km 130,5 bis (Fridolininsel): ganzj. UV für die Insel
km 94,2 bis 94,7 : ganzj. UV für die Insel

Befahrbarkeit: Wassertechnisch ist der Hochrhein ein meist schnell fließendes Gewässer, das nur stellenweise geringe Schwierigkeiten durch Stromschnellen, Wellen und Kehrwasser aufweist, WW I. Die Befahrung des Hochrheins wird erschwert durch mehrere Staustufen, jeweils mit Rückstau. Umsetzanlagen unterschiedlicher Bauweisen sind überall vorhanden. Für Alleinfahrer kann allerdings das Umsetzen bei einigen dieser Anlagen recht mühsam werden, Mitführen einer langen Bootsleine ist dringend anzuraten.

Kilometrierung: Der Hochrhein ist amtlich kilometriert. Die Kilometrierung beginnt an der alten Rheinbrücke in Konstanz beim km 0. Zwischen Stein am Rhein und Basel folgt die Zählung dem rechten Rheinufer, also nicht wie sonst üblich der Flussmitte oder der Fahrrinne. Zwischen km 22 und 23 befindet sich ein sogenannter kurzer Kilometer, der nur ca. 600 m beträgt.

0,0 ⇩ des Bodensee-Obersee (s. Seite 598) in den Hochrhein (47.6665, 9.1789);
Straßen- und EB-Ⅱ **78462 Konstanz**, Sternenplatz, Beginn der kilometrierten Rheinstrecke (47.6664,9.1786)

0,4 Wege-Ⅱ Fahrradbrücke Konstanz (47.6683,9.1741)

1,2 li ⌂ (Steg) des Kanu-Club Konstanz, ⛺, Wintersteig 15–17, 78462 Konstanz, http://kc-konstanz.de/ (47.6694,9.1643)

1,3 Str-Ⅱ B33 Konstanz, Schänzlebrücke (47.6702,9.1631)

2,1 re ⌂ TV Naturfreunde Konstanz-Wollmatingen mit Übernachtungsmöglichkeit, Rudolf-Diesel-Straße 30, 78467 Konstanz, http://www.naturfreunde-wollmatingen.de (47.6700,9.1519)

2,4 Grenze Deutschland - Schweiz (47.6674,9.1491)
3,5 li **CH 8274 Gottlieben** (47.6647,9.1346)
4,0 ⇩ des Hochrhein in den Bodensee-Untersee (s. Seite 596) (47.6675, 9.1250)
7,3 li **CH 8272 Ermatingen**, Überquerung zum Fehrenhorn (Insel Reichenau) 1 km (47.6740,9.0863)
10,1 li **CH 8268 Mannenbach-Salenstein** (47.6813,9.0513)
12,6 li **CH 8267 Berlingen** (47.6842,9.0180)
15,9 li **CH 8266 Steckborn**, Überquerung 1 km nach 78343 Gaienhofen-Hemmenhofen(DE) (47.6721,8.9779)
18,0 li Zielerhorn, Schloss Garisegg (47.6617,8.9543)
24,5 Ausfahrt aus dem Bodensee - Untersee (47.6582,8.8591);
Str-Ⅱ, re **CH 8260 Stein am Rhein**, Charregass, re Joch fahren (47.6582, 8.8589)
25,5 li **CH 8259 Wagenhausen** (47.6619,8.8480)
26,0 li Wagenhausen, Sporthafen, Hauptstrasse 82, CH - 8259 Wagenhausen, http://www.campingwagenhausen.ch/, ♪ +41 52 741 42 71 (47.6632,8.8417)
27,2 Str-Ⅱ 332 und EB-Ⅱ, re **CH 8261 Hemishofen** (47.6725,8.8347)
29,3 li **CH 8259 Wagenhausen-Rheinklingen** (47.6760,8.8084)
29,7 re **CH 8262 Ramsen-Bibermühle** (47.6794,8.8042)
30,5 –36,1 li CH, re D (47.6754,8.7960)–(47.6928,8.7280)
34,4 re **78262 Gailingen am Hochrhein**, li **CH 8253 Diessenhofen**, ⌘ Diessenhofen hat eine schöne Altstadt mit alter überdachter Holz-Ⅱ L190, alle Joche ≈, Vorsicht bei Annäherung von Kursschiffen (47.6908,8.7509)
35,5 li Kloster St. Katharinental (heute Klinik) (47.6921,8.7365)
36,1 –37,0 li und re CH (47.6927,8.7280)–(47.6908,8.7179)
37,1 re ⛺ Kanu Club Schaffhausen, „Auf der Rheinwiese", sehr schön und ruhig (47.6912,8.7163)
37,0 –41,6 re D (Exklave Büsingen) (47.6907,8.7179)–(47.6859,8.6634)
39,1 re **78266 Büsingen am Hochrhein**, deutsche Exklave im Schweizer Zollgebiet (47.6961,8.6918)
40,9 Altparadies, li Kloster Paradies (CH), ✕ (47.6859,8.6739)
41,6 re Beginn von **CH 8200 Schaffhausen**, li **CH 8245 Feuerthalen-Langwiesen** (47.6859,8.6634)
41,7 –50,2 li und re CH (47.6859,8.6634)–(47.6616,8.6146)
42,0 li Schaffhausen im Strandbad Rheinwiesen. Er darf nur betreten werden, wenn dort übernachtet wird (47.6869,8.6582)
43,3 re ⬆ beim ⌂ Kanu Club Schaffhausen. Hier keine Zelt-Möglichkeit. 🅿 hinter Anlegestelle, Fischerhäuserstrasse 48, 8200 Schaffhausen, Schweiz, http://www.kcsh.ch/, ♪ +41 52 624 93 01 (47.6946,8.6459)
43,5 EB-Ⅱ Schaffhausen (47.6947,8.6436)
43,8 Str-Ⅱ Zürcherstrasse, Schaffhausen, ⚠ Ein- und Aussetzen ist nach der Brücke nicht mehr möglich. Zum Umgehen des Rheinfalles gibt es mehrere Möglichkeiten:

1. Anlanden am li Ufer etwas oberhalb der Brücke. Hier führt ein enger und kurviger Spazierweg zur Straße nach Flurlingen. Diese Straße kann man gleich wieder verlassen und einem Fußweg folgen. In Flurlingen über die Brücke zum re Ufer und dann entlang der Uferpromenade zum Unterwasser des Rheinfalls. Hier bequemes Einsetzen über eine Rampe. Einige Ausweichplätze an der Uferpromenade ermöglichen das Abstellen der Boote und eine Besichtigung des Rheinfalls. Für größere Gruppen ist diese Strecke wegen der Belästigung der Fußgänger kaum geeignet.
2. re Aussetzen beim Bootshaus des KC Schaffhausen. Umkarren der Boote über Neuhausen bis unterhalb Rheinfall (Schlösschen Wörth), etwa 1 1/4 Stunden. Dieser Weg ist weiter als das Umkarren am li Ufer.
3. Am besten geht das Umgehen des Rheinfalls mit eigenem Pkw. Die Benutzung eines Taxis ist sehr teuer (47.6946,8.6405);
re **CH 8200 Schaffhausen**, Stadt mit vielen Sehenswürdigkeiten, Burgfestung Munot, 🛒, **CH 8245 Feuerthalen**

47,9 Rheinfall von Schaffhausen (CH), **X**, einmalige Naturschönheit, mit Schloss Laufen, unbedingt besichtigen ⌘ (47.6779,8.6157)

48,3 re Schlösschen Wörth, Kiosk, ✕ (47.6778,8.6118)

48,9 re ⬇ zur Weiterfahrt unterhalb eines Fachwerkhauses, keine Parkmöglichkeit für Dauerparker. Es folgt eine Fußg.-Ⅱ (47.6723,8.6085)

50,2 Beginn des Rückstaus des Kraftwerkes Rheinau, sehr schöne Rheinschleife. Ab hier li Ufer CH, rechtes Ufer D (47.6616,8.6146)

54,6 li ϟ Rheinau mit Stau-▬, 6 m hoch, **X**, re vor der Schienenrampe (Treppe) ⬆, über ♪ (unter der Treppe) anmelden. Lautsprecherdurchsage beachten. Boote auf fernbedienten Gleiswagen fahren und festhalten. Nach Eintauchen in das Unterwasser Handzeichen geben, wenn startklar, zügig wegpaddeln. Umsetzen mit werkseigenem Bootswagen 120 m weit möglich (47.6390,8.6044)

55,0 li **CH 8462 Rheinau**, Insel mit Kloster(heute Altenheim) mit Barockkirche Rheinau, ⌘, im li Arm Str-Ⅱ Untere Steg, ✕ und 🛒 im Ort (47.6423, 8.6064)

57,0 re **79798 Jestetten-Altenburg** (47.6531,8.6060)

57,3 2. Stau-▬ Rheinau, **X**, li ⬆ zum ⌂, über ♪ (unter der Treppe) anmelden. Lautsprecherdurchsage beachten. Boote auf fernbedienten Gleiswagen fahren und festhalten. Nach Eintauchen in das Unterwasser Handzeichen geben, wenn startklar, zügig wegpaddeln. Umsetzen mit werkseigenem Bootswagen möglich (47.6507,8.6050)

57,7 Überdachte Holz-Ⅱ **CH 8462 Rheinau-Salmen**, Zollstrasse, ✕ (47.6477, 8.6030)

59,0 3. Stau-▬ Rheinau, **X**, li ⬆ zum ⌂, über ♪ (unter der Treppe) anmelden. Lautsprecherdurchsage beachten. Boote auf fernbedienten Gleiswagen fahren und festhalten. Nach Eintauchen in das Unterwasser Handzeichen geben, wenn startklar, zügig wegpaddeln. Umsetzen mit werkseigenem Bootswagen möglich (47.6390,8.5966)

59,2 li ⇩ des ϟ-Stollens, Querströmung ⚠ (47.6377,8.5971)

59,5 re **79807 Lottstetten** (47.6338,8.5961)

63,0 Seil-⛴, li **CH 8464 Marthalen-Ellikon am Rhein**, ✕ „Zum Schiff“ mit schöner Terrasse (47.6056,8.5968)

64,5 ⇩ der Thur (s. Seite 583) in Rhein (47.5944,8.5885)

66,8 li ⛺ TCS Campingplatz Steubisallmend und anschließend ein Freibad sowie das Naturzentrum Thurauen, CH-8416 Flaach, https://naturzentrum-thurauen.ch/, ☎ +41 52 318 14 13 (Camping) (47.5798,8.5803)

67,1 re gute ⇅ Rüdlingen, 🅿 (47.5767,8.5782)

67,2 Str-Ⅱ, re **CH 8455 Rüdlingen** (47.5760,8.5778)

70,6 Personen-⛴ (freifahrend) Tössegg, li ✕ und 🅿 (47.5524,8.5557)

70,7 li ⇩ der Töss (s. Seite 581) in den Rhein ✕ (47.5525,8.5541)

74,2 li ⇅ Eglisau, re Schiffsanleger (47.5745,8.5256)

74,5 Str-Ⅱ, re **CH 8193 Eglisau**, idyllisches Städtchen, li **CH 8193 Eglisau-Seglingen**, ✕ (47.5754,8.5218)

75,4 EB-Ⅱ Eglisau (47.5777,8.5104)

76,7 li CH, re D (47.5811,8.4947)

78,6 ϟ Eglisau mit Stau-▬, Fußg-Ⅱ, **X**, re ⬆ zum ⏏, für K1 schwieriger Ausstieg an senkrechter Leiter. Anschließend auf werkseigenem Bootswagen (Pfandmünze 1 € oder 1 SFr erforderlich) über steilen grobsteinigen Weg zur Einsetzrampe ca. 200 m umkarren. Den Bootswagen nach Gebrauch zum Aufzug zurückbringen. ⚠ Ausfahrt je nach Wehr-Überlauf schwierig, bei HW evtl. 800 m weit bis Baggerloch umtragen und an der Ufertreppe einsetzen. Schleusungen für Kanufahrer sind behördlich verboten! Ebenso die Benutzung der Metallrampe zum Unterwasser! (47.5763,8.4721)

78,7 li ⇩ der Glatt (s. Seite 579) in den Hochrhein durch einen Stollen (47.5743, 8.4723)

79,6 re ⛺ Campingplatz Herdern (01.04.-31.10.), Kunzweg 10, 79801 Hohentengen am Hochrhein, http://www.hohentengen.de/, ☎ Kiosk +49 7742 1680 (47.5726,8.4604)

81,4 re schöner ⛺ Hohentengen, Schwimmbad, Badstraße 21, 79801 Hohentengen am Hochrhein, http://www.hohentengen.de/, ☎ +49 7742 1841 (47.5678,8.4386)

81,7 re **79801 Hohentengen am Hochrhein** (47.5673,8.4345)

82,9 Str-Ⅱ L161a, li **CH 5466 Kaiserstuhl**, Zoll, schöne Altstadt, re Schloss Rötteln (47.5700,8.4191);
li nach 50 m ⇅ Kaiserstuhl (47.5698,8.4178)

86,9 re **79801 Hohentengten am Hochrhein-Lienheim**, li **CH-5464 Rümikon** (47.5670,8.3789)

87,0 re ⛺ Lienheim (01.04.-31.10.), Schwimmbad, ⇅ zum Camping re kurz nach Bachmündung, Rümikoner Str. 18, 79801 Hohentengen am Hochrhein, http://www.hohentengen.de/, ☎ Bad/Kiosk +49 7742 6172 (47.5680,8.3784)

90,0 re ▬ und ϟ Reckingen, Fußg-Ⅱ, li ⬆ zum ⏏. Boote auf werkseigenem Bootswagen an Kette (Pfand 1 €) 300 m weit zur HW-geschützten

Einsetzrampe fahren, Wagen nach Gebrauch zurückbringen. Bei Großbooten bedient das ↯-Personal nach Anmeldung über Werk-☎ den motorbetriebenen Gleiswagen. Hinweisschild mit Flussverlauf und Fahrtlinie oberhalb der Stromschnelle „Koblenzer Laufen" beachten ⚠ (47.5698,8.3394)

90,9 re **79790 Küssaberg-Reckingen**, li **CH 5332 Reckingen** (47.5717, 8.3274)

91,9 In li Flusshälfte Schwälle durch einen unter Wasser liegenden Auslaufstollen, re fahren ⚠ (47.5770,8.3175)

93,3 li ⌂ KC Zurzach am li Ufer neben dem Schwimmbad, http://www.kanuclub-zurzach.ch (47.5846,8.3051)

93,5 Str-II L162, li Bad Zurzach (CH), re Küssaberg-Rheinheim (D) Zurzacher Straße/Zürcherstrasse (47.5862,8.3025)

94,2 –94,7 **§** Insel, NSG, kein Zeltplatz, beide Arme ≈ (47.5914,8.2970)–(47.5956,8.2961)

95,8 re ⛺ Hochrhein Kadelburg, schön und ruhig, guter Standplatz für Fahrten auf Hochrhein und Nebenflüssen, Oberdorfstraße, 79790 Küssaberg/Kadelburg, http://www.camping-hochrhein.de/, ☎ +49 7741 4244 (47.6052,8.2997)

96,1 re ⇅ **79790 Küssaberg-Kadelburg**, alter Fähranleger (47.6075,8.2961)

97,6 Hinweisschild „Koblenzer Laufen", ⬆ zur Besichtigung der Stromschnelle „Koblenzer Laufen", evtl. re ⌓, schwierig ⚠. Sofern von einer direkten Befahrung des Koblenzer Laufen abgesehen werden soll, wird empfohlen, den von weitem gut einsehbaren alten Fähranleger (km 96,1) in Kadelburg zum Aussetzen in Anspruch zu nehmen und von dort bis zum ⌂ WSV Waldshut umzusetzen (47.6123,8.2788)

98,4 –99,3 Koblenzer Laufen, je nach Wasserstand bis WW II. ⚠ *Fahrtempfehlung: Auf einem Drittel vom Schweizer Ufer entfernt im großen Bogen oben einfahren und dann gerade durchfahren. Eher links halten. Auf eventuelle Hindernisse, wie angeschwemmte Bäume achten. Am Ende nochmals Kehrwässer.* (47.6094,8.2663)–(47.6149,8.2597)

100,2 re ⇩ der Wutach in den Rhein (47.6136,8.2497)

100,8 –101,3 große Insel, ⚠ re Arm fahren, Schwälle, li Arm **X** (47.6122, 8.2409)–(47.6114,8.2369)

101,7 EB-II Tiengen (47.6093,8.2341)

101,8 Str-II, re **79761 Waldshut-Tiengen**, Rheinbrückenstraße, wichtiger Grenzübergang, li **CH 5322 Koblenz** (47.6086,8.2332)

102,3 –102,5 Insel (47.6048,8.2274)–(47.6054,8.2251)

102,6 li ⇩ der Aare (s. Seite 519) in den Rhein mit starker Wasserzufuhr (47.6062,8.2235)

102,9 re ⛺ Rhein-Camping Waldshut-Tiengen, 🛒. Danach re Freibad, Jahnweg 22, 79761 Waldshut-Tiengen, http://www.rheincamping.de/, ☎ +49 7751 3152 (47.6110,8.2245)

104,2 ⛴ **CH 5324 Full-Reuenthal - 79761 Waldshut-Tiengen** (47.6196, 8.2154)

105,0 re ⌂ WSV Waldshut, keine ⅄-Möglichkeit (47.6218,8.2035)

106,1 re Auslauf des Schluchsee-ϟ, 50 m Abstand halten ⚠ (47.6175,8.1927)

106,4 re ⇅ Slipanlage MC Hochrhein, Grundstraße, 79787 Lauchringen, http://www.motorbootclub-hochrhein.de, ✆ +49 7741 2340 (47.6147, 8.1900)

107,9 li Kern-ϟ Leibstadt (CH) (47.6029,8.1829)

108,9 ⬆ zum ⏏ der Staustufe Albbruck-Dogern (47.5988,8.1727)

109,0 ▬ und ϟ Albbruck-Dogern, re Kanal, **X**, li Stau-▬, **X**. Seit Juli 2010 steht li eine moderne Bootsübersetzeinrichtung zur Verfügung. Die ⬇⬆-Stellen sind mit blauen Schildern gekennzeichnet. Für den Kanusport steht ein gummibereifter Handwagen (Tragkraft maximal 50 kg) am Oberwasser bereit, (47.5984,8.1710);
Fußg-Ⅱ über die Wehranlage, re **79804 Dogern**, li **CH 5325 Leibstadt** (47.5984,8.1710)

109,2 ⬇ unterhalb des ▬ (47.5963,8.1705)

112,3 Fußg-Ⅱ, re **79774 Albbruck**, Zoll, li **CH 5326 Schwaderloch, Zoll** (47.5891,8.1375)

113,2 re ⇩ des Kanals vom ϟ Albbruck-Dogern, ⚠ Querströmungen (47.5841, 8.1311)

113,5 re ⇩ der Alb (Hochrhein) in den Hochrhein (47.5833,8.1269)

115,1 re Burgruine Hauenstein, Schlossberg, ✕, schöne Aussicht, ⚠ beim Anlegen starke Strömung beachten! (47.5823,8.1071)

119,5 Str-Ⅱ L151a Laufenburg (47.5617,8.0746)

120,3 re ⇅ Laufenburg (47.5651,8.0667)

120,7 Str-Ⅱ, li **CH 5080 Laufenburg**, re **79725 Laufenburg**, beides mittelalterliche Städtchen, re Joch fahren. ⚠ Hinter der Brücke gefährliche Kehrwasser. Bei Wasserüberlauf über das folgende Wehr gibt es bis zum Kraftwerk Laufenburg kaum Rückstau. Damit verbunden ist die Gefahr, dass gekenterte Boote über das Wehr treiben (47.5638,8.0609)

120,9 ⚠ in re-Kurve starke Wellen (47.5634,8.0591)

121,9 li ⬆ zum ⏏ des ϟ Laufenburg (47.5570,8.0512)

122,1 ▬ und ϟ Laufenburg, **X**, re ⯐, ⯐-Ausfahrt bei Wasserüberlauf des ▬ gefährlich, bei HW gesperrt. Schleusen ab 10 Booten möglich. li ⏏ mit werkseigenem Bootswagen, 700 m, ⬇ mit elektrischem Schrägaufzug mit Selbstbedienung. Aufzug und Bootswagen nach Gebrauch zurückbringen (47.5563,8.0485)

122,4 ⬇ unterhalb ϟ Laufenburg mit Schrägaufzug (47.5543,8.0450)

124,1 re ⇩ der Murg (Südschwarzwald) in den Hochrhein (47.5506,8.0232)

127,4 li ⇩ der Sissle, li **CH 4334 Sisseln** (47.5543,7.9817)

129,3 ⬆ zum ⏏ des ▬ Bad Säckingen (47.5565,7.9583);
▬ und ϟ Säckingen, **X**, li ⏏ (47.5569,7.9576)

129,5 ⬇ unterhalb des ▬ Bad Säckingen, problematisch wegen starker Strömung vom Wehrschütz (47.5560,7.9571)

130,3 Überdachte Holz-Ⅱ, re **79713 Bad Säckingen**, nur für Fußgänger. Durchfahrt 1. Joch re, Schwallstrecke, abhängig vom Wasserstand, ⌘

Fridolinmünster, Trompeterschloss (47.5514,7.9515)
130,5 Fridolininsel, § Vogelschutzgebiet, Betreten verboten (47.5492,7.9509)
130,9 Str-II B518, re **79713 Bad Säckingen**, li **CH 4332 Stein**, Fridolinsbrücke, Zoll (47.5462,7.9492)
131,5 re ⌂ RC Säckingen, beschränkte ⅄-Möglichkeit, http://www.ruderclub-bad-saeckingen.de/ (47.5451,7.9422)
134,8 li **CH 4323 Wallbach** (47.5600,7.9060)
136,0 re **79713 Bad Säckingen-Wallbach**, ✕ (47.5668,7.9127)
137,3 re ⇅ Motor- und Segelsportclub Hochrhein, über Slipanlage, 79664 Wehr (47.5801,7.9057)
137,6 re ⇩ der Wehra in den Hochrhein (47.5815,7.9021)
140,0 re **79739 Schwörstadt** (47.5896,7.8748)
140,6 re ⌂ WSV Rheinstrom Schwörstadt, ⅄, auch für Wohnwagen, großes gepflegtes Gelände, Eisenbahnstraße 5, 79739 Schwörstadt, http://www.wsv-schwoerstadt.de/ (47.5898,7.8677)
143,4 li ⬆ zum Umsetzen über Rollenbahn (47.5848,7.8332)
143,5 ▬ und ϟ Ryburg-Schwörstadt, ⏏ li über eine Rampe mit Rollen (47.5858,7.8332)
143,7 ⬇ am Ende der Rollenbahn (47.5858,7.8318)
145,7 re ⌘ Schloss Beuggen, erbaut 1246 – 1268, Deutscher Ritter-Orden, mit vom Rhein abgeleiteten Wassergraben im Halbkreis um die Burganlage. Heute Tagungsstätte der evang. Kirche (47.5811,7.8138)
146,6 ⬆ zum ⏏ des ▬ Rheinfelden über eine Treppe (47.5704,7.8145)
146,8 ▬ und ϟ Rheinfelden, Neubau 2014, ✕, li ⏏ (47.5695,7.8110)
147,0 ⬇ unterhalb ▬ Rheinfelden (47.5668,7.8105)
149,2 li Str-II Rheinbrückstraße, Durchfahrt 1. Joch von re. Beginn der Großschifffahrt, li **CH 4310 Rheinfelden**, malerisches Städtchen, re **79618 Rheinfelden (Baden)** (47.5557,7.7890)
149,4 ⇅, am Ende der Brücken-Insel (47.5538,7.7884)
151,7 Str-II A861 Rheinfelden (47.5483,7.7583)
154,4 ⊥, li **CH 4303 Kaiseraugst**, Römergründung: Augusta raurica, röm. Amphitheater, ⌘ (47.5423,7.7253)
155,3 li ⛺ Kaiseraugst, Kraftwerkstraße/Strandbadweg, CH-4303 Kaiseraugst, http://www.camping-kaiseraugst.ch/ (47.5393,7.7154)
155,4 li ⇩ der Ergolz (s. Seite 518) in den Rhein (47.5386,7.7136)
155,5 ⬆ zum ⏏ der Staustufe Augst-Wyhlen, Anlanden vor der ⯐-Einfahrt. Dazu li in die Ergolz-⇩ fahren, vor II re ↱, Schild: Transportwagen für Kleinboote beim Kraftwerk, eigener Bootswagen ist vorteilhafter. Bootstransport re der Uferstraße auf asphaltiertem Gehweg (47.5377, 7.7140)
155,7 ⯐ Augst-Wyhlen, re ▬ und ϟ (47.5370,7.7112)
155,8 gekennzeichnete ⬇ schwierig über eine Treppe und einen schwankenden Anleger mit Gitterrost belegt. Für K 1 eventuell besser an Treppe wenige Meter unterhalb. ⚠ Strömung (47.5359,7.7095)
158,4 li Industriegebiet Schweizerhalle, ✕ (47.5328,7.6747)

159,4 –163,0 Auhafen und Industriegebiet Birsfelden (47.5387,7.6628)–(47.5590,7.6344)
160,4 re **79639 Grenzach-Wyhlen** (47.5468,7.6593)
162,8 Beginn ϟ-Insel Birsfelden, re Wehrarm, li Zufahrt zur ⌘, nach telefonischer Voranmeldung (♪ mit Gegensprechanlage am Inselanfang) evtl. li Einfahrt in ⌘-Kanal. Sonst im Wehrarm weiterfahren zur gekennzeichneten ⬆-Stelle (47.5593,7.6360)
163,2 li im Wehrarm gekennzeichnete ⬆-Stelle zum ⌓ der Staustufe Birsfelden beim Ruderclub Blau-Weiß Basel (47.5606,7.6319)
163,4 li Doppel-⌘ Birsfelden (47.5589,7.6297)
163,7 re ▬ und ϟ Birsfelden, ✕ (47.5592,7.6265)
163,9 ⬇ nach ⌓ der Staustufe Birsfelden, dazu beim Schleusenpersonal melden, um das Tor zur Rampe aufzuschließen, ⬇ problemlos über Rampe in ruhigem Wasser (47.5590,7.6241)
164,3 li ⇩ der Birs, ⬆⬇ Rheinpark zum Besuch von Basel (47.5583,7.6196)
164,4 li ⇩ der Birs (s. Seite 514) in den Rhein (47.5581,7.6176)
164,7 EB-Ⅱ und Str-Ⅱ N2 (Schwarzwaldbrücke) (47.5583,7.6142)
164,7 re ⌂ Baseler Rennpaddler unter der Str-Ⅱ, http://www.rennpaddler.ch/ (47.5587,7.6134);
CH 4000-4059 Basel (47.5581,7.6135)
165,6 Hochseil-⛴ Wilde-Maa-Fähre bzw. St.-Alban-Fähre (47.5560,7.6025)
166,1 Str-Ⅱ Wettsteinbrücke, Basel (47.5566,7.5962)
166,3 Hochseil-⛴ Leu-Fähre (47.5578,7.5939)
166,5 Str-Ⅱ Mittlere Brücke, Basel (47.5602,7.5898)
166,9 Hochseil-⛴ Klingentalfähre bzw. Vogel-Gryff-Fähre (47.5624,7.5878)
167,1 Str-Ⅱ Johanniterbrücke, Basel (47.5649,7.5859)
167,7 Hochseil-⛴ St.-Johanns-Fähre bzw. Ueli-Fähre (47.5694,7.5851)
167,8 Str-Ⅱ A3 Basel, Dreirosenbrücke (47.5708,7.5849)
168,4 Flussmitte ist Staatsgrenze, li F, re CH (47.5756,7.5846)
169,2 re ⇩ der Wiese in den Hochrhein (47.5830,7.5855)
169,7 li ← Canal de Huningue (47.5876,7.5862)
169,9 re → zum Baseler Rheinhafen, Zoll (47.5889,7.5898)
170,0 Ende des Hochrheins, Beginn des Oberrheins (47.5898,7.5890)

Birs

Weitere Namen: Birse [fre]
Wanderfluss, WW I-II, WW III-IV, Gebirgsfluss
Mündung in Rhein bei amtl. km 164,4 (li Nebenfluss)

Die Birs fließt mit zahlreichen Windungen durch landschaftlich hervorragend schöne enge Täler des schweizer Juras. Sie ist nur in ihrem Oberlauf mäßig schweres Wildwasser, im Übrigen ohne besondere Schwierigkeiten zu fahren.

Befahrbarkeit: WW-Strecke nur nach starken Regenfällen, im Übrigen meist immer möglich

Schwierigkeiten:	km 54,3–49,3 WW III, Gefälle 11 ‰. km 49,3–46,0 X. km 46,0–⇩ WW I (II), Zahmwasser, Gefälle 4 ‰.
Infrastruktur:	**Delémont**, an der Sorne gelegen

74,5 Ursprung am Paß **Pierre-Pertuis** in etwa 800 m Höhe. Über die Möglichkeit einer Befahrung der Folgestrecke ist nichts bekannt (47.2147, 7.1955)

54,3 Str-II 30 **CH 2740 Moutier** ⬇ für die Befahrung der WW-Strecke. Stellenweise erhebliche Verblockung, 2 ▬ Wehr, X bis Courrendlin (47.2822,7.3821)

53,4 EB-II (47.2902,7.3820)

53,2 Str-II 6 (47.2920,7.3810)

52,0 Str-II, li **CH 2762 Roches** (47.3009,7.3839)

51,5 Weg-II (47.3044,7.3854)

49,4 ⚠ Es beginnt die Fabrikstrecke von **Choindez** sie ist X. An der 1. Fabrik-II ↱, Wasserableitungen (47.3172,7.3817)

46,1 Str-II 6 (47.3405,7.3724)

45,8 **CH 2830 Courrendlin** ⬇ für die Weiterfahrt am Ortsende beim Supermarkt. Ab hier wieder ausreichend Wasser (47.3432,7.3712)

45,7 Schräg-▬, X, ro ⏏ (47.3441,7.3712)

44,9 Wege-II (47.3487,7.3698)

44,3 Autobahn-II A16 (47.3514,7.3693)

43,0 Str-II, re **CH 2822 Courroux** (47.3622,7.3700)

42,9 re ⇩ der Schelte (s. Seite 517) in die Birs (47.3632,7.3699)

42,2 ▬ Stufe, ≈, 1 m hoch (47.3641,7.3631)

41,4 li ⇩ der Sorne (s. Seite 517) in die Birs (47.3709,7.3610);
Fußg-II, li **CH 2800 Delémont** (47.3712,7.3609)

40,2 ▬ Wehr, X, re ⏏ (47.3811,7.3608)

39,8 Str-II (47.3842,7.3631)

39,3 Str-II (47.3879,7.3664)

38,9 Str-II, li **CH 2805 Soyhières** (47.3888,7.3706)

38,0 Str-II, re Kläranlage **CH 2805 Soyhières** (47.3904,7.3824)

37,2 Str-II (47.3916,7.3922)

36,8 ▬ Wehr mit alter Floßgasse, evtl. ganz re ≈, Achtung auf Rücklauf, besonders bei höherem Wasserstand (47.3927,7.3960)

36,7 EB-II (47.3938,7.3970)

36,6 Blockwurf-▬ (47.3946,7.3973);
Str-II (47.3948,7.3972)

35,5 Str-II, re **CH 2805 Soyhières-Riedes Dessus** (47.3950,7.4080)

34,4 Str-II, re **CH 4253 Liesberg-Niederriederwald** (47.3948,7.4218)

33,9 Str-II (47.3960,7.4267)

33,5 ▬ Wehr, X, re ⏏ (47.3948,7.4319)

32,9 Str-II (47.3959,7.4369)

32,7 Str-II, re **CH 4253 Liesberg** (47.3982,7.4385)

32,4 EB-II (47.4001,7.4409)
32,1 Weg-II (47.4018,7.4426)
32,0 Str-II (47.4024,7.4435)
31,9 EB-II (47.4018,7.4446)
29,6 EB-II (47.4016,7.4632)
28,5 Str.-II, re **CH 4252 Bärschwil** übliche ⬆ zur Beendigung der Fahrt. Eine Weiterfahrt ist zwar möglich, wegen zahlreicher, zumeist X Wehre jedoch kaum lohnend, auf eine Detailbeschreibung wird verzichtet (47.4010,7.4764)
26,5 li ⇩ der Lützel (s. Seite 516) in die Birs (47.4108,7.4946)
1,9 Autobahn-II 3, **CH 4052 Basel** (47.5424,7.6225)
0,0 ⇩ der Birs in den Rhein (s. Seite 507) bei amtl. km 164,4 (47.5581,7.6176)

Lützel

Weitere Namen: Lucelle [fre]
Kleinfluss, Gebirgsfluss
Mündung in Birs bei km 26,5

Die Lützel ist ein landschaftlich reizvoller Kleinfluss des Juras. Sie bildet im Oberlauf die Grenze zwischen Frankreich und der Schweiz. Baum- und Strauchhindernisse, die vor allem bei höherem Wasserstand lästig sind.
Befahrbarkeit: nach stärkeren Regenfällen; das Wasser läuft schnell wieder ab.

25,0 Ursprung im Jura in etwa 600 m Höhe
17,0 li **F 68480 Lucelle-St. Pierre** ▣, übliche ⬇ (47.4385,7.3022)
15,8 Schräg-▬, evtl. ≈
15,7 Str-II, re ✕ Moulin Neuf (47.4401,7.3275)
15,5 ▬ Wehr, X, ⌓
14,5 Str-II, re **CH 2814 Roggenburg** (47.4401,7.3402)
11,7 Weg-II (47.4343,7.3687)
10,6 Mäßige Verblockung vor einem kleinen Kloster (47.4322,7.3807); nun beide Ufer schweizerisch (47.4322,7.3812)
10,5 Str-II (47.4317,7.3825)
7,8 Str-II **CH 4245 Kleinlützel** (Rüttiweg) (47.4253,7.4098)
7,8 –6,7 Ortsgebiet von **CH 4245 Kleinlützel** (47.4254,7.4093)–(47.4257, 7.4237)
7,4 ▬ Stufe, X, li ⌓, 1,5 m hoch
7,3 Str-II (Laufenstr.) (47.4269,7.4141)
7,2 Str-II (Schulstr.) (47.4263,7.4158)
7,1 Str-II (Gässli.) (47.4259,7.4170)
7,0 Str-II (Huggenwaldstr.) (47.4256,7.4185); Tunnel unter Straße mit ▬ Stufe, ≈ (47.4255,7.4189)
6,6 Str-II (Chnöchelweg) (47.4255,7.4228)
5,2 Flussteilung, li ▬, ≈

4,7 Str-II (47.4282,7.4453)
3,1 Str-II, li **CH 4244 Röschenz** (47.4258,7.4654)
0,8 ▬ Stufe 1 m hoch, ≋
0,2 2 ▬ Stufen 0,5 m hoch, ≋
0,0 Str-II 18, li nach **CH 4242 Laufen** (47.4111,7.4943);
⇩ der Lützel in die Birs (s. Seite 514) bei km 26,5 (47.4108,7.4946)

Sorne

WW I-II, WW III-IV, Gebirgsfluss
Mündung in Birs bei km 41,4 (li Nebenfluss)

Die Sorne verläuft durch sehr schöne, enge Täler des Juras. Sie ist nur in ihrem Oberlauf ein mäßig schwerer Wildfluss

Fahrstrecke: Undervelier – ⇩, 18 km.
Befahrbarkeit: nach stärkeren Regenfällen.
Schwierigkeiten: zunächst WW III–IV, abnehmend WW II, mindestens 3 ▬ Wehre
Infrastruktur: Delémont

0,0 ⇩ der Sorne in die Birs (s. Seite 514) bei km 41,4 (47.3709,7.3610)

Schelte

Weitere Namen: La Scheulte [fre]
Kleinfluss
Mündung in Birs bei km 42,9 (re Nebenfluss)

Die Schelte im französisch-sprachigen Teil des Flusses heißt sie „La Scheulte“, ist ein Kleinfluss des Juras.
Befahrbarkeit: Frühjahr und nach stärkeren Regenfällen.
HW klingt meist wieder schnell ab.
Schwierigkeiten: enges Flussbett, schnelle Strömung, zahlreiche kleine Stufen, alle gut befahrbar, Baum- und Strauchhindernisse, einige Wehre.

21,0 Ursprung im Jura in etwa 1000 m Höhe
10,2 Str-II **CH 2826 Corban** mögliche ⬇ (47.3471,7.4742)
9,1 Steil-▬, X, li ⏢ (47.3473,7.4611)
8,7 Str-II **CH 2825 Courchapoix** (Le Cornat) (47.3482,7.4576);
Str-II **CH 2825 Courchapoix** (La Cure) (47.3484,7.4564)
8,6 Str-II **CH 2825 Courchapoix** (Route Principale) (47.3487,7.4557)
8,5 Steil-▬, X, re ⏢ (47.3490,7.4553);
Weg-II (47.3492,7.4549)
7,8 Str-II **CH 2825 Courchapoix**, re Sportplatz mögliche ⬇ (47.3491,7.4472)
6,7 Str-II (47.3479,7.4354)
6,5 li ⇩ der Gabiar (s. Seite 518) in die Schelte Die Fahrt wird vielfach auf der

Gabiar begonnen und auf der Schelte weitergeführt (47.3477,7.4333)
6,4 Weg-II (47.3481,7.4319)
6,0 Str-II Route de Recolaine (47.3474,7.4279)
5,4 Str-II **CH 2824 Vicques** (Route Principale) (47.3498,7.4206)
5,2 Steil-▬, X, li ⌂ (47.3504,7.4180)
5,0 Str-II **CH 2824 Vicques** (Rue de l'Indépendance) (47.3497,7.4159)
4,7 Steil-▬, X, li ⌂ (47.3502,7.4125)
4,5 Str-II **CH 2824 Vicques** (Chemin de la Fernatte) (47.3505,7.4108)
1,8 Str.-II, **2823 Courroux-Courcelon,** ▬ Wehr, X (47.3612,7.3902)
1,6 Str-II (47.3617,7.3879)
0,4 Str-II **CH 2822 Courroux** (Rue de la Pesse) (47.3640,7.3751)
0,2 Str-II, **CH 2822 Courroux** ▬ Wehr, günstige ⬆ (47.3634,7.3720)
0,0 ⇩ der Schelte in die Birs (s. Seite 514) bei km 42,9 (47.3632,7.3699)

Gabiar

WW III-IV
Mündung in Schelte bei km 6,5 (li Nebenfluss)

Die Gabiar ist ein zwar nur kurzer, doch recht interessanter Wildbach des Juras. Sie verläuft durch schöne Schluchten.

Fahrstrecke: ⬇ bei einer II unterhalb Envelier, 8 km bis ⇩ in Schelte. Die Fahrt wird vielfach auf der Schelte weitergeführt.

Schwierigkeiten: enges Bachbett, Verblockung, schnelle Strömung, Gefälle etwa 15 ‰. WW III und IV. Der Fluss kann weitgehend von der begleitenden Straße aus eingesehen werden.

0,0 ⇩ der Gabiar in die Schelte (s. Seite 517) bei km 6,5 Die Fahrt wird vielfach auf der Gabiar begonnen und auf der Schelte weitergeführt (47.3477,7.4333)

Ergolz

Kleinfluss
Mündung in Rhein bei amtl. km 155,4 (li Nebenfluss)

Fahrstrecke: Gelterkirchen – ⇩ in Rhein bei Augst, 16 km. Beendigung der Fahrt beim ϟ Augst.

Befahrbarkeit: Zeit der Schneeschmelze und nach stärkeren Regenfällen. HW klingt meist innerhalb kurzer Zeit wieder ab.

Schwierigkeiten: 4 ▬ und 2 Wasserfälle, X, mehrere Grundschwellen, ≈, sonst keine besonderen Schwierigkeiten.

22,9 Quelle der Ergolz (47.4617,7.9128)
8,1 li ⇩ der Frenke (s. Seite 519) in die Ergolz (47.4812,7.7462)
0,0 ⇩ der Ergolz in den Rhein (s. Seite 507) bei amtl. km 155,4 (47.5386, 7.7136)

Vordere Frenke

Kleinfluss
Mündung in Ergolz bei km 8,1 (li Nebenfluss)

Befahrbarkeit:	Zeit der Schneeschmelze und nach stärkeren Regenfällen. Das Wasser läuft schnell wieder ab.
Schwierigkeiten:	15 Wehre, davon nur eines **X**, 2 sind evtl. zu befahren, der Rest ist gut ≈. Zahlreiche kleine Grundschwellen, durchweg ≈.

18,0	Ursprung der Frenke (47.3691,7.7492)
13,9	⬇ bei Oberdorf (47.3976,7.7501)
2,9	li ⇩ der Hinteren Frenke (47.4595,7.7344)
0,0	⇩ der Frenke in die Ergolz (s. Seite 518) bei km 8,1 (47.4812,7.7462)

Aare

Wanderfluss, Seengewässer, WW I-II, WW III-IV, WW V-VI, Gebirgsfluss, Flachlandfluss
Mündung in Rhein bei amtl. km 102,6 (li Nebenfluss)

Die Aare ist mit einer Länge von 288 km der größte, von der Quelle bis zur ⇩ auf Schweizer Boden verlaufende Fluss. Sie durchfließt insgesamt vier Kantone.
Am Grimmelpass wird die Aare in großen Stauseen gefasst. Das Gletscherwasser kommt erst in **Innertkirchen** wieder ins Flussbett zurück.
In ihrem Oberlauf, oberhalb **Innertkirchen**, ist die Aare ein extrem schwerer Wildbach. Landschaftlich schönster Teil der Aare ist die als Touristenattraktion bekannte „Aareschlucht“ oberhalb **Meiringen**. Diese sehenswerte Klamm kann ohne besondere Schwierigkeiten befahren werden.
Ab Meiringen hat die Aare den Charakter eines Wanderflusses, der mehrfach durch große Seen unterbrochen wird. Der Oberlauf der Aare sowie die großen Seen im Bereich des Berner Oberlandes sind landschaftlich hervorragend schön, aber auch die restlichen Strecken der Aare sind reizvoll. Eine durchgehende Befahrung der Aare einschließlich der Seestrecken ist allerdings ein ziemlich mühsames Unterfangen: zahlreiche Wehre, z. T. nur mühsam zu umtragen, unfahrbare bzw. verbotene Teilstrecken im Bereich von Interlaken und Thun sowie längere strömungslose Strecken, und zwar nicht nur im Bereich der Seen, sondern auch vor Stauanlagen.
Sehr empfehlenswert sind die Teilstrecken von km 264,8–238,2 (keine Hindernisse) sowie von km 207,9–165,3 (nur 2 leicht zu umtragende Wehre).

Befahrbarkeit:	km 276,3–268 Juni–September, Aareklamm nur bei NW bis maximal 10 m^3/sec. Dieser Wasserstand ist am ehesten im Spätsommer oder Herbst an Sonntagen anzutreffen, anscheinend verboten.

Umwelt:	Wasser: sehr sauber
Schwierigkeiten:	km 276,3–268 WW V und VI X, Gefälle 49 ‰. km 268 – ⇩ maximal WW II, zumeist WW I bzw. Zahmwasser.
Infrastruktur:	sehr schöne, am Fluss bzw. den Seen gelegene ⛺, besonders zu empfehlen der ⛺ in **Bern-Eichholz**, aber auch freies Zelten vielfach möglich. Der ursprüngliche Gletschercharakter der Aare macht sich infolge vorgeschalteter Stauseen kaum bemerkbar.

285,0 Ursprung mit mehreren Quellbächen im Bereich der Gletscher des Finsteraarhorns und des Aargletschers. Es folgen 3 Stauseen (46.5898, 8.3255)

281,3 letztes ϟ Unterhalb soll nach Regenfällen eine Befahrung möglich sein, WW III–IV (V), ein Befahrungsbericht liegt nicht vor (46.6167,8.3070)

276,3 Str-Ⅱ **CH 3864 Guttannen** Mögliche ⬇ für die Befahrung der extremen WW-Strecke, fast durchweg WW V und VI. Bis Boden mindestens 3 Stellen X. Nach einer Klamm öffnet sich die Schlucht, es folgt durch das Geschiebe eines Seitenbaches ein sehr gefälle-starker Katarakt (auf 150 m Flusslänge Gefälle 40 Höhenmeter, entspricht 600 ‰), besser re ⏏, leicht (46.6558,8.2907)

273,7 Str-Ⅱ 6, **CH 3864 Guttannen-Boden** ⬇ falls die vorausgehenden unfahrbaren Passagen vermieden werden oder wenn das Wasser ab Guttannen nicht ausreicht. Weiterhin sehr schwer mit etwa 8 Stellen bis WW VI. Anfangs Geröllbett mit enormem Gefälle, später Beginn einer Schlucht mit teilweise klammartiger Verengung, zahlreiche Stufen, Achtung auf Holzversperrungen. Die Strecke ist z. T. von der Straße aus einzusehen. Ab Ende der Klamm leichter, WW II (46.6696,8.2682)

268,5 ⇩ des Ürbachwasser (46.7011,8.2317)

268,0 Str-Ⅱ 6, **CH 3862 Innertkirchen** im Ort ⛺ und 🚂 (46.7054,8.2279)

267,6 re ⇩ des Gadmerwasser (46.7079,8.2246)

266,9 Fußg-Ⅱ, re 🚂 Aareschlucht-Ost (46.7118,8.2174)

266,8 Es folgt die ⌘ Aareschlucht die Aare durchbricht einen mächtigen Felsriegel und zwängt sich dabei durch eine großartige Klamm. ⚠ Sie ist bei NW theoretisch ohne besondere Schwierigkeiten ≈ (WW III), ist aber anscheinend gesperrt; eine vorherige Besichtigung der Gesamtstrecke von dem ab Meiringen durch die Klamm verlaufenden Touristensteig ist wegen möglicher Versperrungen unerlässlich. Der psychische Druck durch die enge der Klamm ist zu berücksichtigen. Mit zunehmender Wasserführung beginnen einige Unterspülungen zu saugen, die Durchfahrt wird dann unmöglich und lebensgefährlich (46.7121,8.2170)

264,8 Str-Ⅱ, re 🚂 Aareschlucht-West 🅿, übliche ⬇; Sehr schnelle Strömung, die Ufer sind reguliert, anlanden schwierig, keine nennenswerten Schwierigkeiten, WW I (46.7210,8.1988)

264,1 Str-Ⅱ, re 🚂 Meiringen Alpbach (46.7223,8.1896)

262,5 Str-Ⅱ, re **CH 3860 Meiringen** (Lichtenenstr.) (46.7275,8.1707)

258,1 Str-II, li Flugplatz Meiringen (46.7449,8.1214)

256,0 Str-II, re **CH 3856 Brienzwiler** (46.7457,8.0938)

255,7 re 🚂 Brienzwiler (46.7454,8.0904)

253,4 Str-II, li Anschlusstelle Brienz (46.7429,8.0599)

252,6 Str-II, re nach **CH 3855 Brienz** (Seestr.) (46.7426,8.0497)

252,5 re Kieswerk ⚠ Kabelbagger! Anlegestelle für Kiesschiffe (46.7426, 8.0487);
⇩ in Brienzer See. Der Brienzer See ist ein landschaftlich hervorragend schöner See mit Blick auf die vergletscherten 4000er des Berner Oberlandes. Sturmwarndienst mit Blinkscheinwerfern (gilt auch für Thuner See):
40 Blinkzeichen pro Minute: mit schnell einsetzenden Sturmwinden ist zu rechnen.
90 Blinkzeichen pro Minute: unmittelbare Sturmgefahr, Sportboote haben sofort den nächsten Hafen oder das windgeschützte Ufer anzulaufen.

Für eine Weiterfahrt nach Interlaken empfiehlt es sich, dem einsamen Südufer zu folgen, da am Nordufer starker Auto- und Bahnverkehr (46.7425,8.0477)

252,4 🚐 Aaregg am Nordufer (46.7484,8.0467)

250,6 Gießbach, ⌘ Wassertall der aus 400 m Höhe in Kaskaden In den See fällt (46.7353,8.0201)

247,9 li **CH 3807 Iseltwald**, mehrere 🚐 (Südufer) (46.7127,7.9699)

239,3 li ⇩ der Lütschine (s. Seite 577) in Aare bzw. Brienzer See (46.6913, 7.8993)

238,9 li 🚐 TCS Bönigen - Interlaken (46.6923,7.8944)

238,2 ⇩ Ausfluss der Aare aus dem Brienzer See Beginn des Stadtgebiets von **CH 3800 Interlaken** (46.6942,7.8856)

238,0 EB-II (46.6939,7.8825)

237,2 Str-II 6/11, li 🚂 Interlaken-Ost (46.6927,7.8720)

236,7 EB-II (46.6908,7.8670)

236,5 Str-II, re 🚂 Interlaken Harderbahn (46.6904,7.8650)

236,0 Str-II, re Freibad **CH 3800 Unterseen** (46.6897,7.8584)

235,8 EB-II (46.6892,7.8555)

235,5 re ⬆ vor **CH 3800 Interlaken** vor einer niedrigen II, beschildert, Weiterfahrt verboten und unmöglich. Umfahren der Folgestrecke etwa 1,5 km weit mit Bootswagen oder Pkw über Untere Gasse–Hauptstr.–Bahnhofsstr. (Wegweiser Spital)–Helvetiastr.– Baumgarten– Grubenstr (46.6877,7.8509)

234,7 ■ Wehr (46.6818,7.8471)

234,6 li ⬇ an der Kanalpromenade auf der Höhe des Spitals. Von Interlaken aus sollte nicht versäumt werden, eine Fahrt durch das Tal der Lütschine nach **Grindelwald** und **Lauterbrunnen** zu unternehmen. Herrlicher Blick auf die Bergriesen Eiger, Mönch und Jungfrau evtl. mit Wanderung durch die wildromantische Gletscherschlucht und über den Grindelwaldgletscher

oder Fahrt mit der Bergbahn zum Jungfraujoch (46.6811,7.8466)
233,3 Str-⌶, li Anschlussstelle Gunten (46.6719,7.8376)
232,4 ⇩ der Aare in den Thuner See Dieser 18 km lange See ist landschaftlich ebenfalls sehr schön, an seinen beiden Ufern verlaufen jedoch vielbefahrene Straßen. Sturmwarnung wie bei Brienzer See (46.6674, 7.8277)
224,0 re **CH 3658 Merligen** (Nordufer) (46.6949,7.7379)
220,9 ⛴-Anleger **CH 3700 Spiez** (Südufer) (46.6885,7.6899)
216,6 ⇩ des Kander (s. Seite 569) in die Aare (46.7189,7.6430)
216,2 ⛴-Anleger Gwatt Deltapark (46.7202,7.6333)
213,6 li Schloss Schadau (Südufer) (46.7453,7.6373)
213,5 ⇩ Ausfluss der Aare aus dem Thuner See (46.7462,7.6389)
213,2 ⛴ **CH 3600 Thun-Scherzlingen** am besten re halten, da die Fähren li in den Hafen von Thun einfahren (46.7481,7.6366)
212,2 li Promenade von **CH 3600 Thun** hier ⬆ und entlang dem li Flussarm bis Regie-⌶ 1,3 km. Im Stadtbereich von sind 2 Abschnitte (Rodeo-Stellen) zur Befahrung freigegeben und zwar Äußere Aare unterhalb der ▬ bis zur Bahnhofs-⌶ und innere Aare zwischen ▬ und Rathaus-⌶ (46.7560, 7.6326);
▬ Wehr obere Schleuse Thun danach Flusswelle Thun, bis zur nächsten Bahnhofs-⌶ freigegeben (46.7565,7.6324)
212,2 –210,8 **§** Befahrungsverbot im Stadtbereich Thun ausgenommen sind die zwei Rodeostellen (46.7564,7.6327)–(46.7618,7.6185)
212,0 ▬ Wehr untere Schleuse Thun danach Rodeowelle, bis zur Rathaus-⌶ freigegeben (46.7581,7.6301)
211,1 ▬ Staumauer und ϟ, **X** (46.7619,7.6215)
210,9 EB-⌶ (46.7619,7.6195);
Str-⌶, **CH 3613 Steffisburg-Schwäbis** (Regiebrücke) re 🚆 (46.7618, 7.6187)
210,8 re ⬇ Schwäbis Rampe, oberste ⬇ nach dem Thuner See, 🅿 dort nur für max. 1 h (46.7621,7.6182)
209,8 Str-⌶ **CH 3602 Thun** (Alpenbrücke) (46.7672,7.6095)
209,4 Weg-⌶ (46.7703,7.6058)
208,6 Autobahn-⌶ A6 (46.7764,7.6019)
208,1 Str-⌶, re **CH 3627 Heimberg** (46.7812,7.5991)
208,0 ⬇ Heimberg Zufahrt mit Pkw am Asphalt- und Schotterwerk zwischen Autobahn-Abfahrt und **Seftigen**. Es folgt die 2. empfehlenswerte Wanderstrecke der Aare. Schnellfließendes, klares Wasser, WW I–II, landschaftlich sehr reizvoll, Ufer teilweise reguliert. Im Sommer reger Betrieb von Schlauchbooten (46.7815,7.5992)
205,8 EB-⌶ ⚠ direkt darunter Uttinger Welle: sehr kräftiger Schwall, bis WW III, halblinks hohe Wellen, halbrechts je nach WS Walze, ganz re leichter (46.7972,7.5819)
205,7 li **CH 3628 Uttigen** re 🚆, ⬇ für Canadier und Faltboote (46.7974,7.5807)
202,8 Str-⌶, re **CH 3629 Kiesen** (46.8175,7.5717)

200,7 Str-II, re **CH 3114 Wichtrach** (46.8348,7.5610)
196,9 Str-II, re **CH 3110 Münsingen** (46.8670,7.5462)
194,3 Str-II, li **CH 3123 Belp** nach re **CH 3113 Rubigen** (46.8895,7.5373)
189,9 überdachte Holz-II (Auguetbrücke) Strömung zieht von li nach re (46.9190,7.5004)
185,6 li Eichholz sehr gepflegte Anlage, davor li schöne Liegewiese, gute ↑↓. re Tierpark (46.9340,7.4558)
184,8 Str-II **CH 3007 Bern** (Schönausteg) (46.9344,7.4460)
184,1 Str-II **CH 3005 Bern** (Monbijoubrücke) ab hier li halten (46.9399,7.4449)
183,6 li ↑ an der Dalmazi-II gut ausgeschildert, hier unbedingt ↑ zur Beendigung der Fahrt, wenige P zum aufladen. Bei Weiterfahrt muss ab hier über die Dalmazi-II bis nach dem ▬ Schwellenmattli ⌂ werden, Bootswagen empfehlenswert.
Besichtigung der nahen ⌘ Altstadt von Bern empfehlenswert (46.9445, 7.4454);
Str-II **CH 3011 Bern** (Dalmazibrücke) (46.9444,7.4459)
183,3 Str-II **CH 3011 Bern** (Kirchfeldbrücke) (46.9459,7.4485)
183,2 ▬ Wehr Schwellenmättli, X, ab der Dalmazi-II li ↑ und über die #Brücke nach re ⌂ (46.9457,7.4509)
182,4 Str-II **CH 3011 Bern** (Nydeggbrücke) (46.9485,7.4585)
182,3 Str-II **CH 3011 Bern** (Untertorbrücke) (46.9494,7.4584)
181,4 Str-II und Fußg.-II **CH 3011 Bern** (Kornhausbrücke) (46.9503,7.4482)
180,9 Str-II, li Innenstadt von **CH 3011 Bern** (46.9529,7.4433)
180,8 EB–II (46.9540,7.4419)
179,4 ▬ Wehr mit Wasserableitung, X, re über Rollbahn ⌂. Im Flussbett meist wenig, doch für eine Befahrung ausreichend Wasser (46.9655,7.4450)
179,0 Autobahn-II A1 (46.9693,7.4478)
176,2 Str- und EB-II Tiefenaubrücke darunter Worbelaufen Welle, Schwall, m ≈, Slalomstangen (46.9769,7.4569)
171,3 Str-II, re **CH 3037 Bremgarten b.Bern** li **CH 3004 Bern-Felsenau** (46.9761,7.4405)
170,5 Fußg-II, li Bern-Felsenau (46.9694,7.4389)
170,4 ϟ, Rückführung des abgeleiteten Wassers (46.9689,7.4385)
169,3 Str-II, re **CH 3037 Bremgarten-Stuckishaus** (Neubrück) (46.9737, 7.4281)
168,5 Str-II, re **CH 3037 Bremgarten-Stuckishaus** Beginn des Rückstaus des Stausees Wohlen (46.9714,7.4183)
165,8 Fußg-II (46.9666,7.3851)
165,6 li TCS Bern-Eymatt (46.9658,7.3834)
165,4 Str-II, re **CH 3033 Wohlen bei Bern** li bei ⌂ gute ↑, falls eine Befahrung des Stausees nicht geplant ist (46.9653,7.3810)
162,9 Str-II, re **CH 3033 Wohlen bei Bern** (46.9661,7.3589)
155,9 ▬ Staumauer Mühleberg, X, li ⌂ mühsam oder Bootslift anfordern (46.9691,7.2848)

155,8 Bis zur ⇩ in den Rhein folgen mehrere Stauanlagen, die z. T. nur mühsam zu ⏏ sind. Die folgende Strecke wird daher nur selten befahren (46.9699, 7.2856)

152,3 li ⇩ der Saane (s. Seite 563) in die Aare (46.9793,7.2615)

149,0 ▬ Staumauer Niederried, **X**, re ⏏ (47.0034,7.2399)

146,6 Fußg-Ⅱ, li **CH 3283 Kallnach-Niederried** (47.0162,7.2564)

146,5 li ⛺ Niederried (47.0170,7.2549)

143,7 ➔ Alte Aare Das meiste Wasser fließt über den Hagneckkanal in den Bieler See, dem die Beschreibung folgt. Die Befahrung der Alten Aare durch Auwälder ist für erfahrene Kanuten möglich, aber aufgrund vieler Baumhindernisse nicht unbedingt empfehlenswert. Von März bis Ende Juni darf Sie nicht befahren werden (47.0365,7.2735)

143,5 ▬ Wehr Aarburg, **X**, li ⏏ (47.0377,7.2722)

143,2 EB-Ⅱ (47.0403,7.2707)

143,0 Str-Ⅱ 22, re **CH 3270 Aarberg** (47.0418,7.2692)

138,8 Str-Ⅱ (47.0460,7.2158)

136,1 Str-Ⅱ und EB-Ⅱ, re **CH 2575 Hagneck** (47.0552,7.1839)

135,4 ▬ Wehr, **X**, li ⏏ (47.0595,7.1780)

135,0 ⇩ in den Bieler See die Weiterfahrt folgt dem Ostufer Richtung Norden (47.0624,7.1747)

126,2 ⇩ Ausfluss des Nidau-Büren-Kanals aus dem Bieler See mit dem gesamten Wasser der Aare (47.1242,7.2288)

125,6 Str-Ⅱ (47.1226,7.2372)

125,2 Str-Ⅱ und EB-Ⅱ **CH 2560 Nidau** (47.1217,7.2419)

125,1 li ⛴-Anleger Nidau BSG (47.1217,7.2433)

124,3 Fußg-Ⅱ (Moosbrüggli) (47.1197,7.2527)

124,2 li ⇩ der Zihl (s. Seite 559) in die Aare (47.1194,7.2545)

124,0 ▬ Staumauer, re **CH 2562 Port**, **X**, re ⌗, re ⏏ wegen hoher Steinufer schwierig. Es werden auch Einzelboote geschleust, die Fähren aber bevorzugt (47.1184,7.2570)

122,3 Autobahn-Ⅱ A6 (47.1198,7.2776)

121,9 EB-Ⅱ (47.1216,7.2811);
li ⛴-Anleger Brügg BSG (47.1221,7.2815)

121,7 Str-Ⅱ, li **CH 2555 Brügg b. Biel** (47.1227,7.2840)

119,0 Str-Ⅱ, re **CH 2556 Scheuren** (47.1358,7.3132)

117,9 Str-Ⅱ (47.1396,7.3268)

114,9 Str-Ⅱ, re **CH 3294 Büren a.d.Aare** (Kanalstrasse) (47.1418,7.3653)

114,7 re ⇩ der Alte Aare (47.1420,7.3673)

114,3 Str-Ⅱ, li **CH 3294 Büren a.d.Aare** (47.1407,7.3726)

114,2 re ⛴-Anleger Büren BSG (47.1403,7.3741)

108,6 Str-Ⅱ, re **CH 3296 Arch** (47.1721,7.4209)

108,4 ⛴-Anleger Grenchen BSG (47.1728,7.4226)

107,5 Autobahn-Ⅱ A5 (47.1768,7.4317)

103,9 li ⛴-Anleger **CH 2545 Selzach-Altreu** ✕ "Zum Grüene Aff", mit ⛺

(47.1900,7.4483)
101,5 Insel bitte rechts fahren (47.1922,7.4800)
96,6 li ⛟, TCS Camping zum Muttenhof (47.1970,7.5218)
96,4 li Slipanlage, ⇅ (47.1977,7.5242)
95,9 Str-II, **CH 4500 Solothurn** (Gibelinstr.) (47.1996,7.5299)
95,8 Wege-II, **CH 4500 Solothurn** (Dreibeinkreutbrücke) (47.2004,7.5310)
95,4 re ⛴-Anleger Solothun BSG (47.2036,7.5341)
95,2 EB-II (47.2049,7.5346)
95,1 Str-II, **CH 4500 Solothurn** (Wenglibrücke) (47.2055,7.5359)
94,8 Str-II, **CH 4500 Solothurn** (Kreuzackerbrücke) (47.2064,7.5393)
94,6 Str-II, **CH 4500 Solothurn**, re 🚂 (47.2068,7.5421)
93,9 Fußg-II (47.2082,7.5502)
91,6 re ⇩ der Emme (s. Seite 555) in die Aare (47.2187,7.5714)
91,4 re ⇩ des Emmekanal (47.2203,7.5733)
90,7 EB-II (47.2254,7.5791)
90,0 Str-II, li **CH 4534 Flumenthal** (47.2279,7.5875)
89,7 ▬ Wehr Flumenthal, X, re ⏏ (47.2289,7.5903)
86,0 Autobahn-II A1 (Zürich-Bern) (47.2357,7.6344)
84,8 ← Kanal re schöner (47.2384,7.6500)
84,4 Str-II, re **CH 3380 Wangen a.d.Aare** (47.2372,7.6551)
83,9 EB-II (47.2355,7.6606)
83,8 Str-II 22 (47.2352,7.6625)
83,2 li ⇩ des Aarekanal (47.2373,7.6691)
82,7 Str-II (47.2362,7.6767)
81,8 Wege-II (47.2339,7.6875)
80,3 Str-II, re **CH 3376 Berken** (47.2312,7.7064)
78,0 ▬ Staumauer, X, li ⏏ (47.2292,7.7328)
74,7 Str-II, re **CH 4912 Aarwangen** (47.2461,7.7627)
72,4 ▬ Wehr, X, li ⏏ (47.2562,7.7858)
67,6 Str-II, re **CH 4853 Murgenthal** (47.2674,7.8318)
61,2 ▬ Wehr, X, re ⏏ (47.3120,7.8775)
60,1 Autobahn-II A1/A2 (47.3130,7.8903)
59,7 re ⇩ der Wigger (47.3155,7.8924)
59,6 EB-II (47.3167,7.8933)
59,5 re ⛟ Wiggerspitz (47.3168,7.8941)
59,0 Str-II, re **CH 4663 Aarburg** (47.3203,7.8982)
56,3 EB-II (47.3418,7.9078)
55,8 Str-II 5, **CH 4601 Olten** (47.3456,7.9059)
55,7 Fußg-II (47.3465,7.9057);
EB-II (47.3467,7.9056)
55,4 Str-II **CH 4601 Olten** (Alte Brücke) (47.3495,7.9053)
55,1 Str-II, re **CH 4601 Olten** 🚂 (47.3521,7.9057)
54,4 Str-II, li **CH 4632 Trimbach** (47.3582,7.9071)
53,2 EB-II (47.3672,7.9155)

53,1 EB-Ⅱ (47.3683,7.9168)
52,7 Str-Ⅱ, li **CH 4652 Winznau** (47.3682,7.9203)
52,3 ■ Wehr, **X**, Bei ausreichendem Wasser re ≏ in die alte Aare, sonst li in Kanal einfahren. Bei der Fahrt durch den Kanal muss beim ■ von **Mülidorf** re ≏ werden (47.3647,7.9221)
49,2 Str-Ⅱ, re **CH 4657 Dulliken** (47.3560,7.9559)
46,8 Wege-Ⅱ (47.3675,7.9666)
45,9 Str-Ⅱ, re **CH 4658 Däniken** (47.3661,7.9781)
44,6 Weg-Ⅱ (47.3634,7.9935)
44,5 ■ Wehr, **X**, li ≏ (47.3644,7.9935)
43,8 ⇩ von Kanal in Aare (47.3701,7.9954)
43,5 Str-Ⅱ, re **CH 5012 Schönenwerd** (47.3726,7.9982)
41,3 ■ Wehr, **X**, bei ausreichendem Wasserstand in altes Aarebett re ≏, sonst li in Kanal einfahren und kurz vor Aarau beim ϟ li ≏ (47.3849, 8.0126)
38,7 Fußg-Ⅱ Süffelsteg auf gleicher Höhe im Kanal ϟ Aarau, li ≏ (47.3936, 8.0357)
38,5 li ⇩ Kanal (47.3947,8.0383)
38,2 Str-Ⅱ, re **CH 5000 Aarau** (47.3954,8.0420)
37,8 ← Kanal re ≋ (47.3965,8.0470)
37,6 Fußg-Ⅱ (47.3965,8.0489)
37,2 ■ Wehr, **X**, re ≏ (47.3989,8.0527)
35,5 ⇩ von Kanal in Aare (47.4087,8.0668)
35,3 Str-Ⅱ 24 (47.4095,8.0686)
34,2 Str-Ⅱ, li **CH 5023 Biberstein** (47.4107,8.0828)
31,8 ■ Wehr, **X**, li ≏ in Kanal (47.4112,8.1145)
31,2 Str.-Ⅱ, re **CH 5102 Rupperswil** (47.4118,8.1216)
29,3 li ⇩ von Kanal in Aare (47.4143,8.1475)
28,4 Röhren-Ⅱ (47.4160,8.1585)
28,2 Str-Ⅱ, re **CH 5103 Wildegg** (47.4171,8.1604)
27,2 Röhren-Ⅱ (47.4255,8.1624)
25,0 Str-Ⅱ, li **CH 5107 Schinznach-Dorf** (47.4449,8.1645)
24,5 ← Kanal hier nur ein ϟ, aber wassertechnisch weniger interessant (47.4499,8.1636)
24,3 ■ Wehr, re **CH 5116 Schinznach-Bad**, **X**, re ≏ (47.4513,8.1635)
23,0 Autobahn-Ⅱ A3 (47.4625,8.1628)
22,8 ■ Wehr, **X**, re ≏ (47.4644,8.1645)
19,5 ■ Wehr, **X**, re ≏ (47.4799,8.1929)
19,3 Beginn der Schlucht von Brugg mit erheblicher Schwallbildung, WW II, bei HW auch darüber (47.4813,8.1925)
18,9 EB-Ⅱ (47.4833,8.1961)
18,6 Weg-Ⅱ (47.4848,8.2004)
18,1 Str-Ⅱ **CH 5200 Brugg** (Hauptstr.) (47.4862,8.2068)
17,7 Str-Ⅱ 3 **CH 5200 Brugg** (Casinobrücke) (47.4856,8.2114)

17,4 Fußg-II Aarsteg Mülimatt (47.4850,8.2153)
16,0 Fußg-II (47.4892,8.2322)
15,4 re ⇩ der Reuss (s. Seite 540) in die Aare (47.4923,8.2371)
15,1 Str-II, li **CH 5200 Brugg-Lauffohr** (47.4951,8.2372)
14,3 re ⇩ der Limmat (s. Seite 527) in die Aare (47.5021,8.2364)
12,9 Str-II 5, re **CH 5301 Untersiggenthal** (47.5145,8.2332)
11,4 Röhren-II (47.5274,8.2287)
10,2 Str-II (47.5377,8.2251)
8,6 ▬ Staumauer, X, li ⌘, auch Einzelfahrer werden geschleust (47.5494, 8.2253)
4,6 Str-II 17, re **CH 5312 Döttingen**, li **CH 5314 Böttstein** Beginn des Staus von **Gippingen**, li Naturschutzgebiet, große Vogelkolonien, bitte Rücksicht! Bis zur Staumauer nur re fahren (47.5733,8.2522)
1,5 ▬ Staumauer li ⩍ (47.5940,8.2242)
1,0 EB-II (47.5974,8.2214)
0,1 Str-II 7, re **CH 5322 Koblenz** (47.6052,8.2231)
0,0 ⇩ der Aare in den Rhein (s. Seite 507) bei amtl. km 102,6 mit starker Wasserzufuhr (47.6062,8.2235)

Limmat

Wanderfluss, Seengewässer, Kanal, WW I-II, WW III-IV
Mündung in Aare bei km 14,3 (re Nebenfluss)

Linth, Linth-Kanal, Limmat und die von ihnen durchflossenen Seen werden zusammenhängend beschrieben, da sie ein einheitliches Fluss-System darstellen und – zumindest theoretisch – durchgehend befahren werden können. In der Praxis stehen dem allerdings einige Hemmnisse entgegen, wie die sehr unterschiedlichen Schwierigkeiten, die zahlreichen Wehre der Linth und die Stauanlagen der Limmat.
Die Linth ist nur im Oberlauf schweres, sonst mäßig schweres Wildwasser.
Der natürliche Unterlauf der Linth wurde schon Anfang des 19. Jahrhunderts in der Weise umgeleitet, dass eine ⇩ in den Walensee geschaffen wurde (Escher-Kanal) und eine Verbindung zwischen Walensee und Obersee hergestellt wurde (Linth-Kanal).
Als Wanderstrecke kommt eine Befahrung des landschaftlich hervorragend schönen Walensees über den Linth-Kanal, Obersee und Zürichsee bis Zürich in Frage.

Befahrbarkeit:	ganzjährig; Die verschiedenen Quellflüsse werden in Staubecken gesammelt und zur Energiegewinnung abgeleitet. Der ursprüngliche Gletschercharakter der Linth macht sich daher in ihrem fahrbaren Bereich kaum bemerkbar
Umwelt:	Wasser: Linth naturbedingte grau-braune Verfärbung. Linth-Kanal sauber, Limmat leicht verschmutzt
Schwierigkeiten:	km 127,6–124,7 WW IV. km 124,7–103,2 abnehmend WW III–II.

km 103,2–94,0 reguliert, WW II.
km 94,0-92,2 Walensee
km 92,2–75,3 WW I–II.
km 75,3–36,6 Obersee und Zürichsee
km 36,6–⇩ WW I mit vielen ■ ■

Infrastruktur: ⛺ am Walensee

131,0 Ursprung (Linth) im Bereich der Gletscher des Tödigebietes in etwa 1.029 m Höhe Die verschiedenen Quellflüsse werden in Staubecken gesammelt und zur Energiegewinnung abgeleitet. Der ursprüngliche Gletschercharakter der Linth macht sich daher in ihrem fahrbaren Bereich kaum bemerkbar (46.8659,8.9803)

127,7 Str-II, Weiler Ober Reiti (Reitimatt= am Ende des Talbodens von Tierfed, übliche ⬇. Die sehr ansprechende Strecke bis Linthal weist ein großes Gefälle auf und sollte nie mit zu viel Wasser befahren werden, um WW IV (46.8909,8.9888)

127,0 Wege-II (46.8967,8.9861)

125,6 li ⇩ des Klausenbach (s. Seite 539) in die Linth (46.9080,8.9840)

124,7 li ϟ von Lintthal (46.9150,8.9889)

124,2 Pegel-■, evtl. ≈ (46.9175,8.9936)

123,9 Str-II 17 **CH 8783 Linthal** (46.9195,8.9956)

123,8 Schieber-■, **X**, mit Wasserableitung nach li, ⚠ gefährlich, re ⏏ schwierig, Zur Besichtigung bei der Anfahrt von der Straße zum ϟ, Beschilderung: Fußweg nach Tierfed (46.9206,8.9965)

123,1 Str-II **CH 8783 Linthal** li Talstation Braunwaldbahn ⬇ falls die vorausgehende schwere WW-Strecke nicht befahren wird. Bald danach Zufuhr des vor Linthal abgeleiteten Wassers (46.9263,9.0007)

121,8 EB-II (46.9343,9.0118)

121,5 Str-II, re **CH 8782 Rüti** (46.9365,9.0140)

121,4 ■ Wehr Rüti, evtl. li ≈, oder li ⏏ (46.9372,9.0146)

121,1 re **Rüti**, ■, li ≈ oder li ⏏

120,1 ■ Wehr, re 🚂 Diesbach-Betschwanden, **X**, li ⏏ (46.9475,9.0235)

120,0 Fußg-II (46.9482,9.0242)

119,5 Wege-II (46.9519,9.0274)

119,0 niedriges Steil-■, ≈, oder li ⏏ (46.9562,9.0291)

118,9 EB-II (46.9568,9.0295)

118,0 ■ Wehr, evtl. ≈, oder li ⏏ (46.9635,9.0363)

117,9 Str-II 17, li 🚂 Luchsingen-Hätzingen (46.9640,9.0377)

116,8 ■ Wehr li ⏏ (46.9717,9.0462)

116,3 Str-II, li 🚂 Leuggelbach (46.9753,9.0486)

115,7 ■ Wehr, **X** (46.9807,9.0503)

114,8 Str-II, li 🚂 Nidfurn-Haslen (46.9851,9.0602)

114,0 ■ Wehr, evtl. ≈, oder li ⏏ (46.9897,9.0643)

113,3 Str-II, **CH 8762 Schwanden** (Farbstr.) bereits hier ↰ für das ⏏ des folgenden ■ (46.9929,9.0728)

113,2 ▬ Wehr, X, vor der Ⅱ ↰ und über die Ⅱ 200 m weit bis zwischen 2 Häusern ⏏. Es folgen 2 kräftige Stufen innerhalb der Ortschaft, WW III (46.9932,9.0739)
113,0 Str-Ⅱ **CH 8762 Schwanden** (Plattenaustr.) (46.9936,9.0754)
112,9 ▬ Wehr (46.9934,9.0779)
112,7 re ⇩ Sernf (s. Seite 539) in die Linth Die Befahrung der Linth wird vielfach erst hier begonnen. ⬇ gegenüber der ⇩ der Sernf. Weiterhin WW II–III, bis zur ⇩ in Walensee noch 8 ▬ (46.9948,9.0790)
112,5 Str-Ⅱ **CH 8762 Schwanden** (46.9951,9.0770);
EB-Ⅱ (46.9952,9.0768)
111,7 Str-Ⅱ (47.0009,9.0779);
EB-Ⅱ (47.0012,9.0783)
111,4 ▬ Wehr, X, ↰, über Ⅱ ⏏ und re wieder ⬇ (47.0033,9.0803)
110,8 Str-Ⅱ, li **CH 8756 Mitlödi** (47.0087,9.0812)
108,9 EB-Ⅱ (47.0235,9.0825)
108,8 ▬ Wehr, evtl. ≈, oder li ⏏ (47.0237,9.0821)
108,2 ▬ kleine Stufe, evtl. ≈ (47.0281,9.0818)
107,8 ▬ Wehr, evtl. ≈, oder re ⏏ (47.0302,9.0778)
107,7 Str-Ⅱ, re **CH 8755 Ennenda** (47.0311,9.0776)
107,1 ▬ Wehr, evtl. ≈, oder re ⏏ (47.0350,9.0733)
107,0 Str-Ⅱ, **CH 8750 Glarus** (Kirchweg) (47.0355,9.0734);
EB-Ⅱ (47.0358,9.0735)
106,3 Str-Ⅱ, li **CH 8750 Glarus** (47.0423,9.0716)
105,8 ▬ Wehr, evtl. ≈, oder re ⏏ (47.0460,9.0694)
104,2 EB-Ⅱ (47.0582,9.0608)
103,8 ▬ Wehr, X, li ⏏ (47.0613,9.0615)
103,7 li ⇩ des Löntsch (47.0620,9.0603)
103,2 Str-Ⅱ, li **CH 8754 Netstal** Es beginnt der kanalisierte Teil der Linth (Escher-Kanal), sportlich nicht mehr lohnend (47.0667,9.0606)
102,9 ▬ Wehr, X, re ⏏ (47.0695,9.0611)
102,0 ▬ Wehr, X, li oder re ⏏ (47.0776,9.0612)
99,7 Str-Ⅱ 3, li **CH 8752 Näfels** (Bahnhofstrasse) (47.0964,9.0712)
99,1 Str-Ⅱ, li **CH 8752 Näfels** (47.1016,9.0717)
94,5 Autobahn-Ⅱ A3 (47.1249,9.1148)
94,4 Autobahn-Ⅱ A3 (47.1254,9.1161)
94,3 EB-Ⅱ (47.1256,9.1168);
Weg-Ⅱ (47.1259,9.1176)
94,0 ⇩ der Linth in den Walensee mit Seez (s. Seite 538) (47.1273,9.1202); Der Walensee ist ein landschaftlich sehr schöner, 15 km langer, in Ost–Westrichtung verlaufender See. Verkehrsverbindungen nur am Südufer. Das Nordufer ist völlig einsam, die wenigen kleinen Orte sind nur über Fußwege oder per Schiff zu erreichen, die Berge steigen hier aus dem See unvermittelt bis auf Höhen von 2200 m an. Von der Mündung der Linth nach re (Osten) 14 km bis Walenstadt. Für eine Befahrung des

Walensees, des Linth-Kanals und des Zürichsee im Rahmen einer Wanderfahrt empfiehlt es sich, die Befahrung in Walenstadt zu beginnen. Bei stärkerem Ost- und Westwind können sich auf dem See unangenehme Wellen entwickeln. Für eine direkte Weiterfahrt zum Linth-Kanal muss man sich von der Mündung nach li (Westen) halten. Am Ostende des Sees ⇩ der Seez (s. Seite 538)

92,2 ⇩ Ausfluss des Linthkanals aus dem Walensee Der Kanal hat gute Strömung, keine nennenswerten Hindernisse, WW I (47.1326,9.0993)

91,8 Str-Ⅱ, re **CH 8872 Weesen** (Hauptstr.) (47.1317,9.0932)

91,2 Str-Ⅱ, re **CH 8872 Weesen** (Schwärzistrasse) (47.1312,9.0863)

90,1 EB-Ⅱ (47.1300,9.0715)

89,6 EB-Ⅱ (47.1314,9.0656)

89,2 Str-Ⅱ, re **CH 8866 Ziegelbrücke** (47.1344,9.0619)

88,9 Fußg-Ⅱ, re 🚂 Ziegelbrücke (47.1359,9.0593)

88,4 ⚠ Stromschnelle, evtl. ≋, Bereich durch grüne Tafeln gekennzeichnet, ⏏ re möglich (47.1387,9.0546)

88,3 EB-Ⅱ (47.1395,9.0535)

86,1 Str-Ⅱ, li **CH 8865 Bilten** (47.1537,9.0339)

81,7 Str-Ⅱ, li **CH 8864 Reichenburg** (47.1830,8.9935)

77,5 Str-Ⅱ re **CH 8730 Uznach** (47.2167,8.9707)

76,9 Autobahn-Ⅱ A53 (47.2170,8.9621)

75,3 ⇩ in Obersee Der Obersee und der anschließende Zürich-See sind landschaftlich reizvolle, jedoch sehr stark frequentierte Seen. Die Ufer sind total verbaut. Die Weiterfahrt über den Obersee folgt seinem Nordufer in Richtung nach Westen (47.2181,8.9419)

75,2 re ⇩ des Steinenbach (47.2187,8.9413);
re ⇩ des Goldigerbach (s. Seite 537) in den Obersee (47.2210,8.9405)

67,8 re ⇩ der Jona (s. Seite 535) in den Obersee (47.2151,8.8438)

67,7 re ⛺, Campingplatz Stampf (47.2162,8.8422)

65,0 Str-Ⅱ See-Damm trennt den Obersee vom Zürichsee trennt. re **CH 8640 Rapperswil-Jona**. Durchfahrt zum Zürichsee. Der Zürichsee ist 30 km lang, an seiner breitesten Stelle etwa 3 km breit, Verlaufsrichtung von Süd-Osten nach Nord-Westen. Die zahlreichen Orte auf beiden Ufern des Sees können der Karte entnommen werden (47.2197,8.8086)

36,3 Str-Ⅱ, **CH 8001 Zürich** (Quaibrücke) ⇩ Ausfluss der Limmat aus dem Zürichsee; es folgt die imposante Stadtdurchfahrt von Zürich (47.3669, 8.5432)

36,0 Str-Ⅱ, **CH 8001 Zürich** (Münterbrücke) (47.3700,8.5426)

35,8 Ⅱ Tunnel unter der Rathausbrücke (47.3717,8.5424)

35,2 Str-Ⅱ, **CH 8001 Zürich** (Bahnhofsbrücke) li 🚂 Zürich HB (47.3769, 8.5427)

35,0 Str-Ⅱ, **CH 8001 Zürich** (Walchebrücke) (47.3786,8.5421)

34,5 ▬ Zürich, ✕, ➔ Kanal zum ϟ, li in die Sihl ⏏ (47.3826,8.5391)

34,4 li ⇩ der Sihl (s. Seite 531) in die Limmat (47.3831,8.5379)

33,9 Str-Ⅱ **CH 8005 Zürich** (Kornhausbrücke) (47.3859,8.5334)

33,8 re ϟ Letten im Kanal (47.3871,8.5324)
33,5 ehem. EB-Ⅱ Lettenviadukt (47.3883,8.5296)
33,3 EB-Ⅱ (47.3896,8.5278)
32,9 Str-Ⅱ 1, **CH 8005 Zürich** (Hardtbrücke) (47.3916,8.5234)
32,1 EB-Ⅱ (47.3945,8.5131)
30,6 Str-Ⅱ, li **CH 8048 Zürich-Altstetten** (47.3991,8.4951)
30,4 ▬ Hongger Wehr li ⏏, re liegt das Flussbad Au (47.3991,8.4932)
28,3 Autobahn-Ⅱ A1H (47.4030,8.4690)
26,6 Str-Ⅱ, re **CH 8103 Unterengstringen** (47.4096,8.4485)
26,4 kleines Blockwurf-▬, li ≈ (47.4097,8.4464)
25,1 Str-Ⅱ, li **CH 8952 Schlieren** (47.4021,8.4338)
24,0 Autobahn-Ⅱ A3/A4 (47.4002,8.4209)
22,5 ▬ Wehr Dietkon li in Kanal einfahren, dort sofort #Anladen rechts# und ins Unterwasser ⏏ (47.4066,8.4083)
22,4 Str-Ⅱ, li **CH 8953 Dietikon** (47.4074,8.4093)
20,7 Autobahn-Ⅱ A1/A3 (47.4215,8.4024)
19,3 Str-Ⅱ, re **CH 8955 Oetwil a.d.Limmat** (47.4281,8.3878)
16,2 Autobahn-Ⅱ A1/A3 li **CH 8956 Killwangen** Beginn des Rückstaus von Wettringen (47.4349,8.3546)
15,7 EB-Ⅱ (47.4365,8.3478)
13,2 Autobahn Ⅱ A3 (47.4515,8.3311)
12,3 ▬ Staumauer ϟ Wettringen, **X**, li ⏏ (47.4566,8.3215)
12,2 EB-Ⅱ (47.4563,8.3210)
12,1 Str-Ⅱ, re **CH 5430 Wettingen** (47.4558,8.3194)
11,4 ▬ Wehr li bleiben, dann re über die Wehrinsel ⏏ (47.4553,8.3119)
10,2 EB-Ⅱ (47.4636,8.3089)
9,7 ▬ Wehr Baden li oder re ⏏ (47.4682,8.3088)
9,2 Str-Ⅱ, li **CH 5401 Baden** (Limmat Hochbrücke) (47.4717,8.3107)
8,5 li ⬇ Baden für die Slalomstrecke (47.4780,8.3119)
7,9 ⚠ ehem Schräg-▬, Slalomstrecke li hohe Wellen, re sichere Linie, ansehen (47.4819,8.3134)
6,8 Str-Ⅱ, re **CH 5415 Obersiggenthal** (47.4840,8.2990)
6,3 ▬ Staumauer, **X**, re ⏏ (47.4850,8.2929)
4,1 Schräg-▬ evtl. am Anfang li ≈ oder ⏏ (47.4874,8.2700)
3,0 Str-Ⅱ, li **CH 5300 Turgi** (47.4917,8.2578)
2,8 Schräg-▬ re Blockwurf, evtl. ≈ oder treideln (47.4932,8.2570)
1,7 EB–Ⅱ (47.4944,8.2487)
1,2 Schräg-▬ re Blockwurf, evtl. ≈ oder überheben (47.4950,8.2427)
0,6 Schräg-▬ re Blockwurf, evtl. ≈ (47.4999,8.2431)
0,0 ⇩ der Limmat in die Aare (s. Seite 519) bei km 14,3 (47.5021,8.2364)

Sihl

WW I-II, WW III-IV

Mündung in Limmat bei km 34,4 (li Nebenfluss)

Die Sihl ist ein landschaftlich sehr reizvoller Voralpenfluss, der auf großen Strecken durch weitgehend unberührte Waldtäler läuft. Als Wildwasser bietet sie wechselnde, doch nie sehr große Schwierigkeiten.

Befahrbarkeit: infolge von Stauanlagen und Wasserableitungen ist eine durchgehende Befahrung nur bei HW möglich im Frühjahr und nach starken Regenfällen

Schwierigkeiten: km 47,7–39,4 WW II und III.
km 39,4–33,4 WW III und IV, abnehmend.
km 33,4–23,3 WW II.
km 23,3–⇩ WW I-II, Wehre

Infrastruktur: ⛺ Sihl-Stausee, Ostufer

68,6 Ursprung am Drüsberg in etwa 2.000 m Höhe (47.0077,8.8404)
49,1 ■ Staumauer des Sihlsees (47.1544,8.7797)
47,7 Str-Ⅱ **CH 8847 Egg SZ** mögliche ⬇, bis zur ⇩ der Alp meist zu wenig Wasser (47.1617,8.7820)
45,8 überdachte Holz-Ⅱ Tüfelsbrugg am Etzel darunter ■ Stufe, ≈ (47.1674, 8.7672)
42,8 li ⇩der Alp (s. Seite 534) in die Sihl auf 3 km WW II und III (47.1667, 8.7362)
42,6 ■ Wehr, X, li ⏏ (47.1684,8.7364)
42,4 ■ Wehr, ≈ (47.1700,8.7374)
40,3 ■ Wehr, evtl. re ≈ (47.1722,8.7140)
40,0 Str-Ⅱ 8 (47.1739,8.7124);
li Str-Ⅱ, **CH 8834 Feusisberg-Schindellegi** darunter gute ⬇ (47.1740, 8.7120);
EB-Ⅱ (47.1738,8.7114)
39,4 ■ Staumauer des Stausees von Schindeleggi bei MW direkt unterhalb der Mauer ⬇, bei HW etwa 150 m ⏏. Es folgt der schönste Teil der Sihl, allerdings häufig zu wenig Wasser. WW III-IV (47.1747,8.7057)
38,2 Str-Ⅱ, re **CH 8832 Wollerau-Allenwinden** mögliche ⬇ (47.1800,8.6924)
35,9 Str-Ⅱ, re **CH 8825 Hütten** (47.1727,8.6671)
33,4 Str-Ⅱ, re nach **CH 8825 Hütten** (Ziegenhüsli) ⬇ für den leichteren Teil der Sihl, WW II, landschaftlich sehr schön (47.1716,8.6393)
29,6 Str-Ⅱ (47.1921,8.6177)
28,7 Sihlsprung Engstelle zwischen riesigen Felsblöcken, wuch-tiger Eingangsschwall, sehr eindrucksvoll, jedoch harmlos WW III (47.1995, 8.6150)
26,3 überdachte Holz-Ⅱ (47.2072,8.5967)
24,8 ■ Wehr, evtl. li ≈, oder re ⏏ (v.a. bei HW) (47.2107,8.5848)
23,3 Str-Ⅱ, **CH 6340 Sihlbrugg** Ende der klassischen WW-Strecke (47.2180, 8.5779)
20,2 li 🚂 Sihlbrugg (47.2388,8.5781)
20,0 EB-Ⅱ das Gefälle nimmt zu, wuchtiges WW II (47.2407,8.5780)

16,6 re 🚌 Sihlwald (47.2629,8.5600)

16,2 Str-Ⅱ, li **CH 8135 Sihlwald**, 🚆 (47.2667,8.5592)

15,4 ▬ Wehr, evtl. ≋, oder re ⏏, ansehen! (47.2729,8.5538)

15,2 EB-Ⅱ (47.2728,8.5520)

14,1 re 🚌 Geissau (47.2795,8.5479)

13,5 Schräg-▬ re ⏏ (47.2831,8.5426)

13,4 Str-Ⅱ, li **CH 8135 Langnau am Albis** (47.2839,8.5439)

13,3 EB-Ⅱ (47.2848,8.5447)

11,5 ▬ Wehr, **X**, re ⏏ (47.2978,8.5351)

10,3 Schräg-▬, evtl. ≋, oder re ⏏ (47.3058,8.5243)

9,7 Str-Ⅱ **CH 8134 Adliswil** (Wachtbrücke) (47.3105,8.5265)

9,5 Str-Ⅱ **CH 8134 Adliswil** (Bahnhofsbrücke) (47.3124,8.5261)

9,2 ▬ Wehr re ⏏ (47.3147,8.5274)

7,1 ▬ Wehr, **X**, re ⏏ (47.3290,8.5183)

6,1 EB-Ⅱ (47.3365,8.5196)

6,0 Str-Ⅱ 4, re 🚆 Zürich Manegg (47.3369,8.5189)

5,1 Autobahn-ⅡⅡ Dreieck Zürich-Süd (47.3441,8.5184)

4,6 ▬ Hochwasserrückhalteschütz kann normalerweise durchfahren werden (47.3489,8.5162)

4,2 ▬ Wehr re ⏏ (47.3510,8.5190)

4,0 ▬ Wehr, evtl. ≋, je nach Wasserstand rückläufig (47.3516,8.5212)

3,8 Beginn des Stadtgebietes von Zürich die Befahrung wird nun etwas mühsam und ab einem Wasserstand von mehr als 20 m³/s gefährlich (47.3527,8.5240)

3,7 –2,5 Autobahn-Ⅱ A3W Die Autobahn wurde hier direkt über der Sihl gebaut (47.3531,8.5246) (47.3643,8.5229)

2,3 Autobahn-Ⅱ A3W (47.3654,8.5237)

2,2 Fußg-Ⅱ **CH 8003 Zürich** (Herrensteg) hier unbedingt ↱ um das folgende ▬ Wehr zu besichtigen (47.3664,8.5247)

1,9 ▬ Wehr, **X**, ⚠ Gefährlich, Anlanden schwierig! (47.3684,8.5275)

1,8 Str-Ⅱ 3, **CH 8001 Zürich** (Siehlhölzlibrücke) (47.3690,8.5283)

1,7 Schräg-▬, evtl. ≋, oder li ⏏ (47.3693,8.5288)

1,5 Str-Ⅱ **CH 8001 Zürich** (Stauffacherbrücke) (47.3711,8.5309)

1,2 Str-Ⅱ **CH 8001 Zürich** (Sihlbrücke) darunter 🚆 Zürich-Selnau (47.3733, 8.5323)

0,8 Str-Ⅱ **CH 8001 Zürich** (Gessnerbrücke) (47.3763,8.5353)

0,7 re ⇩ Schanzgraben ehem. Burggraben von Zürich, kann aufwärts bis zum Zürichsee gepaddelt werden, ein ▬ (47.3770,8.5363)

0,5 EB-Ⅱ, Tunnel unter dem HB Zürich (47.3787,8.5375)

0,1 Fußg-Ⅱ **CH 8005 Zürich** (Mattensteg) re ⏏-#Möglichkeit zur Limmat, auf der man flussauf in den Zürichsee gelangen kann (47.3820,8.5384)

0,0 ⇩ der Sihl in die Limmat (s. Seite 527) bei km 34,4 (47.3831,8.5379)

Alp

Kleinfluss, WW I-II, WW III-IV, Gebirgsbach
Mündung in Sihl bei km 42,8 (li Nebenfluss)

Die Alp, ein typischer Schweizer Mittelgebirgsfluss von 5–10 m Breite, ist in ihrem Oberlauf weitgehend reguliert. In ihrem Unterlauf bietet sie, in einem tiefen Graben, sehr interessantes Wildwasser.
Die etwa 120 Stufen der Alp sind bis zu 1,2 m hoch, alle ≈, teilweise mit Rücklauf oder unsauberem Unterwasser.

Befahrbarkeit:	Frühjahr und nach stärkeren Regenfällen. Wenn ab **Alptal** ≈, hat der Unterlauf der Alp ab ⇩ der Biber guten Wasserstand; dieser Abschnitt ist auch bei weniger Wasser ≈ Wenn die Fahrt auf der Sihl fortgesetzt werden soll, sollte man vorher an der ⇩ den Wasserstand prüfen, da die Sihl oberhalb der ⇩ abgeleitet wird. Wenn die Alp ab km 15 ≈ ist, reicht der Wasserstand meist auch für die Weiterfahrt auf der Sihl.
Schwierigkeiten:	km 16,5–7,6 WW II, Gefälle 16 ‰. km 7,6–1,9 WW II, Gefälle 10 ‰. km 1,9–⇩ WW III–IV–, Gefälle 20 ‰.
Infrastruktur:	an der Ostseite des Sihl-Stausees

20,0 Ursprung am Rotenflue in der Nähe von **Schwyz** in etwa 1000 m Höhe (47.0261,8.7187)
17,2 Str-II, **CH 8849 Alpthal-Brunni** (47.0454,8.7071)
16,5 re ⇩ Teuftobel ⬇ am Zusammenfluss zweier Bäche, von der Straße aus zu erkennen. Die Alp ist hier ein regulierter Wiesenfluss, keine besonderen Schwierigkeiten (47.0508,8.7075)
14,0 Str-II, **CH 8849 Alpthal** (Hausbergstrasse) ⬇, bis km 13,2 folgen 14 Stufen (47.0715,8.7171)
13,6 re ⇩ des Butzitobel (47.0738,8.7204)
13,2 ▬ Wehr 2 m hoch, Steine im Unterwasser, (47.0771,8.7231); Weg-II (47.0776,8.7233)
12,1 li ⇩ des Pfauentobel (47.0867,8.7229)
10,4 ▬ Doppelstufe halb li ≈ (47.1012,8.7285);
Str-II, **CH 8840 Einsiedeln-Trachslau** (47.1016,8.7283);
▬ Stufe es folgen 12 weitere Stufen bis km 8.9 (47.1019,8.7282)
8,9 ▬, Steine im Unterwasser, mit Materialeinsatz evtl. ≈, bis unterh. **Einsiedeln** folgen über 50 Stufen (47.1143,8.7345)
8,7 Str-II, **CH 8840 Einsiedeln** (Austrasse) (47.1157,8.7352)
7,6 Str-II, **CH 8840 Einsiedeln** (Allmeindstrasse) (47.1245,8.7388)
7,1 Str-II, **CH 8840 Einsiedeln** (Hauptstrasse) re (47.1279,8.7436)
6,2 Str-II, **CH 8840 Einsiedeln** (Wasenmattstrasse) (47.1354,8.7462)
5,4 EB–II (47.1415,8.7500)
5,1 Str-II 9 (47.1442,8.7497)

3,4 ■ Doppelstufe darüber Eisensteg, evtl. m ≈. Rücklauf (47.1508,8.7393)
2,9 ■ Steilstufe 1,5 m, ≈, Rücklauf!
2,3 Str-Ⅱ, re **CH 8836 Bennau-Biberbrugg** (47.1539,8.7273);
2x ■ Stufe, ≈, Rücklauf! (47.1541,8.7271)
1,9 li ⇩ der Biber (s. Seite 535) in die Alp bei Biberbrugg (47.1555,8.7232)
1,6 ■ Wehr 4-stufig, nach Besichtigung evtl. li #fahrber! z. T. erheblicher Rücklauf, z. T. unsauberes Unterwasser. Ab hier Zunahme der Schwierigkeiten, starke Verblockung, es muss mit Baumhindernissen gerechnet werden (47.1577,8.7252)
0,0 ⇩der Alp in die Sihl (s. Seite 531) bei km 42,8 auf 3 km WW II und III (47.1667,8.7362)

Biber (Alp)

Kleinfluss
Mündung in Alp bei km 1,9 (li Nebenfluss)

Die Biber verläuft in völlig einsamer Gegend zunächst durch ein Moor-Hochtal und später durch ein enges Wald Tal. Oberlauf zunächst reguliert, nur 1,5 m breit, dann mit vielen engen Kurven. Mit Baum- und Strauchhindernissen ist zu rechnen. Befahrung lohnt nur im Zusammenhang mit einer Befahrung der Sihl (s. Seite 531) oder Alp (s. Seite 534)
Befahrbarkeit: Frühjahr und nach starken Regenfällen

12,0 Ursprung bei **Biberegg** in etwa 900 m Höhe (47.0998,8.6957)
10,3 Str-Ⅱ, **CH 6418 Rothenthurm** (47.1051,8.6714)
5,0 Wege Ⅱ, Bibersteg Beginn der Waldschlucht, enge Kurven, Baumhindernisse (47.1359,8.6864)
3,3 Gutsch, die Straße Biberbrugg–Ägerisee erreicht den Fluss (47.1477, 8.6903)
0,7 Str-Ⅱ 8 (47.1520,8.7174)
0,3 EB-Ⅱ (47.1533,8.7212)
0,0 EB-Ⅱ (47.1552,8.7229);
Str-Ⅱ, **CH 8836 Bennau-Biberbrugg** (47.1554,8.7231);
⇩ der Biber in die Alp (s. Seite 534) bei km 1,9 bei Biberbrugg (47.1555, 8.7232)

Jona

WW I-II, WW III-IV
Mündung in Limmat bei km 67,8 (re Nebenfluss)

Die Jona wurde lange Zeit zum Betrieb von Spinnereien genutzt; als Folge davon ist auch heute noch ihr Lauf oberhalb von Rüti durch mehrere Wehre mit teilweiser Wasserableitung sowie Uferverbauungen gebremst. Unterhalb von Rüti fließt sie beinahe unberührt durch einen herrlichen Wald. Der Unterlauf, unterhalb Jona, ist wieder verbaut. Sie ist ein leichter Wildfluss.

Befahrbarkeit:	Zeit der Schneeschmelze und nach stärkeren Regenfällen.
Schwierigkeiten:	km 10,9–8,1 WW II– (WW IV–). km 8,1–2,3 WW II.
Infrastruktur:	⛟ an der ⇩

21,0	Ursprung in etwa 900 m Höhe (47.3141,8.8898)
14,0	Str-II, **CH 8636 Wald** evtl. wäre hier ein kurzes Teilstück ≈, jedoch nicht ratsam, gemauerte Ufer, ▬ Wehre. Erkundung erforderlich (47.2748, 8.9106)
11,1	Str-II, li **CH 8630 Rüti** nach re **CH 8636 Wald** die Fahrt müsste hier beendet werden (47.2695,8.8777)
10,9	⚠ Wasserfall ⏢ unmöglich, ⌘. Mögliche ⬇, die Boote müssen ab km 9,4 auf einem Fußweg getragen werden. WW II (47.2697,8.8753)
9,4	Doppel-▬, ≈. Gute ⬇, über Fabrikgelände erreichbar (47.2668,8.8599)
9,1	Kleines Schräg-▬, ≈, ab hier kanalisiert. Zunahme der Strömung, Durchfahrt durch Fabrikgelände ohne Kehrwasser und ohne ⬆-Möglichkeit (47.2664,8.8561)
8,3	EB-II (47.2611,8.8517); ▬ Stufe in niedriger natürlicher Nagelfluhklamm, je nach Was-serstand bis WW IV. Unbedingt bei der Anfahrt ansehen, da davor keine Möglichkeit zum Anhalten. Die Stufe befindet sich hinter einem Haus vor der Straßen-II nach Tann (47.2607,8.8518)
8,2	Str-II **CH 8630 Rüti** mehrere II II im Ort (47.2604,8.8514)
8,1	Weitere ▬ Stufe WW III, danach Abnahme der Schwierigkeiten, WW II. Vorsicht, mehrere niedrigere ▬, alle nach Erkunden ≈
7,1	Str.-II am Ortsende**CH 8630 Rüti** (Neuhusweg) Ende der regulierten Strecke, mögliche ⬇, wenn die vorausgehenden Schwierigkeiten vermieden werden. Die Jona verläuft durch Wald (47.2515,8.8520)
5,6	Autobahn-II A53 (47.2434,8.8586)
5,3	▬ Wehr, **X**, re ⏢ (47.2415,8.8562)
4,3	Weg-II, ⚠ es folgt die Schiessanlage Grünau Durchfahrt unterhalb der Schusslinie. Der Schießbetrieb sollte bei der Anfahrt erkundet und der Fluss dann nicht befahren werden (47.2412,8.8442)
3,6	Str-II, Ortsbeginn von Jona 🅿, ⬆, über eine Weiterfahrt ist nichts bekannt (47.2394,8.8364)
3,0	EB-II (47.2367,8.8372)
2,2	Str-II 17, re 🚆 Jona (47.2301,8.8368)
1,4	Str-II, re 🚆 Blumenau (47.2252,8.8438)
1,0	EB-II (47.2233,8.8474)
0,7	Str-II, re **CH 8645 Rapperswil-Jona** (47.2203,8.8479)
0,2	Weg-II, re ⛟ Jona (47.2165,8.8446)
0,0	⇩ der Jona in den Obersee (s. Seite 527) bei km 67,8 (47.2151,8.8438)

Wägitaler Aa

Kleinfluss, WW III-IV, Gebirgsbach
Mündung in Limmat bei km 68,0 (li Nebenfluss)

Befahrbarkeit: das Wasser des Wägitales wird in einem Stausee zurückgehalten, so dass die Aa zumeist praktisch trocken ist. Auch das Wasser des Trepsenbachs wird gefasst und in das Ausgleichsbecken bei **Rempen** geleitet. Während der Hauptschneeschmelze sowie nach längeren starken Regenfällen ist mit dem Überlauf des Trepsenbachs eine Befahrung möglich

Schwierigkeiten: starkes Gefälle, WW IV. Von den 4 mächtigen Geröllfängern sind zwei X und müssen ⏏ werden

15,0 ▬ Staumauer des Wägitaler Sees (47.1063,8.9041)
9,0 re ⬇ bei der ⇩ des Trepsenbach oder in den Trepsenbach selbst (47.1440, 8.8967)
5,3 Str-⌶, Ortsbeginn von **CH 8854 Siebnen** ⬆ der Rest ist kanalisiert (47.1721,8.8993)
0,0 ⇩ der Wägitaler Aa in den Obersee (s. Seite 527) bei km 68,0 (47.2125, 8.8463)

Goldigerbach

Weitere Namen: Aabach, Schmerikoner Aa
Kleinfluss, WW I-II, WW III-IV
Mündung in Limmat bei km 75,2 (re Nebenfluss)

Der Goldingerbach ist ein kurzer, schwerer Wildbach, der durch zwei schöne Schluchten verläuft. Die Befahrung seines Oberlaufs ist durch zahlreiche Holzversperrungen extrem mühsam und zeitaufwendig. Mitführen einer guten Säge ist anzuraten.

Befahrbarkeit: nur bei HW Schneeschmelze, während und kurz nach starken Regenfällen

Schwierigkeiten: km 9,5–4,9 WW III–V (X, Holzversperrungen).
km 4,9–2,5 WW III (IV+).
km 2,5–⇩ WW I–II.

Infrastruktur: Zufahrt nur an den ⌶

15,1 Ursprung südlich der Chrüzegg in etwa 1.200 m Höhe (47.2855,9.0102)
9,5 **CH 8638 Goldingen** ⬇ für den schweren Oberlauf unterhalb eines Wasserfalles von 15 m Höhe. Man gelangt dorthin, wenn man hinter dem Schulhaus von Goldingen einem Fahrweg zu einem Bauernhof folgt. Die Boote müssen auf einem schmalen, steilen Pfad zum Fluss hinuntergetragen werden. In enger Schlucht zunächst WW II, allmähliche Zunahme der Schwierigkeiten. Nach der ⇩ eines von li kommenden Bachs

fällt der Bach als Zwangspassage über eine etwa 2 m hohe Stufe in eine niedrige Klamm, WW V-. Weiterhin WW III–IV mit einzelnen Stellen bis WW V. Mehrere kurze Klammen und einzelne weitere Zwangspassagen mit maximal WW IV. Schwierigkeiten in Form von Stufen und Auswaschungen mit Rippen und Schlitzen, nur mäßiger Verblockung. Der 1. Wasserfall ist **X**, der 2. WW VI, sehr gefährlich, beide re ≏, mühsam. Eine weitere Stelle, **X**, am Ende einer kurzen Klamm, li ≏. Auf der gesamten Strecke sehr viel Holz (47.2628,8.9704)

5,8 ■ Stausee bis hierher wurden für eine Befahrung 4,5 h benötigt. ■ Wehr, **X**, li ≏. Nach dem ■ mehrere Wasserfälle, z. T. **X** (47.2467, 8.9505)

5,6 ⬇ für die Weiterfahrt nach dem letzten Wasserfall. WW III/IV+ (47.2460, 8.9521)

5,2 Str-Ⅱ, 8, li **CH 8735 St. Gallenkappel** hoch über dem Fluss (47.2438, 8.9511)

4,9 ■ Stufe bei alter Fabrik WW V. Ende der 1. Schlucht (47.2427,8.9486)

4,8 ⬇⬆ falls nur der leichtere Unterlauf befahren wird Bei der Holz-Ⅱ oberhalb von Neuhaus führt ein Weg zu einer Kiesgrube, von dort über eine Wiese zum Bach. Beginn der 2. Schlucht. Ein Ausstieg daraus ist nach Einfahrt kaum möglich. WW III, eine Stelle WW IV+. 1. ■ **X**, re ≏. 2. ■ 6 m hoch, ≋ oder re ≏ (47.2420,8.9495)

2,5 Str-Ⅱ, 17, li **CH 8730 Uznach** Ende der Schlucht nach Brugg, hier ⬆ möglich. Bis zur ⇩ WW II–I (47.2305,8.9634)

2,3 Autobahn-Ⅱ A53 (47.2291,8.9617)

2,1 Str-Ⅱ li Anschlusstelle Schmerikon (47.2277,8.9606)

1,7 EB–Ⅱ (47.2249,8.9608)

1,1 Str-Ⅱ, re **CH 8716 Schmerikon** (Allmeindstrasse) (47.2220,8.9552)

0,0 ⇩ des Goldigerbach in den Obersee (s. Seite 527) bei km 75,2 (47.2210, 8.9405)

Seez

Kleinfluss, WW I-II, WW III-IV, Gebirgsbach
Mündung in Limmat bei km 94,0 (re Nebenfluss)

Eine Befahrung der Seez dürfte wohl nur in ihrem Oberlauf auf kurzer Strecke lohnend sein. Sie ist hier ein mäßig schwerer Wildfluss mit einer kleinen Schlucht.

Befahrbarkeit: nur bei HW – Frühjahr und nach Regenfällen.

21,4 Str-Ⅱ **CH 7326 Mels-Weisstannen** ⬇, (bei kräftigem HW evtl. auch höher), zunächst WW II–III, in der Schlucht bis WW IV, hier 6 ■ Wehr. (46.9938,9.3466)

17,7 Str-Ⅱ, Weisstannenstr wechselt von li nach re ⬆ (47.0189,9.3760)

0,0 ⇩ der Seez in den Walensee (47.1206,9.2982)

-13,6 ⇩ der Linth (s. Seite 527) bei km 94,0 in den Walensee mit Seez (47.1273, 9.1202)

Sernf

WW I-II, WW III-IV, WW V-VI, Gebirgsfluss
Mündung in Limmat bei km 112,7 (re Nebenfluss)

Der Sernf verläuft in einem engen, landschaftlich sehr reizvollen Tal. Bei starkem Gefälle und sehr rasanter Strömung stark wechselnde Schwierigkeiten.

Befahrbarkeit: Oberlauf Frühjahr bis Herbst, oft auch in Wärmeperioden im Winter; ab km 4,7 im Frühjahr und Frühsommer.

Schwierigkeiten: km 17,4–⇩ WW II, III, IV, V und **X**. Eine durchgehende Befahrung ist selten möglich.

Infrastruktur:

24,0 Ursprung im Hausstockgebiet in etwa 2800 m Höhe
17,4 Str-II, li Weiler **CH 8767 Elm-Steinlibach** eine kleine Straße führt zum Fluss, ⬇, WW III–IV, eine Stelle WW V/**X**; Ufer teilweise reguliert (46.9046,9.1418)
13,7 Str-II, **CH 8767 Elm** einige ▬ Wehr und Stufen, ≈, bei HW starker Rücklauf! (46.9217,9.1741)
12,7 Str-II **CH 8767 Elm-Schwändi** ⚠ Auf 500 m WW V–VI, eine Stufe **X**; Vorsicht, eingerammte Eisenschienen. Diese Strecke wird am besten ⌓; Danach leichter, WW II (46.9305,9.1727)
11,2 Str-II, **CH 8767 Elm-Sulzbach** danach 5 ▬ Gefällebremsen, nach Besichtigung ≈, Vorsicht bei HW! (46.9429,9.1712)
9,8 Str-II, **CH 8766 Matt** Sernftalstr (46.9552,9.1715)
7,9 ▬ Wehr Engi-Hinterdorf, **X**, mit teilweiser Wasserableitung, re ⌓; Es folgen 10 Gefällebremsen, alle ≈, die höheren bei gutem Wasserstand ansehen, bei HW evtl. ⌓ (46.9709,9.1634)
5,7 ▬ Staumauer **CH 8765 Engi** mit Wasserableitung die Folgestrecke ist auf 1 km **X** (46.9852,9.1435)
4,7 Wieder-⬇ bei einem Steg. Erhebliche Verblockung und enormes Gefälle erfordern höchste Konzentration, WW IV und darüber (46.9904,9.1344)
0,7 ↯ von Schwanden, ↱ (46.9959,9.0879)
0,1 Str-II **CH 8762 Schwanden** (46.9948,9.0797)
0,0 ⇩ Sernf in die Linth (s. Seite 527) bei km 112,7 Die Befahrung der Linth wird vielfach erst hier begonnen. ⬇ gegenüber der ⇩ der Sernf. Weiterhin WW II–III, bis zur ⇩ in Walensee noch 8 ▬ (46.9948,9.0790)

Klausenbach

Weitere Namen: Fätschbach
Wildwasser, Kleinfluss, Gletscherbach
Mündung in Limmat bei km 125,6 (li Nebenfluss)

Der Klausenbach ist ein landschaftlich außerordentlich reizvoller Wildbach. Seine Befahrung lohnt wohl nur im Zusammenhang mit Befahrungen von Linth oder Sernf

Befahrbarkeit: der Ursprung des Klausenbachs liegt im Bereich eines kleinen, nordseitigen Gletschers, die Wasserführung ist wenig von Sonneneinstrahlung abhängig. Beste Befahrenszeit daher im Frühjahr und Frühsommer.

8,6 ⬇ bei **CH 8751 Spiringen-Urnerboden** vor oder nach dem Dorf, bevor die Straße aus dem Linthtal zum Klausenpass anzusteigen beginnt. Zunächst schneller, 6–8 m breiter Wiesenbach mit wenigen kleinen Kehrwassern, WW I–II. (46.8835,8.8915)

6,6 –5,6 etwa 1 km lange Kataraktstrecke beim Dorf Port, stark verblockte, mit vielen verwinkelten Passagen bis WW IV, wegen der geringen Wasserführung zumeist ohne Besichtigung ≈, ⚠ auf Baumhindernisse. Danach wieder leicht in einem außerordentlich schönen Ried mit Sumpfschachtelhalmen, Wollgras und Orchideen

4,0 Kurz vor der ⬆, einem kleinen Stausee, folgt nach einer scharfen re-Kurve nochmals eine kurze Strecke WW III (46.9047,8.9408)

3,6 ▬ Staumauer ⬆, Ableitung des Wassers für die Pumpspeichergruppe Linth-Limmern, Eine Weiterfahrt ist auch bei Überwasser des Staudamms unmöglich, da der Klausenbach kurz danach über mehrere Wasserfälle in das Linthtal hinunterfällt (46.9065,8.9454)

0,0 ⇩ des Klausenbach in die Linth (s. Seite 527) bei km 125,6 (46.9080, 8.9840)

Reuss

Wanderfluss, Seengewässer, WW I-II, WW III-IV, WW V-VI, Gletscherfluss
Mündung in Aare bei km 15,4 (re Nebenfluss)

Die in fortlaufender Kilometrierung beschriebene Furkareuß und die anschließende Reuß sind sehr abwechslungsreiche Flüsse: in ihrem Oberlauf mäßig bis extrem schwere Wildwasser in hervorragend schöner landschaftlicher Umrahmung. Ab **Erstfeld** ist die Reuß bis zur ⇩ leichtes Wildwasser. Der von ihr durchflossene Vierwaldstätter See gehört zu den schönsten Seen der Schweiz. Unterhalb Luzern ist die Reuß ein ausgesprochener Wanderfluss, streckenweise völlig einsam mit herrlichen Zeltplätzen.

Befahrbarkeit: Oberlauf bis km 145,0 bis August, evtl. auch später; Schluchtstrecke bei NW, abhängig vom Wasserablass der Kraftwerke; ab km 127,4 ganzjährig

Umwelt: sauber

Pegel: am re Fundament der Bogen-Ⅱ bei km 148,7; MW 55–65 cm.

Schwierigkeiten: km 156,3–145,0 WW IV–II, Gefälle 12,5 ‰.
km 145,0–141,9 WW VI.
km 141,9–127,4 WW V–VI.
km 127,4–111,0 WW I, Gefälle 5,3 ‰.
km 111,0–73,2 Vierwaldstätter See.
km 73,2–⇩ WW I (II+).

Infrastruktur: am Vierwaldstätter See mehrere 🚐. Unterhalb Luzern zahlreiche schöne Zeltplätze am Fluss. Das Nachholen der Pkw kann vielfach mit der im Stundentakt fahrenden Bahn erfolgen

---

163,5 Ursprung als Furkareuß, mit mehreren Quellflüssen aus den Gletschern in der Umgebung des Furkapasses in etwa 2500 m Höhe (46.5734,8.4187)

156,3 re ⇩ Wittenwasserreuss mögliche ⬇ bei guter Wasserführung, Zufahrt gesperrt. Zunächst WW IV (46.5878,8.4951)

155,4 EB-Ⅱ (46.5940,8.5013)

154,9 Str-Ⅱ, li 🚂 **CH 6491 Realp** (46.5979,8.5047)

154,5 EB-Ⅱ (46.6007,8.5073);
Str-Ⅱ 19 **CH 6491 Realp** weiterhin schnell und verblockt, jedoch etwas leichter (46.6011,8.5077)

153,7 Str-Ⅱ Urseren ⬇, falls der Wasserstand ab der Wittenwasserreuss nicht ausreicht. Es folgt auf 300 m eine Blockstrecke, WW III+. Danach leichter, WW II–III (46.6032,8.5163)

151,8 EB–Ⅱ (46.6113,8.5372)

151,7 Str-Ⅱ **CH 6493 Hospental-Zumdorf** die vor Hospental folgende Schlucht ist sehr reizvoll (46.6113,8.5375)

150,1 EB-Ⅱ (46.6167,8.5550)

148,8 re ⇩ Gotthardreuss (46.6217,8.5700)

148,7 Bogen-Ⅱ, re 🚂 **CH 6493 Hospental** ≣, ab hier WW II (46.6217,8.5706)

146,1 re ⇩ Unteralpreuss (s. Seite 555) in die Reuss (46.6378,8.5864)

146,0 Str-Ⅱ, re **CH 6490 Andermatt** Falls eine Befahrung der folgenden Extremstrecke nicht geplant ist (46.6387,8.5869)

145,4 Str-Ⅱ, re **CH 6490 Andermatt** (46.6426,8.5913)

145,1 ■ Wehr, X, mit Wasserableitung (46.6454,8.5905)

145,0 EB-Ⅱ mit mehreren Bogen ⚠ Es folgt die Schöllenen-Schlucht. Sie bietet extrem schweres Wildwasser, ihre Besichtigung ist lohnend. Der Eingang in die Schlucht ist X. ⬇ an der Teufels-Ⅱ (46.6463,8.5901)

144,9 Fußg-Ⅱ Teufelsbrücke ⬇. Bis Göschenen folgt Wildwasser der Superklasse, mit mindestens 4 Stellen X. (Ein etwa 15 m hohes ■ und eine etwa 30 m Rutsche, welche in einen Felsverhau abfällt.) Dazwischen zahlreiche Passagen mit Schwierigkeiten um WW VI–VI+, als Höhepunkt nach dem ■ eine Stufe von etwa 20 Höhenmetern. Die beiden weiteren Stellen, X, folgen nach der letzten Autobahn-Ⅱ (ein etwa 6 m hoher Wasserfall ohne Unterwasser und eine 12 m hohe Steilrutsche, die auf einen Felsblock zuläuft). Es wird empfohlen, die Fahrt bei dieser Autobahn-Ⅱ zu beenden (46.6473,8.5905)

144,8 Str-Ⅱ 2 Gotthardstr (46.6474,8.5910)

143,5 Str-Ⅱ 2 Gotthardstr (46.6555,8.5835)

143,2 Fußg-Ⅱ Häderlisbrücke (46.6584,8.5844)

142,9 EB-Ⅱ (46.6603,8.5857)

142,6 mehrere EB-Ⅱ (46.6626,8.5882)

142,3 li 🚂 Göschenen ⚠ in einem Abstand von 2–3 m sind Eisenträger in das Flussbett gerammt, gefährlich! (46.6646,8.5896)

142,1 ▬ Wehr bei der Polizeistation Göschenen re ⏏, schwierig, Wasserableitung; Die Folgestrecke ist zeitweise trocken, mit ausreichend Überwasser ist am ehesten nachmittags mit Einsetzen des Schmelzwassers zu rechnen (46.6664,8.5906)

141,9 Str-Ⅱ 2 **CH 6487 Göschenen** (46.6672,8.5924);
li ⇩ Göschener Reuss (s. Seite 555) in die Reuss (46.6676,8.5923)

141,3 Werkhof **CH 6487 Göschenen** ⬇ für die Weiterfahrt. Das Gefälle ist gegenüber der oberen Reuss jetzt gleichmäßiger, wuchtiger. Verwinkelte Blockstufen, unübersichtliche Ecken bei schneller Strömung, bei MW WW IV–V mit einigen Passagen WW V, keine Stelle **X**, schwerste Stelle ein 4 m hoher Wasserfall mit unsauberem Unterwasser. Bei HW WW VI mit Stellen **X** (46.6710,8.5942)

140,0 Str-Ⅱ 2 (Reussbrücke) (46.6828,8.5940)

139,4 Autobahn-Ⅱ A2 (46.6869,8.5930)

138,6 EB-Ⅱ (46.6940,8.5950)

138,2 Str-Ⅱ 2 oberhalb **CH 6484 Wassen** (46.6969,8.5968);
Autobahn-Ⅱ A2 (46.6973,8.5971)

138,0 EB-Ⅱ (46.6981,8.5993)

136,7 Autobahn-Ⅱ A2 (46.7076,8.6048)

136,5 li ⇩ der Meienreuss (s. Seite 554) in die Reuss (46.7096,8.6049)

135,7 ▬ Staumauer Pfaffensprung mit teilweiser Wasserableitung. ↱, danach Str.-Ⅱ Gotthardstr. Bei genügender Wasserabgabe kann die Fahrt unterhalb der Staumauer fortgesetzt werden. Mögliche #EIn# über eine Eisenleiter, gleich nach der Ⅱ. Die Schwierigkeiten liegen weiterhin um WW V, einige Passagen WW VI; der Fluss ist nun großzügiger und wuchtiger, eine Befahrung ist nur mit wenig Wasser ratsam (46.7147, 8.6108)

133,9 Str-Ⅱ, li **CH 6476 Gurtnellen** (46.7277,8.6216)

132,0 Autobahn-Ⅱ A2 (46.7397,8.6379)

131,8 Autobahn-Ⅱ A2 (46.7411,8.6396)

130,7 Str-Ⅱ der alten Gotthardstr. Fahrt evtl. hier abbrechen. ⚠ Der nach einigen 100 m folgende Abbruch, **X**, kann nach vorhergehender Erkundung sehr mühsam entweder re auf einem Fischersteig oder li auf der Straße ⏏ werden (46.7494,8.6431)

128,5 Autobahn-Ⅱ A2 (46.7624,8.6594)

128,3 EB-Ⅱ (46.7638,8.6606)

127,4 Str-Ⅱ 2 **CH 6474 Amsteg** übliche ⬇ zur Befahrung der Reuss, 🅿 200 m oberhalb hinter der Kirche, Schöne WW-Wandertour bis Flüelen. Zunächst schnelles, wuchtiges WW II–I (46.7678,8.6693)

127,3 re ϟ Amsteg Rückführung des Wassers (46.7685,8.6699)

127,2 re ⇩ Kärstelenbach mögliche Fahrtstrecke oberhalb Bristen scheint lohnend (46.7694,8.6700)

126,9 Str-Ⅱ, li Anschlussstelle Amsteg (46.7727,8.6689)

126,2 Autobahn-Ⅱ A2 (46.7779,8.6660)
124,8 Autobahn-Ⅱ A2 (46.7899,8.6662)
124,3 Str-Ⅱ, re **CH 6473 Silenen** ab hier regulierte Ufer, WW I (II) (46.7947, 8.6657)
122,2 EB-Ⅱ (46.8114,8.6587)
120,7 Str-Ⅱ, re **CH 6472 Erstfeld** schnelle Strömung, jedoch keine wesentlichen Schwierigkeiten mehr, WW I. ⬇, falls Reuss und Vierwaldstätter See im Rahmen einer geruhsamen Wanderfahrt, befahren werden sollen (46.8198,8.6462)
119,9 Autobahn-Ⅱ A2 (46.8264,8.6410)
118,9 Str-Ⅱ, re Anschlussstelle Erstfeld (46.8344,8.6357)
115,4 Str-Ⅱ, li **CH 6468 Attinghausen** (46.8637,8.6326)
112,9 Str-Ⅱ, li **CH 6462 Seedorf** (46.8846,8.6206)
112,2 Autobahn-Ⅱ A2 (46.8905,8.6172)
112,1 li ⬆ Rüttimatt 🅿, erreichbar über die Zufahrt vom Golfplatz (46.8916, 8.6165)
112,0 –111,0 **§** Befahrungsverbot NSG Reussdelta, http://www.reussdelta.ch/Schutzzonen.53.0.html (46.8921,8.6162)–(46.9028,8.6086)
111,0 ⇩ in Vierwaldstätter See Der Vierwaldstätter See ist der landschaftlich wohl interessanteste der großen Schweizer Seen. Er ist nicht wie die meisten anderen Seen ein langgestreckter Rinnensee, sondern er hat eine völlig unregelmäßige Gestalt mit mehreren großen Buchten und Teil-Seen, die nur durch schmale Durchfahrten miteinander verbunden sind. Die kürzeste Durchfahrt von der ⇩ der Reuss bis zu ihrem Ausfluss bei Luzern misst 34 km; bei einer Umrundung des Sees entlang der Uferlinie mit Ausfahren sämtlicher Buchten müssen etwa 110 km zurückgelegt werden. Auf langen Strecken sind die Ufer völlig unzugänglich, mit steil aus dem Wasser ansteigenden Felswänden, die flacheren Ufer sind total verbaut. Es gibt mehrere, am See gelegene 🚐. Auf dem See können sehr schnell gefährliche Unwetter aufziehen. Sie werden durch Warnlichter angezeigt, es ist dann schnellstens das nächstgelegene schützende Ufer anzusteuern. Die nachfolgenden km-Angaben beziehen sich auf die kürzeste Durchfahrt durch den See. Re (östlich) von der Mündung in 1,5 km Entfernung **CH 6454 Flüelen**, 🚐. Der folgende Teil des Sees bis Brunnen heißt Urner See. Die Fahrt geht nach Norden (46.8986,8.6088)
105,3 re **CH 6452 Sisikon**, 🚐 (46.9491,8.6182)
99,7 re **CH 6440 Brunnen**, re ⇩ der Muota (s. Seite 553) in den Vierwaldstätter See 🚐. Die Weiterfahrt geht in einer scharfen 90°-Kehre nach li Westen entlang dem Nordufer (46.9948,8.5944)
88,0 in 4 km Entfernung ⇩ der Engelberger Aa (s. Seite 551) in den Vierwaldstätter SeeSee-Enge. Am Südufer des Sees. Die Weiterfahrt führt durch die Seeenge nach Nord-Westen (46.9968,8.4679)
81,0 re Spitze einer großen, von Osten in den See ragenden Halbinsel Nach r (Norden) öffnet sich die große Bucht des blind endenden Küßnachter

Sees. Bis Küßnacht 7 km. Bei Merlischachen ⛺ (47.0273,8.3951)

78,6 li in 7 km Entfernung nach Stansstad, hier ⇩ Sarner Aa (s. Seite 551) in den Vierwaldstätter See Nach Süd-Westen führt eine weitere große Bucht; Die Weiterfahrt nach Luzern erfolgt, vorbei an den beiden großen Buchten, in Richtung WNW (47.0197,8.3625)

73,2 li 🚆 **CH 6004 Luzern** gute ⬆; größere, sehenswerte Stadt (47.0514, 8.3121)

73,0 Str-Ⅱ **CH 6004 Luzern** (Seebrücke) ⇩ Ausfluss der Reuss aus dem Vierwaldstätter See (47.0518,8.3091)

72,9 –72,4 **§** Befahrungsverbot (47.0518,8.3085)–(47.0516,8.3024)

72,8 überdachte Holz-Ⅱ (Kapellbrücke) (47.0515,8.3074)

72,7 Fußg-Ⅱ **CH 6004 Luzern** (Rathaussteg) (47.0513,8.3060)

72,6 Str-Ⅱ **CH 6004 Luzern** (Reussbrücke) (47.0512,8.3039)

72,5 ▬ Nadelwehr Luzern (47.0513,8.3032)

72,4 überdachte Holz-Ⅱ (Spreuerbrücke) (47.0518,8.3017)

72,1 Str-Ⅱ **CH 6004 Luzern** (Geissmattbrücke) (47.0534,8.2989)

72,0 EB-Ⅱ (47.0542,8.2977)

71,9 Autobahn-Ⅱ A2 ⚠ bei HW sehr niedrig, ganz li ≈, Strömung zieht aber nach re! (47.0546,8.2967)

71,5 Str-Ⅱ **CH 6004 Luzern** (St. Karli-Brücke) (47.0552,8.2920)

70,8 EB-Ⅱ (47.0598,8.2870)

70,0 Str-Ⅱ, li **CH 6020 Emmen** (Reusseggstr.) (47.0665,8.2870)

69,9 li ⇩ der Kleinen Emme (s. Seite 545) in die Reuss (47.0671,8.2881)

69,2 Autobahn-Ⅱ A2 Dreieck Rotsee (47.0712,8.2956)

69,1 Str-Ⅱ, li **CH 6020 Emmen** (47.0717,8.2964)

68,5 ▬ Wehr, **X**, re Wasserableitung, li ⏏, ⚠ kein großes Kehrwasser vorher (47.0751,8.3024)

67,5 Str-Ⅱ (47.0815,8.3123)

64,6 Autobahn-Ⅱ A14 (47.0986,8.3403)

63,8 Str-Ⅱ, re **CH 6033 Buchrain** (47.1029,8.3479)

63,7 ▬ Wehr, **X**, re Wasserableitung, li ⏏, ⚠ kein großes Kehrwasser vorher (47.1040,8.3487)

63,5 re ⬇ **CH 6035 Perlen** (47.1058,8.3498)

60,0 re ⇩ Reusskanal (47.1171,8.3860)

59,3 re 🚆 Gisikon-Root über Treppe (47.1213,8.3935)

58,9 Str-Ⅱ **CH 6038 Gisikon** übliche ⬇ zur Weiterfahrt auf der Reuss. Es folgt eine sehr schöne, einsame Wanderstrecke, gute Strömung, keine nennenswerten Hindernisse, zahlreiche schöne ⛺ (47.1246,8.3960)

56,1 Autobahn-Ⅱ A14 (47.1443,8.4146)

54,5 EB-Ⅱ (47.1579,8.4148)

50,9 Str-Ⅱ, li **CH 5643 Sins ⬇⬆**, 🚆 (47.1857,8.4003)

50,8 überdachte Holz-Ⅱ (47.1866,8.4004)

45,9 Str-Ⅱ, li **CH 5642 Mühlau** gute ⬇⬆ (47.2280,8.3954)

43,3 re ⇩ Lorze NSG (47.2481,8.4104)

41,1 Str-II, re **CH 8912 Obfelden** (47.2648,8.4006)
40,1 re Halb-■ zur Wasserentnahme, li problemlos ≈ (47.2734,8.4016)
39,2 Str-II, re **CH 8913 Ottenbach** re ⛺ Reussbrücke (47.2794,8.3943)
35,9 Str-II, li **CH 8919 Rottenschwil-Werd** (47.3048,8.3751)
34,2 Str-II, li **CH 8919 Rottenschwil** Beginn des Stausees von Zufikon, Naturschutzgebiet (47.3191,8.3732)
28,8 ■ Staumauer und ϟ Zufikon, **X**, li ⏏ (47.3435,8.3460)
28,2 Fußg-II **CH 5620 Bremgarten** (Isenlaufbrücke) (47.3486,8.3441)
28,0 EB-II (47.3498,8.3425);
■ V-Wehr Bremgarten m ≈ mit hoher Welle! oder li ⏏, Das Wehr ist eine bekannte Spielstelle, hier finden regelmässig Freestyle-Wettbewerbe statt.
li 🅿 direkt am Wehr, Casino-Parkplatz (gebührenpflichtig) (47.3499, 8.3422)
27,8 Str-II **CH 5620 Bremgarten** (Reussbrücke.) sehenswertes Städtchen, mögliche ⬇ für die folgende, sehr schöne Wanderstrecke der Reuß (47.3503,8.3404)
26,8 Str-II **CH 5620 Bremgarten** (Friedhofstr.) gute ⬇ (47.3563,8.3345)
26,3 ■ Honeggerwehr re ≈, freie Durchfahrt, li Surfwelle (47.3559,8.3405)
24,8 Str-II 1 (47.3599,8.3442)
19,4 re ⛺ Sulz Es folgt das "Gnadenthal", Stromschnellen mit Felsen im Fluss (WW I), Ufer dürfen nicht betreten werden, Zelten nicht erlaubt! (47.3759, 8.3108)
16,7 Str-II, re **CH 5608 Stetten** li Kloster Gnadenthal, ⬇⬆ (47.3941,8.3022)
13,1 Str-II, li **CH 5507 Mellingen** Ende des Gnadenthales (47.4191,8.2741)
12,5 re am Ortsende von Mellingen: gute ⬆ mit 🅿-Möglichkeit für 2-3 PKW an kleinem Wirtschaftsweg (47.4223,8.2687)
12,1 Fußg-II danach re ⛺ Grillstelle (47.4224,8.2628)
11,6 EB–II (47.4269,8.2619)
7,9 Autobahn-II A1/A3 (47.4501,8.2573)
6,6 Str-II, re **CH 5413 Birmenstorf** (47.4587,8.2453)
5,0 Insel, re ≈ im li Arm altes ■ (47.4612,8.2272)
2,8 Str-II 3, li **CH 5210 Windisch** (47.4777,8.2273)
2,3 re Reussbädli **CH 5412 Gebenstorf** ⬆ Möglichkeit (47.4806,8.2255)
2,1 ■ Wehr, **X**, re ⏏ (47.4811,8.2276)
1,9 Weg-II **CH 5210 Windisch** weitere ⬆ Möglichkeit (47.4806,8.2298)
0,3 EB-II (47.4905,8.2381)
0,1 ⇩ der Reuss in die Aare (s. Seite 519) bei km 15,4 (47.4923,8.2371)

Kleine Emme

Weitere Namen: Waldemme
WW I-II, WW III-IV, WW V-VI, Gebirgsfluss
Mündung in Reuss bei km 69,9 (li Nebenfluss)

Die Kleine Emme, die in ihrem obersten Abschnitt zumeist „Waldemme“ heißt, durchfließt in ihrem oberen Teil das reizvolle Entlebuch. Sie durchbricht mehrere Nagelfluhriegel. Das ungewöhnlich steinige Flussbett mit starkem Gefälle führt dazu, dass die Kleine Emme hier Wildwasser mit stark wechselnden Schwierigkeiten bietet, z. T. sehr schwer mit unfahrbaren Teilabschnitten.

Befahrbarkeit: zur Zeit der Schneeschmelze April–Juni und nach stärkeren Regenfällen, Lammschlucht jedoch nur bei ausgesprochenem NW; oft im Winter bei etwas wärmerem Wetter günstiger Wasserstand, nicht bei Regen einfahren!
Hilfspegel für Lammschlucht: vor und nach der Schlucht sollte das Wasser gerade ausreichen, um mühsam über die Steine rutschen zu können. Wegen der Enge der Schlucht ist die zuträgliche Wassermenge schnell überschritten
Hilfspegel für die übrigen Strecken: bei km 34,6 sollte die Befahrung oberhalb der Ⅱ ohne Grundberührung möglich sein

Umwelt: naturtrüb

Schwierigkeiten: km 49,8–45,0 WW III und IV.
km 45,0–40,0 WW II–III.
km 40,0–38,4 WW IV–VI.
km 38,4–34,6 WW IV.
km 34,6–28,2 WW II–III, Gefälle 7 ‰.
km 28,2–23,3 WW III–IV, Gefälle 11 ‰.
km 23,3–19,4 WW II, zahlreiche Wehre, umtragen schwierig.
km 19,4–15,6 WW III.
km 15,6–⇩ WW II.

Infrastruktur: 🚐 oberhalb **Schlüpfheim**, an der Straße nach **Sörenberg**; 🚐 in **Luzern**

59,3 Ursprung als Waldemme am Brienzer Rothorn in 2.000 m Höhe (46.7983, 8.0985)

49,8 li Hotel Südelhöhe Mögliche ⬇ gegenüber, 🅿 es führt eine kleine Naturstraße zum Bach. Flusscharakter: alpiner Geröllbach in enger Schlucht mit laufenden Veränderungen, bei MW sehr schnell durch starkes Gefälle, enge Verblockung, Baumhindernisse, viele kleine Stufen, wenig Kehrwasser, nicht bei HW fahren! Bei MW WW III und IV (46.8295, 8.0183)

46,7 Str-Ⅱ, Hirseggbrücke (46.8550,8.0146)

45,0 Ende der Schlucht, auf 5 km offenes Geröllbett mit Wehren, gutes Gefälle, wenig Kehrwasser, von der Straße aus einzusehen, WW II–III (46.8693, 8.0166)

43,1 Str-Ⅱ re **CH 6173 Flühli** (46.8842,8.0148)

42,3 Str-Ⅱ, **CH 6173 Flühli-Matzenbach** (46.8918,8.0145)

40,0 Str-Ⅱ **CH 6173 Flühli-Steinibach** ⬆ oberhalb der Ⅱ, falls die folgende wunderschöne Lammschlucht nicht befahren wird, ⬇ falls nur die Schlucht befahren wird. Mitnahme eines Seiles von mindestens 25 m Länge unbedingt erforderlich. Die Schwierigkeiten des Anfangsteiles können von der II aus eingesehen werden. Es folgt zunächst eine Stufe, 1 m hoch, Steckgefahr! Danach Schlitz mit schwieriger Einfahrt, WW V+, kann von der II aus eingesehen werden. Evtl. ⌂ re mit Seilhilfe. Die folgenden 2 km sind durchgehend enges, sehr schweres Wildwasser, WW IV/V+, vergleichbar mit den Lechschluchten, aber enger. Mehrfache Erkundung unerlässlich, einzelne Schlitze sind verklemmungsgefährlich. Etwa in der Mitte der Schlucht muss ein Wasserfall, **X**, re mit Seilhilfe ⌂ werden. Bei einem weiteren Wasserfall, ebenfalls **X**, werden die Boote li vom Felsen geworfen und hinterhergesprungen. Für eine erstmalige Befahrung sollten etwa 2 Stunden eingeplant werden (46.9112,8.0148)

38,4 Str-II, hoch über dem Fluss ein Blick von der II vermittelt einen guten Eindruck der zu erwartenden Schwierigkeiten. re ⬆ möglich, die Boote müssen etwa 200 m bis zu einem Bauernhof an der Hauptstraße getragen werden. Übliche ⬇, ab hier WW I–II (46.9248,8.0153)

37,9 Str-II **CH 6170 Schüpfheim-Klusstalden** (46.9277,8.0111); ▬ Wehr, ≈ (46.9280,8.0109)

37,5 ⚠ Gefällstufe, starke Verblockung WW IV, vor Befahrung unbedingt besichtigen, mehrere weitere Stufen bis 1 m hoch, ≈ (46.9318,8.0097)

36,8 ⚠ Weitere Gefällstufe mit starker Verblockung WW III–IV. Vorher ansehen (46.9366,8.0076)

36,7 EB-II (46.9374,8.0069)

36,1 Str-II 10 (46.9429,8.0065)

35,7 Steil-▬, 2,5 m hoch, nach Besichtigung evtl. ≈, bei HW starker Rücklauf. Bis **Entlebuch** folgen mehrere Stufen, ≈ (46.9462,8.0068)

34,6 Str-II re **CH 6170 Schüpfheim** li gute ⬇, großer ◘ (46.9539,8.0171)

34,5 ▬ Stufe, evtl. ≈, ⚠ bei HW evtl. rückläufig (46.9548,8.0173)

34,4 ▬ Stufe, evtl. ≈, ⚠ bei HW evtl. rückläufig (46.9552,8.0172); ▬ Stufe, evtl. ≈, ⚠ bei HW evtl. rückläufig (46.9556,8.0172)

34,3 ▬ Stufe, evtl. ≈, ⚠ bei HW evtl. rückläufig (46.9561,8.0171)

34,2 ▬ Stufe, evtl. ≈, ⚠ bei HW evtl. rückläufig (46.9574,8.0171)

34,0 ▬ Stufe, evtl. ≈, ⚠ bei HW evtl. rückläufig (46.9588,8.0176)

31,8 Gedeckte Holz-II, re Schotterwerk (46.9713,8.0385); ▬ Stufe bedingt ≈, sehr steinig, re ⌂ leicht (46.9715,8.0384)

30,9 ▬ Stufe, evtl. ≈ (46.9781,8.0416)

30,4 Str-II re **CH 6166 Hasle** weitere sehr gute ⬇, es beginnt der reizvollste Teil der Emme (46.9810,8.0454)

28,5 Str-II, re **CH 6162 Entlebuch** (46.9928,8.0579)

28,2 re ⇩ der Entlen (s. Seite 550) in die Kleine Emme re **CH 6162 Entlebuch** (46.9952,8.0595)

27,2 Ab hier Zunahme der Schwierigkeiten einzelne Nagelfluhkatarakte bis WW IV (47.0007,8.0616)

25,4 ⚠ Gefährliche Engstelle kenntlich an einer den Fluss querenden Hochspannungsleitung mit gelben Kugeln. Rechtzeitig ↰, bei evtl.

Befahrung unbedingt gut absichern, gefährlicher Rücklauf, Klemmgefahr (47.0129,8.0637)

24,3 ⚠ Weitere Engstelle bei NW evtl. ≋, WW IV, bei HW bis WW VI. Achtung auf 2 etwa 10 cm hohe, senkrecht stehende Eisenschienen li auf einem Felsen, vom Boot aus nicht zu sehen, li ⏏ (47.0231,8.0670)

23,5 Str-II **CH 6112 Doppleschwand-Burgmatt** davor und danach schwierige Passagen. Hier Slalomstrecke (47.0301,8.0671)

23,2 li ⇩ Fontanne (47.0324,8.0675);
re günstige ⬆ von einer Befahrung der Folgestrecke bis Wolhusen ist wegen schwierig zu umtragender ▬ Wehre und Stufen dringend abzuraten, keine Detailbeschreibung (47.0329,8.0683)

22,9 ▬ Stufe (47.0350,8.0683)

22,5 ▬ Stufe (47.0390,8.0686)

21,9 Str-II, re **CH 6110 Wolhusen-Rossei** weitere ⬆ Möglichkeit (47.0442, 8.0680)

20,2 Str-II 10, li **CH 6110 Wolhusen** (47.0578,8.0705)

19,9 EB-II (47.0568,8.0740)

19,3 li 🚂 **CH 6110 Wolhusen** hier wieder ⬇; Zunächst einige Nagelfluhkatarakte, WW III (47.0537,8.0802)

17,7 ▬ Wehr, **X**, li ⏏ (47.0555,8.0999)

17,3 überdachte Str.-II **CH 6106 Werthenstein** (47.0556,8.1026)

17,1 ▬ Wehr (47.0554,8.1040)

16,2 EB-II (47.0500,8.1103)

15,9 ▬ Wehr 1 m hoch, ≋, bei HW starker Rücklauf. Ab hier Kiesbankschwälle, WW II (47.0513,8.1124)

14,9 Str-II 2a, re **CH 6105 Schachen** (47.0448,8.1205)

12,6 re ⇩ der Rümlig (s. Seite 549) in die Kleine Emme (47.0394,8.1500)

12,0 Str-II, re **CH 6105 Malters-Enningen** (47.0380,8.1567)

11,4 ▬ Wehr, **X**, re ⏏, es folgen mehrere Stufen ⚠ Eisenpfähle (47.0382, 8.1648)

10,8 ▬ Stufe (47.0410,8.1709)

10,5 ▬ Stufe (47.0427,8.1744)

10,4 ▬ Stufe (47.0428,8.1750)

9,7 Str-II, re **CH 6102 Malters** ⚠ Anschließend folgen mehrere ▬ Wehre und Sohlstufen, **X** (nicht alle beschrieben), kaum Möglichkeiten zum Anhalten. Von einer Befahrung wird abgeraten (47.0429,8.1840);
▬ Wehr (47.0429,8.1844)

9,1 ▬ Wehr (47.0427,8.1920)

8,9 ▬ Wehr (47.0426,8.1958)

7,0 Str-II, li **CH 6102 Malters-Brunauer Boden** (47.0449,8.2203)

6,5 ▬ Wehr (47.0456,8.2266)

4,6 ▬ Wehr (47.0499,8.2506)

4,1 Str-II re **CH 6020 Emmen-Littau** (47.0534,8.2538)

3,3 ▬ Wehr (47.0599,8.2564)

2,2 EB-II (47.0673,8.2654)
1,9 EB-II (47.0693,8.2678)
1,5 ▬ Wehr (47.0719,8.2714)
0,6 2x Str-II **CH 6020 Emmen** (Seetalplatz) (47.0681,8.2802)
0,3 Str-II **CH 6020 Emmen** (Reussbühlstr.) (47.0670,8.2839);
EB-II (47.0671,8.2844);
▬ Wehr (47.0671,8.2846)
0,1 Str-II **CH 6020 Emmen** (Reusseggbrücke) (47.0671,8.2863)
0,0 ⇩ der Kleinen Emme in die Reuss (s. Seite 540) bei km 69,9 (47.0671, 8.2881)

Rümlig

WW III-IV, WW V-VI
Mündung in Kleine Emme bei km 12,6 (re Nebenfluss)

Der Rümlig ist, wie der benachbarte Entlen, ein wenig bekannter schwerer Wildfluss.

Befahrbarkeit:	An der ⬇ bei km 9,2 sollte der Rümlig kaum ≈ sein, bei höheren Wasserständen wird die Schlucht schnell unfahrbar
Schwierigkeiten:	km 9,2-⇩: WW III–V–III
Infrastruktur:	Pkw: Zufahrt zur ⬇ bei km 10,0 von **Malters** nach **Schwarzenberg**; zur II bei km 3,5 Abzweigung von dieser Zufahrt Richtung **Munistein–Egg**. Die Straße verläuft stets sehr weitab vom Fluss, ein Abbruch der Befahrung ist daher kaum möglich

20,2 Ursprung am Pilatus in etwa 1.651 m Höhe (46.9733,8.1873)
9,2 Str-II re **CH 6103 Schwarzenberg** beim Sägewerk von Schwarzenberg, ⬇, Zunächst gleichmäßiges Gefälle, Verblockung, Baumhindernisse, mehrere Gefällebremsen bis 1 m, ≈, WW II und III (47.0102,8.1759)
5,9 li ⇩ Fischenbach mit starker Wasserzufuhr, falls das Wasserstand oberhalb nicht ausreicht, auch hier ⬇. Zufahrt über eine Forststraße mit Fahrverbot; stetige Zunahme der Schwierigkeiten. Nach einem Holzhaus am re Ufer folgen 4 ▬ und eine kleine Schwelle. Bei einer großen, schwarzen, quer zum Fluss stehenden Felswand Beginn einer schweren Durchbruchsstrecke, starke Zunahme der Schwierigkeiten. Das Gefälle nun ausgeprägt stufig, verblockte, steile Abbrüche, Abfälle und Stufenkombinationen mit teils starkem Rücklauf, gefährliche Auswaschungen, WW V, eine Engstelle **X**, re ⌓ (47.0020,8.1442)
4,2 Die Schlucht öffnet sich Abnahme der Schwierigkeiten, WW II–III (47.0095,8.1287)
3,5 Weg-II **CH 6102 Malters-Munistein** mögliche ⬇⬆. Kurz danach Doppel-▬, ≈. Später folgen 2 weitere ▬, ≈, und ein hohes Doppel-▬ in eine niedere, kurze Klamm, ≈ (47.0140,8.1302)
0,4 Str-II 2a **CH 6105 Werthenstein-Schachen** ⬆ die Fahrt wird zumeist hier beendet. Es folgen noch viele kleine Schwellen, ≈ (47.0362,8.1482)

0,3 EB-⌶ (47.0371,8.1485)
0,0 ⇩ der Rümlig in die Kleine Emme (s. Seite 545) bei km 12,6 (47.0394, 8.1500)

Entlen

Kleinfluss, WW III-IV, WW V-VI
Mündung in Kleine Emme bei km 28,2 (re Nebenfluss)

Der Entlen ist ein wenig bekannter, sehr interessanter Wildbach. Er bietet schnelles, verblocktes und walzenreiches Wildwasser in Felsbett.

Befahrbarkeit:	Frühjahr bis Anfang Juni; bei HW lebensgefährlich.
Schwierigkeiten:	km 12,0–10,5 WW V–VI. km 10,5–⇩ WW III–IV (V+)
Infrastruktur:	Pkw: Zufahrt nur bei km 8,9 und 2,1 möglich, die Straße verläuft sonst stets weitab vom Bach, ein Abbruch der Fahrt ist daher nahezu unmöglich.

16,1 Ursprung am Risetenstock in etwa 1.800 m Höhe (46.9105,8.0793)
8,9 Str-⌶, re Skilift Gfellen es ist die einzige ⌶, auf der die in das Tal führende Straße den Fluss quert, ⬇ für die Befahrung des Oberlaufs. Eine Befahrung ist möglich, wenn das Wasser auf den ersten 500 m knapp ausreicht. Zunächst auf 1 km WW III und IV (46.9484,8.1304)
8,1 ⚠ Beginn einer Schlucht mehrere Stufen und Wasserfälle, bis 6 m hoch. Alle Stellen bei günstigem Wasserstand ≈, ⏢ immer möglich, teilweise mit Alpinstart. Den nächsten Kilometer durchgehend WW V mit Stellen WW VI (46.9551,8.1260)
7,1 Ende der Schlucht Weiterhin durchgehend etwa WW IV, schwere Verblockungen und Katarakte, kaum Kehrwasser, Achtung auf querliegende Bäume (46.9608,8.1193)
4,9 li ⇩ Kleine Entle (46.9674,8.0926)
2,1 Steil-▬ 6 m hoch, ⬇ wegen seichten Unterwassers. Unterhalb davon mögliche #EIn#, falls der Oberlauf nicht befahren wird. Zufahrt: orographisch li zweigt in Entlebuch ein Waldweg von der Bundesstr. Nr. 10 bei der Straßen-⌶ ab. Die Schwierigkeiten nehmen etwas ab, bei recht breitem Flussbett kleine Stufen mit Walzen und leichter Verblockung, WW III (46.9784,8.0655)
1,3 Str-⌶ 10 **CH 6162 Entlebuch** (46.9847,8.0607)
1,2 überdachte Holz-⌶ (46.9856,8.0607)
0,9 Fußg-⌶, li Sportplatz hier gute ⬆ Unter der ⌶ weiterer Abfall mit Rücklauf, ≈ (46.9877,8.0603)
0,4 EB-⌶, der Fluss verengt sich zu einem knapp 1 m breiten Schlitz mit wuchtigem Abfall, je nach Wasserstand Klemm- und Verletzungsgefahr, bei HW starker Rücklauf, WW VI–, re ⏢ leicht (46.9921,8.0591)
0,3 Str-⌶, re **CH 6162 Entlebuch** ⬆ gut möglich (46.9932,8.0599)
0,0 Steil-▬, evtl. ≈, oder re ⏢ in die Kleine Emme (46.9950,8.0598);

⇩ der Entlen in die Kleine Emme (s. Seite 545) bei km 28,2 re **CH 6162 Entlebuch** (46.9952,8.0595)

Sarner Aa

Weitere Namen: Giswiler Aa, Dreiwässerkanal, Sarner See
Kleinfluss, WW I-II, Zahmwasser, Gebirgsfluss
Mündung in Reuss bei km 78,6 (li Nebenfluss)

Mündung in Alpnacher See, Randsee des Vierwaldstätter Sees

Schwierigkeiten: ■ am Ausfluss des Sarner Sees, **X**. Anschließend Zahmwasser und Stausee Wichelsee, an dessen Ende größere Stauanlage, **X**. Reststrecke bis zum Vierwaldstätter See WW II

8,7 ⇩ Ausfluss aus dem Sarner See, ⬇ (46.8892,8.2411)
7,4 ■ Wehr, **X**, anschließend Zahmwasser und Stausee (46.8997,8.2455)
3,2 ■ Staumauer Wicheltsee, **X**, Reststrecke WW II (46.9279,8.2795)
0,0 ⇩ der Sarner Aa in den Alpnacher See (46.9538,8.2978)
-9,4 in 7 km Entfernung nach Stansstad, hier ⇩ Sarner Aa in den Vierwaldstätter See (s. Seite 540) bei km 78,6 Nach Süd-Westen führt eine weitere große Bucht; Die Weiterfahrt nach Luzern erfolgt, vorbei an den beiden großen Buchten, in Richtung WNW (47.0197,8.3625)

Engelberger Aa

Weitere Namen: Aawasser
WW I-II, WW III-IV, Gebirgsfluss
Mündung in Reuss bei km 88,0 (li Nebenfluss)

Die Engelberger Aa verläuft durch ein sehr schönes Hochtal, das aus dem Gebiet des **Titlis**, vorbei an dem bekannten Kurort **Engelberg**, nach Norden zum Vierwaldstätter See führt. Sie ist ein mäßig schwerer Wildfluss, dessen Befahrung im Oberlauf durch eine unfahrbare Steilzone bei **Engelberg** unterbrochen und im Unterlauf durch mehrere Wehre gestört wird.

Befahrbarkeit: Die Wasserführung ist im Oberlauf eher dürftig, Befahrbarkeit wahrscheinlich nur bis Juli. Ab km 26,5 kräftige Wasserzufuhr aus Pumpspeicherwerk, dadurch Änderung des Flusscharakters mit starker Strömung und Wasserwucht.

Schwierigkeiten: km 26,8–22,1 WW III+/II/I.
km 22,1–16,0 **X**
km 16,0–⇩ WW III abnehmend WW II

Infrastruktur: ⛺ in Engelberg, nicht am Fluss liegend, mehrere ⛺ am Vierwaldstätter See.

26,8 Weg-II, re Seilbahn Talstation Fürenalp ⬇ für die Befahrung des oberen Teilstückes, Ab hier zunächst auf kurzer Strecke enges Flussbett mit starkem Gefälle, WW III+ (46.8008,8.4500)

26,1 ▬ Wehr, evtl. ≋, je nach Wasserstand nach Besichtigung (46.8048, 8.4431)

26,0 ▬ Aufgeschüttete Stufe je nach Wasserstand evtl. ≋. Abnahme der Schwierigkeiten (46.8054,8.4419)

24,6 ▬ Wehr, evtl. ≋, Nur noch geringe Schwierigkeiten (46.8085,8.4255)

22,1 Str-Ⅱ **CH 6390 Engelberg** ⬆ beim 🅿 der Seilbahn. Am Ortsende Ausgleichsbecken für das ϟ. Die folgende Steilstufe ist **X** (46.8170, 8.3980)

18,1 ▬ Wehr mit Wasserableitung nach re (46.8410,8.3700)

16,0 Kleine Str.-Ⅱ Hasenmatt an einer Straße, die von der wenig später steil ansteigenden Durchgangsstraße nach Engelberg abzweigt. Vorsicht, EB-Übergang! Übliche ⬇. Schnelle Strömung, gutes Gefälle, mittelschwere Verblockung, WW III. Der Fluss ist 6–8 m breit. Die Schwierigkeiten können wegen Wasserabgaben vom ϟ schwanken (46.8587,8.3709)

15,1 Str-Ⅱ, li Forsthof Grafenort im Wald, danach li mögliche ⬇ (46.8666, 8.3700)

14,7 Str-Ⅱ, re 🚂 Grafenort weitere mögliche ⬇, ab hier etwa WW II, abnehmend WW I (46.8699,8.3694)

10,3 Str-Ⅱ oberhalb **CH 6386 Wolfenschiessen** Ab hier WW I–II (II+) (46.9056,8.3936);
re ⇩ Wasserzufuhr (46.9058,8.3938)

9,6 Str-Ⅱ re **CH 6386 Wolfenschiessen** (46.9119,8.3945)

9,5 li ϟ, ⇩ Wasserzufuhr (46.9126,8.3943)

7,3 Str-Ⅱ **CH 6383 Dallenwil** re ⬆-Möglichkeit am Bachzufluss hinter der Ⅱ, 🅿 des Gewerbeparkes; ab hier teilweise begradigt (46.9314,8.3927)

6,4 Str-Ⅱ re **CH 6382 Oberdorf-Büren** (46.9388,8.3935)

5,0 ▬ Wehr, evtl. ≋, oder li ⌓, ansehen! (46.9509,8.3897)

4,1 Str-Ⅱ, li **CH 6370 Oberdorf** gute ⬆ (46.9593,8.3890)

3,0 Str-Ⅱ, re Kieswerk (46.9662,8.3917)

2,9 ▬ Blockwurfstufe (46.9666,8.3932)

2,4 überdachte Holz-Ⅱ (46.9688,8.3992)

2,3 Str-Ⅱ Stans–Buochs (46.9695,8.4004)

2,2 Autobahn-Ⅱ A2 (46.9697,8.4008);
überdachte Holz-Ⅱ (46.9701,8.4014)

1,4 ▬ Blockwurfstufe, ≋ (46.9747,8.4091)

1,0 ▬ Blockwurfstufe, ≋ (46.9768,8.4133)

0,8 Str-Ⅱ **CH 6374 Buochs** hier Sperrschild, gute ⬆ um das folgende Wehr zu vermeiden, allerdings ist der Ausstieg an den schrägsteilen Ufermauern nicht einfach, li vor der Ⅱ drei Parkbänke mit Lademöglichkeit, Migros-🅿 50 m entfernt an der Querstr (46.9773,8.4166)

0,7 ▬ Wehr 1 m hoch, ⚠ starker Rücklauf. Rechtzeitig ⬆ und evtl. ⌓. Der ▬-Abfall ist spät erkennbar, das ⬆ wegen starker Strömung vor dem ⬆ und steilschräger Ufermauern schwer (46.9772,8.4175)

0,0 ⇩ in den Vierwaldstätter See, geeignete ⬆ am re Ufer im Bereich der Ortschaft **CH 6374 Buochs-Beckenried** (46.9790,8.4259)
-3,8 in 4 km Entfernung ⇩ der Engelberger Aa in den Vierwaldstätter See (s. Seite 540) bei km 88,0See-Enge. Am Südufer des Sees. Die Weiterfahrt führt durch die Seeenge nach Nord-Westen (46.9968,8.4679)

Muota

WW I-II, WW III-IV, WW V-VI, Gebirgsfluss
Mündung in Reuss bei km 99,7 (re Nebenfluss)

Die Muota ist ein landschaftlich sehr schöner und wassermäßig interessanter Wildfluss im Bereich des Vierwaldstätter Sees.

Befahrbarkeit: am besten Mai–Juni, aber auch später möglich. Die Befahrbarkeit ist auch abhängig von der Wasserabgabe eines Kraftwerkes bei km 18,4

Schwierigkeiten: km 22,3–19,4 WW II–IV–V–**X**
km 18,4–8,4 WW II+/III. Gefälle 9,2 ‰.
km 8,4–6,8 **X**.
km 6,8–⇩ WW II, Gefälle 5,4 ‰.

Infrastruktur: ⛺ am Vierwaldstätter See
Pkw: zwischen den 🚌-Haltestellen bei km 17,4 und 10,4 verkehrt während des Tages stündlich ein 🚌. Mancher 🚌 fährt sogar bis zur Haltestelle bei km 18,4

29,0 Ursprung im Bereich des Pfannenstocks in etwa 2500 m Höhe
23,1 ϟ Bisisthal ⬇ für die Befahrung einer kurzen Teilstrecke des Oberlaufs (46.9472,8.8276)
22,3 ▬ Wehr, **X**, li ⏶ (46.9545,8.8249)
20,9 Str-II 🚌 Bisisthal, Laui ⬆, auf 250 m #unfahrbar, ⏶ (46.9621,8.8132)
20,7 Wieder-⬇ es folgt eine sehr schwere Strecke, WW IV und V (46.9628, 8.8099)
20,3 Str-II nähe 🚌 Bisisthal, Steinweid (46.9651,8.8066)
19,4 re 🚌 Bisisthal, Herrgott ⚠ Beginn eines Steilabbruchs, #unfhrbar#, mit Pkw umfahren (46.9680,8.7960)
18,4 Str-II **CH 6436 Muotathal-Balm** bei einem Fußballplatz, übliche ⬇ li vor der II. Kurz danach ⇩ des ϟ-Abflusses (s. „Befahrbarkeit"). Die Befahrung kann bei genügendem Wasserstand auch auf 2 Seitenbächen begonnen werden, z. B. bei einer rechtsufrig gelegenen Karstquelle, 300 m bis Muota. Schöne Fahrt auf klarem, schnellem und leicht verblocktem Wasser, WW II+.
(46.9718,8.7852)
17,4 Str-II **CH 6436 Muotathal** (Hauptstr.) (46.9732,8.7734)
16,1 Str-II **CH 6436 Muotathal** (Hundengässli) (46.9761,8.7570)
14,0 Str-II **CH 6436 Muotathal** (Föllmisbrücke) es folgt eine sehr schöne Blockstrecke mit dem berühmten Muotastein (WW III-IV), hier werden

auch Slalomwettkämpfe ausgetragen (46.9789,8.7313)

13,6 überdachte Holz-Ⅱ **CH 6436 Muotathal-Ried** (Vordere Brücke) darunter Schwall, ≈ (46.9810,8.7277)

13,3 re ⚠ Schiessstand Ried Schiessübungen auch über den Fluss! (46.9822, 8.7244)

12,4 li ⇩ eines Baches Schnelle, WW III (46.9836,8.7124)

11,9 Str-Ⅱ, re **CH 6436 Muotathal-Ried** darunter Stromschnelle WW III (46.9850,8.7067)

10,8 ■ Stufe, li ≈ (46.9904,8.6939)

10,4 Holz-Ⅱ **CH 6436 Muotathal-Selgis** ⬆, der folgende Stausee darf nicht befahren werden bis km 6,8 umfahren (46.9918,8.6897)

6,8 li ϟ, ⇩ Wasserzufuhr ⬇ unterhalb des ϟ, das über eine schmale Straße gut zu erreichen ist. Wegen der auf der Reststrecke folgenden Hindernisse scheint es allerdings fraglich, ob eine Weiterfahrt bis zum Vierwaldstätter See lohnend ist. Der Auslaufschwall des ϟ ist je nach Wasserstand nicht leicht zu befahren, im übrigen bis zur Mündung leichte Fahrt, WW II (46.9974,8.6502)

6,5 ■ Wehr Schönenbach zwischen Steilwänden, zunächst schräge Holzrutsche, die in einen etwa 2 m hohen Steilabfall übergeht. Besichtigung erforderlich, jedoch mühsam, evtl. re ≈ ⌂ am ■ kaum möglich, nur sehr mühsam re über einen Bergrücken (46.9986,8.6480)

5,0 Str-Ⅱ **CH 6438 Ibach** (47.0111,8.6444)

3,5 Autobahn-Ⅱ A4 (47.0122,8.6248)

3,4 Blockwurf-■, evtl. li ≈ (47.0119,8.6231)

3,3 EB-Ⅱ (47.0119,8.6227)

3,0 ■ Wehr aus Spundwand, 1 m hoch, evtl. ≈ (47.0108,8.6183)

1,1 Str-Ⅱ, 2b, li **CH 6440 Brunnen** (47.0017,8.6007)

0,0 **CH 6440 Brunnen**, re ⇩ der Muota in den Vierwaldstätter See (s. Seite 540) bei km 99,7 ⛺. Die Weiterfahrt geht in einer scharfen 90°-Kehre nach li Westen entlang dem Nordufer (46.9948,8.5944)

Meienreuss

WW V-VI, Gletscherfluss
Mündung in Reuss bei km 136,5 (li Nebenfluss)

Die Meienreuss ist ein extrem schwerer Gletscherfluss, landschaftlich hervorragend schön mit drei Klammen, WW VI **X**. Ein Befahrungsversuch könnte nur nach sehr eingehender Erkundung bei absoluten NW in Frage kommen.
Ein Befahrungsbericht liegt nur über eine etwa 2 km lange Strecke vom Ende der 3. Klamm bis zu einem ■ vor

Befahrbarkeit: bei NW Frühjahr vor der Schneeschmelze, Spätherbst

4,5 ⬇ nach der 3. Klamm bei einem Steg unterhalb **Dörfli** zu erreichen über einen Wanderweg. Nach 200 m Katarakt WW V, danach auf 1 km WW IV, enormes Gefälle, keine Kehrwasser. Baumhindernisse. Den

Schlusskatarakt vor dem ■ vor Befahrung unbedingt genau besichtigen, WW V. (46.7228,8.5566)

3,0 ⬆ bei einem ■ mit Wasserableitung, zu erreichen über einen für den öffentlichen Verkehr gesperrten 🅿 nahe dem **Weiler Husen** (46.7179, 8.5723)

0,0 ⇩ der Meienreuss in die Reuss (s. Seite 540) bei km 136,5 (46.7096, 8.6049)

Göschener Reuss

Kleinfluss, WW I-II, WW III-IV, WW V-VI
Mündung in Reuss bei km 141,9 (li Nebenfluss)

Die Göschener Reuß ist ein schwerer Wildbach, der nur auf einer kurzen Teilstrecke befahren werden kann.
Befahrbarkeit: Sommer.

6,0 ⬇ etwa 6 km oberhalb Göschenen bei einer kleinen Kapelle. Die Straße macht hier eine re-Kurve und entfernt sich ansteigend vom Bach. Zunächst auf 3 km WW IV–V mit 2 Stellen **X**. Dann leichter, WW II (46.6522,8.5242)

1,9 ⬆ bei Abfrutt nach etwas 4 km (46.6650,8.5696)

0,0 ⇩ Göschener Reuss in die Reuss (s. Seite 540) bei km 141,9 (46.6676, 8.5923)

Unteralpreuss

WW V-VI, Gebirgsfluss
Mündung in Reuss bei km 146,1 (re Nebenfluss)

Schwierigkeiten: etwa 4 km ruppiger Steinbach, mit starkem Gefälle und schwerer Verblockung, WW V; 2 Wasserfälle sind **X**. Die letzten 1000 m sind kanalisiert.

5,0 ⬇ im Gebiet von **Sandstafel** Zufahrt: eine kleine Kiesstraße offizielles Fahrverbot führt auf der re Flussseite in das Tal (46.6201,8.6379)

0,0 ⇩ Unteralpreuss in die Reuss (s. Seite 540) bei km 146,1 (46.6378, 8.5864)

Emme

Weitere Namen: Grosse Emme
WW I-II, WW III-IV, WW V-VI, Gebirgsfluss
Mündung in Aare bei km 91,6 (re Nebenfluss)

Die Große Emme fließt in ihrem Oberlauf durch eine lange Waldschlucht, die sich im „Räbloch" zu einer eindrucksvollen Klamm verengt. Sie bietet in diesem Bereich schweres Wildwasser. Der Unterlauf der Großen Emme, ab Eggiwil, ist durch zahlreiche, kurz aufeinander folgende Hindernisse (Eisenschienen, Blockwurf-wehre, Stufen usw.) weitgehend verbaut, von einer Befahrung dieser Strecke ist abzuraten.

Befahrbarkeit:	Mai–Juni, im Sommer nur nach Regenfällen. Bei HW muss von einer Befahrung der gesamten Schluchtstrecken dringend abgeraten werden. Dies gilt nicht nur für die Zeit der Schneeschmelze und nach längeren Regenfällen. Auch bei Gewittern kann das Wasser in der Schlucht extrem schnell ansteigen, außerdem besteht dann in der Räblochklamm Gefahr von Stein- und Holzschlag. Die Räblochklamm kann auch bei NW befahren werden.
Pegel:	Hilfspegel: ein günstiger Wasserstand liegt vor, wenn der große Felsbrocken am li Brückenpfeiler bei **Schangnau**, km 61,6, gerade angespült ist
Schwierigkeiten:	km 74,1-72,2 WW VI (?) km 72,2–67,7 WW I/II+ km 67,7–54,7 WW III/IV+ km 54,7–⇩ WW II, nicht zu empfehlen
Infrastruktur:	⛺ Marbach/Entlebuch, nicht am Fluss gelegen Pkw Begleitung nicht möglich

79,1 Ursprung der Emme in 1.650 m (46.7461,7.9220)

73,7 Beginn einer Schlucht Nach einer eingehenden Erkundung könnte sie bei günstigem Wasserstand evtl. befahren werden. Mögliche ⬇ unterhalb eines 12 m hohen Wasserfalles, **X**. Auf der Folgestrecke zahlreiche Stufen (46.7847,7.9477)

72,2 ⬇ bei sehr gutem WS WW I–II+ (46.7959,7.9536)

67,7 Str-Ⅱ, re **CH 6197 Schangnau-Bumbach** übliche ⬇ (46.8126,7.9104)

66,1 Str-Ⅱ darunter ▬ Beton-Stufe, bei höherem Wasserstand vor Befahrung besichtigen. Danach Beginn der Waldschlucht, erhebliche Verblockung mit engen Passagen und starkem Gefälle, Vorsicht vor Baumversperrungen, Wasserwucht, Abstürze, vergleichbar mit Loisachschlucht, doch eher schwerer (46.8132,7.8927)

65,0 Weg-Ⅱ (46.8144,7.8784)

63,1 Str-Ⅱ Ende der Waldschlucht anschließend etwas leichter (46.8212, 7.8587)

61,7 Str-Ⅱ, re nach **CH 6197 Schangnau** Mögliche ⬇ falls nur die folgende Räblochklamm befahren werden soll. Besonders gute ⬇⬆ etwa 600 m unterhalb der Ⅱ bei einem Kieslagerplatz, zu erreichen auf einem Feldweg am li Ufer. Die Klamm vor Fahrtbeginn unbedingt besichtigen! (46.8203,7.8453);
überdachte Holz-Ⅱ (alte Ⅱ), Hilfs-≣ (46.8205,7.8446)

59,9 ⚠ Beginn der Räblochklamm Verblockter Eingangsschwall, dann leichter. Die Klamm ist stellenweise nur 2 m breit. Im Frühjahr findet sich meist kurz nach dem Eingang ein bis zu 50 m langer, nur knapp über dem

Wasser liegender Eispfropf, lebensgefährlich, falls Unterfahrung nicht möglich ist. Bei Tauwetter und starken Regenfällen besteht Steinschlaggefahr! Schwälle, Presswasser. Die Hauptschwierigkeiten liegen jedoch nicht beim Wasser, sondern in dem beängstigenden Gesamteindruck: Man fühlt sich eingepresst zwischen den engen, senkrecht ansteigenden Felswänden aus Nagelfluh, die nicht immer den Blick zum Licht freigeben, die Beleuchtung ist daher diffus, kleinere Wasserfälle müssen durchfahren werden, es rauscht und schallt ringsum. Die Schlüsselstellen können nicht besichtigt werden, da es keinen Platz zum Anlegen gibt. Nach einer Kenterung mit Ausstieg muss ein größerer Abschnitt durchschwommen werden. Auf alle Fälle ist äußerst vorsichtig zu fahren, da bei einigen engen Passagen die Durchfahrt durch Treibgut total versperrt sein kann. Man kann dann nur auf den Verhau aufspringen und darüber klettern. Bei HW ist wegen der Möglichkeit dieser Verhaue eine Befahrung der Schlucht lebensgefährlich

59,1 Natur-II über einen Fußweg zu erreichen, bietet einen guten Einblick in die Schlucht

57,9 Ende der Klamm breitere Schlucht, Abnahme der Schwierig-keiten

56,0 Beton-II ⬆ Gute Gelegenheit zur Beendigung der Fahrt (46.8487,7.8055)

55,5 weitere ■ Betonstufe

54,8 Str-II **CH 3537 Eggiwil-Leisli** Es folgen bis zur ⇩ zahlreiche bis zu 1,5 m hohe Stufen, die bei MW bis auf das ■ bei Heidbühl alle ≈ sind. Trotzdem scheint es fraglich, ob eine Weiterfahrt noch lohnend ist (46.8573,7.8097)

52,7 überdachte Holz-II (46.8703,7.8073)

52,4 ■ Wehr, X (46.8712,7.8045);
Str-II, li **CH 3536 Eggiwil-Heidbühl**, ⬆, empfohlene Stelle zur Beendigung der Fahrt, auf der Folgestrecke viele ■ Stufen, Beschreibung nur nach Luftbild (46.8716,7.8043)

51,6 Str-II, li **CH 3536 Eggiwil** (46.8768,7.7996)

51,5 ■ Blockwurfstufe (46.8770,7.7983)

49,1 Str-II **CH 3536 Eggiwil-Neuhof** (46.8942,7.7840)

48,5 ■ Stufe (46.8985,7.7781)

48,3 ■ Stufe (46.8990,7.7756)

48,2 Str-II li **CH 3536 Eggiwil-Zimmertsei** (46.8987,7.7743)

46,9 ■ Stufe (46.9050,7.7622)

46,4 Str-II **CH 3536 Eggiwil-Äschau** (46.9091,7.7613)

46,3 ■ Stufe (46.9098,7.7607)

44,6 Str-II li **CH 3535 Schüpbach** (Eggiwilstr.) (46.9206,7.7483)

44,5 ■ Stufe (46.9211,7.7485)

44,1 ■ Stufe (46.9241,7.7464)

43,5 Str-II 10 (46.9272,7.7402)

43,2 ■ Stufe (46.9294,7.7373);
Str-II li **CH 3535 Schüpbach** (46.9295,7.7372)

42,6 3x ■ Stufe (46.9339,7.7394)

41,5 überdachte Holz-II (46.9428,7.7462)
41,0 ■ Stufe (46.9466,7.7489)
40,7 Str-II, li 🚉 Emmenmatt (46.9488,7.7502)
40,5 re ⇩ der Ilfis (46.9506,7.7509);
EB-II (46.9507,7.7506);
■ Stufe (46.9511,7.7504)
40,0 ■ Stufe (46.9547,7.7491)
39,7 ■ Stufe (46.9576,7.7490)
38,8 Str-II, re **CH 3436 Lauperswil** (46.9661,7.7481)
38,7 3x ■ Stufe (46.9664,7.7480)
37,8 ■ Stufe (46.9738,7.7420)
37,6 Str-II **CH 3436 Zollbrück** (46.9752,7.7401)
36,8 ■ Stufe (46.9796,7.7336)
36,5 2x ■ Stufe (46.9822,7.7334)
36,1 ■ Stufe (46.9859,7.7310)
35,7 ■ Stufe (46.9884,7.7285)
34,5 ■ Stufe (46.9970,7.7211)
33,8 ■ Stufe (46.9959,7.7120)
33,2 ■ Stufe (46.9963,7.7045)
32,1 überdachte Holz-II (47.0010,7.6922)
32,0 Str-II 23 (47.0014,7.6921);
EB-II (47.0018,7.6920)
31,8 EB-II (47.0029,7.6917)
31,1 Str-II **CH 3432 Lützelflüh** (47.0075,7.6860)
30,8 ■ Wehr (47.0081,7.6823)
29,8 ■ Wehr (47.0103,7.6691)
29,2 ■ Stufe (47.0129,7.6629)
28,6 Str-II re **CH 3415 Rüegsbach** (47.0167,7.6564)
28,2 ■ Stufe (47.0189,7.6535)
27,6 ■ Stufe (47.0224,7.6471)
26,9 ■ Stufe (47.0286,7.6446)
26,8 ■ Stufe (47.0294,7.6437)
26,2 ■ Stufe (47.0333,7.6389)
25,7 Str-II li **CH 3414 Oberburg** (47.0369,7.6350)
25,6 ■ Stufe (47.0381,7.6343)
25,5 ■ Stufe (47.0390,7.6341)
24,8 3x ■ Stufe (47.0451,7.6331)
24,5 Str-II li **CH 3400 Burgdorf** (Heimiswilbrücke) (47.0479,7.6337)
23,6 ■ Blockwurfstufe (47.0545,7.6324)
23,0 Str-II li **CH 3400 Burgdorf** (Lorraine) (47.0597,7.6322)
22,9 2x ■ Stufe (47.0604,7.6315)
22,7 EB-II (47.0616,7.6305)
22,2 ■ Stufe (47.0638,7.6236)
21,8 Str-II **CH 3400 Burgdorf** (Eybrücke) (47.0648,7.6196)

21,1 ■ Stufe (47.0682,7.6107)
20,2 3x ■ Stufe (47.0711,7.6002)
19,3 ■ Stufe (47.0762,7.5908)
18,2 Str-II **CH 3422 Kirchberg** (47.0840,7.5825)
17,2 Autobahn-II A1 (47.0905,7.5732)
16,6 ■ Stufe (47.0940,7.5674)
15,9 Str-II li **CH 3426 Aefligen** (47.0975,7.5588)
15,7 EB-II (47.0983,7.5568)
15,5 ■ Stufe (47.0990,7.5552)
14,4 ■ Stufe (47.1052,7.5433)
13,2 ■ Wehr (47.1134,7.5341)
10,9 Str-II li **CH 3315 Bätterkinden** (47.1322,7.5451)
10,1 ■ Wehr (47.1393,7.5450)
4,8 Str-II **CH 4562 Biberist** (47.1809,7.5641);
■ Wehr (47.1816,7.5646)
4,5 EB-II (47.1830,7.5663)
2,3 Str-II, re **CH 4552 Derendingen** (47.1994,7.5801)
1,8 EB-II (47.2031,7.5776)
1,4 Autobahn-II A5 (47.2070,7.5768)
0,6 EB-II (47.2134,7.5736)
0,0 ⇩ der Emme in die Aare (s. Seite 519) bei km 91,6 (47.2187,7.5714)

Zihl

Weitere Namen: Thielle [fre]
Seengewässer, Kanal
Mündung in Aare bei km 124,2 (li Nebenfluss)

Mündung in Bieler See
Die Zihl ist der Verbindungskanal zwischen dem See von Neuchâtel und dem Bieler See. Sie dürfte wohl nur im Zusammenhang mit einer Befahrung der beiden Seen interessant sein.
Infrastruktur: günstige ⛟ mit Rampen zum Wasser finden sich am See von **Neuchâtel** bei **Yverdon**, **Estavayer le Lac**, **Cevroux**, **Colombier** und **Marin**; nach Durchfahrt des Zihl-Kanals am Bieler See li bei **Neuveville** und re bei **Erlach**

62,2 ⇩ der Orbe (s. Seite 562) in den See von Neuchâtel (46.7900,6.6451)
37,4 li ⇩ der Areuse (s. Seite 560) in den See von Neuchâtel (46.9292,6.8982)
32,4 li **CH 2000 Neuchâtel** (dt. Neuenburg) (46.9593,6.9467)
26,8 re ⇩ der Broye (s. Seite 560) in den See von Neuchâtel (46.9903,7.0038)
25,7 ⇩ Ausfluss aus dem Neuenburger See (46.9977,7.0150)
24,0 EB-II, re ⛫ Zihlbrücke (47.0092,7.0290)
22,6 Str-II 10, re **CH 3238 Gals** (47.0210,7.0335)
18,4 Str-II, li **CH 2525 Le Landeron** (47.0456,7.0667)
17,3 ⇩ in den Bieler See (47.0516,7.0777)

11,5 re Halbinsel St.Petersinsel (47.0798,7.1389)
10,0 re ⇩ des Hagenauer Kanals mit dem Wasser der Aare (47.0651,7.1778)
3,2 ➔ Nidau-Büren-Kanal mit dem Wasser der Aare (47.1264,7.2231)
2,3 ⇩ Ausfluss der Zihl aus dem Bieler See (47.1305,7.2343)
2,1 **CH 2502 Biel** mehrer Ⅱ, Zahmwasser (47.1302,7.2363)
0,0 ⇩ der Zihl in die Aare (s. Seite 519) bei km 124,2 (47.1194,7.2545)

Broye

Wanderfluss, Seengewässer
Mündung in Zihl bei km 26,8 (re Nebenfluss)

Die Broye ist ein ruhiger Wanderfluss, über längere Strecken reguliert; keine besonderen Schwierigkeiten, einzelne ■

Fahrtstrecke: **Moudon – Lac de Neuchâtel** 54,0 km, die Broye durchfließt den Murten-See
Befahrbarkeit: März–April
Infrastruktur: ⛺ in **Moudon**, **Payerne**, am Murten-See und am **Lac de Neuchâtel**

77,9 Ursprung der Broye auf 1245m Höhe (46.5813,6.9639)
51,8 Str-Ⅱ **CH 1510 Moudon**, ⬇ (46.6669,6.8003)
16,4 ⇩ in den Murtensee (46.9208,7.0337)
8,8 ⇩ Ausfluss aus dem Murtensee (46.9554,7.1181)
0,0 ⇩ in den See von Neuchâtel (46.9819,7.0287)
-2,1 ⇩ der Broye in den See von Neuchâtel (s. Seite 559) bei km 26,8 (46.9903,7.0038)

Areuse

WW I-II, WW III-IV, Gebirgsfluss
Mündung in Zihl bei km 37,4 (li Nebenfluss)

Die Areuse ist ein sehr interessanter und abwechslungsreicher Wildfluss. Sie verläuft, nach ⇩ der größeren Buttes, zunächst weitgehend reguliert, durch die Ebene des Val de Travers. Zwischen **Noiraigue** und **Boudry** fließt sie durch zwei tiefe Schluchten, „Gorges de l`Areuse“. Dieses Gebiet steht unter Naturschutz; trotzdem wird der Bach hier mehrfach zur Energiegewinnung abgeleitet. Der erste Schluchtteil ist voller Wehre und **X** Katarakte. Ab **Champ du Moulin** folgt dann eine zwar zunächst mühsame, später aber fantastisch schöne Wildwasserstrecke.

Befahrungsregeln: Es sei ausdrücklich darauf hingewiesen, dass die Befahrung der Areuse, wie aller Flüsse im Kanton Neuenburg, ganzjährig verboten ist. Es gibt jedoch keine Verbotstafeln an der Ausbootstelle. Es kann eine schriftliche Bewilligung bei der Kantonspolizei Neuenburg beantragt werden. Anschrift : Police Cantonale, re. de la Balance 4, Case postale, CH-2001 Neuchâtel.

Befahrbarkeit:	Schluchtstrecken Frühjahr bis Mai, abhängig vom Wasserablass der ↯; Rest wohl auch im Sommer noch ≈. Die Wasserführung der Schlucht muss oberhalb des ↯ in **Boudry** beurteilt werden. Man geht dazu am besten bis zur Fußg-Ⅱ bei km 6,0
Schwierigkeiten:	km 28,9–14,4 vermutlich leicht. km 14,4–11,5 WW II–III+, Wehre, Wasserfälle, **X**, nicht lohnend. km 11,5–4,8 WW II–IV+, Wehre, Wasserfälle, **X**, sehr schön. km 4,8–⇩ WW III (?)
Infrastruktur:	⛺ am See in Colombier Begleitung: die ganze Schluchtstrecke wird von einem Wanderweg begleitet

31,7 Ursprung westlich von St. Sulpice im Jura nahe der französischen Grenze in etwa 1.000 m Höhe (46.9115,6.5488)

28,9 re ⇩ Buttes (s. Seite 562) in die Areuse (46.9061,6.5799)

28,6 Str-Ⅱ **CH 2114 Val-de-Travers** (46.9076,6.5827)

26,6 Str-Ⅱ **CH 2112 Val-de-Travers-Môtiers** (46.9118,6.6058)

23,9 Str-Ⅱ **CH 2108 Val-de-Travers-Couvet** (46.9225,6.6340)

20,2 Str-Ⅱ **CH 2105 Travers** (46.9384,6.6726)

18,0 Weg-Ⅱ, re **CH 2105 Val-de-Travers-Vanel** (46.9458,6.6952)

14,4 Str-Ⅱ, li **CH 2103 Val-de-Travers-Noiraigue** mögliche ⬇, Befahrung bis km 11,5 Les Moyats sehr mühsam und nicht lohnend (46.9524,6.7260)

13,9 ▬ Wehr mit Wasserableitung, **X**, li auf gutem Weg über eine Ⅱ am besten bis 13,4 ⏢ (46.9530,6.7314)

13,4 ED-Ⅱ ⚠ darunter 10 m hoher Wasserfall, **X**, sehr gefährlich! Rechtzeitig ↱ und ⏢. Kurz danach folgt ein 2 m hoher Schrägabfall, WW III+, danach WW II. Einzelne niedere ▬ Stufen, gut ≈ (46.9537,6.7371)

12,9 ▬ Doppelstufe Unmittelbar danach die 1. Schlucht, absolut **X**, jedoch sehenswert. ⬆ und auf einem Steig 300 m weit ⏢. ⬇ am Schluchtausgang mit Alpinstart. Es folgen in Abstand von etwa 100 m mehrere ▬ Stufen, einige davon evtl. ≈ (46.9528,6.7437)

11,5 Les Moyats, ▬ Wehr, ≈, li Rückführung des abgeleiteten Wassers, re erneute Teilableitung. ⚠, erhebliche Querströmung in einen Rechen. Mögliche ⬇, zu erreichen ab Champs du Moulin. WW II, einzelne kleine ▬ Stufen, ≈ (46.9528,6.7566)

10,4 Weg-Ⅱ bei Champ-du-Moulin günstige ⬇ für die Befahrung der unteren Schlucht. Zunächst Zahmwasser mit 3 niedrigen ▬, alle ≈ (46.9576, 6.7695)

9,4 ▬ Wehr Beginn der unteren Schlucht. Zunächst auf 300 m **X** (Wehre, danach steiler Katarakt). ↱ und über die Ⅱ li auf gutem aber steilem Weg ⏢. Teile des Katarakts sind ≈, WW V–VI. Weiter auf WW III (46.9602, 6.7811)

9,0 Fußg-Ⅱ (46.9618,6.7839)

8,8 ⚠ Wasserfall, **X**, re ⌂ (46.9631,6.7843)
7,7 Schräg-■, ≈, Teilableitung bis km 4,4. ⚠, Eisenträger! Es folgt der schönste Teil der Areuse, starke Verblockung, WW III–IV (46.9627, 6.7972)
6,6 Fußg-Ⅱ Zunahme des Gefälles und der Verblockung, WW IV+, bei höherem Wasserstand WW V. Mehrere Stellen besichtigen, eine Stelle **X** (46.9602,6.8103)
6,0 Fußg-Ⅱ hoch über dem Fluss Beginn einer fantastischen Klamm mit teils überhängenden Felsen. Vorsichtig einfahren, konnte nur erkundet werden, vermutlich WW IV+, abnehmend WW III. Der Klammausgang ist absolut ruhiges Wasser. Nach Ende der Klamm bis zum ϟ leicht (46.9619,6.8167)
4,8 li Rückführung des abgeleiteten Wassers günstige ⬇, 🅿 beim ϟ. Die Weiterfahrt bis zur ⇩ soll WW III sein, genaue Angaben fehlen (46.9595, 6.8289)
4,6 EB-Ⅱ (46.9581,6.8298)
4,4 Str-Ⅱ oberhalb **CH 2017 Boudry** (46.9561,6.8310)
4,3 ■ Wehr, **X**, re ⌂ (46.9558,6.8309)
3,2 Str-Ⅱ **CH 2017 Boudry** (46.9492,6.8379)
3,1 Str-Ⅱ 5 **CH 2017 Boudry** (46.9490,6.8391)
2,7 ■ Wehr (46.9510,6.8435)
2,1 Autobahn-Ⅱ A5 (46.9538,6.8479)
1,7 Str-Ⅱ li **CH 2015 Areuse** (46.9523,6.8532); ■ Stufe (46.9522,6.8535)
0,7 ■ Stufe (46.9494,6.8655)
0,0 ⇩ in Neuenburger See (46.9451,6.8714)
-2,7 ⇩ der Areuse in den See von Neuchâtel (s. Seite 559) bei km 37,4 (46.9292,6.8982)

Buttes

WW III-IV, Gebirgsfluss
Mündung in Areuse bei km 28,9 (re Nebenfluss)

Befahrungsregeln: Die Befahrung des Buttes soll anscheinend ganzjährig verboten sein, dieses bitte prüfen
Befahrbarkeit: März–April.
Schwierigkeiten: WW III–IV, 1 ■, **X**

3,4 Str-Ⅱ **CH 2115 Buttes ⬇** (46.8867,6.5521)
0,0 ⇩ Buttes in die Areuse (s. Seite 560) bei km 28,9 (46.9061,6.5799)

Orbe

Kleinfluss, WW I-II, WW III-IV, Gebirgsfluss
Mündung in Zihl bei km 62,2

Die Orbe ist in ihrem Oberlauf ein landschaftlich sehr schöner, recht schwerer Wildfluss mit unfahrbaren Teilstrecken, **Gorges de l'Orbe**; in ihrem Unterlauf wird sie zum eintönigen, regulierten Zahmwasser

Fahrtstrecken:

1. Teilstrecke von 2,0 km oberhalb **Vallorbe** – 2,5 km unterhalb, Gefälle 5,6 ‰, WW III–IV; anschließend 3,0 km X
2. Teilstrecke 3,0 km, Gefälle 15 ‰, WW IV; anschließend erneut längerer Abschnitt X
3. Teilstrecke bis ⇩ 13,5 km, Gefälle 1,9 ‰, WW I, anscheinend reguliert, ein ■

Befahrbarkeit: Frühjahr

0,0 ⇩ der Orbe in den See von Neuchâtel (s. Seite 559) bei km 62,2 (46.7900, 6.6451)

Saane

Weitere Namen: Sarine
Wanderfluss, WW I-II, WW III-IV, Gletscherfluss
Mündung in Aare bei km 152,3 (li Nebenfluss)

Die Saane, die von **Rougemont** bis **Fribourg Sarine** heißt, ist ein sehr abwechslungsreicher Fluss: In ihrem Oberlauf fließt sie durch ein landschaftlich hervorragend schönes Hochtal; sie ist in diesem Bereich ein anspruchsvoller, auf Teilstrecken extrem schwerer Wildfluss. Viele Bremsen im Sommer.

Es folgt eine Kette von Stauseen, teilweise mit anschließenden Wasserableitungen, das ⌂ bei den Stauwerken ist mühsam. Die dazwischenliegenden Fließstrecken sind leicht zu befahren, kurz, jedoch recht reizvoll, **Lessoc–Broc** 13,5 km; **Hauterive–Fribourg** 11 km und Staumauer **Schiffenen–Mündung** 14 km. Von einer durchgehenden Befahrung dieser Strecke ist abzuraten.

Befahrbarkeit: oberhalb **Gstaad** zur Zeit der Schneeschmelze und nach Regenfällen, unterhalb **Gstaad** meist ganzjährig, im Bereich der Fließstrecken jedoch abhängig von der Wasserabgabe der Stauseen

Umwelt: mäßig sauber
Pkw: Begleitung nur teilweise möglich

Pegel: unterhalb **Saanen** bei Flugplatz-Ⅱ. Man erreicht ihn von der ᚔ-Ⅱ etwa 5 Minuten zu Fuß flussabwärts. NW = 40 cm; günstiger Wasserstand 45–55 cm für die Befahrung der schwierigen Flussstrecken

Schwierigkeiten: km 117,0–88,2 WW II–III–IV mit Teilstrecken WW V. Gefälle bis Gstaad 17 ‰, unterhalb Gstaad 8 ‰.
km 88,2–79,4 Stausee Vernex mit Wasserableitung, X
km 79,4–65,6 WW II (V), Gefälle 6 ‰ (1. Fließstrecke).
km 65,6–51,8 Stausee la Gruyère.
km 51,8–38,5 Wasserableitung.
km 38,5–28,0 WW II, Gefälle 2,8 ‰ (2. Fließstrecke).

km 28,0–14,2 Stausee Schiffenen.
km 14,2–⇩ WW I, Gefälle 2,6 ‰ (3. Fließstrecke).

Infrastruktur: ⛺ in **Saanen** und **Chateau d`Oex**, am Fluss gelegen; schöne freie Plätze am Fluss nach Rücksprache mit dem Besitzer

124,5 Ursprung am Sanetschhorn in 2.100 m Höhe. Es folgt ein Stausee

117,0 Str-Ⅱ li **CH 3785 Gsteig** (1184 m Höhe), bei ausreichendem Wasserstand ab hier ≋. ⬇ an der Ⅱ am Ortsende. Schnelle Strömung, starkes Gefälle, WW III. Es folgen 2 Ⅱ, jeweils mit einer Stufe (46.3871, 7.2720)

113,0 Str-Ⅱ, li **CH 3784 Gsteig-Feutersoey** (46.4177,7.2725)

112,1 Str-Ⅱ (Gsteigerstr.) ⛱, gute ⬇ (46.4257,7.2704)

108,5 Str-Ⅱ **CH 3783 Saanen-Moosfang** (46.4560,7.2790)

107,0 Str-Ⅱ, re **CH 3780 Saanen-Gstaas** das Gefälle wird geringer (46.4677, 7.2828)

106,5 re ⇩ Turbach Falls die obere Saane nicht befahren wird, kann in Gstaad in den Turbach ⬇ werden, 500 m bis zur Saane, 100 m vor ⇩ ▬, **X** (46.4711,7.2799)

105,4 Weg-Ⅱ, re ⛺ Bellerive, Gstaad (46.4796,7.2739)

104,6 Weg-Ⅱ, re ⛺ Saanen (46.4858,7.2667)

103,9 Str-Ⅱ **CH 3792 Saanen** Hilfs-≣ (46.4881,7.2597)

103,4 Str-Ⅱ, re Flugplatz **CH 3792 Saanen** ≣ (46.4858,7.2540)

101,6 Rohr-Ⅱ danach li Anlandemöglichkeit (46.4863,7.2314)

101,5 Str-Ⅱ unterhalb **CH 3792 Saanen** (Dorfrüti) (Abzweigung von der N 11), Kläranlage, darunter Stufe, günstige ⬇⬆, Beginn der 1. Schlucht (Vernel-Schlucht), WW IV- (46.4861,7.2298)

99,8 Str-Ⅱ, re **CH 1659 Rougemont** li 🅿 bei Skilift, erreichbar vom Kreisverkehr der N 11 (46.4866,7.2099)

99,0 Str-Ⅱ (46.4841,7.2012)

97,7 Stahl-Ⅱ (46.4804,7.1875)

95,5 ⚠ Rohr-Ⅱ es folgt eine li-Kurve, danach plötzlich rechts ab in eine wenige Meter breite Klamm mit senkrechten, 100 m hohen Wänden, gefährliche Unterspülungen (2. Schlucht = Gérignoz-Schlucht) WW III–IV. Die Klamm muss vor Befahrung unbedingt erkundet werden, ein Teil der Klamm kann von einer Ⅱ am Klamm-Ausgang eingesehen werden (Ⅱ von Granges). Achtung bei HW! Gefahr von Baum-Verhau! Nach dem nur 2 m breiten Klamm-Ausgang (starke Seitenwirbel!) sofort re in Kehrwasser einfahren und das folgende, 200 m lange „Saane-S“, besichtigen. Achtung, das Kehrwasser (Platz für maximal 5 Boote)! Starke Verblockung mit mächtigen Walzen, WW IV+. Bei HW gefährlich (46.4732,7.1649)

95,1 Str-Ⅱ von Gérignoz von hier kann die Klamm eingesehen werden (46.4721,7.1614)

94,6 Abnahme der Schwierigkeiten WW III (46.4709,7.1552)

92,1 Str-Ⅱ, re **CH 1660 Château-d'Oex** re ⛺ du Berceau, mögliche ⬆ (46.4660,7.1258)

91,6 ▬ Wehr nach Besichtigung evtl. li ≈ (46.4644,7.1207)
91,0 Str-II, li **CH 1660 Château-d'Oex-Moulins** (46.4642,7.1139)
89,8 ⚠ Kiesentnahmestelle, zur Besichtigung der folgenden 3. Schlucht ↰ evtl. ⏏. ⬆ Die Fahrt wird vielfach hier beendet. Einfahrt in die Schlucht mit einem engen Katarakt, je nach Wasserstand bis WW IV, ⏏ schwierig. In der Schlucht 2 weitere sehr schwere Naturstufen, bei HW mit starkem Rücklauf, oft Baumhindernisse (46.4646,7.1004)
89,6 Str-II 9 (46.4646,7.0981)
88,2 Str-II, re **CH 1658 Rossinière** Es beginn der Stausee von Vernex (46.4630,7.0815)
86,9 ▬ Staumauer des Lac du Vernex 300 m davor ↱ möglich, Weg zur Straße. 🅿 am re Seeufer. Die Folgestrecke ist X, auch bei Wasserabgabe (46.4643,7.0650)
79,4 ▬ Staumauer **CH 1669 Lessoc** es folgt die 1. Fließstrecke im Bereich der Stauseen. ⬇ li am Fuß der Staumauer (46.5061,7.0533)
74,7 Str-II, re **CH 1666 Grandvillard** (46.5424,7.0742);
▬ Stufe 2 m hoch, zur Besichtigung bei der II ↱. Die Stufe ist evtl. ≈, je nach Wasserstand WW IV. li Klemmgefahr und starker Rücklauf. re ⏏ (46.5427,7.0747)
72,9 li ⛺ Haute Gruyère (46.5566,7.0845)
72,6 Steile ▬ Stufe/Geschiebebremse, X, (2 m), danach Blockwurf (46.5587, 7.0872)
71,1 Str-II, li **CH 1665 Bas-Intyamon** darunter Blockwurf-▬, evtl. ≈, bei NW Steckgefahr (46.5719,7.0917)
67,3 Str-II, re **CH 1636 Broc** (46.6027,7.0933)
67,2 EB-II (46.6039,7.0929)
65,6 Weg-II, Beginn des Greyerzersees re gute ⬆ (46.6147,7.0952)
65,1 re ⇩ des Jaunbach (s. Seite 569) in die Saane (46.6163,7.1002)
60,7 Str-II, re **CH 1647 Corbières** (46.6554,7.0951)
51,8 ▬ Staumauer von Rossens Wegen Wasserableitung ist eine Weiterfahrt meist nicht möglich (46.7180,7.1121)
38,5 re ϟ Hauterive mit Rückführung des abgeleiteten Wassers, ab hier Weiterfahrt möglich (2. Fließstrecke), ⬇ sehr mühsam (46.7697,7.1271)
36,0 li ⇩ der Glâne (s. Seite 568) in die Saane (46.7854,7.1297)
32,7 Str-II **CH 1700 Freiburg** (Pont de Pérolles) hoch über dem Fluss (46.7886,7.1560)
32,4 li ⬆ vor **CH 1700 Freiburg** am besten mit Pkw bis Seeende umfahren (46.7862,7.1574)
29,9 ▬ Staumauer Barrage de la Maigrauge (46.7989,7.1659)
29,0 Str-II **CH 1700 Freiburg** (Pont de la Motta) (46.8010,7.1570)
28,5 Str-II **CH 1700 Freiburg** (Pont de Saint-Jean) (46.8034,7.1620)
28,0 Str-II **CH 1700 Freiburg** (Mittlere Brücke) (46.8026,7.1673)
27,6 Str-II **CH 1700 Freiburg** (Bernbrücke) (46.8043,7.1689)
27,3 Str-II **CH 1700 Freiburg** (Zähringerbrücke) (46.8062,7.1662)

26,1 Str-II **CH 1700 Freiburg** (Poyabrücke) (46.8130,7.1654)
25,8 –14,3 Staubereich des Schiffensees (46.8147,7.1670)
23,5 EB-II (46.8266,7.1678)
22,2 Autobahn-II A12 (46.8316,7.1534)
14,2 ▬ Staumauer des Schiffensees re oder li ⏏ möglich, mühsam. ⬇ für die Befahrung der 3. Fließstrecke am Fuß der Staumauer. Die ⬇ ist zu erreichen über die Autobahn Bern–Fribourg, Abfahrt Düdingen, Richtung Gurmels. Die folgende Strecke bis zur Mündung ist als Wanderfluss zu empfehlen. Die Saane hat sich hier wie ein Kanal tief in den Sandstein eingefressen, WW I (46.8827,7.1937)
9,7 re ⇩ der Sense (s. Seite 566) in die Saane (46.9063,7.2335); ab hier WW I (46.9067,7.2336)
8,9 Str-II, re **CH 3177 Laupen** (46.9131,7.2352); EB-II (46.9134,7.2355)
6,3 EB-II (46.9354,7.2435)
5,2 Str-II und überdachte Holz-II, re **CH 3205 Gümmenen** (46.9439,7.2432)
2,5 Autobahn-II A1 (46.9631,7.2454)
0,6 Fußg-II, li **CH 3207 Wileroltigen** (46.9782,7.2535)
0,0 ⇩ der Saane in die Aare (s. Seite 519) bei km 152,3 (46.9793,7.2615)

Sense

WW I-II, WW III-IV, Gebirgsfluss
Mündung in Saane bei km 9,7 (re Nebenfluss)

Die Sense ist ein Juwel unter den Schweizer Wildflüssen und trotz ihrer guten Erreichbarkeit südlich von **Bern** nur wenig bekannt. In sportlicher Hinsicht entspricht sie etwa der Ammer unterhalb **Saulgrub** , ihre landschaftliche Schönheit der Ardèche. Im fahrbaren Bereich führt sie zunächst als Kiesbettfluss durch ein offenes Tal. Ab **Plaffeien** beginnt eine 13 km lange, unzugängliche, landschaftlich außerordentlich interessante Schlucht. In ihrem Unterlauf ist die Sense durch zahlreiche, zumeist fahrbare Wehre weitgehend verbaut.

Befahrbarkeit:	am besten zeitig im Frühjahr und nach stärkeren Regenfällen; die Schlucht ist zumeist auch bei sommerlichen NW fahrbar (Naturschutzgebiet). Wasserstandshinweis: an der ⬇ bei km 34,2 sollten keine Steine aus dem Wasser schauen, sondern alle überspült sein
Umwelt:	Wasser sauber
Schwierigkeiten:	km 35,9–10,3 WW II–III (IV) km 10,3–⇩ WW I
Infrastruktur:	unterhalb **Thörishaus**

44,9 Ursprung als Kalte Sense am Selibühl in etwa 1.500 m Höhe
37,8 Str-II, re **CH 1711 Sangernboden** (46.7122,7.3521)
35,9 Str-II Zollhaus nach **CH 1711 Sangernboden** re ⬇ in die kalte Sense bei sehr gutem Wasserstand. WW III+ (46.7163,7.3294)

34,2 Str-Ⅱ Zollhausbrücke ⬇, Weites Kiesbett mit Aufteilung in mehrere Arme, Schwierigkeiten bei geringer Wasserführung (46.7175,7.3089)

34,1 ⇩ Zusammenfluss von warmer und kalter Sense (46.7169,7.3078)

28,7 Str-Ⅱ, re **CH 3158 Guggisberg** übliche ⬇; von der Westseite der Ⅱ führt ein Fußweg zum Fluss. Schwierigkeiten in der folgenden Schlucht vor allem durch zahlreiche scharfe Kurven mit Prallhängen sowie unter-spülte Felsen (46.7606,7.3021)

27,2 ⚠ Großer, unterspülter Felsenklotz in scharfer l-Kurve, stark angespült. Bei NW Walze in Felsrinne, Holzhindernisse möglich. Zur Besichtigung ↰ und evtl. li ⏏

19,3 Fußg.-Ⅱ und Str-Ⅱ, re **CH 3150 Schwarzenburg** empfehlenswerte ⬇ bei NW (meist ab Juli); die Schlucht wird etwas offener, aber weiterhin abwechslungsreich, weit verzweigtes Kiesbett (46.8254,7.3198)

17,6 Fußg-Ⅱ, re Grasburg (46.8355,7.3324)

15,9 Str-Ⅱ, re **CH 3148 Ueberstorf** 🅿 (46.8467,7.3368)

13,0 re ⇩ der Schwarzwasser (s. Seite 567) in die Sense (46.8631,7.3594)

11,6 ■ Blockwurfstufe, evtl. ≋ (46.8734,7.3532)

11,2 ■ Blockwurfstufe, evtl. ≋, oder li treideln (46.8769,7.3521)

10,3 re übliche ⬆ **CH 3174 Thörishaus** 🅿, empfehlenswerte Stelle zur Beendigung der Fahrt, auch für Befahrung der Schwarzwasser (46.8849, 7.3533)

10,1 überdachte Holz-Ⅱ, re **CH 3174 Köniz-Thörishaus** Abhier reguliertes Flussbett, WW I, in Abständen von etwa 500 m folgen zahlreiche ■ Stufen, die zumeist ≋ sind, bei niedrigem Wasserstand allerdings nur unter erheblichem Materialeinsatz, ⚠ bei HW gefährliche Deckwalzen! Von einer Befahrung dieser Strecke ist daher abzuraten (46.8872,7.3530)

9,9 ■ Wehr, evtl. li ≋, nach Besichtigung (46.8884,7.3508)

9,6 EB-Ⅱ darunter Felsschwelle, re ≋ (46.8894,7.3484)

9,3 Autobahn-Ⅱ A12 (46.8901,7.3446)

8,1 Str-Ⅱ, re ⛺ Thörishaus (46.8931,7.3295)

7,7 Str-Ⅱ 12, li Anschlusstelle Flamatt (46.8936,7.3241)

6,6 EB-Ⅱ (46.8915,7.3094)

5,9 Str-Ⅱ, re **CH 3176 Neuenegg** (46.8925,7.3011)

0,7 Str-Ⅱ, re **CH 3177 Laupen** (46.9015,7.2397)

0,0 ⇩ der Sense in die Saane (s. Seite 563) bei km 9,7 (46.9063,7.2335)

Schwarzwasser (Sense)

WW III-IV, Gebirgsfluss
Mündung in Sense bei km 13,0 (re Nebenfluss)

Die Schwarzwasser ist zu Unrecht nur wenig bekannt. Sie führt, ähnlich wie die benachbarte Sense, auf einer Strecke von etwa 12 km durch eine völlig einsame wunderschöne Schlucht. Erst im Unterlauf stehen einzelne Häuser. Die Schwarzwasser ist dabei ein nur mäßig schwerer Wildfluss.

Befahrbarkeit:	beste Zeit April–Mai und kurz nach starken Regenfällen. In dem breiten Flussbett läuft das Wasser sehr schnell wieder ab. Die Schwarzwasser verläuft durch ein Naturschutzgebiet.
Schwierigkeiten:	km 14,–⇩ WW III (III+)

20,9 Ursprung am Egg in etwa 1.500 m Höhe
14,9 überdachte Holz-II, li **CH 3154 Rüschegg Graben** ⬇ bei gutem Wasserstand (46.7912,7.4062)
12,8 Str-II **CH 3150 Schwarzenburg** nach **CH 3088 Rüeggisberg** Weitere mögliche ⬇, die Schwarzwasser sollte hier gut ≈ sein, sonst ergeben sich in der folgenden Schlucht Schwierigkeiten. In der Nagelfluhschlucht typische Ausformungen mit quer liegenden Nagelfluhrinnen und -platten, leicht unterspülte Prallhänge, oftmals Aufspaltung in mehrere Arme, Busch- und Strauchhindernisse, WW II–III (46.8083,7.4087)
9,4 II, allmähliche Steigerung der Schwierigkeiten, WW III, bei HW sehr schnell und wenig Kehrwasser, wuchtige Schwallstrecken (46.8277, 7.3980)
0,7 Alte Stein-II ⚠ davor gefährliche Stelle, Nagelfluhriegel mit steil abfallenden engen Rinnen und Schlitzen, **X**; bei NW nicht zu weit in die Rinnen einfahren, rechtzeitig ↰ und bis nach der II ⏏. Bei NW evtl. in der Mitte überheben. 50 m nach der II schräger Abfall, re von der Mitte ≈, in der Mitte Eisenträger! (46.8642,7.3674)
0,5 Str-II, re Ruine Riedburg (46.8645,7.3650)
0,2 Str-II hoch über dem Fluss (46.8639,7.3612);
EB-II hoch über dem Fluss (46.8638,7.3610)
0,0 Es wird empfohlen, auf der Sense noch etwa 2 km bis **Thörishaus** weiterzufahren;
⇩ der Schwarzwasser in die Sense (s. Seite 566) bei km 13,0 (46.8631, 7.3594)

Glâne (Saane)

WW I-II
Mündung in Saane bei km 36,0 (li Nebenfluss)

Befahrbarkeit:	Zeit der Schneeschmelze und bei stärkeren Regenfällen im Frühjahr und Herbst
Schwierigkeiten:	WW II

13,9 Str-II, li **CH 1742 Autigny** ⬇ (46.7324,7.0263)
7,5 Weg-II, li **CH 1740 Neyruz** (46.7612,7.0649)
4,1 Autobahn-II A12 (46.7768,7.0927)
3,7 Str-II, li **CH 1753 Matran** (46.7795,7.0955)
3,5 Weg-II (46.7801,7.0974)
2,6 ▬ Wehr, **X** (46.7842,7.1072)
2,5 Weg-II (46.7846,7.1074)

0,3 Str-Ⅱ, li **CH 1752 Villars-sur-Glâne** (46.7848,7.1262)
0,0 ⇩ der Glâne in die Saane (s. Seite 563) bei km 36,0 (46.7854,7.1297)

Jaunbach

Weitere Namen: Jogne [fre]
Kleinfluss, WW I-II, WW III-IV
Mündung in Saane bei km 65,1 (re Nebenfluss)

Der Jaunbach ist ein nur mäßig schwerer Wildbach, teilweise reguliert.
Befahrbarkeit: Frühjahr bis Frühsommer
Schwierigkeiten: km 17,9–8,3 WW II–IV

26,5 Ursprung in etwa 2.000 m Höhe (46.5535,7.2703)
17,9 Weg-Ⅱ oberhalb **CH 1656 Jaun** mögliche ⬇ schnelle Strömung, wenig Kehrwaser (46.6080,7.2912)
17,4 Weg-Ⅱ **CH 1656 Jaun** 🅿, weitere ⬇ (46.6099,7.2861); ▬ Wehr mit kurzem Gumpen. Es folgt auf 300 m eine extrem verblockte Gefällestrecke mit verwinkelten Abfällen, je nach Wasserstand bis WW IV, Klemmgefahr! Die Strecke (46.6100,7.2857)
14,9 Str-Ⅱ Zufahrt auf Privatstraße im Flecken Zur Eich, Gassaweg ab hier WW II (46.6050,7.2596)
13,8 Str-Ⅱ 189, li **CH 1655 Im Fang** danach mäßige Verblockung, li Sägewerk, Ortschaft Im Fang (46.6023,7.2460)
8,6 re Schotterwerk ⚠ Baggerseile! (46.6103,7.1865)
8,3 Schräg-▬ aus groben Steinen ≈, Rücklauf (46.6105,7.1822)
8,2 Weg-Ⅱ der Straße zum Schotterwerk ⬆ gute Stelle zur Beendigung der Fahrt (46.6106,7.1814)
8,0 2x ▬ Wehr re und li Sägewerk, **X**, rechtzeitig vor dem 1. ▬ ausbooten, nach dem 2. ▬ Katarakt, ⬇ schwierig (46.6115,7.1788)
7,4 Str-Ⅱ 189 (46.6125,7.1727)
7,1 ▬ Wehr La Tsintre mit totaler Wasserableitung. ⬆ Die Fahrt muss hier beendet werden. Bis zur ⇩ folgen noch 2 Stauseen (46.6128,7.1690)
0,0 ⇩ des Jaunbach in die Saane (s. Seite 563) bei km 65,1 (46.6163,7.1002)

Kander

WW I-II, WW III-IV, Gletscherfluss
Mündung in Aare bei km 216,6 (li Nebenfluss)

Der Oberlauf der Kander, in einem sehr schönen Alpental, bietet auf kurzer Strecke sehr schweres Wildwasser, der folgende Abschnitt wird wegen zahlreicher Stufen nur selten befahren.
Sehr schönes WW, frei von künstlichen Hindernissen findet sich auf dem letzten Abschnitt vor der ⇩ in den Thuner See, dieser Abschnitt wird recht häufig als Fortsetzung der Simme (s. Seite 571) befahren.
Pegel: **Kandergrund** , wo die Straße neben dem Fluss verläuft, li auf

	einem Stein; NW – blau, MW – gelb bis Mitte rot, HW – obere Hälfte rot und weiß. Bei „grün“ ist von einem Befahrungsversuch dringend abzuraten. Ein weiterer ≣ mit entsprechenden Markierungen befindet sich bei km 23,0
Schwierigkeiten:	km 27,5–21,6 WW VI–III km 21,6–3,8 WW III+, WW II km 3,8–⇩ WW I–II–III
Infrastruktur:	⛟ bei **Kandersteg** und am Thuner See Pkw: Straße meist in Flussnähe

45,8 Ursprung aus dem Kanderfirn (Gletscher des Mutthorns) in etwa 2.500 m Höhe (46.4667,7.7620)

27,5 Weg-II, re **CH 3717 Mitholz** bei NW 200 m nach dem Kieswerk ⬇ möglich, extrem eng und verwinkelt, WW V/VI (46.5231,7.6705)

26,8 re ⇩ Stegenbach mögliche ⬇, ab hier auch bei MW ≈, etwas leichter, WW IV–V. Die folgende Strecke kann auf einem li-ufrigen Feldweg teilweise eingesehen werden (46.5284,7.6652)

26,3 re **CH 3717 Kandergrund-Blausee** weitere Abnahme der Schwierigkeiten; WW II–III (46.5324,7.6634)

25,4 Katarakt WW IV (46.5379,7.6617)

24,5 Str-II **CH 3717 Kandergrund** ≣, ⬇, die Fahrt beginnt sofort mit stark verblocktem, ruppigem Wildwasser, WW III+. Nach 200 m folgt ein 200 m langer Katarakt, je nach Wasserstand WW V–VI, evtl. li ≈. Danach wieder leichter, WW II–III (46.5438,7.6592)

23,0 Weg-II **CH 3716 Kandergrund** (Reckental) ≣ (46.5565,7.6606)

21,7 1. ▬ Wehr Zrydsbrügg über eine Bootsrutsche gut ≈, gute ⬆ (46.5653, 7.6547)

21,6 Weg-II (46.5659,7.6546);
2. ▬ Wehr Zrydsbrügg re oder li ≈, ⚠ Rücklauf! Ab hier nur noch WW II. Bis Ermstadt Stufen unterschiedlicher Höhe. Bei günstigem Wasserstand können 9 dieser Stufen befahren werden, 2 sind **X**. Bei höherem Wasserstand lebensgefährlicher Rücklauf! Wegen dieser Stufen scheint es fraglich, ob eine Befahrung der Strecke bis km 3,8 zu empfehlen ist (46.5661,7.6546)

20,4 Str-II 223, re **CH 3714 Frutigen** (46.5751,7.6530)

20,3 EB-II Lötschbergstrecke (46.5754,7.6540)

18,1 Str-II, li **CH 3714 Frutigen** (46.5919,7.6615)

17,4 li ⇩ der Engstlige (s. Seite 576) in den Kander (46.5979,7.6613)

14,4 re ⇩ der Kiene (s. Seite 575) in den Kander (46.6180,7.6835)

14,3 Str-II 223 (46.6190,7.6841)

14,1 EB-II (46.6207,7.6853)

13,2 Weg-II, re **CH 3713 Reichenbach im Kandertal** (46.6280,7.6892)

11,9 Str-II, re **CH 3711 Mülenen** (46.6398,7.6897)

10,3 Str-II **CH 3711 Emdthal** Für die nächsten 6 km liegt ein Befahrungsbericht nicht vor, es scheint jedoch mit den Stufen wie gehabt

weiterzugehen (46.6524,7.6826)
7,8 EB-Ⅱ (46.6717,7.6677)
6,4 Str-Ⅱ 11, re **CH 3700 Spiez** (46.6830,7.6596)
5,1 Autobahn-Ⅱ A6 (46.6872,7.6451);
EB-Ⅱ (46.6871,7.6447)
3,8 li ⇩ der Simme (s. Seite 571) in den Kander zunächst ruhiges Wasser in breitem Flussbett, Uferbefestigungen (46.6913,7.6328)
1,7 Zunahme der Verblockung (46.7081,7.6321)
1,5 AB-Ⅱ, A 6, darunter Blockwurf-■ ⚠ Paddlerfalle! In 0,5 m Abstand stehen T-Träger senkrecht im Wasser, nur bei NW von unten zu sehen: Sie sind mit einem Stahlseil verbunden. Unbedingt vor der Ⅱ ↱ und ⏏ (46.7098,7.6320)
1,4 Schlückhalsschlucht, hier sehr interessantes und technisch anspruchsvolles Wildwasser mit erheblicher Verblockung (46.7101, 7.6324)
1,0 EB–Ⅱ (46.7133,7.6349)
0,9 Str-Ⅱ, 6, li **CH 3645 Gwatt** (46.7140,7.6354)
0,0 ⇩ des Kander in die Aare (s. Seite 519) bei km 216,6 (46.7189,7.6430)

Simme

WW I-II, WW III-IV, Gletscherfluss
Mündung in Kander bei km 3,8 (li Nebenfluss)

Die Simme ist ein landschaftlich sehr schöner Fluss des Berner Oberlandes. Der Oberlauf ist reguliert und als WW daher weniger interessant. Nach einem unfahrbaren Zwischenstück folgt ab **Garstadt** eine Strecke mit sehr schönem WW; hier werden Abfahrtsrennen veranstaltet.

Befahrbarkeit:	am besten Mai–Juli, unter günstigen Verhältnissen auch später möglich.
Umwelt:	Besonderheit: im Hochsommer zeitweise extreme Bremsenplage
Schwierigkeiten:	km 33,4–30,8 WW II, Gefälle 10,6 ‰. km 30,8–28,9 unfahrbar. km 28,9–⇩ WW III/III+, Gefälle 9,7 ‰.
Infrastruktur:	mehrere am Fluss gelegene ⛺

33,4 ⇩ Zusammenfluss von Große Simme (s. Seite 574) und Kleine Simme (s. Seite 573) zur Simme (46.5578,7.3813)
32,8 Str-Ⅱ, li ⛺ Vermeille (46.5629,7.3787)
32,3 Str-Ⅱ **CH 3770 Zweisimmen-Mannried** (46.5677,7.3773)
30,8 Str-Ⅱ, li 🚉 Grubenwald Beginn einer 1,5 km langen ✕ Strecke, frühzeitig ⬆, mit Pkw umfahren (46.5798,7.3838)
29,6 ■ Laubeggfall (46.5895,7.3803)
28,9 Str-Ⅱ 11, **CH 3766 Boltigen-Garstatt** ⬇ für die Befahrung der schönen Wildwasserstrecke der Simme. Allmähliche Zunahme der Schwierigkeiten,

zunächst WW II, z. T. kanalisiert, sehr schnelle Strömung (46.5930, 7.3754)

28,6 überdachte Holz-Ⅱ (46.5959,7.3756)

28,1 Str-Ⅱ (46.6004,7.3763)

27,5 überdachte Holz-Ⅱ **CH 3766 Boltigen-Weissenbach** darunter ▬ kleine Stufe, re ≈ (46.6051,7.3751)

26,6 Weg-Ⅱ (46.6126,7.3790)

25,8 Str-Ⅱ (46.6194,7.3826)

24,4 überdachte Holz-Ⅱ **CH 3766 Boltigen** (46.6278,7.3948)

23,1 überdachte Holz-Ⅱ (46.6356,7.4079)

22,9 re Sägewerk verfallenes ▬ Wehr auf 50 m wuchtiger Katarakt, halb-li ≈, je nach Wasserstand bis WW IV. Schon bei der Anfahrt vom Sägewerk aus besichtigen. ↰ davor möglich (46.6370,7.4090)

22,4 li Kieswerk gute ↓, WW II+ (46.6391,7.4145)

22,1 Blockwurf-▬, evtl. ≈, ansehen! (46.6412,7.4154)

21,5 Str-Ⅱ (46.6460,7.4183)

20,4 Str-Ⅱ (46.6515,7.4281)

19,2 Str-Ⅱ, li **CH 3765 Oberwil im Simmental** ▬ Meßschwelle, ≈, bei wenig Wasser Steckgefahr. Davor li ≡, ab hier Steigerung der Schwierigkeiten, WW III. Zunahme der Verblockung, bei höherem Wasserstand erhebliche Wasserwucht und Walzen, 2 Stellen können WW IV erreichen (46.6549, 7.4394)

17,9 Str-Ⅱ (46.6584,7.4524)

15,8 Str-Ⅱ **CH 3764 Weissenburg ↓↑**, Nachlassen der Schwierigkeiten, WW II+ (46.6580,7.4757)

15,7 re 🚐 Weissenburg Simmental (46.6580,7.4777)

13,6 Str-Ⅱ, li **CH 3763 Därstetten** (46.6565,7.4976)

12,4 Str-Ⅱ (46.6554,7.5095)

10,6 Str-Ⅱ, li 🚆 Ringoldingen (46.6579,7.5266)

9,5 Str-Ⅱ (46.6586,7.5404)

9,0 li ↑ **CH 3762 Erlenbach im Simmental** Falls ab dem ▬ Erlenbach das Wasser für eine Befahrung nicht ausreicht, muss die Fahrt hier unterbrochen werden. Gute ↑ in der ϟ-Anlage li nach der ⇩ des Unterwasserkanals, Paddlertreppe (46.6572,7.5465)

8,6 ▬ Wehr Erlenbach ϟ, Ein Teil des Wassers wird über einen Stollen abgeleitet, deshalb führt die Simme ab hier oft zu wenig Wasser, während der Oberlauf meist noch gut befahren werden kann (46.6577,7.5505)

8,4 Str-Ⅱ, li **CH 3762 Erlenbach im Simmental** (46.6582,7.5538)

7,8 EB-Ⅱ (46.6593,7.5608)

6,5 re ⇩ des Chirel (s. Seite 573) in die Simme (46.6604,7.5764)

6,4 Str-Ⅱ, re **CH 3753 Oey** (46.6610,7.5777);
Schräg-▬ gut ≈ (46.6613,7.5780)

4,3 Str-Ⅱ, re **CH 3753 Diemtigen-Burgholz** (46.6671,7.6020)

2,2 ▬ Staumauer und Ⅱ, ✕, 100 m vor der Staumauer ↱ und ⏏. Direkt hinter der Ⅱ kann das Wasser über einen Trampelpfad wieder erreicht werden. Ab hier WW III–IV (46.6744,7.6261)

2,1 Autobahn-Ⅱ A6 (46.6751,7.6280)

2,0 re **CH 3752 Wimmis**, ⬇ falls die beiden vorausgehenden Stauanlagen mit Pkw umfahren werden (46.6755,7.6293)

1,6 Weg-Ⅱ, re **CH 3752 Wimmis** (Brödlihüs) weitere gute ⬇ beim „Hirschen" am li Ufer. Bis zur ⇩ folgen 3 Blockwurf-▬, die Blöcke sind mit Drahtseilen verbunden, 1. und 2. bedingt ≋, 3. ▬ **X**, Betonstufe mit Rücklauf, li ⩯ (46.6772,7.6324)

0,6 Fußg-Ⅱ (46.6865,7.6333)

0,0 ⇩ der Simme in den Kander (s. Seite 569) bei km 3,8 zunächst ruhiges Wasser in breitem Flussbett, Uferbefestigungen (46.6913,7.6328)

Chirel

Weitere Namen: Fildrich
Kleinfluss, WW III-IV, WW V-VI
Mündung in Simme bei km 6,5 (re Nebenfluss)

Die Fildrich und die anschließende Chirel sind schwere Wildbäche. Auf den Fluss sollte sich nur wagen, wer mit absoluter Sicherheit auch in kleinsten Kehrwassern anhalten kann.

Fahrtstrecke: oberhalb **Horboden** befindet sich eine Steilstufe, **X**, mit ⌘ Wasserfällen, ⬇ unterhalb dieser Steilstufe. Man gelangt dorthin auf einer Einfahrt, die oberhalb **Horboden**, wenn die Straße zu steigen beginnt, li zu einem Steinbruch führt, ⬇ unterhalb einer Ⅱ. Die Boote können auch noch einige hundert Meter bis unterhalb der Fälle hochgetragen werden. Bis zur ⇩ in die von re kommende kleinere Chirel leicht verblocktes Wasser, WW II–III. Danach Zunahme des Gefälles und der Verblockung, sehr schnelles Wildwasser mit nur sehr kleinen Kehrwassern, Baumhindernisse, WW IV mit Stellen WW V–. Der Fluss verläuft auf der gesamten Strecke durch den Wald. Etwa 400 m oberhalb der Ⅱ beim Schießstand oberhalb **Oey** findet sich in einer scharfen li-Kurve ein ▬, re gut ≋. Ab der Ⅱ leichter, WW III, mehrere Blockwurf-▬, ≋. Kurz vor der EB-Ⅱ in **Oey** mehrere Eisen im Fluss. Beendigung der Fahrt nach insgesamt etwa 5 km auf der Simme etwa 200 m nach der ⇩ li unterhalb eines Schräg-▬, gut ≋, li bei einem Holzhaus, hier Treppe zum Fluss, Parkmöglichkeit.

Befahrbarkeit: Mai–Juni, evtl. auch später; sonst nach Regenfällen

Pegel: unter der Chirell-Ⅱ in **Oey** re; günstig Wasser im grauen Bereich.

Infrastruktur: ⛟ in **Oey**, an Chirel und Simme gelegen

0,0 ⇩ des Chirel in die Simme (s. Seite 571) bei km 6,5 (46.6604,7.5764)

Kleine Simme

WW III-IV, WW V-VI

Mündung in Simme bei km 33,4 (li Nebenfluss)

Die kleine Simme verläuft auf ihrem gesamten Lauf durch eine enge Waldschlucht.

Befahrbarkeit: eine Befahrung sollte bei wenig Wasser erfolgen. Ein günstiger Wasserstand liegt vor, wenn man auf dem ersten Kilometer häufig Grundberührung hat. Bei HW wird das Anhalten vor den ▬ schwierig.

Schwierigkeiten: Sie ist hier ein Wildbach wechselnder Schwierigkeiten mit mehreren Wehren, zumeist ≈.

4,9 Hangelen-Ⅱ, ⬇ man erreicht sie, wenn man von der Straße **Zweisimmen** – **Saanen** beim ✕ „Rychestei“ auf guter Straße Richtung **Oeschseite** fährt. Zunächst auf 1 km WW II–III. Es folgen 3 etwa 1–2 m hohe ▬, dazwischen niedere Gefällebremsen, alles gut ≈, nur das 2. ▬ ist **X**. Danach auf engem Wasser WW III–IV, bei HW bis WW V–, Zunahme des Gefälles. Es folgen in größeren Abständen weitere 4 ▬, bis 5 m hoch. Das höchste ▬ ist wegen seichten Unterwassers **X**, die übrigen ▬ nach Besichtigung ≈, ⌓ stets gut möglich. (46.5288,7.3420)

1,8 ⬆ Beendigung der Fahrt beim Schwimmbadpark von **Zweisimmen** Eine Weiterfahrt bis zur ⇩ ist kaum lohnend (46.5469,7.3673)

0,0 ⇩ Zusammenfluss von Große Simme (s. Seite 574) und Kleine Simme zur Simme (s. Seite 571) bei km 33,4 (46.5578,7.3813)

Große Simme

WW I-II

Mündung in Simme bei km 33,4 (re Nebenfluss)

Oberlauf der Simme

Befahrbarkeit: am besten Mai–Juli, unter günstigen Verhältnis-sen auch später möglich.

Schwierigkeiten: km 46,7–⇩ WW II

57,2 Ursprung mit mehreren Quellflüssen im Bereich des Weißhorns in 2.500 m Höhe

51,5 Simmenfälle (46.4262,7.4786)

46,7 **CH 3775 Lenk**, mehrere ⅡⅡ übliche ⬇. Zunächst auf 1 km WW III, dann begradigt, WW II (46.4572,7.4428)

42,3 Str-Ⅱ, re **CH 3773 St. Stephan-Matten** (46.4911,7.4201)

41,6 Ⅱ Tunnel unter einem Flugplatz Nach Erkundung meist ≈ (46.4950, 7.4144)

40,4 Klappen-▬ je nach Stellung der Klappen ≈ oder ⌓, unbedingt besichtigen (46.5029,7.4068)

40,1 Str-Ⅱ, re **CH 3772 St. Stephan** 🚂 (46.5046,7.4026)

39,4 Str-Ⅱ **CH 3772 St. Stephan** (Grodey) (46.5065,7.3940)

39,2 4x ▬ Stufe, evtl. ≈, bei mittlerem und hohem Wasserstand starker Rücklauf, vom Boot schlecht zu erkennen, unbedingt vor Befahrung

besichtigen. Weiterhin WW II (46.5080,7.3929)
37,9 Str-Ⅱ, re **CH 3772 St. Stephan-Stöckli** (46.5176,7.3878)
36,0 Str-Ⅱ (46.5338,7.3901)
35,4 Str-Ⅱ, re **CH 3770 Zweisimmen-Blankenburg** (46.5380,7.3855)
34,2 EB-Ⅱ und Str.-Ⅱ (46.5472,7.3814)
33,4 ⇩ Zusammenfluss von Große Simme und Kleine Simme (s. Seite 573) zur Simme (s. Seite 571) bei km 33,4 (46.5578,7.3813)

Kiene

Weitere Namen: Gorenenwasser, Chiene
Kleinfluss, WW III-IV, WW V-VI
Mündung in Kander bei km 14,4 (re Nebenfluss)

Die Kiene, die vielfach auch „Gorenenbach" heißt, verläuft durch ein sehr schönes, touristisch nicht allzusehr überlaufenes Hochtal des Berner Oberlandes. Sie ist im Bereich einer tiefen und schwer zugänglichen Waldschlucht ein extrem schwerer Wildbach.

Befahrbarkeit:	im Prinzip ganzjährig; zur Zeit der Schneeschmelze und nach starken Regenfällen nehmen die Schwierigkeiten so sehr zu, dass dann von einer Befahrung abgeraten wird.
Pegel:	Hilfspegel: Farbmarkierungen kurz oberhalb der Ⅱ von **Kien**, km 0,4: blauer Balken = NW; gelb und rot = MW; weiß und grün = HW.
Schwierigkeiten:	sehr starke Verblockung, Baumversperrungen möglich, bei sehr schneller Strömung kann Anhalten evtl. sehr schwer bis unmöglich werden. WW IV–V–VI–**X**. Die Schlucht kann von einem Wanderweg eingesehen werden.

9,5 Ursprung aus den Gletschern der Bluemlisalp in etwa 1.150 m Höhe (46.5540,7.7427)
5,3 Str-Ⅱ, re **CH 3723 Kiental** ⬇, zunächst WW IV (46.5852,7.7234)
4,3 Weg-Ⅱ (46.5915,7.7144)
4,2 ⚠ Schutthalde von li auf 600 m extremes Gefälle (bis 100 ‰) und Verblockung, je nach Wasserführung und Geschiebeverhältnissen WW VI bzw. **X**, li ⩯ auf Wanderweg möglich, doch recht mühsam. Der Weg entfernt sich vom Fluss, wieder ⬇ daher erst bei km 3,1 möglich.
Es folgt eine klammähnliche Strecke, sehr stark verblockt mit wuchtigen Abfällen, WW V, eine Stelle **X** (46.5921,7.7137)
3,1 Ⅱ Wandersteg ab hier leichtes Nachlassen der Schwierigkeiten, WW IV+ (46.5997,7.7058)
1,0 Weg-Ⅱ (46.6123,7.6937)
0,4 Str-Ⅱ, li **CH 3713 Reichenbach im Kandertal-Kien** re Sägewerk, Behelfs-▤. Gute ⬆ (46.6158,7.6883)
0,0 ⇩ der Kiene in den Kander (s. Seite 569) bei km 14,4 (46.6180,7.6835)

Engstlige

WW III-IV, WW V-VI, Gletscherfluss
Mündung in Kander bei km 17,4 (li Nebenfluss)

Die Engstlige fließt in einem landschaftlich hervorragend schönen Hochtal zwischen Bergen mit Höhen bei 2.500 m. Sie hat sich in dieses Tal tief eingeschnitten, die Straße verläuft zumeist hoch über dem Fluss. Sie ist auf der gesamten Strecke ein schwerer bis sehr schwerer Wildfluss. Sie stürzt mit sehr starkem Gefälle in einem fast pausenlosen Katarakt zu Tal: schwere Verblockungen; Felsstürze mit engen Durchfahrten; haushohe, von den Nebenbächen angeschwemmte Schuttkegel, die den Fluss mehrfach hart gegen steile Felswände pressen; Gefahr von Holzverhauen und nur knapp unterspülten Brücken. Die reißende, fast kehrwasserlose Strömung macht jedes Anhalten zu einem schweren, gelegentlich unlösbaren Problem. Bei Hochwasser wird die Engstlige zum lebensgefährlichen Fluss, dessen Befahrung dann unbedingt unterlassen werden sollte.
Der Pochtenkessel gilt als **X**

Befahrbarkeit:	Frühjahr; bei HW meist im Juni, wird die Engstlige sehr schwer, im Sommer ist das Wasser vielfach knapp. Unterhalb km 10,4 meist ganzjährig
Pegel:	Farbpegel oberhalb der Ⅱ von **Frutingen**. NW = blau, MW = gelb und rot, HW = weiß und Grün
Schwierigkeiten:	km 13,1–10,4 WW IV/V- mit **X** Abschnitt, Gefälle 33 ‰, schwerste Verblockung. km 10,4–2,7 WW IV, Gefälle 18 ‰, mäßige Verblockung, Wasserwucht. km 2,7–⇩ WW III mit gefährlichen Wehren.
Infrastruktur:	**bei Frutigen**

25,0 Ursprung im Bereich der Gletscher des Wildstrubelgebietes in etwa 3.000 m Höhe

14,8 Str-Ⅱ, li **CH 3715 Adelboden** Eine Befahrung soll ab hier möglich sein, jedoch keine gesicherten Unterlagen! (46.4966,7.5721)

13,6 Str-Ⅱ der Bach wechselt von der li auf die re Seite der Straße (46.5029, 7.5804)

13,1 ⬇ nach den letzten künstlichen Stufen hier keine -Möglichkeit. Schwierigkeiten der folgenden Strecke nie unter WW IV, oft bis WW V+ ansteigend. Stets mit unvermutet auftauchenden Holzverhauen rechnen! (46.5062,7.5821)

11,1 ⚠ Pochtenkessel, 2 Wasserfälle, **X**. ↱ 100 m vor dem Abfall. Über Steg nach li . ⚠ Absturzgefahr beim ! ⬇ und ⬆ schon bei der Anfahrt erkunden (46.5209,7.5884)

10,4 Str-Ⅱ Viaduct Achseten ⚠ schwierigster Abschnitt, ebenfalls bei Anfahrt erkunden. Mögliche ⬇ ca. 400 m unterhalb in einer Kurve an einem kleinen Nebenbach. Ab hier etwas geringere Schwierigkeiten (46.5265, 7.5920)

4,1 Gedeckte Holz-Ⅱ hier unbedingt ↰ und die folgenden 200 m besichtigen (46.5697,7.6273)
2,7 Ⅱ bei Kieswerk. Am Ende des Kieswerkes Stufe, **X**, lebensgefährlich! Eine Weiterfahrt ist nicht lohnend, da mehrere Stufen folgen, teilweise **X** (46.5795,7.6376)
2,3 re ⛺ Grassi (46.5820,7.6411)
1,2 Str-Ⅱ, re 🚂 **CH 3714 Frutigen** (46.5895,7.6508)
1,1 EB-Ⅱ (Tunnel unter dem Bahnhof Frutigen) (46.5906,7.6521)
0,3 Str-Ⅱ Lötschbergstr (46.5959,7.6587)
0,0 ⇩ der Engstlige in den Kander (s. Seite 569) bei km 17,4 (46.5979,7.6613)

Lütschine

WW III-IV, WW V-VI, Gletscherfluss
Mündung in Aare bei km 239,3 (li Nebenfluss)

Die Lütschine und ihre beiden Quellflüsse sind herrliche Wildwasser des Berner Oberlandes. Die schwarze Lütschine und die Lütschine werden in durchgehender Kilometrierung beschrieben, da sie, abgesehen von einer kurzen unfahrbaren Teilstrecke, eine durchgehende Befahrung ermöglichen.

Befahrungsregeln: km 8,8 - 3,9: Befahrungsverbot
Befahrbarkeit: am besten Juni–August, aber auch früher möglich
Schwierigkeiten: km 8,8–3,9 WW III-V, gesperrt!
km 3,9–⇩ WW III.

8,8 ⇩ Zusammenfluss von Schwarze Lütschine (s. Seite 578) und Weiße Lütschine (s. Seite 577) zur Lütschine (46.6338,7.8981)
8,5 –3,9 **§** Befahrungsverbot (46.6340,7.8946) -(46.6648,7.8718)
5,4 Str-Ⅱ, re **CH 3814 Gsteigwiler** li Säge, danach WW II–I bis zum See, wenig lohnend (46.6528,7.8693)
4,5 EB-Ⅱ (46.6606,7.8691)
3,9 Str-Ⅱ, li **CH 3812 Wilderswil** (46.6651,7.8718)
2,6 Str-Ⅱ, li Flugplatz Interlaken (46.6730,7.8830)
1,3 Str-Ⅱ **CH 3806 Bönigen** (46.6835,7.8896)
0,8 Str-Ⅱ **CH 3806 Bönigen** (46.6880,7.8906)
0,3 Fußg-Ⅱ (46.6903,7.8963)
0,0 ⇩ der Lütschine in Aare (s. Seite 519) bei km 239,3 bzw. Brienzer See (46.6913,7.8993)

Weiße Lütschine

Weitere Namen: Tschingel Lütschine
WW I-II, WW III-IV, WW V-VI, Gletscherfluss
Mündung in Lütschine bei km 8,8 (li Nebenfluss)

Die Weiße Lütschine ist ein Wildfluss stark wechselnder Schwierigkeiten in der landschaftlich hervorragend schönen Umrahmung des Berner Oberlandes.

Befahrbarkeit:	als Gletscherfluss ganzjährig gute Wasserführung, die Strecke mit den extremen Schwierigkeiten, ≈ nur bei NW.
Pegel:	100 m unterhalb Straßenbrücke bei **Zweilütschinen**, km 0,4: NW = 30 cm. MW = 60 cm; HW = 85 cm. An heißen Sommertagen nachmittags um 20 cm höher als vormittags
Schwierigkeiten:	km 10,6-⇩ WW I–VI

19,0 Ursprung im Bereich der Gletscher des Breithorns in etwa 3.000 m Höhe (46.4997,7.8604)

10,6 **CH 3824 Stechelberg** günstige ⬇ beim ⛺ Rütti, schnelles Wildwasser mit hohen Wellen, WW III (46.5462,7.8993); li ⇩ der Sefinen-Lütschine (46.5464,7.8991)

10,2 Str-II, re 🚌 Stechelberg, Post (46.5496,7.9000)

9,5 Str-II, re 🅿, Talstation Stechelberg LSMS (46.5558,7.9008)

8,7 Str-II, re 🚌 Stechelberg, Stegmatte (46.5621,7.9050)

8,0 Str-II, re ⛺ Breithorn die Folgestrecke bis Lauterbrunnen ist kanalisiert, keine Hin-dernisse, WW I (46.5685,7.9077)

6,9 re ⇩ des Trümmelbach Die Trümmelbachfälle sind eine folge von 10 Wasserfällen in einer im Berg liegenden Schlucht, ⌘ (46.5772,7.9126)

5,6 Fußg-II, li ⛺ Jungfrau falls die folgende schwere Strecke nicht befahren wird, kann die Fahrt hier beendet werden, ⬆ schwierig, da Ufer befestigt, nur kleine Kehrwasser. Auf 2 km bei Normalwasser knapp WW IV, stark verblockt, kleinere Abfälle, evtl. Holzhindernisse (46.5887,7.9107)

5,0 Str-II, **CH 3822 Lauterbrunnen** (In der Ey) (46.5936,7.9088)

4,9 EB-II (46.5945,7.9095)

4,4 Str-II, li **CH 3822 Lauterbrunnen** (Lochweidli) (46.5988,7.9096)

3,5 Str-II, li 🚌 Lauterbrunnen, Lochbrücke Es folgt ein kanalisierter Abschnitt, WW I (46.6062,7.9056)

2,5 Fall-▬, 4 m hoch, X, ⏏. Geschiebe im Tosbecken, Steckgefahr! Unbedingt rechtzeitig ↰, da starker Stromzug auf das ▬. Mögliche ⬆. ⚠ Es folgt der schwerste Abschnitt der weißen Lütschine, auf 3 km enormes Gefälle, Stufen und Katarakte, bei höherem Wasserstand kaum Kehrwasser, WW IV und V (46.6140,7.9034)

0,7 EB-II (46.6287,7.9030)

0,4 Str-II, re 🚂 Zweilütschinen kurz danach ≡ (46.6305,7.9009)

0,0 ⇩ Zusammenfluss von Schwarze Lütschine (s. Seite 578) und Weiße Lütschine zur Lütschine (s. Seite 577) bei km 8,8 (46.6338,7.8981)

Schwarze Lütschine

WW III-IV, WW V-VI, Gletscherfluss
Mündung in Lütschine bei km 8,8 (re Nebenfluss)

Die Lütschine und ihre beiden Quellflüsse sind herrliche Wildwasser des Berner Oberlandes. Die schwarze Lütschine und die Lütschine werden in durchgehender Kilometrierung beschrieben, da sie, abgesehen von einer kurzen unfahrbaren

Teilstrecke, eine durchgehende Befahrung ermöglichen.

Befahrbarkeit: am besten Juni–August, aber auch früher möglich

Umwelt: naturtrübes Gletscherwasser

Schwierigkeiten: km 19,8–15,5 WW III
km 15,5–13,1 **X**
km 13,1–8,8 WW IV abnehmend WW II

25,8 Ursprung aus oberem und unterem **Grindelwaldgletscher** in etwa 2.000 m Höhe (46.6263,8.0838)

19,8 Str-II, re **CH 3818 Grindelwald** ⬇ in die Schwarze Lütschine, zunächst WW III (46.6218,8.0238)

17,9 Str-II, re ▬ Schwendi (46.6297,8.0033)

15,5 Str-II **CH 3816 Grindelwald-Burglauen** ▬ mit Wasserableitung, die folgenden 1,7 km sind **X** (46.6354,7.9757)

13,8 Str-II 44 oberhalb **CH 3816 Lütschental** Bei Wasserabgabe des ▬ kann man hier ⬇, steil und wuchtig, WW V–VI (46.6368,7.9569)

13,5 li ϟ (46.6377,7.9535)

13,3 EB-II (46.6375,7.9502)

13,1 Str-II **CH 3816 Lütschental** die Straße verläuft wieder auf der li Seite, die Fahrt kann ab hier fortgesetzt werden. Zunächst WW IV, wuchtiges Wildwasser (46.6378,7.9488)

11,8 Str-II 44, re **CH 3816 Lütschental-Baumgarten** sofort danach auf 500 m WW IV, evtl. besichtigen (46.6364,7.9315)

9,9 Str-II 44 **CH 3815 Gündlischwand** (46.6317,7.9119)

9,4 Weg-II **CH 3815 Gündlischwand** (Boden) (46.6328,7.9056)

8,8 EB-II (46.6340,7.8986);
⇩ Zusammenfluss von Schwarze Lütschine und Weiße Lütschine (s. Seite 577) zur Lütschine (s. Seite 577) bei km 8,8 (46.6338,7.8981)

Glatt (Rhein)

Wildwasser, WW I-II
Mündung in Rhein bei amtl. km 78,7 (li Nebenfluss)

Die Glatt, nicht zu verwechseln mit dem gleichnamigen Fluss, der in die Thur mündet, bildet den Ausfluss des südöstlich von Zürich gelegenen Greifensees. Sie fließt in ihrem Oberlauf durch ein dicht besiedeltes Gebiet. Man fährt hier unter Autobahndreiecken hindurch. Die Ufer sind verbaut. Sie sind aber meist gut bewachsen, so dass doch ein recht natürliches Bild entsteht. Die Glatt ist sehr fischreich, im Sommer und Herbst sehr viele Wasserpflanzen.

Befahrbarkeit: meist ganzjährig.

Umwelt: der Fluss wird fast durchgehend von einem Radweg begleitet, Straßen öfters in Flussnähe.

Schwierigkeiten: km 35,3–15,0 Zahmwasser, einige Wehre und Blockwurfwehre, Gefälle 1,4 ‰
km 15,0–⇩ WW I–II, mehrere Blockwurfwehre, Gefälle 6,6 ‰

Infrastruktur: in Flussnähe keine

35,3 Ursprung als Ausfluss aus dem Greifensee mit einem kleinen ■. Die Fahrt kann auch an verschiedenen Stellen des Sees begonnen werden (47.3727,8.6557)

34,4 Ⅱ zwischen **CH 8117 Fällanden** und **CH 8603 Schwarzenbach** übliche ↓, 🅿, Zahmwasser (47.3789,8.6467)

32,1 ■ Wehr, ≈, wegen teilweiser Wasserableitung muss bei NW evtl. bis km 31,5 getreidelt werden (47.3903,8.6263)

31,4 li ⇩ Rückführung des abgeleiteten Wassers (47.3959,8.6240);
Str-Ⅱ **CH 8600 Dübendorf** (Usterstr.) (47.3965,8.6238)

31,0 Str-Ⅱ **CH 8600 Dübendorf** (Bahnhofstr.) (47.3990,8.6210)

30,6 Str-Ⅱ **CH 8600 Dübendorf** (Wallisellenstr.) (47.3999,8.6163)

29,9 EB-Ⅱ (47.4012,8.6066)

29,8 ■ Wehr, **X**, ⏏ leicht (47.4013,8.6064);
Str-Ⅱ **CH 8600 Dübendorf** (Ringstr.) (47.4013,8.6062)

29,6 Blockwurf-■, ≈ (47.4023,8.6041);
Str-Ⅱ **CH 8600 Dübendorf** (Überland-Str.) (47.4024,8.6038);
re ⇩ Chriesbach mit guter Wasserzufuhr (47.4027,8.6034)

29,5 EB-Ⅱ (47.4034,8.6026)

29,2 Autobahn-Ⅱ A1 (Anschlusstelle Wallisellen) mehrere ⅡⅡ (47.4053, 8.5998)

28,5 Str-Ⅱ 1, re **CH 8301 Wallisellen** (47.4067,8.5917)

27,6 Str-Ⅱ **CH 8051 Zürich** (Weststr.) (47.4096,8.5803)

27,0 Autobahn-Ⅱ A1L (Knoten Zürich-Ost) mehrere ⅡⅡ (47.4114,8.5723)

26,6 Str-Ⅱ **CH 8050 Zürich** (Aubruggweg) (47.4122,8.5677)

26,5 Str-Ⅱ und EB-Ⅱ **CH 8050 Zürich-Aubrugg** (47.4131,8.5672)

26,0 Str-Ⅱ und EB-Ⅱ (47.4169,8.5669)

25,7 ■ Wehr, bei NW ≈, ⚠ bei HW sehr gefährlich, beidseits senkrechte Betonwände, rechtzeitig ↱ und ⏏ (47.4197,8.5683)

25,2 Autobahn-Ⅱ A1 (47.4239,8.5722)

25,0 Autobahn-Ⅱ A51 (Knoten Zürich) (47.4248,8.5733)

24,8 Str-Ⅱ **CH 8152 Opfikon** (Oberhauserstr.) (47.4267,8.5739)

24,6 Autobahn-Ⅱ A51 (47.4279,8.5723)

24,3 Str-Ⅱ **CH 8152 Opfikon** (Schulstr.) (47.4304,8.5713)

23,7 Str-Ⅱ, **CH 8152 Opfikon** (47.4343,8.5664)

23,4 EB-Ⅱ (47.4349,8.5625)

23,1 Str-Ⅱ, li Anschlusstelle Zürich-Seebach (47.4364,8.5595)

22,0 Weg-Ⅱ, re Flughafen Zürich Die Glatt fließt auf 5,5 km entlang dem Flughafen nahezu gerade (47.4441,8.5499)

20,5 Str-Ⅱ, li **CH 8153 Rümlang** (47.4545,8.5373)

17,5 Str-Ⅱ **CH 8154 Oberglatt** auf kurzer Strecke einige Wellen, WW I, dann wieder Zahmwasser (47.4788,8.5212)

14,9 EB-Ⅱ, **CH 8172 Niederglatt** mehrere ⅡⅡ. Ab Ortsende liegen Blöcke im Fluss, WW I–II- (47.4894,8.5047)

12,6 Str-Ⅱ, re **CH 8181 Höri** (47.5039,8.4993)

9,6 ⚠ Fabrikgelände mehrere kleine ■ Stufen, nach Besichtigung ≈, bei HW gefährlich! (47.5208,8.5257)

9,2 Str-Ⅱ **CH 8182 Hochfelden** (Glattuferweg) (47.5226,8.5210); Blockwurf-■, ≈ (47.5228,8.5204)

9,0 Str-Ⅱ, li **CH 8182 Hochfelden** Bis ⇩ WW I–II. Auf 7 km mehrere niedrige Blockstufen, alle ≈ (47.5237,8.5186)

8,2 Fußg-Ⅱ (47.5304,8.5204)

7,1 Str-Ⅱ (47.5398,8.5216)

3,8 Str-Ⅱ, **CH 8192 Glattfelden** Slalomstrecke. Unmittelbar danach hoher Abfall, nach Besichtigung ≈. Es folgen bis ⇩ nochmals einige Blockstufen, alle ≈, evtl. besichtigen (47.5510,8.5065)

2,7 Str-Ⅱ, re **CH 8192 Glattfelden** (Gottfried-Keller-Str.) (47.5570,8.4967)

2,3 Str-Ⅱ, re **CH 8192 Glattfelden** (47.5603,8.4938)

2,1 Blockwurf-■ (47.5617,8.4926)

1,5 Blockwurf-■ (47.5657,8.4861)

1,1 Autobahn-Ⅱ A50 (47.5674,8.4818)

0,8 Str-Ⅱ (47.5692,8.4794)

0,2 EB-Ⅱ ⚠ die Ufer sind bis zur ⇩ betoniert, anlanden nur noch an Ketten möglich, die in den Mauern befestigt sind (47.5735,8.4756); ⚠ Die Glatt tritt in einen Stollen ein etwa 3 m hoch und 300 m lang. Die Durchfahrt ist gut möglich, jedoch wegen der Dunkelheit etwas beklemmend. In Stollenmitte Wellenbildung WW II (47.5737,8.4748)

0,0 Stollenende knapp unterhalb des Ϟ **Eglisau**. Zur Beendigung der Fahrt fährt man auf dem Rhein etwa 100 m nach li, Ⅱ bei einer Treppe, 100 m durch den Wald zum 🅿 bei Ϟ (47.5746,8.4730); ⇩ der Glatt in den Hochrhein (s. Seite 507) bei amtl. km 78,7 durch einen Stollen (47.5743,8.4723)

Töss

Kleinfluss, WW I-II
Mündung in Rhein bei amtl. km 70,7 (li Nebenfluss)

Die Töß ist durch eine Vielzahl von Wehren, z. T. mit Wasserableitungen, weitgehend verbaut. Für eine Befahrung kommen nur noch zwei Teilstrecken in Frage.

1. Teilstrecke: ⬇ am Ortsende von Sennhof im Wald (Straße Richtung Kyburg). Zunächst einige Schräg-■ und 2 niedere Steil-■ sowie viele kleine Grundschwellen, bei MW alle ≈, nicht bei HW fahren! ⬆ nach 7 km bei einem ■, ⏏, bevor die Töß eine EB-🚂 unterquert. Ab hier Wasserableitungen. Man erreicht die ⬆, wenn man vom Hauptbahnhof Winterthur kommend auf der l Bahnseite der Bahnlinie nach Zürich folgt. Bevor die Straße in einer l-Kurve die Bahn unterquert, gera-deaus in Richtung Reitplatz fahren. Die Fahrzeuge müssen über Winterthur

oder Kyburg nachgeholt werden.

2. Teilstrecke: ⬇ am Ortsende von Winterthur, Ortsteil Wülflingen vor oder nach den Tößfällen (evtl. nach Besichtigung ≋). Zunächst Zahmwasser und alle 50 m ein ▬ oder eine Grundschwelle. Daher besser in Pfungen an der Ⅱ der Straße nach Dättlikon ⬇, ab hier nur noch auf 1,5 km Wehre, alle gut ≋. Bei einer alten Fußgänger-Ⅱ tritt der Fluss in eine sehr schöne, stellenweise imposante Waldschlucht mit bis zu 50 m hohen Sandsteinwänden ein. Ab hier WW I–II, je nach Wasserstand auch etwas darüber. Am Ortseingang von Freienstein ein hohes ▬, X, r ⌂. Man fährt am besten auf dem Kanal bis zur Fabrik, Vorsicht! und rutscht neben dem Werk über einen Hang zurück in den Fluss. Nach der 2. Ⅱ von Freienstein folgt ein 3-stufiges ▬, X. Vorsicht bei HW! Es folgt noch ein kleines ▬, ≋. ⬆ nach insgesamt 10 km an der ⇩ (Tößegg) oder Weiterfahrt auf dem Rhein bis Eglisau. Man erreicht die ⬆ über Freienstein kommend am Ortsanfang von Teufen l zum Fluss hinunter (Hinweistafel „Töß¬egg").

Befahrbarkeit:	zur Zeit der Schneeschmelze und nach Regenfällen. Das Wasser der Töß steigt sehr schnell, fällt aber auch wieder sehr schnell. Nicht bei HW fahren, Gefahr bei den Wehren!
Pegel:	in **Freienstein** re zwischen den Ⅱ; günstig für die 2. Teilstrecke 32 cm
Infrastruktur:	Ⅱ in **Saland** am Fluss sowie in Winterthur; gute Zeltmöglichkeiten am Fluss im Wald Pkw: 1. Teilstrecke gesperrte Forststraße neben dem Fluss; 2. Teilstrecke Straße weitab im Wald

24,9 ⬇ am Ortsende von Sennhof im Wald (Straße Richtung Kyburg). Zunächst einige Schräg-▬ und 2 niedere Steil-▬ sowie viele kleine Grundschwellen, bei MW alle ≋, ⚠ nicht bei HW fahren! (47.4664, 8.7575)

17,9 ⬆ nach 7 km bei einem ▬ Wehr, X bevor die Töss eine EB-Ⅱ unterquert. Ab hier Wasserableitungen. Man erreicht die ⬆, wenn man vom Hauptbahnhof Winterthur kommend auf der li Bahnseite der Bahnlinie nach Zürich folgt. Bevor die Straße in einer li-Kurve die Bahn unterquert, geradeaus in Richtung Reitplatz fahren. Die Fahrzeuge müssen über Winterthur oder Kyburg nachgeholt werden (47.4809,8.7089)

12,4 ⬇ am Ortsende von **CH 8408 Winterthur-Wülfingen** vor oder nach den Tößfällen (evtl. nach Besichtigung ≋). Zunächst Zahmwasser und alle 50 m eine ▬ Stufe oder eine Grundschwelle (47.5181,8.6748)

9,3 Str-Ⅱ von li **CH 8422 Pfungen** nach re **CH 8421 Dättlikon** bessere ⬇, ab hier nur noch auf 1,5 km Wehre, alle gut ≋. Bei einer alten Fußgänger-Ⅱ tritt der Fluss in eine sehr schöne, stellenweise imposante Waldschlucht mit bis zu 50 m hohen Sandsteinwänden ein. Ab hier WW I–II, je nach Wasserstand auch etwas darüber. Am Ortseingang von Freienstein ein hohes ▬ Wehr, X, re ⌂. Man fährt am besten auf dem Kanal bis zur Fabrik, Vorsicht! und rutscht neben dem Werk über einen Hang zurück in den Fluss. Nach der 2. II von Freienstein folgt ein 3-stufiges ▬ Wehr, Vorsicht bei HW! Es folgt noch ein kleines ▬ Wehr, ≈ (47.5198,8.6372)

0,1 ⬆ nach insgesamt 10 km an der ⇩ (Tößegg) oder Weiterfahrt auf dem Rhein bis Eglisau. Man erreicht die ⬆ über Freienstein kommend am Ortsanfang von Teufen li zum Fluss hinunter (Hinweistafel „Tößegg") (47.5518,8.5540)

0,0 ⇩ der Töss in den Rhein (s. Seite 507) bei amtl. km 70,7 ✕ (47.5525, 8.5541)

Thur

Wanderfluss, WW I-II, WW III-IV, WW V-VI
Mündung in Rhein bei amtl. km 64,5 (li Nebenfluss)

Mündung in Rhein bei km 64,5 li Nebenfluss
Die Thur zieht südlich des Bodensees vom Alpsteinmassiv zum Rhein. Im Bereich der Voralpen ist sie ein hübscher Wildfluss mit einigen unfahrbaren Wehren und Wasserfällen, die Mittellandstrecke ab **Wil** ist weitgehend reguliert, aber landschaftlich immer noch reizvoll. Empfehlenswert sind die sportliche Fahrt von km 89,0 bis **Schwarzenbach** sowie die Bummelstrecke von **Üßlingen** bis zur ⇩. Von einer Befahrung der dazwischenliegenden Strecke ist wegen zahlreicher, nur mühsam zu umtragender Hindernisse eher abzuraten.

Befahrbarkeit:	bis km 114 Frühjahr und nach starken Regenfällen ab km 114 meist ganzjährig außer nach längender Trockenperioden Mittelstrecke wegen mehrerer Wasserableitungen nur bei gutem Wasserstand
Pegel:	Pegel 1: bei km 114,0 am re Ufer beim Sägewerk; Minimum für die Strecke ab km 122,9 = 70 cm, ab km 89,5 = 65 cm Pegel 2: bei km 76,4 zwischen den beiden II am re Ufer an einer Eisenschiene. Farben von unten nach oben: weiß, blau, gelb, schwarz, rosa. NW = weiß; MW = blau und gelb. Der Pegelstand kann auch über Anrufbeantworter abgefragt werden, ☎ 073/311023; Minimum 315 cm Der Pegel 2 gilt für die Strecke ab **Bütschil**, km 89,5
Schwierigkeiten:	km 128,7–76,4: WW I, II und III (V–VI), Gefälle 13 ‰ km 76,4–28,2: zahlreiche Hindernisse, wenig empfehlenswert km 28,2–⇩: WW I
Infrastruktur:	⛺ in **Wildhaus**

131,0 Ursprung als Säntisthur in etwa 1.500 m Höhe

128,7 Str-II 8, **CH 9657 Alt St. Johann-Unterwasser** zur Zeit der Schneeschmelze mögliche ⬇, Wiesenfluss, WW I (47.1968,9.3076)

122,9 Weg-Ⅱ **CH 9656 Alt St. Johann-Starkenbach**, eine kleine Straße führt zum Fluss, übliche ⬇ (47.1885,9.2489)

121,9 Kieswerk, weitere ⬇ kurze Klamm bei **Steg**. Bis **Stein** schnelle Strömung und leichte Verblockung, WW III (47.1904,9.2376)

120,4 Str-Ⅱ 16, **CH 9655 Stein** (47.1991,9.2270)

119,0 🅿. Wer die folgenden Schwierigkeiten vermeiden will, kann hier ⬆ und bis km 117,7 oder 112,3 mit Pkw umfahren. Der Fluss tritt bald danach in eine herrliche, teilweise stark verblockte Waldschlucht mit mehreren kleinen Abfällen ein, WW III–IV+ (47.2075,9.2177)

118,6 ⚠ 12 m hoher *„Gießenfall“* WW VI. re ⏏ mühsam; man wirft die Boote am besten re von einem 4 m breiten Felsband in das Becken nach dem Fall oder seilt sie dorthin ab und geht dann ohne Boot bis zur Straße hoch, um auf einem steilen, gesicherten Pfad wieder zum Fluss zu gelangen. Nach wenigen hundert Metern folgt ein weiterer 3 m hoher Fall, ≋ oder li ⏏, evtl. mit Seil. Weiter WW III (47.2112,9.2168)

117,7 ▬ Wehr **X**, re ⏏ etwa 150 m weit, mögliche ⬇ oder ⬆. Danach offener Flusslauf, WW I–II (47.2169,9.2108)

114,0 Str-Ⅱ, re **CH 9652 Nesslau-Neu St. Johann** re ≣ (47.2331,9.1851); EB-Ⅱ (47.2336,9.1854)

113,3 ⚠ Wasserfall in eine kurze Klamm 1,5 m hoch, **X**, Alpinstart aus 1,5 m Höhe, Unterwasser stellenweise unsauber. Nach 100 m Engstelle, WW V-. Weiter II–III, 2 Stellen je nach Wasserstand bis WW IV (47.2382,9.1841)

112,1 ▬ Wehr **X** li ⏏. Man fährt li bis zur ▬-Krone, steigt über diese zu einem Felsband und über einige in den Fels eingelassene Metallbügel zum Fluss ab. ⬇ mit Alpinstart aus 1,5 m Höhe, danach WW I (47.2446, 9.1778)

111,9 EB-Ⅱ (47.2450,9.1760)

111,7 1. Str-Ⅱ **CH 9643 Krummenau** re ⛺ (47.2454,9.1725)

111,4 2. Fußg.-Ⅱ (47.2458,9.1693)

110,9 3. Str-Ⅱ, **CH 9643 Krummenau** darunter Gefällstufe, WW V+, bei HW re ≋, WW IV, ⏏ re gut möglich. (47.2491,9.1663)

110,8 ▬ Wehr **X**, re 150 m weit ⏏ über gesicherte Stege und Treppen. Es folgt bis **Ebnat-Kappel** eine sehr schöne Waldstrecke, WW II–III (47.2491, 9.1651)

110,4 ⚠ Wasserfall, knapp 6 m hoch, ≋, WW V oder re ⏏, sehr mühsam (47.2509,9.1599)

109,4 ⚠ 5 m hoher Wasserfall, **X** wegen Steinen im Unterwasser, li ⏏ (47.2543,9.1503)

108,7 Str-Ⅱ (Brandholz) (47.2564,9.1421)

107,6 ▬ Wehr **CH 9642 Ebnat-Kappel** am Ortsanfang, li im Einschnitt der ▬-Krone ≋ oder li ⏏. Kurz danach 2 m hoher Fall, li gut ≋, WW III. Danach li günstige ⬆ bei einer Fabrik (47.2583,9.1320)

107,4 ⚠ Katarakt aus Steinblöcken, Befahrbarkeit stark Wasserstands abhängig. Es folgen in kurzen Abständen 3 weitere gleichartige Hindernisse. Die Strecke ist kanalisiert (47.2584,9.1297)

107,2 Str-II **CH 9642 Ebnat-Kappel** (Dickenstr.) (47.2589,9.1274)
106,4 Str-II, **CH 9642 Ebnat-Kappel** (Eichstr.) (47.2623,9.1202)
105,9 ■ Wehr (47.2654,9.1170)
105,7 Str-II, **CH 9642 Ebnat-Kappel** (Industriestr.) (47.2655,9.1143)
104,3 Str-II T16 (47.2763,9.1056)
103,0 EB-II (47.2850,9.0970)
102,8 Str-II, re **CH 9630 Wattwil-Ulisbach** (47.2863,9.0988)
101,2 Str-II, **CH 9630 Wattwil** (Bahnhofstr.) (47.2976,9.0896)
100,6 Str-II 8, **CH 9630 Wattwil** (Poststr.) (47.3021,9.0862)
98,9 Str-II T16 (47.3126,9.0793)
98,4 Str-II T16 (47.3168,9.0815)
98,3 Str-II (47.3173,9.0832)
97,6 EB–II (47.3207,9.0856)
97,4 Str.-II, re **CH 9620 Lichtensteig**, darunter ■, **X**. Vor II ↱ und über die II nach li ⌓, mühsam (47.3227,9.0851)
96,6 ■ Wehr **X**, li ⌓ (47.3266,9.0829)
95,8 Weg-II über Aueli-Schlucht (47.3328,9.0813)
95,2 Str-II T16 (47.3367,9.0810)
94,3 ■ Wehr **X**, re 500 m weit ⌓ (47.3425,9.0802)
93,9 Str-II 16, **CH 9615 Bütschwil-Dietfurt** (47.3459,9.0812)
92,2 Gefährliches ■ Wehr, **X**, rechtzeitig landen und das ■ und die folgende Schlucht re oder li ⌓ (47.3555,9.0790)
92,1 Str-II, li **CH 9606 Bütschwil** (47.3567,9.0787)
90,6 li ⬇ **CH 9606 Bütschwil** Ende der mühsamen, am besten mit Pkw zu umfahrenden Flussstrecke. Zufahrt zur ⬇ über den 🅿 der Weberei Dietfurt. Am Tank/Silo li Richtung Bauernhof auf Privatstraße, Parkgebühr 5 sFr. Bei der folgenden Strecke der Thur bis **Wil-Schwarzenbach** handelt es sich um einen sportlichen Kleinfluss mit stellenweise leichter Verblockung, hübschen Schwällen und einigen scharfen Kurven, WW I und II (47.3643,9.0799)
88,9 Str-II, re **CH 9608 Ganterschwil** (47.3750,9.0830)
86,0 re ⇩ Necker (s. Seite 591) in die Thur (47.3921,9.0811)
85,1 Alte Holz-II, re **CH 9604 Lütisburg** (47.3936,9.0741)
84,9 Str-II, re **CH 9604 Lütisburg** (47.3953,9.0758)
82,5 Str-II, li **CH 9602 Kirchberg-Bazenheid** (47.4105,9.0782); ■ Wehr **X**, re ⌓ (47.4108,9.0783)
76,8 Indianerkatarakt wuchtige Schwallstrecke mit Walzen, WW III, zur Besichtigung ↰ (47.4444,9.0639)
76,5 Str-II, **CH 9536 Schwarzenbach** Übliche ⬆ nach der II re oder vor der II re, 🅿 unter der II, Die Thur ist bis zur ⇩ weitgehend reguliert, die Strecke bis Üßlingen, km 23,2, wird nur selten befahren. WW I–II (47.4466,9.0639);
⚠ Schwarzenbacher Fall etwa 1,5 m hoch, für Geübte evtl. ≋, ⚠ bei HW. li ⌓ (47.4470,9.0642)

73,3 Weg-Ⅱ (47.4599,9.0985)
72,3 Autobahn-Ⅱ A1 (47.4617,9.1112)
72,2 ▬ Wehr **X**, li ⌓ (47.4625,9.1132)
72,0 Str-Ⅱ, li **CH 9524 Zuzwil** (47.4636,9.1142)
71,4 ▬ Thur-Wasserfall bei **Brubach** **X**, rechtzeitig #rechts anlanden# und ⌓. ⚠ Ungeübte ⌓ besser direkt vom ▬ her auf der re Seite entlang dem Kanal, 800 m weit (47.4631,9.1216)
71,3 Str-Ⅱ (47.4625,9.1219)
69,7 Weg-Ⅱ (47.4548,9.1365)
68,7 re ⇩ der Glatt (s. Seite 592) in die Thur (47.4550,9.1510)
68,6 Str-Ⅱ 7, re **CH 9245 Oberbüren** (47.4554,9.1518)
67,3 Str-Ⅱ, re **CH 9245 Oberbüren** (47.4596,9.1637)
64,5 Str-Ⅱ, re **CH 9246 Niederbüren** (47.4704,9.1948)
61,7 ▬ Wehr **X**, li ⌓ (47.4898,9.2157)
60,3 Str-Ⅱ **CH 9220 Bischofszell** (Thurfeldstr.) (47.4907,9.2303)
60,1 Str-Ⅱ **CH 9220 Bischofszell** (Alte Thurbrücke) (47.4917,9.2323)
59,4 re ⇩ der Sitter (s. Seite 587) in die Thur (47.4976,9.2316)
57,0 Fußg.-Ⅱ (47.5053,9.2114)
55,3 ▬ Wehr **X**, li ⌓ (47.5193,9.2075)
54,5 Str-Ⅱ, re **CH 9214 Kradolf-Schönenberg** 🚆 (47.5237,9.2006)
53,5 ▬ Wehr **X**, li ⌓ (47.5240,9.1869)
52,7 Fußg.-Ⅱ (47.5259,9.1773)
49,6 Str-Ⅱ, re **CH 8575 Bürglen** (47.5456,9.1501)
49,5 ▬ Naturstufe ≋ (47.5463,9.1489)
45,9 ▬ Wehr **X**, re 300 m weit ⌓ (47.5553,9.1047)
45,8 Str-Ⅱ, re **CH 8570 Weinfelden** (47.5556,9.1038)
45,0 EB-Ⅱ (47.5578,9.0939)
44,5 Fußg.-Ⅱ Ganggelisteg (47.5589,9.0882)
42,3 ▬ Stufe, ≋ (47.5703,9.0639)
42,0 Str-Ⅱ 16, **CH 8514 Amlikon** (47.5719,9.0611)
39,1 Weg-Ⅱ Zollhaus (47.5795,9.0248)
38,9 Str-Ⅱ 14, li **CH 8553 Eschikofen** (47.5804,9.0217)
37,7 EB-Ⅱ (47.5847,9.0072)
37,6 ▬ Sohlstufe 2stufig, **X** re ⌓ (47.5850,9.0060)
36,4 Autobahn-Ⅱ A7 (47.5887,8.9911)
33,1 Str-Ⅱ 1, re **CH 8505 Pfyn**; falls Schießübungen veranstaltet werden, hier ⬆ und den folgenden Truppenübungsplatz bis km 27,0 mit Pkw umfahren (47.5891,8.9476)
32,3 ⚠ Bei Schießübungen, meist Montag bis Freitag, erfolgt hier eine Sperrung der Weiterfahrt. Es muss dann li um den Platz herum bis km 27,0 ⌓ werden (47.5879,8.9371)
32,2 ▬ Sohlrampe (47.5879,8.9364)
28,2 Ⅱ **Frauenfeld–Warth**, hier kann die Fahrt unbehindert fortgesetzt werden (47.5798,8.8843)

24,4 Ⅱ bei **CH 8524 Uesslingen** hindernisfreie Fahrt bis zum Rhein (47.5786, 8.8342)
21,9 Weg-Ⅱ (47.5839,8.8027)
20,3 Str-Ⅱ **CH 8479 Altikon - CH 8525 Neunforn** (47.5886,8.7825)
17,7 ▬ Blockwurfschwelle 50 cm hoch, je nach Wasserstand nach Besichtigung ≈ (47.5924,8.7498)
16,8 re ⛺ Gütighausen gute ⬆ (47.5882,8.7416)
16,3 Str-Ⅱ, li **CH 8478 Gütighausen** (47.5896,8.7359)
13,1 EB-Ⅱ (47.6017,8.7235)
10,2 EB-Ⅱ (47.5977,8.6951)
9,8 Autobahn-Ⅱ A4 (47.5971,8.6901)
9,5 re ⛺ Andelfingen, am Ende des Campingplatz öffentlicher 🅿, gute ⬆⬇ (47.5964,8.6871)
9,1 Str-Ⅱ, **CH 8450 Andelfingen** (47.5971,8.6814)
8,6 Fußg.-Ⅱ (47.5997,8.6763)
5,6 Str-Ⅱ, re **CH 8453 Andelfingen-Alten** (47.5956,8.6517)
1,4 Str-Ⅱ, re nach **CH 8464 Ellikon am Rhein** (47.5940,8.6065)
0,0 ⇩ der Thur in Rhein (s. Seite 507) bei amtl. km 64,5 (47.5944,8.5885)

Sitter

WW I-II, WW III-IV, Gebirgsfluss
Mündung in Thur bei km 59,4 (re Nebenfluss)

Die Sitter ist ein Fluss des Schweizer Alpenvorlandes südlich des Bodensees. Sie fließt durch ein einsames, landschaftlich reizvolles Waldtal, streckenweise ist sie ein Wiesenfluss. Im Oberlauf bietet sie traumhaftes Wildwasser mit schweren Verblockungen, Stufen und Schnellen, im Unterlauf keine besonderen Schwierigkeiten, auf Teilstrecken reguliert, mehrere Wehre.

Befahrbarkeit:	Oberlauf März–Mai, ab **St. Gallen** auch noch Juni Die Strecke von km 38,3–31,5 nur bei extremer Schneeschmelze und nach starken Regenfällen Unterlauf meist ganzjährig
Pegel:	Hilfspegel: ▬ von **Haslen**, km 38,3. Für die Befahrung oberhalb des ▬ genügt es, wenn das Wasser bis 20 cm unter der ▬-Krone steht. Für die folgende Teilstrecke bis **St. Gallen** ist ein Überlauf von mindestens 15 cm erforderlich
Schwierigkeiten:	km 52,3–39,4 WW II–III, mehrere ▬ km 39,4–31,1 WW III–IV, zwei Stellen WW V, Gefälle in Stufen km 31,1–⇩ WW I–II, Wehre
Infrastruktur:	im Bereich des Oberlaufs nur beschränkt, im Unterlauf unproblematisch. ⛺ **Wittenbach**

52,3 re 🚆 Wasserauen mögliche ⬇ in *Schwendibach* bei sehr gutem Wasserstand. WW II–III (47.2862,9.4288)

51,4 ▬ Kleine Stufe, gut ≈ (47.2926,9.4340)
49,6 Ⅱ Flussüberbauung (47.3075,9.4356)
49,5 li ⇩ Zusammenfluss von Schwendibach und Brüelbach ab hier: Name Sitter; Mögliche ⬇. WW II. Es folgt ein ▬ Wehr, li ≈, ⚠ Rücklauf (47.3078,9.4360)
49,2 Str-Ⅱ, **CH 9057 Weissbad** (47.3098,9.4340)
48,9 li ⇩ Wissbach (47.3122,9.4341)
47,2 Str-Ⅱ, re **CH 9050 Appenzell-Steinegg** (47.3236,9.4232)
47,1 EB–Ⅱ (47.3237,9.4232)
46,1 EB–Ⅱ (47.3290,9.4168)
45,8 ▬ Wehr re ⏢ (47.3298,9.4131)
45,6 Str-Ⅱ, **CH 9050 Appenzell** (Gaiserstr.) (47.3310,9.4112)
45,3 ▬ Sohlstufe (47.3339,9.4105)
45,2 Str-Ⅱ, **CH 9050 Appenzell** (Umgehungsstr.) (47.3345,9.4113)
44,9 ▬ Wehr Doppelstufe Am Ortsende von **CH 9050 Appenzell** bei MW ≈ oder li ⏢. Übliche ⬇, weiterhin WW II, hübsche Schwälle und leichte Stufen (47.3356,9.4084)
44,7 Str-Ⅱ **CH 9050 Appenzell** (Zielstr.) (47.3354,9.4060); Überdachte Holz-Ⅱ (47.3354,9.4055)
43,6 li ⇩ des Kaubach (47.3406,9.3960)
43,3 Insel bitte li paddeln (47.3428,9.3953)
42,7 Str-Ⅱ, re **CH 9050 Appenzell-Lank** (47.3470,9.3962)
39,9 Weg-Ⅱ Beginn der kleinen Sitter-Schlucht WW III–IV. Bei NW kann auch erst hier ⬇. „Schräger Stein" stark verblockte Gefällestufe, WW V, li ⏢ Das nach 50 m folgende „Kanonenrohr" ist ein etwa 6 m hoher Wasserfall, der durch einen Felsen in 2 Teile geteilt ist. Je nach Wasserstand sind beide Arme nur unter extremem Risiko ≈. li ⏢, sehr mühsam, kein Alpinstart, Untiefen, Steckgefahr (47.3539,9.3710)
38,3 Beton-▬, List, ✕, re ⏢, Hilfs-≣! Wasserableitung. Bei unzureichendem Wasserstand muss die Fahrt hier beendet werden. re 🅿 (47.3605,9.3633)
38,2 Str-Ⅱ, alte Strasse (47.3611,9.3624)
37,1 Wege-Ⅱ (47.3693,9.3580)
35,1 Weg-Ⅱ Eisensteg ⚠ kurz danach ein Blockverhau mit Siphonen, ✕, unbedingt rechtzeitig ⬆ und ⏢ (47.3829,9.3504)
35,0 re ⇩ des Rotbach (s. Seite 590) in die Sitter (47.3831,9.3503)
34,4 Str-Ⅱ, re **CH 9052 Teufen** (Steinertstr.) (47.3878,9.3481)
32,9 Fußg.-Ⅱ (47.3995,9.3398)
32,8 Str-Ⅱ, Hängebrücke Ganggelibrugg (47.3999,9.3393)
32,3 Altes ▬ Wehr bei Zweibruggen das ▬ ist unterspült, daher bei HW gefährlicher Sog, re ⏢ (47.4000,9.3339)
31,5 Str-Ⅱ, Wagenwaldstrasse (47.4007,9.3257); li ⇩ der Urnäsch (s. Seite 590) in die Thur (s. Seite 583) bei km 59,4 ϟ-Einlauf (47.4006,9.3252); EB-Ⅱ (47.4006,9.3251)

31,3 Str-Ⅱ (47.4020,9.3237)
31,1 EB-Ⅱ und Str-Ⅱ, Gübsenweg (47.4036,9.3219)
30,7 Str-Ⅱ, re **CH 9014 St. Gallen-Bruggen** (Kräzernstrasse) Kieswerk, gute Gelegenheit zur Beendigung der WW--Strecke der Sitter. Bis km 26,4 folgen 3 ▬, **X**, ⌂ mühsam (Fabriken), von einer Weiterfahrt ist abzuraten (47.4063,9.3221)
30,6 Str-Ⅱ, 7, re **CH 9014 St. Gallen** (47.4076,9.3221);
▬ Wehr, **X** (47.4078,9.3221)
30,2 Wege-Ⅱ (47.4109,9.3214)
28,9 Str-Ⅱ, re **CH 9014 St. Gallen** (Rechenwaldstrasse) (47.4145,9.3280)
28,1 ▬ Wehr, **X** (47.4174,9.3345)
27,5 Weg-Ⅱ, Rechensteg (47.4183,9.3385)
27,2 ▬ Wehr, **X** (47.4189,9.3416)
26,9 Autobahn-Ⅱ A1 (47.4218,9.3419)
26,6 Str-Ⅱ, li **CH 9030 Gaiserwald-St. Josefen** etwas oberhalb P, ⬇ für die Befahrung des Unterlaufs der Sitter. Die Sitter fließt bis zur ⇩ durch ein unberührtes Tal, keine besonderen Schwierigkeiten, WW I–II (47.4233, 9.3395)
26,3 Überdachte Holz-Ⅱ (47.4251,9.3400)
26,2 Str-Ⅱ, li **CH 9030 Gaiserwald-St. Josefen** nach re **CH 9000 St. Gallen**; ⚠ 400 m danach: Schießplatz Ochsenweid. Bei Schießbetrieb hängen rot-weiße Windsäcke am Ufer, ↱ und beim Schießmeister melden (47.4249,9.3405)
24,8 Fußg.-Ⅱ, li **CH 9032 Engelburg** (Hätterenweg) (47.4303,9.3557)
22,5 ▬ Wehr nach Besichtigung meist ≈, re oder li ⌂ (47.4454,9.3618)
20,8 Str-Ⅱ, re **CH 9300 Wittenbach** (Erlenholzstrasse) (47.4553,9.3584)
19,6 Str-Ⅱ, re **CH 9300 Wittenbach** (47.4606,9.3683)
19,3 re **CH 9300 Wittenbach**, li ⛺, Campingplatz St. Gallen-Wittenbach Das Tal der Sitter öffnet sich, einzelne Flussregulierungen mit verblockten Stufen sind anzutreffen (47.4616,9.3656)
15,9 Fußg.-Ⅱ (47.4759,9.3514)
12,6 Weg-Ⅱ (47.4847,9.3275)
12,0 Str-Ⅱ (47.4856,9.3226)
11,6 Str-Ⅱ (47.4875,9.3207)
10,4 Str-Ⅱ, li **CH 9308 Häggenschwil** (47.4977,9.3198)
7,3 ⊥ Gerlau (47.4974,9.2987)
5,7 Weg-Ⅱ (47.5025,9.2833)
4,2 re ⛺, Campingplatz Leutswil (47.5017,9.2742);
Str-Ⅱ, **CH 9220 Zihlschlacht-Sitterdorf-Leutswil** (47.5018,9.2737)
1,9 EB–Ⅱ (47.5044,9.2498);
Steil-▬ nach einem Wäldchen 2 m hoch, #unfahrber#, ⌂, re **CH 8589 Sitterdorf** (47.5042,9.2493)
0,7 Str-Ⅱ 470, **CH 9220 Bischofszell** (47.4970,9.2410);
▬ Wehr am Ortseingang von Bischofszell, **X**, ↱, und über die Straße

und das Mühlengelände ⏏, mühsam (47.4970,9.2407)
0,4 Str-Ⅱ, **CH 9220 Bischofszell** (Sittersteg) (47.4979,9.2366)
0,0 ⇩ der Sitter in die Thur (s. Seite 583) bei km 59,4 (47.4976,9.2316)

Rotbach (Sitter)

Kleinfluss, WW III-IV, WW V-VI, Gebirgsbach
Mündung in Sitter bei km 35,0 (re Nebenfluss)

Der Rotbach ist ein zwar nur kurzer, jedoch als schweres Wildwasser sehr interessanter Bach

Befahrbarkeit: März und nach starken Regenfällen.

Pegel: 20 m oberhalb einer Ⅱ re. Man erreicht diese Ⅱ von dem Bahnhof **„Steigbach“** in Richtung **Bühler** und von dort von der Hauptstraße der Hinweistafel „Tierkörperverwertung/Notschlachtstelle“ folgend hinunter zum Bach. Günstig 90–100 cm

Schwierigkeiten: einige Stellen knapp WW V, sonst durchweg WW IV, sehr enges Wasser. Der 20 m hohe Rotbachfall kann re ⏏ werden, ebenso eine 800 m später folgende Doppelstufe nach einer Fußg-Ⅱ

6,7 ⬇ am Ortsende von **CH 9055 Bühler** bei einer Ⅱ neben einem Fabrikgelände (47.3747,9.4023);
es folgen 2 ▬ Wehre, gut ≈ (47.3749,9.4021)
5,2 weitere ⬇ bei der Ⅱ **CH 9053 Teufen** (Göbsisstr.) (47.3801,9.3943)
0,0 ⇩ des Rotbach in die Sitter (s. Seite 587) bei km 35,0 (47.3831,9.3503)

Urnäsch

WW I-II, WW III-IV, WW V-VI, Gebirgsfluss
Mündung in Sitter bei km 31,5 (li Nebenfluss)

Der Urnäsch ist ein typischer Fluss der Voralpen. Flache, offene Wiesenstrecken wechseln ab mit tiefen Waldtobeln, die sich durch stufenweises Gefälle und oft unübersichtliche Blockstrecken auszeichnen.

Die fahrbare Strecke verläuft weitgehend in einer völlig abgeschiedenen Waldschlucht

Befahrbarkeit: März–April und nach starken Regenfällen
Hilfspegel: ▬ von **Hundwil** , von der Straße aus gut einzusehen. Wasserstand bis 30 cm unter der Wehrkrone ist ausreichend für eine Befahrung ab Zürchermühle.
Für eine nur selten mögliche Befahrung bis **St. Gallen** ist ein Überlauf von mindestens 15 cm erforderlich

Schwierigkeiten: km 18,5–11,2 WW II
km 11,2–6,3 WW IV–V
km 6,3–0,0 WW II–III (V)

22,5 Ursprung auf der Schwägalp in etwa 1.500 m Höhe (47.2553,9.3078)
18,5 Str-Ⅱ, **CH 9107 Urnäsch-Rossfall** Roßfälle; ✗; ⬇ unterhalb eines ↯. WW II. Kleines ■, selten ≈ (47.2790,9.2799)
16,3 Roßfälle; ✗; ⬇ unterhalb eines ↯. WW II. Kleines ■, selten ≈
15,1 ■ Wehr (47.3020,9.2724)
14,9 ■ Wehr (47.3033,9.2740)
14,8 Str-Ⅱ 462, **CH 9107 Urnäsch** (47.3041,9.2743)
13,5 ■ Wehr (47.3142,9.2808)
13,2 Str-Ⅱ, **CH 9107 Urnäsch** (Feldstr.) (47.3167,9.2838)
13,1 EB-Ⅱ (47.3169,9.2848)
12,8 Str-Ⅱ, **CH 9107 Urnäsch** (47.3177,9.2880)
11,2 ■ Wehr Zürchermühle, ✗, ⬇ direkt unterhalb des ■; Es folgen eindrucksvolle, durchweg ≈ Wasserfälle, WW IV–V. Da hier oft Bäume verklemmt sind, empfiehlt es sich, die Fälle vor einer Befahrung zu besichtigen (47.3274,9.2959)
11,0 Str-Ⅱ, **CH 9107 Urnäsch-Zürchersmühle** (47.3289,9.2951)
10,5 ■ Wehr, ✗, li ⏏ (47.3318,9.2917)
6,5 Neue Str-Ⅱ, von li **CH 9104 Waldstatt** nach re **CH 9064 Hundwil** darunter liegen die Trümmer der alten Ⅱ im Fluss, Vorsicht Eisen! ⚠ (47.3617,9.3024)
6,3 ■ von Hundwil, ✗, meist völliger Wasserentzug. Die Boote müssen etwa 100 m zur Str-Ⅱ hochgetragen werden. Die nur sehr selten mögliche Weiterfahrt bis **St. Gallen** ist hübsch, WW II–III, eine gefährliche Passage WW IV–V, besser ⏏ (47.3623,9.3050)
4,0 Fußg.-Ⅱ (47.3730,9.3197)
0,2 Holz-Ⅱ (47.3999,9.3265)
0,0 EB–Ⅱ (47.4005,9.3251),
⇩ der Urnäsch in die Thur (s. Seite 583) ↯-Einlauf (47.4006,9.3252)

Necker

WW I-II, WW III-IV
Mündung in Thur bei km 86,0 (re Nebenfluss)

Der Necker ist ein recht sportlicher, mäßig schwerer Wiesenfluss, der sich wegen seines offenen Flusscharakters und verschiedener ansprechender Passagen großer Beliebtheit erfreut.

Befahrbarkeit:	März–April und nach Regenfällen. Eine Befahrung ist auch bei HW mit der nötigen Vorsicht möglich, die Schwierigkeiten liegen dann allerdings höher
Schwierigkeiten:	km 21,4–⇩ WW II–III, mit Stellen WW IV
Infrastruktur:	Camping bei der **Aachsäge** am Fluss, vorher fragen!

31,2 Ursprung am Spicher in etwa 1.200 m Höhe (47.2581,9.2696); Der Necker wurde auch schon oberhalb km 21,4 befahren; er ist hier sehr eng, Baumhindernisse

21,4 Str-II **CH 9633 Hemberg-Schwanzbrugg** (Bächlistr.) übliche ⬇ bei der II, Sägerei. Schnelle Strömung, leichte Verblockung, WW II–III. Vorsicht auf Baumhindernisse! (47.2983,9.1867)
18,6 ▬ Wehr 4 m hoch, evtl. ≈ (47.3169,9.1751)
18,5 Str-II, **CH 9127 St. Peterszell** weitere mögliche ⬇. Weiter WW II, einige Stellen WW III–IV (47.3173,9.1731)
15,9 Str-II 8 (47.3264,9.1528)
13,6 Str-II, li **CH 9125 Brunnadern** (47.3360,9.1328)
13,2 EB-II (47.3384,9.1307)
12,3 ▬ Wehr nach Brunnadern, X, re ⌓ (47.3445,9.1271)
11,7 Str-II, re 🚌 Necker, Grütli P-Möglichkeit (47.3479,9.1301)
11,1 ⚠ Schlitz unbedingt ansehen, meist X
8,7 Gedeckte II, re ✕ Aachsäge, ⛺ (47.3643,9.1214)
8,6 ⚠ Vor der folgenden Meßschwelle befindet sich eine Vorstufe ↱, bei viel Wasser ist das Anlanden problematisch, die Schrägwalze nach der Meßschwelle bei HW gefährlich. Die folgenden 2,0 km sind je nach Wasserstand WW III–IV, bei HW massive Walzen, die eine Befahrung einzelner Passagen unmöglich machen (47.3648,9.1208)
6,9 Gedeckte II und Str.-II P-Möglichkeit beschränkt. Kurz danach kleine Stufe mit Schlitz, ganz li ≈ oder re ⌓. Bis zur ⇩ durchfließt der Necker eine schöne Waldschlucht, außer umgestürzten Bäumen keine wesentlichen Hindernisse, WW I–II (47.3740,9.1220)
0,6 Str.-II **CH 9604 Lütisburg** alte Holzkonstruktion unter der neuen Str-II, Naturschutzgebiet, re sehr gute ⬆. Zufahrt vor der II re über Schotterweg (47.3932,9.0831)
0,0 ⇩ Necker in die Thur (s. Seite 583) bei km 86,0 (47.3921,9.0811)

Glatt (Thur)

Kleinfluss, WW I-II, WW III-IV
Mündung in Thur bei km 68,7 (re Nebenfluss)

Die bei Schwellbrunn in etwa 1.000 m Höhe entspringende Glatt, nicht zu verwechseln mit dem in den Rhein mündenden Fluss gleichen Namens, ist ein landschaftlich und technisch gleichermaßen ansprechender Wildbach des Alpenvorlandes.

Befahrbarkeit:	Zeit der Schneeschmelze und nach starken Regenfällen
Pegel:	gut sichtbarer Stein an der II der ⬆; Farben von unten nach oben: weiß, blau, gelb, schwarz. Minimum: blau
Schwierigkeiten:	streckenweise rassige Schnellen und Stufen, WW II und III, auf der ganzen Strecke Achtung auf Baumhindernisse
Literatur:	Gen.-Karte Schweiz Nr. 1, C 15 – 16

11,5 ⬇ 500 m oberhalb Oberglatt zunächst WW II (47.4126,9.2125)
11,0 Str-II **CH 9230 Oberglatt SG** (47.4119,9.2070)

6,4 ▬ Wehr Glattmühli, **X**, teilweise Wasserentzug auf 500 m (47.4296, 9.1781)

6,2 es folgen 2 ▬ Wehr, ≈. Bis Niederuzwil WW II und III (47.4305,9.1765)

1,1 Str-II, re **CH 9245 Oberbüren ⬆**, Eine Weiterfahrt bis zur ⇩ ist möglich, jedoch weniger lohnend (47.4453,9.1531)

0,0 ⇩ der Glatt in die Thur (s. Seite 583) bei km 68,7 (47.4550,9.1510)

Stromgebiet von Bodensee und Alpenrhein

Nr. in Karte	Fluss	Kleinfluss	Wanderfluss	Seengewässer	Kanal	Schifffahrtsstraße	WW I-II	WW III-IV	WW V-VI	Seite
1	Bodensee-Untersee			o						596
1	Bodensee-Obersee			o						598
2	Alpenrhein		o				o	o		605
3	Rheintaler Binnenkanal		o		o					608
4	Landquart						o	o	o	609
5	Hinterrhein						o	o	o	612
6	Albula							o	o	615
7	Gelgia									617
8	Landwasser						o	o	o	617
9	Averser Rhein							o	o	619
10	Vorderrhein						o	o	o	621
11	Rabiusa						o	o		625
12	Glenner						o	o		625
13	Valser Rhein	o						o		627
14	Somvixer Rhein	o						o	o	627
15	Medelser Rhein	o						o	o	628

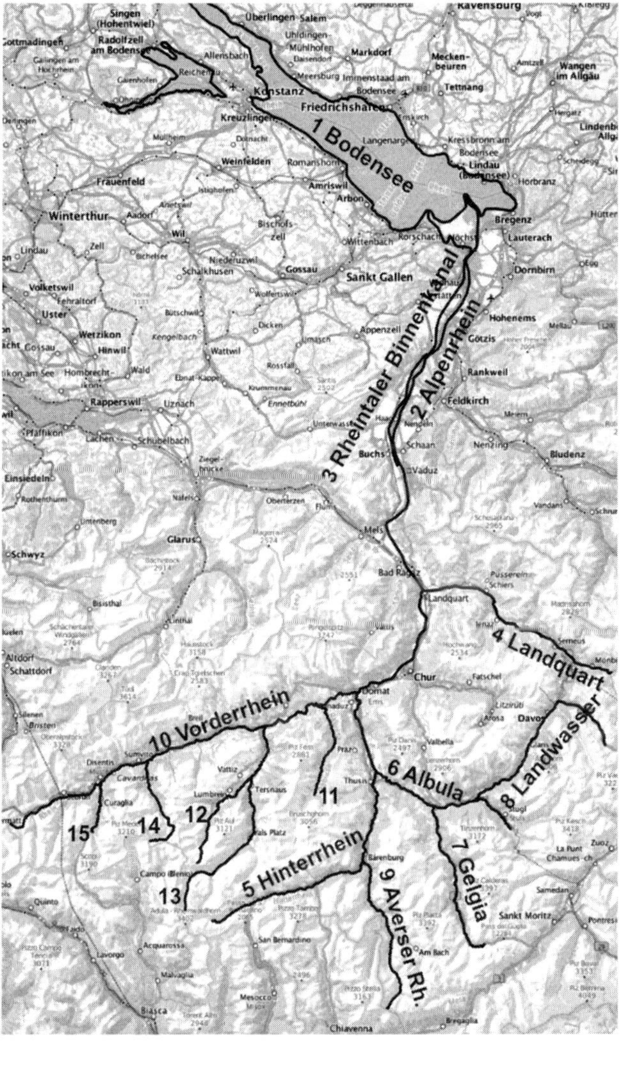
1 Bodensee
2 Alpenrhein
3 Rheintaler Binnenkanal
4 Landquart
5 Hinterrhein
6 Albula
7 Gelgia
8 Landwasser
9 Averser Rh.
10 Vorderrhein
11
12
13
14
15

Bodensee-Untersee

Weitere Namen: Zeller See
Seengewässer
Mündung in Rhein bei amtl. km 4,0

Der Untersee ist der zweite Teil des Bodensees. Die Verbindung zwischen beiden Teilen heißt Seerhein und ist im Hochrhein beschrieben. Die hier dargestellte Umrundung des Untersees folgt zunächst dem nördlichen Ufer entgegen dem Uhrzeigersinn bis zur Straßenbrücke in Stein am Rhein. Hier verlässt der Rhein den Bodensee. Die Umrundung folgt nun am Südufer des Untersees zurück und erreicht hier wieder den Ausgangspunkt.
Alle notwendigen allgemeinen Informationen zum Bodensee findet man in der Beschreibung des Obersees.

Befahrungsregeln: km 45,5 bis 44,6 (Radolfzeller Aachmündung zwischen Eisenbahner SV und Bootshafen Moos): ganzj. BV in einer Zone bis 500m vom Ufer
km 40 bis 36,3 (Hornspitze auf der Höri zwischen Grundholzen und Hornstaad): ganzj. BV in einer Zone von 500m, vom 1.10.-31.3. von 750m vom Ufer
km 54,4 bis 49,6 (Halbinsel Mettnau östlich Campingplatz Radolfzell): ganzj. BV in den Buchten
km 70 bis 64,8 (Einfahrt in den Untersee bis zum Campingplatz Hegne): ganzj. BV in der durch rot-weiße Bojen gekennzeichneten Zone

70,0 Beginn der Umrundung des Bodensee-Untersee (47.6677,9.1252)
70,0 –64,8 re §, ganzj. BV in der durch rot-weiße Bojen gekennzeichneten Zone (47.6678,9.1251)–(47.7034,9.0978)
66,8 ← der Umrundung der Insel Reichenau vom Bodensee-Untersee (47.6860,9.0922)
66,6 Bruckgraben, Einfahrt in den Gnadensee, Tunnel unter Straße an der Südost-Spitze der Insel Reichenau, ≈ ab Pegel 3,00 Konstanz, Statue des hl. Pirmin (724 Gründer der Benediktiner-Abtei Reichenau), Möglichkeit der Umrundung der Insel Reichenau (47.6872,9.0913); ⇩ der Umrundung der Insel Reichenau in den Bodensee-Untersee (47.6876,9.0912)
64,8 🚐 Hegne, Nachtwaid 1, 78476 Allensbach, http://camping-hegne.de/, ☎ +49 7533 9493913 (47.7034,9.0978)
62,0 **78476 Allensbach** (47.7133,9.0621)
57,6 ⌂ Naturfreunde Radolfzell, große ⛺-Anlage, bewirtschaftet, Übernachtungsmöglichkeit, Speisen und Getränke werden verabreicht, Radolfzeller Str. 1, 78315 Radolfzell am Bodensee, http://www.nfhb.de/, ☎ +49 7732 823770 (47.7325,9.0141)
56,4 🚐 Markelfingen, Unterdorfstr. 25, 78315 Radolfzell-Markelfingen, http://www.campingplatz-markelfingen.de/, ☎ +49 7732 10611, info@campingplatz-markelfingen.de (47.7389,9.0010)

54,4 –49,6 §, ganzj. BV in den Buchten (47.7360,8.9867)–(47.7269,8.9991)
51,2 Mettnauspitze, Übergang zum Zellersee (47.7198,9.0146)
50,4 Liebesinsel (47.7213,9.0050)
49,4 Landestelle Mettnau (47.7272,8.9952)
47,1 **78315 Radolfzell am Bodensee**, Hafenmole, Münster, Rathaus, Scheffel-Museum (47.7341,8.9690)
46,3 KC Radolfzell, , , in unmittelbarer Nähe , Karl-Wolf-Str. 15, 78315 Radolfzell, http://www.kanu-radolfzell.de, ☎ +49 7732 55485, camping@kanu-radolfzell.de (47.7371,8.9586)
45,5 –44,6 §, ganzj. BV in einer Zone bis 500m vom Ufer (47.7326,8.9481)–(47.7274,8.9408)
45,2 ⇩ der Radolfzeller Aach in den Bodensee-Untersee (Zeller See) (47.7307, 8.9461)
44,6 **78345 Moos**, ganzj. BV in einer Zone bis 500m vom Ufer (47.7260, 8.9372)
42,7 **78345 Moos-Iznang** (47.7173,8.9616)
42,5 KC Singen, , schöner , daneben Schwimmbad, Strandbadstr. 17, 78345 Moos-Iznang, http://www.kanuclub-singen.de/, ☎ +49 7732 3659 (47.7157,8.9633)
40,0 –36,3 §, ganzj. BV in einer Zone von 500m, vom 01.10.-31.03. von 750m vom Ufer (47.7066,8.9936)–(47.6917,9.0021)
35,5 Horn Gaienhofen, Strandweg 18, 78343 Gaienhofen, ☎ +49 7735 685 (47.6864,8.9967)
34,2 re **78343 Gaienhofen** (47.6799,8.9827)
29,5 Wangen, Seeweg 32, 78337 Öhningen, http://www.camping-wangen.de/, ☎ +49 7735 919675 (47.6595,8.9356)
29,0 **78337 Öhningen-Wangen** (47.6590,8.9303)
26,1 **78337 Öhningen**, letzte deutsche Ortschaft, ehem. Augustiner-Chorherren-Kloster, Pfarrkirche mit Barock-Plastiken (47.6524,8.8945)
23,3 Str-II, **CH 8260 Stein am Rhein**, mittelalterliche Altstadt, Kleinod der Schweiz, über der Stadt Burg Hohenklingen, Schweizer Zoll, westlichster Punkt des Bodensees, Ausfluss des Hochrheins aus dem See (47.6582, 8.8588)
18,1 Guldifuss Mammern, http://www.guldifuss.ch/, ☎ +41 741 13 20 (47.6486,8.9168);
CH 8265 Mammern, Schweizer Zoll
14,6 **CH 8266 Glarisegg** (47.6576,8.9575)
12,1 **CH 8266 Steckborn**, Schweizer Zoll, 6-türmige Burg am See (47.6684, 8.9818)
9,1 **CH 8267 Berlingen** (47.6753,9.0175)
6,7 **CH 8268 Mannenbach-Salenstein**, Napoleonmuseum, Schloss Arenenberg (47.6745,9.0486)
3,4 **CH 8272 Ermatingen**, prächtige Fachwerkbauten (47.6740,9.0863)
0,0 Ende der Umrundung des Untersee (47.6673,9.1249);
⇩ des Hochrhein (s. Seite 507) bei amtl. km 4,0 in den Bodensee-

Untersee (47.6675,9.1250)

Bodensee-Obersee

Weitere Namen: Überlinger See
Seengewässer
Mündung in Rhein bei km 0,0

Geographische Verhältnisse:
Der Bodensee ist mit 539 km² der größte und tiefste deutsche See. Die größten Ausmaße: Länge 63 km, Breite 14,5 km, Tiefe 252 m; die Uferlänge beträgt 259 km.
Der Hauptteil des Sees wird „Obersee" genannt. Er teilt sich im Westen in den „Überlinger See" mit der Insel Mainau und den „Untersee" mit der Insel Reichenau. Ober- und Untersee sind in Konstanz durch den Seerhein verbunden.
Das gesamte Südufer des Bodensees, mit Ausnahme des Stadtgebietes von Konstanz, ist Schweizer Hoheitsgebiet, im Südosten gehört eine kurze Uferstrecke zu Österreich, alle übrigen Ufer sind deutsches Staatsgebiet. Die deutsche Zollgrenze verläuft auf dem Obersee von Laiblach-Mündung zwischen Lindau und Bregenz in südwestlicher Richtung bis zur Mitte der Bregenzer Bucht, von da in nordwestlicher Richtung in Seemitte bis zur südlichen Stadtgrenze von Konstanz.
Der Bodensee ist ältestes deutsches Kulturgebiet mit zahlreichen Städten und Ortschaften, die viele sehenswerte Baudenkmäler aufweisen. Man sollte sich für ihre Besichtigung Zeit nehmen.
Bei gutem Wetter hat man vom Bodensee aus das herrliche Panorama der im Süden bzw. Südosten allerdings etwas entfernt liegenden Schweizer und österreichischen Alpen vor Augen. Das Klima ist am Bodensee mild, mit Anbau von Obst, Frühgemüse und Wein. Die Insel Mainau hat fast subtropische Vegetation. Eine Fischspezialität des Sees sind die Bodensee-Felchen, eine Salmoniden-Art, die mit tiefhängenden Stellnetzen gefangen werden.

Kanufahren auf dem Bodensee:
Der Bodensee ist hervorragend geeignet als Familien-Ferien-Boots-Urlaubsziel. Als Standquartier kommt insbesondere in Frage der „DKV-Campingplatz Bodensee", DKV-Kanu-Station. Er liegt zwischen dem Fährhafen Konstanz-Staad und Konstanzer Hörnle; der Platz ist vom See her ausgeschildert, Bootswagen empfehlenswert. Straßenzufahrt auf der B 33. Zwischen Fährhafen Konstanz-Staad und Konstanz ausgeschildert mit Verkehrsschild (Vorwegweiser Campingplatz).
Fast alle Kanu-Vereine am Bodensee haben einen kleinen Zeltplatz für Kanuwanderer (kein Dauercamping). Außerdem gibt es zahlreiche öffentliche Campingplätze.
Bei Bootsfahrten auf dem See ist die Tatsache zu berücksichtigen, dass plötzlich auftretende Stürme sehr gefährlich werden können. Es ist daher ratsam, sich nicht allzu weit vom Ufer zu entfernen, vor größeren Überquerungen wird gewarnt. Die bestehende Vorschrift der amtlichen Kennzeichnung sämtlicher Wasserfahrzeuge ist inzwischen für Sportboote aufgehoben worden. Sie müssen jedoch außen mit

Namen, Verein und Herkunftsort, innen mit Namen und Anschrift des Eigners gekennzeichnet sein.
Im Prinzip müssen alle Wasserfahrzeuge bei jedem An- und Ablegen zollamtlich und passrechtlich abgefertigt werden, was nur an den vorgeschriebenen Zolllandungsplätzen möglich ist; dies ist für Sportboote praktisch unmöglich. Über mehrere Jahrzehnte war es daher erforderlich, eine „Grenzpolizeiliche Erlaubnis" zu beantragen und mit sich zu führen. Nur damit war es gestattet, an beliebigen Stellen von Bodensee und Hochrhein anzulegen. Diese Erlaubnis ist jetzt nicht mehr erforderlich. Mit gültigen Personalpapieren kann jetzt unbehindert sowohl auf deutscher wie auf Schweizer Seite angelegt werden.
Anweisungen der Wasserschutzpolizei ist unbedingt Folge zu leisten. Die Fahrt der Kursschiffe darf nicht behindert werden; sie haben grundsätzlich Vorfahrts- und Wegerecht. Der Aufenthalt vor Hafenein- und Ausfahrten sowie vor Schiffsanlegestellen ist nicht gestattet, Strandbäder und gekennzeichnete Badeplätze dürfen nicht befahren werden.

Sturmwarndienst:
Es gibt auf dem See einen offiziellen Sturmwarndienst. Dazu sind rings um den See Blinkfeuer angebracht, die orangefarbene Lichtblitze aussenden.
40-mal in der Minute aufleuchten bedeutet Starkwindwarnung. Gefahr von Windböen mit Geschwindigkeiten ab 6 Beaufort (zwischen 25 und 33 Knoten). Sportboote sollten sich möglichst schnell in Ufernähe begeben.
90-mal in der Minute aufleuchten bedeutet Sturmwarnung. Gefahr von Sturmwinden mit Geschwindigkeiten ab 8 Beaufort (ab 34 Knoten). Sportboote sollten sofort den nächsten Hafen oder das nächste Ufer anlaufen.

Bodensee-Kanu-Ring e.V. und Bodensee-Wanderwimpel:
Der Bodensee-Kanu-Ring e.V. ist der Dachverband der Kanufahrer rund um den See. Derzeit sind in dieser Vereinigung 21 Kanu-Vereine mit 3300 Mitgliedern zusammengefasst.
Fast alle Vereine haben beim Bootshaus einen kleinen Zeltplatz (kein Dauercamping) für Kanuwanderer. Diese Plätze können beim Erwerb des Bodensee-Wanderwimpels benutzt werden.
Der beliebte Wanderwimpel kann durch eine Umrundung des Bodensees oder durch Erfüllung vorgeschriebener Pflichtfahrten erworben werden. Eine Informationsbroschüre über den Erwerb des Wimpels kann angefordert werden unter www.bodensee-kanu-ring.de. Hier erhält man auch weitere Informationen über das Paddlerparadies Bodensee.

Naturschutz:
Die Natur- und Fischschutzgebiete mit den teilweise vorgelagerten Flachwasserzonen sind unbedingt zu beachten. Betreten, Anlegen mit dem Boot, Baden und Zelten sind dort verboten. Sie sind größtenteils durch die bekannten Tafeln gekennzeichnet (dreieckig, weißer Grund, grün umrandet mit fliegendem, schwarzen Adler und der Aufschrift „Naturschutzgebiet"). Der Natur- und

Landschaftsschutz ist um die Erhaltung der noch unverbauten Ufer sehr bemüht; wir sollten ihn daher unterstützen. Naturschutzgebiete sind u. a. das Rheindelta (Österreich), Eriskircher Ried, die Mündungsgebiete von Seefelder, Stockacher und Radolfszeller Aach, das Wollmatinger Ried sowie nahezu das gesamte deutsche Ufer des Bodensees.

Nachfolgend werden die wichtigsten Merkmale einer Bodenseeumrundung geschildert, beginnend in Konstanz, alte Rheinbrücke, weiter im Gegensinn des Uhrzeigers entlang dem Süd-, Ost- und Nordufer des Obersees und den Ufern des Überlinger Sees zurück nach Konstanz. Die Umrundung des Untersees ist in der Beschreibung Bodensee-Untersee zu finden.

Befahrungsregeln: km 150,4 bis 154,6 (Untere- und Obere Güll, zwischen Insel Mainau und Bodenseeufer): ganzj. BV von Litzelstetten bis Konstanz-Egg zw. Mainau und Bodenseeufer
km 132,8 bis 134,3 (Aachmündung bei Bodman): ganzj. BV
km 66,8 bis 67,5 (Uferstreifen östlich der Insel (Reutiner Bucht)): ganzj. BV und UV, Ausfahrt vom Kleinen See über die Insel Hoy ist davon nicht betroffen
km 55,6 bis 58,9 (NSG Mehrerauer Seeufer - Bregenzerachmündung): Es ist verboten im Uferbereich mit Wasserfahrzeugen zu fahren. Dies gilt nicht für die Zufahrten zum Yachthafen, zu den Liegeplätzen im Suppersbach und zu den bewilligten Liegeplätzen der Mietboote im Mündungsbereich des Kaltenbaches. Da der Uferbereich nicht näher definiert ist, sollte ein Abstand von ca. 200 m eingehalten werden. Dieses Verbot gilt für die Bregenzerachmündung nur insoweit, als in der Zeit vom 15. März bis 10. Juli nicht näher als 50 m an die Achufer und nicht näher als 100 m an die Kiesinseln herangefahren werden darf.
km 47,8 bis 49,7 (Fußauer Bucht): Bei der Befahrung dieser Bucht sind verschiedene gesperrte Wasserflächen und Uferbetretungsverbote zu beachten.
km 85,9 bis 90 (Seezone zwischen Rotach- und Schussenmündung): ganzj. BV in einer Zone bis 750m Tiefe vom Ufer
km 97,6 bis 98,4 (150m breite Zone a.d. Lipbachmündung westl. Fischbach): ganzj. BV
km 114,5 bis 115,2 (Mündungsgebiet und Seezone bis 400m in den See hinaus): ganzj. BV

Kilometrierung: Für die Kilometrierung wurde eine Bodensee-Umrundung in Ufernähe zugrunde gelegt, die jedoch nur zur Orientierung dient. Praktisch ergeben sich durch das Abschneiden von Buchten bzw. Querungen des Sees andere Streckenlängen, die individuell aus Kartenmaterial oder GPS-Aufzeichnungen ermittelt werden können. Entlang des Sees sind in geringem

Abstand zum Ufer nummerierte Seezeichen angebracht, die aber keine Kilometrierung beinhalten. So z.B.:61 Bad Schachen, 54 Wasserburg, 67 Bregenz Seebühne, 87 Mündung des Neuen Rheins.

0,0 Straßen- und EB-Ⅱ Konstanz, Sternenplatz (47.6663,9.1787);
78467 Konstanz, keltische Fischersiedlung, 300 n. Chr. römisches Kastell Constantia, viele historische Bauwerke im Stadtkern, ⌘ (Münster, Altes Rathaus, Wessenberghaus)

1,2 Landesgrenze Deutschland - Schweiz (47.6560,9.1818)

2,3 **CH 8280 Kreuzlingen**, Hafen, Schweizer Zoll (47.6489,9.1937)

2,8 ⌂ PC Kreuzlingen, Fischerhausstrasse, CH-8280 Kreuzlingen, http://www.kanu-kreuzlingen.ch (47.6475,9.1996)

4,1 **CH 8280 Bottighofen** (Schlößli) (47.6428,9.2135)

5,9 **CH 8596 Münsterlingen**, altes Benediktinerkloster (47.6333,9.2350)

8,6 **CH 8595 Altnau** (47.6236,9.2664);
Ruderbaum, Ruderbaum 3, CH-8595 Altnau, http://www.ruderbaum.ch/, ☎ +41 71 695 29 65

11,2 **CH 8594 Güttingen** (47.6122,9.2954)

11,6 **CH 8592 Uttwil** (47.6097,9.3006)

18,4 ⌂ des KC Romanshorn, vor Badeanstalt, Seeweg 1, CH-8590 Romanshorn, http://koro.ch/ (47.5740,9.3729)

20,1 **CH 8590 Romanshorn**, größter Schweizer Hafen am See, Fähre nach Friedrichshafen, günstige Verbindung nach St. Gallen (47.5649,9.3832)

21,6 ⇩ Wilerbach, Schloß Luxburg (47.5505,9.3867)

23,2 Seehorn, Seehorn, CH-9322 Egnach, http://www.seehorn.ch/, ☎ +41 71 477 10 06 (47.5382,9.4002)

25,5 Buchorn, Philosophenweg 17, CH-9320 Arbon, http://www.arbon.ch/freizeit_tourismus/camping, ☎ +41 71 446 65 45 (47.5244,9.4218)

27,2 **CH 9320 Arbon**, Schloss und Turm aus der Merowingerzeit. 5 km entfernt Burg Mammertshofen (47.5158,9.4404)

34,1 **CH 9400 Rorschach**, viele Sehenswürdigkeiten aus dem 15. Jahrhundert (47.4782,9.4978)

40,3 Landesgrenze Schweiz - Österreich (47.5043,9.5618);
⇩ Rheintaler Binnenkanal (s. Seite 608) und Alter Rhein in den Bodensee, Unterer Rheinspitz, 2 km aufwärts ⌂ des PC Rheineck, nachfolgendes Ufer ist Vogelschutzgebiet

46,5 Salzmann Rohrspitz, Rohr 1, A-6972 Fußach, http://www.salzmann.at (47.4999,9.6293)

47,8 –49,7 **§** der rechts liegenden Fußacher Bucht. Bei der Befahrung dieser Bucht sind verschiedene gesperrte Wasserflächen und Uferbetretungsverbote zu beachten, siehe, https://www.ris.bka.gv.at/Dokumente/Lgbl/LGBL_VO_19921223_57/LGBL_VO_19921223_57.pdf (47.5097,9.6412)–(47.5255,9.6398)

47,9 Rohrspitz, vorspringende Halbinsel (47.5070,9.6455)

50,8 neue ⇩ Alpenrhein (s. Seite 605) in den Bodensee-Obersee. Durch den Bau des Rheindammes wurde die Mündung in den Bodensee hinein verlagert bis knapp an die deutsche Staatsgrenze. Mögliche Weiterfahrt nach **A 6900 Bregenz** etwa 7 km Richtung Südosten, nach **CH 9400 Rorschach** etwa 14 km Richtung Westen oder nach **D 88131 Lindau** etwa 5,5 km Richtung Nordost (47.5259,9.6446)

55,6 –58,9 re **§** NSG Mehrerauer Seeufer - Bregenzerachmündung. Es ist verboten im Uferbereich mit Wasserfahrzeugen zu fahren. Dies gilt nicht für die Zufahrten zum Yachthafen, zu den Liegeplätzen im Suppersbach und zu den bewilligten Liegeplätzen der Mietboote im Mündungsbereich des Kaltenbaches. Da der Uferbereich nicht näher definiert ist, sollte ein Abstand von ca. 200 m eingehalten werden. Dieses Verbot gilt für die Bregenzerachmündung nur insoweit, als in der Zeit vom 15. März bis 10. Juli nicht näher als 50 m an die Achufer und nicht näher als 100 m an die Kiesinseln herangefahren werden darf (47.5049,9.6843)–(47.5083,9.7243)

56,5 ⇩ der Bregenzer Ache (s. Seite 484) in den Bodensee, 3 km westlich von **A 6900 Bregenz** (47.5090,9.6922)

57,1 –61,1 **A 6900 Bregenz**, Hauptstadt Vorarlbergs, das römische Brigantium, viele Sehenswürdigkeiten aus dem Mittelalter. Vom 1064 m hohen Pfänder herrliche Sicht auf den See und die Alpen (47.5072,9.6997)–(47.5102,9.7516)

63,5 **A 6911 Lochau**, Sportboothafen (47.5290,9.7396)

64,5 ⇩ Leiblach (47.5333,9.7281);
Grenze Österreich - Deutschland

64,9 ⛺ Park-Camping Lindau am See, Fraunhoferstraße 20, 88131 Lindau (Bodensee), http://park-camping.com/, ☎ +49 8382 72236 (47.5367, 9.7283)

66,8 –67,5 **§**, ganzj. BV und UV für einen Uferstreifen östlich der Insel Hoy (Reutiner Bucht), Ausfahrt vom Kleinen See über die Insel Hoy ist davon nicht betroffen (47.5505,9.7109)–(47.5513,9.7007)

68,3 Str-II **88131 Lindau (Bodensee)**, Seebrücke, Chelles-Allee (47.5492, 9.6908);
li historisches Stadtzentrum Lindau auf einer Insel, ⌘ hübscher Hafen mit altem und neuem Leuchtturm, Bayerischer Löwe als Wahrzeichen, Römerschanze, in der Stadt Diebsturm, Peterskirche mit Holbeinfresken und Rathaus aus dem 15. Jahrh.

68,9 re ⌂ RC Lindau, Bootssteg auf der Festlandseite vorm Bahndamm, Aeschacher Ufer 31, 88131 Lindau (Bodensee), http://www.ruderclub-lindau.de (47.5490,9.6829);
re ⌂ KC Lindau, auf der Festlandseite am Bahndamm. ⛺, ⛺, Aeschacher Ufer 35, 88131 Lindau, http://www.lindauer-kanuclub.de/ (47.5490,9.6827)

69,0 EB-II, 🚂 Lindau auf der Insel (47.5488,9.6811)

74,3 **88142 Wasserburg (Bodensee)**, Halbinsel, Bootsanleger, ⌘ Museum im

Malhaus, Kirche St. Georg). (47.5661,9.6297)
76,9 **88149 Nonnenhorn** (47.5761,9.6070)
78,4 **88079 Kreßbronn am Bodensee** (47.5882,9.5963)
80,8 Gohren am See, Kressbronn, zum Seglerhafen, 88079 Kressbronn am Bodensee, http://www.campingplatz-gohren.de, +49 7543 60590 (47.5852,9.5656)
81,7 ⇩ der Argen in den Bodensee-Obersee (47.5853,9.5537)
83,5 **88085 Langenargen**, Schloss Montfort (47.5966,9.5388)
85,9 re ⇩ der Schussen in den Bodensee-Obersee (47.6108,9.5145)
85,9 –90,0 **§**, ganzj. BV in einer Zone bis 750 m Tiefe vom Ufer (47.6108, 9.5145)–(47.6451,9.4927)
89,4 –97,4 **88045 Friedrichshafen**, vor dem 2. Weltkrieg Zentrum der Luftschiffahrt, ⌘ bekannte Schlosskirche, Schulmuseum (Friedrichstr. 14, etwa 200 m landeinwärts, dazu Anlanden westl. vom Yachthafen) mit Klassenzimmern aus den Jahren 1830, 1880 und 1930, Zeppelinmuseum im Hafenbahnhof, im Herbst große Bootsmesse (47.6388,9.4939)–(47.6682,9.4030)
90,2 CAP Rotach Friedrichshafen, Lindauer Straße 2, 88046 Friedrichshafen, http://www.cap-rotach.de/, +49 7541 70077777 (47.6497,9.4953);
re ⇩ der Rotach (Bodensee) in den Bodensee-Obersee (47.6448,9.4883)
94,3 KC Welfen Ravensburg, Am Seemooser Horn, 88045 Friedrichshafen, http://www.kanuclub-ravensburg.de (47.6566,9.4381)
94,7 KSF Friedrichshafen, ⛺, ⛺, Am Seemoser Horn 18, 88045 Friedrichshafen, http://kanu-sport-friedrichshafen.de, +49 7541 75548 (47.6572,9.4340)
96,8 WVF Friedrichshafen-Fischbach, ✕ und ⛺, Fischerstr. 20, 88048 Friedrichshafen, http://www.wvfischbach.de (47.6683,9.4100)
97,4 Fischbach, ✕, Grenzösch 3, 88048 Friedrichshafen, http://www.camping-fischbach.de/, +49 7541 42059 (47.6682,9.4030)
97,6 –98,4 **§**, 150 m breite Zone an der Lipbachmündung, ganzjähriges BV (47.6669,9.3996)–(47.6660,9.3895)
98,1 ⇩ Lipbach (47.6678,9.3928)
100,9 Helmsdorf, Helmsdorfweg 1, 88090 Immenstaad am Bodensee, http://www.schloss-helmsdorf.org/de/, +49 7545 6252 (47.6623,9.3672); **88090 Immenstaad am Bodensee** (47.6634,9.3664)
104,0 Schloß Kirchberg am Bodensee, 88090 Immenstaad am Bodensee Deutschland, http://www.camping-kirchberg.de/, +49 7545 6413 (47.6692,9.3301)
104,4 Alpenblick Hagnau und Strandbad, Strandbadstraße 13, 88709 Hagnau am Bodensee, http://www.campingplatz-alpenblick.de/, +49 7532 495760 (47.6716,9.3260)
105,3 **88709 Hagnau am Bodensee** (47.6735,9.3140)
109,1 Fährhafen Meersburg, Auto-⛴ nach Konstanz, ⚠ auf ausfahrende Fähren, hohe Wellen (47.6914,9.2727)

109,4 **88709 Meersburg**, ⌘ Burg Meersburg, älteste deutsche Burg, Droste-Museum, Unterstadtkapelle (1390) (47.6930,9.2693)

114,1 **88690 Unteruhldingen**, ⌘ rekonstruierte Pfahlbaudörfer der Steinzeit und der Bronzezeit, Freilichtmuseum (47.7231,9.2272)

114,5 –115,2 **§**, ganzj. BV für das Mündungsgebiet der Seefelder Aach und Seezone bis 400m in den See hinaus (47.7268,9.2279)–(47.7337,9.2266)

115,3 re ⇩ der Seefelder Aach in den Bodensee-Obersee (47.7329,9.2217)

116,6 ⌘ Schloß Maurach und Kloster Birnau mit berühmter Barockkirche (47.7443,9.2185)

118,7 **88662 Überlingen-Nußdorf** (47.7512,9.1925);
🚐 Nell, Nußdorf, Zur Barbe 5, 88662 Überlingen, http://www.campingplatz-nell.de/, ✆ +49 7551 4254

120,4 ⌂⚑ PC Überlingen, hinter Strandbad Ost, für DKV-Mitglieder ⛺ bis 1 Woche, nur Zelte, Voranmeldung erforderlich, Strandweg 20, 88662 Überlingen, http://www.paddelclub-ueberlingen.de/, ✆ +49 7551 63943 (47.7596,9.1739)

121,8 **88662 Überlingen**, ⌘ ehem. freie Reichsstadt, St. Nikolaus-Münster, Rathaus, botanischer Stadtgarten (47.7661,9.1583)

122,8 🚆 Überlingen-Therme (47.7687,9.1455)

125,8 Seepumpwerk, Wasserversorgungsanlagen für den Stuttgarter Raum (47.7873,9.1170)

127,6 **78354 Sipplingen** (47.7947,9.0965)

131,7 **78351 Bodman-Ludwigshafen**, 🚆 Ludwigshafen (Bodensee) (47.8151, 9.0532)

132,7 🚐 Schachenhorn Ludwigshafen, Radolfzeller Straße 23, 78351 Bodman-Ludwigshafen, http://www.camping-schachenhorn.de/, ✆ +49 7533 9361285 (47.8175,9.0389)

132,8 –134,3 **§**, ganzj. BV der Wasserflächen zwischen den Buchten beidseits der Stockacher Aach und der ⇩ (47.8162,9.0385)–(47.8070,9.0309)

134,1 re ⇩ der Stockacher Aach in den Bodensee-Obersee (47.8073,9.0363)

134,9 **78351 Bodmann-Ludwigshafen**, im 8. Jahrh. Königshof der Merowinger, Schloss Frauenberg, schöne Aussicht über den See, Bisongehege (47.8008,9.0372);
⇅ Bodmann, am Hafen, 🅿.

140,8 ⌘ Marienschlucht, Kiosk, Aufstieg zur Ruine Kargegg (viele Stufen) (47.7660,9.0959)

144,3 **78465 Konstanz-Wallhausen** (47.7479,9.1343)

145,4 🚐 Klausenhorn, Strandbad, Kiosk, ⚓, Hornwiesenstraße 40-41, 78465 Konstanz-Dingelsdorf, http://www.camping-klausenhorn.de/, ✆ +49 7533 6372 (47.7486,9.1488)

146,5 **78465 Konstanz-Dingelsdorf**, spätgotische Pfarrkirche (47.7410,9.1577)

147,8 🚐 Seepark Fließhorn, Am Fließhorn 1, 78465 Konstanz, Deutschland, http://www.fliesshorn.de/, ✆ +49 7533 5262 (47.7350,9.1727)

150,4 **78465 Konstanz-Litzelstetten** (47.7136,9.1805);
🚐 Litzelstetten-Mainau, ✆ +49 7531 943030

150,4 –154,6 §, ganzj. BV von Litzelstetten bis Konstanz-Egg zw. Insel Mainau und Bodenseeufer (47.7136,9.1805)–(47.6960,9.1919)
151,5 –153,9 Insel Mainau (⚠ Umrundung der Insel nur auf der Seeseite möglich) ⌘ Deutschordensschloss, exotische Baumbestände, botanisches Paradies, http://www.mainau.de/ (47.7062,9.1883)–(47.7027, 9.1945)
152,8 Einfahrt Hafen Mainau, ⚠ auf Schiffsverkehr (47.7057,9.2020)
154,8 **78464 Konstanz-Egg**, Universität Konstanz (47.6950,9.1953)
156,7 Auto-⛴ Konstanz - Meersburg, Fährhafen Konstanz-Staad (47.6830, 9.2131)
157,4 **78464 Konstanz-Staad** (47.6772,9.2102)
157,7 ⛺ DKV-Campingplatz Bodensee (Bei Anfahrt vom See mit beladenem Boot ist ein Bootswagen empfehlenswert), geöffnet Ende April bis Ende September, Platzverwalterin: Karina Droste, vorbildliche Versorgungs- und Sanitärgebäude, ca. 6000 m³ Campingfläche, ca. 100 Einheiten, sowie ca. 40 Pkw-Stellplätze, Bewirtschaftung, Entfernung zur Auto-Fähre ca. 1 km, nächste Bushaltestelle bei der Auto-Fähre (Pendelverkehr in die Stadt Konstanz), Freibad (ca. 2 km), Gäste herzlich willkommen, Fohrenbühlweg 45, 78464 Konstanz, http://www.dkv-camping.de/, ☎ +49 7531 33057 (47.6746,9.2114);
⛺ Bruderhofer, Fohrenbühlweg 50, 78464 Konstanz, ☎ +49 7531 31388
157,9 Wasserwerk der Stadt Konstanz (47.6721,9.2134)
158,7 Hinteres Eichhorn, Nebel- und Sturmwarnanlage, Freibad Horn (47.6661, 9.2182)
162,0 Straßen- und EB-II **78467 Konstanz**, Sternenplatz, Beginn der Kilometrierung des Rheins (s. Seite 507) = 0,0 (47.6664,9.1789)
162,1 ⇩ des Bodensee-Obersee in den Hochrhein (s. Seite 507) bei km 0,0 (47.6665,9.1789)

Alpenrhein

Wanderfluss, WW I-II, WW III-IV
Mündung in Bodensee-Obersee bei km 50,8

Der Alpenrhein ist nunmehr rund 95 km lang und hat seinem Ursprung durch Zusammenfluss von Vorderrhein und Hinterrhein bei Reichenau. Er fließt in einem breiten, landschaftlich reizvollen Tal der Schweizer Voralpenberge. Für einige Kilometer ist der Alpenrhein Grenze zwischen Lichtenstein und der Schweiz bis er dann bei Kilometer 61,6 zum Dreiländereck kommt. Danach ist er auf weiten Strecken reguliert und bildet die Grenze zwischen Österreich und Schweiz.

Befahrungsregeln: Befahrungsverbot des Stausees und der anschließenden Rheinstrecke bis Chur ist verboten (km 0,0 bis 9,0)
Befahrbarkeit: ganzjährig
Schwierigkeiten: WW I bis II; gefährliche Wehre im Oberlauf
Karten: L8522, L8524, Österreich 142, 141, Generalkarte Schweiz

Nr.1

0,0 ⇩ Zusammenfluss von Vorderrhein (s. Seite 621) und Hinterrhein (s. Seite 612), bilden den Alpenrhein bei **CH 7015 Reichenau**, § die Weiterfahrt auf dem folgenden Stausee ist verboten (46.8235,9.4076)
0,0 –9,0 § Befahrungsverbot aus Sicherhheitsgründen (46.8235,9.4083)–(46.8602,9.5018)
0,2 Str.-II 13, li **CH 7015 Reichenau GR** (46.8237,9.4098)
0,9 Str.-II 19, li **CH 7015 Tamins** (46.8285,9.4152)
2,5 ▬ Staustufe **CH 7013 Domat/Ems** (46.8346,9.4344)
6,3 Str.-II, li **CH 7012 Felsberg** (46.8436,9.4786)
6,6 ▬ Sohlstufe (46.8442,9.4823)
7,8 Str-II re **CH 7000 Chur** Waffenplatzstr (46.8520,9.4929);
▬ Sohlrampe (46.8522,9.4931)
8,0 Fußg-II (46.8535,9.4945)
8,9 ▬ Sohlrampe (46.8595,9.5007)
9,4 re **CH 7000 Chur** gute ⬇ (46.8624,9.5068);
re ⇩ Plessur die Plessur wurde auf Teilstrecken schon „befahren“, ein extrem mühsames Unternehmen. Von einer etwa 3 km langen „Fahrtstrecke“ mussten auf gut der Hälfte die Boote umtragen werden, außerdem 1 km weit Boote an der ⬆ zur Straße hochtragen. Von einer Befahrung der Plessur muss daher dringend abgeraten werden) (46.8630, 9.5075)
10,3 Röhren-II (46.8668,9.5156)
12,0 Str-II, li **CH 7023 Haldenstein** re **CH 7000 Chur-Masans**, re (46.8768,9.5316);
▬ Sohlrampe, re gut ≈ (46.8770,9.5316)
13,9 li ⚠ Kieswerk Vorsicht Baggerseile! Schwall mit hohen Wellen! (46.8928, 9.5392)
17,3 Str-II, re **CH 7204 Untervaz** (46.9190,9.5559);
Blockwurf-▬, re ≈ (46.9192,9.5559)
18,7 re **CH 7205 Zizers** (46.9327,9.5578)
19,7 Fußg-II es folgt eine natürliche Kiesbettstrecke (46.9382,9.5484)
23,3 re ⇩ der Landquart (s. Seite 609) in den Alpenrhein Kiesbaggerei! (46.9688,9.5504)
23,5 Doppel-Blockwurf-▬, evtl. ≈, je nach WS WW III-IV, ansehen!, re ⏏ etwas mühsam über Uferböschung (46.9708,9.5501)
23,6 Str-II li **CH 7303 Tardisbrugg**, re **CH 7302 Landquart**, Ragazerstr (46.9718,9.5500)
27,6 Str-II li **CH 7310 Bad Ragaz-Rosenberg** re **CH 7304 Maienfeld** (Maienfelderstr.) (47.0004,9.5185)
28,3 li **CH 7310 Bad Ragaz** Giessenpark (47.0055,9.5130)
28,9 ▬ Sohlrampe, re gut ≈ (47.0101,9.5100);
EB-II, dahinter Rohrleitungs-II li **CH 7310 Bad Ragaz** (47.0104,9.5100)
29,3 AB-II **A13/E43** (47.0135,9.5094)

30,6 Str-II, re **CH 7306 Fläsch**, Augass (47.0237,9.5010)
34,0 Blockwurf-■ WW III-IV, ↱ zum Besichtigen, evtl. ⏏, etwas mühsam (47.0490,9.4773)
34,3 re Ufer nun Fürstentum Liechtenstein li Ufer Schweiz (47.0516,9.4758)
36,6 Fußg-II, li **CH 9477 Trübbach** re **FL 9496 Balzers** (47.0692,9.4809)
37,4 Str-II, li **CH 9477 Trübbach** re **FL 9496 Balzers** (47.0727,9.4898)
44,8 Str-II li **CH 9475 Sevelen**, re **FL 9490 Vaduz**, mögliche ⇅, li wenige 🅿-Möglichkeiten auf der re Straßenseite, li 1,5 km zum 🚆 Sevelen (47.1305, 9.5123)
45,1 überdachte Fußg-II, re **FL 9490 Vaduz** (47.1324,9.5116)
49,0 EB-II (47.1645,9.4905)
49,5 Str-II, re **FL 9494 Schaan**, Zollstr, li **CH 9470 Buchs**, re 🅿 🚆 15 Minuten (47.1691,9.4892);
Blockwurf-■, evtl. ≈ (47.1693,9.4892)
50,2 Wege-II (47.1751,9.4874)
54,3 Str-II, re **FL 9487 Gamprin** (Eschnerstr.) und **FL 9487 Eschen**, li **CH 9469 Haag** (47.2101,9.4990)
58,5 Str-II, re **FL 9491 Ruggell** (Rheinstr.), li **CH 9466 Sennwald** (47.2436, 9.5204)
61,6 Drei-Ländergrenze Schweiz-Lichtenstein-Österreich (47.2706,9.5308)
62,2 Str-II, li **CH 9464 Lienz** (Zollhausstr.), re **A 6800 Bangs** (47.2737,9.5350)
65,8 re ⇩ der Ill (s. Seite 493) in den Alpenrhein li **CH 9464 Rüthi-Hirschensprung** (47.2995,9.5586)
66,9 Str-II, re **A 6812 Meiningen** (Schweizer Str.) li **CH 9463 Oberriet** (47.3062,9.5705)
68,9 re ⇩ Frutz (s. Seite 492) in Alpenrhein etwa 417 m über NN (47.3178, 9.5890)
70,7 Str-II li **CH 9462 Montlingen** re **A 6842 Koblach** (Rheinstr.) (47.3337, 9.5948)
73,6 alte EB-II (47.3567,9.6121)
73,7 Str-II re **A 6841 Mäder** li **CH 9451 Kriessern** (Rheinstr.) (47.3575, 9.6131)
75,0 –80,0 re Ortsgebiet von **CH 9444 Diepoldsau** auch das rechte Ufer gehört zur Schweiz (47.3660,9.6248)–(47.4043,9.6519)
77,3 Str-II re, Oberrieter Str (47.3830,9.6420)
78,2 Str-II re li nach **CH 9443 Widnau** (Diepoldsauer Str.) (47.3904,9.6465)
80,3 Str-II li **CH 9443 Widnau** re **A 6890 Lustenau** (Rheinstr./Philipp-Krapf-Str.) (47.4087,9.6519)
82,9 Str-II li **CH 9434 Au** re **A 6890 Lustenau** (Zollstr./Lustenauer Bundestr.) (47.4312,9.6456)
84,9 re ⏏ Möglichkeit vom Alpenrhein in den Rheintaler Binnenkanal (s. Seite 608) (47.4472,9.6550)
85,1 EB-II danach beide Ufer österreichisches Staatsgebiet (47.4476,9.6581)
85,6 Str-II li **A 6973 Höchst** re **A 6890 Lustenau**, Brugger Str, danach Rohr-II (47.4514,9.6631)

88,8 Str-II B202, li **A 6972 Fußach** (Harder Str.), re **A 6971 Hard** (47.4779, 9.6698)

90,7 ehemalige ⇩ in Bodensee (s. Seite 598) bei km 50,8 (47.4982,9.6711)

94,5 neue ⇩ Alpenrhein in den Bodensee-Obersee (s. Seite 598) bei km 50,8. Durch den Bau des Rheindammes wurde die Mündung in den Bodensee hinein verlagert bis knapp an die deutsche Staatsgrenze. Mögliche Weiterfahrt nach **A 6900 Bregenz** etwa 7 km Richtung Südosten, nach **CH 9400 Rorschach** etwa 14 km Richtung Westen oder nach **D 88131 Lindau** etwa 5,5 km Richtung Nordost (47.5259,9.6446)

Rheintaler Binnenkanal

Wanderfluss, Kanal

Mündung in Bodensee

Die Rheintaler Binnenkanäle verlaufen mit geringer Strömung westlich parallel zum Alpenrhein. Sie sind für den gemütlichen Wanderfahrer reizvoll durch die Tatsache, dass sie nicht, wie der Rhein, durch Dämme eingeschlossen sind und man daher die Landschaft unmittelbar erlebt.

Befahrbarkeit: ganzjährig, Zahmwasser.

63,5 ⬇ in **CH 9470 Buchs** (47.1676,9.4856)

63,4 Str-II 16 (47.1684,9.4856)

63,2 Str-II Langäulistr (47.1693,9.4855)

62,0 Str-II (47.1766,9.4841)

58,8 li ⇩ Giessen (47.1941,9.4768);
Str-II 13 Werdenberg-Haag weitere mögliche ⬇ (47.1943,9.4767);
li ⇩ Grabsner Bach (47.1945,9.4767)

56,1 Str-II 433, re **CH 9469 Sennwald-Haag** (47.2090,9.4831)

52,4 Str-II 13 Haag-Salez (47.2282,9.4971)

49,0 Str-II, re Anschlussstelle Sennwald (47.2437,9.5145)

48,6 EB-II (47.2464,9.5149)

44,9 ■ Wehr ↰ und in den Rheintaler Binnenkanal ⏏, dort Weiterfahrt (47.2675,9.5210);
EB-II, Tunnel ca. 30m, vorher ansehen! (47.2675,9.5208)

43,4 ■ Wehr, **X**, li oder re ⏏ (47.2752,9.5256)

43,0 Str-II (47.2775,9.5265)

41,2 Str-II, re 🚂 **CH 9464 Rüthi** (47.2864,9.5342)

36,6 EB-II (47.3042,9.5616)

35,7 ■ Wehr, **X**, li oder re ⏏ (47.3076,9.5669)

35,5 Str-II, re Anschlussstelle Oberriet (47.3083,9.5677)

29,8 ■ Wehr Montlingen, **X**, li oder re ⏏ (47.3392,9.5795)

29,7 Str-II **CH 9462 Oberriet-Montlingen** gute ⬇ nach dem letzten ϟ (47.3399,9.5796)

16,8 Str-II **CH 9443 Widnau** (47.4041,9.6351)

14,5 Str-II, li **CH 9434 Au** (47.4304,9.6404)

12,5 Autobahn-Ⅱ A13 (47.4458,9.6528)
12,3 ⌂ Möglichkeit vom Alpenrhein (s. Seite 605) in den Rheintaler Binnenkanal (47.4472,9.6550)
12,0 EB-Ⅱ (47.4493,9.6553)
11,7 re Bruggerhorn (47.4517,9.6555)
11,3 ⇩ in Alten Rhein ab hier re Ufer österreichisch (47.4545,9.6523)
10,3 Str-Ⅱ, re **A 6973 Höchst** li **CH 9430 St. Margrethen** (47.4562,9.6393)
5,3 Str-Ⅱ, re **A 6974 Gaißau**, li **CH 9424 Rheineck** (47.4638,9.5945)
4,6 li -Anleger Rheineck li zum (47.4696,9.5903)
0,0 ⇩ Rheintaler Binnenkanal und Alter Rhein in den Bodensee (s. Seite 598), Unterer Rheinspitz, 2 km aufwärts ⌂ des PC Rheineck, nachfolgendes Ufer ist Vogelschutzgebiet (47.5043,9.5618)

Landquart

Weitere Namen: Vereinabach
WW I-II, WW III-IV, WW V-VI, Gletscherfluss
Mündung in Alpenrhein bei amtl. km 23,3 (re Nebenfluss)

Die von der Straße aus harmlos wirkende Landquart ist ein wasserreicher Wildfluss mit erheblicher Wasserwucht und streckenweise starkem Gefälle. Ihr Oberlauf ist extrem schwer!
Landschaftlich sehr reizvoll ist besonders der Oberlauf.
Achtung, gefährliche Besonderheit!
An mehreren Stellen der Landquart befinden sich Blockwurfwehre. Ihre Besonderheit liegt darin, dass große Betonblöcke durch Drahtseile miteinander verankert sind. Die Drahtseile sind, je nach Wasserstand, weder vom Wasser noch vom Ufer aus zu sehen. Durch Ausspülungen sind unter den Blöcken z. T. Siphons entstanden, ebenfalls nicht zu erkennen. Steckgefahr! Es wird dringend geraten, alle diese Stufen zu umtragen, auch wenn sie bei der Besichtigung harmlos erscheinen. Sie finden sich fast ausschließlich auf der Strecke zwischen km 32,1 und 21,8. Sie befanden sich früher auch auf der Standardstrecke unterhalb von km 21,8. Diese wurde jedoch entschärft, teils durch HW, teils durch Entfernen der Drahtseile. Teilweise hängen noch Drahtseile von der Uferbefestigung im Wasser, also Vorsicht.

Befahrbarkeit:	am besten Juli–September, bei HW, Zeit der Schneeschmelze – Mai–Juni gefährlich
Umwelt:	naturtrübes Gletscherwasser, bei höherem Wasserstand schmutzig – braun Pkw: Straße meist in der Nähe des Flusses
Pegel:	500 m unterhalb Küblis; NW = 30 cm; MW = 50 cm
Schwierigkeiten:	km 38,5–32,1 WW IV–V km 32,1–29,3 WW V und VI km 11,1–⇩ WW II (V) Bis km 32,1 landschaftlich und wassermäßig schönstes Stück der Landquart

Infrastruktur: in **Landquart** und **Davos**

48,2 Ursprung mit mehreren Quellflüssen aus den Gletschern der Silvretta-Gruppe und nach Süden anschließender Berge in 1.340 m Höhe (46.7789,9.9690)

38,5 Weg-II über den Verstancla-Bach ⬇ zum Beginn der Fahrt. Die Straße ist normalerweise gesperrt, die Fahrt zum Abladen der Boote scheint aber zugelassen zu werden (46.8529,9.9591)

38,1 ⇩ Zusammenfluss des Verstancla- und des Vereina-Baches ab hier „Landquart" (46.8513,9.9546);
re ⇩ des Verstanclabach

37,0 Weg-II (46.8565,9.9462)

36,1 Kleines ▬ Wehr danach WW IV–V, sehr starkes Gefälle und wenig Kehrwasser, Achtung auf Baumversperrungen (46.8585,9.9365)

34,3 Wege-II (46.8603,9.9142)

34,1 Langsam Abnahme der Schwierigkeiten bis WW III. Beim P am Ende der öffentlichen Straße zum Fluss gehen und Wasserstand bei kleiner II beurteilen (46.8615,9.9112)

33,9 Str-II, Monbielerstrasse (46.8621,9.9092)

33,4 Str-II, Aeuja Brücke re und li P (46.8628,9.9026)

32,0 Wege-II (46.8660,9.8856)

31,7 Str-II, **CH 7250 Klosters-Serneus** (Landstrasse) (46.8662,9.8822)

31,5 EB–II (46.8677,9.8808)

31,4 ▬ Wehr, **CH 7250 Klosters-Serneus** mit teilweiser Wasserableitung. Eine Weiterfahrt ist möglich, günstiger Wasserstand, wenn das ▬ gerade genügend Wasser ablässt. Bei höherem Wasserstand wird ein Anhalten vor den Extremstellen meist unmöglich und damit lebensgefährlich. Die folgende Strecke bis km 29,3 ist der schwerste Abschnitt der Landquart. Bei einem Gefälle von etwa 70 ‰ durchgehend WW V, mehrere Stellen WW VI. Baumhindernisse, Verklemmgefahr, alle schweren Stellen müssen unbedingt besichtigt werden, ⏏ stets möglich. Ein unvollkommener Einblick in die Strecke ist von zwei II und einem Wanderweg hoch über dem Fluss möglich (46.8687,9.8799)

31,3 Str-II, re Klosters Platz (46.8694,9.8797)

29,4 Str-II, re **CH 7252 Klosters** (Gulfiastrasse) (46.8813,9.8631)

29,3 re ⇩ des Schlappinbach, ab hier etwas leichter, ⬇, falls der vorausgehende Abschnitt nicht befahren wird. Zunächst WW IV (46.8822, 9.8634)

28,7 Str-II, 28 (46.8850,9.8570)

28,1 Str-II, **CH 7249 Serneus** (Badstrasse) (46.8866,9.8496)

27,6 Str-II, li **CH 7249 Serneus** li P, darunter ▬, in Mitte evtl. ≈. Danach WW III mit Stellen bis WW IV, eine Stelle vor einer Holz-II bis WW V. ⚠, bis **Küblis** finden sich etwa 10 der gefährlichen Drahtseil-▬, meist in Gruppen von 3–4 Stück in kurzen Abständen; sie sollten alle ⏏ werden (46.8898,9.8443)

24,9 ⚠ Schwierige Passage bis WW V, Baumversperrungen möglich! (46.9032,9.8164)

24,7 Weg-Ⅱ, re **CH 7247 Saas** (46.9040,9.8143)

21,8 re ⇩ ϟ-Einlauf darunter ▬ Stufe mit starker Verblockung, WW V, je nach Wasserstand nur bedingt ≋ (46.9125,9.7815);
Str-Ⅱ, **CH 7240 Küblis** (Conterserstrasse) übliche ⬇. Schnelle Strömung, große Wellen und mäßige Verblockung kennzeichnen die folgende Strecke, WW III–IV (46.9125,9.7813)

21,5 Wege-Ⅱ (46.9131,9.7772)

20,8 re ⇩ des Schanielerbach / Panybach (46.9129,9.7691)

20,7 Str-Ⅱ, re **CH 7240 Küblis** (Straleggerstrasse) (46.9125,9.7666)

20,6 ≣ Küblis (46.9127,9.7660)

19,9 Weg-Ⅱ (46.9162,9.7579)

19,8 Str-Ⅱ, 28 (46.9165,9.7578);
EB–Ⅱ (46.9167,9.7576)

19,5 li ⇩ des Arieschbach (46.9183,9.7552)

18,2 li 🚉 **CH 7235 Fideris** ⚠ eine kleine Niedrigklamm, sollte schon bei der Anfahrt besichtigt werden. Besonders bei NW bildet sich ein enger Schlitz, **X**, mit gefährlichem Rücklauf und unterspülten Wänden. Bei viel Wasser nach ansehen ≋ (46.9225,9.7336)

16,1 Str-Ⅱ, li 🚉 **CH 7233 Jenaz** (46.9302,9.7187)

14,9 li ⇩ des Furnerbach (46.9391,9.7114)

13,6 Str-Ⅱ, 28 (46.9493,9.7050)

13,3 Str-Ⅱ, 28, das früher folgende ▬ Wehr wurde geschliffen, nun gut ≋ (46.9523,9.7057)

12,3 Str-Ⅱ, oberhalb **CH 7220 Schiers** (Dorfstrasse) (46.9585,9.7030);
EB–Ⅱ (46.9586,9.7027)

11,8 Str-Ⅱ, 28 (46.9621,9.6981)

11,3 ⚠ niedrige Felsbarriere ≋ mit starken Querströmungen (46.9642,9.6924)

11,1 re ⇩ des Schmittnerbach, ⬆ die Fahrt wird vielfach hier beendet (46.9650, 9.6901)

10,6 ⚠ „Fuchsloch“, schwerste Stelle der Landquart, man sieht re eine einzelne Tanne und 300 m voraus einen Eisensteg. Bei NW WW IV bis V, sonst **X**, re oder li ⏏. Nach dem Fuchsloch lassen die Schwierigkeiten deutlich nach, WW II (46.9672,9.6850)

10,5 Str-Ⅱ, re **CH 7220 Schiers** (Rosenberg) (46.9678,9.6837)

8,2 früher ▬ Betonstufe etwa 1 m hoch, ≋, bei HW starker Rücklauf, scheint inzwischen nicht mehr zu existieren; In kurzen Abständen folgten 7 weitere, ähnliche Stufen. (46.9731,9.6558)

7,3 Str-Ⅱ, re **CH 7214 Grüsch** (Überlanquartstrasse) li 🅿 an der Eissporthalle (46.9736,9.6444)

6,4 re ⇩ des Taschinasbach (46.9738,9.6319)

6,1 Str-Ⅱ, re 🚉 Seewis Valzeina (46.9748,9.6286)

4,6 Str-Ⅱ und ▬ Wehr **X**, teilweiser Wasserentzug. 200 m vor ▬ #rechts anlanden# und über II nach li ⛺, mühsam. Eine Weiterfahrt bis zum Rhein ist möglich, es folgen bis zur ⇩ jedoch 8 bis zu 1,5 m hohe Grundschwellen, bei HW mit gefährlichem Rücklauf. Es ist daher von einer Weiterfahrt abzuraten (46.9738,9.6093)

4,5 Str-II, 28 (46.9739,9.6089)

3,4 li 🚐, ca 200m vom Ufer TCS Camping **Landquart** (46.9725,9.5946)

3,0 Wege-II (46.9716,9.5894)

1,9 Str-II, 28 (46.9696,9.5753)

0,9 Str-II 3, **CH 7302 Landquart** (46.9690,9.5625)

0,5 Str-II, **CH 7302 Landquart** (Seibruckstrasse) (46.9688,9.5567)

0,3 EB-II (46.9687,9.5543);
EB–II (46.9687,9.5535)

0,2 Str-II, Gassa (46.9687,9.5527);
Autobahn-II A13 (46.9687,9.5524)

0,0 ⇩ der Landquart in den Alpenrhein (s. Seite 605) bei amtl. km 23,3 Kiesbaggerei! (46.9688,9.5504)

Hinterrhein

WW I-II, WW III-IV, WW V-VI, Gletscherfluss
Mündung in Alpenrhein bei amtl. km 0,0 (re Nebenfluss)

Der Hinterrhein ist in seinem Oberlauf ein landschaftlich hervorragend schöner Fluss im Hochtal des Rheinwaldes zwischen Bergen mit Gipfelhöhen bei 3000 m. Er ist in diesem Bereich ein anspruchsvoller Wildfluss. Im Bereich der nachfolgenden Schluchtstrecken (sehenswert Via Mala, Hinterrheinfall!) ist er nur bedingt auf einer kurzen Teilstrecke fahrbar. Ab Thusis bzw. Mündung der Albula ist der Hinterrhein ein verhältnismäßig leichter Wildfluss.

Befahrbarkeit: die Strecke von km 55,8–51,9 kann meist nur an Sonn- und Feiertagen befahren werden. Werktags ist das Gebiet wegen Schießbetriebs auf dem Panzerübungsgelände oft gesperrt. Hinweisschilder bei km 51,9 beachten. Anfragen wegen des Schießbetriebs über ✆ 081/621301.
Oberlauf bis Splügen bis August und nach Regenfällen, ab ⇩ Albula ganzjährig.

Umwelt: Wasser: naturtrübes Gletscherwasser

Pegel: km 50,7: MW = 290–300 cm

Schwierigkeiten: km 55,8–51,9 WW III+, abnehmend WW I, Gefälle 26 ‰.
km 51,9–38,8 WW III, Gefälle 12,5 ‰
km 27,5–22,9 WW III–IV, Gefälle 10,5 ‰
km 15,9–⇩ WW II–III (IV–V), Gefälle 6,5 ‰

Infrastruktur: 🚐 in **Splügen** und **Thusis** , am Fluss gelegen
Pkw: Straße im Oberlauf parallel zum Fluss, doch meist abseits. Nachholen der Pkw einfach mit Autobus; ⬇ Haltestelle **San Bernardinotunnel**, ⬆ Post Splügen 100 m

vom li Ufer bei einem großen 🅿.
Die ⬇ bei km 55,8 ist nur mit Bootswagen zu erreichen. Die zunächst breite Asphaltstraße und im letzten Drittel gute Sand- und Kiespiste ist als militärisches Übungsgelände für den Fahrverkehr gesperrt.

59,8 Ursprung im Bereich der verhältnismäßig kleinen Gletscher des Rheinquellhorns und des Rheinwaldhorns in etwa 2.500 m Höhe (46.4986, 9.0625)

55,8 ⬇ am hinteren Ende des Schießplatzes frei wählbar. Bis km 51,9 herrlicher, sehr schneller und mäßig verblockter Wildbach, bei gutem Wasserstand sehr wuchtig. Ab einer Galerie am li Ufer leichter, WW II (46.5108,9.1422)

51,9 Str-II 13, Beginn der Tunnelstrecke des San Bernardino ⬇, Die Befahrung des Hinterrheins kann sofort unterhalb des Tunnelmundes begonnen werden, großer 🅿, 🚌; Die gesamte folgende Strecke bis Splügen ist im wesentlichen WW III, erhebliche Verblockung, kleine Abfälle, Kiesbankschwälle, nur mäßige Wasserwucht (46.5249,9.1869); Autobahn-II A13 (46.5249,9.1873)

51,5 ▬ Sohlrampe mit langer, zweiteiliger Rutsche, nach Besichtigung ≈ oder re ⌓ (46.5266,9.1918)

50,7 Str-II, li **CH 7438 Hinterrhein** (46.5288,9.2019)

50,4 Weg-II li ≡. Es folgt eine kleine Schlucht. WW III (46.5298,9.2048)

50,1 ⚠ Schlucht mit kontinuierlichem Wildwasser und vielen Blockwurfstufen (46.5314,9.2074)

49,8 re ⇩ des Kappelbach (46.5307,9.2118)

47,0 Str-II,li **CH 7437 Nufenen** darunter weitere ▬ künstliche Stufe, nach Besichtigung evtl. ≈, unsauberes Unterwasser! (46.5373,9.2449)

46,3 re ⇩ Areuabach (46.5374,9.2532)

43,5 Weg-II, li **CH 7436 Splügen-Medels** (46.5448,9.2868)

42,5 Es folgt eine verblockte Schwallstrecke mit erheblichem Gefälle und einigen Abfällen, bis WW III+ (46.5441,9.2991)

41,8 Gedeckte Holz-II (46.5469,9.3066)

41,7 Str-II. Davor und darunter Gefällstrecke (46.5468,9.3077)

41,3 Autobahn-II A13 (46.5469,9.3125)

41,2 Ortsbeginn **CH 7435 Splügen** li ⛺. ⬆-Möglichkeit hier oder bei Sägewerk. Weiterfahrt ohne wesentliche Schwierigkeiten noch etwa 2 km möglich, jedoch ⬆ weniger gut (46.5481,9.3141)

41,1 Blockwurf-▬, ≈ (46.5485,9.3146)

40,6 ⬆ **CH 7435 Splügen** am Sägewerk 🅿 (46.5514,9.3193)

40,3 Str-II, **CH 7435 Splügen** (Splügenpassstrasse) (46.5526,9.3233)

39,9 Autobahn-II A13 (46.5529,9.3277)

39,6 ⚠ Beginn einer 1,0 km langen Schlucht, **X**, ⬆ vor Befahrung festlegen (46.5549,9.3315)

38,9 Autobahn-II A13 (46.5578,9.3393)

38,6 Str-Ⅱ 13 (46.5595,9.3413)
37,9 Autobahn-Ⅱ A13 (46.5624,9.3488)
37,6 Str-Ⅱ 13 Beginn des Stausees von Sufers (46.5634,9.3522)
35,4 ▬ Staumauer des Sufersees die folgende Rofla-Schlucht ist **X** (46.5677, 9.3793)
35,2 Autobahn-Ⅱ A13 (46.5678,9.3825)
33,8 Str-Ⅱ 13 (46.5665,9.3997)
33,4 Autobahn-Ⅱ A13 (46.5673,9.4046)
31,7 Autobahn-Ⅱ A13 (46.5761,9.4169)
30,7 re ⇩ des Averser Rhein (s. Seite 619) in den Hinterrhein (46.5833,9.4218)
29,9 ▬ Staudamm ↯ Bärenburg (46.5902,9.4216)
28,9 Weg-Ⅱ (46.5966,9.4266)
28,8 Str.-Ⅱ, li Steinbruch oberhalb **CH 7440 Andeer** ⬇ für die Befahrung einer kurzen Teilstrecke des Hinterrheins, allerdings wegen der Wasserableitung von Sufers nur selten ausreichender Wasserstand. WW III, maximal WW IV (46.5976,9.4279)
28,0 Überdachte Str.-Ⅱ, re **CH 7440 Andeer** (46.6029,9.4226)
26,5 Weg-Ⅱ, li **CH 7442 Clugin** (46.6149,9.4301)
25,5 Autobahn-Ⅱ A13 (46.6234,9.4344)
24,4 Str-Ⅱ, re **CH 7432 Zillis** mögliche ⬆ (46.6318,9.4397)
23,2 Autobahn-Ⅱ A13 (46.6414,9.4417)
22,9 Beginn der äußerst ⌘ *Via-Mala-Schlucht* ⬆, wenn die Straße nahe an den Fluss kommt, nach der scharfen re-Kurve. Infolge großer Ablagerungen von Bauschutt ist eine Befahrung lebensgefährlich geworden. Moniereisen und Stahlträger in der gesamten Schlucht (46.6433,9.4445)
21,9 Str-Ⅱ 13 (46.6509,9.4484)
21,2 Autobahn-Ⅱ A13 (46.6570,9.4499)
20,6 Str-Ⅱ 13 (46.6615,9.4487)
20,4 Str-Ⅱ 13 (46.6637,9.4472)
16,4 Autobahn-Ⅱ A13 (46.6932,9.4423);
Str-Ⅱ, 417, Viamalaweg (46.6936,9.4424)
16,2 EB-Ⅱ (46.6947,9.4432);
EB-Ⅱ
15,9 Str-Ⅱ, li **CH 7430 Thusis** (46.6973,9.4449)
15,6 li 🚉 Thusis mögliche ⬇ für die Befahrung des unteren Teiles des Hinterrheins. Es folgt bis zur ⇩ der Albula eine interessante Blockstrecke, je nach Wasserstand WW III–III+ (46.6996,9.4458)
14,7 Autobahn-Ⅱ A13 (46.7080,9.4489)
14,6 ▬ Sohlrampe 1 m hoch, ≋ (46.7087,9.4490)
14,2 ⬇ auf der Albula Wenn die Befahrung der Blockstrecke ab Thusis unerwünscht oder wegen Niedrigwassers unmöglich ist, kurz oberhalb ihrer Mündung bei der Ⅱ nach Fürstenau (46.7120,9.4502);
re ⇩ der Albula (s. Seite 615) in den Hochrhein (s. Seite 507) (46.7122, 9.4499);

kurzer, kräftiger Schwall mit erheblicher Wellenbildung, nicht verblockt, WW II+; Anschließend bis zur ⇩ schnelle Strömung, WW I–II; Befahrung ab hier ganzjährig möglich (46.7126,9.4495)

13,8 Str-Ⅱ, li Anschlussstelle Thusis-Nord (46.7151,9.4469)

12,5 Autobahn-Ⅱ A13 (46.7264,9.4401)

11,2 Str-Ⅱ, li 🚂 Rodels Realta (46.7371,9.4350)

8,0 Str-Ⅱ, re **CH 7405 Rothenbrunnen** (46.7644,9.4210)

7,4 Str-Ⅱ, re **CH 7405 Rothenbrunnen**, li 🚂 ⬆, ✕ (46.7698,9.4200)

6,9 ▬ Sohlrampe aus Steinblöcken 5 m hoch, 50 m lang, evtl. unter Materialeinsatz ≈, jedoch je nach Wasserstand enorme Wellenbildung, WW IV–V, ↱ und evtl. re ⏏ (46.7739,9.4189)

2,5 Autobahn-Ⅱ A13 (46.8081,9.4126)

0,8 ▬ Blockwurfstufe re starkes Kehrwasser, Mitte und li hohe Wellen und Walzen (46.8169,9.4072)

0,1 Autobahn-Ⅱ A13 (46.8222,9.4077);
li ⬆ **CH 7402 Bonaduz** Beendigung der Fahrt bei der Ⅱ, 100 m vor der ⇩ (46.8223,9.4073);
EB-Ⅱ (46.8229,9.4074)

0,0 ⇩ Zusammenfluss von Vorderrhein (s. Seite 621) und Hinterrhein, bilden den Alpenrhein (s. Seite 605) bei amtl. km 0,0 bei **CH 7015 Reichenau**, **§** die Weiterfahrt auf dem folgenden Stausee ist verboten (46.8235,9.4076)

Albula

Weitere Namen: Alvra
WW III-IV, WW V-VI, Gebirgsfluss
Mündung in Hinterrhein bei km 14,2 (re Nebenfluss)

Die Albula ist ein landschaftlich hervorragend schöner Wildfluss, der auf längeren Strecken durch Schluchten führt. Besonders ⌘ ist die enorm tiefe, klammartig eingeschnittene Schynschlucht unterhalb **Tiefencastel**, in die man von der Straße aus nur an einer einzigen Stelle, der Ⅱ unterhalb **Tiefencastel**, Einblick hat. Die Albula ist schweres Wildwasser, die Schynschlucht galt lange Zeit als **X**

Befahrbarkeit: ⇩ Landwasser bis **Tiefenkastel** Mai und Juni sowie nach Regenfällen. Schynschlucht wegen des ↯ am Schluchtanfang nur noch selten im Frühjahr, Mai, evtl. Juni. Das Pflichtwasser reicht kaum für eine Befahrung

Umwelt: Wasser: leidlich sauber

Schwierigkeiten: km 25,2–11,0 WW III–IV+, Gefälle 18 ‰
km 11,0–⇩ (Schynschlucht) WW IV–V, Gefälle 20 ‰

Infrastruktur: 🚌 in **Thusis**

Kilometrierung: Anhand von Kartenmaterrial

38,1 Ursprung im Bereich des Albula-Passes in etwa 2.037 m Höhe (46.5788, 9.8105)

29,1 Weg-Ⅱ, re **CH 7482 Bergün** (46.6297,9.7416)

25,2 II, li **CH 7477 Filisur-Bellaluna** Reicht die Wasserführung aus, kann bereits hier ⬇ werden, sehr schnelle Strömung und starkes Gefälle, um WW IV (46.6541,9.7147)
23,3 Str-II Frevgias (46.6630,9.6947)
22,3 re ϟ **Filisur** ⬇ hier ist nicht mehr möglich (46.6698,9.6885);
Str-II (46.6702,9.6882)
22,1 ▬ Wehr (46.6710,9.6873)
22,0 Str-II, re **CH 7477 Filisur** (46.6716,9.6854)
21,9 li Neues Ausgleichbecken am Ende Notauslass, ausreichende Wasserabgabe nur selten. Die Strecke bis zur ⇩ der Landwasser ist zumeist trocken. Man setzt daher für die Befahrung der Strecke bis **Tiefencastel** besser auf der Landwasser bei der II km 5,0 ein. Bei ausreichendem Wasser Fahrtbeginn hier oder am Steg des ⛺ unterhalb **Filisur**. Bei MW wuchtige Schwälle, Walzen, starkes Gefälle, nur geringe Verblockung (46.6714,9.6846)
20,2 re ⇩ des Landwasser (s. Seite 617) in die Albula (46.6695,9.6634)
19,0 Str-II, re **CH 7473 Albula-Bad Alvaneu** (46.6681,9.6492)
15,9 Str-II, re **CH 7472 Albula-Surava** ⬇ falls die folgende obere Schlucht nicht befahren wird; In der Waldschlucht werden die Schwälle und Walzen noch stärker, das Flussbett ist eng und unübersichtlich, bei starkem Gefälle gibt es kaum Kehrwasser, Achtung vor Baumhindernissen! WW IV+. Am Ende ein zerfallenes ▬ (46.6647,9.6125)
13,1 Weg-II, re übliche ⬆ **CH 7450 Tiefencastel** (46.6614,9.5800)
13,0 Str-II 3 (46.6613,9.5793)
12,9 ⇩ ϟ-Auslauf (46.6615,9.5776);
▬ Wehr, X (46.6616,9.5777)
12,7 Str-II **CH 7450 Albula** (46.6625,9.5761)
12,6 ▬ Stufe, X, 4 m, ⚠ wegen Rücklauf, davor kein Rückstau!, li Pegel, Eisensteg, ↱ schlecht, vor Fahrt ansehen. Einsetzen nach dem ▬ schwierig; Anschließend WW II–III (46.6626,9.5742)
12,5 li ⇩ der Gelgia (s. Seite 617) in die Albula (46.6627,9.5730)
11,6 Str-II, Kieswerk Auslauf des Julia-ϟ; Stufe, ≈, bei HW recht wuchtig. Danach Stausee von Tiefenkastel. Da ein ⏏ des neuen Staudammes in der Schyn-Schlucht unmöglich ist, muss die Fahrt spätestens hier beendet werden (46.6644,9.5620)
8,8 ▬ Staudamm Durch den Stausee ist der interessanteste Teil der Schyn-Schlucht für eine Befahrung entfallen (46.6783,9.5345)
8,5 Str-II Soliser Viadukt (46.6789,9.5308)
8,4 EB-II ⚠ unterhalb Wasserfall (46.6793,9.5303);
Str-II, 417 (46.6794,9.5302)
8,2 re ⬇ für die Weiterfahrt Die Boote werden dazu am re Ufer über eine große Wiese zum Fluss hinuntergetragen. Schwierigkeiten der folgenden 8 km bei NW WW III–IV+, bei MW stellenweise WW V. Die schwierigsten Stellen, 3 Katarakte, können re ⏏ werden (46.6811,9.5296)
2,0 ⬆ **CH 7411 Sils** (46.7034,9.4697)

1,7 ■ Wehr, X, ⚠ tödlicher Rücklauf. li ↯ von **Sils** (46.7038,9.4660)
1,6 Fußg-⌶ (46.7045,9.4645)
1,3 ■ Stufe, X, bei ⌶ ↱, erheblicher Rücklauf! (46.7061,9.4625)
0,6 Str-⌶, li **CH 7411 Sils im Domleschg** (46.7093,9.4547)
0,3 Fußg-⌶ (46.7104,9.4520)
0,0 ⇩ der Albula in Hinterrhein (s. Seite 612) bei km 14,2 unterhalb **Thusis**; Weiterfahrt bis **Reichenau** am Vorderrhein lohnend (46.7125,9.4495)

Gelgia

Weitere Namen: Julia
Wildwasser
Mündung in Albula bei km 12,5 (li Nebenfluss)

Die Julia, die auf den Karten meist „Gelgia" heißt, ist ein sehr schwerer, nur auf kurzer Strecke zu befahrender Wildfluss.

Befahrbarkeit: Zeit der Schneeschmelze im Juni
Schwierigkeiten: WW II-IV

29,8 Ursprung der Gelgia in der Höhe von 2.836 m (46.5060,9.7153)
29,3 ⬇ ca. 3 km oberhalb Bivio beim Weiler Bögia Vor den ersten Serpentinen befindet sich bergseitig ein Kiesplatz und ein Feldweg führt zum Weiler, der unmittelbar am Bach liegt. Zunächst sehr enges, schnelles WW III–IV. Nach ca. 500 m Abnahme der Schwierigkeiten (WW III-). Bald folgt die erste Klamm, unbedingt ↰ und die in Klammmitte folgende Stufe besichtigen (WW V+), li auf gutem Pfad ⏏ leicht. Weiter auf WW IV. Nach ca. 200 m abrupte Zunahme des Gefälles und der Schwierigkeiten. ↱ und die in der folgenden Klamm befindliche, sehr schwere Stufenkombination besichtigen (WW VI), re über einen kleinen Hügel ⏏. (Diese Stelle sollte evtl. schon vor einer Befahrung ab der ⌶ besichtigt werden! Von der ⌶ aus nicht sichtbar). Nach der Klamm ⌶, hier wieder ⬇ und weiter auf WW III. Ab der 3. Klamm im Dorf Bivio bis zur ⬆ WW II abnehmend WW I. Am Ortsende von Bivio Messschwelle, ≈. (46.4642,9.6853)
23,7 ⬆ vor der Steilstufe, die in den Stausee abfällt bei einem großen 🅿. Insgesamt etwa 6 km. Evtl. wäre im Bereich Savognin eine weitere Teilstrecke fahrbar. Der Rest ist meist trocken oder für eine Befahrung zu steil (46.4836,9.6418)
0,0 ⇩ der Gelgia in die Albula (s. Seite 615) bei km 12,5 (46.6627,9.5730)

Landwasser

WW I-II, WW III-IV, WW V-VI, Gebirgsfluss
Mündung in Albula bei km 20,2 (re Nebenfluss)

Die Landwasser fließt in ihrem Oberlauf, weitgehend reguliert, mit wenig Gefälle durch die Ebene von **Davos**. Die Folgestrecke verläuft zunächst noch mehr oder weniger offen. Es folgt eine eindrucksvolle Klamm unterhalb des Dorfes **Wiesen**.

Unterhalb des Bahnhofes **Wiesen** folgt eine zweite, landschaftlich außerordentlich schöne Strecke durch eine imposante, teilweise klammartige Schlucht abseits der Straße.

Befahrbarkeit:	Oberlauf ganzjährig; ab km 13,3 abhängig von der Wasserabgabe des Stausees von **Glaris**. Im Mai und Juni ist meist, besonders an warmen Tagen, genügend Wasser vorhanden.
Pegel:	Hilfspegel: sind die runden Hölzer der Uferverbauung auf der unteren, rechten Flussseite der II bei km 6,0 zur Hälfte angespült, so ist der Wasserstand günstig.
Schwierigkeiten:	km 24,8–15,6 WW I–II. km 15,6–13,3 WW III–VI. km 13,3–7,6 WW IV (VI). km 7,6–6,0 **X** km 6,0–0,9 WW III–IV (V+). km 0,9–⇩ WW II.
Infrastruktur:	in **Davos**, am Fluss gelegen, und in **Filisur** an der Albula
Literatur:	Gen.-Karte Schweiz Nr. 3, C 10

36,7 Ursprung in 2.383 m Höhe aus dem Schottensee. Flussname im Oberlauf zumeist „Susasca“ (46.7494,9.9458)

24,9 re Davos Ortsbeginn von Davos, mögliche ⬇, die Landwasser ist hier kanalisiert, WW I (46.8107,9.8549)

23,6 Str-II, re Davos-Dorf (46.8080,9.8421)

22,8 li ⇩ des Dischmabach (46.8014,9.8377)

21,2 Str-II, re Zentrum von **CH 7270 Davos** Davos-Platz, großer P (46.7917,9.8231)

20,5 EB-II (46.7871,9.8170)

19,8 Str.-II, Ortsende von **Ch 7270 Davos** WW I–II, wenig Kehrwasser (46.7821,9.8127)

18,2 EB-II (46.7703,9.8012)

18,1 Str-II **CH 7276 Davos-Frauenkirch** (46.7691,9.8014)

17,9 li ⇩ der Sertig Es folgen mehrere ▬ Wehre (46.7680,9.8011)

16,3 ▬ Wehr (46.7577,9.7898)

15,7 ▬ Wehr, **X** (46.7537,9.7863)

15,5 EB-II (46.7528,9.7854)

15,3 Str-II 417 oberhalb **CH 7277 Davos-Glaris** Darunter hohes ▬ Wehr, **X**, Danach gute ⬇, Zunahme der Schwierigkeiten, WW III–IV (46.7510, 9.7839)

14,1 Str-II **CH 7277 Davos-Glaris** (46.7416,9.7778)

13,4 ▬ Wehr Glaris, **X**, re Wasserableitung. Eine Weiterfahrt ist nur bei ausreichendem Überwasser möglich. Man kann dazu auf dem See, dessen Befahrung verboten ist, bis zum Überlauf fahren und von dort direkt in den auf kurzer Strecke kanalisierten alten Flusslauf springen. Situation unbedingt vorher ansehen! (46.7357,9.7762)

10,2 Str-Ⅱ Davos Monstein Die Hauptstraße verlässt den Fluss und verläuft durch einen langen Tunnel, 🅿, gute ⬇, davor und darunter WW IV+. Es folgt bei gutem Wasserstand eine sehr schwere, schnelle WW-Strecke mit erheblicher Verblockung und Prallwänden, bis WW IV mit kurzen ruhigen Abschnitten (46.7124,9.7576)

9,1 ⚠ Engstelle in re-Kurve man erkennt sie an einer Betonwand re neben dem Fluss, WW VI, re ⏢ leicht (46.7059,9.7500)

8,9 Weg-Ⅱ (46.7053,9.7475)

8,4 EB-Ⅱ (46.7026,9.7431)

7,6 Kleine Ⅱ, ⬆ möglich (46.6996,9.7353)

7,1 ⚠ Letztmögliche ⬆ die Boote re vor einem Tunnel etwa 40 m weit zum Weg hochtragen. Die ⬆ muss unbedingt vor der Befahrung festgelegt werden, ein Entkommen aus der folgenden, absolut **X** Klamm ist unmöglich. Die Boote müssen etwa 1,0 km weit, am besten mit Bootswagen, evtl. vorher hier deponieren, bis zur einer Schranke gebracht werden. Diese ist zu erreichen auf einer Forststraße, die von der Hauptstraße einige hundert Meter nach dem Tunnelportal re abzweigt (46.7005,9.7301)

6,0 Bogen-Ⅱ des Fahrweges nach Jenisberg Klammende und re **Davos-Wiesen** hoch über dem Fluss. ⬇ ca. 200 m nach der Ⅱ. Man gelangt zum Fluss, indem man die Boote über den Bahnübergang trägt und dann einem kurzen Feldweg folgt, der zu einem Platz unterhalb des Wanderweges führt. Von dort steigt man über einen steilen Pfad durch den Wald zum Fluss hinunter. Bis zur EB-Ⅱ WW III- (46.6966,9.7181)

5,4 EB-Ⅱ hoch über dem Fluss Beginn einer grandiosen Schlucht. Zunahme der Schwierigkeiten, WW IV (46.6944,9.7129)

4,9 Fußg-Ⅱ, die Schlucht wird etwas offener (46.6939,9.7084)

4,4 ⚠ Sobald li eine steile Geröllhalde sichtbar wird, ↱ und den folgenden, rund 200 m langen Katarakt besichtigen (WW V), Vorsicht Bäume! re ⏢ leicht (46.6908,9.7053)

4,2 Danach Abnahme der Schwierigkeiten WW III mit einzelnen Stellen etwas darüber (46.6898,9.7033)

1,7 Landwasser-Viadukt ⌘ die schönste EB-Ⅱ der Schweiz, Weltkulturerbe (46.6809,9.6761)

0,9 Str-Ⅱ, li **CH 7477 Filisur** mögliche ⬇ für die Befahrung der Albula. Bis zur ⇩ WW II (46.6749,9.6715)

0,0 ⇩ des Landwasser in die Albula (s. Seite 615) bei km 20,2 (46.6695, 9.6634)

Averser Rhein

Weitere Namen: Madrischer Rhein
WW III-IV, WW V-VI, Gebirgsfluss
Mündung in Hinterrhein bei km 30,7 (re Nebenfluss)

Der Madrische und der anschließende Averser Rhein, die in durchlaufender Kilometrierung geschildert werden, verlaufen als extrem schwere Wildflüsse durch mehrere Schluchten und Klammen von landschaftlich hervorragender Schönheit. Er wird von einem Kenner der Szene als der schönste Wildfluss Graubündens bezeichnet, der selbst mit den Perlen des Tessins mithalten kann.
Man sollte allerdings, zumindest bei einer ersten Befahrung, viel Zeit für die beiden möglichen Teilstrecken mitbringen.

Befahrbarkeit:	obere Teilstrecke Sommer und Herbst, untere Teilstrecke abhängig von der Wasserabgabe des ϟ **Innerferrera**. Nicht mit zu viel Wasser fahren, da sonst ein ⏏ der **X** Stellen unmöglich wird
Schwierigkeiten:	WW IV–V–VI mit Teilstrecken **X**
Infrastruktur:	Pkw Begleitung nicht möglich, da Straße zumeist hoch über dem Fluss liegt
Literatur:	Gen.-Karte Schweiz Nr. 3, D 8
Karten:	Gen.-Karte Schweiz Nr. 3, D 8

29,6 Ursprung Madrischer Rhein in etwa 3.000 m Höhe (46.3729,9.4760)

18,7 Kleine Ⅱ beim **„Ramserhof“**, mögliche ⬇ bei gutem Wasserstand. WW II–III, starke und enge Verblockung, wenig Wasserdruck (46.4517,9.4809)

16,7 1. Schlucht (46.4673,9.4825)

15,8 Str-Ⅱ **CH 7446 Campsut-Cröt** Bei unzureichender Wasserführung für die vorausgehende Strecke kann die Fahrt hier begonnen werden, bei höherem Wasserstand wird die folgende Klamm allerdings schnell **X**. WW II (46.4746,9.4861)

15,5 re ⇩ in Averser Rhein Weiterfahrt bis km 8,5 wegen Lavinenresten und Felsstürzen anstrengend und Zeitaufwendig (46.4771,9.4850)

15,0 2. kurze und niedrige Klamm Zunahme der Schwierigkeiten, WW III, sehr schöne Gletschermühlen (46.4807,9.4820)

14,8 Weg-Ⅱ ⚠ danach Beginn der 3. Schlucht die sich bis zu einer 2 m breiten Klamm verengt, landschaftlich hervorragend schön. Ein-fahrt WW IV, in der Mitte der Klamm WW V/**X**, Holzversperrungen möglich, ⏏ möglich, doch mühsam. Ausgang WW V (46.4820,9.4801)

14,3 Weg-Ⅱ Ende der Klamm WW II (46.4859,9.4780)

14,0 Str-Ⅱ, **CH 7446 Avers-Campsut** ≣ (46.4881,9.4761)

13,3 ⚠ Beginn der 4. Schlucht sie ist der schwerste Abschnitt des Averser Rheins. Auf etwa 3 km Baumhindernisse, Wasserfälle und Katarakte, Gefälle bis 60 ‰, WW IV und V, mehrere Stellen bis WW VI/**X**. Bei wenig Wasser alles zum Anschauen, bei HW werden die Rückläufe sehr stark, stellenweise kaum Möglichkeiten zum Anhalten, ⏏ bei alpinen Verhältnissen relativ einfach. Nicht bei Regen einfahren, das fast marmorartig blank polierte Gestein ist sehr rutschig (46.4923,9.4747)

11,9 Steg, re Bach-⇩ (46.5036,9.4718)

8,5 Str-Ⅱ re **CH 7445 Innerferrera** (46.5195,9.4437)

7,5 ■ Staumauer mit Wasserableitung; es folgt die Ferrera-Ebene (46.5266,

9.4368)

5,0 Imposante Steilstufe, X (46.5466,9.4346)

4,0 Ⅱ Steg am Ende der Steilstufe mögliche ⬇ für die 2. Teilstrecke. Man erreicht diesen Steg, wenn man, kurz nachdem die Straße oberhalb **Außerferrera** einen Bach überquert, zu Fuß einem steilen Pfad zum Fluss hinunter folgt. Zunächst leicht WW II+ (46.5549,9.4377)

3,3 Weitere ⬇ bei einer Kiesgrube auf der re Talseite an der Straße. Zunahme der Schwierigkeiten, WW III–IV+. Ein Katarakt und ein 2,0 m hoher Fall WW V. Die Strecke ist von der Straße aus weitgehend einzusehen (46.5602,9.4378)

2,2 ⚠ Kurzer Katarakt, WW V (46.5694,9.4386)

2,0 Fußg-Ⅱ ⬆ Auf gutem Pfad 100 m weit zur Straße. Kurz vor einer Ruine auf der flussseitigen Straßenseite führt von einer Ausfahrt der Pfad zum Fluss. Die folgende letzte Steilstufe ist X (46.5712,9.4382)

0,8 Str-Ⅱ, Averserstrasse (46.5793,9.4298)

0,7 Autobahn-Ⅱ A13 (46.5795,9.4280)

0,1 Str-Ⅱ, Strasse 13 (46.5827,9.4229)

0,0 ⇩ des Averser Rhein in den Hinterrhein (s. Seite 612) bei km 30,7 (46.5833,9.4218)

Vorderrhein

Weitere Namen: Rein Anteriur
WW I-II, WW III-IV, WW V-VI, Gletscherfluss
Mündung in Alpenrhein bei amtl. km 0,0 (li Nebenfluss)

Alpen, Graubünden

Der Vorderrhein, der durch seine Vereinigung mit dem Hinterrhein bei **Reichenau** den Rhein bildet, ist einer der sowohl landschaftlich wie wassertechnisch interessantesten Flüsse der Schweiz. In seinem Oberlauf, bis **Tavanasa**, verläuft er in einem verhältnismäßig breiten Hochtal und gibt den Blick im Norden und Süden auf gletscherbedeckte Berge mit Gipfelhöhen über 3.000 m frei. In diesem Bereich ist der Vorderrhein schweres Wildwasser. Unterhalb **Ilanz** durchbricht er in gewaltigen Schluchten das Bergsturzgebiet von **Films**. Das nur mäßig schwere Wildwasser lässt Zeit zum Betrachten dieser eindrucksvollen Formationen. Die Straße verläuft hier weitab vom Fluss, der lediglich von der Bahn begleitet wird. Der Schweizer Kanu Verband veranstaltet jedes Jahr auf dem ⛺ im **Thun** eine Wildwasserwoche.

Wasserführung: das gesamte Wasser mehrerer aus dem Gletscherbereich stammender Nebenflüsse wird total abgeleitet und erst beim ϟ **Illanz** in den Vorderrhein geleitet.

Die Wasserführung oberhalb dieses Werkes ist daher verhältnismäßig gering

Befahrbarkeit: ab km 51,6 Frühjahr; ab km 45,8 meist auch noch im Sommer, ab km 20,6 ganzjährig

Schwierigkeiten:	km 66,0–60,4 WW V km 51,6–35,2 WW IV und III km 35,2-km 20,6 WW III km 20,6-km 10,2 WW III-II (III+) km 10,2 - ⇩ WW II-I
Infrastruktur:	⛟ bei km 51,3 **Trun** , **Flims** , **Thusis am Hinterrhein**
Karten:	Gen.-Karte Schweiz, Nr. 3, C 5–C 8

71,7 Rheinquelle / Ursprung mit mehreren Quellflüssen im Bereich des Oberalppasses und der umliegenden Berge in etwa 3.000 m Höhe (46.6378,8.6585)

66,0 li **CH 7189 Tschamut** ab hier ist im Sommer eine kurze Teilstrecke ≈. Hohe Abfälle, wenig Wasserwucht, Höhepunkt ein etwa 16 m hoher Wasserfall mit schwieriger Anfahrt und 12 m freiem Fall in eine klammartige Passage, ⏏ mit Abseilen mühsam, WW IV–V, eine Stelle **X** (46.6539,8.7073)

65,6 re ⇩ des Rein da Curmera (46.6526,8.7122)

64,3 Fußg-II, li **CH 7189 Tujetsch-Selva** (46.6597,8.7238)

61,9 li ⇩ des Aua da Val Giuv (46.6701,8.7486)

61,4 Fußg-II (46.6720,8.7532)

61,3 li ⛟, Rheincamping Rueras, Naturcamping (46.6726,8.7544)

60,4 ▬ Rueras ϟ mit totaler Wasserableitung, Ende der Teilstrecke. Über die Möglichkeit einer Weiterfahrt ist nichts bekannt (46.6744,8.7650)

60,3 Str-II, li **CH 7188 Sedrun** (Via Nalps) (46.6745,8.7659)

57,9 re ⇩ des Rein da Nalps (46.6777,8.7939)

52,7 li ⇩ der Segnas (46.6936,8.8440)

51,6 Str-II 416 **Disentis–Lukmanierpaß** li ⛟, mögliche ⬇ bei ausreichender Wasserführung am ⛺. Der Flusscharakter ist offen, streckenweise stark verblockt mit nur mäßiger Wasserwucht, WW IV- (46.6954,8.8542)

51,5 re ⇩ des Medelser Rhein (s. Seite 628) in den Vorderrhein (46.6962, 8.8551)

50,9 Str-II (46.6988,8.8617)

50,2 li ⇩ des Aclena (46.7041,8.8653)

50,0 Str-II, Via Cavardiras (46.7045,8.8675)

49,8 li ⇩ des Aua Sogn Placi (46.7057,8.8689)

47,3 Str-II, Pardomat (46.7168,8.8953)

46,8 li ϟ-Einlauf aus dem Val Russein Reicht die Wasserführung erst ab hier, kann man etwa 500 m oberhalb bei **Madernal** ⬇, weiter auf WW II–III, ein Katarakt je nach Wasserstand WW IV–V, re ⏏ möglich (46.7201,8.8991)

45,5 Str-II, li **CH 7176 Sumvitg-Cumpadials** (46.7219,8.9157)

44,6 Str-II, li **7176 Sumvitg-Cumpadials** weitere mögliche ⬇, 🅿-Möglichkeit (46.7206,8.9272)

42,9 Str-II, re **CH 7173 Surrein** (46.7246,8.9484)

42,0 re ⇩ des Somvixer Rhein (s. Seite 627) in den Vorderrhein (46.7279, 8.9586)

41,5 Flussteilung, li Arm ≈ (46.7287,8.9637)
40,2 Str-II (46.7364,8.9767)
38,6 li ⛟, Campingplatz Trun (46.7399,8.9953)
37,6 re ⇩ des Zavragia (46.7446,9.0046)
37,5 Str-II 19 unterhalb **CH 7166 Trun** Es folgt eine langgezogene li-Kurve, auf 500 m WW II–III (46.7448,9.0060)
36,8 li ⇩ des Tiraunbach (46.7452,9.0147)
35,5 –35,2 ⚠ „Tunnelstrecke" mit stark verblocktem Wildwasser, WW IV+ (46.7470,9.0321)–(46.7485,9.0349)
34,9 ■-Anlage mit Ausgleichsbecken, **X**. Gute ⬆. Von der Straße aus ist sie zu erreichen, wenn man nach Erblicken des Speichers oberhalb von **Tavanasa** am nächsten Holzplatz auf der Seite parkt und einen schwer zu findenden doch gut ausgebauten Anglerpfad am Ende des Platzes zum Wasser hinuntersteigt. An der ■-Anlage ist eine Wasserstandsanzeige angebracht. Ist die Gesamtwasserführung unter 15 m³/s, reicht das Wasser nicht zu Befahrung des oberen Teilstückes aus. Eine genussreiche Weiterfahrt ist nur selten möglich, da der größte Teil des Wassers bis **Ilanz** abgeleitet wird. Minimum für Weiterfahrt etwa 15 m³/s (46.7498,9.0386)
34,7 Die folgende „Waldschlucht", einst der schönste Abschnitt des oberen Vorderrheins, ist so begradigt und kanalisiert, dass ihre Befahrung kaum mehr lohnend ist (46.7501,9.0410)
34,4 Str-II (46.7509,9.0447)
34,3 Str-II (46.7514,9.0459)
33,7 EB–II (46.7528,9.0539)
33,4 Str-II, 19 (46.7533,9.0569)
33,2 Alte Stein-II **CH 7163 Breil-Tavanasa-Danis** die nächsten 500 m sind nochmals anspruchsvolles Wildwasser, WW III–IV (46.7538,9.0594)
33,1 li ⬆ **CH 7163 Breil-Tavanasa** 🅿 beim Sportplatz (46.7547,9.0603)
32,4 Str-II der alten Straße, Via Pricipala, Ende der schweren WW-Strecke (46.7561,9.0673)
32,3 re ⇩ des Tscharbach (46.7555,9.0684)
28,1 li ϟ Ladral (46.7704,9.1166)
27,8 Str-II, re 🚆 Waltensburg/Vuorz (46.7715,9.1201)
26,7 EB–II (46.7742,9.1341)
25,9 li ⇩ des Schmuer (46.7741,9.1439)
25,7 Überdachte Holz-II, li 🚆 Rueun (46.7741,9.1471)
25,2 Steinschüttung quer über den Fluss, bei NW li oder re ⌓, bei MW ≈ (46.7754,9.1527)
24,4 Beton-II mit 1 m hohem Abfall, ≈ (46.7756,9.1630)
23,8 li ⇩ des Ual da Mulin (46.7746,9.1706)
21,8 EB–II (46.7732,9.1938)
21,7 ϟ Rückführung des bei km 34,9,5 abgeleiteten Wassers (46.7741,9.1957)
21,0 Str-II, **CH 7130 Ilanz** (46.7756,9.2046)
20,7 re ⬇ am 🚆 Ilanz Direkt danach am re Ufer Feldweg zur üblichen ⬇ hinter

dem 🚆 für die Weiterfahrt. Beim Kauf einer Autorückhol-Fahrkarte kann man auf dem Bahnhofsvorplatz umsonst parken. Extra-Parkschein erbitten! Relativ kurz nach der ⇩ des Glenners kommt eine Walze, bei HW evtl. sehr gefährlich. Ab hier auch kommerzielle Schlauchbootfahrten. Mit der Bahn können Boote von **Versam** oder **Reichenau** zum 🚆 **Ilanz** transportiert werden. Zunächst kräftige Kiesbankschwälle mit einzelnen überronnenen Felsen, WW II (46.7763,9.2081)

20,4 re ⇩ des Glenner (s. Seite 625) in den Vorderrhein (46.7768,9.2123)

19,1 li Kieswerk, etwas verblockte Stelle (46.7783,9.2280)

18,7 ▬ Wuchtige Gefällstufe, Baggerloch (46.7802,9.2317)

18,3 li ⇩ des Schlueinbach (46.7818,9.2360)

17,9 Hohe Wellen, gute Übungsstelle (46.7851,9.2383)

17,1 ⚠ je nach WS Siphon/Unterspülung an großem Felsen (46.7844,9.2469)

16,3 Beginn der Schluchtstrecke. Der Vorderrhein hat hier in das weiche, weiße Kalkgestein eines riesigen Bergsturzes eine, abgesehen von der begleitenden Eisenbahn, völlig einsame, imposante Schlucht mit teilweise bizarren Türmen und Zacken gegraben. Die Schwallbildung und die Verblockung nehmen zu. WW II+ bei NW, bei mehr Wasser bis WW III (46.7830,9.2558)

14,6 Str-Ⅱ, re 🚆 Valendas-Sagogn Abnahme der Verblockung, WW II (46.7916,9.2739)

14,5 li ⇩ des Val de Mulin / Ual Draus (46.7921,9.2747)

13,3 ⚠ Hier Anlegen zur Besichtigung des folgenden „Schwarzen Loches"; es handelt sich um eine 200 m lange, erheblich verblockte Schwallstrecke. WW III+. Man kann sich hier auch ganz re vorbeimogeln, dann nur WW III-. Durch Abgang von Muren aus dem Bach kann sich der Zustand jedoch schnell wieder ändern, unbedingt besichtigen! Weiterhin verblockte Schwallstrecken, WW II–III (46.7957,9.2867)

13,2 re In einer li-Kurve re ⇩ des kleinen Carrerabach (46.7960,9.2878)

10,2 re 🚆 **CH 7104 Safiental-Versam** vom Wasser aus nicht zu sehen. Zufahrt mit Pkw bis zum 🚆 von der hoch oben verlaufenden Straße aus möglich. Die Boote können von hier mit der Bahn nach **Ilanz** zurücktransportiert werden. Möglich ⬇ für den leichteren Teil der Schlucht. Auf der folgenden Strecke bis zur ⇩ Schwierigkeiten nur noch WW II (46.8076,9.3089)

7,5 re ⇩ des Rabiusa (s. Seite 625) in den Vorderrhein (46.8047,9.3308)

6,7 Bei NW in einer leichten li-Kurve befand sich früher sehr gefährliche Stelle. Sie wurde inzwischen z. Teil abgesprengt, ist aber immer noch gefährlich und scharfkantig. Eine Befahrung der li Stromhälfte ist völlig gefahrlos (46.8067,9.3394)

5,9 li ⇩ des Flem (46.8121,9.3459)

4,6 li 🚆 **CH 7014 Trin**, Zufahrt zur li-rheinisch verlaufenden Hauptstraße nach **CH 7017 Flims** (46.8159,9.3596);
Man fährt dazu am besten re mühelos etwa 200 m den Hinterrhein hoch, ⬆ bei der Ⅱ über den Hinterrhein;

Gute ⬆ ferner beim 🚂 **Reichenau**; hier befindet sich ein 🅿 direkt am Fluss. 600 m zum 🚂, gute Verlademöglichkeit

2,9 li ⇩ des Val Maliens (46.8240,9.3757)
0,9 EB-Ⅱ (46.8242,9.3988)
0,5 li ⇩ des Lawoibach (46.8256,9.4035)
0,3 re ⬆ **CH 7402 Bonaduz** 🅿-Möglichkeit (46.8252,9.4058)
0,1 Str-Ⅱ, 13 (46.8244,9.4075)
0,0 weitere ⬆-Möglichkeiten man fährt dazu am besten re mühelos etwa 200 m den Hinterrhein hoch, ⬆ bei der Ⅱ über den Hinterrhein. Gute ⬆ ferner beim 🚂 Reichenau; hier befindet sich ein 🅿 direkt am Fluss. 600 m zum 🚂, gute Verlademöglichkeit (46.8238,9.4075);
⇩ Zusammenfluss von Vorderrhein und Hinterrhein (s. Seite 612), bilden den Alpenrhein (s. Seite 605) bei amtl. km 0,0 bei **CH 7015 Reichenau**, **§** die Weiterfahrt auf dem folgenden Stausee ist verboten (46.8235,9.4076)

Rabiusa

WW I-II, WW III-IV, Gebirgsfluss
Mündung in Vorderrhein bei km 7,5 (re Nebenfluss)

Die Rabiusa entwässert das landschaftlich hervorragend schöne Safien-Hochtal

Befahrbarkeit: Frühjahr bis Frühsommer, im Hochsommer oft zu wenig Wasser

Schwierigkeiten: im Allgemeinen leicht zu befahren, lediglich bei **Neukirch** , etwa 4,0 km nach Start, auf einigen hundert Metern bis WW IV

17,0 **Safien-Platz**, ⬇ (46.6825,9.3190)
10,9 Stausee Egschi, ⬆ (46.7293,9.3382)
0,0 ⇩ des Rabiusa in den Vorderrhein (s. Seite 621) bei km 7,5 (46.8047, 9.3308)

Glenner

Weitere Namen: Glogn
WW I-II, WW III-IV, Gebirgsfluss
Mündung in Vorderrhein bei km 20,4 (re Nebenfluss)

Der Glenner ist ein zwar nur kurzer, doch als Wildwasser sehr interessanter Fluss. Seine Befahrung wird vielfach mit einer Weiterfahrt durch die Schluchtstrecke des Vorderrheins verbunden.

Befahrbarkeit: ganzjährig

Pegel: Ⅱ oberhalb **Peidenbach**; NW 20 cm; MW 35 cm; HW 70 cm
Mittlere Wasserführung, im Sommer, etwa 5 m³/s

Schwierigkeiten: km 23,8–15,7: WW IV (V), Gefälle 40 ‰
km 15,7–10,1: **X**
km 10,1–2,5: WW IV, Wehre, abnehmend WW II

Infrastruktur: ⛺ **Ilanz** , s. a. Vorderrhein

30,9 Ursprung mit mehreren Quellbächen im Bereich des Piz Terri in etwa 2.500 m Höhe (46.5815,9.0642)

23,8 li 2. Weg-Ⅱ oberhalb von **CH 7149 Lumnezia-Vrin** li ⇩ eines Nebenbaches, eine kleine Straße führt etwa 500 m hinter **Vrin** zum Fluss hinunter, ⬇ bei der 2. Ⅱ. Beginn einer bedingt ≈ kurzen Teilstrecke. Abfälle, Katarakte und enge Durchfahrten, einige Passagen bis WW V- sollten unbedingt besichtigt werden, Baumhindernisse sind möglich. Eine Klamm sollte ebenfalls vor der Befahrung von einem Wanderweg aus besichtigt werden. Je nach Wasserstand und Hindernissen 1–3 Stellen **X** (46.6410,9.0879)

23,0 1. Weg-Ⅱ oberhalb von **CH 7149 Lumnezia-Vrin** weitere mögliche ⬇ (46.6456,9.0920)

20,1 Str-Ⅱ (46.6608,9.1111)

17,6 Str-Ⅱ von li **CH 7148 Lumnezia-Lumbrein** nach re **Surin**, die Fahrt wird zumeist bei einem ▬ kurz nach der Ⅱ beendet. Eine Weiterfahrt ist noch auf etwa 2 km möglich, WW V, eine Stelle **X** bis zum Beginn einer Klamm, völlig **X**, ⬆ hier aber sehr schwierig, aufseilen, 80 m Seil erforderlich und hochtragen bis zu der 300 m höher gelegenen Ortschaft **Lumbrein** (46.6707,9.1206)

15,7 ⚠ Der Glenner verschwindet in einer Klamm, **X** (46.6761,9.1365)

10,2 Weg-Ⅱ, re **CH 7114 Uors** mögliche ⬇ auf dem Valser Rhein (46.7017, 9.1821)

10,1 re ⇩ des Valser Rhein (s. Seite 627) in den Glenner Auf dem Glenner folgt eine sehr schöne Blockstrecke, bis WW IV (46.7031,9.1807)

9,7 ⚠ unübersichtliche Blockstrecke (46.7060,9.1843)

7,8 Str-Ⅱ, re nach **CH 7110 Uors-Peiden** evtl. ↱ und das folgende ▬ umfahren (46.7163,9.1993)

6,8 ▬ 4,5 m hoch, **X**, nur evtl. re mit abseilen ⏏. Als Gefahrenstelle ⚠ (46.7214,9.2005)

6,5 Übliche ⬇, z. B. bei einem Weg, der, von **Ilanz** kommend, etwa 600 m nach der Abzweigung nach **Pitasch** re zum Glenner führt. Hier auch Parkmöglichkeit. Zunächst schnelle Strömung, leichte Verblockung, WW II+ (46.7255,9.2045)

5,3 Blockstrecke, WW IV (46.7335,9.2133)

4,9 Str-Ⅱ, Kantonsstrasse (46.7369,9.2144)

4,8 Der „Schlitz“, re ≈, WW IV. Weiterhin noch einige 100 m schönes Wildwasser, WW IV, dann leichter. Bis km 2,5 Eisen im Fluss, ⚠ mindestens 3. Sie sind je nach Wasserstand erst im letzten Augenblick vom Boot aus zu sehen und bilden evtl. eine echte Gefahr (46.7373, 9.2149)

4,7 Str-Ⅱ, Kantonsstrasse (46.7382,9.2156)

4,3 Zwischen 2 re sichtbaren Lawinengalerien der Straße erhebliche Verblockung, evtl. bei der Anfahrt besichtigen, WW IV (46.7393,9.2182)

2,5 Str-Ⅱ, Valserstrasse, Nachlassen der Verblockung, WW II. Gute

Gelegenheit zur Beendigung der Fahrt ⬆ (46.7563,9.2148)

0,4 ■ Stufe mit Steinen im Unterwasser (46.7738,9.2105)

0,3 Str-II, Glennerstrasse, **CH 7130 Ilanz** ≣, hier ⬆ nur schwer möglich (46.7744,9.2109)

0,2 EB–II (46.7752,9.2114)

0,0 re Gelegenheit zum ⬆ Zugleich ⬇ für den Vorderrhein. Die Fahrt wird vielfach auf dem Vorderrhein (s. Seite 621) durch dessen grandiose Schluchtstrecke bis **Reichenau** fortgesetzt (46.7766,9.2121); ⇩ des Glenner in den Vorderrhein (s. Seite 621) bei km 20,4 (46.7768, 9.2123)

Valser Rhein

Kleinfluss, WW III-IV
Mündung in Glenner bei km 10,1 (re Nebenfluss)

Das Wasser des Valserrheins und seines re Nebenflusses, des Fellerbachs, werden hoch oben abgeleitet. Für die Befahrung verbleibt daher nur ein etwa 4 km langes Stück vor der Mündung

Befahrbarkeit: nur bei sehr gutem Wasserstand
Schwierigkeiten: auf der gesamten Strecke etwa WW III-IV

3,6 ⬇ bei **St. Martin** über einen Fischersteig Vor Beginn der Fahrt sollte unbedingt Kontakt mit dem dortigen Bergbauern aufgenommen werden. Der Zugang zum Fluss und das recht mühsame Abseilen der Boote erfolgt über sein Grundstück. 200 m nach Fahrtbeginn eine Stelle **X**, li ⌓. Ein Verlassen der folgenden Schlucht ist nach Einfahrt nicht mehr möglich (46.6747,9.1791)

0,2 Str-II, re **CH 7114 Uors** ⬇ für den unteren Abschnitt des Glenners (46.7016,9.1820)

0,0 ⇩ des Valser Rhein in den Glenner (s. Seite 625) bei km 10,1 Auf dem Glenner folgt eine sehr schöne Blockstrecke, bis WW IV (46.7031,9.1807)

Somvixer Rhein

Kleinfluss, WW III-IV, WW V-VI
Mündung in Vorderrhein bei km 42,0 (re Nebenfluss)

Der Somvixer Rhein ist einer der schönsten Wildflüsse im **Bündner Oberland**, mit kristallklarem Wasser weit abseits der Straße.

Befahrbarkeit: Sommer bis Ende Juli
Die in der nachfolgenden Beschreibung aufgeführten Verhältnisse könnten sich möglicherweise durch HW erheblich verändert haben.

Umwelt: eine Zufahrt mit Pkw ist nur bis zur ⬆ möglich; die Boote müssen in einem etwa 1-stündigen Fußmarsch auf einem Wanderweg mit Bootswagen zur ⬇ gekarrt werde

Schwierigkeiten: WW III bis IV kann auch bis V- kommen

9,8 Weg-II des Wanderweges zur Greinaebene ⬇ am Ende einer Steilstufe. Sofort nach dem Start schwerer Katarakt, WW VI, ⏏ ratsam. Danach auf erheblich verblocktem Wasser, WW IV, bis zur ⇩ eines Baches von re mit sehr starker Wasserzufuhr, Zunahme der Wasserwucht, etwas geringere Verblockung. Nach einigen hundert Metern tauchen unvermittelt 2 Stufen auf, ≈, evtl. ansehen. Schon beim Anmarsch sollte man sich eine Blockstrecke nach einer re-Kurve ansehen, WW V, der Weg steigt hier steil an. Danach wieder WW IV (46.6534,8.9889)

9,6 ⚠ Schlitz, **X** (46.6552,8.9871)

9,4 li ⇩ Seitenbach, weitere ⬇ (46.6564,8.9854)

6,7 re ⬆ mit 🅿 am Beginn eines Stausees (46.6767,8.9723); ▬ Wehr am Beginn des Stausees, **X**, ⚠ je nach Pegel des Sees gefährlicher Rücklauf, nicht weiter fahren! (46.6770,8.9717)

6,2 ▬ Staudamm mit Wasserableitung; Eine Weiterfahrt durch die folgende sehr steile und extrem schwere Schlucht soll bei HW möglich sein, zumeist ist sie aber wegen Wasserableitung trocken, genaue Angaben fehlen (46.6803,8.9673)

0,0 ⇩ des Somvixer Rhein in den Vorderrhein (s. Seite 621) bei km 42,0 (46.7279,8.9586)

Medelser Rhein

Kleinfluss, WW III-IV, WW V-VI
Mündung in Vorderrhein bei km 51,5 (re Nebenfluss)

Der Medelser Rhein ist ein für diese Gegend völlig untypischer Wildfluss, der jeden Korsikafan erfreuen würde. Auf 5,0 km bietet er Wildwasser vom Feinsten, WW IV – VI, je nach Wasserstand.

Befahrbarkeit: Schneeschmelze bis Ende Juni und nach Regenfällen
Pegel: HW wenn über die Mauer neben dem Stolleneingang bei ⬆ Wasser läuft. MW ca. 30 cm weniger. Befahrungsgrenze bei ca. 40 cm weniger
Schwierigkeiten: bis WW IV bis V einiges unfahrbar
Kilometrierung: Anhand von Kartenmaterial

25,8 Ursprung der Medelser Rhein aus dem See Lago Scuro in 2.450 m (46.5622,8.6972)

9,6 ⬇ an der Str.-II über die Cristalina bei **CH 7185 Medels-Sogn Gions** HW wenn ab hier eine Fahrt fast ohne Grundberührung möglich ist (46.6264, 8.8380)

9,3 re ⇩ der Cristallina in den Medelser Rhein Gleich auf dem ersten Kilometer gibt es einen Schlitz, li über einen Abfall ≈. Es folgen schöne Rutschen und ein Katarakt, der über eine Rutsche in eine Wand fällt. Nur bei HW re ≈, ⏏ problemlos. WW IV (46.6284,8.8354)

9,0 ⚠ Bei NW und MW **X** Stelle (46.6307,8.8363)

8,9 ⚠ Wasserfall, 15 m **X**. re ⌂, danach verblocke Katarakte, bei HW recht wuchtig (46.6310,8.8374)
8,0 Str-II, Acla (46.6351,8.8462)
7,4 Str-II, re **CH 7185 Medels-Fuorns** (46.6404,8.8477)
6,2 Str-II, re **CH 7185 Medels-Parde** ⬇ bei zu wenig Wasser (46.6497, 8.8502);
⚠ es folgt das Kernstück des Medelser Rheins. Geschliffener Fels mit bis zu 5 m hohen Abfällen (46.6500,8.8501)
4,9 Str-II, re **CH 7185 Medels-Platta** (46.6583,8.8522)
4,5 ⬆ oberhalb re **CH 7184 Medel-Curaglia** vor der kompletten Wasserableitung in einen Stollen, ⚠ nicht gesichert!. Erreichbar von Curaglia. In Richtung Ralgtund abbiegen und auf einem Feldweg 800m flussaufwärts fahren. 🅿 beim Fußballplatz, danach 400 m zum Stollen hochtragen (46.6619,8.8521)
0,0 ⇩ des Medelser Rhein in den Vorderrhein (s. Seite 621) bei km 51,5 (46.6962,8.8551)

Stromgebiet des Schweizer Inns

Nr. in Karte	Fluss	Kleinfluss	Wanderfluss	Seengewässer	Kanal	Schifffahrtsstraße	WW I-II	WW III-IV	WW V-VI	Seite
1	Inn 1 (Oberlauf, Schweizer Inn)						o	o	o	631
2	Flazbach	o					o			639
3	Rosegbach	o						o		640
4	Berninabach	o					o	o		640
5	Morteratschbach	o							o	641

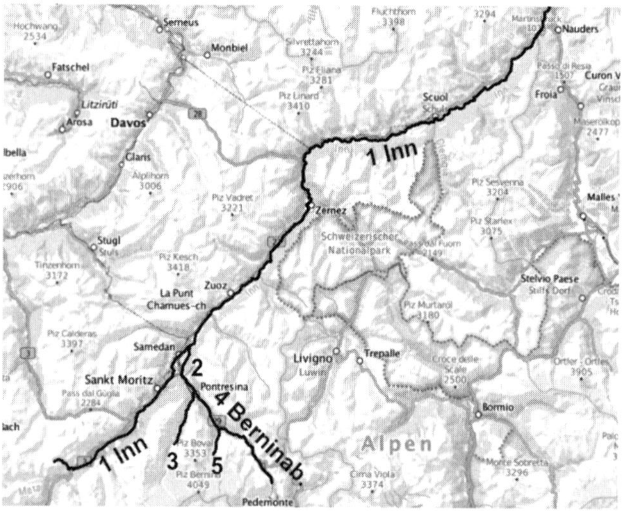

Inn 1 (Oberlauf, Schweizer Inn)

Weitere Namen: En
WW I-II, WW III-IV, WW V-VI

Charakteristik. Der Inn ist wahrscheinlich der landschaftlich schönste und wassertechnisch abwechslungsreichste Fluss der Schweiz. Das breite, 2000 m hoch gelegene Teil des Oberengadins gibt nach Süden den Blick frei auf zahlreiche gletscherbedeckte Berge mit Gipfelhöhen bis über 4000 m (Piz Bernina). Der Inn durchfließt hier mehrere langgestreckte Seen und mausert sich schnell vom Kleinfluss zum kleinen Wildfluss und, nach Aufnahme des Flaz- (mit Bernina-) baches, zum rasanten Gletscherfluss; dieser ganze Bereich ist Zahmwasser oder leichtes Wildwasser. Im Unterengadin tritt der Inn in mehrere Schluchten ein. Nachdem durch den Staudamm S-chanf der größte Teil des Wassers abgeleitet wird, sind diese Schluchten mit dem gleichbleibenden Pflichtablass des Staudamms fahrbar geworden. Sie bieten schweres bis extrem schweres Wildwasser mit dem Höhepunkt der Ardez-Schlucht. Die verhältnismäßig langen Strecken außerhalb der Schluchten sind erheblich leichter, aber immer noch anspruchsvolles Wildwasser.

Befahrungsregeln: keine bekannt

Befahrbarkeit: nur mit WW-Booten

Pegel: Tarasp (km 437,8): Dieser Pegel ist allerdings nur zuverlässig für die Giarsun-, Ardez- und Scuol-Schlucht sowie Zernez-Strecke ab Susch: Mittelwasser bzw. günstiger Pegel für:
Giarsun-Schlucht 80–120 cm.
Ardez-Schlucht 50–70 cm.
Scuol-Schlucht 80–120 cm.
Zernez-Strecke 100 cm und höher.
Minimum für alle 4 Strecken 50 cm.
(Man erreicht den Pegel beim Kurhaus Tarasp auf einem Weg, der vor der Inn-II li auf dem li Ufer zur Messanlage führt. Man kann jeweils den Pegelstand der letzten 24 Stunden ablesen.)

Alle anderen Strecken sind von diesem Pegel weitgehend unabhängig, obige Angaben günstiger Pegelstände sind für sie somit unzulässig.

S-chanf-Schlucht, Brail-Schlucht und Zernezstrecke bis Susch sind abhängig von der Wasserabgabe des Stauwerks S-chanf, wobei für alle Strecken (außer Zernez-Strecke) die sommerliche Pflichtablass- Menge von 3 m³/s knapp ausreicht. Für diese Strecken ist maßgebend ein Schreibpegel am Ende der S-chanf-Schlucht bei km 473,9. Angaben in m³/s. Maximum etwa 15 m³/s.

Für die Martina-Strecke befindet sich ein Behelfspegel auf dem großen Stein der „Mittelpfeiler“ der Holzbrücke km 428,5 am ⛺ Sur-En ist. Schwierigkeiten bei 4,5 m WW III+ mit großer Wasserwucht an 3 Stellen; 5 m bedeuten WW IV.

	Auskünfte über den Wasserstand: ☎ 0041-84-90-244, E-Werk Pradella. Ein weiterer Pegel befindet sich an der Ⅱ von km 416,5; er ist maßgebend für die Martina-Strecke. Er ist infolge E-Werksbetriebes starken Schwankungen unterworfen. Die angegebenen Schwierigkeiten beziehen sich auf einen Pegelstand von etwa 1030 cm.
Pegel Link:	4-paddlers.com unter Flussinfo >>Inn
Schwierigkeiten:	km 512,7 bis km 496,9 Zahmwasser, WW I und II, Gefälle 5,3 ‰ km 496,9 bis km 494,5 unbefahrbar, teilweise verrohrt km 494,5 bis km 477,9 WW I und II, Gefälle 4,3 ‰ km 477,9 bis km 472,8 (S-chanf-Schlucht) WW II–III km 472,8 bis km 467,6 (Brail-Schlucht) WW IV–V km 467,6 bis km 449,9 (Zernez-Strecke) WW II/III- km 449,9 bis km 445,2 (Giarsun-Schlucht) WW III–IV km 445,2 bis km 441,5 (Ardez-Schlucht) WW V–VI, 1 Stelle **X** km 441,5 bis km 434,6 (Scuol-Schlucht) WW III–IV km 434,6 bis km 416,5 (Martina-Strecke) WW II–III (IV)
Infrastruktur:	Zeltmöglichkeiten: ⛺ siehe im Text
Karten:	Jübermann Wasser-Wanderkarte Nr. 4 und Nr. 5

518,4 Ursprung am Piz Grevasalvas als Ausfluss des Lunghin-Gletscher-Sees in 2.484 m Höhe (46.4149,9.6665)

514,3 Slipanlage Bootshafen ⬇ am Westende des Sees; Eine Befahrung der folgenden Seen und der dazwischen liegenden Fließstrecken des Inns ist wegen der hervorragenden landschaftlichen Schönheiten des Oberengadins sehr zu empfehlen. Die kürzeste Fahrtstrecke folgt dem Nordufer (46.4095,9.7043);
Wege-Ⅱ bei **CH 7516 Cadlägh** ⇩ in den Silser See etwa 1797 m ü. NN (46.4081,9.7043)

509,3 Ausfluss aus dem Silser See an einer Bucht am Nordostende des Sees. li 🅿 (46.4343,9.7534)

509,2 Str-Ⅱ, **CH 7515 Segl Baselgia**, Posta Veglia, darunter ▬, je nach Wasserstand **X** (46.4347,9.7546);
Der Inn ist hier ein Kleinfluss, anfangs mäßige, später flotte Strömung, überhängende Büsche (46.4349,9.7549)

508,2 Str-Ⅱ, re **CH 7514 Sils-Seglias**, Traunter Ovas (46.4388,9.7660)

507,5 Wege-Ⅱ, Chesea Olga (46.4422,9.7744)

507,4 ⇩ in See von Silvaplana, re Yachthafen. Die Fahrt folgt dem Nordufer des Sees (46.4424,9.7751)

504,3 Str-Ⅱ über See-Enge, li **CH 7513 Silvaplana** (Via da Surlej) (46.4600, 9.8025)

502,6 Ausfluss des Inns aus dem Silvaplana-See (46.4718,9.8131)

502,5 Fußg-Ⅱ (46.4720,9.8138)
502,4 ■ mit Tosbecken gefährlicher Rücklauf, je nach Wasserstand X. li ⌓ (46.4724,9.8143);
Der Inn ist jetzt ein leichter Wildfluss mit guter Strömung, kleinen Schnellen, leichter Verblockung, WW II, eine Stelle recht wuchtig, WW II+ (46.4727,9.8146)
502,0 Fußg-Ⅱ bei **CH 7512 Champfer** (46.4757,9.8170)
501,3 Weg-Ⅱ, re ⛺ Camping Olypiaschanze, Via San Gian, CH 7500 St. Moritz (46.4787,9.8249)
501,0 Str-Ⅱ B27, **CH 7500 St. Moritz** (Via San Gian) (46.4803,9.8277)
500,5 Fußg-Ⅱ, re 🚌 **St. Moritz-Bad** re 🅿, Die Fahrt wird am besten an geeigneter Stelle am re Ufer beendet. Es folgen mehrere Ⅱ Ⅱ (46.4833, 9.8315)
500,1 ≣, St. Moritz-Bad (46.4863,9.8354)
500,0 Str-Ⅱ (46.4865,9.8354)
499,9 Str-Ⅱ (46.4874,9.8361)
499,8 Str-Ⅱ (46.4881,9.8368)
499,7 Str-Ⅱ (46.4888,9.8376)
499,6 li **CH 7500 St. Moritz** ⇩ in See von **St. Moritz** (46.4898,9.8388);
Fußg-Ⅱ (46.4897,9.8388)
498,5 Str-Ⅱ **CH 7500 St. Moritz** (Via Dimlej) (46.4976,9.8480)
498,4 Ausfluss des Inns aus dem See von St. Moritz dahinter folgt ein ■ Wehr, X (ca. 1724 m ü. NN), vorher re Fahrt beenden! oder auf Fußweg neben der Hauptstr. mind. 1,5 km ⌓ (46.4978,9.8481);
Die nachfolgende Steilzone verläuft rund 500 m unterirdisch und ist X (46.4980,9.8481)
497,4 Der Inn verläuft wieder offen (46.5050,9.8564)
497,3 Fußg.-Ⅱ (46.5059,9.8574)
496,6 Str-Ⅱ B27, li **CH 7505 Celerina/Schlarigna** (Engadinstr.) (46.5099, 9.8637);
Str-Ⅱ -Zubringer Rohr-Ⅱ und Str-Ⅱ (Via Bambas) (46.5101,9.8637)
496,2 Str-Ⅱ **CH 7505 Celerina/Schlarigna** (Via San Gian), etwa 1714 m ü. NN li, mögliche ⬇ am „Waschhaus“ (46.5136,9.8630)
494,9 Fußg.-Ⅱ (46.5231,9.8632)
494,6 re ⇩ Alter Flazbach, re Golfplatz (46.5247,9.8657)
493,8 Str-Ⅱ, li **CH 7503 Samedan** (Chaunt da San Bastiaun), re 🚌 Semedan, Golf; übliche ⬇. 🅿-Möglichkeit. Dahinter EB-Ⅱ (46.5305,9.8711)
493,7 Der Inn verläuft hier unter starker Wasserführung und schneller Strömung in einem regulierten Flussbett, WW I (46.5310,9.8717)
493,0 Fußg.-Ⅱ, **CH 7503 Semedan** (Nähe Promulins 2), über Inn und Straße B27, evtl. auch ⬇-Möglichkeit (46.5356,9.8794)
492,9 Str-Ⅱ B27, re Engadin-Airport Mit dem Straßenbau wurde der Inn ab hier auf ca. 1,3 km verlegt und renaturiert (46.5359,9.8805)
491,9 Weg-Ⅱ (46.5423,9.8892)

491,6 re ⇩ des Flazbach (s. Seite 639) in den Inn im Oberlauf Bernaniabach (46.5433,9.8922)

491,6 –481,7 Die nächsten 10 km verläuft der Inn in einem reguliertem Bett (46.5436,9.8928)

490,8 li ⇩ des Beverin (1698 m ü. NN); Der Beverin ist im Mai und Juni ab Spinas auf einer Strecke von 5 km ≈, Gefälle 26 ‰, bei einer Wasserführung von 5 m³/s betragen die Schwierigkeiten WW II–III, ein ▬, ≈. Da das Tal für den Pkw-Verkehr gesperrt ist, muss die ⬇ mit der Rhätischen Bahn oder mit Bootswagen erreicht werden (46.5479,9.8998)

490,4 Str-II, li **CH 7502 Bever** ca. 1 km zu 🚌 und 🚂 (46.5517,9.9004)

486,7 Str-II **CH 7522 La Punt-Chamues** li 🚂, re 🚌 (46.5789,9.9258); Der Inn ist ab hier nur noch stückweise reguliert und wird dadurch interessanter, leichte Schwalle, und Sohlrampen WW II- (46.5792,9.9259)

485,7 Str-II B27 vor li **CH 7523 Madulain** dahinter Fußg.-II, 🚌 Madulain (46.5844,9.9345);
li ⬇-Möglichkeit **CH 7523 Madulain** 🅿-Möglichkeit (46.5847,9.9352)

485,6 Ab Madulain ist der Inn nicht mehr reguliert, schnelle Strömung, mehrere raue Sohlrampen mit teils kräftigen Schwallen, je nach WS bis WW II+, nur einzelne Blöcke! (46.5846,9.9357)

483,1 Wege-II **CH 7524 Zuoz**, 🅿 am Golfclub (46.5969,9.9628)

483,0 Str-II li **CH 7524 Zuoz** (Via da la Stazium), re B27, re **CH 7524 Zuoz-Resgia** (46.5976,9.9634)

481,0 1. Weg-II von li **CH 7525 S-chanf** (Islas) am Ortsanfang, Befahrung der leichten Strecke des oberen Inns wird am besten hier beendet. li etwa 200 m zum 🚌 S-chanf, Samvih oder etwa 450 m zum 🚂 S-chanf (46.6097, 9.9788)

480,1 2. Weg-II von li **CH 7525 S-chanf** (Pradels) am Ortsende (ca. 1657 m ü. NN), ⬆-Möglichkeit, re 🅿-Möglichkeit, jedoch kein Anschluss an die re verlaufende B27, Zufahrt vom Ort Richtung „Nationalpark“ (46.6128, 9.9894)

479,8 Str-II B27 (46.6143,9.9918)

479,5 ▬ Staustufe **CH 7525 S-chanf** mit regulierter Wasserabgabe (s. Wasserführung). Die vom ▬ in den Sommermonaten abgelassenen 3 m³/s Pflichtwasser reichen knapp für eine Befahrung (46.6155,9.9948)

479,0 Aquadukt von Vuorcha zur Ableitung des Innwassers (46.6173,9.9978); Fußg.-II, li Stadion San Güerg Mögliche ⬇ (46.6169,9.9984)

479,0 –474,5 Beginn der S-chanf-Schlucht WW II–III, Die S-chanf-Schlucht ist eine sehr interessante und hochromantische Konglomeratschlucht (46.6167,9.9986)–(46.6421,10.0261)

478,4 in re-Kurve schwere Verblockung unbedingt besichtigen, evtl. ⏏ (46.6179,10.0043)

478,3 ⚠ unter der Brücke Blocksperre evtl. re #umtragen (46.6189,10.0042)

478,2 Str-II unterhalb **CH 7525 Scanfs** (Pradels), auf der Straße nördlich des Stadions San Güerg Richtung „Nationalpark“ fahren (46.6190,10.0045)

476,4 li ⛺ Chapella schön gelegen, campingchapella.ch (46.6318,10.0153)

476,1 li ⇩ Valember 1601 m ü. NN, aus dem Susauna Tal. (Die Valember kann auf 4 km befahren werden. Höchste ⬇ - erreichbar mit Bootswagen - an einem Holzsteg, etwa 800 m nachdem der Weg auf die orographisch li Seite gewechselt hat. WW III-IV, abnehmend, vor der letzten Str-II steiler Abbruch, **X**. 3 km bis zur II, 4 km bis zur Hauptstraße. Hilfs-≣: Betonsockel unter der II bei km 3. MW wenn Sockel 30 cm frei). (46.6332,10.0175)

475,9 Am Inn zunächst leichte Verblockung. Am Schluchteingang zur Besichtigung der riesigen Blocksperre ↰, Klemmgefahr, ≈. Die Schlucht ist gut zu befahren (46.6346,10.0187)

475,8 Unterhalb der Schlucht auf 80 m rassiger Katarakt, zur Besichtigung ↰, ≈. Danach kleines ▬ mit Tosbecken, darüber Fußg.-II, re Felswand, sehr gefährlich, **X**, vorsichtig an das ▬ heranfahren, li ⌓, einfach. (46.6355, 10.0206)

474,8 ≣ Cinous-chel (46.6401,10.0254)

474,5 Fußg.-II von **CH 7526 Cinous-chel** li ⬆ bzw. ⬇ für die Befahrung der folgenden Brail-Schlucht. PKW-Zufahrt zur Brücke verboten! Die Boote müssen 400 m weit getragen werden. Im Ort kaum 🅿-Möglichkeit. Im Ort 🚌 und 🚂 (46.6421,10.0261)

474,5 –469,7 Brail-Schlucht WW IV–V; Die Brail-Schlucht ist eine wildromantische Schlucht, durchweg sehr stark verblockt, zusätzlich Geröll und Treibholz. Bei Pflichtwasserabgabe anspruchsvolles WW, bei mehr Wasserabgabe große Wasserwucht aber Verblockung weniger spürbar (46.6424,10.0260)–(46.6728,10.0596)

474,2 ⚠ extrem verblockte Gefällstrecke ↰ zur Besichtigung, re ≈ oder li über die Blöcke ⌓, mühsam. Eine Detailbeschreibung der gesamten, durchweg extrem verblockten Schlucht ist unmöglich, mehrfache Erkundung unerlässlich (46.6450,10.0257)

474,1 EB-II (hohe Steinbogenbrücke) hoch über der Schlucht, ↰ zur Besichtigung der folgenden, extrem verblockten Gefällstrecke, re ≈ oder li über die Blöcke ⌓, mühsam. Eine Detailbeschreibung der gesamten, durchweg extrem verblockten Schlucht ist unmöglich, mehrfache Erkundung unerlässlich (46.6453,10.0255)

473,5 li ⇩ Punt Ota-Bach (46.6495,10.0304)

470,3 Die Schlucht wird freundlicher, die Schwierigkeiten lassen nach (46.6689, 10.0553)

469,6 re Bach-⇩ bei **CH 7530 Zernez-Carolina** alternative ⬆⬇-Möglichkeit. Es führt ein Wanderweg von der nachfolgenden Brücke hinunter zur Bachmündung etwa 350 m und wieder hoch zum 🚂 Carolina/Graubünden etwa 400 m (46.6731,10.0601)

469,3 Str-II B27 (Betonbrücke, Punt Nova) 1515 m ü. NN (46.6746,10.0634)

469,3 –458,5 Zernez-Strecke WW II–III, Die gesamte Strecke bietet nur mäßig schweres Wildwasser in hervorragend schöner Landschaft, sehr zu empfehlen für alle diejenigen, die keinen Wert auf schwere Schluchten legen, oder auch zur Erholung zwischen 2 „Schluchttagen". Der in der

Einleitung angegebene Minimalpegel für die Schluchten 50 cm ist für die Zernez-Strecke etwas knapp bemessen. Man sollte bei diesem Pegel besser erst in Susch einsetzen (46.6750,10.0638)–(46.7475,10.0794)

468,9 kataraktähnliche Verblockung WW III am Beginn der ersten re-Kurve, schwierigste Stelle der Zernez-Strecke, re ⏏ leicht möglich. Besichtigung nicht erforderlich. (vor der Kurve re oben ein Schießstand mit Tontaubenschießen über den Fluss); Es folgen mehrere Stufen (46.6775, 10.0654)

466,2 re ⇩ Spöl (1478 m ü. NN) Der größte Teil des Wassers der Spöl ist abgeleitet. Bei sehr gutem Wasserstand (Zeit der Schneeschmelze) kann die Befahrung der Zernez-Strecke maximal 2 km oberhalb ⇩ auf der Spöl begonnen werden, WW II. Die höher gelegenen Schluchten der Spöl führen durch den Schweizer Nationalpark, Befahrung verboten. (46.6937, 10.0887)

466,0 kleine Ⅱ **CH 7530 Zernez** (Madinas), re 🚆 und 🚌 etwa 450 m (46.6955, 10.0881)

465,8 **CH 7530 Zernez**, re ⛺ (46.6966,10.0869)

465,1 EB-Ⅱ (46.7007,10.0896)

464,8 Str-Ⅱ re **CH 7530 Zernez** (aus Beton) (46.7029,10.0920)

464,5 li Kieswerk mit Kabelbagger! (46.7049,10.0924)

461,0 Fußg.-Ⅱ schmal, hölzern (46.7269,10.0797)

458,5 –446,9 <u>Giarsun-Schlucht</u> Bis Giarsun meist mäßig schweres WW, dann absolut einsame Felsschlucht mit teilweise schwerer Verblockung, Steilstufen und rassigen Schwällen, 2 Stellen sollten besichtigt werden. Baumversperrungen!
(46.7475,10.0794)–(46.7699,10.1956)

458,4 bei starkem Wasser rassiger Schwall, bei NW Blockstrecke (46.7477, 10.0794);
li ⬇⬆ **CH 7542 Zernez-Susch** (46.7480,10.0791)

458,3 Weg-Ⅱ **CH 7542 Susch** (überdachte Holzbrücke, Davo Plattas), darunter verwinkelter Abfall mit Prallfelsen und Verblockung (WW III) (46.7487, 10.0800)

458,2 li ⇩ Susasca-Bach mit erheblicher Wasserzufuhr; Man kann die Befahrung der Giarsun-Strecke auch auf der Susasca 500 m oberhalb ihrer Mündung in den Inn beginnen. Sie bietet auf dieser Strecke sehr schnelles Wildwasser ohne nennenswerten Wasserdruck, jedoch enormes Gefälle, WW IV+ (46.7497,10.0799)

458,1 Str-Ⅱ, **CH 7542 Susch** (Sur Punt) (46.7503,10.0807)

454,3 Str-Ⅱ li **CH 7543 Lavin** re **CH 7543 Lavin-Plans**, (Suot Röven), (ca. 1385 mü.NN). Das Ein- und Aussetzen an dieser Ⅱ verboten. (46.7674, 10.1133)

454,2 Steigerung der Schwierigkeiten bis WW III-. Bei gutem WS auch höher! (46.7679,10.1137)

451,6 Weg-Ⅱ, li **CH 7545 Guarda-Giarsun** Zufahrt verboten. ⬆-Möglichkeit li oberhalb oder re unterhalb der Brücke (ca. 1360 m ü. NN) falls der folgende Abschnitt Giarsun-Schlucht nicht befahren werden soll. Die Boote müssen allerdings etwa 500 m bis zum Ort hoch getragen werden, etwa 1000 m bis 🚐 und 🚂 **CH 7545 Guarda** (46.7681,10.1422)

451,5 Beginn der eigentlichen Giarsun-Schlucht Zunächst mäßig schwer, allmählich Zunahme der Schwierigkeiten (46.7681,10.1426)

450,4 re Bach-⇩ Nunabach und Hochspannungsleitung kreuzt; danach Beginn der Felsschlucht (46.7676,10.1562)

450,2 ⚠ Stufe („Preußen-Schleuder“) (erkennbar an einer vom li Ufer zur Flussmitte hin ansteigenden schrägen Felsplatte. Sie überragt den Wasserspiegel bei einem Pegel Tarasp = 50 cm um einen Meter) S-förmiger, enger Abfall, WW IV+, schwerste Stelle der Giarsun-Schlucht. Nach riesigem Felsblock, der von re in den Fluss ragt, ↱. Besichtigung der folgenden Doppelstufe, WW IV+, li ≈ (46.7688,10.1570)

446,9 Weg-Ⅱ von li **CH 7546 Ardez** nach re **CH 7546 Ardez-Sur-En**, ⬇⬆ etwa 1298 m ü. NN, li 🚂 etwa 1,6 km (46.7701,10.1962)

446,9 –443,3 Ardez-Schlucht WW V-VI; Die Ardez-Schlucht ist die imposanteste, schwerste und mühsamste Strecke des Inns. Als Folge des Einsturzes der Ardez-Ⅱ wurden Ⅱ-Teile in die Schlucht geschwemmt, Vorsicht! Eine eingehende Schilderung der Gesamtstrecke ist unmöglich; es folgen anschließend lediglich Angaben zu den Extremstellen.
Fahrzeit für die Ardez-Schlucht mit Sicherungen und ⏏ etwa 5–6 Stunden.
(46.7700,10.1965)–(46.7766,10.2376)

446,5 Katarakt Auf der re Flussseite ist zunächst ein abgerutschter Hang zu sehen (46.7691,10.2013)

446,1 ⚠ An dessen Ende steht ein etwa 7 m hoher „Hinkelstein“, der leicht zur Flussmitte geneigt ist. Diese Stelle kann von der sehr weit entfernten Umgehungsstraße etwa in der Höhe der östlichen Zufahrt nach Ardez zur Orientierung betrachtet werden. Hier beginnen die Extremstellen der Ardez-Schlucht. Rechtzeitig an kleiner Kiesbank ↰ und die folgenden 200 m besichtigen. Es folgen 2 Blockstufen mit unterspülten Felsen, bei evtl. Befahrung unbedingt absichern, da keine Chance besteht, bei Kenterung die folgende 3. Stufe lebend zu durchschwimmen. Die Strömung zieht tief unter den Felsen hindurch, mit Holzverhau in den Zwischenräumen. Die 3. Stufe (Bockschlitz) WW VI, wird fast immer li ⏏.
li ⏏ des gesamten Abschnittes ist möglich, doch recht mühsam. Die ⬇ nach der 3. Stufe ist wegen angespülter Felsen ebenfalls mühsam. Ein Verlassen der Schlucht ist im Bereich der Stufen unmöglich. Danach bis zu einer kleinen Hänge-Ⅱ WW IV–V mit mehreren Stufen (46.7698, 10.2064)

445,5 Kleine Hänge-Ⅱ (Punt Veidra) darunter verdrehte Stufe (46.7702, 10.2137);
⚠ Wasserfall, 2 m hoch („Himmelsgucker“) evtl. li ≈ oder re ⏏. Danach Abnahme der Schwierigkeiten, WW III+/WW IV (46.7700,10.2139)

444,2 li ⇩ Tasnan (46.7766,10.2260)

443,3 ⇅ für die Scuol-Schlucht Die Straße nähert sich dem Fluss, Ende des Abschnitts Ardez-Schlucht. ⬇ für die Befahrung der folgenden Scuol-Schlucht an der Stelle, an der die Straße, von Scuol kommend, etwa 300 m vor einer Lawinengalerie nach Ardez aufsteigt (46.7768,10.2377)

443,2 –435,5 Scuol-Strecke sie ist landschaftlich sehr schön und bietet interessantes Wildwasser WW III bis WW IV. Sie führt durch das Kurgebiet von Scuol-Tarasp (46.7768,10.2381)–(46.7983,10.3163)

442,9 schwerer Schwall nach der re-Kurve; von Straße aus einsehbar (46.7787, 10.2404)

441,9 Fußg.-Π (46.7828,10.2506)

441,7 schwerer Schwall nach der re-Kurve; von Straße aus einsehbar es folgen zwei weitere Gefällestufen jeweils unmittelbar nach einer re-Kurve, ↰ und absichern, WW III+. 2. Stufe bei NW evtl. li ⏏ (46.7841,10.2524)

439,8 Fußg.-Π, re Tennisplatz (46.7890,10.2737)

439,5 ≣ Tarasp li etwa 50 m vor der Brücke (etwa Mitte Kurhaus), maßgeblich für die Giarsun-, Ardez- und Scuol-Schlucht sowie Zernez-Strecke ab Susch (Pegelwerte s. oben!) (46.7889,10.2770);
alte Str. Π **CH 7552 Tarasp** li Kurhaus, re Trinkhalle, li 🚌 Scuol-Nairs (46.7890,10.2776)

439,3 Fußg.-Π (46.7893,10.2804)

439,1 neue hohe Str-Π, li B27, re **CH 7552 Tarap-Vulpera** (Gurlaina-Brücke) (46.7892,10.2821)

438,1 Fußg.-Π, **CH 7550 Scuol** danach re am Berg der ⛺ Campingplatz TCS (46.7897,10.2939)

437,6 hohe Weg-Π **CH 7550 Scoul** (Chantröven), li voraus vom Berg grüßt die Kirche von Scuol (46.7940,10.2966)

437,3 überdachte Weg-Π, li **CH 7550 Scoul** (Punt) (46.7935,10.2993)

436,5 Str-Π **CH 7550 Scoul** (Faschunsbrücke), vor der betonierten Faschuns-Π vorsichtig re in eine Blockstrecke einfahren (46.7932,10.3080);
⚠ nach der Π sofort ↱ und die folgende schwere Stelle besichtigen. WW IV. Bei NW sehr starke Verblockung, bei mehr als 25 m³/s sehr schweres Preßwasser an der Felswand li. Evtl. Fahrt re beenden und zur Lischana-Π hochtragen (46.7930,10.3088)

436,3 Weg-Π **CH 7550 Scoul** alte eiserne Brücke (Lischanabrücke) Ende der Scuol-Strecke (46.7942,10.3099)

435,5 li gute ⬆-Möglichkeit zur Beendigung des „Scouler Schlucht“ bei der Kläranlage von Scoul, etwa 1156 m ü. NN, Eine Weiterfahrt zur Martina-Strecke mit ⏏ der Staustufe Pradella ist nur zu empfehlen, wenn am Kraftwerk genügend Wasser abgegeben wird (46.7986,10.3165)

435,3 Weg-Π von **CH 7550 Scoul** nach Pradella (46.7992,10.3186)

435,0 –434,1 Stausee Pradella (46.8017,10.3198)–(46.8048,10.3291)

434,5 li ⬆ Stausee Pradella 400 m oberhalb der Staumauer mit Treppe. Etwa 450 m ⏏, 🅿 Möglichkeit um Fahrt zu beenden (46.8045,10.3239)

434,1 ▬ Staumauer Pradella mit Wasserableitung; das abgeleitete wird erst bei Martina wieder in den Inn zurückgeführt (46.8048,10.3290)

434,0 Weg-Ⅱ zum ↯ **CH 7550 Scuol-Pradella** danach li 🅿; Wieder ⬇. Die Wasserabgabe ist reguliert; bei MW WW II–III, bei NW bei WW I–II und 2 Strecken III, bei HW längere sehr wuchtige Schwallstrecken, max. WW III+ (46.8056,10.3301)

433,5 ⇩ des abgeleiteten Wassers bei S-chanf und des ebenfalls abgeleiteten Wassers der Spöl, bei maximaler Wasserabgabe schwierig zu überfahrendes Presswasser (46.8047,10.3360)

430,9 re ⇩ Uina, re **CH-7554 Sent-Sur En** (46.8154,10.3615)

430,2 Str-Ⅱ, **CH-7554 Sent-Sur-En** re herrlicher ⛺, üblicher Standort für die Befahrung der Unterengadiner Strecken des Inns, gute ⬇, bei ausreichender und mittlerer Wasserführung ist nachfolgende <u>Martina Strecke</u>, WW II bis WW III, bei guter Wasserabgabe oder HW wird sie zum wuchtigen Vergnügen (WW III+); Für die Martina-Strecke befindet sich ein Behelfspegel auf dem großen Stein der „Mittelpfeiler“ der Holzbrücke. re und li 🅿, re 🚌 Sent, Sur En Camping (46.8189,10.3656)

428,2 li ⇩ La Brancia (46.8257,10.3844)

426,1 Weg-Ⅱ, re **CH 7556 Resgia** überdacht (46.8354,10.4081)

425,6 ▬ Blockwurfstufe in manchen Jahren steckgefährlich, li Kieswerk (46.8362,10.4142)

425,0 ⚠ Es folgt der „Lawinenschwall“ evtl. zur Besichtigung ↱ (46.8410, 10.4172)

424,7 Insel (46.8426,10.4187)

423,4 Schmale Fußg.-Eisen-Ⅱ davor und darunter größerer Schwall (Jägersteg-Schwall) (46.8530,10.4246)

422,9 Str-Ⅱ **CH 7558 San Niclà** li 🅿 an der B27 (46.8578,10.4242)

421,5 li **CH 7558 Strada** langer, verblockter Schwall, WW III, (Strada-Schwall) (46.8638,10.4398)

420,7 Rohrbrücke (46.8691,10.4449)

420,5 Weg-Ⅱ **CH 7558 Sclamischot** re Forstamt Tschlin, re gute ⬆ (46.8704, 10.4460)

418,5 ⬆ **CH 6543 Martina** (46.8832,10.4627)

418,4 Weg-Ⅱ, danach re Rückführung des abgeleiteten Wassers (46.8831, 10.4633)

418,2 Str-Ⅱ, li **CH-7560 Martina** Schweizer Zollamt, die Befahrung der Schweizer Strecke des Inns wird zumeist hier beendet. Es folgt die <u>Finstermünzschlucht</u>, eine extrem schwere WW-Strecke (46.8847, 10.4650)

Flazbach

Kleinfluss, WW I-II, Gletscherbach
Mündung in Inn bei km 491,6 (re Nebenfluss)

Der Flazbach, ist im Vergleich zum Berninabach nur mäßig schwer.
Befahrbarkeit: ganzjährig

Schwierigkeiten: WW II-I
Karten: Gen.-Karte Schweiz Nr. 3, F 11

6,8 li ⇩ Zusammenfluss von Rosegbach (s. Seite 640) und Berninabach (s. Seite 640) zum Flazbach (46.4925,9.9001)
6,0 Fußg-II (46.4981,9.8955)
5,3 Str-II 29 (46.5019,9.8883)
4,4 EB–II (46.5081,9.8820);
Fußg-II (46.5084,9.8812)
3,9 Str-II 27, Zernez–St. Moritz ⬆ gute Gelegenheit zur Beendigung der Fahrt. Die Reststrecke ist kanalisiert (46.5115,9.8778)
3,7 Str-II 27/29 (46.5131,9.8781);
EB–II (46.5135,9.8782)
2,8 Fußg-II (46.5208,9.8802)
0,6 Fußg-II (46.5383,9.8897)
0,1 Str-II, li Flughafen Engadin (46.5423,9.8920)
0,0 ⇩ des Flazbach in den Inn (s. Seite 631) bei km 491,6 im Oberlauf Bernaniabach (46.5433,9.8922)

Rosegbach

Kleinfluss, WW III-IV, Gletscherbach
Mündung in Flazbach bei km 6,8 (li Nebenfluss)

Der Rosegbach entspringt mit mehreren kleinen Bächen aus verschiedenen Gletschern im hinteren Rosegtal. Er ist ein schneller, eiskalter und an warmen Sommertagen wuchtiger Wildfluss mit kleinen Kehrwassern und mäßiger Verblockung
Befahrbarkeit: ganzjährig
Schwierigkeiten: WW III+/WW IV+

7,0 Str-II beim Hotel Restaurant Roseg Gletscher ⬇, Die Boote müssen ab Bahnhof Pontresina auf guter Sandstraße zur ⬇ gekarrt werden, Fahrverbot für Pkw (46.4388,9.8710)
0,9 EB-II (46.4864,9.8974)
0,7 ⚠ ▬ niedrige Stufe der Bach fällt in eine kurze, breite Klamm, rechtzeitig zur Besichtigung ↱, evtl. re ⏏. Weiter auf WW III (46.4880,9.8979)
0,4 Str-II, li **CH 7504 Pontresina** (46.4903,9.8978)
0,3 Str-II 29 Via da Bernina (46.4917,9.8977)
0,2 ⚠ Platte mit Schrägwalze WW III+ (46.4924,9.8983)
0,0 ⇩ Zusammenfluss von Rosegbach und Berninabach (s. Seite 640) zum Flazbach (s. Seite 639) bei km 6,8 (46.4925,9.9001)

Berninabach

Kleinfluss, WW I-II, WW III-IV
Mündung in Flazbach bei km 6,8 (re Nebenfluss)

Der Berninabach ist der Oberlauf des Flazbaches
Schwierigkeiten: WW I–III+ X

5,8 Str-II Morteratsch re ⬇, 🅿 (46.4523,9.9415);
li ⇩ des Morteratschbach (s. Seite 641) in den Berninabach (46.4522, 9.9410)
5,7 Zunächst WW III- in breitem Kiesbett (46.4526,9.9405)
3,9 Weg-II, re 1. Kieswerk darunter ▬ hohe Gefällebremse, evtl. ≈, re ⌓ leicht. Mögliche ⬇, falls auf die Befahrung des Morteratschbaches verzichtet wird. Hier 🅿, zu erreichen auf der Straße Richtung Bernina-Pass, der Abzweigung nach Morteratsch folgen. WW II (46.4654,9.9276)
3,2 Wege-II (46.4718,9.9252)
1,9 Fußg-II, re 2. Kieswerk (46.4806,9.9153)
1,5 re ⬆ **CH 7504 Pontresina** 🅿, am besten sollte auf eine Weiterfahrt verzichtet werden (46.4829,9.9129)
1,4 3. Kieswerk von **Morteratsch** Zunahme der Schwierigkeiten, auf 500 m Verblockung und starkes Gefälle, WW III–IV. (46.4833,9.9115)
0,9 ⚠, wenn die Holz-II und die Straßen-II der N 29 sichtbar wird, darunter ▬ Stufe mit Schrägwalze, sofort danach re in ein Kehrwasser einfahren, Situation schon bei der Anfahrt besichtigen! 25 m nach der II Beginn der Klamm von Pontresina, X, bei Kenterung im Bereich der II Lebensgefahr!; Die Boote müssen bis zur nächsten II ⌓ bzw. umfahren werden (46.4865,9.9064)
0,8 Str-II 27 (46.4868,9.9064)
0,0 ⇩ Zusammenfluss von Rosegbach (s. Seite 640) und Berninabach zum Flazbach (s. Seite 639) bei km 6,8 (46.4925,9.9001)

Morteratschbach

Wildwasser, Kleinfluss, WW V-VI
Mündung in Berninabach bei km 5,8 (li Nebenfluss)

auf kurzer Strecke extrem schweres Wildwasser
Befahrbarkeit: nur bei NW (kühle Tage im Spätsommer und Herbst)
Schwierigkeiten: WW V

3,5 Ursprung als Gletscherbach des Morteratschgletschers in 2020 m Höhe (46.4251,9.9325)
1,7 ⬇ 1,5 km oberhalb Restaurant „Morteratsch". Die Boote müssen auf einem Privatweg getragen werden, evtl. Schwierigkeiten mit dem Wirt. Der Bach sollte schon beim Anmarsch genau besichtigt werden. Extrem schwerer, schneller und steiler Wildbach, keine Kehrwasser, daher anhalten nach ⬇ kaum mehr möglich (46.4389,9.9369)
0,3 ⚠ Doppel-Wasserfall, X, unbedingt rechtzeitig ↰ und bis nach dem 2. Fall ⌓. Sofort danach ⬇ in den von re kommenden Bernina-Bach. Zunächst WW III- in breitem Kiesbett (46.4498,9.9410)

0,2 EB-II (46.4507,9.9413)
0,1 Str-II, li Gletscher-Hotel Morteratsch (46.4512,9.9413)
0,0 ⇩ des Morteratschbach in den Berninabach (s. Seite 640) bei km 5,8 (46.4522,9.9410)

Stromgebiet der Rhône

Nr. in Karte	Fluss	Kleinfluss	Wanderfluss	Seengewässer	Kanal	Schiffahrtsstraße	WW I-II	WW III-IV	WW V-VI	Seite
1	Rhône (Genf-Lyon)		o							645
2	Doubs		o			o	o	o		647
3	Allondon	o					o			650
1	Genfer See			o						650
4	Versoix	o					o			651
5	Boiron							o		652
6	Aubonne						o	o	o	652
7	Toleure						o	o		654
8	Venoge	o								654
1	Rhône (schweizer Teil)		o				o	o	o	655
9	Vièze	o						o	o	660
10	Eau Noire (Trient)							o	o	660
11	Drance de Bagnes	o					o	o	o	661
12	Drance d`Entremont	o						o		662
13	Borgne						o	o	o	663
14	Lonza							o	o	664
15	Visp							o		665
16	Matter Visp						o	o	o	665
17	Saaser Visp						o	o		666
18	Saltina							o	o	667

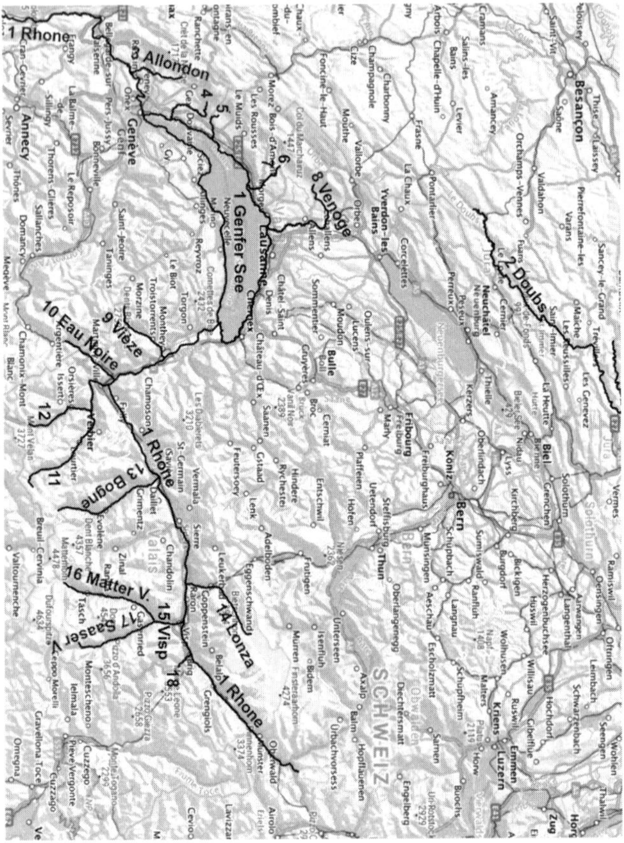
1 Rhone
Allondon
4
5
6
7
1 Genfer See
8 Venoge
2 Doubs
9 Vièze
10 Eau Noire
12
11
1 Rhone
13 Bogne
14 Lonza
15 Visp
16 Matter V.
17 Saaser V.
18
1 Rhone

Rhône (Genf-Lyon)

Wanderfluss

Die Strecke von Genf bis Seyssel wurde auch schon bisher wenig befahren, da sich hier die großen Stauanlagen von Genissiat und Seyssel befinden, Die Strecke von Seysse! bis Lyon wird in allen älteren Beschreibungen als ideale Wanderstrecke empfohlen. Seit 1981 wird dieser Abschnitt der Rhône durch insgesamt 7 Staustufen verbaut. Die Gestaltung dieser Werke ist recht einheitlich: längerer Stau, Staudamm mit Ableitung der Masse des Wassers in einen unfahrbaren Kanal, mühsames Umtragen in das alte Flußbett, in dem im Sommer nur eine geringe, für eine Befahrung jedoch angeblich ausreichende Wassermenge
läuft, Rückführung des abgeleiteten Wassers erst nach mehreren Kilometern.
Im Bereich der unverbauten Strecken hat die Rhône sehr schnelle Strömung, mit erheblicher Wellenbildung und Preßwirbeln unter und hinter den Brückendurchfahrten. Bei HW läuft das Wasser vielfach über seitliche Leitdämme in Altwasserbereiche ab, daher nicht zu nahe am Ufer fahren!
Insgesamt gesehen ist eine Befahrung dieser Strecke wohl nur noch auf Teilabschnitten lohnend.
⚠ die vorliegende Beschreibung stammt von 1991, und wurde nur anhand von Luftbildern ergänzt. Die Angaben, insbesondere zu Gefahrenstellen und Beschilderung sind also sehr mit Vorsicht zu genießen. Für einen aktuellen Befahrungsbericht wäre die Redaktion sehr dankbar.

Quellen: Ergänzungen: Oli Sennhauser

544,0 Str-Ⅱ **CH 1201 Genève** (Genf), (Rou du Mont-Blanc); ⇩ Ausfluss der Rhône aus dem Genfer See (s. Seite 650) es folgen 4 weitere Ⅱ Ⅱ im Stadtgebiet von Genf (46.2062,6.1485)

542,9 ▬ Barrage du Seujet reguliert Abfluss aus dem Genfer See (46.2013, 6.1353)

542,6 Str-Ⅱ, **CH 1201 Genève** (Genf) (Rue de Sous-Terre) (46.2032,6.1318)

541,8 li ⇩ in Arve (46.2012,6.1217)

541,7 EB-Ⅱ (46.2010,6.1208)

540,9 Str-Ⅱ, re **CH 1219 Lancy** (Pont Butin) (46.2028,6.1106)

537,1 Fußg.-Ⅱ (46.2052,6.0918)

534,7 Autobahn-Ⅱ A1 davor Fußg-Ⅱ (46.2024,6.0761)

531,7 Str-Ⅱ, li **CH 1288 Aire-la-Ville** (46.1950,6.0449)

529,8 ↯ und ▬ Verbois, ✕, re 250 m ⏏ bewegtes Wasser an der ⬇, ⬇ auch li unter dem Damm möglich: Betonrampe, kleines Kehrwasser (46.1929, 6.0286)

527,1 re ⇩ des Allondon (s. Seite 650) in die Rhône (46.1769,6.0097)

526,3 Str-Ⅱ, re **CH 1283 La Plaine** (46.1759,6.0006)

525,6 –518,8 Grenze zwischen Schweiz und Frankreich in der Flussmitte (46.1769,5.9916)–(46.1323,5.9559)

522,6 ▬ und ↯ Chancy-Pougna, ✕, li durch Werkgelände ⏏. Schlüssel für Tor zur ⬇ beim Betriebspersonal (46.1608,5.9756)

520,6 Ⅱ D948B, li **CH 1284 Chancy** (46.1443,5.9642)

514,2 II D1206 (46.1203,5.9044)
512,6 EB-II (46.1133,5.8890)
507,0 Weg-II (46.0853,5.8610)
503,5 re ⇩ Valserine (46.1070,5.8298)
502,6 II D1508, re **F 01200 Bellegarde-sur-Valserine** (46.1042,5.8206)
502,5 Autobahn-II A40 (46.1036,5.8195)
495,9 ϟ und ▬ Genissiat, **X**, re mühsam ⏏, durch Parkanlage, nach der Straße "piste Canoe" steiler Abstieg, Marschzeit 20 Minuten. Bei Bahnhaltestelle ✕ (46.0528,5.8127)
492,2 Str-II D31 (46.0210,5.8107)
485,6 re ⇩ Usses (45.9728,5.8353)
485,4 ▬ und ϟ von Seyssel ⚠ 400 m vor dem ▬ ↱ und re ⏏, ca. 600 m (45.9712,5.8342)
484,0 II D991, li **F 74910 Seyssel** (45.9585,5.8329)
483,3 II D992 (45.9526,5.8343)
481,7 li ⇩ Fier (45.9392,5.8309)
479,8 ▬ Staudamm ➔ Kanal, li ⏏ in die alte Rhône (45.9256,5.8244)
469,5 II D904 2. Bogen von li fahren, in ca. 2 km Entfernung **F 01350 Culoz**, alle Möglichkeiten (45.8490,5.8024)
467,4 EB-II 2. Bogen von re fahren (45.8310,5.7972)
464,5 ▬ Staudamm des Werkes Belley ➔ Kanal re ⏏ in alte Rhône (45.8087, 5.7826)
461,6 ▬ Wehr (45.7836,5.7830)
458,0 II D37A, li **F 73170 Lucey** 5 Betonbögen, m ≈ (45.7536,5.7834)
457,5 ▬ Wehr (45.7488,5.7840)
450,9 II D37 (45.7060,5.7511)
449,9 ▬ Wehr (45.7089,5.7404)
448,8 II D1504 landschaftlich herrliche Engstelle, danach li **F 73170 La Balme** (45.7090,5.7267)
435,3 ▬ Staudamm des Werkes Bregnier-Cordon ➔ Kanal, re ⏏ in alte Rhône li. Nur noch schwache Strömung, jedoch sehr schöne Altwasser. Über das Wehr: Str-II D125 (45.6357,5.6545)
430,9 li ⇩ Guiers (45.6125,5.6220)
429,5 II D592/D992 (45.6246,5.6156)
426,7 ▬ Wehr (45.6449,5.6037)
422,6 II D10/D33 (45.6704,5.5749)
416,5 II D19B/D60 (45.7122,5.5484)
404,9 II D19A (45.7835,5.4515)
395,9 re ▬ ϟ Staudamm von Sault-Brenaz ⬅ Kanal; nichts bekannt über ⏏-Möglichkeit. Zwischen den beiden Armen befindet sich ein "Eiskanal" mit Slalomstrecke, sowie ein 🚐 Espace Eau Vive, espaceeauvive.fr (45.8454,5.4176)
394,6 Str-II D52N, re **F 01150 Sault-Brénaz** im li Arm ▬ und ϟ (45.8538, 5.4072)

388,8 Ⅱ D1075 (45.8827,5.3476)

370,3 Ⅱ D18/D20, re **F 01360 Loyettes** (45.7720,5.2057)

368,9 re ⇩ in Boubre (45.7737,5.1874)

366,5 re ⇩ Ain (45.7934,5.1780)

366,3 li **F 38280 Anthon** (45.7938,5.1753)

360,0 Pipeline-Ⅱ (45.8140,5.1048)

358,7 Str-Ⅱ D61 danach li ■ Staustufe zur alten Rhône (45.8118,5.0890)

358,5 flaches Blockwurf-■ ← Canal de Jonge in diesen einfahren, und an mit grüner Tafel gekennzeichneter Stelle 250 m in die alte Rhône (Canal de Miribel) ⌂, die Weiterfahrt im Canal de Jonge ist dann verboten (45.8119, 5.0860)

356,4 Autobahn-Ⅱ A432 und EB-Ⅱ (45.8093,5.0631)

349,5 Autobahn-Ⅱ A42 (45.8170,4.9786)

346,8 Str-Ⅱ, re **F 01700 Miribel** (Pont de l'Île) (45.8195,4.9477)

345,5 ■ Wehr (45.8132,4.9335)

344,6 ← in die alte Rhone einfahren (45.8081,4.9236)

344,4 Autobahn-Ⅱ A46 (45.8066,4.9226)

341,0 Str-Ⅱ (45.7955,4.8978)

339,9 li ⇩ Kanal von Jonange (45.7875,4.8911)

339,7 Str-Ⅱ (45.7892,4.8886)

338,6 Str-Ⅱ, **F 69100 Villeurbanne** (Boulevard Périphérique Nord) (45.7933, 4.8798)

338,5 li ■ Wehr mit starkem Rücklauf ⚠ mehrere tödliche Unfälle. Rechtzeitiges Erkennen vom Fluß aus kaum möglich. Entweder li vor der 1. Doppelbrücke anlegen und li ⌂, oder ganz re in den schmalen Graben einfahren und ganz re bleiben. Vor einem Schott anlegen und über die Straße und durch das Gelände des Club Nautique ⌂. Auf keinen Fall in Strommitte anfahren! Bis zur ⇩ der Saône folgen weitere 13 ⅡⅡ. Nach der letzten, Pant Pasteur, neue Kilometrierung. In Lyon besteht keine ↑-Möglichkeit und sehr wenige Anlegemöglichkeiten.
Es wird empfohlen, die Stelle zu meiden (45.7918,4.8784)

337,8 –328,9 **F 69000 Lyon** drittgroßte Stadt Frankreichs. ehemalige romische Kolonie, ⌘, Kathedrale, 12. Jahrhundert. Erzbischofsitz, Museen, Hochschule, bedeutende Textilstadt, Hafen.

328,9 re ⇩ der Saône in die Rhône (45.7267,4.8189)

Doubs

Wanderfluss, Schifffahrtsstraße, WW I-II, WW III-IV
Mündung in Saône bei km 167,1 (li Nebenfluss)

Der Doubs ist ein landschaftlich hervorragend schöner Fluss des Französisch-Schweizer Jura. Er ist ein im allgemeinen leichter Wanderfluss, kurze Teilstrecken sind jedoch mittelschweres bzw. sehr schweres Wildwasser. Der Doubs weist zahlreiche Wehre auf, wobei es sich überwiegend um Schrägwehre handelt, die je nach Bootstyp, Wasserstand und Fahrkönnen fahrbar sind. Einige sind aber recht schwierig zu umtragen. Scheut man sich nicht vor längeren Staustrecken und Umtragestellen, so bietet der Mittellauf von km 390,6-302,5 die landschaftlich absolut lohnendste Etappe. Im Unterlauf ist der Doubs kanalisiert mit Schleusen und Schiffsverkehr. Die Freude an einer Befahrung wird gemindert durch häufige Regenfälle und eine lästige Bremsenplage.

Befahrungsregeln:	über den Oberlauf, bis km 331,3, ist nichts genaues bekannt; es soll hier streckenweise Befahrungsbeschränkungen geben. Für die Reststrecke gilt folgendes (Canoë-Kajak-Magazine Nr.92/1989): km 331,3-321,9 Befahrung nur gestattet vom 1.10.-28.2. In der übrigen Zeit nur mit spezieller Genehmigung. km 321,9-291,7 Befahrung gestattet vom 1.3.-15.10. nur in einer Zeit von 10-18 Uhr, in der übrigen Zeit keine Beschränkung. Ab km 291,7 keinerlei Einschränkungen. An den üblichen Einsetzstellen stehen Tafeln mit entsprechenden Hinweisen.
Befahrbarkeit:	Oberlauf im Frühjahr und nach sehr häufigen Regenfällen. Im Mittellauf abhängig von der Wasserabgabe der Kraftwerke
Pegel:	günstige Pegelstände: Ausfluss Lac de St.Point 30 cm, St. Ursanne 1,8 bis 2,4 m
Schwierigkeiten:	km 453,9-391,4 Zahmwasser bis WW II (IV) km 391,4-361,6 Zahmwasser (**X**) km 361,6-357,5 WW II (Wasserableitung) km 357,5-346,2 Zahmwasser km 346,2-343,3 WW IV (Wasserableitung) km 343,3-337,3 Zahmwasser (III) km 337,3-336,6 WW V (Wasserableitung) km 336,6-302,5 Zahmwasser mit einzelnen Stellen WW II (III) km 302,5-274,8 Zahmwasser km 274,8-268,6 WW II (Wasserableitung) km 268,6-231,4 Zahmwasser km 231,4-65,7 Kanalstrecke (s. Text) km 65,7-⇩ Zahmwasser
Infrastruktur:	Zeltmöglichkeiten sind am Fluss ausreichend vorhanden.
Quellen:	Ergänzungen: Dieter Schröer (07/2013)

395,6 Str-II, li **F 25650 Ville-du-Pont** gute ⬇ (47.0030,6.4802)
391,4 Grotte du Tresor und Capelle neben dem Fluss (47.0261,6.4933)

390,6 –388,6 Schlucht d´Entre-Roches tief eingeschnittenes Tal, landschaftlich hervorragend schön. Es ist schwierig, die Straße zu erreichen. Stärkeres Gefälle, kleine Stufen und Schwälle, WW II, bei HW wesentlich schwerer
389,4 Str-Ⅱ, **F 25500 Les Combes-Remont** ▬ Wehr, Beginn der 6 km langen Schlucht Défilé du Coin de la Roche. Landschaftlich sehr schön, ohne Schwierigkeiten (47.0345,6.5100)
383,1 Str-Ⅱ D47 (47.0383,6.5768)
380,0 Str-Ⅱ D48, **F 25500 Morteau** darunter ▬ Wehr; Kanuclub und ⛟ "le cul de la lune", gute ⬆, pays-horloger.com (47.0535,6.5996)
375,1 EB-Ⅱ (47.0474,6.6404)
372,6 Str-Ⅱ D461 (47.0526,6.6685)
372,4 ▬ Wehr (47.0540,6.6702)
371,7 Str-Ⅱ D2E1 **F 25130 Villers-le-Lac** (47.0597,6.6719)
369,6 –365,8 See von Villers le lac Es handelt sich um einen hervorragend schönen, natürlichen Stau, der mit Fahrgastschiffen befahren wird. Ab hier Grenzfluss zur Schweiz (47.0844,6.7091)–(47.0844,6.7091)
365,8 Endstation der Fahrgastschifffahrt Es folgt auf 500 m WW V, welches unmittelbar in einen 27 m hohen Wasserfall (Saut du Doubs) übergeht. re Ufer Schweizer Grenze. Auf den folgenden 30 km mehrere Stauanlagen und ✕ Teilstrecken. Es wird empfohlen, bei der Endstation der Fahrgastschiffe ⬆ und bis km 333,8 zu umfahren. Bei Weiterfahrt knapp 1 km weit ⛍. Es folgt ein einsamer, schön gelegener Stausee
365,3 Saut du Doubs: 27 m hoher Wasserfall (47.0871,6.7140)
361,6 ▬ Hohe Staumauer mit fast völligem Wasserentzug (ca. 1 m³/s Durchlauf). re durch den Stollen ca. 500 m weit zu ⛍. Ab hier WW II, Steine rutschig, oft treideln. Das Gepäck kann notfalls auf re-ufrigem Wanderweg entlanggetragen werden (47.1010,6.7449)
357,5 re ϟ mit Wasserzurückleitung Es folgt eine einsame, sehr schöne Schlucht, zuerst mit Strömung, allmählich nachlassend (47.1211,6.7732)
351,0 re **CH 2300 La Chaux-de-Fonds** ✕ Maison-Monsieur, idyllisches Dorf, maisonmonsieur.ch (47.1503,6.8397)
350,4 ▬ Wehr (47.1545,6.8431)
350,3 Weg-Ⅱ, li **F 25140 Fournet-Blancheroche-La Rasse** (47.1550,6.8444)–(47.1550,6.8444)
350,2 ▬ Wehr (47.1551,6.8451)
348,7 Str-Ⅱ D464 (47.1642,6.8581)
346,2 ▬ Stauanlage mit Wasserableitung Falls genügend Wasser abgelassen wird, folgt eine 3 km lange, schwere WW-Strecke. WW IV, evtl. li über Asphaltstraße ⛍ (47.1737,6.8461)
343,3 li ϟ Les Echelles de la Mort mit Wasserzurückführung; Es folgt eine schöne einsame Schlucht. Bei einer verfallenen Mühle WW III, ansonsten Zahmwasser. re zwei Höhleneingänge sichtbar (47.1874,6.8732)
337,3 ▬ Stauanlage bei la Goule mit Wasserableitung. Falls genügend Wasser abgelassen wird, auf 500 m WW V. Von der hoch oben führenden Straße einzusehen. re-ufrig über Asphaltstraße ⛍ (47.2239,6.9254)

336,6 re ↯ mit Wasserzurückführung (47.2289,6.9285)
333,8 ▬ Wehr, bei le Theusserat Kanuzentrum, mögliche ⬇ für die Weiterfahrt; Die Grenze befindet sich auf dem re Ufer (47.2426,6.9545)
333,8 –333,4 WW II-III (Slalomstrecke) kann re ⏢ werden
331,3 Str-II D437A, re **F 25470 Goumois** li **CH 2354 Goumois**; ⛺, und ✕ auf beiden Ufern, ⬇ für schwächere Fahrer (47.2617,6.9512)
331,3 –317,0 Naturschutzgebiet. Zelten verboten
327,2 ▬ Wehr, verfallen, Moulin Jeannotal, ≋, ✕ (47.2921,6.9507)
321,9 Beide Ufer Schweizer Gebiet (47.3011,7.0077)
321,1 Fußg.-II (47.3039,7.0151)
317,0 Str-II **CH 2887 Soubey** (47.3077,7.0481)
315,0 Kurz aufeinanderfolgend zwei kräftige Schwälle, WW II. Bis St. Ursanne hübsche offene Schlucht mit einem verfallenen ▬ und vielen Schwällen, WW I
312,4 Fußg.-II (47.3194,7.1013)
304,5 Str-II **CH 2883 Montmelon** (47.3536,7.1707)
302,9 Str-II **CH 2882 Saint-Ursanne** re 🚍, chandelier.ch (47.3656,7.1659)
302,5 ▬ Wehr St. Ursanne li treideln (47.3665,7.1619)
301,9 Weg-II **CH 2882 Saint-Ursanne** (47.3640,7.1547)
301,0 Str-II **CH 2882 Saint-Ursanne** (47.3598,7.1455)
297,7 ▬ Wehr Belle Fontaine li ⏢ (47.3566,7.1052)
296,0 ▬ Wehr, ≋, oder treideln (47.3499,7.0910)
294,7 Str-II, re **CH 2889 Ocourt** (47.3506,7.0759)
291,7 Grenzen Schweiz-Frankreich (47.3479,7.0499)
291,5 Str-II D437C, li **F 25190 Montancy-Brémoncourt** (47.3482,7.0483)
287,0 Str-II D437C **F 25190 Glère** (47.3439,6.9957)
280,7 ▬ Wehr Vaufrey, **X**, li ⏢ 300 m weit, schwierig, nach 2 km Beginn des nächsten Staus (47.3389,6.9302)

Allondon

Kleinfluss, WW I-II
Mündung in Rhône bei km 527,1 (re Nebenfluss)

Befahrungsregeln:	die Befahrung des Allondon ist nur an ungeraden Tagen erlaubt
Befahrbarkeit:	März–Mai
Schwierigkeiten:	WW II, eine Stelle **X**

18,5 Ursprung des Allondon (46.3021,6.0263)
8,6 Grenze zu Frankreich bei Choully, ⬇ (46.2321,6.0170)
0,0 ⇩ des Allondon in die Rhône (s. Seite 645) bei km 527,1 (46.1769,6.0097)

Genfer See

Seengewässer
Mündung in Rhône bei km 544,0

Der Genfer See ist der größte der Voralpenseen. Von der ⇩ bis zum Ausfluss der Rhône sind es entlang dem Südufer (vorwiegend französisches Staatsgebiet) 73 km, entlang dem Nordufer 94 km.
Einzelheiten über Städte usw. können den Karten entnommen werden. Es stehen mehrere ⛟ zur Verfügung.
Günstige ⛟-Möglichkeiten bestehen bei den Plätzen Lausan-ne-Vidy, Morges, Rolle, Tannay, Vesenaz, Hermance, Sciez, Evians les Bains-Grand Rive, Bouveret, Villeneuve und Cor-seaux. Wenig zu empfehlen sind die Plätze Excenevex und Nyon.

171,9 ⇩ des Versoix (s. Seite 651) in den Genfer See (46.2749,6.1712)
158,3 ⇩ des Boiron (s. Seite 652) in den Genfer See (46.3733,6.2344)
138,7 ⇩ der Aubonne (s. Seite 652) in den Genfer See (46.4598,6.3912)
122,7 ⇩ der Venoge (s. Seite 654) in den Genfer See (46.5068,6.5396)
75,6 ⇩ der Rhône (s. Seite 655) in den Genfer See (46.3950,6.8587)
47,0 ⇩ der Dranse in die Genfer See (46.4045,6.5191)
0,0 Str-II **CH 1201 Genève** (Genf), (Rou du Mont-Blanc); ⇩ Ausfluss der Rhône (s. Seite 645) bei km 544,0 aus dem Genfer See es folgen 4 weitere II II im Stadtgebiet von Genf (46.2062,6.1485)

Versoix

Kleinfluss, WW I-II, Moorfluss
Mündung in Rhône bei km 171,9

Der Versoix verläuft zunächst durch eine einsame, sehr reizvolle Moor und Auenlandschaft; er ist hier ohne Schwierigkeiten zu befahren. Die anschließende WW-Strecke bringt sehr interessantes Wasser mit zahlreichen Stromschnellen.
Der Versoix bildet auf längeren Abschnitten die Grenze zwischen Frankreich und der Schweiz. Auf dem Versoix werden WW-Rennen abgehalten.

Befahrbarkeit: wahrscheinlich ganzjährig, am besten Frühjahr und Herbst
Schwierigkeiten: km 16,1–9,6 WW I.
km 9,6–4,8 WW II.
km 4,8–⇩ WW II, abnehmend WW I, 3 Wehre. Nur lohnend, wenn man bis zum See fahren will.
Infrastruktur: am Genfer See

23,0 Ursprung im französischen Jura in etwa 1.200 m Höhe (46.3631,6.1108)
17,9 –7,0 Der Versoix bildet die Grenze re Ufer Frankreich, li Schweiz (46.3573,6.1594)–(46.2946,6.1198)
16,1 Str-II, re **F 01220 Divonne-les-Bains** (Pont Béné) Zoll, übliche ⬇. Es folgt mit gemächlicher Strömung eine einsame Auenwaldstrecke (46.3459, 6.1519)
10,3 ▬ Wehr, ≈, oder überheben

9,6 Str-ǁ, re **F 01220 Sauverny** (Pont de Sauverny) Zoll. Es beginnt die interessante WW-Strecke. Jede kleine oder größere Welle hat hier einen wohl-klingenden französischen Namen, die Schwierigkeiten sind im ganzen gesehen aber nur mäßig, kleine Naturstufen, durchweg gut ≈, zahlreiche Stromschnellen mit teilweise erheblicher Wellenbildung, kaum Verblockung, mit umgestürzten Bäumen ist zu rechnen (46.3117,6.1201)
5,8 Str-ǁ, re nach **CH 1239 Collex-Bossy** (46.2890,6.1255)
4,8 Str-ǁ **CH 1290 Collex-Bossy-Bâtie** ✕ „La Batie", Nobellokal; die Befahrung wird zumeist hier beendet (46.2844,6.1305)
4,4 ▬ Wehr mit teilweiser Wasserableitung. Reicht der Überlauf für eine Weiterfahrt nicht aus, fährt man re in den Kanal ein (46.2813,6.1328)
3,9 Kanal-Ende ↱, anlanden für jeweils 2 Boote möglich. Auf der Straße knapp 100 m weit ⩡ bis zur ǁ (46.2810,6.1370)
3,7 Str-ǁ **CH 1290 Versoix** (Route de l'Etraz) Rückführung des abgeleiteten Wassers (46.2813,6.1387)
3,3 Schräg-▬, ≈, li ⩡ möglich. Der Fluss führt durch einen reizvollen Wald, WW I+ (46.2786,6.1393)
2,8 Autobahn-ǁ A1 (46.2810,6.1436)
0,4 EB-ǁ, darunter ▬ Wehr re ≈ oder li überheben. Der Versoix ist ab hier kanalisiert, an-landen bei höherem Wasserstand schwierig. Bis zur ⇩ WW I, keine Hindernisse mehr (46.2764,6.1661)
0,2 Str-ǁ 1, li **CH 1290 Versoix** (46.2752,6.1689)
0,0 ⇩ des Versoix in den Genfer See (s. Seite 650) bei km 171,9 (46.2749, 6.1712);
Man fährt am besten nach li etwa 100 m bis zum Hafen von Versoix, hier ⬆, 🅿-Möglichkeit

Boiron

Weitere Namen: Le Boiron
WW III-IV, Gebirgsfluss
Mündung in Rhône bei km 158,3

Fahrtstrecke:	**Crassier** – ⇩ in Genfer See, 6,0 km
Befahrbarkeit:	April–Mai
Schwierigkeiten:	WW III
Infrastruktur:	Camping am Genfer See

10,5 Ursprung der Boiron (46.3915,6.1568)
8,0 **CH 1263 Crassier**, ⬇ (46.3737,6.1637)
0,0 ⇩ des Boiron in den Genfer See (s. Seite 650) bei km 158,3 (46.3733, 6.2344)

Aubonne

WW I-II, WW III-IV, WW V-VI, Gebirgsfluss

Mündung in Rhône bei km 138,7

Die Befahrung der Aubonne wird üblicherweise auf der Toleure begonnen. Sie ist als Wildwasser sehr interessant, der Oberlauf der Aubonne ist sogar extrem schwer.

Befahrbarkeit: Oberlauf Aubonne zur Zeit der Schneeschmelze und nach Regenfällen, ab Stausee nur bei HW, ab km 7,1 wahrscheinlich bis in den Sommer.
1. ≣ re am ▬ bei km 7,2, maßgebend für Stausee bis km 7,1: Minimum 15 cm, günstig 25 cm, darüber Zunahme der Schwierigkeiten.
2. ≣, 50 m nach der Ⅱ bei km 2,0, maßgebend für die Strecke ab km 7,1: Minimum 85 cm, günstig 100 cm.

Schwierigkeiten: km 13,6–10,5 WW II–III–IV–V–VI.
km 10,3–7,1 WW III–IV (Befahrung selten möglich).
km 7,1–2,0 WW II (III).
km 2,0–⇩ WW I–II

Infrastruktur: verschiedene ⛺ am Genfer See, z. B. Morges.
Pkw: Zufahrt nur an den Brücken möglich

13,6 Weg-Ⅱ bei Mühle mit ▬ Wehr unterhalb **CH 1145 Bière** ⬇. Zunächst WW II mit Stellen WW III, ein ▬ Wehr, ≈. Baumhindernisse! (46.5317, 6.3424)

12,6 Str-Ⅱ es beginnt eine schwere Gefällestrecke (28 ‰), mit kataraktartigen Stufen, eng verblockt mit Baumsperren, WW IV–V (VI)
re ⏏ bis km 10,8 möglich.
(46.5312,6.3547)

11,8 Weg-Ⅱ Le Roselet (46.5267,6.3603)

10,8 Weg-Ⅱ Zufahrt gesperrt (46.5192,6.3590)

10,7 re ⇩ der Toleure (s. Seite 654) in die Aubonne (46.5188,6.3588)

10,5 Weg-Ⅱ Beginn des Stausees (46.5180,6.3611)

10,3 ▬ Staumauer Ableitung des Wassers bis km 7,1. Man erreicht diesen See auf einer zunächst ashaltierten Straße, die rund 500 m nach dem Ort Aubonne von der Hauptstraße nach Montherod nach re abzweigt (erste größer Abzweigung nach re). Günstige ⬇, wenn das Wasser für eine Weiterfahrt nicht ausreicht.
Bei Weiterfahrt zunächst weiterhin WW II+, allmähliche Zunahme auf WW III.
(46.5162,6.3632)

9,2 Längerer, stark verblockter Katarakt WW IV (46.5101,6.3704)

8,5 Weg-Ⅱ li Bauernhof „Vollaile" WW III mit einzelnen Stellen WW IV (46.5069,6.3745)

7,2 ▬ Wehr, evtl. ≈, re 1. ≣, Zufahrt re-ufrig ab km 6,7 (46.5004,6.3849)

7,1 re ⇩ des abgeleiteten Wassers ϟ; übliche ⬇ für den Unterlauf der Aubonne. Ab hier WW II (46.4993,6.3863)

6,7 Str-Ⅱ, re **CH 1170 Aubonne** (46.4994,6.3908)

6,2 Weg-Ⅱ danach längerer Katarakt WW III, abnehmend WW II (46.4970,

6.3958)
4,8 ▬ Wehr, evtl. ≋, Blöcke im Unterwasser oder re ⩲ (46.4896,6.4052)
4,6 ▬ Wehr 3 stufiges Kasten-▬, bei NW ≋, sonst re ⩲ (46.4883,6.4036); Weg-Ⅱ (46.4876,6.4040)
3,1 Autobahn-Ⅱ A1 (46.4777,6.4075)
2,9 EB-Ⅱ (46.4767,6.4066)
2,3 Str-Ⅱ 1, re **CH 1165 Allaman** darunter ▬ Wehr, evtl. ≋ oder li über Straße ⩲ (46.4733,6.4067);
2. ▤
2,0 ▬ Wehr, evtl. ≋, Danach WW II, abnehmend WW I. Die Aubonne fließt mit flotter Strömung in einem breiten Kiesbett durch einen schönen Auenwald, viele Vögel. Achtung auf Baumhindernisse!
0,0 ⇩ der Aubonne in den Genfer See (s. Seite 650) bei km 138,7 (46.4598, 6.3912);
Nach re etwa 500 m bis zum Strandbad (Plage) von Allaman Hier ⬆

Toleure

WW I-II, WW III-IV, Gebirgsfluss
Mündung in Aubonne bei km 10,7 (re Nebenfluss)

Üblicherweise wird eine Fahrt auf der Aubonne auf der etwas leichteren Toleure begonnen.
⚠: die Toleure verläuft durch ein Schießgelände der Armee, mit Blindgängern, die im Gelände liegen, muss gerechnet werden, keinesfalls die Wanderwege verlassen, Vorsicht beim evtl. Umtragen von Baumhindernissen.
Befahrbarkeit: Zeit der Schneeschmelze und nach Regenfällen
Schwierigkeiten: WW II-III

4,8 Karstquelle der Toleure westlich von Bière in 690 m Höhe, sehenswert! (46.5307,6.3144)
3,9 Fußg-Ⅱ, li **CH 1145 Bière-Champagne** übliche ⬇, 6–8 m breiter Bach, Baumhindernisse möglich (46.5267,6.3219)
1,6 Str-Ⅱ, re **CH 1189 Saubraz** (46.5187,6.3449)
1,0 ⚠ Kurzer Katarakt bei Schießplatz WW III, bei HW WW IV-, Am Ufer gelbe Tafeln.
(46.5172,6.3501)
0,0 ⇩ der Toleure in die Aubonne (s. Seite 652) bei km 10,7 (46.5188,6.3588)

Venoge

Kleinfluss
Mündung in Rhône bei km 122,7

Die Venoge ist ein reizvoller Kleinfluss mit 6 Wehren und einigen Baumhindernissen

39,2 Ursprung der Venoge in einer Höhe von 750 m (46.6217,6.3925)
18,6 Str-II 9, re Cossonay-Penthalaz ⬇ (46.6070,6.5245)
18,5 –1,4 es folgen 6 ▬ Wehre: die genauen Positionen sind leider nicht bekannt:
1. ▬ Wehr, 0,5 m hoch, gut
2. ▬ Wehr, 1,5 m hoch, li auf schmaler Durchfahrt
3. ▬ Wehr, 1,5 m hoch, gut
4. ▬ Wehr, 3 m hoch, gut
5. ▬ Wehr, unter der Autobahn-II, Mitte gut
6. ▬ Wehr, **X**, Unterwasser verblockt, li oder re
(46.6067,6.5246)–(46.5140,6.5421)
1,4 Str-II 1, li **CH 1025 Saint-Sulpice** ⬆ (46.5137,6.5419)
0,0 ⇩ der Venoge in den Genfer See (s. Seite 650) bei km 122,7 (46.5068, 6.5396)

Rhône (schweizer Teil)

Weitere Namen: Rotten [deu]
Wanderfluss, WW I-II, WW III-IV, WW V-VI, Gletscherfluss
Mündung in Rhône bei km 75,6

Anschließend wird ausschließlich der Schweizer Teil der Rhône von ihrem Ursprung bis zur ⇩ in den Genfer See beschrieben. Die Strecke vom Ausfluss aus dem Genfer See bis zur ⇩ findet sich im DKV-Auslandsführer Bd. 3, Südfrankreich.
Die Rhône die in ihrem Oberlauf „Rotten" genannt wird und das von ihr durchflossene Wallis sind voller Gegensätze: Das breite, im Sommer südlich-warme Tal mit Obst- und Weinbau wird begrenzt von hohen Bergen mit Gipfelhöhen über 4.000 m und zahlreichen Gletschern, darunter dem größten Gletscher der Schweiz, dem **Aletsch-Gletscher**. Der östliche Teil des Landes (Oberwallis) ist deutsches Sprachgebiet, im westlichen Teil (Unterwallis) wird französisch gesprochen. Die Sprachgrenze verläuft bei **Siders**. Die Rhône durchläuft diese landschaftlich hervorragend schöne Gegend in 4 Stufen. Im Bereich der Stufen ist sie **X** bzw. sehr schweres Wildwasser, auf den dazwischen liegenden Strecken ist sie mäßig schweres bis leichtes Wildwasser. Im Bereich der Wanderstrecke hat die Rhône eine enorme Strömung bis 20 km/Stunde, erhebliche Wasserwucht, jedoch kaum natürliche Hindernisse. Zu achten ist auf Drahtseile von Schürfbaggern und auf Wirbel und Querströmungen hinter II und Buhnen. Recht lästig kann vor allem im Unterlauf der Strecke ein starker Gegenwind sein, der gelegentlich Sturmstärke erreicht.

Befahrbarkeit: Oberlauf ab **Oberwald** am besten in den Nachmittagsstunden warmer Sommertage, ab **Brig** ganzjährig.
Für die Strecke ab km 144,1 ist ein niedriger Wasserstand erforderlich, anzutreffen ab Ende August bis etwa Oktober, der Wasserstand muss am Fluss beurteilt werden.
Für die Strecke ab km 135,7 ist günstig eine Wasserführung

von etwa 5–10 m³/sec, sie ist mit etwas Glück anzutreffen ungefähr Ende August. Im Frühjahr und im Herbst ist diese Strecke trocken wegen Wasserableitung, bei längeren Hitze- oder Regenperioden ist die Wasserführung zu stark.

Umwelt: Wasser: Gletschermilch, durch Abwässer leicht verschmutzt

Pegel: Wasserführung: in den einzelnen Abschnitten durch Wasserableitungen sowie infolge zahlreicher Nebenflüsse stark schwankend.

Schwierigkeiten: km 778,4–761,1 WW I, später steigend WW III, Gefälle 8,5 ‰
km 761,1–754,3 WW IV–V–VI, Gefälle 33 ‰
km 754,3–749,5 WW V–VI, Gefälle 50 ‰
km 749,5–738,5 WW V–IV–II, Gefälle 13 ‰
km 738,5–710,4 WW II
km 710,4–700,9 WW V–IV–III
km 700,9–649,2 WW II
km 649,2–646,6 **X**
km 646,6–619,5 WW II–I

Infrastruktur: am Fluss gut, außerdem mehrere

786,4 Ursprung mit einem Wasserfall aus dem Rhônegletscher in 1800 m Höhe. Für Liebhaber ist nach dem Wasserfall eine Strecke von knapp 2 km bis Gletsch an heißen Sommertagen ≋, WW II (III–). Die Boote müssen auf dem Gletscherlehrpfad hochgetragen werden. Der anschließende Abschnitt bis Oberwald ist **X** (46.5790,8.3834)

783,4 Str-Ⅱ 19, Gletsch ↑, Weiterfahrt unmöglich (46.5624,8.3626)

779,1 Str-Ⅱ, li **CH 3999 Obergoms-Unterwassern** (46.5343,8.3491)

778,5 Str-Ⅱ, re Oberwald 1371 m über NN, ↓, direkt am Platz oder bei Ⅱ. Kommerzielle Schlauchbootfahrten bis Blitzingen. Die Rhône ist hier reguliert, schnelle Strömung, keine wesentlichen Schwierigkeiten, WW II. (46.5302,8.3443)

776,2 Str-Ⅱ, re Obergesteln (46.5133,8.3271)

774,5 Str-Ⅱ, re Ulrichen (46.5055,8.3100)

773,3 li Nufenen (46.5038,8.3083)

771,8 Str-Ⅱ, re Geschinen (46.4910,8.2819)

769,2 Str-Ⅱ, re Flugplatz Münster (46.4770,8.2585)

767,7 Str-Ⅱ, re Reckingen (1312,3 entspricht etwa 19 m³). Die Schwierigkeiten nehmen leicht zu. Auf der gesamten Strecke der Rhône ist mit Seilen von Schürfbaggern zu rechnen, die, falls in Betrieb (Montag-Freitag), plötzlich hochschnellen oder ins Wasser fallen können (46.4695, 8.2449)

767,2 Fußg-Ⅱ, re Augenstern (46.4647,8.2441)

766,4 Wehr Gluringen, **X**, 100 m davor ↱, re ⏏. Ableitung von 10 m³/s. Zu unregelmäßigen Zeiten wird Geschiebe durch Öffnen der Staumauer abgelassen, eine Befahrung ab Reckingen kann dann sehr gefährlich werden, Erkundigungen über Ablasszeiten beim Werkspersonal einholen! WW III (46.4610,8.2359)

766,3 Str-Ⅱ, re 🚆 Gluringen (46.4606,8.2351)

764,7 Str-Ⅱ, re 🚆 Biel VS (46.4536,8.2193)

763,0 Str-Ⅱ, re 🚆 Blitzingen gute ⬆, die Pkw können bequem mit der EB nachgeholt werden.
Die folgende Strecke ist erheblich verblockt, Zunahme des Gefälles, bei höherem Wasserstand erhebliche Wasserwucht. WW III, Erkundung mehrerer Abschnitte dringend anzuraten.
(46.4441,8.2059)

761,1 Str-Ⅱ, re 🚆 Niederwald Es folgt eine wunderschöne Schlucht, langsame Steigerung der Schwierigkeiten (46.4340,8.1927)

759,5 Beton-Ⅱ weitere deutliche Zunahme der Schwierigkeiten, durchweg WW IV, ein Geschiebekegel nach der Ⅱ kann WW V erreichen, ⌓ gut möglich. ⚠ auf mögliche Baumversperrungen (46.4261,8.1777)

757,1 Weg-Ⅱ in der Schluchtmitte (Weg vom 🚆 Fürgangen li zum Ort Mühlebach re), gute ⬇, 🅿 am 🚆. Hier unbedingt ⬆ und die folgende Kurve besichtigen. Nach Muren-Abgang ein lebensgefährlicher Siphon, der wegen der Kurve nur zu spät erkannt werden kann.
Die Schlucht wird enger. Wer bis hierher schon Probleme hatte, sollte auf jeden Fall aufhören. Sofort nach dem Steg weitere Zunahme der Schwierigkeiten, mehrere hohe Stufen, WW V+ bis WW VI/**X**. Alle Extremstellen können gut ⌓ werden.
(46.4125,8.1571)

754,4 ▬ Wehr und ϟ ⬆, Beendigung der Befahrung dieser Teilstrecke. Meist totale Wasserableitung (46.3961,8.1331)

753,6 Str-Ⅱ nach li **CH 3995 Ausserbinn** ⬇ für die Befahrung der folgenden Schlucht. Bei günstigem Wasserstand (s. „Befahrbarkeit“) bietet sich dem Könner ein herrliches WW-Vergnügen; die Befahrung ist dann durchgehend möglich. In die Schlucht einfahren sollte nur, wer sich den ersten 300 m nach der ⬇ (Sägewerkskatarakt) voll gewachsen fühlt. In der Schlucht wechseln starke Verblockung und Stufen bis zu 4 m Höhe einander ab. Diese Etappe ist erheblich schwieriger als die Folgestrecke zwischen Grengiols und Mörel (46.3914,8.1259)

750,2 EB-Ⅱ (46.3768,8.0950)

749,6 Str-Ⅱ 19, li **CH 3993 Grengiols** Auf 5 km schweres Wildwasser, sehr stark verblockt, WW IV–V. Vorherige Besichtigung mehrerer Passagen unerlässlich (46.3759,8.0899)

748,1 Str-Ⅱ 19 und EB-Ⅱ am 🚆 Betten Talstation (46.3709,8.0745)

744,7 re ϟ mit Wasserzufuhr (46.3533,8.0429)

744,6 Str-Ⅱ, re **CH 3983 Mörel** (46.3532,8.0426)

744,4 ▬ Wehr, **X**, vor dem Eisensteg ↰ und über die Ⅱ nach re etwa 300 m weit ⌓. Die folgende Strecke ist etwas leichter, WW III–IV (46.3521, 8.0408)

741,0 Str-Ⅱ, li **CH 3982 Bitsch** 🚆 (46.3305,8.0136)

740,9 EB-Ⅱ (46.3297,8.0132);
re ⇩ Massa und ↯-Auslauf, ab hier reichlich Wasser. Weitere Abnahme der Schwierigkeiten, WW III–II (46.3295,8.0129)
740,7 Str-Ⅱ 19 oberhalb **CH 3904 Naters** mögliche ⬇ (46.3282,8.0122)
738,5 Str-Ⅱ, li **CH 3900 Brig** li ⬇, ⌘ Stockalperpalast, Jesuitenkirche. Ausgangspunkt des Simplon-Tunnels und der -straße. ⛟ des TCS an der Saltina, 1,5 km vor der ⇩, beschilderte Zufahrt (46.3205,7.9864)
738,3 EB-Ⅱ (46.3202,7.9835);
Fußg-Ⅱ (46.3201,7.9832)
738,2 EB-Ⅱ (46.3196,7.9823)
737,9 li ⇩ der Saltina (s. Seite 667) in die Rhône (46.3185,7.9796)
733,6 Str-Ⅱ (46.2989,7.9307)
731,6 Str-Ⅱ, re **CH 3931 Lalden** (46.2963,7.9052)
730,3 Str-Ⅱ Fabrikanlage Lonza, li **CH 3930 Visp** (46.2993,7.8900)
730,2 ▬ Stufe, evtl. ≈ (46.2999,7.8886)
728,8 Str-Ⅱ, re **CH 3937 Baltschieder** (46.3024,7.8712);
▬ Gefällebremse, evtl. ≈ (46.3024,7.8708)
728,7 li ⇩ der Visp (s. Seite 665) in die Rhône (46.3024,7.8697)
728,3 ▬ Gefällebremse, evtl. ≈ (46.3036,7.8571)
728,0 ▬ Geröllbremse mit langer unregelmäßiger Wellenbildung und starken Kehrwassern, je nach WS rückläufig, rechtzeitig ↱ und besichtigen, Steine im Unterwasser (46.3068,7.8439)
726,1 EB-Ⅱ (46.3076,7.8365)
723,3 Str-Ⅱ, **CH 3942 Raron** li 🚂, re ⬇ (46.3069,7.8005)
722,6 Str-Ⅱ, re **CH 3942 Raron** (Grossibrigga Gesch) (46.3061,7.7917)
719,7 EB-Ⅱ (46.3087,7.7543)
718,9 Str-Ⅱ 509, re **CH 3940 Steg-Hohtenn** ⚠ bei NW Pfähle! (46.3066, 7.7447)
718,8 re ⇩ der Lonza (s. Seite 664) in die Rhône (46.3064,7.7430)
715,5 Str-Ⅱ, li **CH 3946 Turtmann** (46.3100,7.7007)
710,7 EB-Ⅱ (46.3128,7.6413)
710,5 3x Str-Ⅱ **CH 3952 Leuk** (46.3123,7.6389)
710,4 ▬ Wehr **CH 3952 Leuk** mit Wasserableitung, li ⬆ (46.3121,7.6376)
710,3 –700,9 **§** Befahrungsverbot im NSG Pfynwald Schwere WW-Strecke WW IV-II (46.3120,7.6367)–(46.2825,7.5413)
701,9 Autobahn-Ⅱ A9 (46.2857,7.5533)
701,0 EB-Ⅱ (46.2826,7.5419)
700,9 Str-Ⅱ, re **CH 3960 Siders** li **CH 3965 Chippis**; ⬇ nach der Straßen-Ⅱ re. Der Flusscharakter der Rhône ist ähnlich wie oberhalb Susten: Sehr schnelle Strömung, gleichmäßiges Gefälle, WW II (46.2824,7.5406)
698,9 Str-Ⅱ, re Anschlussstelle Sierre-Ouest (46.2781,7.5159)
698,3 Str-Ⅱ, li **CH 3966 Chalais** (46.2769,7.5086)
694,5 Str-Ⅱ, li **CH 3979 Grône** (46.2655,7.4614)
690,4 Str-Ⅱ, re **CH 1958 Saint-Léonard** (46.2412,7.4218)

689,2 Autobahn-Ⅱ A9 (46.2433,7.4074)
687,2 li ⇩ der Borgne (s. Seite 663) in die Rhône (46.2439,7.3826)
686,2 Str-Ⅱ, li Anschlusstelle Sion-Est (46.2379,7.3742)
685,1 Str-Ⅱ, re **CH 1950 Sion** (dt. Sitten) 🚆, ⇅, viele 🅿; Auf dieser Strecke ist, besonders in den Nachmittagsstun-den, mit heftigem Gegenwind zu rechnen, der bei Martigny fast als Sturm empfunden wird. Es ist zu empfehlen, den Unterlauf der Rhône am Vormittag zu befahren (46.2284, 7.3697)
684,5 Autobahn-Ⅱ A9 (46.2244,7.3650)
683,2 Str-Ⅱ, re Anschlussstelle Sion-Ouest (46.2173,7.3517)
680,1 Str-Ⅱ, li **CH 1994 Nendaz-Aproz** (46.2101,7.3140)
677,8 ehem. EB-Ⅱ (46.2002,7.2883)
674,5 3x Ⅱ, ⚠ Kraftwerkseinlauf von li starke Querströmung (46.1843,7.2522)
672,8 ⚠ re Kieswerk Kabelbagger in re-Kurve! (46.1787,7.2325)
672,3 Weg-Ⅱ (46.1773,7.2280)
672,1 EB-Ⅱ (46.1782,7.2254)
671,9 Autobahn-Ⅱ A9 (46.1786,7.2235)
671,5 Str-Ⅱ, li **CH 1908 Riddes** ⇅, 🚆 (46.1783,7.2180)
671,3 Str-Ⅱ 9, re **CH 1912 Leytron** (46.1782,7.2147)
668,1 Str-Ⅱ, li **CH 1907 Saxon** (46.1603,7.1900)
664,7 Str-Ⅱ, li Anschlusstelle Saxon (46.1480,7.1497)
662,1 Str-Ⅱ, re **CH 1926 Fully** li 🚆 Charrat-Fully (46.1352,7.1215)
659,1 Str-Ⅱ, li **CH 1920 Martigny** (46.1242,7.0864)
657,1 li ⇩ Drance de Bagnes (s. Seite 661) in die Rhône (46.1255,7.0658)
655,3 li ⇩ Eau Noire (Trient) (s. Seite 660) in die Rhône (46.1381,7.0515)
654,0 Str-Ⅱ, li **CH 1904 Vernayaz** (46.1427,7.0453)
651,2 Str-Ⅱ, re **CH 1903 Collonges** li 🚆 **CH 1902 Evionnaz**, ⚠ Das Wasser der Rhône wird bei dem kurz danach folgenden ▬ Wehr durch einen Stollen abgeleitet, die Weiterfahrt ist verboten. Bei Ⅱ Collonges Ⅱ, auf Straße Richtung St. Maurice fahren, Wegweiser Lavey re bis zur 2. Ⅱ folgen, im Unterwasser wieder ⬇ (46.1691,7.0298)
649,2 ▬ Wehr, **X**, mit re Wasserableitung, Der folgende Katarakt des Bois noir ist **X**. Er verdankt seine Entstehung dem Geschiebe des li mündenden St. Barthélemy-Baches (46.1846,7.0341)
646,6 Str-Ⅱ, re **CH 1892 Lavey-Morcles** ⬇ li vor der Ⅱ. (46.2036,7.0162); ⚠ Es folgt das Trou aux Fées eine Schwallstrecke mit Wellen, Wirbeln und Schrägströmungen, WW II–III, re fahren (46.2037,7.0160)
644,8 Str-Ⅱ, li **CH 1890 Saint-Maurice** danach ⬇, kräftige Wirbel! (46.2179, 7.0086)
644,5 re ⇩ abgeleitetes Wasser (46.2206,7.0079)
644,3 Autobahn-Ⅱ A9 (46.2220,7.0063)
644,2 Str-Ⅱ 21 (46.2223,7.0051)
644,0 alte Str-Ⅱ von **CH 1890 Saint-Maurice** ⚠ Wirbel und Schrägströmung, WW III. Mögliche ⬇ nach dem Umfahren der Kataraktstrecke, besser erst

nach der ⌶ re. Bis zur Mündung schnellfließendes Wasser, keine Schwierigkeiten, WW I. Es folgen noch mehrere ⌶ und Mündungen von Nebenflüssen (46.2235,7.0034)

642,5 EB-⌶ (46.2352,6.9988)
641,4 Str-⌶, li **CH 1869 Massongex** (46.2431,6.9906)
640,9 Str-⌶ 21 (46.2475,6.9886)
639,6 ▬ Sohlrampe, re ≈ (46.2570,6.9796)
639,5 li ⇩ der Vièze (s. Seite 660) in die Rhône (46.2573,6.9790)
636,9 Str-⌶ 201, li **CH 1868 Collombey-Muraz** ⬇ für den leichten Teil (46.2765, 6.9627)
631,2 Str-⌶ 11, re **CH 1860 Aigle** (46.3196,6.9320)
625,7 Str-⌶, re **CH 1846 Chessel** (46.3492,6.8884)
624,6 Str-⌶ H144 (46.3574,6.8825)
621,1 Fußg-⌶, li **CH 1897 Port-Valais** (46.3844,6.8716)
619,5 ⇩ der Rhône in den Genfer See (s. Seite 650) bei km 75,6 (46.3950, 6.8587)

Vièze

Kleinfluss, WW III-IV, WW V-VI
Mündung in Rhône bei km 639,5 (li Nebenfluss)

Die Vièze ist ein zwar nur kurzer, doch als Wildwasser sehr interessanter Bach in einem landschaftlich hervorragend schönen Hochtal der Walliser Alpen.

Befahrbarkeit: Frühsommer
Schwierigkeiten: erhebliches Gefälle und Verblockung, sehr schnelle Strömung, bei höherem Wasserstand Wasserwucht, WW IV mit Stellen bis WW V.

21,2 Ursprung der Vieze (46.1610,6.8025)
10,8 ⬇ bei einer ⌶ oberhalb von Val d`Illiez Die weiter flussaufwärts folgende Klamm dürfte, wenn über-haupt, nur bei NW ≈ sein, ein Befahrungsbericht ist nicht bekannt (46.1978,6.8947)
7,6 ⬆ bei einer ⌶ oberhalb von Trois-torrents. Eine Weiterfahrt ist nicht möglich (46.2208,6.9108)
0,0 ⇩ der Vièze in die Rhône (s. Seite 655) bei km 639,5 (46.2573,6.9790)

Eau Noire (Trient)

WW III-IV, WW V-VI, Gebirgsfluss, Gletscherfluss
Mündung in Rhône bei km 655,3 (li Nebenfluss)

Die „Gorges du Trient“ kurz vor der ⇩ in die Rhône stellen eine touristische Sehenswürdigkeit dar.

Eine Befahrung der Klamm ist möglich, als Wildwasser nur mäßig schwer, landschaftlich hervorragend schön zwischen 100 m hohen Klammwänden. Der Bootstransport ist jedoch außerordentlich mühsam, so dass die Befahrung der

Klamm, die nur auf einer Strecke von 1 km möglich ist, ein ausgesprochenes Liebhaberstück darstellt.

Befahrbarkeit: am besten Hochsommer.
nur wenn die Klamm für Besucher gesperrt ist. Zwischen 1.5. und 30.9. ist dies jeweils nur vor 8.30 Uhr und nach 18.30 Uhr der Fall, in der übrigen Zeit ganztägig. Um zur ⬇ am Ende des Besucherweges zu kommen, muss man zunächst mühsam das Eingangstor überklettern und danach die Boote 1 km weit über den engen Klammsteig tragen. Am Ende des Steiges, bei der Besucherkanzel, werden die Boote zum Wasser abgeseilt. Eine Befahrung sollte nur bei gutem Wasserstand erfolgen, da bei NW 3 Blockstrecken recht mühsam zu X sind.
Schwierigkeiten im Übrigen zumeist WW I mit Stellen bis WW III+

Schwierigkeiten: sehr starkes Gefälle, starke Verblockung, WW III–IV, steigend auf WW IV–V. Genauere Angaben fehlen.

18,2 Weg-II, li Le But, ⬇ (46.0188,6.9210)
13,6 Str-II Le Châtelard, Grenzübergang, ⬆ (46.0512,6.9481)
0,0 ⇩ Eau Noire (Trient) in die Rhône (s. Seite 655) bei km 655,3 (46.1381, 7.0515)

Drance de Bagnes

Kleinfluss, WW I-II, WW III-IV, WW V-VI
Mündung in Rhône bei km 657,1 (li Nebenfluss)

Die Drance de Bagnes ist ein sehr abwechslungsreicher Wildfluss in einem landschaftlich hervorragend schönen Hochtal der Walliser Alpen. Der Charakter als Gletscherfluss macht sich infolge eines großen Stausees nicht bemerkbar.

Befahrbarkeit: Oberlauf wahrscheinlich ganzjährig; ab km 12,8 abhängig vom Wasserablass des Wehres, im Sommer fast immer.

Schwierigkeiten: km 23,8–12,8 WW II (III, IV)
km 12,8–4,9 WW III–V

47,6 Ursprung im Bereich von Gletschern in etwa 3.000 m Höhe. Es folgen ein großer Stausee und 2 ϟ (45.9350,7.4136)
23,8 Str-II **CH 1947 Bagnes-Champsec** übliche ⬇, hier ϟ-Ausfluss. Sehr enges Flussbett, gleichmäßiges Gefälle. Leichte Verblockung und Strauchhindernisse, WW II mit Stellen bis WW III (46.0561,7.2459)
21,2 Str-II **CH 1934 Bagnes** (46.0714,7.2239)
19,7 ■ Wehr 1 m hoch, bei MW ≈ (46.0807,7.2133);
Str-II **CH 1934 Bagnes-Le Châble** (46.0809,7.2128)
18,4 Weg-II, Beginn eines natürlich entstandenen Staus ⚠ Kiesbagger (46.0850,7.1974)
18,2 Ende des Staus ⚠ auf 300 m starkes Gefälle mit erheblicher Verblockung aus scharfkantigen Steinen, WW IV. Auf den ersten 50 m der

Gefällestrecke gefährliche Moniereisen genau in der Fahrtrichtung im Fluss, erkennbar nur bei NW, li ⏏ möglich (46.0854,7.1946)

15,0 li ⇩ der Drance d`Entremont (s. Seite 662) in die Drance de Bagnes mögliche ⬆ Stelle zur Beendigung der Fahrt. Die Reststrecke des Flusses heißt vielfach nur „Drance“ (46.0784,7.1592)

14,5 Str-II, li **CH 1933 Sembrancher** (46.0792,7.1537)

14,1 EB-II (46.0796,7.1481)

12,7 Str-II 21 (46.0789,7.1318)

12,4 ▬ Wehr mit Wasserableitung. ⚠ Das ▬ Wehr taucht ohne Rückstau ganz unvermittelt nach der Str.-II auf. Gute ⬆. Bei ausreichender Wasserabgabe (im Sommer fast immer) ist eine Weiterfahrt möglich. Zunächst WW II, dann Anstieg der Schwierigkeiten bis WW V. (46.0788,7.1281)

12,3 EB-II (46.0785,7.1269)

9,7 Str-II 21 (46.0818,7.0937)

9,1 EB-II (46.0812,7.0874)

8,8 ▬ Stufe (46.0798,7.0838)

8,7 ▬ Stufe (46.0795,7.0826)

8,5 Weg-II, li ⧻ **CH 1932 Bovernier** (46.0790,7.0803)

6,8 EB-II (46.0738,7.0609)

4,7 Str-II, re Sportplatz **CH 1921 Martigny-Croix** ⬆ Beendingung der Fahrt bei einem ▬ Wehr, keine weitere Detailbeschreibung (46.0871,7.0577)

0,5 Autobahn-II A9 (46.1213,7.0665)

0,0 ⇩ Drance de Bagnes in die Rhône (s. Seite 655) bei km 657,1 (46.1255, 7.0658)

Drance d`Entremont

Kleinfluss, WW III-IV
Mündung in Drance de Bagnes bei km 15,0 (li Nebenfluss)

Schöner Wildbach der Walliser Alpen, durch Bauarbeiten erheblich beeinträchtigt

Befahrbarkeit:	wahrscheinlich ganzjährig; durch ϟ im Oberlauf ist mit erheblichen Schwankungen der Wasserführung zu rechnen!
Schwierigkeiten:	erheblich wasserreicher und schwieriger als die Drance de Bagnes Hohes Gefälle, z. T. in Stufen, kaum Ruhepausen, mittlere Verblockung, Engstellen, schnelle Strömung, z. T. wuchtig, WW III–IV

21,1 Ursprung des Drance d`Entremont (45.9270,7.2005)

5,7 ⬇ am Ortsende von **CH 1937 Orsières** bei Tankstelle (46.0347,7.1460)

3,0 Beton-II, ⚠ danach gefährliches ▬ Wehr, **X**

0,0 ⇩ der Drance d`Entremont in die Drance de Bagnes (s. Seite 661) bei km 15,0 mögliche ⬆ Stelle zur Beendigung der Fahrt. Die Reststrecke des Flusses heißt vielfach nur „Drance“ (46.0784,7.1592)

Borgne

WW I-II, WW III-IV, WW V-VI, Gletscherfluss
Mündung in Rhône bei km 687,2 (li Nebenfluss)

Die Borgne ist ein landschaftlich hervorragend schöner Wildbach stark wechselnder Schwierigkeiten.

Befahrbarkeit:	1. Teilstrecke: nur bei NW Frühjahr vor Beginn der Schneeschmelze und Spätherbst. 2. Teilstrecke: nur bei NW. Sind die ersten hundert Meter ohne Grundberührung ≈, wird die sehr schwere Folgestrecke absolut X. Starke Schwankungen der Wasserführung durch Kraftwerksbetrieb im Oberlauf.
Infrastruktur:	**Les Haudères**, direkt am Fluss gelegen

33,2 Ursprung der Borgne auf 1.422 m Höhe (45.9976,7.4939)

22,6 Weg-Ⅱ **CH 1984 Les Haudères** Darunter ▬ Wehr, evtl. ≈, ⬇ der 1. Teilstrecke. Vor einem von re kommenden Wildbach führt am Ortseingang von Les Haudères ein Weg hierher. Sehr enger Flusslauf, gleichmäßiges Gefälle, wenig Kehrwasser, leichte Verblockung, Baum- und Strauchhindernisse, WW II–III (46.0833,7.5053)

18,7 Str-Ⅱ, re **CH 1983 Evolène** Abzweigung nach Lannaz. ⬆, Ende der 1. Teilstrecke und ⬇ der 2. Teilstrecke. Zunächst auf 1 km WW III. Der Fluss gräbt sich zunehmend stark ein in eine bis zu 100 m tiefe Schlucht mit steilen, bewaldeten Hängen. Nach Einfahrt ist ein Verlassen der Schlucht nicht mehr möglich. Sehr schnelle Strömung, enorme Gefällezonen, sehr steil, eng und winklig mit Zwangspassagen, 2 Stellen X, scharfkantige Felsen und Eisenschrott im Fluss, im letzten Drittel der Strecke 7 m hoher Wasserfall, ebenfalls Zwangspassage, WW IV+/VI. Es ist fraglich, ob eine Befahrung dieser Strecke lohnend ist.
Gefälle: etwa 60 ‰.
(46.1135,7.4904)

14,9 Kieswerk bei **La Villettaz** ⬆, Ⅱ und hohes ▬ Wehr, X; Die Folgestrecke bis Praz-Jean ist völlig X, mit hohen Abfällen und riesigen Abbrüchen (46.1401,7.4655)

13,4 Str-Ⅱ, re 🚌 Praz Jean ⬇ für die 3. Teilstrecke; Über diesen Abschnitt liegt eine genaue Beschreibung nicht vor; schweres Wildwasser mit ruhigen Abschnitten, WW IV–VI, mindestens 1 Stelle X (46.1500,7.4533)

11,3 ▬ Staumauer unterhalb **CH 1982 Saint-Martin-Luette** ⬆, Ende der Fahrt nach einem Kieswerk im Bereich des Stausees. Weiterfahrt nicht möglich, totale Wasserableitung (46.1631,7.4365)

0,0 ⇩ der Borgne in die Rhône (s. Seite 655) bei km 687,2 (46.2439,7.3826)

Lonza

WW III-IV, WW V-VI, Gebirgsfluss, Gletscherfluss
Mündung in Rhône bei km 718,8 (re Nebenfluss)

Die Lonza fließt durch das landschaftlich hervorragend schöne, hoch gelegene Lötschental. Sie ist ein sehr sportlicher, bei höheren Wasserständen sowie im Unterlauf unfahrbarer Gletscherfluss.

Befahrbarkeit:	als Gletscherfluss führt die Lonza fast ganzjährig reichlich Wasser, jedoch verträgt ihr enges und steiles Flussbett höchstens 20 m³/sec, so dass eine Befahrung nur im Frühjahr oder Herbst in Frage kommt. Günstig sind 10 m³/s. Selbst an warmen Herbsttagen kann ab Mittag, wenn das Schmelzwasser verstärkt einsetzt, das Höchstmaß schnell überschritten werden
Schwierigkeiten:	km 19,9–10,4 WW IV, V und VI.

26,3 Ursprung in etwa 2.500 m Höhe am Großhorngletscher (46.4656,7.9157)

19,9 Groß-🅿 Fafleralp am Ende der Teerstraße, mögliche ⬇. ⚠ Bei einem Gefälle von 100 ‰ in den Katarakten wird eine evtl. Befahrung zu einem sehr risikoreichen Unternehmen, von dem abgeraten werden muss. WW VI (46.4338,7.8618)

18,0 Str-II (46.4274,7.8392)

17,4 Weitere mögliche ⬇ oberhalb **CH 3919 Blatten** (46.4248,7.8318)

15,9 Str-II **CH 3919 Blatten** Beginn einer kleinen klammartigen Schlucht; ⚠ direkt am Schluchteingang ▬ Wehr, 1,5 m hoch, **X**, lebensgefährlich. Bei zunehmender Wasserführung ist ein rechtzeitiges Anlanden und ⏏ nicht möglich, die Fahrt muss dann evtl. erst hier begonnen werden.
Hohes Gefälle, teils stark verblockt und wuchtig, nur wenig Kehrwasser, je nach Wasserstand WW IV.
(46.4190,7.8165)

15,4 Ende der Schlucht (46.4163,7.8111)

14,8 ⚠ Engstelle zumeist **X**, re ⏏. Danach auf 300 m schwere Katarakte und überstarkes Gefälle WW V–VI. Danach weiter WW IV (46.4129,7.8082)

12,9 Weg-II, re **CH 3918 Wiler** (46.4037,7.7872)

12,8 ⚠ stark verblockte, unsaubere Stelle besichtigen!, WW V- (46.4032, 7.7867)

11,8 Str-II, re **CH 3917 Kippel** ⚠ erneute Zunahme der Schwierigkeiten durch erhebliches Gefälle, hohe Geschwindigkeit und starke Verblockung, WW V (Merkmal: re oben wird eine neue Straßengalerie sichtbar) (46.3988, 7.7751)

11,2 Letzter schwerer Katarakt (WW IV) in eine Klamm hinein. In der Klamm ruhiges Wasser, Beginn des Rückstaus des folgenden Stausees (46.3962, 7.7682)

9,4 ▬ Staumauer ↱ Zufahrt zur Mauer Fahrverbot. Die folgende Steilzone ist **X** (46.3848,7.7565)

0,0 ⇩ der Lonza in die Rhône (s. Seite 655) bei km 718,8 (46.3064,7.7430)

Visp

WW III-IV, Gletscherfluss
Mündung in Rhône bei km 728,7 (li Nebenfluss)

Die Matter Visp und die kleinere Saaser Visp fließen durch landschaftlich hervorragend schöne Hochtäler des südlichen Wallis, zwischen gletscherbedeckten Bergen mit Gipfelhöhen über 4.000 m; sie sind Wildbäche unterschiedlicher Schwierigkeiten. Die steilen Durchbrüche in das Rhônetal mit sehenswerten Schluchten sind unfahrbar. Nach dem Zusammenfluss der Matter und der Saaser Visp bietet die Visp noch herrliches Wildwasser.

Befahrbarkeit: als Gletscherbäche ganzjährig
Schwierigkeiten: WW III+
Infrastruktur: bei **Täsch** und **Saas Grund**. **Stadlbach** bei **Visp**

8,5 ⇩ Zusammenfluss von Matter Visp (s. Seite 665) und Saaser Visp (s. Seite 666) zur Visp (46.2309,7.8723);
⚠ Bis Visp liegen viele Eisenträger im Fluss (46.2313,7.8725)
7,3 re ↯ Ackersand ⬇ beim ↯-Einlauf vor der EB-⌶.
Sehr schnell fließendes Wasser, herrliche Schwallstrecken, hohe Wellen, überlaufene Blöcke mit Walzen, WW III+ (46.2406,7.8735)
4,6 Kleiner Stausee bei Kieswerk ▬ Stufe, evtl. ≈ oder re ⌂ (46.2636, 7.8777)
4,2 EB-⌶ (46.2673,7.8798)
3,3 ▤ (46.2754,7.8818)
3,2 Fußg-⌶ günstige ⬆, gute P-Möglichkeit bei den Häusern (46.2761, 7.8818)
3,0 Autobahn-⌶ A9 (46.2777,7.8824)
2,3 Steil-▬ am Ortseingang von **CH 3930 Visp**, **X**, falls eine Weiterfahrt auf der Rhône nicht geplant ist, wird die Fahrt am besten hier beendet. Die ⬆ ist am li Ufer auf einer kleinen Straße zu erreichen, Hinweisschilder: Tennishalle, Trimm-Dich-Pfad.
Die Reststrecke bis zur ⇩ ist reguliert und uninteressant (46.2839,7.8805)
1,3 Str-⌶ 9, **CH 3930 Visp** (46.2923,7.8788)
1,1 EB-⌶ (46.2942,7.8776)
0,1 ▬ Sohlrampe (46.3018,7.8706)
0,0 ⇩ der Visp in die Rhône (s. Seite 655) bei km 728,7 (46.3024,7.8697)

Matter Visp

WW I-II, WW III-IV, WW V-VI, Gletscherfluss
Mündung in Visp bei km 8,5 (li Nebenfluss)

Die Matter Visp und die kleinere Saaser Visp fließen durch landschaftlich hervorragend schöne Hochtäler des südlichen Wallis, zwischen gletscherbedeckten

Bergen mit Gipfelhöhen über 4.000 m; sie sind Wildbäche unterschiedlicher Schwierigkeiten. Die steilen Durchbrüche in das Rhônetal mit sehenswerten Schluchten sind unfahrbar. Nach dem Zusammenfluss der beiden Bäche bietet die Visp noch herrliches Wildwasser.

Befahrbarkeit: ganzjährig
Infrastruktur: ⛺ bei **Täsch** und **Saas Grund**

29,4 Ursprung oberhalb Zermatt durch Zusammenfluss mehrerer aus den Gletschern des Matterhorns stammender, in etwa 4000 m Höhe entspringender Quellflüsse (46.0111,7.7393)
27,9 **CH 3920 Zermatt** Eine Befahrung ab hier ist nicht möglich; es folgt eine Klamm, total X. Das Wasser ist durch die Abwasser von Zermatt verunreinigt. (46.0217,7.7510)
22,3 **CH 3929 Täsch** übliche, mit Pkw zu erreichende ⬇, schnell fließendes Wasser, kaum Schwierigkeiten, WW I (46.0654,7.7754)
19,1 Kleine Schlucht mit größeren Schwällen bis W III danach wieder leicht
18,1 Weg-Ⅱ, re Kläranlage **CH 3928 Randa** unbedingt hier ⬆; es folgt eine Steilstufe, X (46.1016,7.7795)
15,6 Kleiner 🅿 Boote über Hang zum Fluss tragen, ⬇ für die Weiterfahrt. Anfangs WW IV, fallend auf WW III, sehr schnell und wuchtig, leicht verblockt, kleine Kehrwasser (46.1217,7.7877)
15,4 Gitter-Ⅱ (46.1236,7.7878)
14,3 Weg-Ⅱ, re ▬ Herbriggen ab hier leicht, WW I–II (46.1323,7.7909)
13,0 ▬ Staumauer vor Mattsand it Wasserableitung, ⬆ (46.1432,7.7915)
8,8 **CH 3924 St. Niklaus** ⬇ Ab hier ist eine Weiterfahrt bei einer Wasserführung von 5–10 m³/s (Juli–September) bis zum Zusammenfluss möglich. WW V–VI mit etwa 4 Stellen, X. Ein „Wehrabschnitt" mit etwa 14 bis zu 6 m hohen Gefällestufen, alle ≈. Große Teilstücke können von der unmittelbar neben dem Bach verlaufenden EB nach Zermatt besichtigt werden (46.1763,7.8045)
0,0 ⇩ Zusammenfluss von Matter Visp und Saaser Visp (s. Seite 666) zur Visp (s. Seite 665) bei km 8,5 (46.2309,7.8723)

Saaser Visp

WW I-II, WW III-IV, Gletscherfluss
Mündung in Visp bei km 8,5 (re Nebenfluss)

Die Saaser Visp ist erheblich weniger interessant als die Matter Visp; sie hat zudem durch Straßenbauarbeiten erheblich gelitten

Befahrbarkeit: als Gletscherbach ganzjährig
Schwierigkeiten: WW I-III
Infrastruktur: ⛺ bei **Täsch** und **Saas Grund**

24,3 Ursprung aus den Gletschern des Strahlhorns in etwa 2.500 m Höhe (46.0469,7.9429)

22,8 ▬ Staumauer Stausee Mattmark (46.0534,7.9596)
17,8 Weg-II, re **CH 3905 Saas-Almagell** (46.0944,7.9562)
17,1 Riesiger Felsen, der den Fluss überdeckt daneben Holzkreuz und P. ⬇ 10 m unterhalb am re Ufer. Sehr schmaler Bach, kaum Kehrwasser, leichte Verblockung aus überlaufe-nen Steinen, Asthindernisse, WW II–III
15,7 Weg-II, ⛺ Schönblick (46.1103,7.9434)
15,2 Weg-II, P, ⬇, re 🚌 Saas Grund, Untere Brücke Schöne Fahrt ohne besondere Hindernisse WW I bis II (46.1139,7.9416)
14,9 Str-II, re 🚌 Saas Grund, Zenlauinen (46.1165,7.9390)
14,8 li ⇩ Feevispa mit Wasserzufuhr (46.1169,7.9386)
14,1 Str-II **CH 3910 Saas-Grund** (46.1228,7.9359)
13,8 Weg-II (46.1254,7.9346)
13,3 Beton-II Zunahme der Schwierigkeiten auf WW II–III, Ufer reguliert (46.1295,7.9339)
10,5 Str-II **CH 3908 Saas-Balen** empfohlene ⬆, die folgende Strecke ist reguliert und uninteressant (gemauerter Kanal mit zahlreichen Stufen, ⬆ unmöglich) (46.1534,7.9281)
9,5 ▬ Staumauer mit Wasserableitung, Weiterfahrt ist unmöglich (46.1608, 7.9242)
0,0 ⇩ Zusammenfluss von Matter Visp (s. Seite 665) und Saaser Visp zur Visp (s. Seite 665) bei km 8,5 (46.2309,7.8723)

Saltina

Wildwasser, WW III-IV, WW V-VI, Gebirgsfluss
Mündung in Rhône bei km 737,0 (li Nebenfluss)

Die Satina ist ein kurzer, jedoch sehr interessanter Wildbach.
Ursprung: durch Zusammenfluss mehrerer Quellbäche beim **Weiler Grund**. Der Ursprung dieser Quellbäche liegt im Bereich von etwa 2.500 m. Die unterhalb Grund folgende imposante Saltina-Klamm ist unfahrbar. Wasserfälle, X.

Befahrbarkeit: Frühjahr und Frühsommer. Die Wasserführung am ▬ an der ⬆ sollte reichlich sein, da 1,5 km oberhalb bei einem ϟ reichlich Wasser zugeleitet wird

Schwierigkeiten: WW IV mit Stellen darüber. Bei gutem Wasserstand recht wuchtig

Infrastruktur: Zeltmöglichkeit: schöner ⛺ (TCS) direkt an der **Saltina in Brig**
Zufahrt: nur mit Bootswagen möglich. Man fährt zunächst auf einer gesperrten Forststraße von der Napoleon-II am re Ufer bis zu einem ϟ. Vor dem ϟ führt eine kurze Treppe zu einem Pfad entlang einem Bewässerungskanal. Man folgt diesem Pfad immer in Flussnähe, abzweigende Fußwege sind Sackgassen, ⬇ beim 2. Steg. Der Pfad steigt nach dem Steg steil zum Klamm-Ende hoch, ⌘

5,6	Ursprung der Saltina durch Zusammenfluss mehrerer Quellbäche beim Weiler Grund. Der Ursprung dieser Quellbäche liegt im Bereich von etwa 2500 m. Die unterhalb Grund folgende imposante Saltina-Klamm ist unfahrbar. Wasserfälle (46.2891,8.0236)
3,8	⬇ beim Steg am Ende der Steilstufe nach der Klamm (46.2996,8.0090)
1,8	Autobahn-II A9 und Napoleon-II oberhalb **CH 3902 Brig** ⬆ (46.3075, 7.9949)
0,0	⇩ der Saltina in die Rhône (s. Seite 655) bei km 737,9 (46.3185,7.9796)

Stromgebiet des Tessins

Nr. in Karte	Fluss	Kleinfluss	Wanderfluss	Seengewässer	Kanal	Schiffahrtsstraße	WW I-II	WW III-IV	WW V-VI	Seite
1	Tessin		o	o			o	o		671
1	Ticino superiore						o	o	o	671
1	Lago Maggiore Westufer			o						674
1	Lago Maggiore Ostufer			o						675
1	Ticino inferiore		o				o			675
2	Toce						o	o		677
3	Strona	o						o	o	680
4	Anza							o	o	681
5	Ovesca	o						o	o	683
6	Diveria							o	o	684
7	San Bernardino							o	o	685
8	San Giovanni	o							o	686
9	Vedeggio						o	o	o	687
10	See von Lugano			o						688
11	Tresa						o	o		689
12	Cannobino	o						o	o	690
13	Socraggio	o							o	691
14	Maggia						o	o	o	691
15	Melezza						o	o	o	693
16	Isorno (Melezza)								o	695
17	Ribo								o	695
18	Loana								o	695
19	Bavona	o							o	696
20	Verzasca							o	o	696
21	Osura							o	o	698
22	Moesa						o	o	o	698
23	Calancasca							o	o	700
24	Brenno							o	o	700

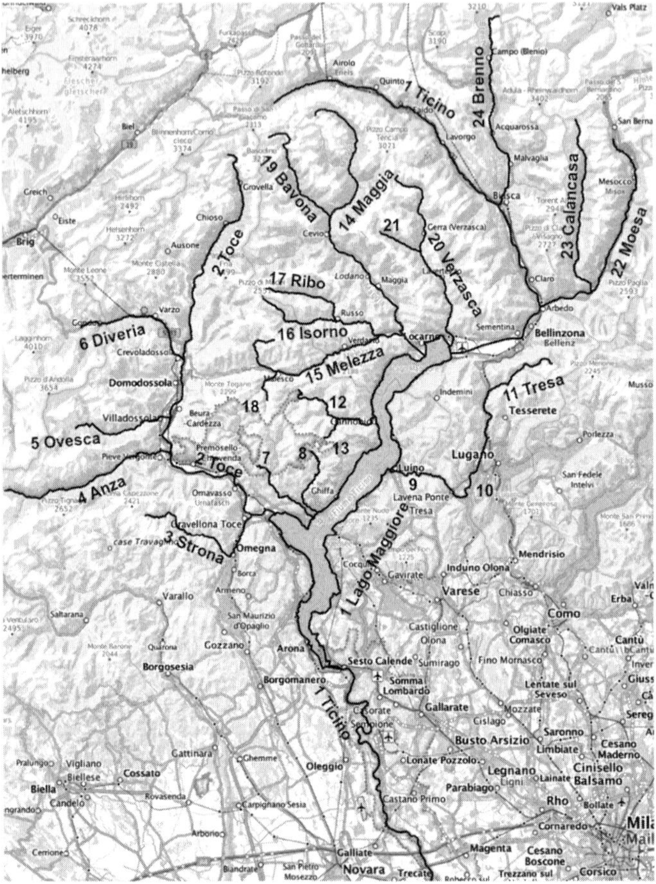
1 Ticino
24 Brenno
19 Bavona
14 Maggia
21
20 Verzasca
23 Calancasa
22 Moesa
2 Toce
17 Ribo
16 Isorno
15 Melezza
6 Diveria
18
12
5 Ovesca
7
8
13
2 Toce
9
10
11 Tresa
4 Anza
3 Strona
1 Lago Maggiore
1 Ticino
Domodossola
Bellinzona
Lugano
Tesserete
Mendrisio
Varese
Como
Omegna
Arona
Sesto Calende
Gallarate
Busto Arsizio
Legnano
Novara
Biella
Borgosesia
Borgomanero
Magenta

Tessin

Weitere Namen: Ticino [ita]
Wanderfluss, Seengewässer, WW I-II, WW III-IV, Gebirgsfluss, Flachlandfluss
Mündung in Po bei km 384,6 (li Nebenfluss)

Der Tessin hat zwei landschaftlich, wassermäßig und politisch völlig unterschiedliche Abschnitte. Der obere Teil, Ticino superiore verläuft, mit Ursprung am Nufenenpass, ausschließlich auf Schweizer Gebiet, zunächst durch das Hochtal **Bedretto** und anschließend durch den schon südlichen Charakter aufweisende Leventina. In diesem Bereich ist der Tessin ausgesprochenes Wildwasser sehr unterschiedlicher Schwierigkeitsgrade mit unfahrbaren Teilstrecken. Der untere, mit dem Ausfluss aus dem Lago Maggiore beginnende Abschnitt, Ticino inferiore, befindet sich auf italienischem Gebiet. Der Tessin ist hier ein Wanderfluss mit breiten Kiesbänken, Inseln, Auwäldern und großartigen, vom Land her vielfach völlig unzugänglichen Zeltplätzen. Zwischen diesen beiden so unterschiedlichen Abschnitten durchströmt der Tessin den Lago Maggiore, den größten der italienischen Voralpenseen, seiner ganzen Länge nach.

Ticino superiore

Weitere Namen: Oberer Tessin [deu]
WW I-II, WW III-IV, WW V-VI

Der obere Teil des Ticino (Ticino superiore) verläuft, mit Ursprung am Nufenen-pass, ausschließlich auf schweizer Gebiet, zunächst durch das Hoch-tal Bedretto und anschließend durch die schon südlichen Charakter aufweisende Leventina. In diesem Bereich ist der Tessin ausgesprochenes Wildwasser sehr unterschiedlicher Schwierigkeitsgrade mit unfahrbaren Teilstrecken.

Befahrungsregeln:	Von ⌶ Quartino (km 209,9) bis ⇩ in den Lago Maggiore ist die Befahrung des Tessins ganzjährig verboten.
Befahrbarkeit:	die Wasserführung nahezu des gesamten oberen Tessins ist abhängig von der stark wechselnden Wasserabgabe mehrerer Kraftwerke. Die Wahrscheinlichkeit einen guten Wasserstand anzutreffen ist an Werktagen größer als zum Wochenende, zur Zeit der Schneeschmelze größer als im Hochsommer.
Pegel:	Pegel bei km 280,2: auf einem Stein am li Ufer unter der Brücke befindet sich ein auf dem Kopf stehendes rosafarbenes „T“; NW = 15 cm unter dem Querstrich; MW knapp unter dem Querstrich.
Schwierigkeiten:	km 288,6–287,7 WW V+. km 287,7–283,4 WW III. km 283,4–279,7 WW IV–V, abnehmend, Gefälle 34 ‰. km 279,7–268,1 WW IV–III–II, Gefälle 15 ‰. km 268,1–262,2 **X**. km 262,1–256,4 WW IV–V, Gefälle 26 ‰. km 256,4–251,4 **X**

km 251,4–242,8 WW IV–III–II.
km 242,8–207,3 WW II–I, Gefälle 3 ‰.

302,0 Ursprung am Nufenen-Paß mit einem Einzugsgebiet zwischen 2400 und 2800 m. Eine Befahrung bis km 288,6 dürfte auch bei Schneeschmelze kaum möglich sein, enges und steiles Fluss bett

288,7 li ⇩ eines Baches mit erheblicher Wasserzufuhr, Kieswerk Mögliche ⬇, Es folgt auf 400 m eine bei günstigem Wasserstand ≈, sehr schwere Steilzone (120 ‰ Gefälle!), stark verblockt, WW V+, einige Stellen steckgefährlich! (46.4980,8.4992)

288,3 Str-Ⅱ Hauptstr (46.4997,8.5032)

287,8 ⚠ Das gesamte Wasser fließt unter einer Betonplatte durch 2 Rohre, X, ⏏ (46.5028,8.5078)

287,7 Str-Ⅱ, li **CH 6781 Bedretto** mögliche ⬇ bei gutem Wasserstand. Interessantes, recht schnelles Wasser in naturbelassener Landschaft, mäßige Verblockung, WW III (46.5033,8.5089)

286,2 Str-Ⅱ Hauptstr (46.5092,8.5253)

286,0 Str-Ⅱ, li **CH 6781 Bedretto-Zona Villa** (46.5100,8.5281)

284,7 Wege-Ⅱ, re **CH 6781 Bedretto-Ossasco** ab hier meist Befahrung auch bei NW möglich (46.5150,8.5416)

283,4 Str-Ⅱ, re **CH 6780 Airolo-Fontana** (46.5187,8.5569)

282,9 Ⅱ Steg ↱, die Einfahrt zur folgenden kleinen Schlucht kann durch Baumverhau versperrt sein. Im Bereich der folgenden Strecke extrem schnelle Strömung, bei höherem Wasser erhebliche Wasserwucht. WW IV–V.
Eine Besichtigung scheint auch angebracht bei einem riesigen, mitten im Stromzug liegenden unterspülten Felsen.
(46.5210,8.5618)

280,3 Wege-Ⅱ, Behelfs-≣ Schießstand. Bei Schießbetrieb kann die Schlucht ab Fontana nicht befahren werden, rot-weiße Flagge am Ufer, unbedingt vorher erkunden. Es führt eine gute Straße beim Wegweiser „Policia" unter der Ⅱ der Hauptstr. 2 zum Schießstand (46.5256,8.5929)

279,7 Str-Ⅱ 2, darunter ⬆ vor dem ϟ **CH 6780 Airolo** Nicht in das Ausgleichsbecken einfahren, da im Einlaufkanal eine künstliche Schrägstufe mit starkem Rücklauf besteht (46.5261,8.5998)

279,1 ▬ Wehr Ende des Ausgleichsbeckens; Bei ausreichendem Überlauf kann die Befahrung unterhalb des Ausgleichsbeckens fortgesetzt werden. Es folgt die kurze Schlucht von Stallvedro, WW IV. Nach der Schlucht WW II–III (46.5263,8.6079)

278,9 Str-Ⅱ der Anschlussstelle **CH 6780 Airolo** (46.5258,8.6105)

277,9 Autobahn-Ⅱ A2 (46.5257,8.6230)

277,8 EB-Ⅱ (46.5254,8.6248)

276,3 Autobahn-Ⅱ A2 (46.5197,8.6412)

275,3 Autobahn-Ⅱ A2 und Str.-Ⅱ 2 (46.5183,8.6526)

275,1 ▬ Wehr, X, re ⏏

273,9 Str-Ⅱ (46.5165,8.6700)
273,1 li ⇩ ϟ-Einlauf bei **CH 6775 Quinto-Ambri-Piotta** ab hier meist genügend Wasser (46.5162,8.6807)
271,3 Autobahn-Ⅱ A2 (46.5118,8.7034)
270,9 Str-Ⅱ, re **CH 6775 Quinto-Ambrì Sotto** (46.5092,8.7065)
269,1 ▬ Wehr, **X**, li ⌂
269,0 Str-Ⅱ, li Anschlussstelle Quinto (46.4998,8.7257)
268,3 Wege-Ⅱ oberhalb **CH 6772 Rodi** ⬆ (46.4966,8.7334)
268,2 ▬ Wehr **CH 6772 Rodi** mit Wasserableitung. Die Steilstufe von Rodi ist **X** (46.4952,8.7347)
262,2 Str-Ⅱ **CH 6760 Faido**, je nach Wasserstand kann hier oder auch schon etwas höher eingesetzt werden. Schwierigkeiten oberhalb Faido WW V, unterhalb WW IV–V, sehr schöne, oft befahrene WW-Strecke (46.4767, 8.7970)
261,8 Autobahn-Ⅱ A2 (46.4745,8.8012)
260,1 Autobahn-Ⅱ A2 (46.4661,8.8196)
259,9 Str-Ⅱ, li **CH 6764 Chiggiogna** Nachlassen des Gefälles und der Schwierigkeiten (46.4649,8.8222)
259,5 Wege-Ⅱ (46.4616,8.8244)
256,4 ▬ Wehr **CH 6746 Faido-Lavorgo** Beendigung der Fahrt. Wasserableitung. Die folgende Steilstufe von Giornico ist **X** (46.4388, 8.8419)
250,6 EB-Ⅱ **CH 6745 Giornico** Bei ausreichender Wasserabgabe des ϟ von Lavorgo kann die Fahrt hier fortgesetzt werden. ⬇ unterhalb des Dorfes, sehr schönes WW, zunächst WW III–IV, nach 1 km etwas leichter (46.3984,8.8817)
249,7 Wege-Ⅱ (46.3916,8.8874)
248,7 EB-Ⅱ (46.3867,8.8967)
247,8 EB-Ⅱ (46.3814,8.9038)
247,3 Blockwurf-▬, evtl. ≋ (46.3780,8.9085)
247,2 Blockwurf-▬, evtl. ≋ (46.3775,8.9095)
247,1 Blockwurf-▬, evtl. ≋ (46.3769,8.9105)
247,0 Str-Ⅱ, li **CH 6743 Bodio** (46.3764,8.9115)
246,7 Autobahn-Ⅱ A2 (46.3746,8.9139)
246,0 Blockwurf-▬, evtl. ≋ (46.3727,8.9228)
245,0 Wege-Ⅱ, re **CH 6744 Personico** (46.3655,8.9296)
244,8 re ⇩ des ϟ-Auslaufs von Personico gute ⬇, Ab hier ist meist auch im Sommer mit ausreichender Wasserführung zu rechnen, WW I–II mit einigen interessanten Kiesbankschwällen. (46.3643,8.9302)
243,3 ▬ Sohlstufe gefährlich, evtl. li nach Besichtigung ≋ oder ⌂ (46.3589, 8.9480)
242,8 li ⇩ des Brenno (s. Seite 700) in den Ticino superiore (46.3565,8.9539)
242,1 Str-Ⅱ, li **CH 6710 Biasca** Übliche ⬇ für eine Befahrung des leichten WW-Teiles des Tessins. Zumeist WW I, Kiesbankschwälle, keine wesentlichen

Hindernisse. Ab hier ist der Tessin kanalisiert, die Gotthart-Autobahn verläuft neben dem Fluss (46.3509,8.9583)
236,2 Autobahn-Ⅱ A2 (46.3025,8.9861)
235,7 Str-Ⅱ, li **CH 6705 Riviera** (46.3006,8.9917)
235,1 ⚠ verfallenes ▬ Sohlrampe aus Betonblöcken, die durch Moniereisen miteinander verhakt sind, **X**. Lebensgefahr! re ⏏; ⬇ nach dem ▬, 🅿 (46.2961,8.9947)
229,6 Str-Ⅱ, li **CH 6702 Claro** (46.2544,9.0106)
224,9 Autobahn-Ⅱ A13 (46.2196,9.0384)
224,8 li ⇩ der Moesa (s. Seite 698) in den Ticino (46.2185,9.0394)
224,4 Str-Ⅱ, li **CH 6517 Arbedo** (46.2153,9.0386)
224,2 li ⛺ Bellinzona sehr günstig gelegen; sofort nach der Ⅱ ↰ (46.2135, 9.0381)
223,8 Beginn einer langen Stromschnelle mit erheblicher Wellenbildung, leichte Verblockung, WW II (46.2103,9.0356)
222,0 Str-Ⅱ, li **CH 6500 Bellinzona** (46.2019,9.0165)
220,6 Str-Ⅱ 13, li **CH 6500 Bellinzona** größere Stadt. Ab Bellinzona fließt der Tessin durch hohe Steindämme, WW I (46.1911,9.0080)
218,6 Str-Ⅱ, li **CH 6512 Giubiasco** (46.1754,8.9979)
218,3 Autobahn-Ⅱ A2 (46.1754,8.9943)
214,9 Str-Ⅱ, re **CH 6515 Gudo** re ⛺ hinter dem Damm in einiger Entfernung (46.1715,8.9500)
211,7 EB-Ⅱ (46.1636,8.9097)
209,9 Str-Ⅱ, li **CH 6572 Quartino** (46.1583,8.8889)
209,9 –207,3 **§** Befahrungsverbot bis zum Lago Maggiore (46.1583,8.8884)–(46.1555,8.8561)
207,3 ⇩ des Ticino superiore in den Lago Maggiore (s. Seite 674) (46.1558, 8.8545)

Lago Maggiore Westufer

Seengewässer

Der Lago Maggiore ist einer der großen Voralpenseen. Er hat eine sehr lang gestreckte, leicht S-förmig gekrümmte Form bei verhältnismäßig geringer Breite. Gesamtlänge 65 km, Breite zwischen 2 und 6 km, nur im Bereich der Bucht von Palanza 12 km.

Gesamtfläche 212 km², größte Tiefe 372 m.

Der nördliche Teil des Sees ist von hohen Bergen umrahmt, im Süden treten die Berge zurück. Bei südlichwarmem Klima ist der See hervorragend für einen Urlaubsaufenthalt geeignet. Zahlreiche, schöne Zeltplätze.

Die Zeltplätze im nördlichen schweizer Teil des Sees sind allerdings meist stark überfüllt, auch im südlichen, italienischen Teil des Sees ist es ratsam, Camping-Ferien nicht während der Zeit der italienischen Schulferien zu machen. Die nachfolgend gemachten km-Angaben beziehen sich auf Entfernungen von der

Mündung bis zum Ausfluss des Tessins, folgend dem West-Ufer.

207,3 ⇩ des Ticino superiore (s. Seite 671) in den Lago Maggiore (46.1558, 8.8545)
206,4 ⇩ der Verzasca (s. Seite 696) in den Lago Maggiore (46.1646,8.8520)
201,1 **CH 6600 Locarno** großer Fremenverkehrsort (46.1706,8.8016)
198,9 ⇩ der Maggia (s. Seite 691) in den Lago Maggiore (46.1521,8.8027)
186,4 Grenze zwischen der Schweiz und Italien verläuft hier in West–Ostrichtung quer über den See (46.1020,8.6970)
182,1 ⇩ des Cannobino (s. Seite 690) in den Lago Maggiore (46.0698,8.6987); **I 28822 Cannobio** (46.0694,8.6992)
161,5 ⇩ des San Giovanni (s. Seite 686) in den Lago Maggiore (45.9375,8.5808)
161,0 **I 28921 Intra** (45.9349,8.5747)
160,4 ⇩ des San Bernardino (s. Seite 685) in den Lago Maggiore (45.9308, 8.5738)
159,5 **I 28922 Pallanza-Verbania** (45.9262,8.5664)
158,2 Landspitze. Nach Westen öffnet sich die große Bucht von Palanza (45.9156,8.5605)
151,7 ⇩ des Toce (s. Seite 677) in den Lago Maggiore (45.9363,8.4940)
150,6 Orchidea gut gelegen für eine Befahrung des Toce (45.9324,8.4835)
142,4 **I 28838 Stresa** Südliches Ende der Bucht (45.8848,8.5418)
116,0 Str-II SS33, li **I 21018 Sesto Calende** ⇩ Ausfluss des Ticino inferiore (s. Seite 675) aus dem Laggo Maggiore (s. Seite 675) (45.7225,8.6273)

Lago Maggiore Ostufer

Seengewässer
Mündung in Tessin bei km 116,1

207,3 ⇩ des Ticino superiore (s. Seite 671) in den Lago Maggiore (s. Seite 674) (46.1558,8.8545)
194,4 Grenze zwischen der Schweiz und Italien verläuft hier in West–Ostrichtung quer über den See (46.1048,8.7559)
182,5 **I 21061 Maccagno** (46.0389,8.7324)
176,2 **I 21016 Luino** (46.0036,8.7418)
174,3 ⇩ der Tresa (s. Seite 689) in den Lago Maggiore (45.9974,8.7259)
116,0 Str-II SS33, li **I 21018 Sesto Calende** ⇩ Ausfluss des Ticino inferiore (s. Seite 675) bei km 116,1 aus dem Laggo Maggiore (45.7225,8.6273)

Ticino inferiore

Weitere Namen: Unterer Tessin
Wanderfluss, WW I-II
Mündung in Po bei km 384,6 (li Nebenfluss)

Das gesamte Gebiet steht unter Naturschutz, eine Befahrung des Flusses ist nicht behindert. Es gibt jedoch Kiesbänke und Inseln, die als Vogelschutzgebiete ausgewiesen sind. Schilder machen jeweils darauf aufmerksam, dass das Betreten verboten ist. Es besteht ein offizielles Campingverbot. In Turbigo befindet sich ein am Fluss gelegener ⛺.

Der Tessin wird vielfach von Motorbooten befahren, zumeist Angler, die auch die kleinen Stromschnellen aufwärts befahren. Die Motorboote stören jedoch wenig.

Befahrbarkeit:	am besten Mai, Juni und September, im Som-mer sehr heiß. Außerdem hat die Strecke von km 17,3-37 in dieser Zeit wegen Wasserableitung oft zu wenig Wasser. Der Abschnitt von km 9,7-11,3 gilt wegen der Wehre als extrem gefährlich, vom Kanufahren wird hier dringend abgeraten. Um diesen Schwierigkeiten aus dem Weg zu gehen, empfiehlt es sich, die Befahrung des unteren Tessins erst bei km 37, Turbigo, zu beginnen.
Schwierigkeiten:	leichtes WW mit Kiesbankschwällen bei guter Strömung, maximal WW I, meist leichter
Literatur:	Für eine Befahrung des unteren Tessins ist es unerlässlich, sich folgende Karte zu besorgen: Parco del Ticino Lombardo 1:17 000. Diese Karte zeigt den Fluss sehr genau mit allen Kanälen und Inseln. Man besorgt sich diese Karte am besten vor Ort.

116,1 Str-II SS33, li **I 21018 Sesto Calende** ⇩ Ausfluss des Ticino inferiore aus dem Laggo Maggiore (s. Seite 675) (45.7225,8.6273)

113,0 Autobahn-II A8dir (45.7100,8.6552)

112,6 ▬ Wehr Diga della Miorina Es reguliert den Abfluss des Sees. Bei HW evtl. geöffnet, dann re ≈, sonst re ⌂ (45.7061,8.6532)

106,7 ▬ Wehr Porto della Torre, **X**, Eine Befahrung der Strecke bis zum ▬ Diga del Panperduto ist zwar im Prinzip möglich; sie gilt jedoch als sehr gefährlich. Eine nachvollziehbare Lösung kann nicht angegeben werden, da sich die Verhältnisse je nach Wasserstand ganz erheblich ändern. Von einer Befahrung der Kanäle muss ebenfalls abgeraten werden, da es hier Dükerwehre gibt, am besten beide ▬ in einem ⌂ (Bootswagen empfehlenswert) (45.6760,8.6707)

105,2 ▬ Wehr Diga del Panperduto, **X**, (45.6723,8.6810)

104,6 re ⬇ etwa 200 m nach dem ▬ Diga del Panperduto möglich Die ⬇ ist zu erreichen über Waldwege von der Strasse 336 (vom ▬ Richtung Varallo, 2. Einfahrt li) (45.6690,8.6747)

103,3 ▬ Wehr je nach Wasserstand ≈. Es besteht aus 2 Steinwällen zur Wasserableitung in Kanäle re. Bei NW ist das ⌂ am 2. Steinwall sehr lang und mühsam. Man fährt dazu in den 2. Kanal bis etwa 100 m vor dem Wald. Hier ist ein Stück des Weges zum Fluss mit Bootswagen machbar (45.6589,8.6717)

88,7 Str-II SP527, li **I 21015 Tornavento** (45.5895,8.7045)

88,4 Halb-▬ re ≈ (45.5873,8.7033)

81,4 ▬ Wehr nach Besichtigung ≈ (45.5399,8.7125)

77,5 Str-II SS341 li nach **I 20029 Turbigo** empfohlene ⬇, wenn man die vorausgehenden Schwierigkeiten vermeiden will (45.5087,8.7200)
76,8 re ⛺ Playa di Valverde campeggio galliate (45.5043,8.7251)
69,2 Autobahn-II A4 (45.4702,8.7904)
69,1 EB-II (45.4694,8.7907)
66,8 ▬ kleine Stufe, ≈ (45.4516,8.8035)
66,6 Str-II SR11 (45.4509,8.8046);
EB-II darunter ▬ Stufe, nach Besichtigung je nach Wasserstand ganz li ≈ oder treideln (45.4505,8.8056)
49,4 Str-II SP494 und EB-II, re nach **I 27029 Vigevano** darunter ▬ Stufe, evtl. ≈, ↰ zur Besichtigung (45.3417,8.8798)
29,0 Ponton-II, SP185, li nach **I 27021 Bereguardo**, re ≈ (45.2350,9.0076)
27,2 Autobahn-II A7 (Mailand-Genua) li fahren (45.2303,9.0289)
12,2 li ⛺ Ticino Lanfranco, nicht am Ufer gelegen, am Bootssteg fragen, ✕, 🛒, 🚌 nach Pavia (45.1934,9.1233)
11,7 Autobahn-II A54 (45.1908,9.1283)
10,6 EB-II (45.1833,9.1354)
9,7 Str-II SP35, li **I 27100 Pavia** (45.1806,9.1465)
9,2 überdachet Str-II Ponte Coperto, li **I 27100 Pavia** danach li ⌂ Ruderklub (45.1807,9.1532)
8,9 li Hausboot-Café ⬆ möglich (45.1802,9.1568)
7,7 ← ⯐ zum Naviglio di Pavia auf dem Kanal kann man Mailand erreichen (45.1743,9.1700)
0,9 Str-II Ponte della Becca (45.1430,9.2276)
0,0 ⇩ des Ticino in den Po ab hier ist der Po ganzjährig ≈. Bei Anreise mit der Bahn empfiehlt es sich wegen der günstigeren Verkehrsverbindungen die Fahrt in Pavia auf dem Ticinozu beginnen. Bis zur ⇩ in den Po sind es von Pavia 10 km, keine Schwierigkeiten (45.1438,9.2370)

Toce

WW I-II, WW III-IV, Wanderfluss (Gletscherfluss)
Mündung in Tessin bei km 151,7

Der Toce durchfließt in seinem Oberlauf die landschaftlich hervorragend schönen Alpenhochtäler von **Formazzo** und **Antigoria**.
Allerdings hat der primäre Reiz der Landschaft durch zahlreiche Eingriffe erheblich gelitten: Mit dem Bau der Simplon-Passstraße und des Eisenbahntunnels wurde das Tal zu einer wichtigen Verkehrsverbindung mit zunehmendem Verkehr. Dies führt auch zu einer steigenden Industrialisierung des Tales. Außerdem finden sich hier zahlreiche große Steinbrüche. Fast selbstverständlich, dass auch der letzte Tropfen Wasser des Toce und seiner Nebenflüsse dem Energiehunger geopfert wird. Die Folgen für den Kanusport sind einleuchtend: man muss sich darauf einstellen, dass auch im nachfolgenden Text als „fahrbar" bezeichnete Teilstrecken trocken liegen. Als Zufahrt zu den Steinbrüchen werden Rohrbrücken errichtet. Sie stehen häufig in

starker Strömung und können recht gefährlich sein. Da sie oft ihren Standort wechseln, können sie auch nicht im Text beschrieben werden. Als Fazit bleibt wohl nur die Erkenntnis, dass das obere Tal des Toce für Wildwasserkanuten weitgehend uninteressant geworden ist. Nachstehend werden die für eine mögliche Befahrung noch in Frage kommenden kurzen Etappen beschrieben.
Der Unterlauf des Toce, unterhalb **Domodossola**, ist von dieser Zerstörung des Tales ausgenommen. Er ist als weitgehend natürlich belassener Wanderfluss ohne besondere Schwierigkeiten auch weiterhin sehr zu empfehlen.

80,5 Ursprung durch Zusammenfluss von 2 Quellflüssen aus den Gletschern des Basodino und der Arbola. Deren Wasser ist je in einem Stausee gesammelt (46.4250,8.4005)

77,2 Wasserfall Cascata del Frua 140 m hoch, lässt Wasser allerdings nur als Touristenattraktion an Feiertagen und vom 10.–20. August ab (46.4085, 8.4126)

73,3 Str-II **I 28863 Ponte** ϟ, ⬇ für die 1. nur 5 km lange Teilstrecke, Befahrbarkeit meist ganzjährig, viel Wasser bei Wasserablass aus der Cascata del Frua (s. oben). WW II–III. Es gibt hier 2 ⛺ (46.3783,8.4252)

68,9 ▬ Wehr **I 28863 Fracchie-Fondovalle** ⬆ im Rückhaltebecken. Eine Weiterfahrt ist unmöglich, es folgt ein Steilabbruch (46.3414,8.4245)

67,1 Str-II SS659 (46.3335,8.4087)

65,3 Wege-II, re **I 28866 Rivasco** die Fahrt kann auch schon etwas höher begonnen werden. WW VI–V–IV. ⚠, mehrere Röhren-II in scharfer Strömung, **X** oft gefährlich!
Befahrbarkeit abhängig von der Wasserabgabe des ϟ von Fondovalle, günstig sind etwa 10 m³/s. Dieser Wasserstand ist nur selten anzutreffen. Auf der folgenden Teilstrecke finden sich mehrere große Steinbrüche. Insgesamt gesehen ist die Befahrung dieser Strecke kaum zu empfehlen. (46.3265,8.3905)

58,7 ▬ Wehr **I 28866 Piedilago** Es folgt erneut ein Abschnitt **X** (46.2765, 8.3517)

51,8 Str-II, re **I 28862 Crodo** Befahrbarkeit der Folgestrecke nur zur Zeit der Hochschmelze im Juni und Juli so-wie nach starken Regenfällen. ⬇ für eine sehr schöne, schwere WW-Strecke, sehr stark verblockt, zunächst auf 300 m WW III, danach auf 4 km durchgehend WW IV mit Stellen WW V (46.2283,8.3291)

47,2 Nachlassen der Schwierigkeiten WW III–IV (46.1919,8.3219)

46,2 Str-II **I 28865 Pontemaglio** Kurz danach Beginn einer sehr schönen, 300 m langen Klamm, WW III, Verlassen der Klamm unmöglich (46.1824, 8.3232)

45,9 röm. II von **I 28865 Pontemaglio** Ende der Klamm, weiterhin WW III (46.1808,8.3239)

45,6 Beginn einer weiteren Klamm WW III mit Stellen WW IV (46.1779,8.3241)

44,8 Str-II SS659 (46.1729,8.3193)

44,2 Ende der Schlucht das Tal wird breiter, Nachlassen der Schwierigkeiten (46.1702,8.3132)

43,7 Str-Ⅱ SS33, re **I 28865 Crevoladossola** (46.1666,8.3109)

41,9 ■ Wehr, **X**, li ⌓ (46.1519,8.3086)

41,8 Str-Ⅱ SP71 (46.1510,8.3089)

41,4 re ⇩ Diveria (s. Seite 684) in den Toce (46.1469,8.3096)

41,3 Ab hier WW I–II, ⚠, auf einige Rohr-Behelfs-Ⅱ, **X** (46.1467,8.3097)

41,0 li ⇩ des Isorno Ende der WW-Strecke, li ⬆. Im Prinzip beginnt hier die empfehlenswerte Wanderstrecke des Toce. Allerdings wird das Wasser der Zuflüsse weitgehend abgeleitet, so dass eine Befahrung ab hier Glückssache ist. Bei ausreichendem Wasserstand kann die Befahrung des Toce auf dem Isorno bei Masera begonnen werden. Der Toce läuft hier in einem offenen Trogtal in einem breiten Kiesbett. Zunächst knapp WW III, später WW II und I. Schwierigkeiten durch einige ■ Wehr sowie Holz- und Eisenpfosten.
(46.1437,8.3093)

37,5 Str-Ⅱ SS33 (46.1155,8.3049)

37,2 Str-Ⅱ, re **I 28845 Domodossola** ⚔, 🛒, 🚂, ⛺; empfohlene ⬇ bei ausreichendem Wasserstand li vor der Str-Ⅱ. Der Toce ist ab hier ein schnell fließender Fluss in breitem Kiesbett, mit Verzweigungen und Kiesbankschwällen. ■ Wehr beim Kieswerk von **Domodossola** mit kräftigem Schwall im Unterwasser, evtl. ≋. Nach 50 m Damm bis in Flussmitte mit Röhren, durch die das Wasser fließt, Vorsicht! (46.1127, 8.3063)

34,1 EB-Ⅱ und Str.-Ⅱ darunter Stufe, ≋ re vom 4. Pfeiler. Falls man in Flussmitte fahrt, ist bei der schnellen Strömung ein Anhalten vor der Stufe nicht möglich (46.0883,8.2951)

31,7 Str-Ⅱ, re **I 28844 Villadossola** (46.0712,8.2829)

31,2 re ⇩ der Ovesca (s. Seite 683) in den Toce (46.0673,8.2822)

25,9 ■ Wehr, **X**, li ⌓. Sofort weiterfahren, das ■ kann ohne Warnung schnell geöffnet werden! (46.0286,8.2835)

25,2 Str-Ⅱ, re **I 28885 Piedimulera** (46.0222,8.2819)

24,3 re ⇩ der Anza (s. Seite 681) in den Toce (46.0148,8.2828)

23,7 EB-Ⅱ (46.0098,8.2819);
Str-Ⅱ, re **I 28886 Pieve Vergonte** auf 2,0 km Buhnen (46.0094,8.2819)

19,9 re ⇩ ϟ-Einlauf bei **I 28886 Megolo** mit sehr reichlicher Wasserzufuhr, ab hier ist der Toce ganzjährig ≋, mögliche ⬇ (45.9922,8.3191)

14,7 Str-Ⅱ, li **I 28803 Cuzzago** evtl. nach Besichtigung ≋. Vor Ⅱ li landen und ⌓. Nach 1,5 km EB-Ⅱ, Nachlassen der Strömung, WW I (45.9865, 8.3824)

13,5 EB-Ⅱ (45.9905,8.3964)

11,9 Str-Ⅱ SS33 (45.9850,8.4112)

9,3 Str-Ⅱ SS33 **I 28877 Ornavasso** (45.9703,8.4271)

4,6 Str-Ⅱ SS34 ⚠ Schürfbagger (45.9359,8.4434)

4,4 re ⇩ der Strona (s. Seite 680) in den Toce (45.9353,8.4447)

2,1 ⚠ Schürfbagger, Drahtseile! (45.9400,8.4712)
2,0 EB–II (45.9407,8.4726)
0,9 Str-II SS33racc (45.9405,8.4853)
0,1 ⇩ des Toce in den Lago Maggiore (s. Seite 674) bei km 151,7 (45.9363, 8.4940)

Strona

Kleinfluss, WW III-IV, WW V-VI, Gebirgsbach
Mündung in Toce bei km 4,4 (re Nebenfluss)

Die Strona verläuft durch das landschaftlich hervorragend schöne **Val Strona** . Sie ist als Wildwasser ein Fluss der Superlative mit extremem Gefälle, hohen Wasserfällen, sehr mühsamen Umtragestellen und unfahrbaren Teilabschnitten – ein Bach nur für Extremfahrer.

Befahrbarkeit: Oberlauf bis km 15,8 nur bei NW, ab km 15,8 Frühjahr bis Frühsommer.
Die Befahrung der Strona ist infolge zahlreicher Besichtigungen, Absicherungen und Umtragen sehr zeitaufwendig. Man sollte für die Befahrung des ganzen Flusses etwa 5 Tage einplanen.

Schwierigkeiten: km 26,0–20,4 WW VI+.
km 20,4–19,5 **X**
km 19,5–15,8 WW VI.
km 15,8–14,1 WW IV–V.
km 14,1–7,3 WW IV/V+.
km 7,3–⇩ WW III.

Infrastruktur: die Straße verläuft parallel zum Fluss, es ist daher fast stets möglich, die Fahrt abzubrechen.

34,0 Ursprung am Cma. Capezzone in etwa 2.200 m Höhe
26,0 Oberste mögliche ⬇ bei einem 50 m hohen Wasserfall. ⬇ am re Ufer nach Übersetzen, Abseilen und Alpinstart. Es folgt die schwierigste Etappe der Strona mit hohen Wasserfällen und extremem Gefälle, mehrere Stellen sind **X**. Für die folgenden 5 km sollte man 2 Tage vorsehen (45.9348, 8.2384)
20,5 Str-II Rosarolo (45.9288,8.2921)
20,4 ▬ Wehr Rosarolo ⬆ spätestens hier muss die Befahrung des Oberlaufs beendet werden. Die Folgestrecke ist **X** (45.9284,8.2921)
19,5 Mögliche ⬇ für die Weiterfahrt Man muss dazu die Boote etwa 700 m unterhalb Rosarolo in enger Straßenkurve zum Fluss hinuntertragen; hier keine Parkmöglichkeit (45.9201,8.2949)
17,3 Str-II **I 28895 Marmo** re ⚡-Einlauf, danach ▬ Wehr, evtl. ganz li ≈, unbedingt besichtigen, Lebensgefahr. In der folgenden, grandiosen Schlucht WW V–VI (45.9104,8.3142)
15,8 Str-II **I 28897 Piana di Fornero** übliche ⬇ für die Befahrung der Strona,

Interessantes Wildwasser, WW III/IV (IV+) (45.9064,8.3275)

15,7 ▬ Wehr, ≋ (45.9060,8.3292)

15,1 Str-Ⅱ, re nach **I 28897 Fornero** (45.9075,8.3356)

14,1 ▬ Wehr **I 28897 Strona** mit anschließendem Schlitz, nach Besichtigung evtl. ≋. Mögliche ⬇ für die Befahrung der folgenden, schweren Teilstrecke (45.9083,8.3471)

14,0 ⚠ 8 m hoher Wasserfall, evtl. ≋, re ⏏ möglich (45.9076,8.3489)

10,5 ▬ Wehr und ϟ, evtl. ≋ (45.8921,8.3810)

7,3 Str-Ⅱ, **I 28887 Omegna** (45.8809,8.4050)

7,1 li Ende der sehr schweren WW-Strecke, ⬆ Infolge einer Wasserableitung im Ort ist möglicherweise eine Weiterfahrt nicht möglich (45.8821,8.4073)

7,0 EB-Ⅱ (45.8822,8.4084)

6,8 re ⇩ des Abflusses des Sees von Orta mit einer ganzjährigen Wasserzufuhr von etwa 8 m³/s. Hier ⬇ für die Weiterfahrt (45.8835,8.4105)

6,4 ▬ Wehr, **X**, re ⏏ (45.8866,8.4096)

6,0 Str-Ⅱ, mit ▬ Wehr, ≋ (45.8895,8.4128)

5,1 Str-Ⅱ, li **I 28887 Omegna** (45.8967,8.4177)

5,0 Str-Ⅱ SP229 leichte Zunahme der Schwierigkeiten (45.8973,8.4185)

4,1 3x Str-Ⅱ SP229 Beginn einer schönen Schlucht, WW III/IV (45.9045, 8.4217)

2,6 Str-Ⅱ SP229 (45.9161,8.4291)

2,0 ▬ Wehr nach Besichtigung ≋ (45.9210,8.4306)

1,3 Str-Ⅱ SS33 Ende der Schlucht, WW II (45.9268,8.4342)

0,8 Str-Ⅱ **I 28883 Gravellona Toce** (45.9298,8.4398)

0,2 Autobahn-Ⅱ A26 (45.9334,8.4441)

0,0 ⇩ der Strona in den Toce (s. Seite 677) bei km 4,4 (45.9353,8.4447)

Anza

WW III-IV, WW V-VI, Gebirgsfluss
Mündung in Toce bei km 24,3 (re Nebenfluss)

Der T. Anza entwässert den östlichen Teil des Monte Rosa-Gebietes. Infolge mehrfacher Wasserfassungen macht sich der ursprüngliche Gletschercharakter des Flusses in seinem fahrbaren Bereich nicht bemerkbar. Er ist ein zwar nur kurzer, jedoch sehr interessanter, in Teilbereichen extrem schwerer Wildfluss, der durch tief eingeschnittene, kaum zugängliche Schluchten führt.

Befahrbarkeit: ab km 20,4 nur bei Überwasser eines Stausees (selten), ab km 14,9 am besten Frühsommer–Sommer

Umwelt: Wasser: sehr sauber

Pegel: ϟ **San Carlo**. Unteres MW bei einem ≣ von 80 cm, entspricht etwa 10 m³/s

Schwierigkeiten: km 20,4–14,9 WW IV–V (VI, **X**)
km 14,9–10,1 WW III mit Stellen WW IV/IV+.
km 10,1–5,9 WW IV.

km 5,9–2,6 WW V–VI mit unfahrbaren Teilstrecken.
km 2,6–⇩ WW III, abnehmend WW II.

33,4 Ursprung aus den Gletschern der Ostseite des Monte Rosa-Massivs in etwa 3.000 m Höhe

20,4 Mögliche ⬇ für die Befahrung des Oberlaufs bei der alten Stein-Ⅱ in **I 28875 Ceppo Morelli**, nahe der Talstation der **Belvedere-Bahn**. Ein günstiger Wasserstand wird nur selten angetroffen, optimal sind etwa 10 m^3/s.
Auf der Folgestrecke geht die Fahrt bei großen, glatten Felsen, dazwischen schöne Blockstrecken, in einer offenen Schlucht, zumeist WW IV–V, mit Stellen WW VI bis **X** (45.9703,8.0650)

14,9 ▬, Wehr ↯ von **I 28879 San Carlo** ≣. ⬇ unterhalb des ↯. Die folgenden 5 km haben einen offenen, stellenweise lebhaften Wildfluss Charakter durchgehend ≈, überwiegend WW III, selten WW IV und IV+ (45.9843, 8.1279)

14,3 Str-Ⅱ (45.9878,8.1331)

14,2 Verblockte li-Kure, WW IV+ (45.9883,8.1347)

13,2 Str.-Ⅱ **I 28871 Pontegrande** Durchfahrt WW IV+ (45.9902,8.1472)

10,1 ▬ Wehr **I 28873 Molini**, **X**, teilweiser Wasserentzug. Es folgt die obere Schlucht, Zunahme der Schwierigkeiten, durchweg WW IV–IV+. Ein Abbruch der Fahrt in der Schlucht ist kaum möglich (46.0040,8.1792)

9,6 Alte Stein-Ⅱ mit kleiner Kirche, WW IV/IV+ (46.0060,8.1841)

5,9 Steg in Stahlkonstruktion Dieser Steg ist zu erreichen auf der Straße von **I 28873 Molini** nach **I 28873 Castiglione** bei einer kleinen Kapelle und einer Seilbahn, beides auf der re Seite der Straße. Von hier führt ein Fußweg zum Fluss. In 20 Minuten kann man hier die Boote zur Straße tragen. Übliche ⬆. Es folgt die untere Schlucht mit Schwierigkeiten bis WW VI (46.0185,8.2165)

5,8 **X** Stelle, re ⩍ Nach 50 m folgt eine Stelle WW V+/WW VI-, li ⩍ möglich. Auf 1 km WW III und IV (46.0186,8.2172)

3,4 Römer-Ⅱ bei **Castiglione**, Beendigung der Fahrt hier möglich, jedoch sehr mühsam (46.0182,8.2440)

3,1 ⚠ Der Fluss ist auf einer Strecke von 500 m **X** Das ⩍ in der Schlucht ist äußerst mühsam und zeitraubend, mindestens 2 Stunden, bei HW wahrscheinlich unmöglich. Zunächst re, teils alpin, dann über Blöcke auf das li Ufer und dort weitertragen. Weiterfahrt mit Alpinstart. Nach 100 m ruhigen Wassers folgt der von der Straße aus nur teilweise einsehbare Endabfall, eine etwa 12 m hohe Dreifachschanze. Erkundung schwierig. Die Schanze befindet sich zwischen Steilwänden und teilt sich in 2 Arme.
Der rechte Arm, 12 m hoch, ist **X**
Der li Arm weist 3 Stufen auf:
1. Stufe, 3 m hoch, evtl. ≈
2. Stufe, 3 m hoch, evtl. ≈
3. Stufe, 6 m hoch, li ≈

Umtragen über Mittelblock möglich, dass Queren der Strömung unter Ausnutzung minimaler Kehrwasser ist schwierig.
Auf den folgenden 2 km WW III–II, 2 zerfallene ■, ≋ (46.0190,8.2481)

2,3 ■ Wehr **I 28885 Piedimulera**, evtl. ≋, ⬆ Gute Stelle zur Beendigung der Fahrt, Zufahrt mit Pkw möglich. Die Weiterfahrt bis zur ⇩ dürfte in dem breit auseinanderlaufenden Fluss nicht lohnend sein (46.0203,8.2566)

1,8 EB-Ⅱ (46.0224,8.2618)

0,7 Str-Ⅱ, SS 33 (46.0207,8.2757)

0,0 ⇩ der Anza in den Toce (s. Seite 677) bei km 24,3 (46.0148,8.2828)

Ovesca

Kleinfluss, WW III-IV, WW V-VI
Mündung in Toce bei km 31,2 (re Nebenfluss)

Die Ovesca verläuft als extrem schwerer Wildbach durch enge Klammen und Schluchten. Sie ist von der hoch darüber verlaufenden Straße nur selten einzusehen.

Befahrbarkeit: Frühjahr und Frühsommer
Pegel: keine bekannt
Schwierigkeiten: WW IV–VI mit je nach Wasserstand und Können bis zu 10 Umtragestellen, teilweise sehr mühsam, mehre-re Wasserfälle. Insgesamt ein sehr mühsamer Bach, für die Befahrung sind etwa 6 Stunden erforderlich.

26,5 Ursprung des Ovesca auf 1.073 m Höhe (46.0543,8.0905)

13,7 Str-Ⅱ zwischen **I 28841 Viganella** und **I 28841 San Pietro** ⬇. Zunächst auf 1 km starkes Gefälle und erhebliche Verblockung. WW IV
Das Wasser zieht dann unvermittelt in einen maximal 1 m breiten Kanal mit 8 m Höhenunterschied, **X**, re ⏏ leicht. Sofort danach Wasserfall, 6 m hoch, ≋. Auf der Folgestrecke mehrere alte Stein-Ⅱ, die einen Fahrtabbruch ermöglichen. Es geht weiter mit WW IV–V mit mehreren Stellen **X**, ⏏ leicht.
Unter einer dieser Ⅱ unvermittelt ein enger Wasserfall, 4 m hoch mit engem Tumpf, bei höherem Wasserstand kritisch, ⏏ kaum möglich. Danach mehrere kurze Klammen, Wasserzufuhr durch Seitenbäche. Bei einem Erdrutsch mehrere Stellen mit scharfkantigen Steinen, **X**. In der folgenden Schlucht kurz nacheinander 4 Wasserfälle, evtl. ≋, ⏏ li über einen Felsen sehr mühsam (1 Stunde). Die Boote müssen 7 m hoch hinabgeworfen werden mit Nachspringen. Bald danach li ⇩ eines größeren Seitenbaches mit folgender enger Klamm. Danach Abnahme der Schwierigkeiten, WW III–IV
(46.0489,8.1844)

4,7 ■ Wehr, **X**, ⏏ leicht (46.0646,8.2478)

2,9 ⬆ Beendigung der Fahrt bei **I 28844 Villadossola** (46.0678,8.2575)

0,0 ⇩ der Ovesca in den Toce (s. Seite 677) bei km 31,2 (46.0673,8.2822)

Diveria

WW III-IV, WW V-VI, Gletscherfluss
Mündung in Toce bei km 41,4 (re Nebenfluss)

Die Diveria ist ein sportlich interessanter Wildfluss in einem engen Tal des Tessins. Achtung, Steinbrucharbeiten an beiden Talwänden! Eine Befahrung ist nur in 2 Etappen möglich

Befahrbarkeit:	obere Teilstrecke Mai–Juni und Spätherbst; untere Teilstrecke selten
Schwierigkeiten:	km 17,5–11,1 WW V+, Gefälle 30 ‰. km 11,1–10,1 **X** km 10,1–⇩ WW III und IV (V), Gefälle 30 ‰.
Infrastruktur:	s. Toce Pkw: die Diveria ist auf ihrer gesamten Länge von der Straße aus einzusehen

29,4	Ursprung nahe dem Simplon-Paß in etwa 2.500 m Höhe
17,5	Grenze Schweiz – Italien ϟ mit Wassereinleitung, ▬ Wehr. ⬇ auf italienischer Seite bei einem riesigen Felsblock mitten im Flussbett mit Hinweisschild „Hotel Gabi". Es folgen zunächst einige Stufen, dann Katarakte und Blockschwälle in stets offenem Flussbett. ⚠ Vorsicht bei 2 kleinen ▬, die als Furten von Steinbruchfahrzeugen benutzt werden (46.1946,8.1488)
16,0	Tunnelkatarakt, laufend Veränderungen durch Steinbrucharbeiten (46.1982,8.1658)
13,4	▬, bei günstigem Wasserstand ≈, die beiden folgenden etwa 4 hohen Stufen sind ebenfalls evtl. ≈ (46.2055,8.1956)
11,1	▬ mit meist totaler Wasserableitung, Aufseilen zur Straße. Eine Weiterfahrt ist nicht möglich (46.2055,8.2227)
10,1	Str-Π bei re **I 28868 Varzo** ab hier ist bei ausreichender Wasserführung eine Weiterfahrt möglich. Zunächst auf kurzer Strecke WW III, danach auf 100 m WW IV–V, re ⏏ gut möglich Weiterhin WW III, mit weiterer Stelle WW IV–V (46.2048,8.2343)
7,5	Nachlassen des Gefälles. Bei Flussteilung re Arm fahren (46.1981,8.2650)
4,2	Römische Str-Π, ⌘, ↱ und die Folgestellen besichtigen. Auf 500 m zunächst WW V, abnehmend WW IV (46.1727,8.2825)
3,8	EB-Π, danach weiterer Abschnitt bis WW V, zur Besichtigung ↱ und evtl. ⏏ (46.1694,8.2830)
2,3	Beginn einer engen Schlucht, deren Verlassen auf 1,0 km nicht möglich ist. WW III und IV (46.1573,8.2868)
0,9	Str-Π, **I 28865 Crevoladossola**, hoch über dem Fluss (46.1518,8.3008)
0,8	Eisen-Π, ▬ Wehr, **X**, re ⏏. WW II–III (46.1513,8.3018)
0,0	⇩ Diveria in den Toce (s. Seite 677) bei km 41,4 (46.1469,8.3096)

San Bernardino

WW III-IV, WW V-VI, Gebirgsfluss
Mündung in Tessin bei km 160,4

Der T. San Bernardino fließt durch das landschaftlich sehr schöne, einsame Val Grande zwischen dichten Buschwäldern. Er ist ein zunächst sehr interessanter, schwerer, im Unterlauf leichter Wildbach.

Befahrungsregeln:	km 12,2–5,1 WW IV–V (**X**). km 5,1–⇩ WW II.
Befahrbarkeit:	Mai–Juni Da kein ≣ bekannt ist, muss die Befahrbarkeit durch Augenschein abgeschätzt werden. An der ⬇ sollte man sehr wenig Wasser haben; gute Beurteilungsmöglichkeit am ▬ bei km 5,8
Infrastruktur:	⛟ am Lago Maggiore

24,2 Ursprung am Pzo. di Rossola in etwa 2.000 m Höhe

12,2 Str.-Ⅱ **Ponte Casletto** ⇩ Zusammenfluss mit Rio Pogallo, ⬇ direkt an der Ⅱ. Auf der engen Bergstraße befindet sich ein nur 2,7 m hoher Tunnel, letzte Wendemöglichkeit 200 m vor dem Tunnel. Pkw nicht an der Straße stehen lassen, da auf der engen Straße fast keine Ausweichmöglichkeit besteht. Die Folgestrecke bietet sehr schönes WW, WW IV–V, bei MW 2 Stellen **X** (45.9930,8.4830)

8,5 ▬ oberhalb **Rovego**, übliche ⬆ Boote entlang der Druckröhre hochtragen.
Für evtl. Weiterfahrt re kurz ⏏. Es folgt eine landschaftlich hervorragend schöne Klamm. Weiterhin sehr schwer, WW IV–V, mit steckgefährlichen Stufen bis 2,0 m Höhe sowie einigen Zwangspassagen, 2 Stellen **X**. Bei HW wird das ⏏ dann unmöglich, aber auch bei NW sehr mühsam. Auch mit Baumversperrungen ist zu rechnen. Es ist recht fraglich, ob eine Befahrung der Folgestrecke lohnend ist; wenn überhaupt, sollte sie nur bei NW durchgeführt werden.
Kurz nach der Eingangspassage 1. Stelle, **X**, bei NW ⏏ im Fluss über rutschige Steine, bei HW unmöglich bzw. außerordentlich mühsam (45.9672,8.4962)

6,8 li ⇩ des beim ▬ abgeleiteten Wassers, hier Ⅱ, eine kleine Straße führt zu einem ϟ (45.9596,8.5093)

5,8 ▬ Wehr am Eingang einer kleinen Schlucht knapp 20,0 m hoch, **X**, auf beiden Seiten senkrechte Felswände. Bei HW ⏏ unmöglich, bei NW muss ein Mann und ein Boot abgeseilt und das Material nachgeworfen werden. Die restliche Mannschaft kann zu einem Fischerpfad hochklettern und über Eisenleitern in die Klamm zurückkehren. Die Benutzung des re Überlaufstollens zum ⏏ ist nur selten möglich, da er bei HW voll Wasser ist und sonst meist mit Holz verrammelt ist. Danach weiterhin WW II/III+ (45.9610,8.5207)

5,1 Str-Ⅱ, re **I 28804 San Bernardino Verbano** ⬇ für die Befahrung der Reststrecke. Sie bietet in einem offenen Kiesbett schöne Schwälle und Kehrwasser zum Üben (45.9567,8.5253)

0,0 ▬ Wehr (45.9308,8.5736);
⇩ des San Bernardino in den Lago Maggiore (s. Seite 674) bei km 160,4 (45.9308,8.5738);
Bei Fahrt nach Norden erreicht man nach 300 m den Hafen von **Intra**, hier ⬆

San Giovanni

Kleinfluss, WW V-VI, Gebirgsbach
Mündung in Tessin bei km 161,5

Auf dem San Giovanni findet man alles, was man von einem ruppigen Steinbach erwarten kann: Hohe Abfälle, enge Verblockung, starken Rücklauf in den Stufen und oft senkrechte Klammwände. Die Schwierigkeiten folgen Schlag auf Schlag, vergleichbar mit den Lechschluchten, aber eher schwieriger. Verschiedene Zwangspassagen, WW V und VI.

Befahrbarkeit: März – April und nach Regenfällen. Man sollte bei der Anfahrt bei der Ⅱ von km 3,6 einen Eindruck gewinnen, ob das Wasser für eine Befahrung ausreicht. Weiteres Merkmal: auf der Strecke nach der Einbootung sollte das Boot oft Bodenberührung haben.
Günstige Wasserführung: etwa 3–4 m³/s. Bei höherem Wasserstand wird der Bach schnell unfahrbar.

Pegel: Ⅱ von **Ramello** ; MW etwa 38 cm. Der ≣ ist jedoch ungenau, da oberhalb Wasserableitung.

Infrastruktur: bei **Ramello** am Fluss

17,2 Ursprung am Monte Cedo in etwa 1800 m Höhe

13,2 mögliche ⬇ beim Zusammenfluss der Quellbäche da es keine Straßenzufahrt gibt, müssen die Boote auf einem Wanderweg, vorbei am Friedhof, etwa 45 Minuten lang hochgetragen werden.
Die folgenden 2 km sind extrem schweres Wildwasser. Zahlreiche bis zu 8 m hohe Wasserfälle und Stufen, durchweg WW V–VI. 2 Fälle sind **X**, ⏏ mühsam. Eine Stufe mit einem 4 m hohen Fall in einer engen Klamm ist eine Zwangspassage. Die letzten 4 Wasserfälle vor der Ⅱ sind gut ≋.
Diese 2 km lange Strecke sollte nur befahren werden, wenn die folgende Standardstrecke viel Wasser hat.
(46.0159,8.5768)

11,5 Str-Ⅱ **I 28812 Scareno** Letzte Straßen-Ⅱ, übliche ⬇ oberhalb der 4 Fälle. Wer in diesen Stufen schon Schwierigkeiten hat, sollte auf eine Weiterfahrt verzichten.
Nach 4 hohen Stufen li ⇩ eines Baches. Die ersten 500 m sind relativ einfach. Nach einer alten Bogen-Ⅱ Beginn der Schwierigkeiten: WW V–

VI, mehrere Wasserfälle. 2 Stufen wegen Verklemmungsgefahr **X** (46.0078,8.5838)

7,8 Hohes ■ mit meist völliger Wasserableitung (200 m oberhalb der Abzweigung nach Intra). Die Boote müssen über einen Pfad zur Straße hinaufgetragen werden.
Eine Weiterfahrt ist nur bei ausreichendem Überlauf möglich, günstig sind etwa 30 cm. Dieser Wasserstand ist nur zeitig im Frühjahr (Ostern) anzutreffen, wenn das Wasser für den Oberlauf zu hoch ist. Außerdem gibt es selten auch Wasser zur Bachreinigung. Das sehr eindrucksvolle, 15 m hohe ■ kann dann evtl. befahren werden. li ⌂ auf einem Anglerpfad möglich.
Die Schwierigkeiten sind gleichbleibend WW V, eine Stelle sollte ⌂ werden, Flusscharakter offener als im oberen Teil. (45.9831,8.5739)

5,5 Str-Ⅱ **I 28814 Ramello** (45.9696,8.5575)

5,4 ■ Wehr Ramello mögliche Wieder-⬇. Die folgenden 2 km sind erneut extrem schwer. Hohe Stufen, eine schwere Zwangspassage in der 1. Klamm, 2 Siphons mit mühsamem ⌂ in der 2. Klamm, durchweg WW VI (45.9691,8.5562)

3,6 Str-Ⅱ nach Possaglio (s. „Befahrbarkeit"), bis zur ⇩ leicht, WW I (45.9564, 8.5518)

0,0 ⇩ des San Giovanni in den Lago Maggiore (s. Seite 674) bei km 161,5 (45.9375,8.5808)

Vedeggio

WW I-II, WW III-IV, WW V-VI, Gebirgsfluss [WW]
Mündung in See von Lugano bei km 21,9

Der Vedeggio ist der größte Zufluss des Sees von Lugano. Der Vedeggio ist ein landschaftlich sehr schöner Fluss des Tessins.
Er ist in seinem Oberlauf ein kleiner, jedoch sehr schwerer Wildbach, sein Unterlauf ist nur mäßig schwer.

Befahrbarkeit:	März – Mai und nach starken Regenfällen
Umwelt:	sehr sauber
Schwierigkeiten:	km 39,1–36,1 WW V, Gefälle 60 ‰.
	km 36,1–27,6 WW II und III, Gefälle 9,5 ‰.
	km 27,6–21,9 WW II, abnehmend, WW I.

49,9 Ursprung des Vedeggio am Monte Camoghe in etwa 2.000 m Höhe (46.1414,9.0637)

42,3 Str.-Ⅱ, re **CH 6810 Isone** mögliche ⬇, ab hier soll eine Befahrung bei starkem HW möglich sein, Schwierigkeiten anscheinend bis WW V, Baumversperrungen (46.1294,8.9907)

40,1 Str.-Ⅱ bei **CH 6809 Medeglia ⬇** mit Pkw über steilen Feldweg zu erreichen. Der Vedeggio verläuft durch eine Schlucht, teilweise enge

Klamm, sehr starkes Gefälle, steile Abfälle, Baumversperrungen, öftere Besichtigungen und mühsames ⩳ erforderlich, WW V. Für die folgende Strecke von 3 km müssen 6–7 Stunden eingeplant werden (46.1157, 8.9742)

36,7 Ende der Schlucht, mögliche ⬆. In Abständen von 30 m finden sich zahlreiche Steinbogen, die je nach Wasserstand als niedrige ⌶ oder als ▬ wirken. Befahrung dieser Strecke daher kaum möglich (46.1069, 8.9401)

36,1 Str-⌶ **CH 6803 Camignolo** Südliches Ortsende, wegen dieser Hochwasserschutzbauten wird die Befahrung des Vedeggio zumeist hier begonnen, ⬇
Charakter des Flusses unverändert, Schwierigkeiten WW II und III. Es folgen bis Gravesano 6 ▬ Stufen, sämtliche nach Besichtigung ≈ (46.1046,8.9343)

36,0 EB-⌶ (46.1043,8.9328)

34,9 Str-⌶ **CH 6805 Mezzovico-Vira** (46.0952,8.9273)

30,5 Str-⌶ 2 (46.0656,8.9346)

30,3 Str-⌶, re **CH 6807 Torricella-Taverne** (46.0649,8.9330)

28,9 Autobahn-⌶ A2 (46.0542,8.9277)

28,5 EB-⌶ (46.0505,8.9253)

27,9 ▬ Wehr, **X** (46.0454,8.9247)

27,6 Str.-⌶, **CH 6929 Gravesano** Kurz nach der ⌶ ein weiteres ▬ mit sehr starkem Rücklauf, bei HW ist von einer Befahrung abzuraten. Es folgt noch eine Stufe, ≈. Bis zum See schnurgerader, von Bäumen eingefasster Kanal mit sehr starker Strömung (46.0433,8.9259)

27,0 Str-⌶, li **CH 6814 Lamone** (46.0380,8.9284)

25,9 Str-⌶, re **CH 6928 Manno** (46.0285,8.9239)

24,4 Str-⌶, re **CH 6934 Bióggio** (46.0161,8.9178)

23,9 EB-⌶ (46.0116,8.9157)

22,3 Str-⌶, re **CH 6982 Agno** (45.9976,8.9088)

21,9 ⇩ Vedeggio in See von Lugano (s. Seite 688) bei km 21,9 Die Weiterfahrt zum Ausfluss der Tresa folgt dem re West-Ufer des Sees nach Süden (45.9941,8.9069)

See von Lugano

Seengewässer [SG]
Mündung in Tresa bei km 13,6

Der See von Lugano ist ein landschaftlich hervorragend schöner See. Größte Länge 33 km, Breite 2 km, auf weiten Strecken nur 1 km. Infolge seiner bizarren, mehrfach gekrümmten Form und mehrerer tiefer, dabei ganz schmaler Buchten entsteht fast überall der Eindruck von verhältnismäßig kleinen Teilseen. Von der ⇩ des Vedeggio sind es bis **Lugano** 22 km, bis **Riva-St. Vitale**, der südlichsten Ausbuchtung des Sees, 19 km und bis **Porlezza**, der östlichsten Stelle des Sees, 33 km. Von hier sind es auf der Straße nur 5 km bis zum Comer See. Der Ostteil des Sees von Lugano gehört zu Italien.

Infrastruktur: mehrere ⛺ am See von Lugano

21,9 ⇩ Vedeggio (s. Seite 687) in See von Lugano Die Weiterfahrt zum Ausfluss der Tresa folgt dem re West-Ufer des Sees nach Süden (45.9941,8.9069)

16,4 In scharfer Wende nach re Westen in eine kleine Bucht einfahren (45.9608,8.8868)

15,4 See-Enge, li **I 21037 Lavena Ponte Tresa** dahinter erneut Ausweitung des Sees, dem südlichen Ufer folgen (45.9590,8.8748)

13,6 ⇩ Ausfluss der Tresa (s. Seite 689) bei km 13,6 aus dem See von Lugano (45.9670,8.8592)

Tresa

WW I-II, WW III-IV, Gebirgsfluss
Mündung in Lago Maggiore Ostufer bei km 174,3

Befahrbarkeit: ganzjährig
Schwierigkeiten: km 13,6–⇩ WW II–III (IV), Gefälle 5,4 ‰.
Karten: Gen.-Karte Schweiz, Nr. 4, C 14–E 13

13,6 ⇩ Ausfluss der Tresa aus dem See von Lugano (s. Seite 688) (45.9670, 8.8592);
Str-II, re **CH 6988 Ponte Tresa** li **I 21037 Ponte Tresa**, Die Tresa bildet bis km 6,9 die Grenze zwischon der Schweiz und Italien, ab km 6,9 sind beide Ufer italienisches Staatsgebiet. Zunächst Aulandschaft, gute Strömung, keine Schwierigkeiten (45.9671,8.8590)

13,2 ▬ Wehr 3 m hoch, X, ⏏ (45.9695,8.8551)

8,1 Str-II, re **CH 6996 Monteggio** Zunahme der Schwierigkeiten, verblockte Stromschnellen, WW II–III (45.9906,8.8077)

6,9 **I 21030 Fornasette**, eine Stelle WW IV, bei HW auch darüber, ⏏ mühsam. Die Stelle kann von der Straße Ponte–Tresa–Luino am li Ufer vor Tunnel gut eingesehen werden (45.9920,8.7927)

5,9 Str-II, gute ⬆, danach Stauwurzel des folgenden Stausees (45.9898, 8.7842)

4,0 ▬ Staumauer, Wasserableitung, danach zumeist keine ausreichende Wasserführung. ⏏ li im Steilhang über ↯ Einlauf, Rutschgefahr oder re auf der Strasse ca. 1 km. Bis ⇩ ist der Fluss begradigt. WW I–II (45.9915, 8.7667)

0,6 EB–II (45.9941,8.7301)

0,5 Str-II SS69 **I 21016 Luino** (45.9950,8.7289)

0,1 ⇩ der Tresa in den Lago Maggiore (s. Seite 675) bei km 174,3 (45.9974, 8.7259)

Cannobino

Kleinfluss, WW III-IV, WW V-VI, Gebirgsbach
Mündung in Tessin bei km 182,1

Der Cannobino führt auf seinem für eine Befahrung in Frage kommenden Abschnitt durch eine wild-romantische, weitgehend unzugängliche Klamm. Für ein evtl. Verlassen der Schlucht kommt nur auf kurzer Strecke unterhalb der Π in Schluchtmitte ein Wanderweg am li Ufer in Frage. Vor der Doppelstufe kann hier 150 m hoch aufgeseilt werden, sehr mühsam. Nach der Doppelstufe ist ein Verlassen der Schlucht unmöglich. Eine Befahrung sollte daher nur bei optimalem Wasserstand durchgeführt werden.

Befahrbarkeit: bei NW in Juli–August. Günstig ist eine Durchflussmenge von etwa 3 m^3/s, die an der ⬇ recht dürftig wirkt. Das Maximum für eine Befahrbarkeit dürfte bei etwa 5 m^3/s liegen.

Pegel: kurz oberhalb des Ortes **Cannobio** unterhalb eines sehr schönen ⛺. Keine verlässliche Angaben.
Ein Anhalt: runder, heller Stein unterhalb der Π der ⬇ in ruhigem Wasser. Wenn er überspült ist, ist der Wasserstand schon zu hoch, dann nicht einfahren!

Schwierigkeiten: vergleichbar mit der Kaiserklamm der Brandenberger Ache. Enge Verblockung mit mehreren, bis zu 4 m hohen Abfällen. Verklemmungsgefahr, Baumversperrungen möglich. WW IV und V, 2 Passagen **X**, bei NW ⏏ gut möglich.
Kurz vor Ende der Schlucht ist ein gefährlicher Siphon. Merkmal; kurz nach dem engsten Klammabschnitt mit einigen Zwangspassagen, bis WW IV+, treten die Felswände etwas zurück und es folgt eine Blockstrecke. Hier ⬆ und die Blockstrecke erkunden. An deren Ende befindet sich ein Siphon, der vom Boot aus erst im letzten Augenblick zu erkennen ist, nach Besichtigung re umfahrbar. Nach diesem Katarakt folgen noch 2 Stellen, **X**. Nach der letzten ⏏-Stelle bei der Anfahrt zur Schlußstufe unbedingt li an der Wand entlang durch den „Chicken-Kanal" rumpeln! Bei höherem Wasserstand dürften Teilstrecken im Oberlauf des Cannobino ≋ sein. Näheres ist jedoch nicht bekannt.

10,2 ⬇ bei Π kurz oberhalb **I 28825 Lunecco** (46.0720,8.6016)
8,4 ⇩ des Socraggio (s. Seite 691) in den Cannobino (46.0674,8.6226)
7,9 Str.-Π **I 28822 Socraggio** hier weitere mögliche ⬇ (1. Π bei Fahrt flussaufwärts) (46.0665,8.6282)
3,7 kleine Bogen-Π bei der Kirche von St. Anna ⬆ (46.0612,8.6685)
0,0 ⇩ des Cannobino in den Lago Maggiore (s. Seite 674) bei km 182,1 (46.0698,8.6987)

Socraggio

Kleinfluss, WW V-VI
Mündung in Cannobino bei km 8,4 (re Nebenfluss)

Der Socraggio ist ein kurzer, extrem schwerer Schluchtenfluss.

Befahrbarkeit: bei sehr hohem Wasserstand des Cannobino.

Schwierigkeiten: enormes Gefälle in Stufen; 100 m nach dem Einstieg eine hohe Rutsche mit 15 m Höhenunterschied. Je nach Aufschlagen im Unterwasser gibt es gewaltige Stauchungen oder Prellungen. 2 Fälle mit 5 und 4 m Abfall, mehrere kleinere Stufen. Kurz vor der ⇩ 3 m hoher Abfall in eine enge Klamm. Dieser Abfall ist eine Zwangspassage und sollte vor der Befahrung besichtigt werden. Man kann dazu von **Nivetta** aus auf einer kleinen Ⅱ über den Cannobino zur ⇩ des Socraggio gehen. WW VI **X**.
Für die 1,5 km lange Strecke muss man etwa 2 Stunden rechnen

4,9 Ursprung des Socraggio (46.0403,8.5941)
0,8 ⬇ bei der Ⅱdes Wanderweges kurz hinter **I 28822 Socraggio** (46.0628, 8.6209)
0,0 ⇩ des Socraggio in den Cannobino (s. Seite 690) bei km 8,4 (46.0074, 8.6226);
⬆ an der nächsten Str.-Ⅱ über den Cannobino

Maggia

WW I-II, WW III-IV, WW V-VI, Gebirgsfluss
Mündung in Tessin bei km 198,9

Die Maggia fließt in einem sehr schönen, fast immer weiten Tal des Tessins, das umrahmt ist von Bergen mit Höhen bei 2.000 m. Sie ist ein sehr interessanter Wildfluss, auf weiten Strecken in einem Kiesbett mit vielen verblockten Gefällstrecken, in diesem Bereich mäßig schweres Wildwasser. Nur im Oberlauf sowie bei **Avegno** ist die Maggia wirklich schweres Wildwasser.
Die im Tal verlaufende Straße gibt den Blick auf den Fluss nur selten frei.

Befahrbarkeit: infolge von Stauanlagen mit Wasserableitungen im Oberlauf ist die Maggia nur selten zu befahren. Die Möglichkeit einer Befahrung kann beurteilt werden bei **Ponte Brolla**, oberhalb der Einmündung der Melezza. Ab **Giumaglio** bei Schneeschmelze und nach Regenfälle öfter ≈. Bei HW dürfte die schwere WW-Strecke **X** werden.
Die Schlucht bei km 6,4 ist nur bei extremem NW evtl. zu befahren

Umwelt: Wasser: sehr sauber

Pegel: Ⅱ **Bignasco**, 330 cm = HW

Schwierigkeiten:	km 38,6–32,1 WW III–V km 32,1–29,7 **X** km 29,7–10,0 WW II, in den zahlreichen Blockstrecken WW III–IV km 10,0–6,4 WW III/IV-; bei HW bis WW V+ km 6,4–5,8 **X** km 5,8–⇩ WW III–II
Infrastruktur:	⛺ bei **Avegno** und am **Lago Maggiore**
Karten:	Gen.-Karte Schweiz Nr. 4, B 12–C 13

55,3 Ursprung am Mt. Cristallina in 2.800 m Höhe (46.4790,8.5791)

38,0 Str-II **CH 6694 Lavizzara-Prato-Sornico** Nach starken Regenfällen wird hier eine Teilstrecke der Maggia ≈. Führt die Maggia bei **Ponte Brolla** sehr viel Wasser, hat man gute Chance auch hier oben, bei **Prato Sornica**, genügend Wasser anzutreffen. Offene Strecken wechseln mit stark verblockten Katarakten, der Flusscharakter ist mit dem der obersten **Verzasca** zu vergleichen (46.3948,8.6552)

32,8 Wege-II ⚠ Beginn einer Steilzone, WW V und VI, eine Stelle **X** (46.3545,8.6354)

32,0 Klamm von **CH 6692 Lavizzara-Brontallo** Am Klamm-Eingang Wasserableitung, li davor ⬆. Die Klamm gilt als **X**
Fahrt oberhalb des ersten hohen Wasserfalles beenden (46.3528,8.6278)

29,9 Wege-II (46.3404,8.6094)

29,8 re ⇩ der Bavona (s. Seite 696) in die Maggia (46.3391,8.6084)

28,7 Str-II, **CH 6676 Bignasco** mögliche ⬇. ≡. Bei unzureichendem Wasserstand kann die Fahrt auch weiter flussab begonnen werden. Sehr schöne Fahrt, WW II, unterbrochen durch zahlreiche Blockstrecken, WW III und IV (46.3384,8.6080)

28,1 Wege-II (46.3296,8.6071)

27,2 Fußg-II (46.3167,8.6069)

26,2 Str-II, die Straße wechselt auf die li Seite (46.3091,8.6096)

20,9 Hänge-II, li **CH 6674 Someo** (46.2860,8.6570)

20,0 li **CH 6678 Giumaglio**. Ab hier wegen zahlreicher Zuflüsse und nach Regenfällen öfter ≈ (46.2713,8.6768)

17,5 Str-II, re **CH 6678 Lodano** (46.2616,8.6891)

14,1 Fußg-II, li **CH 6673 Maggia** (46.2433,8.7055)

13,6 Str-II (46.2395,8.7138)

12,9 Fußg-II (46.2315,8.7214)

11,0 li ⛺ TCS Camping Gordevio (46.2213,8.7390)

10,0 Fußgänger-II, li kleiner 🅿 ⬇, falls man nur die Strecke bis km 8,5 befahren will. Zunächst WW I–II (46.2156,8.7448)

9,5 li Kieswerk ⚠ In einem kleinen Blockwurf ragt von li ein Eisenträger bis in Flussmitte; erhebliche Zunahme der Schwierigkeiten, starke Verblockung. Meist wird hier NW angetroffen, dann WW III/IV-. Bei höheren Wasserständen sehr wuchtige Schwälle, WW V (46.2135,8.7427)

8,0 li **CH 6670 Avegno**, ⛺. (46.2014,8.7413)

7,4 ■ Wehr gut ≋ (46.1968,8.7499)

6,5 Eisen-II, darunter Wasserfall vor der II ⬆.
Der Wasserfall und damit auch die folgende Klamm sind normalerweise **X**.
Bei starkem NW kann der Fall evtl. befahren werden, in der eindrucksvollen Klamm keinerlei Schwierigkeiten, an ihrem Ende finden sich einige Felsbarrieren, die etwas mühsam zu überheben sind (46.1891,8.7561)

5,6 Str-II Ponte Brolla ⬇, Die Fahrt kann hier fortgesetzt werden. Zunächst WW III, abnehmend WW II, die Flussufer sind reguliert (46.1863,8.7532)

4,5 re ⇩ der Melezza (s. Seite 693) in die Maggia (46.1804,8.7575)

2,6 Str-II, re **CH 6612 Ascona** (46.1673,8.7750)

1,8 Autobahn-II A13, li **CH 6600 Locarno**, re **CH 6612 Ascona** (46.1627, 8.7831)

0,0 ⇩ der Maggia in den Lago Maggiore (s. Seite 674) bei km 198,9 (46.1521, 8.8027)

Melezza

WW I-II, WW III-IV, WW V-VI, Gebirgsfluss
Mündung in Maggia bei km 4,5 (re Nebenfluss)

Die Melezza entwässert das enge **Centovalli**. Während sie in ihrem Oberlauf durch ein offenes Geröllbett fließt, verläuft sie in ihrem Mittelteil in tiefen, unzugänglichen Schluchten, die einzig vom Stausee von **Camedo** unterbrochen sind. Sie ist hier ein sehr schwerer Wildfluss. Bei **Golino** tritt sie in eine Kiesebene aus und ist hier bis zur ⇩ in die Maggia (s. Seite 691) ein Wanderfluss.

Befahrbarkeit:	oberhalb **Camedo** im Frühjahr und Frühsommer, unterhalb des Stausees Zeit der Schneeschmelze im April. Am besten steigt man zur Beurteilung bei km 7,3 in die Schlucht hinunter
Pegel:	**Ponte di Golino**, km 4,5; 415 cm = NW–MW
Schwierigkeiten:	km 23,9–11,3 WW III–IV–V–VI–**X**, Gefälle 15 ‰ km 11,3–4,5 WW IV–V–VI–**X**, Befahrung wegen Wasserableitung nur selten möglich km 4,5–⇩ WW II

35,4 Ursprung im Gebiet der **Pioda di Crana** in etwa 2.200 m Höhe (46.1737, 8.4922)

27,8 Str-II, re **I 28857 Crana** der Fluss tritt aus einer engen Waldschlucht in ein teilweise stark verwildertes Geröllbett aus, zahlreiche ■ Stufen (46.1428,8.4593)

26,0 Str-II, re **I 28852 Siberia** (46.1361,8.4782)

24,7 Str-II, re **I 28854 Zornasco** (46.1311,8.4929)

24,4 ⇩ der Loana (s. Seite 695) in die Melezza (46.1308,8.4967)

24,3 ■ Wehr, **X** (46.1313,8.4982)

24,0 Str.-II SS337, li **I 28854 Malesco** mögliche ⬇, bis **Re** offener Fluss lauf in breitem Kiesbett, einige ▬ Wehr, **X** (46.1314,8.5020)

23,1 EB-II (46.1285,8.5127)

21,6 ▬ Wehr, **X** (46.1263,8.5304)

20,2 Str-II, **I 28856 Re** re, Kathedrale, ⌘; übliche ⬇. Kurz danach ▬ Wehr, 5 m hoch, evtl. li ≈.
Später 2 weitere ▬, **X**. Offene Teilstücke wechseln mit stark verblockten Katarakten, WW IV–V (46.1276,8.5459)

18,1 Str-II SS337 (46.1369,8.5682)

17,7 EB-II (46.1382,8.5727)

17,4 Str-II und EB-II (46.1390,8.5752)

16,3 Fußg.-II oberhalb des EB-Tunnels ⬆ häufig wird die Fahrt hier abgebrochen, Boote zur Straße hochtragen.
Eine exakte Detailbeschreibung der folgenden Extremstrecke ist nicht möglich. Die Befahrbarkeit der einzelnen Passagen ist stark vom Wasserstand abhängig, außerdem ist stets mit Veränderungen durch vorausgegangene Hochwasser zu rechnen. Bei einem minimalen Durchlauf von etwa 4 m³/s ist wahrscheinlich nur eine Stelle **X**, bei einer Schüttung von 8–10 m³/s können es bis zu 5 Stellen werden. Nicht bei HW einfahren, da dann der Eingang in die Schlucht, der häufig durch Holz verlegt ist, nicht ⌓ werden kann, auch bei NW kaum möglich; das ⌓ bei den übrigen Extremstellen ist zwar möglich, doch stets recht mühsam. Fahrtabbruch nicht möglich. Die 1. Klamm kann evtl. auf den Geleisen der EB 500 m weit ⌓ werden (46.1411,8.5889)

14,1 Beginn des Stausees von **Camedo** Grenze Italien – Schweiz. ⬆ bei der italienischen Grenzstation vor der ⇩ eines kleinen Seitenbaches (46.1536, 8.6037)

12,9 ▬ Sohlstufe (46.1561,8.6161)

11,3 ▬ Staumauer meist völliger Wasserentzug, Weiterfahrt daher nur selten möglich, s. Befahrbarkeit. Man erreicht die ⬇ über eine kleine Straße auf der re Flussseite, darauf etwa 300 m weit mit einem Tunnel bis zu einer Kiesdeponie, von dort über eine steile Geröllhalde zum Fluss, mühsam. Schwierigkeiten zumeist WW IV und darüber, einige kurze Passagen **X**, zumeist offenes Flussbett in wildromantischer, tiefer Schlucht (46.1598, 8.6304)

7,3 Beton-II hier Befahrbarkeit abschätzen, bei NW evtl. hier ⬇, Boote von Corcapolo hinuntertragen.
re ⇩ des Stollenüberlaufs, weiterhin WW IV–V, eine etwa 50 m lange Passage WW VI–**X**, eine Zwangspassage.
(46.1668,8.6764)

4,5 Str-II Ponte di Golino ≣, mögliche ⬆⬇, ab hier keine besonderen Schwierigkeiten mehr, WW II, eine künstliche Blockbarriere (46.1780, 8.7060)

4,2 li ⇩ de Isorno (s. Seite 695) in die Melezza (46.1803,8.7063)

0,0 ⇩ der Melezza in die Maggia (s. Seite 691) bei km 4,5 (46.1804,8.7575)

Isorno (Melezza)

WW V-VI
Mündung in Melezza bei km 4,2 (li Nebenfluss)

Der Isorno ist ein nur auf kurzer Strecke fahrbarer, extrem schwerer Wildbach.

Befahrbarkeit: Frühjahr und nach Regenfällen. Günstig sind etwa 5–15 m³/s

Schwierigkeiten: Fels- und Waldschlucht mit mehreren Klammen, zahlreiche hohe Stufen und Zwangspassagen, durchgehend WW V–VI mit mehreren Strecken X

24,3 Ursprung der Isorno in 2.280 m Höhe (46.2299,8.4698)

14,9 Wege-II bei **I 6663 Spruga** ⬇ am Ende der asphaltierten Straße. Die Boote müssen getragen werden (46.1954,8.5604)

12,2 ⬆ kurz nach dem Doppelwasserfall (8 und 6 m) an einer II hinter der eine X Stelle liegt. Die Boote müssen zur Straße bei **I 6663 Onsernone-Vocalgia** getragen werden (46.2029,8.5877)

9,6 ⇩ des Ribo (s. Seite 695) in den Isorno (46.1996,8.6166)

0,0 ⇩ de Isorno in die Melezza (s. Seite 693) bei km 4,2 (46.1803,8.7063)

Ribo

WW V-VI
Mündung in Isorno (Melezza) bei km 9,6 (li Nebenfluss)

Der Ribo entspricht hinsichtlich der Schwierigkeiten, der Befahrbarkeit und den Unterlagen dem Isorno.

14,6 Ursprung der Ribo auf 1.892 m Höhe (46.2437,8.4761)

7,1 oberste ⬇ etwa 2 km oberhalb der Klamm von **CH 6664 Vergeletto** deren Einfahrt X, die Klamm sollte unbedingt besichtigt werden (46.2336, 8.5663)

3,6 ⚠ Ribo-Fall hoher Wasserfall, danach weitere ⬇ (46.2259,8.6069)

1,7 Str-II die Straße wechselt von der re auf die li Seite ⬆ (46.2131,8.6142)

0,0 ⇩ des Ribo in den Isorno (s. Seite 695) bei km 9,6 (46.1996,8.6166)

Loana

WW V-VI
Mündung in Melezza bei km 24,4 (re Nebenfluss)

Der T. Loana ist ein extrem schwerer Wildbach im oberen **Centovalli**. In einer Beschreibung heißt es: Vielflieger werden auf ihre Rechnung kommen.

Schwierigkeiten: zumeist WW V, mit Stellen WW VI und X.

4,1 ⬇ man muss die Boote mühsam auf einem Fußweg über die 1. große Wiese Richtung Alpe Basso hinuntertragen (46.1083,8.4674)

0,8 ⬆ meist vor dem großen Wasserfall „Cascada della Loana“ (WW VI) bei Malesco. Man muss für die Befahrung etwa 3 Stunden rechnen. (46.1248,

8.4927)
0,0 re ⇩ der Loana in die Melezza (s. Seite 693) bei km 24,4 (46.1308,8.4967)

Bavona

Kleinfluss, WW V-VI
Mündung in Maggia bei km 29,8 (re Nebenfluss)

Von der Bavona ist bisher nur die Befahrung einer kurzen Teilstrecke bekannt geworden; sie ist hier ein extrem schwerer Wildbach. Die Straße verläuft zumeist in Fluss nähe, so dass notfalls die Fahrt abgebrochen werden kann.

Befahrbarkeit: Frühjahr bis Frühsommer

20,8 Ursprung der Bavona (46.4490,8.4838)
6,7 Wege-II, **CH 6690 Cevio-Foroglio** (hier Wasserfälle, ⌘).
Zunächst auf 3 km WW III, danach auf 1 km durch-gehend WW V+, je nach Wasser eine oder mehrere Stellen **X**, Verklemmungsgefahr (46.3735,8.5479)
3,5 Stein-II ⬆, Die Fahrt kann hier beendet werden. Die folgenden 1000 m bis zu einem ▬ Wehr wurden nur erkundet, weiterhin WW V–VI mit Stellen **X**. Bei genügend Wasserablass dürfte die 6 km lange Reststrecke bis zur ⇩ in die Maggia weiterhin schwerstes WW bieten, Einzelheiten sind nicht bekannt (46.3591,8.5783)
0,0 ⇩ der Bavona in die Maggia (s. Seite 691) bei km 29,8 (46.3391,8.6084)

Verzasca

WW III-IV, WW V-VI, Gebirgsfluss
Mündung in Tessin bei km 206,4

Die Verzasca ist ein landschaftlich außerordentlich schöner Wildfluss des Tessins, der je nach Wasserstand auf verschiedenen Teilstrecken traumhaftes Wildwasser bietet. Eine durchgehende Befahrung aller Abschnitte ist nie möglich.

Befahrbarkeit: Mai bis Juli, die 3. Schlucht kann meist auch noch im Sommer befahren werden; die Befahrbarkeit muss bei der Anfahrt festgestellt werden.
1. Teilstrecke nur bei gutem Wasserstand.
2. Teilstrecke nur bei MW und NW.
3. Teilstrecke nur bei NW.

Schwierigkeiten: km 25,3–17,8 (1. Teilstrecke) WW III–V
km 17,0–13,7 (2. Teilstrecke) WW IV und V
km 12,8–10,6 (3. Teilstrecke) WW V–VI

Infrastruktur: ⛺ 🚐 am Lago Maggiore, freies Zelten verboten

34,3 Ursprung am **Monte Barone** in etwa 2.500 m Höhe (46.3967,8.7477)
25,3 **CH 6637 Sonogno** ⬇ für die 1. Teilstrecke beim 🅿. Langsame Steigerung der Schwierigkeiten auf WW III (46.3496,8.7894)

24,9 re ⇩ Redorta (46.3464,8.7904)

22,8 Str-Ⅱ, die folgenden 500 m sind je nach Wasserstand WW IV–V, ein Wasserfall **X**, kurzes Umheben. Danach bis km 17,8 nur stellenweise bis WW III (46.3322,8.8046)

21,4 Str-Ⅱ **CH 6635 Gerra** mögliche ⬇ (46.3209,8.8031)

18,4 re **CH 6634 Brione** (46.2966,8.7945)

18,1 re ⇩ der Osura (s. Seite 698) in die Verzasca (46.2935,8.7951)

17,8 Fußg.-Ⅱ bei **CH 6634 Brione-Piel** ⬆ beim Restaurant, es folgt ein Steilabfall. Dessen erste beide Stellen – eine wuchtige Wasserstrecke sowie ein mittelhoher Abfall, sind noch gut ≈, WW V, der Rest ist nur theoretisch ≈ bzw. **X** (46.2912,8.7956)

17,0 Str-Ⅱ, ⬇ für den 2. Teil Er ist gekennzeichnet durch extremes Gefälle, Wasserfälle bis 2,0 m Höhe, Katarakte, völlige Unübersichtlichkeit durch riesige, mehrere Meter hohe Felsblöcke, zwischen denen oft nur ganz enge Durchfahrten, 0,8 m breit, frei bleiben. Extreme Verblockung, WW IV und V. Dieser Abschnitt muss vor der Befahrung von der begleitenden Straße aus genau erkundet werden. Etwa 300 m unterhalb der Ⅱ liegt li ein kleines ↯, schmaler Fußweg von der Straße, hier lassen sich einige Schlüsselstellen gut besichtigen. Etwa in Mitte der 2. Strecke befindet sich eine ältere Fußg-Ⅱ aus Stahl. In dem leichten Katarakt vor dieser Ⅱ war ein Stahlseil quer über den Fluss gespannt, je nach Wasserstand li unterfahrbar oder mittig überfahrbar, ansehen! (46.2855,8.8004)

15,6 li **CH 6634 Brione-Motta**, der Flusslauf wird etwas breiter und übersichtlicher, es kommen jedoch auch weiterhin schwierige kataraktartige Strecken (46.2753,8.8090)

13,4 Ende des 2. Abschnittes. Es ist wichtig, die ⬆ bei **CH 6633 Lavertezzo-Aquino** etwa 1 km oberhalb **Lavertezzo** schon bei der Anfahrt zu besichtigen. Sie befindet sich direkt unterhalb einer markanten Stufe auf Höhe eines gebührenpflichtigen 🅿 **Luzifers Ruschbahn**, WW V. Im li Kehrwasser gefährlicher Siphon. Diese Stelle sollte gut abgesichert werden, da nach 100 m ein 5 m hoher Wasserfall, WW VI, folgt. ⏏ li gut möglich. ⬇ direkt hinter dem Fall mit Alpinstart. Unmittelbar danach ein Schlitz, WW V. Es folgt bis km 12,8 noch ein kleiner Katarakt, WW IV, Klemmgefahr (46.2623,8.8283)

12,8 **CH 6633 Lavertezzo** mögliche ⬇ für die 3. Teilstrecke bei der Römer-Ⅱ, sog. untere Schlucht. Bei MW etwa 10 cbm/sec) ist sie ohne ⏏ ≈. Sie ist im Flusscharakter ähnlich der 2. Strecke, jedoch durchweg noch schwieriger. Hohe Stufen, enge Verblockung, kräftige Schrägwalzen und Verklemmungsgefahr kennzeichnen diese extreme WW-Strecke. Ein Wasserfall oberhalb einer kleinen Hänge-Ⅱ, WW VI, re ⏏ gut möglich (46.2601,8.8360)

10,6 Alte Wasserfassung, ▬ Wehr, übliche ⬆ (46.2432,8.8451)

10,3 Str-Ⅱ oberhalb **CH 6632 Vogorno** ⬆ Beginn des Stausees von Vogorno, eine Weiterfahrt ist nicht möglich (46.2408,8.8441)

4,8 ▬ Staumauer von Vogorno ⌘, James-Bond-Drehort (46.1967,8.8485)

0,2 ⇩ der Verzasca in den Lago Maggiore (s. Seite 674) bei km 206,4 (46.1646,8.8520)

Osura

Weitere Namen: Ossola
Wildwasser, WW III-IV, WW V-VI, Gebirgsfluss
Mündung in Verzasca bei km 18,1 (re Nebenfluss)

Die Ossola verläuft durch ein enges Hochtal der Tessiner Alpen. Sie ist ein sehr schweres Wildwasser.

Befahrbarkeit: Mai–Juni; eine Befahrung ist etwa dann möglich, wenn auch der erste Abschnitt der **Verzasca** einen guten Wasserstand hat

Schwierigkeiten: starkes Gefälle, schnelle Strömung, schwere Verblockung, Stufen und Wasserfälle, durchweg mindestens WW III, einige Stellen WW V und VI, einzelne Umtragstellen

7,6 Ursprung der Osura (46.3204,8.7109)
3,0 ⬇ bei einer Gruppe alter Bauernhäuser (46.3042,8.7613)
0,0 ⇩ der Osura in die Verzasca (s. Seite 696) bei km 18,1 (46.2935,8.7951)

Moesa

WW I-II, WW III-IV, WW V-VI, Gebirgsfluss
Mündung in Tessin bei km 224,8 (li Nebenfluss)

Die Moesa fließt durch das bündnerische **Misox (Valle Mesolcina)**. Sie zählt neben der Maggia und dem unteren Tessin zu den leichteren Flüssen des Tessins, lediglich eine kurze Strecke bei **Sorte** bietet schweres Wildwasser.

Befahrbarkeit: Frühjahr bis Frühsommer, abhängig von der Wasserabgabe des ϟ; beste Wasserführung an Werktagen vormittags zwischen 11.30 und 13.30 Uhr; an Wochenenden knapp

Schwierigkeiten: km 27,1–16,2 WW IV–III–I
km 16,2–13,4 WW IV–V, abnehmend WW III, Gefälle 18 ‰
km 13,4–⇩ WW II (III), Gefälle 7 ‰

Infrastruktur: 🚉 unterhalb **Roveredo und Arbedo**
Pkw: Begleitung möglich

41,5 Ursprung aus dem Lago Moesola am **San Bernardinopass** in 2.060 m Höhe
37,5 **CH 6565 Mesocco-San Bernardino** Stausee, teilweise Wasserableitung (46.4457,9.1891)
27,1 Schöner ⛺ unterhalb der **Ruine Castello** mögliche ⬇ bei ausreichendem Wasserstand, WW III–IV (46.3771,9.2318)
26,0 Autobahn-II A13 (46.3688,9.2264)
25,5 re Str.-II, re **CH 6562 Soazza** weitere mögliche ⬇. Starkes Gefälle, WW

III–IV (46.3650,9.2255)
24,3 Autobahn-Ⅱ A13 (46.3551,9.2207)
23,3 Autobahn-Ⅱ A13 (46.3479,9.2165)
22,2 re ⇩ ϟ-Einlauf ab hier erhebliche Wasserwucht, weitgehend reguliert (46.3390,9.2162)
18,7 Str-Ⅱ, re **CH 6558 Lostallo** (46.3118,9.1976)
16,2 Str.-Ⅱ, li **CH 6558 Lostallo-Sorte**. ⬇ falls auf die Befahrung der regulierten Flussstrecke verzichtet wird. Beginn der sehr interessanten WW-Strecke der Moesa. Es handelt sich dabei im Wesentlichen um eine etwa 500 m lange S-Kurve mit dicht verblockten Abfällen, vor Befahrung vom li Ufer aus besichtigen, WW IV–V. Bis **Norantola** weiterhin recht wuchtiges Wasser, WW IV, eine Stelle besichtigen. Vorsicht bei einem verfallenen ▬ Wehr, bei HW starker Rücklauf, unsauberes Unterwasser, evtl. li ≈, vor Befahrung besichtigen (46.2929,9.1805)
14,5 Str-Ⅱ, li **CH 6557 Cama-Norantola**, Nachlassen der Schwierigkeiten (46.2809,9.1744)
13,4 Str-Ⅱ, re **CH 6657 Cama** ab hier teilweise reguliert, keine besonderen Schwierigkeiten, schnellfließendes Wasser, WW II, oft große Wellen (46.2710,9.1708)
12,2 Str-Ⅱ, re **CH 6556 Leggia** (46.2623,9.1643)
11,1 Autobahn-Ⅱ A13 darunter ▬ Blockwurf (46.2531,9.1594)
10,1 Str-Ⅱ, re **CH 6537 Grono** (46.2451,9.1535)
8,8 re ⇩ der Calancasca (s. Seite 700) in die Moesa (46.2372,9.1423)
8,6 der Fluss fällt mit schwieriger, verblockter Durchfahrt über eine höhere Schotterbank, ansehen! (46.2366,9.1404)
8,5 neue Autobahn-Ⅱ A13 (46.2364,9.1394)
8,0 alte Autobahn-Ⅱ A13 (46.2368,9.1330)
7,8 EB-Ⅱ (46.2377,9.1316)
7,6 Str-Ⅱ, li **CH 6535 Roveredo** (46.2382,9.1292)
6,8 ⇩ des ϟ-Auslaufs des **Calancasca-Wassers**, kräftiger Schwall (46.2381, 9.1181)
6,7 EB-Ⅱ (46.2378,9.1177)
5,8 Blockwurf-▬ **X**, re ⌂ (46.2319,9.1088)
5,7 Autobahn-Ⅱ A13 (46.2316,9.1084)
5,0 li Str-Ⅱ, re Flugplatz **CH 6534 San Vittore** (46.2297,9.0993)
2,5 Str-Ⅱ, re **CH 6533 Lumino** (46.2272,9.0691)
0,4 Günstige ⬆ bei der Autobahnauffahrt **Bellinzona** (46.2197,9.0446)
0,2 EB-Ⅱ (46.2193,9.0418);
▬ Wehr, **X**, li ⌂ (46.2192,9.0413)
0,0 ⇩ der Moesa in den Ticino (s. Seite 671) bei km 224,8 (46.2185,9.0394); Danach Ⅱ zwischen **Arbedo und Gorduno**. Hier sehr günstig gelegener ⛺, erst ab 1.5. geöffnet. Zum Platz sofort nach der Ⅱ li ⬆. Es ist empfehlenswert, auf dem Tessin bis Bellinzona 3,5 km weiterzufahren, sehr schöne, wuchtige, jedoch übersichtliche Schwallstrecke

Calancasca

WW III-IV, WW V-VI, Gebirgsfluss
Mündung in Moesa bei km 8,8 (re Nebenfluss)

Die Calancasca durchfließt das abgeschiedene Val Calanca, von dem aus viele schöne Wanderungen in die umliegenden steilen Berge führen. Der Flusscharakter ist mit dem der Verzasca vergleichbar, nur abgehackter und weniger großzügig.

Befahrbarkeit:	Frühjahr bis Frühsommer; eine Befahrung aller Teilstrecken ist selten möglich.
Pegel:	Messschwelle bei km 6,6; ist die vordere re Kante der Schwelle ganz leicht überspült, so ist eine durchgehende Befahrung gerade noch möglich, mehr ist für die Strecke bei Arvigo zu viel.
Schwierigkeiten:	km 18,4–5,5 WW III–IV–V–VI
Infrastruktur:	Zeltmöglichkeit: bei Grono oder bei Cauco – Bodio.

30,3	Ursprung am Zappathorn in etwa 2.500 m Höhe (46.4729,9.1128)
18,4	Str-II oberhalb **CH 6548 Rossa** bei genügender Wasserführung hier ↓, zunächst WW III–IV, dann leichter (46.3775,9.1264)
13,2	Str-II **CH 6546 Cauco** Steilabfall, **X**, 500 m weit ⩍ oder umfahren (46.3360,9.1190)
12,5	Wege-II, re **CH 6546 Bodio** ab hier wieder ≈, WW II (46.3299,9.1217)
11,5	Str-II **CH 6545 Calanca-Selma** die Schwierigkeiten nehmen zu, WW III–IV, 3 Passagen **X**, z. T. auf der Straße ⩍ (46.3209,9.1191)
9,1	Stein-II bei **CH 6543 Calanca-Arvigo** die Folgestrecke sollte bei MW oder leichtem HW befahren werden, bei NW leiden die Boote sehr stark, bei stärkerem HW wird die Strecke extrem schwer. Auf 300 m schwer verblockte Steilabfälle mit Verklemmungsgefahr, WW V–VI, trotzdem lohnend. Danach wieder offener und deutlich leichter, WW IV–V (46.3006, 9.1152)
7,0	Str-II oberhalb Messschwelle, Hilfs-≣ (46.2830,9.1175)
5,5	Str.-II, Beginn des Staus bei **CH 6542 Buseno**, ↑ Wasserableitung, eine Weiterfahrt ist nicht möglich, auch bei Überwasser ist die folgende Schlucht total **X**, da sich in ihr einige nicht zu umtragende Siphons befinden (46.2721,9.1097)
0,1	⇩ der Calancasca in die Moesa (s. Seite 698) bei km 8,8 (46.2372,9.1423)

Brenno

WW III-IV, WW V-VI, Gebirgsfluss
Mündung in Tessin bei km 242,8 (li Nebenfluss)

Der durch das romantische Tessiner **Bleniotal** fließende Brenno ist ein interessanter, auf Teilstrecken sehr anspruchsvoller Wildfluss.

Befahrbarkeit:	seit dem Bau der hochgelegenen Wasserfassungen und

	Stauseen nur noch im Frühjahr und nach ausgiebigen Regenfällen.
Pegel:	bei II nach **Ludiano**; NW 200 cm, MW 220 cm. km 3,5: 220–250 cm sind gut für die schweren WW-Strecken.
Schwierigkeiten:	km 13,3–9,2 WW II–III, Gefälle 20 ‰. km 9,2–7,6 WW IV+. km 7,6–3,0 WW II, Gefälle 7 ‰. km 3,0–0,5 WW IV.
Infrastruktur:	**Biasca**, nicht am Fluss gelegen

34,2	Ursprung am **Piz Medel** in etwa 2.800 m Höhe (46.6126,8.9566)
13,0	Str-II 416, **CH 6722 Acquarossa** mögliche ⬇, schnelle Strömung, WW II–III (46.4551,8.9413)
11,5	Str-II 416 (46.4427,8.9490)
9,2	Str.-II, li **CH 6721 Acquarossa-Motta**. Die folgenden 1,5 km bieten herrliches, erheblich verblocktes WW mit starkem Gefälle, WW IV+ (46.4271,8.9704)
8,0	⚠ ▬ Gefährliche Stufe! (46.4194,8.9773)
7,6	Str-II, li **CH 6713 Malvaglia** bei NW ist die folgende Strecke bis **Loderio** X, dann mit Pkw umfahren. Bei ausreichendem Wasser WW II, einige künstliche Schwellen, ≈, Fluss begradigt (46.4159,8.9769)
3,5	Str.-II nach **CH 6710 Biasca-Loderio**, li ≡ ab hier Weiterfahrt bei NW. Beginn einer sehr schönen Blockpiste mit einer ununterbrochenen Folge von Stufen und Gumpen, WW IV (46.3801,8.9731)
1,2	Str-II 416 (46.3657,8.9617)
0,5	alte Str.-II **CH 6710 Biasca** ⬆ Beendigung der Fahrt (46.3602,8.9602); EB-II (46.3596,8.9598)
0,4	Str-II 416 (46.3579,8.9580)
0,1	EB–II (46.3575,8.9547); Autobahn-II A2 (46.3573,8.9545)
0,0	⇩ des Brenno in den Ticino superiore (s. Seite 671) bei km 242,8 (46.3565,8.9539); Beendigung der Fahrt auch an der ⇩ möglich oder Weiterfahrt auf dem Tessin (46.3566,8.9540)

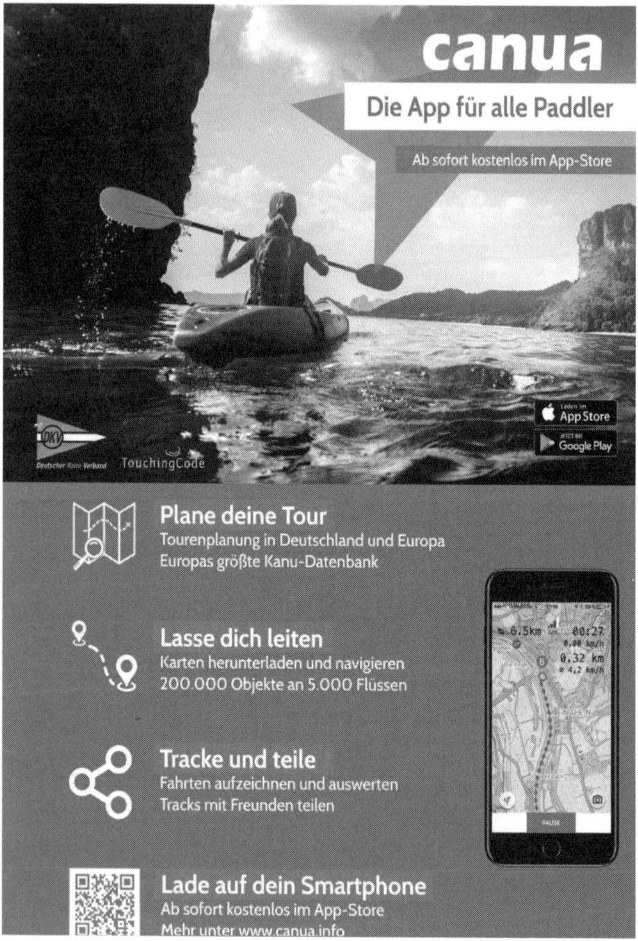
canua
Die App für alle Paddler
Ab sofort kostenlos im App-Store
App Store
Google Play
Deutscher Kanu-Verband
TouchingCode
Plane deine Tour
Tourenplanung in Deutschland und Europa
Europas größte Kanu-Datenbank
Lasse dich leiten
Karten herunterladen und navigieren
200.000 Objekte an 5.000 Flüssen
Tracke und teile
Fahrten aufzeichnen und auswerten
Tracks mit Freunden teilen
Lade auf dein Smartphone
Ab sofort kostenlos im App-Store
Mehr unter www.canua.info

Alphabetisches Verzeichnis der Gewässer